海口年鉴

HAIKOU YEARBOOK

2017

海 口 市 人 民 政 府　主办
海口市地方史志办公室　编

南海出版公司

2017 年·海口

图书在版编目（CIP）数据

海口年鉴. 2017 / 海口市地方史志办公室编. --海口：南海出版公司，2017.12

ISBN 978-7-5442-6408-2

Ⅰ. ①海… Ⅱ. ①海… Ⅲ. ①海口市—2017—年鉴
Ⅳ. ①Z526.61

中国版本图书馆 CIP 数据核字（2017）第 284189 号

HAIKOU NIANJIAN（2017）

海口年鉴（2017）

编　　者　海口市地方史志办公室
地　　址　海口市长滨路海口行政中心 5 号楼一楼
电　　话　0898-68721208
编者信箱　hksszb@haikou.gov.cn
责任编辑　孙翠萍
出版发行　南海出版公司　电话：（0898）66722926（出版）　65350227（发行）
社　　址　海南省海口市海秀中路 51 号星华大厦五楼　邮编：570206
电子信箱　nhpublishing@163.com
印　　刷　海南嘉豪椰城彩印包装有限公司
开　　本　889mm×1194mm　1/16
印　　张　41
字　　数　1480 千
版　　次　2017 年 12 月第 1 版　2017 年 12 月第 1 次印刷
书　　号　ISBN 978-7-5442-6408-2
定　　价　280.00 元

编辑说明

一、《海口年鉴》是海口市人民政府主办、海口市地方史志办公室主编的年度资料性文献。1995年创刊，每年出版1部，本年鉴是第23部。其宗旨是全面、系统地记述海口市自然、政治、经济、文化、社会等方面的基本情况，为各级党政机关、研究部门、社会各界人士及中外投资者了解、认识和研究海口提供准确、翔实的信息资料，并为海口市的未来发展积累经验。

二、本年鉴以邓小平理论、"三个代表"重要思想、科学发展观、习近平新时代中国特色社会主义思想为指导，遵循实事求是的原则，科学、客观地反映实际情况。

三、《海口年鉴》按分类法编辑，主体内容分为类目、分目、条目，在个别分目中增加子分目层次。以不同字体、字号及版式设计区别不同层次。条目的标题统一用黑体字加"【 】"号表示。

四、《海口年鉴（2017）》着重反映2016年海口市的基本情况。全书设32个类目：(1)要闻·大事记，(2)特载，(3)总述，(4)组织机构及负责人名录，(5)创新发展，(6)中共海口市委，(7)海口市人民代表大会，(8)海口市人民政府，(9)政协海口市委员会，(10)纪检监察，(11)民主党派·工商联，(12)群众团体，(13)法治，(14)军事，(15)城市建设与管理，(16)工业，(17)农业，(18)交通运输，(19)邮电·信息，(20)商贸服务业，(21)旅游，(22)金融，(23)经济监督管理，(24)科技·教育，(25)文化传媒，(26)卫生·体育，(27)社会民生，(28)保税区·开发区·农场，(29)市辖区，(30)人物，(31)附录，(32)统计资料。

五、本年鉴配有目录和索引双重检索系统。索引采用主题分类法，款目按汉语拼音字母顺序（同音字按声调）排列。

六、本年鉴稿件主要由市直各部门、各区，以及部分驻海口中央、省直属单位和部分企（事）业单位编撰人员提供，并经单位领导审核。统计资料由海口市统计局提供。因统计口径等原因，有关部门所用个别数据与统计资料中的不尽一致，凡涉及海口地区国民经济和社会发展的全局性数据概以海口市统计局提供的资料为准。

七、本年鉴的编纂出版工作得到海口市党政领导和有关部门及社会各界的大力支持，谨此致谢。书中如有疏漏、差错之处，恳请批评指正。

海口市地方史志办公室

2017年9月

《海口年鉴》编纂委员会

《海口年鉴》编辑部

海口市地图

审图号：琼 S（2017）092 号

2017年《海口年鉴》撰稿人名单

于　明	王　健	王　琅	王　媛	王子华	王方圆	王庭军	王思纯
王晓彬	王海文	王润鹏	王雪梅	王澄峰	王飘飘	王儒壮	韦海晶
付　良	冯　宁	冯志明	叶建君	邝小英	邝红梅	任毅衡	刘一峰
刘天龙	刘学祝	孙　皓	庄梦泽	米微微	许秀楠	何荣真	劳家丰
吴　刚	吴　秦	吴　燕	吴文娟	吴玉转	吴佩婷	吴英珍	吴俏燕
吴健宇	吴鸿化	宋文军	宋玉敏	张　帅	张　伟	张　珲	张　媛
张凤梅	张文国	张此明	张肖明	张宪芝	张珊珊	张晓芳	张德利
李　茜	李　艳	李　蔚	李之乔	李伟军	李　明	李泊宏	李信文
李海珉	李海燕	杜庆乐	杨　阳	杨彦芝	杨瑞金	沈音钊	肖文文
苏先智	苏岐勇	邱吉昌	邱海珊	邵国海	邹达飞	陆　伟	陆勇荣
陆振中	陈　宇	陈　岸	陈　娜	陈　通	陈　雯	陈少阳	陈文婷
陈永够	陈在民	陈有敏	陈佳琳	陈金芳	陈冠先	陈南安	陈思卉
陈谟君	陈德壮	麦春鸣	周　吉	周发华	周玉菊	周强强	林　涛
林　珺	林书东	林方兴	林丽雯	林怀宇	林珊羽	林贻巍	林晓君
林晓婵	林晓梅	林浩芬	林新福	竺玉贞	罗昌华	郑尼亚	郑蔚文
姚启皓	姜黎立	柳家盛	洪章海	胡建广	胡忠辉	贺　昊	赵宁宁
赵华锋	赵利军	钟生兵	唐顺德	唐浩成	夏蓓丽	徐文华	徐宇彤
班熙宁	翁旋奇	翁敦伟	郭光荣	顾少兴	梁　丹	梁丽芳	梁定军
梁鸿鹏	黄　若	黄　恩	黄　蕾	黄永良	黄丽颖	黄志嵘	黄良诚
黄育春	黄海英	黄雪君	黄鹏飞	龚晓明	彭　刚	曾　涛	蒋团冀
谢荣文	韩艾芩	韩逊元	蒙思佳	詹琼琳	廖虹虹	蔡泽玲	蔡树虹
潘　雨	潘家虹	黎　鸣	黎莹莹	黎鹏霄			

目 录

图片专辑

要闻·大事

特 载

特 辑

总 述

组织机构及负责人名录

创新　发展

中共海口市委委员会

海口市人民代表大会

海口市人民政府

政协海口市委员会

纪检监察

民主党派和工商联

群众团体

法 治

军　事

城乡建设与管理

工　业

农　业

交通运输业

邮电·信息

商贸服务业

旅游业

金　融

财政税务

经济监督管理

教育·科技

文化传媒

卫生·体育

社会民生

保税区·开发区·农场

市辖区

人　物

附　录

统计资料

索　引

CONTENTS

INDUSTRY

AGRICULTURE

TRANSPORTATION

POST AND TELECOM, INFORMATION

COMMERCIAL TRADE, SERVICE

TOURISM

FINANCIAL

FINANCE AND TAXATION

SUPERVISION AND ADMINISTRATION OF ECONOMIC ACTIVITIES

EDUCATION, SCIENCE AND TECHNOLOGY

CULTURAL MEDIA

数说2016海口

·总面积：2304.84 平方公里
·建成区面积：151.6 平方公里
·常住人口：224.6 万人
·户籍人口：167.03 万人
·地区生产总值：1257.67 亿元
·第一产业增加值：63.91 亿元
·第二产业增加值：233.56 亿元
·工业增加值：134.92 亿元
·第三产业增加值：960.20 亿元
·第一、第二、第三产业构成：5.1:18.6:76.3
·人均地区生产总值：56315 元
·工业总产值：540.29 亿元
·农业总产值：103.83 亿元
·地方一般公共预算收入：115.51 亿元
·地方一般公共预算支出：200.30 亿元
·全社会固定资产投资：1271.73 亿元
·社会消费品零售总额：653.89 亿元
·房地产开发投资总额：551.09 亿元
·房屋施工面积：3077.09 万平方米
·房屋竣工面积：306.58 万平方米
·外贸进出口总额：258.18 亿元
·实际利用外资：0.36 亿美元
·旅客运输量：8998.9 万人次
·货物运输量：10462.7 万吨
·港口货物吞吐量：8866.93 万吨
·机场旅客吞吐量：1880.4 万人次
·邮电计费业务总量：121.31 亿元
·接待过夜旅游者：1329.19 万人次
·旅游业总收入：181.24 亿元
·本外币年末存款余额：4989.30 亿元
·本外币年末贷款余额：5268.49 亿元
·证券交易总额：9854.64 亿元
·保险保费收入：80.41 亿元
·保险赔款及给付：29.65 亿元
·城镇常住居民人均可支配收入：30775 元
·农村常住居民人均可支配收入：12679 元
·城镇居民人均消费性支出：23780 元
·农村居民人均生活消费性支出：9262 元
·居民消费价格总指数：103.0
·城镇登记失业率：0.9%
·城镇常住居民人均住房面积：30.12 平方米
·农村常住居民人均住房面积：32.60 平方米
·专任教师：2.56 万人
·在校学生数：48.86 万人
·卫生机构总数：1278 个
·卫生机构床位数：1.58 万张
·卫生技术人员：3.01 万人
·森林覆盖率：38%
·建成区绿化覆盖率：40.3%
·人均公共绿地面积：12.1 平方米
·用电总量：70.34 亿千瓦时
·供水总量：2.28 亿吨
·天然气供气总量：1.19 亿立方米

（杜惠珍）

基层调研

2016年10月24日，全国人大常委会副委员长向巴平措（中）在海口检查安全生产执法情况。（市安监局 供稿）

2016年2月3日，海南省委书记、省人大常委会主任罗保铭（前排右二）率省市领导到海口居仁坊社区调研。（黄一冰 摄）

2016 年 10 月 1 日，海南省委书记、省人大常委会主任罗保铭（中）等省市领导到海口潮立方美食街调研。

（市“双创”办 供稿）

2016 年 3 月 31 日，海南省委副书记、省长刘赐贵（中）到秀英区东山镇调研南渡江引水工程项目建设情况,海南省委常委、海口市委书记孙新阳（右二），市委副书记、市长倪强（右一）陪同。

（秀英区政府办 供稿）

2016年10月17日，时任海南省委常委、海口市委书记孙新阳（中）等市领导到海秀街道丘海一横路检查海南冷冻厂防风工作。

（秀英区政府办 供稿）

2016年11月13日，海南省委常委、海口市委书记张琦（左二）率市四套班子成员调研秀英工业水库。（市“双创”办 供稿）

2016 年 8 月 5 日，海口市人大常委会主任杜立文（前右二）在秀英区东山镇开展农业调研。（市人大办 供稿）

2016 年 9 月 23 日，海口市委副书记、市长倪强（中）到齐鲁制药（海南）有限公司调研。（市府办 供稿）

2016 年 10 月 23 日，海口市政协主席王云霞（中）到秀英区海秀街道调研。（黄一冰 摄）

2016年11月18日，中国共产党海口市第十三次代表大会开幕。 （黄一冰 摄）

2016年11月22日，海口市第十六届人民代表大会第一次会议开幕。 （黄一冰 摄）

2016年11月21日，政协海口市第十四届委员会第一次会议开幕。 （毛爱民 摄）

2016年12月19日，海口市委中心组（扩大）学习会暨湿地管理保护专题讲座召开。（黄一冰 摄）

2016年11月20日，中国共产党海口市第十三届纪律检查委员会第一次全体会议召开。（市纪委办 供稿）

2016年4月20日，2015年"海口好人"表彰大会召开。（市"双创"办 供稿）

2016 年 5 月 4 日，首届“全球旅游目的地盛典”开幕式在海南国际会展中心举行。（市会展局 供稿）

2016 年 6 月 28 日，第四届 APEC 蓝色经济论坛在海口召开。（李汉仁 摄）

2016 年 10 月 22~24 日，第 23 届中国国际广告节在海南国际会展中心举办。（市会展局 供稿）

2016 年 11 月 25 日，第二届中国—中亚合作对话会在海口开幕。（市外侨办 供稿）

2016 年 11 月 25 日，中国“互联网+”创新大会在海口开幕。（顾江浩 摄）

2016 年 12 月 17 日，中国生态文明论坛海口年会在海南国际会展中心召开。（市环保局 供稿）

2016年1月16日，秀英区石山镇互联网农业小镇运营服务中心举行揭牌仪式。　（秀英区政府办 供稿）

2016年2月1日，观澜湖新城海南新时尚中心开业。　（李汉仁 摄）

2016年7月19日，北京首都航空开通“海口⇌金边”“海口⇌暹粒”客运包机航线。　（市口岸办 供稿）

2016年11月5日，海南滨海国际金融中心暨海口滨海国际电子商务产业园开园仪式举行。　（市商务局 供稿）

2016年6月18日，海口林安物流交易信息中心落成并投入使用。　（黄一冰 摄）

2016年6月15日，海口综合保税区与缅甸四家华商企业签署合作框架协议及投资意向书。（林贤 摄）

2016年12月12日，海南省人民政府与阿里巴巴集团在海口举行座谈并签署战略合作框架协议。阿里巴巴集团旗下的阿里巴巴文化娱乐集团（筹）南方总部落户海口文化产业园。（李英挺 摄）

2016年7月10日，海口市人民政府与中国远洋海运集团签署战略合作协议。（黄一冰 摄）

2016年11月25日，海马汽车与易鑫金融共享车合作暨福美来系列20000台订单签约仪式举行。（市科工信局 供稿）

2016 年 8 月 31 日，海口市试行“五证合一”登记制度改革暨全省首批“五证合一，一照一码”营业执照颁发仪式在市政府服务中心工商窗口举行。（市政务中心 供稿）

2016 年 5 月 1 日凌晨，海口市地税局民声东路办税服务厅开出首张增值税发票。（市地税局 供稿）

2016 年 5 月 20 日，海口市国税局设立“营改增”绿色通道。（夏昊 摄）

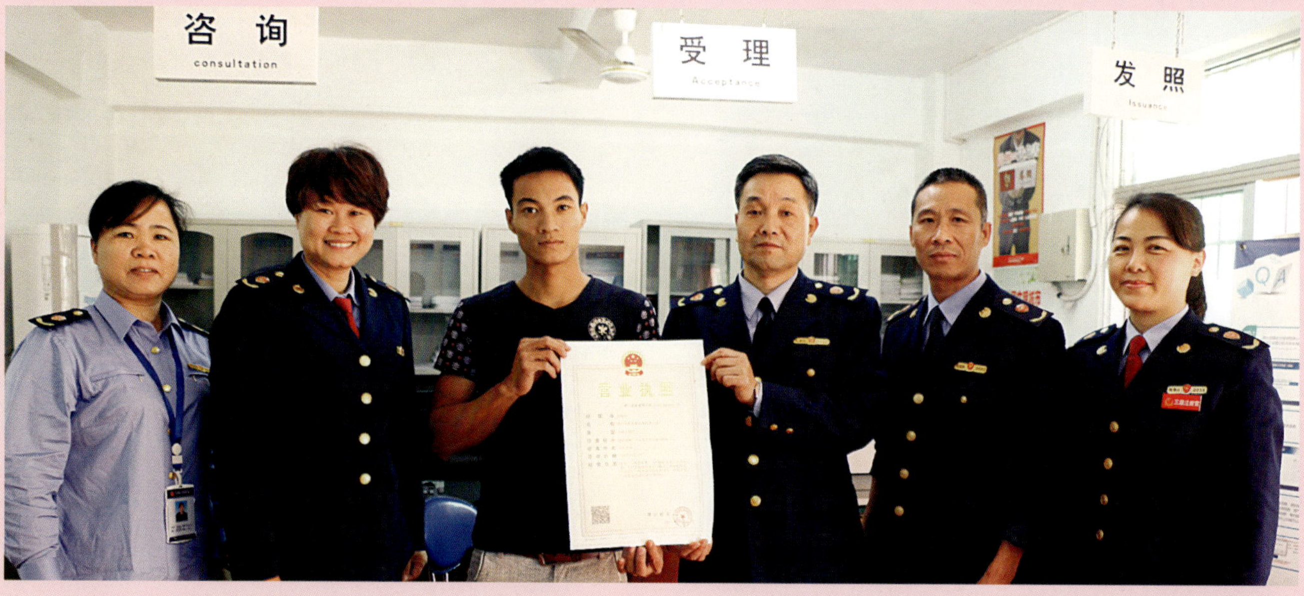

2016 年 12 月 1 日，海口市工商局发出海口市首批个体工商户“两证整合”营业执照。（陈冠先 摄）

2016 年 10 月 12 日，海南省科技创新与创业发展论坛在海口开幕。（黄一冰 摄）

2016 年 12 月 16~18 日，第九届海口—东盟国家驻广州总领馆交流对话会在海口举行。图为参会全体代表合影。（蒋团翼 摄）

2016 年 9 月 28 日，海口高新区椰彩椰汁年产 1 万吨植物蛋白饮料项目开工。（李汉仁 摄）

美安科技新城康迪汽车项目现场。（海口高新区 供稿）

2016 年 1 月 2 日，大型歌舞诗《黎族家园》在海南国际会展中心汇报演出。（黄一冰 摄）

2016 年 1 月 16 日，首届海口火山自行车文化节在秀英区石山镇开幕。（秀英区政府办 供稿）

2016 年 1 月 25 日，海口市文联在秀英新村开展送文化下乡义务挥春活动。（沈音钊 摄）

2016 年 2 月 5 日晚，海口市第十一届万春会“点靓海口 春满琼州”新春主题灯展在海口万绿园亮灯。（黄一冰 摄）

海口市第十一届万春会游客游园。

（黄一冰 摄于 2016 年 2 月 8 日）

2016 年 2 月 22 日，琼山府城换花节上，青年男女互换鲜花。（黄一冰 摄）

2016 年 3 月 19 日，春满椰城诗歌朗诵会在中山路骑楼老街举行。（黄一冰 摄）

2016 年 6 月 6 日，首届大致坡琼剧文化节在大致坡琼剧大舞台开幕。（黄一冰 摄）

2016 年 6 月 16 日，台湾地区摄影家们在海口骑楼老街进行采风创作。（市文联 供稿）

2016 年 6 月 9 日，海口 10 多万人在西海岸洗龙水过端午。（李汉仁 摄）

2016 年 6 月 28 日，纪念中国共产党成立 95 周年暨中共琼崖地方组织成立 90 周年图片展开幕。（黄一冰 摄）

2016 年 7 月 21 日，2016（海口）英国品牌文化节开幕式。（市外侨办 供稿）

2016 年 9 月 19 日，海口市教育系统“传统戏曲进校园”启动仪式在琼山中学高中部举行。（市教育局 供稿）

2016 年 9 月 17 日，海口市政府同北大附中、附小及北京恩祥集团签署合作办学协议。（市教育局 供稿）

❶ 2016 年 9 月 29 日，海口市艺术团迎国庆慰问演出在海南国际会展中心剧院举行。（黄一冰 摄）

❷ 2016 年 10 月 20~23 日，第四届观澜湖世界明星赛在海口观澜湖旅游度假区举行。（市口岸办 供稿）

❸ 2016 年 11 月 14 日，首届“大致坡琼剧文化节”颁奖典礼举行。（王慧中 摄）

❹ 2016 年 10 月 29 日，2016~2017 年海口市校园足球联赛揭幕开踢。（市教育局 供稿）

❺ 2016 年 11 月 16 日，海口国际青年实验艺术节开幕。图为外国艺术家在中山路骑楼老街演出。（黄一冰 摄）

❻ 2016 年 11 月 21 日，“2016 行走中国·海上丝绸之路华文媒体海南行”活动在海口启动，来自印尼、马来西亚、柬埔寨、菲律宾等国家和中国香港、澳门地区华文媒体代表在骑楼老街体验侨乡文化。（郭泽言 摄）

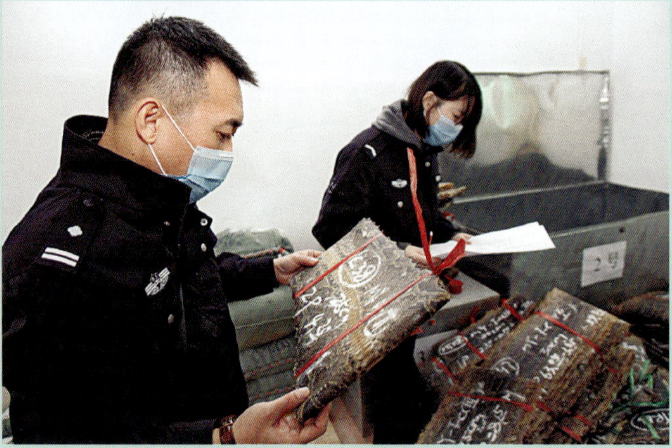

2016年1月4日，海口海关破获走私进口蟒蛇皮案。
（罗雄 摄）

2016年1月23日，秀英区在车站码头开展“一杯热姜茶温暖回家路”志愿者服务活动。（秀英区政府办 供稿）

2016年2月1日，海南离岛免税政策第三次调整，海口海关全力保障政策调整顺利实施。（王基辉 摄）

2016年2月2日，“大家都来为残疾人捐助一元钱”爱心万里行走进海口助残募捐活动暨海南省残疾人基金会成立2周年募捐晚会在海南国际会展中心剧院举行。（市残联 供稿）

2016年4月20日，海口市领导与2015年“海口好人”获得者合影。（市“双创”办 供稿）

2016 年 3 月 7 日，海口、屯昌两地警方签署警务战略合作协议。（市公安局 供稿）

2016 年 3 月 25 日，“海口美兰国际机场毒品查缉站”揭牌。（市公安局 供稿）

2016 年 3 月 30 日， 美兰区演丰镇敬老院揭牌。（顾江浩 摄）

2016 年 5 月 18 日，海口市公安局城市警察支队挂牌成立。（市公安局 供稿）

2016 年 4 月 21 日，秀英区环卫一体化 PPP 项目启动暨员工誓师大会举行。（秀英区政府办 供稿）

2016 年 5 月 16 日，海口市全国城市节水宣传周活动在丁村小学启动。（李汉仁　摄）

2016 年 7 月 4 日，海口实现“全光网城市”暨程控交换机退网仪式在中国电信海口分公司举行。（市科工信局　供稿）

2016 年 5 月 19 日，海口市公安局启动居住证申领工作。（市公安局　供稿）

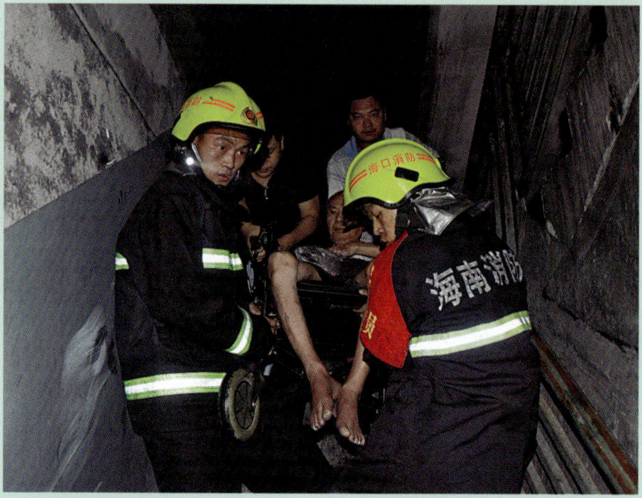

2016 年 5 月 29 日，海口市消防支队成功处置书场村出租楼火灾。（市消防支队　供稿）

2016 年 7 月 20 日，海秀快速路主桥通车仪式举行。（市城建集团　供稿）

❶ 2016 年 2 月 26 日，秀英区依法拆除位于西海岸的好百年深海鱼庄违建。

（秀英区政府办 供稿）

❷ 2016 年 6 月 15 日，海口市对鸭尾溪进行改造。（黄一冰 摄）

❸ 美安一横河示范段西段海绵化改造。

（海口高新区 供稿）

❹ 2016 年 6 月 28 日，中铁四局共产党员突击队工人在海口西海岸管廊建设工地加班加点加快管廊建设。

（黄一冰 摄）

2016年8月18日零时至15时，海口消防支队在抗击台风“电母”中抢救、疏散被困人员422人。 （市消防支队 供稿）

2016年8月19日，台风“电母”造成秀英区海秀街道办爱华社区海南果菜副食品公司宿舍小区挡土墙塌方，军民一起抢险。 （市“双创”办 供稿）

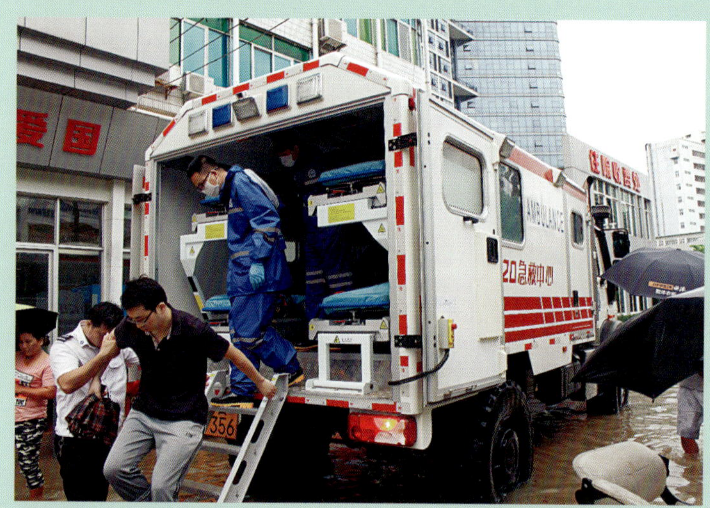

2016年8月18日，抗击“电母”台风中，海口市120急救中心出动乌尼莫克涉水救护车开展医疗救援。 （市卫生局 供稿）

2016年8月19日，抗击台风“电母”中，龙华区海垦街道城管队员在转移海云胶鞋厂宿舍群众。

（市“双创”办 供稿）

2016年8月19日，“电母”台风期间，环卫工人冒雨用手掏堵在下水口的垃圾。 （张俊其 摄）

2016年8月24日，海口市市长倪强（右）与巴基斯坦伊斯兰堡市市长（左）签署友好城市关系意向书。（市外侨办 供稿）

2016年8月24日，海口市市长倪强（右）与缅甸仰光市市长（左）签署友好城市关系意向书。（市外侨办 供稿）

2016年7月8日，海口市政府与上海申康医院发展中心签署战略合作协议。（市卫生局 供稿）

2016年8月26日，海口市人民医院与上海复旦大学附属华山医院友好合作医院揭牌，上海华山医院优质医疗资源正式进驻海口。（市卫生局 供稿）

2016年9月19日，海口市卫生局与上海市第六人民医院签署补充协议。（市卫生局 供稿）

2016年12月31日，柬埔寨商务部副部长宋素帕（SOKSOPHEAK，左四）带领柬埔寨政府代表团访问一汽海马汽车有限公司。（市外侨办 供稿）

海口市五源河学校竣工。摄于2016年8月9日。（市城建集团 供稿）

2016年11月18日，北京大学附属中学、附属小学海口学校动工建设。（秀英区政府办 供稿）

海口市菜篮子蔬菜基地。　　　　（市菜篮子集团 供稿）

海口市菜篮子销售网点。　　　　（市菜篮子公司 供稿）

2016年7月7日，海口市菜篮子集团检测中心揭牌。　　　　（市菜篮子公司 供稿）

海口菜篮子公司平价菜农贸市场直营摊位。　　　　（市菜篮子集团 供稿）

2016 年 1 月 26 日，海口市创建国家卫生城市省爱卫会暗访检查反馈会召开。（市“双创”办 供稿）

2016 年 4 月 11 日，2016 年海口市深入推进“双创”工作动员大会召开。（市“双创”办 供稿）

2016 年 7 月 31 日，海口市巩固提升“双创”成果座谈会召开。（黄一冰 摄）

2016年6月4日，时任海南省委常委、海口市委书记、市“双创”工作领导小组组长孙新阳（前左二）率市四套班子暗访“双创”工作。（市“双创”办 供稿）

2016年12月31日，海南省委常委、海口市委书记张琦（中）主持召开海口市“双创”工作领导小组第29次全体会议。（市“双创”办 供稿）

2016年2月23日，海口市人大常委会主任、市“双创”工作领导小组组长杜立文（中）等市领导检查“双创”广场建设工作。
（市“双创”办 供稿）

2016年3月19日，海口市委副书记、市长倪强（前右一）陪同万宁市党政考察团到海口市学习考察“双创”工作。
（市“双创”办 供稿）

2016年3月15日，海口市政协主席王云霞主席（中）带队到海口湾清洁海岸白色垃圾。 （毛爱民 摄）

2016年4月26日，海口市委副书记、政法委书记、市“双创”工作指挥长吴川祝（中）调研指导四个区特色餐饮街（区）建设工作。（市“双创”办 供稿）

2016年12月6日，江西省樟树市考察团到海口参观考察“双创”工作。（市“双创”办 供稿）

2016年5月9日，儋州市考察团到海口市参观学习“双创”工作。（市“双创”办 供稿）

2016年7月20日，台湾考察团到海口市考察“双创”工作。（市“双创”办 供稿）

2016年7月31日，“公益海口”“诚信海口”“海口城市管家”三大网络服务平台上线运行。（市“双创”办 供稿）

2016年4月29日，海口市举行“全民公益 志愿海口”服务活动。（市“双创”办 供稿）

2016年4月26日，省、市、区三级卫生监督创建国家卫生城市联合执法活动月在海口启动。（市“双创”办 供稿）

2016年8月4日，海南省食药监系统抽调55人支援海口“双创”。图为支援海口“双创”工作人员培训会。（市食药监局 供稿）

2016年4月9日，海口市纪委中共党员志愿者到新埠街道开展“双创”义务劳动。（市纪委办 供稿）

2016年8月30日，海口志愿者在路口进行劝导文明交通志愿服务活动。（市“双创”办 供稿）

2016年7月29日，秀英区举办“双创”工作一周年文艺晚会。（秀英区政府办 供稿）

见证“双创”——成果

2016年2月27日，海口市“双创”广场落成启用。（范平健 摄）

龙华区园内新颜。摄于2016年2月19日。（海口电视台 供稿）

龙华区中山街道西门外社区，“双创”整治后干净整洁，别具特色。（黄一冰 摄）

新建的琼山区滨江街道文化站。（琼山区政府办 供稿）

维修后的人行道。（市“双创”办 供稿）

2016年8月，海口市卫生局在万绿园建成环境优美、适宜健身活动的健康主题公园及健康步道。（市卫生局 供稿）

海南大学南门小吃街夜市。（张俊其 摄于2016年4月9日）

位于解放西路金棕榈改造后的美食一条街。（黄一冰 摄）

海口建“15分钟生活圈”方便市民，位于文明东路的潮立方美食街成了市民假日好去处。 (黄一冰 摄)

改造后的东门市场新面貌。 (林言 摄于2016年1月1日)

改造前的秀英区长流镇长康路。（市“双创”办 供稿）

改造后的秀英区长流镇长康路。（市“双创”办 供稿）

改造前的向荣农贸市场。（市商务局 供稿）

改造后的向荣农贸市场。（市商务局 供稿）

改造前的白龙农贸市场。（市商务局 供稿）

改造后的白龙农贸市场。（市商务局 供稿）

海口万绿园、世纪公园、滨海公园“三园”合一。

海秀快速干道。　　（李幸璜 摄）

（李幸璜 摄）

滨海立交桥。

（李幸璜 摄）

滨江西路。　　（李汉仁 摄）

世纪大桥与海口湾。

治理后的龙珠湾。　　　　(李幸璜 摄)

(李幸璜 摄)

和平桥。　　　　(李汉仁　摄)

东寨港红树林。　　　　(李幸璜　摄)

国兴大道海航日月广场。（李幸璜 摄）

新城吾悦广场。（李幸璜 摄）

城乡风貌

流水坡旧貌。（市房屋征收局 供稿）

流水坡新貌。摄于2016年2月29日。（市房屋征收局 供稿）

上贤村旧貌。（市房屋征收局 供稿）

上贤村新貌。（市房屋征收局 供稿）

滨涯村新貌。摄于2016年4月25日。（市房屋征收局 供稿）

龙华区玉沙社区新颜。摄于2016年2月19日。（海口电视台 供稿）

中国特色小镇

——云龙镇

2016年10月14日，经国家发展改革委、财政部、住房和城乡建设部三部委共同认定，并公布了第一批中国特色小镇名单，海口市琼山区云龙镇为海南省两个入选乡镇之一。

云龙镇位于琼山区中部，东靠演丰镇，西隔南渡江与龙塘镇相望，南连红旗镇，北接美兰国际机场与灵山镇。云龙属于中心镇，先后荣获“中国生态文化名镇”“海南省绿色家园示范镇”“海南卫生镇”“海南省十大最美小镇”等荣誉称号。云龙镇土地资源丰富，农业设施基础好，依托资源优势，大力发展“淮山、花卉、莲雾、冬季瓜菜”四大特色品牌。依托云龙产业园，重点发展新兴工业。做活现代服务业，重点推动山湖海、榕庄两个商业街区和慢行绿道建设。通过美丽乡村示范村建设引导，加强农村居民建房报建管控，全面优化农村居住环境。云龙镇具有悠久的历史文化背景，有海南省唯一的全国百家爱国主义教育基地——琼崖红军云龙改编旧址，有被周恩来总理喻为琼崖人民一面旗帜的冯白驹将军故居，有省级文物保护点唐胄墓，有海南唯一的道教洞天福地“陶公山”。

云龙特色小镇定位为：工贸服务小镇，即以工业化带动城镇化，工商贸相融合。按照特色产业发展的定位和“全面优化一产、重点发展二产，积极培育三产”的基本思路，云龙特色小镇的空间布局为“一核两轴三园四片区”（“一核”指镇区服务核心；“两轴”指两条发展轴线，即以贯穿全镇的海榆东线为发展主轴，以云定——云美路为发展次轴；“三园”指三大产业园，即云龙镇北部的云龙产业园、临空产业园和东部的现代农业产业园；“四片区”指四个功能片区，即沿南渡江东岸建立水源保护和滨江生态观光片区，北部以中信台达高尔夫球场为核心建立休闲运动旅游片区，西部以岭脚墟为中心建立休闲观光农业片区，南部以云龙水库为中心建立文化教育旅游片区）。

（张纯龙）

南渡江畔

（云龙镇党委办　供稿）

中国特色小镇云龙镇

云龙特色小镇“一核两轴三园四片区”布局图。

云龙产业园鸟瞰图。　　(云龙镇党委办 供稿)

琼崖纵队抗日第一枪纪念园。　　(吴坤涛 摄)

琼崖红军云龙改编旧地。　　(吴坤涛 摄)

在建海南科技职业学院。　　(张纯龙 摄)

第四批中国传统村落

2016年10月23日，经传统村落保护发展专家委员会评审认定，住房和城乡建设部、文化部、国家文物局等7部局公布第四批中国传统村落名录，海口市秀英区永兴镇冯塘村、美孝村、石山镇美社村、琼山区旧州镇包道村、红旗镇昌文湖村、美兰区灵山镇道郡村、三江镇罗梧村、大致坡镇美篆村、桂林洋农场迈德村为海南省28个新入选传统村落中的9个。

（本栏目由海口市传统村落调查组供稿）

昌文湖村

昌文湖村隶属琼山区红旗镇北部墨桥行政村。该村的湖最引人注目，湖呈倒三角形，湖的外围是一条硬化的水泥路，民居沿着路呈“非”字展开，“非”的一半在湖的北方、另一半在湖偏西南方，其他地方全被绿色的植物和树木覆盖。村落环境、居民建筑、传统氛围依然保存较好。村庄内现存成片的清代和民国时期的居民建筑群数百栋，另有黎氏宗祠、古塔、古村巷、古井、古石牌等传统构筑物多处。

昌文湖村巷道。

古井。

昌文湖。

昌文湖村规划图。

冯塘村

冯塘村位于秀英区永兴镇海榆中线 26 千米处，北临雷琼世界地质公园、马鞍岭火山口，东至海榆中线和海屯高速公路，西南侧为冯塘绿园景区，东南侧临近东山镇的旅游景区，交通便捷，生态良好，景色优美，是颇具特色的火山村寨，也是个革命老村，全村共 53 户 253 人。以发展种植业和养殖业为主要经济来源。村里保存了大量始建于民国时期的火山石古民居，村庄以灰黑色调的传统火山建筑为主要建筑，少量新建居民建筑。这些传统建筑都具有历史、文化、艺术、社会、经济价值，较完整的体现了羊山地区历史传统风貌。

❶ 村前水塘。

❷ 火山石民居。

❸ 冯塘村一角。

❹ 火山石建筑。

美孝村

美孝村位于秀英区永兴镇东部，距镇墟约 4 千米。地势东高西低，较为平坦，处羊山地区。村域面积 39.58 平方千米，村落背靠丘陵，面向农田和河流，整体格局背山面水。美孝村始建于明代嘉靖年间，陈四官、陈五官两兄弟在游玩时看中美孝这个地方，于是举家从“美敖里南”（今龙桥镇境内）迁到美孝开垦定居。随着时间变迁，形成了陈、劳两氏聚居的群体结构。产业以种植业为主。在抗日战争和解放战争时期，美孝村一批又一批的有志青年为革命做出了巨大的贡献，至今村中的抗日墙还保留着。

美孝古村落。

美孝古村落。

旧民宅。

民居。

南定门。

巷道。

美社村

美社村地处雷琼世界地质公园规划区内，位于马鞍岭火山口南麓，三面环山，东为博任岭和官良岭，北接马鞍岭，南邻美社岭和昌道岭。隶属秀英区石山镇。始建于唐代，千百年来，先民就地取材，用火山石建造出了炮楼、祠堂、庙宇、古井、石屋等一幢幢精美的建筑，且至今还保存完好，是颇具特色的火山村寨。清末民初，海南著名学者、教育家王国宪、曾对颜先后为该村题赠“礼让休风”和“光分鳌极”石匾，赞颂该村守礼谦让、村风文明。建于 20 世纪初的“福兴楼”，在 1939 年成为抗击日寇的碉堡，也见证了 1948 年琼崖纵队战士的英雄业绩。

美社村鸟瞰图。

村居巷道。

美社村“光分鳌极”石匾。

福兴楼。

包道村

包道村隶属琼山区旧州镇，位于羊山地区的南部，旧州岭的东南侧，村落距旧州岭不到2千米。村落背靠旧州岭，东南面向南盆田洋；除西南边与邻村交界外，东、北及西北周边由大片原始森林覆盖，村庄周边保持原生状态的石生灌丛林带。村中具有海南保存较为完整的、具有海南民间建筑雕刻艺术精华的古民居建筑——宣德第，其府门“宣德第”是清代名家张之洞的手笔。村庄内现存较多的清代和民国时期的火山岩民居建筑群，保留有大胜坡古战场、江前亭、江前宫、古井、古当铺和古街巷等传统历史环境要素，其中江前宫内的“慈云普荫”牌匾四字出自张岳崧之手书。此外，包道村还传承着“闹军坡”“吃公期”“敬天香”等传统人文习俗，文化底蕴极为深厚。

❶包道村鸟瞰图。

❷宣德第内厅。

❸宣德第门牌。

❹宣德第内院。

道郡村

道郡村隶属美兰区灵山镇大林行政村，村民姓氏均为吴姓，先祖吴贤秀是唐代户部尚书，于公元 805 年从福建蒲田迁来。道郡村系“多军”谐音演变而得名。道郡村倚山坡而建，村后地有块军坡地，每年农历六月初十这里都举办军坡节。人马浩荡，聚集很多军马，因此该村被称为“多军”村，后“多军”换成谐音雅称“道郡”。村中历代人才辈出，有清朝嘉庆年间进士吴天授、清道光年间正一品建威将军吴元猷、清道光年间正二品武显将军吴世恩、清光绪年间户部主事吴汉征、布政司吴必育，及庠生、监生、贡生、武生、国学生等 22 人。近代有民国爱国将军吴振寰，中共烈士吴开佑。村中吴元猷故居是咸丰初年吴元猷本人所建，面积 5000 多平方米，主要由七间红墙红门的大屋组合成“丁”字型格局，迄今有 150 多年的历史。

道郡村一角。

道郡村道。

道郡村古井。

道郡村古井。

奇笔村公庙。

吴元猷故居。

罗梧村

罗梧村位于美兰区三江镇镇域的中部，村域总面积4.6平方千米。村庄地势呈现东北高、西南低。始建于民国时期，由明代后期起中原移民及随之南迁定居形成村落。冯姓是最早定居的姓氏，也是罗梧村至今村民最多的姓氏。村落自然环境良好，村中现保留有较多古树，多为小叶榕树和榄仁树。据调查统计，有24颗树龄已超过百年。抗日战争至解放战争期间，有一半村民逃难往东南亚各国谋生，其中大部分逃往泰国，罗梧村被誉称为侨乡。村中有一支纪念冼夫人的舞虎队，已传承300多年。在琼北，舞虎是罗梧村独有，作为村中传统习俗代代相传。村中另有一特色，即林鸿高围楼，始建于1922年，旅泰华侨林鸿高先生为教育子女不忘乡土，便回乡建此楼作留念。

❶林鸿高围楼鸟瞰图。

❷林鸿高围楼正门。

❸林鸿高围楼天井。

❹罗梧村周边环境。

美篆村

美篆村位于美兰区大致坡镇昌福行政村西北侧。村址建于一座名为“古美篆山”的西向坡地上，地形呈西低东高、南低北高之势。南洋河从村落西部穿过，村内土地属红壤土，质黏而肥沃；植被以荔枝、龙眼为优势种的杂木林。美篆村起源于明代，冯氏先人冯有灿自大致坡地区的美贴村移居美篆山。村内的遗存有明、清及民国时期的历史建筑共 14 处、古井 1 座、古树 8 棵。其中明、清建筑整体风格较为素雅，屋檐下的壁画依稀可见，木制的门楣，青石板踏台，透露着建筑的历史气息。传统建筑主要集中在“古村落生活区”，位于村庄中部，建筑群坐西朝东，西面是美篆山，东面是南洋河。村内有两座典型且保存完好的明代传统院落。早在 1927 年 7 月，该村及附近的几个村庄共同成立了努力乡农会，即农民的苏维埃政权，开展了轰轰烈烈的革命斗争。19 世纪初，美篆村就有村民到泰国谋生。2003 年，泰国国会副主席陈素察荣归故里，在村前椰林下的群众大会上，提出把村前的环村路建成水泥硬化道路的要求。2004 年，建成长 1 公里、宽 6 米的水泥环村路，被称之为“中泰友谊大道”。

林前湿地。

南洋河。

美篆村一角。

迈德村

迈德村位于桂林洋开发区，始建于明正统年间，至今已有570多年的历史。2008年在海南十大文化名镇（村）评选活动中，获得首届“海南十大文化名村”的称号。村中文化名人辈出。明清两朝有乡进士4人、举人2人、贡生15人、国学生14人、太学生11人、痒生（即秀才）44人，监生、增生、儒生、廪生、宾生、处士等多人；有“解元”“拔元”“优元”“武魁”；有官任五品蓝翎顶戴4人、六品顶戴4人、七品顶戴6人、八九品各类郎官12人。近现代迈德村也出了很多历史名人，主要有清末民初海南著名的进步思想家曾对颜、中国工程院院士曾德超、民国早期留学法国的经济合作专家曾同春和法学博士曾浩春兄弟、民国将军曾令楠等。

❶曾氏宗祠。
❷农田。
❸村庄入口石碑和水渠。
❹迈德村鸟瞰图。

首届海南国际旅游岛三角梅花展

2016 年 2 月 1 日，2016 首届海南国际旅游岛三角梅花展开幕式在海口世纪公园市民广场举行。（海口电视台 供稿）

三角梅花展展区“申”字花坛。（王德广 摄）

三角梅花展展区标牌。（王德广 摄）

三角梅花展展区景观。（王德广 摄）

三角梅花展展区景观。（王德广 摄）

三角梅花展展区景观。（王德广 摄）

三角梅花展展区景观。（王德广 摄）

三角梅花展展区景观。（王德广 摄）

三角梅花展展区景观。（王德广 摄）

三角梅花展展区景观。（王德广 摄）

三角梅花展展区景观。
（王德广 摄）

三角梅花展展区景观。（王德广 摄）

镜头下的三角梅

❶《车手·花丛》（蒋聚荣　一等奖）
❷《晨》（杜家严　二等奖）
❸《鲜花·世纪大桥》（苏鸣飞　二等奖）
❹《花语骑楼》（熊　壮　三等奖）
❺《相伴》（云浦生　三等奖）
❻《春色》（于银梅　优秀奖）

❶《初升》（周　生　优秀奖）
❷《探春》（刘　民　三等奖）
❸《争艳》（蔡　英　优秀奖）
❹《掩映》（彭婷婷　优秀奖）
❺《焰》（黄一笑　优秀奖）
❻《香》（杜金英　二等奖）

2016 年 9 月 4 日，2016 年海口市十大农业品牌发布会开幕。　　(黄一冰 摄)

2016 年 9 月 4 日，2016 年海口市十大农业品牌发布会开幕。图为模特展示农业产品。　　(黄一冰 摄)

大坡胡椒。 （市农业局　供稿）

海口火山石斛。 （市农业局　供稿）

海口甲子牛大力。 （市农业局　供稿）

海口莲雾。 （市农业局　供稿）

海口蜜柚。 （市农业局　供稿）

十大农业品牌

美兰三角宁地瓜。　　（市农业局 供稿）

石山黑豆。　　（市农业局 供稿）

永兴黄皮。　　（市农业局 供稿）

永兴荔枝。　　（市农业局 供稿）

云龙淮山。　　（市农业局 供稿）

要闻·大事

海口十大新闻

1. 胜利召开“党代会”和“两会”，选举产生新一届市委等四套领导班子，开启省会新征程。

2016年11月18~24日，中国共产党海口市第十三次代表大会、海口市第十六届人民代表大会第一次会议、政协海口市第十四届第一次会议胜利召开，选举产生新一届市委、市人大、市政府、市政协、市纪委领导班子，号召全市上下要更加紧密地团结在以习近平同志为核心的党中央周围，深入践行“创新、协调、绿色、开放、共享”发展理念，充分发挥生态环境、经济特区、国际旅游岛“三大优势”，保持“双创”工作标准不变、力度不减，坚持“一江两‘岸’、东西双港驱动、南北协调发展”，建设滨江滨海花园城市，推动“海澄文”一体化、琼州海峡经济带建设等“十大任务”，奋力谱写海南国际旅游岛建设主引擎新篇章！

2. 海口“双创”为全省城市治理提供经验，刘云山高度肯定，央媒点赞。

2016年，海口市委市政府带领全市人民咬定青山不放松，把“双创”打造成海口的发展加速工程、管理提升工程、城市美丽工程、民心福祉工程；坚持创建为民、惠民、利民，使市民最大限度地参与其中，处处是美景、人人是形象。在全国参评省会城市中，海口“创文”排名第二，“创卫”顺利通过国家专家组暗访测评，排名第一。全国“两会”上，刘云山同志参加海南代表团审议时，对海口“双创”给予高度肯定。中央媒体多次点赞海口“双创”，其中，《人民日报》、新华社等发稿30多篇，央视《新闻联播》报道《海南海口：小街巷“牵挂”大民生》。

3. 坚持全面从严治党，《我是共产党员》入选中组部教育课件，《亮见》经验全省推广。

2016年以来，海口市牢固树立党建是最大政绩的理念，各级党组织坚决扛起全面从严治党的主体责任，以“双创”锤炼干部作风，全市共问责573名党员干部，同时创新“两学一做”学习教育载体，有效推动干部作风转变。11月2日，省纪委首次在海口召开全省农村基层党风廉政建设现场会，要求全省各级纪检监察机关学习借鉴海口新型监督品牌《亮见》的好做法。市委组织部联合海口电视台、海口日报社推出44期《我是共产党员》专题和专栏报道，其中9集专题片入选中组部远程教育课件，纳入全国党员干部现代远程教育网及全国党员干部现代远程教育卫星频道。

4. 固定资产投资增速连续4年位居全国35个大中城市前三，创新推动供给侧结构性改革。

2016年，海口抓项目、扩投资，固定资产投资全年完成1271.7亿元，增长25.7%，总量和增速全省“两个第一”，增速连续5年位居全国35个大中城市前列；民间投资活跃，占固投比重达八成，有望连续5年获得省重点项目“上台阶奖”。海口抓产业、兴实体，出台互联网等15项产业政策，供给侧结构性改革初见成效。海口药谷形成超百亿规模的医药产业集群，产值占全省的97%。“互联网+”营业收入155亿元，占全省48.4%，石山互联网小镇创造全国经验。全域旅游“点线面”推进，旅游业与会展、文化、体育、影视等产业加速融合，连续5年获“中国会展名城”称号，单体投资超500亿元的万达文化旅游城、爱奇艺创意中心、阿里巴巴文化娱乐集团南方总部成功落户海口。

5. 园区“极简审批”模式受国务院肯定，海口多项改革开全国先河。

2016年，海口市用“多规合一”画好海口发展蓝图。《海口市总体规划》获省政府通过，实现发展目标、坐标、指标“一张蓝图”全方位统筹。海口美安科技新城“极简审批”模式为海南行政审批制度改革破题，受国务院第十督查组肯定；海口率先在全国成立城市警察支队，推行“公安+城管”联合执法；开展“互联网+政务服务”，12345热线互动“马上就办”工作微信群，干群联系有新桥梁；海口成为全国第一个主城区全面实现环卫一体化改革的城市；海口率先在全省实施“五证合一、一照一码”登记制度改革；全省首个农垦社会管理属地化试点改革机构东昌居挂牌运行；海口城市公共治理指数首次进入全国省会城市前十，获评全国创新社会治理优秀城市。

6. 海口空气质量在全国 74 个重点城市中持续排名第一，入选中国宜居城市十强。

2016 年，海口树立“绿水青山就是金山银山”的强烈意识，推进生态环境修复，采取 PPP 模式对玉龙泉湿地公园等进行科学规划设计。以海绵城市理念，全面启动城镇内河（湖）水污染治理 3 年行动，率先实施河长制，水体水质得到明显改善。深入开展生态环境“六大专项整治”，积极参与北部湾大气区域联防联治，空气质量在全国 74 个重点考核城市中连续七年保持第一。2016 年 5 月 30 日，中国社会科学院发布《中国城市竞争力报告 2016》，海口城市宜居竞争力在参评的 289 个城市中排名第五。

7. 海口获评“中国全面小康突出贡献城市”，超额完成年度脱贫攻坚任务，百姓幸福指数得到提升。

2016 年，海口市坚持以人民为中心的发展思想，持续改善民生，获评“中国全面小康突出贡献城市”；精准脱贫深入推进，建立市区镇村四级脱贫攻坚责任制，实现 6 个贫困村整村脱贫、8453 人精准脱贫，超额完成年度脱贫攻坚任务；引进优质教育、医疗资源，人大附中、北大附中附小、北师大附中等附属学校落户海口，复旦附属华山医院、上海第六人民医院与海口牵手合作；组建菜篮子集团，政府“平价菜”销售网点实现主城区全覆盖；日月广场、万达广场、远大购物中心、新城吾悦、喜盈门等大型商业综合体开业运营，商业新模式改变市民生活，提升城市价值；小街小巷、农贸市场改造、园林绿化等“九大战役”全面打响，建成“三园合一”城市中央公园，打造“15 分钟便民生活圈”，群众的满意指数和幸福指数大幅提升。全面打响禁毒三年大会战，接报治安警情同比下降 5%，2016 年首现下降拐点。

8. 海秀快速路主线贯通，加快完善基础设施和城市功能，构建海陆空新格局。

2016 年 7 月 20 日，海秀快速路一期项目主桥及部分匝道功能性通车，将海口带入立体交通新时代，同时，海口全面优化公交线网规划，打通断头路，加快地下管廊建设，有效缓解交通压力。定海大桥建成通车、新海港区开港运营、美兰机场二期扩建，海口与湛江交通港航合作全面铺开，为海口扩大对外开放，打造国家“一带一路”支点城市，推动琼州海峡经济带、“海澄文”一体化建设提供强有力支撑。

9.《黎族家园》获全国少数民族文艺会演金奖，宣传思想文化工作取得新突破。

2016 年，海口市充分挖掘地方文化资源，努力推出精品文艺“名片”。9 月 14 日，大型歌舞诗《黎族家园》斩获第五届全国少数民族文艺会演“剧目金奖”“最佳舞美奖”。深入开展社会主义核心价值观的普及宣传，一批海口好人入选中国好人榜，《人民日报》、央视等央媒多次为海口点赞；精心组织对外文化传播交流，成功举办首届国际旅游岛三角梅花展、海口好人、美德少年、最美家庭等重大活动，并有多人入选国家级相应典型，有效提升城市文化自信心。出台《海口市扶持影视产业发展暂行规定》，文化产业迅猛发展，中国足球（南方）训练基地加快建设，海口文化产业园开园，100 多家企业成功入驻，一批影视作品陆续开拍。

10. 海口十大农业品牌出炉，打造热带特色高效农业王牌。

2016 年 9 月 4 日，海口市发布 2016 年度十大农业品牌，永兴荔枝、永兴黄皮、云龙淮山、美兰三角宁地瓜、海口莲雾、石山黑豆、海口火山石斛、海口蜜柚、大坡胡椒、海口甲子牛大力等农业品牌入选，这标志着打响“丝路海口·都市田洋”的热带特色高效农业“王牌”开启新篇章。加快推进国家级热带农业示范基地建设，桂林洋热带农业公园签约入园项目 22 个，落地动工项目 13 个，累计完成投资 7.7 亿元。

大事记

1月

5日

△海口市政府正式批复《海口市城市黄线专项规划（2013~2020)》，指导解决海口市目前面临建成区市政公用设施用地比例明显偏低、需要有针对性地进行合理增加，尤其要在旧城区改造中增加环卫、消防、供电等市政公用设施用地等市政方面的问题。

8日

△海口海洋与渔业维权执法综合服务保障基地顺利完工并交付使用，结束了海南没有海监执法船专用保障基地的历史。

10日

△以“健康海岛，快乐奔跑”为主题的 2016 富力海口马拉松赛举行，来自 15 个国家和地区的近万名选手参加比赛。经角逐，2016 富力海口马拉松赛男子全程冠军被肯尼亚选手 Wanyoike Peter Ndungu 以 2 小时 32 分 49 秒夺取；女子全程由中国的孙伟伟以 2 小时 58 分 51 秒夺得冠军。男子半程冠军中国选手侯艳民以 1 小时 10 分 08 秒获得，女子半程冠军由中国选手张俊丽以 1 小时 24 分 02 秒获得。

△《海口市公共租赁住房 经济适用住房 限价商品住房保障标准》颁布实施，有效期 2 年，该标准正式施行后将进一步规范对海口市住房保障准入的管理。

13日

△市委副书记、市长倪强主持召开市政府第 52 次常务会。会议原则通过《2016 年政府工作报告（讨论稿）》《海口市国民经济和社会发展第十三个五年规划纲要（讨论稿）》《海口市 2015 年国民经济和社会发展计划执行情况与 2016 年国民经济和

社会发展计划草案的报告（讨论稿）》《2015年海口市和市本级预算执行情况及2016年海口市和市本级预算草案的报告（讨论稿）》《海口市2016年投资项目计划》《海口市2016年为民办实事事项》，并分别提请市委、市人大审议。会议还研究了其他事项。

△海口市不动产登记中心挂牌成立，负责具体实施全市土地、房屋、农业、林地、海域等不动产登记、档案公开查询、信息资源共享等工作。

15日

△在全省扶贫开发工作会议上，宣读全省投资项目“百日大会战”考核结果及表彰决定。在这次表彰中，海口市共荣获7个奖项，分别是：综合奖特等奖、2015年省重点项目绩效考核奖上台阶奖、2012~2015年招商签约项目考核优秀奖、2015年度棚户区改造项目考核优秀奖、信息基础设施建设专项行动考核优秀奖、项目储备考核优秀奖和国家转建设基金项目考核优秀奖。在综合奖特等奖和省重点项目绩效考核奖上台阶奖中，全省只有海口市获得此殊荣。

16日

△石山互联网农业小镇运营中心揭牌仪式在火山口公园举行。

21日

△中国人民政治协商会议海口市第十三届六次会议在海南国际会展中心闭幕。闭幕大会由市政协主席王云霞主持。大会应出席委员283人，实到256人，符合法定人数。19日开幕以来，会议审议通过政协海口市第十三届委员会第六次会议关于常务委员会工作报告的决议、关于市政协十三届五次会议以来提案工作情况报告的决议、政协海口市第十三届委员会提案法制委员会关于市政协十三届六次会议提案审查情况的报告、政协海口市第十三届委员会第六次会议政治决议。会议补选王云霞为市政协主席，补选温精华、侯亨浪、文日坤为海口市政协副主席。

22日

△历时3天的海口市第十五届人民大会第七次会议在海南国际会展中心闭幕。孙新阳主持会议。闭幕大会应到代表298名，实到282名，符合法定人数。会议听取市十五届人大七次会议议案审查委员会关于代表提出的议案以及建议、批评和意见的处理意见报告；听取关于各项正式候选人人选的说明；表决通过大会总监票人、监票人名单；表决通过《海口市第十五届人民代表大会第七次会议关于海口市人民政府工作报告的决议》《海口市第十五届人民代表大会第七次会议关于海口市国民经济和社会发展第十三个五年规划纲要的决议》《海口市第十五届人民代表大会第七次会议关于海口市2015年国民经济和社会发展计划执行情况与2016年国民经济和社会发展计划的决议》《海口市第十五届人民代表大会第七次会议关于2015年海口市和市本级预算执行情况及2016年海口市和市本级预算的决议》《海口市第十五届人民代表大会第七次会议关于海口市人民代表大会常务委员会工作报告的决议》《海口市第十五届人民代表大会第七次会议关于海口市中级人民法院工作报告的决议》《海口市第十五届人民代表大会第七次会议关于海口市人民检察院工作报告的决议》。会议进行选举，杜立文当选为海口市第十五届人民代表大会常务委员会主任；方中里、叶霞、孟励当选为海口市第十五届人民代表大会常务委员会副主任。

25日

△康迪年产10万辆纯电动汽车项目在海口国家高新区美安科技新城奠基。

△海口市数字化城市管理指挥监督中心成立，标志着海口市城市管理数字化又向前迈出一大步。

29~30日

△2016年全国旅游工作会议在海口召开。海南省委副书记、省长刘赐贵，国家旅游局党组书记、局长李金早，中国旅游智库主任委员、国务院研究室原主任魏礼群，中国旅游智库副主任委员、全国人大常委、民族委员会主任委员李景田等出席会议。大会宣布首批国家级旅游度假区，宣读年度“中国旅游十大新闻人物”“中国好游客、好导游”“万名旅游英才计划”名单，并现场为获奖代表颁奖。会上，海口获评全国“厕所革命”先进市。

2月

1日

△即日起，海南离岛免税政策取消非岛内居民旅客购物次数限制，每人每年累计免税购物限额不超过1.6万元；三亚海棠湾免税店和海口美兰机场免税店开设网上销售窗口。

△2016首届海南国际旅游岛三角梅花展开幕。花展由海口市政府主办，主题为“诚相等，春常在”，主展区在滨海公园，展示4.9万盆三角梅，一直持续至4月15日。

2日

△省公安厅批复同意海口市公安局设立城市警察支队。

3日

△省委书记罗保铭深入海口的社区居委会、农贸市场调研，并向基层干部、干警、见义勇为代表、环卫工人送上新春问候和祝福。

△市纪委十二届六次全会召开。会议审议并表决通过《中国共产党海口市第十二届纪律检查委员会第六次全体会议工作报告》《中国共产党海口市第十二届纪律检查委员会第六次全体会议决议》。

5日

△省委常委、常务副省长毛超峰调研海口节日蔬菜供应情况，落实4日省政府专题会议上刘赐贵省长“做好十个方面稳定菜价工作，全力稳定菜价和节日蔬菜供应”的要求。

△海口市政府、省卫计委共同和澳大利亚圆美国际医疗集团签署医疗健康项目全面合作框架协议。

△海口市城市执法启动仪式在京华城中心广场举行，同时，以金贸街道为代表的首批7个试点镇（街）的城市执法中队挂牌成立，标志着海口城市管理综合执法改革落地，“公安+城管”联合执法模式正式实施。

6日

△省委副书记、省长刘赐贵到海口市常年蔬菜生产基地和供应场所，实地考察蔬菜供应及价格情况。

△海口市政府出台16条措施，确保春节期间海口市菜价基本稳定。

10日

△海口地区蔬菜均价高达6.81元，比春节前上涨30.96%，与上年同期比上涨105.74%，达到1月份寒流天气以来菜价最高位。

△海口市菜篮子集团开始推出政府平价蔬菜临时直销点，弥补平价蔬菜零售网点的不足。首批18个“菜篮子”蔬菜的临时直销点（流动菜车）就位，所售平价蔬菜品种12种，其中“一元菜”白萝卜仅售0.98元/斤，直接惠民。当日，18个政府平价蔬菜临时直销点累计配送销售15.8吨平价菜。

14日

△省委副书记、省长刘赐贵到海口市琼州大道城东市场、兴丹路平价菜销售点等地调研节后菜价。省委常委、市委书记孙新阳，副省长李国梁，省政府秘书长陆志远，市委副书记、市长倪强，副市长文斌等参加调研。

18日

△市委副书记、市长倪强主持召开市政府第53次常务会议，落实省委省政府和市委近期的一系列工作部署，审议并原则通过一批推动“双创”、鼓励产业发展、打击违法建筑等有关办法和规定。会议审议并原则通过《海口市城市黄线管理办法（草案）》《海口市违法建筑举报奖励办法》《海口市关于加快工业发展的若干规定》《关于加快工业发展若干规定的实施细则》《海口市2016年政府投资项目推进工作方案》《海口市限价商品住房保障管理办法》《海口市2015年重点工作目标责任考核结果的通报》以及其他事项。

19日

△省委副书记、省长刘赐贵在海口市调研互联网产业小镇。省委常委、常务副省长毛超峰，省委常委、海口市委书记孙新阳，省政府秘书长陆志远，市委副书记、市长倪强，市领导袁光平、林海宁、鞠磊等参加调研。

23日

△六届省政府58次常务会议审议通过《海南省人民政府关于加强房地产市场调控的通知》，即日起实行“两个暂停”：对商品住宅库存消化期超过全省平均水平的市县，暂停办理新增商品住宅（含酒店式公寓）及产权式酒店用地审批（包括农用地转用及土地征收审批、土地供应审批、已供地的非商品住宅用地改为商品住宅用地审批、商品住宅用地容积率提高审批），暂停新建商品住宅项目规划报建审批。

△国家标准化管理委员会批准海口国家高新区试点筹建“国家高新技术产业标准化示范园区”。这是海南省第一个获准筹建国家级高新技术产业标准化示范园区的单位。

27日

△海口市病媒生物防制专项整治活动月动员大会在市第二行政办公区综合楼多功能厅召开，部署全市病媒生物防制工作并进行全市培训。

△海口市一个服务项目、一个服务组织和一个社区成为全国“四个100”先进典型。海口市美兰区关爱特殊青少年志愿服务项目入围“最佳志愿服务项目”“海口市妈妈训教团”志愿者队伍入围“最佳志愿服务组织”，海口市龙华区金茂街道玉沙社区入围“最美志愿服务社区”。

△位于三叶西路和滨湖路交界的海口双创广场落成启用。

△经过近20天的调查，高菜价问题调查有了结果，海口南北蔬菜批发市场有限公司因涉及欺行霸市、商业贿赂、管理混乱等违规行为，被处以没收违法所得242.45万元、罚款60.865万元的处罚。

28日

△电视问政直播节目《亮见》在海口广播电视台演播大厅举行，节目大胆创新问政形式，《谁动了危房改造资金的歪念》《农残检测员补贴被私分谁如此大胆》《这样的好处费，你敢收吗》3个短片将矛头由“问纪”转向“问贪”，开春第一问剑指农村“微腐败”。本期直播节目还播放短片《亮见：开启媒体监督纪委督办新常态》《节后您上班了吗》，以此回顾2015年海口电视问政取得的成效，对春节过后机关工作作风纪律进行有效监督。

29日

△上午，龙华区坡博一横路扬帆小学校门外发生一起伤害学生案件，一男子持刀行凶致10名学生受伤后自杀身亡。

3月

14日

△海南省工商局对海口南北蔬菜批发市场49个档口33家一级批发商的立案调查正式结案，最终认定这些档口批发商存在哄抬物价、缺斤短两、商业贿赂、未建立购销台账等违法行为，分别予以行政处罚，罚没款828.29万元，并依法将其列入经营异常名录。

19日

△中国足协杯第一轮比赛在海南省高级体校运动场举行，这是海南建省以来首次举办正式的职业足球赛事。比赛中，海口博盈海汉队主场战胜江苏盐城队。

21日

△市委副书记、市长倪强主持召开市政府第54次常务会议，传达学习全国“两会”、国务院棚改工作电视电话会议、全省领导干部大会、安

全生产工作会议、旅游工作会议、省政府第60次常务会，以及市委常委(扩大)会暨“双创”领导小组第19次会议精神，并就贯彻落实进行安排部署。会议审议并原则通过《海口市贯彻落实省政府关于房地产市场调控的实施意见》《关于加快推进海口市棚户区（城中村）改造有关工作的规定》《2016年政府投资项目有关事项的请示》等相关事项。

27日

△电视问政直播节目《亮见》第二问——《谁在漠视群众利益》在海口广播电视台演播大厅举行。《被漠视的污染谁之过》《占用农田建房，底气从何而来》《农田用水，到底被谁“规划”掉了》3个短片聚焦的几个问题，集中反映出少数党员干部工作作风漂浮，漠视群众利益，脱离群众，忽视群众诉求，致使群众利益诉求长期得不到有效解决。本期节目还播放短片《“双创”回头看》，回顾“双创”工作开展以来海口取得的成绩，并对当前“双创”可能出现的反弹和存在不足进行督促。

29日

△海口市房屋交易与产权管理中心成立，是隶属海口市住房和城乡建设局的正科级事业单位。由原海口市房屋产权交易登记中心变更而来，将其原有的登记职责划转到不动产登记部门。主要工作是进行新建商品房销售管理、商品房项目预售备案、购房资格审核与房源信息核验、商品房买卖合同网签备案、商品房预售资金监管等。

4月

1日

△海南省工商联原主席沈桂林因非法集资8.8亿余元，被海口市中级人民法院一审以集资诈骗罪判处无期徒刑，剥夺政治权利终身，并处没收个人全部财产。

△海口市首家国地税联合办税服务厅在海口市国税大厦揭牌成立。纳税人只需取一次号，就可以办结所有业务，不分国税、地税，也不用再重复交材料、排队。

8日

△市委副书记、市长倪强主持召开市政府第55次常务会议，审议通过扶持影视文化产业发展政策，研究教育、公交等民生事项。会议审议通过《海口市扶持影视产业发展若干规定》《公交线路相关资源整合实施方案》《海口市人民政府2016年度制定建设（立法）计划（草案)》，会议还审议合作办学、校安工程、安全生产等方面事宜。

11日

△2016年海口市深入推进“双创”工作动员大会在第二行政办公区召开。会议由市人大常委会主任、市“双创”工作领导小组组长杜立文主持。市委副书记、市长、市“双创”工作领导小组组长倪强总结2015年“双创”工作并部署2016年“双创”工作。市政协主席、市“双创”工作领导小组组长王云霞宣读表彰通报。会上，省委常委、市委书记、市“双创”工作领导小组组长孙新阳等为2015年度“双创”工作先进单位、先进个人颁奖。

12日

△海口市农业局和中国人民财产保险股份有限公司海南省分公司联合召开鸡、羊养殖保险首次赔付新闻发布会，全省首单政策性鸡、羊养殖保险顺利赔付，两养殖单位分别获赔59.21万元和9.73万元，标志着海口市鸡、羊养殖保险工作的全面启动和服务落地。

△《海口市贯彻落实省政府关于房地产市场调控的实施意见》实施。

13日

△在“悦读中国”2015年度十大数字阅读城市评选中，海口市被评为“2015十大数字阅读城市”，排名第五。

14日

△省长刘赐贵在海口调研海口美兰国际机场二期工程、美安科技新城、新海港等重点项目建设情况。省委常委、常务副省长毛超峰，省委常委、海口市委书记孙新阳，省政府秘书长陆志远参加调研。

18日

△《海口日报》报道，中央宣传部办公厅下发通知，命名全国100个社区宣传思想文化工作示范点。海南省有两个社区夺得该荣誉，美兰区人民街道万福社区是海口唯一入选的社区。

20日

△海口市召开表彰大会，对2015年度100位助人为乐、见义勇为、敬业奉献、诚实守信、孝老爱亲的“海口好人”进行表彰。

△美兰区环卫一体化PPP项目签约仪式在第二行政办公区举行，该项目的落地，标志着海口主城区环卫一体化PPP项目实现全覆盖。省委常委、市委书记孙新阳，市领导巴特尔、林海宁，北京环境卫生工程集团有限公司董事长母秉杰等参加签约仪式。美兰区、海口保税区开发建设总公司、北京环境卫生工程集团有限公司三方分别签署环卫一体化PPP项目协议及合资合作协议。根据协议，美兰环卫一体化PPP项目合作内容包括城市道路及可视范围内清扫保洁服务、垃圾收集清运、公共厕所运营管理、环卫专用车辆和设施设备的配置与更新等内容。项目实施后，海口市将实现作业范围与内容全覆盖“双创”考核内容，做到无天窗、无盲区，同时实现政府职能、环卫投融资渠道、环卫作业运营管理效率三大转变。

29日

△2016海口电视问政节目《亮见》第三问开播，推出3个短片：《九年维权路还要走多久》《成立一个业委会咋就这么难》《回迁这事为何一拖再拖》，再次将镜头对准群众身边的不正之风，直面部分党员干部漠视百姓利益、忽视群众诉求、相互“踢皮球”、不作为等作风“不严不实”现象。

△海口市与巴基斯坦拉合尔市签署结好文书，中国驻拉合尔总领事郁伯仁出席签字仪式。

5月

1日

△《海口市农村宅基地建房办法》正式施行。

1~2日

△针对4月30日秀英区拆除长流镇琼华村违建行动中7名联防队员殴打群众的事件，1日中共海口市委做出问责决定：同意黄鸿儒引咎辞去秀英区区长职务，同时免去其秀英区委副书记、常委、委员职务。市委副书记、政法委书记吴川祝带队前往琼华村，登门看望被殴打的群众，并就联防队员的暴力行为表示歉意。2日，市公安局秀英分局对涉嫌寻衅滋事罪的5名联防队员立案侦查并依法刑事拘留。

2日

△落户海口国家高新区狮子岭工业园的全省规模最大米粉生产线——海和顺米粉生产线正式运转。

4日

△琼山区政府与海航基础产业集团有限公司签署战略合作框架协议。根据协议，双方将共同发起成立“琼台复兴”基金，初期募资规模约30亿元，主要投资于框架协议内的合作内容。

5日

△历时5天的首届“全球旅游目的地盛典”在海口闭幕，这是全球首个由中国举办的旅游目的地主题活动。来自美国、法国、日本、韩国等18个国家的外国使节或代表机构，北京、天津、河北等近20个国内省份旅游局或行业代表，以及新华社、人民日报、光明日报等40多家主流媒体代表等近千人参会。“全球旅游目的地盛典”颁奖典礼揭晓2015年“国内TOP10旅游目的地”和“国际TOP10旅游目的地”两大榜单，颁奖典礼现场还同期发布2016年国内、国际十大旅游目的地推荐名单，海口入选2016国内游推荐目的地。

6日

△历经8天的航行后，泉州安通物流有限公司所属的“安盛集2”轮满载着77个集装箱（总载货约4800吨）顺利从印尼巨港返回海口港。海口—印尼集装箱班轮航线首个往返航次圆满完成，这标志着海口—印尼“一带一路”集装箱班轮航线成功开通。

13日

△在第七次全国人民防空会议上，海口市被授予全国人民防空先进城市。

△由海口市外事侨务办主办的“一带一路”地方外侨办联动合作机制2016全体会议暨第八届（海南）城际外事侨务工作协作会议在海口召开。大连、西安、成都、南通、温州、湖州、威海、海口等城市的外侨办成员单位代表共同签署《海口共识》。

△海南省高级人民法院与陈满就国家赔偿问题达成赔偿协议，向陈满支付国家赔偿金275.38万元。1994年11月9日，海口市中级人民法院以故意杀人罪和放火罪判处陈满死刑，缓期两年执行，剥夺政治权利终身。11月13日，海口市人民检察院以应判处死刑立即执行为由，向海南高院提出抗诉，海南省检察院支持抗诉。1999年4月15日，海南高院经审理裁定，驳回抗诉，维持原判。2015年2月10日，最高人民检察院对该案提出抗诉。浙江省高级人民法院经最高人民法院指定，于12月29日在海口开庭再审此案，并于2016年2月1日依法宣判，宣告陈满无罪，当庭释放。

16日

△市委副书记、市长倪强主持召开市政府第56次常务会议，传达贯彻落实省委常委会第105次会议、全省4月份经济形势分析会和市委常委会第12次扩大会议精神。会议审议并原则通过《海口市气象灾害预防规划（2015~2020年草案）》；审议并原则通过《海口市电梯安全管理若干规定》，要求将该《规定》修改完善后，提交市人大常委会审议。会议还审议《海口市“十三五”精准扶贫工作实施方案》等。

17日

△市委副书记、市长倪强主持召开市政府第57次常务会，审议并通过设立海口市产业引导基金、桂林洋国家热带农业公园（体验区）入园及优惠政策若干规定、促进航运业稳定发展办法共三个扶持鼓励产业发展的政策。会议原则通过《海口投资管理有限公司关于设立海口市产业引导基金的请示》《大英村棚户区改造项目合作商务条件》《海口市人民政府与大连万达商业地产股份有限公司合作框架协议》《海口市人民政府与华润（集团）有限公司战略合作框架协议》《雅居乐海口金沙湾健康教育新城项目框架协议书》等议题。

18日

△海口市公安局城市警察支队挂牌成立。

△海口市政府与人保财险海南省分公司在海口新发地产业园区，联合启动夏秋季叶菜价格指数保险试点承保仪式，为省内涉农企业出具蔬菜价格指数保险首张保单。首单为人保财险与海南新发地现代农业发展公司签约。

19日

△海口市启动居住证申领工作，暂住证将退出历史舞台。

22日

△省长刘赐贵到海口实地走访世纪公园、骑楼小吃街、泰龙城小吃街、海大南门夜市等地，调研城市夜景、夜市建设情况。

26日

△百度地图与海口交警签署战略合作协议，海口交警正式入驻百度地图交通云平台，百度对外发布《海口市出行大数据报告》。海口成为首家上线高清实景路况城市。

30日

△中国社会科学院发布《2016年中国城市竞争力报告》，海口再度

入选中国宜居城市十强。

6月

1日

△《海口市爱国卫生管理办法》施行。

3日

△省长刘赐贵到省粮食储备经营公司白水塘粮库考察调研，主持召开全省粮食系统工作座谈会。省委常委、常务副省长毛超峰，省委常委、市委书记孙新阳，省政府秘书长陆志远参加调研。

6日

△省委常委、市委书记孙新阳会见来访的新西兰旺阿雷市市长麦雪莉（Sheryl Mai）一行。新西兰驻广州总领事陈立恩（Rebecca Needham），市委副书记、市长倪强，以及市领导林海宁、朱永盛参加会见。随团访问的还有旺阿雷市女子高中和男子高中的校长，他们与海口市高中探讨建立伙伴学校关系，并提供10个奖学金名额于8月赴新西兰进行为期三周的游学。两市负责人共同为10名海口高中生颁发奖学金。这10名奖学金获得者分别来自海南中学、海南华侨中学、海口市一中、海口实验中学和华中师范大学海南附中5所学校。另外，海口实验中学与旺阿雷市女子高中达成建立伙伴学校意向，华中师范大学海南附中与旺阿雷市男子高中达成建立伙伴学校意向。

13日

△市委副书记、市长倪强主持召开十五届市政府第58次常务会议，研究简政放权放管结合优化服务改革、便民服务措施、社会诚信体系建设等工作，并审议通过相关文件。会议审议并原则通过《海口市2016年推进简政放权放管结合优化服务改革工作方案》《海口市行政审批制度改革第四批便民服务措施》《海口市个人信用信息征集和使用管理办法（送审稿）》《海口市企业信用信息征集和使用管理办法（送审稿）》《海口市诚信“红黑榜”发布和奖惩管理办法（送审稿）》；审议并原则通过《海口市城镇园林绿化条例（送审稿）》，要求有关部门尽快修改完善，提交市人大常委会审议。此外，会议还审议7个与相关企业、机构的合作协议，研究审议《2016年海口市和本级一般公共预算与政府性基金预算调整方案（草案）的报告》等其他事项。

14日

△海口市首个基层食药监所快速检测室在金龙食品药品监督管理所挂牌启用。

15日

△海口市琼山区大坡镇东昌居挂牌成立。这是国内第一个以“居”命名的基层社会治理单元。东昌居从东昌农场剥离划归属地管理后，根据政府授权，东昌居将行使一定的社会管理和公共服务职能。

△为期3天的2016年第一届中德医疗创新论坛在海口召开。德中医学会在此次论坛上与海南政府及卫生部门就医改类题目进行交流，内容涉及医改、社区卫生建设与分级诊疗，药品价格机制建设、医养结合等领域。本次论坛由海南省卫计委、海口市政府、德中医学会共同主办，海南第一成美医疗集团承办。

△秀英区率先在海口汽车西站成立全市首个“双创”监督员工作站，此举标志该区“双创”监督工作开始走上规范化、制度化、社会化轨道。

16日

△由腾讯公司主办的中国“互联网+”峰会在北京召开，会上揭晓2016中国“互联网+”旅游十大优秀城市获奖名单，海口榜上有名。

18日

△全省首个“互联网+物流+商贸”示范工程——海口林安物流信息交易中心开业。

29日

△海口市与省文体厅共建海口文化产业园合作框架协议签约暨挂牌仪式在复兴城中心广场举行。

30日

△琼台师范学院在海口桂林洋高校区挂牌成立。原琼台师范高等专科学校经国家教育部批准升格为本科院校。副省长王路、省政府副秘书长种润之、省教育厅厅长曹献坤、海口市副市长朱永盛参加揭牌仪式。

7月

8~10日

△海口市代表团赴上海开展经贸交流和考察调研活动。期间，海口市政府与上海申康医院发展中心签订战略合作协议，与中国远洋海运集团有限公司签约，与中国华信能源有限公司签署合作备忘录；上海市第六人民医院与海口市卫生局签订合作框架协议，复旦大学附属华山医院分别与海口市卫生局和海口市第一人民医院签署战略合作协议。

11日

△海口市市政局组织研发全国首款关注城市积水、便民服务的“排水APP”应用平台正式上线试运行。

15日

△由海口市政府和中国经济信息社联合主办的“2016海上丝绸之路金融高峰论坛暨海南省金融博览展”在海口开幕，来自国内政、商、学界的300余代表以“经济新常态下的金融改革与创新”为主题，围绕中国经济新常态与国家“一带一路”倡议背景下的海南金融业发展机遇与挑战、城市绿色金融创新发展、“金融扶贫”新思路等问题展开探讨。

16日

△由海口市科工信局主办的中国冷屋面产业技术联盟成立大会在海口成立。

△由腾讯公司主办的2016中国“互联网+”峰会上，海口与北京、深圳、杭州、重庆、天津、南京、西安、香港、厦门等其他一线城市跻身“互联网+旅游”十大优秀城市。

18日

△第六届中欧论坛暨第三届中欧政策与实践圆桌会议在海口举行。来自中国与欧洲的各界专家围绕“中欧经济转型：前景与机遇”等议题进行深入探讨。

20日

△海秀快速路（一期）项目实现主桥及部分匝道功能性通车。本次通车的有国兴大道至长滨路主桥全线，龙昆立交和丘海立交2座立交桥，丘海大道东西两侧平行匝道、永万路以东平行匝道、长天路以东平行匝道及长彤路以东平行匝道等5对匝道。

21日

△市委副书记、市长倪强主持召开市政府第59次常务会议，审议并原则通过扶持会展业发展、促进互联网农业小镇发展的政策措施，通过发展壮大教育产业、物流业的相关协议，以及加强和改进“菜篮子”工程建设、加强旅馆业管理的实施意见。会议研究出台《加强海口市旅馆业管理实施意见》；审议《中共海口市委、市政府关于加快推进石山互联网农业小镇建设的意见》《关于加强和改进“菜篮子”工程建设的意见》；审议并原则通过《海口市人民政府 海南省教育厅共建海口桂林洋教育科技产业园区合作框架协议》《海口林安智慧物流商城项目投资合作协议书》《海口市人民政府与中国旅游研究院战略合作协议》《海口市人民政府与民生银行签订金融战略合作协议》。

△海口国家高新区举行新机构挂牌仪式，其中行政审批局（政务服务中心）、行政监管局的成立在全省尚属首例。

22日

△省长刘赐贵赴海口高新区云龙产业园区调研社会投资情况，省委常委、常务副省长毛超峰，省委常委、海口市委书记孙新阳，副省长李国梁，省政府秘书长陆志远参加调研。

25日

△即日起，海口市辖区范围内的不动产实施统一登记，颁发《不动产权证书》或《不动产登记证明》。

27日

△市委十二届十一次全会暨上半年经济形势分析会闭幕。全会由市委常委会主持。全会审议通过《中共海口市委关于推进供给侧结构性改革促进经济行稳致远的实施意见》《中国共产党海口市第十二届委员会第十一次全体会议关于召开中国共产党海口市第十三次代表大会的决议》《中国共产党海口市第十二届委员会第十一次全体会议决议》。会上，倪强通报了海口市2016年上半年经济运行情况，部署下半年经济工作。全会提出海口市推进供给侧结构性改革的主要目标；会议决定，中国共产党海口市第十三次代表大会于2016年11月在海口召开。

29日

△2016海南（北京）综合招商活动在北京国家会议中心举行，海口参加此次活动并成功签下63个大单，协议投资总额577.3亿元。

30日

△北京师范大学海口附属学校（高中部）在江东组团项目现场举行开工仪式。项目位于海口市江东组团白驹大道以南生活片区内，总用地面积17.96万平方米，总建筑面积14.34万平方米，建设内容包括高中部、初中部及教师培训基地。

31日

△省委常委、宣传部长、省文明委主任许俊，省委常委、市委书记孙新阳，市委副书记、市长倪强，以及全国诚实守信道德模范提名奖获得者刘汉惜，海南省孝老爱亲道德模范李萍，热心市民白爱萍一起，共同启动“诚信海口”“公益海口”“海口城市管家”网络服务平台。

8月

2日

△由福建、江西、湖南、广东、广西、四川、贵州、云南、海南9个省（区）工业和信息化主管部门推动的首届泛珠三角区域九省（区）产业园区交流活动在海口举行。来自9省区域内的洋浦经济开发区、海口国家高新技术产业开发区、长沙国家级高新区、长沙金霞国家级经济开发区、南宁高新区、遂宁经济技术开发区等10家国家级开发区和30家省级产业园区以及14家企业参加活动。

9日

△海口市在全省范围内率先将企业的设立、变更、注销手续办理权限下放至演丰镇政府，并进驻镇政务中心，演丰镇成为海南省首个拥有区级企业工商注册权限的乡镇。至此，演丰镇共承接市、区两级下放权项89项。

10日

△即日起，海口市原国税、地税的10家办税服务厅全部升级为国地税联合办税服务厅。

15日

△国家旅游局公布第二批40个“中国乡村旅游创客示范基地”，海口市龙华区复兴城旅游电商创新创业基地获此殊荣。

16日

△海口国家高新区与香港中文大学签署战略合作协议，双方将在创新创业、人才培养、平台搭建、产品研发、成果转化等多方面展开合作，助推高端人才共享，拓展渠道促进产学研一体化发展。

18日

△第8号台风“电母”生成，给海口带来20年一遇的强降水，全市平均降雨量306.2毫米。

△第十二届中国国际会展文化节在海口开幕，有关部委领导、行业协会负责人，特邀的100余位国内外重要组展商，及海内外会展业从业者等近1000人与会。

△中国会展业“金海豚”大奖在海南国际会展中心揭晓，海口与北京、上海、成都等13个城市共同获得2015~2016年度“中国会展名城”大奖，这是海口连续5年获得该殊荣。

24日

△第二期“市长参访计划”的柬埔寨、老挝、缅甸、马来西亚、巴基斯坦、斯里兰卡、越南7个国家的省长、市长，以及外交部驻澳门公署一行36人访问海口，市委副书记、市长倪强中午会见代表团一行。会见期间，海口与缅甸仰光市、巴基斯坦斯兰堡市签订结好意向书，海口国际友城（包括友好交流城市）增至33个，遍布五大洲28个国家。

26日

△光启临近空间技术总部落户海口暨临近空间飞行器“海口旅行者”号放飞计划发布会在海口举行。省委常委、市委书记孙新阳与光启集团总裁、光启科学董事会主席、深圳光启高等理工研究院院长刘若鹏共同为海口未来技术研究院揭牌。

△复旦大学附属华山医院和海口市人民医院共建友好合作医院正式揭牌，华山医院优质专科医疗资源即日起进驻海口。

28日

△位于新埠岛的海口水产品综合批发市场正式开业，市场占地面积6.87公顷，建筑面积6万多平方米，定位以水产批发为主，成为兼有海鲜加工、海南特产、干货、酒水等批发空运物流配送为一体的综合市场。

31日

△海口市政府在市政府服务中心工商窗口举行“五证合一、一照一码”登记制度改革暨全省首批“五证合一、一照一码”营业执照颁发仪式，为海口棕海项目建设投资有限公司、海南时光影像文化传媒有限公司等企业颁发全省首批“五证合一”营业执照。标志着海口市在全省率先试行“五证合一、一照一码”登记制度改革，提前一个月实现国务院办公厅提出的10月1日起全国实施“五证合一、一照一码”登记制度改革的工作目标。

9月

1日

△海口市启动服务社会投资“百日大行动”。海口市有160个项目纳入全省服务社会投资“百日大行动”计划，“百日大行动”期间计划投资约69亿元。

△海口市纪委发布《关于撤销海口市纪委廉政账户的公告》，决定自即日起，撤销市纪委廉政账户，撤销后账户的资金余额全部上交国库。

2日

△在新疆国际会展中心举行的2016中国体育文化博览会、中国体育旅游博览会上。组委会从来自全国26个省、市、自治区体育厅（局）报送的316个项目中，评出2016年中国体育旅游精品项目，其中，海口观澜湖景区位列中国体育旅游十佳精品景区。

4日

△2016年海口市十大农业品牌发布会在石山互联网农业小镇举行，发布会提出以“丝路海口·都市田洋”作为海口十大农业品牌定位。会上正式发布2016年海口市十大农业品牌：海口莲雾、云龙淮山、大坡胡椒、海口蜜柚、美兰三角宁地瓜、海口甲子牛大力、永兴荔枝、永兴黄皮、石山黑豆、海口火山石斛。

6日

△市委副书记、市长倪强主持召开市政府第60次常务会议，审议并原则通过《海口市医疗、医保和医药联动综合改革实施方案》《关于加快推进海口市公共法律服务体系建设的实施意见》等议题。会议还审议通过联合办学、医疗康复、商业服务、棚户区改造等8个合作协议，其中大部分协议在本月8日召开的中国（厦门）国际投资贸易洽谈会上与世界500强等一批大企业签订，是海口服务社会投资“百日大行动”的重要举措。

7日

△由全国政协常委、经济委员会副主任、中央农村工作领导小组原副组长、办公室主任陈锡文，全国政协经济委员会副主任（驻会）侯建民率领的全国政协调研组，就“健全现代农业科技推广体系”专题，在海口市调研。

9日

△首批海南省院士工作站授牌暨海南大学院士工作站揭牌仪式举行。首批工作站共有9个，经专家评审，由省人才工作领导小组第九次会议审议认定，分别是：海南大学院士工作站，进站院士是中国工程院院士侯保荣；海南东进航空科技有限公司院士工作站，进站院士是中国工程院院士陈志杰；海南省海洋与渔业科学院院士工作站，进站院士是中国工程院院士张偲；海南医学院院士工作站，进站院士是中国工程院院士郝希山；海南省农垦科学院院士工作站，进站院士是中国工程院院士约翰·克里坦登；海南德益丰水产科技有限公司院士工作站，进站院士是中国工程院院士林浩然；海南润达现代农业股份有限公司院士工作站，进站院士是中国工程院院士吴孔明、张齐生、李天来；罗牛山股份有限公司院士工作站，进站院士是中国工程院院士陈焕春；海南瑞泽新型建材股份有限公司院士工作站，进站院士是中国工程院院士曹福亮。

10日

△由海口市120急救中心牵头筹建的全省首个“健康社区急救安全屋”在海口市江畔人家小区建成。健康社区急救安全屋可提供智能救援岛、救援培训岛和培训课程等3种救援设施服务。安全屋面积约20平方米，包括救援培训岛和智能救援岛两部分。

16日

△由国家民委、文化部、广电总局和北京市政府主办的第五届全国少数民族文艺会演在北京落下帷幕，海口市选送的歌舞《黎族家园》荣获全国少数民族文艺会演剧目金奖。

17日

△海口市人民政府、海南恩祥房地产开发有限公司与北京大学附中、附小合作办学协议以及恩祥王府井项目开发合作协议签约仪式在海口举行。省委常委、市委书记孙新阳，北京大学副校长高松，市委副书记、市长倪强等出席签约仪式。倪强分别与北大附中、北大附小及海南恩祥房地产开发有限公司负责人签署《北京大学附属中学 海南恩祥房地产开发有限公司 海口市人民政府合作办学协议书》《北京大学附属小学 海南恩祥房地产开发有限公司 海口市人民政府合作办学协议书》，并与海南恩祥房地产开发有限公司签署《恩祥王府井项目合作协议》。按照合作办学约定，两所学校选址在海口市秀英区永万东路、椰海大道交叉口西北角地块，其中，北大附中海口分校含初中、高中及国际部，占地面积13.33公顷；北大附小海口分校含小学、幼儿园，占地面积6.67公顷。

19日

△海口市卫生局与上海市第六人民医院在第二行政办公区签订合作补充协议，上海市第六人民医院将派出最强团队与海口市合作，建设装备一流、技术一流的高水平骨科与糖尿病专科医院，解决海南省骨科与糖尿病高端医疗服务供给不足问题，逐步实现“大病不出岛”的目标。

△蜂巢创新工场正式在美兰区演丰互联网产业小镇揭牌，填补了海南服务机器人研发设计与制造产业的空白。揭牌仪式上，爱尔兰科克理工大学Martin Klepal博士与创新工场签署共建联合研发中心协议；镇政府与创新工场签署战略合作协议；上海钛米机器人与创新工场签署采购协议，确定采购960套智能定位模块，用作其下一代机器人的定位组件，采购额2000万元；中关村知名天使投资人肖庆平与蜂巢创新工场签署投资协议。

28日

△市委副书记、市长倪强主持召开市政府第61次常务会议。会议通报国务院第三次大督查工作有关情况，传达省政府第70次常务会议、十二届市委常委会（2016）第28次会议、广东海南两省推进琼州海峡港航一体化发展联席会议、刘赐贵省长调研海口市农业生产工作重要指示，以及孙新阳书记“菜篮子”建设专题会议、全省存量国有建设用地专项清理处置工作动员部署暨培训工作会议、全省禁毒工作会议、全省旅游市场综合整治工作领导小组会议、《省纪委关于七起违反中央八项规定和省委省政府二十条规定精神问题的通报》精神，并对“五网”建设项目简化审批、存量国有建设用地处置、交通路网建设等专项工作进行部署。审议并原则通过《海口市扬尘污染防治办法（草案）》，要求修改完善后提交市人大常委会审议。同时，还审议并原则通过《海口市三年滚动（2017~2019年）投资计划》《海口市人民政府办公厅关于棚户区改造补偿安置有关事项的通知（审议稿）》《关于通过政府购买服务的方式推进土地收储工作的请示》《海口市产业引导基金（暂定名）设立及管理方案》。

10月

13日

△市委副书记、市长倪强主持召开市政府第62次常务会议，审议并原则通过《海口市权力清单责任清单》《关于加快推进品牌农业建设的意见》《海口市2016年品牌农业建设实施方案》《海口市违法建筑分类处置办法》《海口市爱国卫生工作“十三五”规划》等议题。会议还审议海口南片区土地一级开发项目提前回购及周边基础设施建设、桂林洋医院移交省卫计委管理等事项。

14日

△住建部公布第一批中国特色小镇名单，琼山区云龙镇榜上有名，成为海口唯一的“中国特色小镇”，也是海南仅有的两个入选小镇之一，另一个海南入选小镇为琼海市潭门镇。

20日

△在海口召开的第十四届“2016中国（海口）商业街区行业年会暨全国商业街旅游供给侧改革经验交流会”上，海口复兴城中国香街被中国步行商业街工作委员会授予“中国特色商业街”称号。

21日

△2016中国电影投资高峰论坛在海口观澜湖举行，来自中国、美国、韩国的60余位最具影响力的电影人参会，就“中外电影人一线对话——好莱坞经验和海南的可能”“电影的担当——商业环境中的艺术追求和文化责任”“品质的逆袭——商业电影质量的提升对市场生态的改变”以及“老司机和新热钱——资本在电影产业中的角色和使命”4个议题，分别展开讨论。

△根据省委、省政府办公厅年初印发的《关于省农垦总医院移交海南医学院管理工作实施方案》，海南医学院附属医院、海南省农垦总医院分别正式挂牌更名为海南医学院第一附属医院、海南医学院第二附属医院。

22日

△以“海·纳百川”为主题的第23届中国国际广告节在海南国际会展中心开幕。本届广告节经国家工商总局批准，由中国广告协会和海口市人民政府、海南省工商局共同主办，设置广告高峰论坛、专业奖项颁奖、获奖作品展示、媒介设备展览等内容，会期4天。

23日

△海口市秀英区永兴镇冯塘村、石山镇美社村、永兴镇美孝村，琼山区旧州镇包道村、红旗镇昌文湖村，美兰区灵山镇道郡村、三江镇罗梧村、大致坡镇美篆村和桂林洋农场迈德村9个村落被住建部、文化部等7部局评为国家第四批传统村落。

△为期4天的2016观澜湖世界高尔夫明星赛闭幕。中国奥运参赛选手李昊桐凭借78分的成绩问鼎冠军，瑞典女神安娜·诺德奎斯特以77分获

得第二，第三名由美国名将里奇·毕姆、马克·欧米拉和粉豹宝拉·克里默并列获得，成绩为76分。

24日

△全国人大常委会副委员长向巴平措率全国人大常委会执法检查组一行分别来到海航集团、海口市政府，听取海航集团落实安全生产主体责任情况的汇报和海口市贯彻实施安全生产法情况汇报。当天下午，检查组来到南港码头，检查南港过海火车轮渡安全生产情况。随后检查组还来到2月1日刚投入使用的海口港新港区，检查港区内安全生产情况，并在新海港听取省交通厅、海南海事局汇报陆海运输生产安全情况。

25日

△根据9月26日印发施行的《海南省公安机关推进户籍制度改革实施细则（试行）》，海口市公安局户政部门正式受理外省务工、经商人员积分落户，积满80分可落户海口。

28日

△海口市龙华区首个残疾人康复中心在海垦社区卫生服务中心挂牌，将为辖区残疾人提供康复服务。这是海南首个社区残疾人康复中心。

31日

△晚上7时许，装载着150个集装箱的“金轮壹号”轮从海口港集装箱码头驶出，开往洋浦港，标志着贯通海口港、洋浦港的“海口—洋浦”公共驳船航线正式开航。

11月

4日

△海口首个园区专业统计局——海口国家高新区统计局在高新区管委会正式揭牌成立。这是高新区自成立全省首个行政审批局后的又一体制创新。

5日

△海南滨海国际金融中心暨海口滨海国际电子商务产业园开园，海南互联网商务企业百家汇展在园区同步举行。

△由南陆医药公司与合作伙伴共同研发的吉非替尼原料药（化药3类）、吉非替尼片（化药6类）项目通过国家药食品药品监督管理总局有关部门技术审核，获该原料及其制剂的《药物临床试验批件》。

链接：吉非替尼是一种可以抑制肿瘤生长的药物，已在欧盟、美国、日本等国家和地区上市。2004年12月，中国批准国外制药公司的吉非替尼片进口，至今为止尚无国产药品上市。南陆医药研发服务平台是海南省第一家由海口国家高新区孵化器扶持的以平台性质设立的医药研发服务机构。

7日

△国家民政部与19家单位签约授牌，这些单位正式入选首批全国社会组织教育培训基地，在全国开展社会组织系统化、规范化、专业化教育培训工作。海口经济学院位列其中。

8日

△在北京雁栖湖国际会展中心开幕的第九届中国会议产业大会(CMIC2016）上，海口市从数十个国内会展城市中脱颖而出，荣获“2016中国最具创新力国际会展城市”奖项。

10日

△海口演丰创新创业服务中心举行揭牌仪式，这是海南首家一站式创新创业服务机构，也是演丰打造“互联网小镇”的重要组成部分。

11日

△海口市领导干部大会召开。省委组织部有关负责人主持会议，并代表省委宣布关于张琦同志职务任免的通知：张琦同志任海口市委书记，不再担任三亚市委书记职务。省委书记罗保铭出席会议并讲话。

14日

△市委副书记、市长倪强主持召开市政府第63次常务会议，连夜传达下午召开的市委十二届十二次全会精神。会议审议通过《海口市2017年省重点项目投资计划》，重点对12大重点产业进行研究安排；原则通过《海口市2017年度棚户区（城中村）改造计划》《海口市旅行社开发客源市场奖励办法》。

15日

△结合海口市被国家列为第四批公立医院改革国家联系试点城市的情况，省物价局会同省卫生计生委、省人力资源和社会保障厅发出通知，即日起将海口市综合改革公立医院医疗服务价格调整权限授予海口市政府。

△第四届海口国际青年实验艺术节开幕。本届艺术节以“参与艺术，惠民共享”为主题，活动时间从11月16日至11月30日结束，持续15天。以海口骑楼老街和市群艺馆为主要舞台，共有20余场不同主题的表演活动。

18~20日

△中国共产党海口市第十三次代表大会在海南国际会展中心大剧院召开。张琦代表中共海口市第十二届委员会作题为《践行发展新理念，开启省会新征程，谱写海南国际旅游岛建设主引擎新篇章》的报告。大会由倪强主持。大会应出席代表307人，实到代表301人，符合规定人数。大会表决通过《中国共产党海口市第十三次代表大会关于中国共产党海口市第十二届委员会报告的决议》《中国共产党海口市第十三次代表大会关于中国共产党海口市第十二届纪律检查委员会工作报告的决议》。大会以无记名投票方式选举产生46名中国共产党海口市第十三届委员会委员，9名中国共产党海口市第十三届委员会候补委员；选举产生29名中国共产党海口市第十三届纪律检查委员会委员。在20日召开的中国共产党海口市第十三届委员会第一次全体会议选举中共海口市第十三届委员会常务委员会委员、书记、副书记；通过中共海口市第十三届纪律检查委员会第一次全体会议选举产生的书记、副书记和常务委员会委员人选。中共海口市第十三届委员会常务委员会委员：张琦、倪强、吴川祝、郑柏安、巴特尔（蒙古族）、李湖、王艳萍（女）、林海宁、李向明、王忠云；中共海口市

第十三届委员会书记：张琦，副书记：倪强、吴川祝；中共海口市第十三届纪律检查委员会书记：李湖，副书记：杨卫国、曾照宇、林耀平，常委：李湖、杨卫国、曾照宇、林耀平、王克、左娟（女）、林道诗、杨柏、冯军（女）。

18日

△北京大学附中海口分校、北京大学附小海口分校项目正式开工建设。

19日

△市委副书记、市长倪强主持召开第十五届市政府第十次全体会议，审议表决《政府工作报告》。会上，市政府组成人员全票通过《报告》。

21~23日

△中国人民政治协商会议海口市第十四届委员会第一次会议，在海南国际会展中心召开。政协海口市十四届一次会议应出席委员282名，实际到会委员276名，符合规定人数。会议表决通过《政协海口市十四届一次会议关于市政协十三届常务委员会工作报告的决议》《政协海口市十四届一次会议关于市政协十三届常务委员会提案工作情况报告的决议》《政协海口市十四届一次会议提案审查委员会关于市政协十四届一次会议提案审查情况的报告》《政协海口市十四届一次会议政治决议》。选举产生新一届市政协领导人，市政协常务委员。王云霞当选政协海口市第十四届委员会主席，王传荣、刘辉平、冯鸿浩、符军、厉春、李顺华、冯玉英当选为副主席，韩云秋当选秘书长，王天意等46人当选为常务委员。

22~24日

△海口市第十六届人民代表大会第一次会议在海南国际会展中心大剧院召开。大会应出席代表300名，实到297人，符合法定人数。大会开幕式会由主席团常务主席、本次会议执行主席杜立文主持，闭幕式由张琦主持。会议选举产生新一届市人大常委会组成人员、市政府领导及市中级人民法院、市人民检察院主要领导。杜立文当选海口市第十六届人民代表大会常务委员会主任，方中里、揭晓强、叶霞、郑国建、许焕中、盛林当选副主任，王小峰当选秘书长，王尤新、王振华等33人当选市人大常委会委员；倪强当选海口市人民政府市长，巴特尔、顾刚、鞠磊、孙世文、任清华、文斌、龙卫东当选副市长；陈文平当选海口市中级人民法院院长；李思阳当选海口市人民检察院检察长。

22日

△由海航集团打造的海南互联网创新创业基地——“海南数据谷”正式开园并投入运营。数据谷位于中心城区的大英山国际旅游岛CBD片区，定位于通过发挥海航集团产业和资本资源优势，对接资本市场，打造世界一流的互联网众创空间；通过聚拢行业资源，利用集聚效应，形成互联网产业集群，培育互联网和创新创业龙头企业；通过建设数据开放平台、创业云平台、海南大数据交易中心、海南大数据联盟、大数据产业基金、IT服务外包平台等来强化大数据产业支撑，驱动互联网产业发展。

25日

△第二届中国—中亚合作对话会在海口开幕。此次会议通过中国与中亚五国在各层面、各领域的直接对话，贯彻国家总体外交布局和“一带一路”重要发展倡议，推动中国与中亚五国各领域的务实交流与合作。对话会期间，海南省图书馆等单位与哈萨克斯坦中国研究中心等机构分别签署具体合作协议。此次对话会由中国人民对外友好协会、海南省人民政府共同举办。多位中国与中亚五国地方领导人、农业和旅游领域专家和企业家代表、友好组织代表和中亚五国及上合组织驻华使节代表、媒体代表等约200名中外嘉宾参会。

26日

△以“创动梦想，互联世界”为主题的2016中国“互联网+”创业创新大赛总决赛在海口举行。本届“互联网+”创业创新大赛在全国设7大赛区，吸引上千项目参赛，35个优秀项目晋级总决赛。经过角逐，“观众网”获创新组决赛第一名，“诺塞克NoSQLt实时时空大数据云”获创业组决赛第一名。6家大赛战略投资机构对决赛项目共发出超过4亿元投资意向金，单笔最高投资意向金额5000万元。大赛由海口市人民政府、海南省工业和信息化厅、中国电子信息产业发展研究院联合主办，美兰区人民政府、海口市统筹城乡发展（集团）有限公司、赛迪网共同承办。

30日

△海口万达文体旅游项目合作协议签约仪式在海口举行。根据协议，万达集团将投资500亿元在海口市建设全新的万达城，这是迄今万达投资建造的第16座万达城，也是文化旅游面积最大、唯一滨海的万达城。项目预计2020年年底前开业。海口万达城位于美兰区桂林洋海滨，距海口美兰机场15千米。项目包括室内主题乐园、室外主题乐园、大型舞台秀、国际会议中心及酒店群、滨湖旅游小镇、滨海酒吧街、滨河生态公园、滨海旅游新城等。

12月

2日

△为持续鼓励航空公司加快航线的开发，特别是国际航线开发，提高海口旅游国际化水平，促进入境旅游发展，海口市政府再次出资2亿元奖励37家中外航空企业和海口美兰国际机场。中国南方航空公司海南分公司获得奖励2612.40万元排名第一，海南航空股份有限公司获得奖励2543.30万元排名第二。

7~9日

△第六轮中日海洋事务高级别磋商在海口市举行。双方举行磋商机制全体会议和机制下设的政治和法律、海上防务、海上执法与安全、海洋经济四个工作组会议，就东海相关问题交换意见，并探讨开展海上合作的具

体方式。

11 日

△海南省文体厅、海口市政府分别与北京爱奇艺科技有限公司在海口签署战略合作协议，通过省、市和企业的共同合作，推动涵盖爱奇艺全部内容制作业务的创意中心落户海口文化产业园。

12 日

△海南省政府与阿里巴巴集团在海口举行座谈并签署战略合作协议，合作推动筹建中的阿里巴巴文化娱乐集团南方总部落户海口文化产业园，进一步推进双方在互联网、大数据、旅游和高效农业等领域的合作。

12~15 日

△2016 年中国（海南）国际热带农产品冬季交易会在海南国际会展中心举办。共设置 38 个展馆展区，面积 8 万多平方米，除海南特色展馆的 23 个展区外，还开设“一带一路”国际馆、全国农业品牌馆等特色展馆，参展企业涵盖俄罗斯、德国、澳大利亚、意大利等 30 个国家和地区。在本届冬交会上，海南省共落实冬季瓜菜、热带水果、畜牧业产品、渔业产品、林业产品销售订单 1823 宗，金额 521.26 亿元，较上年 394 亿元增加 127.26 亿元，增长 32.3%；线上线下交易销售总额 10.29 亿元，现场销售 0.92 亿元，海口馆销售 56.18 万元。

14 日

△第二届全国创新社会治理优秀案例推选活动暨 2016 年全国创新社会治理经验交流会在北京召开，海口市、三亚市和海口市龙华区获评 2016 年全国创新社会治理优秀城市（区）。

15 日

△海南省政府召开全省美丽乡村建设现场会，交流美丽乡村建设工作经验、部署美丽乡村建设下一步工作，并对第一批 40 个省级美丽乡村给予授牌，其中海口的琼山区大坡镇树德村、三门坡镇龙马村，美兰区三江镇茄芮村、桂林洋迈德村，秀英区石山镇施茶村、龙华区新坡镇仁里村 6 个村庄获授省级美丽乡村。

16 日

△海口港和洋浦港资源整合项目——国际港务洋浦港区正式投产营运。

17 日

△以“五大发展理念与全面小康”为主题的“2016 第十一届中国全面小康论坛”在北京开幕。会上，海口凭借在社会治理及公共服务、精准扶贫等方面取得的突出成绩，荣获“2016 年中国全面小康特别贡献城市”奖。

△《海南日报》报道，永兴黄皮日前正式通过国家地理标志证明商标认证，是继“永兴荔枝”之后海口市第二个通过国家地理标志认证的农产品。

17~18 日

△第六届中国生态文明论坛年会在海南国际会展中心召开。共 1000 余名专家学者，企业界、国际组织及友好国家代表等围绕“生态文明·共治共享——谱写美丽中国新篇章”主题，为生态文明建设建言献策。年会通过《生态文明·海口倡议》。

24 日

△继海口市龙华区、美兰区、琼山区先后通过国家义务教育发展基本均衡评估认定后，秀英区通过国家义务教育发展基本均衡县（市、区）评估认定，标志着海口市全面实现义务教育基本均衡发展。

△海南首个国家级药品生产现场教学基地——国家食药监总局高级研修学院现场教学基地落户海口的海南天煌制药有限公司。这是海南省与国家高研院在“互惠共赢、共同发展”的原则下合作设立的首个国家级药品生产现场教学基地。

26 日

△海口市正式启动取消药品加成改革工作，取消省市 11 家公立医院所有药品（中药饮片除外）15%加成比例，一律实行零差率销售。

31 日

△2016 年（第十七届）海南国际旅游岛欢乐节闭幕式暨首届海南世界休闲旅游博览会开馆仪式在海南国际会展中心举行，为期 1 个月的 2016 年（第十七届）海南国际旅游岛欢乐节落幕。与此同时，海南首个综合性旅游展会——首届海南世界休闲旅游博览会开馆。

△龙华区城西镇山高东、山高西社区举行“村改居”挂牌仪式，原山高村委会变成山高东、山高西两个社区居委会。

在市委十三届二次全会暨市委理论研讨会、全市经济工作会议上的总结讲话

张　琦

2017年1月17日

同志们：

市委召开这次会议，主要是贯彻落实党的十八届六中全会、中央经济工作会议和全省经济工作会议精神，全面总结2016年工作，安排部署2017年任务，进一步动员全市上下统一思想、再接再厉，在原有工作基础上，不断开创海口各项工作的新局面。

今天，我们“三会合一”，充分体现了对中央和省委精神的贯彻落实，体现了务实高效、精简会议的工作作风，也体现了市委的执行落实、马上就办的工作导向。会上，我代表市委常委会向全会报告了工作；倪强同志总结了2016年经济工作，对2017年经济工作作了全面部署，请各区各部门认真抓好落实；市委理论研讨会紧扣全面从严治党、践行新发展理念主题，交流了学习体会，议出了真知灼见，达成了广泛共识，很有收获，会议开得很成功。下面，我再强调五点意见。

一、站在战略和全局的高度，在构建城市发展新格局上统一思想、统一行动

前不久闭幕的市第十三次党代会，确定了坚持沿江沿海统筹发展，围绕“一江两‘岸’、东西双港驱动、南北协调发展”，建设滨江滨海花园城市的发展新格局。这一发展思路是在准确把握海口城市发展的阶段性特征，深刻总结海口城市发展经验的基础上，广泛征求社会各界意见，经反复酝酿形成的，符合中央和省委要求，符合海口未来发展方向，符合全市人民的根本利益。全市上下一定要统一思想、提高认识、贯彻落实。

构建城市发展新格局，是海口必须扛起的政治担当。省委罗保铭书记要求，海口要扛起领跑全省实体经济的龙头担当，辐射周边、带动全省的服务担当和党员干部践行“三严三实”的示范担当；刘赐贵省长前不久在海口调研时强调，海口要在发挥生态环境、经济特区、国际旅游岛“三大优势”、深化供给侧结构性改革、推进全省生态文明示范区建设、提升国际旅游岛质量和水平、幸福家园建设和民生改善等五方面起带头作用。这些为海口当前和下一步的发展指明了方向。构建城市发展新格局，是践行“五大发展”理念的具体实践，是贯彻落实省委、省政府部署要求的战略举措，有利于突出比较优势、整合资源优势、争创新的优势，加快推进“海澄文”一体化、琼州海峡经济带建设，辐射带动琼北、全省乃至环北部湾发展，谱写海南国际旅游岛建设主引擎新篇章。

构建城市发展新格局，是海口城市发展战略的深化、完善和提升。回顾海口的发展历程，历届市委、市政府都准确把握城市发展规律，按照省委、省政府的部署要求，找准并实施符合海口实际的发展思路，特别是近几年来，海口城市发展的思路清晰、重点明确、措施有力，使海口城市面貌焕然一新，现代化、国际化水平不断提升。构建城市发展新格局，与海口的城市发展战略是一脉相承的，是站在新的历史起点上对城市发展战略进行的再深化、再提升、再完善，是海口国际化发展的战略路径，能够拉开城市框架，优化城市布局，完善城市功能，提升城市品位，为海口未来发展培育新动能。

构建城市发展新格局，是区域经济协调发展的路径选择。从海口的发展看，产业核心竞争力不强、城市功能和承载能力不够、城乡发展差距较大，是影响和制约海口发展的瓶颈问题。构建城市发展新格局，就是站在全国全省的高度，吸收借鉴外地先进经验，在战略层面谋划解决城市发展的突出问题。要注重产城融合、港城融合、城乡融合。海口的产业业态、文化形态、历史积淀等方面在全省是最好的，要把“融合”这篇文章做好。要通过一江两“岸”开发，加快建设国家热带农业公园、万达文化旅游城等重大项目，以产业发展促进城市功能完善，以城市发展提升产业承载能力，实现产城融合。通过东西两港驱动，加快建设新海港客运综合枢纽站、免税店、美兰机场二期等重大项目，打造空港新城和临港经济带，实现港城融合。城乡融合对海口来讲是大文章，要深入地去做，旅游这一龙头产业在农村也大有可为，建设风情小镇、旅游小镇、文化小镇，发展民宿经济、农家乐等。要通过南北协调发展，加快建设以万达综合体、新城吾悦广场、观澜湖兰桂坊等为代表的新区商圈，加快建设中国足球南方训练基地和体育风情小镇，实现城乡融合，最终实现海口的一体化发展、协调发展和科学发展。

二、持续发力“双创”，确保标准不变、力度不减

“双创”工作一定要“一张蓝图干到底”，即使拿下了全国文明城市和国家卫生城市两块牌子，还要继续在建立长效机制方面下功夫。要持续深入抓“双创”，巩固提升“双创”成果，加快推进“双创”项目建设，通过“双创”来解决城市发展面临的问题。

一是抓好城市规划设计和城市更新。中央城市工作会议提出，要加强城市设计。前不久，住建部黄艳副部长到海口调研，指出海口城市更新的任务很重。很多城市发展到一定程度以后，面临的最大问题就是城市更新，纽约、伦敦、墨尔本等国际著名的城市都在城市更新方面做了很多工作。北京大学建筑与景观设计学院院长俞孔坚说，“墨尔本三分之二的污水是靠湿地来处理的。”所以，城市建设要抓住本质，城市的建筑色彩、城市天际线、楼层高度、建筑风格、夜景灯光、广告牌、园林绿化、水体治理和湿地公园、市民公园、街头公园的建设等等，都需要提升、需要更新。比如街头小公园的建设，国外都很大气、简约，做得非常温馨，小公园建设要用海绵化的思路，不要过度园林绿化，不要盲目跟风，海口的绿化用大叶油草加火山石就能凸显本地特色。要加强对城市的空间立体性、平面协调性、风貌整体性、文脉延续性等方面的规划和管控，留住城市特有的地域环境、文化特色、建筑风格等“基因”。注重城市天际线设计，严格落实海口主城区新建住宅不高于80米的规定，有效把控和引导建筑形态、建筑色彩，塑造城市风貌，彰显热带滨江滨海花园城市特色。稳扎稳打推进城市更新，加快骑楼老街改造，选取红城湖沿岸做试点进行骑楼化改造，做好府城琼台福地、鼓楼、古城墙等的更新，推进城市立体森林建设，以海秀快速路沿线的建筑进行立体绿化试点，把快速路沿线打造成景观线。

二是惠民利民不扰民。进一步完善路网、光网、电网、气网、水网等基础设施，加快小街小巷等“双创”项目建设。最近滨海大道假日海滩、长怡路地下行人过街通道路面仅用了不到75天的时间就功能性通车，受到市民游客的点赞，其他项目也要加快进度，特别是去年启动的一批道路的改造升级，要紧抓快干，争取春节前还路于民。要加大“15分钟便民生活圈”建设力度，既要有潮立方、欢乐海岸、老稻美食街等中高档的美食广场，还要建设一批接地气、适合普通市民游客消费的便民服务点。要大力发展夜市经济，学习借鉴台湾夜市经验，尽快打造示范街区，努力把海口夜市打造成集美食、购物、娱乐、体验为一体的全域旅游景点，打造成民生民心工程。

三是注重城市经营。避免陷入经营城市等同于土地财政的认识误区，将工作重点放在城市品位的提升和功能的完善，提升城市价值。新加坡城市经营的理念非常值得我们学习，二十世纪七八十年代的新加坡也面临着河水污染、园林绿化水平不高等问题，当时政府要求所有驻外人员寻找到适合本土种的花草树木，并下大力气解决了河流污染问题，用短短几十年时间建成了世界知名的花园城市。一方面，要立足海口的资源禀赋，通过大规划、大项目构建城市发展新格局，提升城市核心竞争力，把海口建设成国际化的滨江滨海花园城市；另一方面，要营造优美、宜居的生态环境，把海口打造成“水在城中、城在绿中、人在画中”的精品城市，通过改善环境、完善学校医院等基础设施，提升城市价值。要学习重庆的一些好做法，采取市场化的办法解决好债务问题。

四是加强常态化管理。秉持“治理管理与发展同等重要”的理念，加快建立长效治理管理机制，针对绕城高速沿线、隔离带、改造工地围挡内环境“脏乱差”等薄弱环节，严管重罚进行治理。要整合城管、交警、12345热线等管理平台，建设智慧海口大数据平台，12345热线不能只是“传声筒”，要一头连接党委、政府，一头连接群众的呼声，按照30分钟解决问题的要求，建成解决市民诉求的大平台，真正让热线“热”起来，马上就办解决问题。

总之，“双创”的目的是为了改善民生，建设宜居、宜养城市，要把

"双创"作为一项重大任务抓紧抓好，使"双创"精神延续下去，建立起常态化的长效机制。

三、创新推动供给侧结构性改革，促进经济行稳致远

贯彻落实中央和省经济工作会议精神，坚持稳中求进的工作总基调，坚持以供给侧结构性改革为主线，调优做强绿色特色实体经济，加快发展以旅游业为龙头的现代服务业，推动海口经济转型升级。一是要加快发展旅游业这一"龙头"。海口的旅游产业非常有潜力，要坚持差异化发展，走出一条具有海口特色的旅游产业发展新路。要积极适应大众旅游新时代的潮流，紧紧抓住我省创建全域旅游示范省的契机，发挥历史文化内涵深厚、城市功能综合性强的优势，创新旅游业态和旅游产品，在点线面上下功夫，在旅游与农业、文化、商贸、金融、互联网等产业深度融合上下功夫，加快构建"旅游＋"发展新格局，打造海口文化旅游、都市旅游、会展旅游等方面的"金字招牌"。比如，在民宿旅游方面，海口具有优越的自然条件，把民宿经济抓好了可以富农兴市，要结合农村危房改造，设计一批凸显琼北民居特色的民宿样板，特别是羊山地区有着独特的地质景观、火山岩民居建筑和民风民俗，要以点带面，引导当地农民发展生态环境优美、文化魅力凸显、民俗体验独特的民宿，培育具有海口特色、让人无法复制的民宿旅游品牌。同时要开展旅游产品精准营销，通过微信公众号、微文等便捷的渠道，以生态环境、火山文化等元素为卖点，吸引更多游客到海口休闲度假。二是要打造富农兴市的热带特色高效农业"王牌"。加快现代热带都市农业发展步伐，发展生态循环农业，把体验、互动融入农业发展，提升热带特色农业的效益。加快发展农业旅游项目，打通一产与三产的关联，实现农旅融合、农旅结合。坚持品牌化发展战略，整合现有品牌，培育新的品牌，秀英区的"永兴荔枝""永兴黄皮"获国家地理标志证明商标就是一个很好的例子，这也是农业发展的一个方向，我们就是要通过 "一村一品""一镇一业"，通过培养电商示范户，来培育和推广一批在国内省内有影响力的特色品牌。同时，要加大农村基础设施建设，高标准建设镇墟街道，做好雨污分流、路灯设计等工作，要加大小镇风格、镇墟立面、城镇天际线、建筑色彩和园林绿化的改造力度，切实缩小城乡差距。三是要积极发展互联网经济。加快信息化基础设施建设，以复兴城为创新创业平台，吸引更多的互联网企业和优秀的人才团队入驻，提升壮大互联网产业。推进互联网与旅游、农业、教育、医疗健康等行业的融合发展，创造经济发展新动能。四是要下大气力发展总部经济。目前国内总部经济最发达的是北京、上海等城市，这得益于它们是大都市，但从未来发展的大趋势看，生态环境将是总部经济青睐的重要因素，海口独一无二的生态优势、相对完善的城市功能，是未来总部经济的优选之地。我们要营造更优的营商环境，吸引国内外大企业在海口设立总部或区域总部，上海华信、中远区域总部以及阿里巴巴文化娱乐集团南方总部、爱奇艺互联网内容制作总部的落户，应当说给了我们极大信心。五是要做大做强会展经济。海口连续五年被评为"中国会展名城"，在海口开会办展既可以享受蓝天白云清新空气，还有免税消费、文化体验、健康养生等，有着明显的比较优势。六是要保持房地产持续健康发展。坚持保基本市民化和高端精品市场化方向，一方面要加快棚改进度，最大限度解决好本地居民的住房问题，实现住有所居；另一方面要遵循市场机制，引导房地产业向高端、精品化发展，配套完善道路、医院、学校等设施，切实提升海口高端房地产的吸引力。同时，发挥综合保税区、国家高新区和桂林洋经济开发区等园区作用，完善配套设施，明确主导产业，延伸产业链条，提升产业集聚效应，实现集约高效发展。

四、牢固树立"绿水青山就是金山银山"的强烈意识，建设全国生态文明示范城市

良好的生态环境是海口发展的最大本钱，也是海口发展的核心竞争力。近段时间，我们相继邀请国家林业局湿地中心主任马广仁、北京大学建筑与景观设计学院院长俞孔坚给全市副处级干部做湿地保护、海绵城市建设专题讲座，目的是让全市党员领导干部牢固树立生态意识，倍加珍惜良好的生态环境，像保护眼睛一样保护生态环境，像对待生命一样对待生态环境，把生态环保理念落实到工作生活的方方面面，让保护生态成为思想自觉、行动自觉。要全力推进"多规合一"。目前海口"多规合一"已经上报国务院审批，这对海口的生态建设是一大利好。当前海口面临的环境压力很大，特别是羊山、滨海等生态脆弱的地区，一旦破坏了，恢复的成本极大，要加大对羊山地区非法滥采滥挖火山石、破坏植被等行为的打击力度，保护好"海口之肺"。要加强水体污染治理。以雨污分流为核心治理 31 个水体，实现截污全覆盖，加大非法排污的查处力度，全方位落实"河长制"，从根本上改善水质，把水体打造成滨江滨海花园城市的靓丽风景线。今年 4 月前完成美舍河截污纳管和凤翔公园等四个生态修复示范点建设。要大力保护湿地资源。海口从东边到西边既有东寨港红树林等滨海湿地，有南渡江水系形成的湿地，又有火山喷发后形成的湿地，湿地资源十分丰富。要划定保护红线，坚决防止城市建设、人类生产生活破环湿地的行为；整合白水塘、沙坡水库、玉龙泉、五源河等湿地资源，申报国家湿地公园，打造成海口全域旅游的新亮点；建设一批人工湿地，既处理好农村污水，又营造山清水秀的环境，让市民游客“望得见山、看得见水、记得住乡愁”。要走绿色低碳发展之路。集约节约利用土地，加大盘活闲置土地力度，“以亩产效益论英雄”，提高土地的投资强度。大力发展循环经济，推进生活垃圾、工业废弃物、建筑垃圾等资源化综合利用。推广绿色建筑、绿色交通、绿色消费，大力倡导节能、环保、绿色、健康、生态的生活方式。推进生产和生活系统循环链接，健全生活垃圾分类收集回收体系和再生资源循环利用体系，通过这一年多来“双创”的奋力拼搏，海口建成了一大批城乡基础设施，我们有条件、有基础来继续深化。要推进节能减排，减少污染物排放，追求有质量的稳定增长、可持续的全面发展。

五、坚持全面从严治党，营造良好政治生态

当前，发展目标和工作任务已经明确，关键在于全面从严治党管党，执行落实、马上就办。

一要更新思维理念。思路决定出路。各级干部特别是领导干部，一定要坚持分析对比看海口、跳出海口看海口，认真学习新加坡城市的治理管理、我国台湾地区的热带农业、广州深圳的高新技术等成功经验，把海口放在全国全省的大格局下找出不足，开阔眼界、提升视野、转变思维，以世界眼光和战略思维谋划海口发展。

二要强化责任担当。各级领导干部要以身作则、率先垂范，深入园区、农村、企业，到“双创”、项目、扶贫一线，在一线发现问题、帮助解决问题。要落实以人民为中心的发展思想，对人民群众要有真感情，要设身处地、换位思考，做一个有理想、有信念、有情怀的党员干部。前几天龙泉中学一名女学生被几名同学欺凌，教训极为深刻。各级各部门、中小学校管理者要高度重视学生的教育管理，像关心爱护自己家的孩子一样，呵护少年儿童的健康成长。各级各部门要关爱清洁工，他们在这么冷的天冒着雨，晚上10点多还在打扫卫生，大家想一想如果这些清洁工是自己的亲人，我们应该怎么做？各级领导干部只要设身处地、换位思考，就能用真感情做好各项工作，全面从严治党落实的落脚点是宗旨意识的增强，各区各部门要发挥属地责任，守土有责、守土尽责，主动做好各项工作，要想在一线、干在一线、绩效显在一线，以实实在在的成效取信于民。组织部门要在一线培养干部、识别干部、考察干部、提拔重用干部，营造重实干、重基层的氛围。

三要夯实基层基础。继续加大对镇（街）、村（居）资源倾斜的力度，为基层搭建干事创业的平台。特别是要加大基层党组织的支持力度，充分发挥基层党组织在发展集体经济、扶贫攻坚、重点项目建设等中心工作的引领作用，把基层组织打造成坚强的战斗堡垒。

四要形成工作合力。充分发挥党委统揽全局、协调各方的作用，支持人大、政协依法履行职能，支持政府开展工作；工青妇、工商联等人民团体的党员干部特别是年轻干部，要发挥联系群众的桥梁纽带作用，深入扶贫、项目、打违等一线建功立业，共同营造党政同心、群团合力的良好局面。纪委监察、督查部门要加大监督力度，既要督任务督进度督成效，也要察认识察责任察作风，既问责不作为的干部，也为干事担当者撑腰、鼓劲。市委将旗帜鲜明为敢于担当的干部担当，为敢于负责的干部负责，对推诿扯皮不担当的干部坚决不用，对为党和人民事业敢于担当、敢于作为的干部，要提拔重用。要尊重媒体的监督，赢得媒体的尊重，强化舆论监督引导，挖掘先进典型，加大宣传力度，以榜样的力量感召全市党员干部创先争优。

这里，我再强调一下精准扶贫工作，各级各部门要把扶贫工作作为一项直通民心的民生工程办好办实，要因地制宜调整产业结构，注重在地方特色产业上做文章，以产业带动农村的发展；在做好物质帮扶的同时，要注重思想上的扶贫，引导贫困户克服“等靠要”思想，增强脱贫致富的信念；要科学管理、节约高效利用扶贫资金，把钱花在刀刃上。虽然我们国检没有被抽中，但绝不能掉以轻心，要一如既往地做好工作，确保脱贫工作取得实效。

春节将至，各级各部门要高度重视困难群众的生产生活，开展访贫问苦慰问活动，让他们切身感受党和政府的温暖；要高度重视市场供应工作，特别是保障和丰富市民的“菜篮子”，确保稳价保供；要高度重视维稳工作，落实属地责任，确保社会大局和谐稳定；要高度重视农民工欠薪问题，特别是政府投资项目决不能拖欠工程款；要高度重视安全生产工作，越是重大节假日，越要绷紧安全生产这根弦，突出抓好建筑工地、烟花爆竹、交通等安全生产工作，确保市民、游客过上安定祥和的新春佳节。

同志们，让我们更加紧密地团结在以习近平同志为核心的党中央周围，在省委省政府的坚强领导下，凝心聚力，实干担当，为建设滨江滨海花园城市而努力奋斗，以优异成绩迎接党的十九大和省第七次党代会的胜利召开！

政府工作报告

——2017年1月21日在海口市第十六届人民代表大会第二次会议上

海口市人民政府市长 倪强

各位代表：

现在，我代表海口市人民政府向大会报告工作，请予审议，并请各位政协委员和列席人员提出意见。

一、2016年工作回顾

一年来，我们紧密团结在以习近平同志为核心的党中央周围，全面贯彻党的十八大和十八届历次全会精神，在省委省政府和市委的坚强领导下，在市人大、市政协的监督支持下，坚决扛起省会城市的“三个担当”“五个带头”作用，坚持新发展理念，以供给侧结构性改革为主线，以“双创”为总抓手和动力，有效应对经济持续下行压力和强台风等自然灾害侵袭，经济社会各项事业取得显著成效，圆满完成了年初确定的主要目标任务，实现了“十三五”良好开局。

2016年，全市地区生产总值完成1258.7亿元，增长7.7%，增速高于全国、全省。固定资产投资完成1271.7亿元，增长25.7%，总量和增速均为全省第一，增速继续位居全国35个大中城市前列。全口径公共预算收入完成330.9亿元，增长23.7%，其中地方一般公共预算收入完成115.5亿元，同口径增长11.2%。社会消费品零售总额653.9亿元，增长9.8%。城乡常住居民人均可支配收入达26447元，增长8.2%。居民消费价格指数上涨3%，城镇登记失业率0.9%。省下达的节能减排目标任务全面完成。地区生产总值、固定资产投资、全口径公共预算收入在全省占比分别达31.1%、33.9%和30.6%，省会城市首位度进一步提高。

一年来，主要抓了以下七个方面的工作：

（一）全面推进“双创”攻坚，城市品质有效提升

市政基础设施日益完善。共启动“双创”项目256个，完成投资20.2亿元，筑牢了民生“里子”，撑起了城市“面子”。改造小街小巷1576条、老旧市政主干道路13条，升级农贸市场39个，打造“15分钟便民生活圈”39处、特色餐饮街（区）10条。改造城市积水点7处，建成排涝泵站6个。集中对国兴大道、椰海大道等主要道路和西海岸带状公园、万绿园等23个项目进行景观改造提升，完成125条道路、22个街边街心绿地绿化补植。民航航线俯视区生态修复完成设计编制，18个全域旅游镇墟改造全部进场施工，高铁高速沿线今年4月有望完成整体景观提升。海口宜居竞争力在中国社会科学院2016年评比的289个城市中排名第五。城市治理持续加强。成立城市警察支队，推行“公安＋城管”联合执法，实现了行政处罚到刑事处罚无缝对接。建立辖区政府主导，商务、工商、质监、食药监等部门联合执法的监管模式，农贸市场管理水平全国领先。建成区主要道路机扫率达100%，海口成为全国第一个主城区全面实现环卫一体化改革的城市。“城市管家”“公益海口”“诚信海口”三大网络服务平台投入运营，12345热线服务质量有效提升，全年受理各类诉求33.4万件，办结率达97.2%。城市公共治理指数首次进入全国省会城市前十。社会总动员能力和市民素质大幅提升。凡人善举不断涌现，崇德向善、邻里互助蔚然成风，涌现了“全国文明家庭”李朵家庭、“中国好人”盘丽芬等一批先进典型，全市注册志愿者25万人，被《人民日报》点赞为“志愿者之城”。全市各级干部夜以继日，忘我工作，以辛苦指数换取群众满意指数、城市发展指数和平安幸福指数。特别是我们动员全社会众志成城、团结一心，有效应对“莎莉嘉”等强台风，灾后一天内恢复全市生产生活秩序。“创文”在全国参评省会城市中排名前列；“创卫”顺利通过国家暗访测评、位居参评省会城市第一，近期又得到国家技术评估专家组的高度肯定，市民和游客满意度高达98.7%。

（二）着力强化需求拉动，经济运行稳中向好

项目投资高位增长。服务社会投资“百日大行动”项目160个全部开工建设，86个省重点项目完成投资665亿元、完成计划任务的143%，有望获得省突出贡献奖。积极引入社会资本参与市政设施、公共服务等领域建设，南渡江引水工程等6个PPP项目入选财政部示范项目。海秀快速路、定海大桥建成通车，桂林洋热带农业国家公园、美兰机场二期、马村港三期、地下综合管廊等项目加快建设，美兰临空产业园、新海生态临港新城等一批项目启动前期工作。招商引进项目198个、协议投资1594亿元，落地率达51%。特别是在省委、省政府的大力支持下，成功引进万达文化旅游城，单体投资超过500亿元，建成后将成为海南国际旅游岛的

标志性项目。消费市场繁荣活跃。接待国内外过夜游客1329.2万人次，实现旅游总收入191.8亿元，分别增长8.6%、13.6%；房地产销售面积432.6万平方米、销售额391亿元，分别增长15.9%、31.9%；“冬交会”签约订单36.9亿，增长4.8%。启动首届“互联网+”新型消费活动，推动线上+线下“一站式”服务，林安物流信息交易中心落成开业，日月广场、新城吾悦、万达广场等一批大型商业综合体开业运营。对外贸易稳步拓展。开展服务贸易创新发展试点，承接省里8大类47项创新举措，海马汽车出口伊朗，齐鲁制药注射剂成功打入欧美高端市场，飞机融资租赁总货值完成26.3亿元、汽车整车进口450辆，进出口总额完成39.2亿美元。

（三）深入推进供给侧结构性改革，新旧动能加快转换

围绕中央“三去一降一补”要求和省委省政府“十二大产业”部署，出台医疗健康、影视会展等15项产业政策，精准培育发展新动能。以旅游业为龙头的现代服务业快速发展。旅游业转型升级。“点线面”推进全域旅游，东寨港红树林、冯小刚电影公社、骑楼老街等景点景区渐成热点，长影环球100、观澜湖水世界等项目加快建设，首届海南国际旅游岛三角梅花展成功举办，乡村民宿、影视娱乐、时尚文化等旅游新业态不断涌现，获评中国“互联网+旅游”十大优秀城市。互联网产业蓬勃发展。阿里巴巴“南海云”建成运行，复兴城创新创业园互联网企业聚集度排名全国前列，石山互联网农业小镇创造全国经验，互联网企业新增近千家，营业收入155亿元、增长23%，占全省48.4%。被列为“宽带中国”示范城市。金融业进一步发展壮大。民生银行进驻，落户银行增至23家，金融机构存、贷款余额分别比年初增长920亿元、671.6亿元，保险机构保费收入增长10.7%。实现金融业增加值152.7亿元、增长16.7%，占全省54.5%。医疗健康产业发展势头良好。复旦大学附属华山医院海口友好合作医院开诊，上海第六人民医院海口骨科与糖尿病医院落地筹建，省肿瘤医院、恭和苑、颐养公社等医养结合稳步发展，获批中医养生服务业准入试点城市。房地产去库存成效明显。去库存周期降至15个月，低于全国和全省平均水平，房价基本保持稳定。文化体育产业发展提速。中国（南方）足球训练基地加快建设，爱奇艺创意中心、阿里巴巴文化娱乐集团南方总部等100多家企业成功入驻海口文化产业园。会展业快速发展。成功举办中国生态文明论坛海口年会、第23届中国国际广告节等规模以上会展活动238场，会展综合收入达80亿元，占全省35%，连续五年获得“中国会展名城”大奖。新型工业量质同升。全年引进工业项目17个、签约额92亿元，康迪电动汽车、创志智能机器人等项目当年引进、当年开工。先声药业、灵康药业等项目加快建设，医药行业产值达154.7亿元、增长11.8%。齐鲁制药、金盘电气荣获首届海南省政府质量奖，高新技术企业总数达149家，占全省75%。现代农业发展步伐加快。推出火山石斛、云龙淮山等十大农业品牌，永兴黄皮获国家地理标志证明商标。国家、省级农业龙头企业达45家，省级现代农业示范基地（园区）9家。

（四）持续深化改革开放，发展活力明显增强

“多规合一”改革加快推进。将主体功能区、城镇体系、土地、海洋、林地、生态等六类空间规划合成一个规划，形成《海口市总体规划（空间类2015-2030）》成果，建立了发展目标、指标和坐标对应的“一张蓝图”，化解矛盾空间852平方千米，为推进行政审批改革、管理体制改革和资源要素市场化配置改革创造了有利条件。“放管服”改革深入开展。市级行政审批服务事项减少70%，审批环节消减37%，审批时间压缩50%；实行多部门并联审批、联合审批和联合验收，“极简审批”模式得到国务院第三次大督查的充分肯定，点赞海口“找到了企业发展与政府监管的最大公约数”。实施“五证合一、一照一码”登记制度改革，“先照后证”全面落实。全年新增市场主体5.3万户、新增注册资本（金）4774亿元，分别增长33.3%、402.8%，市场主体占全省73%。财税体制、国资国企、医疗卫生等改革取得重要进展。“营改增”全面实施；完成海口港与洋浦港小铲滩码头的资源整合，新海一期资产证券化获得国家证监会批准；全面启动国家第四批公立医院改革试点，稳步推进分级诊疗，市域内11家公立医院全面取消药品加成；积极承接农垦改革，设立全国首个以“居”命名的社会自治组织——东昌居；成立市不动产登记中心，不动产登记4.7万宗。

不断扩大对外开放。围绕打造国家“一带一路”支点城市，深化区域合作，《“海澄文”一体化区域基础设施规划》编制完成，《海口国家新区总体方案》已上报国务院；积极推动琼州海峡经济带建设，深化与湛江在发展规划、交通港航、安全生产、反恐维稳、旅游、“菜篮子”等领域的务实合作。着力构建互联互通体系，海口港内外贸海运航线达30条，集装箱吞吐量140万标箱、增长10.7%；美兰机场国际航线达25条，客流量1880万人次、增长16.3%。第四届APEC蓝色经济论坛、首届“2016全球旅游目的地盛典”、第四届观澜湖世界明星赛等重大活动成功举办，新增国际友城3个，海口对外开放度和影响力进一步提升。

（五）严守生态保护红线，扎实开展“六大专项整治”

重拳打违控违。全年拆除违法建筑337万平方米，防违控违53万平方米。大力整治城乡环境脏乱差。农村生活垃圾无害化处理率达到95%，全市576个“三无”小区完成集中治理；新建垃圾转运站35座、厕所131座，餐厨垃圾及粪渣无害化处理厂建成投入使用。启动城镇内河（湖）水污染治理。率先推行“河长

制”，集中开展31个水体治理，主城区水环境功能基本达到国家卫生城市标准。强化大气污染防治。建立环境空气质量预警预报系统，开展北部湾大气联防联治，淘汰黄标车、老旧车1.4万辆，空气质量连续七年在全国74个重点城市中名列第一。加强耕地修复与治理，土壤环境质量保持总体稳定。持续推进生态修复和湿地保护。“绿化宝岛”造林绿化2万亩，查处南渡江非法采砂348宗。完成三江湿地公园规划设计，红树林生态环境持续向好，国家一级保护动物——黑脸琵鹭消失7年后重回东寨港。海口被纳入国家重点生态功能区转移支付范围。

（六）坚持以人民为中心，持续保障和改善民生

全年民生支出152.8亿元，同比增长18.9%，占地方一般公共预算支出的74.1%，省市民生实事全面完成，荣获中国全面小康特别贡献奖。精准脱贫深入推进。建立市区镇村四级脱贫攻坚责任制，投入财政扶贫资金1.03亿元，扶持建档立卡贫困户改造危房283户、转移就业817人、低保兜底保障619人、教育资助1967人、医疗救助386人，实现6个贫困村整村脱贫、8453人精准脱贫，超额完成年度脱贫攻坚任务。教育、医疗、文化、公共交通等社会事业加快发展。五源河学校等5所学校开学招生，新增中小学位6262个。扩大优质教育资源，与北师大附中、北大附中附小、人大附中、广东外语外贸大学附属学校等合作办学签约落地。进一步改善薄弱学校办学条件，四个区全部通过义务教育发展基本均衡县（市、区）国家验收。市属公立医疗机构全部实施“先看病、后付费”诊疗服务模式，累计受益人群5.4万人，垫付住院费用2.9亿元。广泛开展优生优育服务，积极推进两孩政策稳妥落地。新建村级文化室100个，歌舞诗《黎族家园》荣获第五届全国少数民族文艺汇演“剧目金奖”和“最佳舞美设计奖”。完成6家公交运营企业和1339辆公交车的整合；优化公交线97条。社会保障能力不断强化。实施积极的就业政策，城镇新增就业4.7万人，农村富余劳动力转移就业8386人。城乡居民基本医疗保险财政补助提高到420元，大病医疗保险实现全覆盖；低保救助37.7万人次，发放低保金1.1亿元。完成棚户区改造2.8万户、惠及8.5万人，保障性住房配租配售2922套。完成4万吨市级储备粮增储；落实省“菜十条”，出台“菜十六条”，“菜篮子”集团新建蔬菜保供种植基地6000亩，与广东湛江、山东寿光建立蔬菜应急调运机制，全省规模最大的公益性农副产品综合批发市场试营业，政府“平价菜”末端销售网点达265家，基本实现主城区大型超市、农贸市场、300户以上小区“三个全覆盖”，总体实现保供稳价，好于上年。社会治理不断加强。严厉打击违法犯罪，全面打响禁毒三年大会战，接报治安警情同比下降5%，去年首现下降拐点；刑事案件立案同比下降2.8%，破案率同比上升10%。获评第二届“全国创新社会治理优秀城市”。全面启动“七五”普法，建成公共法律服务中心，办理法律援助案件8552件。阳光信访、法治信访和责任信访有序推进。狠抓食药品、交通、电梯、旅游等重点领域的安全专项整治，获评全国安全生产监管工作先进单位，社会整体和谐稳定。军民融合发展，国防动员、人民防空和优抚安置扎实推进，首次获得“全国人民防空先进城市”，夺得全国双拥模范城“八连冠”。

此外，统计、气象、地震、保密、档案、史志、科协、民族宗教、外事侨务、对台事务等工作取得新进展，工会、青少年、妇女儿童、老龄、残疾人、慈善等事业取得新进步。

（七）落实全面从严治党要求，强化政府自身建设

深入学习贯彻《关于新形势下党内政治生活的若干准则》和《中国共产党党内监督条例》，严格执行中央八项规定、省委省政府二十条规定和市委二十一条规定，驰而不息改进作风，政府自身建设明显加强。自觉接受人大法律监督、工作监督和政协民主监督，认真办理人大代表建议244件、政协委员提案307件，办结率均为100%。深入推进依法行政，全市38家单位权力清单和责任清单编制颁布；加强政府立法工作，提请市人大常委会审议法规议案2件，制定政府规章5件，依法行政工作连续八年被评为全省第一。强化审计监督，建立健全经济责任审计工作联席会议制度，集体约谈16家审计发现问题单位，全面抓好涉农资金问题整改。认真落实党风廉政建设主体责任，以《亮见》电视问政栏目为抓手，严厉查处庸政、懒政、怠政行为，问责干部111人；支持纪检监察和司法机关依纪依法查处腐败案件，全年共立案407件，处分449人。

各位代表，2016年是极不平凡的一年，面对经济下行的压力和“双创”的繁重任务，我们在全市经济结构调整、发展方式转变、生态环境只能更好的前提条件下，通过全市人民的共同努力，实现了经济社会的平稳较快增长，成绩来之不易，这得益于以习近平同志为核心的党中央的英明领导，得益于省委省政府和市委的坚强领导，得益于市人大、市政协及各位代表、各位委员的监督支持，得益于历届市四套班子打下的坚实基础，这是223万海口人民经过“双创”洗礼，团结一心、拼搏实干的结果！在此，我谨代表市人民政府，向全市人民，向人大代表、政协委员、各民主党派、工商联和社会各界人士，向驻市部队、武警官兵和公安司法干警，向关心支持海口的广大海外侨胞、港澳台同胞，表示崇高的敬意和衷心的感谢！

在肯定成绩的同时，我们也要清醒地认识到，当前还面临不少困难和问题：支柱性产业培育不够，核心竞争力不强；城乡发展不平衡，镇域经济发展滞后；城市规划设计水平有待提升，“双创”长效机制还需进一步完善；人才资源紧缺，交通、教育、医疗等基础设施和公共服务水平与人

民群众期待还有一定差距；部分政府公务人员宗旨意识、纪律意识、担当意识仍需进一步加强，等等。对这些问题，包括各位代表、委员提出的其他问题，我们将高度重视，认真加以解决。

二、2017年工作安排

各位代表，今年我们将喜迎党的十九大和省第七次党代会的胜利召开，是贯彻落实市第十三次党代会的第一年，是我市抓规划、打基础的关键年，也是“双创”的决胜年，做好今年的政府工作意义重大。总体要求是：全面贯彻党的十八大和十八届历次全会精神，深入贯彻习近平总书记系列重要讲话精神，统筹推进“五位一体”总体布局和协调推进“四个全面”战略布局，牢固树立和贯彻落实新发展理念，坚持以提高发展质量和效益为中心，以推进供给侧结构性改革为主线，以“双创”为模式和动力，实施产业规划和城市规划双轮驱动，全力推进经济平稳健康发展，全力深化改革开放，全力加快城市更新，全力保障和改善民生，全面建设国际化滨江滨海花园城市，奋力谱写海南国际旅游岛建设主引擎新篇章。

主要预期目标是：全市生产总值增长7.5%左右，地方一般公共预算收入增长8%左右，固定资产投资增长16%左右，社会消费品零售总额增长8%左右，城乡常住居民人均可支配收入增长7.5%左右，居民消费价格涨幅控制在4%以内，城镇登记失业率控制在3%以内；全面完成省下达的节能减排目标任务。

为实现上述目标，我们将着力抓好以下八个方面的工作：

（一）积极扩大有效需求，确保经济平稳较快增长

加大投资力度。全年力争完成固定资产投资1475亿元，其中安排省重点项目98个、年度计划投资630亿元。推动万达文化旅游城、五源河文体中心、新海生态临港新城、疏港货运快速干道（G15海口段）等项目开工；加快美兰机场临空产业园、美兰国际机场二期扩建、马村港三四期、南渡江引水工程、铺前大桥等项目建设；确保江东大道二期、新海港二期等基础设施项目竣工，康迪电动汽车、威特电气、先声药业等一批生产性项目投产。加大引入社会资本力度，在棚改、生态治理、交通基础设施等领域谋划一批PPP项目，进一步强化规范运作、精准监管，全面提升PPP项目管理水平。坚持开展点对点敲门精准招商，争取引进一批支柱性产业项目、高新技术企业和龙头企业，特别是世界500强企业和“中字头”“国字头”等大企业、大集团，力争全年招商引资签约额度不低于1000亿元，为海口发展储备一批优质项目。

扩大消费需求。结合“互联网+”消费活动，大力推动和培育休闲旅游、健康养生、文化体育、信息、家政等新型热点消费，增加多层次、多样化消费产品供给。推动房地产业健康发展，推进商品房去库存，大力培育发展住房租赁市场，实施商品房全装修，引导房地产业向高端、特色、经营性转型。优化城市商业综合体布局，提升商贸物流中心建设水平，持续抓好城市便民生活圈建设，改造农村电子商务配送及综合服务网络，撬动大众消费的内生动力。

创新外贸服务。推进服务贸易创新发展试点，尽快在旅游、教育、医疗等9个领域引进一批服务项目和企业，力争实现服务贸易总额占全省一半以上。支持展示交易、融资租赁、保税仓储等外贸新业态发展，设立跨境电子商务综合示范区，重点建设跨境电商保税物流中心和进口商品展示直营中心，鼓励本地企业利用跨境电商开展出口业务。支持新能源汽车、医药等优势产品出口。积极引进跨国公司在海口设立区域总部。

（二）深化供给侧结构性改革，促进绿色特色产业成形成势

按照“一年打基础、三年成形、五年成势”要求，以“十二大产业”为主攻方向，实施更加精准的产业政策，培育壮大支柱性产业，着力构建绿色经济产业体系。

推动旅游业提档升级。“点线面”推动全域旅游。注重景区景点的规划设计，加快长影环球100等旅游吸引物建设，提升观澜湖度假区、雷琼世界地质公园、东寨港红树林生态旅游区等品牌影响力，力争5A级景区零突破；结合“美丽海南百千工程”完成18个全域旅游镇墟改造，推动道路交通旅游化建设，构建便捷的旅游交通网络；大力实施“旅游+”战略，筹备召开旅游大会，推进旅游与文化体育、健康养生、农耕体验等产业融合发展，形成城市休闲、主题民宿、时尚运动等多元化旅游新业态，打造邮轮游艇、帆船帆板、休闲渔业等水上旅游新亮点，扩大高端旅游产品供给。构建安全有序的旅游服务体系。发展“智慧旅游”，启动旅游大数据平台建设，继续推进全域旅游综合执法体制改革，形成网状、立体式旅游治理机制。加大旅游营销投入和推广力度。细分目标市场，完善旅游市场开拓激励机制，增强外语、外币兑换等旅游公共服务能力，推出一批旅游景区套餐套票，运用“互联网+”等方式开展旅游精准营销，提升旅游产品“掌上能见度”和“世界能见度”。

加快新兴产业成长壮大。促进健康产业发展。筹建医疗健康大数据产业园、健康养生示范园和中医健康疗养基地，培育壮大一批健康养生企业。继续引进国内外优质医疗资源，推进与澳大利亚圆美集团合作框架协议落地，确保上海第六人民医院海口骨科与糖尿病医院如期建成营业。积极实施“互联网+”行动计划。建设“智慧海口”，加快数据中心、云计算、物联网和支撑平台建设，培育壮大软件业、游戏业、电商业，建设好复兴城创新创业园和海南数据谷。加快金融业发展。持续优化金融生态环境，支持金融机构做大做强，规划建设金融总部集聚区，重点发展以资本运作、财富管理和企业服务为主的金融总部经济，力争引进1~2家国内外金融机构。做大做优会展业，完善会展服务体系，提高会展专业化、国际

化服务水平，引进一批国际会议和大公司年会，力争举办规模以上会展260场，综合收入突破百亿元。大力发展现代物流业，推动国家级物流枢纽中心城市建设，加快物流园区、保税物流、跨境电商物流建设，推动海陆空无缝衔接、高效联运，降低物流成本，争取林安物流区域总部落户。推动文体产业发展，培育发展旅游演艺、影视制作、动漫游戏等产业，放大冯小刚电影公社带动效应，力争中国（南方）足球训练基地项目挂牌，引进一批大型文体活动品牌，办好自行车竞技赛、“海丝杯”足球邀请赛等赛事。

强化创新驱动。大力推进“大众创业、万众创新”，建设一批“互联网+”创新创业示范基地、孵化（实训）基地。加大财政科技投入，支持企业、高校、科研院所开展技术攻关和核心产品研发，着力引进国家级研究机构、重点实验室落户。强化园区平台支撑作用，研究推出“飞地政策”，引导低碳制造企业、龙头企业和高新技术企业向园区集聚集约发展。力争新培育和引进高新技术企业30家以上，孵化、认定科技创新型企业5家以上。研究制定一致性评价支持政策，帮助医药企业转型发展，高水平建设“新药谷”。大力发展海洋经济，在海洋生物、海洋装备制造、深海资源等方面谋划一批重大项目，探索建设1~2个海洋牧场示范区，积极申报国家级海洋经济创新发展示范市。

（三）实施城市更新计划与行动，打造海口“双创”升级版

今年是“双创”决胜之年，在坚持工作标准不变、力度不减、确保“双创”夺牌的基础上，加快城市更新，全面建设国际化滨江滨海花园城市。

强化城市规划设计。按照“一江两‘岸’、东西双港驱动、南北协调发展”的总体思路，坚持“产城融合、港城融合、城乡融合”理念，围绕海绵城市、花园城市建设，认真编制《海口城市更新计划与行动》，系统开展生态修复、城市功能、资源统筹、公共设施、城市品位、道路交通、历史文化等专项规划。完成海甸溪两岸和新海港区、秀英港区的规划设计，全面启动《湿地保护与修复工作实施方案》三年计划，做好红树林湿地、羊山湿地、火山风貌文章，使城市整体风格更加和谐、协调。

加快城市更新改造。优化棚改政策，推进棚改与加快城市更新、调整产业结构、改善群众生活、消化房产存量相结合，提升棚改综合效益和城市价值。继续推进城市“五网”基础设施建设，加大主城区主次干道改造，优化交通道路网络和公交体系，开展轨道交通前期工作。加快地下综合管廊建设。新建江东水厂，扩建永庄水厂，完善供水管网配套，提升城市供水保障能力。持续加大城市绿化彩化亮化美化力度，全面完成国兴大道、滨海大道等主干道和美兰机场、火车站等重点区域的景观改造工程。健全城市公共服务设施，开工建设“市民中心”、市图书馆、博物馆，加快国兴“双子塔”、海口湾等城市“新地标”“新客厅”建设，争取启动三江湿地公园、新海生态临港新城、南渡江两岸景观提升等首批15个城市更新工程。

强化城市治理。进一步拓展12345热线服务内容，建立健全“集中受理、分类处置、各方联动、限时办结、回访答复、监督考评”的工作机制，把市民游客诉求有效解决在基层。深化“公安+城管”联合执法，探索建立旅游、国土、环保、工商、食药监等多部门综合执法机制，持续开展车辆超载、占道经营、交通秩序、环境卫生等专项整治，加强巡查督查、实施严管重罚；支持社团组织参与城市治理，实现“双创”管理长效化、常态化。

提升城市文化内涵。夯实国家历史文化名城底蕴，扎实推进骑楼老街保护和改造，丰富经营业态。全面实施“琼台复兴计划”，保护修缮琼台福地、琼台书院、鼓楼等古迹，弘扬冼夫人文化，支持“府城元宵换花节”申报国家级非物质文化遗产。加大龙华东谭、琼山包道等13个“中国传统村落”和火山民居古村落保护。弘扬社会主义核心价值观，加强青少年思想道德教育，创新发展乡贤文化，完善“诚信海口”“公益海口”建设，建立学雷锋志愿服务长效机制，持续开展精神文明创建活动。

做好城市经营文章。强化政府主导土地一级开发，结合“多规合一”的实施、城市规划的调整，完善土地征收和土地储备机制，重点做好重大产业项目、重大基础设施、重大生态修复工程和重大城市开发片区等周边土地的收储。开展国有建设用地清理，加大闲置土地清理盘活力度，建立项目综合评估和退出机制，更加注重引进高附加值、高利税、高成长性、高科技含量项目，提升土地综合效益。全面清理城市资源、资产，针对不同类型的资产实施相应的资产证券化，切实提高城市经营效益。

（四）深入开展脱贫攻坚，全力推进“三农”工作

坚决完成脱贫任务。把脱贫攻坚作为头等大事和第一民生工程，按照“两年脱贫攻坚，三年巩固提升”的总体目标，突出问题导向，强化动态管理，瞄准建档立卡贫困人口，加大项目、资金、政策、培训夜校等投入力度，全面实施交通基础设施扶贫六大工程建设，确保5个贫困村整村脱贫、2850人精准脱贫，全面完成脱贫攻坚任务。

大力发展现代农业。围绕“一镇一业、一村一品”，推进农业品牌化建设，抓好农产品“三品一标”认证，扩大十大农业品牌种植规模。加大对龙头企业、农民专业合作社和特色农业的扶持力度，重点抓好蔬菜、兰花、石斛等产业基地建设。大力发展生态循环农业，新建3~4个生态循环农业示范基地。深化“无疫区”建设，加强农业科技和农产品质量安全体系建设。推动农业产业链延伸升级，鼓励农产品加工，大力发展农村民宿经济。

促进农民增收。实施农民增收计划，争取今年农民收入增长8%以上。

加大农民培训力度，提升农业产业化经营水平，重点抓好10个合作示范社建设，培养和推广一批电商示范户，增加农民经营性收入。做好劳动力与企业用工的有效对接，农村富余劳动力转移就业6000人以上，增加农民工资性收入。推进农民土地经营权入股，发展多种形式股份合作，增加农民资产性收入。

夯实农村基础工作。稳步推进农村集体产权制度改革，加快农村土地确权颁证，实施农村土地集体所有权、承包权、经营权“三权分置”，下力气解决农村土地抛荒问题。深化村务公开，强化农村集体资金、资产、资源管理。加强农村“五网”、垃圾转运、污水处理等基础设施建设，加快江东等10个输变电工程建设，全面完成19个中心村农网升级改造，完善农村小型水利工程管理体制，抓好农田水利整治修复。提高农村教育、医疗等公共服务水平，改善农村生产生活条件。

（五）加大改革开放，进一步释放发展活力

继续深化重点领域改革。扎实推进“多规合一”落地实施。组建市规划委员会，建立“编、审、管、监”一体化机制体制，形成与“多规合一”相配套的政策法规体系，搭建以“多规合一”为纲的综合信息平台，确保“一张蓝图干到底”。深化“放管服”改革。探索设立市行政审批局，积极推进审批提速，压缩审批时间25%以上，削减审批环节15%以上。总结提升和推广“极简审批”，大力推行工程建设项目多评合一、多审合一、多图联审、联合验收等模式。加强事中事后监管，加快建设企业信用信息共享平台，构建跨部门执法联动响应及失信约束机制，创建社会信用体系建设示范城市。加快国企国资改革步伐。做大做强国有企业，加快市属国有企业重组整合，选择1~2家企业进行混合所有制改革试点，探索建立以管资本为主的监管体制机制。深化公立医院综合改革。探索建立医疗管理集团，推进现代医院管理制度建设。此外，稳步推进国有林场、不动产登记和农场属地化管理等改革工作。

扩大开放合作。加快“一带一路”支点城市建设，深化与泛珠、北部湾区域合作，完善与湛江的协作协调机制，加快琼州海峡港航资源整合，推进琼州海峡经济带发展。加快“海澄文”综合经济圈建设，推进规划、基础设施等“六个一体化”，启动琼北滨海旅游公路等交通工程建设，争取海口新区年内获得国家批复。制定出台吸引外资的优惠政策，保护外商投资企业及其投资者权益，主动融入经济全球化。扩大国际交流与合作，探索与“一带一路”沿线国家互办文化年、旅游年、艺术节。

（六）推进生态文明建设，持续巩固提升生态优势

牢固树立“绿水青山就是金山银山”的强烈意识，坚持生态立市不动摇，让生态环境越来越好。

深化生态环境专项整治。强化“山水林田湖生命共同体”生态修复和湿地保护。加大对东寨港红树林、羊山湿地等生态敏感区保护，继续实施“绿化宝岛大行动”，完成植树造林1万亩，森林覆盖率保持在38%以上。推进水体整治。建立健全市区镇（街）三级“河长制”，开展海绵城市建设试点，探索实施生态化水体治理方式，完善城市污水处理设施和配套管网，加强集中式饮用水水源土地的收储和保护，注重水体自然景观提升，打造人水相亲的舒适环境。持续强化海岸带保护与开发。启动海洋生态系统修复工程，开展蓝色海湾整治行动，重点加强海口湾、秀英港等海湾港口的生态修复，确保90%近岸海域海水水质达到二类以上标准。深入开展土壤环境质量调查。加大南渡江非法采沙整治，加强矿坑修复与治理，保持土壤环境质量总体稳定。继续开展整治违法建筑专项行动。年内拆违200万平方米，统筹做好拆后垃圾清运、土地利用、环境修复，加强乡镇和村庄规划建设管理，建立健全打违控违长效机制，扎实推进“无违建”创建工作。开展大气污染防治专项行动。加强工地扬尘、汽车尾气等治理，确保空气质量在全国74个重点城市中继续保持第一。

健全生态文明建设制度体系。实行最严格的环境保护制度，实行领导干部自然资源资产离任审计和生态环境损害责任终身追究制。落实环保机构监测执法垂直管理改革。积极推行环境污染和治理第三方评估，建立多元化的资金投入机制。完善环境标准体系，加强生态环境监测网络建设，建立健全环保数据共享和信息公开披露制度。开展绿色园区、绿色工厂等创建活动，加大新能源汽车应用推广力度，鼓励市民绿色出行，积极倡导和推行绿色生产和绿色生活方式。

（七）积极回应百姓诉求，持续保障和改善民生

始终以人民为中心，以更大的决心和力度改善民生，办好省市为民办实事事项，让改革发展成果惠及更多群众，人民生活更加幸福美满。

协调社会事业发展。优先发展教育，强化师资力量，实施特岗教师和乡村教师定向培养计划，加快“全面改薄”和“10+2”项目建设，力争全年新增中小学学位6000个以上，继续大力引进国内外优质教育资源，推进人大附中、北师大附中、北大附中附小等合作办学项目，办好中职教育和特殊教育。建设“健康海口”，不断提高医疗服务质量，完善社区医疗卫生服务体系，推进乡村卫生院（室）标准化建设，落实医师多点执业政策，实施120院前急救服务和区域二级医疗机构能力提升工程；加强生育全程基本医疗优质服务，促进人口均衡发展。加快推进公共文化服务体系建设，推进区级文化馆、村级文化室建设，完善一批居民小区文体设施，加快推进城区电子阅报屏和乡村数字农家书屋建设，深入开展全民健身运动，丰富群众文娱体育生活。

提高社会保障水平。实施更加积极的就业政策，做好高校毕业生、退役军人就业工作，建立低保与就业联动机制，城镇新增就业3万人。提高

城乡居民社会养老保险参保率，扩大基本医疗保险保障范围，全面开展重特大疾病医疗救助，继续深化机关事业单位养老保险制度改革。严格落实“米袋子”“菜篮子”责任制，推进省市共建粮食物流园区，提升市菜篮子集团在生产、流通、销售各环节的运营和调节能力，实现保供稳价。

强化社会综合治理。深化“平安海口”建设，完善立体化社会治安防控体系，实施“八严”工程，坚决打赢禁毒三年大会战。加强产品质量、食品药品安全监管，积极创建国家食品安全城市。全面落实安全生产责任制，坚决预防和遏制重特大安全事故。深入开展“七五”普法，做好信访积案化解，强化网络舆情监测和应急处突。

全力支持国防建设，推动军地融合发展。充分发挥工会、共青团、妇联、残联等人民团体桥梁纽带作用。继续做好统计、人防、地震、气象、档案、慈善、史志、保密、外事侨务、对台、民族宗教等各项工作。

（八）加强政府自身建设，优化海口发展环境

打造廉洁高效的政务环境。坚决维护以习近平同志为核心的党中央权威和集中统一领导，坚决落实全面从严治党要求，认真贯彻《关于新形势下党内政治生活的若干准则》和《中国共产党党内监督条例》，切实强化“四种意识”，推动党中央国务院、省委省政府和市委各项决策部署得到不折不扣贯彻落实。严格执行市人大及其常委会的决议、决定，强化政协民主协商，自觉接受人大监督、政协监督、社会监督和舆论监督。坚持依法行政，落实政府法律顾问制度，完善政府立法工作机制，提升政府决策法制化水平。实施“互联网＋政务服务”，最大限度推进政府服务信息共享，提升“大数据”综合服务能力和精细化管理水平，不断提高行政效能。完善市直机关绩效管理办法，建立正向激励和容错纠错机制。落实党风廉政“一岗双责”，坚持把纪律和规矩挺在前面，不断扎紧制度的笼子，加强监察审计和督查考核，加大行政问责力度，严惩懒政怠政。

优化投资发展的营商环境。进一步强化投资服务保障，固化“百日大行动”长效机制，做好土地、林地、用海、融资、供电、供水、供气等要素保障服务，为投资项目顺利推进保驾护航。在推进棚改项目、重大基础设施建设的同时，注重完善重大项目、重点园区的基础设施配套，合理布局教育、医疗等公共服务资源。完善政银企合作对接机制，落实各项扶持中小微企业发展的政策措施，解决好融资难、融资贵的问题，降低企业运营成本，全力打造“全国一流、海南领先”营商环境。加强对重点工程、重大项目和涉农资金等重点领域的廉政风险防控，努力构建“亲”“清”新型政商关系。

营造吸引人才的社会环境。推进“人才强市”战略，出台鼓励人才引进、培养、使用的政策措施，积极引进创新创业领军人才、产业发展紧缺人才、基层急需技能人才和党政资政人才。扶持建立各类“候鸟”人才社会组织，争取引进一批“名师名医名家名匠”专业人才。开展“一站式”人才服务，着力解决人才后顾之忧，在住房保障、户籍迁移、家属就业、子女入学等方面提供全方位服务，努力营造尊重劳动、尊重知识、尊重人才、尊重创造的社会氛围。

各位代表，建设海口幸福家园是全市人民的期待和重托。让我们更加紧密地团结在以习近平同志为核心的党中央周围，在省委省政府和市委的坚强领导下，不忘初心，继续前进，撸起袖子加油干，以优异成绩向党的十九大和省第七次党代会献礼！

2016年海口市国民经济和社会发展统计公报

海口市统计局　国家统计局海口调查队

2017年1月21日

2016年，在市委、市政府的正确领导下，全市上下紧密团结在以习近平同志为核心的党中央周围，全面贯彻党的十八大和十八届历次全会精神，全面践行“创新、协调、绿色、开放、共享”的发展理念，牢牢把握发展第一要务，紧紧围绕全省“十二大产业”“六类园区”和“百千工程”等整体工作部署，坚决扛起省会城市的“三个担当”，以供给侧结构性改革为主线，以“双创”为总抓手和强大动力，着力稳增长、调结构、促改革、惠民生、强管理，负重前行，砥砺奋进，全市经济社会健康发展、结构调整步伐加快、改革开放全力推进、民生保障水平提高、社会事业全面发展、生态优势巩固提升、经济文化建设成效显著，实现全面建成小康社会和“十三五”良好开局。

一、综合

（一）总体经济

2016年，全市实现地区生产总值1257.67亿元，按可比价格计算，比上年增长7.7%。其中，第一产业完成增加值67.68亿元，增长3.3%；第二产业完成增加值233.56亿元，增长5.8%；第三产业完成增加值956.42亿元，增长8.5%。人均地区生产总值56284元，比上年增长6.6%。

产业结构升级调整继续。第二产业比重下降，第一产业和第三产业比重提高。三次产业结构由2015年的4.9：19.3：75.8调整为2016年的

5.4∶18.6∶76.0。

（二）财政

2016 年，全市实现全口径一般公共预算收入 330.94 亿元，同口径同比增长 23.7%，其中地方一般公共预算收入 115.51 亿元，增长 11.2%。在地方一般公共预算收入中，实现地方税收收入 95.30 亿元，增长 17.4%，其中国内增值税 11.42 亿元，增长 25.0%；营业税 11.38 亿元，下降 25.9%；企业所得税 16.83 亿元，增长 19.5%；个人所得税 4.92 亿元，增长 20.4%。

表 1　　2016 年海口市财政收支完成情况

指标名称	绝对数（亿元）	同口径同比增长（%）
全口径一般公共预算收入	330.94	23.7
中央一般公共预算收入	127.73	41.9
省一般公共预算收入	87.71	19.0
地方一般公共预算收入	115.51	11.2
1. 地方税收收入	95.30	17.4
营业税	11.38	–25.9
国内增值税	11.42	25.0
企业所得税	16.83	19.5
个人所得税	4.92	20.4
城市维护建设税	5.75	16.6
房产税	3.19	–6.7
契税	5.60	13.5
2. 地方非税收入	20.21	–11.0
行政事业性收费收入	2.70	–41.1
罚没收入	1.65	–45.8
地方政府性基金预算收入	108.66	71.5
地方一般公共预算支出	206.17	20.5
一般公共服务	20.60	1.1
公共安全	10.25	–18.1
教育	31.35	–6.8
科学技术	2.82	340.4
文化体育与传媒	3.05	9.9
社会保障和就业	24.31	14.6
医疗卫生	18.02	–5.6
节能环保	14.90	198.6
城乡社区事务	25.56	20.1
农林水事务	17.95	23.4
交通运输	4.46	93.7
商业服务业等事务	3.84	47.5
国土海洋气象等事务	1.49	–5.7
住房保障支出	12.71	52.9
粮油物资储备事务	0.45	69.7
其他支出	1.98	61.4
地方政府性基金预算支出	111.07	50.2

注：同口径指 2015 年 5 月份以后的"营改增"收入按照现有的市级留成比例进行的比较。

全年地方一般公共预算支出 206.17 亿元，增长 20.5%。其中教育支出 31.35 亿元，下降 6.8%；交通运输支出 4.46 亿元，增长 93.7%；城乡社区事务支出 25.56 亿元，增长 20.1%；社会保障和就业支出 24.31 亿元，增长 14.6%；医疗卫生支出 18.02 亿元，下降 5.6%。

（三）固定资产投资

2016 年，全市全社会固定资产投资 1271.73 亿元，比上年增长 25.7%。按产业划分，第一产业投资 9.54 亿元，比上年下降 50.7%；第二产业投资 42.14 亿元，增长 60.0%，其中工业投资 38.27 亿元，增长 63.4%；第三产业投资 1220.05 亿元，增长 26.3%。三次产业投资结构比例为 0.8∶3.3∶95.9。分区看，秀英区完成固定资产投资 371.03 亿元，增长 21.1%；龙华区完成固定资产投资 291.04 亿元，增长 18.2%；琼山区完成固定资产投资 122.59 亿元，增长 54.7%；美兰区完成固定资产投资 347.10 亿元，增长 17.8%。全年投资项目 941 个，比上年增长 28.9%，其中新开工项目 334 个，增长 38.6%。

民间投资呈现良好的发展态势，成为拉动全市固定资产投资加快增长的决定力量。2016 年，全市非国有投资 1173.31 亿元，增长 33.6%，占固定资产投资的 92.2%。其中，民间固定资产投资总量 973.8 亿元，增长 22.3%，占全市固定资产投资总量的 76.5%，对全市固定资产投资增长的贡献率为 68.2%，拉动其增长 17.5 个百分点。

表2　2016年海口市分产业（行业）固定资产投资及其增长速度

产业（行业）名称	投资额（亿元）	比上年增长（%）
固定资产投资	1271.73	25.7
第一产业	9.54	-50.7
第二产业	42.14	60.0
制造业	29.41	72.5
电力、燃气及水的生产和供应业	8.86	39.0
建筑业	3.86	32.5
第三产业	1220.05	26.3
交通运输、仓储和邮政业	209.40	41.1
信息传输、计算机服务和软件业	35.77	15.4
批发和零售业	23.19	5.4
住宿和餐饮业	61.14	15.3
房地产业	609.60	14.0
租赁和商务服务业	10.08	703.7
科学研究技术服务和地质勘查业	1.18	-61.2
水利环境和公共设施管理业	205.82	159.4
教育	24.98	21.9
卫生、社会保障和社会福利业	11.51	-36.3
文化、体育和娱乐业	24.16	-45.0
公共管理和社会组织	3.15	-65.7

（四）供给侧结构性改革稳步推进

房地产去库存成效明显。全年房地产销售面积432.65万平方米、销售额391.28亿元，比上年分别增长15.9%和31.9%；商品住房去库存周期降至15个月，低于全国和全省平均水平，房价基本保持稳定。

从去杠杆的情况来看，全市规模以上工业企业资产负债率为46.2%，比去年同期高3.0个百分点，比全省平均水平低9.5个百分点。

企业成本下降。全市规模以上工业企业每百元的主营成本为73.58元，比去年同期下降2.0元。

补短板投入增长较快。全市以“双创”为载体，持续加大公共财政投入，补齐城市功能、城市管理、生态环境、民生事业短板，不断扩大优质服务供给。2016年全市财政民生支出152.8亿元，同比增长18.9%，占全市财政支出的74.1%。全市基础设施建设累计完成投资450.99亿元，同比增长74.3%。其中，交通运输业投资209.40亿元，增长41.1%；水利环境和公共设施管理业投资205.82亿元，增长159.4%。

以“双创”工作为引领，以“放管服”为抓手，忠实践行“规范、便民、廉洁、高效”的服务宗旨，率先在全省实施“五证合一、一照一码”登记制度改革。2016年政务窗口办件受理突破22万件，达到22.50万件，办结21.96万件，提前办结率86.4%，群众满意率99%。海口12345市政府热线即“双创”热线办件达到39.95万件，有效受理各类诉求33.36万件，办结32.43万件，有效办结率为97.2%。公共资源交易中心交易金额达到1595.33亿元，累计完成交易数595宗。工商登记改革实行最大限度简化行政审批、最大限度便民服务，实施“五证合一”改革，登记注册更加便利化，促进了市场主体稳健发展。全市新增市场主体5.31万户，同比增长33.3%；新增注册资本(金)4774.41亿元，增长402.8%。其中，新增企业2.07万户，增长29%，新增注册资本（金）4762.06亿元，增长406.5%；新登记个体工商户3.24万户，增长36.2%，新增资金数额12.36亿元，增长31.1%。全年发出1.25万张“五证合一”营业执照。启动公立医院综合改革，全面实施所有公立医院、政府举办的镇卫生院和社区卫生服务机构的住院病房“先看病后付费”诊疗服务模式。

（五）城市文明提升

2015年开启的海口“双创”，是历史上范围空前、力度空前的社会总动员，带动海口从市容市貌到干部作风都发生了历史性转变。“创卫”顺利通过国家专家组暗访测评，群众对卫生状况满意率达98.7%。“诚信海口”“公益海口”“海口城市管家”三大网络服务平台建成使用，全市注册志愿者达到25万多人，被《人民日报》点赞为“志愿者之城”。海瑞墓、五公祠等人文景点加快改造提升，居仁坊、西门外城等城市文脉得到有效保护。凡人善举层出不穷，全国文明家庭李朵家庭、龙华区社区干部盘丽芬入选“中国好人榜”，涌现了优秀村干部洪庆芝、全国特级优秀人民警察李观连等一批先进典型。

二、居民生活和民生事业

（一）居民生活

城乡居民生活水平不断提高。全市常住居民人均可支配收入26447元，比上年增长8.2%，扣除价格因素，实际增长5.1%。其中，全市城镇常住居民人均可支配收入30775元，比上年增长7.9%，增幅比上年提高0.3个百分点，扣除价格因素，实际增长4.7%；农村常住居民人均可支配收入12679元，比上年增长9.0%，增幅比上年降低0.5个百分点，扣除价格因素，实际增长5.8%。

（二）就业

城乡就业创业服务进一步强化，全年全市城镇新增就业4.7万人，完成年任务的104.4%。城镇登记失业人员再就业1.02万人，完成年任务的102.3%；就业困难对象实现就业再就业691人；组织农村富余劳动力转移就业8386人，完成年计划的104.8%。城镇登记失业率为0.9%。提升公共服务助推就业，2016年共举办各类常规招聘会82场，专场招聘会26场，进场招聘企业5355家，提供就业岗位2.81万个，面试人数5.6万人。

（三）物价

物价总体水平在可控范围内。2016年，全市居民消费价格总指数(CPI）为103.0，价格水平上涨3.0%。分类别看，食品烟酒价格上涨6.0%，

表 3　　2016 年海口市居民消费价格指数（CPI）

指标名称	本月与上年同期比	
	12 月	累计
居民消费价格总指数	104.4	103.0
一、食品烟酒	106.2	106.0
粮　食	101.4	101.4
鲜　菜	115.9	120.3
畜肉类	109.7	109.9
水产品	105.5	107.7
蛋　类	99.2	100.4
鲜瓜果	114.6	103.4
二、衣着	95.7	94.9
三、居住	106.3	103.4
四、生活用品及服务	101.5	100.8
五、交通和通信	101.8	98.3
六、教育文化和娱乐	104.8	103.8
七、医疗保健	103.1	102.0
八、其他用品和服务	107.5	104.9

其他用品和服务价格上涨 4.9%，教育文化和娱乐价格上涨 3.8%，居住价格上涨 3.4%，医疗保健价格上涨 2.0%，生活用品及服务价格上涨 0.8%，衣着价格下降 5.1%，交通和通信价格下降 1.7%。

（四）扶贫

全年全市实现 8453 人精准脱贫，完成计划任务的 100.2%。全年筹措帮扶资金 10339.9 万元，其中，中央资金 3148 万元、省财政资金 1527 万元、市财政资金 5064.9 万元、区财政资金 600 万元。

（五）教育

教育事业蓬勃发展。全市共有普通高等教育学校 12 所，中等职业学校 53 所，普通中学 104 所，小学 160 所，幼儿园 738 所。研究生招生 1657 人，在校生 4812 人，毕业生 1235 人；普通高校本专科招生 3.74 万人，在校生 12.77 万人，毕业生 3.47 万人；成人本专科招生 5598 人，在校生 1.55 万人，毕业生 8273 人；中等职业学校招生 2.79 万人，在校生 7.44 万人，毕业生 2.34 万人；普通高中招生 1.38 万人，在校生 4.15 万人，毕业生 1.44 万人；普通初中招生 2.64 万人，在校生 7.51 万人，毕业生 2.47 万人；普通小学招生 3.47 万人，在校生 18.8 万人，毕业生 2.64 万人；学前教育招生 3.59 万人，在校生 10.87 万人，毕业生 3.31 万人；初中入学率为 100%，小学入学率为 100%。

教育经费投入，进一步完善财政性教育经费保障机制，确保财政性教育经费占全市生产总值比例不低于 4%。2016 年，财政性教育经费投入 31.35 亿元，占全市地方一般公共预算支出的 15.2%。落实义务教育经费保障机制改革政策，已投入资金 2.41 亿元。其中，义务教育经费保障机制生均公用经费资金 2.02 亿元，免教科书补贴资金 3406.76 万元，免作业本费补助资金 486.39 万元；落实好各阶段学生资助工作，学前教育“三类幼儿”资助项目划拨 176.03 万元，资助 4694 人次；义务教育贫困家庭寄宿生生活费补贴划拨 898.6 万元，资助 1.45 人次；普通高中国家助学金资助划拨 599.63 万元，资助学生 6303 人次；共向 2855 名大学生发放助学贷款 1919.43 万元；“爱心助学”活动资助大学新生 207 人，资助金 103.5 万元，计生奖励大学新生 115 名，奖励金 57.5 万元；完成中职国家助学金 501.04 万元、免学费项目 4556.13 万元的划拨工作。

（六）医疗卫生

医疗卫生人员队伍壮大，医疗卫生综合服务能力不断提升。2016 年，全市医疗卫生支出为 18.02 亿元，占地方公共财政预算支出的 8.7%。全市卫生人员总数为 3.51 万人，其中，卫生技术人员 3.01 万人。执业医师 1.05 万人，注册护士 1.48 万人。平均每万人拥有医生 47.3 人，平均每万人拥有护士 66.6 人。全市卫生机构总数 1278 个。其中，医院 114 个、卫生院 27 个、妇幼保健院（所、站）6 个、专科疾病防治院（所、站）7 个、疾病预防控制中心（防疫站）7 个、急救中心 2 个、血液中心 1 个、社区卫生服务中心（站）116 家、门诊部 96 个、诊所和卫生所及诊疗室 663 个、医学教育机构 5 个、计划生育服务站 5 个。全市卫生机构床位 1.58 万张。其中，医院床位 1.41 万张、卫生院床位 0.07 万张、社区卫生服务中心 0.1 万张，平均每万人拥有床位数 70.9 张。

（七）社会保障、救助和福利

全力提高社会保障水平。2016 年末，全市城镇企业职工基本养老保险参保人数 47.5 万人，比上年增长 5.4%。参加城乡居民社会养老保险人数 32.86 万人，增长 0.6%。全部实现养老金按时足额发放。城镇职工基本医疗保险参保人数 48 万人，增长 18.3%；城乡居民基本医疗保险参保人数 45.7 万人，下降 18.4%。工伤保险参保人数 35.8 万人，增长 31.3%。生育保险参保人数 29.8 万人，增长 11.7%；2 万人次享受生育保险待遇，增长 48.2%。失业保险参保人数 48.9 万人，增长 4%。

2016 年末，全市共有 6050 人享受城市居民最低生活保障，2.43 万人享受农村居民最低生活保障。农村五保供养 3736 人。全年资助 1.14 万农村困难群众参加新型农村合作医疗。城市居民最低生活保障标准为 520 元

/人/月，农村居民最低生活保障标准为460元/人/月，农村五保供养标准为480元/人/月。现有收养性社会福利单位2个，床位数560张，收养345人；农村五保供养服务机构31个，床位数2020张，集中供养率达33%。社会福利企业8个，安置残疾人员369人。

三、国民经济各行业

（一）农业

农业生产保持稳定增长。全年农林牧渔业总产值108.66亿元，比上年增长2.6%。其中，农业产值52.84亿元，增长4.3%；林业产值5.38亿元，增长6.9%；牧业产值33.06亿元，下降2.6%；渔业产值11.20亿元，增长6.3%；农林牧渔服务业产值6.19亿元，增长8.3%。

全年农作物总播种面积76.25千公顷，比上年下降5.3%。粮食播种面积52.9万亩，下降8.0%，粮食总产量15.10万吨，下降8.6%；蔬菜播种面积42.2万亩，下降0.8%，蔬菜总产量55.63万吨，下降1.7%；水果播种面积18.4万亩，增长2.6%，水果总产量21.11万吨，增长1.4%。肉类总产量10.19万吨，增长10.3%；禽蛋总产量9629吨，增长12.1%。至年末，全市生猪累计出栏83.47万头，增长6.7%；家禽累计出栏数1189万只，下降2.5%；水产品产量7.32万吨，增长6.4%，其中养殖产量4.8万吨，捕捞产量2.52万吨。

表4　2016年海口市主要农产品产量及增长速度

产品名称	单位	产量	比上年增长（%）
粮食	万吨	15.1	–8.6
早稻	万吨	6.8	–11.4
晚稻	万吨	5.7	–6.6
油料	万吨	0.7	5.2
花生	万吨	0.6	8.7
糖蔗	万吨	3.3	–43.1
水果	万吨	21.1	1.4
蔬菜	万吨	55.6	–1.7
橡胶	万吨	0.2	51.6
胡椒	万吨	0.3	11.2

（二）工业和建筑业

2016年，全市规模以上工业完成总产值499.13亿元，比上年增长1.1%。实现规模以上工业增加值124.17亿元，增长2.2%。规模以上工业中，重工业完成产值216.17亿元，比上年下降4.8%；轻工业完成产值282.97亿元，增长6.3%，重工业与轻工业之比为43.3∶56.7。

至年末，全市规模以上工业企业146家，实现工业总产值499.13亿元，比上年增长1.1%。产值超亿元工业企业是全市工业发展的主力，产值超亿元的企业77家，比上年增加6家，实现产值465.88亿元，占全市规模以上工业总产值的93.3%，比上年减少1.91亿元。全年累计产值超10亿元企业有13家，共完成产值285.41亿元，比上年减少5.96亿元。

医药、烟草、机电三大主导行业实现总产值240.86亿元，比上年增长6.1%。其中，医药行业实现总产值154.71亿元，增长11.8%；烟草行业实现总产值26.43亿元，下降8.1%；机电行业实现总产值59.71亿元，下降0.2%。三大支柱行业总产值占全市规模以上总产值48.3%。

2016年1~11月，全市规模以上工业企业实现主营业务收入435.85亿元，比上年增长0.1%；实现利税总额66.92亿元，增长3.5%，其中利润31.89亿元，增长8.6%。企业资产合计695.06亿元，增长7.3%。

建筑业平稳发展。全年资质以上建筑企业完成建筑业总产值218.67亿元，增长21.6%。其中建筑工程产值182.07亿元，增长20.5%；安装工

表5　2016年海口市主要工业产品产量及增长速度

产品名称	单位	产量	比上年增长（%）
饲料	万吨	92.01	9.0
罐头	万吨	19.28	–20.5
软饮料	万吨	52.18	0.1
中成药	吨	1201.45	5.1
饮料酒	亿升	0.69	–5.0
变压器	万千伏安	1162.86	4.8
电力电缆	万千米	16.01	–0.9
太阳能电池	万千瓦	38.67	–52.7
乳制品	吨	3350	–20.4
印制电路板	万平方米	0.22	–97.1
卷烟	亿支	119.5	–2.4
光缆	万芯千米	110.75	–56.1
汽车	万辆	6.72	–3.7
发动机	万千瓦	555.81	8.0

表 6　　2016 年海口市旅游接待情况

指标名称	单位	绝对数
一、入境旅游	—	—
接待入境旅游人数	万人次	13.65
外国人	万人次	7.25
港澳同胞	万人次	2.25
台湾同胞	万人次	4.14
接待入境旅游人天数	万人天	23.56
外国人	万人天	14.13
港澳同胞	万人天	3.6
台湾同胞	万人天	5.84
旅游外汇收入	万美元	4503.55
二、国内旅游	—	—
接待国内过夜游客	万人次	1315.54
旅游收入	亿元	178

程产值 25.88 亿元，增长 36.5%。当年建筑企业新签合同价款 249.13 亿元，建筑企业期末从业人员 5.02 万人，全员劳动生产率为 39.22 万元 /人。

（三）旅游业和房地产业

旅游接待能力进一步增强。2016 年持续打响“幸福美丽海口”旅游品牌，不断丰富产品供给、完善配套设施、加强市场监管、提高服务质量，被评为中国“互联网 + 旅游”十大优秀城市并获得“全国优秀旅游新闻作品评选结果（组织奖）”。2016 年，全市共接待国内外过夜游客 1329.19 万人次，比上年增长 8.5%。其中，接待入境游客 13.65 万人次，同比增长 11.9%。人均逗留天数 1.43 天 / 人，同上年持平。实现旅游总收入 191.84 亿元，增长 13.6%。其中，旅游外汇收入 4503.55 万美元，同比增长 10.3%。全市 A 级旅游景区共 10 家，其中 4A 景区有 4 家。星级酒店 39 家，其中五星级酒店 6 家。

房地产保持较快增长。2016 年，全市完成房地产开发投资 551.09 亿元，比上年增长 20.7%。其中，住宅投资 342.22 亿元，增长 23.9%。新开工面积 811.47 万平方米，增长 67.2%。全年房屋竣工面积 306.60 万平方米，增长 41.6%。全年房屋销售面积 432.65 万平方米，增长 15.9%；商品房销售额 391.28 亿元，增长 31.9%。

（四）交通运输和邮电业

2016 年，全市完成旅客运输量 0.90 亿人次，货物运输量 1.05 亿吨，分别比上年增长 17.5%和 1.7%；旅客运输周转量 641.92 亿人公里，货物运输周转量 670 亿吨公里，分别增长 25.8%和下降 5.6%；港口货物吞吐量 8866.82 万吨，增长 8.0%。海口美兰国际机场旅客吞吐量 1880.4 万人次，比上年增长 16.3%，再创历史新高。

年末，全市民用汽车拥有量 63.25 万辆，比上年增长 18.3%，其中私人汽车拥有量 56.29 万辆，增长 19.4%。民用轿车拥有量 38.7 万辆，增长 17.3%，其中私人轿车拥有量 35.7 万辆。全年新注册汽车 10.82 万辆，报废 3403 辆。

2016 年，全市完成邮电业务总量 144.5 亿元，比上年增长 65.4%。其中，电信业务总量 138.7 亿元，增长 67%；邮政业务总量 5.8 亿元，增长 33.7%。年末固定电话用户 65.55 万户，同比下降 8.9%；移动电话用户 148.08 万户。互联网宽带用户总数 60.75 万户，同比下降 1.2%。全年短信业务总量 3.9 亿条。

（五）国内贸易和会展业

2016 年，全市全社会消费品零售总额 653.89 亿元，比上年增长 9.8%。其中，商品零售 566.81 亿元，增长 9.5%，占零售总额的 86.7%；餐饮收入 87.09 亿元，增长 11.8%，占零售总额的 13.3%。按经营地分，城镇消费品零售额 593.85 亿元，增长 9.3%；乡村消费品零售额 60.05 亿元，增长 15.0%。在限额以上贸易企业商品零售额中，体育、娱乐用品类休闲商品实现零售额 1.55 亿元，比上年增长 14.0%；金银珠宝类、服装类、粮油食品类分别实现零售额 4.60 亿元、20.03 亿元和 13.93 亿元，分别下降 1.3%、增长 8.6%和 2.7%；汽车类实现零售额 124.60 亿元，增长

表 7　　2015 年海口市客货运输量完成情况

运输方式	旅客		货物	
	运输量（万人次）	周转量（亿人公里）	运输量（万吨）	周转量（亿吨公里）
合计	8999	642	10461	670
公路	2827	30	2659	25
民航	2891	564	31	10
铁路	2337	45	800	15
水路	945	3	6971	620

17.6%；石油及制品类实现零售额101.09亿元，增长0.4%；家用电器和音像器材类、通信器材类、文化办公用品类分别实现零售额16.56亿元、1.97亿元和2.57亿元，分别下降12.0%、8.0%和10.0%。

海口会展业规模、拉动作用、产业知名度方面均创佳绩。2016年，全市共举办各类会展活动6283场，较上年增长16%。其中，规模以上会议和展览活动238场，增长6.7%；上千人会议26场，1万平方米以上展览23个。2016年，我市大力开展岛外宣传推介活动，落实12场在国内外有影响力的大型专业会议，新增6个展览项目在海口举办。成功举办“两会三展三节”八大品牌会，其中以“海·纳百川”为海口市会展局主题的第23届中国国际广告节于10月22日在海口开幕，首次落户椰城的中国国际广告节是全国专业性最强、规模最大、影响最广的行业盛会。至此，海口已连续第五次获得“年度中国会展名城”大奖，以及“2016中国最具创新力国际会展城市”和“2016年度中国会展产业金手指奖·品牌会展城市”的荣誉称号。2016年，全市展会也呈现出规模明显扩大的趋势，第二届（中国）海南文化产业博览会、2016首届海南国际旅游岛三角梅花展、2016海南房车露营休闲旅游博览会、2016中国（海南）国际热带农产品冬季交易会等展会规模均在3万平方米以上；论坛和会议规格、规模普遍提高，2016国际医药供应链峰会暨第三届中国医药物流行业年会、中国环境科学学会2016年会、中国生态文明论坛海口年会等，参会人数都在1000人以上；国内大型知名学术性专业会议陆续落户海口举办，如第五届中国小动物医师大会参会人数达3500人、中国医师协会麻醉学医师分会参会人数达5000人以上。

（六）银行、证券期货和保险业

年末，全市金融机构各项存款余额（本外币合计，下同）4989.30亿元，比年初增加919.59亿元，其中住户存款余额4972.90亿元，比年初增加917.37亿元；年末金融机构各项贷款余额5268.49亿元，比年初增加671.59亿元，其中短期贷款余额914.67亿元，比年初增加84.09亿元，中长期贷款605.42亿元，比年初增加159.53亿元。

2016年，全市各类证券交易额9854.64亿元，比上年下降45.6%。其中，股票交易额7191.9亿元，下降54.4%；债券交易额2075.26亿元，增长25.2%；基金交易额522.18亿元，增长0.7%。年末证券账户开户83.87万户，增长17.6%。全年期货市场成交额22533.83亿元，下降57.6%。

2016年，全市保险公司实现原保险保费收入79.51亿元，比上年增长10.7%。其中，财产险原保险保费收入30.76亿元，增长8.9%；人身险原保险保费收入48.75亿元，增长11.8%。全年赔款与给付支出合计37.78亿元，比上年增长31.7%，其中，财产险赔款支出21.62亿元，增长1.5%；人身险赔付支出16.16亿元，增长118.7%。

四、对外贸易和对外开放

（一）对外贸易

据海口海关统计，2016年全市外贸进出口总额258.18亿元，比上年下降4.6%。其中，出口52.23亿元，下降12.7%；进口205.95亿元，下降2.3%。美国是我市对外贸易的第一大市场，实现贸易往来101.54亿元，下降14.2%，占进出口总值39.3%；欧盟、中国香港、日本、东盟等其他主要贸易伙伴进出口额分别为94.36亿元、5.45亿元、14.9亿元和13.91亿元。一般贸易进出口111.44亿元，下降27.3%，占全市进出口总值的比重为43.2%；租赁贸易109.25亿元，增长50.9%，占全市进出口比重为42.3%；加工贸易17.24亿元，下降30.0%，占全市进出口比重为6.7%。

（二）对外开放

招商引资和区域经济合作工作迈上新台阶，建1+3+4+N的招商联动机制，策划包装65个优质招商项目，编印了《海口招商项目册》。创新转变招商模式，开展点对点精准招商，积极开展领导带队上门招商、高层驱动招商、产业链招商等。2016年，全市通过各类招商平台活动签约项目和各单位报送的自行签约项目共计198个，总协议投资金额为1594.4亿元，项目涵盖旅游、农业、互联网、健康医疗、会展、物流、高新技术、文化教育等海南省十二个重点产业中的十一个产业。

五、科学技术、文化和体育

（一）科技

2016年，海口市整合科技创新资源，将扶持重点向十二大重点产业的创新型科技项目和科技创新平台倾斜，共投入科技扶持资金约3062.8万元，带动企业投入研发费用2.98亿元。截至目前，全市高新技术企业总量达到149家，占全省75%，其中高新技术医药企业36家，占全市规模以上高新技术工业企业比重为62%。

2016年，全市专利申请量为2279件，同比增长13.1%，占全省的70%；专利授权量为1272件，同比增长5.2%，占全省的72%；PCT国际专利申请9件，占全省69%。全市PCT国际专利申请总量达到32件；有效发明专利1863件，占全省的78%；每万人有效发明专利拥有量达8.4件。搭建科技支撑平台，提升企业创新能力。2016年新增市级重点实验室3家，市级企业技术研发中心3家，市级创新型企业4家。截至目前，全市拥有市级及以上重点实验室56家、市级及以上技术研发中心58家、市级及以上创新型（试点）企业53家，科技创新体系不断完善。

夯实信息基础设施配套，2016年全市信息基础设施投资10.77亿元，全面建成“全光网”城市，被工信部和国家发改委确定为“宽带中国”示范城市。城区小区、行政村光网覆盖率达99.5%、96%；光纤宽带用户占比92%；4G信号覆盖率达99%以上；重点公共区域无线WIFI

初步实现全覆盖。首个海南千兆宽带入户小区家庭用户于12月8日在海口正式受理开通。

(二) 文化

公共文化服务繁荣发展。年末全市共有艺术表演团体29个，艺术表演场馆4个，博物馆5个（省级1个、市级1个、民办3个），公共图书馆1个，文化站43个。全国重点文物保护单位7处8个点，省级文物保护单位59处。年末广播人口综合覆盖率100%；电视人口综合覆盖率为100%。公共图书馆藏书量37.9万册，琼山区图书馆藏书量6.5万册。

文艺优秀作品再创佳绩。2016年，市文化艺术传播研究中心参加全国性美术作品展览47幅；举办个人展览1次。发表文学作品3部。

特别是海口市艺术团创作的大型歌舞诗《黎族家园》，作为海南省选送参加第五届全国少数民族文艺会演的作品，在参演的35个代表团43台剧目中脱颖而出，一举获得“剧目金奖”和“最佳舞美设计奖”，是海南省荣获的含金量极高的文艺作品。

(三) 体育

体育事业蓬勃发展。2016年海口市体育健儿代表省、市参加洲际、国内竞技赛事均取得良好成绩，获得比赛前八名的有35人次，其中取得第一名15人次、第二名6人次、第三名4人次。特别是4月份蒙成代表中国在哈萨克斯坦参加的亚洲举重锦标赛男子56公斤级的比赛中，以总成绩285公斤获得该级别的冠军，同时还获得该级别抓举第三名，挺举第一名，这也是海口市运动员首次获得亚洲举重锦标赛冠军。海口是国际高端体育品牌赛事——环海南岛国际大帆船赛的重要赛段，2016年3月汇聚了来自美国、加拿大、英国、法国、荷兰、俄罗斯、澳大利亚、新西兰等数十个国家的高水平选手来椰城参赛，吸引了《帆船世界》《亚洲帆船》等国际航海传媒巨头报道。10月份举行国家体育总局和海南省委省政府倾力打造的大型国际品牌体育赛事—环海南岛国际公路自行车赛，吸引全球职业车手和媒体关注，成为面向世界宣传推介海南国际旅游岛和海口城市形象的重要名片。10月下旬第四届海口国际沙滩马拉松赛吸引20多个国家的马拉松爱好者前来参赛。观澜湖世界明星赛则充分利用和发挥明星效应，邀请世界各国文艺、体育界明星到海口观澜湖度假区举行高尔夫、足球等体育赛事，这项赛事再次让世界聚焦海口，提高了城市的知名度和影响力，同时还吸引众多明星粉丝和体育爱好者，促进海口市的经济发展。

六、节能减排、城乡建设、生态环境和环境保护

(一) 节能减排

2016年淘汰黄标车和老旧车13905辆，大气污染物排放总量得到有效控制，大气环境质量继续保持优良水平。现有城镇污水处理设施9个；年末城镇污水处理厂日处理能力达59.07万立方米；城镇生活污水集中处理率达到95%，比上年提高3个百分点。城镇生活垃圾无害化处理率为100%，农村生活垃圾处理率为95%。

(二) 城乡建设

公用事业服务建设步伐加快。全年新增公交路线运营里程98千米，公交分担率进一步得到提升。优化公交线路97条，其中保留39条、调整53条、新增5条。年末，全市共有公交线路97条，公交车1561辆。完成出租车更新投放929辆，年末共有各类出租车2956辆。已建龙华公交总站、白沙门公园公交首末站、长流起步区公交首末站等14个项目，落实场地面积251亩。公交汽电车进场率为68%。

2016年，全市自来水供水总量为2.27亿吨。其中，生活用水1.15亿吨，生产运营用水0.56亿吨。全市用电总量70.34亿千瓦小时，其中工业用电16.85亿千瓦小时、城乡居民生活用电13.71亿千瓦小时。全市天然气供气总量1.19亿立方米，其中，居民家庭用量3659万立方米，用气人口129万人。

(三) 生态环境

生态优势巩固提升。2016年全市完成造林绿化面积2.09万亩，其中人工造林1.45万亩，更新改造5812.6亩，四旁植树603.4亩。全市新增绿地面积930亩，建成区绿化覆盖率37.2%，绿地率为33.2%。

(四) 环境保护

环境空气质量优良。2016年，我市环境空气质量符合一级（优）标准天数277天，二级（良）标准天数81天，三级（轻度污染）标准天数4天，空气质量优良率98.6%。一级优天数与去年同期相比增加5天，提高了1.8%，可吸入颗粒物PM2.5、PM10与去年同期相比分别下降4.5%和2.5%。南渡江龙塘段、永庄水库等城市集中式饮用水源地水质达标率为100%；国家控制的水质监测断面水质达标率100%；近岸海域海水水质达标率100%。四类噪声功能区均达到相应指标要求。

城市基础设施建设完成投资450.99亿元，比上年增长74.3%。全年累计处理垃圾总量为94.5万吨，垃圾无害化处理94.5万吨。垃圾沼气收集发电正常运转，全年累计发电量0.178亿度，减排二氧化碳9万吨，达到资源回收利用，节能减排的目的。

七、安全生产

2016年，全市共发生生产经营性安全事故71起，死亡51人，受伤21人，直接经济损失1805.6万元。与2015年相比，事故起数、受伤人数各减少31起、1人，分别下降30.4%、4.5%；死亡人数、直接经济损失各增加13人、274.5万元，分别上升34.2%、17.9%。四项指标呈“两降两升”态势。

八、人口

人口保持低速平稳增长。年末全市常住人口224.6万人，其中城镇人口174.58万人。从区域年末常住人口分布看，秀英区38.22万人、龙华区66.2万人、琼山区50.53万人、美兰区69.65万人。

注释：

1. 本公报数据为初步预计数，最终核实数以中国统计出版社出版的《海口统计年鉴—2017》公布的数据为准。

2. 地区生产总值和各产业增加值绝对数按现行价格计算，增长速度按可比价格计算。

3. 根据《国民经济行业分类》（GB/T4754-2011）对三次产业划分进行了修订，将“农、林、牧、渔业”中的“农、林、牧、渔服务业”，“采矿业”中的“开采辅助活动”，“制造业”中的“金属制品、机械和设备修理业”等三个大类划到第三产业。

4. 农产品生产者价格是指农产品生产者直接出售其产品时的价格。

资料来源：

本公报中财政数据来自市财政局，金融机构存贷款数据来自人行海口中心支行，城市文明提升数据来自市“双创”指挥办公室，价格、居民收入数据来自海口调查队，货物、旅客运输及周转量数据来自市交通港航局、粤海铁公司、南航海南公司、海航公司，港口吞吐量数据来自港航控股公司，邮电通信数据来自市邮政管理局、移动海南公司、电信海南公司、联通海南公司，重点项目数据来自市房屋征收局，星级宾馆酒店等旅游数据来自市旅游委，对外经济数据来自市商务局，进出口数据来自海口海关，城乡垃圾处理数据来自市环卫局，城市造林和绿化覆盖率数据来自市林业局和园林局，教育数据来自市教育局，医疗卫生数据来自市卫生局，社会救助数据来自市民政局，社会保险、就业数据来自市人社局，扶贫数据来自市扶贫办，科技数据来自市科工信局，文化体育数据来自市文体局，环境保护数据来自市环保局，城镇污水处理数据来自市水务局，安全生产数据来自市安监局，其他数据均来自市统计局。

关于海口市2016年国民经济和社会发展计划执行情况与2017年国民经济和社会发展计划草案的报告

——2017年1月21日在海口市第十六届人民代表大会第二次会议上

海口市发展和改革委员会

各位代表：

受市人民政府委托，现将海口市2016年国民经济和社会发展计划执行情况与2017年国民经济和社会发展计划草案提请大会审议，并请市政协委员和其他列席人员提出意见。

一、2016年计划执行情况

今年以来，面对复杂严峻的宏观经济形势和持续加大的经济下行压力，市委、市政府认真贯彻落实省委、省政府的决策部署，坚持以供给侧结构性改革为主线，以“双创”为总抓手和强大动力，加大经济结构调整力度，加快传统产业转型升级，积极培育新产业、新业态，新旧动能转换加速，经济运行总体平稳，稳中提质，实现“十三五”良好开局。

（一）经济运行平稳，基本完成年度目标任务

——全市生产总值完成1257.7亿元，增长7.7%。其中，第一产业增长3.3%，第二产业增长5.8%，第三产业增长8.5%。

——固定资产投资完成1271.7亿元，增长25.7%。

——地方一般公共预算收入完成115.5亿元，同口径增长11.2%。

——社会消费品零售总额完成653.9亿元，增长9.8%。

——旅游总收入完成191.8亿元，增长13.6%。

——城乡常住居民人均可支配收入26447元，增长8.2%。

——居民消费价格指数上涨3%，在年度控制目标以内。

总体来看，在持续下行的国际国内宏观经济背景下，我市完成上述经济发展目标，付出了艰辛努力，基本完成年度各项目标任务，充分发挥了全省经济社会发展的“领头羊”和“压舱石”的作用。一是主要经济发展指标稳中有进，经济运行在合理区间。全市生产总值增速高于全国、全省平均水平，固定资产投资增速在全国35个大中城市中名列前茅，总量和增速全省“两个第一”，连续9年保持20%以上增长，占全省比重由2015年的30%提升到34%。地方一般公共预算收入、旅游总收入均实现两位数以上的增长。二是经济结构持续优化，重点产业发展态势良好，经济发展新动能初具规模，可持续发展潜力增强。从产业结构看，12个重

点产业增加值完成986亿元，增长10%，高于GDP2.3个百分点，占全市生产总值比重从2014年的70%提升到77.5%。从投资资金结构看，民间投资973.8亿元，增长22.3%，占固定资产投资比重76.5%。从财税结构看，全口径公共预算收入330.9亿元，增长23.7%，占全省比重由2015年的26.4%提升到30.6%（海口对全省的贡献进一步凸显），其中地方一般公共预算收入同口径增长11.2%，且税收收入占比82.5%。

（二）投资较快增长，有效投资成为经济发展的主动力

始终坚持抓项目促投资，把投资作为推动经济社会发展的主要抓手，做到月月有行动、季季有主题。特别是深入开展服务社会投资“百日大行动”，实施“一个指挥部、一个实施方案、两个清单、两个机制”的项目推进机制，全市上下奋战100天，实现固定资产投资增幅逐月攀升，8月、9月、10月、11月、12月累计增幅分别为18.3%、19.6%、21.8%、22.3%、25.7%，总量超额完成省下达的1259亿元的年度目标任务。

其中，“十二大产业”投资916亿元，占固定资产投资总额的72%。其中，房地产业504亿元，占比55%；现代物流业196亿元，占比21.4%；旅游业101亿元，占比11%；金融保险业、高新技术、教育、文化体育产业、热带特色高效农业等投资保持较快增长势头。

基础设施投资力度不断加大，完成投资451亿元，占固定资产投资比重从去年同期的26%提升到2016年的35.5%（其中“五网”基础设施建设完成投资242亿元、占固定资产投资比重19%）。新海港二期、马村港三期四期、疏港货运快速干道（G15海口段）、绕城高速二期等项目加快推进，海秀快速路一期建成通车。

生产性项目投资规模持续扩大，完成投资649亿元，占固定资产投资比重51%。引进万达文化旅游城等重大产业项目，康迪电动汽车、林安物流等产业项目建设加快推进。

160个“百日大行动”项目完成投资142.1亿元，占“百日大行动”计划投资162.8%，较好完成投资增长、项目推进、项目谋划储备、工作落实等4大类18项省级考核任务，综合考核排名全省第一，有望获得省突出贡献奖。我市“百日大行动”有力地促进社会投资健康发展，助推全市固定资产投资保持较快增长，为全省促投资保增长做出了重要贡献。

86个省重点项目完成投资665亿元，占年度计划的143%，提前三个月超额完成全年目标。美兰机场二期、南渡江引水工程、地下综合管廊、江东大道二期等一批项目建设加快推进。棚改项目加快，完成投资460亿元，面前坡、红城湖片区等12个续建项目加快推进；启动龙岐村、坡博坡巷等6个棚改项目，改造棚户区2.8万户，占省下达任务的236.9%，提前四个月超额完成省下达年度任务。

（三）供给侧结构性改革稳步推进，增长新动能初具规模

落实中央、省供给侧结构性改革的部署，市委出台了《推进供给侧结构性改革促进经济行稳致远的实施意见》。突出做好兴产业、去库存、降成本、补短板、强创新等五个方面的工作。相继制定金融、互联网、医药、电子商务、文化、会展、航运等15项产业政策，并对龙头企业入驻实施“一企一策”，大力培育发展新动能，产业转型发展取得新成效。

热带高效农业稳步发展。桂林洋国家热带农业公园加快推进，签约入园的项目22个，落地动工项目13个，累计完成投资7.7亿元。国家、省级农业龙头企业达45家，省级现代农业示范基地（园区）9家。常年蔬菜基地累计种植面积30万亩，花卉种植面积6.8万亩，罗牛山10万头现代化猪场建成投产。推出海口莲雾、蜜柚等十大农业品牌，永兴荔枝、永兴黄皮获“国家地理标志产品”认证，新增无公害产地认定3708亩，新增无公害农产品17个。

新型工业加快培育。兑现工业发展扶持资金约1.7亿元，惠及企业87家。海南红塔成功研制自主品牌产品“三沙”牌香烟。规模以上医药企业全部通过国家新版GMP认证，其中有5家通过美国FDA认证，2家通过欧盟认证，齐鲁制药注射剂成功打入欧美高端市场，向国际高端市场迈出重要一步。全市高新技术企业达149家，占全省的75%，全市规模以上高新技术工业企业总产值占规模以上工业总产值50%左右。

现代服务业不断壮大。旅游效益向好，旅游总收入增幅高于旅游过夜人数增幅的5.1个百分点。“点、线、面”结合推进全域旅游，旅游产品供给不断丰富，观澜湖旅游度假区、冯小刚电影公社、骑楼老街等景点景区渐成热点，乡村旅游点加快升级改造，评选出28个“海口市旅游名村”，推出海口风情游、观澜湖主题游等13条主题游产品线路。旅游公共服务体系建设进一步完善，建成旅游咨询服务中心（点）4个，全面启动旅游厕所整改。旅游业与文化、体育、影视等产业加速融合，获评中国“互联网+旅游”十大优秀城市。金融业日益壮大，金融机构各项存、贷款余额分别比年初增加920亿元、671.6亿元，保险机构保费收入增长10.7%。民生银行落户海口，落户银行增至23家。文化体育等产业蓬勃发展。长影环球100、南方足球训练基地等项目加快建设。出台影视产业扶持政策，促进影视产业发展，爱奇艺公司创意中心、阿里巴巴文化娱乐集团(筹)南方总部落户海口。投资4亿元的冯小刚2017开年电影《芳华》在海口开拍。互联网产业发展基础进一步夯实，投资10.8亿元加快建设信息基础设施，建成全省首个“全光网城市”，被工信部和国家发改委确定为“宽网中国”示范城市。阿里巴巴“南海云”建成试运行，互联网企业数1500余家，营业收入约占全省二分之一。医疗健康产业加快发展，引进上海优质医疗资源，复旦大学附属华山医院与市人民医院友好合作医院挂牌营业，上海市第六人民医院海

口骨科和糖尿病医院启动改造建设，为医疗健康产业发展奠定良好基础。恭和苑、颐养公社等医养结合稳步发展，获批中医养生服务业准入试点城市。会展业保持较好发展势头，举办会展活动6283场，增长16%，其中规模以上会展238场，连续五年获“中国会展名城”称号。房地产去库存成效明显。房屋销售面积432.6万平方米，增长15.9%；房屋销售金额391亿元，增长31.9%。商品住房库存去化周期降至15个月，低于全国和全省平均水平。

（四）“双创”持续攻坚，城市治理迈上新台阶

2016年是“双创”攻坚之年，我市全力推进市政基础设施、水体治理、农贸市场改造、城市管理等十大领域建设，以项目补城市基础设施短板成效明显。“双创”涉及项目256个、竣工132个，在建项目76个，累计完成投资20.2亿元。31个水体完成清淤184万立方米，水体治理取得了阶段性成效。改造小街小巷1576条，打造“15分钟便民生活圈”39处、特色餐饮街（区）10个，改造提升农贸市场39家，推进建成区外18个镇墟改造。防违控违53万平方米，拆除违建337万平方米。地下综合管廊完工16千米，改造城市积水点7处，建成排涝泵站6个。首届海南国际旅游岛三角梅花展成功举办，民航航线俯视区生态修复与景观提升工程全线开工，主城区“五横五纵”主干道街景改造加快推进，城市景观风貌加快提升；建成区实现环卫PPP一体化全覆盖。“诚信海口”“公益海口”“海口城市管家”三大网络平台建成使用。制定《海口市诚信“红黑名单”发布制度》，社会诚信体系建设取得新进展。社会治安形势持续好转，接报治安警情同比下降5%，近五年来首现下降拐点。全市注册志愿者达25万多人，被《人民日报》点赞为“志愿者之城”。“双创”实现了经济建设、市容市貌、干部作风、群众观念、市民素质、社会治安的六大明显转变。

（五）不断深化重点领域改革，发展活力明显增强

一是“多规合一”改革取得新进展。编制完成《海口市总体规划（空间类2015~2030）》并经省政府常务会议审议通过，实现了“一张蓝图”上目标、坐标、指标全方位统筹。二是“放管服”改革成效显著。“极简审批”模式得到国务院督查组的高度肯定。市级行政审批时间压缩50%、审批环节削减37%，率先在全省实施“五证合一、一照一码”登记制度。对小微企业免征的18项行政事业性收费的免征范围扩大到所有企业和个人。全年新增市场主体5.3万户，新增注册资本（金）4774亿元，分别增长33.3%和402.8%，市场活力明显增强。三是投融资体制改革加快推进。积极推广政府和社会资本合作模式，建立意向社会资本遴选库，已有115家社会资本企业入库。已完成采购项目170个，签约151个，开工116个，涵盖垃圾污水处理、生态保护、地下综合管廊、园林绿化、医疗卫生等基础设施和公共服务领域。南渡江引水工程、21条城市道路提升改造工程等6个项目入选财政部示范项目。四是城市管理综合执法改革纵深推进，“公安+城管”联合执法模式落地实施，在全国率先成立城市警察支队，成为全国第一个主城区实现环卫一体化改革的城市。城市公共治理指数首次进入全国省会城市前十。五是服务贸易改革试点工作取得成效，龙华区“十三五”服务业综合改革试点获国家批复，进一步推动服务业规模和质量提升。同时，财税、国企、公立医院等领域改革也取得新进展。

（六）消费稳步增长，新消费引领作用增强

紧紧围绕国家“十大扩消费行动”和省“八大消费工程”，我市重点开展“八大消费行动”，有力促进消费增长。其中，汽车、信息等热点消费实现两位数增长，分别增长17.6%、63%。汽车消费占全省80%以上，电子商务交易规模及信息消费占全省的70%以上。受海南离岛免税政策调整放宽的积极影响，免税品消费保持较快增长，同比增长14%。受冯小刚电影公社等项目加快建设，优质医疗资源引进带动，教育文化、医疗健康消费发展势头良好。消费环境不断提升，日月广场、新城吾悦、万达广场、远大购物中心等5家大型商业综合体开业运营，时尚消费、高品质消费不断壮大，国际旅游岛商贸中心地位更加巩固，助推零售、住宿、餐饮等行业消费实现两位数增长，分别增长10.5%、12%和15.4%。

（七）落实“一带一路”开放倡议，城市国际知名度持续提升

对外交流日益深化。主动融入国家“一带一路”机遇，已与世界28个国家33个城市缔结友好关系，遍布全球五大洲。以出访缅甸、伊朗、阿联酋、新加坡等国家为契机，加强经贸交流，在会展、农业观光旅游、经贸、开发园区等领域开展合作。美兰机场旅客吞吐量1880万人次，增长16.3%，新增国际航线13条，累计达25条，通达24个国际地区城市。海口港内外海运航线达30条，集装箱吞吐量141万标箱，增长10.7%。进出口总值实现39.2亿美元。

区域合作迈上新台阶。北部湾城市群、琼州海峡经济带建设加快推进，区域间基础设施互联互通、产业合作步伐加快。“海澄文”一体化综合经济圈建设提速，海口国家级新区申报全力推进，《海口国家新区总体方案》已报国务院待批复，开放开发进程加快。

实现招商引资向招商选资跨越。开展点对点精准招商活动，实现招大商引大资，先后与华信集团、中国远洋海运集团、万达集团、阿里巴巴等国内大集团、大企业达成合作意向，累计签约项目198个，协议投资额1594亿元，占全省37.5%，涵盖旅游、农业、互联网、健康医疗、会展、物流、高新技术、文化体育等产业。特别是成功引进万达文化旅游城，单体投资超过500亿元，建成后将成为海南国际旅游岛的标志性项目。

（八）新型城镇化加速推进，城乡一体化步伐加快

始终把推进新型城镇化建设作为加快城镇经济发展、提升城镇综合实力的重要抓手。城乡规划一体化体制机制不断完善，城镇化布局和形态进一步优化。深入推进特色产业小镇和美丽乡村建设，统筹城乡基础设施建设和城乡公共服务发展。云龙、新坡等10个特色产业小镇开工建设，石山互联网小镇经验在全国推广，18个镇墟旅游化改造加快。启动建设35个行政村、39个自然村"美丽村庄"，完成100个行政村文化室建设。农村基础设施建设力度加大，沙土路硬化率达82.9%，完成农村安全饮水工程42个，解决了3.5万人的安全饮水问题，新一轮农村电网改造升级工程全面启动。城乡公共服务均等化加快推进。推行统一的"居民证"户籍管理制度，实施积分落户制度，建立流动人口居住证制度。

（九）民生质量持续改善，群众幸福感不断增强

做实民生工程，全年民生支出152.8亿元，增长18.9%，占地方一般公共预算支出的74.1%。年初承诺的为民办实事事项全面完成。教育事业稳步发展，投入资金2.41亿元，落实义务教育经费保障机制改革。新增中小学位6262个，五源河学校开学、"10+2"等项目按计划推进，"改薄"工程全部完工。北师大附中、北大附中附小、人大附中、广东外语外贸大学附属学校落户海口。社会保障能力进一步提升，被确定为国家第四批公立医院改革联系试点城市，全面启动公立医院综合改革，市属公立医疗机构全部实施'先看病、后付费'诊疗模式，大力推进和实施分级诊疗制度，市域内省市11家公立医院同步取消药品加成。贯彻落实机关事业单位养老保险制度改革。企业退休人员基本养老金月人均增加141元。深入开展"全民参保登记计划"工作，社会保险新增扩面参保6.3万人。为被征地农民补贴养老保险缴费资金1.47亿元。市场菜价稳定，推行夏秋季叶菜价格指数保险试点，常年蔬菜产量30万吨，自给率72.8%。建设政府"平价菜"末端销售网点265个，建设常年蔬菜基地和大型农副产品交易批发市场，畅通农产品流通体系。就业形势良好，全市城镇新增就业4.7万人，超额完成年度计划；城镇登记失业率为0.9%，低于3%的年度控制目标。精准扶贫稳步推进，制定"一户一策"，拨付帮扶资金1.03亿元，贫困人口8453人实现脱贫，完成省下达任务的100.2%，完成6个贫困村脱贫任务。生态环境保持优良水平，划定生态保护红线，淘汰黄标车和老旧车1.4万辆，空气质量在全国74个重点城市中连续7年保持第一；落实"河长制"，全面整治城区31个水体，水环境质量得到提升。启动全市湿地保护工作调研，三江湿地公园完成规划设计，东寨港红树林生态环境持续向好，海口被纳入国家重点生态功能区转移支付范围。出行条件不断改善，完成6家公交运营企业、84条公交线路和1339辆公交车的整合；全面优化公交线网规划，总线路从97条增加至151条，其中107条全面实施。

回顾2016年的工作，在总结成绩的同时，也要清醒地看到，全市经济社会发展中仍存在一些不足之处：一是经济总量仍不足以聚集拉动省域经济大发展；二是新产业、新动能尚未成形成势，缺乏核心竞争力产业，支柱性产业培育不够；三是城乡发展不平衡、镇域经济发展滞后；四是城市发展过程中的人才瓶颈问题仍未得到有效解决。对于这些问题需要在今后的工作中加以解决。

二、2017年经济社会发展预期目标和工作措施建议

2017年是"十三五"规划实施重要之年，是全面建成小康社会的关键之年，是供给侧结构性改革深化之年，是我市"双创"工作的决战决胜之年，做好2017年工作意义重大。全市要深入贯彻落实党的十八届六中全会精神、省委六届十一次全会精神和市第十三次党代会精神，牢固树立五大发展理念，坚持稳中求进工作总基调，持续发扬"双创"精神，以供给侧改革为主线，加快产业转型升级，以大规划引领大项目，以大项目促进大发展，不断提升省会城市首位度和城市现代化国际化水平，打造海南国际旅游岛建设主引擎，建设滨江滨海花园城市。

结合中央、省经济工作会议精神和海口发展实际，根据市委、市政府对2017年经济工作总体要求，建议2017年全市经济社会发展主要预期目标如下：

全市生产总值增长7.5%左右，固定资产投资增长16%左右，社会消费品零售总额增长8%左右，旅游总收入增长10%左右，地方一般公共预算收入增长8%左右，城乡常住居民人均可支配收入增长7.5%左右，居民消费价格涨幅控制在4%以内，城镇登记失业率控制在3%以内，全面完成省下达的节能减排降碳控制目标。

为实现上述目标，建议2017年抓好以下方面工作。

（一）扩大有效投资，拉动经济发展

坚持以投资调结构，千方百计扩大有效投资，力争固定资产投资完成1475亿元。一是以大规划引领大项目，以大项目促大发展。抢抓国家"一带一路"、大南海开发、全域旅游、服务贸易创新试点等重大战略机遇，依托北部湾城市群、琼州海峡经济带、"海澄文"一体化、海口国家级新区等大规划，结合"十三五"规划、"三个千亿元"投资牵引计划和《三年投资滚动计划》，谋划一批大项目，动态充实项目库。加快推进马村港三期四期及配套工程、疏港货运快速干道工程（G15海口段）、美兰机场二期、新海生态临港新城、地下综合管廊、五源河文体中心等项目建设，以项目建设促进经济发展。二是积极引进社会资本。推广政府购买服务以及政府和社会资本合作模式，加快向社会资本全面开放棚改、交通、生态治理、基础设施、公共服务等领

域的项目。完善政银企合作对接机制，解决企业融资难、融资贵问题。三是加大招商选资力度。瞄准500强企业、上市公司、高新技术企业、高附加值企业，开展龙头企业招商、产业链招商，协调省相关部门落实扶持政策，力争更多更好的国内外大企业和大项目落地海口。积极梳理在琼央企区域总部和子、分公司发展情况，启动走访重点央企，对接合作。四是加快棚户区改造。坚持棚改与改善群众生活、调整产业结构、加快城市更新、消化房产存量相结合，启动新琼二期、海府路片区等12个棚改项目，全力完成省政府下达的任务。

（二）深化供给侧结构性改革，增强发展动力

深入推进供给侧结构性改革，围绕“十二大产业”，落实精准扶持政策，调优做强绿色特色实体经济，进一步提高供给质量和有效性。一是加快发展以旅游业为龙头的现代服务业。创建全域旅游示范，加速旅游业提档升级。以“点线面”全方位推进全域旅游发展，建设全域旅游示范区。注重景区景点的规划设计，加快旅游吸引物和旅游品牌建设。打造观澜湖旅游度假区、雷琼世界地质公园海口园区、东寨港红树林旅游区、桂林洋国家热带农业公园等景区景点“升级版”。实施“旅游+”战略，加快旅游和商务会展、农耕体验、文化体育、健康养生等产业融合发展，构建多元化旅游产品。加强金融工作。规划建设金融总部集聚区，持续优化金融生态环境，严控金融风险，支持金融机构做大做强，重点发展以资本运作、财富管理和企业服务为主的金融总部经济。实施“互联网+”行动，推进复兴城互联网创新创业产业园、海南数据谷、演丰互联网小镇等创新创业园区招商，吸引更多互联网企业进驻园区。加快发展大健康产业。加快省儿童医院等重大项目建设进度，争取国家医疗健康产业大数据区域中心和健康医疗科技文化产园区落户，上海第六人民医院海口骨科与糖尿病医院开诊运营。深化与上海申康的合作，启动上海（国家）医疗专家海口疗养基地，谋划上海华山医院海口分院项目立项建设。大力发展现代物流，强化城市商业网点规划修编，加快物流园区、保税物流、跨境电商物流、中转物流、第三方物流建设，推动海陆空无缝衔接、高效联运，加快国家级物流枢纽中心城市建设。争取林安物流区总部落户。精准推动房地产去库存。发挥生态环境优势，大力培育发展住房租赁市场，推行住宅全装修，引导房地产业向高端、特色、经营性转型。加大旅游地产宣传推介力度，继续推进棚户区改造货币化安置、鼓励引进人才购房补贴政策，进一步缩短去库存化周期。二是做优富农兴市的热带高效农业。推进农业供给侧结构性改革，提升农业现代化水平，加快农业转型升级。大力发展品牌农业，制定品牌农业发展规划，建立品牌农业标准示范基地，加快品牌农业创建和推介，提升农业综合效益和竞争力。推进一二三产融合发展，借助“互联网+农业”，加强农产品电子商务平台建设。加快推进桂林洋国家热带农业公园建设，打造国际领先的热带农业合作示范与展示平台。积极申报国家级农业高新技术产业示范区。改造常年蔬菜基地2000亩、发展蜜柚、莲雾、石斛、牛大力等高效作物1万亩以上，建设3~4个生态循环农业示范基地。全面完成农村土地确权颁证，实施农村土地所有权、承包权、经营权“三权分置”。引导农村土地承包经营权有序流转。三是做大做强新型工业。加快园区经济发展，完善园区建设，提高园区产业承载能力，提升园区产业集聚效应。在已引进光启临近空间项目的基础上进一步对接广州、深圳等先进制造业基地城市，引进高端、低碳制造业企业落户美安生态科技新城。力争新增高新技术企业30家以上。支持药企开展一致性认证，继续落实“一企一策”，推动医药、汽车等现有支柱工业行业加快技术、产品等创新，提升产业市场竞争力。培育壮大生物医药、新能源汽车、新材料、智能制造、海洋装备制造等高新技术产业，推动产业向中高端迈进。四是发展海洋经济。积极申报国家级海洋经济创新发展示范市，力争在海洋交通运输、海洋生物制药、海洋服务业、海洋高端装备制造等方面引进一批重大项目，积极引进海洋研究机构、重点实验室落户。五是强化海口发展的人才智力支撑。充分利用海口的省会优势、环境优势，着眼于生物制药、汽车制造、新材料新能源等优势产业发展需要，推出超常规人才引进政策，努力构筑人才高地。

（三）决战决胜“双创”，建设滨江滨海花园城市

坚持标准不变、力度不减，巩固和提升“双创”成果，确保2017年获评全国文明城市和国家卫生城市。一是提升城市规划设计水平。学习借鉴国内外先进城市的规划设计理念，推进雨污分流，积极申报国家湿地公园。全面开展国家生态园林城市、滨江滨海花园城市建设。二是做好城市经营文章。引进的项目要进行综合评估，注重引进高附加值、高利税、高成长性、高科技含量项目。全面清理加强城市资源、资产，统筹政府各类资产，分类打包，针对不同类型的资产实施相应的资产证券化，切实提高城市经营效率。三是完善城市功能配套。加快建设双子塔、海口湾等“城市新地标”。建设“海绵”城市，规划建设城市轨道交通系统，加快“五网”基础设施建设和棚户区改造。实施河、湖、沟坡岸综合整治，加快实施31条城镇内河（湖）水体环境治理，消除V类水体，确保全市城镇内河、湖水环境质量总体明显改善，完成现有31条施工道路建设。四是完善城市长效治理，物化、固化“双创”成果，推进城市精细化管理。创新监管方式，规范公共资源交易市场，打造“信用海口”，积极申报创建社会信用体系建设示范城市。五是实施城市更新与行动，通过城市更新提升城市品质。开展以山、水、海、大气、土壤治理为重点的生态修复，以提升城市功能、塑造城市特色风

貌、整治违法建筑、城乡环境综合整治为重点的城市修补。六是建设花园城市。优化城市天际线和街道立面，对城市主干道、城市景观美化、绿化、亮化，凸显滨江滨海城市特色。

（四）推动消费升级，提升区域消费中心地位

围绕国家“十大扩消费行动”和省“八大消费工程”，继续推进我市“八大消费行动”。一是积极培育新的消费增长点。完善提升日月广场、万达购物广场等城市消费综合体，加快建设万达文化旅游城等一批引领性项目，形成一批具有区域辐射力的时尚消费地标。依托冯小刚电影公社和文化产业园，建设全国乃至世界知名的影视拍摄基地，着力培育壮大海口文化、时尚消费。二是加大岛内外促销，结合琼州海峡经济带建设，吸引雷州半岛消费群体到海口消费。结合“互联网+”消费活动，大力促进海口旅游、房地产、农产品等优势产品的消费。三是充分利用“双创”成果，推进批发零售、住宿餐饮等传统服务业消费的转型升级，满足人们生活质量改善需求，提升海口整体服务消费水平。

（五）深入推进重点改革，营造一流发展环境

一是推进“多规合一”改革尽快落地实施，建立编、审、管、监分离的规划管理体制，完善与之相配套的政策保障、信息资源共享、协调管理体系。二是深化服务贸易创新发展试点工作。抓住中央将出资50亿支持服务贸易创新机遇，加大旅游业、大健康产业、教育业、文体产业等领域的创新力度，拓展对外贸易新的增长点。三是加大“放管服”改革力度，探索设立市行政审批局，力推“一枚公章管审批”。四是深化财税体制改革。建立完善债务风险预警和应急处置机制，有效防范政府债务风险。五是创新投融资体制，加强和完善政府投资项目管理，撬动社会资本参与重大基础设施、公共服务、生态环保等领域建设。六是深化国有企业改革，积极推动混合所有制改革试点。同时，继续推进行政执法体制、医疗卫生体制、公交、农场、商事制度等领域改革。

（六）加强沿江沿海统筹发展，助推城乡一体化步伐

一是构建“一江两‘岸’、东西双港驱动、南北协调发展”的城市发展新格局。突出滨江滨海特色，坚持“港、产、城”融合发展。有序、高水平建设开发南部东线高速、绕城高速沿线地区，加快形成以观澜湖新城等为重点的新商圈。北部强化省会城市功能，推进沿海开发建设。二是扎实推进新型城镇化，加快构建“主城区—特色产业小镇—美丽村庄”三级城镇村体系。加快中心城区外18个镇墟旅游化升级改造，全面建成特色风情小镇。推进美丽乡村建设，统筹完善城乡基础设施和城乡公共服务。完善村庄规划，强化农民建房报建和民居风貌管控引导，加强古镇、古村落等传统特色民居的保护。持续推进文明生态村建设，集中建设一批生产发展、村容整洁、设施齐全、乡风文明的农村新社区。强化经营村庄理念，统筹考虑和推进产业发展、乡村建设以及乡村旅游。

（七）加快区域协同发展，打造区域增长极

主动融入“一带一路”倡议，拓展海口发展空间和腹地。一是积极申报海口国家级新区，力争早日获批。整合“海澄文”三地优势产业、生态环境、基础设施等各类资源，把“海澄文”经济圈打造成为全省最强劲增长极，辐射带动琼北发展。二是建设琼州海峡经济带，推动上升成为国家支持的区域发展战略。加快推进琼州海峡港航一体化进程，加强港区规划，加快新海港二期、三期及配套工程建设，抓紧推进港区内外互联互通工程。以琼州海峡港航一体化为先导，配合两省发改委，联合湛江市加快琼州海峡经济带和南北两岸发展规划。加强与湛江市的深度合作，打造两岸高铁网，建立覆盖1500万人、1.5万平方千米的1.5小时经济圈和半小时水上交通圈，推进琼州海峡经济带陆海空基础设施全方位衔接，充分发挥海口在琼粤两省联通中的“桥头堡”作用，打造经济新增长极。三是大力拓展与“21世纪海上丝绸之路”沿线国家的交流与合作，加快美兰机场二期建设，把海口空港打造成为区域性的国际航空枢纽，提升国际化水平。

（八）推进社会事业发展，保障和改善民生

一是深入推进脱贫攻坚，精准脱贫到村、到户、到人，确保全市贫困户按期全部脱贫，率先在全省完成脱贫任务。二是坚持抓好“菜篮子”工程，建设1家规模5000亩以上的“菜篮子”种植产业园。继续建设公益性“菜篮子”蔬菜销售网点，建设和升级改造公益性农贸市场、农贸超市、“菜篮子”社区平价菜店。进一步发挥政府“保淡季、保基本、保规模”的调控职能作用，确保菜价总体稳定。三是加快文化教育、医疗等社会事业发展。北师大附中海口分校招生开学，完成北大附中附小海口分校等项目主体工程，开工建设市图书馆、博物馆、科技馆，继续加大力度引进岛外优质教育、医疗资源，推广医养结合模式。四是加大生态环境保护力度。严格落实《海南省生态保护红线管理规定》，对生态保护红线范围内的开发建设实行目录管理。继续抓好“绿化宝岛”植树造林，加快推进三江、玉龙泉、沙坡—白水塘等湿地公园和城市公园、街边游园、街心绿地等建设，增加城市总体绿量。

我们坚信，在市委、市政府的坚强领导下，在市人大、市政协的支持帮助下，依靠全市人民共同努力，万众一心、开拓奋进，一定能够圆满完成2017年全市经济社会发展目标，奋力谱写海南国际旅游岛建设主引擎新篇章！

附件：1. 海口市2016年主要经济社会发展指标情况表

2. 海口市2017年主要经济社会发展预期指标表

附表一

海口市 2016 年主要经济社会发展指标情况表

指标名称	单位	2016 年完成数		2016 年预期目标	
		绝对值	增长率	绝对值	增长率
一、全市生产总值	亿元	1257.7	7.7%	1243	8%左右
第一产业	亿元	67.7	3.3%	60	4%左右
第二产业	亿元	233.2	5.8%	233	6%左右
工业	亿元	134.6	2.4%	135.5	3%左右
第三产业	亿元	956.8	8.5%	950	8%左右
二、工业总产值	亿元	536	1.3%	560	4%
三、固定资产投资	亿元	1271.7	25.7%	1316	30%左右
四、社会消费品零售总额	亿元	653.9	9.8%	643	8%
五、地方一般公共预算收入	亿元	115.5 （同口径）	11.2%	113 （同口径）	9%
六、出口总值	亿美元	7.9	-17.8%	10.3	6.5%
七、旅游总收入	亿元	191.8	13.6%	179	12%
八、城乡常住居民人均可支配收入	元	26447	8.2%	26397	8%以上
九、城镇登记失业率	%	0.9%		3%以内	
十、居民消费价格总指数	%	103%		103.5%以内	

注：1. 全市生产总值的预期目标绝对值未考虑价格因素。

2. 由于统计口径调整，地方一般公共财政预算收入 2016 年预期目标增长 9%，相应的同口径总量为 113 亿元。

3. 全市生产总值预期目标经报市人大，调整为 8%左右，第一、第二（工业）、第三产业增加值的预期目标也作相应调整。

附表二

海口市 2017 年主要经济社会发展预期指标表

指标名称	单位	2017 年预期目标	
		绝对值	增长率
一、全市生产总值	亿元	1381	7.5%左右
第一产业	亿元	73	4%左右
第二产业	亿元	258	7%左右
工业	亿元	142	5%左右
第三产业	亿元	1050	8%左右
二、工业总产值	亿元	557	4%左右
三、固定资产投资	亿元	1475	16%左右
四、社会消费品零售总额	亿元	706	8%左右
五、地方一般公共预算收入	亿元	125	8%左右
六、出口总值	亿美元	8.4	6%左右
七、旅游总收入	亿元	211	10%左右
八、城乡常住居民人均可支配收入	元	28431	7.5%左右
九、城镇登记失业率	%	3%以内	
十、万元 GDP 能耗	吨标煤	以省核定和下达为准	
二氧化碳排放总量	万吨		
化学需氧量排放总量	万吨		
二氧化硫排放总量	万吨		
氨氮排放总量	万吨		
氮氧化物排放总量	万吨		
十一、居民消费价格总指数	%	104%以内	

注：1. 全市生产总值的绝对值未考虑价格因素。

2. 2017 年预期目标绝对值根据 2016 年最终确定数作相应调整。

报告注解

1. **双创**：即创建全国文明城市、创建国家卫生城市。

2. **十二大产业**：指省政府确定的加快发展“互联网+”产业、做大做强热带特色高效农业、发展低碳制造业、发展现代物流业、加快发展现代金融服务业、加快发展健康产业、发展壮大会展业、发展海上油气开发及相关产业链、发展医药产业、提升旅游产业发展质量和水平、促进房地产业持续健康发展、培育发展高新技术教育文化体育产业。

3. **一个指挥部、一个实施方案、两个清单、两个机制**：“一个指挥部”即海口市服务社会投资“百日大行动”指挥部；“一个实施方案”即《海口市服务社会投资“百日大行动”实施方案》；“两个清单”即项目清单和责任清单；“两个机制”即领导带头，分级协调解决机制和定期督查通报机制。

4. **五网**：即路网、光网、电网、气网、水网。

5. **一企一策**：针对龙头、重点企业，出台含金量更高的产业政策，帮助企业解决在物流、用工、融资、土地、用电等方面的问题，降低企业运营成本。

6. **国家地理标志产品**：指产自特定地域，所具有的质量、声誉或其他特性本质上取决于该产地的自然因素和人文因素，经审核批准以地理名称进行命名的产品。

7. **国家新版GMP认证**：GMP是英文GOOD MANUFACTURING PRACTICE的缩写，中文含义是“良好生产规范”。世界卫生组织将GMP定义为指导食物、药品、医疗产品生产和质量管理的法规。新版GMP与98版相比从管理和技术要求上有相当大的进步，特别是对无菌制剂和原料药的生产方面提出了很高的要求。

8. **美国FDA认证**：“FDA”是美国食品药品管理局的英文缩写，它是国际医疗审核权威机构，由美国国会及联邦政府授权，专门从事食品与药品管理的最高执法机关。FDA是一个由医生、律师、微生物学家、药理学家、化学家和统计学家等专业人士组成的致力于保护、促进和提高国民健康的政府卫生管制的监控机构。通过FDA认证的食品、药品、化妆品和医疗器具对人体是确保安全而有效的。在美国等近百个国家，只有通过了FDA认可的材料、器械和技术才能进行商业化临床应用。

9. **点、线、面**：“点”就是抓好小镇、村庄及景点的打造；“线”就是注重旅游道路建设，在打通点与点连接线的同时，将道路沿线建成景观带；“面”就是在“点”“线”结合的基础上，把一镇、一县（市）乃至全省作为一个大景区来打造，全域之内处处是风景，随时随地为人们提供良好的旅游体验。

10. **宽带中国**：是一个综合性多媒体宽带网站，可为用户提供VOD业务、网络电视、远程教育等各种多媒体信息服务。

11. **15分钟便民生活圈**：指市民出门步行15分钟，约1.5千米，就可到达以满足市民日常生活所需，以低成本投入、低利润收益、小型便民服务设施为特征的经营项目聚集服务区域。

12. PPP：即Public-Private-Partnership，是指政府与私人组织之间，为了提供某种公共物品和服务，以特许权协议为基础，彼此之间形成一种伙伴式的合作关系。

13. **多规合一**：指在一级政府一级事权下，强化国民经济和社会发展规划、城乡规划、土地利用规划、环境保护、文物保护、林地与耕地保护、综合交通、水资源、文化与生态旅游资源、社会事业规划等各类规划的衔接，确保“多规”确定的保护性空间、开发边界、城市规模等重要空间参数一致，并在统一的空间信息平台上建立控制线体系，以实现优化空间布局、有效配置土地资源、提高政府空间管控水平和治理能力的目标。

14. **放管服**：“放”即简政放权；“管”即放管结合；“服”即优化服务。

15. **极简审批**：指采取“规划代立项”、以区域评估取代单个项目评估、优化项目服务、推行承诺制度、建立“准入清单”、打造两个平台、加强两项监管、实行联合验收、建立诚信档案、实施退出机制等十大措施。

16. **五证合一、一照一码**：指在整合工商营业执照、税务登记证、机构代码证（三证合一）的基础上，进一步整合人社部门的社会保险登记证、统计部门的统计登记证，由工商部门核发一个营业执照的登记制度改革。

17. **公安+城管**：即城市执法改革新模式，开启了海口市城市管理和社会治理有机结合的新常态。这次改革，通过公安牵头、合署办公、统一调度、联勤联动的方式，在各镇街成立城市执法中队，不间断地开展巡逻，加强城市路面的管控，提高路面见警率、见城管率、管事率，实现公安、城管的无缝衔接。

18. **城市公共治理指数**：是运用政治壁垒、行政成本、非税收入占比、财政投资占比、民营经济占比、行政审批数量、NGO数量、政府透明、政府廉洁、公共服务水平等14项指标，依靠抽样调查，得出各个城市的分数，总分10分。

19. **十大扩消费行动**：即城镇商品销售畅通行动、农村消费升级行动、居民住房改善行动、汽车消费促进行动、旅游休闲升级行动、康养家政服务扩容提质行动、教育文化信息消费创新行动、体育健身消费扩容行动、绿色消费壮大行动、消费环境改善和品质提升行动。

20. **八大消费工程**：即休闲度假旅游、养生养老、医疗健康、住房消费、汽车消费、信息消费、绿色和教育文化体育八大消费工程。

21. **一带一路**：是“丝绸之路经济带”和“21世纪海上丝绸之路”的简称。

22. **海澄文**：即海口、澄迈、文昌。

23. 10+2：指我市为了增加学位需求，计划新建、改扩建10所公办学校，海航集团在权属地新建2所学校。

24. **改薄**：指改善贫困地区义教薄弱学校基本办学条件项目。

25. **河长制**：即由各级党政主要负责人担任“河长”，负责辖区内河流的污染治理。

26. **三个千亿元**：指2015年至2017年在棚户区改造、产业发展、基础设施三大领域分别投资1000亿元。

27. **互联网+**：即充分发挥互联网在生产要素配置中的优化和集成作用，将互联网的创新成果深度融合于经济社会各领域之中，提升实体经济的创新力和生产力，形成更广泛的以互联网为基础设施和实现工具的经济发展新形态。

28. **海绵城市**：指城市在适应环境变化和应对雨水带来的自然灾害等方面具有良好的“弹性”，下雨时吸水、蓄水、渗水、净水，需要时将蓄存的水“释放”并加以利用。

29. **一江两“岸”、东西双港驱动、南北协调发展**：“一江两‘岸’”，就是坚持在保护中开发、在开发中保护，有序推进南渡江沿岸开发，加快东海岸江东片区、桂林洋经济开发区建设，积极推动西海岸片区加快发展。“东西双港驱动”，就是坚持“港、产、城”融合发展，形成东有以美兰机场为依托的空港新城，西有以海口港为依托、港城一体化的临港经济带战略布局。“南北协调发展”，就是管控好南部地区生态，有序开发、高水平建设东线高速、绕城高速沿线地区，加快形成以观澜湖新城等为重点的新区商圈；科学推进北部沿海开发建设，积极拓展城市发展空间。

30. **绿化宝岛**：包括海防林建设、河流水库绿化、通道绿化、城市绿化、村庄绿化、生态经济林建设、森林抚育和种苗繁育。

关于2016年海口市和市本级预算执行情况及2017年海口市和市本级预算草案的报告

——2017年1月21日在海口市第十六届人民代表大会第二次会议上

海口市财政局

各位代表：

受市政府委托，现将2016年海口市和市本级预算执行情况及2017年海口市和市本级预算草案报告如下，请予审议，并请市政协委员和其他列席人员提出意见。

一、2016年预算执行情况

2016年，面对经济下行的压力和全面“营改增”结构性减税对收入稳增长带来的不利影响，在市委、市政府正确领导下，全市财政部门认真学习贯彻党的十八大和十八届三中全会以来的中央各项决策精神，坚持服务大局、统筹资源、创新驱动、民生优先、依法理财的原则，担当实干，攻坚克难，较好完成了各项财政工作任务，为海口的快速发展提供了坚实的资金保障。

（一）2016年预算执行总体情况

1. 全市地方一般公共预算总收入320.4亿元（完成数，待决算后略有调整，下同），增长42.5%，完成预算的161.8%。其中：全市地方一般公共预算收入完成115.5亿元，同口径增长11.2%；省级补助收入84.4亿元；省转贷一般债券收入98亿元（新增债10.6亿元，置换债87.4亿元）；调入资金13.4亿元；上年结余结转收入9.1亿元。全市地方一般公共预算总支出311.9亿元，增长44.6%，完成预算的161.4%。其中：全市地方一般公共预算支出206.2亿元，同口径增长20.6%，完成预算的116.1%；上解省支出12.5亿元；一般债券还本支出87.5亿元；安排预算稳定调节基金5.7亿元。收支相抵，年终结余结转8.5亿元。

市本级地方一般公共预算总收入296.8亿元，增长48.8%，完成预算的167.8%。其中：市本级地方一般公共预算收入完成69.9亿元；省级补助收入84.4亿元；省转贷一般债券收入98亿元（新增债10.6亿元，置换债87.4亿元）；调入资金10.4亿元；区级上解收入25.7亿元；上年结余结转收入8.4亿元。市本级地方一般公共预算总支出288.8亿元，增长51.1%，完成预算的167%。其中：市本级地方一般公共预算支出116.6亿元，同口径增长35%，完成预算的110.8%；补助区级支出68.5亿元；上解省支出12.5亿元；一般债券还本支出87.5亿元；安排预算稳定调节基金3.7亿元。收支相抵，年终结余结转8亿元。

2. 全市政府性基金总收入179.5亿元，增长48.3%，完成预算的180.5%。其中：全市地方政府性基金收入108.7亿元，同口径增长71.5%，完成预算的143.4%；省级补助收入8.5亿元；省转贷专项债券收入45.6亿元（新增债2亿元，置换债43.6亿元）；上年结余结转16.7亿元。全市政府性基金总支出161亿元，增长54.3%，完成预算的175.1%。其中：全市地方政府性基金支出111.1亿元，同口径增长57.1%，完成预算的124.9%；专项债券还本支出43.6亿元；调出资金6.3亿元。收支相抵，年终结余结转18.5亿元。

市本级政府性基金总收入179.1亿元，增长48.5%，完成预算的180.8%。其中：市本级地方政府性基金收入108.6亿元，同口径增长72%，完成预算的143.4%；省级补助收入8.5亿元；省转贷专项债券收入45.6亿元（新增债2亿元，置换债43.6亿元）；上年结余结转16.3亿元。市本级政府性基金总支出167.6亿元，增长60.7%，完成预算的182.3%。其中：市本级地方政府性基金支出102.9亿元，同口径增长59.9%，完成预算的122.6%；专项债券还本支出43.6亿元；补助区级支出14.8亿元；调出资金6.3亿元。收支相抵，年终结余结转11.5亿元。

3. 全市社会保险基金预算总收入56.6亿元，完成预算的105.9%。全市社会保险基金预算总支出48.5亿元，完成预算的104%。收支相抵当年结余8.1亿元，滚存结余43.5亿元。

4. 全市国有资本经营预算收入2亿元，完成预算的100%。全市国有资本经营预算支出2亿元，完成预算的100%。

（二）2016年财政运行主要成效

1. 以预算收支为根基，财政实力不断增强

（1）财政收入超额完成年初目标

2016年，在市委、市政府的正确领导下，全市经济呈现稳中有进的良好态势，带动财政收入节节攀升，主要收入指标超额完成年初计划。财政部门加强与税务、公安、法院等部门的合作和沟通，建立高效稳固的税收征管工作机制，严防偷税漏税和新增欠税。建筑业、房地产业税收收入分别增长31.9%、23%，有效减轻了“营改增”结构性减税的影响；工业制造业、金融业税收占比分别提升至12%和10%，成为拉动税收增长的主要力量。税收收入完成95.3亿元，占一般公共预算收入比重的82.5%，高于全省平均水平，收入质量良好。全市地方一般公共预算收入占全省比重18.1%，全口径一般公共预算收入占全省比重30.6%，同口径提升4.2个百分点，对全省贡献度进一步提升。

（2）积极争取上级资金大力支持

通过积极争取，2016年共计获得上级财政资金支持达236.6亿元，为历年之最。此外，财政部将我省整体纳入国家重点生态功能区转移支付保障范围，将促进我市生态修复、环境保护等方面工作的加快推进。

一是获得上级转移支付92.9亿元，较上年增加20.8亿元，增长28.8%。主要包括：获得基础设施建设转移支付2.6亿元，获得“营改增”转移支付4亿元，获得重点生态功能区转移支付1.8亿元等，获得省直接举借地债补助10亿元，用于水利工程、地下综合管廊建设等方面。此外，从2016年起，在三年内我市每年将获得骑楼老街改造专项补助1亿元。

二是获得省转贷地方政府债券143.7亿元，较上年增加80.8亿元，增长129%。其中：置换债券131.1亿元（占全省各市县比重的45%），通过置换存量债务本金，极大程度上缓解了我市偿债压力，债务结构持续优化；新增债券12.6亿元（占全省各市县比重的9%），有力支持了我市棚户区改造、交通路网、教育设施等重大基础设施和民生工程建设。

（3）加大市本级对区级财政支持力度

大力实施“强区扩权”，继续加大对各区财政支持力度，完善一般性转移支付增长机制，通过转移支付缩小各区之间收入差距，力争将“营改增”对区级财政收入的影响降到最低。全年共向区级财政下沉财力83.6亿元，较上年增加16.4亿元，增长24.4%。其中：一般性转移支付增加6.9亿元，增长19.1%；专项性转移支付增加9.5亿元，增长30.6%。通过加大资金下沉规模，进一步促进了区域经济协调发展和基本公共服务均等化。

（4）财政支出进度和效益并重

在“双创”模式的鼓舞和带动下，全市项目建设、民生实事等各项工作进度明显加快，财政部门及时拨付资金，各月份财政支出进度均超过了序时进度，“花钱慢”的现象大为改观。全年相继组织开展政法经费、“菜篮子”扶持政策、互联网发展专项资金等一系列绩效评价工作，财政资金使用效益显著提高。此外，盘活存量资金超过8.5亿元，统筹用于“双创”、民生等方面，做到资金活用，实在惠民。公务支出和行政运行成本进一步压缩，全市“三公”经费支出1.04亿元，下降25%。

2. 以新型投融资模式为杠杆，项目投资保障有力

积极运作我市统筹城乡发展股权投资基金，采取“母＋子基金”运作模式，发挥财政资金“四两拨千斤”的作用，广泛撬动社会资本参与城市发展，有效扩大资金供给，实现投资持续高速增长。基金累计发行规模已达90亿元（其中，棚户区改造子基金70亿元，基础设施建设子基金20亿元），有力推进了我市棚户区改造和重大基础设施建设。

采取政府购买服务方式，加快棚户区改造进程。通过将棚改基金结合中央发行的专项建设基金，撬动国开行、农发行等金融机构政策性贷款全面投向棚改项目，全年完成棚改投资约460亿元，提前4个月完成省下达任务，实现2.85万户约8.5万人受益。根据棚改工作进度，财政拨付工作经费4.7亿元，确保棚改各项工作顺利进行。

积极运用PPP模式，加快重大项目建设。筹备策划303个子项目，以项目包的形式向社会资本全面开放，涉及市政道路、园林绿化、污水处理、医疗健康、交通港航、文化旅游等基础设施建设和公共服务领域，当年完成采购项目170个，签约151个，开工116个。南渡江引水工程、新海港二期、马村港区三期等一批重大互联互通项目按序时进度推进，镇

墟改造、景观提升、水体治理等综合性工程全面启动，主城区实现了环卫一体化（PPP模式）全覆盖，琼州大道等21条城市道路提升改造工程、地下综合管廊、交警指挥中心升级改造等6个项目入选财政部第三批示范项目。此外，积极争取中国PPP基金达成了对我市新海港、马村港等6个项目约22.1亿元的注资支持。

3. 以产业升级为导向，经济发展提质增效

紧紧围绕中央供给侧结构性改革要求和全省十二个重点产业部署，结合海口实际，强化政策扶持做好“加法”，补齐产业发展短板。全年相继出台影视、会展、旅游等多项产业扶持政策，以开放型服务业为主导的产业体系不断完善。合计拨付6.7亿元，大力扶持产业发展，十二个重点产业新增市场主体1.2万户，市场创新性和活跃性不断提高。旅游业发展进一步提速，接待国内外过夜游客1,327万人次，旅游总收入181亿元，分别增长8.3%和13.1%；工业发展提质增效，高新技术企业总量达149家，占全省75%，规模以上高新技术工业企业总产值占全市规模以上工业总产值50%左右，医药企业成为拉动工业增长的重要引擎；现代物流业稳中有进，水陆运输规模再创新高；金融业不断壮大，落户银行增至23家，金融业增加值达152亿元，占全省57.2%；互联网业集聚集群效应提升，复兴城互联网创新创业园、江东电子商务产业园等园区差异化快速发展；文体、影视等产业蓬勃发展，海口文化产业园挂牌成立，爱奇艺创意中心等知名文化企业和工作室落户；会展业日益活跃，连续五年获得“中国会展名城”大奖。

我市党政代表团多次赴上海、天津、厦门等地开展点对点招商引资活动，签约项目198个，协议投资总额1594亿元，涵盖各大产业和领域。万达、中远、阿里巴巴等一批行业领军企业纷纷布局海口，北大附中、附小合作办学项目、复旦大学附属华山医院等优质公共服务资源相继落地，特别是总投资超过500亿元的万达文化旅游城，建成后将成为国际旅游岛的标志性项目。

4. 以“减税降负”为宗旨，市场活力动力不断释放

贯彻中央和省有关精神，全面落实“营改增”结构性减税，停征价调基金，扩大地方教育费附加等3项基金免征范围，对小微企业取消或免征涉及我市征收的10余项不尽合理的基金和收费，尽力减轻企业负担，以短期税费收入的减少为经济长期持续发展增加势能。促进财政金融政策融合，搭建信息平台，新增投入5000万元，继续放大“政保贷”新型政策示范作用，合作金融机构从8家增加到10家，累计注入政府风险补偿金2.9亿元，帮助超过300家中小微企业获得贷款授信17.8亿元，进一步减轻其融资负担。落实小额担保贷款6069万元，帮扶616人自主创业，带动1,970人实现就业。通过财政贴息，帮助农民获得小额金融贷款6.5亿元，努力解决农民融资难的问题。

5. 以民生实事为初衷，人民幸福感持续提升

全市民生支出累计完成152.8亿元，同比增长18.9%，占地方一般公共预算支出的74.1%。财政资金取之于民，用之于民，确保年初确定的各项民生实事顺利完成，对推进基本公共服务均等化，服务全省各项社会事业发展起到了积极作用。

统筹城乡建设和三农发展。拨付各级资金1.8亿元，加强各镇、村和革命老区基础设施建设，积极打造特色风情小镇、产业小镇，推进经济发达镇行政管理体制改革，全面启动美丽乡村建设。拨付1.6亿元，确保罗牛山猪场搬迁顺利完成，10万头现代化猪场建成投产。拨付1.13亿元，用于“菜篮子”集团公司注资，建设“平价菜”末端销售网点265家。拨付5150万元，补贴夏秋季叶菜种植和“菜篮子”基地建设，新增无公害产地认定3708亩。拨付3800万元，大力扶持农业龙头企业，省级农业龙头企业增加至45家，占全省1/4，推出火山石斛、云龙淮山等十大农业品牌，永兴黄皮、荔枝获得国家地理标志认证。拨付1736万元，定性检测瓜果菜等抽样合格率100%，重大动物疫情和猪肉质量安全事故零发生。拨付2043万元，支持农业保险发展，受理农业保险案件2.9万起，帮助农民获得赔款2630万元。

强力推进精准扶贫。拨付各级资金1.03亿元，制定专项工作方案，建立扶贫资金支出每日报送制度，开辟绿色通道，确保资金尽快落到实处。坚持瞄准建档立卡贫困人口，通过产业与设施、教育、医疗、转移就业、社会保障兜底六大帮扶举措，实现6个贫困村整村脱贫、8453人精准脱贫，超额完成省下达任务。

推动教育均衡发展。拨付5.1亿元，加快“10+2”项目建设，学校基本办学条件全面改善，五源河学校等5所学校开学招生，新增学位6200多个，四个区全部通过省对我市教育工作督导评估。拨付2582万元，以棚户区改造为契机，继续整合城区“麻雀学校”，中小学教育布局进一步优化。投入1.38亿元，积极引进和扶持优质教育资源，北师大附中、北大附中附小合作办学等项目相继开工。拨付各级资金2.8亿元，保障市属高中学校公用经费，完善义务教育经费保障机制，免除义务教育阶段学生学杂费、课本费和作业本费，保障中小学生免费乘坐公交车。拨付5495万元，加快中职教育发展，扩大职业教育免学费范围。

完善社会保障制度。拨付各级资金1.42亿元，低保救助37.7万人次，为近4000名农村五保对象发放五保供养金。拨付5870万元，为全市约3.6万名80岁以上高龄老人发放补贴。为近8000人发放临时救助资金1249万元，实现对困难群体的兜底保障和救助。拨付3253万元，城乡居民养老保险制度实现并轨，参保率97.8%。发放就业社保补贴、公益性岗位（含社保）补贴等各项补贴3373万元，受益2.6万人次，全市城镇新增就业4.7万人，超额完成计

划。

提升卫生服务质量。拨付3201万元，巩固基本药物制度改革成果，全面覆盖全市27家镇卫生院、228家行政村卫生室和109家社区卫生服务机构，基层群众“看病难，看病贵”进一步缓解。在公立医院推行“先看病后付费”诊疗新机制，市域内省市11家公立医院同步取消药品加成。拨付2377万元，做好健康教育、居民健康档案管理等13项基本公共卫生服务，人均服务经费补助标准从40元提高至45元。拨付7850万元，新型农村合作医疗和城镇居民基本医疗财政补助标准提高至420元/人.年。拨付3073万元，完善医疗救助“一站式”服务，为7500人次实施重特大疾病救助。

加强住房保障建设。拨付3510万元，全面完成2016年农村危房改造任务。拨付1200万元，用于发放住房租赁补贴，帮助解决住房困难的问题。降低保障性住房准入门槛，保障性住房配租配售2922套，受益范围不断扩大。

6. 以“双创”为动力，“首善之城”刷新升级

财政部门统筹资金，积极调度，用好增量、激活存量，鼎力支持城市建设和治理，加快建设有品位、有涵养、有温度的首善之城、市民之家，城市管理和治理水平再升级。

加强城市管理和综合治理。统筹市级财力、新增地债和上级资金，保障各类“双创”投资项目建设，改造小街小巷1576条，开工率100%，建成初具规模的“15分钟便民生活圈”39处。拨付4412万元，高标准升级改造39家农贸市场。拨付1.02亿元，拆除违法建筑337万平方米，防违控违53万平方米，大力建设数字城管系统，“公安+城管”联合执法模式成效显著，已被多市县学习借鉴。拨付2.1亿元，推进公交企业改革重组，整合6家公交运营企业、84条线路，公交线网全面优化。拨付1.27亿元，改善交通出行秩序，道路拥堵得到缓解。拨付1.35亿元，及时做好市政设施、路网和排水系统的维护管养工作，改造城市积水点7处。拨付7626万元，加强基层社区建设，主城区网格化管理覆盖率100%，并逐步向乡镇延伸。此外，积极主动应对“电母”“莎莉嘉”强台风、强降雨等自然灾害侵袭，拨付应急救灾资金2100万元，确保灾后全市生产生活迅速恢复。

加大生态环保投入。拨付1.62亿元，实施生态修复和景观提升，成功举办首届三角梅花展，完成125条道路、22个街边街心绿地绿化补植，“绿化宝岛”造林绿化2万亩。拨付9105万元，开展垃圾清运、分类回收和焚烧发电，实现垃圾综合处理。拨付2.27亿元，大力加强污水污泥处理和供水保障，出厂水水质达标率100%。拨付7095万元，淘汰黄标车、老旧车1.4万辆。加强环保监测和大气污染物防控，空气质量继续在全国74个重点城市中排名第一。

7. 以财政监管为抓手，财政运行规范公开

一是首次实现对全市329家行政事业单位资产的全面清理、核查和登记，摸清我市行政事业单位国有资产家底，为下一步资产运作处置打下基础。二是开展会计监督检查，针对房地产、建筑、制药等行业共26家重点企业，查出应补缴税1.26亿元，已追缴入库0.72亿元。三是对专项扶贫资金的使用管理进行自查自纠，重点检查贪污侵占、虚报冒领、挤占挪用及违反“八项规定”等问题，确保资金使用安全规范。四是加强农村“三资”管理，落实全市农村“三资”会计委托代理服务制度和调研机制，制定相关管理办法和实施细则。五是联合纪检部门开展我市2013~2015年11类涉农资金专项大检查，涉及金额高达15亿元，及时查处纠正违法违纪行为。六是打造阳光透明财政，全市各预算部门（涉密部门除外）按规定完成了预决算公开，“理财”的透明度和规范性不断提升。此外，在国库集中支付电子化管理、政府采购监督执法等其他方面的改革和管理也取得了较好成效。

2016年，我市财政工作取得了显著的成效，但财政运行中仍存在一些矛盾和问题，如：财政收入增速放缓与刚性支出需求急速递增的矛盾不断加剧；预算调整和追加的现象频繁，预算编制的科学性和合理性仍有待提升；财税政策在推动资源配置市场化和培植新的经济增长点等方面的积极作用还有待加强等等。对此，我们将高度重视，在今后的工作中努力加以改进和解决。

二、2017年预算草案

（一）全市和市本级预算安排

1. 地方一般公共预算。海口正处于发展的加速上升期，市委、市政府审时度势，抢抓“一带一路”“全域旅游”“服务贸易创新试点”等重大战略机遇，主动适应经济新常态，坚持稳中求进的工作基调，靶向发力，精准施策，全市项目建设、产业招商、改革创新多线并进，奋力扛起了领跑全省发展和辐射周边的责任担当，特别是在“双创”模式的鼓舞下，全市“干事创业”的氛围浓厚，经济发展活力十足，财政增收潜力较大。但受到工业转型、药企一致性评价以及电商网购对批发零售行业冲击等不利因素影响，再加上全面“营改增”结构性减税效应在2017年将全面凸显，收入总体形势仍不容乐观。综上考虑，2017年全市地方一般公共预算收入目标确定为同口径增长8%，完成120亿元。

全市地方一般公共预算总收入214.6亿元。其中：全市地方一般公共预算收入120亿元，同口径增长8%；省级补助收入67.7亿元；调入资金14.1亿元；上年结余结转收入12.8亿元。全市地方一般公共预算总支出206.3亿元。其中：全市地方一般公共预算支出193.3亿元，同口径下降7.3%；上解省支出13亿元。收支相抵，年终结余结转8.3亿元。

市本级地方一般公共预算总收入192.4亿元。其中：市本级地方一般公共预算收入72.6亿元，同口径增长8%；省级补助收入67.7亿元；调

入资金13.8亿元；区级上解收入25.9亿元；上年结余结转收入12.4亿元。市本级地方一般公共预算总支出184.8亿元，其中：市本级地方一般公共预算支出110.5亿元，同口径下降7.1%；补助区级支出61.3亿元；上解省支出13亿元。收支相抵，年终结余结转7.6亿元。

2. 政府性基金预算。近年来，随着产业集聚式发展以及基础设施建设、棚户区改造的快速推进，我市经济实力和城市竞争力不断增强，土地出让形势持续向好。在"十三五"规划的科学指引下，我们立足新起点，树立"城市经营"的理念，以"多规合一"改革为契机，加快城市更新升级，完善和优化城市功能布局，着力引进重大产业项目和优质公共服务资源，积极拓展投资和消费市场，城市整体价值特别是土地价值将持续提升。与此同时，在城市发展过程中，由于PPP、政府购买服务模式等形成的政府长期支出责任，同样需要足额且稳定的土地出让收入予以保障。综合考虑影响收入的各类因素，将2017年全市地方政府性基金收入目标定为完成123.5亿元。

全市政府性基金总收入142.1亿元。其中：全市地方政府性基金收入123.6亿元，同口径增长13.7%；省级补助收入4亿元，上年结余结转收入14.5亿元。全市政府性基金总支出135.1亿元。其中：全市地方政府性基金支出125.1亿元，同口径增长15.1%；调出资金10亿元。收支相抵，年终结余结转7亿元。

市本级政府性基金总收入135亿元。其中：市本级地方政府性基金收入123.5亿元，同口径增长13.7%；省级补助收入4亿元，上年结余结转收入7.5亿元。市本级政府性基金总支出132.1亿元。其中：市本级地方政府性基金支出112.1亿元，同口径增长11.5%；补助区级支出10亿元；调出资金10亿元。收支相抵，年终结余结转2.9亿元。

3. 全市社会保险基金预算总收入68.1亿元，增长20.3%。全市社会保险基金预算总支出59.7亿元，增长23.2%。收支相抵结余8.4亿元，加上历年结余，年末滚存结余51.9亿元。

4. 全市国有资本经营预算收入3568万元，下降82%。全市国有资本经营预算支出3568万元，下降82%。降幅较大的主要原因是剔除了港航控股等国有企业在2016年产权转让形成的一次性收入因素。

（二）重点支出安排情况

坚持财政各项工作标准不变、力度不减，管好政府"钱袋子"，强化财政供给，服务好经济社会发展大局，争取向全市人民递交一份满意的答卷。一是全力保障人员经费开支、机构正常运转等基本支出和养老保险制度改革等政策性增支需要。二是全力支持以旅游业为龙头的重点产业发展，着力引进优质社会资源，促进产业多元化、集约化、融合化发展。三是全力保障市委、市政府明确通过PPP、政府购买服务等形式开展的基础设施建设、棚户区改造和公共服务领域的重点项目。四是全力支持"双创"决胜和城市更新各项工作，坚持以"小财政办大民生"，预算安排民生支出135.7亿元，占全市地方一般公共预算支出的70.2%。

1. 贯彻上级有关精神，优先"保工资、保运转、保稳定"

积极落实中央、省相关政策和改革精神，提升政府运转效率和应急保障能力，切实履行起提供公共服务的职能。安排2.98亿元，将档级繁多复杂的公用经费定额标准，统一提高至不低于1万元/人·年，进一步保障市本级各部门正常运转。安排3亿元，落实养老保险改革，确保保费征收工作顺利开展。安排2.5亿元，保障正常调资等相关支出需要。安排2亿元，落实省对市县经济指标考核奖励资金。安排1亿元，设立基层精神文明奖励，提升基层待遇水平和工作热情，推动精神文明建设工作步入规范化、常态化轨道。安排6300万元，合理界定公务出行范围，积极向上级争取我市公务用车制度改革方案尽快落地。

2. 落实积极财政政策，扶持十二大产业和实体经济发展

以供给侧结构性改革为主线，安排产业扶持奖补资金7亿元，加快发展以旅游业为龙头的现代服务业，推进产业之间的融合发展。扎实推进"全域旅游"，大力实施"旅游+"战略，安排旅游方面支出3亿元，较上年增长64.7%，其中：用于航空公司、旅行社、标准化建设等奖补资金2.75亿元。安排扶持工业发展1.2亿元，安排扶持农业发展6000万元，安排扶持互联网产业5000万元，扶持道路运输和航运业发展4000万元，扶持节能与循环经济发展3700万元，扶持金融业发展2600万元，扶持会展业发展2000万元等等，积极争取上级资金对科技型中小企业发展和创新进步进行奖励。此外，研究设立产业投资基金，通过股权投资的方式吸引社会资本进入重点产业发展领域。

3. 优化财政供给模式，最大限度发挥资金使用效益

坚定不移地实施积极财政政策，发挥新型投融资模式下财政资金杠杆作用，以大格局大规划大项目为引领，在基础设施建设、产业发展和公共服务领域"同步发力"，千方百计扩大有效投资，不遗余力激发市场主体的活力、创造力，提升公共服务质量，开创城市发展的新局面。

（1）加快推进PPP模式深度运用和规范高效管理，将PPP项目付费列入预算保障。加大PPP模式宣传推广力度，优先坚持市场化的原则推进PPP项目，做好物有所值论证和财政可承受能力分析，吸引更多、更优秀的社会资本参与海口的建设和发展，加快实施五源河文体中心和市图书馆、博物馆等大型文体惠民工程，全面推进城市"五网"等重大基础设施建设，启动城市轨道交通规划。进一步加强PPP管理，完善各类手续，建立常态化法律咨询工作机制，制定具体可行的管理办法和操作流程，对PPP项目实施全过程监管和跟踪审计。积极争取中国PPP基金加大对我

市项目建设的支持，并帮助解决存量BT项目转PPP模式的问题，尝试推动PPP资产证券化工作。

（2）大力推广政府购买服务模式，将政府购买服务付费列入预算保障，视具体实施情况拨付资金。落实中央有关精神，着力以购买服务的方式开展棚户区改造和土地收储工作。充分发挥市场机制的作用，改进传统的由政府直接提供公共服务的方式，吸引优质和专业的社会机构参与教育、医疗、养老等与民生改善密切相关的公共服务领域。

（3）加强政府投资基金运作管理。合理使用国开发展基金、农发重点基金等中央专项建设基金，做好我市政府投资基金的募集、投资、管理等各项工作。预算安排7亿元，用于我市政府投资基金后续发行，明确基金主要投向棚户区改造、基础设施建设、公共服务等方面，按照“项目选择市场化、资金使用规范化、提供服务专业化”的要求，加强运作管理，在合法合规的前提下，确保基金使用效益最大化。

（4）不折不扣地落实对企业的减税费降成本各项政策和措施，通过“政保贷”等新型政策扩大金融服务覆盖范围，并积极争取上级资金的支持，继续降低中小企业融资成本，多渠道为中小企业发展筑路搭桥，提升企业市场竞争力，使之成长为推动经济发展的一支重要力量，加速助推企业专利技术和科技成果的转化应用。

4. 牢固树立民生优先理念，深入推进民生事业持续发展

农林水支出预算安排18.5亿元。主要包括：安排6000万元，大力发展现代农业，改造2000亩“三防”标准蔬菜基地，提高蔬菜自给率。安排5000万元，继续加强“菜篮子”保障能力。安排2726万元，做好蔬菜物资储备，确保应急供应。安排1437万元，扎实做好农产品质量专项检查和动物检疫工作，确保百姓食品安全。安排4582万元，加强小型农田水利基础设施建设，进一步提高农田综合产出效益。安排4600万元，积极争取上级资金，大力推进“百千工程”和文明生态村建设。结合上级资金，合计安排6720万元，力争按时完成精准扶贫“两年脱贫攻坚”任务。安排1000万元，用于实施农业保险，扩大农保惠及面。此外，落实市级配套资本金，加快全市农村交通基础设施建设。

教育支出预算安排31.6亿元。主要包括：安排2.4亿元，继续推进各类教育工程建设，改善办学环境和教育质量。安排1.25亿元，加快推进北大附中、附小等合作办学项目，发展优质教育。安排1.21亿元，充分保障义务教育阶段中小学校公用经费，免除学生杂费、课本费和作业本费。安排4280万元，充分保障高中学校公用经费。安排4524万元，加快发展普惠性教育，补助中职教育学生免费入学，发放职业教育励志奖学金、普通高中国家助学金等奖、助学金。安排2272万元，加强幼儿教育建设，做好3~6岁在园幼儿学前助学券发放工作。安排3300万元，继续抓好“10+2”项目、“改薄”工程等重点项目的推进和收尾，启动第二轮学校新建和改扩建工程，扩大学位供给。

社会保障和就业支出预算安排24.6亿元。主要包括：安排9312万元，加强基层社区建设，着力解决居委会经费短板和待遇问题。安排7600万元，向高龄老人发放长寿补贴，为孤儿和社会流浪人员提供救助，促进社会和谐稳定。安排3075万元，做好就业创业公共服务，加强人才引进和培养。安排3515万元，为城乡居民提供最低生活保障，做好农村五保供养工作。安排3462万元，为残疾人提供各类服务和救助。安排3026万元，落实优抚对象及退役士兵专项补助，做好生活安置和就业培训。安排1900万元，用于19家农村老年人日间照料中心建设和收尾。

医疗卫生支出预算安排18.1亿元。主要包括：安排7974万元，落实新型农村合作医疗和城镇居民基本医疗财政补助，将城镇居民基本医疗保险补助标准由420元/人提高至460元/人。安排1200万元，用于实施城乡居民重特大疾病医疗救助。安排2488万元，深入推进国家基本药物制度改革。安排2027万元，用于补助市人民医院、中医院、妇幼保健院等公立医院取消药品加成。安排2712万元，落实各项基本公共卫生服务，积极向省争取提高保障的标准。安排1924万元，继续大力开展病媒生物防制工作。安排2750万元，加快推进我市与上海第六人民医院、复旦大学附属华山医院等合作项目，提高医疗服务水平。

住房保障支出预算安排11.2亿元。主要包括：安排3708万元，争取上级资金，努力完成2017年农村危房改造任务，解决贫困家庭住房困难问题。另外安排3.5亿元，保障棚户区改造工作开展。

5. 全力支持城市更新，努力建设滨江滨海花园城市

城乡社区支出预算安排19.2亿元。主要包括：安排4091万元，用于违法建筑、违法广告的综合整治和数字化城管平台建设。安排1.2亿元，继续做好农贸市场的升级改造和配套完善工作。安排8954万元，用于道路、路灯、排水等市政基础设施精细化管理养护，提升城市公共服务水平。安排2000万元，继续实施“交通文明行”专项行动计划。安排2000万元，加强重点公共场所免费Wi-Fi网络建设。安排6800万元，大力扶持公交行业，优先发展城市公共交通，提倡低碳出行。安排2.63亿元，加强水资源管理与保护利用，推进农村安全饮水工程，做好城市排污管控和处置，为建设“海绵城市”打好基础。安排1.03亿元，做好城乡垃圾分类收集、清运和环保处置。安排8964万元，抓好街边小游园、带状公园、道路景观的管养和提升，加快建设现代化花园城市。安排1758万元，用于实施林业生态保护和修复。此外，继续通过PPP模式在环卫一体化、城市路网建设、水体治理、景观提升等方面狠下功夫。

文化体育与传媒支出预算安排2.8亿元。主要包括：安排4069万元，广泛开展“万春会”、公益电影放映、精品文艺演出等文化艺术交流活动，支持承办环岛国际公路自行车赛、国际沙滩马拉松赛等国际性重大体育赛事，提升市民生活品质和城市软实力。安排2475万元，加强新闻媒体建设。安排1811万元，实施文明大行动，加强文化宣传和精神文明建设。

三、2017年财政主要工作任务

2017年是供给侧结构性改革深化之年，也是我市“双创”决战决胜之年，财政部门将在市委、市政府的正确领导下，严格执行《预算法》，以深入推进供给侧结构性改革为主线，加快落实积极财政政策，充分发挥资金使用效益，加强债务管理和风险防控，提高财政调控的能力，严守财经纪律，为海口的发展提供强有力的财力支撑。

（一）抓好财政收支基础工作

收入方面：一是加强财政收入征管。准确判断收入形式，加强涉税信息资料传递，完善与税务、审计、法院等部门合作机制，坚持依法征税、应收尽收。二是扩大收入来源。实施积极财政扶持政策，积极培育财源税源，有效利用政府资产资源，落实国有资源有偿使用制度，增加政府资源性收入。三是引导和鼓励各部门积极争取上级补助和奖励资金，继续做强海口财力。支出方面：一是树立“理财”观念，精打细算“过日子”。优先保工资、保运转、保稳定，充分保教育、医疗、社保等关系群众切身利益支出，合理保发展、保建设支出，大力压缩一般性经常性支出，严格实行“三公”经费总量零增长。二是加强支出进度管理和绩效评价。健全预算评审和评价制度，加强重点部门、重点项目支出进度督导，强化财政支出通报、约谈、回收盘活等机制，完善支出进度与预算安排挂钩机制。

（二）落实好积极财政政策

一是积极争取省转贷地债额度，抓好棚户区改造、“五网”、交通枢纽等重大基础设施建设，保持合理的政府投资规模。二是大力推广PPP模式，按照轻重缓急和市场化的原则推进，进行物有所值论证和财政可承受能力分析，吸引社会投资拉动经济增长，积极争取中央PPP基金对我市的支持。三是大力实施减税清费政策。注重“放水养鱼”，积极落实“营改增”等税收减免优惠政策，进一步清理规范收费基金，切实减轻企业和市场主体的负担，以收入“减法”换取企业效益“加法”和市场活力的“乘法”。四是发挥财政资金对促进产业发展的积极效应。积极招商引资，进一步增强海口的政策吸引力，引进重大企业落户海口扎根成长，延伸产业链条，夯实经济发展基础。

（三）深化财税体制机制改革

一是加强综合预算管理。进一步加大四本预算统筹力度，清理整合专项资金，实施中期财政规划，编制补充预算，建立常态化存量资金盘活工作机制，加大财政结余结转资金、部门实有账户资金清理回收力度。二是推进财政支出方式转变。充分尊重市场规律，推进竞争性领域财政资金投入方式转变，减少财政资金直接投入和补贴；推广政府购买服务，鼓励社会资本进入产业发展领域，促进经济提质增效。三是调整完善财政体制。密切关注“营改增”后中央与省收入划分政策调整情况，争取省向我市政策倾斜，研究新一轮市、区财政管理体制改革方案，完善事权与支出责任匹配机制，提升全市财政整体实力。

（四）加强财政综合管理

一是加强项目库管理。进一步规范项目设置，提高年初预算细化率和到位率，推进项目库与中期财政规划衔接，加强项目全周期动态管理，逐步完善项目退出机制。二是加强国库现金管理。在确保重点民生、重大项目支出用款的前提下，进一步完善库款余额管理机制，合理调配国库现金，提高国库现金理财水平，防止财政资金被挤占挪用和闲置浪费。三是加强政府债务管理。积极争取省转贷地方债券，争取提前置换高成本存量债务，优化债务结构，对存量债务分类管理，统筹政府各类资产，分类实施资产证券化，积极缩减债务规模。四是加强财政专项监管。定期组织开展严肃财经纪律专项检查，加强农村“三资”管理，加快扶贫资金支出进度，加强支出绩效评估评价，加大预决算公开力度，确保财政资金使用效益。

各位代表，2017年财政工作任务艰巨、责任重大。我们坚信，在市委、市政府的坚强领导下，在市人大、市政协的监督支持下，全市各级财政部门认真落实本次大会决议，履职尽责，苦干实干，必将圆满完成各项财政工作任务，为“椰城”的绿色崛起做出新的更大的贡献！

2016年海口市环境状况公报

海口市生态环境保护局

2017年6月5日

一、环境空气质量

（一）城市环境空气质量

2016年，全市环境空气质量保持优良水平。有效监测天数为363天，其中，环境空气质量指数（AQI）一级优天数为277天，二级良天数为81天，超二级天数为5天，环境空气质量优良率（AQI≤100的天数）为98.6%，优于2015年的98.3%。全市二氧化硫（SO_2）、二氧化氮（NO_2）、可吸入颗粒物（PM10）和细颗粒物（PM2.5）平均浓度分别为6微克每立方米、16微克每立方米、39微克每立方米和21微克每立方米。一氧化碳（CO）24小时平均第95百分位数是0.9毫克每立方米，臭氧（O_3）日最大8小时平均第90百分位数是107微克每立方米。在环保部公布的实施新空气质量标准的京津冀、长三角、珠三角区域及直辖市、省会城市和计划单列市等74个城市中，海口市2016年环境空气质量名列第一。

（二）主要旅游景区空气负离子浓度

雷琼海口火山群世界地质公园空气质量优良，空气负离子年均浓度为1300个/立方厘米，符合世界卫生组织规定的清新空气1000~1500个/立方厘米的标准，对人体健康有利。

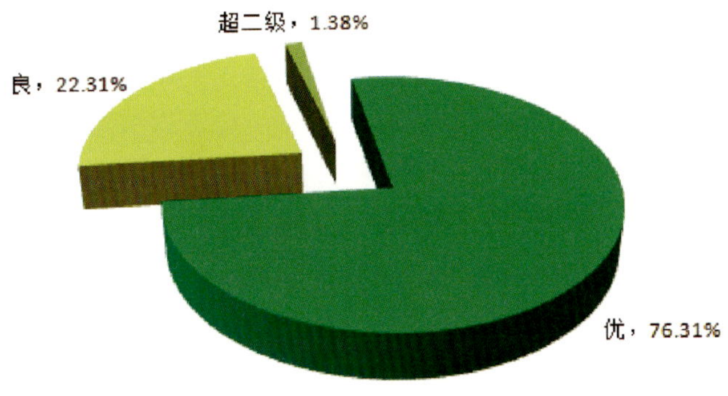

图1 2016年海口市空气质量级别分布示意图

二、水环境质量

2016年海口市水环境质量状况总体良好。城市集中式生活饮用水水源地、国控断面、近岸海域水质达标率均为100%，省控断面水质达标率为87.5%，典型乡镇和农村集中式饮用水源地水质总体保持稳定，但仍有部分城市内河存在不同程度的污染。

（一）集中式生活饮用水水源地

1. 城市集中式生活饮用水水源地

城市集中式生活饮用水水源地分为地表水集中式生活饮用水水源地和地下水集中式生活饮用水水源地，监测点位分别为龙塘水厂、永庄水库和秀英水厂。2016年，龙塘水厂、永庄水库109项地表水源水质指标和秀英水厂39项地下水源水质指标分别达到《地表水环境质量标准》（GB 3838-2002）Ⅲ类标准和《地下水质量标准》（GB/T 14848-93）Ⅲ类标准，达标率为100%，符合国家饮用水水源地水质标准。

2. 典型乡镇和农村集中式饮用水水源地

海口市典型乡镇和农村集中式饮用水水源地监测点位共19个，其中地表水型水源地点位5个和地下水型水源地点位14个。2016年，5个地表水水源地点位水质均达标；14个地下水型水源地水质除总大肠菌群外，均达到《地下水质量标准》（GB/T 14848-93）Ⅲ类标准，全市典型乡镇和农村集中式饮用水水源地水质总体保持稳定。

（二）地表水

1. 国控断面

5个国控断面水质均达到相应的控制目标。其中，儒房和农垦橡胶所一队水质均达到《地表水环境质量标准》（GB3838-2002）Ⅱ类标准；后黎村、龙塘和演州河等3个监测断面的水质均达到《地表水环境质量标准》（GB3838-2002）Ⅲ类标准。

2. 省控断面

8个省控断面中，除福美村断面外其余7个断面水质均达到相应的控制目标。其中，儒房和农垦橡胶所一队水质均达到《地表水环境质量标准》（GB3838-2002）Ⅱ类标准；后黎村、龙塘、演州河、群益村和巡崖村等5个监测断面的水质均达到《地表水环境质量标准》（GB3838-2002）Ⅲ类标准；福美村水质达到地表水Ⅲ类标准，未达到地表水Ⅱ类标准的控制目标，超标因子为总磷。

3. 主要河流

全市17条河流中，有12条河流水质达标，其中南渡江、白石溪、昌旺溪、铁炉溪、三十六曲溪、演州河、演丰东河7条河流水质达到或优于《地表水环境质量标准》（GB

3838-2002）Ⅲ类标准；鸭程溪、罗雅河、荣山河、芙蓉河、美舍河5条河流水质不达标。与2015年相比，全市河流水质基本持平。

（三）近岸海域

全市近岸海域监测点位共13个，分别为三联村、假日海滩、秀英港、寰岛海滩、粤海铁路南港、天尾角、海口倾废区、东寨港红树林、桂林洋、海口湾、铺前湾、荣山寮和海口湾度假旅游区。2016年，全市13个近岸海域监测点位水质均达到《海水水质标准》（GB 3097-1997）规定的相应环境功能区标准或年度管理目标，达标率为100%。

三、声环境质量

2016年海口市区域环境昼间噪声总体水平为三级（一般），道路交通昼间强度等级为二级（较好），功能区昼间平均等效声级符合《声环境质量标准》。

（一）区域环境噪声

全市区域环境噪声昼间平均等效声级为55.7分贝，比2015年提高0.7分贝，总体水平为三级（一般）。

（二）城市道路交通噪声

全市交通噪声昼间平均等效声级为68.9分贝，比2015年提高0.6分贝，强度等级为二级（较好）。

（三）城市功能区声环境

全市4类功能区声环境昼间平均等效声级符合《声环境质量标准》（GB 3096-2008）。

四、辐射环境质量

2016年海口市辐射环境质量总体良好，处于正常环境本底水平。各个监测点的γ辐射空气吸收剂量率保持在本底水平；气溶胶及沉降物中天然放射性核素钾-40、镭-226、钍-234、锕-228活度浓度、饮用水源地水中放射性核素活度浓度、地下水中放射性核素活度浓度、土壤中天然放射性核素铀-238、钍-232、镭-226、钾-40和人工放射性核素铯-137及电磁辐射监测点的射频电场、工频电场和磁感应强度等监测结果与历年相比无明显变化。

2016年海口市海洋环境状况公报

海口市海洋和渔业局

2017年6月

1. 概述

2016年，海口市海洋和渔业局切实履行海洋环境监督管理职责，组织实施了海口市所辖海域的海洋环境监测监视工作，开展了海水质量、海水增养殖区和海水浴场等海洋环境状况监测，加强了涉海工程用海区、主要入海污染源及邻近海域环境监测，有效开展海洋灾害、损害监测等任务，较全面掌握了海口市近岸海域海洋环境质量状况。

2016年，海口市近岸海域海洋环境质量状况保持良好，水质符合第一类或第二类海水水质标准；龙昆沟入海排放口的邻近海域环境质量较差，与2015年相比未见改善，主要污染要素为生化需氧量、无机氮和活性磷酸盐；东寨港海水增养殖区综合环境质量等级为“优良”，能满足养殖功能要求；海口假日海滩海水浴场适宜和较适宜游泳天数的比例为75%，影响游泳适宜度主要原因是水质或天气状况不佳；海洋工程用海区邻近海域环境状况总体良好，用海活动未对邻近海域水环境质量造成明显的不良影响；全年监测到赤潮2次，绿潮1次，未造成明显生态环境损害；海口市西海岸镇海村一带的砂质海岸侵蚀范围及速率与去年相比有所减缓。

2. 海水环境质量状况

2.1 海口近岸海水质量状况

2016年，对海口市近岸海域开展了春季、夏季、秋季和冬季四个航次的海水质量监测，海水中pH、化学需氧量、溶解氧、无机氮、活性磷酸盐、石油类、重金属等要素的综合评价结果显示，海口近岸海域水质状况总体优良，符合第一类或第二类海水水质标准。

2.2 海口重点海域海水质量状况（海口湾）

春季，一类海水海域占海口重点海域面积的90.5%，二类海水海域占9.5%。夏季，一类海水海域占海口重点海域面积的59.2%，二类海水海域占40.8%。局部海域溶解氧含量降低是导致夏季一类海水面积减少的主要原因。（以上监测海域未含海口湾排污口邻近海域）。

溶解氧：2016年夏季海口湾溶解氧含量低于春季，但均优于或符合第二类海水水质标准。2011～2016年海口湾监测海域溶解氧介于第一类或第二类海水水质标准之间。

化学需氧量：2011～2016年海口湾监测海域海水化学需氧量平均含量变化不大，均符合第一类海水水质标准。

无机氮：2011～2016年海口湾监测海域无机氮平均含量整体呈上升后下降的趋势，近三年无机氮测值均符合第一类海水水质标准。

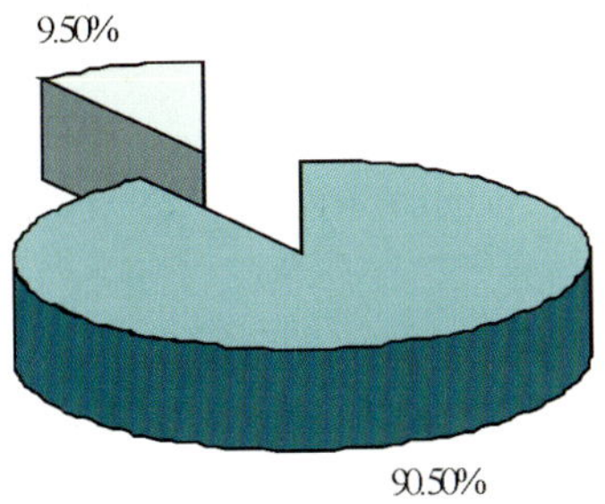

春季海口湾水质比例图

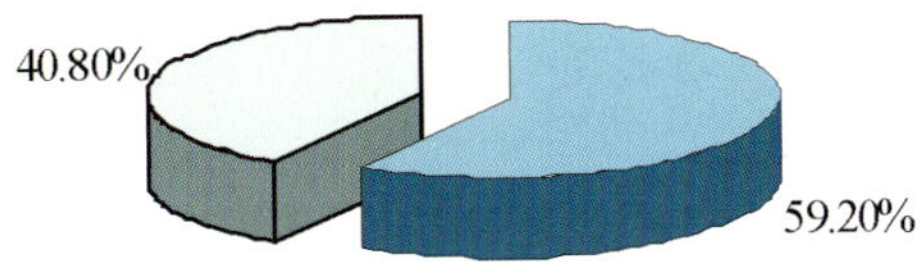

夏季海口湾水质比例图

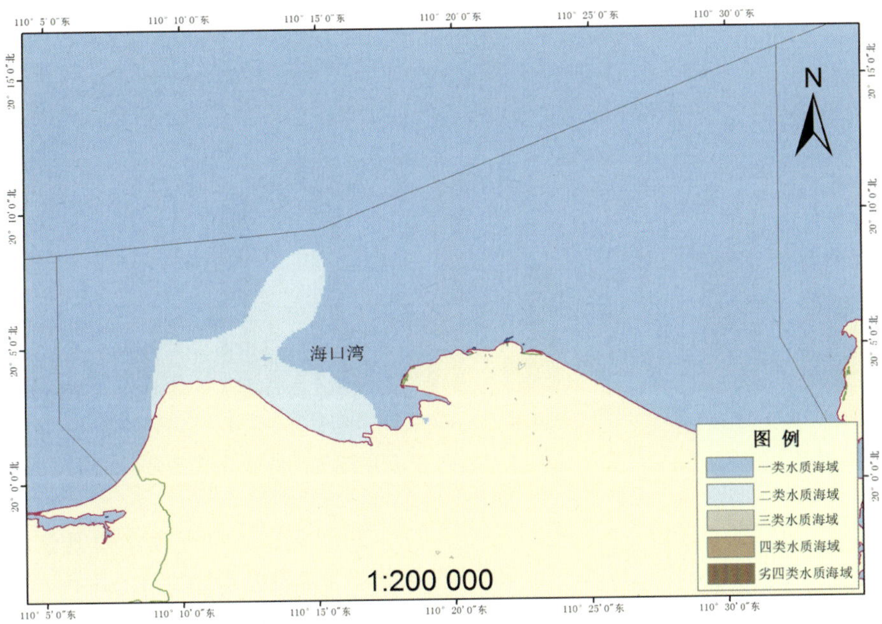

2016 年海口湾春季海水水质分布图

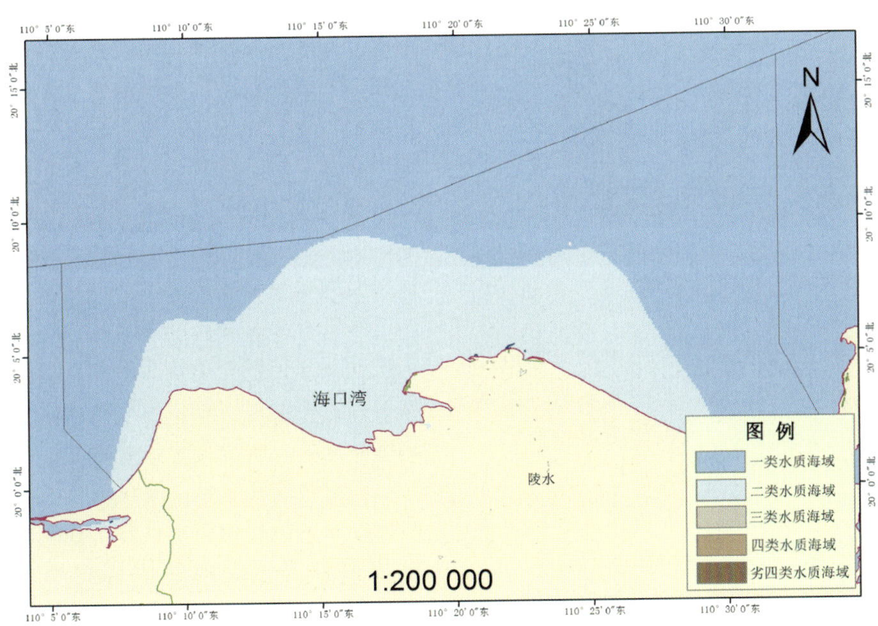

2016 年海口湾夏季海水水质分布图

活性磷酸盐：2011～2016 年海口湾监测海域活性磷酸盐平均含量季节变化较大，但均符合第一类海水水质标准，2016 年夏季的活性磷酸盐含量高于自 2011 年以来的其他年份。

石油类：2011～2016 年海口湾监测海域石油类平均含量均符合第一类海水水质标准。

3. 主要入海污染状况

3.1 部分江河入海口环境状况

2016 年，对海口市五源河入海口进行了水质监测。结果表明，五源河入海口附近海域的水质状况良好，所有监测要素 pH、溶解氧、粪大肠菌群、化学需氧量、溶解氧、无机氮、活性磷酸盐含量优于或符合第二类海水水质标准，满足所在海洋功能区的要求。

3.2 入海排放口邻近海域环境质量状况

2016 年 5 月和 8 月对海口市龙昆沟入海排放口、海口市秀英工业排放口、白沙门污水处理厂深海排放口的邻近海域开展了海洋环境监测。结果表明白沙门污水处理厂深海排放口邻近海域环境质量状况良好，但海口市龙昆沟入海排放口、秀英工业排放口的邻近海域仍然受到不同程度的污染。

海口市龙昆沟入海排放口邻近海域　监测结果表明，海口市龙昆沟入海排放口邻近海域水质状况较差。5 月，监测海域大部分海水水质为劣四类和四类海水水质，主要污染要素为生化需氧量、无机氮和活性磷酸盐；8 月，监测海域大部分海水水质为劣四类海水水质，主要污染要素为生化需氧量、化学需氧量和无机氮。沉积物质量超过第三类海洋沉积物质量标准，主要污染要素为硫化物、石油类和有机碳。海口市龙昆沟入海排放口邻近海域环境质量状况与上年相比无明显改善，不能满足所在海洋功能区的要求。

海口市秀英工业排放口邻近海域　5 月，海口市秀英工业排放口邻近海

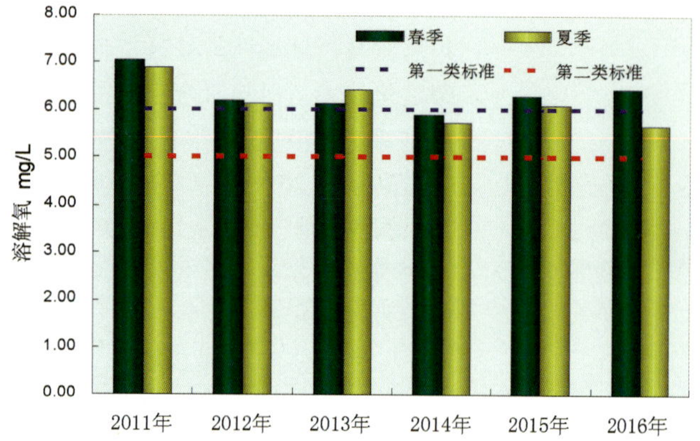

2011～2016 年海口湾溶解氧变化状况

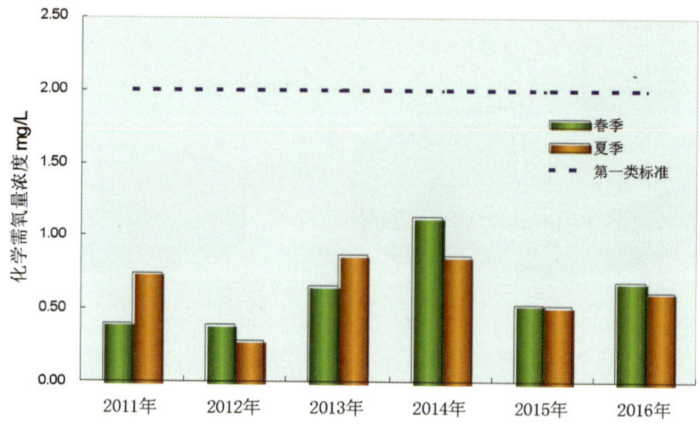

2011～2016 年海口湾化学需氧量浓度变化状况

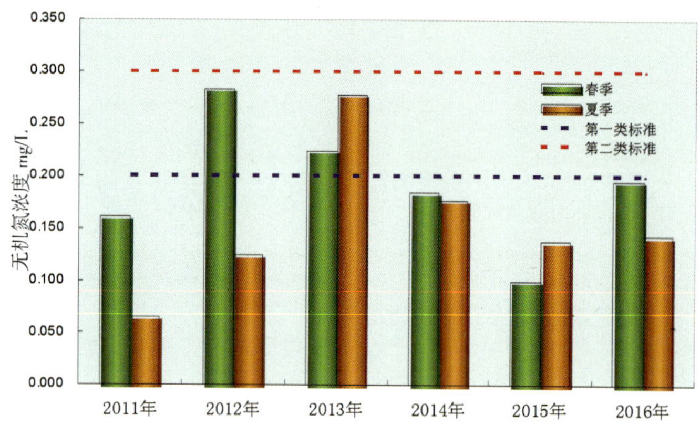

2011～2016 年海口湾无机氮浓度变化状况

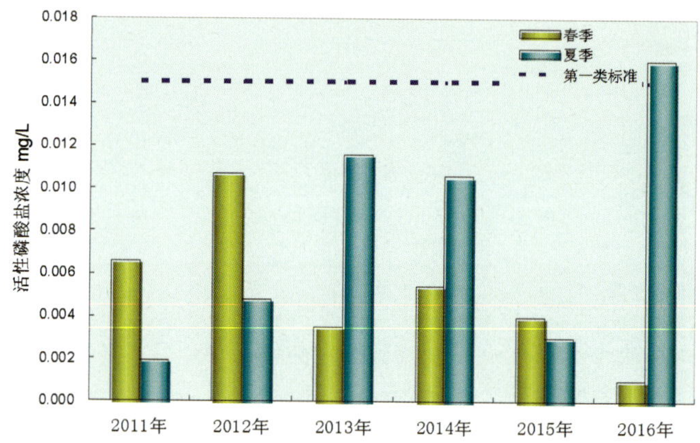

2011～2016 年海口湾活性磷酸盐浓度变化状况

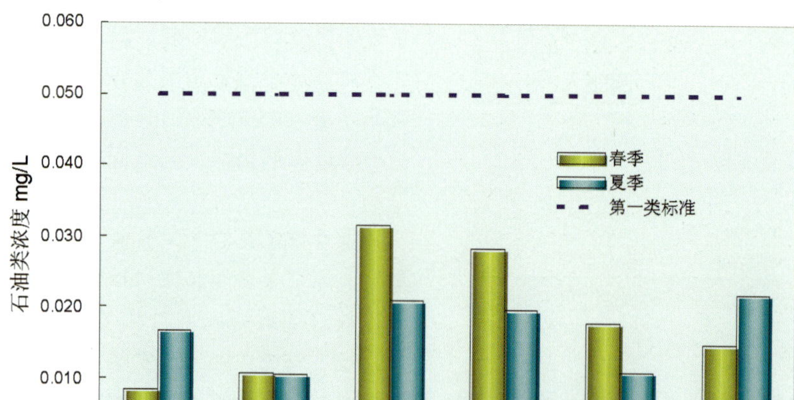

2011～2016 年海口湾石油类浓度变化状况

域海水水质大部分为第四类海水水质，主要污染要素为粪大肠菌群，水质不能满足所在海洋功能区的要求。8月，海口市秀英工业排放口邻近海域海水水质符合国家一类海水水质标准，满足所在海洋功能区的要求。

白沙门污水处理厂深海排放口邻近海域　监测结果表明，5月、8月白沙门污水处理厂深海排放口邻近海域水质状况良好，监测海域为一类或二类海水水质；沉积物质量符合第一类海洋沉积物质量标准。白沙门污水处理厂深海排放口邻近海域环境质量状况满足所在海洋功能区的要求。

4. 主要海洋功能区环境状况

4.1 海水增养殖区环境状况

2016 年，海口市海洋和渔业局对海口东寨港海水增养殖区开展了水质、沉积物质量和生物质量综合监测，并对我市灵山、塔市部分高位虾池进行了水质监测。

水质状况　实施监测的海口东寨港海水增养殖区水质状况一般，影响水质的要素主要是活性磷酸盐、粪大肠菌群、无机氮等。监测时段内，化学需氧量、铜、铬、镉、铅、汞和砷等监测要素符合第二类海水水质标准，但个别站位活性磷酸盐含量劣于第三类海水水质标准。

海口市灵山、塔市部分高位虾池水质状况总体较差，为劣四类，水质质量与上年基本一致，主要污染物是化学需氧量、活性磷酸盐等。

沉积物质量状况　海口东寨港海水增养殖区沉积物质量良好，监测指标均符合第一类海洋沉积物质量标准。

生物质量状况　海口东寨港海水

增养殖区生物质量良好，监测指标均符合第一类海洋生物质量标准。

综合环境质量等级　综合评价结果表明，海口东寨港海水增.养殖区综合环境质量等级为“优良”，海水增养殖区环境质量状况满足增养殖功能要求。

4.2 海水浴场环境质量状况

2016年，我市继续对海口市假日海滩海水浴场开展每日环境状况监测，并及时发布浴场水质状况、游泳健康指数、游泳适宜度和最佳游泳时段等信息。

海口假日海滩海水浴场综合环境等级

浴场名称	健康指数	适宜、较适宜游泳时间（%）	不适宜游泳的主要因素
海口假日海滩	74	75	水质一般和天气不佳

海口市假日海滩海水浴场

监测时段，海口假日海滩海水浴场水质状况为优、良的天数比例分别为79%和21%，游泳健康指数为74，健康指数为优、良和差的天数比例分别为48%、31%和21%。适宜和较适宜游泳天数的比例为75%，水质一般和天气不佳是影响海水浴场游泳适宜度的主要原因。

5. 海洋灾害与损害

5.1 海浪

2016年海口市沿岸出现波高（有效波高，下同）大于2米的日数共76天，波高大于3米的日数31天，巨浪（有效波高大于4米的海浪）日数6天。

海口市沿岸出现3米以上大浪的因素为热带气旋和冷空气。2016年度因热带气旋产生浪高大于3米的日数为13天，因冷空气产生的3米以上大浪日数为18天。本年度的巨浪由强冷空气、1608号热带风暴“电母”，以及1621号超强台风“莎莉嘉”引发。

海口市沿岸各月出现各级别浪高日数统计表

月份	1	2	3	4	5	6	7	8	9	10	11	12	合计
>2米（天）	9	14	4	—	—	—	2	3	2	10	12	20	76
>3米（天）	3	4	1	—	—	—	1	2	0	5	7	8	31
>4米（天）	1	—	—	—	—	—	—	2	—	2	—	1	6

1608号热带风暴“电母”于2016年8月18日15时40分在广东省湛江雷州市东里镇沿海地区登陆，登陆时中心附近最大风力8级（20米/秒）。受其影响，8月18日至8月19日海口市沿岸出现4米以上的巨浪2天。

1621号超强台风“莎莉嘉”于10月18日09时50分前后在万宁市和乐镇一带沿海登陆，登陆时中心附近最大风力有14级（45米/秒），是1970年以来10月份登陆海南岛的最强台风。受其影响，10月18日至10月19日海口市沿岸出现4米以上的巨浪2天。

5.2 风暴潮

2016年，受1621号超强台风“莎莉嘉”影响，海口市沿岸出现一次风暴潮灾害过程。超强台风“莎莉嘉”于10月18日09时50分前后在万宁市和乐镇一带沿海登陆，登陆时中心附近最大风力有14级（45米/秒），是1970年以来10月份登陆海南岛的最强台风。系统影响期间，据验潮站资料显示，秀英验潮站10月18日出现最大增水值100厘米，最高潮位308厘米(当地基面，下同)，超当地警戒潮位18厘米。

5.3 天文大潮

2016年，海口市一带沿岸未出现超过当地警戒潮位的天文大潮过程。

5.4 海岸侵蚀

2015~2016年海口市西海岸镇海村的海岸受到侵蚀，监测海岸均为砂质海岸，受侵蚀岸段长度300米，平均侵蚀速度1.1米/年，与去年相比，该岸段侵蚀范围及速率有所减缓。

5.5 赤潮和绿潮

2016年，海口市近岸海域共监测到赤潮2次，绿潮1次，赤潮累计面积约4平方千米，绿潮累计面积约为0.004平方千米。赤潮生物种类为红色赤潮藻、锥状斯克里普藻，绿潮生物种类为浒苔，赤潮、绿潮均未造成明显生态环境损害，也未造成明显经济损失。

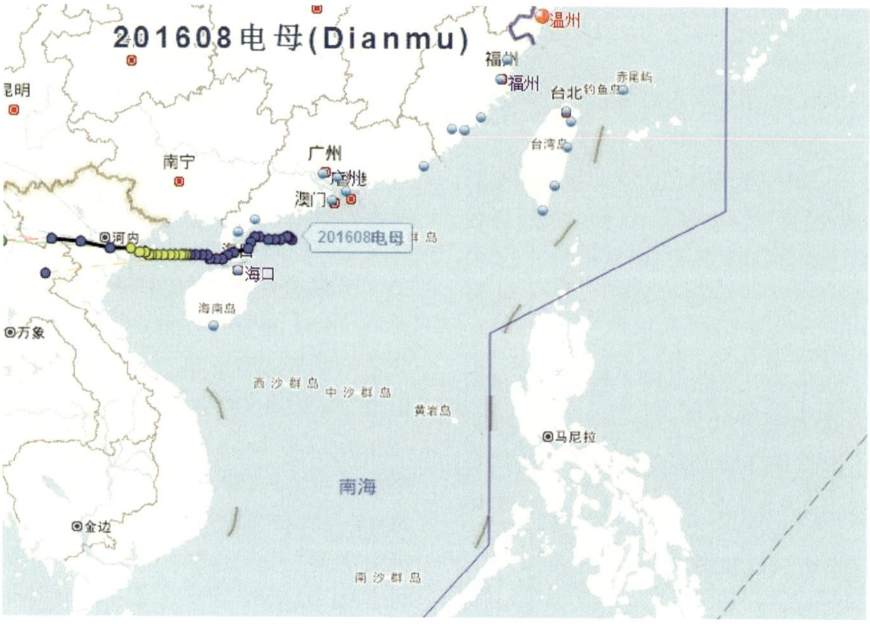

1608 号热带风暴“电母”路径图

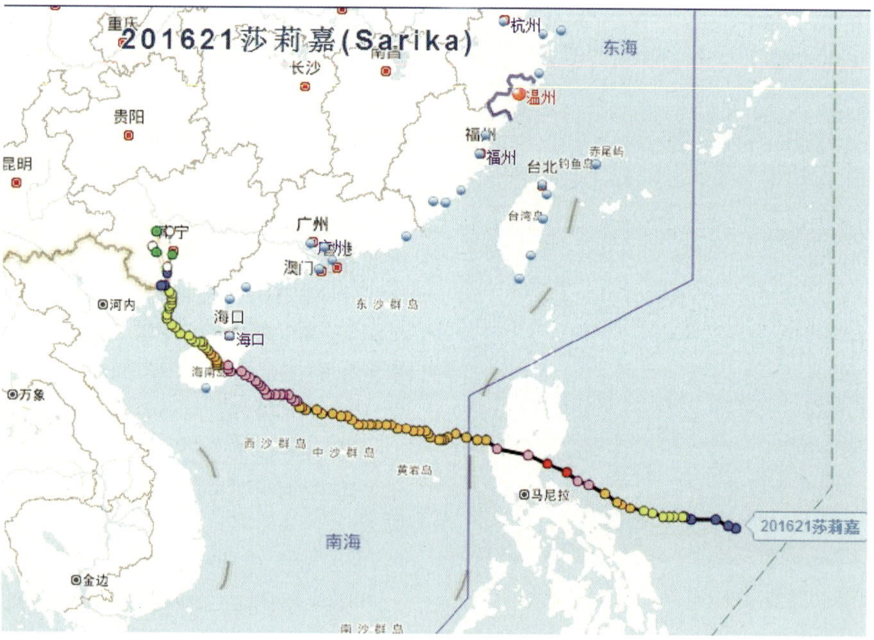

1621 号强台风“莎莉嘉”路径图

2016 年海口市近岸海域发生的赤潮、绿潮事件统计

时间	发生海域	面积（平方千米）	赤潮、绿潮生物种类	密度（个/升）
3 月 14～15 日	海口湾美源游艇码头至美丽沙一带近岸海域	1	红色赤潮藻	1.11×10^{6}
4 月 28～29 日	海口湾假日海滩近岸	0.004	浒苔	
7 月 22 日～8 月 5 日	海口万绿园附近海域	3	锥状斯克里普藻	3.34×10^{7}

6. 工程用海区海洋环境状况

2016 年，海口市海洋和渔业局对美丽沙项目、美源游艇会码头、金沙湾项目、新埠岛北岸、如意岛项目、南海明珠项目、千禧酒店项目、新海滚装码头项目 8 个涉海工程的邻近海域开展海洋环境监测。监测结果显示，用海工程邻近海域水质状况总体良好，用海活动未对邻近海域水环境质量造成明显的不良影响。

6.1 美丽沙项目

美丽沙用海工程项目邻近海域监测结果显示，春季、夏季监测的绝大多数要素符合第二类海水水质标准，个别站位的无机氮测值符合第三类海水水质标准，基本满足旅游休闲娱乐区的水环境保护要求。

6.2 美源游艇会码头

美源游艇会码头邻近海域监测结果显示，春季、夏季监测的无机氮和活性磷酸盐的个别站位测值符合第四类海水水质标准，其他监测要素符合第一或第二类海水水质标准，不能满足旅游休闲娱乐区的水环境保护要求。

6.3 金沙湾项目

金沙湾项目邻近海域监测结果显示，春季监测的要素均符合第一类海水水质标准，满足旅游休闲娱乐区的水环境保护要求。夏季监测的要素符合第一类或第二类海水水质标准，满足旅游休闲娱乐区的水环境保护要求。

6.4 新埠岛北岸

新埠岛北岸用海项目邻近海域监测结果显示，春季监测的无机氮测值符合第三类海水水质标准，其余监测的要素均符合第一类或第二类海水水质标准，基本满足旅游休闲娱乐区的水环境保护要求。夏季监测的要素符合第一类或第二类海水水质标准，满足旅游休闲娱乐区的水环境保护要求。

6.5 如意岛项目

如意岛项目邻近海域监测结果显示，春季监测的无机氮测值符合第三类海水水质标准，其余监测的要素均符合第一类或第二类海水水质标准，基本满足旅游休闲娱乐区的水环境保

锥状斯克里普藻赤潮发生海域状况

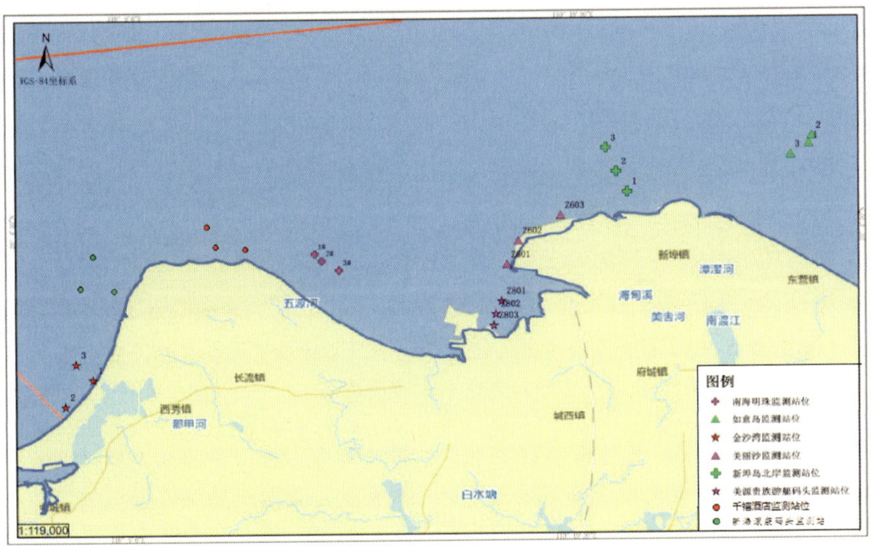

海口市部分用海项目监测站位图

护要求。夏季监测的所有要素均符合第一类海水水质标准，满足旅游休闲娱乐区的水环境保护要求。

6.6 南海明珠项目

南海明珠项目邻近海域监测结果显示，春季、夏季监测的所有要素均符合第一类海水水质标准，满足旅游休闲娱乐区的水环境保护要求。

6.7 千禧酒店项目

千禧酒店项目邻近海域监测结果显示，春季、夏季监测的所有要素均符合第一类或第二类海水水质标准，满足旅游休闲娱乐区的水环境保护要求。

6.8 新海滚装码头项目

新海滚装码头项目邻近海域监测结果显示，春季监测的所有要素均符合第一类海水水质标准，满足旅游休闲娱乐区的水环境保护要求。夏季监测的所有要素均符合第一类或第二类海水水质标准，满足旅游休闲娱乐区的水环境保护要求。

7. 海洋环境保护与管理

7.1 海洋监督执法管理

2016 年，海口市海洋和渔业局加强海洋管控力度，扎实开海洋监督执法管理工作，加强海域使用动态监管，严厉打击各类破坏海洋生态环境的违法行为，有效保护了我市管辖海域生态环境安全，确保海洋资源合理开发利用。全年共开展海洋执法巡查检查 82 次，立案 24 宗、罚款 329.31 万元。建立海岸带巡查保护联动机制，联合执法行动 8 次，查处海岸带非法采砂行为 2 起，打击非法运砂、码头堆砂行为 7 起。

7.2 水产品质量安全监督管理

我市高度重视和严格监管水产品质量安全，专门成立市初级水产品质量安全监管领导小组，逐级签订水产品安全责任书，安排专人对 3 个水产养殖疫情测报点进行跟踪监测。组织开展水产品质量快速检测 27 次，累计抽取样品 125 次，检测合格率达 99%；加强水产养殖质量安全监管执法，开展重大节日水产品质量安全专项执法检查，督查养殖场 60 多家。

7.3 海洋环境保护宣传活动

海口市海洋和渔业局利用“5·12”防灾减灾日、“6·8”世界海洋日等时机，以“现场活动＋媒体宣传”等多种形式，加大宣传力度，增强市民海洋环境保护意识。结合“6·8”世界海洋日，组织了海洋知识进渔村、海洋知识进学校、海洋知识进社区等系列活动。

7.4 渔业资源恢复和保护

2016 年投入增殖放流资金 93 万元，全部用于采购本地原生优质苗种和技术支撑，放流红鳍笛鲷、紫红笛鲷、青石斑鱼、斑节对虾等本地优质鱼虾苗共计 406 万余尾。同时在休渔期间，我市 1599 艘应休渔船全部按时进入指定港湾、泊位停泊休渔，并开展海上执法行动 32 航次，出动执法车辆 26 台次，派出执法人员 270 余人次，查处违反休渔规定的渔船 33 艘，全市休渔安全形势稳定。

海口市“双创”工作

【“双创”工作概况】2016年，海口市按照“双创”（创建全国文明城市与创建国家卫生城市）工作“标准不变、力度不减”的要求，以完善机制为保障，确保“双创”工作常态化；以督查考核为重点，确保“双创”工作提高效率；以舆论引领为动力，确保“双创”工作凝心聚力。同时，加大基础设施项目建设投入，完善城市功能；持续开展城市管理专项整治，维护城乡秩序；以市民需求为导向，提供便利，推进“15分钟便民生活圈”和特色餐饮街区建设，升级和完善“城市管家”信息查询平台系统，提供对外公开查询的餐饮、便民服务数据共6大方面44类265项共9.77万条，不断满足广大市民和游客的需求。通过不断提升“双创”工作水平，持续巩固提升“双创”成果，海口市城市面貌、市民观念、干部作风、城市文明程度、社会治安综合治理、经济社会建设等方面有新的变化。在全国文明城市测评中，海口市在参评的省会城市中连续两年取得第二名，创建国家卫生城市顺利通过国家暗访检查和国家技术评估，取得历史性的突破。

【海口市深入推进“双创”工作动员大会召开】2016年4月11日在海口第二行政办公区召开。会议由市人大常委会主任杜立文主持。海南省委常委、海口市委书记、市“双创”工作领导小组组长孙新阳出席会议并强调，各级各部门要全面贯彻省委关于保持“海南速度”、彰扬“海南精神”的最新要求，以“双创”动力奔涌出的“海口速度”为“海南速度”加速，以“十个再”把“双创”不断引向深入，奋力夺取“双创”全面胜利。市委副书记、市长、市“双创”工作领导小组组长倪强总结2015年“双创”工作并部署2016年“双创”工作。市政协主席、市“双创”工作领导小组副组长王云霞宣读表彰通报。

2016年4月11日，海口市深入推进“双创”工作动员大会召开。图为2015年度海口市“双创”工作先进集体和先进个人接受表彰。（市“双创”办 供稿）

【以上率下全民参与“双创”】2016年，海口市“双创”工作继续坚持省市联动、全民共建，构建“双创”工作大格局，“双创”工作有效推进。省委办公厅下发《关于深化省市共建推进海口创建全国文明城市和国家卫生城市的通知》，加大省市共建协调推进力度，进一步完善工作机制，省直机关工委组织协调省直机关单位参与“双创”活动。为落实中央文明办有关创建工作要求，海口市“双创”工作拓展延伸至乡镇，市级领导干部挂点43个镇（街）、444个村（居）委会，各部门包点，区、镇干部工作在基层一线，“双创”工作形成城乡统一标准、全面覆盖的格局。驻市军警部队把支持“双创”作为拥政爱民的实际举措，主动参与，对重点区域进行清理，先后出动现役官兵、民兵共3万余人次，形成军民共建的强大合力。市四套班子领导成员坚持每周深入挂点单位调研、暗访和指导，帮助基层解决实际问题。市“双创”工作巡视一组、二组自3月1日开展工作以来，共开展巡视356次，提出整改建议和意见254条，督促责任单位限期整改一批问题，并提出六大专项

2016 年 12 月 20 日，海口市"双创"工作指挥部第 63 次指挥长会议召开。（市"双创"办 供稿）

建议供市指挥部参考决策。市人大、政协分别组织代表、委员视察"双创"所涉及的民生项目，推动各项工作保质增效。海口市各级干部践行"一线工作法"，逐步建立和完善管理长效机制，如龙华区街道"六定"制，秀英区社区责任制，公安、交警警力下沉，市级机关夜巡等，形成具有海口特色创建工作。全年，召开"双创"工作领导小组会议 12 次，研究解决问题 82 项；指挥部指挥长会议 39 次、研究解决具体问题 259 项，以及各类办公会议和专题会议 48 次，持续推进"双创"工作。同时，"双创"工作得到广大群众的认可，越来越多的市民群众参与到"双创"工作中，形成以上率下，人人参与"双创"的新常态，推进"双创"成果巩固提升。

【舆论引领"双创"推进】 2016 年，海口市围绕创文创卫两个测评体系，整合各方资源，创新方式，深入宣传，助力海口市实现城市文明、城市风貌、城市管理全面提升。央媒、省市媒体关注宣传海口，点赞海口，报纸、电视、微信、微博、图解、H5 等全媒体协同作用，刊播大量重要报道，舆论引导成果明显。中央、省、市各类媒体共刊发海口市"双创"工作报道 5.2 万篇次。(1) 社会宣传全覆盖。全市约 160 多条道路累计设置 2.3 万杆公益道旗；在全市 28 块户外大型 LED 显示屏不间断地发布"双创"公益广告；发动全市 3014 块 LED 走字屏循环播放社会主义核心价值观 24 字以及"双创"内容，LED 走字屏宣传覆盖全市的各个主次干道。全市的机关、医院、学校、企事业单位、街道、社区等单位均设置"双创"宣传栏，定期刊登"双创"宣传内容。打造玉沙社区、万福社区、海口港社区、琼山二小、万绿园示范点、博桂志愿服务文化街区、西门外、"双创"广场、居仁坊、滨濂社区、龙舌路、复兴城创新创业园等"双创"示范点，充分发挥典型示范带动效应，提升社会宣传水平。(2) 中央主流媒体大力宣传"双创"成效。《人民日报》发表原省委常委、市委书记孙新阳署名文章《党报是党员干部的良师益友》；刊发《关爱是种城市气度》《海口多家小店常年免费为环卫工服务——温暖，在相互关爱中传递》，点赞海口正能量温暖城市；刊发《"海口加速度" 跑出新气象》《百鸟重回东寨港》《海口深化行政管理体制改革》，肯定海口经济发展、生态环境、行政管理等亮点工作；刊发《"幸福海口"的民生读本》《爱心入"海口"凡人善举托起志愿者之城》，点赞海口改善民生、发扬志愿服务精神，市民共享发展成果；刊发《"创文""创卫"促进民生改革》和《海口"创建全国文明城市和创建国家卫生城市"这一年 很给力》两篇报道赞誉海口"双创"工作成果。中央电视台多次播出《欢乐跨年 拒绝垃圾》《一杯热姜茶 温暖回家路》《"的哥"拾金不昧 五万现金归还失主》等海口市"双创"工作的正面消息。《中国新闻周刊》《经济日报》等央媒频频刊发海口"双创"新闻报道近百篇。(3) 多方协同营造浓厚氛围。三大运营商主动利用手机短信和电话彩铃发布"双创"公益广告，宣传社会主义核心价值观和"双创"内容。中央驻琼、省、市新闻媒体多次进行集中采访，报道"双创"成果，为海口市"双创"工作营造有利的舆论氛围。各级媒体围绕首届国际旅游岛三角梅花展、全国旅游工作会议、病媒生物防制专项整治月、2016 年深入推进"双创"工作动员大会、"双创"迎检、省市老干部和各市县考察"双创"、我们的节日（春节、清明、端午）、"双创"一周年、市第十三次党代会和市"两会"等海口"双创"等重点工作，提前策划，推进宣传工作，用新闻的力量推动"双创"成果的巩固提升。(4) 深入挖掘推广基层先进典型。《海口日报》、海口广播电视台联合推出《寻找"双创"先锋》专栏和专题报道，深入挖掘"双创"先进个人及单位典型，弘扬"双创"先锋的先进事迹。先后挖掘报道新世界花园的公厕管理员王亚平、新埠岛联防中队蔡仁儒、公交保洁员谢桂梅、环卫工人林海梅、带病坚守岗位的盘丽芬等一大批"双创"一线工作岗位先进事迹和个人，极大地弘扬"双创"给海口城市精神注入的强大正能量。

【机制完善保障"双创"工作常态化】 (1) 开展"双创"工作机制课题调研。根据《2016 年海口"双创"工作专项课题研究工作方案》，组织有关专家 30 多名，对海口"双创"群众参与、诚信体系建设、环卫一体化、城市管理和志愿服务等28个“双创”长效管理调研课题进行研究；组织有关专家开展全市城中村和城乡结合部“创建国家卫生城市”、水体整治专项调研，科学划定各区、街道（镇）城中村和城乡结合部、水体整治的工作任务、界限和标准等级，为“双创”整改工作理清目标和任务。(2) 建立完善相关机制。通过市人大出台《海口市爱国卫生管理办法》和《海口市关于深入开展全民公益活动的决定》2个法规条例；经市政府常务会议审议通过实施《海口市个人信用信息征集和使用管理办法》《海口市企业信用信息征集和使用管理办法》和《海口市诚信“红黑榜”发布和奖惩管理办法》3个长效管理制度。市“双创”工作指挥部根据最新调整的建成区域图，修订《海口市“双创”工作考评与奖惩暂行办法》，出台《海口市“双创”工作问责暂行办法》；研究制定《海口市“双创”工作2016年健康教育督查考评工作方案》《海口市“门前三包”责任制管理督查考评实施方案》《海口市农贸市场综合管理考评实施方案》等20余项专项方案，推出一整套严密详尽的督考方法和操作细则。同时，完成交通、城管、人劳、税务、质监等8个行业诚信“红黑榜”发布管理标准，“诚信海口”“公益海口”“海口城市管家”三个网络服务平台于7月底正式启用。开展38个职能部门和窗口单位的服务文明测评，修改完善8项诚信体系法规制度和9项公益与志愿服务体系法规制度，有效推动诚信与公益两个信息平台的建设。(3) 继续探索创建工作新模式。实行“公安＋城管”、交通、工商、食药监等多部门融合的联合执法，有效开展综合执法；推行“执法＋媒体”，整合资源时限执法效率最大化；在金宇街道开展“城管巡回法庭”试点，为“双创”工作提供法律服务保障；秀英区率先成立“双创”监督员工作站，全市共成立48个“双创”监督员工作站、93支“双创”义务监督队伍，形成“双创”监督常态化模式。每月的第一个周末作为海口市爱国卫生义务劳动日，省市机关干部和社会各界身穿志愿服统一参加爱国卫生义务劳动，走进社区打扫卫生、清理垃圾和卫生死角，开展大扫除。

2016年7月27日，广东清远市考察团到海口市考察“双创”工作。（市“双创”办供稿）

【督查考核促“双创”纵深开展】
2016年，海口市根据“双创”工作任务以及目标要求，立足全局，突出重点，以督查考核工作为抓手，促使全市上下形成横向到边、纵向到底的包人包项包事的网络化责任格局，助推“双创”纵深开展。(1) 紧扣标准，开展全方位督查。对于涉及“双创”工作的事项，发现一件督办一件，督办一件整改一件，力促件件有回音事事有反馈。全年共下达督办通知2125件（5.6万宗次问题），按期反馈1845件，占比86.82%，印发139期专项督查通报。开展病媒生物防制、城中村环境卫生整治、窗口服务行业等139次专项督查，并将总结督查情况，梳理存在问题，提出具体工作建议，形成139期专项通报全市印发。针对661项2016年市“双创”工作领导小组及指挥部会议议定事项进行责任分解。对“双创”十类256个项目进展情况进行跟踪督查督办并通报。全年，对4个区、建成区25个单位、建成区外18个镇以及专项考评涵盖共200项次内容。每个月对4个区及相关职能部门开展考评并召开月考评反馈会。市属媒体开设“双创”发布台，每月对考评中排名靠后的进行黑榜曝光，对排名靠前的进行红榜表扬，共通报表扬97家考评排名靠前的单位，奖励1032万元，其中病媒生物防制奖励700万元、市直单位共奖励60万元。93家考评排名靠后的单位（含病媒生物防制排名倒数第一的15家次责任单位）主要领导在市“双创” 工作领导小组会议或专题会上作检讨。(2) 严管重罚，确保“双创”工作取得实效。针对“双创”开展过程中出现的反弹、反复现象，加快推进各项工作的常态化、长效化，对违反相关法律法规的责任单位及责任人实行严管重罚、顶格处罚。全市共处罚违法违规事项63.7万宗次，处罚金额7252.3万元。(3) 奖罚分明，强化干部作风建设。对违纪违规、工作“不严不实”的单位和个人启动问责，全市共问责477人次；同时，在“双创”一线发现干部、培养干部，全年提拔重用干部288人，其中处级干部134人、科级干部154人。

（杨瑞金）

【国家卫生城市创建取得有效成果】
(1) 制定规划、方案和宣传工作。2016年，海口市组织专家调研论证，制发饮食行业、农贸市场、病媒生物预防、创卫示范点等多个专项整治实施方案，细化“创卫”标准，落实任务到各区、各职能部门。通过《海口日报》、海口广播电视台设置“亮见”“创卫黑榜”“‘双创’新闻早茶”等栏目，高频次刊登和播放创卫动态，刊登各种创卫标准。编印写真喷绘“创卫”海报5万张，同时在海府立交桥、海瑞桥、海秀桥、海瑞大桥、南航天桥护栏等处设置户外“创卫”广告，既营造“创卫”社会氛围，又普及“创卫”知识，提高市民对“双创”工作的知晓率。(2) 业务培训和专家指导。先后邀请全国爱卫会专家许立凡、曾晓芃、董言德、叶兵、何爱华等指导“创卫”工作。设立“创卫”专家指导组，规范指导巩固提升阶段棚改区与水体治理成果，便民市场、背街小巷及宾馆垃圾桶、商场超市卫生监督信息公示栏等规范设置，烟草广告界定，巡查“门前三包”注意事项和小餐饮店（早夜市）分时段营业公示等一系列“创卫”标准工作。举办全市性的“创卫”和病媒生物防制专题培训班，分别对4个区、各职能部门、企事业单位进行《国家卫生城市标准》《海口市创建国家卫生城市行业卫生标准》对口培训；组织专家依照国家卫生城市评审与管理办法，统一培训“创卫”各专业组成员、建立专项巡查督办行动专业队伍。分别在各区按照《国家卫生城市标准》，以模拟检查的方式现场指导，培训各区“双创”工作指挥部，市、区两级相关职能部门和各镇（街）及6家环卫公司等106名负责人；组织培训各职能部门负责“创卫”技术评估资料收集整理的人员，促使迎接国家卫生城市技术评估资料完善、规范。(3) 重难点工作调研。组织专家调研城中村、城乡结合部、“六小”卫生管理、农贸市场、建筑工地卫生等创卫重难点，制定社区、单位、城乡结合部、农贸市场、“六小”行业等18个行业和单位标准并汇编成册，为各单位、各行业创卫工作提供标准依据。(4) 建立“创卫”示范点。组织开展城中村、闲置空地、老城区环境综合整治，先后建立琼山区国兴街道攀丹村、道客村，龙华区中山街道居仁坊、园内里、人和坊、西门外社区等连片创建示范点，建立12个农贸市场禽类存栏、宰杀、销售三区分离示范点。(5) “创卫”申报资料撰写收集整理。从市爱卫办抽调骨干人员成立资料组，邀请国家、省专家指导，组织人员赴南阳、贵州、西安、汉中等城市学习考察先进经验，将“创卫”申报资料汇编为3册，其中第一册为工作规划、实施方案及工作汇报；第二册为本底资料；第三册为必备条件和佐证材料。(6) 模拟检查和落实整改。邀请国家“创卫”专家，组织省、市专家和“创卫”专业组骨干人员，按照国家卫生城市验收考评的18类164项内容，扩大建成区的检查样本量，开展五次模拟检查评价，将存在问题以书面报告和图片的形式通报各区限期整改，并按照检查评价结果量化打分，纳入4个区的“双创”工作考评。在高分通过国家卫生城市一次性暗访检查之后，市“双创”工作指挥部根据《全国爱卫办关于海南省海口市创建国家卫生城市暗访结果的函》，梳理出存在问题29个。制定整改方案，列出《海口市创建国家卫生城市国家暗访提出建议整改明细表》，将建成区划分为122个网格，落实整改责任单位、内容、时限。(7) 巡查督办。设立13个专项小组，持续开展6个轮次八项巩固提升专项巡查行动。分别对农贸市场及周边2千米范围内“六小”行业，早夜市、便民市场、拆迁工地、建筑工地、市政工地与公厕等公共场所公示牌、标识牌和引导牌落实，环卫设施、公厕管理、沿街道路垃圾桶撤离等，医疗机构，公共场所控烟与劝烟，城中村及城乡结合部，病媒生物防制，水体治理等情况专项巡查督办。针对巡查存在问题，以现场指导和通过“海口城市管家”微信公众号服务平台的方式及时督办，7月31日至8月31日，督办存在问题8724个，处理6613个，处理率76%。(8) 通过省和国家创卫暗访检查。2016年1月，省爱卫会根据《国家卫生城市评审与管理办法》有关规定，按程序组织专家暗访检查海口市“创卫”工作，暗访检查得分754.6，通过省级暗访检查。8月，“创卫”工作一次性通过国家卫生城市暗访检查，得分879.8分。(9) 通过省级病媒生物防制专项考核。2016年3月，省爱卫办组织国家及省专家对海口市病媒生物防制进行检查评估后，针对存在问题进行近两个月的整改。5月18～19日，省爱卫办组织专家考核验收结果为：蚊、蟑螂密度达到国家控制标准B级水平，鼠、蝇密度达到国家控制标准C级水平；防鼠设施合格率95.24%，防蝇设施合格率95.46%，综合分数79.5，通过省级专项考核（《国家卫生城市标准》要求，病媒生物防制密度达到国家控制标准C级水平，防鼠、防蝇设施合格率≥95%，综合分数75分为达标）。(10) 通过省级“创卫”技术评估。5月25～26日，省爱卫会根据“创卫”8大方面内容，组织9名专家，分为8个组，采取查阅资料和现场检查的方法，技术评估海口市45项“创卫”指标，综合分数810.9。各项指标均达到《国家卫生城市标准》，通过省级技术评估。(11) “创卫”申报资料通过省和国家审核。经过5次征求各区、各部门意见，103次与各职能部门进行数据核对修改，两次邀请广东“创卫”专家现场指导，并征求全国爱卫会创卫资料审核员意见，海口市将“创卫”申报资料汇编为3册。5月9日，海口市创建国家卫生城市申报资料通过省爱卫会组织专家第二次审核；7月19日一次性通过全国爱卫会的审核（同时申报的72个城市，海口市是一次性通过审核的9个城市之一）。

（何荣真）

【持续开展城市管理专项整治】 2016年，海口市探索城市管理专项整治新思路，创新整治工作机制，完善整治方法方式，通过打造“公安＋城管”模式，推出“海口城市”平台，城市管理秩序得以不断强化、优化、固化。以“重心下移、固本强基”作为城市执法改革的重点方向，市城管执法局联合市公安局推行“公安＋城管”联合执法模式，5月18日，市公安局城市警察支队挂牌成立，有力地推进城管执法工作规范化和标准化，实现城市管理与社会治安管理融合渗透，推动城市管理走向城市治理转变。“公安＋城管”联合执法开展以来，全天候、无死角的街道治安和市容市貌管理巡查工作成为新常态，见警率、见城管率明显提升，暴力抗法事件明显下降，全市受理各类治安警情比上年下降5.6%，社会治安秩序持续好转，全市发生“两抢”、街面打架斗殴分别下降31.7%、61.2%。加强城市管理信息化平台建设。7月31日，“海口城市管家”公众服务平台正式推出，24小时受理、处置市民上报的各类问题；数字城管信息系统建成，城市管理应急指挥平台覆盖全市，支持“公安＋城管”联合执法，病媒生物防制和市容环境卫生全部上图入库。编制《海口市亭类设施整治布点规划（2016~2020）》《海口市高铁沿线环境整治及景观规划》《海口市特色小吃餐饮业态规范管理工作方案》等专项整治工作规划，稳妥、有序、高效开展各类整治工作，巩固提升和深化城市管理成果。“门前三包”责任书签订率100%；拆除违法建筑337万平方米，防违控违53万平方米，4个区均提前超额完成年度任务；组织开展国兴大道、秀英大道、海港路等8条主要干道的广告招牌整治，拆除1244块牌子、面积1.5万平方米；拆除迁移77个亭类；对高铁海口段沿线周边环境的生活垃圾、建筑垃圾、建筑工地、空旷地、建筑物立面等问题进行全面整治。

【“双创”项目建设】2016年，海口市坚持以市政基础设施、小街小巷、文化体育科普设施、农贸市场、环卫设施、城市水体、园林景观绿化和交通、消防、环保十大领域建设任务为重点，以项目补城市基础设施短板、促“双创”巩固提升为抓手，以完善城市设施服务功能、提高市民满意指数为目标，扎实推进项目建设各项工作。全年共实施“双创”项目256个、总投资118.8亿元，计划年内完成投资64.6亿元。至年底，共完工项目129个，正在施工项目79个，开工率81.3%，完工率50.4%，累计完成投资20.2亿元，完成投资31.3%。完成131个公厕建设任务和35座垃圾转运站建设任务，改造公厕36座；完成改造41家农贸市场；计划改造的1659条小街小巷，完工1225条，正在施工408条，完工率73.8%，开工率98.4%；完善164个社区综合文化服务中心配套设施，创建范围覆盖市、区和街道，21个综合文化站投入使用；进口环保更新设备8个项目全部到位；31个水体治理取得阶段性成效。

【“15分钟便民生活圈”建设】2016年，海口市以市民出门步行15分钟距离（约1.5千米）为半径，能让市民享受到教育、医疗、餐饮、购物、就业、救助、养老等一系列便民服务，全面推行“15分钟便民生活圈”的打造，努力实现城市生活更便利的初心。按照低成本投入、低利润收益、小型便民服务设施为特征的经营项目聚集服务区域实际，坚持“因势利导，顺势而为；依托市场，查漏补缺”的原则和通过统一设置标识、统一制定标准、统一规范经营、统一配备设施和合理调整补充相关业态等措施来打造“15分钟便民生活圈”。年内，主城区范围内40处“15分钟便民生活圈”全部打造完成，其中，秀英区9处、龙华区11处、琼山区6处、美兰区14处。

【特色餐饮街区建设】2016年初，全市原有初具规模的餐饮街共有21处，分别是秀英区假日海滩烧烤园、美华路美食街、火山口地质公园美食街3处；龙华区绿园路风情一条街、新民西路美食街、京华美食城、上邦百汇美食街、骑楼小吃街、泰龙小吃街6处；琼山区兴丹路美食一条街、中山南延长线餐饮美食街2处；美兰区骑楼老街美食文化博览城、蓝天路餐饮一条街、红树林曲口海鲜一条街、广物滨江海岸酒吧一条街、新埠岛金水门海鲜城、海岸路便民点、海大南门夜市一条街、海甸沿江二东路美食街、名门广场美食城、板桥路海鲜大排档10处。年内，21个特色餐饮街（区）全部完成提升改造。重点打造的10处特色餐饮街，欢乐海岸、老稻美食大街、福地美食街、潮立方美

2016年6月20日，媒体和市民代表参访团参观兴丹路餐饮一条街。

（市食药监局 供稿）

食城等4处已完成打造，另6处正在建设。同时，引进火车头万人平价海鲜特色餐饮项目，完成投资9000万元和场内主体设施安装并接受意向经营业主1062名；北片区占地6.67公顷、投资2亿元的集海鲜零售加工、冻品批发、水产品储存、特产干货、酒楼超市的超大型海鲜综合体新埠岛海鲜大世界于8月28日完成建设任务并开业。全市先后分三批公布260家放心特色餐饮名录供市民游客参考。

（杨瑞全）

海口市开展“两学一做”学习教育

【“两学一做”学习教育工作概况】2016年4月25日，海口市在全省19个市县中率先召开“两学一做”（学党章党规、学系列讲话，做合格党员）学习教育工作会议，省委常委、海口市委书记孙新阳代表市委对开展“两学一做”学习教育进行全面深入的动员部署。4月25日，市委办公厅印发《关于开展“学党章党规、学系列讲话，做合格党员”学习教育实施方案》，全市2991个党支部73529名党员参加学习教育。5月19日，市委组织部印发《关于从严从实抓好党支部“两学一做”学习教育的通知》，要求全市2991个党支部以“十个一”（即制定一份学习计划表、每月至少开展一次集中学习、每季度开展一次专题讨论、至少上一次专题党课、组织观看一个栏目、制作一个宣传专栏、每名党员一本学习笔记本、开展一次专题组织生活会、开展一次民主评议、至少开展一项主题实践活动）为主要载体，将学习教育的内容细化、量化，确保落实到每个支部、每名党员。

【市委常委班子带头示范推动学习教育】2016年，海口市委常委班子坚持学在先、做在前，在“两学一做”学习教育中充分发挥表率引领作用。市委中心组先后组织集中学习习近平总书记重要批示精神、毛泽东同志《党委会的工作方法》等规定必学篇目。6月30日，市委常委班子到龙华区城西镇苍东村，参观党建历史陈列馆，学习党史，重温入党誓词，进一步坚定理想信念，提高党性觉悟，牢固树立和不断增强宗旨意识。7月1日，省委常委、市委书记孙新阳以一名普通党员的身份，参加所在的市委办公厅第一党支部组织生活，并要求全市广大党员要严肃党内政治生活，锤炼作风锻造品质。9月13日，市委书记孙新阳主持召开市委常委会，传达学习全省党办工作会议精神和《中共海南省委办公厅关于深入学习贯彻〈中共中央关于辽宁拉票贿选案查处情况及其教训警示的通报〉精神的通知》，并对海口市做好相关工作进行安排部署。在市委常委班子和各市委常委的示范带动下，全市各级党组织和广大党员切实增强政治自觉、思想自觉和行动自觉，真正投身到学习教育中，推动全市“两学一做”学习教育扎实深入开展。

【丰富“两学一做”学习载体】（1）以讲促学。2016年，海口市各级党员领导干部、各区委书记分别带头深入到分管部门、分管领域、联系点讲党课，各基层党支部书记也在所在支部讲党课。通过开展讲党课活动，对照合格党员“四讲四有”（讲政治、有信念，讲规矩、有纪律，讲道德、有品行，讲奉献、有作为）的标准要求，点出党员干部存在的思想、行为问题和具体表现，真正做到以讲促学、以知促行。全市各级党员领导干部和基层党支部书记上党课2536场次，参加党员6.62万人次。（2）以研促学。确定“坚定理想信念，增强四种意识”“坚守纪律底线，培养高尚情操”“坚持根本宗旨，发挥党员作用”三个学习研讨的主题，全市各基层党支部组织党员每个季度选择一个主题开展集中学习研讨。通过组织党员学习研讨，使每名党员紧密联系个人思想工作生活实际，真正提高认识，找到差距，明确努力方向。全市各基层党支部组织党员集中学习讨论6623场次，参加党员9.65万人次。（3）以赛促学。6月21～24日，市委组织部会同市纪委、市委宣传部举办纪念建党95周年——海口市党员干部“两学一做”学习教育暨学习《党章》《中国共产党廉洁自律准则》和《中国共产党纪律处分条例》电视知识竞赛，组织全市各系统共32支代表队参赛。（4）以训促学。海口市委组织部、海口市委党校联合举办“坚定理想信念，加强党性修养”专题培训班，组织各区、市直各单位的40多名分管党务工作的领导干部赴井冈山开展培训。各区、市直各党（工）委也举办“两学一做”基层党组织书记培训班，对全市各基层党支部书记、参加“两学一做”的业务骨干进行专题培训。全市共举办培训班55期，累计培训人员9603人次。

【加强“两学一做”宣传引导】精心打造《我是共产党员》栏目。2016年3月27日，海口市委组织部在海口广播电视台、《海口日报》、海口网等新闻媒体同步推出《我是共产党员》，全年播出40期，挖掘培育陈清琪、冯晖、洪义乾、王锦花等一批先进典型，在全市上下营造干事创业、比学赶超的浓厚氛围，助力“两学一做”学习教育深入开展。7月22日至8月底，市委组织部联合市“双创”工作指挥部、市委宣传部和团市委举办“双创”先进典型事迹巡回宣讲活动，组织在“双创”工作、征地拆迁、打违控违、棚户区改造等一线中表现突出的党员深入秀英区等8家单位开展8场宣讲，聆听宣讲的党员干部及群众代表近3000人次。表彰树立一批先进典型。市委于6月29日举办“椰城先锋——2016海口市庆祝建党95周年暨‘七一’表彰活动”，邀请5名中华人民共和国成立前入党老党员参加活动，并表彰全市

100名优秀共产党员、50名优秀党务工作者、50个先进基层党组织。营造良好的学习教育氛围。在《海口日报》、海口广播电视台、海口网开设专栏，对全市91个单位开展“两学一做”学习教育的特色做法和取得的成效进行全方位、立体式的宣传报道；各区、各单位充分运用微信、短信、宣传栏、标语等载体，大力宣传“两学一做”学习教育的特色做法和取得的成效，努力营造“两学一做”学习教育的浓厚氛围。

【突出“两学一做”海口特色】2016年，海口市以“两学一做”学习教育为带动，全力加强基层党建。市委常委会于6月21日制定出台《关于全面从严治党加强基层党建工作的意见》，为全市各级党组织落实全面从严治党、夯实基层基础、建强战斗堡垒提供基本遵循和行动指南。6月30日，市委组织部配套出台《关于在全市基层党组织中全面推行标准化建设的指导意见》，对基层党组织建设中的组织生活、班子建设、考核管理、台账资料等6个方面和“三会一课”、组织生活会、民主生活会、民主评议党员等23项基础性党务工作实行标准化建设；8月18日，印发《海口市“一村一策”农村发展党员工作方案》，对每个村党组织今后3年发展党员工作重点、指标数量、结构比例提出具体举措，要求全市248个行政村，每村每年至少发展2名以上新党员，至少新培养5名以上入党积极分子，保持10名以上入党积极分子的常数，逐步解决农村党员队伍青黄不接、后继乏人的问题；5月18日，出台《海口市村（社区）“两委”班子及成员绩效考核工作指导意见》，对全市444个村（社区）“两委”班子及成员进行绩效考核；在村（社区）党组织、党组织书记、活动场所三个类别同步推行星级评定管理制度，通过考核对村（社区）党组织、党组织书记、活动场所分别评定“五星级、四星级、三星级”；市级财政一次性安排资金4.3亿元全面解决村居组织活动场所“无危小”问题。以“两学一做”学习教育为动力，深入开展“双创”工作。12月6日，市委组织部制定下发《关于在“双创”中进一步发挥基层党组织战斗堡垒作用和党员先锋模范作用的通知》，引导全市党员立足岗位服务“双创”，用自己的实际行动，影响和带动广大群众主动参与到“双创”工作中来。党员参与“双创”、奉献“双创”已形成常态。以“两学一做”学习教育为指引，助推经济社会发展。通过抓好学习教育，促使广大党员思想认识有新提高、党性观念有新增强、工作作风有新转变，有力提振了干部的精气神，形成人心思齐、人心思干的工作合力和良好社会氛围，促进经济社会持续健康发展。

（王飘飘）

（编辑：杜惠珍）

总 述

海口概况

【建置沿革】西汉武帝元封元年（前110年），海南岛置珠崖、儋耳二郡，领16县，海口地属珠崖郡玳瑁县。两郡裁撤后海南建置时设时废，至梁朝大同年间（535～545年）在儋耳郡废地置崖州，海口地属崖州。唐贞观元年（627年）属琼山县。宋神宗熙宁四年（1071年）称海口浦，意为南渡江入海口处的一块浦滩之地，“海口”一名始于此。明洪武三年（1374年）称海口都。元明清三代至民国初期，海口未有建制，地属琼山县。1912年，海口地属琼山县，称海口所。1926年12月9日，海口从琼山县分出设市（县级），称海口市政厅，属广东省。1929年8月，改为市政局。1931年2月，复隶琼山县，海口为琼山县第十一区。1942年初，日军改海口为市，设“海口市政府”。1945年8月，日军战败投降，海口市自行废止，重隶琼山县，设海口八乡镇联防办事处。1949年，成立国民政府海南特区行政长官公署，设海口市市政筹备处。1950年4月23日，海口解放，市政筹备处消亡。1950年6月1日，成立海口市人民政府，为广东省辖市（地级）。1958年12月，琼山县并入海口市；1959年10月，琼山县恢复，海口改为县级市。1975年11月22日，升为广东省地级市；1983年降为县级市。1986年5月31日，国务院批准升为广东省辖地级市。1988年4月13日，设立海南省，海口市定为海南省省会。1990年11月，经民政部批准，设立振东、新华、秀英3个市辖区（县级）。2002年10月16日，经国务院批准，撤销琼山市和海口市秀英区、新华区、振东区，以原琼山市和海口市原秀英区、新华区、振东区的行政区域组成新海口市，设立秀英、龙华、琼山、美兰4区个市辖区（县级），海口市的发展翻开了新的一页。

【位置面积】海口市位于东经110°07′22″~110°42′32″，北纬19°31′32″~20°04′52″。地处海南岛北部，东邻文昌市，南接定安县，西连澄迈县，北临琼州海峡与广东省隔海相望。东起大致坡镇老村，西至西秀镇拨南村，两端相距60.6千米；南起大坡镇五车上村，北至大海，两端相距62.5千米。总面积3134.84平方千米。其中陆地面积2304.84平方千米，占73.52%；海域面积830平方千米，占26.48%。

【行政区划】海口市分设秀英、龙华、琼山、美兰4个区，共22个镇、21个街道办事处、190个社区、245个行政村、2203个自然村。其中，秀英区辖秀英、海秀2个街道办事处，长流、西秀、海秀、石山、永兴、东山6个镇，共24个社区居民委员会、70个村民委员会；龙华区辖中山、滨海、大同、金贸、金宇、海垦6个街道办事处，城西、龙桥、龙泉、新坡、遵谭5个镇，共78个社区居民委员会、51个村民委员会；琼山区辖国兴、府城、滨江和凤翔4个街道办事处，龙塘、云龙、红旗、旧州、三门坡、甲子、大坡7个镇，红明、东昌、岭脚、中税4个农场和新民林场，共34个社区居民委员会、71个村民委员会；美兰区辖白龙、白沙、博爱、海甸、蓝天、海府路、人民路、新埠、和平南9个街道办事处，灵山、美兰、三江、大致坡4个镇，共55个社区居民委员会、53个村民委员会，海口市三江农场位于辖区内。

【自然环境】海口市地形略呈长心形，地势平缓，海南岛最长的河流——南渡江从中部穿过。西北部和东南部较高，中部南渡江沿岸低平，北部多为沿海小平原。全市除石山镇境内的马鞍岭（海拔222.2米）、旧州镇境内的旧州岭（199.9米）、甲子镇境内的日晒岭（171米）、永兴镇境内的雷虎岭（168.3米）等38个山丘较高外，绝大部分为海拔100米以下的台地和平原。马鞍岭为全市最高点。

地质　海口市地质构造上属于雷琼拗陷区。中新世及上新世海南岛王五－文教大断裂以北发生断陷，形成琼北断陷盆地，堆积了巨厚的新生代（第三纪）地层，至全新世（第四纪），并有多次地震和海底火山活动，有多期火山岩穿插分布于第三纪和第四纪沉积物之中，出露于地表组成火山熔岩台地，分布面积广。上新世晚期，海岛北部地壳上升，其间也有几次火山喷发，中全新世以后，北部和东北部地壳缓慢下降，接受沉积。海口市位于琼北新生代断陷盆地中，由新生代琼北断陷盆地（为主）与琼东北隆起（东南部）构成，位于区域性近东西向、近南北向、北东向和北西向断裂的交接复合部位。地层构造属新生代以后海相、海陆交替相地层。其岩浆岩分为侵入岩和火山岩，侵入岩零星外露，火山岩大面积分布。

地貌 地表主要为第四纪基性火山岩和第四系松散沉积物，呈较大面积分布，滨海以滨海台阶式地貌为主，西部以典型的火山地貌为主。全市地貌基本分为北部滨海平原区，中部沿江阶地区，东部、南部台地区，西部熔岩台地区。

土壤 主要土壤类型有玄武岩砖红壤、火山灰幼龄砖红壤、砂页岩砖红壤、带状潮沙泥、滨海沙土。土壤土种共8个土类，12个亚类，43个土属，110个土种。

气候 海口市地处低纬度热带北缘，属于热带海洋气候。春季温暖少雨多旱，夏季高温多雨，秋季湿凉多台风暴雨，冬季干旱时有冷气流侵袭带有阵寒。全年日照时间长，辐射能量大，年平均日照时数2000小时以上，太阳辐射量可达11～12万卡；年平均气温23.8℃，最高平均气温28℃左右，最低平均气温18℃左右；年平均降水量1816毫米，平均日降雨量在0.1毫米以上，雨日150天以上；年平均蒸发量1834毫米，平均相对湿度85%。常年以东北风和东南风为主，年平均风速3.4米/秒。

水文 海口自产水资源总量19.07亿立方米，水资源总量折合地表径流深为830毫米。海南岛最长的河流南渡江穿过海口市中部入海。南渡江主流在市区长75千米，流域面积1300平方千米，年径流量60.99亿立方米。海口市主要河流有17条。其中，南渡江水系7条，南渡江干流从海口市西南部东山镇流入境内，穿过中部，于北部入海，入海口段从西向东主要分流有海甸溪、横沟河、潭览河、迈雅河和道孟溪。支流有铁炉溪、三十六曲溪、鸭尾溪、昌旺溪（南面溪）、美舍河和响水河；独流入海的有9条，分别为演洲河、五源河、荣山河、演丰东河、演丰西河、罗雅河、芙蓉河、龙昆沟和秀英沟，另外有白石溪流从文昌市境内出海。境内有凤潭、铁炉、东湖、风圮、云龙、丁荣、岭北、玉风、沙坡等水库，总库容量1.5亿立方米。海口市地处南渡江下游河口河网地带和休眠火山口地带，潜水、承压水分布广泛。潜水含水层以南渡江三角洲潜水和玄武岩孔隙裂隙潜水为主，分布范围分别近800平方千米、400平方千米，水位单位涌水量分别可达14.6升/秒、30升/秒。地下承压水处于雷琼盆地，含水总厚度达200米～350米，老海口、秀英两段可采量共27万立方米/昼夜。地下热矿泉水处于琼北自流水盆地东北部新生代厚层，分布面积约200平方千米。

海域 海口市北面临海，海域面积830平方千米，海岸线长136.23千米。海水平均水温25℃，最高34℃，最低17.2℃。透明度1米，最大达2米。浅海盐度29.6%～31.8%。大部分海底平缓，以软泥为主，泥沙次之；靠近沙滩海岸一带海底以细沙为主。近海水质富含有机物质和无机盐。60米～100米等深线以内的海域面积约200平方千米，10米等深线以内的浅海、滩涂面积上百平方千米。大部分海岸坡度平缓，岸线开阔连绵，沙岸带沙细洁白，有假日海滩、西秀海滩、粤海铁路通道南站码头海滩、白沙门海滩、东寨港海滨海滩、桂林洋海滩等海滨风景区和游乐区。港湾与近海还有少许岛礁和潮滩。近海海水清澈，常年风轻浪平，有多处为适宜的傍岸泳区。

【自然资源】 *动植物* 处在全国橡胶、胡椒等热带经济作物产区，拥有林地9.58万公顷，约占土地面积的42%。地上有野生植物1980种，其中海南特有的40多种，被列为国家一级保护的有苏铁、坡垒、海南黄花梨3种，国家二级保护的有黄檀、粗榧、土沉香、见血封喉等10多种。乔、灌木180多种，其中80多种属经济价值较高的树种，诸如橡胶、椰子、棕榈、龙眼、荔枝、波罗蜜、咖啡、黄皮、莲雾、胡椒、槟榔等。药用植物1200多种，其中较著名的有巴戟、益智、砂仁等。境内有野生陆栖脊椎动物199种，其中红胸角雉、山鹧鸪、海南虎鳽（jian）等5种为海南特有种；列入国家一、二类重点保护名录的有蟒蛇、唐鱼、海南山鹧鸪等13种。

海洋资源 有830平方千米的海域、上百平方千米的海湾滩涂，有利于发展海洋捕捞及海水养殖。海口管辖海域内共有海岛15个，3个为有居民海岛；自西向东分布着诸多天然港湾，如金沙湾、新海港、西海岸、秀英港、海口湾、东海岸、东寨港等。其中，海口港为海南交通枢纽和客货集散中心，是中国大陆沿海港口到东南亚各地通航贸易船舶的必经之港，素有“琼州门户”之称。港口岸线资源丰富，从西到东可分为马村岸段、盈滨—天尾岸段、海口湾岸段等多个岸段。马村岸段10米等深线在离岸1500～1700米；盈滨—天尾岸段港湾开阔，对巨型船舶泊稳条件较好，适宜建深水港；海口湾的稳泊条件好，可建设大型港口。海洋渔业资源主要有鱼类、虾类、蟹类、贝类等。其中鱼类有100多种，常见且质优的鱼类有马鲛鱼、黄花鱼、鲻、金线鱼、石斑鱼、海鲤鱼等；虾类有斑节对虾、沙虾、青虾等；蟹类有锯缘青蟹、小蟹、花蟹、膏蟹、梭子蟹等；头足类与贝类有乌贼、墨鱼、鲍鱼、泥蚶、牡蛎等；大型藻类主要为长茎蕨藻、麒麟菜、马尾藻等；传统药用海洋生物有海蛇、海马、海龙、海参、海胆、海星、海兔等。

矿产 境内已探明矿产资源20种，其中能源矿产有石油、天然气、褐煤、低热值油页岩（油炭质页岩）、泥炭5种；金属矿产有铝土矿、钴土矿、褐铁矿3种；非金属矿产有高岭土、耐火黏土、砖瓦黏土、硅藻土、膨润土、沸石、浮石、建筑用玄武岩、建筑用砂9种；水气矿产有饮用天然矿泉水、热矿水、地下水

3 种。具备明显优势和开发潜力的矿产资源主要有饮用天然矿泉水、地热水、地下水，以及建筑大宗用的河砂、玄武岩石材、砖瓦黏土等；比较重要的矿产资源有钴土矿、铝土矿、褐煤、低热值油炭质页岩、高岭土、耐火黏土等。地热资源丰富，地热田控制面积约 4 平方千米，分布在 350 ~ 700 米深度内，水温 39.5℃ ~ 49℃，矿化度 1 ~ 2.3 克 / 升。

【旅游资源】海口市傍江临海，环境优美，拥有集自然风光、热带生物、文化古迹和民族风情于一体的热带海岛资源、自然旅游资源、人文旅游资源和社会旅游资源，是一个休闲城市、港湾城市、生态宜居城市、温泉海岸城市、历史文化名城。全长 136.23 千米的海岸线，沙滩宽阔且坡度小，沙细洁白，多数沙滩岸边绿树成荫，临沙岸海面风平浪静，海水清澈，是海滨浴场和海上运动的理想之地。在东寨港红树林风景区，有明万历三十三年（1605 年）琼州大地震时陷下海底的 72 个村庄遗址，称为“海底村庄”；港区内生长成片的红树林，被列为国家级自然保护区，划小船游弋其中，观树、观鱼、观鸟，趣味盎然。海口市拥有被联合国评为世界自然遗产的火山群世界地质公园，是中国为数不多的休眠火山，也是世界上保存完好的火山之一。老城区内有 5 条骑楼建筑老街，形成独特的骑楼文化，2009 年被评为中国历史文化名街。

海口较为知名的历史古迹景点有：始建于洪武年间（1368 年 ~ 1398 年）的古代军事遗址——明代海南卫所在地城门楼的府城鼓楼，为纪念明代琼籍名贤王佐而建于 1567 年的西天庙，为纪念维护祖国统一、促进民族团结的历史名人冼英而始建于 1602 年的新坡冼太夫人庙，为纪念明代琼籍清官海瑞而始建于 1589 年的海瑞墓园，为传播文化、培养海南子弟而始建于 1710 年的琼台书院，为纪念被贬谪来海南岛、传播文化推动海南文化发展和交流的唐代名臣李德裕和宋代名臣李纲、李光、胡铨、赵鼎而始建于 1889 年的“五公祠”，为抵御外侮而于 1891 年建成、与天津大沽口、上海吴淞口、广州虎门炮台并称中国清末四大炮台的秀英炮台等历史古迹；有始建于 1919 年的中共琼崖党、政、军主要领导人冯白驹出生地的冯白驹故居，有 1926 年 6 月召开的中共琼崖第一次代表大会旧址，为纪念中国民主革命先行者孙中山而始建于 1926 年的中山纪念堂，为纪念长期坚持琼岛革命斗争和英勇渡海作战解放海南牺牲的 2 万名多烈士而建于 1951 年的海南革命烈士纪念碑，为纪念第二次国共合作时期琼崖红军改编为抗日独立队而始建于 1952 年的云龙改编旧址，为纪念解放海南渡海作战英雄烈士而建于 1957 年的金牛岭烈士陵园，为纪念土地革命战争时期赴琼指导武装斗争而英勇就义的中共广东省军委书记李硕勋而建于 1986 年的李硕勋烈士纪念亭等革命纪念地。此外还有琼州大地震遗址（海底村庄）、雷琼世界地质公园海口园区、东山热带动植物园、东寨港红树林国家自然保护区、西海岸带状公园、万绿园等。2007 年 3 月，国务院批复同意将海口市列为国家历史文化名城。

【人口】2016 年底，海口市常住人口 224.6 万人，比上年增加 2.3 万人，增长 1.03%。其中，秀英区 38.22 万人，龙华区 66.2 万人，琼山区 50.53 万人，美兰区 69.65 万人。全市户籍人口 167.03 万人，其中城镇人口 97.56 万人，占 58.41%；乡村人口 69.47 万人，占 41.59%。

【语言】海口市使用语言包括海南话、普通话、白话、军话、客家话、闽南话与四川、河南、湖南及其他地方话种和各少数民族话种等语种。主要方言为海南话，其中长流地区讲长流村话，东南部的龙塘、龙桥、石山、永兴、遵谭、云龙等镇及镇辖的部分村庄讲临高羊山土语。

【民族】2016 年，海口市常住人口中，有汉族、黎族、苗族、回族、满族、瑶族、蒙古族、朝鲜族、土家族、布依族、傣族、侗族、壮族等 48 个民族，其中汉族人口占 98.6%，少数民族人口占 1.4%。

【宗教】海口市的主要宗教有佛教、基督教、天主教、伊斯兰教、道教。各宗教分别成立爱国宗教团体，设有宗教活动场所，宗教活动正常开展。2016 年，全市有信教群众约 5 万人，经批准登记的宗教活动场所 31 处。

【民俗】海口市经历近千年的发展，在不同历史时期文化熏陶和特定社会环境的共同催化下，逐渐形成自身的一些民风习俗。海南建省后海口市迅速发展，移民日益增多，海口传统文化风俗与外来文化相互渗透与融合。琼剧为海口市主要地方剧种，椰雕、贝雕是海口市的主要地方传统手工艺品。海口原居民民风淳朴，保留了较多的民间习俗。除夕吃围炉，年初一吃斋。农历正月初九是“老爸”生日，生日过后海口各村（坊）便陆续开始抬神公游村“行符”（海口俗话），驱走村中鬼邪。“行符”日在振东街、水巷口、大兴东街、振龙坊、人和坊、永兴街、盐灶村等多数是固定的，但个别村如白沙坊则由村中父老烧香点烛拜神，请求神灵择定日期举行。“行符”活动为 2 天，第一天晚上为“放灯”，第二天为正式“行符”日。农历正月十五日元宵节，海口人俗称小年，市民集聚府城、万绿园等地，相互送花、换花，传递友情，互祝好运，逐渐成为元宵换花节。农历二月初九至十二日，海口市有闹“军坡”、赶“庙会”的传统，祭祀南北朝时期南方女英雄冼太夫人冼英。传统的祭祀也逐步演变成为每年于 3 月在龙华区新坡镇主会场举办的一年一度的海南冼夫人文化节。海口地区“公期”“婆期”较为繁多，一年四季几乎月月有。公婆期是公祖、婆祖神灵或历史人物的出生纪念日，由于各乡村供奉的神主不同，故其公婆期也不同，每到公期、婆期，以一乡或一村庆祝，家家设宴，款待亲友；晚上还有请戏班演戏，谓“公祖婆祖戏”。海口人有喝“老爸茶”（又称大众茶）的习俗，这种花费10元左右，冲上一壶茶，配上一些小点心，边饮茶边叙情谊、谈家常、交流信息商情的大众茶在海口市随处可见。

【土特产品】海口市有丰富的海产、果类、禽类等地方特产，比较著名的有永兴荔枝、永兴黄皮、永兴波罗蜜、演丰咸水鸭、曲口海鲜、石山壅羊等。

永兴荔枝 永兴镇种植荔枝已有近2000年的历史，种植面积居全省之冠，被誉为“荔枝之乡”。其品种颗大肉美。清代以前曾有一些优良品种当作“贡品”，有“晋举”之称。

演丰咸水鸭 以当地麻鸭、红鸭、白鸭为主要品种，放养于淡水和海水交界处红树林边的滩涂地，以玉米、稻谷及滩涂上的小贝壳、小鱼虾为主食，饲养期120天以上，体重约2.5千克，肉质介于人工饲养与野鸭之间，皮下脂肪层薄而肉质坚实，肉色由鲜红变黝黑，口味香浓，滑而不腻。

曲口海鲜 因产地在东寨港曲口湾而得名。曲口湾出产的海鲜久负盛名，其中青蟹、血蚶、蚝、对虾为最好，味道鲜美，营养丰富，药用价值高，食法特别。

石山壅羊 又称黑山羊。饲养壅羊在海口羊山地区历史悠久。《琼州府志》载：“壅羊是以小羊为栏栅畜之，足不履地，采草木以饲之，肥而多脂，味极美。”壅羊肉质细嫩，皮薄肉厚，骨质酥软，多脂少膻味，肉汁乳白，味美独特。

【市树】市树——椰子树。1987年7月，海口市第九届人民代表大会第一次会议根据市民呼吁和代表建议，做出以椰子树为市树的决议。椰子树象征着海口市人民坚毅、自信、奋进、求实、奉献的高尚品质，认同椰风海韵、阳光沙滩是热带海岛滨海城市——海口的地方特色。

（杜惠珍）

国民经济和社会发展

【国民经济和社会发展概况】2016年，海口市坚持新发展理念，以供给侧结构性改革为主线，以“双创”为总抓手和动力，有效应对经济持续下行压力和强台风等自然灾害侵袭，全市经济社会健康发展，结构调整步伐加快，改革开放全力推进，民生保障水平提高，社会事业全面发展，生态优势巩固提升，经济文化建设成效显著，实现全面建成小康社会和“十三五”良好开局。全市实现地区生产总值1257.67亿元，按可比价格计算，比上年增长7.7%。其中，第一产业完成增加值63.91亿元，增长3.5%；第二产业完成增加值233.56亿元，增长5.8%；第三产业完成增加值960.20亿元，增长8.5%。人均地区生产总值56315元，增长6.7%。三次产业结构由上年的4.9∶19.3∶75.8调整为5.1∶18.6∶76.3。地方一般公共预算收入115.51亿元，增长11.2%；地方一般公共预算支出200.30亿元，增长20.5%。

【新型工业加快培育】2016年，海口市引进工业项目17个、签约额92亿元，康迪电动汽车、创志智能机器人等项目当年引进、当年开工。兑现工业发展扶持资金1.67亿元，惠及企业87家。32个在研和新立项的科技创新项目，共获得国家和市政府各类科技研发经费支持1491.2万元。海南红塔卷烟有限责任公司成功研制自主品牌产品“三沙”牌香烟。规模以上医药企业全部通过国家新版GMP认证，其中齐鲁、先声、普利、双成、华益泰康5家企业通过欧盟和美国FDA认证，海药、康芝、双成、灵康4家企业上市，新三板上市企业有2家（皇隆、林恒）。规模以上医药企业完成工业产值154.71亿元，增长9.28%。齐鲁制药海南有限公司、海南金盘电气有限公司荣获首届海南省政府质量奖。全市高新技术企业总数149家，占全省75%。全市工业总产值540.29亿元，增长0.49%，占全省比重27.1%（全省工业总产值2000亿元，增长4.5%）；工业增加值134.92亿元，增长2.4%，占全省比重30.54%（全省工业增加值441.8亿元，增长2.6%）。其中149家规模以上工业企业完成工业总产值503.56亿元，增长1.1%；工业增加值124.2亿元，增长2.2%。

【现代农业发展步伐加快】2016年，海口市推出火山石斛、云龙淮山等十大农业品牌，永兴黄皮获国家地理标志证明商标。桂林洋国家热带农业公园加快推进，签约入园项目22个，落地动工项目13个，累计完成投资7.7亿元。有国家、省级农业龙头企业达45家，省级现代农业示范基地（园区）9家。罗牛山10万头现代化猪场建成投产。常年蔬菜基地累计种植面积2万公顷，花卉种植面积4533.33公顷，新增无公害产地认定209.7公顷，新增无公害农产品17个。全年农林牧渔业总产值103.83亿元，增长2.6%。

【现代服务业不断壮大】2016年，海口市围绕中央“三去一降一补”要求和省委省政府“十二大产业”部署，出台医疗健康、影视会展等15项产业政策，精准培育发展新动能。以旅游业为龙头的现代服务业快速发展。旅游业转型升级。“点线面”推进全域旅游，旅游产品供给不断丰富，东寨港红树林、冯小刚电影公社、骑楼老街等景点景区渐成热点，乡村旅游点加快升级改造，评选出28个“海口市旅游名村”，推出海口风情游、观澜湖主题游等13条主题游产品线路。旅游公共服务体系建设进一步完善，建成旅游咨询服务中心（点）4个，全面启动旅游厕所整改。长影环球100、观澜湖水世界等项目加快建设，首届海南国际旅游岛三角梅花展成功举办，乡村民宿、影视娱乐、时尚文化等旅游新业态不断涌现，获评中国“互联网＋旅游”十大优秀城市。全年接待国内外过夜游客1329.19万人次，增长8.5%；旅游总收入181.24亿元，增长13.23%。互联网产业蓬勃发展。投资10.8亿元加快建设信息基础设施，建成全省首个“全光网城市”，被工信部和国家发改委确定为“宽带中国”示范城市。出台《海口市众创空间认定管理办法》，认定复兴城互联网创新创业园等7个众创空间，复兴城创新创业园互联网企业聚集度排名全国前列，阿里巴巴“南海云”建成运行，石山互联网农业小镇创造全国经验。全市有互联网企业1500家，营业收入155亿元、增长23%，占全省48.4%。医疗健康产业发展势头良好。引进上海优质医疗资源，复旦大学附属华山医院海口友好合作医院开诊，上海第六人民医院海口骨科与糖尿病医院落地筹建，省肿瘤医院、恭和苑、颐养公社等医养结合稳步发展，获批中医养生服务业准入试点城市。房地产去库存成效明显。去库存周期降至15个月，低于全国和全省平均水平，房价基本保持稳定。对外贸易稳步拓展。开展服务贸易创新发展试点，承接省里8大类47项创新举措，海马汽车出口伊朗，齐鲁制药注射剂成功打入欧美高端市场，飞机融资租赁总货值完成26.3亿元、汽车整车进口422辆，进出口总额完成39.2亿美元。大型商业网点日月广场、万达广场、远大购物广场、新城吾悦购物广场等一批多业态多功能的商业综合体开张营业，全市拥有批发、零售贸易、住宿餐饮服务业网点3万多个，较大的商业网点（3000平方米以上）175个，全年社会消费品零售总额653.89亿元，增长9.8%。文化体育产业发展提速。中国（南方）足球训练基地加快建设。出台影视产业扶持政策，促进影视产业发展，爱奇艺创意中心、阿里巴巴文化娱乐集团南方总部等100多家企业成功入驻海口文化产业园，投资4亿元的冯小刚2017年开年电影《芳华》在海口开拍。会展业保持较好发展势头。成功举办中国生态文明论坛海口年会、第23届中国国际广告节等规模以上会展活动238场，会展综合收入80亿元，占全省35%；获“2016中国最具创新力国际会展城市”和“2016年度中国会展产业金手指奖·品牌会展城市”的荣誉称号，并连续五年获得“中国会展名城”大奖。金融业进一步发展壮大。民生银行进驻，落户银行增至23家。年末全市金融机构各项存款余额4989.30亿元，增长22.6%；金融机构各项贷款余额5268.49亿元，增长14.61%。全市各类证券交易额9854.64亿元，下降45.6%；保险公司实现原保险保费收入79.51亿元，增长28.91%。全年完成旅客运输量0.90亿人次，货物运输量1.05亿吨，分别增长27.12%和下降7.47%；旅客运输周转量641.84亿人千米，货物运输周转量669.68亿吨千米，分别增长24.93%和下降5.51%；港口货物吞吐量8866.93万吨，增长8.0%。海口美兰国际机场旅客吞吐量1880.4万人次，增长16.3%，再创历史新高。邮电计费业务总量121.31亿元，增长71.91%。年末固定电话用户46.88万户，减少11.46%；移动电话用户334.50万户。互联网宽带用户总数62.69万户，增长12.57%。

【对外开放不断扩大】2016年，海口市主动融入国家“一带一路”机遇，已与世界28个国家33个城市缔结友好关系，遍布全球五大洲。借出访缅甸、伊朗、阿联酋、新加坡等地契机，在会展、农业观光旅游、经贸、开发园区等领域开展交流合作。深化区域合作，推进“海澄文”一体化综合经济圈建设；《海口新区总体方案》上报国务院；与广东湛江共同加快推进琼州海峡经济带发展规划编制、港航一体化、深化联防联治机制等工作。开展点对点精准招商活动，实现招大商引大资，先后与华信集团、中国远洋海运集团、万达集团、阿里巴巴等国内大集团、大企业达成合作意向，累计签约项目198个，协议投资额1594亿元。特别是成功引进万达文化旅游城，单体投资超过500亿元，建成后将成为海南国际旅游岛的标志性项目。全年实际使用外资3576万美元，下降87.72%；新签协议合同外资3.93亿美元，增长24.46%，新设外资企业51家，增长45.7%。

【重点领域改革不断深化】2016年，海口市把改革作为发展的根本动力，用“多规合一”画好海口发展蓝图，推动城市发展。科学划定城市规模边界、生态保护红线、环境质量底线、资源消耗上限，努力实现目标、坐标、指标“一张蓝图”全方位统筹，《海口市总体规划》获省政府审批通过。成立城市警察支队，“公安＋城管”执法创新经验文章在中央深改办内刊刊发。深化“放管服”改革，共向各区下放行政管理权限9大类37项，向四个区定额补助1亿元；开展“互联网＋政务服务”，先审后验，全流程网上审批率达85%；实行多部门并联审批、联合审批和联合验收，园区“极简审批”模式受到国务院第十督查组肯定。推进农垦社会管理属地化试点改革，全省首个农垦社会管理属地化试点改革机构东昌居挂牌运行。大力推进环卫市场化改革，海口成为全国第一个主城区实现环卫一体化改革的城市。服务贸易改革试点工作取得成效，龙华区“十三五”服务业综合改革试点获国家批复。

【城市治理迈上新台阶】2016年，海口市全力推进市政基础设施、水体治理、农贸市场改造、城市管理等十大领域建设，市政基础设施日益完善。共启动“双创”项目256个，完成投资20.2亿元。改造小街小巷1576条、老旧市政主干道路13条，升级农贸市场39个，打造“15分钟便民生活圈”40处、特色餐饮街（区）10条。

改造城市积水点7处，建成排涝泵站6个。集中对国兴大道、椰海大道等主要道路和西海岸带状公园、万绿园等23个项目进行景观改造提升，完成125条道路、22个街边街心绿地绿化补植。民航航线俯视区生态修复完成设计编制，18个全域旅游镇墟改造全部进场施工。防违控违53万平方米，拆除违建337万平方米。地下综合管廊完工16千米。海口宜居竞争力在中国社会科学院2016年评比的289个城市中排名第五。城市治理持续加强。成立城市警察支队，推行“公安+城管”联合执法，实现行政处罚到刑事处罚无缝对接。建立辖区政府主导，商务、工商、质监、食药监等部门联合执法的监管模式，农贸市场管理水平全国领先。建成区主要道路机扫率达100%，海口成为全国第一个主城区全面实现环卫一体化改革的城市。启动城镇内河（湖）水污染治理。率先推行“河长制”，集中开展31个水体治理，主城区水环境功能基本达到国家卫生城市标准。建立环境空气质量预警预报系统，开展北部湾大气联防联治，淘汰黄标车、老旧车1.4万辆，空气质量连续7年在全国74个重点城市中名列第一。持续推进生态修复和湿地保护。完成三江湿地公园规划设计，红树林生态环境持续向好。“绿化宝岛”造林绿化面积1394.07公顷，全市新增绿地面积62公顷，建成区绿化覆盖率40.3%，绿地率33.2%。海口被纳入国家重点生态功能区转移支付范围。“城市管家”“公益海口”“诚信海口”三大网络服务平台投入运营，12345热线服务质量有效提升。城市公共治理指数首次进入全国省会城市前十。全市注册志愿者25万人，被《人民日报》点赞为“志愿者之城”。“创文”在全国参评省会城市中排名前列；“创卫”顺利通过国家暗访测评、位居参评省会城市第一，市民和游客满意度高达98.7%。

【民生质量持续改善】2016年，海口市民生支出152.8亿元，增长18.9%，占地方一般公共预算支出的74.1%，省市民生实事全面完成，荣获中国全面小康特别贡献奖。全市城镇常住居民人均可支配收入30775元，增长7.9%，增幅提高0.3个百分点，扣除价格因素，实际增长4.7%；农村常住居民人均可支配收入12679元，增长9.0%，增幅降低0.5个百分点，扣除价格因素，实际增长5.8%。实施积极的就业政策，城镇新增就业4.7万人，农村富余劳动力转移就业8386人。城乡居民基本医疗保险财政补助提高到420元，大病医疗保险实现全覆盖；低保救助37.7万人次，发放低保金1.1亿元。开展“全民参保登记计划”工作，社会保险新增扩面参保6.3万人；为被征地农民补贴养老保险缴费资金1.47亿元。完成棚户区改造2.8万户、惠及8.5万人，保障性住房配租配售2922套。完成4万吨市级储备粮增储。落实省“菜十条”，出台“菜十六条”；推行夏秋季叶菜价格指数保险试点；“菜篮子”集团新建蔬菜保供种植基地400公顷，与广东湛江、山东寿光建立蔬菜应急调运机制，全省规模最大的公益性农副产品综合批发市场试营业，政府“平价菜”末端销售网点265家，基本实现主城区大型超市、农贸市场、300户以上小区“三个全覆盖”，总体实现保供稳价，好于上年。物价总体水平在可控范围内，全市居民消费价格总指数（CPI）为103.0，价格水平上涨3.0%。精准脱贫深入推进。建立市区镇村四级脱贫攻坚责任制，投入财政扶贫资金1.03亿元，扶持建档立卡贫困户改造危房283户、转移就业817人、低保兜底保障619人、教育资助1967人、医疗救助386人，实现6个贫困村整村脱贫、8453人精准脱贫，超额完成年度脱贫攻坚任务。

【社会事业加快发展】2016年，海口市教育工作稳中有进。全年财政性教育经费投入31.35亿元，占全市地方一般公共预算支出的15.2%。五源河学校等5所学校开学招生，“10+2”等项目按计划推进，新增中小学位6262个。扩大优质教育资源，与北师大附中、北大附中附小、人大附中、广东外语外贸大学附属学校等合作办学签约落地。进一步改善薄弱学校办学条件，四个区全部通过义务教育发展基本均衡县（市、区）国家验收。全市有学校（幼儿园）共1148所，在校生48.86万人，教职工3.32万人。医疗卫生综合服务能力不断提升。被确定为国家第四批公立医院改革联系试点城市，全面启动公立医院综合改革，市属公立医疗机构全部实施“先看病、后付费”诊疗模式，大力推进和实施分级诊疗制度，市域内省、市属公立医院全部实行取消药品加成；在全省率先完成农村基层医疗卫生机构综合改革；创建社区卫生服务中心（站）示范点，推进社区医生与居民签约服务工作；继续推进医疗联合体建设。将医疗健康产业纳入重点培育发展的十大产业范围，编制健康产业发展规划，引进国内优质医疗资源，推进与海内外有影响的医疗健康产业集团合作，推动医疗健康产业发展初见成效。全市医疗卫生支出18.02亿元，占地方公共财政预算支出的8.7%。有卫生机构1278个，卫生人员3.45万人，卫生机构床位1.58万张。以科技计划项目实施为引导，推进企业自主创新能力建设。整合科技创新资源，将扶持重点向十二大重点产业的创新型科技项目和科技创新平台倾斜，共投入科技扶持资金3062.8万元，带动企业投入研发费用2.98亿元；搭建科技支撑平台，提升企业创新能力；全年新增市级重点实验室3家，市级企业技术研发中心3家，市级创新型企业4家。全市共有市级及以上重点实验室56家、市级及以上技术研发中心58家、市级及以上创新型（试点）企业53家，科技创新体系不断完善。开展“专利消零”工程，为19家“零专利”企业进行专利申请，共有81件专利获得授权。全市专利申请总量2589件，专利授权总量1379件，共有3家企业专利权人获第十八届中国专利奖，分别为2个专利优秀奖，1个外观设计优秀奖。公共文化服务繁荣发展。年末全市共有艺术表演团体29个，艺术表演场馆4个，博物馆5个（省级1个、市级1个、民办3个），公共图书馆1个，文化站43个；全国重点文物保护单位7处8个点，省级文物保护单位59处。文艺优秀作品再创佳绩。市文化艺术传播研究中心参加全国性美术作品展览47幅；举办个人展览1次。发表文学作品3部。特别是海口市艺术团创作的大型歌舞诗《黎族家园》作为海南省选送参加第五届全国少数民族文艺会演的作品，在参演的35个代表团43台剧目中脱颖而出，获得“剧目金奖”和“最佳舞美设计奖”，是海南省荣获的含金量极高的文艺作品。体育事业蓬勃发展。成功举办第七届环海南岛国际大帆船赛（海口赛段）、第十一届环海南岛国际公路自行车赛（海口赛段）、第四届海口国际沙滩马拉松赛、观澜湖世界明星赛等国际高端品牌赛事，举办21个427场次有海南特色的群众性体育活动，扶持村镇举办大坡镇农民排球邀请赛、遵谭镇九人男子排球赛、演丰镇骑行徒步健身活动等农民体育比赛。代表省、市参加洲际、国内竞技赛事均取得良好成绩，获得比赛前八名的有35人次，其中取得第一名15人次、第二名6人次、第三名4人次。特别是4月蒙成代表中国在哈萨克斯坦参加的亚洲举重锦标赛男子56公斤级的比赛中，以总成绩285公斤获得该级别的冠军，同时还获得该级别抓举第三名，挺举第一名，这也是海口市运动员首次获得亚洲举重锦标赛冠军。

（杜惠珍）

重点项目建设

【重点项目建设概况】 2016年，海南省政府下达海口市省重点项目86个（子项目98个），年度计划投资463.28亿元，1～12月累计完成投资664.68亿元，比上年增长46.86%，占年度投资计划的143%，超额完成年度投资计划，超省政府100%投资考核目标43个百分点。2016年的重点项目主要集中在旅游产业、热带特色高效农业、互联网产业、医疗健康产业、现代物流业、医药产业、低碳制造业、房地产业、科教文体产业和基础设施、社会民生等11大方面，这些项目的建设，进一步完善海口市基础设施，夯实产业基础。

【重点项目投资计划编制情况】 根据海南省发改委《关于申报2017年省重点项目投资计划的通知》要求，海口市于2016年9月开展2017年海口市省重点项目申报工作，经初步研究、筛选及汇总，10月13日形成初稿，11月14日，市政府常务会议审议原则通过并上报省发改委。2017年3月，省政府下达海口市省重点项目102个，年度计划投资635.03亿元。项目主要集中在12个重点产业项目、“五网”基础设施工程、特色小镇项目、社会民生工程等四大方面，其中：产业类项目为主，共有79个，年度计划投资413.75亿元，占年度总投资的65.1%，相比往年这类项目比例增加投资增大、带动辐射能力增强，有利于进行经济结构调整，转变发展方式，夯实发展基础；基础设施、社会民生项目投资比重也较往年有所加大，分别占全年投资计划的13.6%和20.9%，这些项目着重考虑关系市民百姓生活的“菜篮子”、交通出行、棚户区改造、教育卫生、生态环保、农村扶贫等方面。

【重点项目分类完成投资情况】 (1)在建项目推进情况。按照海口市制定的全年倒排计划投资，98个子项目中，美兰基地二期建设工程、海南金盛达建材商城项目等15个竣工项目按序时推进。其中，海口美兰基地二期建设工程项目、海南金盛达建材商城项目一期、省食品检验检测中心建设项目、省中医医院内科医技楼建设项目、海口8万吨椰汁项目、海口中环国际广场项目、海口长流十号路市政工程、海口汽车客运总站项目、海口市地下综合管廊试点工程长滨路等6条综合管廊项目、海口海秀快速干道一期工程等10个项目竣工；长影环球100生态修复工程、美安科技新城（一期）项目等55个续建项目按序时推进，其中，四个区旧城改造项目、海口大英山开发项目、海南农副产品交易配送中心及产业园配套项目、海南现代美居生活物流园项目、先声药业（海口）产业园项目、海口湾南海明珠邮轮港旅游综合开发人工岛项目、海口恒大外滩项目等41个项目超额完成年度投资目标。海口中国城国际文化项目因招商、法律纠纷暂缓实施等客观原因影响，省发改委批准调出省重点项目；西海岸金沙湾片区开发项目、西海岸南区开发项目因债务置换、海口玉沙广场项目因股权分割、海口美孝火山石古村落旅游开发项目因新增建设用地问题暂不作为项目推进考核要求。(2)新开工项目推进情况。23个新开工项目中，昆仑科技生态木及集成产品项目因投资规模变小不具备重点项目资格，省发改委批准调出省重点项目。海口林安智慧物流商城、海南京兴林木种苗示范基地、桂林洋国家热带农业公园、海口市文化遗产修缮保护、省结核病医院、海口优联国际医院、海南沙汀宁制药厂、中铁国际（海南）食品冷链中心、海南演丰智慧生态农业示范产业聚集区、拍拍看互联网产业园、海口首开美墅湾、海口复兴城互联网创新创业园、海口市“双创”基础设施建设、海口天街华府、发起设立海南省金融控股公司、海口王府井百货、海药生物医药产业园建设、海口邮件处理中心工程、光纤预制棒车间技术改造、参股中石油海南油气销售子公司20个项目陆续开工。除海南动画村项目因用地正在落实、海口云龙湖国际度假区项目因规划调整等客观原因影响，年内难于开工，年度完成投资不作为项目推进考核要求外，海口市年内新开工项目全部实现开工。

【重点项目推进保障】2016年，海口市落实“六个一”责任模式，加快推进重点项目建设。为促进重点项目建设，印发《海口市2016年省重点项目责任分解推进工作方案》和《2016年省重点项目服务月活动方案》，各辖区政府和开发区管委会委派专人下沉到项目一线研究制定工作措施，采取一站式服务，点对点跟踪落实市政府决策事项。同时，各区加大对重点项目可能存在的维稳风险进行排查和评估，做出预案和预警，及时化解项目选址、征地拆迁及历史遗留等焦点问题；结合重点项目服务月（4～6月）活动，四个区、开发区管委会及各责任单位对海口市省重点项目进行实地走访，摸清项目存在问题，组织召开项目专题协调会，协调各相关部门议定解决方案，制定解决措施，对自身层面无法解决的问题，每月报送市重点委汇总后分报各相关责任市领导协调解决。至12月底，各责任市领导、各区、各管委会、各职能部门累计现场调研620次，召开专题会510次，累计处理问题681件次。“双创模式”创造海口市良好投资环境，良好的服务和便捷的审批，是推动重点项目获得加速度的要要因素。通过打造新型问政平台《亮见》，进一步推动干部作风转变，政府服务意识不断加强，行政效能不断提升，各行政审批部门竭力优化项目建设环境，搭建重点项目审批“绿色通道”，优化重点项目联合审批制度，各项目审批环节进度能快则快，环节能省则省、程序能减则减，原则上提速50%以上。至12月底，市重点委派驻市政务中心重点项目绿色通道窗口累计办件133件次，办结率100%。

【重点项目推进协调服务】2016年，海口市制定工作措施，落实“六个一”责任，对省重点项目推进工作实施任务分级管理。根据市委、市政府“一线工作法”要求，各分管副市长、各区政府（开发区管委会）、责任单位、各相关职能部门要下沉到项目一线，通过重点项目“服务月”“督查月”及“百日大行动”等活动，现场办公和召开专题协调会等方式积极主动解决项目征地、拆迁等难点问题。

【重点项目建设督查】2016年，海口市对重点项目推进情况每月通报一次，对四个区、开发区管委会、各责任单位负责的重点项目年度完成投资率及新开工项目开工率进行汇总排名；对项目投资滞后的单位进行通报。至12月底，对投资滞后的责任单位共下发督查建议书和督办函142件次，督促滞后单位分析原因，制订切实可行的具体措施和追赶计划，加大推进力度，确保全年投资目标完成。

（叶建君）

固定资产投资

【固定资产投资概况】2016年，海口市固定资产投资完成1271.73亿元，比上年增长25.7%，连续9年保持20%以上增长，总量和增速均为全省第一，增速继续位居全国35个大中城市前列。其中，新建投资1103.12亿元，增长25.5%；扩建投资69.63亿元，增长200%；改建投资30.12亿元，增长310.4%。全市基础设施建设快速增长，基础设施建设完成固定资产投资450.99亿元，增长74.3%。生产性项目投资完成投资649亿元，占固定资产投资比重51%。按辖区划分，秀英区完成投资371.03亿元，增长21.1%；龙华区完成投资291.04亿元，增长18.2%；琼山区完成投资122.59亿元，增长54.7%；美兰区完成投资347.10亿元，增长17.8%。全年施工项目941个，增长28.9%，其中本年新开工项目334个，增长38.6%。开展服务社会投资“百日大行动”，省级160个项目全部开工建设，完成投资142.1亿元，占“百日大行动”计划投资162.8%。

【产业投资】2016年，海口市三次产业投资结构由上年的1.91：2.61：95.48调整为0.8：3.3：95.9。第一产业因沉香产业园、兰花产业园、新坡洋万亩蔬菜园等农业项目建设进入尾声，导致投资下降，全年完成投资9.5亿元，下降50.7%。第二产业投资在医药、汽车、食品制造等带动下，投资完成42.14亿元，增长60%。第三产业投资在房地产业、交通运输业和水利环境和公共设施管理业的带动下，完成投资1220.05亿元，增长26.3%，占全市固定资产投资95.9%。其中，房地产业完成投资609.6亿元，占第三产业投资的49.97%，增长14%；交通运输业完成投资209.4亿元，占17.2%，增长41.1%；水利环境和公共设施管理业完成投资205.82亿元，占16.9%，增长159.4%。投资进展较好的有东海岸如意岛、海秀快速路、棚户区改造基础设施、地下综合管廊、美兰国际机场二期扩建工程、南海明珠人工岛等项目。

【民间投资】2016年，海口市民间固定资产投资呈现良好发展态势，成为拉动全市固定资产投资快速增长的决定力量。随着落实“服务社会百日大行动”，放宽民间投资领域，全市非国有投资1173.31亿元，增长33.6%。其中民间固定资产投资973.8亿元，增长22.3%，占全市固定资产投资总量的76.5%，拉动全市固定资产投资增长17.5%。

【重点产业投资】2016年，海口市争取国家各项资金支持，不断加大12个重点产业投资。全年争取中央资金8.52亿元，支持项目56个；争取国家专项建设基金41.64亿元，支持项目32个，涉及大型水利、观光农业、港口建设、互联网等多个领域。全年全市12个重点产业累计完成投资917亿元，占固定资产投资总额的72%。

【项目建设争取资金到位情况】2016年，海口市拓宽融资渠道，争取国家、省各类专项资金。全年申请专项建设基金3批49个项目合计81.1亿元，获批金额25.34亿元，用于补充南渡江引水工程、桂林洋国家热带农业公园等重大项目的资本金；申请地方债资金57.15亿元，落实资金10亿元，用于灵桂路改造、定海大桥等基础设施项目建设；协调落实棚户区改造贷款资金，与国开行签订棚户区改造项目贷款429.41亿元，落实提款327.18亿元，用于新海、博义、盐灶、红城湖片区等19个棚户区改造项目征收。

（邹达飞）

精神文明建设

【精神文明建设概况】 2016年，海口市精神文明建设工作以培育和践行社会主义核心价值观为主线，大力加强公民思想道德建设，着力开展“双创”工作，推进全国文明城市创建，深化“海口文明大行动”，抓好文明生态村建设，取得一定的成效。

【社会主义核心价值观宣传】 2016年，海口市开展社会主义核心价值观12个主题词和“讲文明树新风”公益广告宣传。组织新闻媒体在重要时段、重要版面开设专题专栏，多层次多角度广泛深入宣传；深入机关、企事业单位、社区开展核心价值观宣讲，提高知晓率；在全市开展“双创”知识、社会主义核心价值观、中国特色社会主义理论宣讲200场。开展“海口好人”评选表彰、学习宣传活动；表彰2015年度助人为乐、见义勇为、敬业奉献、诚实守信、孝老爱亲类“海口好人”100名；海口文明网和“文明海口”微信公众平台推出“海口好人”专栏。加强乡贤文化建设，发挥“新乡贤”的示范引领作用，让社会主义核心价值观在乡村深深扎根，评选表彰2015年度新乡贤10名，印发《关于进一步加强乡贤文化建设的意见》，新建14个乡贤文化试点村。

【市民思想道德建设】 2016年，印发《海口市道德模范、身边好人待遇保障和生活困难帮扶办法（暂行）》，加大对困难道德模范和身边好人的帮扶力度，帮扶困难道德模范5人，帮助道德模范吴培梅解决廉租房1套，给予其他困难道德帮扶资金3万多元，树立“好人有好报”的社会价值导向。在春节、中秋等传统节日期间，开展走访慰问道德模范活动110余人次；邀请道德模范观看春节晚会、国际小丑马戏嘉年华等文化演出活动。利用海口市道德讲堂总堂，举办弘扬中华优秀传统文化，培育社会主义核心价值观大型公益讲座，全年共举办41场，听众逾5000人。

2016年10月16日，中央文明办主任夏伟东（前左一）在海口调研。

（市“双创”办 供稿）

【未成年人思想道德建设】 2016年，海口市开展“做一个有道德的人”主题实践活动。“六一”期间，组织开展“六一”儿童节关爱孤残儿童、留守儿童等慰问活动，“小手拉大手”“红领巾小交警”文明交通劝导志愿服务，优秀童谣传唱、七一童心向党歌咏活动。举办“未成年人道德讲坛”30场。开展第三届海口市“美德少年”评选表彰活动，评选出“诚实守信、助人为乐、孝老爱亲、逆境拼搏、勤劳俭朴”等方面表现突出的10名“十佳美德少年”、20名“美德少年”、20名美德少年提名奖。在全市中小学校开展“戏曲进校园”主题活动，通过举办戏曲知识讲座、制作戏曲音像资料、开展观看戏曲演出活动、组织戏曲文化进乡村学校少年宫、搭建校园戏曲展示舞台等，弘扬中华优秀传统文化，提高学生戏曲素养，丰富校园精神文化生活。开展文明校园创建，市委宣传部与市教育局联合印发《海口市深入开展文明校园创建活动的实施方案》，启动83所文明校园创建。加强未成年人心理健康辅导站建设，在椰城青年网开通网页版“心理直通车”，建立“海口青少年心灵驿站”微信公众平台，组建心理QQ群和微信群，通过各类新媒体方式为青少年及家长提供心理咨询服务；开通未成年人心理公益热线4009950809；举办30场心理知识公益讲座，接待300人个体咨询。

【群众性精神文明创建活动】 2016年，海口市开展文明家庭、好家风好家训征集，文明卫生单位和个人评选表彰、文明单位结对帮扶等活动。市委宣传部与市妇联联合开展2016“文明城 粉红爱”巾帼助力“双创”系列公益活动主题活动，评选表彰20个“最美家庭”、20个“好家风、好家训、好故事”家庭及20个“海口美丽阳台(庭院)”家庭。评选表彰

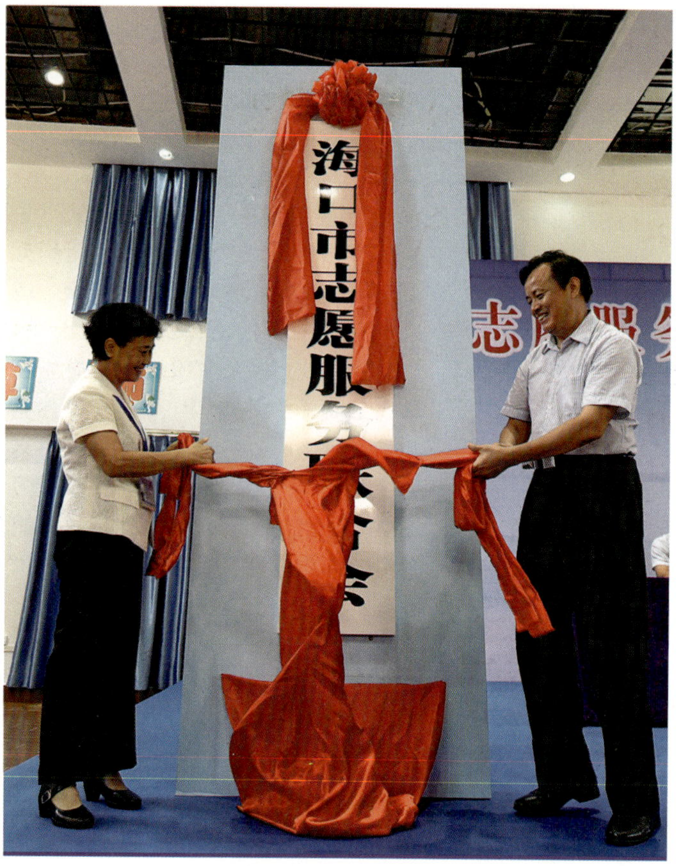

2016年8月28日，海口市政协主席韩美，市委副书记、市政法委书记吴川祝共同为海口市志愿服务联合会揭牌。（市“双创”办 供稿）

762个文明卫生先进集体，98名文明卫生先进个人。印发《关于报送2016年文明单位结对帮扶工作计划的通知》，组织全国、省、市三级共59个城市文明单位与村镇开展结对帮扶工作。开展2016年文明单位、文明村镇、文明家庭评选表彰活动，评选出全国文明单位18个、省级文明单位49个、市级文明单位53个、市级文明社区22个、市级文明村镇41个，市级文明家庭60个，共186个。

【文明城市创建工作长效机制】 2016年6月29日印发《海口市人民代表大会常务委员会关于深入开展全民公益活动的决定》，每年3月的第一个周日为本市全民公益活动日。10月28日印发《海口市关于进一步推进志愿服务制度化的实施意见》，推进志愿者注册管理，嘉奖表彰等制度落实。7月31日，“公益海口”网络服务平台正式上线，为公益机构或志愿者提供沟通、交流、服务的平台，经认证后的志愿者或团队可以发布公益活动，进而可以精准定位志愿者群体，号召大家积极参与。全市注册志愿者25万人，占建成区人口比例16%，志愿服务队伍3613支，提供志愿服务总时长625万小时。成立海口市志愿服务联合会、海口市全民公益办公室，进一步完善全市志愿服务组织体系。围绕“三关爱”主题，开展关爱孤寡老人，孤残、留守儿童，残疾人，文明交通，环境保护等志愿服务活动。持续推进4个关爱社区儿童志愿服务点建设，新建12个社区志愿服务站。在全市50个交通繁忙路口，每天早、晚交通高峰期，协助交警开展文明交通劝导志愿服务活动。10月10日，《人民日报》主要版面刊文《爱心入“海口”凡人善举托起志愿者之城》，点赞海口志愿服务工作。

【“七有”标准升级志愿服务】 2016年，为进一步提升志愿服务的质量和效益，推动全市志愿服务工作制度化、常态化、品牌化，海口市按照有固定场所设备、有专兼职管理人员、有稳定志愿者队伍、有常态化服务活动、有规范管理制度、有必要经费保障、有活动服务记录这7个标准（即“七有”标准）建设首批11个志愿服务示范站点，在红树林景区、万绿园、火车东站、南港码头、美兰机场、火山口公园、汽车西站及4个区的街道社区各建1个志愿服务示范点，发挥“以点带面”的示范效应。各志愿服务示范站点具备便民利民、信息咨询、医疗急救、志愿者注册等四大功能，并配备相关设备和物品，通过志愿招募、内部派遣、购买服务等方式，指定服务站站长、副站长、志愿者等人选，并按相关管理制度进行管理，各站点的常态化志愿服务活动包括文明引导、环境卫生劝导、公益宣传、信息咨询等必选活动，以及各站点根据实际需求组织安排的自选活动。“双创”工作开展一年多来，市民对志愿服务活动的认同和支持率超过90%，年内新增实名注册志愿者15万名，比往年提高43.4%；新增志

2016年8月28日，海口市志愿服务联合会第一次会员代表大会召开。
（市“双创”办 供稿）

2016 年 6 月 7 日，海口市举办中小学校中华经典诵读比赛。（市教育局 供稿）

愿服务团体 1504 个，比往年提高 40.2%；海口超过 3 万名在职党员参加志愿服务活动，成立各类党员志愿服务队 600 多支，开展志愿服务活动近万场次，充分发挥党员的模范带头作用。

【“我们的节日”主题活动】 2016 年，海口市广泛开展各种民俗文化活动，融合节日氛围，深入开展主题教育活动。元宵节期间举办元宵换花节、万春会等活动。清明节期间，突出纪念先人、缅怀先烈、饮水思源主题，组织开展海口市纪念王海萍、梁惠贞烈士活动，市四套班子、海口警备区、部队官兵、烈士家属、中小学生、市区机关干部和当地群众共 600 多人参与祭奠，全市共开展祭扫活动 100 多次，参与网上祭英烈活动的中小学生 120 万多人次。端午节期间，突出“讲卫生、健身体、热爱祖国、人与自然和谐”主题，组织开展龙舟赛、拔河赛、包粽子赛、登山赛等群众活动，开展“我们的节日·端午”中小学生爱国歌曲传唱、中华经典诵读活动 94 场次。中秋节期间，开展中秋文艺晚会 20 场次，深入老龄公寓、福利院、社区开展孤寡、空巢老人志愿服务活动 43 次。重阳节期间，举办传统文化讲座、老龄书法展、文艺演出、重阳登高、老龄健身操展演、家政服务、心理抚慰志愿服务活动等 7 大项内容，参与老人 7000 多人次。

【文明生态村创建】 2016 年，海口市扎实推进 71 个新创建村庄和 10 个巩固村庄建设，全市累计建成文明生态村 1788 个，占自然村总数 83%。投入专项资金 860 万元，各区及桂林洋开发区、三江农场配套资金 700 多万元，发动村民和社会力量，开展村庄整治，建设生态环境。发展文明乡风，大力开展社会主义核心价值观宣传普及教育，发展乡贤文化，修订完善村规民约，推动乡风文明，推进“双创”工作进一步向农村延伸。4 月，评选出 10 名海口市新乡贤，在海口日报、海口网等媒体上开设《走近海口新乡贤》等专栏和专访节目，加大对乡贤的宣传力度。整合资金资源。争取省文明办创建资金 140 万元，支持海口市 8 个村庄的宣传文化室建设。

2016 年海口市全国文明单位

序号	单位名称	序号	单位名称
1	海口市英才小学	10	琼山区三门坡镇龙鳞村
2	海口市秀英区人民检察院	11	琼山区大坡镇马宛大村
3	海口市邮政分公司	12	琼山区三门坡镇
4	海口市群众艺术馆	13	琼山区红旗镇
5	琼山区委宣传部	14	中国移动通信集团海南有限公司海口分公司
6	龙华区滨海街道滨海新村社区	15	海口市国家税务局（机关）
7	龙华区大同街道大同里社区	16	海口市公安局龙华分局
8	龙华区玉沙社区	17	海口市地方税务局民声东路办税服务厅
9	龙华区城西镇苍东村	18	海口农村商业银行股份有限公司

2016年海口市文明村镇

级别	序号	文明村镇/文明生态村镇				
国家级		文明镇	文明村			
	1	琼山区三门坡镇	龙华区城西镇苍东村			
	2	琼山区红旗镇	琼山区三门坡镇龙鳞村			
省级		文明镇	文明村		文明生态示范村	
	1	琼山区大坡镇	琼山区大坡镇树德村委会塔昌村		秀英区永兴镇美孝村	
	2		琼山区大坡镇马宛大村		秀英区东山镇福寨村	
	3		琼山区三门坡镇大水村		龙华区新坡镇斌腾村	
	4		琼山区红旗镇荫生村		琼山区红旗镇泮边村	
	5		美兰区大致坡镇美浑村		琼山区红旗镇岭门村	
	6		美兰区三江镇东坡湖村		琼山区红旗镇南畴湖村	
	7		美兰区三江镇博布村		琼山区三门坡镇加乐湖村	
	8		美兰区三江镇仙鹤村		琼山区大坡镇田心村	
	9		美兰区三江镇禄尾村		美兰区三江镇溪头村	
	10		秀英区永兴镇冯塘村			
市级		文明镇	文明生态示范村			
	1	琼山区云龙镇	1	秀英区石山镇美贯村	21	琼山区旧州镇知州村
	2	龙华区龙桥镇	2	秀英区石山镇春藏村	22	琼山区大坡镇中税村委会北昌村
			3	秀英区东山镇紫罗村	23	琼山区旧州镇黄群村
			4	秀英区东山镇玉下村	24	琼山区五岳村委会尚道村
			5	秀英区长流镇富教村	25	美兰区演丰镇桃园村
			6	龙华区城西镇大样村	26	美兰区演丰镇山尾头村
			7	龙华区遵谭镇新谭村委会卜门村	27	美兰区演丰镇龙窝村
			8	龙华区遵谭镇东谭村委会卜创村	28	美兰区演丰镇礼让西村
			9	龙华区新坡镇仁里村委会仁台村	29	美兰区大致坡镇群田前村
			10	龙华区新坡镇群丰村委会旺太村	30	美兰区乔木东村
			11	龙华区龙泉镇五一村委会托村	31	美兰区灵山镇坡上村
			12	龙华区龙泉镇富伟村委会道斐村	32	美兰区灵山镇村委会北侃村
			13	龙华区龙桥镇龙桥村委会陈礼村	33	美兰区大致坡镇永群村委会西排岭村
			14	琼山区三门坡镇环水村	34	美兰区大致坡镇崇德村委会福久何村
			15	琼山区云龙镇白水湖村	35	龙华区龙泉镇儒王村
			16	琼山区三门坡镇礼云村	36	龙华区龙桥镇博潭村
			17	琼山区甲子镇益新村委会龙塘村	37	琼山区大坡镇石桥村
			18	琼山区甲子镇青云村委会青云村	38	美兰区大致坡镇洽教村
			19	琼山区龙塘镇龙新村委会美儒村	39	美兰区演丰镇宫后村
			20	琼山区云龙镇槟榔园村		

2016年海口市文明社区

级别	序号	文明社区	备注
国家级	1	龙华区滨海街道滨海新村社区	继续保留全国文明单位称号（2008年第二批），市2009~2011年公示名单
	2	龙华区大同街道大同里社区	获第三批全国文明单位称号、2007~2010年海南省文明单位
	3	龙华区玉沙社区	2014年第四批全国文明单位
省级	1	秀英区海秀街道海港社区	2007~2010年省级文明社区
	2	秀英区海秀街道爱华社区	
	3	龙华区中山街道竹林社区	
	4	琼山区国兴街道米铺社区	
	5	琼山区国兴街道攀丹社区	
	6	琼山区府城镇大园社区	
	7	美兰区蓝天街道塔光社区	
	8	美兰区海府路街道龙舌坡社区	
	9	美兰区人民街道万福社区	2011~2013年省级文明社区
	10	秀英区海秀街道东方洋社区	
	11	龙华区中山街道居仁坊社区	
	12	龙华区金宇街道金坡社区	
市级	1	美兰区白龙街道美舍社区	2013年撤销省级
	2	秀英区秀英街道秀新社区	2009~2011年市级文明社区公示名单
	3	龙华区大同街道华海社区	
	4	龙华区大同街道正义社区	
	5	龙华区海垦街道金山社区	
	6	龙华区城西镇四季华庭社区	
	7	龙华区滨海街道盐灶三社区	
	8	龙华区金贸街道世贸社区	
	9	琼山区府城镇高登社区	
	10	琼山区府城镇府城社区	
	11	琼山区国兴街道巴伦社区	
	12	美兰区白沙街道白沙坊社区	
	13	美兰区博爱街道南联社区	
	14	美兰区海甸街道新安社区	
	15	美兰区海府路街道东湖里社区	
	16	美兰区和平南街道上坡社区	

（王 琅）

（编辑：杜惠珍）

组织机构及负责人名录

中共海口市委员会

书　记　孙新阳（10月止）
张　琦（11月任）

副书记　倪　强
吴川祝

常　委　蒙国海（1～11月）
郑柏安（11月任）
袁光平（10月止）
巴特尔（蒙古族）
李　湖
王艳萍（女）
林海宁
李向明
王忠云（2月任）
彭　军（11月止）

秘书长　林海宁

副秘书长　刘志力（5月止）
王旭明（9月任）
刘川海
陈　芳（女，2月止）
罗　浪（3月任）

海口市人民代表大会常务委员会

主　任　陈宏芬（1月止）
杜立文（1月任）

副主任　方中里（1月任）
揭晓强（11月任）
叶　霞（女，1月任）
郑国建
许焕中（11月任）
盛　林（11月任）
孟　励（1月任，8月止）
钟万荣（1月止）
陈毓芬（1月止）
程国林（1月止）
陈一华（1月止）

秘书长　王小峰

副秘书长　吴胜刚（10月任）
陈文培（4月任）
陈业胜
朱宗英（3月任，10月止）
谢汉金（4月止）
高仕光（3月止）
王孔家（4月止）

海口市人民政府

市　长　倪　强

副市长　巴特尔（蒙古族）
顾　刚（11月任）
鞠　磊
孙世文
任清华（女，土家族）
文　斌（12月任）
龙卫东（11月任）
袁光平（11月止）
蒙国海（1月止）
朱永盛（黎族，10月止）

秘书长　田丽霞（女，12月止）

副秘书长　邓立松
林　明（7月任）
王和娇（女，兼）
吴大海
吴秋云（女，2月任，兼）
温海鸿（3月任）
李　革
杜欣能（8月任）
郭凯明（挂职，8月任）
朱　军（挂职，9月任）
王善来（4月止）
肖成武（6月止）
佟吉强（9月止）
蔡　俏（8月止）
黎　雅（女，挂职，12月止）
余立强（挂职，8月止）

政协海口市委员会

主　席　韩　美（女，1月止）
王云霞（女，1月任）

副主席　蒙晓灵（女，11月止）
丁　竹（女，11月止）
林甫肆（11月止）
林道本（1月止）
林　杰（1月止）
叶　霞（女，1月止）
温精华（11月止）
侯亨浪（11月止）
文日坤（11月止）
王传荣（女，11月任）
刘辉平（11月任）
冯鸿浩（11月任）
符　军（11月任）
厉　春（11月任）

李顺华（11月任）
冯玉英（女，11月任）
秘书长 韩云秋（女）
副秘书长 戴国镇
詹尊南
卢　萍

中共海口市纪律检察委员会（监察局）

书　记 李　湖
副书记、局长 杨卫国
副书记 曾照宇　林耀平
常　委 王　克　左　娟（女）
林道诗　冯　军（女）
常委、副局长 杨　柏

法院、检察院

海口市中级人民法院
院　长 吴剑平（5月止）
陈文平（5月任）
海口市人民检察院
检察长 李思阳

市委部门

市委办公厅
主　任 林海宁
市委组织部
部　长 王艳萍
市委宣传部
部　长 王忠云
市委统一战线工作部
部　长 王云霞（女，1月止）
蒙国海（2月任，12月止）
郑柏安（12月任）
市委政法委员会
书　记 吴川祝
市委直属机关工作委员会
书　记 林海宁
市机构编制委员会办公室
主　任 庄儒勇
市委台湾工作办公室
主　任 张东鹏
市委群工部（市信访局）
部　长 刘庆声（兼）
常务副部长、局长 王和娇（兼）
市委党校
校　长 刘庆声
市委党史研究室
主　任 符　中
市委政策研究室
主　任 陈　芳
市委农村工作领导小组办公室（市统筹城乡协调办公室、市扶贫开发办公室、市老区建设促进会办公室）
主　任 巴特尔（兼，3月止）
蒙国海（3月任，兼）
常务副主任 陆来浩
市委老干部局
局　长 王　海
市社会管理综合治理委员会办公室
主　任 冯少雄

市人大常委会各工作委员会（部门）

市人大常委会办公厅
主　任 王小峰
财经工委
主　任 欧阳飞（4月止）
郑　峰（4月任）
法制工委
主　任 符史山（10月止）
城建工委
主　任 符儒明（10月止）
吴　琼（10月任）
教科文卫工委
主　任 郭俊山（10月止）
朱宗英（10月任）
华侨外事民宗工委
主　任 王爱松（8月任）
黎永伟（8月任）
内务司法工委
主　任 邓爱军
农村工委
主　任 王小军（8月止）
林　养（8月任）
选举任免联络室
主　任 黎永伟（8月止）
王振华（8月任）
市依法治市办
专职副主任 陆礼宽（6月止）
肖成武（6月任）

市政府部门

市政府办公厅
主　任 田丽霞（女，兼，12月止）
市发展和改革委员会
主　任 黄　舸
市科学技术工业信息化局
局　长 徐　伟（8月止）
刘立武（8月任）
市财政局
局　长 文　斌（4月止）
伍振湘（4月任）
市人力资源和社会保障局
局　长 朱韶雄
市教育局
局　长 厉　春
市文化广电出版体育局
局　长 徐　涛（8月止）
富天放（10月任）
市卫生局
局　长 周文雄（4月止）
曾昭长（4月任）
市食品药品监督管理局
局　长 符　勇
市公安局
局　长 李向明
市司法局
局　长 淡利锋
市民政局
局　长 陈益君
市农业局
局　长 李世高
市林业局
局　长 冯　勇
市海洋和渔业管理局
局　长 文日坤（4月免）

陈　芳（4月任）

市水务局

局　长　冯本彦（1月止）

陈　超（3月任）

市国土资源管理局

局　长　盛　林（9月免）

刘涌涛（9月任）

市环境保护局

局　长　陈　超（3月止）

刘　东（3月任）

市规划局

局　长　刘涌涛

市住房和城乡建设局

局　长　罗宗标（8月任）

市市政市容管理委员会

主　任　冯鸿浩

市市政管理局

局　长　龙舒华

市环境卫生管理局

局　长　刘　建

市园林管理局

局　长　刘名松

市民防局

局　长　张伟斌

市交通运输港航局

局　长　林　健

市商务局

局　长　林道坚

市旅游发展委员会

主　任　林一民（10月止）

廖小平（10月任）

市外事侨务办公

主　任　韩　斌（8月止）

吴家宏（8月任）

市法制局

局　长　陈建军（4月任）

市审计局

局　长　冯　明

市人口与计划生育委员会

主　任　王业天（6月止）

吴　优（6月任）

市统计局

局　长　郑　峰（4月止）

王善来（4月任）

市安全生产监督管理局

局　长　林　明（10月止）

佟吉强（10月任）

市政府国有资产监督管理委员会

主　任　陈朝芳（4月任）

市政府服务中心

常务副主任　肖成武（7月止）

吴秋云（7月任）

市政府研究室

主　任　佟吉强（3～8月）

柳战良（9月任）

市供销合作社

主　任　温　文

市粮食局

局　长　张　鸥

市会展局

局　长　吴家宏（8月止）

蔡　俏（8月任）

市房屋征收局（市重点委）

局　长　冯本彦

海口国家高新技术产业开发区

主　任　林一民（8月任）

海口综合保税区

主　任　刘辉平

海口桂林洋经济开发区

主　任　夏琛舸

市民族宗教事务局

局　长　杜欣能

市地方史志办公室

主　任　欧少珍

市档案局（馆）

局（馆）长　张小敏

市物价局

局　长　吴健林

市文物局

局　长　王大新

市爱国卫生运动委员会办公室

主　任　周文雄

市海防和口岸管理办公室

主　任　田丽霞（4～11月）

专职副主任　饶平如

海南东寨港国家级自然保护区管理局

局　长　辜绳福

政协海口市委专门委员会和工作机构

市政协办公厅

主　任　韩云秋（女）

提案法制委员会

主　任　黄新春

经济委员会

主　任　詹尊南（5月止）

李永胜（5月任）

教文卫委员会

主　任　陈文说

港澳台侨委员会

主　任　钱云岗

督查研究室

主　任　李　明

民主党派、工商联

民革海口市委员会

主　委　林　青

民盟海口市委员会

主　委　厉　春

民建海口市委员会

主　委　叶　霞

民进海口市委员会

主　委　刘心红

农工党海口市委员会

主　委　张玉霞

致公党海口市委员会

主　委　林尤干

九三学社海口市委员会

主　委　王俊刚（1月任）

台盟海口市委员会

主　委　周朝东

市工商业联合会（总商会）

主　席　叶　茂

群众团体

市总工会

主　席　程国林

共青团海口市委员会

书　记　周　健

市妇联

主　席　董孟清

市科协

党组书记　徐　伟

市文联
党组书记　潘善武
市侨联
主　席　黄宏雁（5月止）
　　　　潘朝辉（6月任）
市社科联
党组书记　董光海
市残联
理 事 长　蔡志森
市台联
副 会 长　王琼瑾
市红十字会
会　　长　巴特尔

驻市部、省属及省市双管单位

市国家税务局
局　长　王辉若
市地方税务局
局　长　林　川
市工商行政管理局
局　长　邢　帆（5月止）
　　　　潘永强（6月任）
市电信局（中国电信海口分公司）
党委书记、总经理　徐　磊
市邮政管理局
局　长　殷　雨
海口质量技术监督局
局　长　王　阶
市气象局
局　长　潘家利
国家统计局海口调查队
队　长　林志岩
市烟草专卖局（公司）
局长（经理）　王斌斌
海口海关
关　长　吕伟红
海南出入境检验检疫局
局　长　钱葆龙
中国人民银行海口中心支行
行　长　吴盼文
中国船级社海南分社
总经理　靳克军
海口海事局
局　长　周荣忠
海南证监局
局　长　周四波
海南保监局
局　长　王小平

企　业

海南港航控股有限公司
董事长　林　毅
海口市公共交通集团有限公司
总经理　王燕雄
海口市水务集团有限公司
董事长　龙翔春
海口市城建集团有限公司
董事长　李俊勇
海口市城市建设投资有限公司
董事长　韩东光
海口市统筹城乡发展（集团）有限公司
董事长　谢辉文
海口国家高新区发展控股有限公司
董事长　焦任翔
市三江农场
场　长　郑作东
海口旅游文化投资控股集团有限公司
董事长　顾　建（6月止）
　　　　杨晓峰（6月任）
海口市燃气集团公司
总经理　黄汉林
海口市国有资产经营有限公司
董事长　徐海波
海口保税区开发建设总公司
董事长　章　黔
海口市担保投资有限公司
董事长　王治平
海口投资管理有限公司
总经理　丛劲松
海口市菜篮子产业集团有限责任公司
董事长　符明全
海口骑楼老街投资有限公司
总经理　黄　山
海南电网公司海口供电局
局　长　陈　东
粤海铁路有限责任公司
董事长　武　勇
海口美兰机场
董事长　王　贞
中国邮政集团公司海口市分公司
总经理　陈忠成
中国移动通信集团海南有限公司海口分公司
总经理　李正勇
中国联合网络通信有限公司海口市分公司
总经理　梁　炎

新闻和文化系统

海口广播电视台
台　长　陈积流
海口日报社
社　长（缺）
海口图书馆
馆　长　张文国
海口市群众艺术馆
馆　长　吴圣彪
市电影公司
总经理　吕　进

驻市军警部队

海口警备区
司令员　彭　军
政　委　涂永革
武警海口市支队
支队长　陈远征
政　委　刘祖文
省海警总队海警第一支队
支队长　彭建文
政　委　郭　超
海口市公安消防支队
支队长　余德炎
政　委　（缺）
武警海口边防支队
支队长　杨楚升（6月止）
政　委　云倩偌

创新 发展

“一带一路”支点城市建设

【对外交往渠道拓宽】 至2016年末，海口市与世界28个国家33个城市缔结友好关系，先后加入世界城市和地方政府联合组织（UCLG）、世界大都市协会（WAMM）、亚洲市长论坛（AMF）等城市和地方政府国际组织。同时借出访缅甸、伊朗、阿联酋、新加坡等地契机，在会展、农业观光旅游、经贸、开发园区等领域开展交流合作。

【推动基础设施互联互通】 至2016年，海口市海陆空立体交通枢纽进一步完善。全球首条环岛高速铁路建成开通，实现海口美兰和三亚凤凰两个国际机场的无缝衔接和零换乘。推动琼州海峡一体化建设，新海港客货滚装码头二期工程进度加快，马村港三期散货、集装箱、多用途码头工程、四期集装箱码头工程及集疏运体系顺利推进。美兰国际机场开设301条国内外航线，通航城市110个，二期扩建加快推进。

【加强经贸合作】 2016年，海口市加强与中国台湾地区及以色列在设施农业方面的交流合作，同时推动本土企业“走出去”。海马汽车与伊朗霍德罗汽车公司签订合作协议，在伊朗进行CKD组装销售，海航集团海外业务已涵盖航空、酒店、金融、地产、旅行社等众多领域，海南立昇公司实现从产品出口到技术出口的跨越，海药和齐鲁公司通过美国的FDA认证，齐鲁制药注射剂出口美国，向国际高端市场迈出重要一步。

【深化国内区域合作】 2016年，在“一带一路”国家倡议的推动下，行政区域藩篱进一步打破，推动区域内生产要素高效配置。海口正加快同香港、广州等地经济交流合作，积极融入泛珠三角区域、环北部湾区域，推进琼州海峡经济带建设，充分发挥海口区位优势和资源优势，促进区域经济快速发展。同时，发挥省会城市辐射带动作用，推进海口新区申报，推动“海澄文”一体化综合经济圈建设，打造海南国际旅游岛新的经济增长极。

【加强文化体育交流】 2016年，海口市落实中宣部、国家广电总局制定的“海上丝绸之路”影视桥工程，以影视为外交，进一步加强丝路国家之间的电影合作与交流。年内，成功举办海南“21世纪海上丝绸之路”电影节、男子高尔夫世界杯、环海南岛国际大帆船赛（海口赛段）、世界女子高尔夫锦标赛、观澜湖足球高尔夫亚洲杯赛等一系列国际文体活动。

推进“海澄文”一体化发展

【“海澄文”一体化发展概况】 2016年，“海澄文”地区生产总值1702.2亿元，比上年增长8%，占全省经济总量的42.1%，增幅高于全省0.5个百分点，“海澄文”区域成为推动海南经济发展的重要增长极。海口为“海澄文”一体化发展做出重要贡献，全年地区生产总值1257.67亿元，增长7.7%，占“海澄文”地区总量73.9%。年内，海口市党政主要负责人就三地共融发展与文昌、澄迈两市县党政负责人深入沟通交流，并组织党政代表团赴文昌、澄迈调研，就“海澄文”一体化、省会经济圈建设进行协商研究，同时三市县还召开多次联席会，共同解决项目推进过程中存在的问题，加快推动“海澄文”一体化建设进程。海口“一江两‘岸’、东西双港驱动、南北协调发展”的城市发展新格局战略，有力支撑和引导“海澄文”一体化区域大发展。以大规划引领大项目，以大项目推动大发展。海口国家级新区申报工作取得进展，正按照国家发改委的指示精神和琼州海峡一体化建设的要求，对海口新区总体方案进行修改完善，并争取将徐闻部分区域纳入新区范围。海口新区将打造成“海澄文”区域的新增长极，进一步推动“海澄文”区域经济社会发展。完成《“多规合一”改革背景下“海澄文”区域体制机制创新研究》《“海澄文”城市集群发展及海口发展定位研究》课题研究，为进一步实施《“海澄文”一体化综合经济圈发展规划》奠定理论基础。

【健全“海澄文”一体化相关推进机制】 2016年，海口市党政主要负责人多次就三地共融发展与澄迈、文昌两市县党政负责人深入沟通交流，并组织党政代表团赴澄迈调研就“海澄文”一体化、省会经济圈建设相关具体问题进行协商研究，力求推动“海澄文”一体化取得突破进展。同时三市县还召开多次联席会，共同解决项目推进过程中存在的问题。海口市正抓紧组建“海澄文”一体化投融资平台公司，市国资委根据8月26日“海澄文”三市县联席会议精神对组建方案、合资协议及公司章程进行修改完善并上报市政府。完成“海澄文”基础设施规划。在广泛征求省、市相关部门和澄迈、文昌两市县意见的基础上，海口市牵头编制的《“海澄文”一体化区域基础设施规划》完成，并纳入“多规合一”总体规划中。同时将“海澄文”一体化综合经济圈建设纳入《海口市国民经济和社会发展第十三个五年规划纲要》。

【开展“海澄文”一体化综合经济圈专题招商活动】 2016年9月8～11日，海口市以第十九届中国国际投资贸易洽谈会契机，联合文昌市、澄迈县在厦门举办“海澄文”一体化综合经济圈专题招商推介会，利用“海澄文”一体化综合经济圈中心城市和增长极核的辐射带动作用，着力打造海南国际旅游岛建设的主引擎、新动能，重点对海口综保区、海口高新区、海口桂林洋开发区和海口临空产业园进行包装推介。在招商推介会上，海口市成功引进59个产业契合度高、经济效益好、带动效应强的产业项目，协议投资金额409.86亿元，涵盖文化体育、医疗健康、教育、高新技术等产业，有效地促进海口市产业结构的调整。

【“海澄文”一体化交通项目先行建设卓有成效】 2016年，海口市依托美兰空港、海口海港，推进“东西双港驱动”，支撑和引导“海澄文”一体化区域大发展。“海澄文”一体化是海南省重要战略决策，交通一体化是其先行建设项目。海口交通建设关系全省经济发展大局。为此，市委、市政府把建设陆海空互联互通的立体交通体系作为支撑长远发展的重要途径。在铁路上，2015年底西环高铁通车，海口作为全省铁路枢纽的地位进一步巩固：一方面，通过环线高铁连接全省；另一方面，海口又通过跨海铁路连接湛江乃至全国。在公路上，海口绕城高速四车道改六车道项目开工，铺前大桥初显雏形，定海大桥建成通车，海口汽车综合枢纽即将投入运营，让海口市公路交通更便捷。9月3日，盈滨海湾大桥正式通车，这是首个落成的“海澄文”一体化重大交通基础设施。大桥位于海口最西侧，将海口、老城开发区、盈滨半岛和整个澄迈连接起来。在海口最东侧，铺前大桥正在建设，将把海口与文昌连为一体。海口市还在修建江东大道，建成新东大桥和海新大桥。由此，从文昌文城镇出发的游客，将可开车沿滨海旅游公路一路到达铺前大桥，再到海口主城区，沿滨海大道一路到盈滨海湾大桥，最后连接到澄迈金江镇。在水路上，海口港新海港区一期、马村港区一期、二期建成运营；新海港区二期、马村港区三期工程正加快建设，海口港客货运输能力不断增强。在空路上，美兰机场二期扩建项目快速推进。

2016年9月8～11日，海口市经贸代表团参加在厦门举办的“海澄文”一体化综合经济圈专题招商活动，签约项目59个，签约金额409.86亿元。图为“海澄文”一体化综合经济圈签约仪式。（市商务局 供稿）

【持续加快产业转型升级】 2016年，海口市出台多项支持互联网产业、金融业、电子商务、房地产业、工业、影视产业、会展业等产业发展扶持政策，并对龙头企业入驻实施“一企一策”，大力发展品牌农业，大力引进新材料、新能源、高新技术等新型工业，大力推进金融、旅游、文化体育、会展、大健康等现代服务业加快发展。同时进一步放大园区集聚集群效应。海口国家高新区、海口综保区、美兰国际机场及临空产业园区的“三区叠加”优势进一步放大，推动区域内各项生产要素自由流动，合理细化产业链分工，密切产业转移与承接，促进资源高效配置，实现区域经济深度融合、集聚集群发展。与澄迈县建立合作机制，建设“飞地产业园”，发展“飞地经济”；将不符合美安科技新城三大产业定位的产业项目、港口依赖较强的项目以及海口市其他转型升级等产业项目，引导到海口高新区的云龙产业园和“海口飞地产业园”，实现海口和澄迈的产业差异化互动发展。与航天卫星产业紧密关联的光启临近空间研究基地落户海口高新区，海口与文昌在航天产业链上形成对接。深入推进桂林洋国家热带农业公园建设，深化与澄迈、文昌在热带高效农业方面的合作。

【推进生态环保制度建设】 2016年，海口市建立严格的生态红线保护制度。将饮用水水源地、自然保护区、地质公园、重要河流、湿地、公园、生态廊道等纳入生态保护红线范围。所有的红线矢量数据都纳入市“多规合一”数据平台。建设海口市大气环境质量监测预报预警系统，有效满足海口市环境空气质量预报预警工作的需要，为大气污染应急处置提供技术支撑。完善环评制度。推进产业园区控制性规划环评工作，与澄迈、定安签订南渡江联防联控协议，初步建立南渡江流域联防联控机制。

【筹建海口国家级新区】 2016年，在“海澄文”一体化综合经济圈建设基础上，统筹整合海口江东组团、海口综合保税区、美兰空港保税区、美安生态科技新城以及澄迈老城经济开发区、文昌木兰湾新区（包括三沙市战略腹地）等琼北核心区域和板块资源，筹建海口国家级新区。《海口新区总体方案》于5月30日上报国务院，6月13日国务院批转国家发改委商有关部门研究办理。海口市根据国家发改委和省发改委的指示精神，对新区总体方案、范围、面积、主要发展指标进行修改完善，并同步推进新区专项报告编制工作。海口国家级新区申报工作进入实质性阶段。

【教育对口支援取得新成效】 2016年，海口市充分发挥优质教育的辐射作用，在校长、教师交流及教研培训等方面大胆探索，带动三地教育均衡发展。10月21～22日，海口市教育研究培训院、海口市4个区教研室等专家及教师41人对澄迈县的永发中学、永发中心学校、东兴小学三所学校进行专项教学视导活动。此次教育教研视导活动，由点及面，连锁辐射，关联着最为底层的农村所有学校，进一步促进澄迈县基础教育教学教研常规管理的规范化发展，有效推动课程教学改革，科学提高教育质量，加快促进均衡发展，也是全面落实海南省教育厅面向贫困地区和农村学校教育精准帮扶的一个重要举措。澄迈县各中小学教学线领导、教研组组长及教师代表约400余人参加此次活动和培训。

【“海澄文”一体化发展存在的突出问题】 至2016年，“海澄文”一体化发展虽然取得初步成效，但其发展仍存在以下突出问题：（1）中心城市规模偏小。与全国有影响力的经济圈中心城市相比，海口经济总量偏小、产业核心竞争力弱、产业凝聚力和集聚辐射能力不强，缺乏省会城市的辐射带动力。（2）“海澄文”三地利益协调难度较大。“海澄文”三地在产业结构、政治地位、相关制度等方面存在着较大差异，三地政府各自为政，谋求本地利益，三地之间缺乏包括利益表达、利益分配以及利益保障机制等在内的利益协调机制，极易导致优质资源和要素的单向流动，从而限制“海澄文”协同发展的步伐。（3）基础设施建设滞后。区域经济一体化的发展需要完善的交通体系，以实现区域内人流、物流的快速流动。虽然目前的交通运输条件已有极大的改善，但是“海澄文”三地还没有形成覆盖整个区域的综合交通体系。交通基础设施建设的不完备，极大地阻碍“海澄文”区域经济一体化的进程。

（邹达飞）

改革和创新社区管理

【全面推进网格化管理】 2016年6月，海口市在原有的1228个网格的基础上，将更多镇墟纳入网格化管理，根据每名网格员管理300～500户居民的原则，重新进行细化和调整。调整后的网格为2428个，其中主城区分布有2371个；实行网格化区域面积由270平方千米增加到417平方千米，其中主城区241平方千米，实现基础网格无缝对接。

【推行农村网格化服务管理】 2016年，海口市改创办配合市综治委在全市农村推行网格化管理工作，根据自然村及每名网格员管理300～500户居民的原则，在全市25个镇（街）和231个村（居）委会，划分农村网格2061个，网格覆盖率100%。年内，琼山、美兰和三江农场部分配备网格员259名，其余的网格员正在配置中。农村网格员主要由村（居）两委干部兼职，全市农村网格化管理工作有序推进中，为全面推进农村社会治理精细化、扁平化管理奠定基础。

【网格管理员队伍建设】 2016年，网格员管理权限下放到各区后，各区根据工作实际向社会招录137名网格员（秀英招录70名，龙华招录49名，美兰招录18名）。全市社区网格员共有1500名（秀英344名，龙华442名，琼山224名，美兰470名，桂林洋开发区20名）。海口市改创办联合市网格管理中心等部门，继续加强网格员队伍思想素质和业务素质建设。组织全市网格员党员开展“两学一做”专题教育；结合各阶段全市重点工作，先后开展海口市病媒生物防制人、房、单位、小区相关信息的采集和上图入库工作培训、社会工作者职业资格培训、“六小门店”对标普查培训、消防安全知识培训、市政设施巡查等各类培训，全市网格员共7000多人次参加培训。

【社区管理综合信息平台建设项目启动】 海口市社区管理综合信息平台建设由市民政局、市政府服务中心、市住建局及市信息中心4个部门分别作为单独的业主推进，总投入4447.65万元。至2016年底，海口市社区服务信息化系统有较大突破。其中市民政局负责的“海口市社区信息化系统”项目于12月10日完成初步验收。“海口市社区服务信息化系统项目”包括社区最低生活保障服务、社区家庭经济状况核对、社区居民居住登记、社区网格员任务管理与考勤、社区政务社会化服务、社区电子台账与数据上报、现有社区证明（民政）信息化、社区服务五级联动信息化、社区人房关系验证和接口、社区人房数据分析和市长大数据应用“十大应用系统”和社区现状（人房地）数据库、社区服务对象关系数据库、社区服务对象信用数据库等“三大数据库”，开发基本完成，并进入试运行阶段。网格化管理信息平台的建成将是一个开放、兼容、共享式的平台，为全市各部门及时准确掌握社会动态、推进服务管理，提高行政效能奠定坚实的信息支撑。

【人口和房屋基础数据采集】2016年，海口市改创办利用海口市“双创”开展病媒生物防制采集和上图入库工作的契机，发动社区网格员重新对网格化管理区域内的镇（街）、村（居）进行二次摸排普查，继续完善网格内的人、房情况和信息采集录入工作。至年底，全市共登记录入85.67万个房名房址、160.02万人口基础数据信息。

【推行“门边”服务】2016年，海口市继续探索网格员为职能部门代理事务、为群众代办事宜，在上门办理高龄老人服务、残疾帮扶服务、人口与计划生育服务、社保卡等原有的5大类11小项的门边服务事项的基础上，利用网格员熟悉社区情况的优势，开展禁毒宣传、信息采集录入等工作。通过门边服务及禁毒宣传、“双创”等工作，网格员新增录入3.46万房屋、26.93万人次的人员数据，进一步充实和完善人房信息数据。

【网格办件上报工作】2016年，海口市网格员继续通过社服通系统、数字城管通系统上报网格办件。至年底，共上报办件5386件，主要为“六小门店”4021件、公共设施600件、市容环境236件、突发事件152件、其他职能部门377件。有效办件总数4895件，办结3832件，有效办件结案率78.28%。

【完善社区志愿服务体系】2016年，海口市网格员开展各类“点单上菜”的“双创”志愿服务活动，先后创建“红袖章”“巾帼志愿服务队”“志愿服务站”等一批优秀的志愿服务品牌，各志愿服务队联合社区单位、企业、院校开展形式多样的志愿活动。至年底，全市共成立社区志愿服务站点265个，通过志愿者QQ群、微信群招募社区志愿者18万余人，开展各类志愿服务活动近1000场次，服务群众约3万人次。配合多个部门开展维持交通秩序、签订“门前三包”、发放各类宣传资料、整治脏乱差、清理卫生死角等工作，共700批次25万人次网格员参与各类整治活动。

【社区办公场地建设】2016年，继续依据《海口市社区居民委员会服务场所建设保障办法》，海口市各区投入社区办公场所改造。全年共投入4.3亿元用于办公场所的新建或改造，其中54个社区办公场所改造完成并投入使用，116个社区办公场地进场施工。

（林新福）

体制改革

【体制改革概况】2016年，海口市坚持以供给侧结构性改革为主线，加大经济结构调整力度，制定并印发《海口市2016年经济体制改革工作要点》，要点包含进一步优化城市空间、完善产业引导政策体系、创新开放型经济体制机制、加快生态环保制度建设、加强诚信建设和财税体制改革、大力发展多种所有制经济、优化公共资源配置和管理、深化投资体制改革8个方面70项改革任务。加快传统产业升级，抓改革任务清单落实，在供给侧结构性改革、“多规合一”改革、投融资体制改革、服务贸易改革试点、医药卫生体制改革、创新开放型经济体制机制、商事制度改革7大方面取得较好成效。

【供给侧结构性改革】2016年，海口市落实中央、省供给侧结构性改革的部署，8月，市委出台《推进供给侧结构性改革促进经济行稳致远的实施意见》，着力推进供给侧结构性改革，重点抓好兴产业、去库存、降成本、补短板、强创新五大重点任务，培育壮大以现代服务业为主的12个重点产业，提高经济发展质量和效益。至年底，五大重点任务取得较好成效。（1）针对12个重点产业抓好对点产业招商。引进万达文化旅游城、北大附中附小、上海第六人民医院等多个重大项目；先后出台“互联网+”、金融、电子商务、工业、影视产业、农业等15项产业发展政策，并对龙头企业入驻实施“一企一策”，大力培育新动能；加速12个重点产业投资力度，完成投资917亿元；12个重点产业新增市场主体1.22万户，比上年增长19.3%，占全市23%，新增注册资本2938亿元，增长272%。（2）多举措做好去库存。商品住房类去化期从25个月降到15个月（全省去化周期是23个月），低于全国和全省水平。（3）深化“放管服”改革，降低企业成本。市级行政审批服务事项核减率达70%、审批时间压缩50%、审批环节消减37%，“极简审批”模式得到国务院督查组的高度肯定。（4）依托“双创”补短板，城市面貌焕然一新。美兰机场二期等重大基础设施加快推进，海秀快速路建成通车等，实施256个“双创”项目，打造“15分钟便民生活圈”40处，特色餐饮街（区）10个，改造提升农贸市场39家。（5）推进开放创新，经济社会发展后劲增强。推动设立海口国家级新区，完成《海口新区总体方案》并上报国务院；出台《海口市众创空间认定管理办法》和《海口市大力推进大众创业万众创新实施方案》，为战略性新兴产业发展提供空间载体和政策保障；制定《海口市引进培养优秀人才和团队若干措施》和《海口市引进“候鸟型”高层次人才实施细则》，在个税奖励、住房补贴、落户等方面给予高层次人才、急需紧缺人才一系列优惠政策。

【“多规合一”改革】2016年，海口市进一步优化城市空间，“多规合一”改革取得新进展。编制完成《海口市总体规划（空间类2015~2030）》并经省政府常务会议审议通过，实现“一张蓝图”上目标、坐标、指标全方位统筹，化解矛盾空间852平方千米，为推进行政审批改革、管理体制改革和资源要素市场化配置改革创造有利条件。

【投融资体制改革】2016年，海口市创新投融资体制改革，推广政府和社会资本合作模式（即PPP模式），建立意向社会资本遴选库，115家社会资本企业入库。完成采购项目170个，涵盖垃圾污水处理、生态保护、地下综合管廊、园林绿化、医疗卫生等基础设施和公共服务领域。南渡江引水工程、21条城市道路提升改造工程等6个项目入选财政部示范项目。

【服务贸易改革】2016年，海口市服务贸易改革试点工作取得成效，龙华区“十三五”服务业综合改革试点获国家批复，进一步推动服务业规模和质量提升。金融保险服务贸易改革创新，结合金融保险服务业实际，制定《海口市加快促进金融保险服务贸易发展工作方案》，提出6项工作任务，要求坚持金融保险服务业突破，挖掘金融保险服务贸易新增长点，加大招商引资力度，引进金融保险机构带动服务贸易整体水平提升，推动金融产品和服务创新，加快金融业发展。组织召开2016年政府投资项目政银企融资座谈会，通过政银企对接，研究解决省、市重点项目和海口棚改、PPP项目建设的融资问题，达到金融业和企业贸易创新发展的共赢。举办“21世纪海上丝绸之路（海南）国际金融高峰论坛”，以论坛、展览、政金企座谈会的多样形式，展示金融新成果，宣传金融产品和服务，搭建政府、金融机构与企业合作平台，营造良好的金融舆论氛围，促进海口金融贸易服务业的发展。全年，海口市金融业实现增加值152.7亿元，比上年增长16.7%，占全省比重为54.5%，占GDP比重12.1%，占第三产业比重为16%，对全市增长的贡献率为24.3%。

【医药卫生体制改革】2016年，国家确定海口市为第四批医院综合改革国家试点城市，会同国务院发展研究中心公共管理与人力资源研究所开展对全市加快推进关键性医药卫生体制改革课题进行专题调研和课题研究，制定印发《海口市医疗、医保和医药联动综合改革实施方案》。年内，海口市全面实施“先看病后付费”诊疗服务模式，逐步推进取消药品加成改革工作；巩固完善基本药物制度，率先在全省非政府办社区卫生服务机构实施国家基本药物制度。

【创新开放型经济体制机制】2016年，海口市围绕打造国家“一带一路”支点城市，深化区域合作，编制完成《海澄文一体化区域基础设施规划》；推动琼州海峡经济带建设，深化与湛江在发展规划、交通港航、安全生产、反恐维稳、旅游、“菜篮子”等领域的务实合作。飞机保税融资租赁业务在海口落地，并完成4架进口飞机的保税SPV租赁业务，货值26.29亿元，较好地拉动全市进口贸易、固定资产投资增长。整车进口口岸共进口22批次278辆汽车，货值5774.9万元，进口完税货值1.23亿元，实现各类税收5344万元，缴纳关税 4016.6万元。开设海口保税进口商品直营中心，直营中心主要经营有进口酒类、日化品、生鲜、珠宝和皮具等商品一万多种并设有跨境电商体验区，为市民提供丰富多样的进口商品服务。

【新型城镇化改革】2016年，海口加速推进新型城镇化改革工作。完善城乡规划一体化体制机制，增强规划的科学指导和管控作用，开展海口市新型城镇化背景下城镇体系专项研究。推进户籍制度改革，印发《海口市居住证申领办法》，正式启动居住证申领工作。完善公共服务均等化。推进“村改居”工作，制定印发《海口市人民政府办公厅关于推进“村改居”工作实施意见》，加快海口新型城镇化建设步伐，改善社区居住环境，提升城市品位，全面提高城市管理水平，积极稳妥推进“村改居”工作。实施统一的城乡居民基本养老保险制度，进一步完善城乡义务教育经费保障机制，全面开展农村土地确权登记颁证工作。推进特色产业小镇建设，云龙、新坡等10个特色产业小镇开工建设，石山互联网小镇经验在全国推广，18个镇墟旅游化改造加快。加大农村基础设施建设力度，沙土路硬化率达82.9%，完成农村安全饮水工程42个，解决3.5万人安全饮水问题，全面启动新一轮农村电网改造升级工程。

【商事制度改革】2016年，海口市贯彻落实国务院办公厅《关于加快推进“五证合一”登记制度改革的通知》精神，制定印发《关于试行“五证合一、一照一码”登记制度改革工作的通知》和《关于海口市试行“五证合一、一照一码”登记制度改革的通告》。8月31日，举行全省首批“五证合一、一照一码”发照仪式，在全省率先实施“五证合一、一照一码”登记制度改革，较国务院规定的10月1日提前1个月完成。探索实施简易注销工作，进一步提高登记效率，优化企业退出的办事流程。

（邹达飞）

行政审批改革

【行政审批改革概况】 2016年，海口市深入推进简政放权、放管结合、优化服务改革工作，指导区级向镇（街）共下放39项行政管理事权，跟踪落实37项市级权项下放工作，规范市级参与行政审批中介服务管理，全面梳理公共服务事项。创新协同监管机制。公布权力清单2801项，责任清单3186项；建立“双随机一公开”抽查机制，同时加快应用投资项目在线审批监管平台。提升政务服务水平。通过“一窗受理、互联互通、信息共享”的登记模式，顺利实施“五证合一、一照一码”“两证整合”的登记制度改革，并于8月31日颁发全省首批“五证合一、一照一码”营业执照，提前1个月实现国务院办公厅提出的登记改革工作目标；探索综合行政审批，在海口国家高新技术产业开发区成立行政审批局，实施“极简审批”，进一步节约企业运营成本，提升企业效益，优化投资环境。

【落实双随机抽查机制】 为贯彻落实《海南省推广随机抽查规范事中事后监管实施方案》，2016年，海口市出台《2016年推进简政放权放管结合优化服务改革工作方案》和《关于建立双随机抽查机制加强事中事后监管的实施方案》，将“加强事中事后监管，建立‘双随机一公开’抽查机制”作为一项重要工作进行部署，明确要对照权力清单，建立随机抽查事项清单、抽查对象和执法检查人员名录库，制定随机抽查工作细则、统一的市场监管信用信息平台等内容的“双随机一公开”监管工作机制（即“一单、二库、一细则、一平台”）。9月底公布“一单二库”、市双随机抽查工作实施细则；双随机系统于10月31日正式启用运行，包含全市29家市直属单位286项随机抽查事项、4.22万个抽查对象和1059名检查人员名录。至12月31日，全市29家单位全部达到本部门市场监管执法事项的70%以上、其他行政执法事项的50%以上的工作目标。海口市建立“双随机、一公开”抽查机制，取得提升监管公正性、规范性、有效性，减轻企业负担和减少权力寻租的功效。

【规范市级参与行政审批中介服务管理】 为切断政府职能部门与中介机构的利益关系，2016年3月25日，海口市政府出台《关于市级参与行政审批服务中介机构脱钩和取消指定中介机构服务的决定》，市政府决定：1家中介机构与市级主管部门脱钩，3家中介机构与市级主管部门保留挂钩关系，保留挂钩关系的中介机构，通过职能分离重组，除公益性服务外，不再开展与主管部门审批相关的中介服务；取消2个市级主管部门的2项中介服务机构指定（其中1项过渡性取消），对2项中介服务事项增加授权委托机构，消除垄断，扩大市场竞争。

【权责清单公布】 2015年，海口市率先在海南省各市县中启动权责清单编制工作，先确定以市市政市容委、市规划局、市发改委、市国土局、市教育局、市卫生局、市水务局和市环保局等8家单位为试点，制定海口市首批权力清单和责任清单。2016年4月15日，印发《海口市人民政府关于公布海口市首批试点单位权责清单的通知》，公布8家试点单位的权责清单。8家试点单位参照行政许可、行政处罚、行政强制、行政征收、行政给付、行政检查、行政确认、行政

2016年海口市市级参与行政审批服务中介机构脱钩和取消指定中介机构服务目录

海口市市级参与行政审批服务中介机构脱钩目录			
序号	挂钩中介机构	主管部门	中介机构性质
一、完全脱钩（1个）			
1	海口市环境科学研究院	市环保局	事业单位
二、保留挂钩，不开展审批中介服务（3个）			
1	海口市规划勘察测绘服务中心	市规划局	事业单位
2	海口市人力资源市场	市人社局	全民企业
3	海口市林业服务中心	市林业局	事业单位
海口市市级取消参与行政审批服务指定中介机构服务目录			
序号	中介服务事项	中介机构	主管部门
一、取消中介机构服务指定（1项）			
1	维修技术人员从业资格组织报名、培训	海口市交通运输协会	市交通港航局
二、过渡性取消中介机构服务指定（期限1年，1项）			
1	地籍调查	海口市土地测绘院	市国土资源局
三、增加授权委托机构，扩大市场竞争（2项）			
1	人防工程施工图设计文件审查	海南国盾人防建设工程咨询有限公司 中民防咨询中心有限公司	市民防局
2	残疾类别及等级评定	海口市人民医院 海口市第三人民医院 海口市第四人民医院 海南省安宁医院 海南博德精神病医院	市残联

奖励、行政裁决和其他类别的分类方式制定的首批权力清单共619项，责任清单共963项。12月16日，印发《海口市人民政府关于公布海口市政府部门权责清单的通知》。至此，海口市顺利完成38家单位的权责清单编制工作。38家单位共有权力清单2801项、责任清单3186项。权责清单的编制，使各单位摸清自己的"家底"，明晰权力的边界，做到法无授权不可为，法定职责必须为。

【区级行政管理事权下放】2016年，海口市重点推进区级向镇（街）下放权限工作，区级共向镇（街）下放39个事项。美兰区将辖区内有关物业管理投诉和信访工作、物业管理行政处罚权等6项物业管理权限下放各镇、街道；琼山区向除云龙镇外的其他镇（街）下放27个权项，涉及9个区政府职能部门；龙华区下放6项。

【行政审批服务监管】按照海南省发改委和省审改办《关于启用海南省投资项目在线审批监管平台的通知》精神，2016年，海口市采取与海南省在线审批监管平台进行对接的方式，在线办理项目审批业务，推进投资项目在线并联审批。海口市审批系统自接入省平台以来，"百日大行动"督查项目实现100%录入省平台办理。11月，15家市级部门、4个区级部门（20家单位）和3个开发区的应用平台率均实现100%，并实现平台赋码100%和平台办理100%的双百要求。年内，海口市使用省平台的上报办件总数1475件，办结1263件，其中市级部门涉及审批项目211件、备案项目313件，合计办结524件；区级部门涉及审批项目522件、备案项目196件，合计办结718件；开发区涉及审批项目10件，备案项目11件，合计21件。与省级在线审批监管平台对接后，实现对海口市投资项目予以统一赋码，确保一项一码并联审批工作的开展；通过统一项目代码为索引，可汇集海口市项目信息、审批流程、完成项目的全程监管，并实现逐层向省级平台、国家平台报送项目审批信息，提高审批效率，实现全省"一张网"审批的目标。

【探索实施市级综合行政审批】2016年，根据海南省委、海口市委对实行综合审批，设立行政审批局提出的任务要求，市审改办开展关于现阶段成立海口市行政审批局有关问题的调研，分析筹建行政审批局的条件及可能面临的问题和风险，为市委、市政府提供决策参考意见；7月16日，向省政府报送《海口市人民政府关于在海口市开展相对集中行政许可权试点工作的请示》，与此同时，启动机构设置、职能配置、事项划转、人员摸底、流程再造、信息平台开发、建章立制、场地改造等系列前期工作。7月25日，市委办公厅印发《海口市行政审批局筹建工作方案》，组建海口市行政审批局筹建工作领导小组办公室。年内，市行政审批局筹建工作正在推进中。

【"极简审批"】2016年，海口国家高新技术产业开发区通过实施"规划代立项"、以区域评估取代单个项目评估、优化项目服务、推行承诺制度、建立"准入清单"、实行联合验收、建立诚信档案、实施退出机制等措施促进"极简审批"的顺利实施。实施"极简审批"后，建设项目开工前的审批事项从29个减少到2个（仅保留环评和消防审批）；项目开工后，将13个验收事项进行一次性验收，审批时限从152天缩减至26天，审批效率提升80%以上，达到节约企业运营成本、提升企业效益、优化投资环境、激发社会活力，拉动民间投资的成效。自"极简审批"推行以来，高新区良好的投资环境对民间投资产生极大的吸引力，2015年10月至2016年，海口高新区共引入30个项目，总投资213亿元。其中生产性项目21个，合同总投资151亿元，产值251亿元。

【海口高新区成立行政审批局】2016年7月，海口市率先在海口高新区成立全省第一家行政审批局，同时还成立行政监管局、综合执法局，形成审批、监管、执法"三驾马车"，破除体制障碍，规范行政审批标准体系，制定系统的行政审批事项标准操作规程，实现"极简审批"，大大促进招商引资的力度，加快了项目落地的速度。

（张肖明）

"菜篮子"工程建设

【"菜篮子"工程建设概况】2016年，为落实第56次省政府常务会议研究出台的"菜十条"措施以及省领导调研的指示精神，2月6日，海口市出台稳定菜价"十六条"措施，重点从产、供、销三方面入手，打出一系列组合拳，海口市蔬菜生产、供应发生明显改观。同时，为进一步强化"菜篮子"市、区长负责制，修订海口市"菜篮子"工程建设联席会议制度，全面推进"菜篮子"工程建设，研究出台"菜篮子"主要产品价格波动联动快速预警工作方案、夏秋季叶菜价格指数保险试点工作方案，加强"菜篮子"工程建设管理的各项工作，重点推进"菜篮子"集团建设蔬菜基地、大型农副产品综合批发市场、末端网点建设，不断完善"菜篮子"稳价保供长效机制。通过市菜篮子集团搭建"菜篮子"工作的平台和抓手，赋予其"保应急，保淡季，保安全，稳价格"的公益职能，在市场价格波动时按照政府要求开展储备投放和调运调控，实现保供稳价惠民目标。全年，海口蔬菜价格呈现良好下降态势，在全省18个市县排名稳步后移，菜价平均排名基本保持在全省9～10位。

（林晓婵）

【市场菜价】2016年，海口市发改委（物价局）监测的农贸市场15个蔬菜品种全部上涨，平均零售价格为每斤（下同）3.82元，比上年上涨

17.18%。上涨幅度较大的有：上海青、豆角、韭菜和芹菜，平均零售价格分别为3.86元、4.52元、3.63元和4.95元，分别上涨24.12%、22.49%、20.20%和19.57%。

上半年，海口市场蔬菜价格呈先急涨后回落走势。1～2月蔬菜价格急涨，平均零售价格分别为3.71元、4.77元，环比分别上涨6.61%、28.57%。主要原因：从2015年11月下旬到2016年1月底受寒潮影响，造成全国大范围受灾，且持续时间长，导致全国蔬菜价格不同程度上涨，海口受长期阴冷多雨天气造成蔬菜烂根、叶子变黄腐烂等现象，产量大量减少，加上春节期间需求增加，多重因素导致蔬菜价格大幅上涨，特别是春节海口地区消费量最大的甜菜和水芹价格急涨、供不应求。3～4月蔬菜平均零售价格分别为4.24元、3.85元，环比分别下降11.11%、9.20%，价格虽明显下降，但仍高位运行。主要原因：（1）春节期间，海口叶菜价格高达10元以上，高利润导致种植户加大叶菜的种植。春节后，随着需求减少和消费下降，加上海口天气较好，气温适宜，有利本地蔬菜种植及生长，本地叶菜大量上市，价格大幅下降。但本地椒类、豆类、瓜类等上市量较少，价格偏高。（2）为应对菜价的过快上涨，市政府加大平价菜投放市场销售，市菜篮子集团增设平价菜销售网点，从省外和本省其他市县调运蔬菜供应本地市场，带动蔬菜价格回落。（3）工商、物价等各个职能部门加大对市场菜价监督检查和查处力度，严肃查办市场价格违法行为案件，规范经营者价格行为，促使菜价合理回落。5～6月蔬菜平均零售价格分别为3.56元、3.38元，环比分别下降7.53%、5.06%，持续小幅下降，主要原因是海口受高温、暴雨影响，导致本地蔬菜种植、生长受到较大影响，但由于岛外进岛蔬菜主产区生产旺季，海口加强进岛蔬菜数量的调运，有效地保障市场蔬菜价格稳定。菜价虽然持续小幅下降，但仍比上年同期价格高。

下半年，海口市场蔬菜价格呈稳中上涨再平稳回落态势。7月蔬菜价格平稳运行，平均零售价格为3.38元，环比持平。8～10月蔬菜平均零售价格为3.62元、3.81元、3.90元，环比分别上涨7.10%、5.25%、2.36%。蔬菜价格小幅上涨主要原因：（1）受7月底台风“银河”、8月台风“妮妲”“电母”影响，海口蔬菜价格上涨，全省部分市县蔬菜生产基地出现不同程度损失，造成全省蔬菜价格均出现上涨。（2）8月底至9月，海口频繁降雨，且9月初学校开学带动蔬菜需求增加，导致灾后菜价难以下降。（3）由于海口受灾严重，9月上旬本地蔬菜上市仍较少。市菜篮子集团采取增加销售4个基本蔬菜品种、加强农户对接、加大蔬菜采购力度等措施，增加市场蔬菜供应数量，确保蔬菜价格稳定。（4）受第21号强台风“莎莉嘉”影响，海口蔬菜生产基地大面积被淹，蔬菜上市大量减少，菜价明显上涨。（5）台风期间，市委市政府高度重视灾害对蔬菜价格的影响，市菜篮子集团在灾前储备大量瓜菜，灾后及时向各末端网点投放平价菜，抑制了市场蔬菜价格上涨，加快灾后蔬菜价格明显回落。（6）台风过后，海口天气好转，有利于灾后蔬菜生产恢复，带动市场蔬菜价格持续下降，但整体仍比9月菜价略有上涨。11～12月蔬菜平均零售价格为3.89元、3.72元，环比分别下降0.26%、4.37%。主要原因：虽然11月中旬后本地蔬菜上市量逐步增多，蔬菜价格出现回落，但受多股冷空气影响，特别是下旬受强冷空气影响，价格出现上涨，导致11月菜价整体高位平稳；12月后，海口天气有所好转，有利本地蔬菜生产、种植，随着本地蔬菜上市量逐步增加，带动市场蔬菜价格持续回落，特别是本地叶菜明显下降。

（吴　燕）

【16项措施确保春节菜价基本稳定】 2016年1月以来持续低温阴雨天气，海口市遭受41年罕见寒潮侵袭，本地叶菜生产受到重创，外地菜源地亦受损严重，货源紧缺，产地价格上扬，造成海口菜价与全国同步上涨。海口市委、市政府贯彻落实省委省政府对海口市“菜篮子”工作的有关指示精神，2月6日，出台并落实“菜篮子”保供稳价的十六条措施。主要通过扩大蔬菜基地种植面积，统筹考虑“候鸟”、游客和常住人口的消费需求；建立直销渠道，增加蔬菜批发网点，减少流通环节；把“暗补”变“明补”，加大财政资金的调节力度；加强市场监管，坚决打击各种类型的欺行霸市行为，对83个平价蔬菜直

海口市“菜篮子”基地。　（市菜篮子集团　供稿）

创新发展

销点进行规范整改，确保足量供应、限价销售、专区专卖；增加蔬菜调运，开通“菜篮子”平价蔬菜运输车辆进入市区的24小时“绿色通道”；统筹协调，正面引导，及时发布准确信息，打击虚假信息等六大方面共十六项具体措施，确保春节期间海口市菜价基本稳定。（1）由市菜篮子集团与菜农签订收购订单，市农业局半个月内组织抢种叶菜175.33公顷。支持市菜篮子集团在海口市及周边市县建设蔬菜生产基地。（2）对现行“菜篮子”扶持政策进行全面梳理，检查评估2015年政府补贴流转的200公顷叶菜种植基地生产情况，对生产好的企业继续给予扶持，其他收归市菜篮子集团统一管理。（3）计划新建2个公益性临时蔬菜批发市场。4月秀英区公益性临时蔬菜批发市场建成投入使用，原计划建设的琼山区公益性临时蔬菜批发市场因市场规划问题经市政府研究予以取消。（4）加快大型综合性农副产品批发市场建设。（5）在全市21个街道各选取1个以上300～500平方米的铺面建设菜篮子临时蔬菜平价直销点。（6）在全市300户以上的住宅小区中建设菜篮子社区蔬菜平价直销店。（7）在全市主城区所有农贸市场布设平价直销蔬菜摊位。（8）推出“菜篮子”平价直销流动菜车。（9）2月6日至3月6日，对南北蔬菜批发市场进场车辆免收春节期间1个月的综合服务费。（10）发放困难户、低保户等困难群体的物价上涨补贴。印发《低收入困难群体生活必需品市场价格上涨补贴发放方案》，对补贴对象每人一次性补贴300元，补贴金额共1303.86万元。（11）对83个平价蔬菜直销点进行规范整改，确保足量供应、限价销售、专区专卖。（12）组成联合监督检查工作组，对重点市场驻点监管，其他市场巡查监管，切实打击欺客宰客、恶意抬价等违法行为。（13）开通“菜篮子”平价蔬菜运输车辆进入市区的24小时“绿色通道”。（14）在加强省外调运蔬菜的同时，由市菜篮子集团公司与文昌、澄迈等周边市县蔬菜基地对接，增加本地叶菜供应。（15）加强正面引导，及时发布准确信息，打击虚假信息。（16）坚持“菜篮子”联席会议制度，系统推进“菜篮子”工程。

（林晓婵）

【夏秋季叶菜价格指数保险试点承保启动】2016年，海口市探索建立“保两头、放中间”的农产品价格形成机制，在市场价格低于目标价格时按差价补贴生产者，有效抵御市场价格风险，保障农民利益和市场价格基本稳定。4月20日，海口市人民政府办公厅印发《海口市夏秋季叶菜价格指数保险试点工作方案》，由中国人民财产保险股份有限公司海南分公司负责开展海口市夏秋叶菜价格指数保险试点工作。试点保险时间为2016年5～11月，试点保险品种以叶菜为主，包括菜心、空心菜、小白菜等本地居民生活需求较多、淡季生产能力不足，价格波动明显的蔬菜品种。保险责任期自蔬菜成熟采摘（或采收）开始时起至采摘完毕时止。5月18日，海口市政府与中国人民财产保险股份有限公司海南省分公司在海口新发地产业园区，联合启动夏秋季叶菜价格指数保险试点承保仪式，中国人民财产保险股份有限公司海南省分公司与海南新发地现代农业发展公司签约，出具蔬菜价格指数保险首张保单，投保面积5.2公顷，保险品种为空心菜、上海青、芥菜、小白菜，保额19.78万元，新发地自行承担10%保费1977.6元；第二单投保人为海口市统历岭蔬菜种植合作社，投保面积10公顷，保险品种大致相同，保额35.8万元，合作社自行承担10%保费3580元。5～11月，中国人民财产保险股份有限公司海南省分公司承保面积共1005.67公顷，保费351.69万元（参加投保的涉农企业52户次，保费230.09万元；乡镇农户参保1466户次，保费121.6万元）；出险面积631.07公顷，赔款404.65万元，惠及的涉农企业与种植农户1256户次。该项业务的实施，充分调动菜农淡季种植叶菜的积极性，规避农户因市场价格波动造成的经济损失，进一步提高企业与农户抵御市场风险的能力，有效维护淡季叶菜市场价格的稳定，为稳定海口市“菜篮子”发挥重要作用。

【“菜篮子”主要产品价格波动联动快速预警机制建立】2016年4月7日，海口市人民政府办公厅印发《海口市“菜篮子”主要产品价格波动联动快速预警工作方案》。“菜篮子”主要产品包括日常消费的粮、油、肉、禽、蛋、菜、奶、鱼、果等生活必需品。当市场“菜篮子”主要产品或某个产品达到预警线（连续3天超10%以上）时，由市联席办预警与价调协调组提出研判建议，市联席办迅速召开会议研判态势，分析判断警情，启动预警，并研究部署各项生产、流通、调控等应急措施及方案。自该方案印发之日起，市场“菜篮子”主要产品或某个产品没有达到预警线。海口市已形成完善的物价联动补贴工作机制，在物价上涨幅度达到启动条件时，及时启动实施城乡低收入群体补贴与物价上涨联动机制，发放物价联动补贴和临时生活补贴。9～12月，海口市居民消费价格指数（CPI）上涨幅度达到启动条件，海口市政府及时启动实施城乡低收入群体补贴与物价上涨联动机制，为城乡低保户、农村五保户、优抚对象、领取失业保险金人员、全日制在校大中专（含技校）学生等共33.24万人次发放价格临时补贴，补贴资金565.02万元。

【“菜篮子”工程监管及价格信息平台运行】2016年2月初验后投入试运行。位于海口市第二办公区17号南楼，该平台主要有：信息采集子系统、中心管理平台、微信应用、数据共享平台、应用支撑基础平台。全年监测的农副产品品种102个，价格采集监测点43个，总共采集价格信息近20万条。在微信应用方面每天都正常发布价格信息，数据共享平台提供表征接口和管理平台，供外部单位权限设置、技术联调等功能。

【实施露地种植叶菜补贴】2016年，海口市继续实施露地种植叶菜补贴，共发放补贴1069.26万元，补贴种植面积3533.33公顷。同时，制定并实施《海口市夏秋季叶菜价格指数保险试点工作实施方案》，政府给予菜农投保保费90%的补贴，减少菜农的市场风险。5～11月，共承保面积1005.67公顷，保费351.69万元，其中农户缴费35.17万元，占总保费的10%；政府财政补贴316.52万元，占总保费的90%。

（吴　燕）

【"菜篮子"蔬菜种植基地建设】2016年，为贯彻落实海南省"菜十条"的扩大蔬菜种植面积、海口市"菜十六条"建设常年蔬菜种植基地、海口市委市政府"建成200公顷以上的大棚"的要求，市菜篮子集团积极推进菜篮子蔬菜种植基地建设。4月21日，市菜篮子集团下属子公司农业科技开发公司与市财金公司签署战略合作协议书，共同打造千亩蔬菜种植产业园；同日，市菜篮子集团签约第一个蔬菜保供基地——七水洋蔬菜种植基地，面积56.4公顷。10月16日，"菜篮子"三江蔬菜种植基地、七水洋蔬菜种植基地开工建设；11月7日，"菜篮子"大荒洋蔬菜种植基地开工建设；11月13日，市菜篮子集团完成大荒洋、大荒洋（林昌）、七水洋、三江蔬菜种植基地共441.67公顷土地流转的合同签订工作。至12月31日，"菜篮子"蔬菜种植基地累计种植蔬菜85.33公顷，主要品种有菜心、芥菜、上海青、空心菜、茼蒿、黄白、水白、甜菜、水芹、地瓜叶、萝卜苗等。年底前启动建设蔬菜大棚17.47公顷。

【"菜篮子"蔬菜种植基地合作】2016年，为加快推进"菜篮子"蔬菜种植基地建设，广泛加强与国内蔬菜龙头企业、岛内外优秀企业的深度合作，合力打造海口乃至海南蔬菜全产业链的资源整合一体化运作，保障海口、海南的"菜篮子"蔬菜供应的部署，海口市菜篮子集团邀请优秀企业调研海口市"菜篮子"蔬菜种植基地，实现深度合作。4月22日，市菜篮子集团下属子公司农业科技开发有限公司与海南新发地现代农业发展有限公司在海南新发地果蔬示范园签署海口市菜篮子大力洋蔬菜供应基地战略合作协议；10月23日，市农业局、市菜篮子集团赴广东徐闻进行考察合作交流，与徐闻县委县政府达成进一步合作意愿；深圳市大生农业集团兰华升董事长一行到海口市考察海口市公益性大型农副产品综合批发市场、秀英区石山互联网农业小镇、菜篮子大荒洋蔬菜种植基地等，并与市菜篮子集团初步达成合作意向；11月8日，市菜篮子集团下属子公司农业科技开发有限公司与海南绿普生农业科技有限公司合作成立混合所有制公司"海口市益民惠生农业科技有限公司"，利用混合所有制企业决策反应迅速的特点，合作建设经营蔬菜种植大棚，保证夏秋季节蔬菜供应；12月16日，市菜篮子集团与山东省寿光市鲁盛农业科技发展有限公司调研菜篮子三江、七水洋、大荒洋蔬菜种植基地，初步达成合作意向。截至12月31日，市菜篮子集团对接种植企业、合作社及种植户30余家，与4家种植企业代表初步划定180公顷大荒洋合作种植地块及边界范围，与2家种植企业达成七水洋基地合作种植意向，均已进场开展种植生产。

（陆振中）

2016年10月16日，海口市菜篮子三江蔬菜种植基地开工建设暨市菜篮子农业科技有限公司与海南绿普生农业科技有限公司签约仪式举行。（市菜篮子集团 供稿）

【建立蔬菜供应调节机制】2016年，海口市建立蔬菜岛内外供应调节机制，增加省内外蔬菜调入数量。在重大节假日及异常天气前夕，及时协调大型蔬菜批发市场加大岛外菜的调运储备力度。市菜篮子集团敞开收购，在市内建设落实20个田间蔬菜收购点，对接基地、散户收购本地叶菜；加大岛内南部地区蔬菜基地采购量，增加本地叶菜储备；对接海口、屯昌等岛内基地，同时寻求与云南、广东、广西、甘肃、山东等岛外大型蔬菜基地的合作，与省内外24个基地签订供销协议，达成合作意向的省外基地3333.33公顷以上。采用航空运输方式，不断向市场投放新鲜蔬菜，采取多次配送，保障灾害天气新鲜岛外蔬菜供应，满足市民对平价菜需求。每日直接采购蔬菜调运入岛，供应海口市场，自2月以来，共采购本地蔬菜3266吨、岛外菜7261吨。

（庄梦泽）

【"菜篮子"末端销售网点建设】 2016年，海口市委市政府提出实现海口市区21个街道、建成区300户以上小区、164个社区的"三个全覆盖"（即覆盖海口市区21个街道、建成区300户以上小区、164个社区）目标要求，海口市菜篮子集团采取建设社区平价菜店、在现有的大中型超市和农贸市场中设立蔬菜直销点、运营菜篮子平价菜直销车等措施，全面推进末端网点建设。至12月31日，市菜篮子集团末端网点实际在营网点237个，其中"菜篮子"平价菜直营店24家、加盟店10家、合作网点164个，进驻城区农贸市场15家，拥有38个"菜篮子"直销摊位，有1辆"菜篮子"平价菜直销车投入正常运营，基本完成"三个全覆盖"。首创平价菜"批发直销"模式提高平价菜市场占有率，业务拓展至文华、龙舌坡、沿江三西路等11家农贸市场（295个市场摊位）。截至12月底，菜篮子集团的平价菜销量2.23万吨，日配送量120吨，约占海口市城区蔬菜销售量的15%。

（吴英珍　陆伟）

【推出43个平价菜临时销售点】 为平抑春节期间因寒潮天气、琼州海峡停航等原因造成的菜价大幅上涨，2016年2月10日开始，海口市菜篮子集团首批18个"菜篮子"蔬菜的临时直销点（流动菜车）正式营业，弥补平价蔬菜零售网点的不足。至14日，全市共铺开43个临时直销点。临时直销点每个点每天至少供货1000斤以上，随着市民知晓程度提高，临时直销点上配送销售量也不断增加，所售蔬菜品种由最初的12种增加至22种。平价蔬菜销售价格普遍低于市场均价10%～20%，降低末端销售价格水平，其中"一元菜"白萝卜仅售0.98元/斤，直接惠民。从启动之日至2月22日，市菜篮子集团累计销售平价菜325吨，促使市场菜价加速回落。

（庄梦泽）

【建设海口市菜篮子（公益性）大型农副产品综合批发市场】 由海口市菜篮子集团建设，市场定位为"政府主导，市场化运作"的全省唯一一级农副产品综合批发市场。位于长兴路（规划路）以北、国道G225以南、粤海大道以西、东环铁路以东，用地面积38.2公顷，建筑面积42万平方米，建设23栋建筑，包括2个交易大棚、8个交易厅、1栋检验检疫大楼、2个冷库、1个仓库、1个加工配送中心、2栋瓜果临街铺面、1栋写字楼、1栋展销中心及配套、1栋宿舍、1栋设备用房、1栋垃圾压缩站、1栋污水处理站，涵盖七大交易类别、十大功能平台，建成后将成为全省规模最大、设施最全、功能最完备的现代化农副产品批发市场。项目分两期建设，第一期2016年至2017年，计划建设面积10万平方米，第二期2017年底启动，建设面积32万平方米。总投资约23亿元，2016年6月30日开工建设。采用参照PPP的商务条件和操作程序，引入社会资本参与准公益性项目建设。至2016年底，2号交易大棚和5号、7号交易厅基本完成建设，3号、4号、7号交易厅封顶，其中2号交易大棚的蔬菜交易区共24个摊位于12月10日投入试运营。

（林晓君）

【海口平价菜电子导购地图上线】 2016年10月28日，海口市菜篮子集团下属的信息科技有限公司开发建设的平价菜电子导购地图试运行，以信息化渠道完善末端网点定位服务，市民可以通过电子导购地图了解各末端网点的地理位置、营业情况和所属业态，便于市民快速找到离自己最近的平价菜店。11月10日，平价菜电子导购地图在安卓、ios、PC端三大平台成功运行。

（蒙思佳）

【夏秋淡季蔬菜种植科研技术攻关取得阶段性成果】 海口市稳定"菜篮子"价格领导小组办公室、海南大学和好新鲜果蔬种植专业合作社三方合作，共同策划实施的"海口夏秋淡季蔬菜种植关键技术攻关与示范项目"在2016年取得阶段性成果。10月28日，省农业厅在该项目基地召开全省抗风防雨常年蔬菜大棚建设现场会，各市县农业部门领导及常年蔬菜生产企业（合作社或种植大户）参观项目研究基地，海南大学教授现场介绍大棚、栽培技术情况。11月16日，该项目完成总体研究目标，并通过由海南省农业科学院、中国热带农业科学院、海南省种子站、海南省农业学校、海南华合会计师事务所等单位组

海口市政府平价菜流动直销。　（市菜篮子集团　供稿）

海口市菜篮子1号加工配送中心。摄于2016年2月19日。（市菜篮子集团 供稿）

成的专家组的验收。项目研究总结出一套适合夏秋蔬菜生产的且可推广的设施生产模式。通过研究及试验，从海南大学设计的4种蔬菜大棚中筛选出2种适合海南夏秋淡季蔬菜种植的大棚，具有低成本、抗台风（12级）、适度降温和防虫（草），便于操作等优点。项目组在2年内进行蔬菜品种引进与筛选试验，共引进移栽大白菜品种60份，青梗菜（小白菜）品种26份，菜心品种47份、芥蓝品种6个、芥菜品种5个、空心菜品种3个，其他叶菜资源30多份，瓜果菜资源100多份，并以新西兰杷洲菜心、强春2号大白菜、水东芥菜、喜来宝芥蓝为样本，针对海南夏秋季节性台风和大雨，试验通过遮阳网和防虫网防止雨水对叶菜的拍打损伤，通过高畦技术，减缓基地排水不及时造成的菜地涝害，通过4～5层防控防治技术，完全控制棚内杂草、病虫害发生蔓延。经过各项研究表明，各品种较适合夏秋大棚生产，产量均超过1000公斤/亩以上，有的高达1500公斤/亩。

（吴　燕）

【菜篮子集团】为建立“菜篮子”保供稳价长效机制，海口市菜篮子集团于2015年12月31日正式成立，旨在发展战略、结构优化、资源配置、投融资资本运作、财务管控、制定“菜篮子”产品服务标准等方面发挥主导作用。政府通过市菜篮子集团，搭建“菜篮子”工作的平台和抓手，赋予其“保应急，保淡季，保安全，稳价格”的公益职能，解决政府不容易干好的“菜篮子”工作，同时规避政府直接干预市场。平时实行自主经营，自负盈亏，在市场价格波动时能够按照政府要求开展储备投放和调运调控，实现“菜篮子”保供稳价惠民目标。2016年，集团成立4家二级子公司，分别是海口市菜篮子农业科技开发有限公司、海口市菜篮子市场运营管理有限公司、海口市菜篮子投资发展有限公司及海口市菜篮子信息科技有限公司。全年平均职工有213人。年内，海口市菜篮子农业科技开发有限公司与海口市菜篮子投资发展有限公司因项目需要，与其他社会资本共同出资，成立2个合资公司。海口市菜篮子农业科技开发有限公司与海南绿普生农业科技有限公司合作成立项目公司“海口市益民惠生农业科技有限公司”，利用绿普生公司现有的大棚和技术，提高蔬菜生产的质量。海口市菜篮子投资发展有限公司参照PPP模式，与社会资本共同出资设立海口益民惠通建设有限公司建设大型农副产品综合批发市场。

（林晓婵）

互联网产业发展

【互联网产业概况】2016年，海口市创新供给侧改革服务机制，明确将互联网产业作为全市12大产业的重点，加以大力扶持。历经2年发展，海口互联网产业加速向经济社会各领域扩展，成为当前创新活跃、成长迅速的新兴产业，向“三年成形、五年成势”迈出坚实一步。至年底，全市互联网企业数量逾1500家，较上年新增近1000家，增长率约200%，其中有9家企业在新三板挂牌，占全省的81.8%。互联网从业人员约5000人。创新创业载体近30个，孵化初创企业近300家，带动创业就业人数超过1.2万人。全市互联网产业相关营业收入155亿元，比上年增长23%，增速位列全市12大产业之首，全省占比48.1%。在2016年中国“互联网+”指数报告中，海口位列“产业+创新创业领先GDP排名”全国第二，“互联网+”总指数在全国351个城市中排名第42名。

【互联网产业发展扶持】2016年，海口市落实中央及省市互联网、小微企业创业创新等专项资金4亿元，有力推动互联网创新创业、中小微企业服务平台、产业集聚地等领域的发展。落实《海口市促进互联网产业发展若干措施》，兑现惠企政策资金，充分发挥财政资金、扶持政策，全年兑现互联网产业专项资金4272万元，其中扶持互联网初创企业418家、兑现个税补贴奖励3家企业共111人、兑现产品增值税奖励企业4家、为2家企业各1人办理高端人才落户及发放住房补贴。10月1日起实施《海口市众创空间认定管理办法》，鼓励、支持海口市各区、开发区、高校、科研院所、企业、创业投资机构和社会力量，利用闲置厂房、废旧仓库、商业设施等投资创办众创空间，并根据该《办法》认定复兴城互联网创新创业园、海口市新华信息产业孵化园、创业村江东电子商务产业园、海南互联网＋众创中心、海口国家大学科技园众创空间、海口市青年电商创客空间、海口车库咖啡7家单位入选海口众创空间。在创新创业载体方面，坚持高标准打造互联网发展"软环境"。打造复兴城互联网创新创业园、江东电子商务产业园、海口市新华信息产业孵化园、石山互联网农业小镇、演丰互联网小镇、滨海国际金融中心为代表的创业创新载体近30个，引进清科、云峰等多家知名基金公司进驻园区，孵化酷秀、超级船东、一号师傅等初创企业近300家。年内，复兴城互联网创新创业园、海南数据谷被授牌为全省唯一的两家"省重点互联网创新创业基地"；"阿里云创客＋"、车库咖啡、光谷咖啡、海南微软创新中心、海南互联网＋众创中心、新华南信息产业孵化园6个园区被认定为"省互联网众创空间"，占"省字号"的3/4。园区企业获融资超3亿元，3家硅谷互联网企业签署投资与落地意向书；演丰、石山"互联网＋"特色小镇建设获社会各界广泛点赞。

【"互联网＋"建设】2016年，海口市在"互联网＋总部经济"上，加快建设"美安互联网＋总部经济"；阿里巴巴文化娱乐集团南方总部、爱奇艺创意中心落户海口，康佳集团互联网全球总部达成初步意向落户海口。在"互联网＋政务"上，海口网上申报先审后验率85%，12345热线办件质量优化提升；出台《工作微信群管理办法》保证全市工作微信群高效运行。在"互联网＋农业"上，构建"1+2+N"的石山互联网农业小镇发展模式，得到汪洋副总理的肯定。在"互联网＋旅游"上，培育壮大酷秀（年交易流水量26亿元）等一批本土互"联网＋旅游"企业，发展旅游线上线下服务，海口获评为中国"互联网＋旅游"十大优秀城市。在"互联网＋城市治理"上，搭建"诚信海口""公益海口""海口城市管家"三大网络平台。在"互联网＋现代物流"上，依托海口林安国际物流商贸城，整合上下游资源，降低物流成本。在《中国"互联网＋"指数（2016）》报告的多个项目和指标中，海口位居全国百强城市中上水平。其中，"互联网＋"总指数位居第42，"互联网＋旅游""互联网＋创新创业""互联网＋智慧城市""互联网＋交通物流""互联网＋餐饮住宿""互联网＋生活服务""互联网＋金融"分居第32、37、44、44、47、48、47名。

【大数据平台建设】2016年4月29日，由市政府、中国电信海南分公司、阿里巴巴集团三方合作打造的南海云及大数据服务中心项目开通试运行。至年底，完成20个单位共80个网站、30个应用系统的迁云工作，有效减少信息网络基础设施的重复建设，提高了数据共享利用效率，大数据平台建设取得阶段性成果。迁云后，2016年仅云服务一项就节约政府信息化建设投资约7500万元，节支29%，初步构建绿色节能、高效安全的大数据中心。

【复兴城互联网创新创业园】至2016年，海口复兴城互联网创新创业园已形成集创业咖啡、孵化器、加速器、创投基金、公共服务为一体的互联网创新创业生态体系，形成独特的热带滨海创新创业社区文化，成为继北京中关村之后最集中的众创空间聚集区之一，吸引大批返乡青年创客和国内外互联网人才。共有酷秀、超级船东、钢多多、长桑科技等136家互联网创新创业企业入驻园区，带动就业超5000人，其中16家园区企业共获得社会资本投资近1亿元；17家园区企业获得海南省首批互联网产业天使投资基金，占全省的81%；是2016年海南省唯一一家入选第二批"全国青年创业示范园区"和"中国乡村旅游创客示范基地"的园区。9月，海口复兴城二期工程——互联网创新创业总部大厦开工建设，建筑面积3万平方米，定位是复兴城创新创业"加速器""孵化器"的延展。12月9日，复兴城互联网创新创业园加速区揭牌，共有26家企业入驻。至年底，复兴城互联网创新创业园园区企业产业规模55亿元。

【演丰镇互联网产业小镇建设】2016年，海口市统筹城乡发展（集团）有限公司（以下简称"统发公司"）共投资9.05亿元用于小镇基础设施和公共服务设施建设，推动演丰互联网小镇"六化"建设，即创新创业要素集聚化、孵化主体多元化、创业服务专业化、创业活动持续化、运营模式市场化、创业资源开放化。统发公司和北京中关村互联网运营团队等共同发起成立混合所有制的一站式创新创业服务机构——海口红树林创新创业服务中心（以下简称"中心"），于4月注册成立并开始运营。中心引入"中关村模式"，采用"线上＋线下"的方式，也参考乌镇互联网创新创业服务模式，以创业企业共性需求为核心，引进、筛选专业服务机构和政府管理服务部门，提供一站式公共服务，同时发挥海口及演丰的特色，引进优质互联网、物联网企业，重点打造演丰互联网产业小镇，成为全国品牌性互联网产业小镇。9月19日，蜂巢创新工场正式在演丰互联网产业小镇揭牌，填补海南服务机器人研发设计与制造产业的空白。揭牌仪式上，爱尔兰科克理工大学Martin Klepal博士与创新工场签署共建联合研发中心协议；演丰镇政府与创新工场签署战略合作协议；上海钛米机器人与创新工场签署采购协议，确定采购960套智能定位模块，用作其下一代机器人的定位组件，采购额2000万元；中关村知名天使投资人肖庆平与蜂巢创新工场签署投资协议。统发公司协助海口投资管理有限公司发起设立互联网产业风险基金，首期募集规模3亿元，其中争取国家发改委和省政府配套1亿元，投资公司和社会募集2亿元，专项投资具有自主知识产权、创新能力强、商业模式新的演丰互联网企业。统发公司将演丰公共服务中心、西河路两边商铺改造装修成互联网企业办公场所，为首批进驻企业免费提供3年的办公场所；装修264套公租房、公共食堂等配套设施用于招商服务。同时，规划建设演丰综合服务生活馆，占地面积2.13公顷，建筑面积5.4万平方米，配套购物中心、体育中心、电影院、酒店等生活配套设施，为入驻企业提供配套服务。至年底，在演丰镇注册的企业有39家，其中互联网类企业18家，文创类企业15家，其他类型企业6家；另有26家企业有意向入驻。

2016年12月11日，农业部部长屈冬玉（前左三）等领导到秀英区石山镇互联网农业小镇运营中心调研。 （秀英区政府办 供稿）

【石山镇互联网农业小镇建设】 2016年，石山互联网农业小镇运行日臻成熟。秀英区投入223万元用于石山镇开展互联网进村入户工程，新增光纤用户3500户，光纤入户7490户，入户率77%，同时实现12个村委会办公场所及周边免费WIFI全覆盖建设。石山镇探索运用互联网思维破解“三农”问题，在全国率先探索提出“1+2+N”（“1”是指搭建一个互联网农业综合运行平台，构成整个互联网农业小镇的运行体系。“2”是指运营管控中心和大数据中心两个中心，构成对整个互联网小镇的管控和服务。“N”是指参与互联网农业小镇的企业、机构、组织以及具有生产运营能力的农户等若干个应用单元，构成石山互联网农业小镇最具活力的生产要素）的互联网农业小镇新模式。与中国电信、中国移动、中海网农、朗坤集团等单位以及当地村委会合作建立集综合管理和大数据于一体的镇级运营中心和10个村级服务中心，构筑以镇带村、镇村融合发展的互联体系。成立石山互联网农业产业联盟，聚合农产品资源，线上线下抱团发展，打造“海岛生活”和“火山公社”电商平台，通过现场竞拍、期货订单、股权众筹等模式，打造富硒黑豆、火山玫瑰等24个石山精品农业品牌。引进企业和鼓励农户大力发展石斛、黑豆、金银花、辣木、红芝麻等优特农产品种植和壅羊、小黄牛、火山鸡等健康养殖业；推进10个物联网示范基地，通过信息技术达到物物联通，无线监控，全方位管理的效果，建成石斛、壅羊、荔枝3个物联网生产示范基地。与优电联盟、淘宝等电商平台合作，以荔枝等众筹项目为切入点，启动荔枝、石山壅羊、石斛等10个众筹项目，推行农业期货，带动泛羊山地区发展订单农业；与“海岛生活”“火山公社”、优电联盟等电商平台及海南顺丰、海南邮政进行合作，充分对接产销大户，带动农村电子商务的新兴发展。与海南拍拍看等企业合作，开发农副产品防伪标识系统、溯源管理系统，聘用23名检测员对农业产业园区农产品生产、加工各个环节进行监控管理，逐步建立从农资到产品、从生产到销售的农产品质量安全追溯体系，确保食品安全。在“互联网+农业”的发展模式带动下，石山农业结构不断优化，品牌农业、订单农业、可监控可追溯的智慧农业得到快速发展。此外，石山镇浓厚的“互联网+”创新创业氛围，吸引200多名返乡创业大学生和农民创客活跃于此，为火山农产品书写背后故事、广开销路，线上线下产品销售火热，促进传统产业转型升级，促进农民增收、农业增效、农村发展。全年，石山镇线上线下销售额超2亿元。石山以互联网农业小镇建设为契机，按照“点、线、面”结合推动全域旅游建设的基本思路，大力扶持美社咖啡屋、人民骑兵营、火山客栈等优质民宿；依托火山口公园，全力打造以火山风情景点为基础、以民宿产业为牵引、以乡村体验旅游与产品组合为特色、以生态农业为支撑的火山风情小镇，助力石山镇成为海口休闲游乐的“后花园”。9月7日在全国“互联网+”现代农业工作会议暨新农民创业创新大会上，石山互联网农业小镇作为典型代表介绍发展经验。

【海南数据谷开园】 2016年11月22日开园运营，位于海口市大英山国际旅游岛CBD片区。海南数据谷定位于通过发挥海航集团产业和资本资源，对接资本市场，打造世界一流的互联网众创空间；通过聚拢行业资源，发挥集聚效应，形成互联网产业集群，培育互联网和创新创业龙头企业；通过建设数据开放平台、创业云平台、海南大数据交易中心、海南大数据联盟、大数据产业基金、IT服务外包平台等来强化大数据产业支撑，驱动互联网产业发展。海南数据谷的发展规划确定为3个阶段：在2016～2017年起步阶段，工作重点为建设运营万余平方米的专业化、国际化众创空间，并联合国内外创孵机构，营造一流的创新创业氛围；2018～2019年为发展阶段，数据谷将以周边优质的办公楼宇资源，丰富的居住、商业配套资源为依托，持续引入知名互联网企业，扩大园区互联网产业聚集规模；在2020年后的深化阶段，数据谷将重点完善产业支撑，推动形成具有大数据、云计算、跨境电商、互联网金融智慧旅游等行业特点鲜明的产业集群。

2016年11月26日，中国"互联网+"创新大会在海口召开。　（刘洋 摄）

【中国"互联网+"创新大会】 2016年11月25日在海口开幕。大会由海口市人民政府、中国电子信息产业发展研究院、海南省工业和信息化厅主办，美兰区人民政府、海口市统筹城乡发展（集团）有限公司、赛迪网承办。作为本次大会的重要环节，赛迪智库互联网研究所所长安晖现场发布《中国"互联网+"创新发展白皮书（2016年版）》。作为大会重要活动之一的2016年中国"互联网+"创业创新大赛总决赛于26日举办。本届"互联网+"创业创新大赛在全国设7大赛区，吸引上千项目参赛，35个优秀项目晋级总决赛。总决赛分为创新与创业两个组别进行项目路演。浙江昭园恒值实业投资有限公司、金葵花资本管理有限公司、北京大唐中科创新投资合伙企业、凯璞庭资本管理（集团）有限公司、海南海控资本创业投资有限公司、北京赛迪创业投资有限公司6家投资机构对决赛项目共发出超过4亿元投资意向金，单笔最高投资意向金额高达5000万元。海南省的投资机构海南联合股权投资基金、海南海控资本创业投资有限公司与进入决赛的35个项目签订天使轮意向投资协议书，而且，这些项目只要在总决赛中获奖并愿意落户海南，将给予每家企业最高100万元的天使基金扶持。经过角逐，最终获得创业组前三名的项目分别是"诺塞克NoSQLt实时时空大数据云""萌煮辅食""呼叫云"；获得创新组前三名的分别是"观众网""斑马社""富硒牛羊养殖及深加工"。其中创业组第一名"诺赛克NoSQLt实时时空大数据云"，由海口诺塞克西海数据科技有限公司独立开发，是新一代NoSQL型实时历史数据云产品，专门用于工业、民用物联云，时空大数据云的时空测量型数据处理，具备"海量实时大数据"处理能力，并向工农渔业生产、社会生活等各方面输出可定制化的实时态势、各种场计算结果和数值预报产品，指导社会安全生产。

【首届全国互联网智库峰会暨第四届网络舆情论坛在海口开幕】 2016年12月22日开幕。由中央网信办互联网舆情中心指导，海南省委宣传部支持，人民网、海口市委宣传部主办，人民网海南频道、人民网舆情监测室、人民在线、人民网新媒体智库承办。论坛围绕"互联网治理与网络群众路线""新媒体时代政法宣传与舆情引导工作""互联网智库、网络舆论与公共决策""政务舆情回应机制与新媒体建设"等主题举行多场圆桌论坛并发布"海口宣言"，"百家城市新媒体合作伙伴"也在会上启动。在论坛开幕式上，人民网舆情监测室和人民网新媒体智库打造的《互联网建设、发展与管理的海南样本》《2016全国政务舆情回应指数评估报告》等报告正式发布。同时还举行2016年"'互联网+'政务传播创新奖"、2016年"政务舆情回应优秀奖"、2016年"城市新媒体传播优秀奖"、2016年"全国政法新媒体建设优秀奖"颁奖仪式。"海口发布"荣获2016年"政务舆情回应优秀奖"。人民在线与《海口日报》签订战略合作框架协议，双方将在资源、平台、渠道、转型等方面开展战略合作，共同开展媒体融合转型、新媒体人才培养、新闻舆论管理系统规划建设等项目。23日论坛闭幕。

（刘天龙）

首届海南国际旅游岛三角梅花展

【首届三角梅花展概况】 首届海南国际旅游岛三角梅花展于2016年2月1日至4月15日在海口举办，历时75天。花展主题为"诚相待，春常在"，由市政府主办，市旅游发展委员会、市园林局、龙华区政府、省花卉协会、市城建集团承办，花卉展览区域设在海口市的万绿园、世纪公园、滨海公园"三园合一"核心地带，主展区设在滨海公园内。共安排三角梅花艺大展销、千辆自行车环保骑行、三角梅游园赏灯与换花活动、海口品牌农业包装展销、三角梅花卉专题研讨会、"椰树下的三角梅"艺术写生和诗歌创作、三角梅"花王"评选等11项文体商务活动。展出4.5万盆（株）三角梅，有10个地区近百个品种、39家花卉企业、27位园艺大师、市民70件个人作品参与交流创作，15个省的文化工作者、设计团体参与文化创作。据不完全统计，首届花展花卉旅游收入1.76亿元，关于三角梅的原创报道超过5000篇（条），平均每天原创3.6篇（条），转载量超过1000万次。随着各项活动的举办，三角梅文化也逐渐深入人心。花展的举办也使得三角梅市场价格与产业规模低迷的现象得到改善，引来新的投资与商机。花展期间，核心展区共接待市民游客85万多人次，直接带动城市一日游、自驾游、海南人游海南、节庆游和休闲游。花展创造属于海口自己的文化品牌。借物言志，凝结出三种品质——“大海胸襟、椰树风骨、三角梅品格”，成为海口干部的品格和座右铭。而以三角梅命名的文创旅游商品（领带、丝巾）、绘画、诗歌、摄影、小品、音乐、演艺等。

三角梅相关链接：三角梅，又名宝巾花，根据花色、叶形、叶色的不同，分为多个品种。原产南美洲的巴西，1799年由法国航海家传到欧洲，中国于1872年从英国引种三角梅到台湾地区。20世纪50年代，中国南方开始大量引种三角梅，并广泛用于室内阳台、窗台和公共场所点缀等园林布置。2012年10月，三角梅以高票当选海南省的省花。2013年1月15日，海南省四届人大常委会第三十七次会议做出决定，批准同意省政府关于省树、省花的议案，正式确定椰子树、黄花梨为海南的省树，三角梅为海南的省花。

【三角梅花卉展览】2016年首届海南国际旅游岛三角梅花展，花卉展览区域设在海口市的万绿园、世纪公园、滨海公园“三园合一”核心地带，主展区设在滨海公园内。本届三角梅花展汇集近百个三角梅品种，其中有近期引进和繁育的双托宫粉、双托大红、柠檬黄、大叶巴西紫、美露小红花等新品种。同时，各景区景点铺种何氏凤仙、万寿菊和四季海棠等草本花卉30万盆，展示多种造型的三角梅4.5万盆（株）。此外，海口市园林局还从岛内外组织调集近15万株不同品种的三角梅，在花展核心区、景观道路、机场、港口、码头等处集中摆放，并由园艺专家设计造型，使海口的几条主干道成为非常具有观赏性的赏花区。

【三角梅花展带动海口城市景观提升】2016年，在首届海南国际旅游岛三角梅花展的拉动下，海口城市景观得到提升。全市共有40多条（处）主干道、对外窗口、大型公共活动场所、特色街区、桥梁、景点及11个交通互通点种植三角梅41.5万盆（株），成为海口的独特景观。同时，通过花展，三角梅开始生活化、艺术化。市民房前屋后阳台种植三角梅占家庭用花的30%。开始涌现出三角梅学校、三角梅小区、三角梅阳台、三角梅小街；三角梅盆景走俏，有造型的三角梅盆栽成为最好卖点。

【三角梅花展带动市场购销两旺】2016年，在首届海南国际旅游岛三角梅花展办展前，海南三角梅品种比较少，价格低，无法形成生产力。花展以来，三角梅价格普遍上涨，精良品种的价格甚至翻三倍。不仅如此，三角梅花展还直接带动周边省份三角梅价格暴涨，且市场上三角梅种苗及中小规格产品供不应求，市场缺口很大，引来新的三角梅投资与商机。2015年全省仅有27家小规模企业及个人种植销售三角梅，规模不足13.33公顷，总投资额不到600万元。至2016年4月，已有56家大中型企业投资兴建三角梅种植基地。据统计，2016年，全省有8家企业投资5600多万元用于种植三角梅。

（编辑：杜惠珍）

中共海口市委员会

市委综述

【市委常委会工作概况】2016年，中共海口市委全面贯彻党的十八届三中、四中、五中、六中全会精神和省委六届九次、十次、十一次、十二次全会精神，协调推进“四个全面”战略布局，全面推进经济、政治、文化、社会、生态文明建设和党的建设，奋力扛起领跑全省实体经济的龙头担当，辐射周边、带动全省的服务担当和党员干部践行“三严三实”的示范担当。市委常委会坚持全面从严治党，深入开展“两学一做”学习教育，促进全市各级党组织和广大党员干部“四个意识”不断增强，干部作风明显转变，基层党组织的战斗堡垒作用和共产党员的先锋模范作用得到较好发挥。深入推进以“兴产业、去库存、降成本、补短板、强创新”五大重点任务为主的供给侧结构性改革，深化“多规合一”、城市执法、行政审批制度、农垦等多项改革，设立城市警察支队，“公安＋城管”执法创新经验在中央深改办内刊刊发，高新区“极简审批”模式受国务院第十督查组肯定。坚持标准不变、力度不减，深入推进全国文明城市和国家卫生城市创建工作，“创卫”通过国家暗访测评，“创文”测评成绩位居参评省会城市前列。坚持以人民为中心的发展思想，倾力改善民生，将70%以上的新增财力投向民生领域。海口市获“中国全面小康特别贡献城市”，入选“2016年中国幸福城市”，首次被评为“全国人民防空先进城市”，获评“全国创新社会治理优秀城市”。树立“绿水青山就是金山银山”的强烈意识，加强生态文明建设，空气质量在全国74个重点考核城市中持续排名第一。完成市、区、镇（街）、村（社区）换届选举，市第十三次党代会胜利闭幕，选举产生新一届市委、市纪委领导班子，顺利实现“十三五”良好开局。

【民主法治建设】2016年，海口市委常委会支持市人大及其常委会依法履行职权，支持政协发挥协商民主重要渠道和专门协商机构作用；巩固壮大最广泛的统一战线，支持民主党派建设，民族、宗教、外事、侨务、对台、港澳等工作取得新成绩；工会、共青团、妇联等人民团体的桥梁纽带作用进一步增强；关心下一代等事业健康发展。坚持党管武装，国防后备力量建设和“双拥”工作持续深入推进，获全国双拥模范城“八连冠”。抓好依法治市，市人大及其常委会充分行使地方立法权，制定、修订《海口市爱国卫生管理办法》等地方性法规，连续八年在全省依法行政工作考核中获第一；支持法院、检察院推进司法体制改革，城管巡回法庭、旅游巡回法庭、“荔枝法庭”等特色法庭受到社会广泛好评。海口市获全国法治宣传教育先进城市“四连冠”。

【从严治党】常委会自身建设。2016年，海口市委常委会严守政治纪律和政治规矩，落实《中国共产党地方委员会工作条例》，贯彻执行民主集中制，完善《市委工作规则》《市委常委会议事规则》等，共召开36次市委常委会，对改革发展、“三重一大”事项做出科学决策，推动出台《海口市“双创”工作领导干部能上能下专项考核办法（试行）》《组织人事部门对领导干部进行提醒、函询和诫勉实施细则》等一系列制度。

基层党建和干部队伍建设。2016年，海口市委常委会注重对各领域的基层党建工作系统设计、衔接配套，出台《中共海口市委关于全面从严治党加强基层党建工作的意见》《在全市基层党组织中全面推行标准化建设的指导意见》等配套制度，投入4.3亿元解决村居组织活动场所“无危小”问题。完成市、区、镇、村四级领导班子换届，村级组织书记、主任“一肩挑”比例99.5%，“两委”成员交叉任职比例78.5%，分别高于全省0.82和39.9个百分点。树立注重基层、崇尚实干的用人导向，坚持在“双创”、项目建设、重点领域改革等工作中锤炼干部、发现干部、选用干部，提拔重用基层干部51名；选派83名机关干部到建档立卡贫困村和软弱涣散基层党组织村任第一书记。落实“7+3+1”党建重点任务，非公企业、社会组织党组织覆盖率大幅提升，积极推行“一核两委一会”乡村治理新模式。

党风廉政建设。2016年，海口市委常委会贯彻落实《关于新形势下党内政治生活的若干准则》和《中国共产党党内监督条例》，出台落实党风廉政建设“两个责任”清单，制定《落实党风廉政建设监督责任工作实施意见》。查处作风方面违纪违规人员814人，对14个在作风方面发生重大违纪案件、不正之风滋生蔓延的部门和单位“一案双查”。启动市委巡察工作，稳步推进派驻机构全覆盖。全市纪检监察机关共受理群众信访举报1840件次，立案407件，党政纪处分449人；查处镇（街）、村（居）党员干部“微腐败”案件130件，给予党政纪处分116人，海南省纪委首次在海口召开农村基层党风廉政建设现场会。运用执纪监督“四种形态”，谈话函询320人，组织处理244人，移送司法机关2人，党政纪处分369人，占处分总人数的81.5%。新型监督品牌《亮见》节目做法被省纪委在全省推广。

【市委十二届十一次全会暨全市上半年经济形势分析会】 2016年7月27日在海口第二行政办公区召开，有234人参会。会议由市委常委会主持。会议审议通过《中共海口市委关于推进供给侧结构性改革促进经济行稳致远的实施意见》和《中国共产党海口市第十二届委员会第十一次全体会议关于召开中国共产党海口市第十三次代表大会的决议》。全会期间套开全市上半年经济形势分析会，分析当前经济形势，对下一步的经济工作作全面具体的部署，确定2016年11月在海口召开中国共产党海口市第十三次代表大会。

【市委十二届十二次全会】 2016年11月14日在海口第二行政办公区召开。有32人出席会议，中共海口市纪律检查委员会委员列席会议。会议由市委常委会主持。全会审议通过《中国共产党海口市第十二届委员会在中国共产党海口市第十三次代表大会上的报告》《中国共产党海口市纪律检查委员会向中国共产党海口市第十三次代表大会的工作报告》《中共海口市委组织部关于市管党费收缴、使用和管理情况的报告》《中共海口市委全委会工作规则》《中共海口市委常委会议事规则》，决定提请中国共产党海口市第十三次代表大会审议。会议决定，中国共产党海口市第十三次代表大会于11月18日在海口召开。会议要求全市各级党组织和党员，要紧密团结在以习近平同志为核心的党中央周围，深入学习习近平总书记系列重要讲话精神和治国理政新理念新思想新战略，坚决拥护、坚决维护习近平同志在全党的核心地位，始终在思想上政治上行动上同以习近平同志为核心的党中央保持高度一致，更加坚定有力推动党中央、省委各项决策部署在海口贯彻落实。

【中共海口市第十三次代表大会】 2016年11月18日，中国共产党海口市第十三次代表大会在海南国际会议展览中心召开，307名党员代表出席会议。会议由市委常委会主持。大会审议并批准张琦同志代表第十二届市委作的题为《践行发展新理念，开启省会新征程，谱写海南国际旅游岛建设主引擎新篇章》的工作报告和中共海口市第十二届纪律检查委员会向大会作的工作报告，选举产生新一届市委、市纪委领导班子，确定坚持沿江沿海统筹发展，围绕“一江两‘岸’、东西双港驱动、南北协调发展”，构建国际化滨江滨海花园城市的城市发展新格局，努力用3年时间使海口的山水林田湖海城的生态环境有明显改善，使海口的城市整体风貌有明显的提升。大会明确今后5年的主要奋斗目标：努力使经济特区省会城市的辐射带动和改革开放引领作用进一步凸显，海南国际旅游岛中心城市国际化水平进一步提升，全国生态文明示范城市的先行示范效应进一步放大，率先在全省全面建成小康社会，推进绿色城市、智慧城市、创新城市、人文城市建设。大会确定今后五年的“十大任务”：标准不变、力度不减，持续发力“双创”，全面提升城市规划和城市设计水平，推进城市精细化管理；深入推进供给侧结构性改革，不断增强经济增长动力和活力；坚持沿江沿海统筹发展，加快城乡一体化步伐；突出全域旅游发展，“点线面”结合全方位推进；以“海澄文”一体化为契机，深化改革开放；坚持生态环保优先，建设国际化滨江滨海花园城市；持续改善民生，着力打造有民本温度的城市；扎实抓好精神文明建设，提升城市文化影响力；大力实施人才强市战略，推进创新驱动发展；加强社会主义民主法治建设，凝聚发展强大合力。

【市委十三届一次全会】 2016年11月20日在海南国际会展中心召开。出席会议的有市委委员46人、市委候补委员9人，中共海口市纪律检查委员会委员列席会议。张琦主持会议并讲话。全会选举中共海口市第十三届委员会常务委员会委员、书记、副书记；通过中共海口市第十三届纪律检查委员会第一次全体会议选举产生的书记、副书记和常务委员会委员人选。会议还通过《中共海口市第十三届委员会第一次全体会议公报》。张琦全票当选为市委书记；倪强、吴川祝全票当选为市委副书记；张琦、倪强、吴川祝、郑柏安、巴特尔、李湖、王艳萍、林海宁、李向明、王忠云全票当选为市委常委。

【推进供给侧结构性改革】 2016年7月27日，中共海口市第十二届委员会第十一次全体会议审议通过《中共海口市委关于推进供给侧结构性改革促进经济行稳致远的实施意见》，明确提出牢固树立“创新、协调、绿色、开放、共享”的发展理念，主动适应经济发展新常态，坚持把创新作为引领发展的第一动力，立足市情，着力推进供给侧结构性改革，重点抓好“兴产业、去库存、降成本、补短板、强创新”五大重点任务，培育壮大以现代服务业为主的12个重点产业，提高经济发展质量和效益，为率先在全省全面建成小康社会奠定坚实基础。

坚定不移兴产业：围绕12个重点产业和重点园区发展，出台各类产业政策，设立各类政府引导、市场化运作的产业（股权）投资基金，充分发挥市场的决定性作用；加快热带特色现代农业发展，着力推动以低碳制造为主的战略性新兴产业集群发展，加快发展全域旅游，高起点高标准发展医疗健康产业，完善和提升区域性金融中心功能，超常规发展互联网产业，推进服务贸易创新发展试点，发展壮大会展业，提高区域性现代商贸物流中心地位，创新发展文化体育教育产业，培育海洋相关产业，推动产业转型升级和集聚发展，切实增加各类产品的有效供给。

精准施策去库存：抓住国家加快推进棚户区（城中村）改造的重大机遇，加快棚户区（城中村）改造的步伐，实施全货币化安置，健全完善棚户区（城中村）的基础设施和公共服务设施。加快推进新型城镇化。引进有实力、有品牌的开发企业，优化房地产产品结构，调整合理供需关系；加大房地产推销力度，大力培育发展住房租赁市场；支持合理住房消费，促进房地产市场平稳健康发展。

多管齐下降成本：持续推进简政放权、放管结合、优化服务，以“多规合一”和行政许可权相对集中倒逼行政审批制度改革，降低制度性交易成本。加快社会信用体系建设，推进信用信息共享交换，构建守信激励和失信惩戒机制，健全市场主体信用风险分类监管制度，降低市场交易成本。创新土地供应模式，鼓励企业采取长期租赁、租让结合、先租后让等方式使用土地，实行工业用地弹性年期出让制度，支持企业提高生产用地利用率，降低企业生产、流通成本。按照国家统一部署，将“营改增”范围扩大到生活性服务业、建筑业、房地产业、金融业等领域，落实降低制造业增值税税负政策；落实好支持小微企业发展、鼓励创新创业、加快转型升级、支持高新技术产业发展等一系列税收收费政策。降低企业税费负担。

深化“双创”补短板：以创建全国文明城市和国家卫生城市为载体，持续加大公共财政投入，补齐基础设施、城市管理、生态环境、公共服务设施、精准扶贫和社会民生事业短板，不断扩大优质公共服务供给。

集中资源强创新：积极申报海口国家级新区，发展更高层次的开放型经济，构建新型人才供给体系，推动创新资源和优惠政策向其聚集，增强创新驱动能力，形成具有较强创新能力的增长极，努力打造海口创新的新高地。

【提出建设国际化滨江滨海花园城市发展新格局】2016年11月18日，中共海口市第十三次代表大会提出坚持沿江沿海统筹发展，围绕“一江两‘岸’、东西双港驱动、南北协调发展”，建设滨江滨海花园城市的发展新格局。“一江两‘岸’”，就是坚持在保护中开发、在开发中保护，有序推进南渡江沿岸开发，加快东海岸江东片区、桂林洋经济开发区建设，积极推动西海岸片区加快发展；“东西双港驱动”，就是坚持“港、产、城”融合发展，形成东有以美兰机场为依托的空港新城，西有以海口港为依托、港城一体化的临港经济带战略布局；“南北协调发展”，就是管控好南部地区生态，有序开发、高水平建设东线高速、绕城高速沿线地区，加快形成以观澜湖新城等为重点的新区商圈；科学推进北部沿海开发建设，积极拓展城市发展空间。会议指出建设滨江滨海花园城市的发展方向是：要牢固树立“绿水青山就是金山银山”“山水林田湖是一个生命共同体”的理念，大力加强生态文明建设，继续抓好“绿化宝岛”大行动，积极推进生态环境修复，推行垃圾分类处理，农村生活垃圾收运实现全覆盖，建设海绵城市，全面启动城镇内河（湖）水污染治理3年行动；持续抓好打违控违、海岸带整治等工作，深化生态环境六大专项整治，扎实推进“美丽海南百千工程”，积极申报国家湿地公园，建设世界湿地城市，力争用3年时间使海口的城市风貌和生态环境有明显改善，城市品位和价值不断提升，让海口在加快发展中依然“望得见山，看得见水，记得住乡愁”。

【考察学习全域旅游建设经验】2016年4月23～24日，海南省委常委、海口市委书记孙新阳率领海口市党政考察团，带着“考察全域旅游15问”赴定安、琼海、万宁、陵水、三亚等市县，考察学习全域旅游建设的经验及做法。先后考察学习5个市县全域旅游规划、工作思路、工作措施，参观风情小镇、特色产业小镇、美丽乡村和现代农业示范基地，并了解污水治理、垃圾处理等城市治理管理经验，以及旅游监督管理体系建设等情况，从外地考察学习中丈量海口差距，直面旅游市场管理机制、群众参与、旅游产品创新等重点难点，在学习中研究、思考和探索海口因地制宜、精准施策的良招。海口市委副书记、市长倪强，市领导林海宁、王忠云、孙世文、任清华，市相关部门单位主要负责人，4个区和桂林洋经济开发区、三江农场党政主要负责人，各镇镇委书记参加考察活动。

【综合协调服务】2016年，海口市委办公厅共起草市第十三次党代会报告《践行发展新理念，开启省会新征程，谱写海南国际旅游岛建设主引擎新篇章》、政策文件《市委关于推进供给侧结构性改革促进经济行稳致远的实施意见》等重要文稿材料30余篇。向中办、省办上报信息538篇，其中中办采用信息15篇，省办采用信息176篇，中央、省、市领导对信息做出批示的有10篇，编印《海口要情》73期、《每日舆情》210期。全年共主办协办全市性大型会议9次，市委常委会议34次，书记专题会议39次，其他各类会议57次；安排市委主要领导调研61次、暗访39次，协调部署接待、考察等其他重要公务活动71次。制发市委、市委办公厅文件476件，及时办理各级来文5450件（份），快速反应办理市委领导批示件579件（份）；推进市党内规范性文件审核备案工作，共向省委办公厅报备规范性文件 26 件，审核各区委、市委各部门规范性文件 24 件。

【督查督办】2016 年，海口市委办公厅进一步转变检查督导方式，推动中央、省委和市委重大决策、重要工作部署以及省市重点工作、重点项目、社会热点、民生问题等情况的落实。全年共下发告知单、督办通知 222 件；编辑《市委书记批办件督查情况》12 期，办理书记批示件 205 件，已办结 192 件，正在办理 23 件，办结率 94%；编发《海口督查专报》48 期，其中向省委督查室报送 16 期，超额完成报送任务。市委、市政府领导在督查专报上批示 19 件（次）。

【保密机要】2016 年，海口市委办公厅制定《中共海口市委保密委员会 2016 年工作要点》《海口市“七五”保密法治宣传教育规划》，组织保密知识培训 6 期共 538 人次，先后开展信息公开保密审查、涉密网络保密管理专项检查、重点骨干网络保密管理专项检查等，抽查检查 18 个单位 187 台涉密计算机。强化机要服务，组织全市签订《机要保密责任书》《机要密码保密承诺书》，完成各项密码通信和信息技术服务，确保密码应急保障。

（林贻巍）

组织工作

【组织工作概况】2016 年，海口组织工作以落实全面从严治党要求为主线，以“两学一做”学习教育和区、镇、村换届工作为重点，聚焦全市大局，精准施策发力，开拓创新，亮点纷呈，在加强党的建设、干部人才队伍建设、基层组织建设等各方面工作都取得新进展、新成效。全年完成 77 个处级领导班子和 889 名处级干部 2015 年年度考核，以及 12 名处级领导干部的试用期满考核；共举办各类培训班 1024 期，培训处级干部 9009 人次、科级及以下干部 9.53 万人次；选拔任用处级干部 241 人次，其中提拔重用 131 人次，平级调整 110 人次；开展柔性引才项目 7 个，柔性引进专家人才 57 人，组织 25 名海外人才申报“椰城海高计划”。推动市委一次性安排专项资金 4.3 亿元，全面解决全市 230 个村居组织活动场所“无、危、小”问题。全市共有基层党组织 3803 个，党员 7.54 万名，其中发展新党员 1180 名。党员中先后有 182 人被评为国家、省、市级道德模范；405 人被评为“海口好人”，其中入选“中国好人榜”18人。

2016 年 12 月 1 日，海口市委常委、组织部部长王艳萍（右三）调研石山镇施茶村级组织建设。（秀英区政府办 供稿）

【基层党建】（1）基层党组织制度建设。2016 年，海口市委组织出台《中共海口市委关于全面从严治党加强基层党建工作的意见》《关于在全市基层党组织中全面推行标准化建设的指导意见》《关于海口市村（社区）“两委”班子及成员绩效考核工作的指导意见》《海口市“一村一策”农村发展党员工作方案》等一系列配套制度文件，对各领域基层党建的主要目标、工作重点、推进措施进行系统设计、整体包装，衔接配套，形成协调推进基层党建的路线图、施工图、时间表。（2）建立基层党建工作运行机制。建立基层党建工作季度例会制度，每个季度由市委常委、组织部长主持召开一次基层党建工作例会，市直各党（工）委书记、各区委书记、组织部长、镇（街道）党（工）委书记参加会议；建立三级书记联述联评联考制度，每年年底，组织区、镇（街道）、村（社区）三级党组织书记就抓基层党建工作情况进行专项述职；建立基层党建工作巡回检查制度，每年对各区、市直各单位和基层党支部落实中央、省委、市委部署的各项党建工作任务情况采取明察暗访的方式进行全覆盖的巡查，并将巡查结果报市委，强化基层党建工作问责问效。（3）基层党组织经费保障。在调整基层组织工作经费和村（社区）基层干部补贴标准基础上，出台《中共海口市委关于全面从严治党加强基层党建工作的意见》，进一步强化基层基础保障。适当提高正常离任村“两委”干部生活补贴标准，规定从 2017 年 1 月起，正常离任村“两委”干部（男年满 60 周岁，女年满 55 周岁），其补贴标准每人在 2016 年的基础上提高 50%。

【村级组织换届】截至 2016 年 8 月 8 日，海口市 248 个行政村和 186 个社区“两委”班子全部完成换届选举工作任务，共选举产生新一届村（社区）“两委”班子成员 3163 名，其中村“两委”班子成员1793名、社区“两委”班子成员1370名。换届整体呈现出“四高”：村党支部书记、村委会主任“一肩挑”比例99.5%，比上届提高28.9个百分点，“一肩挑”比例高；村党支部和村委会一次性选举成功率分别为100%和99.32%，一次性选举成功率高；村（居）“两委”成员到位率99.52%，村（居）“两委”成员到位率高；党员群众对换届工作的满意度为97.5%，党员群众满意度高。

【镇领导班子换届】截至2016年9月14日，海口市完成4个区22个镇的领导班子换届选举工作，成为全省第一个完成镇换届的市县。全市22个镇共选举产生领导班子成员233名，其中党委班子成员176名、人大班子成员30名、政府班子成员71名。党委政府班子成员交叉任职44名，整个换届工作100%一次性选举成功，达到组织、党员、群众“三满意”的预期目标。新一届镇领导班子成员平均年龄39.89岁，比上届低1.28岁，其中35岁以下的75名，占32.19%，比上届提高2.56个百分点；女干部44名，占18.88%，比上届提高3.6个百分点，其中女书记4名，比上届增加1名，达到省委规定的“每个区至少要各有1名女镇委书记”的要求；大学本科及以上学历的177名，占75.97%，比上届提高13.47个百分点；具有基层工作经历的219名，占93.99%，比上届提高7.88个百分点。当选的镇事业编人员、优秀村干部、大学生村干部三方面人员32名（秀英区9名，龙华区9名，琼山区7名，美兰区7名），占13.73%。

【区领导班子换届】截至2016年9月29日，海口市4个区换届工作完成，选举产生新一届党委领导班子成员36名、人大领导班子成员20名、政府领导班子成员27名、“法检”两长8名、纪委领导班子成员28名。新一届领导班子平均年龄46.67岁，比上届低0.65岁；45岁左右（43~47岁）干部的配备数量共32名，总体上占党政领导班子成员总数的57%，比上届提高9.3个百分点；女干部18名，比上届提高2.4个百分点；大学以上学历干部77名，比上届提高8.1个百分点；具有镇（街）基层工作经历的党政领导班子成员有27名，比上届提高4.4个百分点。提拔重用10名在“双创”、棚改、防违打违等重点工作中实绩突出、作风过硬的领导干部。4个区党代会、人代会所有选举事项没有出现二次选举，全部一次性选举成功，成功率100%。市委提名的4个区委36名常委、4名书记、8名副书记人选和纪委28名常委、4名书记、8名副书记人选全部顺利当选，当选率100%。市委提名的47名区人大、区政府领导班子人选和8名法检两长人选全部顺利当选，当选率100%。市委批复的116名市党代会代表候选人全部顺利当选，当选率100%。市委下派市级政党、人民团体联合提名的56名和4个区委提名的236名（不含4名部队代表）市人大代表候选人全部顺利当选，当选率100%。

【党组织软弱涣散整顿】2016年，海口市委组织部按照“一个组织一个方案、一个问题一条措施”原则，量身定制“一村一策”整顿方案，落实《海口市整顿软弱涣散基层党组织问责暂行办法》，通过采取派驻工作队、选派“第一书记”、调整充实党组织班子成员、谈心谈话等措施抓好整顿转化。选派83名机关党员干部到软弱涣散村和贫困村担任“第一书记”。全市60个软弱涣散基层党组织基本完成整顿转化。

【党员队伍建设】2016年，海口市共有基层党组织3803个，其中党委162个、党总支187个、党支部3454个；下辖4个区22个镇、21个街道办事处、186个社区居委会、248个行政村的基层党组织，党员7.54万名，其中农村党员2万名、社区党员1.58万名。全年发展党员1180名。

【党建促脱贫攻坚】2016年，海口市委组织部探索“党建带脱贫、脱贫促党建”的新路径，使党建优势转化为扶贫优势、党建活力转化为攻坚动力。把52名乡贤人士代表和453名在“双创”、棚户区改造、重点项目建设等市委、市政府中心工作中表现突出的党员推选进村“两委”班子；从市区直机关选派57名优秀党员干部到建档立卡的贫困村和软弱涣散村党支部担任第一书记，拓宽扶贫新思路，充实攻坚新力量；组织全市35名市级党员领导干部、93个市直机关企事业单位党组织和167个有贫困户的行政村结对子；从市直机关选派100名科级年轻干部到乡镇一线挂职锻炼。

【在职党员到社区报到开展志愿服务】2016年，海口市继续深化在职党员开展志愿服务活动，全市1.76万名机关在职党员主动到社区报到，常态化穿上红马甲，戴上红袖章，参加卫生整治、文明劝导、政策宣传等“双创”志愿服务活动。截至年底，海口注册志愿者25万人，占建成区人口比例16%，远超全国文明城市测评体系标准；法律援助、社区服务等各类注册志愿者团队3000多支，志愿服务总时长超过600万小时。

【非公经济组织和社会组织党建】截至2016年底，海口市非公有制企业4307家，组建党组织668个（单独建392个，联合建276个），党组织覆盖企业3179家，覆盖率73.8%；社会组织1224家，组建党组织81个（单独建52个，联合建29个），党组织覆盖社会组织1092家，覆盖率89.2%。全年新成立非公企业党组织319个、社会组织党组织75个，成立“三无”小区党组织、党员之家18个，将976名“口袋党员”“隐形党员”纳入正常管理教育中。全年拨付823.9万元，按党支部工作经费5000元/年和党组织书记工作补贴6000元/年标准分发给非公有制企业基层党组织，给予经费保障。8月，指导海口市工商行政管理局成立首个中共海口市“小个专”（小微企业、个体工商户、专业市场）非公有制经济组织工作委员会，设党委委员5名，其中书记1名，副书记1名，隶属海口市非公经济组织与新社会组织党工委，负责“小个专”非公有制经济组织的党建工作。10月，印发《关于集中推进我市非公有制企业和社会组织“两个覆盖”专项工作实施方案的通知》，开展“两个覆盖”工作“百日攻坚”行动。年内，倪庆种被海南省委组织部评为“优秀党务工作者”，海南吉羽物业服务有限公司党支部、海南信发五金投资有限公司党支部、椰树集团矿泉水公司党支部、海南英利新能源有限公司党支部被海南省非公党工委评为“先进基层党组织”，刘文民、李静、唐东海、潘有华、傅勇纲被评为市“优秀党务工作者”，周春南、黄佩龙、陈瑛、杜毅、王威被评为市“优秀共产党员”。

【党建工作巡回检查】2016年7月至8月上旬，海口市委党建工作巡回检查办公室成立5个党建工作巡查组，对4个区、43个镇（街道）以及74个市直机关（企事业）单位基层党建工作任务落实情况进行巡查，并印发《关于海口市2016年基层党建工作巡查情况的通报》在全市范围内进行通报。12月中旬，制定《海口市国有企业党建工作暨各区党委书记、市直各党（工）委书记抓基层党建工作述职评议巡查工作方案》，深入市城市建设投资有限公司等22个国有企业和4个区、市直各党（工）委等11个单位，重点巡查国有企业党建工作弱化、淡化、虚化、边缘化等问题，同时督导市直各党（工）委落实重点党建工作任务情况。

【干部教育培训】2016年，海口市共举办各类培训1024期，培训处级干部9009人次、科级及以下干部9.53万人次。其中，海口市委组织部组织开展“双创”工作、换届选举工作、城市治理管理等15个主体培训班次，培训厅、处级干部900余人。5月4～13日，举办海口市领导干部“坚定理想信念，加强党性修养”专题培训班，采取“本地教学+异地教学”“课堂教学+现场教学”“自主学+微论坛”相结合等多元化、组合式的教学方式方法，对各区、市直各单位的40多名分管党务工作的领导干部开展党性教育，深入学习习近平总书记系列重要讲话精神、《党章》《中国共产党廉洁自律准则》《中国共产党纪律处分条例》、中国特色社会主义理论、社会主义核心价值观等，还前往井冈山、市国防教育基地实地开展革命传统、国家安全教育。6月17～28日，在市委党校、清华大学（深圳研究生院）、海南陆军预备役步兵师高射炮兵第一团3个教学点举办为期12天的领导力提升专题培训班，对近3年来新提拔的40多名处级领导干部按理论武装、党性教育、廉洁从政、岗位素质等多个专题开展领导力提升培训。8月25日，在国家行政学院举办“践行五大发展理念，引领新发展新跨越”专题培训班，40多名处级干部参加培训。10月12日，在浙江大学举办海口市城市管理治理专题培训班，40多名领导干部参加培训，深入学习杭州城市管理治理成功经验和先进做法，提升干部城市管理“精细化”能力和水平。全年共选派86名领导干部参加上级各类培训，其中厅级领导干部44人，处级领导干部12人，科级领导干部（乡镇领导干部）30人。

【干部选拔任用】2016年，海口市委组织部共提请市委常委审议干部议题34次，选拔任用包括龙华区委、琼山区委、美兰区委、市财政局、市法制局、市卫生局等一把手在内的市管干部241人次，其中提拔重用131人次，包括女干部44人、党外干部14人、少数民族干部5人；平级调整110人次。严把程序关口，对选拔重用人选全部听取纪检监察机关意见并在媒体或单位系统内进行任前公示，对16名选拔担任重要领导职务的干部征求市委委员意见，有效防止“带病提拔，带病上岗”。推动干部能上能下常态化，调整不适宜担任现职领导干部24名。坚持干部下基层、基层出干部，制定出台《海口市从优秀村（社区）“两委”班子成员中选聘任用事业单位工作人员实施办法》，新选派或继续选派市直机关干部到基层一线挂职锻炼139人，交流市直机关处级干部20名到区、镇（街）任职，提拔（重用）基层干部51名。

【团职军转干部安置】2016年，根据“公开、平等、竞争、择优”和“成绩排序、双向选择、组织决定”原则，海口市新增两个副处级实职岗位，安置8名正团、13名副团军转干部到海口市工作。同时，及时做好2015年军转干部办理报到、入编、户口迁移等相关手续。

【党群系统公务员招录、登记、调动】2016年，海口市委组织部完成2名海口市党群系统公务员招录工作，其中市妇联1名、民建海口市委1名。办理党群系统公务员（参照公务员法管理工作人员）录用、转正、任职、定级备案及登记手续，录用、转正、任职20人，登记39人；军转干部登记为公务员（参照公务员法管理工作人员）9人。办理17名党群系统科级及以下干部市外调动手续。

【处级干部离任交接】2016年3月，海口市正式启动处级干部离任交接工作。全年完成21批210名处级干部的离任交接工作。

【市管干部日常管理】2016年，海口市委组织部共起草处级干部任免文件504份，在党建网上发布干部任免信息15期；安排处级干部任前谈话381人、组织报到297人；办理46名处级干部退休手续，116名处级干部的调动，510人次处级干部工资审批手续。

【市管干部档案管理】2016年，海口

市委组织部向海南省委组织部考察组报送市管干部档案72卷，向省委组织部移交省管干部档案18卷，转出市管干部人事档案21卷，接收市管干部档案77卷（含2015年正团职军转干部人事档案13卷）。全年收集归档干部任免审批表、公务员登记表、退休审批表、工资审批表，因公出国人员审批表、备案表等相关档案材料3100份，办理市管干部档案查借阅业务806人次。开展干部人事档案专项审核工作，海口市在职市管干部人事档案共956卷，应审档案956卷。在7月27日初审、复审的基础上，对907名干部信息认定且符合政策规定的，填写干部人事档案专项审核工作专用《干部任免审批表》，对干部信息存在不一致的档案进行分析汇总，先后5次提交海口市委组织部部务会审定，涉及干部250名，约谈档案涉嫌涂改的干部谈话约60人次，完成802名市管干部专项审核认定工作。任前审核82名区换届考察对象人事档案。完成2016年军转的51名团级军转干部档案进行了接档审核工作。审核接收划转海口市管理的农垦改革人员（处级）档案7卷，其中垦区公安局3卷，农垦总局4卷。

【干部出国（境）管理】2016年，海口市委组织部共办理处级及以上干部因公（私）出国（境）148人（其中厅级干部15人）、市管干部出入境登记备案117人，撤销市管干部出入境登记备案57人。

【换届风气监督】2016年6月，海口市委组织部印发《关于海口市加强换届风气监督工作方案的通知》，对全市的换届风气监督工作进行部署；成立换届风气监督工作组织领导机构；下发《关于认真落实换届风气监督有关责任的通知》，压实“五类责任主体”责任。把换届纪律贯穿换届工作全过程，通过新闻媒体、网络载体、短信和微信等平台宣传“九严禁”换届纪律要求，把“一片一书”（即《镜鉴——湖南衡阳、四川南充“两案”警示录》和《严肃换届纪律文件选编》）以及干部选拔任用、换届选举工作的政策法规，纳入市、区领导班子中心组集体学习、专题研讨、专题民主生活会、“两学一做”等学习教育的内容，落实“四必看”“四必谈”“四必训”和“凡提四必”；成立换届风气巡回督查组开展巡回督查，充分发挥“12380”举报受理平台的作用，对违反换届纪律问题严肃查处，并开展换届风气监督工作“回头看”活动，确保海口市、区、镇、村四级换届风清气正。

资料链接：“四必看”，即几大班子领导必看、参加换届工作会议同志必看、负责换届工作机构人员必看、“两代表一委员”必看。“四必谈”即本级四套班子成员必谈、本级党委管理的主要领导干部必谈、重点岗位干部必谈、负责换届工作人员必谈。“四必训”，即组织部门分管领导和干部监督机构人员必训，换届考察组成员必训，人大、政协和纪委、统战部等有关方面参加换届工作人员必训，“两代表一委员”必训。“凡提四必”，即换届提名人选的干部档案“凡提必审”，个人有关事项报告“凡提必核”，纪检监察机关有关廉政情况的意见“凡提必听”，反映有关问题的信访举报“凡提必查”。

【制定干部考核办法】2016年，海口市委组织部结合海口市开展“双创”工作实际，着力在“双创”工作中解决实际存在的领导干部不作为、不担当、不适宜担任现职的问题，让干部“上”得有据，“下”得服气，树立正确的用人导向，推动形成能者上、庸者让、劣者汰的选人用人机制，研究制定《海口市“双创”工作领导干部能上能下考核办法（试行）》，经市委常委会审议通过后，由市委办公厅印发，并在7月19日的《海口日报》上全文刊发。

【干部监督】2016年，海口市委组织部开展“带病提拔”领导干部选拔任用过程进行集中倒查工作，对2015年度海口市纪委提供的处级干部和各区、市直各单位提供的科级干部中受到撤销党内职务或者行政职务以上处分的情况进行审核，确定8名干部（处级干部3名、科级干部5名）为倒查对象。科级干部由所在单位作出自查后，海口市委组织部成立调查组进行复查和审理。全年收到群众来电来信来访和网上举报91件，其中举报情况属实2件，部分属实3件，不属实63件，正在调查8件，留存13件，线索不清无法核实2件。加大公示期间举报查核力度，公示期间举报查核9件，均不属实。同时，按照海口市《关于组织人事部门对领导干部进行提醒、函询和诫勉的实施细则》，对群众来信举报的1名处级领导干部提出函询，2名处级领导干部提出诫勉。

【领导干部报告个人有关事项抽查】2016年，海口市完成957名处级领导干部个人有关事项报告填报、录入工作，按照10%的随机抽查比例确定2016年度随机抽查核实对象98名。落实“凡提必核”要求，对17批145人次拟提拔或转任重要岗位的处级干部考察对象，及111名因工作需要查核的处级干部开展重点抽查核实，其中，对存在不如实报告的4名干部暂缓提拔使用程序，占抽查人数的1.56%。1月27日，对不如实填报房产、股票、基金及配偶投资入股企业等个人信息的21名处级干部进行提醒约谈，并利用《海口日报》《海口党建网》等主流媒体对约谈情况进行宣传报道。

【超职数配备干部整改消化】2016年，海口市委组织部根据中组部《关于严禁超职数配备干部的通知》要求，参照海南省委组织部做法，以2014年9月的超配情况为整改基数，在整改消化期间开展职数预审，通过办理退休、调整任职、调动工作、空缺职数自然抵消等方式，完成240名超配干部的整改消化任务，比省委组织部要求的时间提前1个月。

【人才工作】2016年3月，海口召开市人才工作协调小组第五次会议，通报2012年以来全市人才工作情况，听取有关部门人才工作专题汇报。同月，召开全市人才工作座谈会，邀请10名人才代表和9名用人单位代表参加座谈。3月30日，海口市委办公厅印发《2016年全市人才工作要点》。5月，海口市委组织部组织全市36家行业主管部门进行全口径人才资源统计专题培训。经过近4个月的数据收集汇总，完成全市人才发展的总体情况、5支人才队伍建设情况和16个重点领域人才资源情况的全口径调查，形成《海口市2015年度人才资源统计报告》。9月，市委副书记、政法委书记吴川祝，市委常委、组织部长王艳萍带队看望慰问入选中组部第二批国家“万人计划”的齐鲁制药（海南）有限公司总经理刘文民等3位人才。11月，在中国（海南）改革发展研究院举办全市人才工作者专题培训班。春节前开展市管专家及特级教师的慰问活动，对海口市突出贡献中青年专家、享受国务院特殊津贴专家、“百千万人才工程”人选、国家“千人计划”人选、省优专家、市拔尖人才、省特级教师等170人进行慰问，发放慰问金11.9万元。市委组织部部务会审议通过海口广播电视台、市外事侨务系统、市人民医院、市粮食局等单位柔性引进57名“候鸟型”专家人才，拨付柔性引进人才资金171万元。开展全市“候鸟型”高层次人才摸底工作，共收集到151名高级职称或硕士以上学位“候鸟型”人才的基本情况。推进线上服务平台（海口市人才工作网）和3个线下服务平台（海口市高层次人才服务平台、海口市企业经营管理人才服务平台、海口市创新创业人才服务平台）投入使用并发挥作用。

2016年9月7日，海口市委副书记、市政法委书记吴川祝（右一），市委常委、组织部部长王艳萍（左一）在齐鲁制药（海南）有限公司慰问入选中组部第二批国家“万人计划”专家刘文民。（毕方喆 摄）

【组织工作调研】2016年3～4月，海口市委组织部牵头，市委政法委、市公安局、市财政局、市委政策研究室等单位参加，组成“海口市公安系统人事管理与工作协调改革”专题调研组，赴南宁、贵阳、广州、合肥等4个省会城市学习考察，并在海口市内开展深入调研，先后召开各类座谈会9次，单独约谈具有政法与组织工作经验的区领导3人次，形成《关于公安系统人事管理与工作协调改革的调研报告》。4月中下旬，市委组织部组织开展人才工作专项调研，牵头组织市人社局、市外事侨务办、市委党巡办、海口国家高新区等单位组成考察组赴江苏省南京市、无锡市学习考察人才工作，学习先进经验、借鉴成功做法；深入海口高新区、海口综合保税区的一线用人企业，听取用人主体对于人才工作的意见和建议。在省内外深入调研的基础上，会同市人社局等相关职能部门起草《关于加强海口市“十三五”时期人才队伍建设的实施意见（征求意见稿）》《关于加强优秀人才及团队引进培养的实施意见（征求意见稿）》《关于加强“候鸟型”高层次人才工作的若干政策措施（征求意见稿）》《海口市人才服务综合平台建设方案（征求意见稿）》等。其中，《关于加强海口市“十三五”时期人才队伍建设的实施意见》于6月10日经海口市委常委会审议通过，市委向全市印发。

【组织工作宣传】2016年，海口党建网站和秀英区、龙华区、琼山区、美兰区4个区级党建网站均加入全国党建网站联盟，全市22个镇、21个街道办事处、248个行政村、183个社区居委会均开设党建网页并全部上线。全年海口党建网站发布各类信息1000余条，海口党建微信公众号发布各类信息550余条，共发展用户1.76万余人。市委组织部向《中国组织人事报》《今日海南》《海南党建》等媒体报送信息稿70余篇，宣传海口组织工作特色做法和工作亮点。其中，《抓党建 促脱贫 实现五个转变》《干部下基层 基层出干部》《强保障重考核夯基础 全面提升基层组织建设水平》被《今日海南》《海南党建》等刊发。开展党建信息采集工作，全年向《共产党员手机报》编辑部报送信息15条。出版《基层党务工作实用手册》5000册，发放至全市各基层党组织。7月，市委组织部联合市“双创”指挥部、市委宣传部和团市委举办历时1个月的“双创”先进典型事迹巡回宣讲活动，以《我是共产党员》栏目推出的与“双创”相关的优秀共产党员事迹为蓝本，在秀英区、龙华区、琼山区、美兰区、市公安局、高新区、保税区、桂林洋经济开发区8家单位开展8场宣讲，聆听宣讲的党员干部及群众代表近3000人次。

【党员电化和现代远程教育】2016年，海口市委组织部利用远程教育平台、海南党员教育视频网和海口党建网组织党员干部集中收看学习“两学一做”及《我是共产党员》栏目视频课件和专题片。全年打造《我是共产党员》专题栏目40期，以“亮党员身份，塑先锋形象”为主旨，坚持每周在海口广播电视台、《海口日报》、海口网等新闻媒体同步推出专栏，集中展示基层一线普通党员在平凡岗位上的先进事迹、为民意识、务实作风和清廉本色。协调海南省党员教育中心上传栏目影片47部供海口广播电视台转播。

【大组工网建设】2016年5月，海口市委组织部及4个区委组织部大组工网密码机部署到位，并配备密码管理工作人员。11月，国家保密科技测评中心对海口市委组织部及4个区委组织部大组工网分级保护建设正式出具测评报告。

【公务员信息库建设】2016年，海口市委组织部指导全市各单位做好公务员统计、事业单位领导班子报表填报工作，收集、审核海口市党群口39个基层汇总单位的公务员统计数据和54个市直属事业单位领导班子统计数据。会同市人力资源和社会保障局对照上一年度统计数据逐项审核，顺利完成2015年度公务员统计数据汇总与校核工作。

（王飘飘）

宣传工作

【宣传工作概况】2016年，海口市委宣传部深化理论武装工程，推进学习型党组织建设；坚持正确舆论导向，为推进海口经济社会全面发展营造良好氛围；加大对外宣传工作力度，推动国际化滨江滨海花园城市建设；开展创建全国文明城市和文明素质提升工程，不断提高海口城市文明程度；深化文化体制改革，促进海口文化产业融合发展和繁荣；开展群众性文化和重大活动，丰富市民文化生活；大力建设海口公共文化服务设施，推进海口文化惠民工程。年内，海口市艺术团歌舞诗《黎族家园》荣获第五届全国少数民族文艺会演“剧目金奖”和“最佳舞台美术奖”，新闻作品《600家店铺为拾荒阿婆攒纸箱》（《海口日报》）、新闻论文《新媒体时代城市电视台的转型与发展》（作者王忠云）分获第二十六届中国新闻奖二等奖和三等奖；市排水所秀英养护队队长陈清琪入选“感动海南”2016十大年度人物并荣获“全国五一劳动奖章”，社区干部盘丽芬入选“中国好人榜”；海口获评“2016年度中国最具幸福感的城市”，连续两年在全国文明城市测评中取得参评省会城市排名第二的好成绩。

【理论宣传】2016年，海口市委宣传部组织市委理论学习中心组集中学习15次。以“两学一做”“十八届六中全会”“双创”为主题，组织领导干部、专家宣讲团深入机关、基层开展宣讲300多场。特别邀请十八届六中全会精神中央宣讲团成员在海南宣讲期间到琼山区博桂社区与基层群众进行面对面宣讲，省委常委、市委书记张琦带头到琼山区塔昌村进行互动式宣讲，为群众解疑释惑，全市共完成宣讲1342场，做到基层党组织全覆盖，基层党员全覆盖。组织市委理论学习中心组成员开展“双创”专项课题研究，形成28篇指导性较强的调研报告；以“五大发展理念”和全面从严治党为主题，组织2016年度理论研讨会，有78篇优秀理论文章在会上交流、研讨。制定《海口市党委（党组）意识形态工作责任制实施细则》，推动各级党委（党组）贯彻《实施细则》，履行主体责任。

【新闻宣传】2016年，海口市委宣传部组织全市新闻战线通过报纸、广播、电视、网络以及微博、微信、手机客户端为全市经济社会发展进行宣传。深入宣传党的十八大、十八届六中全会、省委六届十一次全会和市第十三次党代会，宣传贯彻全国、省、市“两会”精神，组织建党95周年、长征80周年、海口建市90周年以及“双创”工作、“极简审批”、生态文明建设、“菜篮子”工程、服务社会投资“百日行动”、脱贫攻坚、禁毒、抗击台风“莎莉嘉”等一批重大主题宣传。

【典型人物宣传】2016年，海口市新闻战线继续挖掘凡人善举、讲好海口故事，组织开展2016海口十大新闻人物评选活动。《海口日报》先后开设《我是共产党员》《身边好人·道德模范》《德耀椰城》等专栏、栏目，全方位、多层次、多角度地报道好海口各界学习、宣传、培育和践行社会主义核心价值观的先进事迹。海口广播电视台推出的《我是共产党员》栏目，自开播以来，先后推出培育濒危植物红榄李的东寨港国家级自然保护区管理局职工王式军、用生命守护“城市命脉”的市管道养护所秀英队队长陈清琪、带领村民发家致富的演丰镇群庄村委会主任冯尔铭、为教育事业呕心沥血的海口市实验中学教师邱桂兰等30多位各行各业共产党员先锋模范。组织评选表彰“海口好人”“美德少年”“新乡贤”“最美家庭”等180多个先进典型，弘扬社会正能量，李朵家庭获“全国文明家庭”称号，盘丽芬入选2016年12月“中国好人榜”“妈妈训教团”，龙华区玉沙社区、美兰区关爱特殊青少年志愿服务项目获全国“四个最美”志愿服务先进典型，7人获评“感动海南人物”，林爱花入选“中国网事·海南好人2016”年度十大网络人物。

【舆论监督】2016年，《海口日报》、海口广播电视台、海口网等市属媒体，继续推出《亮见》《椰城纠风热线》《直播12345》《“双创”红黑榜发布台》《不文明交通行为曝光台》等舆论监督栏目、专栏。《亮见》栏目围绕“直击基层微腐败”“谁在漠视群众利益？”“推托的背后”“失守的关口”“公共安全谁来守护？”“村民自治还是村官自治？”6个主题共播出6场，由海口电视一套、海口双创频道、南海网、网易海南、手机客户端“智慧海口”、海广网全程视频直播，新浪海南、热带播报微信公众号全程图文直播，共报道曝光23个问题。《椰城纠风热线》栏目共播出157期，上线单位132个，上线市领导5位，上线一把手148人次，上线人数2743人，共接到咨询、投诉问题1573件，答复、办结1545件，办结率达98%以上。《直播12345》栏目共受理并播发“双创”办件1000多件，督办办结近900件，办结率83.4%。

【社会宣传】2016年，海口市玉沙社区、双创广场、琼山第二小学3家单位被海南省委宣传部列为海南省培育和践行社会主义核心价值观实践基地。春节期间，市委宣传部组织书法家进社区、农村为群众书写社会主义核心价值观春联8000副，在市区主要路段和场所制作、悬挂核心价值观灯笼6000个，张贴核心价值观年画4000副。开展“双创”主题宣传。成立户外广告艺术设计委员会，聘请美术专家和广告界设计人士担任委员会评审员，对“双创”户外广告设置、投放等进行“把脉”，设计一批道旗、围挡、街头广告画面，不断推进“双创”户外广告宣传提档升级。开展重要纪念日、重大庆典活动主题宣传。围绕中国共产党成立95周年、红军长征胜利80周年、2016年博鳌亚洲论坛年会等活动，协调大型户外单立柱广告牌发布公益广告31面、大型LED显示屏18处、候车亭广告30块、出租车后置LED广告3000车次、公交车载电视2700车次。开展“扶贫”“禁毒”等主题宣传。共协调大型LED 20处、公交车载电视1500车次、出租车后置显示屏3000车次，建筑围挡300多处，悬挂横幅2万多条。开展公益性文化演艺活动，共推出精品演出22场次、琼剧演出101场次公益性文化演艺活动。举办“椰树下的三角梅”写生诗会、“双创大舞台，有梦你就来”等群众文化活动。

【对外宣传】2016年，中央媒体推出《海口加速度跑出新气象》《海南海口：小街巷“牵挂大民生”》等有分量、有影响的新闻稿件1316篇，尤其是《人民日报》、中央电视台、《光明日报》《经济日报》等主要媒体上稿量均比上年有大幅度地提高，其中：《人民日报》52篇，头版6篇，比上年增长500%；中央电视台33篇，《新闻联播》5篇，增长500%；《光明日报》9篇，头版2篇；《经济日报》16篇。《海南日报》头版头条报道海口18条，海南广播电视总台《海南新闻联播》报道海口622条。大规模的宣传报道，全面展示海口“国际化滨江滨海花园城市”“首善之城”“幸福之城”的崭新形象，极大提升海口的知名度、美誉度和影响力。《中国新闻周刊》《科技日报》《法制日报》《农民日报》《人民公安报》《法治参考》等多次对海口进行报道，《中国日报亚洲版》、香港《大公报》《文汇报》刊登海口专版。借助博鳌亚洲论坛、2016年全国旅游工作会议、第二十二届全国交通广播年会暨“畅行中国精彩故事——全国百城百台交通广播记者走进海澄文”大型主题采访活动、“中华文化巡礼——2016百家电台海南行”采访活动、第23届中国国际广告节、2016中国电影高峰论坛、2016年华文媒体海南行、全国生态文明论坛等重大活动，宣传海口和谐发展的良好城市形象。制作海口形象宣传片，开展“双创”看变化、“发现海口之美”摄影活动，组织摄影家用影像记录海口的变化和传播海口的美丽。年内，市委宣传部举办新闻发言人（网络发言人）和新闻信息员（网络舆情信息员）培训班，第11届海口万春会新闻发布会、第二届海南国际旅游岛三角梅花展等41场新闻发布会（新闻通气会）；先后协助海南广播电视总台拍摄海南国际旅游岛系列宣传片、《海南名人录》等专题片，《海南日报》报业集团做好博鳌亚洲论坛“全域旅游与媒体融合峰会”与会嘉宾海口参观工作，中央电视台纪录频道拍摄《航拍中国》大型主题纪录片，中央电视台做好东寨港国家级自然保护区直播等工作。

【网络宣传】2016年，海口市委宣传部围绕社会经济快速发展、“双创”工作、“海澄文”一体化、社会管理机制改革、重点项目建设、违法建筑整治、精准扶贫等市委市政府中心工作，通过网站专题报道、深度报道和发布帖子等形式，开展宣传报道，与人民网、南海网等多家网络媒体联合举办“‘双创’改善民生 2016新锐融媒体体验行”活动、2016年“美丽海南乡村行”大型主题媒体活动之“美丽乡村海口行”活动、“活力海口”海口首届自媒体创意作品大赛、“全域旅游 海南范例”2016全国融媒体海南行大型采访活动（海口站）。发挥海口网、海广网等市属媒体网站的主阵地作用，指导海口网、海广网开设品牌栏目和开展特色宣传活动，将每日热点进行筛选，通过微博、微信进行推广，如2016首届海南国际旅游岛三角梅花展、聚焦2016海口“两会”、“椰树下的三角梅”特别策划、寻找海口“新乡贤”“精准扶贫”“迎战台风莎莉嘉”“换届选举”等。

【国防教育】2016年，海口市国防教育办按照省市征兵工作要求，协调各区、市市政市容委、市交通局利用户外广告牌、公共交通、建筑围挡等开展征兵宣传，通过组织征兵宣传车，深入社区、村镇开展宣传。共协调户外征兵广告宣传牌3块、LED走字屏

50处，组织征兵宣传车16台。结合“八一”建军节、“九一八”纪念日等，指导全市广泛开展国防教育活动。协调部队举行军警开放日，组织中小学校到部队体验12次，参与师生2000多人次。组织召开国防教育会议，全市共30多个成员单位，69人参加会议，并进行实弹射击体验。表彰国防教育先进单位30个、先进个人30名。结合党委中心组理论学习，邀请部队海南方面的军事专家授课，为广大干部解读海南问题，引导大家正视南海问题，增强国防意识。邀请海口警备区政治部主任杨礼文大校为海旅集团等企业开展国防教育宣讲活动12场，协调安排各区人武部到学校开展国防教育知识宣讲8次。

【网络和新闻管理】2016年5月，海口市委宣传部在已有的网络新闻管理处基础上增设网络协调处和互联网管理中心，为市委宣传部下属的正科级公益一类事业单位。12月，市委办公厅印发《海口市工作微信群管理办法》，建立海口市（区）机关微信管理群，加入该群的成员为各区委办、区政府办、市直各单位微信工作群群主，同时指导各区、市属各单位工作微信群管理员按此模式建立本区、本单位、本系统、本行业微信管理员群，各镇（街道）等基层组织也在本单位、本系统建立各自工作微信管理员群和微信工作群，初步建成涵盖全市各党政部门、人民团体、市属企事业单位，区、镇（街道）及部分社区、村（居）委会工作微信群。市互联网信息办公室会同市公安局（网警支队）、市科工信局、市密码局、市信息中心等单位开展全市关键信息基础设施网络安全检查工作。

（王 琅）

统战工作

【统战工作概况】2016年，海口市委统战部支持民主党派和党外人士开展参政议政活动，整理提交各类提案、议案和建议意见347件，推荐提拔重用3名副厅级、1名正处级和2名副处级党外干部。协助出台《中共海口市委开展政党协商的具体安排意见》，协助做好政协换届选举工作。组织统一战线成员开展助残募捐活动，共捐款16.96万元。全年统战信息被海南省委统战部采用量在全省市县排名第一，被海南省委统战部评为统战信息宣传工作先进单位。《海口市科学化规范化党外代表人士队伍建设》一文被《中国统一战线》杂志刊登，《充分发挥优势，打造特色品牌，不断促进统一战线凝心聚力“十三五”行动》一文获海南省2016年度统战理论研究优秀成果二等奖，《建立统战志愿者队伍服务市委“双创”活动和精准扶贫行动》一文获2016年度全国统战工作实践创新成果奖。

【多党合作及无党派人士工作】2016年5月30日至6月17日，海口市委统战部举办1期12场（次）166人次参加的“民主党派廉政讲座和座谈调研活动”。12月27日，组织全市各民主党派领导班子后备干部及市委统战部、党派机关全体干部，举办1期民主党派领导班子后备干部培训班。鼓励和支持民主党派参政议政，各民主党派在省、市“两会”期间，共提交提案、议案和建议347件。其中省人大议案6件，省政协提案14件；市人大议案46件，列为督办2件；市政协提案281件，列为督办12件。协助市委组织部、市政协党组做好市政协党外人士的政治安排，共安排市政协委员282名，各项指标、比例均符合中央和省委的要求。加大党外人士政治安排力度，推荐、提拔、重用3名副厅级、1名正处级和2名副处级党外干部。协助出台《中共海口市委开展政党协商的具体安排意见》，建立健全情况通报会、议政座谈会等十项政治协商与沟通联系制度。先后就市党代会报告、政府工作报告、换届重要岗位人员安排等，充分与各民主党派沟通协商，听取意见和建议，凝聚广泛共识，使民主得到充分彰显。调整并落实《市委常委联系各民主党派和有关团体的办法》。

【港澳台统战工作】2016年6月14～17日，中国香港海口联谊会组织香港博爱医院董事局成员一行约30人在董事局主席陈李妮女士率领下到琼考察交流，海口市委统战部相关人员陪同考察。考察团一行先后参观访问海口观澜湖和市人民医院。通过座谈交流、参观访问、实地考察，加强两地医院的交流合作，以提升医疗服务品质。

【非公经济领域统战工作】2016年，海口市委统战部主要领导多次走访市非公有制企业及异地商会。5月以来，市委统战部组织各民主党派、非公有制企业，异地商会、行业协会、青年海归协会等社会组织投入到全市“双创”工作，建立起一支5000人规模的常态化志愿者队伍，形成常态机制，每半月持续开展“双创”志愿者服务活动。5月22日，首次在龙华区城西镇组织开展5000余人参与的“双创”志愿者服务活动。之后，先后6次在秀英区、龙华区、琼山区、美兰区开展各1000余人的志愿者服务活动。发动85家非公有制企业、10个异地商会包点精准扶贫500户贫困户。着力为非公有制企业排忧解难，先后深入走访全市非公有制企业20余家，协调政府相关部门召开会议10余次，为大魏盛唐文化传媒有限公司、南国食品公司、海南新大食品公司解决问题20余个。

【非公代表人士综合评价体系建立】2016年9月9日，海口市委统战部组织召开全市非公有制经济代表人士综合评价工作联席会议，全市15个党政职能部门和有关人民团体负责人参加。会议建立海口市非公有制经济代表人士综合评价工作联席会议制度，成立非公有制经济代表人士综合评价领导小组，为加强对非公有制经

2016 年 6 月 7 日，海口市委常委、统战部部长蒙国海（中）带领相关工作人员到海南新大食品公司调研。（贾斌 摄）

济代表人士的管理迈入法制化规范化轨道，为非公有制经济代表人士政治安排提供客观准确的参考依据。全年，对拟安排政协委员的非公有制经济代表人士开展综合评价共 97 人次，对异地政治安排的海口市非公有制经济代表人士开展综合评价 20 余人次。

【民族宗教事务工作】2016 年 11 月 21 日，海口市委统战部组织市民宗局、秀英、龙华、琼山、美兰 4 个区委统战部主管宗教工作的机关工作人员和市宗教界相关人士一行约 20 人赴定安等地考察调研、交流学习。支持市佛教协会筹备工作，协同市民宗局做好海口市佛教协会的架构、报备、人选、资料整理等筹备工作，11 月，对市佛教协会的领导人选进行考察。协同市民宗局分别到相关部门了解有关宗教场所建设用地等情况，4 次接访信访群众，及时消除 3 起信教群众集体上访的苗头。会同市民宗局在海口骑楼美食街举办一场“海口市民族产品展销会”，13 家民族企业共 116 种民族产品参加展出。

【海外联谊】2016 年 2 月 23 日，中国香港海口联谊会 2015 年工作总结座谈会在海口观澜湖旅游度假区举行。海口市委副书记、市长倪强，市政协主席王云霞，市委常委、统战部部长蒙国海，市政府副市长孙世文、市政协副主席林甫肆，中国香港海口联谊会会长朱鼎健、联谊会主席黄华康出席座谈会并和与会的 30 多位联谊会企业家进行座谈。市委统战部、市发改委、市外事侨务办公室等相关部门领导出席座谈会。座谈会上，中国香港海口联谊会会长朱鼎健就联谊会 2015 年工作总结和 2016 年工作展望进行汇报。会上，市发改委向与会的联谊会企业家介绍海口经济社会发展情况以及海口相关投资招商政策，与会企业家为海口与香港经贸文化交流建言献策。8 月 26～28 日，倪强任团长的市政府出访团赴香港参加中国香港海口联谊会 2016 年上半年工作总结暨加强联谊会建设座谈会和海口市服务社会投资“百日大行动”港籍企业家座谈会。会上，播放招商宣传片，解读优惠政策，号召港商到海口投资创业，收集到港籍企业家提出的需要帮助解决的问题 13 项。

（邵国海）

市直属机关工委工作

【机关基层党建】2016 年，海口市直属机关工委召开市直机关党员代表会议，选举出席市第十三次党代会代表 134 名。指导、督促机关基层党支部开展“两学一做”学习教育，举办 520 名党组织书记及下属基层党支部书记参训的市直机关党务干部暨基层党组织书记“两学一做”学习教育培训班。落实“三会一课”基本制度，基层党支部共集中学习、专题讨论 9000 余次，书记上党课 700 余次。评选表彰 55 个最佳党日活动及优秀策划人、29 个优秀党课课件。表彰 42 个先进基层党组织、60 名优秀共产党员和 49 名优秀党务工作者。督促指导下属基层 22 个党组织按期换届。发展党员 80 名。4 月下旬，举办为期 3 天的入党积极分子培训班，对约 250 名入党积极分子进行培训和考试。至年底，市直机关有中共党员 1.3 万名，其中女党员 4000 名，少数民族党员 300 名，大专及以上学历的党员 1.08 万名。

【机关作风纪律检查】2016 年，海口市直属机关工委先后 6 次组织检查组对机关工作纪律进行明察暗访，纠正不良行为。全年共受理市纪委交办问题线索 18 件，函询了结 18 件，办结率 100%。立案 1 件，办结 1 件，给予开除党籍处分 1 人。

【党建“四项清查”】2016 年，海口市直属机关工委抓住基层党支部，开展“四项清查”（党员组织关系排查、“两代表一委员”违纪违法和受刑事责任追究的党员给予党纪处分和组织处理情况清查、基层党组织按期换届情况排查、党费收缴工作专项检查）党建重点任务工作。查找取得联系党员 22 人，给予 8 名省或市人大代表违纪违法和 18 名受刑事责任追究的党员党纪处分和组织处理，督查16个未按期换届的党组织完成整改，共补交2008~2016年应缴党费98万元。

【市直机关募捐献血活动】2016年，海口市直机关开展“大家都来为残疾人捐助一元钱”爱心万里行走进海口助残活动，共有55个市直机关单位组织募捐活动，募捐到善款97.20万元。1月21日、6月22日分别组织市直机关干部职工参加无偿义务献血活动，共有75个单位579名干部职工参加，献血15.11万毫升。

【市直机关文体活动】2016年6月17日，海口市直属机关工委联合市委宣传部、市文体局、市直机关事务管理局在第二行政办公区综合楼3楼共同举办市委部门工间操比赛，市委宣传部、市群工部、市直机关工委分别获得一、二、三等奖。9月，与市文化广电出版体育局联合举办“双创杯”市直机关第八届红牛羽毛球混合团体赛，共有30个市直机关组队参赛。10月，组织市直机关1300名干部职工参加2016海口国际沙滩马拉松赛。

（翁敦伟）

机构编制

【机构编制工作概况】2016年，海口市机构编制委员会办公室重点推进行政管理体制改革、事业单位分类改革，加强机构编制监督和信息化建设以及机构编制队伍自身建设，超额完成全年既定的各项工作任务及多项急、重临时性任务。全年完成市、区、镇（街）行政管理体制改革任务，深化事业单位分类改革，向各区下沉行政编制12名、事业编制45名。其中，向云龙镇、演丰镇各下沉6名行政编制，向石山镇、演丰镇各下沉10名事业编制，向高新区下沉20名事业编制，下沉5名事业编制增强各区乡镇卫生院医疗卫生队伍建设，符合简政放权、转变职能的改革精神。8月7日，《人民日报》在头版头条以“权限下放 干部下沉”为题报道海口市深化行政管理体制改革的创新成果。

【政府职能转变和机构改革】2016年3月，海口市编制委员会办公室重新修订、印发市公安局“三定”规定，落实市委十二届九次全会有关“公安+城管”管理体制改革精神，新设立城市警察支队和教育培训处等机构。完成海口农垦系统公安机构和人员移交海口市管理工作，共接收在职人员75名。4月，完成区级政府部门“三定”规定修订工作。年内，完成全市39家政府部门（单位）责任清单审核，经市政府审批后公布。进一步优化政府部门配置，保障市委市政府中心工作，大力推进简政放权，合理划分市区两级政府权项，推动行政资源向基层下沉，激发基层活力，打造更加精简、高效、便民的服务型政府。

【党群口机构调整】2016年，设立海口市委巡察工作领导小组办公室（正处级），为市委工作部门，同时设立3个市委巡察组（副处级）；重新调整团市委机关及学联、青联秘书处的职责、机构设置和人员编制，并重新印发团市委机关“三定”规定。增设市委宣传部内设机构网络协调处、全民公益办公室，下属正科级事业单位市互联网管理中心。优化市委农办（市扶贫办）内设机构，将扶贫开发处更名为扶贫开发指导处，增设扶贫监督处。设立市纪委（监察局）下属正科级事业单位机关信息中心。

【经济发达镇行政管理体制改革】2016年1月，海南省编委办批复海口市演丰镇、云龙镇、石山镇为试点经济发达镇。2月，海口市印发演丰、云龙、石山3个镇行政管理体制改革试点方案。市编办以“镇的建制、城的功能、市的职能”为思路，采取“五个扩大”措施，加快推进海口市经济发达镇行政管理体制改革试点工作：（1）扩大政务服务权限。合理划分区、镇事权关系，给予试点经济发达镇更大的管理自主权，由镇结合实际需求和承接能力提出所需行政审批事项，市级论证后予以下放。设立镇公共事业中心和镇公共服务中心，通过服务窗口为民提供便捷服务，最大限度减少审批环节。积极推动政务服务网络向行政村延伸，打通服务群众“最后一千米”。（2）扩大经济管理权限。完善市、区、镇三级财税分配机制，在经济发达镇设立财政所，市政府对经济发达镇实行财政计划单列，按照“一级政府，一级事权，一级财政”原则，界定区、镇两级政府收支范围，将财力适度向发达镇倾斜；镇政府行使部分县级企业投资项目备案管理权。（3）扩大规划管理权限。将镇规划建设管理所从区住建局下放至镇政府。赋予经济发达镇在镇规划区内核发《建设工程规划许可证》及相关管理权限。镇政府衔接做好省、市“多规合一”改革，区政府根据镇政府需要，可适当下放部分县级规划管理职权给镇政府。（4）扩大用地管理权限。经济发达镇政府负责本辖区农村宅基地审批、登记发证；负责集体农业用地出让用于农业开发审批，村镇集体企业、村镇公共设施等村镇建设使用集体建设用地审批；负责集体土地所有权初始登记，集体土地所有权、使用权及固有土地使用权的变更或更正登记等。（5）扩大综合行政执法权限。将镇城市管理综合执法中队由区城市管理综合执法大队派驻下放至镇政府管理，镇综合行政执法中队统一行使辖区内镇容镇貌、计生、卫生、安监、劳动、农业、旅游、文化等领域的行政处罚及相关监督检查职权。年内，演丰镇累计承接市、区两级下放权项89项，特别是承接市工商局下放的企业工商注册权，成为海南省首个拥有区级企业工商注册权限的乡镇。

【开发区行政管理体制调整】2016年5月，海口高新技术开发区管委会实施试点行政管理体制改革，全面调整内设机构，设立行政审批局、行政监管局、综合执法局等机构，实施集中审批、集中监管、综合执法的新型管理体制。海口高新技术开发区管委会行政审批局成为海南省首家开发区行政审批局。

【事业单位分类改革】(1) 完成行政类事业单位认定工作。2016 年 1 月 20 日，海南省机构编制委员会办公室印发《关于海口市市级承担行政职能事业单位备案的批复》，正式对海口市粮食局、机关事务管理局、道路运输管理处、港航管理处、海洋和渔业监察支队等 5 家行政类事业单位给予备案。6 月 23 日，海口市机构编制委员会办公室正式向市粮食局等 5 家单位下发认定通知。(2) 在全省率先完成生产经营类事业单位改革工作。5 月 24 日，市编委会决定撤销生产经营类事业单位海口国际海员俱乐部，收回自收自支事业编制 30 名；将海口市科技协作中心改制为企业，收回自收自支事业编制 4 名。(3) 优化编制资源配置。将市科技情报研究所和市知识产权服务中心合并，机构规格维持不变，人员编制从 17 名减至13 名。改革后，市科工信系统下属事业单位的人员编制从 35 名减至 31 名。(4) 增强市“双创”工作法律援助队伍。将市法律援助中心事业编制由6 名增至 10 名，所需编制从市财政预算管理事业编制总额中调剂。(5) 理顺市直机关事务管理体制。1 月 9 日，海口市机构编制委员会同意将“海口市直属机关事务管理局”更名为“海口市机关事务管理局”，并对其职责进行调整。

【部分事业单位机构调整和体制改革】2016 年，海口市全面完成市属公共卫生系统机构编制调整，将市职业病防治所和市结核病防治所并入市疾病预防控制中心，加挂“海南省疾病预防控制中心海口市分中心”牌子，并增加 4 个区及海南省北部区域的公共卫生检验检测职责；将市健康教育所从市疾病预防控制中心剥离单独设置，为隶属市疾病预防控制中心的正科级事业单位；将市皮肤性病防治中心（市精神病康复技术指导所）更名为市皮肤性病和精神病防治所，琼山皮肤性病防治所并入该所，隶属关系由市卫生局调整为市疾病预防控制中心。继续推进城市管理综合执法体制改革，在美兰区演丰镇、琼山区云龙镇、秀英区石山镇 3 个经济发达镇设立镇综合行政执法中队；在海口国家高新技术开发区设立综合执法局，执法范围涵盖城管、安监、劳动等领域，实现在高新技术开发区内“一支队伍管全部执法工作”。

【教育系统事业机构编制管理】2016 年，海口市机构编制委员会办公室与市教育局抽调人员组成核查组赴华侨中学、白驹学校、港湾小学、港湾幼儿园、海口技师学院等 7 所中小学校、幼儿园和职业技术院校，对教育合编、办学情况、教育教学措施、教师配备情况、学生生源情况进行实地核查，确保各中小学、幼儿园和职业技术院校报送数据的真实性。按照中小学和幼儿园编制测算标准，对市直属 15 所中小学校、7 所职业学校、7 所幼儿园的教职工编制进行重新测算，并将测算结果报省编办待审批。按照 2016 年秋季招生和 2017 年计划招生情况，向省机构编制委员会办公室申请下达新设立的五源河学校、北师大海口附校等学校预招学生的编制配备。

【四措并举理顺公路建设管理体制】2016 年，海口市机构编制委员会办公室采取四项措施理顺公路建设管理体制。(1) 下放管理权项。将乡道和村道建设管养权下放至各区，各区组建地方公路管理站，隶属区住房和城乡建设局，核定区地方公路管理站的“六定”方案，明确划分地方公路管理机构和市政维修管理机构职责权限。(2) 下沉人员编制。将市级的地方公路管理机构核减出 20 名人员编制，连人带编下沉至四个区，每个区 5 名。同时，根据市级地方公路管理机构承担工作职能，按照现实有人员重新核定市级地方公路管理机构的编制，收回多余空编。(3) 统一机构名称。将区地方公路管理机构名称统一为海口市 × × 区地方公路管理站，并统一规范地方公路管理机构的标识。(4) 实行综合执法。将地方公路管理执法职能划入市交通港航综合执法支队，使该支队执法领域涵盖道路运政、水路运政、公路路政、港口行政、交通规费稽查等范围，实现全市交通领域的统一综合执法。区级不再成立交通综合执法队伍。

【事业单位网上登记管理】2016 年，海口市应参加法人年度报告审核的事业单位 229 家，实际完成审核 229 家，年审率 100%，年审合格率100%。在海口市机构编制委员会办公室网站上公示 229 家事业单位的法人年度报告书。年内，海口市机构编制委员会办公室共完成市直属事业单位法人设立登记 10 家，变更登记 71 家，注销登记 3 家，完成法人年度报告 206家。

【党政群机关和事业单位统一社会信用代码管理】2016 年，海口市机构编制委员会办公室印发《关于加快推进事业单位统一社会信用代码工作的通知》《关于开展机关、编办直接管理机构编制的群众团体统一社会信用代码赋码工作的通知》，提出机关、事业单位法人统一社会信用代码工作的具体要求和改革举措。全年完成机关群团统一社会信用代码赋码 58 家，其中党政机关 49 家，群团组织 9 家。

【机构编制监督核查】2016 年，海口市机构编制委员会办公室督察各区接收市级下沉工作人员的安置、下沉行政权项的执行以及下沉行政事业空编的使用等情况，形成《关于落实机构编制下沉和政府机构改革情况的报告》。6 月 30 日，向各区及市属有关单位印发《海口市市、区、镇（街）行政管理体制改革存在问题整改责任分解表》。9 月 17 日，完成《关于市区镇行政管理体制改革存在问题督察情况的报告》。11月8~11日，市编办举办两场为期4天的机构编制业务培训班，全市机关、事业单位分管机构编制工作的人员共300多人参加培训。跟踪检查2015年下半年至2016年上半年进行改革和调整的63家单位，重点抽查市疾病预防控制中心、市公共资源交易中心、市农业局、市不动产登记中心和市政府与社会资本合作管理中心等单位，向存在问题的4家单位发出督办函。

【行政事业单位中文域名注册】2016年，海口市本级行政和事业单位中文域名注册到期续费189家，续费率100%。党政机关事业单位自建网站开办标识申请通过50个，实现网站挂标率由上年99.2%提升到99.4%，中文域名注册率由99.4%提升到99.6%。

（黎　鸣）

对台工作

【服务台胞台属】2016年春节前夕，海口市委台办开展第一代老台胞、台胞遗孀及特困台胞慰问活动，慰问台胞、台属16人次，发放慰问金1.6万元。全年帮助台胞、台属出具证明等相关资料6份。

【服务台企】2016年，海口市委台办累计走访台资企业46家，建档入库的台资企业139家，在走访调研中发现并解决台企困难4起。海南省委台办、省政协分别对海口市台资企业进行专题调研，并形成调研报告。联合市环保局，举办市台资企业环保专题座谈会，帮助企业解读相关法律法规。

【党政代表团赴台交流】2016年，海口市委台办协助组团7个共71人次赴台交流考察，先后与屏东科技大学、台北市旅游局、屏东市民代表会等单位进行交流。

【台湾参访团来琼交流】2016年，海口市委台办共接待来琼台湾参访团17个380人次，体现出领域宽、层次广等特点。年内，屏东县议长周典论参访团、新同盟会屏东分会参访团、新北市议员曾焕嘉参访团、屏东县议员潘裕隆参访团等来海口市交流考察，市委台办挑选能够展示海口悠久历史文化的景点、妙趣横生的民俗风情的特色村庄以及经济实力强劲的大型企业作为参观点，带领台胞进行实地参访。

【维护台商合法权益】2016年，海口市委台办共收到各类来信来访10宗，函复10宗，其中办结9宗，1宗正跟踪推进中。如帮助台富食品有限公司完善资料，通过环保项目验收；帮助台胞陈海雄达成拆迁补偿诉求；协调沟通台企海南东山高尔夫球场因球场大部分位处水源地保护区内而被强制退出工作，确保退出工作按照市委市政府拟订方案实施，顺利通过国家专项检查组验收。

【涉台网站宣传】2016年，海口市委台办对台宣传网站“南海明珠—海口”累计更新信息900多条，向华夏经纬网、琼台姊妹岛等涉台网站投稿20篇。

【涉台新闻媒体宣传】2016年，海口市委台办先后邀请台湾媒体记者来琼采风，专题报道首届2016国际旅游岛网络欢乐节。协助海南省台办邀请两岸媒体记者43人来琼参访，在海口期间重点采访海口发展规划和“双创”工作成果，加深台湾民众对海口的了解，促进琼台两地新闻媒体交流，提升海口在台湾地区的知名度。

【对台招商】2016年，海口市委台办在桂林洋国家热带农业公园台湾园项目规划完成后，多次深入项目地及相关台企调研，召开专题研讨会3场，项目推介会1场，组织相关台商60多人次到桂林洋实地考察，同时派人赴儋州、福建、台湾等地开展项目推介及招商引资活动。7月，海南立诺农业技术有限公司、海南朝升食品有限公司正式与桂林洋国家热带农业公园公司签订投资意向书。

（苏先智）

群众信访

【信访工作概况】2016年，海口市信访形势总体平稳可控，呈现“三下降”（全市信访总量、集体访总量、重信重访量下降）的态势。在全国“两会”、博鳌亚洲论坛年会、澜湄会议、杭州G20峰会等重要敏感时期，实现“零”进京非访工作目标。网上信访工作在全国网上信访基层应用工作座谈会、全省信访工作会议上进行经验交流。市委群工部（市信访局）先后被国家信访局评为“G20峰会期间全国信访系统先进集体”、省信访联席办评为“全国两会及博鳌亚洲论坛年会期间信访维稳工作先进集体”，获得海南省第三届人民满意公务员先进集体。

【来信来访】2016年，海口市信访总量6958件（人）次，比上年下降15.9%；集体访总量178批次5744人次，下降2.2%；重信重访量1810人次，下降22.9%。

【网络问政】2016年，海口市网络问政平台共受理群众有效信件2361件，办结2252件，办结率95.4%。其中“椰城民声·网络问政”渠道共受理2032件，占总量86.1%，办结1936件，办结率95.4%；南海网“市县领导留言板”渠道共受理266件，占总量11.3%，办结256件，办结率96.2%；人民网“地方领导留言板”渠道共受理63件，占总量2.7%，办结60件，办结95.2%。全年共编印《问政海口信息摘报》205期，向有关领导、单位汇报平台热点、难点问题，反馈社情民意、协调解决突出问题，推动“山高幼儿园学费退费”“海口市龙华区滨涯村停水”“永秀花园交通出行难”等问题的解决。

【信访督查督办】2016年，海口市信访联席办联合市委维稳办、市综治办、市委（市政府）督查室等相关单位，先后派出20多个督察组实地带案督查，推动“Q版公寓”“宝泰花园”等一批涉及群众广、历时久、调处难度大的疑难案件的解决。

【信访案件处理】2016年，海口市开展化解信访积案集中攻坚和化解涉及群众切身利益问题集中攻坚等“两项”专题活动，被国家信访局列入化解信访积案集中攻坚的32件信访积案，全部实现程序性结案，办结率100%，比全省高出4.3个百分点，比全国高出7.3个百分点。组织梳理的58件涉及群众切身利益问题的信访案件，基本得到妥善解决。

（胡建广）

党校教育

【党校教育概况】2016年，海口市委党校累计举办各类培训班6期，培训各类干部384人次；党校教师深入机关、镇街开展专题培训和理论宣讲活动61场，培训约6930人次。主办哲学社会科学综合性理论刊物《海口学刊》（季刊），出刊5期计30万余字，发行数量6000册。开展课题研究共9个，获得课题立项资助经费9万元。在省内外各类刊物上公开发表理论文章45篇，完成高质量的调研报告7篇。

【干部党校教育培训】2016年，海口市委党校在干部培训中解读习近平总书记系列重要讲话精神、党的十八届五中、六中全会精神及海口经济发展等内容，并结合理想信念、道德品行、党性教育和海口“双创”工作实际，开设《深入学习〈中国共产党廉洁自律准则〉〈中国共产党纪律处分条例〉》《当代领导干部道德建设》《依法治国：宪法理念与宪法实施》《用五大理念扎实推进海口“双创”工作》等课程。全年共举办学习贯彻《干部教育培训工作条例》专题培训班、海口市领导干部“坚定理想信念，加强党性修养”专题培训班、海口市领导力提升专题培训班、海口市城市管理治理专题培训班、海口市人才工作者专题培训班和美兰区科级领导干部暨党务工作者高级研修班等各类培训班6期，培训各类干部384人次。鼓励并组织教师深入机关、镇街开展“两学一做”“三严三实”“双创”专题培训和理论宣讲活动61场，培训约6930人次。

【党校教学格局】2016年，海口市委党校在培训中突出党性教育主业主课，突出学习中国特色社会主义理论体系、习近平总书记系列重要讲话精神、“看齐”意识等内容，不断丰富和创新党性教育教学内容，始终坚持把党性锻炼贯穿于干部培训全过程；采用多形式、多层次轮训和培训干部，确保党员干部经常接受理论教育和思想熏陶，实现党性教育全覆盖，使海口市广大干部理想信念更加坚定、理论素养不断提高、党性修养切实增强。把培训质量作为党校生命线来抓，在教学中丰富党校特色的培训模式。市委党校在原有的“三分之一课堂教学、三分之一党性锻炼、三分之一实地调研”的“三三制”培训模式基础上更加突出党的理论教育、党性教育及服务中心工作。在海南陆军预备役步兵师高射炮兵第一团、海口市交警指挥监控中心等9个单位建立起干部教育培训体验基地。开设处级干部、科级干部、农村基层干部等培训班，将与各机关单位联合办班工作转为常态。

【党校课题科研】2016年，海口市委党校组织科研力量，共开展课题研究9个，其中省委党校立项课题1个（《激活文化资源 助推海口全域旅游特色化发展》），市社科立项课题1个（《以“双创”为契机 深化社会管理体制改革》），校级课题7个，获得课题立项资助经费9万元。在杂志报纸上公开发表的理论文章45篇。推进教学科研一体化，坚持以教学带科研、以科研促教学，探索教学与科研相互融合、相互促进的路子，力争做到教学出题目、科研做文章、成果进课堂，实现教学与科研同步推进、共同提高。组织教师深入机关、基层开展调研，用调研成果丰富讲课内容。紧扣海口市“三严三实”专题教育、“双创”工作、“十三五”规划和“两学一做”等中心工作开展课题调研，主动为市委市政府提供有价值的对策建议。撰写《激活文化资源 助推海口全域旅游特色化发展》《新媒体环境下海口青少年思想道德建设》《海口骑楼老街业态走出低迷的对策建议》等7篇调研报告，有些调研报告受到市委市政府的重视，成为领导决策的参考。出版《海口学刊》5期（其中1期为市“三会”专刊），刊登领导讲话、理论研究文章、调查报告各类文章61篇，计30余万字，发行数量6000册。组织教师开展“双创”工作调研和理论研讨，编印《“双创”读本》1本，在报纸杂志上发表有关文章30余篇。

（韩艾芩）

老干部工作

【老干部工作概况】2016年，海口市委老干部局着力解决新形势下老干部工作面临的重点难点问题，确保老干部政治待遇和生活待遇稳步提升。至年底，海口市有离休干部332人，平均年龄88.2岁，进入“双高”期。

【老干部政治待遇】2016年，海口市委老干部局举办海口市老干部“两学一做”专题理论辅导报告会和离退休干部党支部书记及老干部工作者培训班。推荐8名党支部书记、5名老干部网络宣传员参加省委老干部局离退休干部党支部书记培训。组织16名厅级离退休干部参加海口市2016年团拜会， 20人次厅级老干部参加单月一次的阅文活动，30名厅级离退休干部及陪同家属参观考察海南省西线环岛高铁。3月22～24日，配合省委老干部局、市委办公厅做好省级老干部来海口进行为期3天的“双创”参观考察活动。5月12～13日，组织市部分厅级老干部及家属开展“热爱海口、点赞双创”主题参观考察活动。全市组织离退休干部400多人次参观考察海口市重点项目建设情况，激发老干部支持市委市政府工作的政治热情。

2016年1月9日，海口市委常委、组织部部长王艳萍（左三）和组织部副部长、老干部局局长王海（右一）走访慰问离休干部。（市委老干局 供稿）

【老干部生活待遇】2016年，海口市委老干部局深入推动海口市特殊困难离休干部帮扶机制的工作，多次向市委市政府有关领导汇报帮扶机制工作，征求有关部门意见，市委常委会研究通过同意设立帮扶资金100万元。春节期间，市主要领导带队分组走访慰问16名厅级离退休干部，市委老干部局分组赴文昌、琼海、万宁等市县慰问易地安置的13名离休干部及10名困难离休干部。元宵节期间，组织慰问小组上门看望46名厅级离退休干部。11月下旬至12月上旬，组织慰问小组赴河南、河北和广东走访慰问易地安排离休干部14名。全年发放离休干部慰问金及困难离休干部（包括厅级离休干部遗孀）补助金80万元。协同市保健局开展为居住农村的离休干部送医送药工作，审批办理49名生活不能自理老干部护理费。接待老干部来信来访120人次。

【老干部健康养老】2016年，海口市委老干部局深入开展“服务社区为老干部义诊活动”和离休干部健康休养活动。5月中旬，组织市各医院有关专家为400多名老同志提供食疗养生、日常保健、紧急自我救护常识等咨询，发放《老年人科学饮食与心理保健》资料。组织20多名离休干部在市人民医院体检中心体检。5～6月，分3批组织100多名离休干部开展健康休养活动。9月29日，与市医疗保健局联合举办一场健康知识讲座，近100名离休干部和处级以上退休干部参加讲座。

【老干部文化养老】2016年，海口市委老干部局投资47万元对市老干部活动中心进行美化亮化和地面硬化，投资16万元修缮老干部休养所活动场所。市老年大学在原有开设4个专业、13个教学班的基础上，新开设钢琴班、电脑班。借助活动中心和老年大学平台，组织全市离退休干部开展腰鼓、广场舞、乒乓球、象棋、钓鱼、门球、太极拳（剑）、联欢会等文体活动23次。7月1日，在海口老干部活动中心五楼书画展厅举办“纪念中国共产党建党95周年海口市老干部书画作品展”。展览围绕“以人民为中心”和海口“双创”的主题，共展出书法、国画、摄影作品230多幅。9月6日至10月14日，举办海口市第八届老年人运动会，共有6000多名老同志参加乒乓球、象棋、门球等14个项目比赛。

【老干部助力“双创”活动】2016年，海口市委老干部局紧扣“展示阳光心态、体验美好生活、畅谈发展变化”主题，先后开展“助力十三五·海口老干部在行动”和“热爱海口、助力双创”活动；充分发挥老干部在“双创”中的宣传、监督作用，在47支共138人“双创”宣传、监督队伍的基础上，继续壮大队伍，通过宣讲、座谈、歌舞等形式，助力“双创”工作。市关工委先后下发《关于在我市“双创”工作中进一步发挥“五老”作用的通知》《关于开展“五老”网吧检查监督的通知》《关于在全市中小学开展“法治进校园、齐力助‘双创’活动”的通知》等文件，多次组织“五老”（老干部、老专家、老教师、老模范、老战士）开展网吧检查监督。

【关工委工作】2016年，海口市关工委会同市委宣传部、市教育局等部门成立海口市中小学生读书教育活动组委会，下发《关于组织全市中小学生开展读书教育活动的通知》，广泛开展读书和社会实践活动，组织学生参与征文、书画、微视频比赛。全年各级关工委共作各种主题教育报告100多场，放映爱国主义教育电影500多场，受教育学生20多万人次。开展

2016年8月29日，海口市关工委举行2016年帮扶品学兼优贫困学生助学金发放暨助学座谈会。图为受资助的品学兼优贫困学生代表。（市委老干局 供稿）

捐资助学活动，共资助品学兼优的贫困高中学生和贫困大学生112人，发放助学金33.6万元。11月，市政府下拨200万元启动资金，成立海口市关心下一代基金会。市关工委会同市教育局、市司法局，组织法官、检察官和律师深入到全市16所中小学举办法治讲座，组织“五老”上街头开展禁毒宣传，对青少年进行法治和禁毒教育。12月5～6日，在海口召开全国部分城市关心下一代工作座谈会。全国人大常委会原副委员长、中国关工委主任顾秀莲出席会议并作工作报告，省委常委、市委书记张琦，省政协原主席、省关工委主任陈玉益到会致辞，市委、市人大、市政府、市政协有关领导、全国34个城市关工委代表共200多人参加会议。

（劳家丰　张　帅）

政策研究

【政策研究工作概况】2016年，海口市委政策研究室共起草各类文字材料300多篇、200多万字。《念好公安工作“十五字”要诀》被《法制日报》转载，《党报是党员干部的良师益友》《以供给侧改革为主线，促进经济行稳致远》被《人民日报》全文刊发，《海口成立城市警察支队推行“公安＋城管”联合执法》改革信息在中央改革办内参刊发。起草市第十三次党代会报告《践行发展新理念 开启省会新征程 谱写海南国际旅游岛建设主引擎新篇章》，提出的“15分钟便民生活圈”“建设滨江滨海花园城市”“菜篮子一元菜”等建议转化为市委决策。

【调查研究】2016年，由海口市委政策研究室牵头，市财政局、市发改委、市住建局等18家单位负责调研起草的《加强财政政策和资金保障供给侧结构性改革的有关对策》《海口市供给侧结构性改革面临的形势、任务和方向》《推进房地产去库存、调结构的举措和意见》等18篇调研报告为制定全市供给侧结构性改革实施意见奠定坚实的基础。《海口在“一带一路”发展战略中的地位和作用》研究课题纳入海口市哲学社会科学规划课题立项名单。全年编印《调查与研究》32期、《省会头条》62期。

【市委各类文件起草】2016年，海口市委政策研究室起草市委十二届十一次全会、市第十三次党代会、市委十三届一次全会文稿33件，主要有《中共海口市委关于推进供给侧结构性改革 促进经济行稳致远的实施意见》《践行发展新理念 开启省会新征程 谱写海南国际旅游岛建设主引擎新篇章》等。组织起草2016年市委常委会工作要点、市委改革工作要点、市委工作总结、市委改革工作总结、市委常委班子年度述职报告等重要文件30余件。

【各类汇报材料起草】2016年，海口市委政策研究室起草《海口市情及经济社会发展情况汇报》（张高丽副总理海南调研情况）《海口市委向省委巡视组的汇报》《赴上海开展经贸交流合作的情况报告》《关于贯彻落实省政协〈关于加快发展我省医疗健康产业的建议案〉的情况报告》《关于住建部黄艳副部长一行考察海口城市建设情况的报告》《率先树起“健康海口”旗帜扛起领跑全省实体经济的龙头担当》《向省委第一巡视组的工作汇报》等各类向中央领导及省委、省政府的重要汇报材料50余篇。

（班熙宁）

（编辑：吴钟宝）

海口市人民代表大会

市人大综述

【市人大工作概况】2016年，海口市人大常委会依靠广大代表，依法履行职责，提高立法质量，增强监督实效，助推“双创”工作，顺利完成市、区、镇三级人大的换届工作任务。全年共召开人大常委会会议9次，审议法规7项，做出决定、决议7项，听取和审议专项工作报告3项，开展执法检查、视察和专题调研33项，完成245件代表建议办理工作；选举、任免国家机关工作人员164人次；接待受理群众来信129件、来访347人次。

【人大立法】2016年，海口市人大常委会审议通过法规3件，初次审议法规草案4件，开展立法调研13项。4月27日，审议通过《海口市爱国卫生管理办法》，明确爱国卫生管理的职责分工，严格规范行为，强化法律责任，注重执法实效，以契合“双创”工作的实际需要。8月30日，审议通过《海口市城镇园林绿化条例（修正）》，以促进城镇园林绿化事业的发展，改善城镇生态环境，巩固提升“双创”成果。12月30日，审议通过《海口市城市管理综合行政执法条例》，对城市管理综合行政执法行为进行全面的规范，建立和完善城市管理综合行政执法的协作机制，提高综合执法的水平和效率，为海口市的双创工作建立起长效的管理机制。年内，初步审议《海口市城市黄线管理办法》《海口市电梯安全管理若干规定》《海口市扬尘污染防治办法》，审议市人大常委会主任会议关于提请审议《海口市制定地方性法规规定条例（草案）》的议案，同意将该条例草案提请海口市人民代表大会审议；立法调研《海口市文明行为促进条例》《海口市骑楼老街保护与开发利用规定》《海口市物业管理若干规定》等13个项目。

【人大执法检查】2016年，海口市人大常委会组织开展2项执法检查及6项跟踪监督。7月28～29日，检查海口市贯彻落实《海口市人民代表大会常务委员会关于加强东寨港红树林湿地保护管理的决定》，了解保护设施建设、管理执法、生态修复及科学研究以及转产、就业、安置等方面情况。8月，检查海口市实施《海口市电动自行车管理办法》情况，了解非机动车交通配套设施建设、电动自行车路面交通状况、电动自行车市场销售以及电动自行车上牌管理、违法教育处理等方面情况。

【人大审议报告】2016年，海口市人大常委会听取和审议3项专项工作报告。3月4日和6月29日，分别听取和审议《海口市人民政府关于将我市第七期棚户区改造项目政府支付的采购资金纳入财政预算的议案》《海口市人民政府关于将海口市第八期棚户区改造项目政府支付的采购资金纳入财政预算的议案》，同意海口市第十五届人民代表大会财政经济委员会的审查结果报告，决定批准将海口市第七、八期棚户区改造项目政府支付的采购资金纳入市年度财政预算管理。8月30日，听取和审议《海口市人民政府关于市政设施建设专项工作情况的报告》《关于我市2016年上半年国民经济和社会发展计划执行情况的报告》《关于我市2015年市级财政决算及2016年上半年财政预算执行情况的报告》《关于2015年度海口市市本级预算执行情况及其他财政收支的审计工作报告》《关于2016年海口市和市本级一般公共预算与政府性基金预算调整方案（草案）的报告》。11月15日，听取和审议《海口市中级人民法院关于开展司法体制改革试点工作情况的专项报告》《海口市人民检察院关于开展司法体制改革试点工作情况的专项报告》《海口海事法院工作报告》。

【人大人事任免】2016年，海口市人大常委会依法行使人事任免权，做好拟任材料初核，任免议案撰写，法律知识考核，供职发言，颁发任命书，向宪法宣誓，发布新闻公告等任免环节，共选举、任免国家机关工作人员164人次（任命41人，免职50人）。

2016 年海口市人大及其常委会人事任免一览表

时 间	次 别	任或免	姓 名	职 务
1 月 14 日	15 届 35 次	接受辞职	陈宏芬	辞去海口市第十五届人民代表大会常务委员会主任职务
1 月 14 日	15 届 35 次	接受辞职	钟万荣	辞去海口市第十五届人民代表大会常务委员会副主任职务
1 月 14 日	15 届 35 次	接受辞职	陈毓芬	辞去海口市第十五届人民代表大会常务委员会副主任职务
1 月 14 日	15 届 35 次	接受辞职	程国林	辞去海口市第十五届人民代表大会常务委员会副主任职务
1 月 14 日	15 届 35 次	接受辞职	钟万荣	辞去海口市第十五届人民代表大会法制委员会主任委员职务
1 月 14 日	15 届 35 次	接受辞职	陈一华	辞去海口市第十五届人民代表大会财政经济委员会主任委员职务
1 月 14 日	15 届 35 次	接受辞职	陈宏芬	辞去海南省第五届人民代表大会代表职务
1 月 14 日	15 届 35 次	补选	王艳萍	海南省第五届人民代表大会代表
1 月 14 日	15 届 35 次	决定任命	文 斌	海口市政府副市长
1 月 14 日	15 届 35 次	决定任命	林道坚	海口市商务局局长
1 月 14 日	15 届 35 次	决定免去	符明全	海口市商务局局长职务
1 月 14 日	15 届 35 次	决定免去	冯本彦	海口市水务局局长职务
1 月 14 日	15 届 35 次	免去	刘立卓	海口市中级人民法院审判员职务
1 月 22 日	十五届七次大会	选举	杜立文	海口市人大常委会主任
1 月 22 日	十五届七次大会	选举	方中里	海口市人大常委会副主任
1 月 22 日	十五届七次大会	选举	叶 霞	海口市人大常委会副主任
1 月 22 日	十五届七次大会	选举	孟 励	海口市人大常委会副主任
3 月 4 日	15 届 36 次	任命	朱宗英	海口市人大常委会副秘书长
3 月 4 日	15 届 36 次	免去	高仕光	海口市人大常委会副秘书长职务
3 月 4 日	15 届 36 次	决定任命	刘 东	海口市生态环境保护局局长
3 月 4 日	15 届 36 次	决定任命	陈 超	海口市水务局局长
3 月 4 日	15 届 36 次	决定免去	蒙国海	海口市人民政府副市长职务
3 月 4 日	15 届 36 次	决定免去	陈 超	海口市生态环境保护局局长职务
3 月 16 日	15 届 37 次	接受辞职	孙南峰	辞去省五届人大代表职务
4 月 27 日	15 届 38 次	任命	陈文培	海口市人大常委会副秘书长
4 月 27 日	15 届 38 次	任命	郑 峰	海口市人大常委会财政经济工作委员会主任
4 月 27 日	15 届 38 次	免去	谢汉金	海口市人大常委会副秘书长职务
4 月 27 日	15 届 38 次	免去	王孔家	海口市人大常委会副秘书长职务
4 月 27 日	15 届 38 次	免去	欧阳飞	海口市人大常委会财政经济工作委员会主任职务
4 月 27 日	15 届 38 次	决定任命	伍振湘	海口市财政局局长
4 月 27 日	15 届 38 次	决定任命	曾昭长	海口市卫生局局长
4 月 27 日	15 届 38 次	决定任命	陈 芳	海口市海洋和渔业局局长
4 月 27 日	15 届 38 次	决定任命	陈建军	海口市法制局局长
4 月 27 日	15 届 38 次	决定任命	王善来	海口市统计局局长
4 月 27 日	15 届 38 次	决定任命	陈朝芳	海口市政府国有资产监督管理委员会主任
4 月 27 日	15 届 38 次	决定免去	文 斌	海口市财政局局长职务
4 月 27 日	15 届 38 次	决定免去	周文雄	海口市卫生局局长职务
4 月 27 日	15 届 38 次	决定免去	文日坤	海口市海洋和渔业局局长职务
4 月 27 日	15 届 38 次	决定免去	郑 峰	海口市统计局局长职务
4 月 27 日	15 届 38 次	免去	谭 锋	海口市中级人民法院审判员职务
4 月 27 日	15 届 38 次	免去	杨 阳	海口市中级人民法院审判员职务
4 月 27 日	15 届 38 次	任命	符 磊	海口市人民检察院检察员
4 月 27 日	15 届 38 次	任命	符 明	海口市人民检察院检察员

续表

时间	次别	任或免	姓名	职务
6月29日	15届39次	任命	陈文平	海口市中级人民法院副院长、审判委员会委员、审判员
6月29日	15届39次	决定	陈文平	海口市中级人民法院代理院长
6月29日	15届39次	接受辞去	吴剑平	海口市中级人民法院院长职务
6月29日	15届39次	决定任命	吴　优	海口市人口和计划生育委员会主任
6月29日	15届39次	决定免去	王业天	海口市人口和计划生育委员会主任职务
6月29日	15届39次	免去	欧卫民	海口市人民检察院检察员职务
6月29日	15届39次	免去	邢益壮	海口市人民检察院检察员职务
6月29日	15届39次	任命	陈祥智	海口海事法院副院长、审判委员会委员、审判员
6月29日	15届39次	任命	吴　平	海口海事法院审判委员会委员、审判员
6月29日	15届39次	免去	许　波	海口海事法院副院长、审判委员会委员、审判员职务
6月29日	15届39次	免去	王　安	海口海事法院海事庭庭长职务
8月30日	15届41次	接受辞职	孟　励	辞去海口市第十五届人民代表大会常务委员会副主任职务
8月30日	15届41次	接受辞职	孟　励	辞去海口市第十五届人民代表大会法制委员会主任委员职务
8月30日	15届41次	任命	黎永伟	海口市人大常委会华侨外事民族宗教工作委员会主任
8月30日	15届41次	任命	林　养	海口市人大常委会农村工作委员会主任
8月30日	15届41次	任命	王振华	海口市人大常委会选举任免联络工作室主任
8月30日	15届41次	免去	王爱松	海口市人大常委会华侨外事民族宗教工作委员会主任职务
8月30日	15届41次	免去	王小军	海口市人大常委会农村工作委员会主任职务
8月30日	15届41次	免去	黎永伟	海口市人大常委会选举任免联络工作室主任职务
8月30日	15届41次	任命	刘立武	海口市科学技术工业信息化局（海口市知识产权局）局长
8月30日	15届41次	任命	罗宗标	海口市住房和城乡建设局局长
8月30日	15届41次	任命	吴家宏	海口市外事侨务办公室主任
8月30日	15届41次	免去	徐　伟	海口市科学技术工业信息化局（海口市知识产权局）局长职务
8月30日	15届41次	免去	徐　涛	海口市文化广电出版体育局局长职务
8月30日	15届41次	免去	韩　斌	海口市外事侨务办公室主任职务
8月30日	15届41次	任命	袁卫衡	海口市中级人民法院审判员
8月30日	15届41次	任命	石　鑫	海口市中级人民法院审判员
8月30日	15届41次	机构更名重新发证	曲　洁	海口市中级人民法院环境资源审判庭庭长
8月30日	15届41次	机构更名重新发证	李玉民	海口市中级人民法院环境资源审判庭庭长
8月30日	15届41次	免去	马传煌	海口市中级人民法院刑事审判第一庭庭长、审判委员会委员、审判员职务
8月30日	15届41次	免去	钟文渊	海口市中级人民法院审判委员会委员、审判员职务
8月30日	15届41次	免去	陈云峰	海口市中级人民法院审判委员会委员、审判员职务
8月30日	15届41次	免去	王小龙	海口市中级人民法院审判员职务
10月21日	15届42次	任命	吴胜刚	海口市人大常委会副秘书长
10月21日	15届42次	任命	吴　琼	海口市人大常委会城市建设与环境资源工作委员会主任
10月21日	15届42次	任命	朱宗英	海口市人大常委会教科文卫工作委员会主任
10月21日	15届42次	免去	朱宗英	海口市人大常委会副秘书长职务
10月21日	15届42次	免去	符儒明	海口市人大常委会城市建设与环境资源工作委员会主任职务
10月21日	15届42次	免去	郭俊山	海口市人大常委会教科文卫工作委员会主任职务
10月21日	15届42次	免去	符史山	海口市人大常委会法制工作委员会主任职务

续表

时 间	次 别	任或免	姓 名	职 务
10月21日	15届42次	免去	符史山	海口市人大常委会法制工作委员会主任职务
10月21日	15届42次	决定任命	富天放	海口市文化广电出版体育局局长
10月21日	15届42次	决定任命	廖小平	海口市旅游发展委员会主任
10月21日	15届42次	决定任命	佟吉强	海口市安全生产监督管理局局长
10月21日	15届42次	决定免去	林一民	海口市旅游发展委员会主任职务
10月21日	15届42次	决定免去	林 明	海口市安全生产监督管理局局长职务
10月21日	15届42次	批准	傅 铮	海口市秀英区人民检察院检察长
10月21日	15届42次	批准	林 静	海口市龙华区人民检察院检察长
10月21日	15届42次	批准	邓兴国	海口市琼山区人民检察院检察长
10月21日	15届42次	批准	郭慧丽	海口市美兰区人民检察院检察长
10月21日	15届42次	免去	张 劲	海口市人民检察院副检察长、检察委员会委员、检察员职务
10月21日	15届42次	免去	古建平	海口市人民检察院检察员职务
10月21日	15届42次	许可	伍国仲	采取限制人身自由强制措施
11月24日	十六届一次大会	选举	杜立文	海口市人大常委会主任
11月24日	十六届一次大会	选举	方中里	海口市人大常委会副主任
11月24日	十六届一次大会	选举	叶 霞	海口市人大常委会副主任
11月24日	十六届一次大会	选举	郑国建	海口市人大常委会副主任
11月24日	十六届一次大会	选举	盛 林	海口市人大常委会副主任
11月24日	十六届一次大会	选举	许焕中	海口市人大常委会副主任
11月24日	十六届一次大会	选举	揭晓强	海口市人大常委会副主任
11月24日	十六届一次大会	选举	王小峰	海口市人大常委会秘书长
11月24日	十六届一次大会	选举	倪 强	海口市人民政府市长
11月24日	十六届一次大会	选举	巴特尔	海口市人民政府副市长
11月24日	十六届一次大会	选举	顾 刚	海口市人民政府副市长
11月24日	十六届一次大会	选举	鞠 磊	海口市人民政府副市长
11月24日	十六届一次大会	选举	孙世文	海口市人民政府副市长
11月24日	十六届一次大会	选举	任清华	海口市人民政府副市长
11月24日	十六届一次大会	选举	文 斌	海口市人民政府副市长
11月24日	十六届一次大会	选举	龙卫东	海口市人民政府副市长
11月24日	十六届一次大会	选举	陈文平	海口市中级人民法院院长
11月24日	十六届一次大会	选举	李思阳	海口市人民检察院检察长
11月24日	十六届一次大会	选举	王尤新	海口市人大常委会委员
11月24日	十六届一次大会	选举	王振华	海口市人大常委会委员
11月24日	十六届一次大会	选举	王崇敏	海口市人大常委会委员
11月24日	十六届一次大会	选举	邓爱军	海口市人大常委会委员
11月24日	十六届一次大会	选举	龙翔春	海口市人大常委会委员
11月24日	十六届一次大会	选举	白树堂	海口市人大常委会委员
11月24日	十六届一次大会	选举	朱宗英	海口市人大常委会委员
11月24日	十六届一次大会	选举	刘小琴	海口市人大常委会委员
11月24日	十六届一次大会	选举	刘文民	海口市人大常委会委员
11月24日	十六届一次大会	选举	严音莉	海口市人大常委会委员
11月24日	十六届一次大会	选举	李会文	海口市人大常委会委员
11月24日	十六届一次大会	选举	李春明	海口市人大常委会委员
11月24日	十六届一次大会	选举	杨礼文	海口市人大常委会委员

续表

时　间	次　别	任或免	姓　名	职　　务
11月24日	十六届一次大会	选举	肖惠珠	海口市人大常委会委员
11月24日	十六届一次大会	选举	吴光亮	海口市人大常委会委员
11月24日	十六届一次大会	选举	吴胜刚	海口市人大常委会委员
11月24日	十六届一次大会	选举	吴　琼	海口市人大常委会委员
11月24日	十六届一次大会	选举	邱淑慧	海口市人大常委会委员
11月24日	十六届一次大会	选举	陆煜颖	海口市人大常委会委员
11月24日	十六届一次大会	选举	陈文培	海口市人大常委会委员
11月24日	十六届一次大会	选举	陈全能	海口市人大常委会委员
11月24日	十六届一次大会	选举	林　养	海口市人大常委会委员
11月24日	十六届一次大会	选举	周　键	海口市人大常委会委员
11月24日	十六届一次大会	选举	郑文春	海口市人大常委会委员
11月24日	十六届一次大会	选举	郑　峰	海口市人大常委会委员
11月24日	十六届一次大会	选举	赵金玲	海口市人大常委会委员
11月24日	十六届一次大会	选举	唐火根	海口市人大常委会委员
11月24日	十六届一次大会	选举	董孟清	海口市人大常委会委员
11月24日	十六届一次大会	选举	韩金光	海口市人大常委会委员
11月24日	十六届一次大会	选举	曾标志	海口市人大常委会委员
11月24日	十六届一次大会	选举	曾照宇	海口市人大常委会委员
11月24日	十六届一次大会	选举	黎永伟	海口市人大常委会委员
11月24日	十六届一次大会	选举	潘　洪	海口市人大常委会委员
11月24日	十六届一次大会	表决通过	揭晓强	海口市第十六届人民代表大会法制委员会主任委员
11月24日	十六届一次大会	表决通过	严音莉	海口市第十六届人民代表大会法制委员会副主任委员
11月24日	十六届一次大会	表决通过	王崇敏	海口市第十六届人民代表大会法制委员会委员
11月24日	十六届一次大会	表决通过	邓爱军	海口市第十六届人民代表大会法制委员会委员
11月24日	十六届一次大会	表决通过	朱　波	海口市第十六届人民代表大会法制委员会委员
11月24日	十六届一次大会	表决通过	陈文培	海口市第十六届人民代表大会法制委员会委员
11月24日	十六届一次大会	表决通过	吴　琼	海口市第十六届人民代表大会法制委员会委员
11月24日	十六届一次大会	表决通过	张治国	海口市第十六届人民代表大会法制委员会委员
11月24日	十六届一次大会	表决通过	陆煜颖	海口市第十六届人民代表大会法制委员会委员
11月24日	十六届一次大会	表决通过	方中里	海口市第十六届人民代表大会财政经济委员会主任委员
11月24日	十六届一次大会	表决通过	郑　峰	海口市第十六届人民代表大会财政经济委员会副主任委员
11月24日	十六届一次大会	表决通过	方慧玲	海口市第十六届人民代表大会财政经济委员会委员
11月24日	十六届一次大会	表决通过	云天龙	海口市第十六届人民代表大会财政经济委员会委员
11月24日	十六届一次大会	表决通过	吕良丰	海口市第十六届人民代表大会财政经济委员会委员
11月24日	十六届一次大会	表决通过	邵韵霏	海口市第十六届人民代表大会财政经济委员会委员
11月24日	十六届一次大会	表决通过	周　键	海口市第十六届人民代表大会财政经济委员会委员
11月24日	十六届一次大会	表决通过	胡亚玲	海口市第十六届人民代表大会财政经济委员会委员
11月24日	十六届一次大会	表决通过	黄泽斌	海口市第十六届人民代表大会财政经济委员会委员

【代表建议督办】2016年，海口市十五届人大七次会议期间及会后，代表共提出建议245件（含不构成议案转为建议的1件）。截至12月，245件代表建议全部办理答复代表，办理质量比往年有一定程度的提升。代表所提建议得到解决或基本解决的（A类）118件，占48.16%，比上年提高1.9个百分点；计划逐步解决（B类）107件，占43.67%；因地方财政困难或受客观条件限制暂时难以解决的（C类）20件，占8.16%。对办理工作态度满意的238件，占97.14%，提高1.56个百分点；基本满意的7件，占2.86%。对办理结果满意的228件，占93.06%，比上年提高5.65个百分点；基本满意的15件，占6.12%；不满意的2件，占0.82%。市人大常委会主任会议成员领衔督办的10件重点建议，已经解决或基本解决的7件，其他3件列入计划逐步解决。市人大常委会组织开展建议办理绩效评估工作，对市交通港航局、市商务局、市农业局、市文体局4个单位的建议办理工作进行评估，推动代表建议得到较好的落实。

【"全民公益活动日"设定】2016年6月29日，海口市第十五届人大常委会第三十九次会议表决通过《海口市人民代表大会常务委员会关于深入开展全民公益活动的决定》，自6月29日起实施。《决定》对海口市全民公益活动的组织、开展进行全面规定，进一步明确全民公益活动的原则与主体、管理机构、开展形式、推广措施、促进手段和监督责任，将每年3月的第一个周日定为海口市全民公益活动日。全民公益活动包括慈善活动、公益事业捐赠、志愿服务、无偿献血以及其他形式的公益活动。全民公益活动遵循政府引导、社会支持、全民参与、自愿无偿的原则，通过营造公益活动氛围、丰富公益活动形式，促进全民公益活动的开展。

【人大换届选举】2016年7月，海口市市、区、镇三级人大换届选举工作全面展开，经过动员部署、摸底调查、宣传发动、选民登记、推荐提名、酝酿协商确定代表候选人、投票选举等工作程序，登记选民126.85万人（比上届多13万多人），参加选举119.20万人（比上届多14万余人），参选率93.97%（高于上届近4个百分点）。选民联名推荐224名区级和625名镇级人大代表正式候选人。设选举中心会场443个，投票站2082个，流动投票箱1877个，4个区直接选举产生788名新一届区人民代表大会代表，全市22个镇直接选举产生1316名各镇新一届人民代表大会代表，代表涉及各行各业、各阶层，分布广泛，素质较高，实现中央和省委、市委关于代表结构的有关要求。至11月底，市和各区、镇均顺利召开新一届人民代表大会第一次会议，依法选举产生市人大代表，市、区人大常委会组成人员，政府领导人员，法院院长和检察院检察长，镇人大主席、副主席。全市共选举"一府两院"领导人员10人，市人大常委会组成人员41人。各区共选出市人大代表302名，区级国家机关领导人员55名，区级人大常委会组成人员121名。各镇共选举出镇级国家机关领导人员101名。新一届市区镇国家机关领导班子结构比例更趋合理。换届还选出22名乡镇人大专职主席和8名专职副主席，彻底改变海口市镇人大没有专职主席的局面。

市人大及其常委会会议

【市十五届人大七次会议】2016年1月20～22日在海南国际会议展览中心举行。出席会议代表281名。会议听取和审议《政府工作报告》《关于海口市国民经济和社会发展第十三个五年规划纲要的决议》《关于海口市2015年国民经济和社会发展计划执行情况与2016年国民经济和社会发展计划草案的报告》《关于2015年海口市和市本级预算执行情况及2016年海口市和市本级预算草案的报告》《海口市人民代表大会常务委员会工作报告》《海口市中级人民法院工作报告》《海口市人民检察院工作报告》，表决通过以上7项工作报告的决议草案。会议选举杜立文为海口市第十五届人民代表大会常务委员会主任，方中里、叶霞、孟励为海口市第十五届人民代表大会常务委员会副主任。

2016年8月11日，海南省人大常委会副主任符跃兰（左二）到海口市龙华区滨涯社区察看换届选举观摩点筹备工作情况，市人大常委会副主任郑国建（右三）陪同。 （张伟 摄）

【市十六届人大一次会议】2016年11月22～24日在海南国际会议展览中心举行。出席会议代表297名。会议以无记名投票的方式选举杜立文为海口市第十六届人民代表大会常务委员会主任，方中里、揭晓强、叶霞、郑国建、许焕中、盛林为副主任，王小峰为秘书长；选举倪强为海口市人民政府市长，巴特尔、顾刚、鞠磊、孙世文、任清华、文斌、龙卫东为副市长；陈文平为市中级人民法院院长，李思阳为市人民检察院检察长（报请省人民检察院检察长提请省人大常委会批准）；选举王尤新等33名同志为市第十六届人大常委会委员。会议听取和审议《政府工作报告》《海口市人民代表大会常务委员会工作报告》《海口市中级人民法院工作报告》《海口市人民检察院工作报告》，表决通过以上4项工作报告的决议草案；审议《海口市第十五届人大法制委员会工作报告》《海口市第十五届人大财政经济委员会工作报告》；通过市第十六届人民代表大会法制、财政经济委员会组成人员人选。

【市人大常委会会议】2016年，海口市人大常委会共召开10次常委会会议。

第三十五次会议　1月14日召开。听取和审议《海口海事法院工作报告》《海口市人民代表大会法制委员会工作报告》《海口市人民代表大会财政经济委员会工作报告》等报告；表决通过市人大常委会关于检查海口市政府实施《海口市病媒生物预防控制管理办法》的审议意见、市人大常委会关于检查海口市政府实施《海口市城市容貌管理若干规定》的审议意见，《海口市人民代表大会常务委员会关于〈海口海事法院工作报告〉的决议》《关于海口市第十五届人民代表大会第六次会议代表议案以及建议、批评和意见办理情况的报告》《关于海口市第十五届人民代表大会第六次会议以来代表出缺及补选代表的代表资格审查情况的报告》《海口市第十五届人民代表大会第七次会议列席人员范围》，以及需要提交市十五届人大七次会议审议的一系列文件材料、有关人事事项。

第三十六次会议　3月4日召开。听取审议并表决通过市政府关于将海口市第七期棚户区改造项目政府支付的采购资金纳入财政预算的议案，表决通过有关人事事项；将海口市第十五届人民代表大会第七次会议期间及会后代表提交的244件建议、批评和意见分别移交给市政府、市中级人民法院办理。

第三十七次会议　3月16日召开。审议有关人事议案并表决通过有关决定。

第三十八次会议　4月27日召开。审议并表决通过《海口市爱国卫生管理办法》，听取和审议《海口市人民政府关于2015年依法行政工作情况的报告》并表决通过关于报告的审议意见，听取和审议《海口市人民政府关于提请审议〈海口市城市黄线管理办法（草案）的议案》，审议市人民政府关于落实《海口市人大常委会关于检查我市实施〈海口市病媒生物预防控制管理办法〉情况报告审议意见的报告》，表决通过有关人事事项。

第三十九次会议　6月29日召开。表决通过《海口市人民代表大会常务委员会关于市区镇人民代表大会换届选举时间的决定》《海口市人民代表大会常务委员会关于市区新一届人民代表大会代表名额的决定》《海口市人民代表大会常务委员会关于市区新一届人民代表大会常务委员会组成人员名额的决定》《海口市人民代表大会常务委员会关于设立市人大常委会换届选举工作领导小组及办公室的决定》《海口市人民代表大会常务委员会关于深入开展全民公益活动的决定》，市人大常委会关于《海口市人民政府关于将海口市第八期棚户区改造项目政府支付的采购资金纳入财政预算的议案》的决议、关于修改《海口市人民代表大会常务委员会人事任免办法》的决定，听取和审议《海口市城镇园林绿化条例修正案（草案）》和《海口市电梯安全管理若干规定（草案）》；表决通过有关人事任免事项。

第四十次会议　8月1日召开。审议有关人事议案并表决通过有关决定。

第四十一次会议　8月30日召开。听取和审议关于《海口市城市园林绿化条例修正案（草案）》审议结果的报告，表决通过关于修改该条例的决定；听取《关于我市2016年上半年国民经济和社会发展计划执行情况报告》《关于我市2015年市本级财政决算及2016年上半年财政预算执行情况的报告》，表决通过关于批准2015年海口市市本级财政决算的决议；听取和审议《关于2015年度海口市市本级预算执行情况及其他财政收支的审计工作报告》《关于落实市人大常委会对我市公安机关执法规范化建设情况报告的审议意见情况的报告》《关于市政设施建设专项工作情况的报告》、市人大常委会执法检查组关于检查《海口市电动自行车管理办法》贯彻实施情况的报告，表决通过关于以上报告的审议意见；听取和审议《关于2016年海口市和市本级一般公共预算与政府性基金预算调整方案》，批准公共预算与政府性基金预算调整方案；做出《关于海口市第十六届人民代表大会代表名额分配和选举问题的决定》，对4个区代表名额进行具体分配；表决通过有关人事任免事项。

第四十二次会议　10月21日召开。听取和审议《海口市人大常委会执法检查组检查我市贯彻落实〈海口市人民代表大会常务委员会关于加强东寨港红树林湿地保护管理的决定〉情况的报告》，并表决通过关于报告的审议意见；听取和审议《海口市人大常委会主任会议关于提请审议〈关于召开海口市第十六届人民代表大会第一次会议的决定（草案）〉的议案》《海口市人民政府关于提请审议〈海口市扬尘污染防治办法（草案）〉的议案》；表决通过有关人事任免事项。

第四十三次会议　11月15日召开。表决通过《关于召开海口市第十六届人民代表大会第一次会议的决定》和需要提交市十五届人大七次会议审议的一系列文件材料。根据决定，海口市第十六届人民代表大会第一次会议于11月22～24日在海口举行。会议听取和审议并表决通过《海口市第十五届人民代表大会常务委员会代表资格审查委员会关于选举海口市第十六届人民代表大会代表的代表资格审查报告》；听取和审议《海口海事法院工作报告》《海口市中级人民法院关于开展司法体制改革试点工作情况的专项工作报告》《海口市人民检察院关于开展司法体制改革试点工作情况的专项工作报告》，表决通过市人大常委会关于这三项工作报告的审议意见；书面审议《海口市人民代表大会法制委员会工作报告》《海口市人民代表大会财政经济委员会工作报告》等。

第十六届市人大常委会第一次会议 12月30日召开。表决通过《关于召开海口市第十六届人民代表大会第二次会议的决定》；表决通过《海口市城市管理综合行政执法条例（草案）》，待报请海南省人大常委会审查批准后颁布实施；审议市人大常委会主任会议关于提请审议《海口市制定地方性法规规定条例（草案）》的议案，同意将该条例草案提请海口市人民代表大会审议。

2016年5月31日，海口市人大常委会召开《海口市爱国卫生管理办法》新闻发布会。（市人大办 供稿）

专门委员会工作

【法制委员会工作】 2016年，海口市第十五届人大法制委员会共完成2件法规案和1件法规性决定的调研、起草、论证、修改、审议等工作，其中《海口市爱国卫生管理办法》《海口市城镇园林绿化条例（修正）》经市人大常委会通过并报省人大常委会审查批准后公布施行，《海口市人民代表大会常务委员会关于深入开展全民公益活动的决定》已公布施行，《海口市城市黄线管理办法》《海口市电梯安全管理若干规定》《海口市扬尘污染防治办法》提请市人大常委会进行初次审议，配合法制工作委员会完成《海口市文明行为促进条例》《海口市骑楼老街保护与开发利用规定》《海口市物业管理若干规定》等13个项目的立法调研。海口市第十六届人大法制委员会会同法制工作委员会起草、修改、审议《海口市城市管理综合行政执法条例（草案）》和《海口市制定地方性法规规定条例（草案）》。

【财政经济委员会工作】 2016年，海口市第十五届人大财政经济委员会审查《关于海口市2016年上半年国民经济和社会发展计划执行情况的报告》《关于2015年海口市市本级财政决算及2016年上半年财政预算执行情况的报告》并提出审查报告，审查《2016年海口市和市本级公共财政与政府性基金预算调整方案（草案）》；审议市政府提交的海口市第七期、第八期棚户区改造项目政府支付的采购资金纳入财政预算的议案，促使财政部门改进资金管理办法，按棚改工作进度向开发银行提取建设资金，有效地提高资金使用效率；召开全市2016年经济形势通报会，主动研判经济发展走势，为全市经济决策服务；开展《海口市电梯安全管理若干规定》等的立法调研。海口市第十六届人大财政经济委员会听取《关于海口市2015年国民经济和社会发展计划执行情况与2016年国民经济和社会发展计划草案的报告》和《关于2015年海口市和市本级预算执行情况及2016年海口市和市本级预算草案的报告》，为市十六届人大二次会议提供审查报告；审查市政府全口径预算，确保全口径四本预算在二次代表大会上审议。

视察与调研

【人大代表视察】 2016年，海口市人大常委会组织近150人次市人大代表开展法制宣传活动、人大代表进社区宣传活动、集中视察水环境污染治理和交通基础设施建设活动、“双创”定向视察调研活动及志愿者服务活动等。10～12月，将市人大代表分成8个代表小组，由市人大常委会主任会议成员和各区人大常委会主任担任召集人，每周分批对海口市占道经营、“六小”行业、农贸市场、“三无小区”、城乡环境卫生、电动自行车、违法建筑等情况开展视察，现场提出整改建议，现场督促落实，共召集362人次进行视察。12月26～28日，

2016年12月27日，海口市人大常委会副主任方中里（左二）带领市人大代表视察天翔路综合管廊工程内部情况。 （市人大办 供稿）

组织省、市人大代表150人开展集中视察活动，视察代表分为6个小组，采取听取汇报、召开座谈会、实地走访及现场查看等方式，深入了解市市政道路建设情况、背街小巷改造情况、主城区外“创文”工作推进情况、水体治理工作情况、精准扶贫攻坚工作情况、城市美化亮化工程建设情况等。

【专题调研】2016年5月24～26日，海口市人大常委会开展海口市发展休闲观光农业促进贫困农民脱贫致富情况专题调研，提出“规划引领，科学布局；加强领导，协同推进；大力扶持，助力发展；打造品牌，抓好管理；以农为本，精准扶贫”等建议。4月～5月，开展海口市公共文化服务体系建设情况专题调研，提出“完善网络，实现全民共享文化发展成果；提升效能，夯实公共文化服务根基；着力创新，激发公共文化服务发展动力；拓宽渠道，促进公共文化服务社会化；强化队伍，提供公共文化服务人才支撑”等建议。5月10～13日，开展海口市失地农民生活及权益保障情况专题调研，提出“加强协调，相互配合；留好用好集体企业留用地，确保被征地农民能够有一个长期稳定的财产性收入，分享城市发展的红利；加快社会养老保险办理，切实保障失地农民基本生活；引导和扶持农民就业，保证农民失地不失业；引导帮扶失地农民发展优质高效农业，提高剩余土地种养效益”等建议。5月，开展海口市宗教工作开展情况调研，提出“转变思想，提高对做好宗教工作重要性的认识；加强宗教团体建设，充分发挥桥梁和纽带作用；加强干部队伍建设，建立健全有力的工作机构；注重方式方法，全力维护宗教界和谐稳定；加强舆论引导，强化党的宗教方针政策宣传”等建议。6月28日，开展海口市“互联网＋农业”建设情况调研，提出“尽快出台《关于加快推进互联网农业小镇建设的实施意见》；全面完善信息基础设施建设；加强人才引进和培训，提升建设现代农业发展水平；培育特色产业，增强核心产业和品牌竞争力；利用物联网技术，发展精准高效农业生产方式；加强农产品质量安全追溯体系建设”等建议。

（陈　娜）

（编辑：陈清海）

2016年5月26日，海口市人大常委会副主任郑国建（右三）带队开展休闲观光农业专题调研。 （市人大办 供稿）

市政府综述

【市政府十五届全体会议】 第九次全体（扩大）会议 2016年1月17日在第二行政办公区7号楼二楼第三会议室召开。出席会议代表47人，列席32人。海口市委副书记、市长倪强主持会议。会议传达全国安全生产电视电话、省政府全体会议和常务会议精神，审议并表决通过《2016年政府工作报告（送审稿）》《海口市国民经济和社会发展第十三个五年规划纲要草案》《关于海口市2015年国民经济和社会发展计划执行情况与2016年国民经济和社会发展计划草案的报告（送审稿）》和《关于2015年海口市和市本级预算执行情况及2016年海口市和市本级预算草案的报告（送审稿）》4份重要文件；评议2015年市政府各项工作，部署2016年市政府重点工作，并强调要进一步加强政府作风建设。

第十次全体会议 11月19日在第二行政办公区7号楼二楼第三会议室召开。海口市委副书记、市长倪强主持。出席会议代表43人，列席32人。会议审议并表决通过《政府工作报告》。

【市政府十五届常务会议】 2016年，海口市政府在海口行政中心7号楼第三会议室召开第十五届第52～63次常务会议，会议由市长倪强主持。

第52次会议 1月13日召开。出席会议代表10人，列席代表83人。会议原则通过《2016年政府工作报告（讨论稿）》《海口市国民经济和社会发展第十三个五年规划纲要（讨论稿）》《海口市2015年国民经济和社会发展计划执行情况与2016年国民经济和社会发展计划草案的报告（讨论稿）》《2015年海口市和市本级预算执行情况及2016年海口市和市本级预算草案的报告（讨论稿）》《海口市2016年投资项目计划》《海口市2016年为民办实事事项》，并分别提请市委、市人大审议；研究其他事项。会议要求继续大力推进“百日大会战”，做好“创卫”国考准备、首届海南国际旅游岛三角梅花展筹备、“三园合一”、重点项目投资、环境整治以及春节前安全生产、旅游市场整治、民生保障、困难群体帮扶等工作。副市长袁光平、巴特尔、蒙国海、朱永盛、鞠磊、孙世文、任清华，海口警备区政委涂永革出席会议。

第53次会议 2月18日召开。出席会议代表9人，列席代表78人。会议落实省委省政府和市委近期的一系列工作部署，审议并原则通过《海口市城市黄线管理办法（草案）》《海口市违法建筑举报奖励办法》《海口市关于加快工业发展的若干规定》《关于加快工业发展若干规定的实施细则》《海口市2016年政府投资项目推进工作方案》《海口市限价商品住房保障管理办法》《海口市2015年重点工作目标责任考核结果的通报》以及其他事项。副市长袁光平、巴特尔、朱永盛、鞠磊、任清华、文斌，海口警备区政委涂永革出席会议；市政协副主席文日坤列席会议。

第54次会议 3月21日召开。出席会议代表10人，列席代表63人。会议传达学习全国“两会”、国务院棚改工作电视电话会议、全省领导干部大会、安全生产工作会议、旅游工作会议、省政府第60次常务会以及市委常委（扩大）会暨“双创”领导小组第19次会议精神，并就贯彻落实进行安排部署；审议并原则通过《海口市贯彻落实省政府关于房地产市场调控的实施意见》《关于加快推进海口市棚户区（城中村）改造有关工作的规定》《2016年政府投资项目有关事项的请示》等相关事项。副市长袁光平、巴特尔、朱永盛、鞠磊、孙世文、任清华、文斌，海口警备区政委涂永革出席会议。

第55次会议 4月8日召开。出席会议代表8人，列席代表58人。会议审议通过《海口市扶持影视产业发展若干规定》《公交线路相关资源整合实施方案》《海口市人民政府2016年度制定建设（立法）计划（草案）》，审议合作办学、校安工程、安全生产等方面事宜。副市长袁光平、巴特尔、鞠磊、孙世文、任清华、文斌出席会议。

第56次会议 5月16日召开。出席会议代表9人，列席代表83人。会议传达贯彻落实海南省委常委会第105次会议、全省4月份经济形势分析会和市委常委会第12次扩大会议精神，审议并原则通过《海口市气象灾害预防规划（2015~2020年草案）》；审议并原则通过《海口市电梯安全管理若干规定》，要求将该《规定》修改完善后，提交市人大常委会审议；审议《海口市“十三五”精准扶贫工作实施方案》等。副市长袁光平、巴特尔、朱永盛、鞠磊、任清华、文斌，海口警备区政委涂永革出席会议。

第58次会议　6月13日召开。出席会议代表8人，列席代表40人。会议研究简政放权放管结合优化服务改革、便民服务措施、社会诚信体系建设等工作，审议并原则通过《海口市2016年推进简政放权放管结合优化服务改革工作方案》《海口市行政审批制度改革第四批便民服务措施》《海口市个人信用信息征集和使用管理办法（送审稿）》《海口市企业信用信息征集和使用管理办法（送审稿）》《海口市诚信“红黑榜”发布和奖惩管理办法（送审稿）》；审议并原则通过《海口市城镇园林绿化条例（送审稿）》，要求有关部门尽快修改完善，提交市人大常委会审议；审议7个与相关企业、机构的合作协议，研究审议《2016年海口市和本级一般公共预算与政府性基金预算调整方案（草案）的报告》等其他事项。副市长袁光平、巴特尔、朱永盛、鞠磊、孙世文、任清华出席会议。

第59次会议　7月21日召开。出席会议代表9人，列席代表79人。会议研究出台《加强海口市旅馆业管理实施意见》；审议《中共海口市委、市政府关于加快推进石山互联网农业小镇建设的意见》《关于加强和改进“菜篮子”工程建设的意见》；审议并原则通过《海口市人民政府　海南省教育厅共建海口桂林洋教育科技产业园区合作框架协议》《海口林安智慧物流商城项目投资合作协议书》《海口市人民政府与中国旅游研究院战略合作协议》《海口市人民政府与民生银行签订金融战略合作协议》。副市长袁光平、巴特尔、朱永盛、鞠磊、孙世文、任清华、文斌出席会议。

第60次会议　9月6日召开。出席会议代表7人，列席代表55人。会议审议并原则通过《海口市医疗、医保和医药联动综合改革实施方案》《关于加快推进海口市公共法律服务体系建设的实施意见》等议题；审议通过联合办学、医疗康复、商业服务、棚户区改造等8个合作协议，其中大部分协议在本月8日召开的中国（厦门）国际投资贸易洽谈会上与世界500强等一批大企业签订，是海口服务社会投资“百日大行动”的重要举措。副市长巴特尔、鞠磊、任清华、文斌，海口警备区政委涂永革出席会议。

第61次会议　9月28日召开。出席会议代表9人，列席代表82人。会议通报国务院第三次大督查工作有关情况，传达省政府第70次常务会议、十二届市委常委会（2016）第28次会议、广东海南两省推进琼州海峡港航一体化发展联席会议、刘赐贵省长调研海口市农业生产工作重要指示及孙新阳书记“菜篮子”建设专题会议、全省存量国有建设用地专项清理处置工作动员部署暨培训工作会议、全省禁毒工作会议、全省旅游市场综合整治工作领导小组会议、《省纪委关于七起违反中央八项规定和省委省政府二十条规定精神问题的通报》精神，研究部署近期工作，审议《海口市三年滚动（2017~2019年）投资计划》《海口市扬尘污染防治办法》《海口市人民政府办公厅关于棚户区改造补偿安置有关事项的通知（审议稿）》《关于通过政府购买服务的方式推进土地收储工作的请示》《海口市产业引导基金（暂定名）设立及管理方案》等事项。副市长袁光平、巴特尔、朱永盛、鞠磊、孙世文、任清华、文斌出席会议。

第62次会议　10月13日召开。出席会议代表9人，列席代表89人。会议审议并原则通过《海口市权力清单责任清单》《关于加快推进品牌农业建设的意见》《海口市2016年品牌农业建设实施方案》《海口市违法建筑分类处置办法》《海口市爱国卫生工作“十三五”规划》等议题；审议海口南片区土地一级开发项目提前回购及周边基础设施建设、桂林洋医院移交省卫计委管理等事项。副市长袁光平、巴特尔、朱永盛、鞠磊、孙世文、任清华、文斌出席会议。

第63次会议　11月14日召开。出席会议代表7人，列席代表80人。会议第一时间连夜传达下午召开的市委十二届十二次全会精神；审议通过《海口市2017年省重点项目投资计划》，重点对12大重点产业进行研究安排；审议并原则通过《海口市2017年度棚户区（城中村）改造计划》《海口市旅行社开发客源市场奖励办法》。市委常委、副市长巴特尔，副市长鞠磊、孙世文、任清华、文斌，海口警备区政委涂永革出席会议。

【市政府十六届第一次常务会议】2016年11月28日在龙华区政府2号楼311会议室召开。海口市委副书记、市长倪强主持会议。出席会议代表8人，列席代表18人。会议审议《海口万达文体旅游项目合作协议》《海南省国有农场医疗卫生机构移交地方政府管理协议书》、永秀花园项目到期债务等事项。副市长巴特尔、顾刚、鞠磊、孙世文、任清华、文斌、龙卫东出席会议。

【政务督查】2016年，海口市政府办公厅加强市政府文件、会议议定事项、市委和市政府领导批示及交办事项的督办落实，加大对省市为民办实事的跟踪督办力度，着力抓好稳增长、促改革、调结构、惠民生政策措施和重点项目的督查督办，确保经济发展各项指标、深化改革各项任务、民生保障各项政策的顺利实施。对2016年省委省政府10项为民办实事事项、海口市牵头的省重点工作、市委市政府10类24项为民办实事事项、《政府工作报告》中确立的223项重点工作、市深改组第2次会议议定的47项工作、上半年经济形势分析会议121项工作等实行分解立项和挂牌督办。对市政府常务会议议定事项、市政府专题会议议定事项和书记、市长233件批示件、27件督办件跟进督办。完善市政府部门绩效考核评估办法，全面审核各单位年度职能目标，抓好日常督办。编印《督查通报》59期，每月向市政府领导报告督查情况，提出工作建议。开展“重点项目督查月”、政府投资项目“百日大会战”专项督查活动，政府督查议案室牵头，各位秘书长和业务处室对分管市长牵头负责的重点工作进行专项督办，对日常业务工作及时跟进督办，推动工作落实，提高政府执行力，海口市获海南省“百日大会战”综合特等奖、重点项目上台阶奖等7大奖。

【政务公开】2016年，海口市政府办公厅及时公开《2015年海口市政府信息公开年度报告》，印发《海口市2016年政府信息公开工作要点》，组织举办政府信息公开工作培训班。认真落实《政府信息公开条例》和省政府信息公开工作要求，在市政府门户网站公开信息4.85万条，发布政府职能相关政府信息4525条13类。其中，行政法规、规章和规范性文件类27条；国民经济和社会发展规划、专项规划、区域规划类13条；国民经济和社会发展统计信息类83条；财政预决算、公务接待支出、车辆购置及运行支出、出国（境）经费支出等数据类2016条；行政事业性收费的项目、依据、标准类59条；政府集中采购项目的目录、标准及实施信息类413条；行政许可的事项、依据、条件、数量、程序、期限以及申请行政许可需要提交的全部资料目录及办理情况信息类73条；重大建设项目的批准和实施情况信息类19条；扶贫、教育、医疗、社会保障、促进就业等方面的政策、措施及其实施情况类1323条；突发公共事件应急预案、预警信息及应对情况信息类37条；环境保护、征地拆迁、公共卫生、安全生产、食品药品、产品质量和价格的监督检查情况信息类350条；政府信息公开指南类100条；回应社会关切，在重大突发事件中发布权威的政府信息类12条。年内，海口市党政微博微信平台“海口发布”公开政府信息4.49万条，其中政务微博公开政府信息3.27万条，政务微信公开政府信息1.22万条。在市图书馆、市档案局等公共场所建成全市政务信息资源共享交换平台，免费向市民开放。主导编印《海口市人民政府公报》12期，公开市政府、市政府办公厅颁发的法规规章、制度、决定、决议以及有关人事任免事项等126篇730条，扩大公众知情权和参与权。

【政务综合协调服务】2016年，海口市政府办公厅围绕市政府中心工作和重点工作，从细化工作职能、落实任务分工入手，深入统筹安排市领导深入基层调研、参加重要活动、出席重要会议，协调推动政策落地，印发《海口市人民政府办公厅关于印发市级PPP项目操作流程的通知》《海口市加快促进服务贸易发展行动计划（2016~2017年）》《海口市行政审批制度改革第四批便民服务措施》等一批规范性政策性文件。协调开展项目建设年、投资项目“百日大会战”、服务社会投资“百日大行动”，促使康迪10万辆电动车、长影环球100、桂林洋热带农业公园、五源河文体中心等项目加快建设，海秀快速路、海屯高速、西环高铁海口段、海文高速改造、新东大桥、定海大桥建成通车，高铁海口东站公交枢纽站落成，马村港区、新海港区开港运营，美兰机场二期扩建、南渡江引水工程、城市地下综合管廊等项目全面开工建设。搭建政银企对接平台，推动金融机构与企业签订合作协议；协调举办2016年第八届环海南岛国际公路自行车赛、世界女子高尔夫锦标赛、海口国际马拉松赛、环海南岛国际大帆船赛等重大体育比赛和“2016年冬交会”等展会，推进体育、会展第三产业跨越式发展。协调召开5次空港口岸通关服务保障会，新开国际航线14条、执飞国际及地区航线27条；加强服务保障，协调口岸通关高效畅通。协调博鳌亚洲论坛2016年年会及澜湄合作首届领导人会议、第七届环海南岛国际大帆船赛、2016首届全球旅游目的地盛典、2016年第四届观澜湖世界明星赛的通关服务保障工作；协调做好邮轮到访通关服务保障工作；组织协调全市海防工作，印发《关于加强海口海防建设工作任务分工方案》，编制2017年度海防基础设施建设计划，协调有关单位依法履行海防治理和加强海防管控职责。协调全市有关单位开展反走私综合治理工作，会同市工商局协调各单位开展“国门利剑”“春雷2016”专项行动，维护市场经济秩序。

【调查研究】2016年，海口市政府办公厅围绕政府工作重点、社会关注焦点、基层反映热点、群众反映难点问题，协调市领导深入一线、深入基层开展调查研究，使政府出台的各项政策措施更加接地气、惠民生、促发展。实施“重点项目服务月”，紧盯“十二大产业”“六类园区”“百千工程”“互联网+”“五网合一”“多规合一”“双创”等重要领域，协调市政府领导深入开展重点调研，撰写相关调研报告，为市委市政府决策提供参考。围绕市委市政府重大决策、重要政策的出台，深入实际、深入基层开展专题调研，掌握第一手资料，撰写有关调研报告，为市政府领导提出一些新的工作思路和工作举措；对一些事关全局的战略性、前瞻性问题超前进行研究和预测，形成比较成熟的意见和建议，确保调研成果来源实践，服务群众。深入市政府领导扶贫联系点调查研究，广泛听取意见建议，协调制定发展规划、调整农业产业结构、落实项目经费、改善生产生活设施，扶贫帮困取得明显成效，9个扶贫联系点的贫困户全部脱贫。

【建议提案办理】2016年，海口市政府办公厅强化对政府系统承办的人大代表建议和政协提案的统筹协调，建立责任分解、定期调度、绩效评估、全程监督的办理机制。每季度向市政府报告，推动解决重点、难点、焦点、热点问题，提高建议提案落实率和代表委员满意率。对承办的602件省市人大代表建议、政协委员提案进行责任分解，交由各责任单位办理。强化对承办单位的督查指导，要求做到办前联系沟通、办中征求意见、办后跟踪回访，建议办理满意率和基本满意率达到100%。适时向市人大、政协汇报督办情况，接受监督、赢得理解和支持。

【新闻报道】 2016年，海口市政府办公厅协调做好市政府重要会议、重大活动的新闻报道，共报道市政府全会、市政府常务会议15次，市政府专题会议120多次，在中央和省市党报党刊正面报道800多篇（条），协助市委宣传部做好41次新闻发布工作。坚持“走出去、请进来”宣传推介海口，主动协调市委宣传部与武汉、长沙、南京、合肥等省会城市进行互动交流采访，并在各地主流媒体进行正面宣传。借助主流媒体广泛征集2016年市委市政府为民办实事事项。

【能源安全协调管理】 2016年，海口市政府办公厅协调海口市政府与海南电网公司于8月4日签订《海口“十三五”电网发展战略合作协议》，成立海口市电网发展战略合作领导小组，全面建立政企联动机制，统一协调解决海口电网发展建设过程中出现的重大问题，将海口电网规划纳入城市总体规划，共同推进海口“十三五”电网建设。协调海南电网公司2016年投资约10亿元建设海口电网。其中，投资7.76亿元建设220千伏江东、龙泉等变电站和一批中低压配网工程，包括投资近0.3亿元升级改造了11个中心村电网。协调推进输电变线路工程建设、工业企业用电和重大活动电力保障问题，为全市经济社会发展提供可靠的电力保障。

【政府值班工作】 2016年，海口市政府办公厅做好重大节假日、重要时段的值班工作，确保联络畅通，重要紧急信息及时报送市政府领导，全年上传下达信息2026件次，零失误。专人值守市长信箱和承办群众来信，对195件网络问政信件、326件市政府主要领导群众来信及时分办，办结306件，办结率97.1%。

（肖文文）

人事工作

【人事工作概况】 2016年，海口市人社部门进一步推进事业单位聘用制度和岗位管理制度，规范事业单位人事管理，强化公开招聘计划报备，规范公开招聘程序。严格执行公务员考试录用和公开选调制度，坚持凡进必考，共完成51家单位、65名公务员和“参公”人员的公开招录。落实人员向基层倾斜，完成市级部门人员173个编制划拨到区有关工作。完成20名农垦改革事业编制人员移交工作。继续开展公务员网络在线学习培训，培训人数8470人。规范事业单位人事管理，成立海口市事业单位工作人员申诉公正委员会。完善工资收入分配制度，向社会发布853个企业工种（岗位）工资指导价位。

【公务员招录与选调】 2016年，海口市人社部门完成51家单位、65个职位公开招录工作，共办理140名（其中公安机关人民警察75名）新招录公务员和“参公”人员录用手续，审核批准市直单位公开选调公务员和“参公”人员104名。完成31个市级部门向区调整52名人员编制的相关工作，办理市城市管理行政执法支队65名、市国土资源执法局24名、市建设工程质量安全监督站20名、市地方公路管理站和市第二地方公路管理站12名人员编制调整划拨到区工作。完成省农垦公安机关88人移交手续。办理公务员调动66人、调任8人、转正定级69人、登记164人，办理人大、政府任免手续26批次123人，核定12家市直机关和参照管理单位的科级非领导职数。

【公务员培训】 2016年，海口市人社部门继续组织实施公务员网络在线学习培训，共86家单位、8470人参训，参训率99.7%，完成率99.2%。组织178人参加新录用公务员初任培训，107人参加科级领导干部任职培训。

【公务员考核与奖惩】 2016年，海口市人社部门审核三等功40人，嘉奖备案173人，推荐省部级先进个人7人，先进集体9个。海口市公安局琼山分局冯晖被评为海南省第三届“人民满意的公务员”，海口市信访局被评为海南省第三届“人民满意的公务员集体”。

【军转干部安置】 2016年，海口市军转办结合本地区经济发展实际、转业干部整体情况及单位用人需求，采取公开安置计划、公开考试考核成绩、公开安置去向、双向选择和指令性分配相结合的办法，圆满完成年度军官转业干部安置任务。

【工资收入分配】 2016年5月11日起，海口市最低工资标准从1270元/月提高到1430元/月。7月11日起，国家机关、事业单位工作人员死亡后遗属生活困难补助标准，非农业户籍的遗属，每人每月补助费由780元调整为890元；农业户籍的遗属，每人每月补助费由770元调整为880元。完成1451家企业薪酬调查工作，向社会发布853个企业工种（岗位）工资指导价位。

【事业单位人员管理】 2016年，海口市共有206家（次）事业单位动态调整各类岗位1025个，人员聘用备案5875个。年内，市人社部门完成市人民医院、市港湾幼儿园等16家（次）事业单位公开招聘工作，共核准录用人员218名。办理事业单位人员流动人事调入手续32人，调出手续19人。完成20名省农垦改革划转事业单位人员接收安置，广州椰城大厦、市房地测绘所和房产评估所“转企改制”的人员身份核定，市建设工程质量监督站、市地方公路管理站和市第二地方公路管理站人员下放，市政府采购中心、市建设工程招投标服务中心人员划转工作。妥善解决原海口市琼剧团改制遗留问题。3月11日，成立海口市事业单位工作人员申诉公正委员会，规范事业单位人事管理。

【专业技术人员管理】2016年，海口市人社部门全面梳理现行人才政策32个，形成《海口市人力资源供给侧结构性改革专题研究报告》《关于促进海口市服务贸易人才引进培养的若干措施》等成果。全市2.18万人参加专业技术人员在线学习。启动海口市专业技术人员数据库建设工作，已采集3.71万名专业技术人员信息。完成中小学教师、林业工程、工业工程、建设工程系列职称评审工作，共评审通过中、初级专业技术人员554人。推荐“特贴”和“省优”专家人选34名。11月11日，挂牌成立“海口市高层次人才服务平台”，为高层次人才提供人事档案管理、人事代理、人才测评等综合保障服务。

（冯　宁）

外事工作

【外事工作概况】2016年，海口市外事侨务办服务中央总体外交，进一步扩大海口对外交往，促进对外交流与合作，圆满完成出席博鳌亚洲论坛2016年年会的印度尼西亚政要团接待工作，接待36个外国来访团组360多人次。海口市先后与巴基斯坦拉合尔市、伊斯兰堡市以及缅甸仰光市结为友好交流城市，国际友城增至33个。友城达尔文市获“对华友好城市交流合作奖”。

【外事接待】2016年3月22～25日，海口市外事侨务办按照外交部和省外办的安排，接待出席2016年博鳌亚洲论坛年会的印度尼西亚副总统尤素夫·卡拉代表团，接待任务包括政要团成员出席论坛年会开幕式、李克强总理欢迎午宴和与其他外国政要代表、企业代表会见等活动。全年共接待36个外国来访团组360余人次。

【国外重要代表团来访接待】2016年，海口市外事侨务办接待的各国使领馆代表团主要有：1月14日，美国驻华大使麦克斯·博卡斯（Max Baucus）来访，就推动美国与海口在绿色环保、医疗健康和教育等多领域的合作与海口市市长倪强进行会谈；2月25日，英国驻广州总领馆代表团杜建生博士一行访问海口并考察有关企业，探讨海口与英国在制药和成药贸易领域的合作机会；3～12月期间，副市长孙世文先后会见新加坡驻广州总领馆新任总领事蔡鳌合（Chua Teng Hoe）、加拿大驻广州总领事白静芳（Rachael Bedlington）、泰国驻广州总领事瓦信·兰巴替盛（Vasin Ruangprateepsaeng）、安哥拉驻广州总领事若昂·巴蒂斯塔·达科斯塔（Joao Baptista Da Costa）、法国驻广州总领事傅伟杰（Bertrand Furno）、荷兰驻广州总领事郭媚姚（Marjo Crompvoets）、新西兰驻广州总领事梅瑞琪（Rachel Maidment）、瑞士联邦驻广州总领事博智东（Didier Boschung），分别就教育、医疗、会展、贸易、投资、旅游、文化、石油、宝石、高新技术产品及制造、农业等领域的合作进行交流。接待国外商务考察合作团和友好交流访问团：2月1日、2月28日及4月11日，澳大利亚圆美（Ramsay）国际医疗集团派团先后3次访问海口市，市委书记孙新阳，市委常委、副市长巴特尔等市领导先后会见圆美集团总裁雷石（Christopher Rex）、中国区执行主席吕德胜（Louis Lyudesheng），双方团队就海口市与圆美集团医疗合作项目进行深入探讨，并于2月28日签署《医疗健康项目全面合作框架协议》；5月4日，市长倪强会见出席在海口市举办的“2016年全球旅游目的地盛典活动”的外宾；5月7日，阿根廷布宜诺斯艾利斯市内阁部长顾问罗德里格·布拉沃（Rodrigo Bravo）访问海口市，常务副市长袁光平会见，双方就海口市发展足球产业相关事宜进行探讨；5月15日，倪强会见前来海口市工作访问的亚洲市长论坛秘书长穆罕莫得·科达达迪先生，科达达迪秘书长向倪强汇报亚洲市论坛秘书处工作情况和第五届亚洲市长论坛全体会议筹备情况；6月22日，孙新阳、倪强会见捷克摩瑟水晶公司代表团一行；6月27日，孙新阳、倪强会见前来海口市出席“第四届APEC蓝色经济论坛”的国内外专家；7月20日，倪强会见前来海口市参加2016（海口）英国品牌文化节的英中贸易协会总裁傅仲森先生（Stephen Philips）并向其颁发第二届海口海外智囊团成员聘书；8月15日，市长倪强、副市长鞠磊会见前来海口市进行“2016年雷琼地质公园申报再评估工作”的联合国教科文组织专家盖伊·马天尼（法国）和渡边真人（日本）；9月25日，孙新阳会见前来海口参观考察的Abercrombie & Kent创始人、世界旅游理事会主席杰佛列·肯特（Geoffrey Kent）一行，双方就扩大旅游产业对接、促进海口旅游对外合作进行交流；9月28日，意大利意中友好协会会长伊雷妮·皮韦蒂（Irene Pivetti）率团访问海口，孙世文会见客人一行并就双方在经贸、旅游、会展以及体育方面的合作进行探讨；10月10日，乌干达外交部常务秘书詹姆斯·慕古米（James Mugume）率团访问海口并赴海口国家高新技术产业园区考察参观。10月13日，孙世文会见由环球之桥主席阿尔布莱特·汉斯（Albrecht Hans）率领的第五届中德青年领导者会议代表团一行50人。

【第二届中国—中亚合作对话会】2016年11月25日在海口市香格里拉大酒店举行。由中国人民对外友好

2016年7月20日，海口市委副书记、市长倪强（右）会见英中贸易协会总裁傅仲森（Stephen Philips），并向傅仲森先生颁发第二届海口海外智囊团成员聘书。
（周中慧 摄）

协会和海南省政府主办。此次对话会的主题为“弘扬丝路精神，促进合作共赢”。会议有来自中国和中亚五国的地方领导、中亚五国驻华使节和上海合作组织代表、中国和中亚五国旅游和农业领域专家和企业家代表约200人出席。海南省省长刘赐贵、常务副省长毛超峰和海口市市长倪强出席开幕式。倪强在开幕式上致辞，向中外嘉宾推介海口，探讨双方合作。

【重大对外交流活动】2016年7月21日至8月31日，由中华人民共和国商务部贸易发展事务局、海口市外事侨务办公室和英中贸易协会共同主办的2016（海口）英国品牌文化节在海口市举办，展销近30个英国著名牌，该次活动增强了海口市与英中贸易协会在服务贸易、旅游、文化等领域的合作。8月24日，海口市市长倪强在海口观澜湖接待前来海口参加第二期周边国家“市长参访计划”的代表团成员，来自柬埔寨、老挝、缅甸、马来西亚、巴基斯坦、斯里兰卡、越南7个国家的省长、市长，外交部驻澳门公署副特派员蔡思平等一行36人出席活动。会见活动后，海口与缅甸仰光、巴基斯坦伊斯兰堡分别结为友好城市。12月16～18日，第九届“海口—东盟国家驻广州总领馆交流对话会”在海口市举行，来自东盟7个国家（越南、泰国、新加坡、老挝、柬埔寨、印度尼西亚、菲律宾）以及伊朗驻广州总领馆的总领事和领事出席会议并参加同期举行的第六届中国生态文明论坛（海口）年会开幕式等活动。

【友好城市工作】2016年，海口市分别与巴基斯坦拉合尔市、伊斯兰堡市和缅甸仰光市结为友好交流城市。截至12月31日，海口市已与28个国家33个城市结好。1月13日，海口市人大常委会主任陈宏芬在市政府第二办公区会见韩国东海市议会金惠淑（Ms. Kim Hye Suk）议长一行，双方探讨今后在旅游、经贸、港口物流、教育、体育等方面开展更多实质性合作。2月12～14日，海口市派员参加在美国凤凰城举办的中国展览周活动。2月，友城葡萄牙法鲁市发来该市城市简介和图片，在英语报刊《海口导读》上刊登，使海口市民更多了解该市风土人情。3月28～29日，副市长袁光平率团参加在友城巴西库里蒂巴市举办的2016美洲智能城市会议。4月13日，市外事侨务办负责人会见友城旺阿雷市北方理工学院国际运营经理蕾切尔·艾琳（Rachelle Eilering）和国际业务中国区总监谭雪琴女士，探讨在海口设立中外合资教育咨询公司以及旺阿雷市长6月访问海口等事宜。4月29日，市外事侨务办一行4人赴巴基斯坦进行友好访问，并与拉合尔市地区执行官穆罕默德·乌斯曼（Muhammad Usman）签订结好文书，中国驻拉合尔总领事郁伯仁出席签字仪式。5月13日，由海口市外事侨务办公室主办的主题为“一带一路，友谊同行”第三届海口市“友城杯”英语演讲赛在海南大学举行。6月5～9日，旺阿雷市市长麦雪莉（Sheryl Mai）一行访问海口。访问期间，省委常委、市委书记孙新阳会见麦雪莉（Sheryl Mai）一行。7月25～26日，应美国斯科茨代尔市吉姆·兰尼市长（Jim Lane）的邀请，市人大常委会主任杜立文率团赴斯科茨代尔市访问，双方就开展经贸、教育、文化、交通及应急救援等各领域合作的进行务实的探讨。8月24日，市委副书记、市长倪强会见第二期“市长参访计划”的柬埔寨、老挝、缅甸、马来西亚、巴基斯坦、斯里兰卡、越南7个国家的省长、市长，以及外交部驻澳门公署一行36人，倪强与伊斯兰堡市市长谢赫·安塞尔·阿齐兹（Sheikh Anser Aziz）、仰光市市长貌貌梭（Maung Maung Soe）分别签订结好意向书。9月5～9日，市外事侨务办相关人员带队顺访友城东海市与釜山海云台区。9月2～4日，应友城伊朗加兹温市市长马苏德·诺斯拉蒂先生的邀请，副市长孙世文一行5人赴伊朗加兹温参加第11届丝绸之路市长论坛。9月20日，市外事侨务办负责人在办公区会见来访的新西兰北方理工学院副校长菲尔·贾尔斯（Phil Giles）等一行4人。11月8日，友城澳大利亚达尔文市友城委员会主席菲利普先生（Phillip Rudd）拜访海口。

【引智项目申报】2016年，海口市上

2016年海口市国际友好城市一览表

序号	友城名称	所在国家	结好时间	关系类别
1	达尔文市	澳大利亚	1990年9月5日	友好城市关系
2	柏斯市	英国	1992年2月3日	友好城市关系
3	圣纳泽尔市	法国	1992年6月27日	友好城市关系
4	俄克拉荷马市	美国	1992年11月20日	友好城市关系
5	桑给巴尔市	坦桑尼亚	1997年10月30日	友好城市关系
6	东海市	韩国	2006年4月1日	友好交流城市关系
7	格丁尼亚市	波兰	2006年4月24日	友好城市关系
8	维多利亚市	塞舌尔	2007年7月25日	友好城市关系
9	弗拉基米尔市	俄罗斯	2007年9月26日	友好交流城市关系
10	法鲁市	葡萄牙	2008年5月12日	友好交流城市关系
11	伊利乔夫斯克市	乌克兰	2008年9月19日	友好交流城市关系
12	库里蒂巴市	巴西	2008年9月22日	友好交流城市关系
13	法尤姆	埃及	2008年11月13日	友好交流城市关系
14	大雅台市	菲律宾	2009年11月21日	友好交流城市关系
15	檀香山	美国	2009年12月21日	友好交流城市关系
16	斯科茨代尔市	美国	2010年3月22日	友好交流城市关系
17	甲美市	泰国	2010年4月7日	友好交流城市关系
18	纳奈莫市	加拿大	2010年9月20日	友好交流城市关系
19	安塔利亚市	土耳其	2010年11月22日	友好交流城市关系
20	比萨省	意大利	2010年11月25日	友好交流城市关系
21	阿雅克肖市	法国	2011年7月8日	友好交流城市关系
22	罗斯托克市	德国	2011年12月15日	友好交流城市关系
23	马六甲市	马来西亚	2012年8月16日	友好交流城市关系
24	莫丁市	以色列	2013年5月23日	友好交流城市关系
25	奥兰岛	芬兰	2013年6月12日	友好交流城市关系
26	旺阿雷市	新西兰	2014年6月11日	友好交流城市关系
27	沃特福德市	爱尔兰	2014年6月20日	友好交流城市关系
28	加兹温市	伊朗	2014年10月12日	友好交流城市关系
29	海云台	韩国	2015年9月21日	友好交流城市关系
30	乌兰巴托市	蒙古	2015年9月23日	友好交流城市关系
31	拉合尔市	巴基斯坦	2016年4月29日	友好交流城市关系
32	仰光市	缅甸	2016年8月24日	友好交流城市关系
33	伊斯兰堡市	巴基斯坦	2016年8月24日	友好交流城市关系

2016年6月6日，海南省委常委、海口市委书记孙新阳（右）会见友城新西兰旺阿雷市市长麦雪莉。（蒋团冀 摄）

年组织申报的7个2016年国家外专局引智项目中，有3个（海口市医院申报的“引进外国专家技术 提升整体医疗水平”、海南华益泰康药业有限公司申报的“盐酸多西环素肠溶片开发”和天涯社区网络科技股份有限公司申报的“社交商务与大数据平台”）获国家外专局批准立项，同意资助外国专家33人次，资助核销金额148.5万元。11月底，蜂巢创新工场（海南）科技发展有限公司、海南英格地效翼船制造有限公司、海口市人民医院等7家引智单位申报8个引智项目，拟聘请专家111人次，申请经费430.01万元。

【出国培训管理】2016年，海口市共选派、审核报批出国培训人数共16人次。其中，先后选派推荐9名人员随海南省外侨办团组赴境外参训。内容涵盖“新乡村运动”赴韩国专题培训班、“一村一品”赴日本专题培训班、“城镇建设与环保”赴美国专题培训班、“国际旅游岛背景下的外事侨务干部素养与执行力提升”赴英国培训班等。申报2017年“海口市赴新加坡城市精细化管理培训班”和“海口市赴新加坡热带滨海花园城市建设培训班”两个出国培训项目计划。

【公务出访管理】2016年，海口市外事侨务办共审核、审批公务出访总团组数44批95人次，其中党政团组34个73人次，其他团组10个22人次。拒批、劝退及未成行团组8个13人次。

【涉外签证审批】2016年，海口市外事侨务办邀请来自美国、澳大利亚、新西兰、马来西亚、新加坡和俄罗斯等18个国家的人员来海口市进行教育、经贸、文化等活动，共签发40份《被授权单位邀请函》，有100人次被邀请，支持海口市国际文化教育交流、进出口贸易和特色餐饮产业发展。

【海外高层次人才引进】2016年，海口市外事侨务办通过开展引才引智工作调研，发挥优势增设“一带一路”沿线引才联络站，多渠道协助引进海外高层次人才25人次。4月，与新加坡海南协会签订《关于开展海外人才交流合作的意向书》，旨在充分利用新加坡东西文化交汇与国际人才聚集的优势，引进新加坡的琼籍华人高层次人才以及各类国际精英人士。6月，上报的13家单位柔性引进的25名海外高层次人才（含海归）、外国专家全部获得资助。市人才办从市人才资源开发专项工作经费中划拨75万元，用于支付25名海外专家差旅、食宿及公益性津贴等经费。

【外国专家管理与服务】2016年，海口市外事侨务办审核审批外国专家来华工作许可申办件24件次，先后邀请4位外国友人前来海口市举办讲座，主题涵盖以色列文化创新、中外教育差异、美国的幼儿亲子教育、如何通过网络营销和推广海南等。

【外国友人体验海口活动】2016年，海口市外事侨务办先后组织策划外国友人体验海口系列活动：1月29日，在观澜湖冯小刚电影公社南洋街组织开展一次外国友人体验海口暨迎春活动—“走进南洋街体验中国年”，近百名来自五湖四海的外国友人手持小红灯笼、春联与国内游客一道用地道的“中国风”体验一把中国年；4月29日，组织外国友人参加博桂志愿服务文化街区揭牌仪式，“外国友人志愿推广员”志愿服务团队进社区宣传，有来自美国、英国、瑞士、挪威、爱尔兰、荷兰等国的近20名外国友人参加，外籍乐队Where is my Martini进行精彩表演；5月28日，在海口市第六届荔枝节举办期间，组织外国友人体验海口荔枝节采摘活动。

侨务　港澳事务

【侨务及港澳事务概况】2016年，海口市外事侨务办利用为侨服务长效机制和工作平台，开展海外联谊，改善侨界民生，维护侨益，做好社区侨务，引进侨资侨智，服务侨资企业，共接待海外华侨华人及港澳地区社团60批、700多人次，推动世界华侨华人交流中心（海口国家侨务交流示范区）项目建设，发放850多名归侨退休职工、319名无固定收入困难归侨生活补贴，举行“全国社区侨务工作明星社区”授牌仪式，开展“关爱工程—送温暖医疗队”义诊活动暨侨法

2016年3月3日，海口市副市长孙世文（前排中）率相关部门负责人赴红旗镇调研海口国家侨务交流示范区项目。（谢江波 摄）

宣传活动4场。

【港澳及海外侨界联谊】2016年，海口市外事侨务办开展侨务公共外交工作，拓宽海外联谊渠道。(1) 来访接待。全年共接待来自中国香港、澳门地区和新加坡、马来西亚、泰国、老挝、美国、加拿大、意大利、澳大利亚、日本等国家的社团近60批、700多人次。主要有：国侨办主任裘援平率领的博鳌亚洲论坛“华商领袖与华人智库圆桌会议”代表团、老挝前副总理宋沙瓦·凌萨瓦代表团、加拿大海南总商会代表团、马来西亚的马华公会代表团、澳门海南同乡总会代表团、在日中国商会社团联盟代表团、加拿大海南总商会代表团、澳大利亚海南总商会代表团以及2016海外华裔青少年夏（冬）令营团、澳门主流媒体海南采访团、香港知青联考察团、香港青年协会代表团等；主要侨领有：新加坡海南协会理事长陈学汉、新加坡海南会馆会长潘家海、文莱马来奕海南公会主席孔繁慈、日本海南总商会会长符明潮、日本海南同乡会会长周选波、意大利曼托瓦省华侨华人总会会长陈炳南、迪拜龙城华人总商会会长金国中、法国华人进出口商会会长蒋景深等。(2) 侨务出访。2月，海口市第九中学游学团访问日本期间，拜访日本海南总商会，开启海口市学生参与侨务外交新模式；3月，常务副市长袁光平率团访问巴西，拜访巴西华人文化交流协会等当地侨社；4月，海口市外事侨办主要负责人率团访问越南、新加坡，与胡志明市海南会馆、新加坡海南协会、新加坡海南会馆等侨团及当地侨领进行互动与交流；6月，市长倪强随同海南省省长刘赐贵出访缅甸，期间，市外事侨办协助海口综合保税区在缅甸仰光举行“海南省海口综保区推介会”；7月，市人大常委会主任杜立文率团访问美国、加拿大；9月，副市长孙世文率团访问阿联酋、新加坡，拜会阿联酋华侨华人联合会、新加坡海南商会及当地的侨领、华商；12月，海口市文化广电出版体育局有关人员访问新加坡，出席新加坡海南协会60周年庆典活动。

【侨资侨智引进】2016年6月15日，海口综合保税区在缅甸仰光举行“海南省海口综保区推介会”，向与会的40多名缅甸华商介绍园区情况及优惠政策，并分别与缅甸金固—金平亚公司、金帝建筑公司、瑞蜜公司、三角洲集团4家企业签署合作意向书。市外事侨务办全年共接待来访的海外智囊团成员13批40人次，智囊团成员提供的意见和建议涵盖互联网和高新技术、生物制药、医疗健康、经贸合作、低碳环保、国际交流、旅游、教育文化、“一带一路”和“双创”等领域。主要来访的智囊团成员：泰国酒店公会副主席韩扶畴、欧洲华侨华人妇女联合总会主席陈敏琪、美国盛德国际律师事务所合伙人林亚波、马来西亚东岭集团主席陈群川、泰国环球集团总裁李桂雄、上好佳（中国）有限公司总裁施学理、澳洲宝泽金融集团董事长王人庆、亚洲市长论

2016年9月8日，海口市副市长孙世文（右二）率团访问新加坡，拜访新加坡海南商会。（王会林 摄）

2016年7月28日，马来西亚海南新山会馆代表团参观海口骑楼老街。（王雅婷 摄）

坛秘书长穆罕穆得·科达达迪、英中贸易协会总裁傅仲森、荷兰海牙市政厅中国投资部主管范德飞、新加坡驻广州首任总领事洪齐全、中科领航汽车电子有限公司董事长金星、美国夏威夷檀香山市资深前议员杜利威等。年内，中科领航与海马集团的合作不断深化，上好佳（中国）公司拟与海口开展椰子产业合作项目，振丰集团拟在海口投资酒店项目。

【侨务外宣】2016年，海口市外事侨务办把挖掘保护华侨文化作为涵养侨务资源、开展侨务外宣的重要抓手，不断完善海口骑楼老街侨文化展示厅建设，依托侨文化展示厅开展侨务交流、侨务工作座谈等活动。联合侨务研究机构及大学院校研究侨务工作专家开展华侨文化挖掘工作，与海南师范大学副教授邢寒冬联合开展“海口地区华侨华人捐资办学情况调研”课题。支持加拿大海南总商会参加“第44届温哥华华埠春节大游行”花车游行活动，宣传推介海口。支持海南南侨机工历史研究会会长陈钟儒赴云南参加“南侨机工后代重走滇缅之路”纪念活动，弘扬南侨机工爱国爱乡情怀。推荐优秀琼籍海外华侨华人参加海口电视台《海南华侨》栏目，展现琼籍海外华侨华人在政治、经济、文化等领域的成就，宣传侨界为海南发展所作出的贡献，展现侨界代表人物的风采。

【服务“三侨”】2016年，海口市外事侨务办开展“百家万户行”活动，组织实施“关爱工程”“侨爱工程”，有效推动解决一批涉侨民生问题。发放850多名归侨退休职工、319名无固定收入困难归侨生活补贴。实施侨居工程，共拨付4万元为8户困难归侨侨眷改造危房。出具8名报考全国普通高等院校和4名报考高级中学的学生“三侨生”身份证明，发放53名侨界学子“潘先钾、黄玉珍”基金奖（助）学金，推荐3名特困侨界高考毕业生申报省外侨办的助学金。出具14名华侨华人、归侨侨眷身份证明，办理归国华侨2人回国定居手续。春节期间，共筹集资金近15万元，慰问知名侨界人士、困难归侨侨眷700多人次。加强侨法宣传，定期更新4个侨友活动中心、万绿园、假日海滩、人民公园等侨法宣传栏内容。在龙华区滨海新村社区、琼山区博桂社区开展“关爱工程—送温暖医疗队”义诊活动暨侨法宣传活动。6月7日，在海口滨海新村社区举行“全国社区侨务工作明星社区”授牌仪式。

【服务侨资企业】2016年，海口市外事侨务办通过走访调研、电话沟通、参加活动等方式与全市60多家侨资企业开展互动交流，为企业排忧解难。先后派员走访调研海南荣丰公司、鸿禧房地产公司、华彩华邑酒店、凌博雕塑创作基地等侨资企业和项目。协调市发改委、市国土局、市规划局、市重点委、琼山区政府等相关部门，协助加快推进红旗镇海口国家侨务交流示范区项目建设。5月，组织海口市侨商代表团参加“海外知名侨商南通行”系列活动。10月，推荐侨资企业海南荣丰花卉公司参加“2016（海南）国际健康产业博览会”。11月，成功推荐侨资企业代表肖志满、吴松担任海口市第十四届政协委员。

【侨务及港澳事务信访服务】2016年，海口市外事侨务办依法依规协调处理侨商、归侨侨眷和海外华侨、港澳同胞来信来访51件（次），办结率95%，并协调相关部门处理王录文、邓章杰、冯学深等重要信访件。

（蒋团冀）

行政服务

【行政服务工作概况】2016年，海口市政府服务中心政务窗口受理办件23.22万件。海口12345政府热线共接听市民电话39.95万个，受理各类型办件33.3万件。海口市“放管服”工作得到国务院督查组的肯定。海口市政府服务中心报送的信息《海口市关于清理规范投资项目报件审批事项情况》被国务院办公厅采用。《直播12345》栏目获得“2015~2016年度全国城市广播栏目影响力TOP10”。市政府服务中心获“海南省投资项目‘百日大会战’先进集体”称号。

【政府服务体系标准化建设】2016年，海口市政府服务中心进一步推动海口市四级服务体系建设，龙华区正在装修520平方米的新政务大厅，秀英区约500平方米新的服务大厅完成选址，美兰区财政投入142万元改扩建灵山镇美庄、新琼等11个村（居）委会便民服务代办点，琼山区计划对7个镇便民服务中心及村（居）便民服务代办点共30家单位投入131.15万元进行招标。海口市本级在以往前3批的基础上，出台第4批18项便民措施，累计出台141项便民措施，其中琼山区出台20项，秀英区出台37项，美兰区出台26项，龙华区出台41项，海口国家高新区、海口综合保税区和桂林洋开发区各出台20项。

2016年9月21日，海口市委副书记、市长倪强（前左一）在市政府服务中心调研指导工作。（王智 摄）

【大厅服务运行与管理】 2016年，海口有38个职能单位进驻市政府服务中心，派驻工作人员共208名。海口市政府服务中心对进驻人员开展“社区服务信息化行政审批系统培训”3次、“文明礼仪培训”2次，发现和纠正违纪行为85宗，对违反工作纪律和在“双创”工作中存在问题的窗口工作人员予以清退1名，诫勉谈话1名，内部通报批评30人次。联合市效能办，每月汇总整理各进驻单位逾期办件量，发文督办并限期整改。

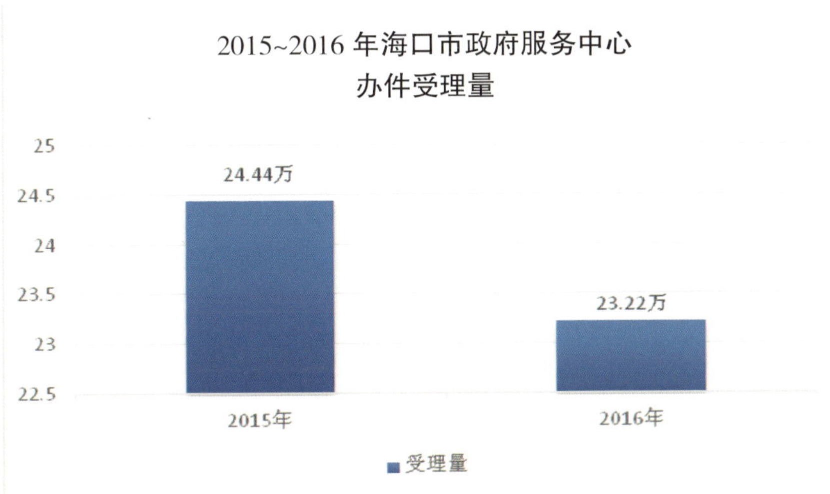

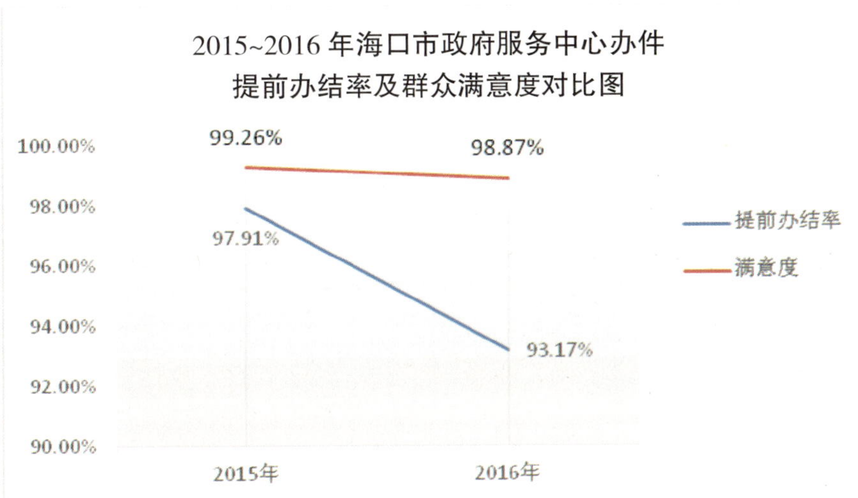

【窗口办件服务】 2016年，海口市政府服务中心窗口受理办件23.22万件，比上年减少1.22万件；办结22.62万件，提前办结率93.17%，下降4.74百分点。群众满意率98.87%，下降0.39百分点。

【服务社会投资“百日大行动”】 2016年9月1日至12月31日，海口市政府服务中心联合审批窗口共受理“百日大行动”项目35个，受理办件95件，其中89个办件在3个自然日出具审批结果，其中50个在1个自然日出具审批结果。

【“互联网+”政务服务】 2016年，海口市实现市直机关35家单位及4个区、3个开发区网上申报、网上办理等业务，“先审后验”全流程互联网审批实施率85.14%。市民可在网上实现各类行政审批服务的申请、办理、查询、咨询、投诉。全年网上申报办件6953件，正式受理4582件，网上办事大厅新增注册用户6476人，表格下载49.5万件次。

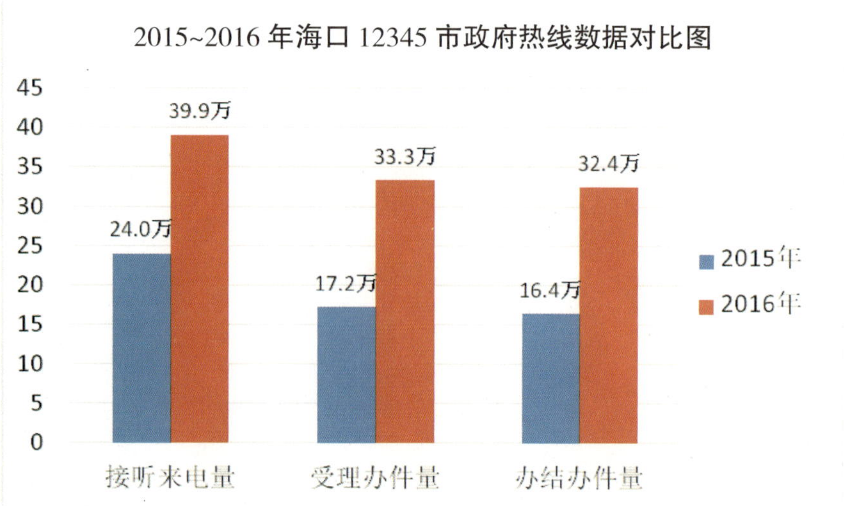

【12345市政府热线服务】2016年，海口12345市政府服务热线设立海口12345热线微信工作交流群，并邀请80多个职能单位的主要领导和分管领导加入，启动热线工作联动机制。在原有热线月报的基础上，增加日报和周报。规范办件处理流程和时限，要求各热线成员单位必须24小时登录12345热线系统查阅，在30分钟内签收办件，按程序和职责进行办理与答复来电人；紧急类办件30分钟响应并到场解决、投诉类办件48小时、咨询及建议类办件24小时、举报类10个工作日。召开首批15个单位热线办件逾期办理单位约谈会，组织秀英区政府、琼山区政府、海口市国土资源局等12个职能单位到海口12345前台进行逾期办件回访，配合纪检机关督促33个相关单位运用“四种形态”问责113名相关责任人员，联合市政府督查室发布督查督办通报5期，通报批评逾期办件和推诿扯皮的41个责任单位等监督方式，热线逾期办件从11月初的约200件减少到12月底的2件。12月7日起，海口12345市政府服务热线前台话务员、热线后台热线处工作人员、热线成员单位全部实行24小时值班制度，形成热线前台与后台工作时间同步。全年海口12345市政府服务热线接听市民电话39.9万个，受理咨询、求助、投诉、建议等各类型办件33.3万件，办结32.4万件，办结率97.24%。《直播12345》广播栏目督办办件968件，办结821件，办结率86.72%。邀请市、区35个职能单位做客直播间，受理市民诉求213件，办结210件。户外直播受理市民诉求27件，办结27件，办结率100%。

【“12345+媒体”工作模式】2016年，海口12345市政府服务热线打造新型“12345+媒体”的工作模式，《直播12345》栏目（包含广播版和电视版）重点跟踪督办占道经营等与市民日常息息相关的问题，跟踪督办办件共968件，办结821件，办结率86.72%，较上年相比办结率提升25.17%。建立热线各类制度，起草《海口12345热线监督考核问责暂行办法》《海口12345热线首问责任制度》《海口12345热线局（区）长轮流值班、在线接访工作制度》等热线制度。

【《直播12345》创新】2016年3月开始，《直播12345》栏目推出各职能局上线电视版特别节目的活动，定期邀请各职能部门做客《直播12345》电视版节目，现场连线市民电话，并启动《直播12345》电视采访4G直播的机制，实现电视采访4G直播。截至12月，播出35场职能局上线做客节目。第四季度新推出主题为“助‘双创’，走基层”的海口12345热线户外电视直播活动，共开展5场户外电视直播活动，分别为10月25日走进龙华区滨海大道万绿园、10月27日走进秀英区石山互联网农业小镇、11月3日走进琼山区博桂社区、11月8日走进美兰区海甸一东路过港村、11月15日走进桂林洋经济开发区文化广场。活动邀请各区分管“双创”工作的区领导和责任人，主要介绍各上线单位开展“双创”工作1年来在保障和改善民生方面的主要举措和成效，结合海口12345热线受理的办件当中涉及各上线单位的热点、难点问题，上线领导现场接听市民电话，现场解答市民的问题，提出问题解决的措施和期限。

（张肖明）

2016年6月27日，由海口市政府服务中心与海口广播电视台联合主办的《直播12345》“双创”办件市民监督员聘任仪式，在海口市政府服务中心四楼会议室举行。

（《直播12345》栏目组 供稿）

2016 年 10 月 27 日，海口 12345 热线助“双创”走基层系列大型户外电视直播活动在秀英区石山互联网农业小镇进行。（郑洁颖 摄）

调查研究

【政府研究工作概况】2016 年，海口市人民政府研究室完成调查研究报告 5 篇，撰写《政府工作报告》《经济工作报告》等大型综合材料及文稿 211 篇，近 68 万字，编印《2016 海口市经济发展形势与预测蓝皮书》，编发《海口政务信息》128 期，上报海南省人民政府办公厅政务信息 350 条，编发《专报信息》191 期、舆情微文 30 多期。被评为“2016 年度全省政务信息工作先进单位”。

【重点课题调研】2016 年，海口市人民政府研究室先后围绕供给侧结构性改革、申报设立海口国家级新区、推全域旅游发展、医疗健康产业发展、农村撂荒土地利用等重点领域开展课题调研，形成《关于支持设立海口国家级新区的建议》《海口市农村撂荒土地利用调研报告》等调研报告 5 篇，近 4.2 万字，为市委市政府科学决策提供具有针对性的建议意见。

【文稿起草】2016 年，海口市人民政府研究室撰写大型综合材料及文稿 211 篇，近 68 万字。（1）综合文稿。撰写各类会议领导讲话、工作汇报等综合文稿 196 篇、近 56.5 万字。多篇稿件得到了国家、省部级领导的高度肯定，如：向国务院第三次大督查第十督查组的工作汇报得到国务院督查组的高度重视，对海口“极简审批”的经验做法进行表扬，并在全国进行推广。（2）经济分析报告。先后完成月度（季度）经济分析报告 13 篇，近 8 万字，及时对海口经济形势进行分析总结。（3）《政府工作报告》。完成 2 个《政府工作报告》撰写任务：1 月 20 日在市第十五届人大会第七次会议上的《政府工作报告》，共 1.7 万字，系统总结 2015 年及“十二五”工作，科学提出“十三五”发展总体思路和目标任务，并对 2016 年工作进行全面部署；11 月 22 日市第十六届人大会第一次会议上的《政府工作报告》，共 1.8 万字，对第十五届政府 5 年来（2012～2016 年）的工作进行回顾，提出今后 5 年政府工作建议。

【信息编报】2016 年，海口市人民政府研究室共编发《政务信息》128 期，向海南省人民政府办公厅上报政务信息 350 条，完成国务院办公厅、海南省政府办公厅的约稿任务。其中，《海口市关于清理规范投资项目报建审批事项情况》等 6 条信息被国务院办公厅采用，《海口贯彻落实全省服务社会投资“百日大行动”具体措施》《海口市创新保障机制推动固定资产投资及项目建设提速增效》等信息被海南省政府办公厅作为头条在《海南信息》和《政府要情》上刊发。全年政务信息采用量全省市县排名第一。收集各省市在经济发展、城市建设等方面先进经验和做法，编发《专报信息》191 期，供市领导决策参考。

【海口经济蓝皮书】即《海口发展形势与预测》。由海口市人民政府研究室主编。1999 年开编，每年一本，至 2016 年共编印 18 本。全书约 30 万字，通过全面、深入、翔实的回顾与评价，对海口市宏观经济环境和影响经济运行的主要因素进行分析、研究、预测，提出发展对策和建议。该书具有前瞻性和权威性，受到社会各界的普遍关注和高度评价，成为社会各界对海口经济形势进行分析的重要平台，也是外地了解海口的重要资料之一。

（赵利军　邝小英）

（编辑：吴钟宝）

政协海口市委员会

市政协综述

【市政协工作概况】2016年，海口市政协组织政协各参加单位和广大政协委员履行政治协商、民主监督、参政议政职能，发挥协调关系、汇集力量、建言献策、服务发展作用，共召开全体会议2次、常委会议5次、主席会议10次、“季协商”座谈会3次，开展课题调研9项、专题视察5次，举办提案集中交办会1次，举行提案办理协商、对口协商28次，立案提案703件，编报《社情民意专报》25期。调研报告《创新海口城市管理体制机制比较研究》《构建省会交通枢纽城市研究》，分别获海南省政协2016年优秀调研报告评选一等奖和优秀奖。

【政治协商】2016年，海口市政协十三届六次会议和十四届一次会议期间，组织委员讨论政府工作报告及其他重要报告，就事关海口市发展全局的重大问题积极建言。围绕抢抓“一带一路”国家倡议、“十三五”规划编制、发展特色优势产业优化产业结构、加快城镇化建设推进城乡一体化发展、发展全域旅游、推进“海澄文”一体化和“多规合一”等重大问题咨政建言，提交提案703件，递交议政发言材料100多份，20多人作大会发言，近千人次作小组发言，向市委、市政府提出600多条具体意见建议。全年召开5次市政协常委会议，将海口市重大决策部署作为常务委员会重点协商议题，围绕市委市政府全年工作计划、半年工作安排、重大建设项目和重点民生工程，以及即将出台的重要文件，深入开展协商讨论，建言献策。召开10次主席会议，发挥主席会议重点协商作用。围绕“十三五”规划实施、重要人事任免、重要文件出台、重点提案督办、重点项目视察等重大事项重点协商。召开3次“季协商”会议，围绕“双创”工作、海口市推进供给侧结构性改革等重点任务，邀请有关政府职能部门领导到会通报情况，听取政协委员意见建议。其中，《关于第一季度协商座谈会的情况报告》得到市委主要领导重视和批示，评价政协常委和委员们提出的构建“三机制一格局”的建议很好，很有参考价值，并要求有关同志参阅；委员们围绕市供给侧结构性改革，提出“结合海口实际，重点聚焦‘去库存、降成本、补短板’”“以优化供给结构为抓手，推动房地产业在去库存中，向高端、特色、经营性转型”“以‘双创’为抓手，补齐基础设施、城市功能和社会事业短板”等方面的对策建议，被市委制定的《关于推进供给侧结构性改革促进经济行稳致远的实施意见》所吸纳。市政协领导、委员应邀列席市政府全体会议、常务会议及有关重要会议，对海口市重大事项和重点工作进行协商。市政府先后就设立海口市产业引导基金、桂林洋国家热带农业公园（体验区）入园及优惠政策若干规定、促进航运业稳定发展办法、海口房价楼市限购政策和海口市购房落户政策等政策制定，听取政协的意见和建议。参加有关会议专题协商。组织委员参加《海口市爱国卫生管理办法（草案）》《海口市城市管理综合行政执法条例（草案）》《关于深入开展全民公益活动的决定》的立法协商；参加政府工作报告、“十三五”规划纲要和市教育局2016年招生方案、海口市城市雕塑及主题公园定位等征求意见座谈会，以及国家教育督导组检查验收秀英区教育均衡发展座谈、共青团与人大代表政协委员座谈、卫生系统“双创”座谈会等座谈协商，提出意见建议。

【创新协商民主工作平台】2016年，海口市政协开设委员会客厅，搭建委员与党政部门沟通平台，打造“委员之家”。设立委员纳言簿，广纳委员意见建议，有计划、有重点、有针对性地邀请各界别委员就政协工作计划、重点课题、视察调研出谋献计，针对市深化改革、经济建设、社会治理、“双创”工作、精准扶贫等重大问题，倾听委员声音，听取意见建议。

【民主监督】2016年，海口市政协对秀英区石山互联网农业小镇建设和海口国家高新区发展、市教育信息化建设、品牌农业建设、台资企业发展情况、市政道路施工建设及民生工程落实情况等进行专题视察，配合海南省政协对“关于加强海口市‘菜篮子’工程建设的建议”重点提案进行协商

2016年8月7日清早，海口市政协主席王云霞（前左一）带队到龙华区文华农贸市场调研。（毛爱民 摄）

督办，组织委员视察市蔬菜生产基地。2月26日，央视《新闻30分》曝光市鸭尾溪水质污染问题后，市政协第一时间组织委员和有关方面专家实地视察，并与有关部门召开专题座谈会，共商市“黑臭水体”整治工作，提出建管并重、加强污水管网建设管理、依法重罚污染企业、找准找全堵塞排污点、截污清淤与植物生物技术相结合等建议，得到相关部门采纳。

【提案督办】2016年，海口市政协对市政协十三届六次会议征集的344件提案，集中交由市党群口、市人大口、市政府口、市中级人民法院共77个单位承办，在提案办理过程中沟通协商。从40件重点提案中遴选17件由市政府领导和政协主席会议成员领衔重点督办。主席会议成员领衔对《关于规范当前我市物流业管理的建议》等提案进行重点督办协商。分类编印12期《重点提案摘报》呈送市委、市政府各分管领导，提高提案督办层次。

【“建立‘双创’长效机制 提高市民的参与率”专题调研】2016年3月22日至6月7日，海口市政协组织课题组通过深入各区街道日行夜访，召开各行各业14场专题座谈会，赴福建厦门，山东青岛、威海、荣城、济南，青海西宁，重庆，四川泸州等城市考察，学习借鉴“双创”的先进理念和成功经验，就推进“双创”长效机制建立等相关问题进行专题研究，形成《建立“双创”长效机制，提高市民的参与率》专题调研报告，初步理出海口市“双创”建立长效机制和提高市民参与率的解决办法和对策。报告从5个方面总结制约海口“双创”的问题，提出结合“两学一做”主题教育党员干部先锋先行带头示范、拓展管理平台推进志愿服务制度化常态化、“严管重罚”整治陋习顽疾让城市整洁有序、精心策划主题活动提高市民的参与热情、攻坚克难破解城市管理各道难题、实施“红黑榜”制度推进“诚信海口”建设、完善法治体系实现城市管理法制化、惠民为民让市民切实分享“双创”红利、建立积分奖励机制鼓励市民积极参与等建议。

【“海口市服务贸易创新发展”专题调研】2016年4月20日至8月30日，海口市政协经济委员会、政府相关职能部门有关人员和中国（海南）改革发展研究院有关专家学者组成课题调研组，对海口服务贸易发展进行研究，形成《以服务业市场全面开放为主线，推动海口服务贸易创新发展》课题调研报告。报告研究分析海口服务贸易发展的特定背景，提出海口创新发展服务贸易总体要求、重点任务，建议实行更加开放的服务业发展政策、破除服务贸易发展的体制机制障碍、采取与服务贸易特点相适应的政府管理模式、推进人才政策创新、加快公共服务业市场开放等政策建议，强调要以争取设立“海口国家级新区”为载体，打造服务业开放合作先导区；搭建服务贸易促进平台；推进海口自由贸易园区建设；重点推进海口与港澳台服务业合作；加强服务贸易统计体系建设等。

【海口市公务用车制度改革后交通出行需求及对策研究】2016年3月29日至7月30日，海口市政协组织对公务用车制度改革后公务人员交通出行进行研究。通过对如何提供集约、高效、便捷的交通工具解决公务人员的交通出行，如何加强这些交通工具的管理运营研究分析，形成《海口市公务用车制度改革后交通出行需求及对策研究》报告。报告分析海口公务用车现状基本情况，列举国内外公车改革后出行保障措施的经验做法，提出大力发展公共交通、提供不同层次的公交出行服务，建立专门的公务车管理中心，倡议公务人员做环保出行的模范，利用网约车为公务用车出行提供补充等公车改革后出行保障建议。

【“‘双创’占道经营治理长效机制”专题调研】2016年4月15日至8月30日，海口市政协开展治理违章占道经营长效机制课题研究，调查海口市占道经营及治理现状，形成《治理城市顽症，巩固提高“创文创卫”环境治理成果——海口市违章占道经营治理研究》报告。报告分析问题原因和根源，提出坚持疏堵结合，治管并

2016年4月13日，海口市政协主席王云霞（左四）率市政协课题调研组走进农垦，召开驻市农垦系统"双创"工作座谈会，市人大副主任方中里（右三）参加。

（毛爱民 摄）

重，树立正确的占道经营治理理念；注重科学规划、合理布局，不断完善市民生活基础设施；出台扶持政策、保障民生，引导占道者入室规范经营；强化联合执法、严格管理，提高占道经营的治理效率；坚持多管齐下、综合治理，确保占道经营治理取得长效等建议。

【全民参与"双创"长效机制研究】2016年4月15日至8月30日，海口市政协组织对全民持续参与"双创"工作，特别是"全国文明城市、国家卫生城市"两块牌子阶段性目标实现后的长效机制进行研究，形成《以"公益海口"促"首善之城"建设—"后双创"全民参与的长效机制思考》报告。报告提出以公益活动为载体，以打造"公益海口"为目标，从环境对人的行为的影响切入，策划环境方面的相关公益主题活动，实现以"公益海口"促"首善之城"建设，并促进全民参与长效机制的形成。

【"加快推进我市渔民转产转业"专题调研】2016年4月1日至7月30日，海口市政协开展市渔民转产转业工作调研，形成《"我市渔民转产转业"课题调研报告》。报告分析海口渔业现状、渔民转产转业面临的形势，提出借鉴先进省市经验做法，推动海口渔业供给侧改革、实现渔业转型升级、优化蓝色海洋生态、破解渔民增收难题。

【"加快推进我市分级诊疗制度建设"专题调研】2016年4月25日至7月28日，海口市政协课题调研组开展海口分级诊疗制度建设调研，形成《"完善我市分级诊疗制度"课题调研报告》。报告分析研究完善海口市分级诊疗制度的必要性，总结海口完善分级诊疗制度的主要做法及存在问题，提出借鉴镇江、西宁、武汉推进分级诊疗的有效做法，加快推进和完善海口市分级诊疗制度建设。

【着力提高政协委员凝聚力对策研究】2016年3月25日至7月20日，海口市政协根据海南省政协主席于迅指示，组织对如何提高政协委员的凝聚力进行研究，形成《着力提高政协委员凝聚力对策研究》报告。报告分析海口市政协委员参政议政现状和特点，查找政协委员凝聚力方面存在问题和深层次原因，理出提高海口政协委员凝聚力的解决办法和对策。

【政协委员视察】2016年5月25日，海口市政协副主席林甫肄带队实地视察海南蔚蓝海洋食品有限公司、海南全兴贸易工业有限公司，并召开座谈会，听取情况汇报，并就存在问题和困难提出意见建议。6月17日，市政协主席王云霞率领政协委员150余人深入石山镇美社村服务中心、施茶村石斛种植基地、海口国家高新区美安生态科技新城市实地视察，听取秀英区及石山镇关于石山互联网农业小镇建设情况介绍，高新区发展情况介绍，并围绕如何更好地落实市委市政府关于"互联网+"行动、加快推进市"互联网+农业+旅游"工作积极出谋献策。9月26日，市政协副主席丁竹带领经济委委员先后视察海南石斛健康产业股份有限公司石斛健康产业园、海南金德丰农业开发有限公司莲雾标准化示范基地，并召开座谈会，听取相关企业负责人情况介绍，并就加快海口市品牌农业建设向相关部门提出对策建议。9月27日，市政协副主席文日坤率领教文卫委员会委员实地视察金盘实验学校数字图书馆、多媒体教室、3D打印技术室，听取学校信息化硬件设施建设和教学应用情况介绍，与市和4个区教育局分管领导座谈交流。委员们针对市教育信息化建设规划滞后、投入不足、硬件落后、师资薄弱、城乡和学校间发展不平衡等问题提出5点建议。12月24日，市政协领导班子组织100多名委员分别深入4个区，对31条在建市政道路，以及省市重点推进的海口万达文化旅游城、国家热带农业公园、桂林洋风情小镇、海绵城市地下管廊等项目进行视察，针对存在问题，研究对策措施，帮助协调关系，督促工作落实。

【政协提案工作】2016年1月19日召开海口市政协十三届六次会议以来，政协委员、政协各参加单位和各专委会共提交349件提案，经市政协提案法制委员会审查，决定立案344件，撤案5件。立案提案中，各民主党派、人民团体和政协各专委会提案78件，委员个人或联名提案266件。按类别分，经济建设类188件，政治建设类39件，文化建设类25件，社会建设类72件，生态文明建设类20件。立案提案集中交市党群口、市人大口、市政府口、市中级人民法院等77个单位负责承办。截至10月26日，所有提案按时答复并办结。其中，提案所提问题解决或基本解决的占87%，正在解决和列入计划解决的占13%。收回委员反馈意见满意和基本满意率90%。11月21日召开市政协十四届一次会议以来，政协委员、政协各参加单位和各专委会共提交提案363件，经市政协提案法制委员会审查，决定立案359件，撤案4件。立案提案中，各民主党派、人民团体和政协各专委会提案70件，委员个人或联名提案289件。按类别分，经济建设类155件，政治建设类27件，文化建设类24件，社会建设类99件，生态文明建设类54件。按照“归口管理、分级负责”原则，这些提案分别交由市党群口、市政府口、市中级人民法院承办。

【提案表彰】2016年，政协海口市十三届委员会评出2014～2016年度优秀提案114件，提案组织工作先进单位4个〔民革海口市委、民建海口市委、民盟海口市委、海口市工商业联合会（市总商会）〕，提案办理工作先进单位17个（市委办公厅、市委组织部、市委宣传部、市编委办、市发展和改革委员会、市科学技术工业信息化局、市教育局、市文化广电出版体育局、市公安局、市水务局、市规划局、市市政市容管理委员会、市旅游发展委员会、秀英区政府、龙华区政府、琼山区政府、美兰区政府）。

【反映社情民意信息】2016年，海口市政协共编报《社情民意专报》25期，报市党政领导参阅。其中，市政府领导24人次对《社情民意专报》做出批示，有关部门积极处置，加快工作进度，群众诉求得到及时解决。如华海公园公厕排污沟堵塞问题、椰博路公交线路调整问题等均得到妥善解决。

政协海口市十三届委员会2014～2016年度优秀提案（共114件）

次别	序号	提案号	案　由	提案人
四次会议提案（36件）	1	第6号	关于大力发展海口乡村旅游的建议	史丽娜
	2	第8号	关于大力发展海口会展业的建议	孙太雄
	3	第14号	关于加强整合琼北市县文化资源，构建琼北大旅游圈的建议	张品成
	4	第16号	关于大力扶持海口种养专业合作社发展的建议	民盟海口市委
	5	第20号	关于加快推进我市城乡一体化发展的建议	市政协提案法制委员会
	6	第27号	关于加强海口公路与旅游景点线景观建设的建议	史玉敏
	7	第28号	关于大力支持实体经济发展，夯实海口可持续发展基础的建议	欧英豪
	8	第37号	关于加快我市停车场规划建设的建议	景长军
	9	第53号	关于加强海口“总部经济”建设的建议	台盟海口市委　市台联
	10	第57号	关于深化国企改革，推动我市经济健康发展的建议	民建海口市委
	11	第62号	关于营造良好环境，促进我市非公经济发展的建议	符　强
	12	第89号	关于加快转变我市经济发展方式，推动产业发展转型升级的建议	黄　舸
	13	第97号	关于大力发展海口骑楼文化旅游产业的建议	农工党海口市委
	14	第106号	关于解决海口市交通拥堵的建议	舒晓燕
	15	第108号	关于加快我市农业科技创新的建议	致公党海口市委
	16	第138号	关于规范控制政府对企业各种名目的赞助性收费的建议	王成栋
	17	第148号	关于改革创新城市社区管理体制的建议	王天意
	18	第175号	关于以群众路线教育实践活动为契机，补精神之钙，除“四风”之害的建议	蔡　铁
	19	第176号	关于进一步加强海口市国防教育工作的建议	贺光平
	20	第210号	关于加强府城历史文化街区保护的建议	徐　涛
	21	第213号	关于发展社会组织激发社会活力的建议	羊孟元
	22	第220号	关于建立海口未成年人心理健康辅导中心的建议	黄玲玲
	23	第230号	关于进一步加大我市农产品安全监管力度的建议	谢源博
	24	第239号	关于进一步完善我市网格化管理的建议	陆来浩　朱　斌
	25	第254号	关于优化海口医疗环境改善医患关系的建议	九三学社海口市委

续表

次别	序号	提案号	案　由	提案人
四次会议提案（36件）	26	第 260 号	关于加强海口职业技能培训工作的建议	市总工会
	27	第 283 号	关于推进我市公立医院改革的建议	市政协教文卫委员会
	28	第 285 号	关于加强我市群众性广场健身舞管理的建议	李　澍
	29	第 289 号	关于关注改善我市养老问题的建议	郭远奇
	30	第 314 号	关于市政府进一步加大吸引人才工作力度的建议	刘文民
	31	第 322 号	关于重视海口大气质量下降的建议	廖文川
	32	第 328 号	关于立法实现海口扬尘污染控制常态化管理的建议	王丽霞
	33	第 332 号	关于加快落实城市绿线保护的建议	李祖璋
	34	第 333 号	关于加强海口水环境治理工作的建议	民革海口市委
	35	第 334 号	关于加大海口噪音治理力度的建议	李宏文
	36	第 351 号	关于进一步优化海口房地产开发建设审批流程的建议	邢丹丹
五次会议提案（42件）	37	第 7 号	关于进一步加强我市城市公共交通建设的建议	市总工会
	38	第 11 号	关于加强南渡江海口段两岸开发与保护规划工作的建议	文德林
	39	第 21 号	关于加快美安科技新城建设的建议	詹汉钦
	40	第 27 号	关于全面推进我市农村生活垃圾集中收集处理的建议	吴光亮
	41	第 31 号	关于加快我市两港建设的建议	孙永望
	42	第 40 号	关于海口市主城区村庄和社区环境综合整治中临时建筑拆后重建问题的建议	龙保呈
	43	第 54 号	关于优先发展城市公共交通，尽快缓解交通拥堵问题的建议	徐世亮
	44	第 71 号	关于结合国家“一带一路”发展倡议，加强本市港口机场铁路等交通基础设施的建议	纪　峰
	45	第 87 号	关于解决市区停车难的建议	倪庆种
	46	第 92 号	关于设立海口智能公交服务的建议	杨顶建
	47	第 97 号	关于大力促进海口小微企业发展的建议	民建海口市委
	48	第 102 号	关于发展混合所有制经济，深化海口国资国企改革的建议	市政协提案法制委员会
	49	第 104 号	关于加强完善公园园区管理的建议	海口市侨联
	50	第 105 号	关于建立海口市农村土地流转交易平台的建议	徐建荣
	50	第 108 号	关于发展我市物联网产业的建议	九三学社海口市委
	52	第 116 号	关于我市抓住机遇，进一步深化改革扩大开放的建议	刘心红
	53	第 127 号	关于促进我市非公经济发展的建议	市工商业联合会（市总商会）
	54	第 154 号	关于促进农村土地有序流转和农业适度规模经营的建议	黎　雅
	55	第 163 号	关于海口美丽乡村建设的建议	符约明
	56	第 179 号	关于对海口市行政审批制度改革的建议	江　玫
	57	第 189 号	关于优化海口校园周边环境的建议	共青团海口市委员会
	58	第 205 号	关于加大控烟力度，推动我市控烟地方立法的建议	施慧玲 陈文说
	59	第 216 号	关于加快推进农民工户籍制度及其子女就近入学制度改革的建议	吴　扬
	60	第 236 号	关于加入“21 世纪海上丝绸之路城市联盟”，开展“海上丝绸之路”申遗工作的建议	市社会科学界联合会
	61	第 239 号	关于在我市非遗保护中，运用“三化”来促进新常态的建议	韩　涛
	62	第 271 号	关于加强我市村医队伍建设的建议	市政协教文卫委员会
	63	第 276 号	关于借助信息化手段，加大食品药品监督管理措施的建议	李正勇
	64	第 277 号	关于在菜市场建立食品安全快速检测体系的建议	唐国莲

续表

次别	序号	提案号	案　由	提案人
五次会议提案（42件）	65	第 278 号	关于海口市公立医院取消药品加成的建议	陈巨辉
	66	第 280 号	关于加强农村食品安全问题监管的建议	顾建中
	67	第 311 号	关于加强监管食品生产源头严厉打击黑作坊的建议	庄林锋
	68	第 314 号	关于建立社区养老助老服务事业的建议	市政协经济委员会
	69	第 342 号	关于在全市四个区分别建立儿童公益性课外活动场所或设施的建议	市妇女联合会
	70	第 345 号	关于推进海口棚户区（城中村）改造的几点建议	林　杰
	71	第 359 号	关于逐步实现社会化养老的建议	民进海口市委
	72	第 360 号	关于加大我市养老产业扶持力度的建议	张　敏
	73	第 362 号	关于扎根式发展海口养生旅游产业的建议	梁泽金
	74	第 372 号	关于加大我市水环境整治的建议	刘　洋
	75	第 377 号	关于加强我市再生资源回收利用的建议	市政协港澳台侨委员会
	76	第 385 号	关于强化我市农村生态环境保护建设的建议	致公党海口市委
	77	第 387 号	关于加强住宅小区排水管理保护水环境的建议	张　鸥
	78	第 393 号	关于加快淘汰黄标车的建议	李淑霞
六次会议提案（36件）	79	第 1 号	关于打造“海口国家生态文明示范区”的建议	匡贤明
	80	第 8 号	关于发展滨海特色经济，打造海口夜市品牌的建议	厉　春
	81	第 17 号	关于实施精准扶贫，助力全面建成小康社会的建议	吴　柳
	82	第 19 号	关于“抢抓‘一带一路’机遇，加速海口临空（保税）产业园建设”的建议	谢辉文
	83	第 20 号	关于发展海洋经济，推动海洋强市的建议	市政协港澳台侨委员会
	84	第 27 号	关于有序推进海口市区餐饮服务网点建设工作的建议	张会发
	85	第 28 号	关于鼓励在各大电商平台建设地方特产馆，有利于农产品上行销售及品牌展现，农民增收的建议	徐　庄
	86	第 30 号	关于经济新常态下加快海口旅游特区建设的建议	市政协经济委员会
	87	第 34 号	关于构建农贸市场管理长效机制的建议	符明全
	88	第 40 号	关于落实消防治理、服务“双创”大局，全面建设和谐安全社区的建议	林　青
	89	第 59 号	关于保卫“双创”成果的建议	叶保群
	90	第 62 号	关于政府管理及海口市“双创”工作中的“大数据”平台建设与应用的建议	杜世龙
	91	第 66 号	关于治理海口市交通拥堵的建议	王　振
	92	第 87 号	关于完善鼓励互联网行业发展政策的建议	市工商业联合会（市总商会）
	93	第 89 号	关于海口市推进 PPP 模式的建议	李世杰
	94	第 115 号	关于我市“双创”工作的意见建议	韩华雄
	95	第 129 号	关于发展海口特色夜市，打造滨海城市新名片的建议	江　玫
	96	第 138 号	关于海口市“双创”城市建设的建议	蔡树浩
	97	第 142 号	关于构筑新型城市管理体系的建议	民盟海口市委
	98	第 143 号	关于将早夜市纳入规范管理和法治化轨道的建议	李爱国

续表

次别	序号	提案号	案　由	提案人
六次会议提案（36件）	99	第 159 号	关于把海口建设成为花园城市的建议	民革海口市委
	100	第 167 号	关于创新棚改理念，助力海口“双创”的建议	王俊刚
	101	第 177 号	关于以“双创”为契机，推进“三无小区”整治的建议	符傲霜
	102	第 181 号	关于规范当前我市物流业管理的建议	王和娇　朱斌
	103	第 188 号	关于推进海口生活垃圾处理专业化的建议	民进海口市委
	104	第 203 号	关于加强我市食品药品监管工作的建议	陈敬华
	105	第 204 号	关于加强我市基层协商民主建设的建议	庞　诚
	106	第 210 号	关于建立健全政党协商机制的建议	周　干
	107	第 216 号	关于加强城管执法的立法和执法的建议	李宏文
	108	第 238 号	关于加强海口文化软实力建设的建议	史玉敏
	109	第 262 号	关于我市加快医疗改革步伐的建议	农工党海口市委
	110	第 271 号	关于合理规划便民点，满足低收入群体民生需求的建议	吴玉转
	111	第 281 号	关于建立早市和夜市等便民市场的建议	市妇女联合会
	112	第 327 号	关于彻底治理海甸溪污染的建议	陈　铨
	113	第 330 号	关于保护海南古宅古村落，守住港澳台侨胞的文化之根的建议	吴肖淮
	114	第 332 号	关于加大我市水环境治理力度的建议	林小玉

市政协重要会议

【市政协十三届六次会议】2016 年 1 月 19～21 日，政协海口市第十三届委员会第六次会议在海南国际会展中心召开。会议应出席委员 283 名，实际到会委员 256 名。开幕大会由丁竹主持，闭幕大会由王云霞主持。省委常委、市委书记孙新阳，市人大常委会主任陈宏芬，市委副书记、市长倪强，市政协主席韩美，市人大常委会党组书记杜立文，市委副书记、政法委书记、宣传部部长吴川祝，以及市委、市人大常委会、市政府其他领导，市中级人民法院、市人民检察院、海口高新区、综合保税区主要领导，市政协离任的历届主席林栋、陈斌、郑绍儒、黄行光，离任的历届副主席，市政协委员、机关干部以及驻市的省政协委员、市直有关单位的领导和界别群众代表，共 419 人出席会议。林甫肆代表政协海口市十三届委员会常务委员会做工作报告，蒙晓灵代表政协海口市十三届委员会常务委员会作市政协十三届五次会议以来的提案工作情况报告。会议期间举行议政大会和分组讨论。会议选举王云霞

2016 年 1 月 22 日，海口市政协主席王云霞（主席台左三）参加市政协十三届六次会议港澳台侨委员会分组讨论，副主席侯亨浪（左二）、林甫肆（左四）、温精华（左五）、文日坤（左六）参加。（毛爱民 摄）

为主席，温精华、侯亨浪、文日坤为副主席，增补王安兴、史海涛、张留兴、李孟其、苗树彬、黄高山、梁亚荣、詹汉钦为常务委员。会议审议通过常务委员会工作报告决议、提案工作情况报告决议、六次会议提案审查情况报告、政治决议。

【市政协十四届一次会议】2016年11月21～23日，政协海口市第十四届委员会第一次会议在海南国际会展中心召开。会议应出席委员282名，实际到会委员276名。开幕大会由刘辉平主持，闭幕大会由王云霞主持。省委常委、市委书记张琦，市人大常委会主任杜立文，市委副书记、市长倪强，市委副书记、政法委书记吴川祝，市委、市人大常委会、市政府其他领导，市中级人民法院、市人民检察院主要领导，海口综合保税区、高新区主要领导，已离职尚未退休的正厅级领导韩美及其他副厅级市领导，市政协离任的历届主席陈斌、郑绍儒、黄行光等，省委组织部部务委员何清，省纪委派驻省委办公厅纪检组组长王曼，市政协离任的历届副主席，市政协委员、机关干部以及市属单位的省政协委员、市直有关单位的领导和界别代表，共437人出席会议。王云霞代表政协海口市第十三届委员会常务委员会做工作报告，冯鸿浩代表政协海口市第十三届委员会常务委员会作提案工作情况报告。会议期间举行议政大会和分组讨论。会议选举王云霞为主席，王传荣、刘辉平、冯鸿浩、符军、厉春、李顺华、冯玉英为副主席，韩云秋为秘书长，王天意等46名同志为常务委员。会议审议通过常务委员会工作报告决议、提案工作情况报告决议、一次会议提案审查情况报告、政治决议。

【市政协常委会议】2016年，海口市政协共召开市政协十三届常务委员会议5次。

二十四次常委会议　1月8日召开。由王云霞主持。会议传达贯彻市委十二届十次全会和全市经济工作会议精神，民主评议市政协2015年度提案等办理情况；协商通过《关于召开政协海口市第十三届委员会第六次会议的决定》，市政协十三届六次会议议程（草案）、日程，市政协十三届常委会工作报告（草案）及市政协十三届常委会关于市政协十三届五次会议以来提案工作情况的报告（草案），市政协十三届常委会工作报告报告人名单及市政协十三届常委会关于市政协十三届五次会议以来提案工作情况的报告报告人名单，市政协十三届六次会议各次全体会议执行主席和主持人名单，市政协十三届六次会议秘书长、副秘书长名单，市政协十三届六次会议选举办法（草案），市政协十三届六次会议总监票人、监票人名单（草案），《关于授权主席会议审议市政协十三届二十四次常委会议未尽事宜的决定》，人事事项（市委统战部领导作届中调整市政协委员情况说明；市委组织部作市政协十三届六次会议选举候选人建议人选情况说明）。

二十五次常委会议　1月21日召开。由王云霞主持。会议听取各小组召集人汇报本小组讨论各项决议（草案）情况和酝酿候选人名单（草案）情况、审议通过六次会议选举办法，总监票人、监票人名单，主席、副主席、常务委员候选人名单，关于常务委员会工作报告的决议（草案），关于市政协十三届六次会议提案审查情况的报告（草案），政治决议（草案）。

二十六次常委会暨2016年第一季度“季协商”座谈会　3月22日召开。会议学习贯彻全国“两会”精神、全省领导干部大会以及市委常委扩大会议精神，集中交办市政协十三届六次会议提案，审议通过市政协2016年工作要点。温精华主持会议。蒙晓灵通报市政协十三届六次会议提案征集、审查以及建议承办单位情况。会上，市政协领导向市委、市人大、市政府、市政协有关部门和市中级人民法院集中交办市政协十三届六次会议提案。市政府督查议案室有关负责人代表提案承办单位作表态发言。王云霞主持市政协2016年第一季度“季协商”座谈会。会议围绕如何进一步建立和完善我市“双创”工作机制进行深入探讨。市“双创”工作指挥部负责人就我市“双创”现有运行机制，向市政协常委和委员代表作说明。市政协常委贺光平、刘心红、厉春、李晓峰等就如何进一步解决当前我市“双创”工作中的热点、难点问题，如何进一步提高广大市民对“双创”工作参与率、如何进一步建立和完善“双创”工作长效机制作发言，与相关负责人协商议政、建言献策。

第二十七次常委会议暨2016年第三季度“季协商”座谈会　8月18日召开。王云霞主持会议。会议传达学习习近平总书记在庆祝中国共产党成立95周年大会上的重要讲话精神、罗保铭同志在省委六届十次全会上的总结讲话精神、孙新阳同志在市委十二届十一次全会上的总结讲话精神，学习《中共海口市委关于推进供给侧结构性改革促进经济行稳致远的实施意见》；市政府领导通报海口市2016年上半年经济运行情况；市政协常委及有关委员就“我市经济运行及推进供给侧结构性改革”专题进行协商座谈、建言献策；表彰2014～2016年度优秀提案、提案组织工作和提案办理工作先进单位；通报表扬2016年积极履职的市政协委员；通过人事事项。

十三届二十八次常委会议　11月9日召开。王云霞主持。会议学习贯彻党的十八届六中全会精神；审议并原则通过关于召开市政协十四届一次会议的决定及市政协十四届一次会议议程（草案）、日程（草案）；审议通过十四届市政协界别设置及委员名单、十四届市政协常委会组成人员候选人建议名单、十四届一次会议主席团成员名单（草案）、市政协十四届一次会议选举办法（草案）及总监票人、监票人名单(草案)、市政协十三届常委会工作报告(草案）及提案工作情况报告（草案）；审议邀请列席市政协十四届一次会议界别代表名额分配方案；审议并原则通过《关于授权主席会议审议市政协十三届二十八次常委会议未尽事宜的决定（草案）》。

【市政协主席会议】2016年，海口市政协共召开市政协十三届主席会议10次。

三十八次主席会议　1月14日召开。会议传达学习习近平总书记在中纪委六次全会上的讲话、罗保铭书记在海南分会场上的讲话及市委常委会（1月14日上午）精神；听取市委组织部领导就有关人事事项作说明；审议通过文日坤、卢萍同志为市政协十三届委员会委员，文日坤同志为市政协十三届委员会副主席候选人建议人选；审议市政协十三届六次会议选举办法（修改稿）、市政协十三届六次会议日程（修改稿）、市政协十三届六次会议小组讨论分组和各组召集人名单；确定韩云秋秘书长为市政协十三届六次会议新闻发言人。

三十九次主席会议　1月21日召开。审议政协海口市第十三届委员会第六次会议选举办法（草案），总监票人、监票人名单（草案），主席、副主席、常务委员候选人名单（草案），关于常务委员会工作报告的决议（草案），关于市政协十三届六次会议提案审查情况的报告（草案），政治决议（草案）。

四十次主席会议　2月18日召开。会议传达市“双创”工作领导小组第18次全体会议和孙新阳书记在会上的讲话精神；协商研究市政协主席会议成员分工。

四十一次主席会议　3月14日召开。传达学习市纪委《关于全市查处违反中央八项规定精神反对“四风”和整治庸懒散奢贪情况的通报》，研究确定2016年第一季度协商会主题为“就建立双创长效机制进行协商议政”、市政协十三届第二十六次常委会议方案，研究部署新委员培训工作；听取提案法制委员会关于2016年提案审查、筛选工作情况汇报；确定2016年市政协重点提案和主席会议成员督办案；研究通过市政协2016年工作要点（草案），拟提交市政协十三届第二十六次常委会议审议；决定开设“海口政协”微信公众订阅号；研究通过2016年重点调研课题经费安排等。

四十二次主席会议　5月3日召开。传达通报5月1日晚市委常委扩大会议关于秀英区琼华村拆违联防队员殴打群众事件问责情况有关精神，传达学习市纪委《关于2015年全市干部作风问题查处情况的通报》和《2016年第一季度全市查处违反中央八项规定精神，反对“四风”和整治“庸懒散奢贪”情况》，听取蒙晓灵、文日坤副主席外出学习考察“双创”长效机制和失海渔民转产转业的课题调研情况；审议通过委员外出学习培训方案、委员视察方案、筹备委员会客厅方案。

四十三次主席会议　6月7日召开。研究推荐市政协科级干部挂职锻炼人选、工会换届选举有关事项；审议市政协党组“两学一做”学习教育实施方案、市政协党组2016年党风廉政建设和反腐败工作计划和市政协机关2015年度党风廉政建设有关问题整改方案、政协委员视察互联网小镇实施方案；研究省政协于迅主席6月28日来海口调研有关事项。

四十四次主席会议　8月8日召开。学习关于严格执行领导干部履职待遇和公务支出管理制度文件精神；审议并原则通过市政协十三届二十七次常委会议暨2016年第三季度“季协商”座谈会方案、市政协十四届一次会议筹备工作方案及政协海口市第十三届委员会2014~2016年度优秀提案、提案组织工作和提案办理工作先进单位名单；讨论市政协机关科级干部个别提拔任职实施方案；讨论为在政协工作多届、将离退的老委员召开座谈会予以表彰事宜，会议决定，给离任的十三届市政协委员颁发离任证书，给十四届市政协委员颁发任职证书。

四十五次主席会议　10月10日召开。会议原则通过市政协十四届一次会议选举办法（征求意见稿）；审议《海口市信息中心关于申请拨付海口市政协提案系统年度运行经费的请示》；审议并同意按协议拨付在《海口日报》上刊登公开征集市政协十四届一次会议提案线索公告费用；同意于市政协十四届一次会议召开前在《人民政协报》第三版刊登专题报道；听取市政协十四届一次会议各筹备组汇报本组筹备换届工作进展情况，研究下一步工作；审议并原则通过市政协十四届一次会议经费预算；讨论政协海口市十四届委员培训工作方案；讨论并原则通过《提案工作报告》。

四十六次主席会议　10月27日召开。审议市政协常委会工作报告（讨论稿），审议并原则通过关于召开市政协十四届一次会议的决定（草案）及市政协十四届一次会议议程（草案）、日程（草案）；审议邀请列席市政协十四届一次会议界别代表名额分配方案；审议并原则通过市政协十三届二十八次常委会议方案（草案）及《关于授权主席会议审议市政协十三届二十八次常委会议未尽事宜的决定（草案）》；审议推荐政协委员担任市国税局特约监察员事宜，同意推荐董万程委员为市国税局特约监察员。

四十七次主席会议　11月7日召开。学习“九严禁”换届纪律要求等规定；审议通过政协海口市第十四届委员会界别设置、委员及常务委员会组成人员候选人建议名单，十四届一次会议选举办法（草案）及总监票人、监票人建议名单（草案），十四届一次会议主席团成员建议名单（草案），十四届一次会议副秘书长名单（草案），十四届一次会议秘书处工作机构及负责人名单；研究征订2017年度《人民政协报》及《中国政协》杂志事宜；审议关于港澳委员参加市政协十四届一次会议交通补助费的申请。

（李　明）

（编辑：陈清海）

纪检监察

党风廉政建设

【党风廉政建设概况】2016年，海口市纪委监察局有办公室、组织部、宣传部、党风政风监督室（纠风办）、信访室、案件监督管理室、第一纪检监察室、第二纪检监察室、第三纪检监察室、第四纪检监察室、案件审理室、纪检监察干部监督室12个内设机构，设第一、二、三、四、五派驻纪检监察组，下属参公事业单位海口市机关效能建设办公室。年内，市纪检监察机关共处置问题线索1012件，初核769件，立案407件，比上年增长24.2%；结案419件，处分449人，其中党纪处分403人，政纪处分145人。受处分人员中，处级干部22人，科级干部109人，一般干部35人，其他人员283人，挽回经济损失509.61万元。运用监督执纪“四种形态”，全市各级领导干部共谈话提醒1393人次；建立完善谈话、函询机制、谈话函询办理规范，抓早抓小，全年运用谈话函询方式处置问题线索320件，占线索总数31.62%；党政纪轻处分、组织调整369人，党政纪重处分、重大职务调整80人，移送司法机关2人，占比分别为82.18%、17.82%和0.45%。

【监督执纪】2016年，海口市纪检监察机关加强对省委和市委重大决策部署执行情况的监督执纪。年内，问责推进“双创”“整治违法建筑三年攻坚行动”等工作不力责任人199名。其中，问责存在违法建筑统计数据谎报、瞒报、迟报，防控查处不力等问题责任人22名；问责秀英区长流镇琼华村违法建筑拆除事件责任人10名；问责央视曝光的鸭尾溪水质污染严重问题责任人10名。着力纠正组织涣散、纪律松弛问题，查处市二轻联社主要负责人、秀英区科协主席及龙华区龙泉镇扬亭村党支部书记等一批违反政治纪律、组织纪律案件。

【推动落实全面从严治党主体责任和监督责任】2016年，海口市纪检监察机关出台落实党风廉政建设“两个责任”清单，细化明确66项责任；制定落实党风廉政建设监督责任工作实施意见，将50项监督责任工作任务分解到全市各级纪检监察组织；4个区出台责任清单。强化监督考核。开展党政主要负责人向市委全会公开述责述廉述作风工作，接受市委委员现场评议；考核84家单位2015年度落实党风廉政建设责任制的情况并通报结果，约谈8家被评为C档单位的主要负责人，责成限期整改；全市通报批评落实主体责任不到位，连续两年被评为C档的部门党组。坚持“一案双查”。全年共对15个发生作风方面重大违纪案件和不正之风滋生蔓延的部门和单位实行“一案双查”，处理责任人员21人。

【“四风”纠治】2016年，海口市纪检监察机关查处作风方面违纪违规人员814人，其中违反中央八项规定精神121人。紧抓重要时间节点开展执纪监督。采取暗访拍照、查询税务票据、筛选问题线索等方式，重点检查全市各级各单位及其工作人员廉洁纪律情况，共暗访场所400多个，核查票据500多张，核实公车3800多辆。紧盯“四风”分散化、隐蔽化、变异化特点，集中开展纠正“四风”问题“回头看”专项检查，查处秀华小学利用食堂违规套取资金公款吃喝、龙华区法院借办案考察之机变相公款旅游、市国土局龙华分局重复发放伙食补助等问题。发挥《椰城纠风热线》作用，推进节目由纠部门和行业不正之风向纠党员干部作风转变。全年共播出140期，上线单位146个、一把手148人次，接到咨询、投诉问题1442件，办结1414件。

【纪律审查】2016年，海口市纪检监察机关在镇（街）基层单位开展信访举报开放日活动，受理群众来访举报81件，其中调查处理18件违纪问题线索，63件涉及群众利益诉求问题移交有关职能部门办理，并做好跟踪督办。落实市纪委领导信访接待日制度，接待来访群众31批58人次。强化市委反腐败协调小组职能，完善工作机制，健全协作模式，实现执纪审查、组织处理、涉嫌违法移送无缝对接。年内收集汇总党员和国家工作人员涉嫌违纪违法犯罪案件线索90条。突出审查重点。对573名受处分者开展回访，教育违纪党员干部相信组织、忠诚组织，化消极因素为积极因素；加强防逃追逃工作，国际追逃

"百名红通人员"中第59号云健（原海口市地方税务局龙华分局副局长）回国投案自首。运用"四种形态"（经常开展批评和自我批评、约谈函询，让"红红脸、出出汗"成为常态；党纪轻处分、组织调整成为违纪处理的大多数；党纪重处分、重大职务调整的成为少数；严重违纪涉嫌违法立案审查的成为极少数），在保证执纪审查安全和质量的前提下，快突破、快审理、快处分，立案到结案平均天数不断缩减，个案平均用时48天，比上年缩短42天。结合"两学一做"学习教育，开展践行"四种形态"重塑对党忠诚活动，年内谈话提醒各级领导干部1393人次。运用谈话函询方式处置问题线索320件，占问题线索总数的31.62%；为348名反映失实的党员干部澄清是非，保护干部干事创业积极性。

2016年8月30日，海南省委常委、省纪委书记马勇霞（居中）带队到海口调研农村基层党风廉政建设工作，市委常委、市纪委书记李湖（右一）、秀英区委书记张霁（左一）陪同调研。（市纪委 供稿）

【侵害群众利益不正之风和腐败问题整治】 2016年3月15日，海口市纪委印发《海口市严肃查处群众身边的不正之风和腐败问题工作实施方案》，引导各级纪委特别是基层纪委（纪工委）进一步深化"三转"，将工作力量向基层倾斜，坚决整治和查处侵害群众利益的不正之风和腐败问题，推进"两个责任"向农村基层延伸。秀英区制定2016年农村基层党风廉政建设工作要点，将农村党风廉政建设工作细化分解为7大项20小项；琼山区建立党风廉政主体责任"季报告"和基层纪检工作"周报告"定期汇报制度；龙华区5名基层党政主要负责人首次在区委六届六次全会上公开述责述廉述作风，接受区委委员现场质询和民主评议；美兰区各基层单位层层签订党风廉政建设责任书，逐级传导压力。查处侵害群众利益的问题。专题调研基层"微腐败"课题，查找原因，提出解决对策，形成基层"微腐败"治理调研报告；制定落实脱贫监督工作措施和查处发生在群众身边的不正之风和腐败问题方案，突出惩治重点，纠正和查处扶贫、征地拆迁、工程建设、集体"三资"管理、惠农资金管理、危房改造等领域发生在群众身边的不正之风和腐败问题；建立健全责任清单、刚性考核、常态问责等制度，基层党组织落实"两个责任"的意识进一步增强，43个镇（街）全部消除"零立案"问题；全年查处镇（街）、村（居）一级党员干部"微腐败"案件86件，给予党政纪处分113人，占全市违纪案件总量21%。严肃基层换届纪律。按照"四必谈"〔党委（党组）主要负责同志与班子每个成员必谈，班子成员相互之间必谈，班子成员与分管部门主要负责同志之间必谈，督导组与班子成员必谈〕要求，提前开展谈心谈话，提高换届相关人员纪律意识；加强换届风气监督，建立纪检、公安、检察等机关联合快查机制，从严打击破坏村级组织换届选举工作的行为。换届期间，共受理有关换届工作信访举报30件，给予党纪政纪处分7人，并予以通报曝光。

【市纪委内部监督委员会成立】 2016年2月26日成立。旨在建立起各负其责、协同合作的干部监督管理机制，切实加强机关纪律作风建设。内部监督委员会由市纪委各领导和各部门主要负责人组成，委员会各成员根据干部管理职责、权限和各部门职能抓好日常管理。各成员对分管人员纪律作风情况密切关注，及时发现问题，抓早抓小；对市纪委干部职工在纪律作风方面存在的问题，可根据实际采取谈心谈话、提醒教育、警示诫勉、请示报告、移送线索等方式处理。作风纪律抽查采取不定期、不定抽查人员方式进行，对抽查发现上班无故迟到、早退等违反工作纪律的，第一次对当事人进行责令书面检查或诫勉谈话，第二次在全委局通报批评；对因工作作风影响工作推进和落实的，责令书面检查或诫勉谈话，情节严重的在市纪委通报批评；对不如实说明问题，妨碍、阻挠或拒不配合干部监督工作的，视情节依有关规定给予诫勉谈话、通报批评、组织处理或党纪政纪处分；监督对象被问责当年，其本人年度考核不得被评为"优秀"等次，情节严重的，其所在部门及主要负责人不得被评为"优秀"等次。

【出台区纪委书记副书记提名考察等三个办法】 2016年3月2日，海口市委办公厅印发《海口市区纪委书记、副书记提名考察办法（试行）》《海口市纪委派驻纪检组组长、副组长提名考察办法（试行）》和《海口市市属国有企业纪委书记、副书记提名考察办法（试行）》，贯彻落实党的十八届三中全会关于各级纪委书记、副书记的提名和考察以上级纪委会同组织部门为主的精神。三个《办法》紧扣中央和省委精神，在原则问题和具体规定上与省委三个提名考察办法精准对表，保持高度一致。三个《办法》在提名条件上，突出强调纪委书记、副书记人选要敢于监督、善于监督，注重从履行党风廉政建设主体责任、监督责任表现突出的优秀干部中选拔；在干部来源上，明确要求拓宽选人视野和渠道，可以从纪检系统内和纪检系统外提名，纪委书记人选一般应当交流任职。市纪委会同市委组织部等有关部门，掌握纪委书记、副书记的备用人选，为提名提供人员储备；在提名、考察程序上，明确区纪委书记、市纪委派驻纪检组组长、市委管理领导班子的国有企业纪委书记，由市纪委会同市委组织部提名、考察。

2016 年 2 月 28 日，海口市《亮见》电视直播问政节目开春第一问播出。图为节目现场。（市“双创”办 供稿）

【《亮见》电视直播问政节目】2016 年，海口市纪检监察机关持续优化新型监督品牌《亮见》节目，构建以党内监督为主导、群众监督为支撑、媒体监督为平台的“大监督”格局。引入专家学者对节目的主题、播出方式、后续跟踪落实等进行深入探讨，不断拓宽节目的广度和深度。借力《亮见》平台，发动依靠群众，把作风建设下沉到一线，整治和查处一批不作为、乱作为、慢作为，漠视百姓利益、忽视群众诉求等作风问题。全年节目播出 7 期，曝光问题 28 个，问政部门 25 个，问责相关责任人 168 人。其中，《亮见》第一问“剑指基层微腐败”，曝光机关办公卫生环境差、农产品检测不到位等问题，问责 7 人；第二问“谁在漠视群众利益”，曝光工厂污染环境、占用农田建房、农田断水、“双创”卫生出现反复等问题，问责 39 人；第三问“推拖的背后”，曝光维权困难、回迁一拖再拖、业主委员会成立难等问题，问责 9 人；第四问“失守的关口”，曝光违规出租集体土地、违规廉价出租集体资产、违规大额提取集体资金、违规分配补偿款等问题，问责 13 人；第五问“谁来守卫公共安全”，曝光消毒餐具不合格、违规装修房屋、非法储存燃气瓶等问题，问责 8 人；第六问“村民自治还是村官自治”，曝光“四议三公开”制度执行不到位、村务公开不规范等问题，问责 35 人；第七问“差距与期待”，着重报道一年来各职能部门在作风建设上取得成绩、存在差距，在问题整改上存在的不足，问责 57 人。节目获评 2016 年度全国城市频道电视栏目创新力前十，省委领导批示要求将《亮见》经验做法转发全省纪检监察机关学习借鉴。借力《亮见》平台，整治和查处一批不作为、乱作为、慢作为，漠视百姓利益、忽视群众诉求等作风问题。在《亮见》的辐射、带动、倒逼作用下，年内全市 37 个单位主动问责 703 人，主动问责率由上年的 34.6%提升到 86.4%。

【党风廉政宣传教育】2016 年，海口市纪检监察机关加大廉洁自律准则等党内法律法规的宣传教育力度。向全市通报查处的违反中央八项规定精神典型案例 5 次。组织全市各单位订阅《〈准则〉〈条例〉学习资料汇编》，开展电视知识竞赛，下发《关于进一步做好〈准则〉和〈条例〉宣传工作的通知》，指导全市各单位结合“双创”及廉政文化“六进”活动，用多种方式开展党纪党规宣传工作。推进廉政文化建设。打造办公区廉政文化长廊，56 名党员干部参加并通过任前廉政法规知识测试，协调全市 4000 余名村两委干部到海口监狱警示教育基地参观，组织 9 名委局干部到市中级人民法院、市文化市场综合执法支队等单位讲廉政教育课，制作 3 个户外大型廉政主题立柱广告，开展“树清廉家风创最美家庭”家庭助廉活动，发布党风廉政宣传稿件 458 篇（次）。

【纪律审查体制机制改革】2016 年，海口市纪检监察机关统筹推进纪律检查体制机制改革，完成“两责任（落实党风廉政建设责任制，党委负主体责任，纪委负监督责任）、“两为主”（查办腐败案件以上级纪委领导为主，线索处置和案件查办在向同级党委报告的同时必须向上级纪委报告；各级纪委书记、副书记的提名和考察以上级纪委会同组织部门为主）、“两覆盖”（巡察机构全覆盖、派驻机构全覆盖）、“三转”（转职能、转方式、转作风）”等工作任务。推进海口市派驻机构改革，按照“统一名称、统一管理，全面派驻、分类设置，明确职责、权责一致”的原则，完成海口市《关于全面落实市纪委向市一级党和国家机关派驻纪检机构的方案》《关于加强市纪委派驻机构建设的意见》。完善市委巡察领导体制和工作机制，组建巡察机构和巡察队伍，完成对市农业局党组、市民政局党组的常规巡察；启动对“双创”中财政投入大、负责项目具体实施的市市政管理局、市园林局等4个部门党组的巡察。着力纠正被巡察单位党组织领导弱化、党建工作薄弱、管党治党不严等一系列突出问题，督促解决某公司拖欠农民300余万元土地流转租金等问题，移交问题线索33件，立案审查4人；查处市殡仪服务公司违规使用公款购买发放物品、超标准购置公车等违纪问题。推进“两为主”程序化、制度化，落实双重领导体制，制定区纪委书记、副书记，市纪委派驻纪检组组长、副组长，市属国有企业纪委书记、副书记提名考察办法，提名6名市、区纪检监察机关干部到市属国有企业任纪委书记，充实企业纪检组织力量。

【信访举报开放日】2016年4月7～15日，海口市、区纪委联合开展“携手阳光纪检，共建清风海口”信访举报开放日活动，市、区纪检监察机关领导干部深入镇（街）开展宣传、现场接访，聚焦基层微腐败问题。共走访7个镇（街），参与群众近5000人，现场发放宣传资料近2000份，组织660多名农村基层干部观看发生在群众身边的典型案例展板；接受群众咨询、解答群众信访问题380多人次，受理群众来访举报81件；造册登记涉及反映党员干部违纪问题线索18件，及时安排人员调查处理；对涉及群众利益诉求的63件信访问题移交有关职能部门办理，做好跟踪督办。

【市委第一轮巡察启动】2016年8月15日，海口市委巡察一组、二组分别进驻市农业局和市民政局，开展十二届市委成立巡察机构的第一轮巡察。本轮巡察是市委成立巡察机构以来正式启动的第一轮巡察，巡察时间从8月15日起至9月4日结束。巡察组主要受理反映被巡察单位党组织领导班子及其成员、其他市管干部、下一级党组织主要负责人问题的来信来访来电，重点是违反“六项纪律”（政治纪律、组织纪律、廉洁纪律、群众纪律、工作纪律、生活纪律）等方面的举报和反映；其他不属巡察组受理范围的信访和反映，由被巡察单位和有关部门处理。本轮巡察，共受理来信来电来访11人次，个别谈话238人次，调阅有关文件、材料、账目凭证、会议记录1188份，走访调研33处；发现并反馈问题64个，年内完成整改62个；向市纪委移交问题线索33件，市纪委立案查处13件13人。

行政监察与效能监察

【绩效考评】2016年，海口市首次将“双创”工作按照30%和20%的比例分别计入4个区和77个参评单位的绩效考评总成绩，不断优化考评体系；从材料报送、专家评分、统分计分、目标审核、意见反馈等环节全程均使用绩效考评电子管理系统操作和管理，实现考评过程全程电子化。继续采用“专家＋行家”的审核模式制定目标，除上年参与的6名专家外，新引进3名专家，邀请市法制局、市人社局共同组成审核小组，使审核人员更加多元化，让目标制定工作更加科学、合理。年内目标审核发现的问题较上年增加30%。开展2015年年终封闭考评和2016年绩效考评目标制订，向全市通报2015年绩效考评结果；6月印发《2016年绩效考评目标书》；7月和8月，开展对81家参评单位的目标完成情况进行日常督查，对督查中发现的问题及时提出整改意见督促各单位完成。强化绩效考评结果运用力度，6月17日召开2015年度绩效考评结果表彰暨对达标单位进行诫勉谈话会议，并分组召开2015年绩效考评结果反馈会；为20家被评为优秀等次的单位颁发奖牌，对11家被评为达标等次的单位集体诫勉谈话。其中，绩效考评结果为优秀等次的单位，增加领导班子成员及干部职工3%的评优比例，给予一定经济奖励用于补充工会活动经费；被评为达标等次的单位，主要领导不能评为优秀，减少领导班子成员及干部职工3%的评优比例。

【作风建设明察暗访】2016年7月13日，海口市机关效能建设办公室紧扣

2016年9月19日，海口市召开2016年党风政风行风建设社会评价公开评价大会。
（市纪委 供稿）

纠正“四风”和整治“庸懒散奢贪”的主题，结合各单位和行业实际，按照《中共海口市委办公厅 海口市人民政府办公厅关于印发〈海口市2016年党风政风行风建设社会评价工作方案〉的通知》和海口市机关效能建设领导小组办公室《日常督查考评实施细则》的要求，于7月至8月期间，对81家单位的作风建设、信息公开、履职尽责、清正廉洁、履行承诺、“双创”工作、联系群众、公正执法、为民办事、服务质量、改善民生等11个方面的内容开展多次不定期明察暗访活动，发现个别单位党组织落实党风政风行风建设责任不严不实、存在不同程度工作作风纪律松弛、单位规范化建设有待进一步加强、办公环境“脏乱差”、对社会评价工作重视不够等问题，要求各单位限期整改。

【党风政风行风建设社会评价】2016年1月18日，海口市首次以电视直播方式公开2015年党风政风行风建设社会评价结果，2015年社会公众对海口市党群机关、政府工作部门民主评价总体满意度得分84.90，较2014年（81.65分）提高3.25分，较海南省2015年群众对党风政风行风建设满意度平均得分（83分）高1.90分。向全市83家单位反馈2015年党风政风行风建设社会评价结果；督促各单位落实整改2015年社会评价大会上评价代表提出的意见和建议，并形成整改报告报送市机关效能建设办公室。4月16日，制定下发《海口市2016年党风政风行风建设社会评价工作方案》，统一部署全市的“三风”评价工作。年内，海口市效能办会同市委、市政府有关部门与海口市监督专员、特邀监察员和行风评议员等57人组成8个检查组，明察暗访27个党群工作与综合协调部门、15个行政执法与司法机关、17个经济管理部门、19个社会管理部门、各区党委政府与桂林洋开发区和32类设服务窗口的基层站所共156家单位的党风政风行风建设情况和绩效考评职能目标完成情况。9月19日，2016年党风政风行风建设社会评价公开评价大会召开，参会代表153名，83家单位主官现场接受代表评议。现场收回评价测评表145份，意见建议书72份。

【12345热线督办件逾期办理单位约谈会召开】2016年12月9日，海口市委常委、副市长巴特尔，市委常委、市纪委书记李湖主持召开12345热线督办件逾期办理单位约谈会，对12345热线督办件逾期办理的首批单位进行谈话提醒。会上通报12月7日、8日12345热线逾期办理单位及逾期情况，会议要求，要全面贯彻落实市委市政府的决策部署，各单位党委（党组）要自觉担负起作风建设的主体责任，对党员干部工作中存在的庸政懒政怠政“四风”问题，要一以贯之地真抓严管，党委（党组）书记要履行好第一责任人的职责，抓好督办件的落实。各单位要以此次约谈为契机，学习运用监督执纪“四种形态”，强化日常管理教育监督，使每名党员、每个党组织都受到纪律的刚性约束。此次约谈表明市纪委监察局对12345热线督办加强监督的决心和态度。

市纪委主要会议和重要活动

【市第十二届纪律检查委员会第六次全体会议】2016年2月3日在海口行政中心综合楼召开，市纪委常委会主持会议。出席会议的市纪委委员26人、列席310人。省委常委、市委书记孙新阳出席全会并作讲话，市四套班子成员列席会议。会议认真学习贯彻习近平总书记在十八届中央纪委六次全会上的重要讲话和十八届中央纪委六次全会、省纪委六届六次全会精神，回顾总结2015年党风廉政建设和反腐败工作，研究部署2016年纪律检查工作任务，审议通过市纪委书记李湖代表市纪委常委会所做的《坚持纪在法前，全面从严治党，坚定不移地做党规党纪的忠诚捍卫者》的工作报告及《中国共产党海口市第十二届纪律检查委员会第六次全体会议决议》。

【市第十三届纪律检查委员会第一次全体会议】2016年11月20日在海南国际会展中心召开。会议应到市纪委委员29人，实到29人，符合规定人数。会议选举李湖、杨卫国、曾照宇、林耀平、王克、左娟、林道诗、杨柏、冯军为市纪委常委，李湖为市纪委书记，杨卫国、曾照宇、林耀平为市纪委副书记。

【开展“树清廉家风·创最美家庭”家庭助廉活动】2016年4月28日，海口市纪委、市委组织部、市直机关工委和市妇联联合在全市机关开展为期8个月（4~12月）的“树清廉家风·创最美家庭”家庭助廉活动，以发出家庭助廉倡议书、开展家庭助廉教育活动、评选机关“最美家庭”和举办好家风好家训宣讲活动的形式，以家庭建设促廉政建设，营造尊廉崇廉的良好氛围。经最后评选，共7个家庭获评机关“最美家庭”。

（张此明 陈佳琳）

（编辑：赵华锋）

民主党派和工商联

民革海口市委

【民革市委概况】2016年，民革海口市委会做好参政议政、组织发展和社会服务等工作，海口市“两会”期间，民革市委及其党员撰写提案和社情民意，共提交集体提案15件，个人提案44件，社情民意11件。全年共出民革简讯12期，发展15名新党员。至年底，共有党员330人。获“民革全国机关工作先进集体”称号。

【民革市委组织建设】2016年，民革海口市委会完成4个区的总支换届，其中张移洲当选秀英总支主委、吴英当选龙华总支主委、邱延海当选琼山总支主委、袁慧鹰当选美兰总支主委。年内，组织党员收集历史资料，开展征文比赛，观看纪念南侨机工回国抗战交响合唱音乐会“南侨颂”，与民革海南省委会共同举办“天下为公——海南民革纪念孙中山诞辰150周年暨国庆67周年书画摄影展”，在海口骑楼老街中山路举行“天下为公——纪念孙中山先生诞辰150周年”资料图片展，召开民革海口市委会纪念孙中山诞辰150周年工作总结暨征文活动颁奖大会，组织党员赴两广参观孙中山、李济深祖（故）居和黄埔军校等革命遗址，文昌宋氏祖居。

【民革市委参政议政】2016年，民革海口市委会多名党员在党政机关任职，如黎雅调任澄迈县副县长，陈安妮调任秀英区副区长。在海口市“两会”期间，共提交集体提案15件，个人提案44件，社情民意11件。民革市委集体提案《关于把海口建设成为花园城市的建议》被列为市长督办案，《关于保护海口市羊山湿地的建议》被列为政协主席督办案，《关于在博爱北路开发美食夜市的建议》被列为主席督办案，谢辉文委员《关于抢抓“一带一路”机遇，加速海口临空（保税）产业园建设的建议》被列为政协主席督办案，林青委员《关于落实消防治理、服务“双创”大局，全面建设和谐安全社区的建议》、李雯委员《关于对海南大学东坡湖排洪方沟污水进行治理的建议》被列为重点提案。议政大会上，民革党员谢辉文和杨顶建分别做《抢抓“一带一路”机遇，加速海口临空（保税）产业园建设的建议》和《创新应用工业基金，促进海口供给侧改革》发言。林青委员《关于打造周末特色旅游市民集市的建议》提案、张发长委员《关于加大海瑞故居绿化，增加公园功能的建议》提案引发媒体关注，受到社会认可。

【民革市委社会服务】2016年，民革海口市委会以总支、支部为单位，结合各基层情况开展各种形式的活动，为困难党员和困难群众送去温暖。龙华总支三支部联合海南省委统战部党派干部处支部、龙桥镇三角园村支部、中山医院等单位赴龙华区龙桥镇三角园村，组织开展“博爱牵手，结对同行，龙桥送温暖”活动，慰问定点帮扶贫困户，给村民送上食物、药品等慰问品，免费为村里老人体检。美兰一支部慰问和平南街道的孤儿陈基典。党员黄平持续资助两名贫困大学生盘芝菊和谢玺。党员林秀才捐助善款逾2000万元，其中捐助1000多万元援建四川仪陇朱德小学。春节和中秋佳节前夕，民革海口市委会通过面对面交谈、登门慰问等形式，向各基层组织领导、退休老同志和困难党员送上节日的问候和组织的关心。全年，民革海口市委会及各基层组织共走访慰问老党员60多人次。

（李信文）

民盟海口市委

【民盟市委概况】2016年，民盟海口市委在海口市“两会”期间，共提交市政协个人提案43份、集体提案5份、社情民意2份，市人大建议案4份，其中2份市政协提案列为主席督办案，1份市人大建议案列为主席督办案。全年发展新盟员26人，盟员总数809人。完成5个基层总支大换届。获“民盟社会服务工作先进集体”称号。

【民盟市委组织建设】2016年，民盟海口市委发展新盟员26人，平均年龄35岁，市盟盟员总数809人。组织新入盟员参加民盟海南省委组织的2016年新盟员培训班。11月12日，召开有市委会班子成员，委员，总支主委，市级以上人大代表、政协委员，副处级以上盟员，基层支部骨干盟员，机关专干等46人参加的十四届全体委员（扩大）会议，对领导班子及其成员进行民主测评，并对新一届领导班子成员及委员候选人进行民主推荐。10月15日至11月5日，美兰区总支、海南华侨中学总支、琼山区总支、秀英区总支、龙华区总支分别召开代表大会，选举产生新一届委员会。成立市民盟机关工作群、市民盟工作群、市民盟志愿者等微信群，向全市盟员传达各种会议精神和盟务工作、各级盟组织基层组织和盟员先进事迹和工作业绩。

【民盟市委参政议政】2016年，民盟海口市委有海南省人大代表1人、省政协委员1人、市人大代表2人、区人大代表3人、市政协委员16人。海口“两会”期间，市民盟共提交市政协个人提案43份、集体提案5份、2份社情民意、市人大建议案4份，10个盟员受邀作为列席代表出席大会。主委厉春代表市民盟在议政座谈会上发表《打造海口夜市品牌》发言，市政协委员江玫提交的《关于发展海口特色夜市，打造滨海城市新名片的建议》被列为议政座谈发言书面稿。市民盟提交的集体提案《关于尽快推进海口市水环境整治的建议》《关于构筑新型城市管理体系的建议》被列为市政协重点提案，厉春提交的《关于发展滨海特色经济，打造海口夜市品牌的建议》、市政协委员江玫提交的《关于发展海口特色夜市，打造滨海城市新名片的建议》被列为市政协副主席督办案，黄玲玲提交的《关于加快推进海口旅游公厕设施建设，为海口“双创”助力的建议》、蔡铁提交的《关于加快推进海澄文一体化建设的建议》被列为市政协重点提案，提案还受到《海口日报》《国际旅游岛商报》《南国都市报》、海口网等多家媒体关注。市民盟提交的厉春作为课题负责人的《关于修改〈未成年人保护法〉的建议》、李壮志作为课题负责人的《开展海南珠崖乡村文化产业区项目调研》被列为民盟海南省委2016年参政议政重点调研课题，陈学博作为课题负责人的《用雕塑艺术打造国际旅游岛的文化品位》也列入其中。8月，在海口市政协召开十三届二十七次常委会暨2016年第三季度“季协商”座谈会上，市民盟提交的《关于大力扶持海口种养专业合作社发展的建议》《关于构筑新型城市管理体系的建议》2件集体提案被评为“优秀提案”，市政协委员厉春的《关于发展滨海特色经济，打造海口夜市品牌的建议》、黄玲玲的《关于建立海口未成年心理健康辅导中心的建议》、张品成的《关于加强整合琼北市县文化资源，构建琼北大旅游圈的建议》等7件个人提案评为“优秀提案”。

【民盟市委盟员风采】2016年，民盟海口市委各盟员在本单位本系统本领域不断创造新的业绩：陈学博雕塑作品《共舞》《月光曲》等5件分别入选“苏州·金鸡湖双年展”“一带一路东西雕塑家联展”等雕塑展，《黎歌》在“中国雕塑年鉴”画册发表，《春风化雨》《海瑞》等10件雕塑作品入选国家级核心期刊《神州艺术》，青铜浮雕《马房》落成于海口市居仁坊社区，青铜雕塑《张岳崧》落成于琼山区甲子镇张岳崧纪念园；张品成参与创作指导的电影《红小鬼齐步走》在海口首映，担任监制纪录片《追寻者》；丁孟芳增补为民盟中央美术院副院长；白树堂以其扶贫救“心”感人事迹获“2015海南十佳好医护”称号；郭国民在海南省第八届中小学生艺术展演活动中获指导一等奖；王玲云的教学设计《二氧化碳制取的研究》获国家级二等奖，论文《如何提高身边的化学物质专题的复习效率》获国家级三等奖，被海口市教育培训院聘为送研送训送教下乡指导专家、新教师岗前培训上课专家，一师一优课获海口市一等奖。

【民盟市委社会服务】2016年，民盟海口市委做好“精准扶贫”帮扶点琼山区甲子镇昌西村委会新村塘4户和长尾冲6户的扶贫帮扶工作。组织盟员参加“大家都来为残疾人捐助一元钱”助残募捐活动和秀英区统一战线组织的“同心、同力、同行”——秀英区统一战线“双创”一周年巩固提升文艺晚会上发起统一战线爱心企业、爱心单位和爱心个人捐赠爱心助学金活动。全力支持参与“双创”，4月17日，在水头村举行志愿者总队成立启动仪式。

（李　艳）

民建海口市委

【民建市委概况】2016年，民建海口市委会在海口“两会”期间，共提交议案14件、提案52件、社情民意建议6件。共发展会员9名，至年底在册会员总数359人。获“民建全国社会服务先进集体”称号。

【民建市委参政议政】2016年，民建海口市委会共有7名同志当选为市人大代表，13名同志被推选为市政协委员。海口“两会”期间，民建海口市委会的人大代表、政协委员共提交建议14件、提案52件、社情民意6件，其中主席督办案2件，重点提案3件。李爱国副主委提交的提案《关于将早夜市纳入规范管理和法治化轨道的建议》和会员戴国镇提交的《关于加强村（居）“两委”组织建设的建议》被定为主席督办案。民建海口市委会提交的《关于健全完善我市“双创”工作长效机制的建议》等3件提案被确定为重点提案，《关于加强住宅小区住户环境卫生“门前三包”工作的建议》等5篇社情民意获市领导高度重视。

【民建市委组织建设】2016年10月22～30日，民建海口市各区总支、支部陆续进行换届、改选。符史师、王丽霞、王子健、欧英豪分别当选秀英区、龙华区、琼山区、美兰区总支主委。民建海口市委会共发展新会员

9名，其中博士1名、硕士1名、本科7名；平均年龄33岁。截至年底，共有359名会员。市委会以“一站一刊一栏”为载体，全年出版2期《海口民建》，选派支部主委高湲和张玉军参加民建中央举办的民建全国基层组织主委培训班；选派3名会员参加2016年中国（河南）非公有制经济发展论坛；组织30名骨干会员参加省委会举办的基层组织主委培训班。推荐党外后备干部任职，琼山区总支副主委秦立双任琼山区副区长。

【民建市委社会活动】2016年，民建海口市委会共下点督查“双创”包点社区琼山区滨江街道铁桥社区180余次，开展义务劳动、交通疏导、法律咨询、入户宣传等志愿服务活动50余次，推进铁桥社区解决冯村的道路硬化、美化、亮化、绿化，六合市场整治等重点问题。市委会和4个区总支部成立“双创”志愿服务队，打造铁桥社区民建文化示范街区。带领机关专干及企业家会员到精准扶贫点琼山区旧州镇池连村、甲子镇昌西村和美兰区大致坡镇永群村开展精准扶贫调研工作20余次。民建海口会员响应市委“我为残疾人捐助一元钱”活动号召，共捐款1.66万元。“三八”节期间，民建海口市妇女委员会联合民建海南省妇女委员会、省机关支部慰问红旗镇镇敬老院58名老人，为老人们送上奶粉、保温杯、饼干等物资和慰问金。

（梁丽芳）

民进海口市委

【民进市委思想建设】2016年，民进海口市委推进学习型参政党建设，开展时政学习活动，传达中共中央、中共海南省委、中共海口市委的会议精神以及民进中央和民进海南省委的工作会议精神。组织新会员和骨干会员培训，学习统战理论、会章、会史、提案的调研与写作等的知识；组织骨干会员参加民进海南省委和民进中央的各类培训，组织信息员参加培训，组织会员开展户外拓展活动等。成立为执政党助力志愿者服务队，设参政议政组、社会服务组、文化艺术组、社情民意组，提高会员们参与民进工作的积极性与责任感。

【民进市委组织建设】2016年，民进海口市委发展会员10名，会员总数620名。开展民进琼山区委、民进龙华总支、民进美兰总支、民进秀英总支换届工作。10月15日上午，中国民主促进会海口市琼山区第七届委员会第一次代表大会在府城召开，选举产生民进琼山区第七届委员会冯周民、冯所平等13名委员，吴书生当选主委（专职）。10月22日上午，中国民主促进会海口市美兰区总支召开第四届委员会第一次代表大会，选举林心俏、唐义珍等13位委员，林心俏当选主委。10月23日上午，中国民主促进会海口市龙华区总支召开第四届委员会第一次代表大会，选举袁海泽、袁丽丽等13人为民进龙华区总支第四届委员会委员，袁海泽当选主委。10月29日，中国民主促进会海口市秀英区总支第二届委员会第一次会员代表大会在秀英召开，选举产生吴秋华、黎仕强等13位委员，郭晓波当选主委。修订《民进海口市委会制度汇编》《民进海口市委总支工作制度汇编》，完善制度和工作流程，提高机关服务意识和办事效率。落实常委联系党派制度，与海口市政协联络与沟通，促进提案的办理和落实；与市委统战部沟通联系，建立后备干部档案，为民进会员成长进步搭建平台。

【民进市委参政议政】2016年，民进海口市委上交提案28件，其中民进集体提案《关于推进海口生活垃圾处理专业化的建议》（余喆）、史玉敏副主委撰写的提案《关于加强海口文化软实力建设的建议》、吴玉转委员撰写的提案《关于合理规划便民点满足低收入群体民生需求的建议》《关于进一步治理海口大同沟水污染问题的建议》4件提案被列为海口市政协第十三届六次会议重点提案。

【民进市委社会服务】2016年春节前，民进海口市委组织书画界会员开展新年送春联活动，到扶贫村、家乐福商场现场为群众书写对联。协助民进海南省委举办“同心彩虹行动”。对口甲子镇昌西村10家农户的扶贫，有9户农户当年完成脱贫。组织160名会员参加民进愿者队伍，共200人次参加“双创”义务劳动并每周组织机关人员和会员参加包点世贸社区的“双创”巡查工作，包点的世贸社区被海口“双创”指挥部评为文明卫生社区。2月，在世界助残日期间组织会员参加省残联的“大家都来捐赠一元钱”活动。“六一”儿童节前夕，组织会员慰问海南省聋儿康复中心。建军节前夕，组织民进文化界会员慰问海口军区干休所离退休军人。

（吴玉转）

农工党海口市委

【农工党市委概况】2016年，农工党海口市委履行参政议政、民主监督职责，在市政协会议提交集体提案2件，个人提案12件，政协议政会发言稿4件。组织中、高级医务人员到街道、敬老院、乡镇、农村开展5次大型义诊、送医送药活动，派出党员100多人次，3000多人次受益，免费发放药品总价值2万元。发展新党员9名，共有党员372名。

【农工党市委组织建设】2016年，农工民主党海口市委员会组织5个总支和15个支部的党员骨干参加参政议政及社情民意培训班，100多人次参加。组织党员参加农工中央举办的培育和践行社会主义核心价值观百场宣讲活动3场，300多人参加。发展有代表性、层次高、参政议政能力强的人员入党，新发展9名新党员。至年底，共有党员372名。

【农工党市委参政议政】2016年，农工民主党海口市委员会完成市政协会议集体提案2件、个人提案12件，4件政协议政会发言稿，撰写政协与市委、市政府“季季谈”议政专题发言。农工党市委《关于我市加快医疗改革步伐的建议》、党员庞诚《关于加强我市基层协商民主建设的建议》、党员刘忠《关于均衡教育资源，保证教育公平的建议》提案被列为督办案。

【农工党市委社会服务】2016年“5·12”国际护士节，农工民主党海口市委、市医疗保健局、市老干局联合邀请农工党海口美兰总支中的市中医院的医生护士党员为广大老党员、老领导进行义诊。7月1日，联合农工党海南省委会医药支部、海南省医药行业协会在海口市长流镇同和医院门前开展义诊，此次活动也是海南省医药行业协会执行省民政厅2016年医疗救助项目启动仪式。7月16日，在琼山区凤翔街道办红星文化活动广场开展“助力双创、医疗下乡义诊”活动。7月31日，在桂林洋场部（菜市场旁）举行“关注百姓健康，助力双创建设”义诊活动。开展“2016中国环境与健康宣传周”活动。全年共投入200多万元支持“双创”和扶贫工作。

（林 珺）

致公党海口市委

【致公党市委概况】2016年，致公党海口市委人大代表在海口市“两会”期间提交议案5件，政协委员以集体名义和个人名义提交提案19件（其中重点提案1件），社情民意11件。接待“三胞”19人次，接待各国华侨216人次。发展新党员8人，共有党员272人。

【致公党市委参政议政】2016年，致公党海口市委有省级人大代表1人，市级人大代表6人，区级人大代表7人，省级政协委员1人，市级政协委员7人，特邀“四员”7人。市委会领导、特邀“四员”多次参加中共海口市委、市政府举办的民主生活会、协商会、意见征求会、座谈会、通报会、研讨会和民主监督会，履行参政议政职责，以集体名义和个人名义的议案、提案和社情民意信息共35件。其中市委委员周殷殷关于《如何维护“双创”成果，保障经济可持续发展和人民生活安定》的建议，被定为2016年市政协委员会重点督办案。

【致公党市委联络联谊】2016年，致公党海口市委发挥“侨”“海”特色，加强与市“五侨”单位的联系，做好华裔新生代、新兴主要侨社的领军人物、传统侨团新一代接班人、侨胞中的精英人士和往来于国内和海外之间的创业人士、留学人员和投资者的联谊、联络和服务工作，共接待“三胞”19人次、各国华侨216人次。

【致公党市委社会活动】2016年，致公党海口市委开展社会公益事业，弘扬本党“致力为公”的光荣传统，关心弱势群体，服务社会民众，增进社会和谐，维护社会稳定。提倡团结互助，扶贫济困的良好风尚，参加各种形式的社会活动。1月、5月、7月、10月，组织美兰总支骨干党员参加美兰区委统战部工作季度恳谈会。举办新党员培训班，学习致公党党史、党章。在美兰区开展“您的心愿·我的志愿”海口关爱圆梦行动，为20户经济困难家庭送去大米、油等慰问品。在海口市金棕榈商业文化广场，开展健康教育宣传、病媒生物防治知识等服务活动。

（陈在民）

九三学社海口市委

【九三学社市委概况】2016年，海口市“两会”期间，九三学社海口市委员会的人大代表和政协委员共提交人大建议案8件，政协提案36件（集体提案8件、个人提案28件），社情民意6件。年内发展新社员6名，至年底，共有社员218名。被九三学社海南省委员会评为“先进基层组织”。

【九三学社市委换届】2016年1月31日，九三学社海口市第五届委员会第七次全体会议暨届中改选主委选举大会在海南椰海大酒店召开，王俊刚同志当选九三学社海口市第五届委员会新一任主委。10月16~30日，九三学社海口市美兰区、龙华区、秀英区、琼山区分别召开第三次社员大会，选举产生九三学社海口市各区第三届基层委员会，吴玫婷（女）、韩旻（女）、徐宏（女）、许志有分别当选各区主委。

【九三学社市委自身建设】2016年，九三学社海口市委员会共发展新社员6名，其中高级职称4名。至年底，共有社员218名。通过主委会议、全体委员会议和各基层委员会活动等形式多样的学习活动，凝聚广大社员坚持中国特色社会主义的思想共识和政治共识，巩固多党合作的思想政治基础。先后组织83人次参加各种研修班和培训班。3月22日，全国政协常委、九三学社中央副主席马大龙率九三学社中央巡视督导组对九三学社海口市委员会进行巡视督导。

【九三学社市委参政议政】2016年，九三学社海口市委员会共有省人大代表1名，省政协委员1名，市人大代表3名，市政协委员7名。海口市“两会”期间，九三学社海口市委员会的人大代表和政协委员共提交人大建议案8件，政协提案36件（集体提案8件、个人提案28件），社情民意6件。其中王俊刚委员提交的《关于创新棚改理念，助力海口“双创”的建议》被市政协列为市长督办案，集体提案《关于海口城市地下管廊合理建设及高效运营管理的建议》、李宏文委员《关于加强城管执法的立法和执法的建议》等提案被市政协列为重点提案。集体提案《关于优化海口医疗环境改善医患关系的建议》和《关于发展我市物联网产业的建议》，王俊刚委员《关于创新棚改理念，助力海口"双创"的建议》、李宏文委员《关于加大海口噪音治理力度的建议》和《关于加强城管执法的立法和执法的建议》、龙保呈委员《关于海口市主城区村庄和社区环境综合整治中临时建筑拆后重建问题的建议》、顾建中委员《关于加强农村食品安全问题监管的建议》等提案被市政协评为2014~2016年度"优秀提案"。共向九三学社海南省委员会提交并被采用的政协提案3件、社情民意3件。其中社员林银燕、王光新提交的《关于把"由俄罗斯引入贝加尔湖水，实现北水南调"项目作为实施"一带一路"重大布局项目建设的建议》被九三学社海南省委员会采用并提交给九三学社中央委员会。在2016年海南省"两会"上，九三学社海口市委员会的省人大代表和省政协委员共提交人大建议案3件、提案3件。

【九三学社市委社会服务】 2016年6月19日，九三学社海口市委员会领导班子成员和社内医疗专家前往服务基地——琼山区甲子镇卫生院开展送医送药义诊扶贫活动，来自海口市第三人民医院、海口市中山医院的骨科、儿科、内科、妇产科等15名专家为300多名村民进行免费义诊，赠送药品价值5000元。9月3日，发起成立海南憨儿洗车房培训基地，为特殊人士提供一个锻炼自己和自食其力的平台。全年共走访慰问高龄社员、伤病社员、生活困难社员80多人次。

（邝红梅）

台盟海口市委

【台盟市委概况】 2016年海口市"两会"期间，台盟海口市委提交政协提案12件，大会发言1篇，社情民意1篇，参加多项课题调研。选派骨干盟员参加海南省政协、省委统战部、台盟省委、市委统战部举办的各类培训班近20人次。4个基层组织完成换届工作。全年为扶贫和社会服务工作共投入资金约3万元，接待台湾来访客6人次，为台商提供各类咨询服务5人次，组织协助台商投资考察3人次，走访慰问台商5人次。

【台盟市委参政议政】 2016年，台盟海口市委注重发挥台盟特色，通过政协平台，积极建言献策。有海南省政协委员1名，市政协委员3名，市人大代表1名，区人大代表3名。在海口"两会"期间，提交提案12件(集体提案6件)，内容涉及文化、教育、城市建设等市民、台商关注方面的内容，如《进一步加强和规范我市再生资源行业管理的建议》《关于大力发展热带观赏鱼休闲文化产业，促进国际旅游岛建设的建议》《关于依托我省香料产业，打造海口国际香料交易中心的建议》《关于加强西海岸滨海大道路段自行车道建设的建议》《创新发展模式、健全保障体系，推动我市服贸创新发展的建议》《构建智慧社区养老服务体系》《关于加强我市特殊儿童发展和教育的建议》。大会发言《实施精准扶贫 助力全面建成小康社会》作为重点提案。

【台盟市委自身建设】 2016年，台盟海口市委加强思想理论建设，不断提高盟员的政治思想素质。采取不同的形式组织盟员和部分台胞听取全国"两会"以及省市"两会"精神传达，以正面教育为主，传播主流价值理念。坚持把组织建设作为自身建设的重要基础，不断增强组织的凝聚力。关心盟员的工作和生活，利用节假日和盟内活动开展好盟员的联谊活动。注重后备干部培养锻炼，选派骨干盟员参加省政协、省委统战部、台盟省委、市委统战部举办的各类培训班近20人次。青年工作委员会组织青年盟员、台胞开展联谊、体育等活动。琼山总支，龙华、美兰、秀英支部4个基层组织完成换届工作。

【台盟市委社会服务】 2016年6月1日，台盟海口市委联合中共美兰区委统战部、台盟美兰区支部到美兰金色儿童智障（自闭症）康复训练中心调研并看望慰问智障儿童，向40多名智障儿童赠送价值5000多元的文体用具及生活用品。在"双创"及扶贫工作中共投入资金2万元。

【台盟市委联络工作】 2016年，台盟海口市委利用台资企业协会平台，对海口的台商进行走访，配合市委统战部做好联谊、招商、引资工作。加强与在琼台胞、台商的交流沟通，增进共识，共叙乡亲情谊，接待台湾来访客8人次，为台商提供各类咨询服务3人次，组织协助台商投资考察5人次，走访慰问台商10人次。

（陈 雯）

市工商联（总商会）

【市工商联工作概况】 2016年，海口市工商联（总商会）做好全市非公有制经济人士的教育、培训、引导，融资、维权、联谊及宣传等各项服务工作，引导非公经济人士参政议政，参与"双创""精准扶贫"及其他社会事务工作，促进市非公经济按照"两个健康"（非公有制经济健康发展，非公有制经济人士健康成长）发展目标发展。全年共组织会员企业中工商界政协委员提交政协提案121件，人大代表提交人大建议、批评与意见32件。先后协调解决海南辰达国际会展有限公司等10家企业反映的问题，为6家企业维权。走访会员单位136家，发展新会员104家，先后指导成立6家海口的异地商会。组织举办企业经营者培训5场次，受训人员1000多人次。

【市工商联参政议政】2016年，海口市工商联（总商会）向市委组织部和市委统战部推荐25名非公有制人士作为海口市第十六届人大代表初步候选人，推荐王振等72名非公有制人士作为政协海口市第十四届委员会委员人选，同时协助市委组织部和统战部做好市人大代表、市政协委员候选人材料的收集、整理和上报工作，并参与对部分候选人的初步考核工作。经过考核和社会综合评价，市工商联（总商会）会员企业中有49名非公经济人士担任市政协委员、17名当选人大代表。全年会员企业中人大代表撰写建议、批评和意见32件。企业中的政协委员共向市政协提交政协个人提案121件、团体提案14件，其中《关于有序推进海口市区餐饮服务网点建设工作的建议》《关于治理海口市交通拥堵的建议》《关于我市“双创”工作的意见建议》《关于海口市“双创”城市建设的建议》《关于完善鼓励互联网行业发展政策的建议》5件提案被市政协评为优秀提案，《关于完善鼓励互联网行业发展政策的建议》提案被列为副市长鞠磊督办案，由市科工信局主办。

【市工商联调研】2016年，海口市工商联（总商会）向市政府提交《2015年度非公经济发展调研报告》和《关于福州三坊七巷的启示录》2篇调研报告，其中7月到福州学习考察调研后所撰写《关于福州三坊七巷的启示录》的调研报告，得到市委书记孙新阳的重要批示。

【光彩事业】2016年，海口市工商联（总商会）引导非公有制企业和非公有制经济人士积极参与社会光彩事业，向社会帮贫济困，捐资助学，履行企业及企业家的社会担当。据不完全统计，全市非公经济企业共向社会捐款、捐物1200多万元。其中在8月下旬的“电母”台风期间，会员企业通过各种方式向海南或海口受灾区域村（居）民捐款捐物折合80多万元。捐资约230万元（含海南省乡村教育促进会全年为农村学校志愿者支教服务活动的173万元费用）助学。

【市工商联会员队伍建设】2016年，海口市工商联（总商会）共走访会员企业近200家，吸收127家新会员企业入会。3月25日下午，在海南军区迎宾馆一楼召开海口市工商联（总商会）第十四届六次执委会，增补7名副会长、3名常委及7名执委。年内，先后指导海口隆商联合会、海口邵阳县商会、海口市福建泉港商会、海口湖北荆州商会、福建晋江商会、湖北老河口商会、江西乐平商会、江西丰城商会、海南南昌商会9家异地商会组织建设成立。

【维权服务】2016年，海口市工商联（总商会）先后为海南慈铭体检、海南名都润园七星生活家居广场、湖南龙商商会等8家企业解决医疗机构立项在琼山发改委遭遇备案变相审批及被打砸抢、铺面拆迁补偿不合理等问题，维护企业的合法权益。

【招商与融资服务】2016年，海口市工商联（总商会）主动与建行、中行、招行、平安银行等金融机构对接与合作，帮助企业加大融资服务力度。10月12日，在招商银行海口分行举办中小企业金秋推介会，有50多名企业负责人参加。11月14日，在海南军区迎宾馆召开新会员联谊会暨银企对接会，邀请建行三西路分行领导为中小企业作相关贷款方面的咨询和解读，有200家企业参加。全年共帮助会员企业在银行贷款融资2.32亿元。与市科工信局、市财政局共同管理和使用市政府安排全市中小企业发展的800万元专项扶持资金，帮助海南恒宝混凝土工程有限公司等8家会员企业获得政府贴息348万元。

【非公党建】2016年，海口市工商联（总商会）共指导海口市新华信息产业孵化园、海南逸展宏图文化传媒有限公司、海口广东信宜商会、海口福建晋江商会、海南图语地理信息技术有限公司、海南中深建装饰设计工程有限公司6家企业会员成立党支部。举办1期非公党建支部书记专题业务知识培训。9月17~25日，组织有关会员企业及异地商会的优秀党务工作者、优秀党员代表，赴山东济南、青岛开展非公党建工作学习考察暨开展经贸交流活动。12月6~8日，与文昌市工商联在海南和兴温泉度假酒店共同举办非公企业党支部书记培训班，共63名党建工作代表参加。“七一”期间，海南英利机关第一党支部、海口襄阳商会党支部、齐鲁制药（海南）有限公司生产分会党支部3家会员企业被评为海口市先进基层党组织，吴之海、王东、郑晓冬、雷彩霞、吴孝青被评为海口市优秀共产党员，邓向文、杨建华被评为海口市优秀党务工作者。

【联谊与交流服务】2016年，海口市工商联（总商会）为会员企业组织多场次观摩与联谊交流活动。1月14日，在海口西海岸喜来登温泉度假酒店五洲宴会厅举办“2016年海口市工商界迎春联谊会”，有400多名市工商企业界人士参加。5月14日，组织80多企业负责人参加2016年新城吾悦项目推介、观摩会。6月15~21日，派员赴青海西宁、西藏拉萨、四川成都进行为期7天的学习考察，期间，参观海南洋嘉文化传媒有限公司在西宁的总部及大魏盛唐文化传媒有限公司成都分公司，并与拉萨市工商联签订友好商会协议。7月19日，组织30多家会员企业到海口电视台观摩学习，并与电视台领导进行座谈交流。8月23~26日，组织会员及部分企业家参会由吉林省工商联、吉林市委、市政府主办的“2016中国（吉林市）第十三届城市友好商会会长会议”。

（龚晓明）

（编辑：吴钟宝）

群众团体

市总工会

【市总工会概况】2016年，海口市总工会有会员总数40.7万人，基层工会组织8335个。帮扶救助9943人次，发放帮扶救助资金745.06万元。特殊困难职工群体助学救助503人次，发放助学金207.4万元；医疗救助34人次，发放救助金14.3万元。获海南省总工会授予的“农民工入会集中行动”完成目标任务突出贡献奖，海南省总工会经费审查委员会授予的“2016年度全省工会经费审查工作规范化建设考核评比一等奖”。海口邮储银行工会、海口中级人民法院工会获中华全国总工会颁发的“职工书屋示范点”称号。

【基层工会建设】2016年，海口市总工会采用灵活方式，进一步强化吸收农民工入会工作，农民工在会员中的比例进一步提高，工会组织在农民工中的影响力逐步增强。至年底，海口市总工会会员总数40.7万人，基层工会组织8335个。工会组织覆盖法人单位2万多家，建会率91.2%。开展工会组建和法人资格登记“两同步”工作。

【职工帮扶解困】2016年，海口市总工会加大帮扶投入，扩大帮扶覆盖面，帮扶救助9943人次，发放帮扶救助资金745.06万元。开展职工中特殊困难群体专项帮扶活动，助学救助503人次，发放助学金207.4万元；医疗救助34人次，发放救助金14.3万元。开展“女工关爱”行动，慰问1246人次，发放慰问帮扶金16.84万元。落实医疗互助政策，572人次分享互助金66.8万元。资助78名农民工兄弟踏上带职求学之路。有110位农民工兄弟通过“平安返乡”活动，得以及时与妻儿父母团聚。启动困难职工在档核查，困难职工从原来3400多户减少到900多户，为下一步精准帮扶打下良好的基础。适时调整帮扶措施，年初针对菜价异常波动，筹资59万元发给困难职工；年终调整困难帮扶标准，救助金由原来500元/人次提高到1000元/人次。开展特殊行业预防职业病健康体检活动，1300余职工参与。解答职工在线咨询288人次，接受职工来信来访20人次。联合市人社局对18家劳动派遣机构的用工进行检查，会同市商务局检查验收职业培训机构16家，帮助东山湖高尔夫旅业开发有限公司91名职工将劳动争议纳入法制化解决轨道。法律服务律师团建设进一步规范，每周两次免费为企业和职工提供法律咨询和服务。

【职工权益维护】2016年，海口市总工会开展集体合同执行情况督导检查、抽查工作，通过检查，督促基层工会建立工作台账，完善集体合同签约工作。组织基层工会干部参加省集体合同和集体协商学习班，组队参加

2016年8月24日，海口市总工会足球队获得“中国梦·劳动美”海南省首届职工足球邀请赛季军。
（市总工会 供稿）

第一次全省工资集体协商模拟谈判比赛，海口市海口酒店协会代表队获二等奖。推进厂务公开民主管理工作制度化、规范化、法制化建设，海南港航控股公司、海南红塔公司、琼山第二小学、海南英利公司、齐鲁制药公司被推举为2016年海南省厂务公开民主管理示范单位。在第九次全国厂务公开民主管理工作调研检查中，由来自云南、福建、陕西等地工作人员组成的互检组对海口市工会在厂务公开民主管理方面所做的工作给予充分的肯定。构建新时期和谐劳动关系，以市协调劳动关系三方五家办公室名义，共同制定相关评分标准和评价细则，全市100多家单位积极参与，建立健全职代会、厂务公开、集体合同、职工董事监事等民主管理制度，有效地促进企业全面落实劳动保障法律法规和政策规定，保障广大职工合法权益。

【劳模管理】2016年，陈清琪、刘汉惜获全国五一劳动奖章，华闻传媒投资集团股份有限公司获海南省五一劳动奖状，孙文会、秦秀兵获海南省五一劳动奖章，椰树集团海南椰汁饮料有限公司8万吨安装团队、海口市美兰区人民街道办事处万福社区居委会获海南省工人先锋号称号。授予20家单位“2016年海口市工人先锋号”称号，为扩大“工人先锋号”的影响力和带动力，通过授牌、经验交流座谈、通报表彰等方式推广身边班组建设的榜样。与《海口日报》、海口广播电视台联合开设《讲文明、树新风、做好事》48个专栏、专题节目，充分挖掘广大职工中的义行善举、好人好事、“双创”先进事迹等。“五一”期间，组织和开设《助力“双创”·劳动之美耀椰城》专栏和专题节目，奏响争先创优的时代主题。全年慰问全国劳模、省部级劳模和市级劳模518人次，分别组织116名劳动模范进京观光、40名劳模赴北戴河等地疗休养，为396名劳模提供健康体检。

【职工文体建设】2016年春节前夕，海口市总工会开展“我们的节日”主题活动，在主要街道举办5场“送春联 惠职工”活动，为市民送出春联6000多副。举办第二届“工会杯”职工乒乓球赛，52个代表队438名职工参加。组队参加海南省首届职工足球邀请赛，获得第三名。参加海南省第七届教职工排球锦标赛，男队女队双双夺得冠军。组队参加2016年海南省“校长杯”乒乓球锦标赛，获得男子团体冠军、女子团体季军，市教育工会获得优秀组织奖；继续举办“工会佳缘”青年职工联谊交友活动，600名单身职工参加；开展“送电影惠职工 促‘双创’”主题活动、“观巨变 拓视野 促双创”现场体验活动；举办“聚力双创，劳动最美”全市职工文艺汇演；开展“职工书屋”创建活动，海口邮储银行工会、海口中级人民法院工会荣获全总颁发的“职工书屋示范点”称号。

【劳动竞赛】2016年，海口市总工会开展以“践行新理念，建功‘十三五’”为主题的劳动竞赛活动，全市50多家机关企事业单位开展劳动竞赛活动。联合市安监局组织20多家企业参加2016年全国“安康杯”竞赛先进评选活动。举办首届“工会杯”农民工种植技能劳动竞赛，200多位农民工参与。

【职工培训】2016年，海口市总工会组织62名各级工会骨干参加湖南大学综合素质提升研讨班，为248名来自工会各条战线上的新任工会干部开办上岗资格培训班，组织160名基层工会干部就工资集体协商的内容、要求、操作程序、工作技巧等进行专题研讨、交流、培训，专题业务培训150余名基层工会经审、财务干部。举办电子商务（淘宝网店）、育婴师等职业培训班，1000多位劳动者获得市场急需的从业技能。开办海口职工“双创”大讲堂，深入企业开班20场，4000余名职工参加。在秀英区东山镇创办首家农民工创业就业培训基地，东山镇统历岭村周边的农户在自家门口就能免费学到瓜菜种植技术、互联网销售技能。

（潘　雨）

共青团海口市委

【团海口市委概况】2016年，共青团海口市委共有团组织5280个，团员8.86万人。团市委获2015～2016年度海南共青团重点工作综合考核第一，“青春助残·与爱同行”关爱志愿服务项目获中宣部学雷锋“4个一百”先进典型，“最美海口·志愿先行”扶贫志愿服务项目获全省项目大赛金奖。3月，海口市海甸街道、金贸街道、凤翔街道、秀英街道被团中央确认为首批“全国城市街道区域化团建示范创建单位”。

【团组织建设】2016年，共青团海口市委制定《党建带团建工作考核评分细则》，成立调研督导组，对4个区党建带团建工作进行督导。通过民主推选和考核，创建秀英施茶、龙华玉沙、琼山博桂、美兰万福4个市级党建带团建示范点。培育和推出创业海南QQ群团支部、新安社区团支部等7个示范性基层服务型团组织典型案例，结合全市青年、学生实际和需求，推出并常态化开展好海口市青年创业直通车、四点半课堂等7项服务项目和活动。新建非公企业团组织55家，超额完成团省委下达的20家目标任务，占总任务量的275%。

【团员发展】2016年，共青团海口市委按照团章规定的标准，新发展团员5450人。至年底，全市共有团组织5280个，其中机关事业单位团组织263个、学校团组织2659个、国有企业团组织261个、非公企业团组织801个、社会组织团组织604个、城市社区团组织217个、农村团组织475个，团员8.86万人。

【青少年思想道德建设】2016年3月、9月，共青团海口市委开展面向中学、中职学校的“社会主义核心价值观宣传月”活动。先后开展“清明祭英烈 共铸中华魂”主题宣传教育、“与人生对话——我的中国梦”校园报告会、“彩虹人生——奋斗的青春最美丽”优秀中职毕业生报告会、18岁成人礼主题教育等系列活动。在“六一”期间集中开展“红领巾相约中国梦”主题队日活动。在建队66周年纪念日期间，组织全市各级少先队组织集中开展“我们是共产主义接班人”主题队日活动。围绕中国梦和理想信念教育，结合海口实际和少先队文化特点，组织开展“椰城童趣汇”、爱国主义理想信念教育、少先队员学习交流等主题活动，实现社会主义核心价值观宣传教育对全市中学、中职学校全覆盖，切实引导中学生自觉将社会主义核心价值观内化于心、外化于行。

【少先队基础建设】2016年3月15日，共青团海口市委联合市教育局印发《2016年少先队活动课程表》，针对队活动课的课时要求、任务目标、主题内容等进行详细部署。5月3日，少先队海口市工作委员会印发《关于支持市直属学校少先队工作经费的通知》，对各直属学校和各区少先队工作进行经费支持和保障。9月29日，团海口市委联合市教育局出台《关于进一步落实海口市学校战线共青团和少先队干部岗位待遇的通知》针对少先队工作的组织建设、岗位设置、课时安排、岗位待遇等方面进行详细部署和规定，为海口市少先队辅导员队伍建设工作奠定良好的发展基础。组织召开少先队工作座谈会，邀请骨干少先队工作者就全年少先队工作的思路进行深入探讨和交流，广泛听取基层少先队辅导员的意见和建议；同时举办少先队工作交流观摩活动，增进各校经验交流，共同进步。加强少先队辅导员培训，今年市、区两级团委共举办3期培训班，面向全市各中小学校少先队辅导员进行基础理论、实操技能的专业培训。

【青年就业创业服务】2016年，共青团海口市委与市创业小额贷款担保中心合作，发放青年创业小额贷款218笔、2180万元。累计举办农村青年创业致富带头人培训班、“三农”政策大讲堂、电子商务创业培训等各类培训58场，培训2908名青年。举办青年创业直通车活动23场，1000余名农村青年参与；举办青年创业就业沙龙22期，累计近2000人次参与；举办创业市集、项目联展主题活动3场，参与青年逾万人次；举办“青春同路人”海口青年创业电商培训班2期，为358名青年提供免费培训；举办“见习助就业 牵手毕业生”主题活动8场次，参与青年1600余人。全市保有见习基地27家，提供见习岗位317个。在海口桂林洋大学城青年创业创新中心、江东电子商务产业园、海南工商创业孵化基地等地打造“海口市青年创业平台”。推动成立海口市农村青年致富带头人协会，举办农村青年致富带头人培训班，从全市457名农业大户、种养能手等青年致富带头人中择优吸纳会员130人；以农村青年致富带头人、返乡大学生等群体为重点，选拔推荐137名农村青年列入“领头雁”培养计划，成立4家“海口市农村青年创业致富示范基地”，示范带动更多农村青年创业致富。

2016年8月，共青团海口市委举办“见习助就业 牵手毕业生”主题活动。
（团市委 供稿）

【青少年志愿者行动】2016年8月28日，海口市志愿服务联合会成立，有会员213人。年内，团海口市委推进“双创”志愿服务活动，每周定期对农贸市场周边2千米范围内的垃圾死角、道路垃圾、张贴小广告进行集中清理，共组织80万多人次开展近4000场次的志愿服务活动。出动青年志愿者1800多人次，在汽车东站、东环铁海口火车东站、美兰机场等交通枢纽，宾馆酒店、网吧、餐饮店等点位，开展以“少一根烟头 多一分文明”为主题的“禁烟控烟劝导”志愿服务活动。在全市建成区的89个主要交通路口和232个公交站点，以“交警+志愿者”的模式，每周一至每周五定期在交通早晚高峰常态化开展文明交通劝导志愿服务活动，劝导不文明行为，维护道路交通秩序。开展“邻里守望 慰问关爱”志愿服务活动，在全市范围内常态化开展关爱空巢老人、留守儿童、困难职工、残疾人等社会弱势群体的志愿服务活动。关心支持社会先进典型人物，通过网络平台呼吁社会各界为身患癌症的优秀基层女干部盘丽芬筹集医疗费用，共筹集善款23.73万元。配合市志愿服务联合会看望慰问坚持7年为高考的学子和家长送绿豆汤却身患癌症的“绿豆汤妈妈”李香。针对第21号台风“莎莉嘉”对海口市造成

2016年1月22日，海口市青年志愿者协会组织志愿者在美兰机场开展“暖冬行动”平安春运志愿服务活动。　（团市委　供稿）

的影响，发动各区青年志愿者协会、各高校青年志愿者协会等青年志愿服务团体，开展道路清障、清理卫生死角、安抚滞留旅客等各类志愿服务活动约100场次，共发动青年志愿者约3800余人次，新闻媒体报道20多次。开展为期1个月的以“禁毒社会实践和青年志愿者进万家”为主题的禁毒宣传普及活动，提高学生防毒拒毒意识。团海口市委争取党政支持、协调社会资源，在万绿园、火山口景区、红树林景区、博桂社区、上坡社区、义龙东社区、美兰机场、汽车西站、动车东站、南港码头、海口火车站、市图书馆、市博物馆等旅游景区、街道社区、交通枢纽及公共文化场所，建立一批“七有”（有固定场所设备、有专兼职管理人员、有稳定志愿者队伍、有常态化服务活动、有规范管理制度、有必要经费保障、有活动服务记录）志愿服务站点。截至年底，万绿园、博桂社区、上坡社区、汽车西站志愿服站点完成建设并投入使用。

【关爱青少年成长】2016年，团海口市委开展“领巾飞扬　欢乐一夏”暑期公益夏令营、航模科技普及与辅导、“激扬青春　快乐健康”海口赛区足球邀请赛等活动。启动“阳光护航　助梦同行”关爱留守儿童志愿服务项目，针对农村留守儿童群体开展菜单化项目帮教服务，依托秀英区检察院未成年人观护站和海口市未成年人法制教育中心，为失足青少年群体提供心理、就业、法律援助等多项服务，帮助他们重新塑造自我、顺利回归社会。在秀英区阳光服务基地的基础上，新建秀英区海秀镇新村青少年成长驿站、龙华区滨濂北社区青少年成长驿站、琼山区甘蔗园社区青少年成长驿站和美兰区新安社区青少年成长驿站等社区帮教示范基地，通过政府购买服务的形式聘请5名专职社工驻点开展摸排走访、团体辅导、个案咨询、“四点半”小课堂等帮教服务活动，服务社区青少年群体成长成才。面向全市各级团、队组织宣传普及《未成年人保护法》和《海南省未成年人保护若干规定》，加强执法检查和督导调研。面向全市广大青少年启动“珍爱生命　远离毒品”禁毒宣传教育活动，组建青年禁毒志愿服务队伍，组织开展第二届“童心画禁毒”漫画大赛、禁毒宣传教育“六进”（进场所、社区、农村、学校、单位、家庭）和重点青少年群体教育引导等活动。开展“阳光伞”青少年自护教育活动，联合海口海事局、市120急救中心和市公安局消防支队深入全市各中小学讲授防触电、防溺水、防火、防震、急救自护等基本知识，服务青少年健康成长。

【青年技能服务大赛】2016年8月

2016年7月17日，共青团海口市委在永兴镇冯塘绿园举办“亲子定向越野”活动。　（万里丹　摄）

2016年9月13日，共青团海口市委在新联小学举办中秋慰问留守儿童关爱活动。　（万里丹　摄）

2016年8月16日，海口市"双创杯"青年服务技能大赛之形象设计师决赛举办。

（团市委 供稿）

11～16日，团海口市委员会联合市旅游发展委员会、市人力资源和社会保障局、市交通运输和港航管理局，在老稻美食大街、海南省高级技工学校、华诚汇酒家、海南工商职业学院创业孵化基地、花仙子美容美发学校等地共同举办"青春建功椰城，技能助力双创"海口市2016"双创杯"青年服务技能大赛。大赛紧扣"椰城"和"双创"主题，迎接正在兴起的"城市旅游时代"，围绕海口市旅游产业食、住、行、游、购、娱六要素，精选具有代表性的职业类别，开展相关竞赛。大赛为期6天，分中式烹饪、出租车驾驶、餐厅服务、景区讲解、形象设计5个赛项，来自全市53个单位200余名优秀选手参加。

【海南（海口）青少年活动中心工作】 2016年，海南（海口）青少年活动中心在16类培训项目招生中，共有13个项目是公益类免费课程项目，计1200个学位，增设综合武道、实用技能体验、古筝、小主持人等项目。每周六，固定举办各类青少年公益性免费亲子互动活动，全年共举办100余场，活动主题有"亲子闹元宵""玩科技——动起来""亲子DIY""椰城童趣汇公益系列活动""核心价值观系列活动"等。推出服务不同层次群体的项目，将初中生与高中生纳入到服务的群体中，将省市青年之声、12355热线、新媒体中心、青年志愿者联合会等机构引入活动中心，全方位地服务好海口市的青少年儿童。活动中心与国内高水平的设计机构联系，拟打造VR体验馆、交通体验馆、台风体验馆、地震体验馆、军事体验馆等体验馆项目。其中，VR体验馆已基本成型，并向海口市青少年免费开放。

【共青团海口市第十七次代表大会】 2016年6月2日召开。大会总结第十六次团代会以来海口共青团的各项工作，研究确定未来五年奋斗目标和任务，选举产生共青团海口市第十七届委员会31名委员、19名候补委员。

【"共青团与人大代表、政协委员面对面"活动】 2016年1月13日，共青团海口市委在市政府第二办公区11号楼第二会议室举办主题为"整合各方资源　促进青年创业"的"共青团与人大代表、政协委员面对面"座谈会。海口市部分市人大代表、政协委员与党政职能部门负责人、部分创业孵化基地负责人、创业导师和创业青年代表30余人应邀参加座谈会，为在海口市"两会"上集中发出"青年好声音"搜集采纳3条社情民意。

【青少年禁毒宣传教育】 2016年，团海口市委按照"全覆盖、多形式、有实效"的目标要求，制定实施年度禁毒宣传教育工作方案，面向全市广大青少年开展禁毒宣传教育活动。6月，启动第二届"童心画禁毒"漫画大赛，面向全市少先队员征集主题鲜明、格调健康，突出禁毒防毒拒毒的核心元素的漫画作品。开展禁毒宣传

2016年12月4日，共青团海口市委在海南（海口）青少年活动中心举办大型禁毒漫画展和趣味宣传教育活动。

（万里丹 摄）

"六进"活动：联合市教育局、市人民检察院举办"法治禁毒宣传进校园"系列活动，组织法治禁毒宣传讲师分别走进26所中小学，通过课堂授课、视频播放、趣味问答等形式向青少年学生讲授毒品的危害和识毒防毒的方法，覆盖青少年人数5000余人次；依托社区阵地，通过开设禁毒小课堂、组织禁毒签名、发放禁毒宣传资料等形式开展禁毒宣传活动60余场次，发放禁毒宣传资料1.9万余份，切实提高社区青少年群体拒毒识毒防毒的意识和能力，覆盖人数2万余人次；发动各镇（街）团干、禁毒志愿者、专业社工、心理咨询师、安全自护教育讲师、法律工作者走进东山镇、甲子镇、龙泉镇、三江镇等地开展禁毒宣传活动40余场次，发放禁毒资料9000余份，增强农村青少年群体的禁毒意识，覆盖人群1.2万余人；组织禁毒志愿者深入企业开展禁毒宣传知识讲座，通过播放禁毒宣传片、发放禁毒宣传手册等方式引导企业青年珍爱生命、远离毒品，覆盖人数200余人次。（周　吉）

市妇联

【市妇联概况】至2016底，海口市有妇女组织5655个，比上年增加54个。海口市妇联获全国妇联授予的"全国巾帼建功先进集体"称号；"海口市妈妈训教团"志愿服务队被中国志愿服务联合会和全国妇联推选为"全国优秀巾帼志愿服务队"，被全国宣传推选志愿服务"四个100"先进典型活动组委会评为最佳志愿服务组织。

【基层妇女组织建设】2016年，海口市新增妇女组织54个，其中社区居委会妇代会32个，机关、事业单位妇委会14个，其他领域妇女组织8个。全市妇女组织共5655个，其中区妇联4个，镇妇联22个，街道妇联21个，社区居委会妇代会196个，村妇代会248个，机关、事业单位妇委会90个，妇女小组16个，女职工委员会5031个，市属高校妇女组织3个，其他领域妇女组织24个。年内，市妇联为妇女（儿童）之家添置图书、桌椅等设备，制作妇女之家活动记录本，指导各社区依托妇女之家的资源优势，开展朗诵、知识竞赛等形式丰富多样的"文明家庭""最美家庭""平安家庭"创建活动。在"两新"组织（新经济组织和新社会组织）中创建9家新的基层妇女组织——"丽人之家"。联合4个区妇联开展村级组织换届选举女性进"两委"工作走访调研，指导区、镇一级妇联对村级组织换届妇女干部预备人选基本情况进行调查摸底工作，使海口市妇女进"两委"的比率比上一届普遍提高。举办四川大学—海口市妇女处级、科级女干部培训班、妇女骨干和区、镇（街）妇联干部培训班和村（居）妇代会主任培训班，海口市各级妇女干部近800人参加培训。

【妇女儿童发展规划实施督导】2016年，海口市妇联先后两次组织督导组深入督导海口市18个重要职能部门"两纲两规"（两纲：《中国妇女发展纲要》和《中国儿童发展纲要》，两规：《海口市妇女发展规划（2011~2020年）》和《海口市儿童发展规划（2011~2020年）》）实施情况，完成国务院妇儿工委两纲中期评估督导工作。督导结果表明：妇女儿童发展规划实施五年来，海口市妇女儿童发展和权益保障工作取得新成效，海口市妇女发展规划定量指标70项，达标65项，达标率92.86%；儿童发展规划定量指标32项，达标30项，达标率93.75%。新建和改扩建多所幼儿园，满足社会对学前教育学位的需求，学前一年毛入园率90%，学前三年毛入学率80%。同时校安工程的实施，"麻雀学校"的整合，农村薄弱学校改造项目的推进，在硬软件上推动义务教育均衡发展，基本消除女童辍学现象。

【助推巾帼创业就业】2016年，海口市妇联落实技术、资金扶持，鼓励城乡妇女创业创新，培育一批妇女致富能手。在东山镇等地组织举办瓜菜种植培训班8期，农村妇女750名参与。举办2016全国足疗保健职业技能邀请赛、2016年海口市技能大赛、"秀英之美，创业之美"女性创业沙龙等活动，扩宽女性从业视野，鼓励女性创新创业。利用"三八"宣传周、"科技月"、妇代会培训班等时机，开展农村妇女小额担保贷款财政贴息政策宣传工作，加强与财政、农信联社、邮政储蓄银行等部门和单位的沟通协调，为1981名农村妇女申请发放小额贷款5085.92万元，贴息112.84万元。扶持海南博大兰花基地获评全国妇联、科技部、农业部、"全国巾帼现代农业科技示范基地"，带动285户600多名农村妇女群众脱贫致富。联合市人社局组织举办"春风行动"女性专场招聘会5场次，吸引190家企业进场招聘，提供就业岗位2700个，其中农村妇女劳务输出191人。

【妇儿权益保障】2016年，海口市妇联建设和利用12338妇女维权热线、维护妇女儿童合法权益律师志愿者服务中心和心理咨询师队伍，受理群众来电、来信、来访321例，处理率100%。通过参与庭审旁听和多次与海口市中级人民法院协调，妥善处理吴丹等数十宗上访案件。利用法律"三下乡""三八"维权周、"6·26"禁毒宣传日、"11·25"预防和制止家庭暴力日等活动，以"12·1"防艾滋病宣传日以及"12·4"法制宣传日等为契机，组织开展以"百万家庭学法律　户户平安促和谐"为主题的法制宣传咨询活动。宣传讲解《婚姻法》《反家庭暴力法》《妇女权益保障法》等法规条例，组织各类宣传活动12场，印制发放禁毒、防艾、反家暴、防性侵、防拐等方面相关宣传材料12万份，并在活动现场提供法律咨询。做客12345政府热线和"双创"三人行节目，宣传解读《反家庭暴力法》，进行《妇女权益保障法》《海南省预防和制止家庭暴力的若干规定》等法律、法规的宣传，为广大群众解答婚姻、家庭暴力、劳动权益等问题。

2016年4月21日，海口市妇女儿童工作会议召开。（市妇联 供稿）

【关爱妇女儿童】2016年，海口市妇联联系爱心企业及慈善总会，共争取救助资金25万元，救助100名特困母亲。协助完成“两癌”筛查11715例，筹集资金77.6万元，捐助义乳20副，救助362名“两癌”患病贫困妇女。开展“春蕾助学助困行动”等助学项目，创建4个春蕾班，资助海口市80名特困春蕾女童19.2万元。组织开展“温暖拥抱·快乐成长”等活动15场，关爱海口市440余名留守（流动）、病残、贫困等困境儿童。组织开展“妈妈训教团”禁毒心理帮教、禁毒宣传进校园、进社区等活动，为禁毒学员提供心理疏导，坚定其重归社会的意志和信心。举办“无毒青春 健康生活”禁毒知识系列教育讲座，宣传毒品危害性和禁毒相关知识，提高青少年的禁毒自觉。开展“六一”慰问活动，牵头组成由市四套班子有关领导带队的4个慰问团，慰问海口市海秀中心小学等5所小学、幼儿园，海口天翼特殊培训中心、市福利院等单位。持续在海口市创建儿童之家、农村留守（流动）儿童书屋等儿童课外活动场所。截至年末，市、区妇联共创建166所儿童之家（农村留守流动儿童书屋）。

【妇联系统典型榜样评选】2016年，海口市妇联推选表彰一批先进个人和集体。其中廖素珍家庭获全国最美家庭，李朵家庭获全国五好文明家庭标兵户和全国文明家庭；3个集体获海南省三八红旗集体，8人获省三八红旗手，2个单位获海南省巾帼文明岗，8个家庭获海南省最美家庭，4个家庭获第一届海南省文明家庭；授予20个单位海口市三八红旗集体荣誉称号，授予10人海口市三八红旗手荣誉称号，授予25人海口市优秀妇女工作者荣誉称号，命名20个单位为海口市“巾帼文明岗”。市妇联开展“文明城·粉红爱”巾帼助力“双创”系列活动，活动包括“双创”全家健步走、关爱患癌贫困女性粉红行、海口美丽阳台（美丽庭院）评选、好家风好家训好家庭故事评选、海口最美家庭（五好文明家庭）、平安文明家庭示范户评选等活动，评选出10户“最美家庭（五好文明家庭）”、10户“最美家庭（五好文明家庭）提名奖”、20户“好家风、好家训、好家庭故事”、10户“海口美丽阳台（庭院）”、10户“海口美丽阳台（庭院）提名奖”。170个海口市“平安家庭”。在全市各级机关、妇女之家中广泛宣传、选荐“最美家庭”“文明家庭”等先进典型人物，为其中部分家庭拍摄照片、制作家庭视频等，同时利用主流媒体、官网、官微对其进行集中展示和宣传。向海南省妇联推荐廖素珍为“最美家庭”宣讲员参与“最美家庭”全省巡回宣讲活动。

2016年3月4日，海口市妇联表彰先进妇女代表。（黄一冰 摄）

【市妇女儿童工作会议】2016年4月21日上午，市政府妇女儿童工作会议在市政府第二办公区综合楼三楼召开。市委副书记、市长倪强出席会议并讲话，市委常委、市委秘书长林海宁出席会议并代表市政府妇儿工委做工作报告，市人大常委会副主任叶霞，市政协副主席温精华出席会议，会议由市政府副秘书长、市妇儿工委副主任温海鸿主持。会议总结海口市妇女儿童发展两个规划颁布以来的实施情况，并对下一阶段妇女儿童工作进行部署，为海口市妇女儿童工作指明前进的方向。这是海口市11年来首次召开妇女儿童工作会议，对于推动妇女儿童规划的顺利实施具有重要的里程碑意义。

【妇女思想宣传】2016年，海口市妇联通过海口妇女网、微信公众号“椰城女性”等新媒体，报道基层妇工动态、宣传妇女工作，发布新闻推送稿近200篇，联系省、市媒体播报海口市妇女联合会各项工作相关新闻80多篇，策划制作《凤凰花语》一书，收集海口市18名优秀女性成才励志的人生故事，宣传其立足平凡岗位，干事创业、心系群众的“四自”精神，激励全市广大妇女奋发向上，编辑印制《巾帼璀璨》《辉煌的足迹》2本画册，记录海口市妇女儿童事业发展历程。（苏岐勇）

市科协

【市科协工作概况】2016年，海口市科协组织召开海口市全民科学素质工作领导小组第九次会议，举办第十二届海口市青少年科技创新大赛，实施基层科普行动计划项目，组织参加科技“三下乡”活动，举办农业实用技术培训班8期，开展科普健康知识讲座21场，开展各种各样内部学术交流20次；设立科普网站和科普热线，专项经费支持海口市老科技工作者协会，扶持各种科技学会工作，为科技工作者服务。

【第十二届海口市青少年科技创新大赛】2016年2月7日由海口市科协、市教育局在市科协青少年科学工作室联合举办。大赛收到作品1000件，共评选出发明创造项目一等奖16项、二等奖34项、三等奖36项，科学论文一等奖9篇、二等奖15篇、三等奖33篇，信息科学技术（科学DV）一等奖2项、二等奖4项、三等奖5项，少儿科学幻想绘画一等奖25幅、二等奖149幅、三等奖253幅，优秀科技实践活动2项，优秀辅导员创新项目6项，优秀科技辅导员5名，优秀组织奖2个。获奖作品报送参加全国比赛，获得科幻绘画二等奖3项、三等奖10项，优秀科技实践活动二等奖1项，科技创新项目三等奖1项。

【科技馆进校园】2016年3月7日，海口市科协在海口中学开展校园科技馆大体验、科普（电影）视频观看、科技节黑板报创意设计赛、“小制作、小发明”比赛、科学幻想绘画比赛、电子作品制作比赛、火箭发射表演、水火箭表演、玩转思维、飞行模拟器展示、船模竞赛展示、机器人创意、电子竞赛展示、错觉画、建筑模型竞赛展示、海洋知识互动沙龙体验和生物标本展示、科普宣传展板、3D电影等多种形式的科普系列活动。参加人数1000多人次。

【基层科普行动计划项目实施】2016年，海口市科协、市财政局联合实施“基层科普行动计划”项目。经过推荐、评选，最终评选出琼山区云龙花卉协会、云龙萝卜协会、秀英区永兴镇荔枝协会3个农村专业技术协会，秀英区永兴镇美森荔枝黄皮标准化技术推广示范基地、美兰区三江茄芮莲雾种养基地、龙华区遵谭镇金海佳养猪科普示范基地、龙泉镇清香鸡蛋养殖科普示范基地、琼山区三门坡金绿果妃子笑荔枝科普示范基地5个先进农村科普示范基地，琼山区滨江街道办事处博桂社区居委会、美兰区海甸街道新安社区居委会2个先进科普示范社区，海秀街道办事处天海社区主任谭传书、三江镇道学村科普志愿者王君雄、龙塘镇龙富村科普志愿者林雪梅3名先进农村科普带头人。

【科技下乡】2016年1月，海口市科协先后在秀英区新村、美兰区大致坡镇、琼山区龙塘镇、龙华区新坡镇以科普图片展、播放种植养殖知识宣传片、发放科普知识资料、发放环保袋、农村实用技术培训等形式的文化科技卫生“三下乡”活动，送农民朋友们新春科普挂历、科普资料、科普书籍和各类农技知识手册共1万多本（册），展出科普展板100多张，发放环保袋1500个。

【农业实用技术培训】2016年，海口市、区科协组织专家深入农村举办蜜柚种植技术培训班、香蕉高产种植技术培训班、淮山高产栽培技术培训班、养猪技术培训班等农业实用技术培训班8期，受训农民共2000多人。

【科普知识讲座】2016年，海口市科协邀请海南医学院王长福老师在侨中里社区、公交集团、公交场站公司、国资委等社区和单位开展科普健康知识讲座21场，受益群众1000人。组织海口市营养学会专家开展健康养生知识讲座和咨询3次，300多人次听课。

【学术交流】2016年，海口市科协开展全国级，地区级、市级、行业协会内部学术交流20次，其中市属行业学会、企业协会开展学术交流6次。其中椰树集团科协1次、力神咖啡协会1次、市建筑业协会1次、市机械工程学会1次、市护理学会1次、市营养学会1次、营造了浓厚的科技学术氛围，推动了有关行业的产业升级，促进企业的经济效益提高。

（王润鹏）

市文联

【市文联工作概况】2016年，海口市文联开展57场次文艺活动，支持出版文学书籍23部，发表文学作品490余篇（首），创作展出书画摄影作品1200余幅，支持各协会举办演出180余场。

【文艺下乡】2016年春节期间，海口市文联参与市文化科级卫生“三下乡”集中示范活动，组织40人次的书法家奔赴秀英区海秀镇新村、永兴

2016 年 2 月 1 日，海口市文联在甲子镇开展"我们的中国梦"——海口市摄协摄影文化进万家志愿服务。（市文联 供稿）

镇美梅村，美兰区大致坡镇、灵山镇东和村，琼山区龙塘镇、大坡镇、工人文化馆，龙华区新坡镇等 9 处服务点开展义务迎春挥毫泼墨书写春联服务；组织市摄影家协会将中国梦摄影作品制作成年画，到秀英区海秀镇新村、美兰区大致坡镇、琼山区龙塘镇、龙华区新坡镇、灵山镇东和村、秀英区石山镇荣阳村、琼山区甲子镇、美兰区灵山镇便民市场 8 个乡镇进行展览，并免费赠送给当地群众。同时组织摄影家带上拍照设备走进群众家，为村民拍摄全家福，当场打印赠送村民。组织戏剧家先后到海口、文昌、万宁等市县城镇、乡村开展送戏下乡 146 场次，演出琼剧《夜明珠》《五女拜寿》《浴血英魂》及"双创"独幕剧等剧目，活跃海南本土特色文化。

【市文联创作培训基地设立】2016 年 4 月 20 日，海口市文联在美兰区灵山镇海南国际花卉产业园区内设立"海口市文联创作培训基地"，这是首次在市内设立创作培训基地。该创作培训基地是依托海兰亭书法院建立的，旨在以基地为平台，引导广大文艺工作者"深入生活、扎根人民"，为人民抒写、为人民抒情、为人民抒怀，加强文艺家之间的学习、交流。

【文艺采风创作与交流】2016 年，海口市文联以协会为单位成立采风小分队，分散式开展"深入生活、扎根人民"主题采风交流创作活动。5 月，音乐家协会组织 20 名创作骨干深入琼海革命传统教育基地采风，琼山区文联组织区作家协会的会员到云龙、三门坡、大坡等红色村庄采风。6 月，舞蹈家协会组织 20 名创作骨干深入海口火山口、澄迈福山等地采风创作。6～9 月，市摄影家协会共组织近百名创作骨干深入到海口羊山地区村庄采风。11 月，作家协会组织 30 名创作骨干深入保亭黎村苗寨采风创作。6 月 26～28 日，市文联组织市八大协会、琼山区文联等 70 多名文艺骨干深入白沙黎族自治县罗帅村、奋勇村、茶园等地开展"深入生活、扎根人民"文艺采风创作系列活动，内容包括学习"鹦哥岭精神""爱党、颂党"座谈会、文艺晚会、采风成果汇报会、书画交流笔会、"我们的中国梦"摄影图片展等。12 月 28～30 日，深入五指山、保亭县开展"学讲话铸精神，到乡村出精品"文艺采风创作系列活动，包括学习习近平总书记在全国第十次文代会上的重要讲话精神研讨会、红军长征胜利 80 周年宣讲活动、书画交流笔会、黎村苗寨采风活动等。实施文艺"请进来、走出去"战略，5 月，邀请南昌市文联、临沂市文联书画家到海口市开展三地书画作品联展、书画交流座谈会、书画笔会、实地采风创作等活动。9 月、10 月，分别组织海口市书画家到临沂市、南昌市开展书画作品巡回展、座谈交流、笔会等采风交流创作活动，以书画作品联展为三地文化纽带和交流平台推动跨地域的艺术交流。

【文艺赛事】2016 年 1 月 2 日，由海口市文联指导、市音乐家协会主办、海曼少儿声乐艺术中心承办的第四届"海曼杯"少儿声乐艺术大赛暨第六届中国少年儿童艺术节海南选拔大赛在恒大美丽沙举办，参赛学员共 100 多名，评选出特等奖 1 名、一等奖 4 名、二等奖 9 名、三等奖 15 名、优秀奖 19 名；从中选拔三等奖以上的优秀选手参加 2 月 11 日在上海举办的第六届中国少年儿童艺术节全国声乐总决赛，获得 2 金、4 银、1 铜的成绩。5 月 4 日至 6 月 13 日，举办"助力双创，放飞梦想"海口市第十五届少儿"蒲公英"音乐、舞蹈、朗诵比赛，有 1000 多名选手参赛。比赛历经 1 个多月，进行 30 余场比赛，共产生各个类别、各个组别一等奖 32 名，二等奖 56 名，三等奖 85 名和优秀奖若干名，组织奖 6 名。6 月 22 日至 8 月 31 日，举办首届海口市曲艺原创作品征集大赛。大赛面向全国征集作品，共收到新疆、山东、深圳、天津、湖南等地作品 98 件，最后评选出 35 部优秀作品，优秀作品集结出书《海口市曲艺原创作品集》。7 月 15 日至 9 月 1 日，举办 2016 年"助力双创"镜头下的海口手机摄影大赛，评选出 33 幅优秀摄影作品，并于 12 月 31 日在骑楼老街展出。

【纪念建党 95 周年暨红军长征胜利 80 周年主题文艺系列活动】2016 年 6 月 25 日，海口市文联在万绿园举办"全民助双创、共筑中国梦"纪念中国共产党成立 95 周年文艺大展演暨 2016 年海口市原创广场舞大赛，评选出20部获奖舞蹈作品。6月26日，在罗帅天涯驿站组织全市文艺战线70名代表先后举行庆祝建党95周年“爱党·颂党”座谈会和纪念建党95周年暨红军长征胜利80周年文艺晚会。6月，举办“一心一意跟党走”庆祝建党95周年征文活动，稿件择优刊登在《椰城》杂志。7月1日，在紫园·恩祥艺术馆举办“双创杯”——庆祝建党95周年书画作品展，展出书法、中国画、油画、版画等作品95件，设置各项奖项，其中郭欣的漫画《“双创”组画》获特等奖。8～9月，开展庆祝红军长征胜利80周年征文活动，稿件择优刊登在《椰城》杂志。9月12日，在海口国新书苑举办“我们的节日·中秋”暨纪念红军长征胜利80周年中华经典诵读会，22位诗人、作家以诗咏志、以诗言思、以诗抒情。10月9日，在市老干部活动中心举办“我们的节日·重阳”暨纪念红军长征胜利80周年市老干部书画笔会。12月29日，在保亭县委党校会议室举办市文联纪念红军长征胜利80周年宣讲会，邀请国防大学战略教研部张文杰教授为70名全市文艺工作者授课。

【培育和践行社会主义核心价值观主题系列活动】2016年，海口市文联组织文艺家围绕社会主义核心价值观为主题编写《社会主义核心价值观解读》和《图说我们的价值观》两本书籍。5月27日，组织30多名市文艺界专家学者召开市文艺界“社会主义核心价值观与海口双创”研讨会。市文联党组书记潘善武以《诚信为本，践行社会主义核心价值观》为题，分别于9月30日在琼山区旧州镇，10月10日在秀英区石山镇，10月13日在美兰区灵山镇，为基层党员干部进行核心价值观系列宣讲活动，听课人数500多人次。

【挖掘、宣传“海口之美”系列文艺活动】2016年2月4日至5月1日，海口市文联在海口观澜湖新城国际购物中心艺术馆展出第三届中国油画名家海口写生精品50幅，凸显海口自然和人文之美的绘画。3月21日，由市委宣传部牵头，市文联、市美协承办的“椰树下的三角梅——艺术家眼中的海口之美”写生活动在观澜湖酒店启动，邀请近百名省内外著名艺术家共聚海口进行为期6天的三角梅题材采风写生创作。3月29日至4月1日，承办“椰树下的三角梅”诗会活动，邀请省内外著名诗人探讨研究三角梅文化，将创作作品在《椰城》杂志“椰树下的三角梅”诗文专刊刊发。4月14～17日在海南省博物馆承办“椰树下的三角梅——艺术家眼中的海口之美作品展”，采取以诗配画，以画言诗，诗画相得益彰的形式展出85幅作品，出版《椰树下的三角梅——艺术家眼中的海口之美展览作品集》，通过艺术手法为三角梅赋予更深层次的人文精神，提升和丰富海口城市精神内涵。为深化琼台文化交流，通过摄影艺术文化交流活动传播展示海口之美，6月14～16日，邀请台湾摄影家10人深入骑楼老街进行采风；6月21～27日在海口中山路骑楼老街举办“跨越海峡——琼台双岛”台湾摄影家《镜头中的骑楼老街》摄影展。

2016年12月7日，海口市委宣传部、市文联在水巷口国新书苑联合举办“历史的温度·油画家眼中的海口老街之美”作品展。（市文联 供稿）

2016年6月15日，海口市文联举办“跨越海峡——琼台双岛”摄影家《镜头中的骑楼老街》助力“双创”摄影展采风开镜仪式。（市文联 供稿）

群众团体

【《椰城》杂志】期刊。2016年，出版12期正刊，1期增刊。内容以本岛乡土作品和本地作者文章为主，开辟"双创"和"社会主义核心价值观"活动专栏，刊登公益广告，配合海口市委宣传部进行"椰树下的三角梅"推广宣传，将第5期设置为"椰树下的三角梅"诗文专刊。累计发表各类作品400多篇。为拓展发行渠道，继续与《凤凰网》《中教数据库》《博看网》《蜘蛛网》《读览天下》等数字化网络媒体签订合作协议，拓展新的读者群体。

（沈音钊）

市侨联

【为侨服务】2016年1月，海口市侨联与市"五侨"单位联合慰问全市离退休老归侨92人，陪同中国侨联和省侨联组织开展慰问困难归侨侨眷2户，4个区和桂林洋开发区、三江农场归侨侨眷80户。上半年，全市各级侨联组织走访慰问困难归侨侨眷、南侨机工、回乡抗日服务团成员及遗属共462户，发放慰问金和慰问品折合18.84万元。3～4月，在全市城乡贫困归侨侨眷中开展情况统计工作，经过全面调查统计，全市共有困难归侨侨眷180户，市侨联为其建档立卡，为今后做好贫困归侨侨眷的帮扶救助工作提供可靠的数据。4～5月和10月24日，先后派员到海口市侨资侨属企业和新生代"海归"创办的企业开展调研活动，走访10多家侨资企业和归国留学人员创办的企业，并形成调研报告上报省侨联和市有关部门。帮助海南枫华动漫文化发展有限公司解决在制作"双创"动漫宣传片过程中遇到的经费问题。9月29日，举办以"创业椰城·建设海口"为主题的新侨创新创业座谈会，市委统战部、市外事侨务办、市委组织部、市商务局、市科工信局、市人劳局、海口综合保税区、海口高新区等分管领导以及留学回国创业人员30多人参加会议，与会人员就如何帮助留学回国创业人才在海口创业就业及解决生活中的问题、政府如何对留学回国创业人才的政策扶持和资金保障等提出相关意见和建议。

【维护侨益】2016年，海口市侨联制定市侨联"七五普法"工作规划下发到各级侨联组织，并要求各级侨联组织要根据实际情况制定具体"七五普法"工作规划。全年共接待来信来电来访50多人次。如接待新加坡归侨陈惟干先生反映居住小区静仙苑的拆迁补偿的信访；协商解决海南省颖川历史研究会副会长陈书传、陈新发向市侨联会反映渡琼始祖、华侨先祖陈彦和墓园被破坏的情况及海南陈氏110万族人及海外华侨华人的诉求，泰国侨眷陈积义先生反映2015年新房装修遭遇强拆等信访件。12月7日召开法律顾问委员会工作座谈会，同时聘任一批新的海口市侨联法律顾问委员会委员、主任、副主任和秘书长。

【市侨联参政议政】2016年1月，海口市侨联向市政协提交《关于尽快打通凤翔西路帝和华庭小区旁至振光路武警教导大队断头路的建议》《关于对海南省水电工程建设总公司及职工生活小区进行整治的建议》和《关于在海口电视台设立侨界新闻栏目的建议》3个集体提案。其中《关于在海口电视台设立侨界新闻栏目的建议》得到海口电视台的采纳。9月27日，召开侨界人大代表、政协委员参政议政座谈会，总结2015年市侨界人大代表和政协委员履职工作情况，部署2016年侨界人大代表、政协委员撰写提案议案工作。全年向市人大推荐2名代表，向市政协推荐8名市侨联界别政协委员。

【市侨联文化建设】2016年，海口市侨联在海口市10多所学校中征集参与第十八届"世界华人学生作文大赛"作品，有3000多名中小学生参加，从中选出50篇优秀作文参赛，有15名学生获奖。10月14日，在海口广播电视台开播"海南华侨"新闻栏目，共播出8期。11月4日，召开纪念孙中山先生诞辰150周年座谈会，4个区侨联主席、市侨联部分委员、市侨界人大代表、政协委员、侨社团、南侨机工后代代表和抗日回国服务团后代代表以及市侨联机关干部职工30人参会。

【侨界海内外联谊】2016年，海口市侨联共接待回乡探亲、祭祖、观光旅游和考察的海外侨胞600多人次，主要有新加坡海南会馆会长潘家海一行，新加坡、马来西亚、泰国等国家和地区的世界符氏宗亲首领。指导和参加海南符确文化研究会、海南比干文化研究会、海南冼夫人文化研究会等社团的联谊活动。派员参加香港新马泰归侨华人联合会成立20周年大会、海南潘氏懋德福利会第七次代表大会暨海口懋德慈善会年会等。接待吉林省吉林市侨联团组、舟山市侨联考察团、广西南宁市侨联考察团和南宁南侨机工眷属访问团等团体来海口市开展考察学习交流的活动。春节期间，向100个（名）海外侨社团和侨领发去贺信和贺年片。聘请30名知名侨领作为市侨联海外顾问。

（陈德壮）

市社科联

【社科联工作概况】2016年，海口市社科联完成重点课题研究1项、规划课题研究54项，组织文明礼仪宣讲75场，开办《海口人文大学堂》广播版20期、报刊版20期，刊发《发思想之先声：哲学社会科学工作者的使命》《要围绕"双创"加强基层党建工作》《用乡贤文化凝聚社会正能量》等多篇文章，编辑、出版《纳涓汇流》和《今日海口》社科书籍，协助市"双创"指挥部完成《"两学一做"学习手册》和《法制宣传教育手册》。市社科联、海口市乡贤文化研究会获全国先进社科组织称号。

【社科课题研究】2016年，海口市社科联参与全国群团机构改革工作，与市总工会共同承担《新形势下基层工会组织的改革与创新》重点课题研究任务。全年共收到各类课题112项，涵盖经济建设、政治建设、文化建设、生态文明、社会管理、法治建设6个类别，邀请学术评审专家50人次进行初评、复评、公示，确定海口市2016年度社会科学研究规划课题立项66项，结题41项。组织部分社科专家和社科工作者撰稿，在《海口日报》刊发理论专版（5篇文章），对十八届六中全会提出的全面从严治党和制度建党的一系列新战略和新举措进行解读。开展乡贤文化研究，围绕海口乡贤文化建设进行系统理论研究，形成理论成果1个。组织开展"海澄文一体化"建设海口新区调研，为海南、海口经济发展提供理论依据。

【社科成果转化】2016年，海口市社科联编辑出版的《点击社科——社会科学知识普及读本》被评为全国优秀社会科学普及作品，撰写的《关于加入"21世纪海上丝绸之路城市联盟"，开展"海上丝绸之路"申遗工作的建议》被政协海口市委评为优秀提案。

【社科知识普及】2016年，海口市社科联组织开展文明礼仪宣传教育进机关、学校、企业、社区、农村活动，共进行现场宣讲75场。联合市工商联在非公企业中开展12场以"知礼守礼，助推'双创'"为主题的"文明礼仪知识讲座送教到非公企业"活动。11月20日，在海口明珠广场开展社科知识普及工作宣传，制作社科知识宣传展板20余块，通过趣味问答、有奖竞答、礼仪展示和社科图书赠阅的活动形式，向广大人民群众宣传普及社科知识，免费发放《"两学一做"教育手册》和《法制宣传教育手册》、"双创"知识宣传环保袋，

2016年12月21日，海口市社科联组织学术委员会成员、社科专家对2016年度海口市哲学社会科学规划课题进行结项评审。（市社科联 供稿）

以及社科书籍《谦恭有礼——文明与心灵的对话》和《点击社科——社会科学知识普及读本》等。以《海口人文大学堂》报刊版为社科知识宣传主阵地，开办20余期，刊发《发思想之先声：哲学社会科学工作者的使命》《要围绕"双创"加强基层党建工作》《用乡贤文化凝聚社会正能量》等多篇文章，《海口城市雕塑为"双创"添彩》社科专版内容被海口创卫网转载推广。拓展海口社科网为社科知识宣传的新阵地，发挥新媒体作用，推出《海口人文大学堂》广播版，累计编辑上传社科知识20期。组织社科专家编辑出版《凝聚智慧的力量》《创新思索与文化担当》《点击社科——社会科学知识普及读本》《收藏使生活更精彩》《军坡节》《冼夫人传说故事与颂联》《海南冼庙大观》《纳涓汇流》和《今日海口》9本社科类书籍，《点击社科——社会科学知识普及读本》填补海南系统普及社科知识的空白。

【社科社团管理】2016年，海口经过审核登记的社团组织有22个。针对社团组织存在手续不完备、活动不正常、经费不足等问题，市社科联采取"细化分类、动态管理、自然淘汰"的管理模式，依据社团开展活动、日常管理、所做贡献等考察指标，制定社团等级评定方法和标准，每两年组织一次社团评定，评选出一、二、三类社团组织。一类社团给予重点支持，二类社团给予扶持、督促，三类社团严格监管、适情淘汰。11月，指导海口市工艺美术协会社会团体申报登记成立。组织开展2次"社团活动日"：4月7～10日，组织冼夫人文化学会前往高州和茂名与高州市社科联、高州市冯冼文化学会、茂名市石油学院冼夫人文化普及基地和茂名市社科联开展学术交流活动；12月9日，组织海口市社科系统各社团组织负责人、部分社科专家、工作者调研新农村建设和石山文化发展情况，形成《海口火山古村落保护开发研究报告》。

（赵宁宁）

市残联

【市残联工作概况】2016年，海口市残联把加快残疾人小康进程作为全面建成小康社会决胜阶段的重点任务，积极谋划，稳步推进。全面实施困难残疾人生活补贴和重度残疾人护理补贴制度，白内障复明、精神残疾人免费服药和住院救助、残疾儿童抢救性

2016年3月3日，海口市残联组织解放军187医院耳鼻喉科专家、海南惠康听力康复中心等康复机构在海口人民公园开展宣传、咨询、义诊一条街活动。（市残联 供稿）

康复等项目覆盖率和救助标准为全国前列；"阳光助学"和残疾人发展生产项目扶持力度大幅增加，残疾人社会保障体系和服务体系逐步健全，残疾人民生有了新改善。全市共有残疾人、残疾人亲属、残疾人工作者14名进入各级人大代表和政协委员队伍，在"两会"中建言献策，为残疾人"发声"。

【残疾人基础性工作】2016年7～9月，海口市残联组织全市516名残疾人工作专职委员开展残疾人基本服务状况和需求信息数据动态更新入户调查工作，这是首次利用移动终端开展的专项调查。全市应调查持证残疾人2.34万人，调查完成率100%，入户调查率97.18%。应调查村（社区）467个，调查完成率100%。全年共办理5942份残疾人证，新增办证人员3081人。截至12月底，全市持证残疾人2.33万人，办证率26.9%。

【残疾人社会保障】2016年，海口市全面实施困难残疾人生活补贴和重度残疾人护理补贴制度，全市共4128人领取困难残疾人生活补贴，每人每月60元。1.11万人领取重度残疾人护理补贴，其中5968名一级肢体、视力、精神、智力重度残疾人每人每月305元；1101名一级听力言语重度残疾人每人每月150元；3968名二级重度残疾人每人每月100元。为2847名智力、精神和重度肢体、视力残疾人实施居家托养，发放补贴377.7万元。为210户贫困残疾人家庭进行无障碍改造。为1150名残疾人发放燃油补贴29.9万元。为3391名残疾人办理关爱卡，可免费搭乘城市公交汽车。联合市慈善总会对100户一户多残贫困户发放慰问金30万元。

【残疾人服务体系建设】2016年12月，海口市残疾人康复中心大楼主体建设完工，项目位于琼山区滨江一横路2号残疾人综合服务中心院内，属残疾人二级康复中心，总建筑面积3926.97平方米，总投资额1464.42万元。与海南惠康听力康复中心合作，采取"公办民营"的方式，在市残疾人综合服务中心成立"海口市残疾人听力康复指导中心"，填补海口市空白。修缮恢复市残疾人艺术训练馆和田径场，促进海口市残疾人文化体育事业的发展。

【残疾人康复】2016年，海口市残联联合海南省眼科医院开展贫困白内障患者筛查，为280名白内障患者实施免费复明手术。筹措资金740万元，对海口市185名0～6岁孤独症、脑瘫、智力低下三类残疾儿童实施抢救性康复，救助标准和救助对象覆盖率全国最高。首次引入"互联网业务信息管理系统"，采取上门动员、下乡送药等多种措施，率先在海南省完成3455名精神残疾人免费服药任务，完成任务量为上年的10多倍，救助对象占精神残疾人比例位全国前列。全市共筹措资金86万元，为254名重度精神残疾人提供住院救助。为所有有需求的残疾人免费配发辅助器具共805件。为50名听障儿童家长开展聋儿康复、助听器验配等方面知识的培训。

【残疾人教育帮扶】2016年，海口市残联开展"阳光助学"工程，对2015～2016学年的141名学前残疾儿童、2315名义务教育阶段残疾学生及贫困残疾人子女学生、722名高中教育阶段的残疾学生及贫困残疾人子女学生分别资助2000元、750元和3000元，共资助金额418.43万元。会同市教育部门对4名残疾考生开通"绿色通道"，帮助他们使用助听器、放大镜等辅具参加高考，让残疾考生平等参与考试。一次性奖励79名残疾大学新生和残疾人子女大学新生，奖励金额共18.6万元。

【残疾人扶贫】2016年，海口市残联对全市464户残疾人贫困户重点从保障扶贫、康复救助、教育扶贫和就业扶贫四个方面逐步开展帮扶。将残疾人危房户列为全市危房改造建档立卡对象，优先纳入改造计划。对就业年龄阶段的贫困残疾人有针对性地开展就业帮扶。扶持全市373个贫困残疾人发展生产，扶持资金186.5万元。扶持13家盲人按摩店，扶持资金44万元。

【残疾人培训就业】2016年，海口市残联组织开展以"就业帮扶、真情相助"为主题的"就业援助月"活动，举办2场残疾人专场招聘会。通过开展上门推介、职业指导、岗位介绍、失业登记等工作，纳入年度培训计划150人，帮助60名残疾人实现就业。考察、走访、研究残疾人创业项目，启动“农村电商”和“养鸡场”残疾人创业就业示范点建设。办理1191家用人单位按比例安排残疾人就业审核工作，全市按比例安置残疾人3108人，稳定残疾人就业2345名，其中海口户籍1231名。开展农村残疾人种养殖培训，共培训500人。

【残疾人维权】2016年，海口市残联开通“12385残疾人服务热线”，及时处理残疾人各类诉求，办理“12345政府服务热线”等信访渠道交办件，共办结残疾人信访件188件。出台《海口市残疾人联合会领导干部接访、下访制度》《海口市残联信访突发性事件应急处置预案》《海口市残疾人12385服务热线管理制度》《海口市残疾人法律救助工作站规章制度》4项维权信访工作制度。

【残疾人宣传文体活动】2016年，海口市残联筹划开展助残服务一条街、“牵着蜗牛去散步”大型社会公益活动、自闭症儿童游园等活动。组队参加海南省残疾人乒乓球、羽毛球、飞镖、田径等单项比赛，共获10金12银12铜，名列全省第二。在海南省第三届残疾人文艺汇演中，海口市获得团体总分第一。在秀英区祥堂村和龙华区新坡镇举办“助力双创 爱洒人间”海口市残疾人艺术文化下乡活动，宣传残疾人文化艺术。制作残疾人事业宣传片，通过各媒体报道残疾人事业100多篇。

【市残疾人联合会第六届主席团第二次全体会议】2016年6月8日在市第二行政办公区4号楼第3会议室召开。会议由市政府副秘书长温海鸿主持。市委常委、副市长巴特尔及市政府残工委成员单位分管领导，第六届主席团委员和委员人选，市残联各专门协会主席、副主席共77人出席会

2016年12月1日晚，海口市残疾人特殊艺术文化下乡公益晚会在龙华区新坡镇举行。（市残联 供稿）

议。会议调整补选巴特尔、温海鸿、蔡志森、王涯燕、王奋、陈燕珠、崔海萍、张华、段福生、李爱国、郑学白、王一安12位同志为第六届主席团委员，巴特尔当选主席团主席，温海鸿、蔡志森、王涯燕3人当选主席团副主席。会议推举蔡志森为市残疾人联合会第六届主席团执行理事会理事长。

【“爱心万里行走进海口”助残募捐活动】2015年12月底至2016年2月初，海口市在全市范围举办“爱心万里行走进海口”助残募捐活动。举办助残募捐晚会，积极发动，电视、报纸连续1个月滚动刊播倡议书。“大家都来为残疾人捐一元钱”爱心万里行走进海口助残募捐活动取得明显效果，活动为期1个月，共筹集到资金和物资折合3858.86万元（含认捐）。

【第26次全国助残日系列活动】2016年5月15日是第26次“全国助残日”，海口市围绕“关注孤残儿童 让爱洒满人间”主题，开展系列助残日活动。5月13日下午，海南省副省长何西庆、海口市委常委副市长巴特尔率省市相关部门到市社会福利院看望孤残儿童。市政府43家残工委成员单位各成立志愿者助残小组，深入残疾人家庭，走访慰问100户孤独症儿童家庭。各区政府领导走入孤残儿童家庭，组织走访慰问残疾人贫困户活动，全市助残日期间共为500多户残疾人贫困户和特教学校送去慰问品和慰问金40万多元。组织开展“真实的了解，真挚的关爱”助残志愿服务活动。5月15日，在万绿园举行海口市第26次“全国助残日”助残服务一条街活动，开展残疾人就业、法律咨询服务、残疾预防、残疾人创业咨询等服务活动。

【第17次全国“爱耳日”系列活动】2016年，为迎接3月3日的第17次全国“爱耳日”，海口市残联策划开展系列活动。2月29日，走访慰问海南惠康听力语言康复中心、海口市秀英区佰佳听力语言康复中心、海口万福聋儿语训中心3家民办聋儿康复机构。3月1日，组织医疗机构前往秀英区西秀镇开展义诊，现场为听障儿童、中老年听障人士进行听力诊断、检测，发放“听力评估服务卡”。3月2日，组织省残疾人康复中心老师及医院专家，为50名听障儿童家长开展聋儿康复、助听器验配等方面知识培训。3月3日，组织187医院耳鼻喉科专家、海南惠康听力康复中心等康复机构在海口人民公园开展宣

传、咨询、义诊一条街活动，并免费向有需求的市民发放50台助听器。

（孙 皓）

市台联

【台胞服务联谊】 2016年元旦、春节期间，海口市台联组织慰问琼山区旧州、大致坡等乡镇和市内的海口市第一代老台胞、老台胞遗孀和部分特困、特殊台胞群体以及机关退休干部。配合海南省台联会做好全市60岁以上老台胞和第一代台胞遗孀生活补贴金登记发放工作。同时做好来访台胞的接待，完成籍贯更改证明及其他诉求等相关服务工作。开具4名台胞更改籍贯的证明。7月，派员参加省台办组织的赴台探亲访问活动。8月，配合省台联做好全国台联2016年千人青年台胞夏令营海南分营活动的相关通知和接待工作。

【市台联会参政议政】 2016年，海口市台联会在海口市第十五届人大四次会议、政协海口市第十三届四次会议期间会共提交集体提案3件，个人提案2件，就海口市政治、经济、社会发展和祖国统一等方面的问题积极建言献策。

（市台联会办公室）

市红十字会

【市红十字会概况】 2016年，海口市红十字会筹集资金100多万元开展“博爱送万家”慰问活动，举办卫生救护知识培训讲座，普及人数1万余人。全市献血8.93万人（次），献血量13.94万（U）。

【人道救助】 2016年，海口市红十字会筹集资金100多万元开展“博爱送万家”慰问活动，慰问海口市贫困家庭2000多户。1月25日，购买棉被、

2016年1月16日，海口市红十字会开展“博爱送万家”活动。

（市红十字会 供稿）

棉袄、粮油等给16位孤寡老人送温暖。5月，对火灾受伤病人甘芬妮进行救助。9月12～13日，市红十字会志愿者服务队前往琼山区龙塘镇和龙华区新坡镇看望慰问孤寡老人。

【人体遗体器官捐献】 2016年，海口市红十字会派员参加中国红十字总会举办的遗体器官捐献业务培训班。年内，全市登记7例人体遗体器官捐献，实际捐献10例人体遗体器官。

【卫生救护知识培训】 2016年，海口市红十字会聘请专业老师为50名志愿者进行为期两天的急救培训，为《海口日报》小记者举办1期安全知识急救讲座。安排工作人员到海南省武警总队、省消防总队基地、省妇联等单位进行救护员培训。6月初，在海口市美苑小学开展地震应急疏散演练。7月中旬，安排工作人员及救援服务大队参加省红十字会灾害应急救援演练。8月6日，《海口日报》组织130多名小记者及家长到海口市红十字会学习自救互救技能。8月底，对南方电网员工进行应急救护培训。全年举办的各类卫生救护知识培训讲座普及人数1万余人。

【无偿献血】 2016年1月21日，海口市红十字会联合省血液中心在万绿园举行无偿献血和造血干细胞宣传活动。3月5日，市红十字会志愿服务大队组织60多名志愿者参加“扬雷锋精神，献青春热血”无偿献血宣传活动。6月22日，安排工作人员在市政府第二行政办公区和万绿园南门同时开展无偿献血活动。6月23日，安排工作人员前往明珠广场带头献血。在海口电视台和《海口日报》高频率播放刊登献血公益宣传片，在《海口日报》免费刊登两个整版献血公益广告，每月在海口电视台免费播放400多次献血宣传片。全年全市献血8.93万人（次），献血量13.94万（U）。

【艾滋病预防】 2016年5月上旬，海口市红十字会举办为期3天的艾滋病知识普及及培训讲座。“12·1”世界艾滋病日，市红十字会印制一批预防艾滋病宣传资料，组织志愿者队伍到海南师范大学开展宣传活动。

（王雪梅）

（编辑：李达文）

法 治

政法综述

【政法工作概况】 2016年，海口市政法部门以维护国家安全和社会稳定、创新社会治理、深化司法体制改革、加强思想政治和纪律作风建设为着力点，全力做好政法工作，取得明显的成效。加强防范和处置措施，进一步夯实社会面的防控工作，广泛开展“百县千乡万村无邪教示范工程”活动，取得明显效果。年内，全市政法系统受全国、全省和市表彰的先进集体117个，先进个人502名，其中受全国表彰的先进集体9个、受省表彰的26个、受市表彰的82个；受全国表彰的先进个人20名、受省表彰的50名、受市表彰的432名；立功集体53个，立功个人582名。海口市获全国2016创新社会治理优秀城市（区）称号，海口市委政法委被评为海南省“六五”普法先进集体。

【社会治安防控体系建设】 2016年，海口市委出台《关于加强社会治安防控体系建设的实施意见》，在全市编织社会面治安防控、重点行业治安防控、镇（街道）和村（居）治安防控、机关企事业单位内部防控、信息网络防控“五个防控网”，相继建立社会治安形势分析研判机制、实战指挥机制、部门联动机制、区域协作机制的“四大运行机制”，打造社会面治安防控网、重点行业治安防控网、镇（街道）和村（居）治安防控网、机关企事业单位内部防控网、信息网络防控网等社会治安“五个防控网”，构建点线面结合、网上网下结合、人防物防技防结合、打防管控结合、适合海口特点的立体化社会治安防控体系。着力提高社会治安防控的科技化水平，“天网”二期1.1万个监控探头建设项目动工，安装出租屋门禁系统2873个，列入门禁系统服务管理的流动人口有2.92万户11万人；在全市161个社区建立社区巷道视频监控探头6442个，覆盖率90%；建立新型社区警务室110间，覆盖率61.8%。进一步巩固和完善社会治安“五级联防”〔市级联防、区级联防、镇（街）级联防、村（社区）级联防、企事业单位级联防〕建设，动员广大人民群众积极参与社会治安防控和平安海口建设。全市有群防防治队伍4万人，其中专业化治安防控队伍近4000人，保安队伍2.40万人，治安信息员和治安志愿者8000多人。

【平安创建工作】 2016年，海口市政法部门坚持以“综治干部下基层、服务管理创平安”活动为载体，以基层平安创建为抓手，以“平安家庭”创建为基础，努力推进各类平安创建活动全面发展，各类平安创建活动达标率85%以上。全年，全市共创建平安家庭52万户，覆盖面80%以上；平安社区（村庄）415个，覆盖面90%以上；平安镇（街）43个，覆盖面100%；平安学校420个，覆盖面90%以上；平安景区11个，覆盖面90%以上；平安市场71个，覆盖面80%以上；平安医院34个，覆盖面90%以上；平安小区1266个，覆盖

2016年1月5日，海口市委副书记、政法委书记吴川祝（右三）到海口火车东站调研安全防范工作。（市委政法委 供稿）

面 80%以上。采取多形式开展平安创建宣传活动，集中开展以“加强社会治安综合治理工作创新”为主题的系列宣传活动，共在电视报刊等新闻媒体刊播社会治安综合治理和平安海口建设工作成果 716 篇（条），其中中央电视台、法制日报等中央媒体宣传 28 篇（条），省级媒体宣传 69 篇（条）；在全市 4600 多辆出租车、公交车的车载电子屏连续一个月滚动播放综治宣传标语；悬挂综治宣传横幅 1.60 万多条，出动宣传车辆 80 台次，印发宣传资料 15 万余份，群众主动参与平安建设宣传 9 万多人次。

2016 年 10 月，中央综治办铁路护路专项工作组检查海口市铁路护路工作。（市委政法委 供稿）

【社会矛盾纠纷排查调处】 2016 年，海口市政法部门创新“大调解”体制机制，推进矛盾纠纷多元化解。成立市、区、镇（街道）、村（居）委会四级矛盾纠纷多元化解工作领导机构，大力推进各类矛盾纠纷“大调解”16 项运行机制改革创新，初步建立起矛盾纠纷多元化解体系。相继建立交通事故人民调解、旅游纠纷快速反应调解、情节较轻治安案件委托人民调解、诉前委托人民调解等行业性专业性矛盾纠纷排查调处工作机制。美兰区法院驻省医调委工作室受理申请确认调解协议效力案件 24 宗，结案 24 宗，结案率 100%；龙华区法院交通法庭受理交通事故纠纷 4399 宗，结案 4216 宗，其中诉前调解 3562 宗；琼山区人事劳动争议仲裁院受理纠纷近 200 宗，结案率 90%。市信访局引入“两代表一委员”、律师、新闻媒体等第三方力量参与信访问题化解，形成多元化调解格局；龙华区滨海新村社区不断优化社区矛盾纠纷调处工作站功能，充分发挥社区老党员、老干部、律师、退休干部参与社区矛盾纠纷化解，增强矛盾纠纷调处的信服力；美兰区建立集维稳、信访、法律援助“三位一体”大调解平台，面对面受理群众来信来访，提高矛盾纠纷排查调处的合力。坚持问题导向，相继建立化解社会风险的“七个机制”，落实社会风险评估的“五个责任”。全年全市调处受理各类矛盾纠纷 6667 宗，成功调处 6543 宗，调处成功率 98.1%。

2016 年 2 月 25 日，海口市委政法工作会议召开。（市委政法委 供稿）

【见义勇为工作】 2016 年，海口市大力弘扬见义勇为精神，组织开展“9·1”见义勇为宣传日活动，营造倡导见义勇为的社会环境。不断完善见义勇为人员权益保障和抚恤待遇，争取中央财政项目资金 75 万元，市见义勇为奖励基金会配套资金 48 万元，组织全市见义勇为人员进行体检，对 33 名伤病残见义勇为人员发放医疗救助金 28 万元，对 57 名生活困难见义勇为人员发放困难救助金 63.8 万元。年内有 29 人加入见义勇为行列。

【铁路护路联防】 2016 年，海口市政法部门开展铁路沿线排查和整治，共排查化解涉路矛盾纠纷 16 起，调处化解 15 起。整治治安重点场所 186 处，排查安全隐患 27 个，安置帮教重点人员 15 名。健全市、区、镇（街）三级铁路护路联防机构，配备专（兼）职护路联防工作人员 53 人，组建 125 人的义务护路联防队伍。深入开展创建“平安铁路示范镇村”活动，制定“平安铁路示范镇村”活动实施方案，在全市 30 多个沿线村（社区、学校）开展创建工作，95%以上的村（社区、学校）达到护路安全标准。坚持开展多形式的铁路护路联防宣传教育活动，营造群众爱路护路氛围。落实安保措施，圆满完成春运、暑运、全国“两会”、博鳌亚洲论坛年会、杭州 G20 峰会、长征七号首发、十八届六中全会等重大活动期间铁路安保任务，得到中央和省有关领导的充分肯定。铁路护路联防工作被省综治委铁路护联防领导小组评为优秀等级。

2016 年 9 月 26 日，海口市综治办组织召开全市平安文明幸福小区创建活动表彰大会。（市委政法委 供稿）

【特殊人群管理】 2016 年，海口市政法部门加强特殊人群服务管理，不断创新“五类”（刑满释放人员和社区矫正人员、精神障碍患者、吸毒人员、艾滋病患者、社会闲散人员）特殊人群服务管理机制，制定印发《海口市特殊人群体服务管理工作方案》《海口市社区矫正工作指导意见》《海口市落实严重精神障碍患者监护人“以奖代补”暂行办法》，全市社区矫正对象和刑满释放人员的衔接管理率 100%，帮教率 95%以上，安置率 80%，重新犯罪率控制在 3%以内；确定严重精神障碍患者监护人 172 人，落实“以奖代补”经费 50 多万元。以禁毒 3 年大会战和推进“严管”工程为契机，全力推进吸毒人群服务管理。全市 47 个镇（街）、农场全部成立社区戒毒社区康复领导小组及办公室，配备专职工作人员 190 人；建立健全吸毒人员出所评估和社区戒毒社区康复的无缝对接、动态管控等工作机制，将吸毒人员纳入网格化社会管理服务体系，进一步提高社区戒毒社区康复服务管理水平；完成戒毒康复农场建设项目初步选址工作。

【重点青少年服务管理帮教体系建设】 2016 年，海口市政法部门创新预防青少年违法犯罪机制，推进重点青少年群体服务管理。以“问题少年”为重点，在全市构建“七类”（闲散未成年人、有不良行为和严重不良行为青少年、刑满释放未成年人、监外执行未成年人、流浪乞讨儿童、留守儿童、服刑人员未成年子女）重点青少年群体的集中矫治、社区帮教、校园帮教、执法诉讼领域帮教、社会帮助等“五大体系”，建立重点青少年社区帮教小组 446 个，覆盖率 100%，校园帮教小组 110 个，执法诉讼领域帮教小组及机构 2 个，社会关爱帮助小组 16 个，未成年人法制教育中心和少年法庭各 1 个。至年底，全市集中矫治“问题少年”累计 1755 人，闲散未成年人关爱帮扶率 90%以上，有不良行为和严重不良行为青少年、刑满释放未成年人、监外执行未成年人帮教衔接率 95%以上，流浪乞讨儿童、留守儿童、服刑人员未成年子女关爱救助率 100%。

【基层公共法律服务体系建设】 2016 年，海口市政法部门不断完善社会公平正义体制机制，维护公民合法权益。率先在全省出台《海口市人民政府关于加快推进公共法律服务体系建设的实施意见》和建成海南省首个公共法律服务中心实体平台——海口市公共法律服务中心。不断优化法律服务能力，服务保障政府重点建设项目顺利推进；推进法律援助惠民工程，全市建立法律援助工作站 173 个，法律援助联系点 404 个，打造法律援助“半小时服务圈”，实现低收入人群全覆盖。做好重点村（居）聘请法律顾问工作，出台《关于在重点村（居）开展聘请法律顾问的工作方案》，在全市 8 个重点村(居)（秀英区东方洋社区居委会、东山镇东升村委会；龙华区滨濂北社区居委会、城西镇丁村村委会；琼山区铁桥社区居委会、凤祥街道儒逢村委会和美兰区三联社区居委会、演丰镇群庄村委会）开展试点工作，12 月 21 日法律服务工作站揭牌运作。年内，全市共办理法律援助案件 8552 件，挽回经济损失和取得经济利益 1.12 亿元。加强城市社区、机关、学校、企业和新社会组织、新经济组织等基层党、群组织建设，逐步培育、催生党的组织和党的工作在“两新组织”中的“两个覆盖”。推进社会共治，推动社区事务的民主协商、民主决策、民主管理和民主监督制度建设；大力推进乡村治理机制创新，着力构建“一核两委一会”乡村治理结构，创新发展乡贤文化，充分发挥乡贤会在乡村治理中的积极作用。

【综治中心建设】 2016 年，海口市政法部门按照实体化运作、信息化支撑、网格化管理、组团化服务、实战化运行“五化”模式，加强综治中心建设。全市共有 275 个村（居）综治

2016年12月31日，海口市法学会成立大会暨第一次会员代表大会召开。
（市委政法委 供稿）

中心、35个镇（街）综治中心挂牌，市、区综治中心正在规划中。

【综治信息化建设】2016年，海口市按照国家《社会治安综合治理基础数据规范》，进一步优化社会治安综合治理信息系统，完成市社会治安信息系统“七大系统”“十三大模块”的升级优化。建立社会治安信息系统终端用户2000多个，全市各级用户依托信息系统，采集录入的信息数据达290多万条，实现社会治理基础信息采集与日常服务管理一体运作。市综治办组织开展社会治理大数据平台建设调研，提出《社会治理大数据平台建设的构想》，为建设探索推行智慧城市大数据平台建设和信息化技术应用提供重要参考价值。

【涉法涉诉信访接访】2016年，海口市政法部门针对法院判决和交付司法行政部门执行社区矫正一直存在衔接不畅的问题，深入基层进行调研，对海口市社区矫正工作的长效机制建设提出对策措施。加强涉法涉诉信访工作，制定《海口市建立律师参与代理和化解涉法涉诉信访案件制度实施方案》，在全市政法相关部门建立律师参与化解和代理涉法涉诉信访案件制度，创新完善接访工作方式。全年，市委政法委共接待群众来信来访31件，接待来访群众68人次。继续落实国家司法救助政策，严格审查各政法部门申报的救助案件，向市财政部门申报50万元国家司法救助资金，对18案32人实施司法救助，解决部分信访群众生活困难问题。

【政法队伍建设】2016年，海口市政法部门把队伍建设作为政法工作的根本保障，以严明的党规党纪推进从严治警，以严格的教育培训提升能力素质。10月下旬，召开全市政法队伍建设工作会议；12月31日成立市法学会，开展法律研究和法律宣传工作。把思想政治建设摆在首位，在全市治安联防队伍、协警辅警队伍和政法其他聘用人员中开展为期2个月的集中教育整顿工作，确保思想政治教育在政法队伍和编制外队伍全覆盖。把能力建设作为核心。结合工作实际，开展多形式的教育培训工作。市委政法委组织全市政法干警参加中央政法委举办的视频讲座4次；组织一期近200人的基层政法综治维稳干部培训班，组织干部到南宁、贵阳、合肥、西安、珠海等地考察学习政法队伍建设、社会治理“大数据”平台建设和法制教育基地建设工作等。市中级人民法院组织法官助理、书记员的业务培训和学习考察；市检察院组织干警参加高检、省院及本院举办的培训班、讲座40余次，参加培训人数1200多人；市公安局组织开展社区警务业务培训、武器警械实战技能培训、信息化应用技能培训、执法办案培训、交通执法培训、城市管理服务技能培训等16项培训。建立健全廉洁风险预警机制、权力公开运行机制、风险责任追究机制，实现事前、事中、事后全方位监督。通过观看警示教育片、参观廉政教育基地、签订廉政建设责任书等方式，开展廉洁教育活动。年内，市政法系统共立案查处案件44件，查处人数40人；政纪处分32人，其中开除3人，撤职2人、降级2人、记大过10人、记过10人、警告6人；党纪处分26人，其中开除党籍2人，留党察看1人、撤销党内职务4人、严重警告13人、警告6人。

【海口市法学会成立大会暨第一次会员代表大会召开】2016年12月31日，海口市法学会召开成立大会暨第一次会员代表大会，有130人参加会议。会议由吴川祝主持。会议选举产生海口市法学会第一届理事会理事、常务理事、会长、副会长、秘书长。

【海口获评“全国创新社会治理优秀城市”】2016年12月14日，由法制日报社指导、法治周末报社主办，民主与法制报社、中国互联网新闻中心协办的第二届全国创新社会治理优秀案例推选活动暨2016创新社会治理经验交流会在北京召开，海口市和龙华区获评“全国2016创新社会治理优秀城市（区）”。（付 良）

政府法制

【政府法制工作概况】2016年，海口市法制局充分发挥政府法制部门参谋助手作用，多项工作取得显著成效。在全省率先建立政府立法基层联系点制度，选取14家单位试点建立政府立法基层联系点，民主立法、科学立法工作取得新的突破；在全省率先确立覆盖市、区、镇三级政府的法律顾问网络的工作目标，深入推进法律顾问制度全覆盖。海口市迎接省2016年度依法行政工作考核再摘桂冠，实现连续8年全省依法行政考核排名第一。

【政府立法】 2016年，海口市法制局对重点立法项目开展立法论证，组织环保专门机构等专家学者对《海口市扬尘污染防治办法》的必要性、科学性和可行性进行论证，增强立法的科学性。在全省率先建立政府立法基层联系点制度，将龙华区龙桥镇政府、中山街道办事处、海南大学法学院、海南方圆律师事务所等14家单位作为市政府立法基层联系点的试点单位，进一步拓展公众有序、有效参与政府立法的途径。编制《海口市人民政府2016年制度建设（立法）计划》，以城市文明和卫生、民生保障、社会治理、生态环境保护等方面为立法重点，全年共安排21件制度建设（立法）计划项目（含调研）。出台《海口市爱国卫生管理办法》《海口市城镇园林绿化条例（修改）》地方性法规2件；重点将《海口市城镇园林绿化条例（修改）》《海口市企业国有资产监督管理办法》等地方性法规、政府规章和规范性文件项目列入立法计划管理。

【立法基层联系点建立】 2016年，为增加有效参与政府立法的途径，按照代表性、广泛性、方便联系等原则，经各区政府推荐、实地调研、组织评审等程序，9月海口市人民政府办公厅出台《关于建立政府立法基层联系点制度（试点）的通知》。11月30日，市法制局组织举行“海口市政府立法基层联系点工作座谈会暨授牌仪式”将龙华区龙桥镇政府、中山街道办事处、海南大学法学院、海南方圆律师事务所等14家单位作为市政府立法基层联系点的试点单位，并对立法基层联系点的工作职责、培训指导、协调联络、建设要求等做具体规定，创新在海口市建立市政府立法基层联系点制度。

【依法行政】 2016年，海口市法制局印发《海口市2016年依法工作要点》，部署7大项33个具体工作。主要包括考核方案、考核内容、制定规范性文件与报送备案情况、规范行政执法行为情况、行政执法监督和责任追究情况、加强依法行政组织领导和督促检查情况等6个方面。形成被考评单位自查自评、考核组现场检查以及日常考核情况相结合方式进行“三管齐下”的考核方式，更全方位、细致掌握考评单位依法行政工作情况，有力推进各单位依法行政工作。加强政府法制理论研究。与海南大学法学院共同对法学教育、法制工作、人才培养等多个领域开展研究，就《海口市相对集中行政复议权及行政复议委员会试点调研报告》《地方政府立法体系研究》、权力清单清理等内容合作，注重成果转化，为加快推进法治政府建设提供理论支撑。12月1～9日，由市法制局牵头组成3个小组对4个区政府、3个开发区及全市39家单位的依法行政情况进行全面考核，有10个单位获得先进。海口市在2016年的全省依法行政考核中取得91.49分，居全省18个市县榜首，实现依法行政考核“八连冠”。

【规范性文件审查备案管理】 2016年，海口市率先在全省落实“有备必审”工作制度，全年市法制局审查各类文件386件次；办理市政府规范性文件向省政府备案登记27件，报备率100%，报备量比上年增长28.6%；代市政府受理各区政府和市直各部门规范性文件备案登记25件，并对4件备案登记中存在问题的文件发出整改意见。重点关注、提前介入事关民生、重大改革的文件审查工作，对《关于改善产品供给推进全域旅游建设的奖励办法》《海口市促进航运业稳定发展办法》《海口市促进电子商务发展扶持若干措施（试行）的实施细则》等重点领域文件提出审查意见，确保重大政策的顺利实施。全年共对42件以市政府名义制发的规范性文件进行有效期预警，确保各项政策措施顺利衔接、平稳过渡，实现规范性文件有效期预警工作机制常态化。

【市场体系公平竞争制度清理】 2016年，海口市率先在全省开展影响市场体系公平竞争制度的清理工作，完成涉及全市55家单位有关社会投资及

2016年11月30日，海口市政府立法基层联系点座谈会暨授牌仪式举行。

（市法制局 供稿）

涉企收费的193件地方性法规、规章、规范性文件的全面清理工作，及时废止或修改部分对社会投资有歧视性规定的政策，对能取消或能减免的涉企收费一律取消或减免。

【行政应诉】 2016年，海口市各级行政机关办理各类一审行政应诉842件，经复议后应诉的案件有161件，占案件总数的19.33%；未经复议直接应诉的案件有672件，占案件总数的80.67%。在办理的行政应诉案件842件一审行政应诉案件中，已结案件621件，未结案件221件。其中，胜诉572件（确认合法或有效6件，驳回诉讼请求274件，驳回起诉193件，撤诉91件，调解2件，终结6件），胜诉率92.11%；败诉49件（撤销26件，确认违法或无效21件，变更2件），败诉率7.89%。

【行政复议】 2016年，海口市各级行政复议机关共办理行政复议申请523件，涉及公安、城乡规划、房屋征收补偿、不动产登记、土地、环保等多个领域。审结行政复议案件518件，其中，维持原具体行政行为185件，终止复议154件，驳回复议申请68件，撤销原具体行政行为62件，确认原具体行政行为违法43件，变更原具体行政行为1件、责令履行3件，以其他方式结案2件，结案率为99%。办理以市政府为被申请人的省政府行政复议答复7件，办结率为100%。

【行政执法监督】 2016年，海口市法制局受理投诉案件2件，办结2件。开展行政执法专项检查，对市政府直属重点执法单位进行行政执法检查，检查内容主要包括行政执法责任制和重大执法决定法律审核制度等执行情况、行政执法案卷的规范情况和行政处罚自由裁量权的规范行使情况等。重点对各单位行政处罚、行政许可等类别约1710件行政执法案卷进行检查，发出行政执法监督通知书16份，督促有关单位对存在问题进行整改。

【行政执法人员管理】 2016年，海口市首次启动行政执法人员清理工作。根据《海南省人民政府办公厅关于开展全省行政执法人员清理工作的通知》的要求，市法制局会同市编委办、市财政局及市人社局在全市范围内联合开展执法人员信息审核工作，共审核清理行政执法人员3868人。建立双随机执法检查人员名录库。结合行政执法人员清理工作和前期各单位执法检查人员名单的报送情况，对海口市执法检查人员名单进行梳理，并将拟列入执法检查人员名录库的5802名执法人员名单向市信息中心报送。规范行政执法人员证件管理。落实执法人员持证上岗制度，开展行政执法主体资格审查，全年共组织各执法单位629名相关人员参加全省执法资格证考试，完成113名行政执法人员证件申领和590人补（换）证工作，规范行政执法证件管理工作。

【政府法律事务】 2016年，海口市法制局对438件政府合同、市政府重大决策及各部门提请市政府审议的涉法事项进行合法性审核，有效防范行政决策的法律风险。同时，推动深入推行政府法律顾问制度工作。撰写《海口市人民政府关于深入推行政府法律顾问制度充分发挥法律顾问作用的实施意见》并报市政府向全市印发执行，充分发挥法律顾问的专家团队在推动海口市依法行政中的积极作用。不断完善政府专兼职相结合的法律顾问制度工作，全程参与重大项目合同起草、修改、签订及监督履行，为海口市万达项目合作协议、北大附中合作协议等市政府重大合同高质量法律把关，促进全市G15疏港货运快速干道等30余个PPP项目的落地实施，涉及投资金额超200亿元。有效防范政府决策的法律风险，推动海口市重点项目法律服务再上新台阶。

【权责清单审核】 2016年，海口市法制局根据市府办、市审改办的要求，对8家试点单位的权责清单进行第二次审核。同时对全市30家单位的权力清单和责任清单进行法律审核，对一审1460权项提出审核意见944条，对二审2020权项提出审核意见961条，对三审2051权项提出审核意见904条、对四审21权项提出审核意见30条。最终在10月17日完成对市政府直属单位权责清单的审核，共编制权力清单2801项、责任清单3186项，并在市政府门户网站上及相关部门网站上公布，接受群众监督。

【规范收费和中介服务】 2016年，海口市全面停征价调基金和不合理的行政事业性收费，降低社会保险单位缴纳部分费率，按程序办理收费审批和备案事项。启动全市中介机构全面清理工作。4家与市级主管理部门有挂靠关系的中介机构，1家脱钩，3家保留挂靠关系，保留挂靠关系的中介机构，除公益性服务外，不再开展与主管部门审批相关的中介服务；取消2个市级主管的2项中介服务指定（其中1项过渡性取消），对3项中介服务事项增加授权委托机构。

2016年海口市法规规章与规范性文件目录

序号	法规规章名称及公布日期
1	《海口市爱国卫生管理办法》（海口市人大常委会第44号公告 2016年5月27日）
2	《海口市城镇园林绿化条例（修改）》（海口市人大常委会第46号公告 2016年9月30日）
序号	政府规范性文件名称及公布日期
1	海口市人民政府关于印发海口市公共租赁住房保障管理办法的通知（海府〔2015〕157号 2016年1月10日）
2	海口市人民政府关于印发海口市公共租赁住房、经济适用住房和限价商品住房保障标准的通知（海府〔2015〕158号 2016年1月10日）
3	海口市人民政府办公厅关于印发延长《海口市地下管线管理暂行办法》有效期的通知（海府办〔2016〕3号 2016年1月21日）
4	海口市人民政府关于印发《海口市现代服务业综合试点海南广告产业园区政策补助资金使用管理暂行办法》的通知（海府〔2016〕8号 2016年1月19日）
5	海口市人民政府关于加强2016年春节元宵节期间烟花爆竹安全管理工作的通告（海府〔2016〕9号 2016年1月29日）
6	海口市人民政府关于印发我市农村宅基地建房管理办法的通知（海府〔2016〕1号 2016年2月5日）
7	海口市人民政府关于印发我市限价商品住房保障管理办法的通知（海府〔2016〕15号 2016年4月1日）
8	海口市人民政府办公厅关于印发我市旅游标准化工作奖励办法的通知（海府办〔2016〕27号 2016年3月7日）
9	海口市人民政府办公厅关于印发我市贯彻落实省政府关于房地产市场调控实施意见的通知（海府办〔2016〕56号 2016年4月12日）
10	海口市人民政府办公厅关于印发我市违法建筑举报奖励办法的通知（海府办〔2016〕60号 2016年5月15日）
11	海口市人民政府关于划定秸秆禁烧区域的通告（海府〔2016〕66号 2016年4月26日）
12	海口市人民政府关于印发海口市扶持影视产业发展暂行规定的通知（海府〔2016〕67号 2016年5月1日）
13	海口市人民政府关于印发海口市加快工业发展若干规定的通知（海府〔2016〕74号 2016年5月6日）
14	海口市人民政府关于印发海口市加快工业发展若干规定的实施细则的通知（海府〔2016〕75号 2016年5月6日）
15	海口市人民政府关于印发桂林洋国家热带农业公园（体验区）入园及优惠政策若干规定的通知（海府〔2016〕93号 2016年6月21日）
16	海口市人民政府办公厅关于印发《海口市流动人口适龄儿童免疫规划管理办法》的通知（海府办〔2016〕136号 2016年7月29日）
17	海口市人民政府关于印发《海口市促进航运业稳定发展办法》的通知（海府〔2016〕107号 2016年7月7日）
18	海口市人民政府办公厅关于印发《海口市促进电子商务发展扶持若干措施（试行）的实施细则》的通知（海府办〔2016〕145号 2016年7月13日）
19	海口市人民政府办公厅关于印发《海口市行政审批制度改革第四批便民服务措施》的通知（海府办〔2016〕149号 2016年7月29日）
20	海口市人民政府关于延长《海口市创业小额担保贷款暂行办法》有效期的决定（海府〔2016〕123号 2016年8月11日）
21	海口市人民政府关于延长《海口市农村社会养老保险暂行办法》有效期的决定（海府〔2016〕124号 2016年8月11日）
22	海口市人民政府办公厅关于印发《海口市扶持会展业发展若干规定》的通知（海府办〔2016〕182号 2016年8月30日）
23	海口市人民政府办公厅关于印发《海口市众创空间认定管理办法》的通知（海府办〔2016〕183号 2016年10月1日）
24	海口市人民政府办公厅关于印发《海口市旅馆业管理实施意见》的通知（海府办〔2016〕186号 2016年8月30日）
25	海口市人民政府办公厅关于延长《海口市参与行政审批服务中介机构监管暂行办法》期限的通知（海府办〔2016〕218号 2016年8月2日）
26	海口市人民政府办公厅关于棚户区改造补偿安置有关事项的通知（海府办〔2016〕245号 2016年11月7日）
27	海口市人民政府办公厅关于印发《海口市违法建筑分类处置办法》的通知（海府办〔2016〕265号 2017年1月8日）

（王子华）

法治

公安工作

【公安工作概况】2016年，海口市公安局扎实推进公安改革和“四项建设”，全面加强和改进各项公安工作，以过硬作风维护国家安全和社会稳定，较好提升人民群众安全感和满意度。全年共接报治安警情12.87万起，出现5年以来的首个下降拐点，较上年下降5.1%，刑事犯罪发案率下降、破案率上升，社会治安大局继续保持总体稳定。共有76个次集体和445人次民警受到表彰，其中冯晖和李观连2人荣获全省优秀共产党员、郑暄获全省优秀党务工作者、特警支队五大队获省先进基层党组织，市公安局美兰分局连续3年获得全省县（区）公安机关2015年度综合考评第一名，市公安局治安警察支队获全国“两清理一排查”专项行动成绩突出集体、陈恒富获全国“两清理一排查”专项行动成绩突出个人、符铮获全国公安机关金盾二期工程建设成绩突出个人荣誉称号。

【打击刑事犯罪】2016年，海口市公安局以打击“盗抢骗”等多发性侵财犯罪为重点，持续开展治安隐患排查整治行动，深入推进立体化治安防控体系建设，确保社会治安的持续稳定。共立刑事案件1.76万起，下降0.7%；破案6639起，上升8.7%，抓获犯罪嫌疑人4970人，实现发案率下降、破案率上升的预期目标。八类严重暴力犯罪案件共立案606起，下降14.2%，立案数占刑事案件总数比重从上年的3.6%下降到3.1%，犯罪暴烈程度明显降低。28起现行命案全部及时侦破，命案发案数下降28.2%。入室盗窃类案件控案有力，共立案1875起，下降27.9%。推进网上追逃工作，共抓获在逃人员971名，上升7.6%。其中命案逃犯47名，上升104%；抓获潜逃时间超过15年的历年逃犯5名。

【打击毒品犯罪】2016年，海口市公安局以“打团伙、摧网络、抓毒枭、缴毒资”为主攻方向，深入开展“雷鸣”系列行动、“砺剑”和三年禁毒大会战等行动，组建美兰国际机场毒品检查站，加强海安港琼粤联勤查控，加大堵源截流力度，严厉打击跨区域贩运毒品犯罪。全年破获1216起毒品案件（包括11起部级案件、3起省级案件），缴获各类毒品约118.5千克，摧毁贩毒团伙21个，抓获犯罪嫌疑人1372名，收治病残吸毒人员103人。加大涉毒查处力度，共清查娱乐场所1272家次，查处存在涉毒问题的场所92家499人，其中停业整顿8家、取缔14家。实行“毒驾”与“酒驾”捆绑查处，形成“两驾同查”的长效机制。11月开展禁毒三年大会战，至年底，共破获毒品案件587起，其中破获部督案件5起；抓获犯罪嫌疑人643人，强制隔离戒毒824人，缴获各类毒品1082千克。

【打击经济犯罪】2016年，海口市公安局共立经济犯罪案件191起，下降33.7%，抓获网上在逃犯罪嫌疑人59人，为国家、集体和人民挽回经济损失5亿余元。举办法制讲座，为企业中高层干部讲授预防职务犯罪方面知识。推进“猎狐”专项行动，缉捕1人。侦破“助业”“全仙禾”“众航”等9起非法集资经济犯罪案件。实行公安派驻税务联络机制，协助税务部门完成税款征收700多万元，共受理涉税案件20起，破案4起。

【公共治安管理】2016年，海口市公安局共查处治安案件2.18万起，抓获违法人员1.29万人。以夏季“治安攻势”“治安隐患排查百日大行动”等整治行动为抓手，持续开展安全大检查，对省市治安保卫重点单位、金融营业网点、学校、物流寄递业基地等1600余家重点单位开展安全大检查，督促整改安全隐患560余处。严密电动车盗销环节的阵地控制，从“查、清、打、追、挖”五个方面加强对无牌证、假牌证电动车的清缴，斩断窝赃销赃渠道，共查扣无牌无证电动车2.97万辆，破获盗窃电动车案件1156起，有效遏制盗窃犯罪的高发势头，入室盗窃、盗窃电动车警情分别下降33%、5%。持续开展缉枪治爆行动，查处涉枪案件14起，处理违法人员42人，收缴各类枪支83支，子弹2108发。查处非法储存、买卖、运输烟花爆竹案件18起，查扣非法烟花爆竹2.5万箱，管制刀具一批。深入打击食品药品犯罪，会同食药监、工商等部门开展专

2016年3月15日，海口市公安局举行“净土行动”春季会战。图为集中销毁赌博机、依法强制报废车辆活动现场。

（市公安局 供稿）

项整治工作，共破获6起食品药品刑事案件，抓获犯罪嫌疑人6人。重拳打击“黄赌”违法犯罪活动，办理赌博刑事案件182起、治安案件1680起，打击处理2971人，收缴赌资390万元；查处涉黄刑事案件2起、治安案件163起，打击处理296人。经过整治，赌博警情出现明显下降，共发6818起，较上年的9195起下降25.85%。加强警企协作，深化“护航”行动，全力打击阻碍项目进度的黑恶势力，服务社会投资“百日大行动”，指导和督促138家重点工程项目落实安全保卫措施，及时化解矛盾纠纷108起，侦破盗抢建材物资、破坏施工工地、阻扰工地施工等案件8起。

2016年9月26日，海口市公安局强化海秀快速路交通管理工作启动仪式举行。（市公安局 供稿）

【道路交通管理】2016年，海口市公安局将“双创”决战年交通乱象整治作为贯彻全年交通治理主线，着力疏堵保畅，积极创建安全有序道路交通环境。通过路面设卡、机动巡逻盘查等方式对不文明交通行为进行集中整治，取得明显成效。共查处电动自行车交通违法行为94万起，查处机动车违停行为37万起。对390条道路进行全面排查，增设各类交通护栏3万米，对236条道路施划8.9万平方米交通标线，对186处机非隔离带路缘石进行降坡改造；针对海秀快速路开通后的交通状况，新组建海秀快速路管理队伍，采取科学手段有效分流车辆，较好缓解局部拥堵，国兴大道、滨海大道等5条主干道通行率提升12%以上，全市交通拥堵警情下降2%，交通秩序明显好转，交通事故万车死亡率1.95%，下降0.17%。实行群众“随手拍”举报交通违法，收

2016年海口市道路交通事故四项指数统计表

月份	事故起数		死亡人数		受伤人数		直接财产损失	
	事故起数	比上年（%）	死亡人数	比上年（%）	受伤人数	比上年（%）	直接财产损失	比上年（%）
一月份	49	-31.94	8	-20	53	-42.39	58500	-27.42
二月份	45	18.42	6	-25	43	-24.56	67900	52.24
三月份	50	16.28	12	9.09	66	24.53	612500	1375.9
四月份	60	30.43	8	14.29	68	7.94	74800	22.62
五月份	60	9.09	19	26.67	65	-8.45	89700	25.98
六月份	61	22	14	7.69	71	16.39	76150	23.42
七月份	43	-12.24	11	10	57	5.56	50900	32.77
八月份	70	-1.41	12	-36.84	71	-21.98	97300	-22.07
九月份	56	36.59	11	120	58	16	73800	79.56
十月份	49	36.11	5	150	62	40.91	81000	95.18
十一月份	51	4.08	12	9.09	50	-12.28	56300	34.37
十二月份	64	3.23	14	-26.32	81	12.5	95400	54.62
合计	633	8.21	132	1.54	719	-0.83	1408250	101.56

集各类举报信息15.9万条；开展交警现场执法网络直播，点击量23万余次；通过交通广播、微信发布路况信息7.3万条，引导群众合理选择出行方式；开展“礼让斑马线”活动，得到公安部的肯定和推介。自主研发的“防逆行路障”，以其结构简单、成本低廉、应用便捷等优势，通过国家专利局的审核，获得专利授权号。新建高空监控探头52个、路口电子警察监控67个，使主要路段监控率达到95%，有力提升交通管理智能化水平。

【监所管理】 2016年，海口市公安局以深化看守所“五化建设”、拘留所“三项重点工作”和戒毒所“两基础四深化”工作为抓手，全面夯实监所管理基础工作，确保年内无非正常死亡、无自杀、无逃脱、无集体中毒、无疫情传播的目标。规范对在押人员的体检、坐诊、巡诊、跟踪治疗、危重处置、卫生防疫等程序，年内所内就医88066人次，出所诊治592人次，住院治疗364人次。成立深挖犯罪侦查大队，开辟狱侦“第二战场”，深入开展教育感化深挖犯罪工作，抓获7名犯罪嫌疑人、6名在逃人员，协助破获宾馆前台系列抢劫案、纵火案、贩毒案、销售假冒注册商品案、砸车窗盗窃车内物品系列案共5起案件，被公安部监所管理局通报表扬。

【网络安全管理】 2016年，海口市公安局坚持依法管网、以人管网、技术管网、综合管网，深入推进“净网”专项行动，打击涉网违法犯罪，维护网络空间安全。开展网络安全进校园活动，向5000名大中小学生倡导文明守法上网理念，介绍防范网络诈骗的方法手段。全面落实有害信息1分钟迅速处置机制，封堵有害信息30万余条，查处违规网吧66家，侦办案件228起，抓获嫌疑人266人，协助破获多起诈骗、杀人案件。

【户政服务与流动人口管理】 2016年，海口市公安局共办理户政业务5.97万人次，其中出生登记2.29万人、市外迁入1.76万人、迁出市外1.47万人、死亡注销0.38万人、户口补录545人、变更74.75万条；办理居民身份证14.25万张，清理疑似重人重像1882人次、处理无人像信息9972人。配合审核高考考生及监护人户籍资料和信息6818份，为群众及政府部门提供户籍信息查询服务2万余人次。7月1日起，落实公安部居民身份证异地受理、挂失申报和丢失招领制度，先后与广东、天津、河北、山西、四川、重庆、吉林、黑龙江8省（直辖市）结对开展跨省居民身份证的异地受理试点工作。至年底，共为在琼居住的外省人员办理异地证6002件、挂失申报7325人、丢失招领24人。全年全市共有流动人口64.15万人。

【实施居住证申领制度】 2016年，海口市公安局以“户籍制度改革深化年”为契机，推进实施居住证申领制度落地。5月17日，出台《海口市居住证申领办法》，19日启动该项工作。截至12月，共办理居住证12.91万张。

【实施积分落户政策】 2016年10月25日，《海南省户籍制度改革实施细则》正式执行，海口市公安局户政部门正式受理外省务工、经商人员积分落户。外省来琼务工经商人员可以到拟落户辖区派出所提交落户申请，同时提交相关居住、就业证明材料，经审核积分达到80分，其本人及其共同居住生活的配偶、未成年子女、父母便可申请登记常住户口；本省居民凡在海口符合有合法稳定住所（含租赁）、合法稳定就业且参加城镇社会保险满5年的，本人及其共同居住生活的配偶、未成年子女、父母可申请登记常住户口；2003年及以后毕业的非应届高校毕业生可凭与用人单位签订的劳动合同和毕业证书到用人单位所在地派出所或办证中心申请落户，2014年及以后毕业且自主创业的高校毕业生，可凭毕业证书、营业执照到创业地所在派出所或办证中心申请登记常住户口。年内，按照积分落户政策迁入231人，往届高校毕业生就业迁入1435人，居住就业省内迁入3135人。

【出入境管理】 2016年，海口市公安局推出“全省通”护照通行证申领、二次签注立等可取、就近取证等措施，主动缩短办理时间，将公安部规定的20个工作日压缩至5个工作日内完成。年内共受理、审批公民出国（境）证件26.38万份，占全省出入境办证受理总量超过一半，其中护照7.77万份、内地居民往来港澳证件14.66万份，赴台证件3.72万份，共为企业办理商务备案139家，办理商务签注121笔。共签发外国人普通签证448件、居留证件2302件、五年期台湾居民往来大陆通行证换证189件、一次有效台湾居民来往大陆通行证13件。共查处涉外案件195起，遣送22人。

【车辆和驾驶人管理】 2016年，海口市公安局启动非本地户籍人员驾考等业务，取消申请驾驶证补换证、审验、延期等9项业务以及申请车辆补换证、补换车牌、年审、抵押登记等6项业务需要提供居住证明的规定，方便在海口创业就业居住的非本市户籍群众。

【110接处警服务】 2016年，海口市公安局共接报处置各类警情3.32万起，其中“两抢”警情661起、火灾事故341起、交通类警情15.17万起、帮助解决纠纷3.22万起、解决群众求助2.85万起。

【公安科技发展】 2016年，海口市公安局加大“四项建设”力度，不断提高公安科技发展水平。司法鉴定中心通过国家认证，成为全国公安机关第一批具备国家级鉴定资质的机构之一。DNA实验室受理案件1320起，物证直接比中208起，成功破获陈某兴系列抢劫酒店前台、王某宇系列入室盗窃案、长信海岸水城小区特大入室盗窃案、“1996·6·12”拐卖儿童案等一批重特大刑事案件。开展图侦工作，发挥图像视频侦查优势，抓获犯罪嫌疑人30余名。自主研发的“防逆行路障”获得国家专利。秀英、美兰、琼山、开发区分局业务技术大楼基本建成，一线民警工作条件得到改善。

【警卫安保】2016年，海口市公安局按照“严之又严、实之又实、细之又细”的总要求，圆满完成国家法定假日、G20峰会、博鳌亚洲论坛2016年年会、澜湄会议、第11届环海南岛国际公路自行车赛等324批次大中型安保任务及152批次警卫任务，做到“大事不出，小事也不出”，确保大型活动和警卫对象的绝对安全。特别是文昌航天发射场首次发射和“长征”五号运载火箭首飞期间，主动对接文昌等市县，做好火箭卸载和沿途运载路线的安保警卫工作，确保各次发射任务的顺利完成。

【公安基层基础工作】2016年，海口市公安局扎实推进基础信息采集工作，不断健全立体化治安防控体系。加快“天网”二期工程建设，投入2亿余元建设“天网”二期工程，在全市建成区内着手建设监控点5514个，安装高清监控探头1.09万个，全面提升社会面技防水平。推出派出所动态控案问责机制，基于月发案常量，每月定期评估派出所治安态势，对控案不力、触碰预警红线的派出所乃至分局依规进行问责，较好实现倒逼派出所控发案、多破案的预期目标。加强社会面巡控工作，城警、治安和交警分别制定社会面巡逻方案，多部门多角度织密社会面防控网络，有效遏制街面现行犯罪。夯实社区警务基础工作，向全市推广以“专职社区民警+视频监控”为主要内容的“塔光”“坡巷”模式，不断加强基层基础建设。推进门楼牌编制管理工作，指导安装门楼牌37万余个，开发“海口市门楼牌信息管理系统”，完成全部门牌、楼幢牌、单元牌、户室牌预编和信息采集工作。出台《海口市住宅小区安全防范工作规范》，对全市1511家自招保安员单位、565家物业服务企业、1057家学校幼儿园进行备案，发放保安员证7168个。

【“公安+城管”联合执法模式】2016年，海口市公安局牵头整合公安、城管力量组建29支城市执法中队，2月5日，正式实施“公安+城管”联合执法模式，并成立联合党支部，用党建促进城市执法管理水平的新提升。5月18日，海口市公安局成立全国首家城市警察支队，从机构人员上大力支持联合执法工作。通过深度融合“公安+城管”执法力量，高效整合执法手段，有机结合前端执法和末端打击，实现行政执法与刑事执法的无缝对接，提高见警率和管事率，有力整治影响市容环境、阻碍城市更新、妨害城市执法等问题。“公安+城管”联合执法模式在第二季度全国“各地政法机关创新指数排行榜”排名第四名。

2016年2月5日，海口市城市执法启动仪式在国贸京华城中心广场举行。

（市公安局 供稿）

【公安队伍建设】2016年，海口市公安局主动适应从严治党、从严治警新要求，牢牢把握正规化、专业化、职业化方向，聚焦忠诚、干净、担当，全力建设高素质警队。新组建城市警察支队、教育培训处2个副处级单位，在刑警支队成立图侦大队，网警支队成立网络特侦大队，队伍专业化水平不断提升。全局深入践行“两学一做”，结合实际开展“学讲话、找差距、做合格人民卫士”等主题活动，进一步打牢民警的思想基础。坚持党管干部与民主推荐、严格程序与创新机制、面向基层与注重能力三个结合，采取自下而上、自上而下“双向酝酿”的考察方式进行把关，推荐1名市局班子成员提拔为副厅级领导、1名省级行业公安局长、推荐23名提拔为处级干部，提拔、调整和交流科级干部230余名。新提拔的117名科级领导干部中有80%来自基层。推动警力下沉，新招录的115名新警全部分配到派出所、刑警队等一线基层单位，较大缓解基层警力紧张的局面。以实战为导向加大执法规范化建设力度，组织开展社区警务、警械使用、信息化应用、城市管理服务等16项技能培训。全局取得初、中、高级执法资格人数分别为2780人、1577人和47人。举办文体活动、心理健康辅导、防震减灾安全知识讲座、“双创”知识竞赛等一系列活动，筹建民警健康服务中心。坚持落实“三会一课”，紧密结合公安业务开展组织生活，进一步严肃党内政治生活，发挥党内监督作用。开展督察496次，通报批评问题587个，责成相关单位进行纠正和改进。加大执纪查办力度，立案调查违法违纪案件15起，党纪政纪处分19人，依纪处理禁赌不力的派出所领导和社区民警等50人。

（张　伟）

检察工作

【惩治职务犯罪】2016年，海口市检察机关立案查办职务犯罪案件57件72人，通过办案为国家挽回经济损失1300余万元。突出打击重点，查办贪污贿赂大案51人，县处级以上要案19人，其中厅级干部2人。严厉打击国企改制领域职务犯罪，立案侦查海口市城市建设开发总公司原法人代表、副总经理陈某、海口市燃气集团原董事长孙某等国企领导职务犯罪案件，净化国企改革环境，保障国有资产安全。举全市之力侦办最高人民检察院指定管辖的广西海关系列案件，立案侦查龙邦海关原关长向某、南宁海关法制处原处长赵某等职务犯罪案件16件16人，得到最高人民检察院的充分肯定。开展职务犯罪追逃追赃专项行动，追捕、劝返在逃职务犯罪嫌疑人4人，成功将第59号“百名红色通缉令”人员云健劝返回国投案自首。

【预防职务犯罪】2016年，海口市检察机关加强重点领域预防，对美兰国际机场二期、南渡江引水工程等重点项目开展专项预防，保障项目建设顺利推进。坚持惩防并举，结合办案，向相关单位提出风险防控检察建议28件，全部被采纳。充分发挥行贿犯罪档案查询功能，开展行贿犯罪档案查询6767件，有力促进社会诚信体系建设。注重源头治腐，开展警示教育74场次，播放廉政短片、微电影15场，1.20万余人次接受教育；对81件职务犯罪举报线索进行分析，对问题反映较集中的美兰区灵山镇和秀英区东山镇预警通报，有效提升预防工作的针对性和有效性。

【批捕起诉】2016年，海口市检察机关依法严惩各类刑事犯罪，批准逮捕刑事犯罪嫌疑人2798人，比上年上升8.7%；提起公诉3107人，上升3.7%。打击“两抢一盗”犯罪，批准逮捕抢劫、抢夺、盗窃等多发性侵财犯罪830人，提起公诉890人；参加全省禁毒三年大会战，批准逮捕毒品犯罪1199人，提起公诉1145人，推进海南“无毒岛”建设；制定《毒品案件公诉环节证据审查指引》，提升毒品案件质量，毒品案件无撤回起诉、发回重审和无罪判决；组织青年检察干警到26所中小学开展“法治禁毒宣传进校园”活动，保护青少年远离毒品、健康成长。深入开展打击治理电信网络新型违法犯罪专项行动，重点惩治电信及网络诈骗犯罪，批准逮捕41人。建立提前介入引导侦查机制，对社会关注的犯罪嫌疑人陈某等3人烧车焚尸故意杀人案、庄某等10人特大涉枪团伙案、王某等5人利用木马病毒盗取公民银行资金案等案件依法快捕快诉，不断增强人民群众安全感。

【刑事诉讼监督】2016年，海口市检察机关强化对执法不严、司法不公突出问题的监督纠正力度，坚决维护司法公正。强化刑事诉讼监督，监督公安机关立案48件，撤案8件，纠正侦查活动违法情形67件，对认为不构成犯罪或证据不足的案件决定不批准逮捕285人，不起诉66人；对认为确有错误的刑事裁判提出抗诉14件；被告人冯某、苏某诈骗案经抗诉，两被告人由无罪判决分别改判为有期徒刑12年、11年；被告人林某等人生产、销售伪劣产品案等3件案件被评为全国检察机关“优秀刑事抗诉案件”。强化民事行政监督，受理民事行政监督案件189件，审结136件，其中法院再审审结案件11件并全部改判，再审改变率100%；针对审判过程中存在的程序违法、文书瑕疵等问题发出检察建议4份，向行政执法机关发出检察建议2份，均被采纳并加以整改。

【刑事执行监督】2016年，海口市检察机关审查提请罪犯减刑、假释、暂予监外执行2647件，提出监督纠正意见259件，派员出席法院减刑、假释案件庭审104件。开展捕后羁押必要性审查，办理案件61件，对认为没有继续羁押必要的56名在押人员建议变更强制措施，采纳率为91.8%。加强社区矫正检察监督，强化巡回检察、定期走访、跟踪监督措施，社区矫正人员无漏管情况发生，再犯罪率逐年下降。深入开展集中清理判处实刑罪犯未执行刑罚专项活动，经监督3人被依法收监收押执行，对1人启动再审程序。

【化解社会矛盾】2016年，海口市检察机关全面贯彻宽严相济刑事政策，对犯罪情节轻微的初犯、偶犯和过失犯，依法不批准逮捕152人、不起诉70人。高度重视对涉罪未成年人特殊司法保护，依法不批准逮捕涉罪未成年人48人、不起诉57人、封存犯罪记录219件；创新“一站两基地”工作法，以未成年人观护站为依托，以福利院、特殊学校为延伸观护基地，对63名涉罪未成年人进行观护，37人重返校园，10人顺利就业。积极推进涉法涉诉信访改革，建立律师、人大代表、人民调解员等第三方力量参与化解涉检信访案件机制，化解息诉涉检信访28件。开展国家司法救助工作，为26名生活确有困难的刑事案件被害人发放救助款32.3万元，最高人民检察院“走基层，话检察”新媒体行活动对秀英区检察院协调帮助被害人陈某解决廉租房问题进行专门采访报道。

【乡镇检察室建设】2016年，海口市检察机关坚持“巩固、规范、提高、发展”的总体思路，充分发挥派驻乡镇检察室延伸监督触角、维护群众权益的前沿岗哨作用，收集涉农职务犯罪线索46件，立案查办12件14人，开展基层执法监督114次，开展法制宣传、警示教育72场次，化解农村矛盾纠纷179件，服务省、市重点项目67个，保障和促进基层治理法治化。

（林晓梅）

地方审判

【审判工作概况】 2016年，海口市各级法院共受理各类案件5.77万件，比上年增加9923件；结案5.51万件，增加9197件；结案率95.46%。其中市中院受理案件1.04万件，增加1427件；结案9989件，增加1357件；结案率96.36%。市中院民一庭获“全国法院先进集体”，市中院陈伟、何霖吉等9人获最高法院“荣誉天平奖章”，市中院傅海燕获“全国法院办案标兵”，美兰区法院获“全省优秀法院”，市中院立案庭和琼山区法院云龙法庭获“全省法院先进集体”。全市各级法院再次中标省高院重点课题3项，市中院完成调研成果23项。

【刑事审判】 2016年，海口市各级法院共受理刑事案件3340件4216人，下降5.52%，审结3274件4078人，结案率98.02%，其中判处5年有期徒刑以上刑罚的343人。其中市中院受理819件1141人，审结800件1103人，结案率95.37%，其中判处10年有期徒刑以上刑罚的132人，审结严重危害社会治安案件232件312人。全面参与禁毒3年大会战，审结杨朝猛、杨朝东等人贩卖、运输79.75公斤冰毒等毒品犯罪案件1295件1455人；审结受贿等职务犯罪案件64件76人；审结破坏社会主义市场经济秩序罪案件94件146人。

【民商事审判】 2016年，海口市各级法院共受理民商事案件35802件，增长23.33%，审结34364件，结案率95.98%；其中市中院受理4605件，审结4392件，结案率95.37%。审理借款纠纷案件4431件、劳动争议案件2615件、婚姻家庭案件1754件、房地产纠纷案件1011件、金融证券和保险合同案件784件、知识产权案件83件。实行环境资源案件跨行政区域集中管辖，在市中级人民法院和琼山区法院探索推进环境资源刑事、民事、行政案件“三合一”审理模式。市中院被最高法院列为全国首批15家环境资源司法实践基地。坚持“调解优先、调判结合”，调撤民商事案件17112件，调撤率49.80%。

【行政审判】 2016年，海口市各级法院共受理行政案件1096件，增长87.03%，审结1057件，结案率96.44%；其中市中院受理728件，审结711件，结案率97.66%。审查行政非诉执行案件433件，办结430件，裁定准予执行317件，裁定不准予执行113件。审理国家赔偿案件26件；审理涉及违法建筑整治、棚户区改造的案件325件，占全部行政案件的21.26%。健全司法与行政良性互动机制，与国土、住建部门就土地权属争议、征收征用及业主委员会备案管理等问题进行交流沟通，促进行政机关依法行政水平进一步提高。发布年度司法审查报告，助推法治政府建设。

【案件执行】 2016年，海口市各级法院共受理执行案件1.42万件，增长36.05%，执结1.32万件，执结率92.55%，执结标的额20.75亿元；其中市中院受理1572件，执结1449件，执结率92.18%，执结标的额12.22亿元。建立立案、审判、执行一盘棋的工作机制，在各个环节推行执行风险告知制度。推进与海口国土、房产等部门“点对点”网络查控系统的建设和对接，提高执行效率。推行网络司法拍卖，通过淘宝网、人民法院诉讼资产网等平台公开拍卖一批涉案财物，提高拍卖透明度，实现被执行财产价值最大化。10月20日至12月20日开展为期两个月的“执行风暴”专项活动，以2016以前未结案件和2016年新收未结案件为工作任务，通过集中拘留一批有履行能力而拒不履行的被执行人、集中曝光一批被纳入失信人员名单的被执行人、集中处置一批长期未结的骨头案、集中移送一批涉“拒执罪”案件等措施，达到全年结案率达到80%以上、执行完毕案件占有财产可供执行案件的75%以上、有财产可供执行案

2016年1月4日，海口市中级人民法院组成五人合议庭审理重大民商事案件。

（符晓玮 摄）

法治

2016年1月25日新落成的海口市中级人民法院诉讼服务中心。　（符晓玮 摄）

件执行标的金额到位率达60%以上的目标，力争用2年时间基本解决执行难问题。保持执行高压态势，重拳出击“老赖”，将4838个被执行人纳入失信被执行人名单，对3822人限制乘坐飞机和高铁，对13人限制出境，司法拘留138人，判处拒执罪2件2人。集中开展清理执行案款专项活动，向申请执行人拨付案款219笔3.49亿元，拨付率100%，圆满完成最高法院部署的清理任务。加强执行内外联动，攻坚执结一批“骨头案”，完成涉“八里银海”项目185件案件的执行，实现2.07亿元税款和2.95亿元增容地价款入库。

【审判监督】2016年，海口市法院共受理申请再审案件257件，增长32.47%，审结251件，结案率97.67%。受理依当事人申请、上级法院指令、检察机关抗诉、本院院长发现提起的再审案件71件，下降21.98%，审结67件，结案率94.37%。其中，再审改判案件21件，再审发回重审9件，再审改判和发回重审的案件占同期结案总数的0.54%。通过审理再审案件，及时纠正司法过程中的错误，依法维护生效裁判的稳定性和权威性，切实保障当事人的合法权益。

【立案与信访】2016年，海口市各级法院巩固立案登记制成果，当场登记立案率超过95%，解决“立案难”问题。为142件案件当事人缓、减、免诉讼费334.9万元，确保经济困难的当事人打得起官司。成立司法救助委员会，救助困难当事人275人，发放司法救助金295.5万元。建立诉讼服务中心，开设10个服务窗口，提供“一站式”诉讼服务，方便当事人诉讼。构建律师参与涉诉信访化解和代理申诉工作机制，引导当事人合法有序表达诉求，律师代理涉诉信访案件26件，化解25件。处理来信472件，接待来访367人（次）。化解信访积案，圆满解决东林小区114户购房者群体性纠纷等信访案件。

【司法改革】2016年，海口市坚持问题导向，继续推进司法改革。（1）推进以审判为中心的刑事诉讼制度改革，贯彻疑罪从无、非法证据排除的法律原则，切实保障人权。对330名罪行轻微的被告人适用非监禁刑，对5名被告人免予刑事处罚，对12名被告人宣告无罪，对2480名罪犯予以减刑、假释。（2）实行案件繁简分流，做到简案快审，繁案精办。在全省法院率先对认罪认罚刑事案件试行“要素式”裁判文书和庭审程序简化改革，开庭时间大大缩短，平均用时15分钟；继续推进轻微刑事案件快速审理改革试点，审结1643件1724人，大大提高审判效率。（3）推进执行权运行机制改革，实现执行工作中实施权、审查权、审判权分离。建立执行单元化和警务化的新型工作模式，龙华区法院为全省法院执行体制改革试点法院。执行单元化：每个执行单元由法官、法官助理、书记员、执行司法警察各一名组成。执行单元建立后，法官助理可以依照法官签署的法律文书，独立或会同书记员、司法警察采取执行措施并完成执行事项的具体实施。执行警务化：设立执行警务中队派驻执行局，共有7名在编司法警察，其中4名是由符合条件的政法专项编制的法官助理、书记员通过本人申请和组织考核的方式，转为司法警察编制，主要负责安全保卫工作，配合法官助理具体实施送达、查封、扣押、搜查、拘传、拘留、强制搬迁等强制措施，处置执行突发事件，配合完成法官交办的各项执行任务，突出执行工作强制性。该工作模式为破解“执行难”提供有力支持。（4）加强审判监督管理。强化院庭长监督管理职能，在全省法院中率先建立系统的审判监督管理机制，加强对案件事中、事后的监督，做到放权不放任、监督不缺位；建立裁判文书审阅、常规评查、重点评查和专项评查四位一体的案件评查体系，实现案件质量评查常态化，年内完成对司法改革后案件质量评查2512件，促进案件质量和办案水平的整体提升；建立庭审巡查机制，加强对庭审纪律和庭审规范的检查，提高法官庭审水平。（5）实行审判辅助事务集中办理。在立案庭设立案件移送工作站，对案件实行专人登记，规范上下级法院之间的案件移送工作；出台司法警察集中送达法律文书制度，节省司法资源，提高送达效率和准确率；推行速录员派驻固定审判法庭制度，不断提升庭审记录的质量和专业化水平。随着司法责任制改革的推进，一线法官办案责任意识明显

2016年7月5日，海口市秀英区人民法院城市管理巡回法庭揭牌。（符晓玮 摄）

增强，办案积极性明显提高，审判质效明显提升。全市法院以全省约20%的法官人数办理全省法院约40%的案件，结案总数、人均结案数分别上升20.03%和28.57%。全市法院法官人均办案235件，其中龙华法院人均办案493件。市中院在全国法院司法责任制改革督查推进会上作经验交流。

【司法公开】2016年，海口市中级人民法院在中国裁判文书网、天涯法律网、椰城法律网公开发布生效裁判文书1.29万篇，同步上网率100%，名列全省中级人民法院之首。以中国庭审公开网、海口法院庭审直播网、新浪微博为媒介，对社会关注度较高的案件庭审以“全媒体”形式予以全景展示，将庭审置于公众的监督之下。建立职务犯罪、毒品犯罪、危害食品药品安全犯罪案件庭审旁听制度，把审判法庭打造成法制宣传教育基地。通过网站、微博、微信等载体，及时向社会传递人民法院工作动态和重大案件庭审情况等司法信息。

【基层巡回法庭设立】继2015年8月24日龙华区法院成立龙华城市管理巡回法庭后，2016年7月5日、7月6日、8月26日，秀英、琼山、美兰城市管理巡回法庭分别设立，4个区的城市管理巡回法庭共在全市21个社区设立审判联系点，对涉城市管理类案件实行快立快审快执。9月，市中院设立旅游合议庭，指导辖区法院设立旅游巡回法庭。10月1日，4个区旅游巡回法庭成立，分别在假日海滩、火山口公园、观澜湖旅游度假区等旅游景点设立11个巡回法庭办案点，开辟旅游纠纷绿色通道，集中、快速对涉旅游纠纷案件进行调处、审判，及时化解纠纷。

（宋玉敏）

司法行政

【公共法律服务体系建设】2016年10月9日，海口市率先在全省出台《海口市人民政府关于加快推进公共法律服务体系建设的实施意见》，在海口市全面推进公共法律服务体系建设。市司法局整合全市法律服务资源，依托海口市法律援助中心，推进全市公共法律服务中心建设，法律援助、法律咨询、普法宣传、律师公证、人民调解等服务事项全面进驻。12月20日，海口市公共法律服务中心挂牌成立，同时举行“海口市公共法律服务惠民周”活动启动仪式。惠民周活动期间，共接听“12348”法律服务热线221人次，开展律师、公证咨询176人次，为79名困难群众提供法律援助。

【人民调解】2016年，海口市司法局着力于构建人民调解、行政调解、司法调解多元化“大调解”格局，大力推进矛盾纠纷排查信息通报制度。各区人民调解委员会驻区人民检察院调解室正式挂牌，“检调”对接工作正式启动，推进刑事和解和人民调解的有机结合。与市公安局沟通协调，进一步加强人民调解与治安行政调解的

2016年12月20日，“海口市公共法律服务惠民周”启动仪式举行。（曹旭 摄）

2016年12月20日，海南省司法厅巡视员高富强（左），海口市政府副市长、美兰区委书记龙卫东（右）共同为海口市公共法律服务中心揭牌。（晋倩倩 摄）

对接，推进社会治安矛盾纠纷有效化解。全年共开展社会矛盾纠纷排查3628次，预防各类矛盾纠纷隐患1304宗；调处各类矛盾纠纷6667宗，成功调处6543宗，调处成功率98.1%；防止群体性事件14起，涉及1075人次。

【社区矫正】 2016年，海口市司法局创新性将优秀传统文化植入社区矫正教育改造中，在全市范围内开展七期“立德迁善·共享阳光”为主题的中华优秀传统文化集中教育活动，做好全市社区矫正人员的教育帮扶工作，取得良好效果。完善工作机制，加强与公安部门的配合，做好社区服刑人员出入境报备工作；严格贯彻执行法定不批准出境人员的通报备案制度，有效防止社区服刑人员非法出境，防止社区服刑人员脱管、漏管，逃避刑罚执行。全年，共接收社区矫正人员408人，解除445人，在册668人，再犯罪率为零。至年底，累计接收3791人，累计解除3123人。

【强制隔离戒毒】 2016年，海口市司法局落实场所安全“四项制度”，执行“六个一律”要求，定期举行“两违”物品清查行动、突发事件应急演练等措施，加强人防、物防、技防和群防，确保戒毒场所连续14年实现“六无”（无学员逃跑，无非正常死亡、无所内案发、无重大安全事故、无传染病、无毒源）目标。全年，海口市罗牛山强制隔离戒毒所共收治戒毒人员287人，解除188人，在所在册686人。

【安置帮教】 2016年，海口市司法局首次联合市人社局、市民政局、市残联，以“帮扶到人、岗位到人、政策到位、服务到家”为主题，组织开展特殊人员就业援助专场招聘会，共邀请113家企业集中为困难特殊人员提供就业岗位1600多个，组织100多名刑满释放人员参加招聘会，有2人现场与招聘企业达成用工意向。全年，共接收刑满释放人员791名，安置702名，安置率88.7%，衔接率100%，帮教率100%。

【未成年人法制教育】 2016年，海口市未成年法制教育中心大力推行以法制教育为主体、传统文化教育和心理健康教育为重点的“六位一体”教育矫治方法，大力开展行为养成、心理健康辅导、法律道德课、思想品德课、职业教育、义务教育、家长学校等多样化教育，帮助“问题少年”解决就学、复学、升学及回归就业等难题。年内，接受中央电视台、海口有线电视台、《海南日报》《海口日报》等媒体采访16次，新闻报道上稿16篇次。北京师范大学、中山政法委、中国教育学会工读分会等外地考察团前来考察教育矫治成果，经验得到广泛推广。至年底，中心累计接收学员1777人，结业1715人，其中2016年接收140人，85名学员顺利结业，结业合格率100%。

【律师公证管理】 2016年，海口市司法局发挥职能优势，组织35家市管律师事务所、11家基层法律服务所分别与全市44个司法所签订“所所联合”服务协议，将法律服务资源与基层业务资源有机整合，助力司法所提升综合服务实力。组织20多名资深律师组建“以案释法”宣讲团，在全市开展宣讲活动50多场次。组织15名资深律师组成市电视台法律顾问团，助力电视台举办涉法节目。组织由人民调解、律师公证等组成的法律服务组，深入拆迁区域、打违现场、“双创”整治等重点区域，开展专项法律服务行动，服务保障政府重点建设项目顺利推进。对市管39家律师事务所实施年度考核，有3家被评为五星级、1家四星级、16家三星级、10家二星级、5家一星级。全年，市管律师事务所共担任法律顾问893家，代理案件9287件，代写法律文书755件，解答法律咨询2886人次；市管公证处共办理公证1.32万件，其中国内民事公证1.02万件，国内经济合同公证763件，涉外民事公证2022件，涉港澳台公证170件。

【法律援助】 2016年，为落实好法律援助这个省委、省政府确立的为民办实事事项和省司法厅确定的年法律援助案件数量不低于8000件，接待群众法律咨询不少于2.7万人次的任务，海口市将法律援助经济困难审查标准由2015年的1270元放宽至1430元，放宽幅度12.6%，实现低收入人群全覆盖。将劳动保障、婚姻家庭、申诉案件等与民生紧密相关的事项纳入法律援助范围，依法保障相关困难人群的合法权益。新成立海口市人事劳动仲裁院法律援助工作站，全市有法律援助工作站173个，法律援助联系点404个，全力打造法律援助“半小时服务圈”，最大努力使法律援助更加便民惠民利民。全年共办理法律援助案件8552件，超额完成全年目标任务的6.9%；为8552人次受援人提供法律援助服务，挽回经济损失和取得经济利益1.12亿元；接待群众来电来访法律咨询3.62万人次，超额完成全年目标任务的34%；开展法律援助宣传、咨询活动134场次。市法律援助中心被评为第五届“全国法律援助工作先进集体”“全国老年法律维权工作先进集体”。

2016年10月7日，“法润海口——法治文艺社区行”全市巡演首场在琼山影剧院开演。 （市司法局 供稿）

【司法考试】 2016年，海口市司法局以推进国家统一法律职业资格考试“考卷、考场、考试、人员”四个安全体系建设为重点，通过健全组织保障，主动协调各单位，开展联动服务等措施，严密组织实施2016年国家司法考试。首次使用“人像比对系统”设备，通过将互联网与国家司法考试信息数据库相连接，实现考生“刷脸”进场，确保海口考区2432名考生、83个考室的教务场所安全，连续5年确保海口考区国家司法考试考务工作“零差错”“零事故”。

【司法所建设】 2016年，海口市共有44家司法所，其中镇司法所22家，街道司法所21家，开发区司法所1家。有28家司法所完成业务用房建设任务（秀英区7家、龙华区8家、琼山区7家、美兰区6家），因建设用地、旧城改造、资金缺乏等原因，有16家司法所（街道12家、镇3家、开发区1家）没有业务用房，暂时借用（租用）街道办事处或其他单位的房屋使用。年内，有6家司法所业务用房因棚户区（旧城）改造，被区政府征收拆除或列入棚户区改造项目后没有业务用房（美兰区演丰、灵山、白沙街道、海甸街道、蓝天街道司法所，琼山区国兴街道司法所）。以创建现代化文明司法所工作为抓手，全市有12个司法所被命名为省级现代化文明司法所，占全省的36.4%；有16个司法所被命名为市级现代化文明司法所，占全市的36.3%。11月18日，海南省司法厅在海口召开省级现代化文明司法所建设现场推进会，云龙镇司法所、三门坡司法所规范化建设经验在全省广泛推广。

【法治宣传】 2016年，海口市司法局坚持以法治宣传教育为基础，以“法治海口”建设为主线，以加强法治文化阵地建设为载体，以宪法为核心，以社会主义法治精神为内容，以“传统模式（宣传资料、横幅标语）+新媒体模式（微信、微博、微电影）”，多方位、全立体实施法治宣传教育活动。“六五”普法期间，共组织开展“法律六进”300多场次，发放法治宣传资料200多万份；组织法治文艺演出200多场次；实施法治宣传“三进一上一融入”（进网络、进影院、进公园，上普法公益广告、融入戏曲），在全省率先建立“法治海口”普法微信公众平台、“椰城普法”新浪微博，制作全省首部普法微电影《我叫刘学好》，微动漫《诚信守法》《法律援助》《人民调解》和“‘双创’我参与 学法我受益”为主题的法治动漫教育片；建设全省首个法治文化广场——美兰区法治文化广场，自编普法话剧《为了明天》和折子剧《法所不容》等法治宣传载体；创新实施“法惠百姓，服务万家”主题活动，有效整合和下沉全市法律服务资源，有效解决法律服务群众“最后一公里”问题，实现全覆盖、全方位、立体化的精准普法格局。“六五”普法工作成效显著，得到省“六五”普法总结验收组及省人大“六五”普法检查调研组的充分肯定。海口市获2011～2015年度“全国法治宣传教育先进城市”称号。

（邱海珊）

（编辑：姚 锐）

军事

海口警备区

【警备区概况】2016年，海口警备区围绕党在新形势下的强军目标，以部队改革为中心和主线，按照“固基提质、转型升级”的发展思路，扎实开展思想政治教育，周密组织重大演训活动，突出抓好民兵整组和训练，在抓好镇（街道）人武部建设的基础上推进企事业单位、高校人武部正规化建设，积极协调驻军参加海口市“双创”和抢险救灾工作，牵头成立驻海口市部队停止有偿服务领导小组，积极协调驻军停止军队有偿服务，全面建设取得优异成绩，军地作用发挥明显。

【警备区思想政治建设】2016年，海口警备区完成党委中心组带全区干部3个专题的理论学习，组织全区官兵职工学习领会习近平主席“七一”讲话、纪念长征胜利80周年讲话和十八届六中全会精神，确保党的创新理论迅速占领思想阵地，落实于行动。根据省军区的统一部署，抓实“两项重大教育”（“坚定改革强军意志，投身改革强军实践”主题教育活动和“学党章党规、学系列讲话，做合格党员”学习教育），坚持高起点筹划、高质量推进、高标准落实，取得预定效果。紧跟改革进程，在专题辅导的基础上，有针对性地做好一人一事的思想引导工作，不断稳心定神、激发动力。

【警备区两项重大教育】2016年，海口警备区党委扎实推进两项重大教育工作。为使教育更具针对性，在收集50余条意见建议的基础上，针对警备区部队实际，区分6个层面，提出教育应着重解决的40个具体问题，细化措施要求，确保教育活动有效启动。党委委员带头上讲台、领导干部带头以普通党员身份参加组织生活、领导机关带头承诺践诺；坚持个人自学与集体学习相结合、理论学习与研讨交流相结合、学习教育与党性锤炼相结合、典型引领和警示教育相结合、坚持教育活动与配合活动相结合，强化教育质量。开展11项配合活动，进一步深化巩固教育效果。

【警备区安全管理】2016年，海口警备区先后召开5次安全委员会会议，强化安全工作组织领导，明确安全责任。召开年度安全工作任务部署会，逐级签订《安全责任书》；清查整治警备区1992年组建以来文件资料，清理涉密办公电脑、移动硬盘；开展“条令月”“迎大考·争百分”创建平安军营和“百日安全”活动，学习条令法规，组织队列会操，修订各类规范，正规“四个秩序”（战备秩序、训练秩序、工作秩序和生活秩序）；开展海口市辖区涉军信息商铺清理，维护军队形象和声誉；组织完成秋、冬季2次士官选取、士兵退役工作，全程公开、公正、公平，确保警备区保持高度安全稳定。

【兵役工作】2016年，海口市征兵工作贯彻落实国防部征兵办和省征兵办指示精神，按照“节点提前、工作提速、标准提高”的要求，紧紧围绕征兵工作“五率”（报名率、体检上站率、合格率、择优率、退兵率）目标，周密部署、及早展开、扎实推进。3月20日调整完善征兵工作组织机构，4月1日全面展开各项工作。组织年满18周岁男性公民网上兵役登记，协调省、市教育系统组织适龄学生网上兵役登记。在市、区两级开设微信公众号，定期发布征兵工作动态；在室外LED显示屏播放征兵宣传广告，在辖区重要路口设立征兵宣传大型广告牌，在繁华地段设立征兵宣传墙、灯箱等；建立基层征兵宣传人员交通、误餐补助机制，广泛发动专武干部、民兵营长、村（居）委会干部开展走村入户式的精准征兵宣传。组织召开海口市高校征兵宣传任务部署会，研究建立海口市辖区高校征兵协作会商机制；开展高校国防教育讲座，组织现场政策咨询和征兵报名；协调省军区业余演出队在海口地区10所高校进行征兵文艺演出，组织300名大学生进军营参观军事课目表演；协调出台民办高校征兵奖励政策，圆满完成大学生征兵任务。

【城市警备工作】2016年，海口警备区警备纠察分队采取定点监控与流动巡查相结合、特殊区域与重点路段相结合、独立执勤与交警联合执勤相结合的方法，每天安排6组人员在军事敏感地区、市区繁华路段、车站码头、风景区检查，实现警备纠察常态化。全年共派出警备执勤兵力 6241 人次，车辆 3087 台次，与交警部门联合整治酒驾活动 46 次。3 月，澜湄合作首次领导人会议和博鳌亚洲论坛期间，参加环琼“安保圈”行动。

【警备区防风救灾工作】2016 年，海口警备区强化抢险救灾责任担当，着力加强军地协调配合，全面做好抢险救灾准备工作，严密组织抢险救灾行动。5 月 31 日，会同市三防办，召开驻市团以上单位三防联席会议，对接方案计划，完善指挥协调和各项保障机制。6 月 28 日至 7 月 1 日，组织全市近 100 名应急民兵骨干抗洪抢险集训，突出油锯、抛投器、冲锋舟等装备操作使用、维护保养训练，组织疏通道路、水上搜救、解救群众、转移物资等综合演练，提升民兵应急分队抢险救灾能力。8 月 17～19 日，在抗击强热带风暴“电母”中，共出动兵力 648 人（其中现役官兵 64 人、民兵 584 人）、冲锋舟 15 艘、运输车辆 13 台，协调驻市军警部队 1025 人和动员地方工程机械 55 台次参与抢险救灾，构筑防洪堤 62 米 130 立方米，加固护坡 2 处共 680 立方米，搬运沙袋 12 万多个，完成美兰机场高铁站 5 号泵房出口洪水倒灌、秀英区果副小区塌方、琼山区夏瑶村工地塌方等险情排除任务。10 月 16～20 日，在抗击第 21 号强台风“莎莉嘉”中，共动用兵力 4363 人次（其中现役官兵 93 人次、民兵 4270 人次）、冲锋舟 33 艘、车辆 496 台次，协调驻市军警部队 3270 人，转移群众 1.24 万人，转移运送物资 205 吨，扶正树木 1475 棵，加固树木 1154 棵，清理疏通道路 509.5 千米，清运垃圾 385 吨，完成南海明珠岛受困船员应急救援、洪峰过境搜查未转移群众及 7 个镇（东山镇、新坡镇、龙泉镇、龙塘镇、龙桥镇、旧州镇、灵山镇）应急救援准备、恢复灾后秩序、抢收抢运瓜菜、加固云龙镇谭连村南渡江防洪堤等重大任务。

【警备区扶贫攻坚工作】2016 年，海口警备区按照省军区的统一部署，抓好文昌市文教镇加美村扶贫帮困工作。警备区常委深入一线考察，出资 80 万元启动资金进行农田改造，抓好村党支部和民兵队伍建设，实施基础扶贫、精准扶贫、医疗扶贫、文化扶贫、队伍扶贫、思想扶贫等。年底前，加美村 14 户贫困户整体脱贫。

【警备区综合保障】2016 年，海口警备区完成营区沥青路面铺设、办公楼装修改造、礼堂桌椅更换、招待所食堂整修、病媒生物防制设施建设以及部分危房拆除等工作，推进政府投资项目建设，民兵综合训练基地各项建设有序开展。对全区对外有偿服务项目进行清理整改，协调驻军单位参与海口市“多规合一”工作。

（王思纯）

武警海口市支队

【武警支队工作概况】2016 年，武警海口市支队坚持以强军目标为统领，围绕政治建军、改革强军、依法治军，认真落实总队党委思路要求和支队党委总体部署，扎实推进各项工作，部队建设稳步发展。抓军事训练“八落实”（人员、内容、时间、质量、弹药、摩托〈飞行〉小时、教练员、场地的落实），教练员集训和“魔鬼周”极限训练、“卫士 -16”演习等大项军事活动有声有色；加强反恐和战备建设，深化形势研判和任务研究，细化规范方案预案和编携配装，认真落实联合作战值班和常态化拉动演练，部队保持良好战备状态。9 月 8～9 日，召开第三次党员代表大会，选举产生支队第三届党委委员会、纪律检查委员会、出席总队第三次党代会代表以及出席海口市第十三次党代会代表。9 月 9 日，支队第三届党委组织召开第一次全体会议，会议选举产生支队第三届党委常委、第一书记、书记、副书记，通过支队新一届纪律检查委员会选举结果。

【武警支队思想政治建设】2016 年，武警海口市支队坚持把坚决看齐、强化追随作为最大的政治，采取专题学习、理论轮训、组织生活等形式，抓好习近平主席系列重要讲话精神的学习贯彻，教育引导官兵“不忘初心，继续前进”；扎实推进改革强军主题教育，部署开展“强军风采”系列文化活动，传承厚植红色血脉，达到寻根铸魂、鼓舞士气的效果；紧盯政治安全，抓好意识形态领域工作，坚决肃清郭徐案件流毒影响，部队保持集

2016 年 3 月 8 日，中共武警海口市支队委员会二届六次全体（扩大）会议召开。
（武警海口市支队 供稿）

2016年9月7日，武警海口市支队到海南总队一支队开展为期一周的“魔鬼周”极限训练。

（武警海口市支队 供稿）

中统一和纯洁巩固，涌现出武警部队“优秀党务工作者”尹艳火和武警部队“十佳‘四会’政治教员”张广旭等先进个人，支队政治部被总队评为“先进政治部”。

【武警支队执勤处突】2016年，武警海口市支队扎实开展执勤教育整顿，“五防一体化”（人防、物防、技防、联防、犬防一体化）建设、隐患治理、勤务规范成效明显，固定目标安全无事故，圆满完成冬休警卫、春运执勤、武装巡逻和博鳌年会安保、长征五号运载火箭发射安保、防御强台风“莎莉嘉”等任务，维护社会大局稳定。6月1日凌晨6时，支队协同定安县警方在屯昌县新兴镇广青农场文武山村成功抓捕1名持枪抢劫犯，缴获改装射钉枪1支、自制火药枪1支、自制弹药9发、刀具3把。10月17~21日，支队多地多线出击，协助海口、儋州、琼海三地群众全力展开灾后重建工作，共抢通受阻公路96千米，清理电路走廊235千米、倾倒树木4700余棵、垃圾40余吨，恢复328个自然村正常供电。

【武警支队综合保障】2016年，武警海口市支队大力推进现代后勤建设，扎实抓好伙食精细管理、医疗巡诊和武器巡修等经常性保障，后勤“四保”（保任务、保基层、保建设、保改革）能力得到提升。持续抓好设施建设，投入189万元用于机关围墙封闭、安全防护工程和临时车库搭建，投入49万元稳步推进17中队等单位营房改造维修，投入58万元加快推进基层县（市）中队安全防护工程建设。注重办实事解难题，投入10万余元购买更换空调、电视机，改善机关干部办公生活条件；投入4500元购买300个弹袋、6个枪柜配发基层，为19中队特勤排配发就餐设施并完善20中队新建配套设施，为基层单位配发音响系统、篮球架、乒乓球台、照相机等文化娱乐器材，组织46名军人家属到总队医院进行健康体检。

【武警支队基层建设】2016年，武警海口市支队严格落实精准帮建、当兵蹲连、定期分析形势等制度，抓建秩序进一步正规；严密组织《纲要》培训，各级按纲抓建意识和能力不断提升。深入开展“学法规、用法规、保安全”活动，狠抓条令法规学习运用和“八个规范”（安全教育深入、安全训练到位、安全组织健全、安全制度落实、安全环境良好、安全设施齐备、安全活动经常、安全责任明确）、安防设施建设等基础性工作落实，部队安全形势明显好转。三沙中队党支部被武警党委评为先进党支部，9个中队被总队评为基层建设先进单位，2个连续5年以上未进先进的中队跨入先进行列。

（任毅衡）

2016年2月22日海口换花节期间，武警海口市支队进行安保勤务。

（武警海口市支队 供稿）

省海警总队海警一支队

【海警一支队概况】2016年，海警一支队突出抓好党委班子建设，坚持稳中求进、以稳为主的总基调和总方向，圆满完成各项执法执勤中心任务，部队管理教育、综合保障水平明显提升，海上辖区平稳可控，部队内部安全稳定，呈现良好发展态势。全年共有10个集体、108人受到上级通报表彰。

2016年6月26日，海警一支队查获走私成品油船只。　（海警一支队 供稿）

【海上综合执法】2016年，海警一支队着力突出主业，应对挑战，全年共派遣舰艇358艘次，航时4866小时，航程3.1万海里，在西沙海域、琼州海峡、北部湾海域开展维权执法任务，共驱赶外籍渔船141艘，实施海上搜救27起，抓获走私稀有海洋生物渔船1艘。其中派遣舰艇赴西沙执行管控任务5次，驱赶越南渔船60余艘；协助搜寻越方失事飞机和人员，完成首次涉外搜救任务。加强辖区治安管控，严厉打击非法采砂、非法捕捞、走私、毒品等违法犯罪活动，大力清查“三无”船舶和违规出海作业人员。年内，查获走私案件3宗，抓获涉案人员12人，查扣涉案船舶3艘，查获走私成品油280吨；协助边防总队查获走私案件1宗、海龟93只；办理行政案件10起，行政处罚35人次；联合地方公安机关成功破获“2016-845”“2016-996”等公安部目标毒品案件，缴获各类毒品14.5千克。派遣舰艇圆满完成博鳌亚洲论坛年会安保、102海上专项警卫、“1612”“1659”“1666”安全警卫、端午节“洗龙水”、长征七号火箭首飞、中秋节赏月等重大安保勤务。

【海警一支队队伍建设】2016年，海警一支队党委、支部常讲常议常抓安全工作，健全安全组织，层层签订《安全责任状》，完善安全规定及应急预案5项9个，落实管理教育、形势分析、预防犯罪、检查排查等制度，强化兵员管控，抓好零散人员、接舰人员及重点人员管理，全面构建安全工作“大格局”。全年开展安全隐患排查6次，派出联合督察148组次，消除各类隐患26个，督促整改问题68个。成立正规化管理专班，设立机关、陆勤、舰艇正规化试点，组织观摩交流，出台规范性文件12份，细化完善措施17条。坚持党委常委基层联系点和党委为基层办实事制度，着力解决官兵婚恋、考学等困难48项。加大重点敏感事项的监督力度，督办完成常委会、办公会、交班会议定或交办事项137项。定期分析基层建设形势，开展机关与基层“双向讲评”，分批安排85名机关干部下基层蹲舰住舱，指导、帮扶基层建设。

海警一支队在海上编队航行。摄于2016年11月15日。　（海警一支队 供稿）

【海警一支队后勤综合保障】2016年，海警一支队加强与驻地党委政府和职能部门的沟通协调，争取地方经费支持590余万元，向基层准时足额下拨经费158万元。加快推进金牌港西港拟征地块《选址意见书》办理和江东地块围墙建设，投入660余万元新建、改造支队游泳池、3D多功能影视厅、健身房、洗衣房、营门围墙、营区休闲廊等，改善官兵生活条件，丰富官兵业务生活；实行营区全面社会化保障，由地方物业公司担负厨房、餐厅、宿舍清洁和营区绿化、理发店、超市运营等工作。先后投入57万元，维修改造故障通信装备和软硬件设施。加强舰船、车辆管理，年内排除舰艇故障60余起，勤务用车4800多台次，安全行驶18万千米。

（张宪芝）

海口市公安消防支队

2016年8月11日，海口市观澜湖消防站规划评审会召开。（市消防支队 供稿）

【市消防支队概况】2016年，海口市公安消防支队坚持“一手抓火灾隐患排查整治，一手抓基层基础工作”，不断巩固提升“双创”消防工作成果，圆满完成博鳌论坛年会、G20杭州峰会等重大活动消防安全保卫，成功处置台风“电母”“莎莉嘉”和“10·20”东方油轮机舱爆炸事故等重大灭火应急救援任务，实现海口市全年无较大以上或有影响火灾的目标，有效净化社会公共消防安全环境，进一步提升公众消防安全意识，全力保持全市火灾形势稳定。被评为全市安全生产先进单位和“双创”工作先进单位。

【市消防支队部队管理】2016年，海口市公安消防支队坚持规范抓建、精细管理，抓好支、大、中队三级正规化建设，制订出台并严格执行《干部绩效考评（暂行）办法》《士官管理规定》等4项制度，树立严下先严上、严兵先严官的鲜明导向，全面提升部队正规化、科学化管理水平。扎实开展条令条例学习月、“五无”（无亡人责任事故、无刑事案件、无自杀事件、无违反“五条禁令”、无严重违纪）创建、夏季百日安全防事故、治“三松”（管理松懈、作风松散、纪律松弛）创“三无”（争创无行政责任事故、无严重违纪、无刑事案件）等专项活动，不断提高人防、技防、物防水平，健全完善立体化、全天候的防控体系，实现队伍管理全覆盖、无盲区。

【消防体系与安全环境建设】2016年，海口市公安消防支队组织编制《海口市“十三五”消防事业发展规划（2016~2020）》和《海口市城市消防规划（2016~2030）》，明确海口市未来5年的消防事业发展方向，并为未来15年内48座城市消防队站建设落地提供政策依据，其中46座消防站（占地18.56公顷）列入黄线保护范围。年内，申请专项经费1.78亿元，其中7069万元作为基本支出经费，1.07亿元用于观澜湖、海甸2个消防队站建设和装备器材采购，以及完成全市49条道路570个市政消火栓、4.49万米消防供水管道补建，并对现有2776个市政消火栓进行常态化维护保养。

【社会消防管理】2016年，海口市公安消防支队制定推行消防行政审批受理容错机制、简化消防行政审批受理程序、落实消防工作“一线工作法”等12项便民利民措施；先后组织技术小组提供预审、联审及预验服务252次，预约技术指导185次，各类业务咨询3800多次，验收项目现场指导整改火灾隐患3570处，为日月广场、新城吾悦广场、万达广场等89家企业纠正违反技术规范5120处，节约投资2亿元。

【火灾防控】2016年，海口市公安消防支队借助市“双创”工作集中力量开展老城区、城中村整治，在首批858条小街小巷的改造项目中，推动更换老化的电线、增设消火栓、配置灭火器，推广安装简易喷淋1549套、独立式感烟火灾探测报警器7114个；拆除、取缔各类占用消防车道的疏导点115个和马路市场66个，拆除存在严重火患的违法建筑3311栋、总面积155万平方米。协调市工商、交警、质监、科工信等职能部门和电动车销售厂家召开全市电动车火灾防控研讨会，确定技术改造、挂牌督办、加强宣传等24项整治措施，排查出租屋、群租楼2289家，发现火灾隐患7211处，整改火灾隐患5373处。2016年，支队共检查单位11.25万家，督促整改火灾隐患和违法行为1.83万处，下发责令整改通知书1.02万份，处罚192家，临时查封60家，责令“三停”（停产、停业、停止施工）58家，罚款304.28万元，拘留6人。

【灭火救援】2016年，海口市公安消防支队共接警出动1050起，出动车辆2159辆、警力1.19万人，抢救被

2016年8月27日，海口市公安消防支队到省市重点项目海航日月广场施工现场检查指导消防工作。（市消防支队 供稿）

2016年9月30日，海口市公安消防支队在海秀快速路开展消防演练。（市消防支队 供稿）

困人员3404人，疏散被困人员2675人，抢救财产价值4292.5万元。其中火灾341起，死亡2人，受伤7人，直接经济损失578.34万元。

【电动车火灾事故】2016年，海口市共发生21起电动车火灾事故，财产损失110.36万元，受伤5人。其中较大事故有：1月3日，美兰区海甸岛德利路德利新村电动车棚因电动车电气线路故障引发火灾，造成直接财产损失20万元；3月11日，道客村二里149-1居民楼电动车因电池充电短路引发火灾，造成直接财产损失35万元，受伤4人；3月13日，青年路廉租房小区一楼楼梯口因电动车电气线路故障引发火灾，造成直接财产损失16.45万元；5月29日，秀英区书场村84-3胜宏出租屋因电动车电气线路故障引发火灾，造成直接财产损失25万元，受伤1人。

【“119”服务】2016年，海口市公安消防支队“119”指挥中心推进“互联网+”背景下的消防服务创新，进一步做强海口消防网平台和支队官方微博、微信，拓展消防宣传和为民办实事新渠道，使消防服务从传统阵地向网络媒介延伸。同时，立足消防警力实际，规范力量编成和等级调度。制定《灭火救援力量编成等级调度规定》，严格落实等级力量编成调度规定，针对不同类型灾害事故特点规律，科学划定灾情分级，明确响应机制，实现定性定量、准确调度。扩建火山口、三江、旧州岭3个同频同播基站，全市无线通信覆盖率达90%以上。

【消防执勤训练】2016年，海口市公安消防支队按照“一队一类型、一队一专攻”的目标，打造出专精化工救援的特勤一中队、地震救援的特勤二中队等12类专业救援力量，修订3D数字化预案156份，全年开展全天候地震救援拉动、海秀快速路交通事故处置、水域救援、大型城市综合体火灾扑救等支队级实兵实装演练12次，其中夜间演练4次。组织典型战例研讨8次，培训战训骨干600余人次。

【消防装备及基础设施建设】2016年，海口市公安消防支队以贯彻落实《海南省地方消防经费管理办法》为抓手推动经费落实，保证100%落实地方消防经费基本支出保障标准。在100%落实地方消防经费基本支出的基础上，将市政消火栓补建、海甸消防站和观澜湖特勤消防站的建设及装备器材采购等项目列入海口市“双创”重点项目，采用PPP项目模式投入1.07亿元专项经费用于项目建设；将多种形式消防队伍建设经费纳入政府财政预算，投入363万元为支队招聘消防文员55名、合同制消防队员66名，为部队建设和各项任务的圆满完成提供了强有力的经费保障。投

2016年11月26日，海口市公安消防支队检查海南国际旅游岛欢乐节开幕式期间的消防安全工作。（市消防支队 供稿）

入3781万元采购消防车9辆、工程机械车（挖掘机、装载机、推土机、平板拖车）4辆、装备器材1.23万件套。投入168万元购置一批文体器材，丰富基层单位的警营文化；按照总队要求完成所有执勤中队的红门影院建设，并投入840万元对支队本级及14个中队的营房设施和基础设施进行修缮、改造。

【消防宣传】2016年，海口市公安消防支队扎实推进消防宣传“七进”（进学校、社区、农村、机关、网站、家庭、企业）工作，策划“119消防宣传周”“开学第一课”等主题宣传活动，将消防知识纳入公务员和物业人员、重点单位管理人和在校学生培训课程，制作印发“消防小达人”“逃生宝典”等宣传资料3万余份、消防常识资料35万份、消防安全警示片光盘3.5万份，组织消防知识讲座、消防逃生演练、消防站开放1200余次，全年教育培训80余万人次。主动参与《椰城纠风》《亮见》《“双创”三人行》等电视栏目为市民解疑释惑，通过海南有线电视、《海口消防之声》广播和户外大型LED屏等公众媒体滚动播放消防公益广告，利用海口消防微信、微博公众号推出“小郭带你来找茬”网络征集活动，推送消防常识1220万条。

（吴健宇）

武警海口边防支队

【海口边防支队工作概况】2016年，海口边防支队边防主业和部队建设均取得突破性进展，连续4年保持安全无事故，实现边防辖区和部队内部的高度安全稳定。全年，支队共有13人荣立三等功、134人被嘉奖；支队被部局评为“公安边防部队‘十二五’信息化工作先进单位”，被总队评为“先进支队级党委”“安全工作先进单位”，被市委市政府评为“海口市拥政爱民模范单位”；1个大队被部局评为“基层建设先进大队级单位”，1个单位被部局评为“基层建设标兵单位”，1个单位被部局评为“执法示范单位”并荣立集体三等功，1个单位被省禁毒委评为“海南省禁毒工作先进单位”，2个单位被总队评为“先进党支部”，1名同志被部局评为“基层建设标兵”，1名同志被评为“优秀级支队主官”，3名同志被评为“优秀团职领导干部”，8名同志被总队评为“优秀党务工作者”和“优秀共产党员”，2名同志荣获“海口好人”称号。

2016年8月7日，海南省委常委、常务副省长毛超峰（左一）到海口边防支队辖区走访调研。

（武警海口边防支队 供稿）

【海口边防支队党委班子建设】2016年，武警海口边防支队党委坚持将党委自身建设、部队执法执勤、安全工作、后勤建设等重大问题提交党委集体研究。召开党委常委会20余次、党委理论务虚会3次，确保中心工作和重大任务高效推进、有效落实。研究制定支队《党建工作责任制实施办法（试行）》《大队级党委工作规范》等系列制度，联合海口市委组织部印发《关于在海口市边防辖区开展联创联建“沿海党建带”的指导意见》。紧盯中心工作和重大任务进行谋划，将历史遗留问题、公安部挂牌督办事项等“疑难杂症”列为党委头号工程，强力推进。制定支队《贯彻执行“两个责任”和“统一规范”实施细则（试行）》，进一步压实党风廉政建设党委主体责任和纪委监督责任。开展廉政教育10次、廉政谈话3次、播放警示教育片5场次，确保队伍纯洁稳定。

【海口边防支队思想政治工作】2016年，武警海口边防支队扎实开展主题教育及各项配套活动。将“讲党性、迎考验”和“改革强警”主题教育与官兵忠诚品格和战斗精神的培育深入融合。建立协作区、支队主官、大队主官、派出所教导员、优秀教育骨干、地方专家六级联席授课机制，广泛开展 “四红”活动（读红色经典、看红色电影、唱红色歌曲、忆红色传统），着重做好一人一事的经常性思想工作，各级组织谈心谈话600余人次，确保个别人教育到位、管控到位，经验做法在总队三季度政治工作会议上专门作交流发言。围绕中心工作和突出业绩，抓好新闻宣传报道，共在内部网络刊发稿件110余篇，在各类外部媒体刊发稿件350余篇积1400余分，超出总队规定任务的近5倍，连续9年提前、超额完成宣传任务。政治干部在总队2016年政工比

2016年10月3日，海口边防支队三江所“爱民固边模范路”建成通车。

（武警海口边防支队 供稿）

武竞赛中取得3个单项第一，总成绩全省第二名的优异成绩；1人荣获总队“四会”教员授课竞赛一等奖。

【海口边防支队服务中心工作】2016年，海口边防支队围绕“固边系列”、缉枪治爆、禁毒三年大会战、沿海船舶治安整治等专项行动下狠劲、做苦功，在执法办案、沿海管控、打击犯罪上均取得突出成绩。全年，破获刑事案件271宗；查处行政案件1668起，抓获各类违法犯罪嫌疑人2439人，打掉犯罪团伙9个，抓获网上在逃人员15人，特别是红岛所成功抓获1名潜逃17年之久的涉嫌故意杀人网上在逃人员。破获贩毒案103起，抓获吸贩毒人员545人，缴获海洛因、冰毒等各类毒品4.29千克。禁毒3年大会战启动后，支队在1个月快速破获省督“2016-34”毒品目标案件、部督“2016-846”毒品目标案件。红岛边防派出所被省禁毒委评为“全省禁毒工作先进单位”。与广东省边防总队湛江边防支队建立海上警务联勤联动协作机制，强化管控合力。参加琼粤两省省际公安联勤查控，共检查车辆5.72万辆、人员25万余人次，核查关注人群64人，查获违法犯罪嫌疑人29人，抓获在逃人员7名，缴获毒品300余克。承担各级“两会”、博鳌亚洲论坛年会、冬季警卫、村两委换届选举等大小安保任务69项，出动警力8527人次。深入推进“平安海南”建设，加强与地方党委政府沟通联系，支队13个派出所主官均进入所在镇（街）班子，民警村干部覆盖率100%，爱民固边模范村创建比例60%，支队三江边防派出所被部局评为“爱民固边先进单位”。

【海口边防支队四项建设】2016年，海口边防支队按照上级指示要求，坚持统筹兼顾，合力推进基础信息化、警务实战化、执法规范化、队伍正规化建设。自筹经费100余万元建设各级监控28套，接入摄像头4200多个，基本上实现对辖区社会面重点部位的全程实时监控。从8月起，分4批进行为期10天的正规化暨警务实战化集训，全面提升官兵综合能力素质。坚持每月对执法案件和执法视频进行评查通报，案卷评查率达到100%，有效强化执法工作的事前、事中监督。投入120余万元为10个边防派出所执法功能区开展升级改造。长堤、新埠边防派出所的执法规范化水平走在全国边防部队的前列，先后接待兄弟总队、支队参观学习15批次100余人。围绕重大任务、围绕上级工作部署和领导指示、围绕安全管理薄弱环节开展督查，全年开展督察98次，视频点名43次，下发督察通报16期。

【海口边防支队后勤保障】2016年，海口边防支队党委加强与海口市委、市政府和市财政局、发改委等部门沟通，争取经费支持。着力破解基建“短板”，为官兵营造舒心的工作、生活环境。为东营边防派出所重新选址，已进入手续办理阶段。博南湾边防派出所征地进入用地审核阶段。支队党委还多方沟通，解决困扰万绿园边防派出所多年的地面下陷及排污问题，推进新海边防派出所警务服务楼、三江边防派出所综合楼改扩建等项目建设。为基层购置一批警用装备，保障执勤执法需求。在解决官兵就医问题上重点倾斜，安排医疗专门经费。先后建成演海、三江边防派出所文化场所，为基层边防派出所购置文体器材。

（李泊宏）

（编辑：张纯龙）

城乡建设与管理

城乡规划

【城乡规划概况】2016年，海口市规划局贯彻市委、市政府将海口打造成文明宜居的滨江滨海花园城市目标，进一步完善规划编制体系，审批项目凸显滨海特色，做好片区控规编制和修编工作，加快专项规划和城市设计力度；省政府常务会议审议通过《海口市总体规划（空间类2015~2030）》（“多规合一”），绘制“保生态”“保发展”“促改革”的一张蓝图和空间纲领，基本形成海口未来发展的总纲；结合全省“千个美丽村庄”建设，指导各区开展美丽乡村和镇墟改造工作；完成“百日大行动”等重点项目规划审查、审批工作；规范个人住宅建设行为，2月5日印发《海口市农村宅基地建房管理办法》，5月1日正式施行；全年共完成建筑类项目批建面积1029.02万平方米，承办人大建议、政协提案92件。

【控规编制】2016年，海口市规划局完成金牛岭、长秀片区和西海岸人工岛控规编制工作；8月，《海口港秀英片区控制性详细规划（修改）》经市政府批准实施；12月7日，市规划委员会秘书处就《如意岛控规》提请召开市规划委员会第十八次会议审议；12月13日，《海口市金沙湾片区控制性详细规划（修改）》原则通过专家评审，正在进行社会公示；《江东组团控规（修改）》和《新埠岛控规（修改）》正在编制；12月15日，经多次修改完善，南海明珠控规成果上报市政府审批；编制完成东寨港（东区）单元规划初步方案。

【控规动态维护】2016年，海口市规划局按程序（启动→专家论证→规划公示→上报审批）开展海甸岛片区、核心滨海区、府城片区以及龙华区博义、盐灶、八灶棚改片区等30项已批控规的动态维护工作及成果验收报备工作，使用地布局和功能划分更加科学，开发建设和产业发展更加协调，确保省、市重点工程、重点基础设施、公共服务设施等民生工程顺利落地，项目建设与周边利害关系得到妥善解决。

【城市设计】2016年3月，海口市规划局组织编制单位修改完善《海口市总体城市设计》，11月底完成评审稿。《美舍河景观功能提升规划》通过专家评审会，《海口市城市街景立面改造行动计划》《海口航线俯视区生态修复工作方案（暂定名）》经市长专题会审议通过。

【专项规划】2016年，海口市规划局继续开展专项规划编制工作。在交通类专项规划中，《海口市交通状况年度报告（白皮书）》《海口市“十三五”期间道路交通基础设施建设规划》《海口市公共停车场专项规划》编制完成；《海口市主城区立体人行过街设施规划（暂定名）》通过专家评审并完成社会公示和征求职能局意见；《海口市海绵城市专项规划》和《海口市海绵城市规划设计技术导则》正在编制。在历史文化保护类专项规划中，《海口府城传统建筑历史文化街区保护规划》正结合专家咨询会意见修改完善。在其他专项规划中，《海口市地下空间开发利用规划》《海口市加油加气站布点专项规划》4月经市政府批准实施；《海口市城市消防规划（修编）（2016~2030）》《海口市地下综合管廊专项规划》编制完成并报市政府审批。

【美丽乡村规划建设】2016年，海口市规划局开展指导各区开展美丽乡村建设工作，按照省人民政府印发的《海南省美丽乡村建设五年行动计划（2016~2020）的通知》要求，8月24日制定《海口市2016年度美丽乡村建设工作实施方案》，涉及海口市35个行政村，39个自然村。按照美丽乡村建设财政奖补资金分配方案，共投入省、市财政奖补资金6000万元；为加快推进该项工作，市规划局于3月25日、7月21日、12月22日分别组织各区政府、桂林洋管委会、三江农场召开管理培训班，各项建设工作正在按要求推进。年内，琼山区大坡镇树德村、三门坡镇龙马村、美兰区三江镇茄芮村、桂林洋迈德村、秀英区石山镇施茶村、龙华区新坡镇仁里村等6个村被评为海南省三星级美丽乡村。

【镇墟改造】2016年，海口市规划局开展指导各区开展镇墟改造工作，6月8日和7月25日，市政府办公厅分别印发《海口市镇墟改造专项实施方案的通知》和《海口市镇墟改造项目审查原则及标准的通知》，明确镇墟改造的项目位置，建设内容和资金、任务分解、时间节点等要求。8月3日，成立海口市镇墟工作领导小组，办公室设在市规划局，开展日常工作。除在市政府专题会议上就镇墟改造工作汇报外，市规划局还就消防基础设施建设、外立面改造、污水处理旅游化改造等工作提出具体指导意见。年底，18个镇墟改造项目规划设计方案通过各区组织的专家评审和部门联审并修改完善，并于12月29日报市政府审批。

【用地规划管理】2016年，海口市规划局加强城市用地规划管理，科学合理安排建设项目用地，严格按控规提供用地规划意见。按照《城乡规划法》、省市《城乡规划条例》相关规定，凡以出让方式提供国有土地使用权的，严格依据控规向国土部门提供出让地块的规划条件，明确地块位置、用地性质、开发强度等内容，作为国有土地使用权出让合同的组成部分；对出让地块所属片区控规尚未批复的，均不提供具体用地规划条件，严格城市用地规划管理。全年共向国土部门提供用地规划意见84份。严格出让土地变更审批，对已出让土地的规划条件与现行控规不一致的、土地涉及闲置情况的，一律先征求国土部门意见，核查办理用地性质变更、增加容积率相关手续、核查土地初始出让时间，确定土地是否收回，无问题或问题已解决的，才按程序予以审查审批。对涉及上述问题的86宗建设项目用地，市规划局均书面征询市国土资源局意见，严格依法行政。

【建设规划项目设计方案审查】2016年，海口市规划局继续实行建设项目规划设计方案技术审查和规划许可分离的路子，提前帮助企业解决项目土地权属、土地性质变更、增加容积率、太阳能补偿等问题，保障建设项目顺利通过规划许可；严把建筑设计方案审查关，确保设计凸显滨海建筑特色，彰显花园城市和生态文明城市魅力，同时注重城市功能和公共服务配套设施的完善，打造“21世纪海上丝绸之路”支点城市、大南海开发区域中心城市，构建宜居城市。全年共核发方案预审通知书404宗，其中建筑类225宗、市政类179宗。

【规划审批服务】2016年，海口市规划局依据控规向国土部门提供出让地块的规划条件，明确地块位置、用地性质、开发强度等内容，作为国有土地使用权出让合同的组成部分，全年共向市国土资源局提供用地规划意见84份；核发方案预审通知书404宗（建筑类225宗、市政类179宗）；核发《建设项目选址意见书》110宗，用地面积629.21公顷；核发《建设用地规划许可证》88宗，用地面积431.29公顷；核发建筑类《建设工程规划许可证》225宗，批建面积1029.02万平方米，批建量连续3年突破千万平方米；核发市政类《建设工程规划许可证》186宗，道路管线总长度276.05千米；快速高效办理即办件，核发规划许可证更名确认书36份，延期确认书45份。

【重点项目规划审批服务】2016年，海口市规划局积极推进重点项目建设服务，一律按“绿色通道”方式办理规划审批，力促重点项目顺利落地。（1）完成“百日大行动”重点项目的规划审查、审批工作，核发“西海岸王府井生活广场”、美兰区“三馆”（公共文化馆、图书馆、档案馆）等重点项目的规划审批工作。（2）加快推进旧城改造，核发上贤（沙亮）棚户区（城中村）改造项目盛贤景都（安置北区）、滨江新苑C区（流水坡项目安置房）、仙桥旧改片区安置房项目等16宗棚改旧改项目的建设工程规划许可证，建筑面积合计149.51万平方米。（3）促进基础设施建设，核发新城吾悦广场周边规划路、海口美舍河人行景观桥、文化旅游城地下人行通道、兴洋大道路面改造项目等186宗市政类的建设工程规划许可证。（4）保障学校等民生项目建设，核发城西中学宿舍和食堂、桂林洋五一小学教学综合楼、北师大海口附校及培训基地等26宗学校项目的建设工程规划许可证，总建筑面积41.28万平方米。

【规划批后管理】2016年，海口市规划局严格执行规划批后管理制度，从放线、±0.0验线、主体工程封顶、竣工测量和规划总体验收5个环节对建设项目进行监督管理，确保建设项目按批准的规划实施。全年共完成放线286宗，验线281宗，竣工测量221宗；核发《建设工程规划核实意见书》170宗，验收面积地上636.32万平方米、地下185.4万平方米。

【规划制度建设】2016年，海口市规划局继续推行专家评审咨询机制，全年共组织召开专家评审、论证、咨询会58期，其中建设项目专家评审会17项、咨询会6项，控规修改专家论证会35项，为规划决策提供科学参考；执行规划公示制度，凡批建项目均在建设现场悬挂公示牌公布批建内容，凡涉及规划调整的项目均在新闻媒体、规划网站和建设现场进行批前公示，全年共有351个项目进行批前公示，204个项目进行批后公布。

【规划法制体系建设】2016年10月，海口市规划局编制完成《规划管理技术标准和技术规定》审议稿，11月30日召开专家咨询会；《海口市农村宅基地建房管理办法》经十五届市政府第51次常务会议审议通过，于2月5日印发，5月1日正式施行；为规范海口市地下管线规划、建设、管理和信息资源的共享工作，建立地下综合管线的动态更新制度，修订完成《海口市地下综合管线管理办法》并报市政府审议。

【主城区地下综合管线补充普查】2016年8月，海口市规划局牵头开展的城市地下管线普查工作完成各项成果的综合验收。截至年底，除海秀快速路（一期）因正在施工，沿途约14.3千米有9种约229千米管线暂未普查外，共补充普查综合管线2926.37千米；带状地形图测绘12.37平方千米；隐患排查管线长度累计1.22万千米，发现隐患点4451处，完成隐患整改4153处，待整改处理隐患点298处。所有成果完成入库，并经验收后可以提交使用。本次综合管线补充普查完成后，加上2012年完成的1.03万千米综合管线普查成果，海口市综合管线数据库已建库管理的综合管线共13191.37千米。

【《海口市总体规划（空间类2015~2030）》】 2016年6月13日和10月24日，海口市规划局提请市“多规合一”工作领导小组召开第三次和第四次会议，审议《海口市总体规划（空间类2015~2030）》等“多规合一”阶段成果和报审稿；6月27日，在北京邀请国家住建司、国土司各相关领导组织召开该规划专家咨询会；12月12日和12月19日，海南省加快推进“多规合一”领导小组第13次会议和六届省政府第76次常务会议上分别审议通过《海口市总体规划（空间类2015~2030）》。海口市围绕“海澄文”一体化综合经济圈发展和琼州海峡经济带建设目标，全面推进区域融合、港城融合、产城融合、城乡融合，绘制“保生态、保发展、促改革”的一张蓝图和空间纲领，基本形成海口未来发展的总纲。

【城乡规划综合管理信息平台搭建】 2016年7月1日，由海口市规划局牵头组织搭建的城乡规划综合管理信息平台正式启动，将国民经济和社会发展规划、城市总体规划、土地利用总体规划、生态保护规划等发展类、禁止类、各层级、各部门规划进行叠图。至年底，完成基础地理信息库、规划成果库和业务信息库的搭建工作，基本实现平台的项目生成、空间项目信息查询、统计和规划分析等功能的建设工作和根据行政区划进行分级管理的目标，完成总量的72%。

【“海澄文”一体化区域基础设施规划（2015~2030）】 2016年，海口市规划局为落实海南省总体规划提出的构建“海澄文”一体化经济圈建设目标，按照市政府工作部署，由海口市会同文昌市、澄迈县共同组织编制《“海澄文”一体化区域基础设施规划》。2016年3~4月，2次征求省发改委、省工信厅、省环保厅等相关单位意见并修改完善，7月完成编制工作。

【涉规建议提案办理】 2016年，海口市规划局共承办市人大建议、政协提案92件，其中主办件32件（人大18件，政协14件）、协办件60件（人大11件，政协49件）；至8月底，所有人大建议、政协提案均在规定时限内答复人大代表和政协委员，按时办结率为100%；主办件中所提问题已解决的10件，已采纳列入计划逐步解决的19件。共收到代表、委员反馈的征询意见表32件，对承办工作态度满意30件、基本满意2件，满意率100%；对办理结果满意24件、基本满意7件，满意率96.88%。

（李　蔚）

市政建设

【市政建设概况】 2016年，海口市市政建设以“双创”为总抓手和动力，加快城市路网建设，推进主要干道景观提升工程，探索推进市政道路改造PPP模式，改造小街小巷2434条。7月20日，海秀快速路实现主体功能性通车；南宝南路延长线、环湖路南北段等实现功能性通车。海甸五西路应急维修工程、江东大道一期、海彤路整治工程、天翔路、长秀片区景观提升工程（假日海滩通海过街通道、长怡路通海过街通道）等多条道路建成通车。完成海南会展中心周边市政工程、绿色长廊二期三标段、椰博路等市政道路的验收移交工作。

【市政工程项目建设】 2016年，海口市住建局共核发市政工程施工许可证32个，合同造价28.28亿元。年内，海秀快速路一期全线建成贯通，地下综合管廊完工10.3千米，顺利完成市政府的工作目标；滨海西路道路改造工程、海南会展中心周边市政工程、羊山路网一期工程、海甸溪北岸旧城改造区4号路、6号路及海甸一东路市政工程、长滨路延长线B段道路工程、红城湖路延长线市政工程、海甸五西路应急维修工程、绿色长廊二期三标、货运大道二期、海府一横路延长线市政工程、惠农路一标、东海岸滨海路二期市政工程、万绿园慢行道路工程、美祥人行天桥、长滨一路延长线市政工程、羊山生产道路（一期）工程、海彤路整治工程等23个项目顺利通过竣工总验收。

2016年6月18日，粤海一街项目提前完工。　（韩婉莉　摄）

2016 年 6 月 30 日，美和路市政道路项目全部完工。（龚海雄 摄）

2016 年 6 月 30 日，山高南路市政道路项目全部完工。（龚海雄 摄）

2016 年海口市市政工程（道路、桥梁）施工许可统计表

序号	项目名称	建设规模	建设单位	合同价格（万元）	长度（米）	道路面积（平方米）
1	南渡江东岸路网一期项目	包括 4 条道路，总长约 3425 米。其中规划 1 号路长约 642 米，红线宽 25 米；规划 2 号路长约 706 米，红线宽 40 米；规划 3 号路长约 901 米，红线宽 25 米；规划 4 号路长约 1176 米，红线宽 40 米	海口市路桥建设投资有限公司	10635.69	3425	113855
2	江东南五街 B 段项目	该项目西起琼山大道，东至 50 米规划路，道路全长 523.91 米，道路红线宽度 40 米，规划为城市次干道，双向四个车道	海口市城建集团有限公司	1293.79	523.91	20956.4
3	公园后路（金牛岭）	南起滨涯路，北至金垦路，全长 473.814 米，红线宽 24 米	海口市市政管理局	1146.08	473.81	11371.44
4	长秀片区景观提升工程－通海过街通道工程	主通道长 89.55 米（总长 166.4 米）通道净宽 18.5 米，主通道净高 3.23 米	海口成邦项目管理咨询有限公司	3970.06		
5	滨涯村（海瑞墓）片区市政道路配套工程（二期）	包括 5 条道路，总长 2858 米。其中：友谊路北段（次干道）长约 500 米，红线宽 40 米；滨濂北路（支路）长约 706 米，红线宽 25 米；海瑞路中段（支路）长约 676 米，红线宽 15 米；海濂路北段（支路）长约 515 米，红线宽 15 米；绿洲路长约 461 米，红线宽 12 米	海口市龙华区住房和城乡建设局	7849.9	2858	61047
6	海口市新埠岛三号路桥梁工程	桥梁工程总长度为 40.84 米，桥面宽度为 40.5 米	海口市新埠岛开发建设总公司	788.7	40.84	1654.02
7	金榆路东段项目(一期)	全长约 509 米，道路红线宽 30 米。一期建设内容为：规划红线内南侧 25 米宽（含车行道及南侧人行道）	海口市秀英区城市建设投资有限公司	1054.02	509	15240
8	海口港秀英片区 01~07 号地块市政道路（二期）	海泉路（海彤路）路长 850.0 米、路宽 13 米；丽星路长 242.631 米、路宽 20 米	海口保利房地产开发有限公司	2523.66	1092.6	15902.62
9	滨贸路北段拓宽维修工程	道路全长 209 米、红线宽 32 米	海口市市政管理局	385.86	209	6688
10	长秀片区景观提升工程－通海过街通道工程（假日海滩通道）	主通道约长 68.6 米，通道宽 20 米，地面设置 4 个出入口	海口旅游文化投资控股集团有限公司	5517.99		
合计				35165.75	9132.16	246714.48

【市政工程 PPP 项目】2016 年，海口市市政建设通过 PPP 的模式，先后与中城建第十二工程有限公司、海南海航基础设施投资集团股份有限公司等单位成交 11 个 PPP 项目，分别为：海口市 10 条城市道路改造提升工程 PPP 项目、海口市保利市政配套 PPP 项目、海口市大英山路网等 PPP 项目、海口市 3 座桥梁 PPP 项目、海口市 21 条城市道路改造提升工程 PPP 项目、海口市海榆大道综合改造工程 PPP 项目、海口市丘海大道等 21 条道路 PPP 项目、海口市椰海大道延长线市政工程等 7 个道桥 PPP 项目、海口市足球训练基地配套等道路 PPP 项目、海口市农副产品市场配套道路及长堤路综合改造工程 PPP 项目、海口市西沙路等 5 个道路、照明 PPP 项目。

2016 年海口市 10 条城市道路改造升级工程 PPP 项目

序 号	项目名称	所在城区	投资规模（万元）	建设内容
1	友谊路中段	龙华区	10013.88	项目北起滨濂北路，南至秀峰小学北侧（现状友谊路断头处）。全长 475 米，规划宽 40 米。主要建设内容包括道路工程、排水工程、绿化工程、交通及照明工程
2	金牛路	龙华区	3218.11 (未含建设期利息)	该项目起点与金盘路相交，终点至滨涯路，道路全长约 1048 米。主要建设内容包括道路工程、交通工程、绿化工程、排水工程及照明工程等
3	新华南路	龙华区	1778.26	位于海口市龙华区，拟改建道路北起解放西路交叉口，南至东湖路交叉口， 全长 521 米。改造内容包括道路工程、交通工程、排水工程、照明工程、道路绿化工程、电力通道工程、附属工程（含消火栓）等
4	玉沙路	龙华区	2138.94 (未含建设期利息)	项目主要对现状玉沙路进行改造，改造范围为滨海大道至金龙路段，全长约 1188 米，道路红线宽 32 米，主要建设内容包括道路工程、排水工程、照明工程、绿化工程以及交通工程等
5	国贸路	龙华区	3022.59 (未含建设期利息)	本项目主要对现状国贸路进行改造，改造范围为龙昆北路至金龙路段，全长约 1496 米，道路红线宽 32 米，主要建设内容包括道路工程、排水工程、照明工程、绿化工程以及交通工程等
6	世贸西路	龙华区	908.96 (未含建设期利息)	项目起点为滨海大道，终点为金贸西路，主要是对现状进行改造，全长约 340 米，道路红线宽 20 米，主要改造内容包括道路工程、排水工程、照明工程、绿化工程以及交通工程等
7	龙华二横路	龙华区	1862.89	本项目起点交于龙华路，终点止于八灶街。道路全长约 484 米。主要改造内容包括道路工程、交通工程、绿化工程、排水工程及照明工程等
8	新港路	龙华区	1653.63 (未含建设期利息)	本目起点为北起海运路与新港路交叉口，南至滨海大道，全长约 412 米，现状路面宽 26～35 米。主要建设内容包括道路工程、交通工程、雨水工程、照明工程、绿化及附属工程
9	福利路	美兰区	487.71 (未含建设期利息)	本项目起点交于碧海大道，终点止于福利院。道路全长约 217 米，宽 16.6～18.8 米。主要改造工程、排水工程、交通工程、绿化工程和照明工程等
10	建国路	琼山区	442.85	本项目改造工程西起中山北路，绕琼山区府城三角公园，东至琼州大道，全长 638 米，规划红线宽度为 30 米。改造包括道路工程、排水工程、交通工程

2016年海口市大英山路网等PPP项目

序号	项目名称	所在城区	投资规模（万元）	建设内容
1	道客路	琼山区	3340.08	本项目东起龙昆南路与现状海德路交叉口，西至与规划路（环湖路）交叉口，全长约441米，规划宽40米。主要建设内容包括道路工程、桥涵工程、排水工程、绿化工程、照明工程和交通工程
2	国兴大道	美兰区	5581.56（未含建设期利息）	本项目位于国兴大道，西起龙昆立交，东至五指山南路，全长1740米，规划宽100米，主要建设内容包括道路工程、雨水工程、交通工程、照明工程和绿化工程等
3	五指山南路南段	美兰区	26454.9	本项目北起顺接现状五指山路，南至红城湖路，道路长度为983米，路幅宽度为40米。主要建设内容包括道路工程、排水工程、交通工程、照明工程和绿化工程等
4	南宝南路延长线	琼山区	3924.38	本项目北顺接现状南宝南路北段，南与环湖路相交，道路长度682米，道路宽度40米。主要建设内容包括道路工程、排水工程、涵洞工程、交通工程、照明工程及绿化工程等
5	南宝路	美兰区	2955.1（未含建设期利息）	本项目改造道路，北接海秀东路，南至蓝天路，道路全长893米，改造红线宽度20米，主要建设内容包括道路工程、排水工程、交通工程、照明工程及绿化工程等
6	大英山海航地界处配套道路	琼山区、美兰区	4208.47（未含建设期利息）	本项目包括大英八路、大英四街、大英五街、省府北路东段、中段、西段共6条政府投资段道路建设。其中，大英八路（中段）北起大英一街，南至省府北路，长约287米，规划宽30米；大英四街（东段）西起大英七路，东至大英八路，长约270米，规划宽20米；大英五街（西段）西起龙昆南路、东至大英二路，长约547米，规划宽20米。主要建设内容包括道路工程、交通工程、排水工程、照明工程及绿化工程

2016年海口市21条城市道路改造提升工程PPP项目

序号	项目名称	所在城区	投资规模（万元）	建设内容
1	秀英大道	秀英区	2285.80	1. 道路工程：改造车行道面积6.50万平方米，非机动车道面积1.42万平方米，人行道面积2.38万平方米；更换C30路缘石1700米，更换C25预制侧石3091米，更换C25预制侧平石3761米，刨除并修复沥青路面1.65万平方米，底板脱空处理8211平方米；2.排水工程：雨水管段清淤3800米，增设雨水口17座，连接支管D300毫米长143米，雨水检查井提升131座，雨水口提升150座，污水管段清淤3500米，污水检查井提升136座，其他专业井提升60座；对海秀快速路造成秀英大道与海秀西路路口排水设施损坏进行修复；3.交通工程：交通标志52个（大型17个、小型35个），标线5056平方米，高清视频监控5套，护栏2496米，反光隔离柱173根
2	丘海一横路	秀英区	2886.78	1. 道路工程：加铺沥青面积2.11万平方米，15厘米水泥稳定级配碎石2.76万平方米，级配碎石3625平方米，新建人行道面积1.17万平方米、路缘石长度2835米、现浇侧平石长度2835米、侧石2562米，破除混凝土车行道面积1.65万平方米，破除人行道面积1.04万平方米；2. 排水工程：雨水检查井提升42座，雨水口提升2座，新建雨水口63座，连接D300毫米支管长280米。污水检查井提升56座，其他专业井提升40座；3. 交通工程：交通标识33个（大型7个，小型26个），标线2056平方米，人行横道交通信号灯1套，高清视频监控8套；4. 绿化工程：种植树木373棵；5. 照明工程：新建路灯92杆，箱式变电站1座

续表

序号	项目名称	所在城区	投资规模（万元）	建设内容
3	金鼎路北段	秀英区	18385.67	道路总长1200米，路宽40米。1. 道路工程：新建机动车道、非机动车道、人行道；2. 交通工程：新建标志标线、信号灯等；3. 排水工程：新建雨污管道（分流制）；4. 照明工程：新建路灯；5. 绿化工程：新建行道树、机非分隔带中的植被等
4	双拥路	秀英区	1681.86	1. 道路工程：加铺沥青面积8396平方米，30厘米水泥稳定级配碎石8396平方米，级配碎石9306平方米，新建人行道面积8267平方米，新建路缘石长度1790米，新建现浇侧平石长度1790米，新建侧石2307米，破除混凝土车行道面积8396平方米，破除人行道面积6387平方米；2. 排水工程：新建D300毫米管段366米，新建D600毫米管段116米，D1000毫米管长500米，1400×1000毫米管339米，雨水管道至琼州海峡，新建雨水口50座，新建雨水检查井42座；新建D300毫米污水管道100米、D400毫米污水管道484米、D5300毫米污水管道338米，新建污水检查井36座；3. 交通工程：交通标识15个（大型5个，小型12个），标线2076平方米，高清视频监控3套；4. 照明工程：新建路灯36杆
5	金垦路	龙华区	10272.9 （未含建设期利息）	道路总长2850米，路宽13.5~28米。涉及征地拆迁土地面积2.05平方米，建筑物面积12.30万平方米，拆除花台919米。1. 道路工程：机动车道加铺沥青面层、人行道和非机动车道拆除后重建，新建部分侧分带、部分非机动车道、部分人行道；2. 排水工程：修复以及提升检查井，在原有道路每隔24米进行切割设置雨水口，采用连接管连接现有雨水管道，增加雨水口；3. 照明工程：对电缆及路灯全线改造；4. 交通工程：重新施划交通标线，增设港湾式公交停靠站；5. 绿化工程：完善绿化设施
6	解放西路	龙华区	2120.4 （未含建设期利息）	道路总长581米，路宽25米。1. 道路工程：拆除重建车行道和人行道、重新施划交通标线（划分非机动车道和机动车道）、完善无障碍设施、增设雨污水管、安砌树池和路缘石；2. 排水工程：重新埋置雨污分流管道；3. 交通工程：施划交通标线
7	广场路	龙华区	1029.97 （未含建设期利息）	道路总长518米，路宽25米。1. 道路工程：拆除重建车行道和人行道、完善无障碍设施、安砌树池和路缘石；2. 交通工程：两侧施划专用非机车道，重新施划交通标线、路口渠化，完善交通工程设施；3. 照明工程：更换路灯及电缆；4. 排水工程：完善雨水系统
8	东湖路	龙华区	536.01 （未含建设期利息）	道路总长357米，路宽11~18米。1. 道路工程：机动车道、人行道全线拆除重建，完善无障碍设施，两侧施划专用非机动车道，安砌树池石、安砌路边石，完善无障碍设施；2. 排水工程：雨水接连管260米，DN300污水排水管长度500米，增设雨水口，采用连接管排入东湖；3. 交通工程：重新施划交通标线；4. 照明工程：更换路灯照明干线电缆及路灯接线电缆、更换路灯灯杆、更换路灯光源
9	玉河路	龙华区	1519.18 （未含建设期利息）	道路总长985米，路宽11~22.2米。1. 道路工程：全线机动车道、人行道拆除重建，两侧施划专用非机车道，安砌路缘石、安砌树池石、安砌路边石，完善无障碍设施；2. 排水工程：增加雨水口，增加DN300雨水连接支管，采用连接管排入现有河道；3. 照明工程：增设10盏路灯，更换电缆；4. 交通工程：重新施划交通标线，完善交通工程设施；增设港湾公交车站
10	龙华路	龙华区	6529.36 （未含建设期利息）	道路总长3229米，路宽26~42米。1. 道路工程：机动车道刨除旧沥青并进行板块处理后加铺新沥青面层，非机动车道进行板块处理后加铺沥青面层，拆除重建人行道，调整公交站位置，拆除及新建部分侧分带，完善无障碍设施，安砌树池和路缘石；2. 排水工程：新建雨水管道及雨水连接管，长堤路口雨水贯通；3. 照明工程：增设路灯；4. 重新施划交通标线，完善交通工程设施；5. 绿化工程：完善绿化设施

续表

序号	项目名称	所在城区	投资规模（万元）	建设内容
11	新大洲大道	琼山区	21940.66（未含建设期利息）	道路总长5432米，路宽42米。1. 道路工程：机动车道路面病害处理及加铺沥青罩面沥青玛碲脂碎石混合料（SMA）面层，重建非机动车道，修补人行道（含附属设施及盲道），完善沿线交叉口与其他道路非机动车道顺接问题，封闭多余路口；2. 排水工程：挖除原排水管，在非机动车道重建雨污水管；3. 交通工程：重新施划交通标线；4. 绿化工程：补植行道树；5. 电气工程：更换路灯电缆
12	琼州大道	琼山区	1585.62（未含建设期利息）	道路总长2489米，路宽44米。1.道路工程：机动车道及非机动车道沥青面层局部修补，改建人行道，人行道与人行道开口连接段进行修补加铺沥青，完善无障碍设施；2.交通工程：施划交通标线；3.排水工程：琼烟楼处原浆砌片石过街方涵拆除重建；4.照明工程：更换箱式变压器，路灯照明干线电缆及路灯接线电缆、灯杆喷塑翻新或刷漆、更换路灯光源
13	红城湖路东段	琼山区	2492.23（未含建设期利息）	道路总长907.895米，路宽59.3~65.6米。1.道路工程：拆除重建非机动车道、人行道以及两侧分隔带道砖（K0+000~K0+420），完善无障碍设施，在两侧非机动车道增设污水管道，安砌树池和路缘石，更换路灯电缆，K0+480~K0+907.895沿湖侧护栏拆除重建；2. 排水工程：积水处清理疏通雨水口，重建污水管道，埋设于非机动车道下；3. 交通工程：完善交通工程设施
14	中山南路	琼山区	2281.02（未含建设期利息）	道路总长1105.34米，红线宽度38~39米。1. 道路工程：对全线机动车道进行板块处理后加铺新沥青面层、并以中山桥为界，对（K0+007.305~K0+700）双侧非机动车道加铺沥青面层，拆除重建（K0+700~K1+075.643）段双侧非机动车道和全线人行道、完善无障碍设施、安砌树池和路缘石；2. 排水工程：新建雨水管DN800~DN1000排水管道、污水管DN400排水管；3. 交通工程：重施划交通标线，完善交通工程设施；4. 绿化工程：完善绿化设施；5. 照明工程：更换路灯电缆
15	大园路	琼山区	2881.4（未含建设期利息）	道路总长941米，路宽37.5~44.2米。1. 道路工程：机动车道先进行板块处理后加铺新沥青面层、拆除重建非机动车道和人行道、完善无障碍设施、拆除重建侧分隔带、安砌树池和路缘石；2. 排水工程：新建雨水管DN600~DN1000排水管道、DN400污水管；3. 交通工程：重新施划交通标线，完善交通工程设施；4. 照明工程：更换电缆设施；5. 绿化工程：完善绿化设施
16	海府路	琼山区	7271.81（未含建设期利息）	道路总长4192米，路宽50米。1. 道路工程：修补局部破损机动车道，非机动车道进行板块处理后加铺新沥青面层，拆除重建人行道，新建绿地。完善无障碍设施，安砌树池和路缘石，增设无障碍通道阻车石等；2. 交通工程：重新施划交通标线，完善交通工程设施；3. 绿化工程：补充绿化景观；4. 排水工程：增设雨污水预留井及预留支管
17	青年路	美兰区	4367.11	1. 道路工程：（1）桩号K0+000~K1+440段，此段道路局部水泥路面修复后沥青罩面；K1+4401I+939.838段，此段道路新建沥青结构；（2）桩号K0+000~KI+440段，此段人行道破除新建；桩号K1+440~K1+939.838段，此段根据“双创”要求完善道路功能，按照规划新建人行道。2.排水工程：（1）新建D1000毫米雨水管道236米、D800毫米管道386米、D600毫米管道86米、D300毫米雨水连接管584米；新建污水管道937米；新建雨水检查井24座、污水检查井36座、雨水口92座；（2）清淤现状排水管道（方沟）；（3）修复和提升检查井120座，雨水口116座；（4）增设污水截流管290米，截流井29个；（5）增设与商铺、沿线小区之间的截水沟396米；（6）对现状管线进行保护。3. 照明工程：（1）青年路现状照明灯杆刷漆；（2）与美苑路、海府一横路两处交叉口增设灯具，以满足照明要求。4. 交通工程：（1）重新施划交通标线、路口渠化、施划非机动车道、增设公交站、道路标识；（2）青年路与美苑路交叉口设置交通信号灯。5. 绿化工程：局部树木的迁移与补种

续表

序号	项目名称	所在城区	投资规模（万元）	建设内容
18	蓝天路	美兰区	6156.11	道路总长 2524.66 米，路宽 34~30 米。1. 道路工程：蓝天路与南宝路交叉路口段（桩号 K0+580 至 K0+700），开挖原路面后重新连通雨水管线，新建路面；海秀东路至南宝路路口段（桩号 K0+000 至 K0+580）与南宝路至海府路路口段（桩号 K0+700 至 K2+524.664，对破损路面进行局部维修改造。全线人行道破除新建，完善无障碍设施，安砌树池和路缘石，增设无障碍通道阻车石等；2. 交通工程：重新施划交通标线，完善交通工程设施；3.排水工程：蓝天路与南宝路交叉路口段（桩号 K0+580 至 K0+700）积水点改造，连通大英山西四路雨水管道，道路全线已进行雨污分流；4. 照明工程：更换全线路灯，降低原电力沟盖板；5. 绿化工程：补充绿化景观
19	和平路	美兰区	2908.79	道路工程：1. 铣刨现状沥青混凝土路面，修复病害基层，重新罩面；2. 修复现状破损人行道及人行道相关设施，重建铺装不统一的人行道。交通工程：完善标志标牌，更换反光膜，更换分隔护栏，重新施划交通标线。排水工程：1. 新建雨水进水井及连接支管；2. 文明天桥至六合大厦段积水点改造，在道路下方新建雨水管
20	五指山路	美兰区	4920.55	道路总长 1480 米，路宽 21~30 米。道路工程：1. 海秀东路至和平南路段车行道挖除现状路面并重建路面 1.5 万平方米；2. 和平南路至蓝天路段车行道铣刨现状路面后修复病害再罩面 1.09 万平方米；3. 重建人行道 1.18 万平方米（含附属设施及盲道）。排水工程：破除道路西侧机动车道下老旧方沟及其上雨水口，新建 D800 雨水管道 650 米，接入两条过街方涵中，破除重建道路东侧 W×H=3.2 米×1.6 米雨水方沟，新建雨水口 50 座布置于道路边沿，新建雨水口连接管 500 米。照明工程：更换箱交 1 台，路灯 98 杆。交通工程：重新施划交通标线、增加交通标牌、路口渠化、施划非机动车道等
21	文明路	美兰区	9202.77	道路工程：1. K0+000 至 330 段破除现状道路并按现状断面重建路面。2. K0+330 至终点段，车行道铣刨现状沥青面层，修复基层或现状混凝土面板后加铺沥青面层，人行道全部破除新建，并增设人行道护栏。交通工程：1. 完善标识标牌，更换反光膜，更换分隔护栏，重新施划交通标线；2. 优化交叉口进出口渠化展宽设计，公交站台采用港湾式。排水工程：1. K0+000 至 330 段破除现状道路按现状恢复合流沟；2. 雨污分流，新增文明天桥至终点段污水管，并相应设置雨水井及支管；3. 对现状合流沟清淤、修复。照明工程：全线路灯拆除新建。绿化工程：1. 行道树及机非分隔带中的乔木迁移或补种；2. 机非分隔带灌木补种

2016年海口市海榆大道综合改造工程PPP项目建设

序号	项目名称	建设内容
1	迁改工程	对海榆大道沿线电力电缆，国防、民用光缆，通讯管道、供水管等管道线路拆除迁改重建，以及拆除2座天桥，树木、植被清理和燃气管道等
2	海榆大道道路工程	拆除原道路侧平石、路缘石；拆除机动车道现状沥青面层并新建；新建非机动车道、人行道、侧平石、路缘石、2~2.5米的中央分隔带等。道路标准断面结合现状分为四段，具体如下：①南渡江大桥至琼山大道，由北向南布置为：5米人行道+3.75米非机动车道+2米绿化设施带+14.5米机动车道+2.5米中央隔离带+11米机动车道+2米绿化设施+3.75米非机动车道+3.5米人行道=48米设计宽度。②琼山大道至琼文大道，布置为：4米人行道+3.5米非机动车道+2米绿化设施带+11米机动车道+2米中央分隔带+11米机动车道+2米绿化设施带+3.5非机动车道+4米人行道=43米设计宽度。③琼文大道至仙云路，布置为：4.5米人行道+3.5米非机动车道+1.5米绿化设施带+11米机动车道+2米中央分隔带+11米机动车道+1.5米绿化设施带+3.5米非机动车道+4.5米人行道=43米设计宽度。④仙云路至绕城高速，布置为：5米人行道+3.5米非机动车道+1米绿化设施带+11米机动车道+2米中央分隔带+11米机动车道+1米绿化设施带+3.5米非机动车道+5米人行道=43米设计宽度
3	综合管线	设计海榆大道给水管网、排水管网、电缆沟敷设、常规通信排管等
4	人行地道工程	新建四处人行地道，供行人与非机动车过街。
5	海榆大道绿化景观工程	建设中央绿化带和道路两旁绿化带，以及增设景观小品等
6	绕城互通段道路	改建海榆大道与绕城高速组成的喇叭型互通立交桥，建设内容主要拆除原机动车道沥青面层并新建
7	互通段景观绿化	主要种植乔木4873株，灌木10.14万平方米，地被33.54万平方米，以及特色小品等
8	交通工程	交通工程主要考虑海榆大道信号灯、交通信号灯控制系统、多功能高清电子警察系统、高清网络监控系统等

2016年海口市椰海大道延长线市政工程等7个道桥PPP项目

序号	项目名称	所在城区	投资规模（万元）	建设内容
1	椰海大道延长线市政工程项目	琼山区	33981.95（未包含建设期利息）	本项目南起琼山大道(海瑞大桥东岸)、北至白驹大道，全长2744.10米。K0+000~K1+399.763段道路红线宽60米，双向六车道，按照城市主干路设计；K1+399.763~K2+744.099段道路红线宽32米，双向四车道设计，按照城市主干路设计。道路设计行车速度60千米/小时。本次设计的主要内容包括：道路工程、桥梁工程、排水工程、照明工程、绿化工程、交通工程及工程投资估算。给水、通信、燃气等管线仅预留管位
2	东寨港大道北段项目	美兰区	10183.33	道路总长1676米。包含道路工程、桥梁工程、排水工程、照明工程、绿化工程、交通工程及工程投资估算。给水、通信、燃气等管线仅预留管位
3	海南国际汽车园南北向规划路项目	美兰区	4508.24	道路总长720米，规划红线25米，双向4车道，道路工程、桥梁工程、排水工程、照明工程、绿化工程、交通工程及工程投资估算。给水、通信、燃气等管线仅预留管位
4	海甸岛环岛路二期A段-2市政工程	美兰区	10646.01（未包含建设期利息）	道路总长2353米，主要建设范围包括道路工程、交通工程、排水工程、照明工程、绿化景观工程
5	五岳路（一期）市政工程项目	琼山区	1315.44	道路总长240米，包含道路工程、交通工程、给水工程、排水工程、照明、电力和道路绿化工程等
6	儒俊东路市政道路工程项目	琼山区	6163.18（未包含建设期利息）	道路总长915米，海口市儒俊东路市政工程为一条东西走向的城市次干路，西起新大洲大道，东至滨江安置小区一号路。道路全长含交叉口范围全长约928米，规划红线宽30米。本项目工程内容包括道路工程、排水工程、交通工程、照明工程、绿化工程等。给水、电力、电讯、燃气等其他市政管线工程，本项目仅预留管位
7	海警一支队人行天桥项目	美兰区	719.09（未包含建设期利息）	桥长42米。包含桥梁工程、交通工程（包含无障碍设计）、照明工程和管线等

2016年海口市丘海大道等21条道路PPP项目

序号	项目名称	所在城区	投资规模（万元）	建设内容
1	渡海路	龙华区	4825.18 （未含建设期利息）	道路总长1033米，路宽32米。1. 道路工程：（1）车行道，可利用现状10米宽车行道原有路基，同时对原有路面进行铣刨加铺面层处理，其余道路两侧部分暂按拆除重建道路结构进行处理。（2）人行道，铺设6厘米面包砖+3厘米砂浆+15厘米水泥稳定碎石9081平方米，树池石2066米，行道树344颗，树池箅子650个，花带石3520米，路缘石、侧边石2169米，阻车石320个。2. 排水工程：采取雨污分流制。（1）雨水工程，Ⅰ段（世纪广场路至鼎臻古玩城）设计雨水管收集本道路路面及沿线场地雨水后自东向西汇集至世纪广场路雨水系统，集中排入大海；渡海路Ⅱ段（鼎致古玩城至新港路）设计雨水管收集本道路路面及沿线场地雨水后自东向西汇集至恒大、绿地地产中间规划道路路下雨水系统排入大海。（2）污水工程，根据规划并结合现场实际情况，结合附近区域的地形情况，设计污水管收集本道路周边场地污水后汇集至新港路污水系统集中排入滨海大道污水主干道。3. 交通工程：标识牌102块，信号灯1套，震荡标线976平方米，公交站2座，交通护栏3096米。4. 照明工程：箱式变压站1座，路灯67杆，电缆5005米
2	南海大道（坡巷路至龙昆南路段）交通组织优化改造项目	龙华区	2431.2	本项目包括两个子项目：南海大道（坡巷路至龙昆南路段）交通组织优化改造项目和豪苑路（南海大道至金濂路）改扩建项目。1. 南海大道（坡巷路至龙昆南路段）交通组织优化改造项目：道路总长1329米，路宽60米。（1）南海大道与坡巷路交叉口及周边路段交通组织优化；打开现状华庭路路口，并将次交叉口改造为丁字形信号灯控路口，并完善相关交通设施；将南海大道坡巷路交叉口至龙昆南路大转盘处全线南半幅车道在现状道路横断面基础上由三车道调整为四车道；将南海大道国度建材城前第一根高铁高架桥墩起至龙昆南路与南海大道交叉口的道路中央隔离带，由原来的6米削减为3米，并同步新增一条通行车道。并同时改造南海大道与龙昆南交叉口。在城西横路与城西路丁字口增设信号灯控。增加南海大道至城西路之间对车辆通行路径的指引。2.豪苑路（南海大道至金濂路）改扩建项目：道路总长244米，路宽40米
3	龙昆北路	龙华区	1722.46 （未含建设期利息）	道路总长1605米，路宽75.5米。1. 道路工程：（1）车行道，局部破损车行道需要进行沥青面层铣刨、对基层破损严重的进行破除后，重建路面结构层，采用刚性基层沥青路面结构，其中机动车道约合8982平方米，非机动车道约合4331平方米；（2）人行道，铺设6厘米厚花岗岩5293平方米，修复路缘石3280米、侧边石3280米、树池石2566米、阻车石272个，设置树池箅子428个，装饰性井盖80个；2. 排水工程：对现状排水检查井井盖更换为防盗重型球墨铸铁井盖，共150座；部分路段增设消火栓，共28套；绿化带增设流水槽，共120个；在银州宾馆段设置污水截流管，对沿线支路现状雨污水合流管道进行截流；3. 交通工程：对现状标线进行恢复，共144平方米；4. 照明工程：人行道设置4米庭院灯（45瓦）138杆，铺设低压电缆3840米，人行道破除并恢复1202平方米；5. 附属工程：设置电力、电信箱美化30个

续表

序号	项目名称	所在城区	投资规模（万元）	建设内容
4	龙昆南路	龙华区	4237.46 （未含建设期利息）	道路总长 5020 米，路宽 80~120 米。本项目北起海秀南路，南至椰海大道。改造内容包括道路工程、交通工程、雨水工程、绿化工程及照明工程等
5	椰海大道	龙华区	18498.77 （未含建设期利息）	道路总长 9985 米，路宽 60 米。1. 道路工程：（1）车行道：对于现状水泥混凝土路面板块有破损的路段，根据破损程度，采取相应的加固措施后，进行沥青罩面；（2）人行道：对所有道路的人行道铺装均进行升级改造。2. 排水工程：（1）路面上罩面范围内各种管线（雨污水、电信电力、燃气给水）的检查井提升至设计路面，其中雨水检查井 905 座，污水检查井 803 座；自来水井 410 座，电信、电力井 1000 座，更换给排水井盖 1100 个；（2）雨水口提升及维修，共 1640 座；（3）部分现状雨污水检查井及雨水口淤积严重，需要清淤，清淤量 2000 立方米；（4）新增消火栓 200 套；（5）新增防坠网 834 套。3. 交通工程：振动标线 1.7 万米；新设各类标志牌 98 杆，沉沙井 1 个，1.1 米栏杆 1800 米，0.6 米栏杆 500 米；视频监控系统 3 套，路名牌 86 个。4. 绿化工程：丘海大道至新大洲大道路段原来点状方形树池调整为带状的条形树池，补充种植原点状池间的草皮，补充种植缺失的行道树；新大洲大道至滨江路段也采用条形带状树池。合计植草皮 24375 平方米，行道树 235 棵
6	海秀片区干支连线道路	秀英区	18718.20	道路总长 3125 米，路宽 30~40 米。含 3 个子项目，即文锦南路、秀华西路、景山学校北侧两条市政道路
7	现代美居南侧 25 米规划路	龙华区	6578.78 （未含建设期利息）	道路总长 1242 米，路宽 25 米。工程内容包括道路工程、排水工程、绿化工程、照明工程、交通工程等。给水、电力、电讯、燃气等其他市政管线工程，本项目仅预留管位，不考虑具体设计
8	长天路	秀英区	20869.02 （未含建设期利息）	道路总长 1558 米，路宽 60 米。1. 道路工程：（1）车行道：采用沥青混凝土路面结构进行改造；（2）人行道：路面结构采用 5 厘米石材砖+3 厘米 M7.5 水泥砂浆+15 厘米厚水泥稳定碎石。2. 绿化工程：种植菩提榕 1558 株，银海枣 2500 株，三角梅球 519 株，黄心梅球 2050 株，大叶油草 1.75 万平方米。3. 交通工程：标线 5608 平方米，电子监控 4 套，标志牌 37 套，沉沙井 48 个。4. 排水工程：（1）雨水工程：雨水管道 4818 米，雨水检查井 60 座，双箅雨水口 115 座，八字式排水口 2 座；（2）污水工程：污水管道 2814 米，污水检查井 51 座，污水沉泥井 24 座。5. 照明工程：箱式变电站 1 座，路灯 75 杆，电缆 7355 米，电缆手井 10 座
9	兴海路	秀英区	2537.73 （未含建设期利息）	道路总长 389 米，路宽 40 米。1. 道路工程：车行道路面结构为沥青混凝土结构，人行道路面结构为 5 厘米厚面包砖+3 厘米厚 M7.5 水泥砂浆+15 厘米厚水泥稳定碎石。2. 绿化工程：行道树 260 株，大叶油草 1462.5 平方米。3. 交通工程：标线 1000 平方米，标志牌 18 个，沉沙井 3 个。4. 排水工程：雨水管道 810 米，雨水检查井 16 座，双箅雨水口 37 座。污水管道 1980 米。污水检查井 30 座，污水沉泥井 8 座。5. 照明工程：路灯 21 杆，电缆 1712 米等
10	豪苑路	龙华区	4288.76 （未含建设期利息）	道路总长 473 米，路宽 40 米。南起金濂路，北至博巷路。主要改造内容包括道路工程、排水工程、绿化工程、照明工程及交通工程等。
11	美苑路延长线	龙华区	4996.03	道路总长 497 米，路宽 50 米。本项目起点接现状美苑路，终点与文明东路相连。主要建设内容包括道路工程、排水工程、交通工程、照明工程和绿化工程等
12	海秀快速路侨中里地面道路（海秀路至南沙路段）	龙华区	7800 （未含建设期利息）	道路总长 1000 米。主要建设内容包括道路工程、排水工程、交通工程、照明工程和绿化工程等

续表

序号	项目名称	所在城区	投资规模（万元）	建设内容
13	怡和花园配套路	龙华区	2000.83 （未含建设期利息）	道路总长 150 米，路宽 6 米。内容包括道路工程、排水工程、交通工程、照明工程、市政管线迁移归置工程以及相关市政配套设施
14	海达路	美兰区	976.58 （未含建设期利息）	道路总长1468 米，路宽 20 米。主要建设内容包括车行道和人行道改造。1. 车行道：在原有的水泥混凝土路面上加铺沥青混凝土。2. 人行道：保留现状新铺设的人行道砖，拆除现状旧的人行道砖及未铺装的人行道，重新铺设混凝土预制砌块，改造后的混凝土预制砌块应与现状新铺设人行道砖的样式一致。3. 交通工程：新加铺沥青路面增加交通标线。4.附属工程：人行道两侧建树池石
15	国兴大道（东段）	美兰区	4560.41 （未含建设期利息）	道路总长 1910 米，路宽 100 米。本项目改造内容包括道路工程、排水工程（雨水口、井盖加固提升及管道清淤）、交通工程和其他附属设施；现状照明及绿化均完备及较为良好，本次不对其进行改造
16	滨海大道	龙华区	5879.52 （未含建设期利息）	道路总长 6439 米，路宽 50~60 米。1. 道路工程：（1）机动车道：海港路至滨海立交段，局部修补，加铺沥青；滨海立交至龙华路段，修复处理后，直接沥青罩面，交叉口增加土工格栅防裂；（2）非机动车道：局部修补，沥青混凝土罩面；（3）人行道：新近改造的人行道尽可能利用，修复局部破损。严重破损路段，拆除重建。滨海立交段，两侧建筑路红线不规则，建筑与红线间人行道满铺。无障碍盲道，铺设石材盲道砖 91 平方米，水泥砖盲道砖 306 平方米；（4）小型构件改造：路缘石更换改造，人行道部分更换成水泥混凝土路缘石，拆除 K5+520~K5+575 右侧人行道树池；（5）公交停靠站工程：重新铺装 1080 平方米，迁移公交亭 4 座。2. 交通工程：完善交通标识，更换分板面反光膜，修复路面后恢复并优化标线，完善交通护栏。标线 10562.3 平方米，4000×2500 大型指路标志牌更膜 16 块。3. 排水工程：检查井、雨水口升高。雨水检查井盖 222 座，单箅雨水口 356 座，双箅雨水口 434 座，污水检查井盖 296 座，电信检查井盖 49 座
17	丘海大道	秀英区	12299.58 （未含建设期利息）	道路总长5000 米，路宽 60 米。1. 道路工程：（1）车行道：病害评价为轻微的板块进行罩面处理，病害评价为中等或稍微严重的，注浆后罩面处理。路基确有损坏的，灌浆后进行晴面铺设。低挖填方路段，采用植草皮防护，填挖高 3 厘米以上路段采用浆砌片石骨架护坡，骨架内植草；（2）人行道：全部新建。路缘石、平石全部拆除后重建。2. 交通工程：道路标线 15021 米，F 型标志牌 24 个，交通监控系统 6 套，隔离栏杆 9999 米。3.绿化工程：以本地树种为主，铺设喷灌系统 2.5 万米。4. 排水工程：仅考虑海瑞桥段（地势较低）。（1）雨水工程：雨水检查井提升 110 个，雨水口提升 110 个，雨水管道清淤 3321 米，雨水沟修复 1416 米，检查井爬升梯更换 110 个；（2）污水工程：污水检查井提升 105 个，污水管道清淤 2869 米，污水管道修复 1536 米，检查井爬梯更换 105 个
18	长滨路中段（长韵路至长流十九号路段）改建工程	秀英区	21877.91	道路总长 3236 米，路宽 60 米。建设内容包括道路工程、桥涵工程、排水工程、交通工程、照明工程、绿化工程等。1. 道路工程：（1）车行道：破除机动车道 2.79 万平方米，新建机动车道 11.25 万平方米；破除非机动车道 3.24 万平方米，新建非机动车道 3.24 万平方米；（2）人行道：铺设彩色面包砖 3.47 万平方米，盲道砖 2378.9 平方米。2. 桥涵工程：拆除原有 3 座涵洞，新建 4 座涵洞。3. 排水工程：雨水管道 7692 米，污水管道 4250 米，消防栓 45 组。4. 交通工程：交通标线 8632 平方米，标识牌 168 杆，防撞桶 12 组，信号灯 8 套，视频监控系统 2 套，公交站台 11 个，隔离栏杆 1655 米等。5. 照明工程：箱式变电站 3 台，路灯 196 杆，电缆 1.59 万米等。6. 绿化工程：大王棕等绿植，以及绿化浇灌工程

续表

序号	项目名称	所在城区	投资规模（万元）	建设内容
19	南海大道西段	秀英区	20611.78	道路总长 8890 米，路宽 60 米。1. 道路工程：（1）机动车道：对原有沥青路面害进行处理找平，加铺沥青混凝土，处理面积约 23.47 万平方米，相交道路主干道路面结构处理面积 6750 平方米，相交道路次干道路面结构处理面积 3300 平方米；（2）非机动车道：对原有部分非机动车道进行加铺 4 厘米 AC-13 细粒式改性沥青混凝土（SAM）+粘层油+混凝土面板，共 5000 平方米，增设玻纤土工格栅 5000 平方米；（3）人行道：修复处理，铺设彩色面包砖、盲道砖等 3000 平方米，侧平石 578 米，路缘石 1.87 万米；（4）小型构件：花带石 1.78 万米，阻车石 120 个，路缘石（中央分隔带和机非分隔带）16891 米，护树板 7755 平方米；（5）基坑处理：对东环铁路处桥墩路面补块进行处理，破除基坑处路面 1.65 万平方米，碎石回填 4952 平方米。2. 排水工程：K1+450~K3+330（长滨路口以西）对原有雨水方沟进行清理、修补等；K3+330~K10+340 按照 30 米市政道路路幅进行罩面处理，长 7.1 千米，只对原有路段的雨水污水管道进行清理、修补等：（1）雨水工程：雨水检查井提升 400 个，雨水口提升 600 个，雨水管道清淤 15685 米，检查井爬梯更换 600 个；（2）污水工程：污水检查井提升 300 个，污水管道清淤 620 米，污水管道修复（D400）850 米，检查井爬梯更换 500 个；（3）桥涵工程：对原有涵洞清理、修补，共 2 座。3. 交通工程：道路标线 1.16 万平方米，绿化带隔离网 9000 米，反光膜 1500 米，各类标志杆 40 个，公交站 15 个。4. 绿化工程：中央绿化带绿化 6.47 万平方米，盆栽 2000 盆，宣传画 178 幅
20	博巷路	琼山区	10655.29	道路总长 1414 米，路宽 20~40 米。主要建设内容包括道路工程、排水工程、交通工程、绿化工程和照明工程等
21	海甸三路（含西路和东路）	美兰区	5143.29（未含建设期利息）	道路总长 2320 米，路宽：环岛路至和平大道段宽 20 米，和平大道至海彤路段宽 30 米。1. 道路工程：（1）机动车道：现状的机动车道水泥砼路面全部破除后，采用沥青路面结构重建。（2）非机动车道：道路北侧保留原有结构基础上进行沥青罩面，原砼路面加铺沥青罩面结构，破损板块修复结构；海大南门至人民大道之间路段，按照非机动车和人行混行车道处理，路面结构与非机动车道路面结构相同。（3）人行道：K0+965.846 至 K2+320.357 路段约 20%可利用，其余全部破除重建，破除面积约 8678 平方米。基层一般道路设计：6 厘米人行道砖+3 厘米 M10 水泥砂浆+12 厘米透水混凝土，面积 1.06 万平方米。沿线人行道树池按照现状进行布置。铺设盲道砖 1783 平方米，设置阻车石 264 个。（4）公交车站：道路全线共设限速式公交站台 10 个：其中 K0+120、K0+334、K0+610、K0+840 处设立直立式公交站，K1+070、K1+380、K1+598.46、K1+698.30、K2+046.82、K2+216.48 设置港湾式公交站。2. 排水工程：路段全部破除旧雨水管（沟）按新建雨水设计考虑，管径为 D600~W×H=4000×1200 毫米。现状污水管道 DI600 保留，对污水检查井井盖周边出现沉降、开裂、松动等病害的进行维修加固。对整个污水系统进行抽水清淤，如遇到管道破损情况采取相应的方法进行处理。沿线的现状出户口需截流后就近接入雨、污水预留井，铺设污水截留管 500 米（埋深 2.5 米）。提升电信井 165 座、给水井 250 个，更换检查井井盖 116 个，添设消火栓 46 座。3.交通工程：标线（热熔型）2691 米，设置大型指路标志牌 10 杆，小型指示牌 61 杆。4. 照明工程：新增低压配电箱 2 台，箱式变电站 1 座，路灯 137 杆，高压电缆 200 米，电缆 9450 米等。5. 绿化工程：行道树树池内 1.5×1.5 米宽黄土裸露增加地被、机非隔离绿化带 2 米宽增加地被。三角梅 860 盆，黄金榕3440平方米，树箅子 1723.5 平方米，种植土 1720 立方米，椰子树迁移 26 株

2016年海口市保利市政配套PPP项目

序号	项目名称	所在城区	投资规模（万元）	建设内容
1	秀英港区海霞路市政道路工程项目	秀英区	10006.46	本项目东起丽晶路延伸段（起点坐标X=191847.052、Y=216410.975），西至规划海彤路（终点坐标X=190724.599、Y=216623.974），规划定位为城市次干道，长1165米，规划红线宽36米，双向4车道。其中行车车道15米宽，两侧各为2米宽的绿化带、4米宽的非机动车道和4.5米宽的人行道。建设主要内容有：道路工程、排水工程、照明工程、交通工程及绿化工程等
2	丽晶路延伸段市政道路工程项目	秀英区	5638.52	本项目南起丽晶路末端（起点坐标X=191953.257、Y=215871.945），北至海霞路（终点坐标X=191847.052、Y=216410.975），规划的工程方案为：海口市丽晶路延伸段规划定位为城市主干道，长501米，规划红线宽40米，双向6车道。其中行车车道22米宽，两侧各为1.5米宽的绿化带、3.5米宽的非机动车道和4米宽的人行道。项目建设主要内容有：道路工程、排水工程、交通工程、道路照明工程、道路绿化工程等
	合计		15644.98	

2016年海口市足球训练基地配套等道路PPP项目

序号	项目名称	所在城区	投资规模（万元）	建设内容
1	羊山路网一期工程	秀英区 龙华区	22625.6	道路总长4997米，路宽30米。包含道路工程、交通工程、桥涵工程、给水工程、排水工程、照明、电力和道路绿化工程等
2	海口市足球训练基地市政配套工程等道路	秀英区 龙华区	10878.31	道路总长2072米，路宽16米。包含道路工程、交通工程、桥涵工程、给水工程、排水工程、照明、电力和道路绿化工程等
3	江东南一街A段、机场北路A段道路工程	美兰区	7073.37	其中江东南一街A段往西路段(机场北路往西约260米，半幅修建)规划宽度40米，本次按20米实施；机场北路A段道路工程(白驹大道向南约405米，半幅修建)规划宽度60米，本次按35米实施

2016年海口市西沙路等5个道路、照明PPP项目

序号	项目名称	投资规模(万元)	建设内容
1	西沙路改造提升工程子项目	1385.67 (未含建设期利息)	道路工程、交通工程、排水工程、照明工程等基础设施建设
2	绿色智能公共照明系统子项目	15803.01 (未含建设期利息)	共安装LED路灯3.73万套，单灯控制器4.1万套，灯臂改造4500套，配电箱改造350套，设置路灯控制中心，其他辅助施工
3	城市景观化工程子项目	55175.33 (未含建设期利息)	以海口湾场景观塑造为重心，重点展示海口的滨海城市门户界面，以滨海大道、龙昆路、长堤北路、国兴大道为延展，以海口火车站、海口高铁站、美兰国际机场为节点，打造重点突出、层次丰富的城市夜景景观。建设涉及岸线及道路长度约为32.3千米，建筑数量约690多栋
4	长秀片区景观提升工程－通海过街通道工程子项目	8991.14 (未含建设期利息)	包括假日海滩和观海台2个通道，其中假日海滩通道位于滨海大道与长彤路交叉口，主通道拟呈L型布置、横穿滨海大道与长彤路，通道全长156.5米，梯道路长度合计约109.2米、宽15米；观海台通道位于滨海大道与长怡路交叉口，主通道拟呈L型布置，横穿滨海大道与长怡路，通道全长113.5米，梯道长度合计约130.3米，宽15米，主要建设内容包括地下通道工程、排水工程、交通工程、照明工程和绿化工程等
5	海口市交通拥堵点改造工程子项目	2800 (未含建设期利息)	道路工程、交通工程、排水工程、照明工程等基础设施建设

2016年7月15日，海口市红城湖环湖路南北段通车。 （市城建集团 供稿）

【海秀快速路（一期）项目完工】 海秀快速路（一期）是省、市重点工程，项目总投资70.5亿元。位于海口市中心城区内，高架桥呈东西走向，西起长滨路东侧，终止于龙昆路东侧380米处，是大型城市建设项目。全线采用“高架主线＋地面辅道”的建设形式，主桥全线总长14.3千米，主线设计车速80千米/小时，双向6车道，桥宽25.5米，10对上下平行匝道。抗震设防烈度8度，桥体结构为钢混结构。2013年5月开始施工，2016年7月20日实现主桥及部分匝道通车，2016年9月30日桥梁及地面道路全线通车，年底收尾工作基本完成。海秀快速路项目是海口历史上市政单体项目投资规模最大，建设规模也最大的一个项目。快速路在设计上有很多特点：桥梁上部结构采用飞燕形预应力混凝土连续大箱梁，翼缘长度达到6米左右，大大弱化梁高效应，使桥型结构简洁、轻盈，线条流畅；横系梁在设计中预留顶升空间，方便桥梁顶升维护，支座、限位装置等附属结构均为可更换设计；在箱梁内均设置过人孔，保证运营状态，每孔箱梁的每个箱室全通达，为将来可能的检查、检测乃至维修加固预留通道。设置声屏障全长1.89万米，屏体为铝合金型材，耐腐蚀性强，比较适合海南的沿海环境；声屏障的主体结构设计独特，能够抵抗50年一遇的风力；声屏障还具备吸收紫外线的功能，能减少强光对司机的视觉影响，提高行驶安全性，晚上还可减轻车灯对周边居民区的光污染。全线采用减隔震抗震体系，采用双曲面减隔震支座和铅芯橡胶支座等主要减隔震器，配套的关键抗震措施采用三向限位装置、连梁装置、桥台撞落装置等关键技术。结合海绵城市理念，主桥全线采用多孔隙透水沥青铺装技术。

资料链接：海秀快速路建设大事记 2012年9月，海口快速路网骨干工程海秀快速路（一期）融资建设、移交、回购合同签约仪式在海口市城建集团举行，海口市城建集团有限公司作为项目回购方与项目BT方北京新颐华卓投资有限公司共同签约；12月进场施工。由于征地拆迁、地下管线未及时搬迁，导致施工场地不能围挡，不能提供有效的施工作业面，施工进度非常缓慢。至2013年，该项目基本处于一个停滞的状态。2014年7月，开始开展影响桥梁工程施工的管线迁移工作，全线涉及电力、通信、燃气、给水等19家单位的管线迁移，12月上旬基本完成，为桥梁主体施工提供充足作业面。2015年加大拆迁力度，7月底，征地拆迁、地下管线迁改工作基本完成；8月，海秀快速路（一期）全线进入全面施工阶段。2016年2月21日，海口市海秀快速路节点工程龙昆立交桥匝道实现通车；5月31日，钢箱梁吊装完毕；6月5日21时，海秀快速路主桥全线合龙；7月20日17时05分，海秀快速路（一期）实现主桥及部分匝道功能性通车。

海秀快速干道南大立桥交汇处。 （李幸璜 摄）

【地下管廊试点工程建设】 2016年，海口市第二批长滨路南延线等9条地下综合管廊试点项目总长18.74千米，工程概算总投资29.6亿元，采用PPP模式推进投融资、建设及运营管理。6月30日陆续开工建设。至年底，长滨路南延线（长700米，三舱）形成廊体469米；长秀大道（东段）（长1368米，单舱）形成廊体384米；江东大道二期（长3170米，双舱）形成廊体760米；经一路（北段）（长1000米，单舱）形成廊体300米；美安四横路（长3250米，双舱）形成廊体76米；美安一纵路（长1350米，三舱）形成廊体96米；海涛东路（长900米，双舱）形成廊体275米；椰海大道（一期）（长5000米，四舱）钻孔灌注桩完成423米，高压旋喷桩完成155米；椰海大道（丘海大道－海榆中线）（长5000米，四舱）钻孔灌注桩完成370米，高压旋喷桩完成170米。至年底，项目累计完成工程投资额4.42亿元，形成廊体长度约2.36千米。

（王　健）

2016年5月6日，海口市委副书记、市长倪强（左二）调研琼山区红城湖片区棚改进展情况并听取汇报。

（市政府办 供稿）

【市政项目房屋征收】 2016年，海口市房屋征收局完成美苑路延长线，金鼎路（向荣路二期至海秀西路）道路工程，南宝路改造工程，五指山现状改造工程项，三角梅主题公园、三角梅主题公园市政道路户外休闲景观大道工程，桂林洋桂松路，蓝天路现状道路改造工程等45个项目的房屋征收工作。项目涉及征收的土地面积49.09公顷，房屋面积89.92万平方米，涉及3068户，方案上报资金共53.51亿元，审定资金42.30亿元，核减资金总数11.21亿元。

（蔡树虹）

棚户区改造

【棚户区改造概况】 2016年，海口市房屋征收局以改善民生为出发点，按照合理合法的原则，结合海口的实际情况，全力加快棚户区改造，启动6个棚改项目，继续推进新海、博义盐灶、八灶、灵山镇等10个片区续建项目，在棚户区改造各个方面取得较好的成效。2016年，海南省下达海口市城市棚户区改造任务1.20万户，约占全省城市棚户区改造计划2.45

2016年海口市棚户区（城中村）改造项目一览表

项目名称	所属辖区	涉及改造户数（户）	涉及人数（人）	改造户数（户）	改造面积（亩）	征收建筑面积（万平方米）
龙岐村	美兰区	2150	3006	2095	172	21.4
白沙坊二期	美兰区	2492	5082	1330	255.84	30.59
面前坡村	龙华区	4550	13000	2736	447.38	64.04
坡博坡巷村	龙华区	7700	14628	4056	1072.46	177.56
夏瑶二期	琼山区	276	1380	2016年9月启动，户数报送始于2017年	50.05	6.66
三亚上街片区	美兰区	33	360	未上报数据，无法统计	68.5	0.46
总计		17201	37456		2066.23	300.71

万户的49%，至年底海口市完成城市棚户区改造1.64万户，占完成计划任务的136.37%，房屋征收实行货币化安置比例100%。

【棚改项目】2016年，海口市棚户区改造启动龙岐村、白沙坊二期、面前坡村、坡博坡巷村、夏瑶二期、三亚上街片区6个片区的改造，涉及1.72万户共3.75万人，征收建筑面积300.71万平方米，补偿金额489.92亿元。其中，三亚上街片区的房屋征收工作完成。

【回迁商品房建设】2016年，海口市在推进货币化安置的基础上，充分尊重棚改片区居民的意愿，制定出台相关政策。4月5日，印发《省政府关于房地产市场调控实施意见的通知》，11月2日，市政府印发《关于棚户区改造补偿安置有关事项的通知》，组织推进棚改项目回迁商品房建设。在白沙坊、红城湖延长线、新琼、红城湖、下洋瓦灶等棚改项目策划方案中确定回迁商品房建设内容、建设规模（商业、住宅以及公建配套等）、建设标准（装修标准、室内装修要求、户型比例）等，并组织开展委托回迁商品房建筑报建设计方案工作。顺利完成新海、博义盐灶八灶、白沙坊一期、下洋瓦灶一期、新琼一期、红城湖一期等6个棚户区改造回迁商品房项目的棚改项目固定资产投资工作任务目标。10月，棚改回迁商品房陆续完成地块的国有建设用地使用权公开招标挂牌出让工作。10月28日，完成发改备案和棚改项目固定资产投资申报工作，年底施工单位全部进场，正在推进报建前期工作。其中，博义盐灶八灶回迁商品房项目共有9宗土地，其中8宗已出让，至年底已出让的土地有7宗全面开工，1宗土地尚未完全拆除地上建筑物；红城湖回迁商品房项目（一期）有4宗土地共5.43公顷，已全部出让，回迁总建设面积34.63万平方米；新琼回迁商品房项目（一期）有1宗土地共2.79公顷已出让，回迁总建设面积16.52万平方米；白沙坊回迁商品房项目（一期）有1宗土地共1.21公顷已出让，回迁总建设面积6.57万平方米；新海回迁房项目有2宗土地共7.56公顷，已全部出让，回迁总建设面积26.06万平方米；下洋瓦灶回迁商品房项目（一期）有2宗土地共2.21公顷，已全部出让，回迁总建设面积17.4万平方米。同时，为吸引人口向外疏解，预留基础设施、产业用地空间，切实通过大项目落地，消化库存，提升城市发展品位。并鼓励被征收人以回迁商品住宅等值置换回迁商业用房，参与村集体商业用房股份制经营，保障被征收户的转产就业和生活来源，提升和改善被征收户生活水平。

【棚改项目房屋征收】2016年，海口市启动龙岐村、白沙坊二期、面前坡村、坡博坡巷村、夏瑶二期、三亚上街片区6个棚改项目，涉及土地面积137.75公顷，建筑面积300.71万平方米，涉及改造户数1.72万户，人数3.75万人。（1）龙岐村项目拟征收范围四至为：东至海府路，南至规划路，西至海南高速公路股份有限公司地块用地红线，北至海南省水务厅地块用地红线（以规划红线坐标为准）；项目涉及改造面积约11.47公顷，涉征建筑面积21.4万平方米，涉及改造户数2150户，涉及3006人。截至年底，龙岐村项目共拆除各类建筑物和构建物21.09万平方米，征收户数2095户，累计征收协议补偿总额19.5亿元。（2）白沙坊二期项目拟征收范围四至为：东至海口市白沙街道办事处板桥经济联合社用地，南至规划路，西至白龙路，北至滨江路（以规划红线为准）；涉及改造面积17.06公顷，涉征房屋面积30.59万平方米，涉及改造居民2492户，人数5082人。截至年底，白沙坊二期项目共拆除各类建筑物和构建物18.51万平方米，征收户数1330户，累计征收协议补偿总额14.81亿元。（3）面前坡村项目拟征收范围四至为：东至龙昆南路，南至昌茂花园小区，西至南沙路，北至海秀快速路；项目位于龙昆南路西侧、海口市CBD核心区西部延伸线南侧、金牛岭公园与红城湖公园1千米服务半径范围内；项目涉及面积29.83公顷，涉征房屋面积64.04万平方米，涉及居民4550户，约1.3万人。截至年底，面前坡项目共拆除各类建筑物和构建物39.11万平方米，征收户数2736户，累计征收协议补偿总额32.95亿元。（4）坡博坡巷村项目拟征收范围四至为：东至龙昆南路，南至南海大道，西至南沙路及豪苑路，北至现代花园小区；项目位于海口南站北侧；项目涉及面积71.50公顷，涉征房屋面积177.56万平方米，涉及居民7700户，1.46万人。截至年底，坡博坡巷项目共拆除各类建筑物和构建物81.63万平方米，征收户数4056户，累计征收协议补偿总额72.58亿元。（5）夏瑶二期项目拟征收范围东起美舍河西岸，西至海府路，南临海南省林业机械厂，北接夏瑶一期项目南端界线的合围区域（以规划红线为准）；项目位于琼山区国兴街道办事处辖区下洋新村；涉及改造面积3.34公顷，涉及房屋面积6.66万平方米，居民约276户，1380人。（6）三亚上街片区拟征收范围东至和平南匝道，西至振兴路，北接长堤路北至长堤路，南至长沙坡路围合区域（以规划坐标为准）；涉及改造面积4.57公顷，涉征建筑面积0.46万平方米，涉及居民33户，约360人。

【棚改资金管理】2016年，海口市房屋征收局与国开行、各区政府、市财政局和市发改委等有关部门进行协调沟通，及时足额将征收补偿资金拨付到位，有力地推动各项目的建设。在满足资金需求的同时，征求各部门意见建议，简化资金流程环节，提高资金使用效率。至12月底，累计拨付棚改资金489.92亿元；幸福路、金榆路东段、红城湖延长线等31个市政房屋征收项目累计拨付资金1.70亿元。

（黄蕾 韩逊元 梁丹 王晓彬）

市政市容管理

【市政市容管理概况】2016年，海口市市政市容委以“精细化、标准化、法治化”为导向，推行综合执法改革，探索建立权责明晰、服务为先、管理优化、执法规范、安全有序的城市管理体制，转变政府职能、简政放权放管结合，初步实现城市管理向城市治理转变。组织编制《海口市户外广告专项规划》《海口市亭类设施整治布点规划（2016~2020）》《海口市四网（水网、电网、气网、光网）综合规划》《海口市高铁沿线环境整治及景观提升规划》《海口市政设施综合规划》《海口市景观照明专项规划》，以规划引领形成城市管理长效机制。先后被评为“海口市2015年度省重点项目推进先进职能部门”“海口市2014~2016年度政协提案办理工作先进单位”“2015年度海口市双创工作单项奖”“2011~2015海口市法治宣传教育工作先进集体”“海口市2015年度社会治安综合治理工作先进单位”。

【市政设施养护】至2016年底，海口市市管市政道路共303条，长度440.1千米，总面积1831.5万平方米（车行道1176.3万平方米，人行道376.5万平方米，分车带278.7万平方米），路灯2.32万杆（3.77万盏），涵洞106座；排水管道长度1684千米（雨水管道长918千米，污水管道长587千米，合流管道长179千米），窨井9.66万座，明渠长2.42万米，河沟护栏2.97万米，拍门67座，闸门50座，阀门9座。全年总共维修道路路面31.92万平方米、人行道8.66万平方米，检修路灯1.57万盏、涵洞106座；清理下水道1191千米、进水井7.56万座、检查井3313座，运弃淤泥3729立方米。

【市政桥梁维修养护】至2016年底，海口市管桥梁共127座（隧道桥1座、通道桥1座，立交桥8座、道路桥梁86座、步行景观桥4座、人行天桥27座）。全年共清洗桥梁32座（面积7.02万平方米），清理桥梁涂鸦38座（面积1708平方米）、桥梁小广告24座（面积436平方米）、桥梁建筑垃圾52立方米，修补桥面坑槽420平方米、桥梁人行道地砖168平方米；维修损坏桥梁路灯4000盏，路灯亮化率99%，完成滨海立交桥栏杆油漆老化破损翻新工程。

【中心城区积水点改造】2016年，为有效解决对群众生活影响较大的道路严重积水问题，海口市开展10个道路积水点改造。其中，市市政管理局负责实施8个项目，分别为渡海路、公园后路、丘海大道延长段（金盛达建材城段）、城西路南航司令部前和4个PPP项目（五指山路、和平南路、龙华路、蓝天路）积水点改造；椰海大道与金福路路口积水点（白水塘积水点）、椰海大道新城吾悦广场段积水点分别由市水务局和龙华区负责实施，各积水点改造项目基本于年底前完工。

【首款“排水APP”应用平台推出】为及时发布海口中心城区台风汛期道路积水信息，方便市民出行，2016年7月11日，由市市政管理局下属管养单位海口市排水管道养护所组织开发的“海口排水APP”平台上线试运行，平台推出内容有预警、积水、排水、维护、科普、说明6大版块。积水实时视频段有16个：椰海大道吾悦广场段监控点、滨涯路农垦中学段监控点、永万路国科园段监控点、琼山大道汽车城段监控点、椰海大道与金福路路口监控点、金龙路与龙华西路口监控点、南海大道药谷段监控点、海秀西路兵工大酒店段监控点、海达路与三东路口监控点、五指山路松涛大厦段监控点、和平南路六合大厦段监控点、龙华路一中段监控点、椰海大道东线高速桥段监控点、大英山西四路监控点、勋亭路市场段监控点、龙昆南路中国城段监控点。涉及排水信息的资料及视频在城市管家和APP平台上开放和共享。

【占道经营整治】2016年，海口市各区、各镇街按照“堵疏结合，分类管理”总体思路，定期开展区域集中整治，严格落实定人、定岗、定标准，实行分片包干管理责任制，遏制无序占道经营行为，做好校园周边、农贸市场（大型商场）周边环境的整治，落实门前三包，拆除乱搭乱建和违章招牌广告，清除占道经营，配合交警做好停车画线工作，取缔马路市场，确保重点区域达到“双创”标准。至12月底，市市政市容委共出动74.75万人次、10.15万车次，整治占道经营5.61万宗。

【便民疏导点管理】2016年，海口市有64个便民疏导点，其中24个经营农副产品。64个疏导点均实现挂牌经营，公示牌内容包含市场名称、地址、经营区域、批准证书、经营时间、经营品种、日常监管部门、责任人、联系电话、群众投诉举报电话等内容，接受群众监督，方便群众投诉举报。做到统一经营时间和经营设施，不得擅自变更经营地点和超范围、超时经营，并且有完善的环境卫生管理制度和相应的检查考核制度，配备一定数量的管理人员，既保证周边市容环境卫生整洁和交通秩序，又较好服务市民群众。

【打击违法建筑】2016年，海口市整治违法建筑始终保持节奏不变、力度不减、尺度不松的高压态势。通过违建举报市长微信号及短信号、卫星图片比对、无人机巡查等手段，对东环铁路沿线，国道、省道沿线，绕城高速等门户路段门户道路、海岸线、河岸、水源保护地、占用基本农田和旧改棚改片区等重点区域违建的处置和防控。同时，为落实《海口市农村宅基地管理办法》，加快推进分类处置，引导村民合理、合法建房；为建立健全长效管理体制机制，制定《督办制度》《督查考评实施方案》《建筑工地“双创”工作实施细则》《违法建筑举报奖励办法》《违建拆后处置规定》《海口市拆除违法建筑风险评估办法》《海口市违法建筑应急处置预案》《海口市拆违控违联动协作暂行办法》；为推动“无违建”创建工作，制定印发《海口市“无违建”创建工作实施方案》《海口市“无违建”创建工作考核方案》。全年共拆除违法建筑4078宗336.48万平方米，防违控违2385宗52.8万平方米，4个区均提前超额完成年度任务。其中，秀英区拆违52.13万平方米，控违19.34万平方米；龙华区拆违122.12万平方米，控违16.95万平方米；琼山区拆违64.29万平方米，控违4.23万平方米；美兰区拆违94.85万平方米，控违12.23万平方米；桂林洋拆违3.09万平方米，控违380平方米。

【违建分类处置】2016年，海口市各区采取对房屋开展调查登记、镇（街）认定、区级批准、市级备案的方式，对符合分类处置条件的违建进行认定。至年底，全市完成分类处置2.93万宗838.52万平方米，正在分类4.05万宗1234.3万平方米，待分类处置3.26万宗740.97万平方米。

【“无违建”示范点创建】2016年，海口市按照省委、省政府《关于开展“无违建”创建活动的实施方案》的要求，制定并印发《海口市“无违建”创建工作实施方案》《海口市“无违建”创建工作考核方案》，明确到2020年全市4个行政区〔43个镇（街）、431个村（居）〕、桂林洋经济开发区、三江农场、4个农场（国营红明农场、国营东昌农场、省岭脚热带作物场、省长昌煤矿）全部达到“无违建”创建标准，村庄规划全面覆盖且科学合理，农村宅基地确权登记发证工作基本完成，村民建房做到“逢建必报”，单位和个人新建、改建、扩建和加建建筑物及附属设施活动全部纳入规范管理，即实现4个“全覆盖”，规划全覆盖、确权办证全覆盖、报建全覆盖和建设活动监管全覆盖。年内，秀英区石山镇的“无违建”示范点创建工作初有成效，通过制定《石山镇“无违建”示范村创建活动的实施方案》明确目标任务和组织领导架构，将调查摸底、新增管控、分类处置、拆后土地利用、个人建房管理和以法治违要达标作为其创建标准，并将美富村、美鳌村定为“无违建”示范村。龙华区确定金贸街道办及道贡村委会为“无违建”示范点，制定“无违建”创建工作实施方案。琼山区确定凤翔街道办为“无违建”示范点，成立“无违建”镇（街）创建工作领导小组，并制定创建工作方案，以主干道两侧，村集体用地，背街小巷为整治重点等总体要求达到提升整治工作成效的目标任务。美兰区确定白沙街道和和平南街道上坡社区居委会为“无违建”示范点，制定和完善白沙街道“无违建”创建方案和“无违建”示范点创建方案。创建期间，白沙街道共自行拆除违法建筑30余宗1800多平方米；完成辖区97.9%违法建筑分类处置上图入库工作，各次图斑对比核查和遥感图斑查处上报工作；坚持“五级巡查”制度和每日“零报告”制度，至年底，没有违建报告。

【“数字城管”建设】2016年1月25日，海口市数字化城市管理指挥监督中心正式挂牌，隶属市市政市容管理委，为正科级事业单位。年内，海口市数字化城市管理信息系统（4期）项目按进度完成绩效管理系统、城市管理行政执法系统、数据应用与分析系统及市政市容监控系统优化升级的建设，并投入使用。其中病媒生物防制和市容环境卫生全部上图入库；支撑“双创”工作的核心系统“绩效管理信息化系统”和支持“公安+城管”联合执法模式完成主要功能研发并上线试运行；城市管理应急指挥平台覆盖全市，在“莎莉嘉”“电母”台风中发挥重要作用。7月31日正式推出“海口城市管家”公众服务平台，力求为更多市民参与城市管理提供平台。

【“城市管家”平台建设】为拓宽市民参与城市管理的渠道，2016年7月31日，海口市委市政府正式推出的“海口城市管家”服务平台。其中“海口城市管家”公众微信号有两大服务功能：（1）投诉举报城市管理问题。市民可以通过该微信号上报问题，然后由数字城管指挥中心分类派发至各相关单位。至年底，共受理1.84万个问题，处理1.61万个，处理率87.51%。问题涉及全市职能单位及相关企业80家，其中涉及市政、园林、环卫、城管的问题基本实现点对点扁平化派发，将问题直接派发给一线工作人员，确保半小时到达现场处理问题。（2）便民服务信息查询。市民可以在“海口城市管家”上查询15分钟全民生活圈、出行时的便民服务信息、行政审批信息、天气信息，职能部门对城市管理的动态等信息，及时了解城市管理的动态和市政府在恶劣天气、节假日及应急事件中发布的各种服务信息，为市民的安全出行和生活提供全方位的便民服务。年内，“海口城市管家”有信息容量300多万条可供市民查询，其中在恶劣天气、节假日和应急事件中发布的温馨告知有197条（次），关注人数2.92万人，总点击数25万次。

【“直播数字城管”栏目启动】2016年，为进一步加强“双创”的新闻监督力度，提升市民参与“双创”、参与城市管理的热情，实现“人人都是城市的管理者”目标，由海口市市政市容委和海口广播电视台的FM101.8新闻双创频率共同策划推出的《直播海口数字城管》栏目于7月1日正式启动，每天下午2：30～3：00进行直播，采用电话连线、三方互动、嘉宾上线、记者现场调查、热点评议等多种形式，将数字城管互联互通、网格化管理、扁平化处理、系统化监管的特点和广播媒体反应迅速、传播及时的特点相结合，发挥群众投诉、平台督办、媒体宣传“三位一体”联动监督的作用，共同见证政府办事效率，将数字城管打造成椰城百姓信赖的政府服务平台。

【"公安＋城管"联合执法模式实施】2016年2月5日，海口市举行先试先行"公安＋城管"城市执法启动仪式，金贸街道、海府街道、国兴街道、长流镇、龙桥镇、云龙镇、演丰镇首批7个试点镇（街）的城市执法中队挂牌成立，标志着海口城市管理综合执法改革落地，"公安＋城管"联合执法模式正式实施。4月5日，建成区内的22个镇（街）完成挂牌工作。5月18日，市公安局城市警察支队挂牌成立。与此同时，市市政市容委投入1000万元用于全市城管执法人员业务培训；投入1000万元为全市29个镇（街）城市执法中队配备执法电动车、制服、对讲机等执法装备。至年底完成14期共2720人的城管人员培训，对培训不达标的16名人员予以辞退。"公安＋城管"联合执法开展以来，全天候、无死角的街道治安和市容市貌管理巡查工作成为新常态，见警率、见城管率明显提升，暴力抗法事件明显减少，改革小目标基本实现。全市受理各类治安警情同比下降5.6%，社会治安秩序持续好转，全市发生"两抢"案件521起、街面打架斗殴223起，同比分别下降31.7%、61.2%，公安民警对妨碍城管行政执法的违法人员拘留18人。数字化城管办件类别从2015年的204项增加至2016年的467项；特别是开展联合执法后，全市未发生围攻或殴打城管人员执法的暴力抗法事件，城管人员想管事、敢管事的工作积极性明显提高。

【广告招牌管理】2016年，海口市市政市容委开展国兴大道、秀英大道、海港路、琼州大道、龙昆路、凤翔路、滨海大道、人民大道等8条道路户外广告招牌整治，拆除广告招牌共1761宗，5.78万平方米。其中，秀英区457宗，3.91万平方米；龙华区439宗，9640.38平方米；琼山区170宗，1993.4平方米；美兰区695宗，7032平方米。对不符合要求的广告牌设置者按标准和规范进行整改，提升设置档次，美化建筑外貌。同时，组织开展单立柱广告整治，在海榆大道、机场出口处拆除单立柱广告17座。开展五指山路"木棉休闲商业街"设计改造工作。以"海口宾馆""和平南路""名门广场"为三大节点，"体育培训中心"和"海鹰大厦"周边为两个示范段，赋予5个主题予以升级改造。

2016年2月5日，海口市7个试点镇(街)的城市执法中队挂牌成立。图为龙华区金贸街道城市执法中队挂牌成立。
（市公安局 供稿）

【亭类整治】2016年，海口市政市容委先后完成63条道路共75个亭的拆除及10个亭的迁移工作。其中，拆除书报亭51个（海口日报亭23个，邮政报刊亭28个）、个人零售亭15个、公共自行车亭9个（拆除公共自行车亭4个，就地后移2个，就地抬高3个），迁移邮政报刊亭2个。

【海口市城市管理督查支队成立】为进一步深化城市管理综合行政执法体制改革，充实区、镇（街道）综合执法人员编制，强化城市管理指挥监督工作，2016年2月17日，海口市城市管理督察支队揭牌成立，隶属海口市市政市容管理委员会（海口市城市管理行政执法局），为副处级公益一类事业单位，财政预算管理事业编制35名。主要工作职责为负责全市城市管理综合行政执法工作的监督、检查、评比、评估等。

【海口市数字化城管指挥监督中心成立】为进一步优化城市管理服务，提高综合性监管和服务平台，2016年1月25日，海口市数字化城市管理指挥监督中心正式挂牌，隶属海口市市政市容管理委员会（海口市城市管理行政执法局），为正科级公益一类事业单位，财政预算管理事业编制25名。主要职责为承担城市管理和综合执法长效机制监督评价工作，数字化城市管理的信息化和标准化建设等。

【市政市容事项行政许可审批】2016年，海口市市政市容委共受理办件数605件，办结605件，其中批准359件，不批准246件。审批办件办结的605件中，市政处办结202件，园林环卫处办结403件；办结批准件中，园林环卫处359件，市政处88件；办结件中不批准件园林环卫处132件、市政处114件；退档量为0，办结率100%。

（潘家虹　刘学祝）

建筑业

【建筑业概况】2016年，海口市住房和城乡建设局加强对重点项目的监督和服务，进一步优化监督模式，强化监督管理，稳步推进监督工作。全年监督在建建筑工程项目522个，建筑面积2792万平方米（其中当年新报监项目144个，建筑面积1038万平方米）；监督建筑工程竣工验收226项，建筑面积1008万平方米，竣工工程合格率100%；竣工备案114项，建筑面积522万平方米。监督在建市政工程项目77个，总造价96.1亿元（其中当年新报监项目55个，总造价39.49亿元）；监督市政工程竣工验收38项，竣工工程合格率100%；竣工备案3项。办理建筑工程施工许可项目114个，报建面积870万平方米；建成2个新建装配式建筑项目，总建筑面积35.96万平方米。获施工总承包、专业承包企业三级及施工劳务资质许可416家。有11个项目获得“绿岛杯”省优质样板工程；14个项目获得“椰城杯”市优质样板工程。

【建筑市场监管】2016年，海口市住建局开展2016年建设领域“安全生产月”和“安全生产万里行”活动、2016年汛期台风安全生产大检查活动、2016年全市住房城乡建设系统“质量月”活动、全国“两会”和博鳌亚洲论坛年会期间安全生产大检查，共检查223个在建项目，下发整改通知书198份。开展建筑市场监督执法检查，加强事中事后监管，打击建筑市场违法发包、转包、违法分包及挂靠、拖欠农民工工资等违法行为，建立健全建筑市场诚信体系。组织开展全国工程质量治理两年行动监督执法检查。5月28～29日，住建部对海口市开展建设工程质量治理两年行动监督执法检查，对君临华府二期、海口市新大洲住宅小区、医疗保障大楼、西片区改造、海航豪庭项目A12地块、四季华庭三期阳光华府1号楼等项目下发《建设工程质量安全监督执法检查反馈意见》，并对“君临华府二期”项目下发《建设工程质量安全监督执法建议书》，市住建局督促各项目工地根据住建部的反馈意见进行整改，并将“君临华府二期”项目违法违规行为报送市执法局，作为不良行为在网上公示。全年，市住建局共组织开展建设工程质量监督执法检查12次，上报违法违规行为507起，不良行为115起。加强混凝土生产企业用砂质量抽检。9月26～27日，组织市监督站、市商砼协会、市建筑检测中心对海口市辖区内的其他23家预拌混凝土生产企业用砂质量情况进行年度第二次集中抽检，每家企业均抽取2个砂样品共46个送市建筑检测中心检测，主要检测砂的氯离子含量和含泥量。经检测中心检测，该次抽样送检的50个砂样品氯离子含量均小于混凝土结构工程施工规范中规定的砂氯离子含量不得大于0.06%的要求，其他委托检测项目也符合规范要求，本次预拌混凝土生产企业用砂质量抽检检测合格率为100%。同时，鉴于海口市河砂供应紧张的局面，要求各混凝土搅拌站必须对进场砂的质量加强自检，同时采取定期和不定期方式对各企业用砂质量情况进行抽检；继续加大对在建项目参建各方违法违规行为的查处力度，全年报送违法违规行为共818起，予以不良行为记录共266起。

【建筑市场专项整治】2016年，海口市住建局组织开展建筑工地病媒生物防制专项整治工作。举办海口市建设工地病媒生物防制专项活动再动员暨培训大会，邀请国家级病媒生物防制专家进行培训；举办病媒生物防制标杆建筑工地观摩；加强对监管建设项目进行巡查，督促建设单位和施工单位等责任主体做好病媒生物防制整改工作。组织开展工程项目未办理竣工验收备案即投入使用专项治理工作，通过专项整治工作的组织开展，依法查处工程未办理竣工验收备案就投入使用的违法违规行为，进一步规范建筑市场管理秩序。开展预拌商品混凝土生产企业专项检查。3月10～17日，组织市监督站、市建筑业协会混凝土专业委员会和预拌混凝土生产企业代表，对辖区内24家和澄迈老城开发区内4家预拌混凝土生产企业进行企业资质动态核查、企业安全生产管理、海口企业“双创”工作和病媒生物防制等进行专项检查。

【建筑节能】2016年，海口市住建局编制《海口市建筑节能与绿色建筑“十三五”专项规划》。加强民用建筑节能审查，全年完成新建绿色建筑报建89个，总建筑700.43万平方米；开展并通过187项建筑项目的节能审查。6～10月，开展2次建筑节能和绿色建筑行动专项检查，共对15个建筑项目执行建筑节能法律法规和规范标准等方面进行综合性抽查，及时下发建筑节能整改通知书14份，要求参建各方按时限完成整改。

【可再生能源建筑应用】2016年，海口市报建的太阳能热水系统建筑应用项目共68个，建筑应用面积198.66万平方米，竣工太阳能热水系统建筑应用面积189万平方米。全年全市太阳能热水系统建筑应用财政补贴累计55个项目，获省下达的太阳能热水系统建筑应用财政补助支持，并由海口市负责实施监管。至年底，全市有30个项目经验收评估合格并拨付补助资金959.87万元，5个项目正在办理验收评估手续。全年共确定“铭德·美景苑（原美苑小区）”等177个项目为海口市太阳能热水系统建筑应用面积补偿示范项目，补偿面积13.97万平方米。

【绿色建筑应用推广】2016年，海口市住建局按照《海南省绿色建筑行动方案》要求，执行绿色建筑标准相关规定，全年在规划阶段完成新建绿色建筑报建项目84个，总建筑637.6万平方米。

【招投标监管】2016年，海口市住建

局共完成招标备案项目178项，备案合同金额135.04亿元，其中公开招标127项，备案合同金额83.58亿元；邀请招标51项，备案合同金额51.46亿元。抓好省市重点项目招投标工作，共办理海口中心、长影“环球100”、海口市“菜篮子”设计监理、大英山路网PPP项目监理、美兰国际机场航站楼扩建工程、红城湖片区棚户区改造等45个重点项目的招标备案。

【建设工程造价管理】2016年，海口市住建局开展建设工程计价依据修编工作；组织开展各类建设工程概算经济指标分析工作，分析案例35个，为建设项目前期投资估算提供参考依据；组织建设项目创建国家卫生城市和全国文明城市增加措施费用的测算工作，为建设项目合理补偿“双创”费用提供计价依据。加强造价咨询企业监管工作，配合省建设主管部门开展造价咨询企业检查工作，并于10月起实施政府投资项目招标控制价备案工作。

【建设工程档案管理】2016年，海口市城市档案馆共接收保管城建档案总长度381米，建设工程竣工档案项目207个，长度338米（其中建筑类项目172个1.1万卷，长度320米；市政类项目35个882卷，长度18米）；出具建设工程档案验收意见书163份；接收市住建局审批办项目工许可和房地产审批资质档案25米，市政市容委占道挖掘许可、燃气、园林、伐移树木、占用绿地审批档案项目126个长度2米；接收海口市公共资源交易中心招投标档案16米。全年完成各类档案的规范性整理共7053卷，总长度176米（工程项目82个，长度147米，建设项目招投标业务档案12米，市政市容委道路占道、燃气、环卫档案5米，住建局工程备案、三级资质档案12米）；著录系统管理条目共17万条；接待信息公开档案查询798人次，调阅档案3755卷，利用图书照片档案1822余张，复印资料（含图纸）9.06万张；围绕重点建设工程进行跟踪拍摄照片资料2320多张，录像资料60分钟。

（王　健）

房地产业

【房地产开发投资】2016年，海口市房地产开发投资总额551.09亿元，增长20.7%，占全市固定投资额的43.3%。全市商品房开发用地面积130.51公顷，下降35.69%。其中，一级市场供地126.26公顷，下降33.27%；二级市场供地4.25公顷，下降69.03%。

【商品房销售】2016年，海口市销售商品房432.65万平方米，比上年增长15.88%；商品房销售金额391.28亿元，增长31.86%；商品房均价8855.63元/平方米，增长3.05%（扣除团购后商品房均价9559.48元/平方米，增长3.07%）。全年登记销售的商品住房中，岛外购房面积216.2万平方米，岛内购房面积262.86万平方米，占比分别为45.13%和54.87%。外省市购买海口市商品房前三名分别为广东省、河南省、北京市，购买面积分别为24.14万平方米、18.51万平方米、16.06万平方米。二手房交易面积174.84万平方米，下降0.03%；成交金额72.17亿元，下降8.48%。全年批准预售商品房618.48万平方米，增长12.68%，超额完成2016年商品房销售面积380万平方米的年度目标。

【房地产市场监管】2016年，海口市住建局加强对房地产不规范行为整治，分别对违规销售行为、不按时交付使用商品房行为、未经验收交付使用、逾期办理房产证、发布虚假广告宣传、收取内部认购金、无证预售等重点内容进行查处整治。其中，对香榭花园项目未通过相关部门验收、阳光三号苑项目涉及未通过验收就交付使用等问题以及宝泰温泉花园、海易华庭项目、永升华府项目信访积案进行协调，推进项目整改；东汇西海岸项目业主投诉开发楼盘涉及虚假宣传情况、君临华府业主投诉项目涉及未取得预售擅自收取认购金的行为、芭普假日项目业主投诉项目逾期交房、海长流三期因房屋质量问题要求退房纠纷主动约谈开发商，下发整改通知；先后处理昌茂朝庭、昌茂翰林西苑、蓝城一号、芭普假日等项目业主信访事件，采取召开协调会议、现场解决实际困难、督办解决等形式，对昌茂公司等多个房地产开发企业下达整改通知，并将违法违规行为报城市执法局进行查处。

【房地产推介】2016年，海口市房地产管理部门利用全国大中城市的房展平台，与海南广播电视总台、海南日报报业集团深度合作，组织海口市房地产开发企业参加岛外房地产展销活动。先后组织海口市房地产企业参加4次岛外和2次岛内房展会（北京春秋两季房展、琼北（海口）房地产北京推介会、河北房产推介会及春节万春会房地产促销活动、海口五一房展），参展房产企业180多家，现场售房69套，现场成交面积6755.05平方米，现场成交金额6240.6万元，意向登记客户人数1080人。

【商品住房去库存】2016年，海口市先后颁布实施《海口市贯彻落实省政府关于房地产市场调控的实施意见》《海口市房屋征收补偿安置暂行办法》等文件，结合实际情况，通过五种方法，去库存及转型发展，稳定房地产市场：提高棚户区改造货币化安置比例，减少统一新建定向团体回迁商品房面积，增加货币直接补偿安置方式，引导棚户区改造居民购买商品房用做安置房；着力调整房地产供需关系，利用城市综合体的建设模式减少商品住宅占比，结合商业带动房地产销售，以点带面，引导优化产业结构，促进房地产业持续健康发展；通过取消公租房建设，实行货币化补贴，打通保障房与商品房双向转换通道，消化保障房和商品房库存；用好用足公积金政策，深化户籍制度改革，促进省外购房人员落户；在全国范围内开展城市营销、房产营销，积极与各全国知名专业房地产网站进行战略合作，借助其营销平台共同推广和销售海口旅游地产。年内，商品住房库存量595.57万平方米。与上年底对比，商品住房去化期从28.55个月降为14.92个月，商品住房存量减少75.94万平方米。

【保障房建设管理】2016年，海口市没有安排新增新开工公共租赁住房、经济适用住房和限价商品住房等保障性住房建设项目，继续推进保障性住房续建项目建设工作，全年保障性住房竣工1387套并交付使用。全市共受理各类政府统建的保障房申请1088户，审核通过738户，审核通过率67.83%；受理公共租赁住房申请750户，审核通过499户（其中受理城镇低收入公共租赁住房保障申请196户，审核通过109户）；受理经济适用住房申请208户，审核通过144户；受理限价商品住房申请130户（其中单位申购8户，城镇居民122户），审核通过95户 （其中单位19户，城镇居民76户）。4个区共配租公租房2327套，其中，秀英区490套，龙华区649套，琼山区220套，美兰区968套。全市配售经济适用房170套，限价商品房签约151户。

【农村、垦区危房改造】2016年，海口市农村危房改造3000户，开工、竣工率100%，其中，精准扶贫209户建档立卡贫困户改造任务已全部竣工，实际开工232户，竣工232户，开工率、竣工率超过年度计划11个百分点。全年完成辖区内垦区职工危房改造项目开工485套，占省下达海口市2016年度建设任务计划的103.19%。其中，三江农场开工200套、红明农场开工185套、东昌农场开工100套。

【房屋权属登记】2016年1～7月，海口市房屋权属登记业务办理由市住建局负责。期间，房屋变更登记办理件数3.64万件，产权限制登记3771件，初始登记447件，抵押登记1.34万件，变更登记1535件，换证登记354件，其他登记22件，预告登记3.14万件，注销登记7733件，转移登记2.51万件，总计12.02万件。7月25日起，房屋登记发证事项移交市国土局不动产登记中心。8月至11月11日，全市窗口网签交易共受理3106件，办结3106件，办结率100%，完成房屋面积审核421宗，面积1243万平方米。其中实测采信303宗，面积570万平方米；预售测绘备案118宗，面积673万平方米。

【房地产中介机构监管】2016年7月，海口市住建局制定《海口市房地产中介专项整治工作方案》，要求限期进行房地产中介机构备案。年内共有572家中介机构（不含各门店和分店）进行报备，市住建局按期将报备的房地产中介机构在海口住宅与房地产信息网和海口房地产展销网进行公示并通过相关媒体公布举报电话。

【房屋安全管理】2016年，海口房屋管理部门共受理审查D级危险房屋鉴定文书200件，均及时在海口市房屋安全信息网上公布并函告房屋所在区属房屋安全行政管理部门；受理申领项目施工周边区域影响房屋完损状况鉴定备案意见304件，其中“百日大行动”项目45件，已发放备案意见250件、复函10件。根据《2015年海口市老楼危楼安全隐患大排查大整治工作方案》部署及住建部、省住建厅排查整治专项巡查工作要求，部署开展老楼危楼隐患安全排查整治各项工作，形成《海口市2015年老楼危楼隐患安全排查工作成果报告》和《海口市老楼危楼隐患安全排查整治工作情况汇报（PPT）》，并草拟《海口市房屋安全突发事件预案》，正向各部门征求修改意见中。截至2015年12月底，海口市老楼危楼隐患安全排查统计，共排查各类房屋建筑18.88万栋，面积8479.08万平方米。发现疑似危楼1.71万栋，面积217.05万平方米（主城区疑似危楼3293栋、面积115.98万平方米），约占排查房屋面积总量的2%。排查发现其他住宅（含自建房）楼栋数量最大，在排查房屋面积总量中占比57%；其次为商品房，排查房屋面积总量中占比30%；公共建筑（不含学校教学用房）楼栋数量相当少（77栋），但在排查房屋面积总量中也占比约1%。根据各区反馈的老楼危楼排查数据，海口市排查发现主城区疑似危房3293栋，排查阶段已经专业鉴定为D级危房总数为553栋，主要为私宅和职工宿舍楼，个别为单位办公楼。

【房屋档案管理】2016年，海口市房屋档案馆接受群众业务咨询万余次。协助相关部门查询房产信息共120宗，涉及人数700余人；协助法院预查封116起案例，解封共23宗，涉及房屋200套（户）。7月25日起，原房屋档案移交市国土局不动产登记中心管理。

【房屋白蚁防治】2016年，海口市房屋管理部门完成白蚁预备案136宗，面积832.67万平方米；完成竣工备案122宗，面积565.4万平方米。

【房屋测绘】2016年，海口市房屋管理部门完成房屋面积审核498宗，面积1487万平方米。其中竣工测绘359宗、680万平方米，预售测绘139宗、807万平方米。

【专项维修资金管理】2016年，海口市共交存商品住宅专项维修资金1.9亿元，维修资金建档率100%；批准使用维修资金466万元；更正、变更维修资金280户。5月，市住建局印发《关于进一步发挥住宅专项维修资金在老旧小区应急维修中支持作用的通知》，进一步简化材料，优化程序，保障老旧小区电梯故障、消防设施故障、外墙渗水等问题能够得到及时有效维修。处理“威马逊”台风后海口市物业小区申请使用维修资金后出现的问题；督促光大银行执行相关服务协议，严格按照协议利率补交相关利息；督促开发商缴交代收的维修资金，已代交维修资金240万元；协助市质量技术监督局，核实老旧电梯改造的物业小区维修资金交存情况，推动老旧电梯改造工作。

【物业管理】2016年，海口市住建局制定《海口市“三无”小区整治管理实施意见》及4个配套附件，拟制《海口市业主大会成立业委会指导规则》及配套《海口市业主电子投票指导规则》。办理物业管理资质审查暂定三级59家，暂定升三级50家，复核307家。依法协议选聘物业公司34家、邀请招标39家。组织培训从业人员6期，参加人数约500余人，物管人员持证上岗率从73%提高到100%。开展物业管理市场专项整治工作，取缔无物业管理资质、管理差的物业管理公司。经业主投诉后确认有违法、违规行为物业管理单位12家。处理各种物业管理纠纷50余宗，指导、协调4个区住房保障中心处理物业纠纷60余宗，成立业主委员会备案20余宗；处理市人大、政协委员关于物业管理提案15余宗；处理市信访局，业主上访150余宗；处理市里牵头重大物业管理纠纷18起。牵头成立海口市“三无”小区整治管理、住宅小区“双创”整治达标、室内装饰装修“双创”整治办公室。完成整治的“三无”小区576个，共督查小区1500多个，下达整改通知书128份。

【历史遗留办证】2016年，海口市住建局解决历史遗留办证户数1731户，核发房产证面积26.9万平方米。共召开6次联席会议、6次审核委员会会议、7次专题会议、8次现场协调会，解决“金美花园”“金牛生态小区”等住户多、面积大、时间久的项目；在完成正常项目办理的同时，也将不在历史遗留政策解决范围内，但社会矛盾突出，业主多次群访的“鑫马综合楼”“南方国际大厦”等作为维稳项目经报市政府同意参照历史遗留政策进行处理。

（王　健）

水　务

【水务概况】2016年，海口市水务局围绕全年重点工作及“精准扶贫”“双创”“百日大会战”等专项工作，按照“强治理、严管理、保安全”水务目标要求，推动水务事业可持续发展。重点水务项目建设、城市水体治理、区域补水供水、农田水利建设、防风防汛防旱等工作取得成效，圆满完成年度各项目标任务。全年共完成市本级水务工程政府投资逾15.53亿元；原水供应总量2.39亿立方米，比上年增长2.2%；自来水供应总量2.28亿立方米，增长3.2%；处理污水1.83亿立方米，COD减排量4.04万吨，超额完成减排任务，污水集中处理率达95%，上升3个百分点；完成水土保持生态修复面积3.19平方千米；农田水利建设项目141个，总投资5566万元。先后获得海南省2015年度水资源管理制度考核成绩优秀奖、海南省2015年度农田水利基本建设一等奖，琼山区在海南省2015年度小型农田水利重点县（项目县）绩效考评中被评为优秀。

【水务发展规划】2016年，海口市水务局参与市“多规合一”总体规划中生态红线的划定、一张蓝图的绘制、水网规划的编制等工作。组织编制《海口市水系规划》《海口市水务发展“十三五”规划》《海口市镇区排水市政专项规划》《城镇供水设施建设“十三五”规划》《城镇污水处理及再生利用设施建设“十三五”规划》，并对《海口市地下水保护规划》《海口市水资源综合规划》和《海口市地表水功能区划》进行内部审查，为“十三五”统筹城乡水务发展、强化水资源管理、深化水环境治理、保障用水和防汛安全，提供科学指导和基本依据。

【水环境综合整治】海口市有190个水体，其中30条江河、24个排洪沟、6个湖泊，130座水库。2016年，全市水环境质量总体良好，城市集中饮用水源水质和国家监控断面水质达标率实现100%，但城市内河及市区排洪沟水环境问题突出。4月6日，由市长挂帅，成立水环境综合整治领导班子，根据“一河一策、一湖一策”的治水理念，制定《海口市城镇内河（湖）黑臭水体治理工作方案》，将全市32个水体整合划分为6个标段集中治理，按照综合施策、标本兼治的原则，引入社会资本，采取“PPP（公私合营）+EPC（总承包）+跟踪审计+全程监管”的模式，对每个水体进行全面治理，并全力创造条件加快推进排污口应急截污、河道内源污染清理、污水就地一体化设施处理等治标为主的工作。自2015年6月水环境治理PPP项目工程动工后，经过1年的努力，海口市已完成建成区32个水体共683个排污口中495个直排口的截污工作，约占总数的72.4%；清理淤泥约229万立方米；建设成9个一体化污水处理设施、3座污水提升泵站和多个淤泥沉淀净化池等。至2016年底，海口市水环境治理初显成效，多个水体已消除黑臭，监测水体水质有所改善，特别是美舍河近期经过短短4个月的治理，发生巨大的变化，逐步成为海口市新名片和新风景。

【水质监管】2016年，海口市水务局在永庄水库、南渡江龙塘水源地开展水质监测，监测项目34项，每月监测2次，共取得监测数据4296个；城镇污水处理厂水质监管监测，在白沙门污水处理厂一期、二期、桂林洋、长流、龙塘、狮子岭一期、二期、云龙、金牛湖9个污水处理厂（站）共取得监测数据1.67万个；城

海口电力沟水体治理后水质良好。（市水务局 供稿）

市供水水质监督监测，每月对4个水厂及12个管网点进行水质抽查采样检测，水厂出厂水监测项目36项，供水管网水水监测项目10项，全年共取得监测数据3309个；市政污水处理厂污泥监测，监测项目为含水率、有机物含量，取得监测数据70个；海口市污水提升泵站水质监测，对海甸泵站、疏港泵站、美舍河泵站、新埠岛泵站、金贸泵站、秀英沟泵站、桂林洋1号和2号泵站及白沙门污水厂路分水点采样监测，监测频率为每月1次，监测项目14项，取得监测数据1344个；海口市27条主要河流33个监测点位水质检测，取得检测数据2112个；海口市中心区水网动力工程水质监测，24个地表水体35个监测断面共取得监测数据2296个；对市水务局管辖中型水库水质检测，共取得监测数据448个；供、排水户委托的水质监测，其中，南渡江浊度、红城湖、白沙河等地表水及供水企业水厂检测水样177个，取得检测数据1915个，排水户委托检测水样88个，取得检测数据1226个。海口水务部门在全年水质监测服务工作中，全年外出采样984次，采集样品2423个，共取得检测数据3.42万个，占年计划目标2.4万个的142%。出厂水水质综合合格率100%，管网水综合合格率99.7%。

【城市供水】2016年，为保障镇域供水安全，统筹全市镇域供水，海口市水务局组织编制《海口市镇域供水厂及配套管网工程项目实施方案》，保证镇域供水经济社会效益。全年，原水供应总量2.39亿立方米，自来水供水总量2.28亿立方米。年内，海口市建设的供水工程主要有琼山大道及周边给水管道工程（一期）、琼山大道及周边给水管道工程（二期）、天翔路综合管廊DN300供水管道入廊安装工程、金沙湾规划片区及海口港新海港区汽车客货运滚装码头（一期）供水管道工程、海口市2016年“双创”消火栓补建工程、丘海大道延长线、长彤路“双创”消防栓补建工程、海口市永庄水厂第二电源电缆外线工程、海口市儒俊水厂第二电源电缆外线及10千伏高低压配电工程、海口市龙塘水源厂10千伏架空线入地电缆沟槽工程等一批供水工程与水厂供电保障工程等，共投入资金5177万元。完成DN300~800供水管道铺设19.47千米（其中1.19千米供水管道入廊安装）；补建市政消防栓327个；永庄水厂、儒俊水厂均完成第二回路电源建设，增加直埋电缆8.1千米，完善各类高低压设备改造，保障水厂用电安全。

【城市排水】截至2016年底，全市建成泵站20座，其中污水提升泵站12座，排涝泵站6座，补水泵站2座。全年，海甸、疏港、美舍河等12座污水泵站共提升输送污水2.76亿立方米，比上年增加2063万立方米，增幅8%；滨海、国兴、山内村、流水坡、白水塘及五西路等6座排涝泵站共排涝445万立方米；河口路、东

海口东西湖水体治理后效果。（市水务局 供稿）

金牛湖水葫芦清理完成。（市水务局 供稿）

风桥补水泵站向红城湖、美舍河、东西湖、大同沟、玉河沟等市内河湖沟补水1.12亿立方米。

【城镇污水处理费征收】2016年，海口市污水收费征收采取“专职机构收费为主，供水企业代征为辅”的收费模式，实行随水费代征和直接征收相结合的办法。全年完成征收污水处理费1.34亿元，完成年度征收计划的141%，比年计划多征收3919.68万元，增长41.26%，年收费率95.97%。

【污水处理】至2016年底，海口市共有白沙门污水处理厂一期、二期，长流污水处理厂，桂林洋污水处理厂，狮子岭污水处理厂一期、二期，金牛湖污水处理站，龙塘污水处理厂及云龙污水处理厂9座污水处理厂，污水处理能力为59.07万吨/日。其中主城区7座，总规模58.07万吨/日；乡镇2座，总规模1万吨/日。全年共处理污水1.83亿吨，污水处理率95%，污水处理负荷率为85%。

【南渡江引水工程】2016年，南渡江引水工程续建项目为东山闸坝工程，新开工子项目包括中东山泵站工程、中西部城市供水线路压力管道工程、中西部城市供水线路箱涵和渡槽工程、中部输水隧洞工程、五源河综合整治工程、美安科技新城供水线路工程、东部城市供水线路工程。年内，南渡江引水工程主体大坝建成。至年底累计完成投资16.85亿元，占总投资36.21亿元的46.5%，其中2016年度完成12.31亿元，超额完成年度投资计划。

【农村饮水安全】2016年，海口市水务部门编制完成《海口市农村饮水安全巩固工程“十三五”规划》《海口市农村饮水工程暂行管理办法》，进一步健全完善农村安全饮水制度机制。年内，完成海口市农村饮水安全提质增效工程（分散式供水工程）前期工作，项目概算批复总投资1.57亿元，涉及20个镇438个村庄，15.45万人的饮水安全问题，建设364宗分散式供水工程和1宗市政集中式供水工程。海口市农田水利基本建设投资建设农村安全饮水工程37宗，投入资金1174.5万元，改善农村饮水人口2.96万人；实施2016年度海口市农村饮水安全工程（市预算内资金），建设5宗饮水改造工程，改善5810人的饮水条件。

【水土保持】2016年，海口市水务部门开展水土保持方案编制审批和水土流失防治费的征收工作，全年完成生产建设项目水土保持方案审批208宗，有效预防水土流失责任面积502公顷，减少水土流失量6.23万吨。投入水土保持投资3.25亿元，开展生产建设项目水土保持设施竣工验收工作93宗，征收水土保持补偿费590万元。

2016年6月21日，南渡江引水工程东山闸坝一期工程通水。（市水务局 供稿）

【水政监察执法】2016年，海口市水务局按照《海口市整治非法采砂专项工作方案》和《海口市南渡江河道清淤实施方案》，推动规范执法、联动执法，巩固南渡江非法采砂综合整治工作成效。全年共开展南渡江执法监督检查417次，其中，与各单位配合开展联合执法196次，取缔采砂点44个，非法堆砂点39个，清理管控河道“三无”采砂船只136艘及抽砂平台63个。开展二次供水监督检查，全年共循环复查供水单位1.11万家，发现45个单位不符合规定，对不符合规定的供水单位下发整改复查函6320份。年内有40个单位完成整改，整改率89%。

【节水管理】2016年，海口市水务局开展节水宣传活动，提倡“坚持节水优先，建设海绵城市”及开展计划用水超计划加价等多措并举加强水资源保护节约工作。全年共征收水资源费450万元。完成节水建设项目规划报建208宗、施工备案125宗、竣工验收135宗，推广节水卫生洁具21.26万套。完成国务院、省政府对海口市2015年最严格水资源管理工作考核，被评为优秀等级。

【农田水利基本建设】2016年，海口市通过利用中央农田水利建设专项资金、农业综合开发、土地整理、市区财政投入等途径，加大农田水利设施建设的力度，成效明显。全市现有规模蓄、引、提工程724宗。蓄水工程271宗，控制集雨面积481.78平方千米，总库容2.61亿立方米，兴利库容1.65亿立方米。其中，中型水库10宗，总库容1.47亿立方米，兴利库容1亿立方米；小（一）型水库29宗，小（二）型水库91宗，塘坝

141宗（规模以上）；引水工程15宗，提水工程438宗。另外，还有南渡江引水枢纽工程和松涛水库白莲东分干和黄竹分干灌区工程。年内，市水务局加快推进全市农田水利基本建设项目建设，完成农田水利基本建设投资5566万元，实施项目141宗。

【21座病险水库除险加固工程竣工】海口市21座水库除险加固工程从2013年起陆续开工建设，工程总造价约4500万元，全部由政府投资建设。至2016年4月，博罗水库、牛下水库、坡头水库、鹅龙水库、合口水库等21座小（二）型病险水库除险加固工程通过竣工验收。除险加固工程竣工后将大幅提高水库的蓄水和防洪能力，消除水库汛期安全隐患，进一步增加海口市的农业灌溉面积。

【江海堤防建设】2016年，海口市水务部门综合治理南渡江新坡至东山段防洪工程、南渡江左岸片区农田排涝工程、桂林洋防潮堤加固工程等项目，防洪排涝工程体系进一步完善。其中，南渡江新坡至东山段防洪工程总投资6.62亿元，累计完成投资4.29亿元；南渡江左岸片区农田排涝工程总投资4.36亿元，累计完成建安投资2.09亿元；桂林洋防潮堤加固工程总投资6399万元，累计完成建安投资4931万元。

【抗旱防风防汛工作】2016年，《海口市防风防洪应急预案》等4个预案修订完成，全市130宗水库全部落实应急防汛抢险队伍，投入22万元用于增加防汛物资储备。7月，市三防办与海口警备区在南渡江组织开展抗洪抢险演练，3月和11月分别在琼山区云龙水库和美兰区丁荣水库组织开展应对山洪灾害演练。全年召开防汛防风工作会议10次，启动《海口市防风防洪应急预案》Ⅳ级应急响应6次，Ⅲ级应急响应3次，Ⅱ级应急响应3次，Ⅰ级应急响应1次，有效应对6个台风、3个热带低压。

【松涛灌区海口水利工程管理】2016年，海口市松涛灌区水利工程管理处完成白莲东干渠至永庄水库5.5千米、黄竹分干至羊山水库35.5千米的清淤、清杂等工作，确保春耕生产用水正常。年内，松涛灌区完成供补水量8850万立方米。其中，补充农业用水2400万立方米、永庄水库生活用水3500万立方米、羊山和沙坡水库生态用水2950万立方米，确保灌区农业生产用水、生活用水、生态用水正常。

【南渡江引水枢纽工程管理】2016年，海口市南渡江引水枢纽工程管理处科学制定全年用水计划，保证南渡江灌区灌溉面积3866.67公顷农田的灌溉用水，全年灌溉用水量615万立方米，帮助灌区大部分农田解决缺水干旱等问题。受第21号台风“莎莉嘉”影响，南渡江龙塘大坝上游水位高达13.58米，超出警戒水位2.08米，超出坝面5.88米，为做好防风、防汛工作，值班人员每小时观测一次水位，为上级做好转移受灾地区人民群众的准备提供可靠的数据。

【永庄水库管理】2016年，海口市永庄水库管理所组织协调从松涛水库补水3500万立方米，向永庄水厂供水4028万立方米，确保永庄水厂正常生产用水需求，为城市居民生活用水和工农业用水提供稳定保障。为保证永庄水库的水源水质安全，完善《海口市永庄水库饮用水源保护区环境污染事故应急预案》，进行环境污染应急演练；加强保护区的巡查，共出动960人次，及时打捞清理库区水面漂浮的垃圾杂物，严格控制原水供水指标合格率达到100%；制定《汛期值班管理制度》和《永庄水库安全防汛抗灾抢险应急预案》，有效地防御8号台风“电母”和21号台风“莎莉嘉”，确保水库安全度汛，做到零损失。

（黎莹莹）

城乡供电

【供电概况】2016年，海口电网持续平稳向好。全年预试定检完成率100%，紧急及重大缺陷消缺率100%，一般缺陷消缺及时率86%，化解电网风险25项、设备风险81项，未发生电网事故、较大及以上设备事故，设备事故和障碍总数比上年下降72.84%。设备运行状况明显趋好，电力设施被盗发案数下降71.4%，外力破坏导致的主、配网线路跳闸分别下降25%和53.33%。年

2016年2月22日元宵节，海口供电局工作人员在夜巡检查电力线路和设备。

（海口供电局 供稿）

内，由于受夏季高温及全年多个重特大保供电任务影响，海口电网管控难度加大，负荷再创新高，最高达138.2万千瓦，同比上升13.28%。全年完成售电量70.06亿千瓦时，增长8.28%，综合线损率4.53%，电费回收率创历史地完成100%，百万客户投诉率27次/百万户，客户平均停电时间39.92小时/户。固定资产投资10.39亿元，完成计划的101.1%。海口供电局连续3年在全省供电局绩效考核中排名第一，先后荣获海南电网公司"五一劳动奖状"、科技进步一等奖，共青团海南省委"五四红旗团委"等荣誉称号，首次荣获海口市委、市政府党风政风行风建设窗口行业社会评价和基层站所民主测评双项第一。

【电网建设和改造】2016年，海南电网公司与海口市政府共同签订《海口"十三五"电网发展战略合作协议》；《海口"十三五"电力专项规划》编制完成并通过海口市规委会审议，将电力专项规划成果纳入《海口市地下综合管廊规划》，为海口"十三五"电网投资建设铺垫良好的政企合作平台。通过细化配网规划，将梳理出来的13个三级以上电网运行风险、17个变电站重过载问题、253个存在问题全部在规划中予以解决。优化投资管理，有效消除重过载线路及台区106个，解决低电压问题84个，解决用电报装受限问题11个。编制完成20个中心村电网和350个配网项目的可行性研究报告，项目总投资2.3亿元，扭转投资项目储备不足的局面。建立政府主导开展青苗赔偿(因电网建设征地时，政府或电网企业对被征地上已种植的青苗和已有的地上附着物的所有人酌情给予的经济补偿)工作的新模式，首次由市政府专门发文明确各级政府及部门推动电网建设的职责，减轻项目落地的阻力，前期工作推进更为顺畅，办理支持性文件44个，前期手续办结率86.4%，创历史新高。电网建设投资重点支持"卡脖子"用电地区和乡镇农村配网薄弱环节，启动新一轮农网改造升级工作，包括投资近0.3亿元升级改造11个中心村电网，提前完成全省示范点大坡中心村电网改造升级示范工程，为全面完成中心村改造积累经验。220千伏龙泉和110千伏明珠、云龙、新埠、山高输变电工程等7个主网项目和11个中心村电网等重点工程的相继投产，及时保障海南康迪电动汽车、新城吾悦、日月广场等省、市重点项目用电需求。同时，投资0.52亿元完成海口电网防风加固改造，进一步提升电网抵御超强台风能力。全年电网建设投资9.4亿元，同比提升10个百分点；累计结算31个工程项目，结算金额17.4亿元，相当于"十二五"期间所有完成量之和，主配网项目投产数、投资完成额、结算额均创历年之最。

【供电安全生产】2016年，海口供电安全生产形势平稳向好。海口供电局开展年度安全生产大检查，292项问题完成整改，开展安全督查386次，及时查处违章作业7起，有效管住作业现场风险，全年未发生人身事故和误操作事故、事件。根据海口地区重要用户、电网风险、设备健康度，编制输变电设备运维策略及管控施方案，对25台变电设备、24条输电线路开展特巡特维，设备特维计划完成率100%。防控迁改外力破坏方面取得效果。采取"事前防控"思维，加强电缆路径走向标示、防护、交底；在10处重大隐患点安装视频监控，通过手机软件实时监控，提前消除隐患；通过修编完善危险源档案，管控塔吊、广告布、移动危险源，分级挂牌督办，强化跟踪处理力度。政企联动，合力打击电力设备设施偷盗案件取得明显效果，全年电力设备被盗案件32起，下降71.4%。电网管控总体平稳。主网输电线路连续3年树障零跳闸；配网线路全年跳闸43条次，下降53.26%；其中因客户设备故障原因引起的跳闸次数下降56.25%。变电运行规范化管理建设工作初见成效。9月，试点站220千伏大英山变电站获评"海南电网2015年变电运行示范基地"。海口供电全面启动规范化建设推广工作，分批、有序开展海口电网防风加固工作，全年按期完成4批次、总投资1.38亿元的防风加固工作，成功抗击"电母""莎莉嘉"等强台风，10千伏及以上电压等级线路杆塔无串倒情况发生，电网抗风能力得到提升。

【电力供应与保障】2016年，因昌江

2016年5月18日，海口供电局工作人员正在操纵无人机开展电力线路巡检工作。

(海口供电局 供稿)

核电站以及西南部电厂的陆续并网发电，海口电网不存在持续时间长、供电缺口大的严重缺电局面，但局部电网由于结构性“卡脖子”问题，府城片区、桂林洋开发区等地区仍存在短期限电的情况。为最大程度减少局部缺电影响，按照海口市委、市政府服务社会投资“百日大行动”总体部署，海口供电局先后建成投产220千伏龙泉和110千伏明珠、云龙、新埠、山高等输变电工程以及一批配套配电网项目，保证美安科技新城、云龙产业园的招商引资活动的正常用电，保障康迪电动汽车、新城吾悦、日月广场等省、市重点项目用电需求。9月，市政府在大坡镇组织召开全市农村电网改造升级现场推进会，推动全市全面启动新一轮农网改造升级工程建设，为18个特色小镇建设做好电力保障。全年保供电工作取得新成绩。细化设备保供电方案，及时开展隐患排查整治，累计发现并消除隐患21项，隐患消缺率100%。完成相关变电站关键设备状态评价、定级和保供电设备运维，设备运行风险得到有效管控。全年完成132项共401天次的保供电任务，累计投入保电人员3199人次、车辆604辆次，确保博鳌亚洲论坛、新一代运载火箭长征五号和长征七号首飞等一系列重大活动期间供电万无一失，重要保电场所实现零事故、零差错、零投诉。

【行业用电】2016年，海口市售电量70.06亿千瓦时，增长8.28%。客户总数34.39万户。其中：第一产业客户数1.41万户，全年用电量1.22亿千瓦时，占全部售电量的1.74%，增长4.87%；第二产业客户数1.35万户，全年用电量18.8亿千瓦时，占全部售电量的26.83%，增长6.55%；第三产业客户数3.05万户，全年用电量36.32亿千瓦时，占全部售电量的51.85%，增长8.41%。居民生活用电，客户数30.58万户，全年用电量13.71亿千瓦时，占全部售电量的19.58%，增长10.72%。其中，城镇居民9.97万户，全年用电量9.17亿千瓦时，增长9.15%；乡村居民20.61万户，全年用电量4.54亿千瓦时，增长14.02%。

2016年海口供电局各供电所售电量情况表

供电所	售电量（万千瓦时）	供电所	售电量（万千瓦时）
龙华所	185752	琼山所	61947
美兰所	98250	云龙所	4516
秀英所	141511	大坡所	1481
长流所	76905	三门坡所	7751
龙桥所	12771	新坡所	1843
灵山所	29615	大致坡所	4010
东山所	4208	红旗所	1724
演丰所	22167	三江所	7240
旧州所	2269	石山所	36601

2016年11月17日，海口供电局工作人员正在向学生讲解节能用电知识。
（海口供电局 供稿）

【供电节能减排】2016年，海口供电局联合系统内单位、对海南葫芦娃制药有限公司、海南皇隆制药股份有限公司、海南灵康制药有限公司等8家大型医药企业开展节能诊断工作，出具详细的节能诊断书，通过节能改造，年节约电量约2500万千瓦时。电动汽车充换电站布点和设施进一步完善。2座快捷移动充换电站完成建设，完成龙华充换电站2层主控楼及停车场报建审批工作，世纪大桥下方新增1个充换电站布点的工作进入项目前期阶段，民生项目的陆续建成使用，推动海口电动汽车行业的发展和新能源、电动汽车的普及使用，减少市区机动车尾气排放。

【电力营销及管理】2016年，海口供电局电费回收率达到100%，首次实现全部电费“颗粒归仓”。非现金缴费率99.96%，上升0.33个百分点。为方便市民就近缴费，撤销12个营业站，设立180个邮政便民缴费点，有17家供电所实现零柜台现金缴费。优化业扩报装流程，业扩报装效率比上年有明显提升，实现快报快送。建立海口市重点项目用电业务服务跟踪机制，售电量增长7.26%，增供扩销成效明显。演丰供电所创建全省供电所规范化建设的标杆，为推进全省精益管理积累经验。线损推进过程管控取得效果，做到指标分解、预控、分析与考核，开展线损台区竞标，综合线损率4.53%，在省会供电局中处于领先水平。

【供电便民服务与行风建设】2016年，为提升客户用电体验，海口供电局对海南英利、海马汽车、椰树集团等24家重点企业和工商业客户逐户登门拜访，面对面听取需求，解决存在问题。与属地街道办、居委会建立有效沟通的工作机制，第一时间把政府工作部署落实为具体行动，确保电力供应与市政项目建设同步进行。特别是由于110千伏铁桥和高校变电站施工受阻，项目不能按时建成投产，导致府城、桂林洋地区供电“卡脖子”问题日趋严重，为稳妥解决该地区高峰负荷时段限电问题，海口供电投资近千万元，采用临时过渡供电方案，最大限度降低对该片区市民生产、生活用电的影响。营业厅服务环境持续改善，配合“双创”工作增加社会主义核心价值观和公益宣传等内容电子屏幕，用电服务规范统一上墙，方便客户了解监督，营造良好的服务环境。同时，重点围绕线损管理、电价执行、电费回收等关键指标开展效能监察，多措并举实现强党风，转作风，塑行风。加强与政府部门和企业用户沟通对接，对312个重点项目开通报装“绿色通道”，解决项目用电难题。低压业扩实现免填单申请受理并全程监控，1.96万户存量业扩受限问题全部得到解决，户均提前送电3.43个工作日。严控非计划、超计划停电，全年计划停电次数减少95次，尽可能降低停电对用户的影响。主动接受社会监督，将客户投诉和需求作为改进工作方式的动力，营业窗口和柜台工作效率得到提升，客户等待时间进一步缩短。

【供电科技创新】2016年，海口供电局加强科技项目实施及职工创新引导，累计申请专利8项，5项获得批复。其中科技项目“倍容量导线在海南电网的研究与应用”获得南方电网公司2016年科技进步奖一等奖及中国电力企业联合会2016年电力创新三等奖，该项目的实际应用，有效解决海南北部电网“卡脖子”问题，提高电网供电可靠性，成果成功在广东电网清远供电局等地区推广应用；“环网柜电缆T型头测温试验系统”研制成功，使得每年因电缆T型头接触不良或超载运行造成的环网柜故障或烧毁情况由15次大幅减少到2次，为企业挽回直接经济损失20万元，进一步缩短客户停电时间，提高供电可靠性；“架空输电线路系统防鸟害项目”成功应用，有效降低35～220千伏架空输电线路因鸟类筑巢引起的线路跳闸次数，每年创造经济效益200万元；“新型不倒围栏”拆卸、安装方便，能适应复杂的地形，围遮面积大、围遮醒目，更好地保护作业面的安全。上述科技项目成果纳入南方电网公司职工创新推广平台。

【推进小区抄表到户】为解决小区电力设施建设、管理不规范问题，海口市政府2013年将新建住宅小区电力抄表收费到户（简称“新区配”）列入为民办实事的项目之一，2015年3月20日，海口市“新区配”相关配套政策出台并正式进入实施阶段。2016年，海口供电局投资1.38亿元对海口市26.6万户居民电表进行改造，实现海口市低压集抄全覆盖，为抄表收费到户提供技术环境。至2016年12月，共受理“新区配”项目小区67个，37个小区签订建设协议并缴纳30%的款项，另有15个小区缴纳80%的款项。椰风海岸等5个商住小区进入施工阶段，新城吾悦小区抄表到户建设竣工投产，小区建成后将由供电部门负责抄表收费到户，并负责小区供配电设施的日常维护检修工作。

【有序用电】2016年，海口市最大电力需求138万千瓦，增长15.7%。随着海南西南电厂、昌江核电厂投产运行，以及电厂机组集中脱硝改造的完成，海口市电力供应能力大幅提高，基本保证全年电力供需平衡。同时，由于电网结构的“卡脖子”问题尚未完全解决，夏季供电高峰期部分电网薄弱地区用户仍需采取有序用电措施。为尽可能缓和部分区域紧张的电力供需矛盾，海口供电局与市政府密切沟通，编制出台《海口市2016年有序用电方案》，召开有序用电发布会，向政府职能部门、工商业客户以及新闻媒体公布和解释有序用电措施，争取政府和社会的支持和广泛理解。同时，海口供电局统筹电网安全和客户用电，科学调整和优化电网运行方式，多次主动上门走访部分工商业用电客户，提供节电和错避峰用电建议，将有序用电对部分客户造成的影响减至最低。政府、企业及社会各界的相互配合与支持，共同确保海口电网平稳度过有序用电时期。

【抗风复电】2016年，海口供电局充分吸取“威马逊”“海鸥”台风教训，落实“灾前防、灾中守、灾后抢”防风防汛策略，投资0.52亿元对海口电网进行全面的防风加固改造。同时，与市政部门紧密配合，台风前对每个电力线路走廊周围的树障、广告牌、塔吊、铁皮房、违章建筑进行集中清理，对全市68个在“威马逊”台风期间曾有泡水经历的小区配电房进行排查和防范。面对2016年强台风“莎莉嘉”的袭击，海口电网未遭受重大损失，未发生因树障导致的电杆倒、断杆情况，未发生小区配电房进水情况。台风过后，海口主城区实现1天内恢复供电，农村地区3天内恢复供电。

【供电专项整治】2016年，海口供电局根据“双创”工作要求，开展电网线路和设备设施迁移及技术改造工程。按照市政府要求的时间节点，完成海秀快速路沿途架空线路入地改造，该项目涉及海口供电4条110千伏线路、18条10千伏线路、73台环网柜及14台箱式变压器的迁移改造，总投资6845.55万元。在保证施工进度的同时，供电部门通过优化迁改停电方案，努力将对用户的停电影响降到最低。开展“迎双创国检省检”专项治理，对外观不符合要求的9台环网柜、6台分接箱、866块盖板、283基电杆、83台箱变和1.3万米低压线路进行全面整改，协助市政路灯所、三大通信运营商、省医院等相关单位完成4个箱变锈蚀防腐、12条低压电杆迁移和1个柱上开关渗油整治工作。

（王庭军）

民生供气

【管道燃气管网建设】2016年，海南民生管道燃气公司完成新增燃气干支管铺设总长度82千米，主要项目有美安工业园区、琼山大道、金沙湾、老城快速路、新埠岛西苑路等。全年在海口管道天然气管网及配套工程上累计投资9.46亿元，其中管网资产9.05亿元，管网总里程约1600千米。燃气管网覆盖东抵桂林洋高校区、西达粤海大道、南至云龙产业园、北到海甸岛碧海大道的海口市90%的主城区。

【气体供应】2016年，海南民生管道燃气有限公司采取积极措施，统一秀英气源厂和美涯气源厂的气源调度机制，保证各种气源储配供应设施的良好运行，确保全年管道气供应安全稳定率达100%。全年海口市管道燃气销售量1.19亿标准立方米；共有居民用户签约户数40万户，开通户数约35万户。

【气源供应】2016年，海南民生管道燃气有限公司总供气量1.23亿标准立方米。海口管道燃气气源构成主要为：中海油东方及乐东海上天然气、中石油福山陆地管输天然气及其他非管输高价气源。其中中海油天然气全年供气量8365万标准立方米，比上年增加6%；福山天然气全年供气量2732万标准立方米，增加3%；其他高价气源全年液化石油气总掺混气供气量630万标准立方米，增加16%。

【安全用气管理】2016年，海口市政市容委联合市安监局、市质监局、市消防支队、市市政局、市工商局、各区城管局、市燃气协会等部门，开展燃气行业联合安全检查，共检查2家气源厂、20家液化石油气充装站、21家汽车加气站、23家瓶装燃气分销网点。年内，海南民生管道燃气有限公司共安检用户14.52万户，处理漏气用户3445户，为2480户燃气用户更换胶管。加大候鸟用户小区（主要是智能表小区）的安检工作，全年共完成6407户次的安检工作，发现隐患143处并全部处理完毕。

（潘家虹　海南民生管道燃气有限公司）

国土资源管理

【国土资源管理概况】2016年，海口市国土资源局有序推进市土地利用总体规划调整完善工作，规范做好征地方案审核，推进土地征收；严格土地供应计划管理，有序组织土地供应；树立“经营城市、运作土地”的理念，扎实完成土地储备和运营；加快推进不动产统一登记，全面启动国有存量建设用地清查工作；着力提升集约节约用地水平，积极保障重点项目落地，各项工作取得较好的成效。全年收储入库土地面积607.13公顷，完成国有土地招拍挂38宗，上缴财政土地收益105亿元。

【土地规划调整】2016年，海口市国土资源局结合海口市土地利用总体规划调整完善工作，配合“多规合一”总体规划的编制，在推进划定永久基本农田红线、生态保护红线和城市开发边界基础上，保障落实重点民生项目用地，编制完成中心城区建设用地布局调整方案初步成果。市中心城区外16个镇中，完成规划调整并备案实施的有龙桥、龙塘、云龙、红旗、旧州5个镇；完成土地利用总体规划调整方案编制，并通过专家论证会和听证会，待修改完善后上报市政府审批的有石山、东山、龙泉、遵谭、新坡、甲子、三门坡、大坡、三江、大致坡10个镇；永兴镇完成土地利用总体规划调整方案编制，准备召开听证会、论证会。完成长流十号路、桂林洋国家热带农业公园体验区、观澜湖足球训练基地项目及配套道路、新埠岛东堤防洪（潮）堤、海口港新海港区汽车客货滚装码头和演丰统筹城乡示范镇6个项目的土地利用总体规划局部调整工作。

【土地储备】2016年，海口市收储入库土地面积607.13公顷，完成全年工作目标；办理土地出库面积426.27公顷。在土地运营方面，共办理贷款132.05亿元，主要为棚改项目、海秀高架桥项目提供融资担保，其中土储项目贷款0.2亿元，政府投资项目131.85亿元。提供抵押物325.43公顷，价值220.03亿元。

【土地交易】2016年，海口市土地一级市场供应土地38宗、面积158.98公顷；二级市场办理土地转让业务446宗，面积46.06公顷。办理抵押登记239宗，面积1208.12公顷，抵押金额388.04亿元。完成国有土地招拍挂38宗，面积141.33公顷，签订土地出让合同和划拨决定书的土地698.4公顷；上缴财政土地收益105亿元。

【土地评估】2016年，海口市土地共评估备案456宗，其中一级市场拟挂牌出让宗数101宗，按时完成土地挂牌评估及重点项目评估工作。市国土资源局组织评估单位实施城市地价动态监测工作，按时完成每季度及全年地价动态监测数据成果，并上报国土资源部。

【土地征收】2016年，海口市国土资源局发布112份征地补偿方案通告，涉及面积 1495.86 公顷，完成签订征地协议面积 1150.85 公顷。

【地籍管理】 2016 年，海口市国土资源局完成 2015 年度 3863 个图斑土地变更调查工作。开展军用土地调查及确权工作，完成 15 宗部队用地的确权登记，5 宗部队用地正在做前期地籍调查工作。完成南渡江整治项目用地范围内的拟用地调查工作，配合做好海口市海岸带保护与开发专项检查整改工作。

【耕地和基本农田保护】 2016 年，海南省下达海口市永久基本农田保护任务为 53933 公顷，较现行规划基本农田保护任务（56063 公顷）核减 2130 公顷。按照省下达的任务，市国土资源局组织编制完成海口市城市周边永久基本农田划定工作，并编制完成《海口市城市周边永久基本农田划定工作方案》。开展海口市 2015 年度耕地质量等别评价与监测，基本实现耕地面积不减少，质量有提高。

【土地测绘】 2016 年，海口市国土资源局完成日常宗地测量 6152 宗及多个省市重点项目用地报批、挂牌制图等测绘服务保障工作。完成 2015 年度土地利用变更调查遥感图斑 2529 个、卫片执法图斑测量 1373 个，以及 2012~2015 年度卫片执法农宅图斑清查工作；完成马坡和文山土地整理、龙湾片区等项目无人机一体化航摄任务；对测绘基准升级改造和网格地图更新项目进行招标，完成海口市第二次土地调查地形成果整理、建库与管理应用系统开发项目以及办公自动化管理系统建设项目。

【重点项目用地保障】 2016 年，海口市国土资源局在保障省市重点项目用地前期工作中，提前介入、主动对接服务项目业主。在保障用地过程中，根据市委市政府的工作要求及通报内容，对涉及用地需求的项目全流程跟踪服务并进行调整，实现服务重点项目的常态化、机制化、有效化，加强服务用地管理。大力保障两个国家重点项目海口美兰国际机场二期扩建项目、海口市南渡江引水工程农用地转用和土地征收获国土部批准；省市重点项目海口水产品综合批发市场项目、海涛东路（南海大道至椰海大道段）等项目完成农用地转用手续，出具海口复兴城项目、足球训练基地等项目用地意见。完成一批省市重点项目的用地手续，供地及部分供地约 280 公顷，包括海口观澜湖度假区水世界项目供地 5 公顷、长影环球 100 生态修复工程 80.8 公顷、海南师范大学建设项目供地 94 公顷、美安综合物流园项目 74.5 公顷等。

【不动产登记制度改革】 2016 年，海口市加快推进不动产登记制度改革，年内完成人员划转和机构组建，梳理各类型登记业务，拟定《海口市不动产登记办事指南》，加速数据整合建库，推进不动产信息管理平台建设，分批分类研究解决不动产登记遗留问题。完成住建部门扫描数字化的档案移交共 108.81 万卷，不动产登记信息管理平台建设项目于 11 月 7 日进行公开招标，11 月底前接入省级信息平台。全年不动产登记中心共办理各类业务 8 万余宗，颁发《不动产权证书》6822 本、《不动产登记证明》1.23 万本，开具不动产信息证明 6 万余份，每天接待查询、咨询和办理业务的群众超过 1500 人次。

【南渡江流域土地整治】 2016 年，由海口市国土资源局组织实施的 11 个南渡江流域土地整治示范项目全部完工，其中 9 个项目完成竣工验收，谷沙洋、雄丰 2 个项目正在组织初步验收。配合区政府完成道美项目、谭丰洋项目、遵谭项目和池连项目的施工、监理招投标工作，年内 3 个项目已开工建设。

【土地整理与复垦】 2016 年，海口市在建的 4 个省级土地整治项目整治规模 2903.62 公顷，总投资 7501.91 万元。至年底，1 个项目通过竣工验收，正在进行财务决算审核；1 个项目通过竣工验收，待下达验收批复；1 个项目通过初验，正在进行初验整改；1 个项目正在申请初步验收。年内新开工建设 3 个省级土地整治项目，整治规模 1471.02 公顷，总投资 7287.6 万元，至年底，工程平均形象进度 66%；配合做好 2 个项目的前期设计工作，整治规模 976.91 公顷，总投资 4505.35 万元。市级土地整治项目方面，在建基本农田整治类项目 1 个，整治规模 75.16 公顷，总投资 131.94 万元，项目完工并通过初步验收，正在进行整改准备申请竣工验收；在建耕地占补类项目 8 个，整治规模 441.73 公顷，总投资 5519.29 万元，新增耕地 320.27 公顷；新建耕地占补类项目 6 个，整治规模 522.27 公顷，总投资 9292 万元，新增耕地 465.67 公顷。

【土地纠纷调处】 2016 年，海口市国土资源局完成“百日大会战”中江东二期和桂林洋 9 号路两个重点项目的土地纠纷调处工作。协调解决市中级人民法院用地与部队用地重叠问题，经核查情况呈报市政府，确认部队 7558.58 平方米军用土地合法权益界线，并对已发证给市中级人民法院的重叠地块及海秀快速路征用地块提出解决方案。

【矿产资源管理】 2016 年，海口市国土资源局下达建筑用玄武岩采矿权出让计划 2 宗，并完成挂牌出让工作，收取采矿权价款 385 万元；完成秀英建群等 6 宗新立采矿权的出让工作，并交各区政府实施挂牌出让；组织编制《海口市“十三五”矿产资源规划》；完成 2015 年度采矿权年度检查工作和 2015 年度海口市地质环境年报工作，并顺利通过省国土资源厅的现场抽查。抓好矿山企业生态环境恢复治理，对已注销的采石场进行全面检查，督促其按照治理方案的要求做好矿山生态环境恢复工作。做好 2016 年度地质灾害防治工作，制定《海口市 2016 年度汛期地质灾害防治方案》，开展地质灾害隐患点排查，同时指导各区分局制定相应的应急预案，落实措施做好地质灾害防治工作。

【地质公园管理】 2016年，海口市国土资源局完成雷琼世界地质公园扩园规划编制和石山火山群国家地质公园规划修编工作，落实联合国教科文组织地质公园网络执行局2014年对雷琼世界地质公园再评估提出的整改意见，完成科普宣传出版物的编写，对保护碑进行设立设计制作。

【闲置土地清理处置】 2016年，海口市国土资源局印发《海口市存量建设用地专项清理处置工作方案》和《关于成立海口市存量国有建设用地清理处置工作领导小组的通知》，组织开展闲置土地处置工作。突出重点，有序扎实推进，做好存量国有建设用地的初步清理和分类筛查工作。筛查出完全开发建设宗地24427宗，疑似闲置宗地2450宗，面积77.6平方千米；疑似低效利用宗地1194宗，面积37.7平方千米。内业制图及外业调查测绘工作准备就绪，正在以4个区为主全面铺开。

【土地执法监察】 2016年，海口市国土资源局大力开展土地案件的查处工作，立案查处的土地违法案件37宗，涉及土地面积26.97公顷，需拆除违法构建物面积3.08万平方米，罚款89.06万元，已缴罚款15.63万元。推进高尔夫球场整改工作，完成美视、东山等5家高尔夫球场的补充举证说明，其中被列入取缔、退出类、撤销类的各1家，整改类9类。所有整改类球场涉及占用耕地的已复垦到位，并进行物理隔离，退还村集体或公司自行耕作。开展矿产资源执法，先后组织90多批次深入各区配合区执法大队开展现场矿产资源执法工作，主要对杨南岭、大致坡、金沙湾、龙泉、云龙等重点区域的非法开采查处工作进行现场指导。此外，对媒体反映的4起非法开采行为进行跟踪督办和现场指导。全年立案查处的矿产违法案件81宗，下达行政处罚决定书73宗，罚没款139.69万元，已缴款107.56万元。

【国土事项行政审批】 2016年，海口市国土资源局深化国土事项行政审批改革，在对权力清单进行9次修改、责任清单进行8次修改后，公布市国土资源局7大部分共172大项177小项权力清单及253项责任清单。清理审批前置中介服务事项；推进行政许可和行政处罚信息“双公示”工作；启动公有住房、经济适用房分摊划拨土地补交地价款极简核算模式。全年受理各类审批项目9218件，其中2015年结转656件，共9874件。办结9309件，按时办结9124件，按时办结率97.08%；提前办结1925件，提前办结率20.48%，共节省2.31万个工作日。

（黄若　陈宇）

海洋管理

【海洋管理概况】 2016年，海口市海洋和渔业局统筹推进海洋资源开发、海洋环境保护，全力推动区域用海项目建设，保障重点项目用海需求，强化海洋综合管理，开展海域岸线领域突出问题专项治理，加大海洋执法力度，提升海洋环境监测能力，为海洋经济发展保驾护航。全年海域使用申请2宗，批准海域使用面积28.92公顷，征收海域使用金1726.5万元；开展海洋执法检查82次，立案24宗，收缴罚款329.31万元。全市海洋总产值298.7亿元，较上年增长19.45%。年内，海口市通过国家海洋局2014～2015年海域使用动态监视监测系统业务化运行情况考核，被评为海域动态监管系统运行“优秀单位”。

【海洋环境保护】 2016年，海口市海洋和渔业局组织召开海域使用论证会议3次、海洋环境影响评价会议3次，委托国家海洋局第三海洋研究所编制完成2016年度海岸带整治修复项目《海口市西海岸印象海南岛至澄迈盈滨半岛边界海岸线生态修复实施方案》，编制完成《海口国家级海洋公园选划论证报告》。划定海洋生态保护红线区总面积55.78平方千米。利用“5·12”防灾减灾日、“6·8世界海洋日”等时机，以“现场活动+媒体宣传”等多种形式，加大宣传力度，增强市民海洋环境保护意识。

【海洋环境监测】 2016年，海口市海洋和渔业局加强重点区域海水水质监测力度。制定《2016年海口市海洋环境监测工作方案》，邀请行业内多名专家参加评审，对陆源入海排污口邻近海域、东寨港海洋生态脆弱区、滨海旅游度假区及重点围填海工程项目的监测力度，编写发布海洋环境监测通报51期。开展海洋环境状况赤潮应急监测。7月22日上午，海南省海洋监测预报中心在海口湾开展龙昆沟邻近海域海洋环境监测的过程中发现万绿园近岸海域一带出现水色呈棕红色的异常现象，疑为赤潮，市海洋环境监测中心立即启动应急监测预案，组织现场调查。经鉴定，万绿园近岸海域浮游植物优势种为：锥状斯克里普藻（*Scrippsiella trochoidea*），分布范围为万绿园一带近岸海域离岸约100米处，面积约3平方千米，监测时段，密度变化范围为$1.77 \times 10^6 \sim 3.34 \times 10^7$个/升，已超过该藻类的赤潮基准密度$5.0 \times 10^5$个/升，形成赤潮。7月23日，赤潮自然消亡。组织对海口、琼海、文昌、儋州、临高、澄迈等地在建围填海项目开展地面监视监测任务18期；对镇海渔港、香格里拉酒店浮桥码头等疑点疑区用海开展监视监测8期；参与或独立完成儋州白马井海花岛、海口湾南海明珠人工岛等重大工程海域使用动态监视监测14期，均顺利通过验收。

【海洋开发利用】 （1）如意岛项目顺

利实施。2016年，海口市海洋和渔业局协调有关单位，指导项目业主寻找科学、合理、合法的砂源2700万立方米。全年，项目完成投资近20亿元，累计完成投资约70亿元，已形成护岸结构（沉箱＋斜坡堤）总长11.5千米，占规划总长的57%，吹填形成陆地133.33公顷。（2）南海明珠项目竣工验收。2月、4月，南海明珠二期填海项目216公顷海域使用面积分2批顺利通过省海洋与渔业厅组织的竣工验收。（3）协调解决海口港新海港区用海问题。完成海口港新海港区新增用海项目挂牌出让，并颁发海域使用权证书。依法完成新海港区以顺岸填海方式形成的48公顷陆域面积用海项目初审，并报省海洋与渔业厅审核。（4）指导美兰区政府实施北港岛保护与开发利用示范项目。监督美兰区定期报告项目进展及资金使用情况，确保国家海洋局拨付的9800万项目资金得到合理利用。完成项目《海洋环境影响报告书》核准批复、项目初步设计报告专家评审、海域论证报告书专家评审等程序。（5）新埠岛海域海流（潮汐）发电项目。在征求相关部门意见并向社会公示后，组织对项目海域使用论证报告书、海洋环境影响评价书进行专家评审并获得通过。

【海洋生物产业】近年来，海口市依托南海丰富的海洋生物资源、发达的海水养殖业、高质的海产品加工技术和明显的区位优势，大力发展“绿色、低碳和高附加值”的海洋生物产业，海洋生物产业相对集中，可持续发展潜力巨大。2016年，全市共有相关企业657家，其中海洋功能食品企业277家，海洋生物医药企业225家，海洋微生物企业86家，已初步形成一个较为完整的新兴海洋生物产业集群，与流通、加工、出口和与之相关配套的饲料生产、高端装备、渔用药物、运输业、服务业等构成具有优势的新兴热带海洋生物产业全产业链。应用精深加工技术，开发出珍珠面膜、深海鱼油、海水改良生态制剂等一批高科技含量的海洋化妆品、海洋功能食品、海洋生态制剂等产品。其中热带土著有益微生物资源开发和生产、珍珠粉保健品开发等项目获得省市科技进步奖。

【海洋执法】2016年，中国海监海口市支队制定《海口市2016年海洋工程环境保护执法示范建设工作实施方案》《海口市打击非法采挖海砂专项执法行动实施方案》，加强对新海港客货滚装码头、南海明珠人工岛、如意人工岛、铺前大桥海洋工程项目进行监管。在新埠岛南渡江入海口、秀英区新海港码头各设1个检查组，每组配备1艘执法船艇，6名执法人员，以24小时值守的方式对海上非法采砂区域实行监管3个月。11月5～9日，派出“中国渔政46026”执法船在琼州海峡西南浅滩海域开展“护蓝打非”专项执法行动，加强对海砂砂源地的监管。加强海洋环境管控，组织开展海域使用、海洋环境监督执法，做到每月对近岸海域、岸线进行1次以上全面巡查，用海项目检查覆盖率100%，对非法采砂、堆砂点采取长时间派员蹲守严查。规范用海项目档案管理，按照规定完成海域使用与海洋环境保护相关法律规定及配套制度的用海项目排查登记工作，对用海项目巡查情况进行电子建档，及时更新用海项目信息，做到全程监管在建用海项目。加强联合执法，严查破坏海洋环境行为。与市交通港航执法局、市边防支队、海口海事局、市国土局开展联合执法行动8次，巡视检查项目4个、打击非法临时运砂、堆砂码头7个；建立海岸带巡查保护联动机制，与国土、城管部门联合查处海岸线非法偷砂行为2宗，打击各类破坏海洋环境的违法行为。全年共开展海洋执法巡查检查82次，立案24宗，罚款329.31万元。

【海口海洋与渔业维权执法综合服务保障基地完工】2016年1月8日完工，结束了海南没有海监执法船专用保障基地的历史。该基地是海南首个海洋与渔业维权执法综合服务保障基地，将为海南海洋渔业行政执法提供后勤保障，为中国南海维权执法提供强大支持。基地位于海口秀英港，系国家海洋局、农业部及省财政投资建设的海监渔政综合服务基地项目，总投资7633.46万元，由农业部渔政码头以及国家海洋局维权基地改造项目两部分组成，建有1个3000吨级渔政船泊位、1个2500吨级海监船泊位和1个100吨级泊位，形成陆域面积6.27公顷，护岸长273.94米。项目于2013年7月16日开工建设，工程项目包括：办证中心综合楼工程、供电照明工程、给排水及消防工程、环保工程、通信导航工程等码头配套设施。

【打击危害海洋生态环境行为专项整治】2016年，海口市贯彻落实《海南省政府办公厅关于印发打击危害海洋生态环境行为专项整治行动方案的通知》，制定《海口市打击危害海洋生态环境行为专项整治工作方案》，市海洋和渔业局履行领导小组办公室职责，组织召开工作部署会、推进会，协调突破重点难点、及时对成员单位进行督导检查，共印发方案、通知等文件63份，利用媒体报道新闻26篇，开展打击定置网、电拖网、火车笼网等专项行动，联合多部门开展清网行动，共拆除定置网（千秋网）20排共80张，拆除网桩234根，没收网具116张，查处火车笼网1000张，查处电鱼船1艘，没收电鱼工具1套。协调省海洋与渔业监察总队、省公安边防总队等部门加强指导，牵头组织市有关部门多次召开协调会，有效保护海口市管辖海域生态环境安全，确保海洋资源合理开发利用。

【海洋环境监测实验室资质认定】2016年，海口市海洋环境监测中心根据实验室资质认定要求，做好各项认定准备工作。5月28日，省质量技术监督局组织评审组对该中心实验室进行现场评审，包括：技术能力现

2016 年 12 月 8 日，海口市海洋和渔业局联合秀英区政府拆除西海岸违建码头现场。（市海洋和渔业局 供稿）

场考核、实验室环境及仪器设备使用检定情况、质量体系文件完整程度、座谈提问考核等内容，该中心最终以58 项符合、10 项基本符合、1 项不符合的结果通过现场评审。7 月 7日，省质量技术监督局向海口市海洋环境监测中心实验室颁发资质认定证书，标志着该中心具备国家有关法律、行政法规规定的基本条件和能力，可向社会出具具有证明作用的数据和结果。

【采取“执法 + 媒体”模式拆除西海岸 5 座违建码头】2016 年 12 月，海口市通过开展打击危害海洋生态环境行为专项整治，对非法占用海岸带的“山寨”码头进行全面调查摸底。秀英区辖区内有 5 宗非法占用海岸带违建构筑物：海口港新海港区客货滚装码头西侧 1 座、粤海铁路轮渡南港码头西防波堤西侧 3 座、博南湾海域 1 座。在依法履行完行政处罚告知书、处罚决定书送达手续，要求当事人自行拆除未见任何行动的情况下，12 月 7～11 日，市海洋和渔业局联合秀英区政府，并邀请海口电视台、《海口日报》记者全程参与跟踪报道，采取“执法 + 媒体”模式开展专项执法行动，强制拆除西海岸 5 座违建码头，恢复海岸带原貌。至 11 日，5 座违建码头主体拆除工作基本完成，共出动挖掘机 291 台次，清运土石方 2695 车、5.61 万立方。12 月中旬起，市海洋和渔业局、秀英区政府利用天文低潮时机进行检查，督促施工单位对残留物进行清理。

（张德利）

环境保护

【环境保护概况】2016 年，海口市环境质量总体良好，环境空气质量优良率为 98.6%；南渡江龙塘段、永庄水库等城市集中式饮用水源地水质、国家控制的水质监测断面水质和近岸海域海水水质达标率均为 100%；功能区环境噪声昼间等效声级符合《声环境质量标准》，道路交通昼间噪声强度等级为二级（较好）。海口市在 2015 年生态省建设考核、大气污染防治考核中均被评定为优秀；四项污染减排指标均控制在年度减排目标之内，顺利通过省政府考核。

【大气环境质量】2016 年，海口市环境空气质量继续保持优良水平，在全国京津冀、长三角、珠三角区域及直辖市、省会城市和计划单列市等 74 个城市中排名第一，连续 7 年获此排名。环境空气质量有效监测天数为 363 天，其中，环境空气质量指数（AQI）一级优天数 277 天，二级良天数 81 天，超二级天数 5 天，环境空气质量优良率（AQI≤100 的天数）98.6%，优于 2015 年的 98.3%。全市二氧化硫（SO_2）、二氧化氮（NO_2）、可吸入颗粒物（PM10）和细颗粒物（PM2.5）平均浓度分别为 6 微克每立方米、16 微克每立方米、39 微克每立方米和 21 微克每立方米。一氧化碳（CO）24 小时平均第 95 百分位数是 0.9 毫克每立方米；臭氧（O_3）日最大 8 小时平均第 90 百分位数是 107 微克每立方米。

【水环境质量】2016 年，海口市水环境质量总体良好，南渡江龙塘段、永庄水库等城市集中式饮用水源地水质、国家控制的水质监测断面水质和近岸海域海水水质达标率均为 100%。（1）集中式生活饮用水水源地。城市集中式生活饮用水水源地分为地表水集中式生活饮用水水源地和地下水集中式生活饮用水水源地，监测点位分别为龙塘水厂、永庄水库和秀英水厂。全年，龙塘水厂、永庄水库109项地表水源水质指标和秀英水厂39项地下水源水质指标分别达到《地表水环境质量标准》（GB 3838-2002）Ⅲ类标准和《地下水质量标准》（GB/T 14848-93）Ⅲ类标准，达标率100%；海口市典型乡镇和农村集中式饮用水水源地监测点位共19个，其中地表水型水源地点位5个和地下水型水源地点位14个，全年，5个地表水水源地点位水质均达标，14个地下水型水源地水质均超标，超标因子均为总大肠菌群。（2）地表水。海口市6个国控断面中，后黎村、龙塘、演州河和永庄水库4个监测断面的水质均达到《地表水环境质量标准》（GB3838-2002）Ⅲ类标准；儒房和农垦橡胶所一队水质均达到地表水Ⅱ类标准。6个国控断面水质均达到相应的水质控制目标。3个省控断面中，群益村和巡崖村水质均达到地表水Ⅲ类标准，达到相应的水质控制目标；福美村水质达到地表水Ⅲ类标准，未达到地表水Ⅱ类标准的控制目标，超标因子为总磷。除国控、省控断面外，其他河流包括昌旺溪、铁炉溪、三十六曲溪、演丰东河、演丰西河、罗雅河、荣山河和芙蓉河8条河流，8条河流中有5条河流水质达标，其中昌旺溪、铁炉溪、三十六曲溪和演丰东河4条河流水质达到《地表水环境质量标准》（GB 3838-2002）Ⅲ类标准；罗雅河、荣山河、芙蓉河3条河流水质不达标。（3）近岸海域。全年，海口市13个近岸海域监测点位水质均达到《海水水质标准》（GB 3097-1997）规定的相应环境功能区标准或年度水质管理目标，达标率100%。

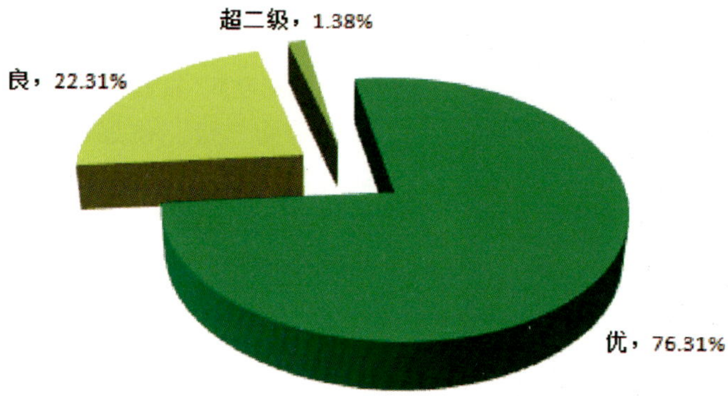

2016年海口市空气质量级别分布示意图

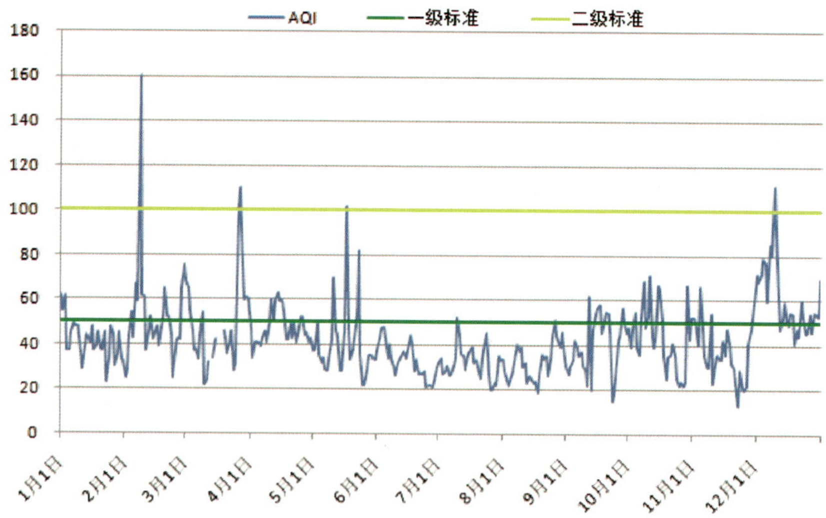

2016年海口市AQI值变化趋势图

备注：AQI（空气质量指数），0~50为一级（优），51~100为二级（良），101~150为三级（轻度污染），151~200为四级（中度污染），201~300为五级（重度污染），＞300为六级（严重污染）

2016年海口市4类声环境功能区

类型	功能区	昼间平均等效声级 /dB(A)	标准
			昼间 /dB（A）
1类区	居住文教区	50.4	55
2类区	居住、商业、工业混杂区	54.7	60
3类区	工业区	61.6	65
4a类区	交通干线两侧区域	66.3	70

【声环境质量】2016年，海口市4类声环境功能区昼间平均等效声级符合《声环境质量标准》（GB 3096-2008）；区域环境噪声昼间平均等效声级为55.7分贝，总体水平为三级（一般）；交通噪声昼间平均等效声级为68.9分贝，强度等级为二级（较好）。

【环境规划】2016年，海口市生态环境保护局强化规划引领，组织编制环保规划，编制完成《海口市生物多样性保护战略与行动计划》《海口市生态资源调查》等并通过专家审查。完成《海口市畜禽养殖污染防治规划》编制，该规划划分禁止养殖区、限制养殖区和适宜养殖区，并以海口市畜禽养殖污染物排放量较高地区为重点防治区域，以规模化养殖场（小区）、畜禽养殖专业户和散养密集区域为重点单元，初步建立畜禽养殖污染防治体系，有效防治畜禽养殖污染，促进海口市畜禽养殖业稳定、健康、持续发展。

【生态保护红线划定】2016年，海口市生态环境保护局按照环境保护部《生态保护红线划定技术指南》和《海南省市县生态保护红线划定技术指引》，将饮用水水源地、自然保护区、地质公园、重要河流、湿地、公园、生态廊道等重点生态功能区、生态环境敏感区和脆弱区等纳入生态保护红线范围，划定海口市陆域生态保护红线共527.90平方千米（含东寨港全部），占海口市国土面积的23.06%。其中Ⅰ类红线区120.01平方千米，占5.24%；Ⅱ类红线区407.89平方千米，占17.82%。其成果纳入《海口市总体规划（空间类2015~2030)》中，于12月经省政府常务会议审议通过。

【环境影响评价】2016年，海口市生态环境保护局持续推进规划环评工作，《桂林洋国家热带农业公园体验区总体规划环境影响报告书》《海口市西海岸南海明珠生态岛控制性详细规划环境影响报告书》《海口美兰临空产业园总体规划环境影响报告书》及《海南省海口市如意岛控制性详细规划环境影响报告书》通过专家审查。严格执行国家产业政策和《海口市促进产业发展指导目录》，禁止上马高能耗、高排放的项目，全年共办理环境影响评审批928件，环保竣工验收427件。

【生态海口建设】2016年，海口市落实省生态文明建设工作要点精神，印发《海口市贯彻落实2016年度海南省生态文明建设工作要点实施方案的通知》，推进生态文明建设。编制《海口市环境保护“十三五”规划》，以生态和谐、环境宜居为目标，以进一步改善海口市环境质量、保障生态安全为基本出发点，统筹发展与环境、引导与约束、当前与长远三大关系。强化生态保护与生态建设，提升生态环境质量，划定海口市陆域生态保护红线共527.90平方千米，占海口市国土面积的23.06%；强化南渡江河流水系水资源保障、防洪调蓄等功能，南渡江海口市综合治理新坡至东山段防洪工程、南渡江左岸片区农田排涝工程等一批新建续建项目相继实施和竣工，防洪排涝工程体系进一步完善；开展海岸带整治修复与保护，全年共完成生态修复面积2.53平方千米；编制《海口市海绵城市专项规划》《海口市海绵城市规划设计技术导则》，推进海绵城市建设；开展红树林生态修复工作，共修复造林13.33公顷，移栽大苗修复2030多株，清理三叶鱼藤面积245.33公顷，减少有害伴生植物对红树生长造成的影响和破坏；继续推进“绿化宝岛”行动，完成造林绿化面积1394.07公顷，推进绿色矿山建设和“矿山复绿”工作，对全市废弃矿坑调查摸底并对18个废弃矿坑进行全面治理，复垦复绿面积约4公顷。推进节能减排，严格执行《海口市促进产业发展指导目录》，严把新建项目准入关和审查关；大力发展绿色公交，新能源与节能车型占总公交车辆的83.64%；打造特色公交体系，建设绿色步道、非机动车道网络，推广“步行社区”“自行车城市”等低碳出行方式，建设公共自行车亭248个，投入公共自行车4300辆。节约利用水资源，开展计划用水超计划加价工作，完成节水建设项目规划报建、节水施工报建、节水竣工验收共468宗，推广节水器具21.26万套，全年节水量1700万吨；推广高效工业节水和循环利用技术，严格控制高耗水项目。完成华能海南发电股份有限公司海口电厂、海南红塔卷烟厂和海南海宁锡板工业有限公司3家工业企业节水改造工程，总投资1901.69万元，废水处理规模每天1200立方米。节约利用土地，严格土地用途管制。对未纳入年度计划的土地坚决不予供应，对超规模申请使用土地的，坚决予以核减；规范工业项目用地供应，严格禁止在工业项目用地范围内建设宾馆、酒店和商品住宅等非生产性设施；开展存量建设用地清查，加大闲置土地和低效利用土地的清查处置和盘活利用。加强大气污染防治，通过采取控车、降尘、禁烧（燃）、限烤、治企、增绿六大措施推进大气污染防治工作。加强水污染防治，采取综合施策、标本兼治的策略，引入社会资本，推行“PPP+EPC+跟踪审计+全程监管”模式，将全市32个水体整合划分6

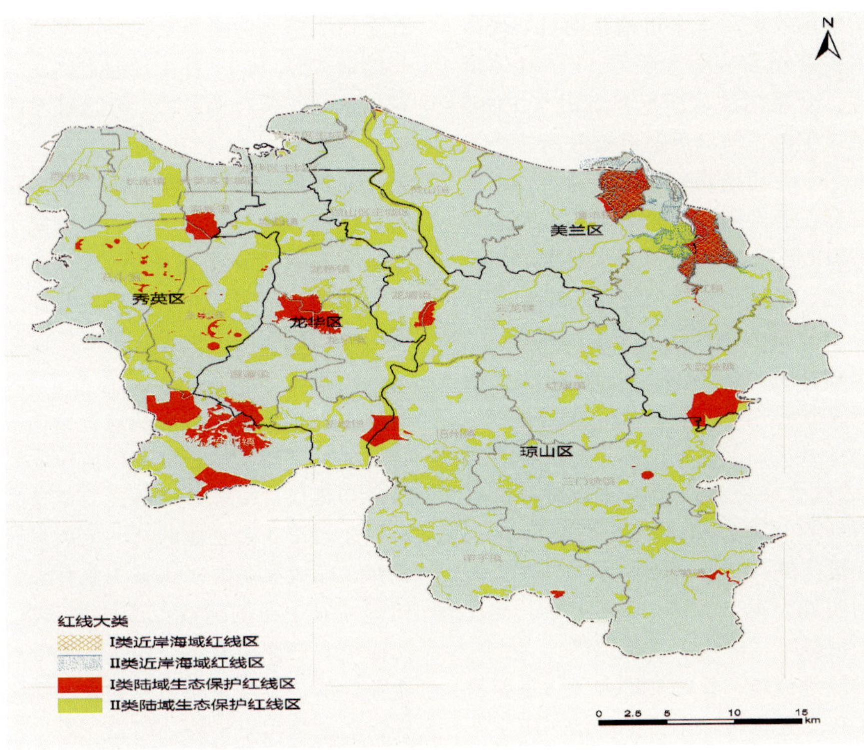

2016年海口市陆域生态保护红线图

个标段开展整治。发展生态农业，全市农村沼气建设累计投入近2亿元，共建成240多处大中小型沼气工程，户用沼气1.3万个，村镇沼气服务网点94个，惠及农民9.5万人；推广“猪—沼—农作物”生态循环农业面积9200公顷，促进畜禽排泄物的资源化利用。科学规划绿色生态廊道，以东寨港国家级自然保护区和雷琼火山口国家地质公园为核心，通过南控带、江东、云龙、五源河4条绿楔的连接，串联江东绿心、白水塘湿地、三江湿地、玉龙泉森林公园、沙坡水库森林公园、永庄水库森林公园、五源河森林公园等重要生态节点，形成城市外围生态网。加强生态文化建设，开展“文明城·粉红爱”巾帼助力“双创”等系列活动，倡导绿色生活方式，推进公众参与生态文明建设。

2016年12月2日，海口市生态环保局联合市交警支队开展高污染排放机动车道路禁止通行执法行动。
（市环保局 供稿）

【环境监测】2016年，海口市生态环境保护局共编制各类监测报告671个，获取各类监测有效数据11.60万个。水质监测项目中的氧化还原电位、总有机碳通过省计量部门检验检测机构资质认定扩项评审，通过扩项，环境保护监测项目增加到15大类319项。年内，海口市大气颗粒物源解析成果通过国家级专家论证，为海口市大气污染防治工作提供科学依据；海口市空气质量自动监测项目（二期）及桂林洋空气自动监测站重建项目通过验收。6月29日，海口市环境空气质量预警预报系统顺利建成并通过验收，海口市成为全省首个完成环境空气质量预警预报系统建设任务的城市。该系统包括预警预报业务平台、预警预报信息发布平台、手机APP智能平台和预警预报会商系统等多个模块，可实现大气六项主要污染物二氧化硫、二氧化氮、细颗粒物、可吸入颗粒物、一氧化碳、臭氧未来24～168小时（未来1～7天）的浓度值和AQI（环境空气质量指数）预报业务和信息发布工作，为海口市环境管理和公众出行提供技术支持。

【主要污染物总量减排】2016年，海口市印发《实施2016年环保约束性指标计划》，实施重点领域工程减排、结构减排和严格监管减排措施，完成罗牛山十万头现代化猪场废弃物综合利用、海南鑫旺建材厂脱硫塔改造等重点领域减排工程项目4个。通过严格注销登记、强化检验管理、实施高污染排放机动车全市禁止通行、提高淘汰补贴和奖励金额等11项具体措施，全年淘汰黄标车和老旧车13905辆。年内，海口市通过省政府“十二五”主要污染物总量减排考核，减排目标任务圆满完成。“十二五”末期（2015年），化学需氧量、氨氮、二氧化硫、氮氧化物4项主要污染物排放总量分别为10990千克、3477千克、1580千克、9991千克，比2011年削减41.9%、23.4%、21.9%、1.5%。

【大气污染防治】2016年，海口市政府印发《海口市大气污染防治2016年度实施计划》《海口市大气污染防治实施方案（2016~2018年）》，通过采取控车、降尘、禁烧（烤）、治企、增绿等措施，着力推进大气污染防治工作。强化机动车污染防治，市生态环境保护局印发《海口市2016年黄标车淘汰工作计划》，通过加强机动车注销登记、实施全市禁止通行、严格定期检验、实施提前淘汰补贴等措施，淘汰黄标车和老旧车1.39万辆；落实黄标车淘汰补贴政策，依照《海口市提前淘汰黄标车财政补贴工作方案》，受理补贴申请车辆1931辆，拨付补贴资金613.5万元；发布《关于在全市实施高污染排放机动车禁止通行的通告》，从11月1日起对高污染排放机动车实行全时段、全区域禁止通行，累计抽查1279辆机动车，查处119辆高污染排放车；重新划定秸秆禁烧区，编制《海口市人民政府关于划定秸秆禁烧区域的通告》；抓好重点工业源治理，开展海南鑫旺建材有限公司、海南中地煤长昌砖厂脱硫塔改造以及污染源在线监控等工程；开展废气自动监控现场端设备委托第三方运维管理工作，全方位监控废气污染物排放；组织开展海南蔚蓝食品有限公司等3家企业的清洁生产审核工作，完成海南海宇锡板工业有限公司等4家企业的清洁生产评估初审、海南英利新能源有限公司等6家重点企业的清洁生产审核验收初审；强化餐饮业油烟污染治理，印发《海口市餐饮业油烟污染防治工作方案》，组

2016年10月8日，海口市生态环保局开展城镇内河湖和PPP黑臭水体监测工作，为海口市水污染治理提供技术服务。（市环保局 供稿）

织开展餐饮服务单位油烟污染整治，加强餐饮服务场所油烟排放情况监管，及时处置餐饮服务场所油烟投诉157宗；完善大气应急预警体系，完成修订《海口市大气重污染应急预案（2016年修订）》；新建成海口市政府第二办公区子站、云龙产业园区子站、三门坡子站3个环境空气质量自动监测子站，重建因“威马逊”超强台风损坏的桂林洋空气自动监测子站，形成覆盖主城区、工业园区、新建城区、农村地区、旅游景区的空气质量监测网络。在海南省政府组织的2015年度大气污染防治工作考核中，海口市完成空气质量改善目标，大气污染防治综合考核结果为“优秀”。2016年，在全国74个重点城市环境空气质量排名中，海口市空气质量排名第一。

【水污染防治】2016年，海口市政府印发《海口市城镇内河（湖）水污染治理三年行动方案》《海口市城镇内河（湖）水污染治理三年行动水质监测和信息发布方案》，明确治水任务，全面推进城镇内河（湖）水污染治理工作。市生态环境保护局跟踪监测城镇内河（湖）水环境质量，每月对18个省整治水体，每季度对12个市整治水体开展水质跟踪监测，每月定期发布整治水体水环境质量监测信息，及时、准确地掌握城镇水体水环境质量现状，了解治理水体的整治实施进度；制定并报市政府印发《海口市城镇内河（湖）水污染治理PPP项目监测方案》，按照水体治理实施进度开展水质监督评估工作。建立水体分片管理工作制度，制定并印发《美舍河沿岸环境保护分片管理工作方案》《福创溪沿岸环境保护分片管理工作方案》等方案，将水体划定为若干责任段进行分片管理，并建立动态巡查机制，维护整治水体环境安全。严厉打击直排、偷排违法行为，全面排查水体周边工业企业、小作坊，对直排、偷排等违法行为进行严厉查处，共查处8家企业，罚款24.2万元，对9个不符合排污标准的企业进行停业整顿。

【建立污染源动态管理系统】2016年，海口市生态环境保护局为主动适应环保管理新常态，在环境保护监督管理手段创新方面不断探索，利用GIS、空间数据库和网络等信息化手段，搭建起海口市污染源动态管理系统，初步绘制“污染源一张图”。该图以海口市电子地图为底图，通过采集每个污染源的空间坐标，绘制形成全市污染源分布总图，详细记载企业的基本情况、项目信息、环保审批、环保监测、排污收费、举报投诉和企业环境违法等信息。海口市污染源动态管理系统提供污染源的信息管理、档案查询、信息检索、统计分析、电子地图、环保监测和监察执法等功能，并实行污染源信息动态更新管理，使污染源动态管理与环评管理、排污收费、总量控制、环境监测、固废管理、信息公开和许可证管理等业务互通互联，为环保审批、监督和服务等提供信息支持。

【医疗及危险废物处置】2016年，海口市生态环境保护局编制印发《关于进一步依法加强危险废物环境监管的通知》，多措并举，进一步加强危险废物的环境监管，降低环境安全风险。规范危险废物环境管理，明确危险废物规范化管理工作职责，规范危险废物转移管理工作，组织开展危险废物规范化管理业务培训、现场观摩和座谈交流，进一步提升全市危险废物规范化管理水平。加强危险废物管理检查，对危险废物产生、经营企业开展“双随机”抽查，其中19家危险废物产生企业中，5家达标、13家基本达标、1家不达标，合格率为74.2%；3家危险废物经营企业中，1家达标、2家基本达标，合格率为80%。严格监管执法，环保执法管理人员对纳入监管的危险废物产生、经营企业采取白天和夜间不定期的检查方式进行执法检查。联合公安部门查处12宗涉危险废物环境违法案件，其中查处涉废矿物油案件7宗，现场查扣废矿物油67.41千克；查处涉铅酸废旧电池5宗，现场查扣废旧电池255.53千克。

【核与辐射安全监管】2016年，海口市生态环境保护局不断规范核与辐射安全管理，确保核与辐射环境安全。开展放射源安全检查专项行动，摸清底数。海口市涉及核技术利用的国控、省控重点企业和三级医院共25

家，其中9家三级医院共有放射源32枚（Ⅱ类源钴-60有30枚，Ⅲ类源钠-22有1枚，Ⅴ类源铱-192有1枚），射线装置162台；16家涉及核技术利用国控、省控企业放射源主要核素有^{60}Co、^{137}Cs、^{238}Pu、^{63}Ni、^{192}Ir、^{226}Ra、^{241}Am、^{90}Sr、^{147}Pm等298枚，其中：Ⅰ类源37枚，Ⅱ类源6枚，Ⅲ类源18枚，Ⅳ类源101枚，Ⅴ类源136枚。射线装置共7台，其中Ⅱ类射线装置5台，Ⅲ类射线装置2台。加强制度建设，严格落实《辐射安全许可证》申领制度，督促全市许可证过期或临近过期企业按要求做好办证和换证工作。加强监督检查，结合污染源“双随机”抽查，对25家企业和医院放射源管理情况开展日常的核查，堵塞监管漏洞。加强核与辐射安全监管能力建设，3次派人参加省环保厅组织的核与辐射安全监管培训工作，熟悉和掌握核与辐射类相关专业知识，提高执法人员专业技能。2016年，海口市未发生核安全事故和突发事件。

【饮用水源地保护】2016年，海口市生态环境保护局开展饮用水水源环境状况评估，评估结果显示2015年度2个饮用水水源地的水质指标全部达标。开展农村集中式饮用水源保护区复查评估工作，完善和落实安全保障措施，保障饮水安全。开展水质监测，每月对饮用水水源地水质进行监测，并将监测结果在市生态环保局门户网站进行发布，2016年，海口市饮用水水源地水质均达标。开展饮用水水源地环境整治，对南渡江水源地环境问题进行全面排查和分类查处，其中移送法院恢复强制执行1宗，整治备案7起，下达行政处罚事先告知书1起，下达整改通知书6起。强化应急管理，组织修订《海口市饮用水源保护区环境污染事故应急预案（2016年修订稿）》报市政府印发实施；与高新区、市水务集团联合开展饮用水水源地环境应急演练，规范应急事件的处理程序和方法，提升环境监察、监测队伍快速反应、协调联动的能力。

【绿色创建】2016年，海口市生态环境保护局大力推进生态文明示范创建，积极推进国家级生态村和省级小康环保示范村建设，秀英区群榜村、美兰区潭冲村、位高村、上园村、瑶城村、琼山区昌文湖村和仁山村等7个村庄申报海南省小康环保示范村。至2016年，海口市共有绿色社区18个、绿色学校10所、省级小康环保示范村58个。

2016年3月4日，海口市生态环境保护局在龙塘镇开展“关爱自然 保护饮用水源地”主题宣传活动。（市环保局 供稿）

【环境综合督查】2016年，海口市对环境保护综合督查报告中提出的问题进行梳理研究，全面落实整改。在完善体制机制方面，成立生态环境保护委员会，于7月18日召开第一届生态环境保护委员会第一次会议，制订并通过《海口市环境保护“一岗双责”责任制实施办法》，完善环境保护绩效考核体系。在消除结构性污染方面，针对港澳开发区、海口综合保税区等因居民区、工业区相邻而产生的重点结构性污染纠纷和矛盾，从调整城市规划和城市功能布局层面，制订结构性污染消除计划，逐步消除海口市结构性污染矛盾。在开展水环境治理方面，印发《海口市城镇内河（湖）水污染治理三年行动方案》，采用“PPP+EPC+跟踪审计+全程监管”的模式，按照“一河（沟）一策”思路，启动包括综合督查优先整改的电力沟、大同沟、白沙河、鸭尾溪、仙月仙河、美舍河和桂林洋开发区大排沟等水体在内的32个水体治理工程。在提升大气环境质量方面，海口市完成2016年度黄标车淘汰任务，开展扬尘防治专项检查，对不落实环保责任和不按要求整改的建筑工地严格查处。在环境监管方面，挂牌成立海口市公安局城市警察支队，配齐警力，协助环保等相关职能部门开展综合执法工作，提升城市环境管理和执法水平；开展洗涤行业专项整治、屠宰行业专项整治、砖瓦窑专项整治、食品饮料加工行业整治等工作。在加强能力建设方面，调整市生态环保局的职责和内设机构，印发《海口市人民政府职能转变和机构改革方案》，明确重点加强生态环境保护基层执法力量，同时在海口国家高新区开展环保管理体制改革工作。

【清理整治环保违法违规建设项目】2016年，海口市生态环境保护局为进一步贯彻落实环境保护部、省生态环境保护厅关于清理整治环保违法违规建设项目工作有关要求，于6月印发《海口市清理整治环保违法违规建设项目工作方案》并向全社会公示，共排查发现环保违法违规建设项目567个（其中整治规范类的481个，淘汰关闭类的72个，完善备案类的14个），完成清理整治项目567个，完成率100%。

【“双随机”环保执法】 2016年，海口市生态环境保护局创新环境监察方式，在全省率先采取电脑软件“双随机”（随机抽取检查对象、随机抽取执法检查人员）抽查模式对海口市行政辖区内省控及以上重点排污单位和三甲医院进行抽查，并按照信息公开要求，及时将随机抽查情况和查处结果向社会公开，接受社会监督。完成“双随机”库源建设，库源包括15家省控及以上企业、10家三级以上医院和21名执法人员。

【环保监察执法】 2016年，海口市生态环境保护局突出重点，开展环保违法违规建设项目清理工作、危险废物专项、环境执法大练兵、医疗机构专项整治工作、环境监察稽查工作、重点行业环保专项执法检查等10个环境综合专项整治；严厉打击各类环境违法行为，共立案53起，下达行政处罚决定书53起，行政处罚款共315.67万元；建立健全环境监管体系，按照“条块结合、块为主体”“分工负责、责任到人”“把握重点、突出效能”的原则，将海口市环境监管网格按四级划分，通过社会聘用协管人员的方式招聘185名专职网格员，初步建立起“横向到边、纵向到底”的网格化环境监管体系。

【环保宣传教育】 2016年，海口市生态环境保护局开展“世界环境日”“海口最美环保人物评选”“第十二届科技活动月宣传活动”“国际生物多样性日暨中国自然保护区成立60周年”等15场次公众广泛参与、形式多样的环保专题宣传教育活动，累计发放环保知识手册、法律法规等共

2016年6月5日，以“改善环境质量，推动绿色发展”为主题的第45个“世界环境日”在海南师范大学举办。（市环保局 供稿）

6.5万册，购物袋、环保扇、T恤、环保伞等宣传品1.51万份。利用电视、报纸、政府网站、微博、微信等媒体形式，全面向公众公开关注环境质量、环境监管等环境信息。编报环保信息，发表信息292篇次，编报36期《海口市生态环境保护局简报》；官方微博发布信息1229条，官方微信发布506条。

【中国生态文明论坛（海口年会）】 2016年，第六届中国生态文明论坛年会于12月17～18日在海南国际会展中心举行。本届论坛以“生态文明，共治共享——谱写美丽中国新篇章”为主题，共有来自全国各地的1000余名专家、学者参加。期间共举行厅局长论坛、区县长论坛、美丽乡村论坛、土壤修复论坛、中国制造论坛、生态旅游论坛、绿色金融论坛、生态文化论坛、生态环境大数据论坛、“一带一路”国际论坛等分论坛，与会专家学者围绕新时期生态文明建设的热点问题进行深入探讨。年会首次发布《中国省域生态文明状况评价报告》，通过《生态文明·海口倡议》。

【整治环境污染事件选介】 （1）海口长丰水务投资有限公司废水超标排放案。2016年9月22日，海口市生态环境保护局对位于海口市桂林洋大道大排沟旁的桂林洋污水处理厂排放污水的行为开展监督性监测，根据10月9日的监测报告显示，污水中氨氮指标超过《城镇污水处理厂污染物排放标准》（GB18918-2002）中的一级B标准。（排放的氨氮为7.8毫克/升，超标0.56倍，标准限值为5毫克/升）。根据《中华人民共和国水污染防治法》第七十四条第一款和《中华人民共和国环境保护法》第五十九条规定，海口市生态环境保护局发出《责令改正违法行为决定书》《行政处罚决定书》，责令停止超标排放污染物的违法行为，并处2.67万元罚款。（2）海南益丰达医疗卫生用品有限公司未经批准，擅自拆除危险废物集中处置设施案。2016年3月17日，海口市生态环境保护局对海南益丰达医疗卫生用品有限公司经营的秀英区白水塘儒益村医疗处置场项目进行检查，发现该项目未经批准，于2015年6月底擅自拆除危险废物集中处置设施，违反《中华人民共和国固体废物污染环境防治法》第七十五条之规定。海口市生态环境保护局依法对其违法行为进行处罚，于2016年7月12日下达《行政处罚决

城乡建设与管理

定书》，处16万元罚款，将相关责任人移送公安机关行政拘留5日。

（谢荣文）

园林绿化

【园林绿化概况】2016年，海口市园林管理局围绕创建国家生态园林城市和"双创"工作任务为目标，以承办首届三角梅花展、建设滨江滨海花园城市为切入点，统筹推进园林绿化景观提升工程、天桥绿化美化工程、新建及改建小游园、园林精细管理，城市绿化在量质并举中巩固提升,各项工作取得新成绩。11月1日，《海口市城镇园林绿化条例（修正版）》施行，为促进海口市园林绿化事业的发展，提供有效法律保障。截至12月底，全市建成区绿地面积5038公顷，绿地率35.8%，绿化覆盖面积5665公顷，绿化覆盖率40.3%，公园绿地面积1842.8公顷，人均公共绿地面积12.1平方米。海口市园林管理局承建第十届中国（武汉）国际园林博览会"海口展园"荣获室外展园综合金奖，优秀工程优秀奖和建设最佳奖；海口市园林管理局被住房和城乡建设部评为第十届中国（武汉）国际园林博览会先进单位。海口市人民政府荣获住房和城乡建设部第十届中国（武汉）国际园林博览会优秀组织奖。

【道路绿化景观提升工程】2016年，海口市园林管理局创新推动园林建养PPP模式，指导督促海口城建碧桂园林绿化有限公司高标准完成绿色长廊等道路及节点互通景观提升工程。该工程项目2015年10月10日开始施工，至2016年9月20日全面完成长彤路、绿色长廊2条道路及火山口互通、狮子岭互通、丘海大道互通、观澜湖互通、龙昆南互通、龙桥互通6个互通的绿化景观提升改造，项目可研批复总投资估算约2.8亿元，总绿化面积约120公顷。长彤路、绿色长廊被网民评为"海口最美大道"。

【园林景观提升整治】2016年，海口市园林管理局组织完成滨海大道、长堤路、滨江西路、国兴大道、龙昆路、海府路、琼州大道、海秀东路8条道路等40个节点（琼州大桥与滨江西立交、国兴大道省政府大门两侧绿地、滨江西路绿色佳园东侧休闲广场、水巷口与钟楼绿化提升改造、万绿园门前中央分车带绿化改造、粤海火车站绿化改造、龙昆南省高院节点、龙昆南路海师节点、海府路白龙斜坡节点、海府路南亚广场街边绿地、龙昆南与国兴大道交叉口节点、龙昆南南海大道至火车东站路段等）的花化、彩化和绿化升级改造。共种植乔灌木1.15万株、片栽地被4.22万平方米，其中三角梅株植8360株、片植1.38万平方米，为2016年首届海南国际旅游岛三角梅花展营造浓厚气氛。

【"三园合一"项目】2015年7月，海口万绿园、世纪公园、滨海公园三园合一项目开始启动。项目改造突出三园的整体开放性，融合三园与周边地块的关系，达到便捷的无障碍沟通联系，使三园之间的互动性和流动性增强。在公园内部，以骑行道、跑步道和漫步道为核心的慢行系统设计，使市民出门就能参与各项体育活动。同时，景观体验更加愉悦。通过统一的标识系统、林荫道系统、铺装体系、绿化配置体系、城市家具配置等，使三个园区获得统一的景观品质。三园开放空间结构为"四轴两带多节点"。"四轴"包括从龙珠湾向西北的望海景观轴、串联万绿园和世纪公园主要景观区的步行景观轴、万绿园的南入口景观轴、滨海公园及世纪公园的入口景观轴；"两带"包括沿滨海大道的城市景观带和沿海岸线的滨海景观带；"多节点"包括沿着主要空间轴线、主要步行系统交接点、主要配套服务节点的公共空间，这些公共空间节点将满足市民和游客的多样化休憩需求。三园功能各有侧重，万绿园区侧重于生态休闲功能，世纪公园区侧重于运动健康功能，滨海公园区侧重教育文化功能。"三园合一"后形成的公园面积达到170公顷，成为海口市最大的城市中央公园，将形成较大的品牌效应，对于提升海口市的城市形象与城市知名度起到重要作用，成为展示海口城市生活、城市形象、城市文化的窗口，成为开展城市旅游，满足游客全年龄、全天候各项休闲活动的综合性公园。至2016年底，园路系统完成三园骑行道、跑步道及步行道慢行系统的建设；景观提升完成滨海公园沿滨海大道带状绿化景观改

2016年1月2日，海口市委副书记、市长倪强（右一）带队到"三园合一"（万绿园、滨海公园、世纪公园）景观提升工程施工现场调研。（市政府办 供稿）

造，青少年活动中心前绿化景观改造，滨海公园湖区景观改造，认知园景观建设及其他绿化补植改造，世纪公园骑行道两侧景观提升及市民广场周边绿化改造，万绿园南门改造及花海景观建设；基础设施完成三园水电设施建设，服务点增设及改造，泰华路整治及世纪公园路贯通工程；标识系统及公园家具设置完成统一三园指示标志、标识牌及统一休息座椅、垃圾桶等。其中市园林管理局负责组织实施的“三园合一”万绿园景观提升工程，列为2016年海口市“百日大会战”重点项目，总投入4711.14万元，绿化总面积4.31公顷，其中南门主入口景观提升绿化面积0.55公顷、花海花卉种植0.6公顷、健康氧吧木栈道及周边绿化种植0.97公顷、骑行道绿化种植0.8公顷、绿园路观海台木栈道及周边绿化0.52公顷、南门公交枢纽及服务网点周边绿化0.78公顷。

【天桥绿化美化工程】2016年，海口市园林管理局为提高绿视率和绿量，营造绿色空间，实施文庄、华夏、南航、一中、双拥天桥及海府立交5座人行天桥绿化美化工程项目。12月5日全部完工，安装环保玻璃钢花盆2220个，种植紫花勒杜鹃4440株。

【小游园建设】2016年，海口市园林管理局采用PPP模式，因地制宜，以生态修复为主，全面完成新建椰海小游园、兆南和园小游园、时代城小游园、五源河小游园，改造和平桥头小游园、世纪明珠小游园、逸秀园、丘贤园、世贸中心斜坡绿地、丘海大道与南海大道西南角绿地等10个小游园建设，总投资1998.31万元，增绿面积7.8公顷。

【城镇公园建设】2016年，海口市园林管理局统筹城镇公园建设，全面完成椰博小游园、振发花园、群上村小游园和仙洲公园等5个城镇小公园建设，投入资金约1500万元，绿化面积7公顷，为城镇居民提供休闲健身活动的优良场所。

【道路裸露地缺株补植】2016年，海口市园林管理局按照“双创”工作标准要求，抓好主要道路、车站、码头、机场节点及街边街心绿地、小游园黄土露天绿地补植、补齐工作，共完成白龙路、南海大道、中山南路、滨海大道、国兴西路、兴丹路等125条道路以及海甸二东路绿地、和平桥底绿地、美舍河群上村绿地等22个绿地、小游园黄土露天绿地苗木补植、补齐，共种植各类乔木6298株、球状灌木604株，片栽花灌木13.58万平方米，大叶油草、台湾草等地被植物293公顷。

【绿化养护管理】2016年，海口市园林管理局推进园林绿化精细化养护管理，强化行道树修枝整形，在海府路、滨海大道、南海大道、白龙路等89条道路修剪道路乔木5.13万株；针对市区道路与交通信号灯、违章照相头、路灯发生矛盾的树木修剪9213株；针对高压线下树木的修枝整形3136株；清理滨海大道、滨江西路等39条道路及钟楼绿地、华海绿地等25个小游园和街边绿地椰子树、大王棕等棕榈类植物枯枝、垂枝和坚果共18.27万株次，市区行道树修剪率60%以上；清理重点道路绿地杂草，完成省会展中心绿地、滨海西路、市政府周边绿地等杂草清理工作；加强椰心叶甲防治，对滨海大道、省会展中心、世纪大桥绿地、海垦路、滨江西路等道路棕榈科植物喷药约58万株次，超额完成年度目标工作任务；对市区主要干道的乔木全面粉刷石灰水一次，粉刷树木29万株次；按绿化养护要求做好市政绿化接管工作，共完成接管绿化面积31.68公顷。

【园林绿化专项整治】2016年，海口市园林管理局配合市城管部门、各区园林局对丘海大道及其延长线店铺占用绿化带的水泥路面、路口进行破除，共破除水泥硬化面积7636平方米，清运建筑垃圾96车次。同时组织管养单位对完成清退的绿地进行恢复，恢复绿化1.52万平方米，其中丘海大道15米绿化控制红线范围内种植三角梅3573株、金钱榕3615株；丘海大道农产品质量检测中心对面路侧绿地补植灌木球167株、片栽花灌木2592平方米，补植草皮1094平方米；丘海大道20米绿化带整治工程（标段一），改造总面积2654平方米；丘海大道20米绿化带整治工程（标段二），改造总面积4165平方米；椰海大道与丘海大道东南角路侧绿地种植工程，种植总面积4703平方米。同时在丘海大道、南海大道等道路加设镀锌钢管绿化护栏17349米，有效地阻止商家停车毁绿占绿。

2016年4月1日，驻海口市部队官兵在海口高新区美安大道参加“绿化宝岛”春季群众性义务植树活动。（郭运勇 摄）

【节庆鲜花栽摆】2016年元旦、春节、国庆等节假日及博鳌论坛年会期间，海口市园林管理局通过花池改造、引入艺术花器以及制作大型花架等立体摆花、组合摆花方式，分别在美兰机场出口处、海秀东路、三角池、省委门口、省政府门口、国兴大道中间隔离带、粤海火车站广场、长滨路与滨江西路交叉口、滨海西观海台、龙华路一中转盘、世纪大桥与五西路红绿灯交叉口、滨海大道、海秀东路、龙昆北和西海岸等景观道路、重要景点、小游园及万绿园、金牛岭公园、人民公园、滨海公园等各大公园景点摆放鲜花布景，全年共摆放鲜花及地栽鲜花143万盆，为节日营造浓厚气氛。

【义务植树活动】2016年，海口市绿委办组织园林、林业系统干部职工、青年志愿者在社区、公园、农村等开展全民义务植树暨绿化法规宣传活动，投放园林宣传广告灯箱30个，宣传海报40板次，发放宣传资料约3万份，提供园林绿化法规咨询3000人次。组织3次“3·12”植树节和“绿化宝岛”群众性义务植树等大型植树活动。其中，3月12日组织3000名省人大常委会机关、省纪委监察机关、各区政府、省民革、省农行、市工商联、海南大学等单位的干部职工、青年志愿者在秀英区长安路至联昌村路段、龙华区中央大道、美兰区演丰镇美演路至博大兰花路段、琼山区甲子镇新民村墟新西街和长昌村委会翰堂村等5个植树点开展“3·12”植树节群众性义务植树活动，种植小叶榄仁、秋枫、红花羊蹄甲、美丽异木棉、凤凰木、黄槐、花旗木等乔木1430株，绿化面积0.9公顷；4月1日省、市四套班子领导、省军区领导及3000名市直属机关干部、驻市部队官兵、青年志愿者和各界群众参加在海口高新区美安大道两侧防护绿地“绿化宝岛”春季群众性义务植树活动，种植椰子树、红花羊蹄甲、凤凰木、黄花风铃木等乔木1460株，绿化面积5.5公顷；10月29日组织200余名小区居民在南方明珠小区开展社区园林“双创”义务植树活动，种植大花紫薇、三角梅114株，大叶龙船90盆，绿化面积0.15公顷。全年累计完成义务植树植种2974株，增绿面积6.55公顷。

【第十届中国（武汉）国际园林博览会”海口园获多项奖】2016年5月28日，第十届中国（武汉）国际园林博览会（以下称园博会）闭幕。本届园博会以“生态园博，绿色生活”为主题，有82个国内城市展园、10个国际友城园、4个国际风景园林大师园、9个创意园等，共117座展园。海口市园林管理局代表海口市人民政府承建的博览会“海口园”荣获住房和城乡建设部第十届中国（武汉）国际园林博览会室外展园综合金奖、优秀工程优秀奖和建设最佳奖；海口市园林管理局被住房和城乡建设部评为第十届中国（武汉）国际园林博览会先进单位。海口市人民政府荣获住房和城乡建设部第十届中国（武汉）国际园林博览会优秀组织奖。

（梁定军）

环境卫生管理

【环境卫生管理概况】2016年，海口市环卫局按照市“双创”指挥部的工作部署，围绕环境卫生管理中心工作，在城乡环境卫生综合整治、环卫一体化改革、农村生活垃圾治理、环卫设施基础建设等方面开展一系列工作。至年底，全市环卫系统有干部职工1.33万人，其中，市环卫局及下辖基层单位（垃圾处理场、渣土管理所、垃圾处理费征收管理所）331人，4个区PPP企业及承包企业1.19万人（秀英区2819人、龙华区3635人、琼山区2210人、美兰区3238人），各区乡镇、桂林洋开发区、三江农场1088人。全市清扫保洁的道路5313条，总面积4656万平方米；水域岸线646.43千米，总面积4363万平方米。海口市实施环卫PPP综合管养模式，3家企业承包全市城市道路清扫保洁、垃圾清运、环保公厕管理、水域卫生保洁等环卫业务；2家社会公司参与垃圾焚烧发电、餐厨与粪渣处理工作。全市日产生活垃圾3500多吨，基本做到日产日清，无害化处理率100%。征收生活垃圾处理费4721.05万元，完成年度征收任务。

【环卫一体化PPP模式改革取得成效】2015年11月起，海口市推行环卫PPP一体化改革，对城市环境卫生管理体制改革进行有益探索。至2016年4月20日，美兰区环卫一体化PPP项目正式签约，标志着海口市建成区实现环卫一体化PPP模式全覆盖管理，成为海口市城市管理体制改革的一种有益尝试。琼山区、美兰区的环境卫生由北京环卫集团承包管理，龙华区的环境卫生由福建龙马公司承包管理，秀英区的环境卫生由深圳玉禾田公司承包管理，3家公司承包全市城市道路清扫保洁、垃圾清运、环保公厕管理、水域卫生保洁等环卫业务。海口市以市区环卫部门现有资产评估作价，与这3家社会资本方联合成立海口玉和田环境服务有限公司、海口龙马环境工程有限公司、海口京环环境服务有限公司、海口市京兰城市环境服务有限公司4家环卫一体化项目公司，国有资本在4家项目公司中各占股30%。环卫PPP一体化改革取得一定的成效，成为海口市城市公共服务供给侧改革的示范样本，全面促进城市管理的转型升级。（1）打破部门壁垒，实现环境卫生作业一体化。推行环卫PPP一体化改革，增加环卫作业的内容、扩宽作业范围，将以往一个区域内的各城市部件分属不同部门负责，变为由环卫企业一揽子管理，将原来“红线到红线”范围内的道路清扫保洁，拓宽到“墙到墙”的城市部件保洁。打破了各管理部门之间的壁垒，较好解决部门之间职责不清甚至推诿的问题，有效提高整体管理水平。全市5313条道路、总面积4656万平方米，水域岸线646.43千米、总面积4363万平方米，全部纳入环卫PPP企业管理，实现环卫管理的全覆盖。(2) 通过改变投资方式，最大限度发挥资金使用效率。推行环卫PPP一体化项目，政府利用存量资产与社会投资人合作，盘活环卫设备设施的存量资产，充分吸纳社会资本投资运营，并按照考核标准和服务效果支付服务费用，有效解决环卫一体化项目缺乏建设资金的现实问题，充分发挥政府资本的效益。同时，在项目运行过程中，企业着重对全产业链进行统筹规划，在产业链中进行利润平衡，构建健康的循环机制，实现环卫产业的协同处理，从而提升财政资金使用的高效性和针对性。(3) 强化行业监管，进一步转变政府部门职能。推行环卫PPP一体化改革，市区环卫部门不再保留环卫作业队伍，环卫部门的职能由原来的“建管一体”转变为监督考核PPP项目企业、提供更优质的公共服务，研究环境卫生行业发展规划、引用新科技新产品，不断推动环卫事业健康发展等。在对环卫PPP一体化项目企业的监管上，采取将企业的运营收入与其提供的环卫服务质量相挂钩的方式，制定监督考核办法，将考核结果作为经费支付和处罚的依据。并建立退出机制，对环卫PPP一体化项目公司出现的提供服务不符合考核标准、设施设备及车辆投资投入过低影响服务效果等问题，政府可收回特许经营权，处置项目资产。(4) 引入专业化企业，保障资金和设备持续投入。4个区引进的3家企业，规模较大，在国内外多城市从事环卫一体化服务，不仅在环卫一体化作业方面有着丰富的经验，同时在专业设备的研发、制作方面有雄厚的实力，可以为海口市环卫行业发展提供持续的资金支持和技术支撑。PPP项目企业进驻后，各企业加大投入，新增机扫车、清运车、护栏清洗车等各类环卫作业车辆达3252辆，全市机械化清扫率由19%提高到70%，建成区一、二级城市道路机扫率达到100%。PPP企业利用大型公司的资金优势，不断增加环卫机械化设备的投入，彻底改变传统的作业方式，既减轻环卫工人的劳动强度，又提高道路清洁保洁效率，在较短时间内使城市的环境卫生质量和管理水平明显提升。通过环卫PPP一体化改革，促进环卫管理向更高水平迈进，使得城市面貌得到极大改善；较好地改变过去由政府大包大揽、单一投资的被动局面。(5) 实现全覆盖管理，促进城市管理转型升级。实行环卫PPP一体化模式后，海口市还将过去由社会企业承包管理的水域卫生和无人管理的“三无小区”、城中村的卫生管理交由各区环卫PPP项目企业实行统一管理，实现陆地、水域卫生管理全覆盖，真正做到卫生管理无缝隙、无盲点。

【环卫基础设施建设】2016年，海口市共投入2.31亿元，购置机扫车、清运车、护栏清洗车等各类环卫作业车辆789辆、电动保洁车2203辆，全市新增各类垃圾桶1.17万个，新设果皮箱1.09万个；公厕131座、生活垃圾转运站37座。至年底，全市建有生活垃圾填埋场1座（日处理能力1000吨），生活垃圾焚烧发电厂1座（日处理能力2400吨），垃圾渗滤液处理厂1座，餐厨垃圾处理厂1座（日处理能力200吨），粪渣无害化处理厂1座（日处理能力100吨），生活垃圾收集站72座。

【公厕建设管理】2016年，海口市公厕建设从选址到建设，一律按照“双创”标准，在保证公厕实用性的同时提升外观和景观效果，着力做到“一厕一景”。至年底，全市共有公共厕所442座，其中环卫公厕244座、社会服务单位对外开放的公厕198座。市环卫管理部门严格落实《城市公共厕所卫生标准》，对公厕管理实行专人管理，持牌服务，公开监督，使公厕管理全面达到“六无、四净、三通”管理标准；协调城市主次干道大部分酒店、宾馆、加油站、肯德基餐厅等24小时营业单位厕所对外开放，为全市442座公厕统一设置安装规范的公厕引导和标志牌，购置电风扇、樟脑丸、增香机等，24小时免费开放，投入42万元改进公厕的设施设备和使用环境，为市民游客提供舒适卫生的使用环境。

【道路水域保洁监督管理机制建立】2016年，海口市环境卫生管理局对照《国家卫生城市标准》，指导各区环卫部门、环卫PPP一体化综合管理服务公司严格按照《海口市道路清扫保洁质量标准》，对全市道路实行常态管理，根据不同时段延长保洁时

机械化清扫车作业中。摄于2016年4月6日。（海口保税区开发建设总公司 供稿）

金牛路“三位一体”（集公厕、垃圾转运站、群众工作站于一体）厕所，被中国城市环境卫生协会评选为“最美公厕”综合奖。摄于2016年10月12日。

（市“双创”办 供稿）

间，主要街道保洁时间在16小时以上，一般街道包括小街小巷保洁时间在12小时以上。为强化作业质量，市环卫局专门成立监督考核工作领导小组，在市局网格巡查员中抽调15人组成5个监督考评小组，其中4个路面考评小组，分别负责各区的清扫保洁、水域卫生、垃圾收集清运及公厕管理等环卫作业质量的检查考核及量化评分；1个二级转运站考评小组，负责白水塘、江东、长流3个二级生活垃圾转运站的检查考核及量化评分。考评小组成员进行集中培训后上岗，检查考核实行市、区、公司三方签名确认制度，各小组每月实行检查区域轮换制度。同时建立城区全覆盖的监督巡查制度：(1) 按照“双创”标准，将环卫各项工作统一划分类别，共划分出清扫保洁、垃圾收运、设施管理（公厕、转运站）3大项27小项，建立市环卫局班子成员包区巡查制度、社区包点巡查制度等，全面负责指导、督促、落实各企业环境卫生作业质量监督与管理；(2) 从各基层单位抽调人员，成立122人的网格巡查员队伍，全员配备“城管通”手机，按照定人、定岗、定责、定标的要求，对各类环卫作业质量问题进行发现、上传、核实、整改、反馈；(3) 成立联合督查组，由市局分管领导带队，主要对环卫各项工作运营管理、项目建设进度、环卫监督人员的履职情况进行督查督办；(4) 建立“环卫：马上就办”微信群，要求群中人员时时关注该群相关信息，同时按照“属地管理”原则，对群里报送的信息及时响应、及时处置、及时反馈；(5) 充分借力数字化城管信息平台，将环卫PPP项目运营情况纳入监督范畴，并将道路、设施的分布及人员、设备的配置等各种数据，全部上图入库，通过网格化管理，实时监督各PPP企业的作业时间、人员及设备分配、工作效率和效果，发现问题，及时通过数字化指挥中心进行督查督办。通过发现问题、上报信息、处置案件、现场回访等各个环节的有效衔接，确保发现的各种问题得到及时、准确、有效的处置。通过大数据统计及分析，准确研判各PPP企业在运营管理过程中存在的带有共性的问题，指导、帮助企业及时调整工作思路和工作重点。结合市政府出台的《海口市环卫作业质量考核办法》和《海口市环卫作业质量监督考核评估工作方案》，市环卫局专门制定《海口市环卫作业质量管理巡查员管理规定》《海口市环卫作业质量管理巡查员考核办法》等一系列规章制度。同时，层层签订责任状，市局与区局、市局分管领导与环卫网格员、区局与公司均分别签订《海口市环卫作业质量监督巡查责任书》，要求按照责任网格划分，对责任网格内的环境卫生作业质量进行监督巡查，及时发现环卫作业管理过程中的各种问题，要求在第一时间上报并监督环卫作业单位进行整改。对发现问题的点位除了要求及时整改外，还实行责任倒查机制，确保制度落地生根。年内，市局有6名网格员因履职不到位被约谈，1人被诫勉谈话。

【农村垃圾治理成效显著】 2016年，海口市扎实推进农村生活垃圾治理工作，在全市农村逐步建立起城乡一体化的生活垃圾收运处理体系和农村环境卫生长效管理机制，实现农村生活垃圾收运全覆盖和无害化处理率95%的目标，农村人居环境得到较大改善。(1) 农村生活垃圾管理长效机制初步形成。投资9160万元，大力推进农村生活垃圾收运工程项目建设，建成农村小型生活垃圾收集站47座，垃圾收集分类亭251个；购置各类垃圾运输车217台，清扫车35台，各类保洁车1040辆和一批垃圾收集设备充实到村镇，农村环卫设施设备得到进一步完善。做好镇、村卫生保洁工作，全市除城西镇、海秀镇卫生已纳入城区管理外，其余的20个镇都建有环卫站，配备保洁人员1088名。在农村按照每500人口配1名保洁员的比例标准，以行政村为单位，共配备保洁员人员2421名，平均每个行政村拥有保洁员10名以上。建立城乡一体化的垃圾收运处理体系。各区、镇按照属地管理的原则，对农村生活垃圾实施统一收集、统一运输、统一处理。户投放、村收集、镇转运、市处理的农村生活垃圾收运体系和城乡一体的无害化处理机制基本形成。全市农村行政村生活垃圾收集点覆盖率达到100%，生活垃圾无害化处理率95%以上，基本达到省政府提出的生活垃圾治理工作目标。镇有环卫队伍、村有保洁人员和道路有人扫、垃圾有人收的农村卫生长效管理机制初步形成。(2) 探索农村环卫作业市场化运作方法。各区在道路清

2016 年 11 月 30 日，海口市环境卫生管理局与各区环卫局签署《环卫作业质量监督巡查责任书》。 （市环卫局 供稿）

扫、生活垃圾收运等方面进行有益的尝试。秀英、龙华各镇全部纳入环卫 PPP 一体化管理。(3) 做好农村生活垃圾分类试点工作。按照“政府引导、骨干带头、群众参与”的工作思路，挑选海秀镇儒益村、石山镇施茶村、城西镇苍东村、龙桥镇道贡村、红旗镇苏寻三村、云龙镇长泰村、三江镇苏寻三村以及三江镇上云村作为垃圾分类试点，积累成功经验后予以推广。(4) 加强农村垃圾治理专项督查。市、区环卫联合督查组共 12 个组多次对 22 个镇墟、桂林洋开发区、三江农场以及红明农场、东昌农场实行专项督查考评，对照《农村生活垃圾治理督查考评评分表》的考评项目进行量化打分，并对各区以及各镇的综合平均得分进行排名，对在督查中发现的问题立即督促整改落实，收到良好成效。

【建筑垃圾管理和废旧家具处置规范有序】2016 年，海口市建筑废弃物产生量为 703.03 万吨，其中约 70% 直接通过工地间的调运被回填处理，约有 25%的建筑废弃物运送到海口市建筑垃圾处置场进行填埋处理。市环卫部门加强建筑垃圾排放巡查管控，通过网格员巡查发现城乡结合部、空旷地乱倒建筑垃圾点 1023 处。市环卫局渣土所共出动 7200 多人次，清运无主建筑垃圾 2500 多吨。此外，在长天路与蓝海路交汇处建起一座面积 2.87 公顷的废旧家具处置场，使全市废弃家具有了统一去处，解决市民的实际困难，也有效缓解废弃家具无去处给城市环境带来的影响。

【餐厨垃圾和粪渣无害化处理 PPP 项目建成投产】2016 年，海口市与海南澄迈神州车用沼气有限公司签订“餐厨垃圾和粪渣无害化处理厂”PPP 项目，项目位于澄迈县老城开发区，总投资 6721.12 万元（其中餐厨垃圾处理总投资 6246.52 万元，粪渣无害化处理总投资 474.60 万元），设计处理规模为 200 吨 / 天。项目建设投资全部由企业承担，政府在建设阶段不投资。政府通过购买服务的方式对市城区餐厨垃圾和粪渣的收集、运输和无害化处理，处理餐厨垃圾 200 吨 / 天和粪渣 100 吨 / 天。4 月，项目正式动工建设，至年底完工进入试运行阶段。 （黄雪君）

海南东寨港国家级自然保护区管理

【东寨港保护区概况】2016 年，海南东寨港国家级自然保护区管理局继续加大力度开展红树林育苗、造林、资源管护、生态修复、社区宣教等工作，扩大宣传影响，提高公众的生态环保意识。3 月，在海南召开的“加强中国湿地保护体系，保护生物多样性”规划型项目指导委员会第三次会议上，东寨港保护区被授予全球环境基金中国湿地保护体系项目示范点；7 月，经海南省生态环保厅、海南省教育厅联合评审，东寨港保护区被评定为海南省中小学环境教育社会实践基地。

【东寨港保护区生态修复】2016 年，海南东寨港国家级自然保护区管理局采取多种措施开展生态修复工作，取得一定成效。(1) 开展补种补植修复。在演丰东河下游开展灾后补植补种修复，面积 12 公顷；在演丰东河出海口处连理枝段开展滩涂造林，面积 1.33 公顷；在红树林景区栈道两侧开展大苗移栽修复，共移栽桐花树大苗 480 多株，海桑大苗 450 多株，种植老鼠勒 1100 多株；在低洼区域及潮水冲刷严重地带利用生蚝壳进行护岸修复，长度 1700 多米。(2) 灾后人工修复。组织人员和队伍对被台风“莎莉嘉”刮歪刮倒的红树林幼树进行扶正，面积 1.33 公顷，2.6 万株。(3) 开展三叶鱼藤清理。组织队伍和人员清理红树林有害伴生植物三叶鱼藤，面积 245.33 公顷，减少三叶鱼藤对红树林生长造成的影响与破坏。

【红树林采种育苗】2016 年，海南东寨港国家级自然保护区管理局大力开展红树林采种育苗工作，全年采摘各类红树林种子 3200 多斤，培育正红树、红海榄、秋茄、桐花树等各类红树林苗木 29.8 万株。

【红树林种质资源圃建设】2016 年，海南东寨港国家级自然保护区管理局利用国家湿地补贴资金开展红树林种质资源圃建设项目，聘请业内有关专家对项目进行规划设计，种植面积 1.13 公顷，新增种植红树植物 26 种、厚藤等伴生红树植物 5 种、各类红树苗木共 1.81 万株。

【珍稀红榄李培育】2016年，海南东寨港国家级自然保护区管理局继续加大力度对珍稀濒危红树树种红榄李进行培育。至年底，共培育出珍稀濒危红树红榄李幼苗510株，并将其中120株移植到保护区道学保护站开展野外种植实验，这些红榄李幼苗生长良好，最高1.8米，有数株开出鲜艳的红花。

2016年10月1日，海南省委副书记、省长刘赐贵（前）检查海南东寨港红树林景区安全生产工作。（东寨港管理局 供稿）

【东寨港保护区资源管理】2016年，海南东寨港国家级自然保护区管理局注重抓好保护区自然资源和生态环境的保护管理工作，生态系统持续健康发展。(1) 加强巡护巡查。每天派出巡护人员，按照设计好的巡护线路与内容，定期或不定期开展巡护巡查，对保护区内各项活动进行监督管理，及时发现和制止各类破坏保护区资源行为。全年巡护巡查次数3258人次。(2) 动态监测。在保护区三江、道学、塔市及罗豆4个保护区域设立各类监测点，对保护区河流水质、鸟类禽流感、红树林生长因子、森林病虫害等方面开展动态监测，全面及时掌握保护区资源情况。全年监测次数2206人次。(3) 建立保护区资源数据库。利用遥感、地理信息、全球定位系统、无人飞机航拍等先进技术与科技手段对保护区资源进行有效管理。(4) 开展科学研究和课题合作。利用生物多样性保护经费与海南大学合作开展“海南东寨港国家级自然保护区昆虫群落组成及生物多样性调查”项目，与海南师范大学合作开展“海南东寨港国家级自然保护区团水虱灾害调查”“威马逊”台风对东寨港红树林影响调查、东寨港水质调查等项目，为保护区资源管理提供科学依据。(5) 执法。联合市森林公安等有关执法部门对保护区内非法捕猎行为进行专项打击，共出动执法人员396人次，抓获非法持枪猎捕鸟类嫌疑人2名，当场缴获自制猎枪2支、摩托车3辆，查获鸟类死体5只，其中国家二级重点保护鸟类褐翅鸦鹃2只，白鹭1只、池鹭2只，没收、扣留非法电鱼工具一批。(6) 规范边界管理。上半年，启动边界围网建设工作，在保护区长达65千米的海岸线围网建设32千米，网高1.5米，有效解决长期以来保护区与周边群众在边界上产生的矛盾与纠纷，切实加强对保护区资源的保护。

2016年2月2日，海南东寨港国家级自然保护区管理局与海口香格里拉大酒店联手开展“湿地日”义务植树活动。（黄良 供稿）

【第四届海南（东寨港）观鸟节】2016年12月23～24日在海南东寨港国家级自然保护区举行。本届观鸟节活动主题为“鸟羽翩翩 生生不息”，由海南野生动植物保护管理局、海南东寨港国家级自然保护区管理局、UNDP-GEF海南湿地保护体系项目等单位共同举办。活动设有观鸟培训、观鸟比赛、摄影比赛、自然文创市集、现场墙绘、观鸟讲座6大活动内容，共有10支公众观鸟队、10支专业观鸟队参赛，观察到鸟类100多种。

（黄育春）

气象事业

【气象事业概况】2016年，海口市的年平均气温偏高，年降水量正常，但分布不均，年日照时数偏多。全年受3个热带气旋影响，影响个数较常年偏少，影响程度偏重。市气象局全力做好气象监测、预报、预警和服务工作，在气象基础业务、气象服务保障、服务“三农”、气象现代化建设等工作方面取得一定成效，在2016年度全省气象部门目标管理考核中获“优秀达标单位”称号，先后被省气象局评为2015年度全省气象部门目标管理“特别优秀达标单位”、全省决策气象服务质量“市县级优秀单位”。

【2016年海口气候特点】2016年，海口市年平均气温为24.7℃，比常年偏高0.3℃，为1951年有气象记录以来的第13位高值。年极端最高气温为37.4℃，出现在5月9日，年极端最低气温为5.6℃，出现在1月25日；乡镇极端最高气温为41.8℃（6月3日），出现在三门坡镇+铁炉水库，乡镇极端最低气温为5.3℃（1月25日），出现在石山镇+美安糖厂。全年出现≥35.0℃的高温天气32天。年降水量为1913.7毫米，较常年偏多12.8%，属正常年份，但降水时间分布不均，1月、8月异常偏多，均突破历史同期最高值。年累积日照时数为2084.3小时，较常年偏多6.6%，属正常年份。1～3月先后受4次强冷空气影响，海口市出现4次不同程度的中度低温阴雨天气过程。全年出现28次大雾天气过程，给交通运输带来严重影响，特别是春节期间，造成琼州海峡多次停航。

【热带气旋】2016年，海口市受3个热气旋影响。(1)第3号台风“银河”。7月26日15时生成，中心最大风力8级（18米/秒），26日22时加强为强热带风暴（28米/秒），22时20时分在万宁市东澳镇沿海地区登陆，以后减弱，经琼中、白沙、昌江，27日7时从昌江出海进入北部湾海面，然后继续西北行，在越南北部再次登陆。受“银河”影响，26日8时至27日20时，海口市小到中雨，东部和南部乡镇局部大雨，最大降水38.7毫米出现在大致坡镇。陆地瞬时阵风5～7级，近海阵风8级，陆地最大瞬时风速15.5米/秒，出现在灵山镇的东营海蓝椰风小区。(2)第8号台风“电母”。8月18日5时生成，18日15时40分在广东湛江雷州市东里镇登陆，登陆时中心附近最大风力8级（20米/秒）。登陆后，继续向偏西方向移动，进入北部湾，19日凌晨2点加强为强热带风暴，于13时50分在越南海防市再次登陆。海口市受西南急流及台风“电母”环流影响，出现强降水天气，强降雨中心位于市西北部地区。据统计有20个乡镇累积雨量超过200毫米，其中9个乡镇超过300毫米，4个乡镇超过400毫米，1个乡镇超过500毫米，最大504.4毫米（永兴镇），其次499.2毫米（西海岸观海台），市区大部地区雨量超过300毫米，全市平均降雨量306.2毫米。极大风速20.2米/秒，出现在市区（海口泵站）。(3)第21号台风“莎莉嘉”。10月13日20时在菲律宾以东洋面上生成，先后在菲律宾吕宋岛，中国海南万宁市和乐镇、广西防城登陆。受其影响，17日8时至19日8时，海口市出现强风雨天气，降水中心在南部乡镇和市区，全市平均雨量166.8毫米，累积雨量均超过100毫米，有5个乡镇累积雨量超过200毫米，最大为大坡镇220.4毫米，其次为美兰区蓝天街道218.8毫米；陆地伴有9～11级瞬时大风，局地12级，最大风速34.5米/秒（12级），出现在西秀镇的挺秀公园。10月17日21时至18日20时，全市出现大暴雨，局部大暴雨到特大暴雨，最大日雨量215.5毫米，出现在美兰区蓝天街道。

【高温】2016年4～7月，海口市极端最高气温超过35℃的高温天数为32天，主要出现在5～7月，共出现高温日数29天，位列1951年以来第9位。其中5月9天，历史第11位；6月11天，历史第6位；7月9天，历史第9位。

【低温阴雨】2016年1～3月，海市受低温阴雨影响较大，低温阴雨气象灾害属于偏重年份。具体为：1月19～31日受强冷空气影响，出现持续低温阴雨天气，期间最低气温降至8℃以下，海口国家基准站最低气温为5.6℃（出现在25日），同时伴有大风天气；2月24～27日受冷空气影响，出现一次轻度低温阴雨过程。3月10～16日先后受两股冷空气的影响，海口市以阴天有小阵雨天气为主，气温明显下降，各乡镇最低气温8.7℃～13.4℃之间，极端最低气温在10℃以下的分别是8.7℃（龙塘镇）、9.0℃（云龙镇）和9.1℃（旧州镇）。

【强对流天气】2016年4月11日凌晨3～6时，海口市出现强对流天气，海口国家基准站出现极大风速31.3米/秒，同时伴有短时强降水。

【气象业务】2016年，海口市高空气象观测设备稳定运行率、到报率均为100%，探空平均高度3.04万米，综合测风平均高度2.93万米，单独测风平均高度2.12万米；海口地面气象观测设备稳定运行率100%、到报率99.88%、数据可用率均为99.91%，酸雨观测总错情为0.0‰；琼山地面气象观测设备稳定运行率100%，到报率100%，数据可用率100%；农气观测错情率为0.0‰，土壤湿度观测和水库水情监测运转正常，均完成国家局和省局下达的业务考核指标。

【气象防灾减灾】2016年，海口市气象局发布《重要气象信息快报》63期、《重要气象信息专报》30期、旬月报48期、《农业气象专报》48期、天气气候专报6期、气象预警信号263期、气象预报预警信息和决策短信130余万条。在“4·11”强天气预警服务中，预报服务人员严密监测天气、及时研判，在发布雷电预警信号的基础上，增加发布大风预警信号，取得很好的服务效益。

【人工增雨】2016年2月后，海口市大部分地区降水偏少，致使部分地区出现轻度干旱。按照市三防指挥部的要求，市气象局开展人工增雨抗旱作业10次，投入人力216人次、车辆104辆次，发射火箭弹20枚，作业地点周边乡镇出现大到暴雨的降水过程，有效缓解旱情。

【气象服务“三农”】2016年，海口市气象局每周与市农业局、海口市农民技术学校、省农科院蔬菜研究所等单位联合制作发布莲雾、瓜菜、荔枝等农业气象专报。12月29日，海口市琼山区三门坡镇被中国气象局认定为标准化气象灾害防御乡（镇）。

【“气象监测预警中心”项目】2016年2月19日，海口市气象局“气象监测预警中心”项目报经市政府批准同意，该项目位于西海岸南片区长秀路与长滨一路延长线，土地面积2万平方米。3月开工建设，至5月10日完成清表。11月1日，市财政局安排1854.14万元作为气象监测预警中心项目用地土地成本费。

【气象信息发布调整】2016年6月1日起，海口市5个时次（5:00、6:45、10:30、15:30、16:30）城镇天气预报统一由省气象台负责制作，并按要求发送到省气象信息中心，海口市气象台不再制作。新增加每天定时发布6次（05时、08时、11时、14时、17时、20时）本行政区未来0～3小时短时预报。市气象台仅对省气象台0～24小时乡镇天气预报指导结论进行订正，不再订正24～48、48～72小时乡镇天气预报结论。不再制作和上传固定时次中短期城镇天气预报，但仍承担本地区中短期城镇天气预报、乡镇天气预报的对外发布和服务工作。6月8日起，雷电预警信号由市气象台根据预报情况并结合监测实况资料，自行研判制作发布，发布后按现有的预警信号业务流程上传省局共享。6月16日，海口市气象局开始执行雷雨大风和雷电预警信号的调整工作，即在现有台风、暴雨、雷电、大风、冰雹、大雾、高温、寒冷、干旱9种气象灾害预警信号的基础上，增加雷雨大风预警信号。

【短时临近预报决策系统启用】2016年1月1日，海口市短时临近预报决策系统正式启用。3月10日，海口市所有电子显示屏成功接入国突系统，实现通过国突系统向电子显示屏发布气象预警信息的功能。8月28日，海南省短时临近监测预警业务系统在海口市气象台投入业务试运行，9月1日起运行。

【气象防灾减灾体系建设】2016年8月19日，海口市突发事件预警信息发布中心设立。12月10日，海口市突发事件预警信息发布中心完成事业单位法人登记工作，年内协助市政府和美兰区政府编制印发《海口市气象灾害防御规划（2015~2020年）》和《海口市美兰区气象灾害防御规划》，采用年最大值法重新编制《海口市暴雨强度公式》并于10月通过专家评审。

【气象事项行政审批管理】2016年，市气象局根据中央、省、市政府有关要求，对清理规范的“防雷装置设计审核”事项审批流程进行修改，在审批时不再要求申请人提供防雷装置设计技术评价报告，改由审批部门委托有关机构开展防雷装置设计技术评价。全年共受理、办结行政审批事项376件，按时办结率均达100%，全部实现零差错、零投诉。获“政务服务先进单位”二等奖。

（吴文娟）

防震减灾

【防震减灾概况】2016年，海口市民防局围绕地震监测、震灾防御、应急救援三大工作体系推进各项工作，落实值班制度和重大节假日等重要时段地震“零报告”制度；加强地震灾害紧急救援队建设，完善地震应急指挥系统和应急预案建设，地震数据接收实现与省地震局互联互通，完成223平方千米地震小区划工作；共完成1898户农村民居地震安全工程典型示范户建设，并对地震应急避难场所进行检查维护和管理，开展地震应急演练，不断提高精细化管理水平，实现人民防空、防震减灾全面提升，较好地完成全年工作任务。年内，海口市被评为“全国人民防空先进城市”，市民防局获“全国地市级防震减灾工作考核先进单位”称号。

【震灾防御体系建设】2016年，海口市民防局与中国地震灾害防御中心共同编制完成《海口市防震减灾“十三五”规划》。完成对4个区政府及17个市抗震救灾指挥部成员单位2016年度防震减灾工作考核，考核结果首次纳入市综合考评体系。加强建设工程抗震设防要求监督管理工作，强化监督执法力度，成立抗震设防要求执法检查组，对海口市2016年新建学校、医院等人员密集场所项目进行重点检查，保障建设工程抗震设防符合国家抗震设防要求。同时，深入开展新一代地震区划图宣传贯彻工作，联合市住建局举办第五代《中国地震动参数区划图》宣贯培训班，市、区地震局、住房和城乡建设局，3个开发区和各勘察、设计、图审、监理等单位业务主管人员及技术负责人共120多人参加培训。推动地震小区划工作成果在城市建设中的应用，与省地震部门联系，稳步推进万达文化旅游城项目地震活断层精细探测工作；配合市规划局为雅居乐地产控股有限公司意向开发海口市西海岸金沙滩片区项目和省“十二五”规划重点项目新海物流园等提供地震小区划成果资料，为企业提供科学的地震安全服务。推进地震安全示范社区、科普示范学校创建工作，市第三十一小学、市第十六小学、市义龙中学和秀英区长德学校4所学校被省地震局、省教育厅评为省级防震减灾科普示范学校；指导秀英区长流中心小学、美兰区美苑小学、龙华区第九小学、琼山区第二小学创建省防震减灾科普示范学校；龙华区万绿园社区被评为国家地震安全示范社区。

【地震监测】2016年初，建成海口市地震数据接收中心，实现与省地震局的互联互通；与国家、省地震速报信息共享，进一步提升海口市地震监测水平。至2016年，海口市民防局共建成海口龙华强震台、海口金盘地震观测台、海口演丰地震观测台、海口市地震局秀英监测站。

【地震应急工作】2016年，海口市政府印发《海口市地震应急预案》（修订稿）。新修订的市级总体地震应急预案成立以市长为总指挥长，分管副市长为副总指挥长的指挥系统，抗震救灾指挥部成员单位增加至55个，涵盖区级政府、驻军部队、民政、卫生医疗、通讯保障等部门。完成55个抗震救灾指挥部成员单位子预案汇编工作，做到组织到位、人员到位、方案到位、措施到位。春节期间，海口市各港口出现春运客流返程高峰，接到市旅游联席办应急通知后，市民防局立即启动部门应急预案，派出应急小分队实行24小时3班倒制度，调集人防移动升降警报车，把市政府的应急预案等相关信息及时告知过海车辆及旅客，加大旅客、车辆引导力度，确保返程高峰平稳有序。

【防震防空演练】2016年，海口市民防局加强人防准军事化建设，按照省人防办的统一部署，7月4～8日参加“琼人防－2016·A”演练，由市民防局主要领导带队，组织演练人员63人，出动车辆装备10台，历时5天，演练路线途经澄迈、洋浦、东方、乐东、三亚等市县，整个行程约1150千米。11月14日～18日参加“琼人防－2016·B”演练，由市民防局领导带队，组织演练人员18人，出动车辆装备3台，历时5天，演练路线途经屯昌、琼中、五指山、保亭、陵水、万宁、琼海、文昌等市县。两次演练分别进行组织指挥与实施、重要经济目标勘察、跨区救援、途中情况处置、本级机动指挥所与基本指挥所之间的互联互通操作、各参演单位通信装备之间的组织运用、无线电通信装备之间的连接沟通等科目的训练演练，演练采取统一指挥、分级组织、适时组织、适时调理、交流讨论等方法，检验和锻炼参训人员的组织指挥、业务素质以及通信装备与车辆性能。顺利完成“9·18”“10·29”防空警报试鸣活动。“9·18”防空警报试鸣活动期间，为进一步检验海口市重要经济目标防护预案和防空袭行动对策，市民防局分别组织海南民生管道燃气股份有限公司、粤海铁路有限责任公司、海口水务集团有限公司、美兰国际机场股份有限公司等重要经济目标开展抢险抢修演练。5～8月，组织市消防支队、市卫生局、各区地震局、市供电局、市水务集团有限公司等单位开展地震应急救援演练工作。演练分人员疏散、地震现场工作队开展野外工作、救出被埋群众、供水管道修复、供电修复5个科目，采取桌面演练或实战演练的方式进行，参演单位结合实际各自选好地点并自行组织实施。派出专家深入市第16小学、美苑小学、琼山五小、镇海社区等15所中小学校及社区开展防震减灾知识讲座并指导开展地震模拟活动，全市有3万多名中小学师生接受防震减灾知识培训和参加地震应急疏散演练。

【地震小区划规划】2016年，海口市民防局完成海口市地震小区划规划工作，收集、整理海口市长流片区、江东、新埠岛、狮子岭、建成区第一阶段、第二阶段以及西海岸（金沙湾片区、南片区）共223平方千米的地震小区划报告资料，进行地震小区划成果数据统计，地震小区划成果汇总；完成主城区地震小区划成果填图，利用海口市建设工程抗震设防要求技术平台，把海口市地震地质资料和地震小区划数据进行整合，建立海口市主城区地震小区划数据库，为海口市的城市开发建设提供科学准确的抗震设防要求。

【农村民居地震安全工程】2016，海口市民防局深入区、镇现场进行抗震技术指导和推广培训工作，确保农居工程建设符合标准。至年底，海口市共完成1898户农村民居地震安全工程典型示范户建设，推广户2800户，共发放补助1406.2万元。

【民防工程建设】2016年，海口市民防局加快推进东方广场地下空间项目的前期工作，组织相关部门和单位对东方广场地下空间开发项目进行论证，委托有关单位编制项目论证技术报告，并报送市规划局。跟踪服务椰树门广场改造工程项目建设。加强人防实战化建设，完成市人防指挥所空情接收处理系统安装、人防短波通信网固定站建设及军用电话接入指挥所、人防应急可视化对讲调度平台、地震短波电台固定站安装工作。与市发改委（市经动办）联系，确认海口市重要经济目标，编制更新海口市重要经济目标分布图。推进海口市地震数据接收中心项目的建设，年内建成并投入使用。

【市地震数据接收中心建成使用】2016年2月，海口市地震数据接收中心建成并投入试运行。地震数据接收中心在龙华区强震台、向荣村地下流体综合观测台、演丰地震观测台、金盘地震观测台4个子台的基础上，新增加海口周边14个省级测震台的监测资料，台网布局更加合理，监测手段更加多样，其中包括测震、强震、前兆、GNSS等监测台网。海口市地震数据接收中心的建成实现了地震速报信息的共享，进一步提高海口市的地震监测水平和应急能力，将对海口市以及周边地区地震事件精确定位和地震速报发挥较好作用。

（黄鹏飞）

（编辑：吴坤涛）

工　业

工业综述

【工业概况】 2016年，海口市工业经济总体表现为低开、回升、趋缓的发展走势。1～2月，市工业经济出现多年来少有的大幅下降，然后逐步反弹回升，7月达到最高点（增速为5.4%），而后逐月趋缓回落，特别是12月同比出现较大幅度的下降，造成年末规模以上工业增加值和总产值同比分别仅增长2.2%和1.1%。工业经济形势总体虽然保持低速平稳增长，但工业经济运行质量明显提高。主要表现为：工业企业亏损企业没有增加，利润总额明显上升，企业盈利能力进一步提高；库存商品大幅下降，供给侧结构性改革初见成效；增加值增幅和工业环节入库税收增幅基本保持一致，企业税负率保持稳定；工业的人均GDP继续提高，企业生产效率得到进一步提高；制造业固定资产投资大幅增长，为工业发展奠定良好的基础。五大支柱行业除医药制造业比上年增长8.8%外，其他支柱行业均有不同程度下降。其中，汽车运输设备制造业和食品及农副产品加工业分别小幅下降2.8%和4.4%；机电设备金属制品业和新能源产业出现两位数下滑，分别下降12.9%和22.8%。其他行业中，印刷包装业受“营改增”利好支撑增长27.6%，化工制品业小幅上涨1.2%，水电气供应业和建材业分别小幅下降0.9%和3.6%，新材料增速下降35.3%。全市工业总产值540.29亿元，增长0.49%，占全省比重27.1%（全省工业总产值2000亿元，增长4.5%）；工业增加值134.92亿元，增长2.4%，占全省比重30.5%（全省工业增加值441.8亿元，增长2.6%），其中149家规模以上工业企业完成工业总产值503.56亿元，增长1.1%；工业增加值124.2亿元，增长2.2%。

2016年海口市工业经济主要指标表

单位：万元

指标名称	12月	1～12月累计	比上年同期增减（%）	
			12月	1~12月累计
一、全部工业总产值	–	5402932	–	1.3
二、规模以上工业总产值	503736	5035554	-9.0	1.1
1. 按轻重工业分				
轻工业	312814	2860177	18.0	6.3
重工业	190922	2175377	-32.8	-4.8
2. 按经济类型分				
国有工业	49440	514923	-31.4	-1.4
集体工业				
股份制工业	368610	3681472	-7.7	2.0
外商及港澳台投资工业	85686	839159	6.1	-1.7

续表

指标名称	12月	1～12月累计	比上年同期增减（%）	
			本月	累计
其他经济类型工业				
在总计中：国有控股工业	92892	1059198	-28.2	3.3
大中型工业	386189	3781303	-11.3	-1.9
#国有工业	49440	514923	-31.4	-1.4
三、规模以上工业销售产值	516611	4891370	-11.7	-2.3
#出口交货值	26673	269234	-13.5	-5.1
四、规模以上工业销售率（%）	102.6	97.0	-2.2	-1.5
五、规模以上工业增加值	136767	1241650	-3.3	2.2

注：1. 本表绝对数按当年价格计算，增长速度按可比价格计算；2. 规模以上工业为年主营业务收入2000万元及以上工业企业。（本表由市统计局统计报表提供）

2016年海口市工业主要产品产量表

（规模以上工业）

指标名称	单位	2016年累计	累计比上年增减（%）	指标名称	单位	2016年累计	累计比上年增减（%）
1. 售电量	亿度	70.34	8.2	7. 化学纤维	万吨	0.00	0.0
2. 配混合饲料	万吨	92.01	9.0	8. 聚酯切片	万吨	0.00	0.0
3. 罐头	万吨	19.28	-20.5	9. 塑料制品	万吨	0.94	-46.0
4. 啤酒	万吨	5.36	-13.4	10. 汽车	辆	67160	-3.7
5. 软饮料	万吨	52.18	0.1	#轿车	辆	43753	-13.6
6. 卷烟	亿支	119.50	-2.4	11. 变压器	万千伏安	1162.86	4.8

（本表由市统计局统计报表提供）

2016年海口市规模以上工业企业经济效益指标表

指标名称	1～12月累计	上年同期	对比增减(%)
企业单位数（户）	149	151	-1.32
#亏损企业数（户）	26	29	-10.34
亏损面（%）	17.45	19.21	-9.16
主营业务收入（万元）	4935264	4984822	-0.99
利税总额（万元）	770179	729094	5.64
#利润总额（万元）	360343	331119	8.83
应收账款（万元）	800255	705609	13.41
产成品库存（万元）	440021	584974	-24.78
从业人员年平均人数（人）	51062	51804	-1.43

（本表由市统计局统计报表提供）

2016 年海口市主要行业工业总产值增减表
（监测的 143 家工业企业）

主要行业	监测重点企业数（家）	2016 年累计总产值（亿元）	2015 年同期总产值（亿元）	累计增速（%）	占规上企业比重（%）	对规上增速的影响（%）
汽车运输设备制造业	22	66.7	68.6	-2.8	13.4	-0.4
食品及农副产品加工业	39	113.4	118.6	-4.4	22.7	-1.1
医药制造业	41	155.2	142.7	8.8	31.1	2.5
机电设备金属制品业	12	58.9	67.7	-12.9	11.8	-1.8
新能源产业	1	17.9	23.2	-22.8	3.6	-1.1
水电气供应业	6	51.7	52.2	-0.9	10.4	-0.1
新材料制造业	2	3.8	5.9	-35.3	0.8	-0.4
矿业和建材行业	8	5.3	5.5	-3.6	1.1	0.0
印刷包装业	7	6.5	5.1	27.6	1.3	0.3
化工制品业	4	3.4	3.4	1.2	0.7	0.0
木材加工及木、竹、藤、棕、草制品业	1	1.2	1.3	-8.6	0.2	0.0
合计	143	484	494.2	-2.0	97.0	-2.0

（本表为市科工信局运行监测数据统计）

【工业主要行业运行监测】 2016 年，海口工业主要有汽车制造、食品饮料及农副产品加工、医药制造、机电设备及金属制品业、新能源产业、化工制品、新材料制造业、印刷包装业、矿业和建材物制品、水电气供应、木材加工制品业 11 个主要行业。11 个行业中，从重点监测的 143 家规模以上工业企业来看，完成工业总产值 484.06 亿元，占全市工业总产值的 90.3%，占全市规模以上工业总产值的 97%。汽车制造、食品饮料及农副产品加工、医药制造、机电制造和新能源产业仍是海口工业的 5 个支柱行业，这 5 个行业总产值占全市规模以上工业总产值的 92.9%。从 11 个主要行业运行走势看，医药制造业是拉动工业增长的主要动力，拉动规模以上工业经济增长 2.5 个百分点，但受医改政策影响，与往年的高速增长相比，增速明显放缓。

【工业发展专项资金】 2016 年，海口市工业部门继续通过政策引导，加快企业转型升级和产业结构调整。4 月 30 日，市政府印发重新修订的《海口市人民政府关于加快工业发展的若干规定》，加大对医药产业的扶持力度，除提高医药产业的创税奖励、运输补贴的补贴力度外，首次明确兼并重组的奖励比例，新增针对出口、国际认证、国际注册等的奖励政策。全年共拨付企业专项扶持资金 1.67 亿元，惠及 87 家工业企业，其中优势产业（医药产业）获得扶持资金 1.1 亿元，占兑现资金总数的 65.87%，惠及企业 37 家。在政策实施引导下，产业结构优化调整成效明显，确保工业经济稳定增长。

【落实中小企业扶持资金】 2016 年，海口市科工信局为全市中小企业完善融资平台，不断拓宽中小企业融资渠道，落实各级中小企业扶持资金，为企业发展壮大提供资金保障。贯彻执行《海口市中小企业发展专项资金管理办法》的要求，重点扶持贷款贴息项目，其中落实专项资金 100 万元奖励 9 家信用担保机构作为融资平台建设，撬动全市 417 家中小企业担保贷款 18.19 亿元；组织申报 2016 年海口市中小企业发展专项资金项目 71 个，安排公共服务平台补助项目 9 个，拨付扶持资金 674.19 万元。组织申报海南省中小企业发展专项资金保费补助和贷款贴息，其中落实 2015 年下半年的保费补助和贷款贴息 2167.8 万元；落实 2016 年上半年的保费补助和贷款贴息 1968.31 万元。组织申报国家 2016 年小微企业创业创新基地城市示范，获得财政部 2 亿元中小企业发展专项资金。组织海南青创投资管理有限公司搭建海口市中小企业公共服务平台，拨付 145 万元建设资金。

【工业招商引资】 2016 年，海口市科工信局围绕海口市产业发展方向开展招商引资，制定产业招商方案，重点以海洋医药、医疗器械、互联网产业项目为主。全年共签约项目 4 个，投资金额 28.1 亿元，分别为：九次方财富资讯有限责任公司海口市九次方大数据“双创”产业园项目，总投资0.3亿元；中农电子商务有限公司中国供销（海南）涉农云数据电商总部基地暨冷链仓储中心项目，总投资15亿元；海南艺进信息科技股份有限公司海口市城乡智能网络及末端接入网改造建设项目，总投资6亿元；深圳秀尔科技有限公司海南呼叫与大数据服务中心项目，总投资6.8亿元。

【工业科技创新】 2016年，海口市工业企业共有32个在研和新立项的科技创新项目，共获得国家和市政府各类科技研发经费支持1491.2万元，其中海南思坦德生物科技股份有限公司的解毒代谢功能调节生物活性物质制备关键技术、活性评价及其应用项目列入科技支撑计划，共获科技部支持经费795万元，获市级财政配套支持59.7万元；20个新立项的项目获市政府立项的应用技术研究与开发经费支持1165万元（6个医药产业项目获扶持经费380万元；5个机电和机械设备项目获扶持经费455万元；4个新材料技术项目获扶持经费145万元；5个食品及农副产品加工项目获扶持经费185万元）；11个新立项的科技型中小企业技术创新资金项目获市政府扶持资金共305万元（医药创新项目4个，汽车制造创新项目2个，机电设备创新项目2个，生物技术创新项目3个）。

【重点工业项目建设】 2016年，计划确定海口市省市新建和续建重点工业项目共16个，但海南昆仑科技园生态木及集成产品项目因无法落实用地，没有建设；海南英利新能源有限公司年产1000兆瓦多晶硅太阳能电池完整产业链项目因市场因素和公司战略规划调整取消建设，实际建设的项目只有14个，其中续建9个，新开工5个。至年底，14个项目计划总投资207.2亿元，累计完成投资71.3亿元，完成总投资计划34.4%，其中2016年计划投资26.44亿元，实际完成投资15.1亿元，完成当年投资计划57%。椰树集团第二个8万吨椰汁、威特电气工业产业园、先声药业产业园、宇龙厂房改造、沙汀宁制药厂和金鹿标准厂房6个项目完成年投资计划80%以上。

2016年度海口市工业科技型中小企业技术创新项目资金安排表

单位：万元

序号	项目名称	申报单位	支持经费
1	小分子靶向抗肿瘤药物伊马替尼及其制剂的开发	海南锦瑞制药有限公司	30
2	恩他卡朋	海南通用康力制药有限公司	30
3	吸入用细辛脑溶液	海南利能康泰制药有限公司	30
4	运动型叶黄素酯液饮品及其制备方法	海南三风友制药有限公司	25
5	金鹿牌挂桶式垃圾车的研究和开发	海南金鹿农机发展股份有限公司	30
6	一种汽车零件近边对称翻孔模研究及运用	海南宇龙汽车部件有限公司	30
7	智能化节能型预装式变电站的研制	海南一开电气成套设备有限公司	30
8	基于现场总线远程控制技术的中置式智能高压开关柜	海南泰新电气成套设备工程有限公司	25
9	香菇多肽的关键技术研究及产业化	海南云皓生物科技有限公司	25
10	一种海藻胶水剂类化妆品及其制备方法研发及产业化	海南海润生物科技股份有限公司	25
11	新型培养皿的研制	海南科晶生物技术有限公司	25
合计			305

2016年海口市工业科技创新研究与开发项目立项表

单位：万元

项目编号	项目名称	承担单位	金额
001	吉非替尼的研制及产业化	齐鲁制药（海南）有限公司	150
002	海口市药物分析研究平台	齐鲁制药（海南）有限公司	20
003	抗HPV病毒凝胶敷料临床研究及产业化	海南森瑞谱生命科学药业股份有限公司	30
004	奥美拉唑肠溶胶囊产品一致性与产业化研究	海南海力制药有限公司	100
005	高效生物活性玻璃创面凝胶的研制和推广	回音必集团海南制药有限公司	30
006	小儿肺热咳喘颗粒再评价临床试验、药效学试验和药理毒理研究	海南葫芦娃药业集团股份有限公司	50
007	高过载配电变压器研发	海南威特电气集团有限公司	100
008	风电塔筒内嵌式智能监控升压变电装置研发与产业化	海南金盘电气有限公司	200
009	新一代短波电台	海南宝通实业公司	100
010	海口市新能源产业电气装备研究中心	海南金盘电气有限公司	20
011	多品种热带果蔬采后保鲜数控分装系统项目	海南丹丽设备科技有限公司	35
012	以海南蜘蛛为主要成分的黎药保健酒剂（内服）	海南蛛王药业有限公司	50
013	椰子抗氧化功能食品设计与制造关键技术研究与产品开发	海南南国食品实业有限公司	40
014	青金橘果粉中主要营养物质含量的近红外漫反射光谱检测	海南南派实业有限公司	35
015	基于复合发酵技术的特色椰子酒产品开发应用研究	海南椰岛酒业发展有限公司	30
016	蔗糖氢氧化氧铁咀嚼片的研制与开发	海南高升医药科技开发股份有限公司	30
017	热带芳樟培育改良与99%芳樟醇量产的研究与开发	海南康馥纳生物有限公司	35
018	破胶剂囊衣材料PVDC乳液的研制与产业化	海南必凯水性涂料有限公司	40
019	防白蚁型防潮树脂涂料	海南红杉科创实业有限公司	35
020	植物成分清净分散性抗氧化高效发动机润滑油制备技术	海南极风高科技股份有限公司	35
合计			1165

2016年海口市重点工业项目建设情况表

金额单位：万元

序号	项目名称	建设规模和内容	项目建设单位	所属行业	建设地点	用地面积（亩）	总投资额	已累计投资	2016年计划投资	2016年已投资	开工时间	计划竣工时间	计划投产时间	工程进展情况
1	椰树第二个8万吨椰子汁扩产项目	建设年产8万吨椰子汁生产线	椰树集团有限公司	食品饮料	海盛路111号	30	37000	35850	28950	27800	2013.11	2016.12	2016.12	完成设备安装并进行调试
2	海南海药生物医药产业建设项目	项目分两期建设，一期拟建抗体楼、1~4号制剂楼、仓库、检验中心、行政办公楼、动力中心、职工食堂、污水处理系统等。配套建设给排水、电气、消防、道路、停车场、绿化等工程。二期则继续完成余下车间净化装修、设备安装	海口市制药厂有限公司	医药	海药工业园	占地面积10万平方米，建筑面积6.45万平方米	72076	851	10000	851	2015.11	2018.12	2018.12	项目完成可行性研究、立项备案，节能审查，总平面图及总规划设计、详规图设计及地质勘探，规划方案设计审查，3月取得建设工程规划许可证。完成土地清苗，规划设计、施工图设计，8月取得施工图设计文件审查合格书，联合图审、工程招标、第三方施工图预算完成；项目消防、节水、绿化通过审核。施工合同、监理合同已签订，正在进行施工许可证申请
3	威特电气工业产业园项目	建设内容为厂房、变压器生产设备、电缆生产设备、成套开关生产设备，定位成为国内一流的集电气设备制造、安装、科研及维护、电力工程的设计施工及咨询为一体的现代化企业集团	海南威特电气集团有限公司	装备	美安科技城	415	146459	28320	20000	18270	2014.03	2017.12	2017.12	1. 裸线车间配电房工程进入设备安装；车间墙面贴瓷砖工作并进行墙面清洗；安装车间屋面人行爬梯。2. 布电线车间二层立柱钢筋；浇筑布电线楼后浇带以西首层梁及板面混凝土并养护。3. 电缆车间桩基础，浇筑全部地梁；浇筑立柱。4. 浇筑项目部至裸线车间道路完工

续表

序号	项目名称	建设规模和内容	项目建设单位	所属行业	建设地点	用地面积（亩）	总投资额	已累计投资	2016年计划投资	2016年已投资	开工时间	计划竣工时间	计划投产时间	工程进展情况
4	先声药业（海口）产业园项目	综合制剂车间、蒙脱石原料车间、质检楼、动力中心、员工倒班宿舍、办公楼、危险品库、研发中心、污水处理站、食堂及活动中心以及生产厂房。建筑面积14.3万平方米，其中一期6.5万平方米	先声药业有限公司	医药	药谷二期	260	105000	47660	20000	17660	2015.6	2018.12	2018.12	第一期完成建设，8月通过省药监局验收，并进行试生产；9月中旬取得GMP证书，10月正式投产，11月产品投放市场
5	海口血液透析耗材生产基地项目	建设生产基地	海南朗腾医疗设备有限公司	医药	美安新城	30	8000	4200	5000	3200	2015	2017.12	2017.12	建设完成
6	海口普利制药厂扩建项目	建设GMP技术升级改造项目、四层制剂综合楼项目、原料车间、生产质量监控管理系统项目等	海南普利制药股份有限公司	医药	桂林洋	15	35000	14869	5000	2523	2016	2018.12	2018.12	项目正在报建、设计，进行项目设备采购工作
7	光纤预制棒车间技术改造项目	相关区域现有设备管道线缆材料的隔断清洗和拆除；预制和安装钢结构平台；安装生产设备，年产光纤预制棒3200万千米	康宁（海南）光通信有限公司	装备	保税区	22	66000	28700	44800	22700	2016	2018.12	2018.12	7月17日开始拆除旧设备，11月8日环境评估报告通过批准，11月9日正式动工
8	宇龙汽车部件厂房扩容改造升级项目	厂房加扩容改造面积约2000平方米，升级改造装备生产线，引入大型冲床、机器人等设备，更新模具、夹具等工装模具设施	海南宇龙汽车部件有限公司	装备	狮子岭	29	2800	1060	1000	1060	2016	2018.12	2018.12	4条设备生产线安装完成
9	海南英格地效翼船建设项目	在海口桂林洋开发区建设一个集地效翼船研发、生产、试航为一体的产业园区，计划投资5亿元，其中固定资产投资3亿元，用于建设办公楼、研发设计中心、生产装配厂房、试验厂区建设、员工生活配套等	海南英格地效翼船制造有限公司	装备	桂林洋	49	50000	15000	5000	1000	2016	2018.12	2018.12	三号机已进行试飞，正在办理土地使用权证

续表

序号	项目名称	建设规模和内容	项目建设单位	所属行业	建设地点	用地面积（亩）	总投资额	已累计投资	2016年计划投资	2016年已投资	开工时间	计划竣工时间	计划投产时间	工程进展情况
10	海南立昇膜分离设备研发制造及应用产业化基地（二期）工程	建设项目二期生产基地	海南立昇净水科技实业有限公司	新材料	云龙产业园	240	60000	21600	10000	5600	2015	2017.12	2017.12	进行绿化、室外及4、5号厂房的建设
11	海南沙汀宁制药厂项目	建筑面积约2万平方米的药品生产厂，建设内容包括仓库、生产车间、厂房、办公楼等	海南沙汀宁制药有限公司	医药	老城保税区	30	9000	9000	6500	6682	2016	2017.12	2017.12	仓库完工，办公大楼装修完工，污水处理池在建。设备安装做最后的调试，厂围栏在建
12	中铁国际（海南）食品冷链中心项目	在海口综保区建设高温冷藏库1.22万平方米、低温冷冻库1.22万平方米、商品展示及加工分装间2800平方米、办公及设备间2000平方米	海南中铁保税冷链物流有限公司	食品饮料	老城保税区	49	20000	7900	10000	5943	2016	2017.12	2017.12	1#、2#冷库完成框架建设，12月封顶
13	海口国家高新区美安科技新城（一期）项目	美安科技新城一期项目占地18.41平方千米，主要建设内容包括道路、污水处理设施、桥梁等基础设施配套	海口国家高新区发展控股有限公司	基础设施	美安新城		1310000	470000	70000	30000	2013	2017.12	2017.12	美安正在推进市政道路续建、燃气管迁改工程等
14	海南金鹿标准化工业厂房项目	建设78万平方米标准化工业厂房等	海南金鹿投资集团有限公司	基础设施	金鹿工业区	30	150000	27850	8000	7600	2014	2020.12	2020.12	完成基础建设，C3栋厂房封顶

2016年9月21日，海口市节能监察中心执法工作人员对海南椰树集团的燃煤锅炉升级改造情况进行监察。
（市科工信局 供稿）

【节能降耗】 2016年，海口市万元GDP能耗为0.3723吨标准煤/万元，下降3.31%。能源消费总量466.15万吨标准煤，增长4.19%，年度增速控制在6%范围内。有燃煤锅炉84台，其中建成区35台、非建成区49台。建成区在用燃煤锅炉14台，升级改造3台，淘汰18台；非建成区在用燃煤锅炉34台，升级改造1台，淘汰14台。在用燃煤锅炉中，所有企业都使用水膜除尘方式，其中有5台锅炉使用生物质作为燃料，仍有45台锅炉还在使用薪柴为燃料。年内，海口市共推广新能源汽车2005辆，建成1座移动换电站，新增充电桩约500个。落实2010~2012年新能源汽车地方财政补贴缺口资金2279万元，落实2014年推广车辆地方财政补贴714万元，所有资金已拨付相关企业。

【工业安全生产】 2016年，海口市科工信局配合有关部门加大检查力度，完善工业安全生产监管体系，及时发现问题，堵塞安全生产漏洞，加强对油气管道企业、重点工业企业的安全生产培训。全年共排查一般隐患921个，整改一般隐患907个，整改率98%。全市园区外规模以上60家工业企业都参照《工贸行业事故隐患排查上报通用标准（试行）》，开展安全生产自查，对检查发现的问题及时处理并建立台账，做到整改措施、责任、资金、时限和预案“五落实”。开展油气长输管道隐患整改工作，建立市、区、镇、村、企业五级政企联络机制，指导油气管道企业落实安全生产责任，协调相关职能部门与油气管道企业对接，督促油气管道企业限时整改油气隐患，省安委办督办的10个油气隐患年内已整改。组织企业员工852人参加安全主任和安全督导员培训，组织375人参加职业卫生培训。油气管道企业、工业企业安全生产意识进一步提高，安全生产责任制不断规范，安全生产措施落到实处，全年油气管道企业、规模以上工业企业没有发生重大安全生产事故。

运输设备制造业

【运输设备制造业概况】 2016年，海口市科工信局监测的海口市运输设备制造业规模以上企业22家，其中1家轿车整车生产企业，20家为轿车配套生产企业，1家农用拖拉机制造企业。行业产值受整车生产企业一汽海马汽车有限公司影响小幅下降。年内，一汽海马汽车有限公司加大研发投入和加强内部管理，调整产品结构和经营策略，内销有所好转，出口有明显增长。全年行业22家重点企业完成工业总产值66.7亿元，下降2.8%；工业销售产值63亿元，下降9.7%；产销率94.4%；出口交货值2.6亿元，增长707.6%。汽车产量6.72万辆，下降3.7%；拖拉机产量2221台，增长84.9%。

【一汽海马汽车有限公司】 2016年，有3个整车工厂，1个发动机工厂，

2016年11月18日，一汽海马公司生产的福美来七座版在菲律宾正式上市。
（市科工信局 供稿）

2016 年海口市运输设备制造业规模以上企业生产情况表

单位：万元

序号	企业名称	主要生产	工业总产值			工业销售产值			累计产销率(%)
			2016 年累计	2015 年累计	累计同比(%)	2016 年累计	2015 年累计	累计同比(%)	
	合计		667099.0	686141.1	-2.8	629710.2	697253.2	-9.7	94.4
1	一汽海马汽车有限公司	海马系列整车	444095.1	473179.7	-6.1	404254.0	480871.5	-15.9	91.0
2	一汽海马动力有限公司	发动机	46478.5	50517.7	-8.0	46478.5	50517.7	-8.0	100.0
3	浙江万向系统有限公司海南分公司	海马系列配件	27781.4	28261.7	-1.7	27552.0	29591.3	-6.9	99.2
4	海南钧达汽车饰件股份有限公司	海马系列配件	23962.2	20938.5	14.4	22675.9	18572.6	22.1	94.6
5	全兴工业（海南）有限公司	海马系列配件	13577.0	9586.3	41.6	14266.1	12023.0	18.7	105.1
6	海南元创机械有限公司	海马系列配件	4556.3	5466.7	-16.7	4805.4	5798.0	-17.1	105.5
7	六和机械工业（海南）有限公司	海马系列配件	8178.8	7441.4	9.9	7959.4	7470.0	6.6	97.3
8	海南宇傲汽车配件有限公司	海马系列配件	7713.6	7390.2	4.4	7572.0	7626.3	-0.7	98.2
9	海南瑞利工业有限公司	海马系列配件	10394.2	8822.7	17.8	10843.4	9390.6	15.5	104.3
10	海南威昌汽车配件有限公司	海马系列配件	8362.9	9220.6	-9.3	9549.8	8754.9	9.1	114.2
11	海南华福汽车零部件制造有限公司	海马系列配件	5001.5	5015.0	-0.3	5858.6	5266.1	11.3	117.1
12	海南金鹿农机发展股份有限公司	拖拉机	5862.9	3554.6	64.9	6030.9	4415.0	36.6	102.9
13	海南明芳机械有限公司	海马系列配件	16462.6	14438.6	14.0	16316.4	13895.2	17.4	99.1
14	海南宇龙汽车部件有限公司	海马系列配件	12500.0	9200.0	35.9	12500.0	9000.0	38.9	100.0
15	海口通达排气系统有限公司	海马系列配件	4294.7	3001.0	43.1	4361.3	2987.5	46.0	101.6
16	海南超力电器有限公司	海马系列配件	3867.2	6100.0	-36.6	3642.8	5930.0	-38.6	94.2
17	海口全盛汽车配件有限公司	海马系列配件	4995.2	4264.2	17.1	4995.2	4264.2	17.1	100.0
18	海南瑞德夏工业有限公司	海马系列配件	4188.1	3120.3	34.2	4453.9	3679.1	21.1	106.3
19	海南瑞应鑫汽车配件有限公司	海马系列配件	3626.6	4342.6	-16.5	3268.5	4400.1	-25.7	90.1
20	海南联顺金属工业有限公司	海马系列配件	3983.7	4311.9	-7.6	5109.6	4832.7	5.7	128.3
21	海南誉球汽车部件有限公司	海马系列配件	4586.2	4981.6	-7.9	4586.2	4981.6	-7.9	100.0
22	海南台丰交通器材有限公司	海马系列配件	2630.3	2985.8	-11.9	2630.3	2985.8	-11.9	100.0

1个技术中心，整车年产能15万辆，发动机年产能20万台，直属员工3000多人，2个零部件工业园入驻23家配套企业。4月25日，海马V70在北京车展上市；7月23日，伊朗KD项目首台S7 1.8T车型正式下线；9月26日，福美来轿车和福美来七座版上市；11月18日，福美来七座版在菲律宾正式上市；11月25日，海马汽车与易鑫金融共享车合作暨福美来系列2万台订单签约仪式在海口举行。至年底，拥有福美来、S7、福美来七座版、福美来专车等产品系列。生产汽车6.72万辆，下降3.7%；销售汽车6.3万辆，下降11.0%；工业总产值44.4亿元，下降6.1%。

【汽车零部件配套企业】 2016年，海口市汽车配件重点企业有20家，主要为一汽海马汽车有限公司提供配件，部分企业也向岛外整车车企提供汽车配件。产品包括发动机、车架、车门、座椅、空调、音响等。汽车配件业上半年有较大跌幅，下半年总体有所好转，除受一汽海马有限公司拉动外，配件厂与外省的汽车整车厂逐步建立业务关系，增加订单来源。配件企业完成产值22.3亿元，增长4.7%；年末负增长的企业由最多时的14家，减少到10家，负增长的企业也大幅收窄降幅。

【拖拉机生产企业】 海南金鹿农机发展股份有限公司是海口市唯一的一家拖拉机生产企业，2005年5月18日成立，经营范围包括农机研发、生产、销售和技术服务、培训、维修、售后服务等。至2016年底，公司在贵州、广东、云南等地设有制造基地，并在华南地区各市、县、乡建立起具有竞争力的营销及服务网点，有营销及服务网点89个，特约维修点86个，售后服务中心21个。公司主导产品“金鹿”牌工农—16K系列拖拉机已获得国家知识产权专利证书和国家农业部推广许可证，通过国际ISO9001：2000质量体系认证，具有出口产品质量许可资格，在全省同类产品中市场占有率达95%以上。公司先后获得海南省新型工业十佳杰出开拓企业、中国拖拉机质量公认十大知名品牌、支持海南省希望工程圆梦活动贡献单位、海南省拖拉机制造行业龙头企业、海南知名品牌等称号。2016年，海南金鹿农机发展股份有限公司金鹿牌挂桶式垃圾车研发成功开始上市销售，产值有较大增长，全年完成产值5862.9万元，增长64.9%。

【运输设备制造业科技创新】 2016年，海南金鹿农机发展股份有限公司研究和开发金鹿牌挂桶式垃圾车项目是采用环卫型的后驱动变型拖拉机底盘和环卫车厢上配有垃圾桶升降机组成，升降机挂桶部分控制与环卫车厢自卸控制完全是由液压串联系统来控制。该车最主要的优点是一辆车可以实现与数十个垃圾桶联合作业，循环运输，效率高。居民将生活垃圾放到指定点的垃圾桶中，待垃圾装满后，该车可直接开至指定点，通过液压系统的操控，用垃圾桶升降机直接把垃圾桶及桶内垃圾举升至车厢顶部侧面边缘处，进行翻转倾倒垃圾，减轻工人劳动强度，减少人工成本支出。海南宇龙汽车部件有限公司研发的一种汽车零件近边对称翻孔模研究及运用项目，采用国内外先进的轿车冲压零部件设计理念和加工技术，选用国内先进水平的生产设备和仪器3台（套），其中新增设备2台（套），开发模具2套（不含分件）。针对“一种汽车零件近边对称翻孔模”，对难于成形的大型高强度合金薄壁壳体零件，在超深和高强度冲压成形作用下，板料的塑性流动规律及其成形过程的控制方法，探讨高速成形情况下，摩擦、回弹及碰撞对成形过程和成形质量的影响规律，构建高强度钢板高强度冲压成形作用下的板料塑性成形过程的模拟模型，创新性实现大型高强度钢板壳体零件的成形制造。年内，金鹿牌挂桶式垃圾车的研究和开发项目和一种汽车零件近边对称翻孔模研究及运用项目获得海口市工业科技型中小企业技术创新项目资金支持，分别获得政府扶持资金30万元。

2016年海口市汽车制造业产值运行态势图

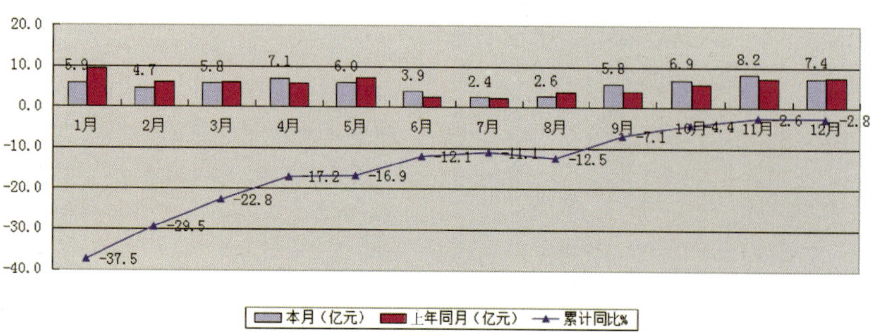

食品及农副产品加工业

【食品及农副产品加工业概况】 2016年，海口市食品及农副产品加工业有规模以上企业40家。年内，行业产值大幅下跌，完成工业总产值113.4亿元，下降4.4%；完成销售产值116.2亿元，下降4.5%；产销率102.5%；出口交货值9.4亿元，增长33.9%。

【酒和饮料制造业】 2016年，海口市酒和饮料制造业共有椰树集团海南椰汁饮料有限公司、椰树集团海口罐头厂有限公司、海南椰岛酒业发展有限公司、喜力酿酒（海南）有限公司（原海南亚太酿酒公司）、海南中粮可口可乐饮料有限公司、海口力神咖啡

2016年海口市食品饮料及农副产品加工业规模以上企业生产情况表

单位：万元

序号	企业名称	主要产品	工业总产值			销售产值			累计产销率(%)
			2016年累计	2015年累计	累计同比(%)	2016年累计	2015年累计	累计同比(%)	
		合计	1133633.1	1186170.5	-6.5	1161622.2	1215870.0	-4.5	102.5
1	海南红塔卷烟有限责任公司	卷烟	264317.5	288450.6	-8.4	271829.0	297184.3	-8.5	102.8
2	椰树集团海南椰汁饮料有限公司	椰子汁、热带水果饮料	176709.1	214721.1	-17.7	183273.5	205788.4	-10.9	103.7
3	椰树集团海口罐头厂有限公司	饮料、果酱食品、椰子糖等	124357.2	126340.8	-1.6	127112.9	127005.0	0.1	102.2
4	海南椰岛酒业发展有限公司	白酒、保健酒	24602.8	16536.3	48.8	24298.7	16479.9	47.4	98.8
5	喜力酿酒（海南）有限公司	啤酒	21365.9	24836.4	-14.0	23031.8	26350.0	-12.6	107.8
6	海南中粮可口可乐饮料有限公司	可口可乐、雪碧、芬达、美汁源果粒橙等	27905.8	23846.8	17.0	30672.8	30889.8	-0.7	109.9
7	海口椰树矿泉水有限公司	纯净水	5201.1	5266.7	-1.2	4808.9	5877.8	-18.2	92.5
8	海南红牛饮料有限公司	红牛饮料	10402.1	11236.7	-7.4	10708.6	11743.0	-8.8	102.9
9	海南海航饮品有限公司	椰子汁、菠萝汁等	3902.6	3479.2	12.2	3780.5	3338.7	13.2	96.9
10	海南金盘饮料有限公司	纯净水	3746.7	4582.8	-18.2	3722.8	4355.8	-14.5	99.4
11	海口力神咖啡饮品有限公司	咖啡、椰子粉、咖啡饮料、椰子汁、生咖啡豆等	4363.6	5039.8	-13.4	4154.8	4736.3	-12.3	95.2
12	海南椰岛食品饮料有限公司	椰子糖、咖啡糖、椰子粉、咖啡粉、饮料、饼干等	3947.9	3523.5	12.0	4993.4	4240.4	17.8	126.5
13	海南艾森乳业有限公司	巴氏鲜牛奶、特纯酸奶、传统型酸奶、妙客餐饮乳、苹果醋等	3420.6	4014.4	-14.8	3427.8	3972.0	-13.7	100.2
14	海口富利食品有限公司	纯净水与饮料	4715.9	4759.5	-0.9	4710.3	4692.9	0.4	99.9
15	海南椰国食品有限公司	椰果、糖化椰果、乳制品专用椰果、冷饮专用椰果等	5052.7	8570.8	-41.0	5016.4	13782.1	-63.6	99.3
16	海口椰园食品有限公司	椰汁、椰子糖果等	832.7	3467.1	-76.0	832.2	3462.7	-76.0	99.9
17	海南康美食品有限公司		3035.6	2396.8	26.7	3000.1	2277.2	31.7	98.8
18	海南迪爱生微藻有限公司	螺旋藻制品	1746.1	1872.9	-6.8	3218.7	2687.7	19.8	184.3
19	海口双胞胎饲料有限公司	鸡料、鱼料、猪料	97499.5	82827.6	17.7	94497.5	80714.6	17.1	96.9

续表

序号	企业名称	主要产品	工业总产值			销售产值			累计产销率(%)
			2016年累计	2015年累计	累计同比（%）	2016年累计	2015年累计	累计同比(%)	
20	海南恒兴饲料实业有限公司	禽畜饲料、水产饲料	77225.0	87711.3	-12.0	80016.3	92356.2	-13.4	103.6
21	海南裕泰科技饲料有限公司	禽畜饲料、水产饲料	54599.5	60878.8	-10.3	54186.4	60591.5	-10.6	99.2
22	海南青牧原实业有限公司	禽畜饲料	17180.9	18101.5	-5.1	17151.1	17993.6	-4.7	99.8
23	海南罗牛山肉类食品有限公司	冷鲜分割猪肉、冻猪分割肉、冻（鲜）猪副产品、冻（鲜）骨头类、冻（鲜）油脂类等	0.0	221.1	-100.0	0.0	5900.5	-100.0	#DIV/0!
24	海南华星饲料有限公司	禽畜饲料、水产饲料	8440.5	5997.7	40.7	7951.9	5917.3	34.4	94.2
25	海南港翔农牧有限公司	禽畜饲料	4866.2	3819.2	27.4	5199.7	3990.0	30.3	106.9
26	海南照丰水产有限公司	虾仁、罗非鱼、带鱼、鱿鱼、海鳗、红鼓鱼、蟹、贝类、食品罐头等	33119.3	32704.3	1.3	33527.7	27972.3	19.9	101.2
27	海南蔚蓝海洋食品有限公司	单冻虾仁、带头虾、生块冻虾、裹粉裹浆虾仁、冻鱼、鱼片等	15601.7	15834.6	-1.5	17739.8	17218.7	3.0	113.7
28	海南泉溢食品有限公司	罗非鱼加工、蝴蝶面包虾、风尾面包虾等	8773.1	8452.9	3.8	8715.9	11541.0	-24.5	99.3
29	海南华绿食品冷冻有限公司	海鳗鱼片、马头鱼片、墨鱼片、凤尾虾、去头虾、寿司虾，带鱼，罗非鱼、鱿鱼、马头鱼和金线鱼	5148.8	9409.9	-45.3	5736.7	9571.2	-40.1	111.4
30	海南东洋水产有限公司	水产品与农产品深加工	6661.5	6863.3	-2.9	7258.8	6845.5	6.0	109.0
31	海南佳德信食品有限公司	水产品深加工	30124.8	15672.7	92.2	30513.4	21921.4	39.2	101.3
32	海南吕之茂食品有限公司	水产品深加工	9175.0	11299.6	-18.8	10033.2	11113.8	-9.7	109.4
33	海口盛泰热带作物有限公司	椰肉	14800.7	13706.9	8.0	14800.7	13706.9	8.0	100.0
34	海南南国食品实业有限公司	咖啡饮品、椰子糖果等	14880.1	14230.0	4.6	14880.0	14543.4	2.3	100.0
35	海南佳宁娜食品有限公司	月饼	7264.9	7141.7	1.7	7264.9	7141.7	1.7	100.0
36	海口欣奇食品有限公司	蛋糕、月饼	2604.3	1780.6	46.3	2591.3	1765.0	46.8	99.5
37	海南罗牛山食品集团有限公司	肉制品、速冻食品加工销售、海产品加工销售等	19169.9	17553.9	9.2	19169.9	17553.9	9.2	100.0
38	海南国威隆实业有限公司	大米加工	4564.6	5475.7	-16.6	5241.2	4637.8	13.0	114.8
39	海南新大食品有限公司	椰子汁、热带水果饮料	9186.3	9739.9	-5.7	9069.1	10297.2	-11.9	98.7
40	海南晶辉盐业有限公司	碘盐、多品种食用盐、保健用盐、洗涤用盐、医疗用盐	3120.6	3805.1	-18.0	3483.5	3712.5	-6.2	111.6

饮品有限公司、海南红牛饮料有限公司等规模以上企业 16 家，主要产品有啤酒、白酒、饮料酒、椰汁、热带果汁、汽水、功能饮料、矿泉水等。全年，受消费不振、原料价格大幅上涨等综合因素影响，完成行业产值 42.8 亿元，下降 8.4%，比年初收窄 35.6 个百分点。啤酒产量 5.36 万吨，下降 13.4%；软饮料产量 52.18 万吨，增长 0.1%。

【食品制造业】 2016 年，海口市有海南迪爱生微藻有限公司、海南罗牛山食品集团有限公司、海南南国食品实业有限公司、海南佳宁娜食品有限公司、海口欣奇食品有限公司等重点企业 10 家，主要生产经营咖啡粉、椰子粉、饼干、糖果、蛋糕、面包、月饼、食盐、大米和肉类等。全年完成产值 7.3 亿元，增长 2.8%。

【水产加工业】 2016 年，海口市水产加工业共有海南照丰水产有限公司、海南蔚蓝海洋食品有限公司、海南泉溢食品有限公司、海南华绿食品冷冻有限公司、海南东洋水产有限公司、海南昌之茂食品有限公司、海南佳德信食品有限公司等 7 家规模以上企业，主要加工产品有罗非鱼、带鱼、马头鱼、金线鱼、马鲛鱼、鱿鱼、海鳗鱼片、马头鱼片、墨鱼片、凤尾虾、去头虾和寿司虾等。水产品加工业与上年相比，实现由降转升，全年保持增长，但增速逐月放缓。虽然受到原料供应不足、出口价格下降等因素影响，但美元升值为行业产值增长提供有力支撑。全年完成产值 10.9 亿元，增长 9.1%；出口交货值 9 亿元，增长 34.3%；产品产量 3.8 万吨，增长 12.5%。其中海南佳德信食品有限公司产值 3.01 亿元，增长 92.2%，成为行业第二大生产企业。

【饲料加工业】 2016 年，海口市饲料加工业共有海口双胞胎饲料有限公司、海南恒兴饲料实业有限公司、海南裕泰科技饲料有限公司、海南青牧原实业有限公司、海南华星饲料有限公司和海南港翔农牧有限公司 6 家规模以上企业，主要生产加工鸡料、鱼料、虾料和猪料等。饲料加工业产品上半年价格同比下跌 10%，影响全年的产值增长，下半年产品价格持续回暖。全年完成产值 26 亿元，增长 0.4%；产品产量 92.1 万吨，增长10.6%。

【烟草加工业】 2016 年，海口市烟草加工业只有海南红塔卷烟有限责任公司 1 家规模以上企业，主要生产红塔山烟、椰王烟和三沙烟等。受市场竞争激烈和全国控烟影响，以及企业加大价格偏低的五类烟的产量比重，影响产值增长。全年完成产值 26.4 亿元，下降 8.4%；卷烟产量 119.5 亿支，下降 2.5%。其中，三类烟的产量占比 65%，比上年下降 19 个百分点；五类烟的产量占比 17%，比上年上升 14 个百分点。

【食品及农副产品加工业科技创新】 2016 年，海口市食品及农副产品加工业新立项的科技创新项目共有 4 个，分别是海南椰岛酒业发展有限公司的基于复合发酵技术的特色椰子酒产品开发应用研究、海南南派实业有限公司的青金橘果粉中主要营养物质含量的近红外漫反射光谱检测、海南南国食品实业有限公司的椰子抗氧化功能食品设计与制造关键技术研究与产品开发和海南蛛王药业有限公司的以海南蜘蛛为主要成分的黎药保健酒剂（内服），均为海口市工业科技创新研究与开发项目，共获得 155 万元经费支持。

医药制造业

【医药制造业概况】 2016 年，海口市共有药品生产企业 72 家，有 66 家企业取得 GMP（药品生产质量管理规范）证书，规模以上生产企业 41 家，比上年减少 2 家；年产值亿元以上企业 32 家。从业人数 2 万人。行业产值 1～2 月出现小幅下降，3 月迅速拉升，二季度达到全年最高点，三季度出现放缓，四季度逐步回升，但增速未能达到两位数。年末，产值降幅超过 20%的企业从 10 家减少至 4 家。三季度出现放缓和四季度增长受到抑制主要原因：（1）受各地招标工作滞后影响。2016 年全国各地实行药品销售自主招标，并且逐步实行全国价格联动，但直至下半年，开标的省份不足一半，经销商、代理商不敢盲目进货，医药企业以销定产，也不敢盲目生产。为应对全国价格联动，保护产品价格，企业主动放弃一些销售

2016 年 12 月 6 日，海南省委副书记、省长刘赐贵（右）为齐鲁制药（海南）有限公司颁发海南省首届政府质量奖。

（市科工信局 供稿）

量大但中标价格偏低的市场，这也影响产值增长。（2）受“限抗”“限注射”等用药指导政策影响。年内，这些政策都逐步得到落实，大大降低抗生素类药物的门诊使用量。海口市医药产业以抗生素为主要品种，很多产品结构单一的抗生素生产企业产值一度下滑超过20%。年内，58家正常生产的制药企业完成工业总产值160.63亿元，占全省医药产业产值的97%，增长10.4%，其中监测的41家规模以上企业完成产值155.2亿元，增长8.8%；工业增加值76.5亿元，增长23.13%；销售产值144亿元，增长6.8%；产销率92.8%；利税总额33.78亿元，增长20.86%。规模以上企业完成工业产值154.71亿元，增长9.28%。全市新获取的药品批准文号21个（其中化药6类12个，补充申请9个）。齐鲁、先声、普利、双成、华益泰康5家企业通过欧盟和美国FDA认证，海药、康芝、双成、灵康4家企业上市，新三板上市企业有2家（皇隆、林恒）。齐鲁制药（海南）有限公司获首届海南省政府质量奖。

【医药制造业科技创新】 2016年，海口市医药制造业在研和新立项的科技创新项目有11个，占全市32个在研和新立项的工业科技创新项目的34%，共获得国家和市政府各类科技研发经费支持715.2万元，其中海南思坦德生物科技股份有限公司获国家科技支撑计划项目经费199万元，市政府配套21.2万元；4个项目获海口市科技型中小企业技术创新资金支持115万元，占国家支持全市工业该类项目基金总经费460万元的25%；6个新立项项目获市政府应用技术研究与开发经费支持共380万元，占总全市支持该类项目基金总经费1660万元的22.9%。

2016年海口市医药产业情况表

一	企业总数（家）		72
	其中	取得GMP（家）	66
		正常生产（家）	58
		规模以上（家）	41
		欧盟和美国FDA认证（家）	5
		主板上市企（家）	5
		新三板上市（家）	2
二	全市共有药品批准文号（个）		2627
	其中	在生产的文号（个）	1576
		不生产的文号（个）	1051
		当年新获取的药品批准文号（个）	21
三	当年全部完成总产值（亿元）		161
	其中	规模以上总产值（亿元）	155
四	产值亿元以上的企业（家）		32
	其中	30亿元以上企业（家）	1
		10亿元以上企业（家）	3
五	全市医药工业从业人员（万人）		2

2016 年海口市医药制造业规模以上企业生产情况表

单位：万元

序号	企业名称	工业总产值			销售产值			累计产销率（%）
		2016 年累计	2015 年累计	累计同比（%）	2016 年累计	2015 年累计	累计同比（%）	
	合计	1552048.7	1426589.4	8.8	1439662.7	1347494.2	6.8	92.8
1	海口市制药厂有限公司	392423.0	356009.7	10.2	388387.3	344375.8	12.8	99.0
2	海南海灵化学制药有限公司	124605.9	161961.1	-23.1	121204.4	169589.7	-28.5	97.3
3	海南新合赛制药有限公司	37470.5	0.0	0	33300.0	0.0	0	88.9
4	海口奇力制药股份有限公司	111198.2	101084.4	10.0	106300.2	100199.8	6.1	95.6
5	海南惠普森医药生物技术有限公司	10607.1	12888.9	-17.7	10343.4	12470.1	-17.1	97.5
6	海南通用三洋药业有限公司	41847.0	34363.0	21.8	42031.0	33209.0	26.6	100.4
7	海南皇隆制药股份有限公司	64503.9	60092.1	7.3	45472.2	46576.3	-2.4	70.5
8	先声药业有限公司	60966.7	50546.2	20.6	62188.1	49177.0	26.5	102.0
9	海南碧凯药业有限公司	55229.1	54134.6	2.0	43107.2	47651.2	-9.5	78.1
10	齐鲁制药（海南）有限公司	128843.8	110468.8	16.6	111054.3	104382.1	6.4	86.2
11	海南养生堂药业有限公司	31980.9	48714.9	-34.4	29627.4	45951.4	-35.5	92.6
12	海南灵康制药有限公司	28272.4	34960.9	-19.1	23606.5	30143.0	-21.7	83.5
13	海南中化联合制药工业股份有限公司	18738.2	22436.8	-16.5	18082.9	20909.1	-13.5	96.5
14	万特制药（海南）有限公司	10094.3	5453.7	85.1	10055.0	6838.7	47.0	99.6
15	海南通用同盟药业有限公司	26075.7	24642.5	5.8	23501.4	22936.9	2.5	90.1
16	海南长安国际制药有限公司	41463.0	35131.7	18.0	37264.9	31108.7	19.8	89.9
17	海南葫芦娃制药有限公司	40386.4	30891.0	30.7	26893.3	23715.3	13.4	66.6
18	海南双成药业股份有限公司	12362.8	19469.7	-36.5	12630.2	19514.2	-35.3	102.2
19	海南澳美华制药有限公司	18252.1	13704.8	33.2	18386.1	14904.2	23.4	100.7
20	海南通用康力制药有限公司	19281.1	16679.9	15.6	21860.3	16016.6	36.5	113.4
21	海南全星制药有限公司	17198.0	15191.0	13.2	15515.2	13450.9	15.3	90.2

续表

序号	企业名称	工业总产值			销售产值			累计产销率（%）
		2016年累计	2015年累计	累计同比（%）	2016年累计	2015年累计	累计同比（%）	
22	海南海力制药有限公司	10702.9	18742.6	-42.9	9986.3	15987.2	-37.5	93.3
23	海南亚洲制药股份有限公司	30075.5	12573.8	139.2	24539.2	12585.8	95.0	81.6
24	海南康芝药业股份有限公司	16223.4	13535.0	19.9	14602.1	13883.5	5.2	90.0
25	海南爱科制药有限公司	10951.1	11484.3	-4.6	11150.5	11139.4	0.1	101.8
26	海南赞邦制药有限公司	17293.4	13128.4	31.7	14945.3	12463.9	19.9	86.4
27	海南中和药业有限公司	52567.6	40878.2	28.6	49878.0	34218.5	45.8	94.9
28	海南普利制药股份有限公司	23912.9	21246.2	12.6	19013.3	16227.0	17.2	79.5
29	海南天煌制药有限公司	11410.9	15259.0	-25.2	7485.5	9944.4	-24.7	65.6
30	海南三叶制药厂有限公司	5540.3	6901.5	-19.7	6693.0	6567.0	1.9	120.8
31	海南海神同洲制药有限公司	13910.0	12282.8	13.2	12472.4	11050.3	12.9	89.7
32	海南新世通制药有限公司	7851.9	5780.6	35.8	7828.9	5915.3	32.4	99.7
33	海南美好西林生物制药有限公司	3298.0	3424.3	-3.7	3298.0	3684.5	-10.5	100.0
34	海南锦瑞制药有限公司	11127.4	8717.4	27.6	10794.5	8603.9	25.5	97.0
35	海南利能康泰制药有限公司	1914.3	1703.4	12.4	2026.4	1494.1	35.6	105.9
36	海南赛立克药业有限公司	2992.7	3213.1	-6.9	2661.6	3008.0	-11.5	88.9
37	海南省金岛制药厂	1123.7	1390.5	-19.2	1340.7	1289.5	4.0	119.3
38	海南合瑞制药股份有限公司	7155.8	8260.6	-13.4	7926.8	7455.7	6.3	110.8
39	海南九芝堂药业有限公司	3555.6	3589.5	-0.9	3329.0	3225.8	3.2	93.6
40	海南林恒制药有限公司	4762.6	3431.2	38.8	5001.3	3409.1	46.7	105.0
41	海南伊顺药业有限公司	23878.6	12221.3	95.4	23878.6	12221.3	95.4	100.0

机电设备及金属制造业

2016年12月6日，海南省委副书记、省长刘赐贵（右）向获得首届海南省政府质量奖的海南金盘电气有限公司代表颁奖。（市科工信局 供稿）

【机电设备及金属制品业概况】 2016年，海口市机电设备及金属制造业共有12家规模以上企业，产品主要有镀锌板、涂漆板、废旧金属、工程机械、变压器、配电柜、电缆、光纤、光缆、集成电路板、电子通信设备、液晶显示器等。行业一季度在负增长区间盘整，二季度大体持平，三季度重新下降，并且下降幅度逐月加大，12月份大幅下挫近8个百分点。行业12家重点企业完成工业总产值58.9亿元，下降12.9%；销售产值56.7亿元，下降11.8%；产销率96.3%。

【电气设备制造业】 2016年，海口电气设备制造业有金盘电气、威特电气、美亚电缆厂3家规模以上企业，主要生产变压器、变电柜、电线电缆等。全年电气制造业保持较快的增长势头，基本上保持两位数的增长，但12月增速下滑9个百分点，主要源于企业的生产计划安排。3家重点企业完成工业产值36.1亿元，增长3.1%。变压器产量1163万千伏安，增长4.8%；电缆线（威特）产量15.36万千米，下降1.53%。

【金属制品业】 2016年，海口金属制品业有规模以上企业4家，主要生产经营镀锡板、涂漆板、饮料罐、废旧金属、车牌、交通指示牌等。全年行业生产持续疲软，产值降幅在25%～35%区间徘徊。4家重点企业累计完成总产值13亿元，下降32.6%。镀锡板产量14.21万千克，下降33.6%；饮料罐产量1.54万千克，下降36%。

2016年4月7日，海南省委常委、常务副省长毛超峰（左二）调研威特电气工业产业园，海口市委副书记、市长倪强（右二）和海口国家高新区工委书记顾刚（左一）陪同。（市科工信局 供稿）

【信息通信制造业】 2016年，海口有信息通信制造业重点企业4家，其中海南正红科技公司4月停产。主要生产光纤光缆、电子通信设备、集成电路和液晶显示器等。上半年行业产值增速高开高走，8月产值增速达到38.5%，此后增速持续回落。4家规模以上累计企业产值9.6亿元，下降26.2%。光纤产量1252.75万千米，增长88.6%；光缆产量110.75万千米，下降56.1%。

【机电设备金属制造业科技创新】 2016年，海口市机电设备制造业有3家重点企业的4个项目获海口市应用技术研究与开发项目立项，分别是海南金盘电气有限公司的风电塔筒内嵌式智能监控升压变电装置研发与产业化项目和海口市新能源产业电气装备研究中心、海南威特电气集团有限公司的高过载配电变压器研发项目、海南宝通实业公司的新一代短波电台项目等，共获得政府扶持资金420万元。海南泰新电气成套设备工程有限公司的基于现场总线远程控制技术的中置式智能高压开关柜和海南一开电气成套设备有限公司的一种汽车零件近边对称翻孔模研究及运用获得海口市科技型中小企业技术创新资金，共获得资金55万元。

2016年海口市机电设备金属制造业规模以上企业生产情况表

单位：万元

序号	企业名称	主要产品	工业产值			销售产值			累计产销率（%）
			2016年累计	2015年累计	累计同比（%）	2016年累计	2015年累计	累计同比（%）	
1	海南海宁锡板工业有限公司	镀锡板、涂漆板、印刷板	71942.6	122466.2	-41.3	78323.9	125515.0	-37.6	108.9
2	海南金盘电气有限公司	干式变压器、电抗器、开关成套设备、中压充气环网柜、C-GIS、SVG动态无功补偿系统等	187660.8	178200.0	5.3	187660.8	178200.0	5.3	100.0
3	海南威特电气集团有限公司	高低压开关柜、组合箱式变电站、油浸式变压器、干式变压器、变电站自动化设备、高低压电缆	159784.6	161367.3	-1.0	146222.5	132059.0	10.7	91.5
4	海南椰树制罐工业有限公司	椰子汁、芒果汁等包装空罐	52187.9	65983.4	-20.9	52211.4	65927.2	-20.8	100.0
5	康宁（海南）光通信有限公司	光纤、光缆	54344.5	46971.4	15.7	54344.5	46971.4	15.7	100.0
6	海南美亚电缆厂有限公司	高压电缆、低压电缆	13367.5	10668.4	25.3	13175.0	11039.4	19.3	98.6
7	海南宝通实业公司	短波通信设备、超短波通信设备、多波段通信设备、城市移动通信系统等系列产品	40209.4	76596.2	-47.5	25541.0	68761.9	-62.9	63.5
8	海南正红科技发展有限公司	精密多层印刷电路板	155.0	5270.0	-97.1	155.0	5270.0	-97.1	100.0
9	海南清华显示器科技开发有限公司	液晶显示器	847.8	1407.5	-39.8	847.8	1407.5	-39.8	100.0
10	海南通安实业有限公司	各种机动车、非机动车号牌、交通标志印刷、照相彩扩	2845.6	1659.1	71.5	2909.8	1951.0	49.1	102.3
11	海口高新区宏邦机械有限公司	工程机械	2694.7	3458.9	-22.1	2694.7	3458.9	-22.1	100.0
12	海南建航废旧金属加工配送有限公司	废钢铁、废旧塑料制品回收	3104.0	2690.0	15.4	3104.0	2690.0	15.4	100.0
		合计	589144.4	676738.4	-12.9	567190.4	643251.3	-11.8	96.3

其他工业行业

【化工制品业】 2016年，海口市化工制品业共有规模以上企业4家，主要产品有乳化炸药、膨化硝酸铵炸药、化妆品、PET（聚酯）塑料瓶胚、食品用塑料包装袋。4家重点企业全年完成工业产值3.4亿元，增长1.2%，占全市规模以上工业总产值比重约0.7%；完成销售产值3.17万元，下降0.8%；累计产销率93.1%。

2016年海口市化工制品业规模以上企业生产情况表

单位：万元

序号	企业名称	主要产品名称	工业产值			销售产值			累计产销率（%）
			2016年累计	2015年累计	累计同比（%）	2016年累计	2015年累计	累计同比（%）	
1	海南云海民爆有限责任公司	炸药产品	9990.5	8984.6	11.2	9834.0	8992.8	9.4	98.4
2	海南京润珍珠生物技术股份有限公司	珍珠化妆品、美容保健品	18410.9	18405	0.0	16137.7	16747.9	−3.6	87.7
3	海口中南瓶胚有限公司	PET（聚酯）塑料瓶胚	2831.6	2695.3	5.1	2927.1	2674.6	9.4	103.4
4	海口成兴塑胶有限公司	食品用塑料包装袋	2789.9	3531.3	−21.0	2789.9	3516.0	−20.7	100.0
		总计	34022.9	33616.2	1.2	31688.7	31931.3	−0.8	93.1

【光伏（新能源）产品制造业】 2016年，海口市光伏（新能源）产品制造业有海南英利新能源有限公司和海南汉能公司2家企业，海南汉能公司一期项目自2013年3月建成后，由于产品市场不景气，尚未达到规模以上企业的产值标准，未列入统计，主要是以海南英利公司产值为主，产品以硅太阳能电池及其相关配套产品为主，同时生产风机及其相关配套产品、热发电产品，从事控制器、逆变器、兆瓦级跟踪器的研发、生产、销售，技术咨询及服务，太阳能光伏电站工程的设计、安装、施工等。光伏产业上半年除2月大幅下降外，总体保持平稳运行，产值与上年基本持平，6月小幅上扬，7月开始增速直线下滑，量价齐跌。全年完成工业总产值17.9亿元，下降22.8%；销售产值17.9亿元，下降20.6%；产销率99.8%；出口交货值9.5亿元，下降31.4%；电池组件产量38.7万千瓦，下降52.6%。

【新材料制造业】 2016年，海口市新材料制造行业有海南赛诺实业有限公司和海南立昇净水科技实业有限公司2家规模以上企业，产品以BOPP膜和超滤膜为主。海南赛诺实业有限公司受全国控烟影响，BOPP膜产量7516吨，下降超过50%；产值2.2亿元，下降50.3%；销售产值2.2亿元，下降50.3%。海南立昇净水科技实业有限公司2013年在云龙工业园投资建设的“膜分离科技产业化基地工程项目”列为海南省重点项目，并列入国家863计划，该项目计划总投资6亿元，至2016年底累计完成投资2.16亿元。全年完成产值1.64亿元，增长8.2%；销售产值1.5亿元，增长8.1%。

【印刷包装业】 2016年，海口市印刷包装业共有规模以上企业7家，产品或业务包括发票、小额货币、书籍等的印刷，以及各类产品包装物的生产。除海南锋达彩印有限公司因亏损全年停产外，其余企业保持正常生产。全年完成工业产值6.52亿元，增长27.6%；销售产值5.86亿元，增长12.6%；产销率89.8%。

【木材加工等制品业】 2016年，海口市木材加工及木、竹、藤、棕、草制品业仅有海南农垦林产集团股份有限公司1家规模以上企业，是海南天然橡胶产业集团股份有限公司的全资子公司，主要生产指接板、方条、碳化木等板材，以及实木门和橱柜等产品。因房地产市场因素导致产品市场需求减少。全年完成总产值1.17亿元，下降8.6%；销售产值1.49亿元，增长20.2%；累计产销率128%。

【建材行业概况】 2016年，海口市建材行业共有8家规模以上企业，产品以商品预拌混凝土和混凝土预制件、新型墙体材料为主，同时还包括不锈钢丝编织管、建筑用节能玻璃和钢结构材料等。因受房地产市场因素影响，全年完成工业总产值5.28亿元，下降3.6%，占全市规模以上工业总产值比重约1.1%；销售产值5.27亿元，下降4.2%；累计产销率99.9%。

2016年海口市印刷包装业规模以上企业生产情况表

单位：万元

序号	企业名称	主要产品名称	工业产值			销售产值			累计产销率（%）
			2016年累计	2015年累计	累计同比（%）	2016年累计	2015年累计	累计同比（%）	
1	海南万达包装制造有限公司	包装产品生产	4604.7	4288.4	7.4	4585.4	4138.8	10.8	99.6
2	海南华森实业公司	发票印刷、人民币小币种印刷	38000.0	23172.4	64.0	31540.0	24487.5	28.8	83.0
3	海南昱华纸品科技有限公司	包装产品生产	9039.0	9196.6	-1.7	9039.0	9196.6	-1.7	100.0
4	海南宝岛实业有限公司	包装产品生产印刷	3417.3	2878.8	18.7	3505.6	2865.7	22.3	102.6
5	海南现代彩印包装有限公司	包装产品生产	2265.2	2679.6	-15.5	2265.2	2679.6	-15.5	100.0
6	海南广鑫印务股份有限公司	包装产品、书本印刷	7897.3	7735.9	2.1	7652.3	7489.5	2.2	96.9
7	海南锋达彩印有限公司	包装产品生产印刷	0.0	1151.5	-100.0	0.0	1151.5	-100.0	0.0
		总计	65223.5	51103.2	27.6	58587.5	52009.2	12.6	89.8

2016年海口市建材行业规模以上企业生产情况表

单位：万元

序号	企业名称	主要产品名称	工业产值			销售产值			累计产销率（%）
			2016年累计	2015年累计	累计同比（%）	2016年累计	2015年累计	累计同比（%）	
1	海南瑞泽新型建材股份有限公司海口分公司	商品混凝土生产与配送、新型墙体材料生产与配送	10899.5	10151.3	7.4	10899.5	10151.3	7.4	100.0
2	海南盛亨混凝土有限公司	预拌混凝土生产及销售	7370.9	8320.2	-11.4	7370.9	8320.2	-11.4	100.0
3	海南智海混凝土有限公司	预拌混凝土、混凝土机械施工	10101.4	9367.4	7.8	10101.4	9367.4	7.8	100.0
4	海南兆诚混凝土有限公司	各类商品混凝土及混凝土预制件	6285.3	6066.6	3.6	6285.3	6066.6	3.6	100.0
5	海南广胜新型建材有限公司	墙体环保砖	3306.7	2207.4	49.8	3425.5	2374.4	44.3	103.6
6	海南莱仕普卫浴有限公司	从事不锈钢丝编织管、塑料卫浴软管等研发	3249.3	2429.1	33.8	3418.4	2510.7	36.2	105.2
7	共享钢构有限责任公司	钢结构材料加工安装	7758.4	12585.1	-38.4	7758.4	12585.1	-38.4	100.0
8	海南海玻工程玻璃有限公司	生产高档建筑节能玻璃	3832.3	3654.8	4.9	3483.9	3654.8	-4.7	90.9
		总计	52803.8	54781.9	-3.6	52743.3	55030.5	-4.2	99.9

【水电气供应业概况】2016年，海口市水电气供应业共有6家规模以上企业，产品以城市生产、生活用自来水、天然气和电力供应为主。全年行业总体运行平稳，略有下滑，供需平衡。6家企业完成工业产值51.72亿元，下降0.9%，占全市规模以上工业总产值比重约10.4%；销售产值51.39亿元，下降1.1%；产销率99.3%。其中3家供水龙头企业的自来水供应总和1.9亿吨，增长5%；民生管道燃气售气量1.23亿立方米，增长7.3%；海口供电局售电量70.06亿千瓦时，增长8.28%。

2016年海口市水电气供应业规模以上企业生产情况表

单位：万元

序号	企业名称	主要产品名称	工业产值			销售产值			累计产销率（%）
			2016年累计	2015年累计	累计同比（%）	2016年累计	2015年累计	累计同比（%）	
1	海南电网有限责任公司海口供电局	供电	420336.5	414663.3	1.4	420336.5	414663.3	1.4	100.0
2	海南民生管道燃气有限公司	供气	41775.7	38673.1	8.0	38388.6	36287.0	5.8	91.9
3	中海油管道燃料化学（海南）有限公司	供气	15915.5	33374.6	–52.3	15915.5	33374.6	–52.3	100.0
4	海口威立雅水务有限公司	供水	25851.3	23143.1	11.7	25851.3	23143.1	11.7	100.0
5	海口开源水务资产管理有限公司	供水	6889.6	6280.8	9.7	6889.6	6280.8	9.7	100.0
6	海口永庄水务有限公司	供水	6524.9	6040.6	8.0	6524.9	6040.6	8.0	100.0
总计			517293.5	522175.5	–0.9	513906.4	519789.4	–1.1	99.3

2016年海口国家高新区规模以上工业生产与销售总量

单位：万元

指 标 名 称	企业单位数（个）	本年实际产值	比上年增减（%）
工业总产值总计(现行价格)	57	1960012	–1.1
在总计中：轻工业	39	1497599	2.7
重工业	18	462413	–14.4
在总计中：国有企业	1	38000	62.4
集体企业	0	0	0.0
股份合作企业	0	0	0.0
股份制企业	43	1634191	–4.1
外商及港澳台商投资企业	13	287822	12.8
其他经济类型企业	0	0	0.0
在总计中：国有控股企业	4	324719	–3.1
在总计中：大中型工业企业	24	1534843	–3.8
其中：国有企业	1	38000	62.4
工业销售产值总计(现行价格)	57	1856573	–3.5
在总计中：出口交货值	9	102408	–30.7

（市统计局统计报表提供）

工业园区

【工业园区概况】2016年，海口国家高新区和海口综合保税区规模以上工业企业共72家，占全市146家规模以上工业企业数的49.32%；完成工业产值258.8亿元，下降1.5%，占全市规模以上工业总产值51.9%；完成销售产值245.2亿元，下降4.2%，占全市规模以上工业销售产值的50.7%；完成出口交货值17.2亿元，下降16.9%，占全市规模以上工业出口交货值60.1%。

【海口国家高新区工业】海口国家高新技术产业开发区管委会管辖的产业园范围包括：药谷工业园（港澳开发区和国科园）、狮子岭工业园、云龙产业园、海马第二汽车工业园、开发建设中的美安园区和国际创意港，主要产业有电子信息、汽车配件、生物制药、光伏组件制造、印刷包装、新材料等产业。2016年，园区内规模以上企业有57家，完成工业总产值196亿元，下降1.1%，工业销售产值185.66亿元，下降3.5%，工业产值和销售产值分别占全市规模以上工业的39.3%和38.6%，比上年增长4个百分点。

【药谷工业园区】海口药谷工业园区包括药谷一期、二期和国科园及港澳开发区。2016年，园区共有50家工业企业，其中规模以上工业企业35家（一期8家、二期15家，港澳开发区12家）；规模以上工业高新技术企业23家。全年园区内规模以上工业总产值84.97亿元，增长5.9%。主要产业有制药、医疗器械、印刷包装、酒生产、化妆品生产等，是海口市医药生产企业聚集区，也是全省医药生产企业聚集区，其中规模以上医药生产企业21家，占全市规模以上制药企业的53.8%。

【狮子岭工业园】海口狮子岭工业园重点发展新能源、新材料、节能环保、轻工包装业和食品饮料业。至2016年底，园区引进海南英利光伏电池、现代包装工业园等项目，吸引投资超过百亿，成为海南新能源产业集群的标志性园区。2016年共有29家工业企业，其中规模以上工业企业有9家，完成工业产值41.38亿元，下降13.2%；销售产值41.29亿元，下降12.8%。

【云龙产业园】为综合科技产业园，依托临空港优势，重点发展航空装备及应用技术的研发和制造、航空运输指向性的现代制造业、依托机场发展的现代物流业及航空服务业。2016年，园区有6家企业，但只有海南共享钢构有限责任公司、海南红塔卷烟有限责任公司2企业正常生产，海南立昇净水科技实业有限公司2013年开始建设的“膜分离科技产业化基地工程项目”尚未投产。年内，海南红塔卷烟有限公司完成工业产值26.43亿元，下降8.4%；销售产值27.18亿元，下降8.5%；产销率102.8%。海南共享钢构有限责任公司产值及销售产值均为7758.4亿元，下降38.4%。

【海马汽车工业园】分为一期园区和二期园区，其中一期园区由海口综合保税区管理，有11家规模以上企业；二期园区由海口国家高新区管理，有7家规模以上企业。2016年，园区内的18家规模以上零部件配套生产企业由于受一汽海马整车生产影响，完成工业产值20.20亿元，增长2.4%；销售产值20.43亿元，增长2.2%；产销率101.1%。

【海口综合保税区工业】海口综合保税区（包括美国工业村），主要产业有汽车制造业、医药制造业和机电设备制品业等。2016年有规模以上工业企业23家，完成工业总产值112.58亿元，增长1.7%，占全市规模以上工业总产值的22.6%；工业销售产值106.98亿元，下降3.1%；产销率95%。

【永桂开发区】2016年，海口永桂开发区规模以上工业企业有海南通用三洋药业公司、海南通用同盟药业公司、海南海力制药公司，完成工业产值7.86亿元，增长1.2%；销售产值7.55亿元，增长4.7%；产销率96.1%。

【金盘开发区】2016年，海口金盘工业区规模以上工业企业有海南金盘饮料有限公司、海口欣奇食品有限公司、海南莱仕普卫浴有限公司、海南广鑫印务股份有限公司，完成工业产值1.75亿元，增长6.1%；销售产值1.74亿元，增长8.8%；产销率99.4%。

【桂林洋开发区工业】海口桂林洋经济开发区主要工业产业有食品和水产品加工、医药制造等。2016年，海南罗牛山肉类食品有限公司搬迁入桂林洋开发区正式投产运营。有11家规模以上工业企业，完成工业总产值14.91亿元，占全市规模以上工业总产值的3%，增长6.2%；销售产值14.79亿元，增长5.1%；产销率99.2%。

【江东开发区工业】2016年，海口江东开发区规模以上工业企业有海南青牧原实业有限公司、海南佳德信食品有限公司、海南南国食品实业有限公司、海南新大食品有限公司、海南天煌制药有限公司、海南赛立克药业有限公司、海南立昇净水科技实业有限公司7家，主要产业有食品及农副产品加工、医药制药和新材料制造业，完成工业总产值10.22亿元，下降7.8%，占全市规模以上工业总产值的1.6%；完成销售产值8.24亿元，增长11.8%；销售产值9.80亿元，增长5.7%；产销率95.9%。

（翁旋奇）

（编辑：吴坤涛）

农业综述

【农业概况】2016年，海口市全面深化农村改革和转变农业生产发展方式，在推进产业结构调整，深入贯彻落实各项支农惠农政策，着力培育优势特色农产品推进规模化、标准化、品牌化等因素作用下，克服年初持续低温阴雨以及台风"电母"的不利影响，农业经济呈现稳中有增态势。全年农林牧渔业完成总产值103.83亿元，比上年增长2.6%。其中，种植业产值47.96亿元，增长4.3%；牧业产值32.88亿元，下降2.6%。实现农业增加值67.35亿元，增长3.6%。粮食作物总产量15.10万吨，下降8.6%；蔬菜产量55.63万吨，下降1.7%。农村常住居民人均可支配收入1.26万元，增长9.0%。

【农业供给侧结构性改革】至2016年底，海口市以创建品牌农业为抓手，推出海口莲雾、海口蜜柚等十大品牌，新增无公害产地认定209.7公顷（3145亩），占计划的105%；新增无公害农产品17个，占计划的170%；永兴黄皮、永兴荔枝荣获国家地理标志商标；6家企业6个产品被评为海南省名牌产品，培育省著名商标7件、省著名农产品12件。推进"互联网+农业小镇"建设，创办农业示范基地，引导调整农业产业结构。在石山镇新建石斛、香蕉、荔枝、瓜菜、黑山羊、石山壅羊6个示范基地，继续调减低效农作物，扩大发展高效主导产业和特色产品，进一步调优农业产业结构。在种植业结构调整方面，引导农民优选替代产业或品种。结合海口市种植业发展布局和实际，坚持有主有特、分类引导的原则，调减甘蔗、橡胶等低效作物，选择以瓜菜和荔枝、莲雾、蜜柚、香蕉、火龙果、柠檬、榴梿蜜等热带水果为主的主导产业，或选择以淮山、油茶、牛大力、地瓜、毛薯为主的地方特色产业。羊山地区还可充分利用自然资源优势，依托石山"互联网+农业小镇"，大力发展石斛、羊山黑豆、芝麻等地方特色作物。推广优质稻、特种水稻和番薯品种，主推品种是博Ⅱ优315、博Ⅱ优15等13个省推荐的优质稻品种；番薯大力推广脱毒苗种植，主推三角宁、山川紫、高系14等新优品种。年内共种植莲雾、海口蜜柚等高效作物1053.33公顷，优质水稻种植面积1万公顷，推广脱毒苗种植三角宁地瓜66.67公顷。按照"一镇一品，一村一品"等模式，打造特色优势、规模优势、专业优势和品牌优势，形成绿色化引领、标准化生产、规模化经营、产业化发展和效益化提升的现代农业生产经营格局。畜禽养殖业结构调整方面，以稳定生猪生产、做优家禽业、大力发展草食家畜（海南黑山羊、海南黄牛及海南和牛）、积极开发特种畜禽（蜜蜂等）。

【农村土地承包经营权确权登记】2016年，海口市根据《海南省全面推进农村土地承包经营权确权登记颁证工作方案》精神，在完成琼山区云

2016年10月5日，海口市副市长文斌（右二）在东山农业种植基地考察。

（市统发公司 供稿）

龙镇、美兰区演丰镇、龙华区龙桥镇、秀英区海秀镇4个镇试点工作的基础上，全面铺开确权登记颁证工作。至12月底，全市开展确权登记颁证工作的共23个镇（街）（含试点单位），250个村（居）委会；全市的外业测量工作基本完成，共完成测量面积6.46万公顷，占应测量登记耕地面积的105%，并公示成果；签订合同9.56万份；共建立确权登记档案16.9万卷；颁发农村土地承包经营权证2.71万本。海口市确权登记颁证工作在全省工作进度中排名前列。

【强农惠农政策】2016年，海口市农业局加大落实农业补贴工作力度，确保农业补贴政策有效落实。开展育肥猪、水稻、大棚瓜菜等8个全省统一安排的农业保险险种。育肥猪保险完成率138.6%，水稻保险完成率159.7%，香蕉保险完成率244.9%，大棚瓜菜保险完成率353.5%，均超额完成省下达的任务目标。海口市独自开展文昌鸡和黑山羊的养殖保险工作，全市共投保文昌鸡27万只、黑山羊2819只，有效促进文昌鸡、黑山羊养殖业发展。年内共获保险理赔金额1489万元。建立“供精单位—良种猪精配服务站（点）—农户”的供精链，发放畜牧良种补贴187.43万元。拨付2016年品牌农业发展资金635万元，奖励海南广地农业科技有限公司、海南金德丰农业开发有限公司、海口信农砂姜产销专业合作社等37家单位，用于支持农业品牌建设发展。

【农产品质量安全监管】2016年，海口市农业局为各区配备农产品流动检测设备，区级农产品质量安全监管员16名；全面建设镇级农产品质量安全监管站，共配备镇级农产品质量安全监测员80名；新建124个村检测站，246个村委会均配备农产品质量快速检测仪器和2名农产品质量安全监测员，提高基层的检测能力。充分发挥273个基层农产品质量安全监测主体作用，全面加强瓜菜质量监管，将冬季瓜菜品种、收购点100%纳入监测范围。采取流动检测和固定监测相结合的办法，加强检测发证，每天组织500多名监测人员到瓜菜生产基地、收购点进行抽样检测，市级两部流动检测车不定期到各区冬季瓜菜主产地进行流动检测，并且在秀英港、南港码头设立检测点，加强对出岛冬季瓜菜的检测把关，确保出岛检测持证率达100%。全年瓜果菜产品检测数量20.6万个，合格率99.98%，发放检测报告单2.5万份。印发《关于切实做好2015~2016年度冬季瓜果菜质量安全监管工作的意见》《关于切实加强冬季瓜菜质量安全监管工作的紧急通知》《关于印发海口市2015~2016年去冬今春瓜菜质量安全监管和运销工作方案的通知》《2016年农产品质量安全督导工作方案》《海口市区、镇、村级农产品质量安全检测员绩效考评指导性意见》《海口市农产品质量安全工作经费和固定资产使用管理指导性意见》等文件，多次派出督导组对各区冬季瓜菜质量安全监管进行督查。配合农业部和省农业厅检测部门对海口市的农产品质量安全例行抽样和监督抽查工作。

【农业科技创新与推广】2016年，为加快推广测土配方施肥，海口市购置28台测土配方施肥专家触摸屏查询系统，安装在琼山区7个镇农业服务中心以及红旗、云龙镇的21个村委会。该系统包含测土配方基本数据及肥料配方，以及农作物常见病虫害防治技术措施、农作物常见病虫害图谱等方面的内容。农民可以从触摸屏上查询自己田块的养分情况，找出主要作物的施肥方案，指导农民科学合理施肥，还可以从系统上学到有关农作物病虫害防治技术。在红旗镇尔裕村三红蜜柚基地和福地洋建立“化肥减施增效示范区”，并协助海南省土肥站在琼山区红旗镇开展“化肥减施增效”培训活动，向省、市级领导及各市县农技中心，展示海口市开展化肥减施增效工作的基本情况。进一步加强推进农作物秸秆综合利用，推广秸秆腐熟还田1.04万公顷。

【农业面源污染防治】2016年，海口市农业局加大农业面源污染防治工作力度。全年节水农业推广面积2800公顷，其中常年蔬菜基地推广面积1133.33公顷，热带水果基地及热带经济作物推广面积1666.67公顷；以地膜覆盖为主的旱作技术推广面积6666.67公顷。有序推进化肥、农药减量行动，全年农业生产施用化肥8.27万吨、农药0.106万吨，分别减少0.7万吨和0.02万吨。因地制宜推广秸秆还田、增施有机肥等技术，使全市项目区土壤有机质含量提高0.5%~1%。推广增施有机肥技术近2000公顷，农作物平均增产5%以上。

【冷链物流体系建设】截至2016年12月底，海口市历年（2007~2016年）累计建设农产品田头预冷保鲜库34家，总库容量6.38万吨，为社会提供500多个季节性的就业岗位，带动万余农户年均增收5000多元。

2016 年海口市田头预冷库建设情况

序号	业主单位	占地面积（平方米）	冷库容量（吨）	冷库所在地
1	海南钟龙实业开发有限公司	17169.28	12876.96	琼山区府城镇
2	海口大民乐瓜果菜产销专业合作社	2603.47	1952.6	美兰区大致坡镇
3	海口盛民瓜菜专业合作社	3445.43	2584.07	琼山区红旗镇土桥墟
4	海口秀顺香蕉产销专业合作社	1066.67	800	秀英区永兴镇海榆中线 24 千米处
5	海口绿民农业开发有限公司	2168.53	1626.4	琼山区红旗镇
6	海口群绿种养专业合作社	56	42	美兰区灵山镇锦丰村委会锦堂村
7	海口绿佳果菜产销专业合作社	1066.67	800	美兰区灵山镇
8	海南龙浩生态农业有限公司	22.93	17.2	龙华区龙泉镇大叠村
9	海南顺得发贸易有限公司	1546.67	1160	甲子镇仙民农产品交易市场
10	海口绿必康瓜果菜专业合作社	1320	990	海榆中线 9 千米石山路口 1 号
11	海南力合泰食品有限公司	4741.33	3556	秀英区狮子岭飞地工业园
12	海口新裕和冰制品有限公司	1026.67	770	美兰区演丰镇美兰墟
13	海南南荔王科技发展有限公司	986.67	740	琼山区三门坡
14	海口永吉利冷冻厂	1047.53	785.65	海榆中线 3 千米处
15	海南农商农资商贸综合广场有限公司	957.33	718	琼山区府城镇（6 千米处）
16	海南绿川种苗有限公司	536	402	美兰区灵山镇
17	海南中商农产品中心市场有限公司	20000	15000	秀英区西秀镇
18	海南裕昌龙实业有限公司	505.33	379	美兰区三江镇莲雾基地
19	海南成丰种业有限公司	272	204	琼州大道 178 号、三门坡镇谭仙大道
20	海口喜洋阳冷冻食品有限公司	2390.67	1793	海榆西线 12 千米处
21	海口天源叶花卉产销专业合作社	76	57	琼山区三门坡三门街
22	海口鸿琛工贸有限公司	210.67	158	秀英区富康路南
23	海口农盛达荔枝产销专业合作社	170.67	128	琼山区甲子镇民兴村
24	海南罗牛山农业科技有限公司	384	288	美兰区罗牛山农场内
25	海南亚蔬高科技农业开发有限公司	3120	2340	海南现代农业示范园内
26	海口炎龙食用菌科技有限公司	4233.33	3175	美兰区三江镇
27	海口美港包装有限公司	144	108	英永桂开发区内
28	海南广地农业科技有限公司	883	580	秀英区东山镇
29	海口洪庄种养专业合作社	48	36	演丰镇苏民村委会红庄二队
30	海口宏利水果种植专业合作社	50.67	38	琼山区三门坡红明农场
31	海南亚蔬高科技农业开发有限公司	4565.33	3424	秀英区椰海大道
32	海南金田农业科技发展有限公司	13200	2675	秀英区海榆西线工业科技城内
33	海南美港现代农业科技有限公司	3300	645	秀英区永桂开发区内
34	海口瀚居果蔬产销专业合作社	8580	2980	琼山区三门坡镇龙马村
	合计	101894.85	63828.88	

【新型职业农民培育】2016年，海口市共举办32期新型职业农民培训班，培训学员1060名。其中生产经营型20期，学员560名；专业技能型12期，学员500名。

【农业抢险抗灾】2016年，在应对低温阴雨和台风暴雨对蔬菜造成严重影响的工作中，海口市各级农业部门在组织菜农抓好抢收、抢管蔬菜的同时，及时组织种植叶菜供应本地市场。1月持续寒流天气后，2月6~20日组织抢种蔬菜342.6公顷；在分别受8月18日台风“电母”和10月18日台风“莎莉嘉”灾后的半个月时间内，分别抢种蔬菜501.47公顷和916.67公顷，为尽快恢复生产和市场供给打好基础。（洪章海）

【2016年冬交会】2016年12月12日，中国（海南）国际热带农产品冬季交易会在海南国际会展中心开幕。本届冬交会主要以名优、特色、品牌农产品及科技成果的展示、线上线下交易和项目招商洽谈为主，重点展示海南农业成就。共设置38个展馆展区，其中室内展馆（区）33个、室外展区5个，面积8万多平方米。除海南特色展馆的23个展区外，还开设“一带一路”国际馆、全国农业品牌馆等特色展馆，参展企业涵盖俄罗斯、德国、澳大利亚、意大利等30个国家和地区。其中海口展馆有四大特色：突出宣传海口市十大农业品牌，以品牌创建引领现代农业发展；突出农产品加工业，彰显省会城市农产品加工中心的龙头地位；突出冬季瓜果菜产业，以冬季瓜果菜产销订单对接作为农民增收的重要手段；突出农产品网上交易，以信息技术牵引现代农业经营。参加海口展馆布展的农产品加工企业有39家，有椰子、咖啡、胡椒、辣椒、芦荟、畜产品及其他系列上百种加工农产品，全面展示海口市特色鲜明的农产品加工品，彰显省会城市农产品加工中心的龙头地位。同时，组织豇豆、木瓜、圆椒、泡椒、尖椒、香蕉、莲雾等30多个冬季瓜果菜特色农产品在海口展馆展示，宣传推介海口农产品产业化、品牌化、国际化。12日下午，海口市政府举行农产品订单和农业招商项目集体签约暨冬季瓜果菜优秀运销商表彰大会。会上，14个农产品订单合同和2个农业项目协议进行集体签约，农产品订单签约数量10.05万吨，金额4.72亿元；农业项目签约金额4000万元；表彰海口秀顺香蕉产销专业合作社吴坤宽、海口群绿种养专业合作社郭义群等17名“2015~2016年度海口市冬季瓜果菜优秀运销商”。

12月15日，冬交会闭幕，4天人流量超出26万人次。本届冬交会创以下历史新高：（1）展会规模规格创历史新高。本届“冬交会”共设38个展馆展区（上年34个），总面积80900平方米（比上年多900平方米）。实际展位2000个（比上年增加150个），参展企业1732家（比上年增加52家），展商3720人（比上年增加120人），产品5000多种（比上年增加1000个），展区、展馆规模、参展企业、参展商、参展产品数量为历届之最。其中“一带一路”国际馆参展参销产品2000多种，全国供销馆等参展参销产品800多种。会展期间，农业部分别在海口、陵水召开全国农业物联网大会、全国农产品加工业区域经济交流合作会和国际农科院院长高层研讨会。（2）订单签约金额创历史新高。全省共落实冬季瓜菜、热带水果等销售订单1823宗，金额521.26亿元，首次突破500亿元大关，较上年增加127.26亿元，增长32.3%。在12日举行的优电联盟优质农产品采购暨单品竞购会上，不到1个小时就采购海南省25种主要农产品共492万吨，总成交额254.96亿元。海南省供销合作联社积极开展洽谈推介活动，全国供销系统共落实合同订单128宗，金额29.73亿元。（3）现场交易创历史新高。现场线上线下交易销售总额10.29亿元。线上交易总额7.89亿元，其中“互联网+农业小镇馆”交易4.17亿元；现场销售0.41亿元，较上年增加2960万元，增长265.7%。（4）农业投资招商项目签约金额创历史新高。全省农业招商项目106个，投资金额440.32亿元。其中在12日举行的农业投资项目招商暨农业金融服务推介会上，现场签约的农业招商项目29宗，总投资金额112.8亿元，较上年签约项目总投资额84.51亿元增加28.79亿元，增长34.1%，其中上亿元项目有12个。强化招商与金融对接，省农信社再为15家涉农企业授信签约，授信金额50亿元。（5）参展产品数量科技含量创历史新高。参展参销的产品中，自动化、智能化程度等科技含量为历届冬交会之最。在现代农业装备展区中，定位导航无人驾驶拖拉机等一批新型现代农业装备首次亮相本届冬交会，并首次实现农机产品出口。（6）“互联网+”农业小镇建设影响度创历史新高。淘宝海南馆冬交会期间总成交额1400万元；特色中国海南馆新入驻企业1246家，入驻商品1.87万个，累计成交额14.13亿元，增长45%。（7）展会“国际化”程度创历史新高。本届冬交会参展客商中有来自30个国家与中国港澳台地区的200多家企业，参展国家和企业比上年增加30%以上，标志着冬交会作为海南省农业对外合作与交流的国际平台已经形成，国际化程度创历届新高。本届冬交会上，海口市组织参展企业和合作社共39家，邀请国内外客商200人；共落实农产品合同订单71宗，订单签约总量30.5万吨，金额21.85亿元。重点推出桂林洋国家热带农业公园项目招商，项目总投资约130亿元，其中PPP项目投资69亿元，2016年起步区项目22个，投资约38亿元。在石山互联网农业小镇，成功举办2016年全国农业物联网大会，推广石山互联网农业小镇建设模式和经验。

（杜惠珍）

农业产业化

【农业产业化概况】2016年，海口市农业局以重点项目带动特色农业向标准化、规模化、产业化发展，全面推进海口现代农业示范区建设，促进海口农业绿色崛起。至年底共建成西海岸1号农庄、博盈兰花观光园、冯塘绿园3家省级休闲农业示范基地；新成立169家农民专业合作社，累计成立2060个合作社，带动农户6.25万户，注册资金30.96亿元；永兴黄皮、永兴荔枝分别荣获国家地理标志农产品登记保护和注册商标；海口云龙淮山专业合作社云龙淮山等6家企业6个产品评为海南省名牌产品，培育省著名商标7件，省著名农产品12件。

【观光休闲农业】2016年，海口市农业局根据《海南省人民政府办公厅关于开展绿化宝岛大行动暨“四园”建设督查工作的通知》要求，对2015年建设的10家休闲农业观光果园进行验收及评定，对项目的经费使用、进展情况和实施成效进行全面详细的分析与总结。通过科学规划，不断加大投入，按照省级休闲农业示范基地标准，大力开展休闲农业示范基地的建设工作，共建成西海岸1号农庄、博盈兰花观光园、冯塘绿园3家省级休闲农业示范基地。

【农民专业合作社】2016年，海口市农业局为加强对合作社理事长和财务人员的培训，进一步规范合作社建设，提高合作社管理水平，会同省农业厅举办1期培训班，共培训合作社理事长及财务管理人员200多人。加大示范社的引领和带动作用，年内新增6家市级示范社，全市共有省级合作社示范社5家，市级合作示范社27家。新成立169家农民专业合作社，至年底，共有2060个合作社，占全省合作社总数13.1%。按产业分类，畜牧业668家，种植业534家，水产107家，林业108家，农产品运销44家，农产品加工42家，农机26家，综合531家。社员总数1.42万人，占全市总户数的8.8%；带动农户6.25万户，占全市总户数的38.6%；注册资金30.96亿元。

【农业龙头企业】2016年，海口市不断加大对农业龙头企业等新型农业经营主体的扶持力度，大力发展标准化、规模化经营，促进农业增效、农民增收。共组织5家农业企业申报省级农业龙头企业，对31家省级农业龙头企业进行运行监测。年内，全市共有省级以上农业龙头企业45家。其中，国家级农业龙头企业6家，形成以畜禽养殖加工、果蔬加工、热带农作物种植为主的农业龙头企业。

【“丝路海口·都市田洋”农业品牌创建】2016年，海口市提出“丝路海口·都市田洋”作为品牌农业定位，以“丝路海口”承载海口作为交通、文化交流纽带的厚重历史，彰显对“21世纪海上丝绸之路”的积极响应；以“都市田洋”表述海口“现代都市农业发达，产品行销全国各大都市”的现实，终将打造成为富足海南农民、服务全国人民餐桌的一张王牌，更蕴含着将海口优质农产品通过丝路推向海内外的美好愿景。9月4日，2016年海口市十大农业品牌发布会在石山互联网农业小镇举行，以“丝路海口·都市田洋”作为海口十大农业品牌定位，推出海口莲雾、云龙淮山、大坡胡椒、海口蜜柚、美兰三角宁地瓜、海口甲子牛大力、永兴荔枝、永兴黄皮、石山黑豆、海口火山石斛为海口十大农业品牌。市农业局将海口市品牌农业创建规划为三大板块：西部火山富硒特色农业板块，主要突出火山地质及土壤、生态环境等；南部农业金丝带板块，主要突出万亩田洋、富硒富锗等地缘特点；东部绿色生态农业板块，主要突出红树林生态特点。以此引导农业产业布局，推动农业产业结构转型优化，加快热带农业朝特色化、规模化、品牌化发展。市政府、琼山区政府分别与中国热带农科院、省农科院签订战略合作协议，加快农业科技成果转化，共同示范推广具有前瞻性的农牧新品种、新技术、新模式，着力建造一批有区域特色的农业观光园、热带水果园，打造海口农业品牌。

【海口莲雾】向来是海口的优质产业之一，其种植面积之广、种植规模之大，在整个海南独占鳌头。海口莲雾，果实清甜爽口，鲜脆多汁，富含多种维生素和矿物质元素，营养价值极高。海口莲雾最为出名的是产自琼山区云龙镇的“中国红”莲雾与产自美兰区三江镇的“黑金刚”莲雾两个品种。其中“中国红”莲雾是海南特有品种，具用肉嫩水多形美的特点，且通过分片种植和管理，实现四季开花结果，莲雾天天上市；黑金刚莲雾主产地为三江镇豪福江莲雾示范基地，曾获得“海南省无公害产品产地认证”“国家农业部热作标准化生产示范园”等多项荣誉，为博鳌亚洲论坛指定专用果品。2016年种植面积226.67公顷，产量1.7万吨。

【海口蜜柚】主要种植于海口市琼山区的缓坡丘陵地形与酸度适宜的红壤土，当地果农利用“有益菌种”的土壤培育技术，配合传统农家肥方式种植出最生态的海口蜜柚，果肉晶亮、多汁柔软、不留残渣、果香盈口，并富含多种维生素及镁、钙、铜等10多种对人体有益的矿物质营养元素。主要品种有：海口红肉蜜柚，以果肉红艳、营养丰富而著称；海口三红蜜柚，以红色果皮、红色海绵层、红色果肉及红色老区、红色酸性土壤种植而闻名；海口泰国柚，来自泰国的柚子品种，果皮淡黄色，果肉白色。2016年种植面积379.33公顷，产量4267.5吨。

【石山黑豆】种植于海口市石山镇。石山镇有因火山喷发出的火山岩经过风化的作用，形成富含矿物质与微量元素的土壤，非常有利于石山黑豆的生长。而石山黑豆因种植于火山岩土壤中，汲取火山灰内的丰富营养，富含矿物元素及硒元素。豆农们坚持千年传承的古法种植：不打农药、不施化肥、人工除草。因为采用原始脱粒方式，石山黑豆与普通黑豆不一样，显得大小不一，还带有一层薄薄的火山灰。用本地黑豆加工而成的石山黑豆腐及其衍生菜品是驰名海南的名菜之一。2016年种植面积333.33公顷，产量500吨。

【美兰三角宁地瓜】海口本土优良番薯品种，因其独特的三角形叶子而得名。主产区位于美兰区内的海南东寨港红树林自然保护区后，松软的咸沙地特别适宜地瓜的生长，且因为沙地中含有的海盐成分，美兰三角宁地瓜也将咸味吸收，形成独特的甜中带咸的口感。地瓜皮薄，香甜中带有特殊清香味，粉度适中、口感细腻，糯甜中带有微微的咸味。2016年种植面积133.33公顷，产量2000吨。

【海口火山石斛】种植于海口西部火山富硒地区，依托火山熔岩地貌的生长环境，有着独特火山品种和药用特性，石斛碱含量高达0.6%以上，其有效成分高于国家药典标准1.5倍。万年火山石种植，富含硒、钠、镁、铝、硅、钙、铁等数十种矿物质和微量元素，检测皆达国家一级农业种质标准，天然蜂窝多孔，是菌胶团最佳的生长环境。海口火山石斛依托羊山地区独特生态环境，以现代医药科学技术续力品牌发展，与中国医科学院、中国科学院过程工程研究所、联合国千年发展目标健康中国行委员会等机构和单位建立长期战略合作关系，为海口火山石斛的发展提供坚实的技术保障。2016年种植面积66.67公顷，产量300吨。

【永兴荔枝】海口羊山地区火山群的主体火山口，是中国荔枝原生地之一，因其独特的地理历史环境和神奇火山地质土壤，造就了世界上稀奇的荔枝品种。2014年，永兴荔枝获得国家地理标志农产品注册商标。主要品种有：紫娘喜荔枝，原名蟾蜍红，母树在雷虎岭火山灰辐射地带永秀道心村，树龄100年以上，单果重80克，具有早结、丰产、果特大、外观喜人、耐贮运等优点，肉厚而质软，汁多而味清甜，具有荔枝王的美誉；大丁香荔枝，母树在雷虎岭火山灰辐射地带建群乡儒林村，树龄100年以上，是目前焦核品种中综合性能最强的品种，果肉乳白色，质地细嫩爽脆，味清甜，含香气，具有外观诱人、较稳产丰产、优质的优点；南岛无核荔枝，母树在雷虎岭的周边建中南岛村，母树树龄约100年，为罕见的珍贵无核品质资源之一，果实无籽无核，可食率高，肉质软滑多汁，味清带酸，品质上乘。2016年种植面积867.47公顷，产量6506吨。

【永兴黄皮】海口永兴镇是世界黄皮原产地之一，其野生黄皮林生长年代久远，是世界黄皮种质资源基因库之一。永兴镇大力发展黄皮产业，从野生黄皮林中精选优良品种进行嫁接改良、驯化培育，不断提升无核黄皮、大小鸡心黄皮质量，逐步扩大种植规模，更是培育出世界独有的本地黄皮品种，真正造就海口永兴黄皮的“人无我有，独一无二”。2016年，永兴黄皮获得国家地理标志农产品注册商标。主要品种有：永兴无核黄皮，果肉中没有果核，汁多味甜，清爽微酸；永兴大鸡心，果实呈鸡心形，果大而皮较厚，果皮蜡黄有光泽，果肉质地结实，味清甜而微酸，带有独特蜜香；永兴小鸡心，较大鸡心黄皮，小鸡心黄皮果形要小、可食率要高，果肉黄白色，风味甜中带酸，甜度口感俱佳。2016年种植面积866.67公顷，产量9100吨。

【大坡胡椒】海南是中国最大的胡椒主产区，海口市大坡镇是海南最大的胡椒生产基地。大坡镇自1982年开始胡椒种植，产品远销海外。大坡胡椒引进欧盟良好农业标准，不断提高产品品质，严把质量关，获得GAP认证；大坡胡椒基地通过省农业厅“无公害农产品”生产基地认证及中国热带作物协会的农业科技示范基地认证。大坡胡椒，黑椒辛香、白椒香浓，口感辣而不烈，温热滋补。2016年种植面积2966.8公顷，产量4450.2吨。

【海口甲子牛大力】牛大力，主要成分有蛋白质、淀粉质、多糖及生物碱等，其气味甘香，性温和，具有平肝润肺、养肾补虚、养生健体等作用，素有“南方小人参”的美誉。是海口市著名农产品之一，种植在琼山区甲子镇天然坡地，这里蕴含火山矿物成分，肥力深厚。2016年种植面积66.67公顷，产量1200吨。

【云龙淮山】种植于海口市云龙镇肥沃的富硒富锗土壤中，使其含有多种优质矿物质和微量元素。从20世纪90年代中期开始，云龙镇引进先进种植技术，率先以科技支撑实现淮山的规模种植；成立专业合作社，建立产品质量标准，逐步研发独具特色的本地淮山优质种。其外形笔直而饱满；切感爽脆，切口断面白润；黏液丰富，肉质坚实而粉糯。2016年种植面积467公顷，总产量1.75万吨。

【现代化农业示范基地建设】2016年，海南石斛健康产业园顺利推进，完成投资5000万元，占计划的100%；海南农副产品交易配送中心及产业园配套项目年内计划投资2亿元，截至11月底，完成投资3.6亿元，完成全年投资额158%，累计完成总投资6.5亿元，占总投资额的55%；启动建设淮山汁加工项目，逐步实现云龙淮山生产的标准化、品牌化、产业化；扶持云龙金德丰红莲雾、三江豪福江莲雾产业园区（基地）提高标准化生产水平，增强示范带动能力，新增种植莲雾213.33公顷。年内，椰乡世外桃源休闲农业基地、海南热带芳樟树种植海口示范基

地、海口牧榕文昌鸡养殖基地等3个农业基地被评定为省级现代农业示范基地。（洪章海）

农村扶贫

【农村扶贫工作概况】2016年，海口市农村贫困人口有1916户8243人，分布在4个区19个镇165个行政村814个自然村；需巩固提升的贫困人口2030户8970人，分布于4个区17个镇131个行政村；农场贫困人口52户185人，分布于桂林洋、三江、东昌、红明等4家国有农场，其中农业户籍贫困人口14户71人，全部在红明农场。年内，省下达海口市计划减贫8434人，按产业和设施、培训和转移就业、教育、医疗救助、社会保障兜底5个方面措施实施精准到户帮扶。至年底，全市实现8453人精准脱贫，完成计划任务的100.2%；实现6个贫困村整村脱贫。

【实施5项帮扶措施精准帮扶】2016年，海口市按产业和设施、培训和转移就业、教育、医疗救助、社会保障兜底5个方面措施实施精准到户帮扶。其中：产业和设施帮扶投入5287.84万元，帮扶1719户7402人，措施覆盖率100%；投入1644.6万元，危房改造帮扶278户贫困户，改造危房278间，全部完工；培训和转移就业帮扶投入210万元，开展农业技术和就业技能培训5968人次，转移就业817人；教育帮扶投入521.5万元，资助2333名贫困家庭子女学业；医疗救助帮扶投入354.9万元，帮助1.13万名贫困人口参加新农合，救助大（慢）病患者298人次，开展其他救助88人次，实现应扶尽扶；社会保障兜底发放资金186.30万元，317户814人被纳入低保，实现应保尽保。

【扶贫途径创新】2016年，海口市充分发挥资源优势和产业优势，各区、镇和帮扶单位勇于摸索、大胆创新，

2016年12月30日，海口市委常委、市纪委书记李湖（右二）带队到甲子镇青云、民昌村委会走访慰问贫困户。（市纪委 供稿）

涌现如市工商联发动41家爱心民营企业认领帮扶500户贫困户脱贫的“社会力量牵手贫困户”、龙华区构筑精准扶贫待援项目平台供爱心企业和社会人士认购的“爱心扶贫超市”、大坡镇王峰种养专业合作社帮助全镇贫困户代养种羊助脱贫的“合作社+贫困户”、遵谭镇5户贫困户自发抱团互助脱贫的“贫困户+贫困户”、新发地和石斛产业园等农业龙头企业接纳贫困户携帮扶资金入股企业享受分红的“企业+贫困户”等一大批扶贫开发新模式，有效推进脱贫攻坚工作。

【老区建设】2016年，海口市共投入老区建设资金1296万元，建设项目41个，硬化道路23.39千米、场地2250平方米，铺设修复水管6.5千米，建设休闲点2个，安装路灯等照明电力设施80盏等。实施一批道路工程、文化工程、电力工程、安全饮水工程，使4个区16个镇41个老区村庄群众受益，受益人口3938户1.75万人，所有项目全部按计划完成，完成率100%。其中：秀英区安排资金246万元，建设项目4个，全部为道路工程建设项目，涉及2个镇4个村；龙华区安排资金280万元，建设项目7个，包括道路建设、文化室活动场所建设、电力和农水建设等，涉及4个镇7个村；琼山区安排资金510万元，建设项目26个，包括道路建设、文化室活动场所建设等，涉及7个镇26个村；美兰区安排资金260万元，建设项目4个，全部为道路工程建设项目，涉及3个镇4个村。

【整村推进村建设】2016年，海口实施秀英区东山镇马坡村委会、龙华区新坡镇仁里村委会、美兰区大致坡镇昌福村委会、琼山区甲子镇琼星村委会、琼山区旧州镇雅秀村委会和旧州村委会6个贫困村整村推进，共有3728户1.78万人，其中建档立卡贫困户142户580人。对照整村推进“十项建设”的内容和标准，按“缺什么补什么”的原则，各区针对每个村庄的具体情况制定“一村一案”，共投入资金2822.8万元，安排6个整村推进村共48个基础设施建设项目。至年底，6个整村推进村庄全部按计划达到脱贫标准退出，完成率100%。

【农垦扶贫】2016年，海口市新增纳入农场农业户籍贫困人口14户71人，全部分布于红明农场。对于农场中农业户籍贫困人口帮扶，明确红明农场是帮扶主体，辖区区、镇政府配

合共同做好帮扶工作。按海口市的统一安排，制定农场贫困户“一户一策”帮扶方案，明确帮扶责任人，细化帮扶措施。琼山区先期落实帮扶资金45万元用于贫困户帮扶工作，后按省财政专项资金（第二批）的用途，将84万元全部下达红明农场。分别对14户进行产业帮扶，从土地安排、种苗供应、技术指导上帮扶；对14户进行医疗救助帮扶；为11户提供转移就业帮扶。同时还根据贫困户的具体情况，开展教育帮扶、医疗救助等综合帮扶。至年底，有3户贫困户达到脱贫标准退出。

【农村扶贫资金分配与使用监管】2016年，海口市共筹措帮扶资金10339.9万元，其中：中央资金3148万元，省财政资金1527万元，市财政资金5064.9万元，区财政资金600万元。全年实际支出10182.88万元，进度98.48%，完成省“12月25日前完成95%”的目标要求。其中：秀英区扶贫资金安排2530.4万元，实际完成支出2530.4万元，支出进度100%；龙华区扶贫资金安排1490.1万元，实际完成支出1461万元，支出进度98.05%；琼山区扶贫资金安排5049.1万元，实际完成支出4966.3万元，支出进度98.36%；美兰区扶贫资金安排1240.7万元，实际完成支出1220.79万元，支出进度98.4%。在资金监管方面：精准使用资金，按年度脱贫攻坚任务，资金全部下达各区，各区将资金直接分配到镇，由镇统筹使用，实现市、区、镇“直通车”和“一个水龙头出水”，便于资金监管，极大提高资金使用精准和效率；严格资金使用，财政部门会同审计、纪检强化财务监督，不定期对各区精准扶贫资金使用管理情况进行抽查和专项检查，对资金申请、分配、拨付、管理、使用进行全程跟踪监管，保障资金安全运行。

【结对帮扶贫困村（户）】2016年，海口市建立“领导挂点、单位包村、干部包户”的长效运行机制，确保每个区有市四套班子领导联系帮扶，每个整村推进的村庄有单位包村帮扶，每个贫困户有干部结对帮扶，做到不脱贫不脱钩。安排34名市级领导与4个区结对挂点帮扶（每位厅级以上干部包10户），94个市级单位与814个自然村结对帮扶，指定帮扶责任人与贫困户结对开展到户帮扶。各区和镇也安排责任单位和责任人开展结对帮扶工作，做到每个贫困户都有“市、区、镇、村”四级责任人进行帮扶。

（陈金芳）

农业机械化

【农业机械化概况】2016年，海口市借国家强农惠农富农政策，推广耕整机械、收获机械、设施农业设备等新机具技术；农机购置补贴工作全面贯彻“自主购机、定额补贴、区级结算、直补到卡（户）”补贴原则。全年全市农机总动力55万千瓦，农机合作社7个，农机手1.82万人；水稻机耕水平85%，机收水平88%；农机作业综合水平60%。

【农业机械化作业】2016年，根据农机系统数据统计，海口市主要农作物水稻机耕面积26634.7公顷，水稻机收面积27574.75公顷，水稻机耕水平85%，机收水平88%；花生机耕面积10879公顷；农机作业综合水平60%。

【农机购置补贴】2016年，海南省农业厅安排农机购置补贴中央资金450万元、省级资金80万元，2015年中央资金结余1159.90万元、省级资金结余244万元，共1933.90万元。年内，海口市农机补贴申请补贴指标确认书216份，受益户171户、机具218台，补贴资金277.49万元。

实施扶贫整村推进，新建的美兰区大致坡镇农冷坡村道路。摄于2016年1月5日。

美兰区大致坡镇农冷坡村道路建前。

（市委农办 供稿）

【农机安全管理】2016年，海口市农业局核发拖拉机、联合收割机行驶证41本，拖拉机过户275本，驾驶证换发1020本；核发拖拉机、联合收割机驾驶证241本，完成年度计划160%。拖拉机年检3629台，完成年度计划的103%。全年开展专项整治行动56天（次），其中交警与农机管理部门联合执法39次，纠正违章拖拉机1230多辆次；开展下镇集中年检巡回服务工作39场，现场办理拖拉机年检将近2561台；开展宣传教育42场，参加机手3825人；隐患排查检查拖拉机2689台，排查出一般事故隐患865台，整改865台，整改率100%。

【农机教育培训】海口市农业机械学校作为全市目前唯一规范化、权威化农机驾驶培训机构，2016年，举办常规农机驾驶员培训班7期，培训学员375名，培训内容包括道路交通法等理论教育和场地及道路的驾驶训练，学员培训后通过各科目考试合格可以取得拖拉机驾驶证，有效推动海口市农机驾驶员持证率的上升，为农业生产服务。

【农机专业合作社】2016年，海口市有7个农机合作社，分别是红旗镇农机作业专业合作社、海口琼南农业机械专业合作社、海口金宇农机服务专业合作社、海口益民农机作业服务合作社、海口云阁收割机服务专业合作社、海口云岭农机服务专业合作社、海口应民农机专业合作社。合作社从业人数96人、机具数量161台，全年完成机耕面积3605.6公顷，机收面积3964.3公顷。

【农机质量监管】2016年，海口市有19个农机维修网点，均取得相应等级的《农业机械维修技术合格证》，从业人员45人，均办理相应的执业资格证书。开展“3·15”农资打假活动，检查现代绿野公司等8个农机经销商、农机产品1338件。

种植业

【种植业概况】2016年，海口市种植业产值47.96亿元，比上年增长4.3%。常年瓜菜基地保有面积3466公顷，其中瓜菜设施大棚310公顷；瓜菜种植面积2.85万公顷，产量56.57万吨，分别下降1.04%和2.25%；农作物种植面积7.62万公顷；水果种植面积1.76万公顷，产量21.11万吨。

【粮食生产】2016年，海口市粮食作物播种面积3.53万公顷，总产量15.1万吨，分别下降8%和8.6%。其中早稻种植面积1.39万公顷，产量6.83万吨、分别下降13.5%和11.4%；晚稻种植面积1.41万公顷，产量5.73万吨、分别下降7.3%和6.6%；薯类种植面积6819.4公顷，产量2.42万吨，分别增长1.6%和下降8.5%；豆类种植面积428.33公顷，产量1010.99吨，分别增长23.2%和238.2%。

【热带作物及经济作物生产】2016年，海口市热带作物种植面积1.82万公顷，其中新种面积450公顷，收获面积0.81万公顷。其中橡胶种植面积1.18万公顷，收获面积0.36万公顷，产量2638吨，增长51.61%；槟榔种植面积1948公顷，收获面积1040公顷，产量2915吨，增长24.04%；胡椒种植面积2755公顷，收获面积2272公顷，产量3477吨，增长11.16%；椰子种植面积1666公顷，总产量808.31万个，下降9%。年内，全市经济作物种植面积4305公顷，下降11.96%；总产量4.65万吨，下降38.65%。

【蔬菜生产】2016年，海口市瓜菜种植面积2.85万公顷（含复种），总产量56.57万吨，分别下降1.04%和2.25%。常年瓜菜基地保有面积3466公顷，其中瓜菜设施大棚310公顷，常年蔬菜基地产量20.46万吨，市场自给率77%。

【“菜篮子”基地建设】2016年，海口市菜篮子集团计划在大荒洋、七水洋建设菜篮子种植基地面积410.53公顷，至年底共整地115.33公顷，种植面积85.33公顷。其中大荒洋基地180.53公顷，完成整地100公顷，种植蔬菜72公顷；七水洋基地230公顷，完成整地15.33公顷，种植蔬菜13.33公顷。

海口市“菜篮子”蔬菜基地。摄于2016年10月16日。（市菜篮子公司 供稿）

【蔬菜大棚建设】2016年，海口市菜篮子集团计划建设蔬菜大棚21.33公顷，总投资4320万元，至年底，建成8公顷。

【育种基地】至2016年，海口市累计建成5个集约化育苗中心，占地面积1.67公顷，总投资1500万元。主要建设内容为育苗大棚、苗床、库房，购置育苗设备等。全年冬季瓜菜集中育苗1570.66万株，主要有茄子、黄瓜、苦瓜、南瓜、丝瓜、椒类等品种。

【水果种植】2016年，海口市水果种植面积1.76万公顷，其中当年新种面积499公顷，总产量21.11万吨。其中荔枝种植面积5845公顷，产量2.99万吨，分别下降7.3%和增长5.65%；香蕉种植面积2998公顷，产量7.33万吨，分别增长0.17%和4.27%；菠萝种植面积2058公顷，产量4.85万吨，分别增长2.69%和下降2.22%；龙眼种植面积674公顷，产量1230吨，分别下降9.16%和45.38%。

【农作物病虫害防治】2016年3月，海口市农业局完成东山镇、龙泉镇、城西镇3个点农田灭鼠示范工作。统一采购防控药物0.005%溴敌隆饵剂3.24万千克，分发给东山镇2.7万千克、龙泉镇4600千克、城西镇760千克，防治总面积2333.33公顷（其中东山镇2133.33公顷，龙泉镇五一村委会133.33公顷，城西镇苍东村66.67公顷），农舍1.2万户；举办农田害鼠防控技术培训班3次，培训人数500人，在海口广播电视台双创频道宣传报道1次，防治效果85.49%。

【农药管理】2016年，海口市农业局组织农业联合执法，开展农药打假专项治理行动，加大对农资批发市场和乡村农资集散地的检查力度，实行“五不放过”措施，即“证照不齐全不放过，基本情况（进、销、存）不查清不放过，问题农药不下架不放过，问题农药不封存不放过，消费者投诉未处理不放过”，开展拉网式清缴禁用高剧毒农药。发动镇、村干部群众，开展群治群防，从查找田头农药瓶追溯到销售农药的源头，严厉打击地下销售渠道和销售点，以杜绝问题农药在市面上流通，确保农药市场销售安全。全年共出动执法车辆137台次，出动执法人员584人次，检查农药经销单位1170余家次；查处违法行为6起，查获假冒农药100多件和未通过登记备案擅自运输携带进入本经济特区农药1.82万千克，罚没款3.81万元。

畜牧业

【畜牧业概况】2016年，海口市农业局以农业供给侧结构性改革为指导，围绕稳猪、促禽、增牛羊的发展思路，以提高畜产品质量为工作目标。科学规划，促进畜牧业转型升级，发展生态循环农业，实现畜禽产品的提质增量，畜牧业取得健康的发展。全年生猪出栏70.48万头，比上年下降9.9%；禽类出栏1284.67万只，增长5.41%；牛出栏2.06万只，下降10.7%；羊出栏10.06万只，增长1%；禽蛋产量0.95万吨，增长10.16%；牛奶产量0.14万吨，下降4.9%；肉类总产量8.59万吨，下降6.98%。畜牧业总产值32.88亿元，占农业总产值的31.67%。

【养殖业结构调整】2016年，海口市畜牧业主要以“调产能、降成本、补短板”的供给侧结构性改革为重点，以稳猪、促禽、增牛羊为发展思路，调整优化畜牧产业结构，促进畜牧业转型升级，发展畜禽粪便资源化利用及种养结合的循环农业。稳定生猪生产同时促进文昌鸡等家禽发展，大力发展草食家畜，重点推进海南黑山羊产业发展，适度发展海南黄牛和海南和牛产业，积极开发特种养殖（兔子、蜜蜂等），保障有效供给；针对海口牛、羊等草食动物肉产品自给率低的现状，通过政府引导、政策扶持、项目带动、产业化经营等措施，使畜牧业向品种良种化、饲养规模化、生产标准化、管理规范化、防疫程序化、排污达标化为特点的现代畜牧业转变。

【畜牧品种改良】2016年，海口市继续贯彻落实国家扶持畜牧业发展政策的要求，结合畜牧良种补贴项目，加大品种改良政策扶持、示范引导力度，坚持把畜牧品种改良作为调整优化畜牧业结构，建立“供精单位—良补猪精配服务站（点）—农户”的供精链，发放畜牧良种补贴187.43万元。强化良种意识，进一步健全、完善各级繁育体系，推广杂交改良技术，如2016年罗牛山十万头猪场从丹麦引进丹系原种猪1000头，加快畜牧品种改良。同时，大力推广先进实用的科学饲养技术和疫病防治技术，实行良种良法配套。全市拥有种猪场22个，种鸡场4个，种鹅场2个。

【家禽养殖】海口市家禽养殖以文昌鸡、鸭、鹅等为主。家禽业是海口畜牧产业中发展速度快、规模比重大、产业化水平高的产业。2016年，海口肉鸡出栏万只以上的规模场44个，年存栏万只以上的蛋鸡场17个。通过实施标准化生产，加快无公害农产品认证，鼓励支持龙头企业参与名牌畜产品评选认定，培育起一批富有特色、生态高效、质量安全的潭牛文昌鸡、牧榕文昌鸡、潭牛鸡蛋、良农鸡蛋、曾氏乳鸽等特色畜牧品牌。

【文昌鸡养殖与基地建设】海口市文昌鸡产业优势区域主要在美兰区的演丰、三江、大致坡和琼山区的三门坡、红旗、大坡镇及周边地区。2016年，海口文昌鸡产业发展以“潭牛”“牧榕”两个名牌文昌鸡为主，通过大力推进规模化、标准化、品牌化、基地化建设，以文昌鸡原种鸡场、种鸡养殖、孵化、农民生态养殖小区、出口配套育肥场、出口配套冰鲜鸡加工厂以及熟食加工贸易等为主体的由上而下的完整产业链条，做大做强文昌鸡产业。海南（潭牛）文昌鸡股份有限公司（排山文昌鸡场）和海南牧榕农业开发有限公司年出栏达到100万只以上。全年出岛文昌鸡91万只，其中供应香港2.2万只。

【标准化养殖小区建设】2016年，海口市财政投入资金962.33万元，扶持建成肉羊养殖小区19个，新增生产规模存栏羊1.34万只。通过标准化肉羊养殖小区建设，推进畜牧产业结构调整，增加肉羊饲养量。

【猪养殖】生猪产业是海口市畜牧业的基础产业。2016年，海口市投入财政资金1000万元，扶持12家存栏2000头以上猪场进行转型升级改造项目建设；投入100万元完成2个规模养猪场的标准化项目建设。全市有年出栏量500头以上规模养猪场165个，出栏万头以上的大型规模猪场8个。全年出栏生猪70.48万头，下降9.9%；期末存栏生猪37.76万头下降6.07%，其中能繁母猪存栏5.14万头，下降10.88%。

【罗牛山十万头现代养猪场】海南省第一家采用负压垂直通风、刮板干清粪、污水高级氧化等世界先进工艺的猪场。项目总投资3.5亿元，用地规模32.8公顷，总建筑面积5.57万平方米。该项目于2015年底建成投产。项目建成后存栏基础母猪4800头，公猪100头，年生产能力优质原种猪1万头、二元种猪2万头、猪苗3万头、肥猪6万头。2016年4月从丹麦引进丹系原种猪1000头，至年底存栏种猪约7500头。该项目改变海口市传统养猪模式，为海口市养猪业转型升级带来重要性的转变，为全市生猪产业发展起到示范作用，同时将弥补因为环保原因造成猪场关闭而带来的市场供应不足。年内，投入628.8万元进行年产2万吨的有机肥厂项目建设，项目正在实施中。

【食用牛养殖】海口市饲养的牛的品种主要是当地海南黄牛（雷琼黄牛）和海南水牛。由于海口市城市化进程加快，草场减少，使得牛养殖规模扩大缓慢，现阶段仍以农户散养为主，规模养殖场相对较少且规模较小。2016年，全市年出栏50头以上的规模牛场35个。全年出栏肉牛2.06万头；期末存栏牛5.6万头，下降13.05%，其中奶牛存栏531头，下降5.52%。

【羊养殖】海口主要饲养当地海南黑山羊（东山羊）。为加快海口市黑山羊产业发展，建设黑山羊产业化生产体系，打造黑山羊知名品牌，增加羊肉市场供应，促进农民增收。2016年，海口市投入资金1300万元建成19个黑山羊养殖场（小区）、4个青贮基地项目，增加存栏规模羊1.34万只。通过肉羊养殖小区项目建设，大力推广种植牧草进行舍饲养殖，以“公司+合作社+农户”模式，发展规模化、标准化养殖，提升肉羊产业的组织化程度，带动肉羊生产增产。全年出栏肉羊10.06万头，增长1%；期末存栏羊6.02万头，增长7.31%。

【特种动物饲养】海口市饲养的特种动物主要有鸽子、肉兔、鹌鹑、蜜蜂等。2016年，全市出栏肉鸽140万只，鸽肉产量559.29吨；饲养蜜蜂1.68万群，蜂蜜产量1.83万吨。肉兔、鹌鹑农户饲养不多，饲养量少，产品主要依靠岛外供应。

无规定动物疫病区建设

【动物疫病防控】2016年，海口市扎实推进春秋两季重大动物疫病强制免疫和常年补免工作，共完成对应免猪93.9万头，牛7.4万头，羊12万头，禽约924.4万羽进行强制免疫。应免疫畜禽“免疫率、挂标率、出证率、建档率”均达100%，免疫抗体合格率全年保持在70%以上，定点检疫率100%。对820个监测点抽检血清、棉拭子等检测样品2.36万份，其中病原检测7964份；抗体监测1.43万份，其中感染抗体监测4317份，免疫抗体监测9944份；对出岛的动物尿样2.09万份进行瘦肉精等违禁药品检测。全年无重大动物疫情发生。

【兽医兽药管理】2016年，海口市加强兽医医政工作力度，大力推进兽医社会化服务体系建设，为社会提供优良的兽医服务。全市有动物诊疗机构18家，注册执业兽医师39人，备案助理兽医师1人。强化兽药药政监管，把监管工作覆盖到兽药生产、经营和使用环节全过程，对23家兽药经营企业抽取50个兽药样品进行监督检测；推进畜产品质量安全监管工作，抽检23份鸡蛋样品进行兽药残留检测，经检测结果全部合格。

【屠宰监管】2016年，海口市农业部门加强生猪屠宰监管，开展年度检查和猪肉产品质量安全检查，重点检查屠宰厂（场）的检验检疫、无害化处理及设施设备等情况，杜绝病害猪肉流入市场，保障重大节日肉产品质量安全。开展生猪屠宰监测统计分析屠宰情况。全年屠宰生猪60.6万头，“瘦肉精”检测2.33万批次，合格率100%；检出处理病害猪576头、病害猪产品15.9万公斤，全部无害化处理，生猪屠宰环节病害猪损失及无害化处理费用补贴资金206万元。落实生猪屠宰监管专项整治，多部门联合开展生猪屠宰监管专项整治工作基本完成。经过2年的有效监管和资源整合，生猪屠宰经营企业从2015年的30家整合至2016年的10家，同时经过对整合的生猪屠宰企业进行升级改造，达到基本屠宰条件和要求，保障全市猪肉食品供应及安全。

（洪章海）

林 业

海口市琼山区红旗镇种植的油茶。 （市林业局 供稿）

【林业概况】2016年，海口市有林地面积8.73万公顷，森林覆盖率38%。市林业局围绕推进“双创”工作、精准扶贫、绿化造林、资源保护、产业发展、林业执法、森林防火、病虫害防治检疫、红树林保护等工作，推动林业各项工作迈上新台阶，实现林业健康、平稳、持续发展，全面完成年度目标任务，全市林业经济总产值54.27亿元，比上年增长2.8%。

【森林资源管理】2016年，海口市林业局全面加强森林资源管理工作。（1）编制各项规划。落实“多规合一”林地规划变更调整工作，协助划定包括林地保护红线在内的生态红线，最大限度地将1.32万公顷的湿地纳入生态红线管控，按要求梳理公益林区划范围及划定公益林保有量7861公顷，林地保有量指标8.99万公顷。编制完成《海口市生态保护建设规划》《海口市“十三五”林业发展规划》。（2）公益林管护。下拨森林生态效益补偿基金266.82万元，组织完成2015年度公益林管护考核验收。（3）检查林地和林木采伐管理工作。对国家森林资源管理检查组移交的85个疑似图斑进行自查，对其中20个涉嫌违法违规占用林地图斑，组织市森林公安局和市林业行政执法支队介入调查，按时完成上报国家林业局的5个违法图斑的立案查处、整改工作。（4）林业不动产登记工作。对全市林权档案资料进行调查摸底、登记和研究，整理集体林权制度改革中建立的林权档案和台账，林权登记档案台账移交市不动产登记中心。（5）开展林区生态修复和湿地保护工作。研究制定《海口市关于开展林区生态修复和湿地保护专项行动实施方案》，配合省野生动植物保护管理局对羊山湿地进行调查，推进东寨港保护区湿地和玉龙泉湿地公园废弃矿坑的生态修复，按PPP模式对沙坡－白水塘湿地公园和三江湿地公园进行规划设计。（6）简化审批，主动服务。市林业局审批办共受理各类行政审批事项399件，审批事项均在规定期限内办结，即办率和办结率均为100%；主动对接涉及使用林地项目，建设项目使用林地审核审批手续办理顺利，保证建设项目按时开工建设，省林业厅批复含“百日大行动”在内25个建设项目使用林地，面积共226.5公顷。（7）严格执行森林采伐限额管理。对林木采伐进行全过程监督，全市（含各区）共办理采伐许可申请1281宗，面积1162.65公顷，蓄积量8.52万立方米。（8）加快推进海口市森林资源监测系统建设。完成软件开发、安装、调试、数据录入和本底外业调查及外业验收，本底内业勾绘、数据统计（小斑共47670个）及初步专家验收的工作。

【湿地保护】海口市有近海与海岸湿地、河流湿地、湖泊湿地和人工湿地4个湿地类别，以近海及海岸湿地为主，拥有中国面积最大的红树林湿地，湿地的生物多样性丰富。东寨港和羊山湿地是海口最大的两块湿地。至2016年，海口市有湿地资源2.91万公顷（其中将1.32万公顷的湿地资源纳入到省级生态红线进行管控），其中近海与海岸湿地1.92万公顷，人工湿地5193公顷，河流湿地4535公顷，湖泊湿地165公顷；有湿地植物439种，湿地野生动物514种，其中鸟类达126种。每年到海口越冬的鸟类超过数万只，其中白鹭最高峰时约2万只。东寨港国家级自然保护区是以保护红树林为主的北热带边缘河口港湾和海岸滩涂生态系统及越冬鸟类的重要栖息地，有红树植物27种，半红树植物10种，红树林伴生植物29种，占全国红树林植物的90%。海口市加大对湿地资源的保护，10月底，编制完成《海口市湿地公园建设与保护立法调研报告》和《海口市湿地公园建设和保护条例（建议稿）》；12月，邀请国内知名湿地专家来考察调研，为下一步加快推进海口市湿地保护与修复提供决策依据，同时组织人员到三亚市考察调研当地湿地保护建设情况。

【林下经济】2016年，海口市林业局充分利用丰富的动植物资源，大力发展“林蜂”“林药”和“林禽”模式的林下经济产业，扶持林下套种石斛33.33公顷，新增“林药”53.33公顷。同时，因地制宜发展林下养鸡、养鸭、果子狸等驯养业。充分利用有限森林资源发展立体林业，演丰、灵山、三江、红旗、云龙、三门坡等镇及岭脚热作农场，依托橡胶林及果园种植散尾葵、巴西铁、龟背竹等鲜切叶1333.33公顷。

【植树造林】2016年，海口市林业局

深入开展“绿化宝岛”大行动，以生态建设为核心，以恢复灾损林地的更新改造为重点，努力增加森林的生态防护功能。全年完成造林绿化面积1394.07公顷（不包含园林城镇绿化273.67公顷），占省级下达计划任务的209%。其中人工造林966.34公顷，更新改造387.51公顷，四旁植树40.23公顷。

【林业产业示范基地】2016年，海口市林业产业示范基地建设取得一定的成效，培育和创建一批省、市林业示范基地，辐射和带动海口市林业产业的发展。全市共有7家企业获得省级示范基地称号，其中2016年获得省级现代农业示范基地1家：海南东山镇纯香樟林业示范基地。

【苗木基地】2016年，海口有2680个苗圃，共育苗面积约733公顷，苗木产量2250万株，品种有莲雾、油茶、木麻黄、马占相思、花梨、沉香、波罗蜜、黄皮、三角梅、台湾相思、柠檬、狐尾椰子、辣木等。其中，国营府城林木良种试验场，面积4.74公顷，主要经营黄金梅、黄金榕、变叶木、小叶龙船花、红背桂、福建茶、九里香、洋金凤、大红花、满天星、三角梅等品种绿化花卉；晋文苗圃，面积1.33公顷，主要培育有造林苗木木麻黄、花梨、沉香、美丽木棉等品种，棕榈科狐尾椰子、霸王榈、红棕榈等品种；三门坡绿化大苗基地，面积6.67公顷，主要培育苗木品种有：非洲楝、海南蒲桃、吊爪木、凤凰木、海南红豆、双翅豆等品种；海口东山苗圃基地，主要育苗槟榔、油茶、波罗蜜等，2016年生产的油茶“琼东2号”“琼东8号”“琼东9号”通过海南省林木品种审定委员会认定。年内，正在筹建海南京兴苗木示范基地，完成林木种苗物流园的道路工程、消防工程、给排水工程、电气工程、土地平整、加工车间、冷库、物流车间、管理用房；园区景观工程的绿化、草坪、种苗种植园；农业设施工程的种苗展示大棚、花卉展示大棚、育苗大棚、育苗温室、农用机械库、成品物流仓库、农资仓库、苗圃浇灌蓄水池、浇灌备用设施。

【花卉产业】2016年，海口市林业局大面积发展花卉产业，全市花卉种植面积4533.33公顷，占全省花卉生产面积的48%，花卉年产值10.7亿元。上规模的花卉企业有600多家，从事花卉农户1500多户，花卉从业人员约3万人，花农年人均收入过万元。种植规模超过6.67公顷的花卉企业或种植户100多家，33.33公顷以上的10家。引导花卉企业，利用中央现代农业生产发展资金3000万元发展花卉产业基础设施，建设优质花卉种苗培育生产温室7公顷、切枝切叶简易荫棚33.33公顷、兰花种苗生产温室6.67公顷、盆栽种苗生产大棚5.33公顷、建成热带花卉苗木标准化示范基地排洪渠2255米。下拨2016年现代农业生产发展资金800万元给桂林洋经济开发区用于建设桂林洋国家热带农业公园花卉大棚。大力推进三角梅产业发展，通过举办首届三角梅花展和2016海口市三角梅产业发展研讨会，带动花企、花农扩大三角梅种植规模，年内，全市新增三角梅种植面积33.33公顷。推进2014年现代农业生产发展资金支持花卉产业项目，其中海口天源叶花卉产销专业合作社2.97公顷切枝切叶简易荫棚建成并投产；海南罗兰生态农业有限公司6.67公顷兰花种苗生产温室建成并投产；农户何金建设1公顷切枝切叶简易荫棚、海南大信园林股份有限公司建设2.67公顷盆栽种苗生产大棚、海南金棕榈园林有限公司建设1.33公顷盆栽种苗生产大棚、海南热带花卉有限公司正在建设7公顷优质花卉种苗培育生产温室。年内，海口天源叶花卉产销专业合作社种植散尾葵、富贵竹、朱蕉等2.96公顷，海南罗兰生态农业有限公司生产文心兰近20万株。

2016年1月12日，海南省林业厅厅长关进平（右一）调研海口兰花产业园。

（市林业局 供稿）

【林业科技】2016年，海口市林业局通过举办三角梅产业发展研讨会，联合省热带农科院品资所，充分发挥资源整合优势，致力于三角梅产业关键技术的研究与集成，突破制约三角梅产业发展的技术瓶颈，采用培苞促花技术，使三角梅开花多、花期更长，在生产中采用控水、控肥、修剪、激

海南大信园林公司种植的凤梨。（市林业局 供稿）

素调控等方法来达到对三角梅的培苞促花。同时加大科技研发投入，联合各种资源开展三角梅产业技术攻关，加大三角梅附加产品研发，延伸产业链。5月，海南省质量技术监督局批准发布由海南荣丰花卉有限公司牵头编制的地方标准《莲花竹（小盆栽）栽培技术规程》《莲花竹（切叶）栽培技术规程》《鸟巢蕨（切叶）栽培技术规程》、《青叶葛（小盆栽）栽培技术规程》《睡莲(切叶）栽培技术规程》，初步建立海口市林业产业标准化体系。

【森林防火】2016年，海口市林业局通过开展春冬季森林防火宣传、森林防火演练、加大森林防火日常巡查力度等工作，全面做好森林防火工作。年内，全市共发生森林火灾2起，火场过火总面积4.16公顷，受害森林面积4.16公顷，火灾当日扑灭率100%，森林火灾受害率0.047‰，未发生人员伤亡事故。

【森林病虫害防治】2016年，海口市林业局加强森林病虫害疫情监测，掌握森林病虫害疫情动态趋势。继续推行以生物防治为主的椰心叶甲防治工作，完成全年8000万头椰心叶甲寄生蜂的繁殖及野外释放任务，在全市420多个防治点释放防治，对景观椰子树喷药防治2万株次，全市椰心叶甲疫情得到很好的控制；防治琼山、美兰2个区的11个镇古树名木及其后备资源831株病虫害，主要对古树名木树枝喷药防治、保枝保叶，树干涂白以防蚂蚁蛀虫危害，营养灌根消灭病菌引起的树根糜烂；对2015～2016年度86.67公顷薇甘菊进行第三轮跨年度防治工作，对2016～2017年度56.67公顷薇甘菊进行第一轮防治；开展红火蚁疫情监测工作，组织花卉企业开展红火蚁防控477.33公顷。

【野生动物保护】（1）开展陆生野生动物疫病流行病巡查工作。2016年，海口市林业局每天安排执法人员对集贸市场和主要路段进行巡查，重点打击沿街沿路叫卖野生动物的违法行为；同时对野生动物驯养繁殖单位的卫生防疫、无害化处理、人员防护等防控措施进行检查，有效降低驯养繁殖场所野生动物传播扩散疫病的风险。（2）3月26日至4月3日举办“爱鸟周”活动。通过野生动物及鸟类科普知识图片展、鸟类绘画、保护野生动植物有奖知识问答以及“保护大自然，爱鸟护鸟，拒食野味”签名活动等丰富多彩的系列活动，同时通过设立宣传咨询台，向社会公众普及野生动物保护知识，印发宣传资料、悬挂宣传横幅、设立法律法规咨询台等形式，提高市民尤其是农村村民依法爱护野生动物资源的意识及公众依法保护鸟类的意识。（3）开展“依法保护鸟类，生态文明进校园”活动。通过开展野生动物及鸟类科普知识图片展、宣读爱鸟护鸟倡议书、鸟类知识专题讲座以及“爱鸟护鸟，从我做起”签名活动等丰富多彩的系列活动，向学生们普及鸟类及野生动物保护知识。（4）8月开展“野生动物宣传月”和12月开展“法制宣传月”活动，通过新闻媒体宣传报道、悬挂宣传标语、印发资料、设立咨询台等多种形式，走进各乡镇、街道广泛开展林业法律法规宣传教育，增强广大市民保护野生动物的法律意识。（5）救助及查处违法违规行动。8月31日，在海南热带野生动植物园挂牌成

2016年3月20日，海口市专业森林消防队扑救琼山区三门坡镇文湖村森林火灾。（叶茂 摄）

立海口市陆生野生动物救护中心。全年共派出外出执勤检查4230人次，受理12345政府热线、市民举报及上级移交野生动物救助135宗，立案查处非法运输贩卖野生动物违法案件5宗，接收救助野生动物1059条(只)。

【涉林违法案件执法】(1)林业行政执法。海口市林业局开展林业行政执法工作围绕“严格执法、高效廉洁”的服务宗旨，通过调整码头执勤工作方式，加强执法队伍建设，建立热线举报平台，开展各类打击破坏森林资源违法行为专项行动等，加大对涉林行政案件的查处力度，有效打击破坏森林资源的违法行为。2016年，市林业局行政执法支队立案查处破坏森林资源违法行政案件87宗，行政处罚221.76万元。(2)森林公安执法。全年共出动森林公安警力6200人次、车辆3225辆次，接处警312次，查处各类案件143宗。其中刑事案件立案48宗，侦破45宗(其中重大案件7宗，特大案件1宗)，捣毁犯罪团伙4个，完成年度任务的125%；查处行政案件98宗，完成年度任务的127%。依法打击处理违法犯罪嫌疑人163人次，其中刑事拘留37人，起诉32人；行政处罚94人，收回林地26408平方米。此外，在执法工作过程中发现并移交涉嫌故意杀人犯罪嫌疑人1名。

(胡忠辉)

渔 业

【渔业概况】2016年，海口市有渔业乡镇(街道办事处)6个，渔业村58个，渔业户7652户，渔业人口3万人，渔业从业人员1.63万人(其中专业从业人员1.14万人)，渔民人均纯收入1.11万元，比上年增长25.3%。有国家一级渔港1个(海口渔港)，二级渔港1个(东营渔港)，三级渔港3个(曲口渔港、新海渔港、沙上渔港)，另有等级以下群众性渔港和避风锚地36处；全市水产品总产量7.42万吨，增长7.9%；渔业经济总产值21.38亿元，增长7.5%；增加值7.72亿元，增长8.6%。

【海洋捕捞】2016年，海口市有海洋捕捞渔船2112艘，总吨1.32万吨，总功率4.08万千瓦(其中45千瓦以上渔船74艘，总吨5011吨，功率1.22万千瓦；44千瓦以下渔船2038艘，总吨7149吨，功率2.43万千瓦)；全年海洋捕捞产量2.17万吨，增长0.9%。海洋捕捞作业方式主要以流刺网、张网、拖网为主，捕捞产量分别为7817吨、7576吨、2268吨，分别占海洋捕捞总产量的36%、34.9%、10.5%；兼顾围网、钓具、其他渔具，捕捞产量分别为1840吨、968吨、1217吨，三者约占海洋捕捞总产量的18.6%。海洋捕捞产品40多种，其中鱼类26种，产量1.48万吨，约占捕捞总产量的68.1%(其中带鱼、石斑鱼、鲻鱼、鲳鱼、海鳗、大黄鱼、小黄鱼、鲷鱼、鳓鱼、梭鱼、白姑鱼等11个品种产量1.11万吨，约占捕捞鱼类产量51.2%)；甲壳类7种，产量2941吨，约占捕捞总产量的13.6%；头足类3种，产量1319吨，约占捕捞总产量的6.1%；贝类、藻类及其他种类产量2666吨，约占捕捞总产量的12.3%。此外，海洋捕捞产量中优质鱼产量901吨，约占海洋捕捞总产量的4.2%。

【海水养殖】2016年，海口市海水养殖面积2155公顷，下降23.96%。海水养殖产量2.04万吨，增长8.6%。主要养殖方式有7种，其中：高位池养殖692公顷，产量4956吨；低位池养殖983.5公顷，产量1.35万吨；筏式养殖面积426公顷，产量426吨；普通网箱养殖8096平方米，产量15吨；工厂化养殖水体6.65万立方米，产量78吨。主要养殖品种有11种。其中鱼类4种，即石斑鱼、军曹鱼、美国红鱼、鲷鱼，养殖面积603.34公顷，产量542吨，分别占海水养殖面积和产量的23.4%和2.7%；虾类2种，即南美白对虾、斑节对虾，养殖面积847.13公顷，产量1.06万吨，分别占海水养殖面积和产量的32.8%和51.9%；蟹类1种，即青蟹，养殖面积37.93公顷，产量49吨，分别占海水养殖面积和产量的1.5%和0.2%；贝类3种，即牡蛎、蚶、鲍，养殖面积461.9公顷，产量812吨，分别占海水养殖面积和产量的17.9%

海口市美兰区大致坡鳄鱼养殖场。 (市海洋和渔业局 供稿)

和4.0%；藻类1种，即江蓠，养殖面积205公顷，产量8013吨，分别占海水养殖面积和产量的7.9%和39.3%。

【淡水养殖】2016年，海口市淡水养殖面积4047.83公顷，增长9.8%；产量2.95万吨，增长9.99%。主要养殖品种有罗非鱼、四大家鱼（青鱼、草鱼、鲢鱼、鳙鱼）、鲶鱼、鲤鱼、泥鳅、黄鳝、鳗鲡、南美白对虾、螺旋藻、龟、鳖、蛙、珍珠、观赏鱼17种。其中罗非鱼养殖面积3280.8公顷，产量2.19万吨，分别占淡水养殖面积和产量的81.05%和73.74%。

【水产苗种基地】2016年，海口市有海口市灵山水产良种繁育场、海南海康水产有限公司2家罗非鱼苗种场，新增1家石斑鱼苗种场（海南良之海生态养殖研究有限公司），苗种生产养殖水面面积共16公顷（其中亲本池8公顷，苗种池5公顷），亲本数量105.3万尾（只、粒、株），全年苗种产量1.6亿尾。

【水产品质量安全管理】2016年，海口市海洋和渔业局全面加强水产品质量安全监管，确保全市水产品质量安全。（1）落实水产品质量安全监管责任。把水产品质量安全纳入《海口市海洋和渔业局2016年绩效考评职能目标》和“双创”工作中；加强水产品质量安全的组织领导，先后研究制定《2016年水产品质量安全监管工作方案》《2016年水产品质量安全工作要点》《初级水产品质量安全监督管理责任制》《初级水产品质量安全监管领导小组》《2016年质量兴市工作方案》等；与4个区、桂林洋经济开发区和三江农场渔业主管部门签订《2016年海口市水产品安全责任书》，明确水产品质量安全监管责任。（2）加大宣传培训力度。参加省、市举办的“3·15水产品质量安全宣传周活动”，采取发放资料、现场咨询、展板展示的形式加强初级水产品质量安全的监管。5月、6月分别邀请省、市水产养殖专家和技术人员在琼山区大坡镇、桂林洋经济开发区举办罗非鱼、对虾养殖技术及质量安全培训班，参训人员60多人。（3）抓好水产品质量的抽检工作。年内，农业部渔业产品质量监督检验中心（南宁），共4次对海口市的农贸市场、超市、水产品批发市场进行水产品质量安全例行监测，共抽取80个样品，合格率100%；农业部、省海洋与渔业厅对海口市进行水产苗种质量安全监督抽检工作，共抽取6个样品，合格率均为100%；6月，省海洋与渔业厅对海口市进行第一次产地水产品及水产养殖投入品质量安全进行抽查，共抽查海南新海洋有限公司、海口多全种养专业合作社、海胶鲰海生态事业（海南）有限公司美兰基地等企业，抽查6个样品，合格率100%；市技术推广站对海口市部分罗非鱼、对虾等51个样品进行氯霉素、孔雀石绿、硝基呋喃方面的快速检测，合格率100%；海口市海胶鲰海生态实业（海南）有限公司、海口多全种养专业合作社2家养殖企业获农业部第十一批示范养殖场；全年共报送水产品质量安全工作信息18篇；落实追溯系统的安装使用工作。（4）强化水产品质量安全的监管执法检查。开展重大节假日期间的水产品质量安全专项整治工作。共出动执法人员60多人次、车辆16车次，督查60家养殖场和3家苗种场；组织开展水产养殖规范用药检查，督导企业建立健全生产日志、用药记录、销售记录等，全年完成对全市100多家养殖企业的检查监管工作；开展水产苗种场的专项整治工作，共检查6家苗种场，确保源头水产品质量安全，整治主要内容为：水产苗种场是否使用硝基呋喃类药物、孔雀石绿、氯霉素、人用药物等禁用药物，是否建立健全“三项记录”（养殖生产过程记录、药品采购使用记录、产品销售记录）；开展无公害海水产品认证工作，完成海南海康水产有限公司、海南新海洋水产有限公司2016年无公害水产品养殖基地到期复查换证及海南碧悦农业开发有限公司申报无公害产品认证工作。

2016年9月3日，农业部对海口市东门水产批发市场水产品进行抽检。（市海洋和渔业局 供稿）

【支渔惠渔】2016年，海口市推进养殖池塘标准化改造工作，全市完成罗非鱼池塘标准化改造49.33公顷，按照500元/亩的标准向省厅申请补助资金37万元。为海口市江彬养殖专业合作社申报农业部2016年“畜禽标准化养殖项目”渔业专项项目，申请项目扶持资金50万元，建设项目通过省海洋与渔业厅的评审验收。按照《海口市人民政府办公厅关于印发海口市2014年度渔业成品油价格补助专项资金发放方案的通知》，完成全市2114艘应发渔船共1940.27万元的渔业油价补助资金发放工作。向海南省海洋与渔业厅申请2015年度渔业油价补助资金预算2363.10万元。

【创建农业部水产健康养殖示范场】2016年，海口市海洋和渔业局加强对辖区内水产养殖单位的管理和指导，动员有条件的养殖单位参加农业部健康养殖示范场创建活动。海胶鲡海生态实业（海南）有限公司（美兰基地）、海口多全种养专业合作社（所属水产养殖场）成为2016年全省仅有的2家创建成功单位，全市成功创建农业部健康养殖示范场的养殖单位增至3家。

【渔业资源保护】2016年，海口市海洋和渔业局加大渔业资源保护力度，开展南海伏季休渔、渔业增殖放流、水生野生动物保护与监管、打击危害海洋生态环境行为等工作。(1) 南海伏季休渔。5月16日至8月1日，为南海伏季休渔期。海口市应休渔船共1599艘，其中在外地停泊休渔渔船9艘，拖网8艘，围网6艘，笼捕3艘，定置576艘，其他渔船1006艘。休渔期间，严格执行伏季休渔制度，加强电台值班，采取北斗系统、渔信通监控、视频监控、应急指挥平台等对海口市港内渔船进行无缝动态监控，同时协同海事、公安边防等部门，推进渔业联合执法。确保应休渔船按时全部进港休渔，做到“船进港、网封存、人上岸”。共开展宣传教育2次，发布休渔信息2000余条，海上执法行动32航次，派出执法艇32艘，执法车辆26辆次，出动执法人员270余人，检查渔船360艘，查处违反休渔规定的渔船50艘，罚款8.52万元。(2) 渔业增殖放流。成立海口市2016年渔业资源增殖放流工作领导小组和专家技术小组，制定《2016年海口市渔业资源增殖放流工作实施方案》；市海洋和渔业局与技术支撑单位多次深入镇海港、曲口港等海域实地选址，调研放流海域选定工作，督促做好放流品种的运输、验收、现场公证及投放工作。全年海口市渔业资源增殖放流项目总资金93万元，其中苗种采购84万元，技术支撑费9万元。分别于8月5日、10月10日在海口湾西海岸南海明珠人工岛附近海域投放红鳍笛鲷等本地原生优质苗种，其中放流红鳍笛鲷43万余尾，紫红笛鲷46万余尾，青石斑鱼14万余尾，斑节对虾301万余尾，共404万余尾，超额完成省海洋与渔业厅下达的放流任务。(3) 水生野生动物保护与监管。开展水生野生动物保护宣传进“四区”（学区、渔区、社区、校区）活动，共开展水生野生动物保护品种图片展5次，制作宣传展板20余块，悬挂宣传横幅40余条，向市民、渔民、学生、游客等发放各类水生野生动物保护宣传单、宣传手册1000余份，检查水产经营店、海鲜酒店15家，共出动车辆2辆次，出动执法人员10余人。全年共发放海口市水生野生动物驯养繁殖许可证14本，海口市水生野生动物保护经营利用许可证7本。

【渔港基础设施规划及建设】2016年，海口市海洋和渔业局推进东营渔港建设工作，完成《海口市国家一级渔港建设项目社会稳定风险分析报告》《海口市国家一级渔港建设项目社会稳定风险分析评估报告》《海口市国家一级渔港选址研究报告》编制，按程序有序开展前期工作。至年底，完成东营渔港1∶2000水下地形测量工作和钻探工作，同时委托中交第二航务工程勘察设计院有限公司开展《项目建议书》的编制工作。编制完成《海口市渔港布局与建设规划》，规划期限为2016～2020年，坚持少而精的原则，节约集约利用岸线资源，不新增渔港，在原港址建设一级渔港1座、二级渔港1座、三级渔港1座，拓展等级以下休闲功能渔港4座，完善建设避风锚地6座，形成以国家一级渔港为龙头，二、三级及等级以下渔港为基础，其余避风锚地为补充的立体渔港体系。

【渔业技术推广和服务】(1) 举办渔业技术培训班。2016年，海口市海洋和渔业局组织海口市水产技术推广站分别在美兰区演丰镇、琼山区大坡镇和桂林洋经济开发区举办水产技术推广与质量安全培训班3期，培训人员120多人次，邀请海南海洋与渔业科学研究院邱名毅高工进行授课，将最新的科研成果及新的养殖模式传送给养殖户，并在授课期间与养殖户面对面交流，现场解答养殖技术难题和疑问，并向养殖户发放相关水产养殖技术资料。(2) 举办渔业船员培训班。在市海洋和渔业监察支队会议室举办渔业安全与职务船员培训班2期，主要培训渔业船舶驾驶基础知识和技

2016年1月11日，海口市海洋和渔业局在秀英区开展渔业技术咨询活动。
（市海洋和渔业局 供稿）

能，水上渔业安全生产基础知识，水上求生、救生、消防、急救等基本技能，渔业法律法规相关基础知识，共培训船员90多人次。(3) 开展渔业技术咨询。全年组织水产技术骨干和专家下乡开展渔业技术咨询服务活动11次，及时为养殖户解决生产环节的疑难问题，并提出解决措施和建议。(4) 开展水产疫情测报工作。安排专人负责对美兰区3个水产养殖疫情测报点进行跟踪监测，每月30日前通过"全国水产养殖动植物病情测报系统"及时上报水产病害发生情况，并根据全市水产养殖病害情况，发布水产养殖病害测报情况通报7期。(5) 完成海口市水产病害和产品检测实验室的装修及仪器设备招标采购工作。购置实验室仪器设备30多台，价值247.8万元；购置实验室配套设备及小型仪器一批，价值7.3万元。(6) 加强渔业技术人才培训。安排专业技术人员10人次参加省级部门组织的渔业循环水养殖技术、深水网箱养殖技术等各类渔业技术培训。(7) 及时调查分析美舍河死鱼原因。11月23日，《南国都市报》记者反映，美舍河出现大量死鱼，市海洋和渔业局立即指派技术人员赶往现场调查，分析死鱼原因主要是由于美舍河连续几天降雨且气温骤冷，河水中溶解氧较低，鱼体抵御能力下降，河水底部淤泥中有机质分解形成过量氨氮等有害气体造成鱼类中毒而出现大量死亡。

【300吨渔政船项目通过农业部专家组验收】2016年9月29日，海口市300吨渔政船项目通过农业部中国水产科学研究院渔业工程研究所专家组验收。该船为海口市最大的渔业行政执法船，项目于2011年9月由农业部批准，2012年11月开工建造，2014年8月建成交付，总吨位374吨，总长49.98米，型宽7.6米，型深4.3米，设计航速18节，续航力1500海里，自持力15天。

【渔船渔政管理】 (1) 船牌和船用防伪标识安装工作。海口市海洋和渔业局制定《海口市"船证不符"渔船专项整治及船牌和船用防伪标识安装工作方案》，自2015年6月至2016年6月，历时1年多，结合渔船年审工作，到全市近50个渔村及北海、湛江、三亚、临高、文昌等地港口，共出动2400多人次，120多车船次，安装渔船船牌1798副，完成率84.61%。其中Ⅰ型船牌60副，完成率100%。Ⅱ型船牌21副，完成率21.65%；Ⅲ型船牌1738副，完成率88.31%。有源船用防伪标识安装60个，完成率100%，无源船用防伪标识安装1798个，完成率84.61%。基本完成全市海洋渔船船牌和船用防伪标识安装的工作。(2) "船证不符"整治工作。完成大船年度检验和"船证不符"整治，并签发证书；完成676艘"船证不符"小船整治，并发证完毕。全年，海口市"船证不符"共处罚693宗，罚款30多万元。完成3艘渔船初次（制造）检验；检验船用产品（进口，A2类）520部，其中导航仪60部、窄带对讲机220部、示位标80个、中高频160部。(3) 渔船年审工作。从5月起，深入各区46个渔港渔村工作点，对全市2000多艘渔船进行全覆盖拉网式渔船年审工作和小船安全生产大检查，办理渔船年审1979本，年审率95.97%。(4) 开展清理整顿涉渔"三无"船舶行动。结合新海滚装码头建设，配合秀英区政府拆解回购渔船工作，共拆解涉渔"三无"船舶224艘。

【渔业安全生产监管】2016年，海口市海洋和渔业局在渔业安全生产管理和应急管理工作方面取得较好成绩，被评为海南省渔业安全生产工作责任目标考核优秀单位、海口市应急管理工作先进单位。(1) 加大安全生产管理投入力度。全年共投入7.2万元在海口电视台及海口新闻广播播放渔业安全宣传片；投入经费199.99万元，为全市小船更新配备1885部"渔信通"救助手机；投入50万元在新港水产码头、三联、东营、北港等5个渔港建设实时视频监控设备。(2) 深入开展宣传和培训互动。全年开展渔业安全宣传教育活动4次，开展主题为安全生产法、渔业船舶驾驶基础知识和技能、北斗终端和救生筏的使用知识、救生、消防、急救、跟帮生产等内容的渔业职务船员培训6期，培训渔民323名。(3) 开展渔船安全大检查和隐患排查。全年共开展渔业安全生产大检查4次，配合做好环岛国际大帆船赛、文昌卫星发射期间安保工作；开展渔业执法海上巡查130余次，出动执法人员1040人次，检查渔船2000艘次，查处违规渔船73艘次，罚款5.2万元；排查整改存在安全隐患的渔船90艘次，整改率100%。(4) 应急管理工作。组织修订《海口市渔船及水产养殖防风应急预案》，并报市政府印发执行；组织编写《海口市海洋和渔业局防风防汛工作指引》，进一步完善渔业防风工作机制，明确从四级到一级应急响应时各区、各部门的职责、要求和具体行动。做好防御强台风和浓雾、寒潮等恶劣天气防御指导工作，全年累计发送台风预警信息32.15万条，特别是防御台风"莎莉嘉"期间，共发布预警信息6.47万条，分队检查指导渔船避风1092艘次，开展海上应急救助1次，紧急调用应急仓库救生衣32件、救生圈12个、绳索6捆援助海南港航海上救助行动，实现渔船"零伤亡"的总体目标。(5) 渔业互保工作。全年海口市入保大中型渔船49艘（含年底迁出的1艘），保险单49份；入保小型渔船1983艘，保险单1983份，渔船投保率96%，收缴保费48.84万元。渔民入保4805人，渔民投保率99%，收缴保费263.97万元。完成渔民保险理赔案件13宗，理赔总金额54.83万元。

（张德利）

（编辑：杜惠珍）

交通运输业

交通运输业综述

【交通运输业概况】2016年，海口市交通运输完成旅客运输量8998.9万人次，货物运输量1.05亿吨，分别比上年增长27.12%和下降7.47%；旅客周转量641.84亿人千米，货物周转量669.68亿吨千米，分别增长24.93%和下降5.51%。其中，公路汽车运输完成旅客运输2827万人次，增长30.28%；旅客周转量30.12亿人千米，下降4.41%；完成货物运输2659万吨，下降25.27%，货物周转量24.50亿吨千米，增长45.06%。在海口市注册的水路运输企业完成旅客运输945万人次，增长1.72%；旅客周转量2.93亿人千米，下降0.68%；完成货物运输6971万吨，增长0.61%，货物周转量620.06亿吨千米，下降7.23%。

【交通基础设施建设】2016年，海口市启动海南省交通基础设施扶贫攻坚战农村公路建设工程海口项目，总投资14.88亿元。项目包括六大类工程。其中，第一类自然村通硬化路工程994千米，实现所有自然村村道土路硬化；第二类窄路面拓宽工程368千米，为城乡公交一体化及产业发展提供基础支撑；第三类县道改造工程（拓宽改造）2.63千米；第四类生命安全防护工程357千米，保障农村公路安全运行；第五类危桥改造工程56座9192平方米，保障桥梁的安全运行；第六类旅游资源路工程130千米，助推全域旅游，服务最美乡村，拉动有效投资。至年底，六大类工程前期工作基本完成，完成投资1650万元。

【交通规划编制】2016年，海口市交通港航局完成《海口市"十三五"综合交通发展规划》《海口市综合交通规划体系规划》《海口市轨道交通线网规划》编制工作，为科学配置交通资源，发展绿色交通，合理安排城市交通各子系统关系，统筹城市内外、客货、近远期交通发展，形成支撑城市可持续发展的综合交通体系奠定基础。

【智能公交示范城市建设】2016年，海口市投资1107万元，完成公交行业管理决策平台、公众出行服务平台建设。同时，采用PPP+EPC模式〔"PPP"是英文"Public（公共）—Private（私人）—Partnership（合作关系）"的缩写，即公私合作伙伴关系；"EPC"是指公司受业主委托，按照合同约定对工程建设项目的设计、采购、施工、试运行等实行全过程或若干阶段的承包，即设计施工总承包的缩写〕建设海口市公交智能系统，投资估算5173万元，建设主要内容有企业运行监控与智能调度系统2个平台、开发交通地理信息系统(T-GIS)、开发市公交集团企业ERP（Enterprise Resource Planning，企业资源计划）、建设主城区主要路段100个公交电子站牌、完善海口一卡通系统等。至年底，完成公交行业管理决策平台、公众出行服务平台建设、公交数据中心建设，完成投资1107万元。年内，继续实施公交IC卡项目。扩展公交IC卡在市区部分场所消费的功能。1月1日起，公交车持卡乘车优惠由9折调整为8.5折，海南一卡通使用量突破80万张，较上年翻一番。

交通监管

【交通监管概况】2016年，海口市交通港航局按照"三关一监督"（三关指：严把运输经营者市场准入关、严把营运车辆技术关、严把客运驾驶员资格关；一监督主要是指加强客运站场的监督）的职责建立健全道路运输安全监管责任制，落实安全监管责任，建立健全督促和制约机制。指导道路运输企业建立健全安全生产管理责任制，落实安全生产主体责任。按照安全与审批挂钩的原则，严格道路运输企业各项相关行政许可的安全生产条件检查，把好市场准入关。组织开展道路运输源头安全管理重要活动，对"春运""黄金周""安全生产月""百日督查"等重点时段安全工作进行专项部署。建立健全重大安全隐患道路运输的排查制度，按照属地管理原则，督促道路运输经营业户对重大安全隐患进行排查整改。

【汽车驾驶员培训管理】2016年，海

口市共有驾校39家（一级驾校6家、二级驾校23家、三级10家），有驾培教练员2603人，各类驾培教学车辆1885辆。年内，根据《海南省道路运输局关于推进机动车驾驶员培训机构服务模式改革的通知》，推进驾培机构先培后付服务模式改革，创新培训方式，推出预约培训、计时培训、计时收费，培训汽车驾驶员13万人。加强对营运驾驶员从业培训，驾驶员道路运输从业资格证共培训9243人，客、货从业资格驾驶人员继续教育培训人员6452人次，从业资格证到期换证9156人；完成全市22所驾校共1485名教练员的再教育培训工作。1月1日起，落实机动车驾驶员培训机构与学员签订培训合同，保护学员的合法权益；根据《海南省道路运输局关于进一步规范机动车驾驶员培训经营许可工作的通知》精神，全面放开驾驶员培训经营许可，取消前置审批和全省的规划限制，年内共完成39家驾校的查验工作并发放经营许可证。为引导社会资金理性进入驾驶员培训市场，防止盲目投资，发布海口市机动车驾驶员培训市场投资风险预警公告；联合综合行政执法支队，对异地教练车与黑驾校进行查处，查扣40辆异地教学培训车辆，查处4家黑驾校。

【机动车维修管理】 截至2016年底，海口市共有汽车维修企业669家，其中一类维修企业34家、二类维修企业135家、三类维修企业500家。市交通管理部门依据2015新国标《汽车维修企业开业条件》（GB/T 16739—2014）的开业标准，对320家申请开业、年审的企业进行审查。同时，对全市一、二类机动车维修企业2015年度的从业人员素质、安全生产、维修质量、服务质量、遵纪守法方面进行全面的质量信誉考核，其中考核等级为AAA级企业57家、AA级企业83家、A级企业6家，依规降低质量信誉考核等级评至B级的企业18家。开展机动车综合性能检测站能力评审工作，组织检测行业的专家对7家综检站进行能力复审，对1家逾期未报送评审复核申请材料的检测企业，按照交通运输部《道路运输管理工作规范》的相关要求，对其出具的车辆综合性能检测结果、技术等级评定结论证明不予采信。

【交通运输运营秩序整治】 2016年，海口市交通管理部门出动执法人员7万多人次，驱赶交通枢纽周边乱停靠候客电动自行车和摩托车3万多辆次、“拉客仔”1万多人次，查处各类违规案件7636宗。其中，“黑车”非法营运453宗，普通货车超越范围从事危险货物运输55宗，电动自行车非法载客4629宗，班线车违规326宗，公交、出租车违规315宗，异地出租车违规609宗，无从业资格证违规572宗，超限违规547宗，维修、驾驶培训违规62宗，其他违规案件68宗。

现代物流

【现代物流概况】 2016年，海口市社会物流总额1321亿元，比上年增长9.54%，物流总额呈稳定增长的态势。从构成上看，农产品物流总额96亿元，增长1.05%；工业物流总额513亿元，增长2.19%；进口货物物流总额257亿元，增长16.82%；外省流入物品物流总额449亿元，增长7.67%；单位与居民物品物流总额6亿元，增长50%。（1）社会物流运行效率有所提高。全市社会物流总费用218亿元，增长0.46%。其中：运输费用148亿元，降低3.9%；保管费用46亿元，增长9.52%，增幅比上年增加4.52个百分点；管理费用24亿元，增长14.29%，增幅比上年增加9.29个百分点。（2）物流市场规模基本稳定。全市物流业总收入198亿元，降低2.37%，主要受世界经济低迷、国际贸易萎缩等方面影响，海运业持续下降，海运周转量大幅度下滑影响。其中交通运输业152亿元，占总收入的76.77%，降低3.8%；仓储业46亿元，占总收入的22.23%，上涨9.52%。海口市商贸物流市场需求稳定增长，商贸物流领域空间广阔。（3）物流对社会经济贡献明显。全年物流业增加值100.06亿元，下降0.17%，占GDP的7.96%，占服务业增加值10.6%。从业人员11.53万人（包含交通运输、仓储、邮政和批发、零售物流从业人员），约占全市就业人数的24%，物流业已成为支撑海口经济发展的支柱产业。

【物流业规划】 2016年，为做好“十三五”现代物流业发展的编制工作，市交通港航局和省物流专家、学者组成《海口市“十三五”现代物流业发展规划》课题组，对全市物流发展现状进行实地调研，走访大型物流企业，召开由市有关部门、企业参加的座谈会，广泛听取发改、规划、国土、农业、海关、检验检疫等部门的意见。经召开由省、市两级专家参加的专家评审会，对规划送审稿进行评审，并根据专家对《规划》提出的意见进行修改，12月上报海口市政府审议。

【物流园区建设】 “十三五”期间，海口市规划重点建设美兰临空物流园区、马村港保税物流园区和美安3大物流园区。至2016年，罗牛山集团有限公司桂林洋冷链中心建成2万平方米冷库，投入运营后社会效益和经济效益较好；林安商贸物流信息中心建成投入运营；美兰临空产业园区（物流中心、免税区）正在进行征地和预招商工作；美安物流园区于2015年动工建设区内道路，至2016年底正在进行招商工作；金马物流园区京东海口FDC仓（前端物流中心）一期2万平方米仓库投入运营，二期扩建仍在筹备；金马物流园区2个粮食仓储库2016年初开始动工建设。苏宁（海南）配送中心完成升级改造；建成金盛达建材商城、海航日月城等一批商贸物流商城。至 2016 年底，全市有冷库 48 个，库容规模 6.39 万吨。

【城市共同配送试点项目建设】2016 年，海口市开展国家城市物流共同配送试点工作进展顺利。海口集装箱有限公司被国家列入甩挂运输试点企业；海南南洋国际物流有限公司、海南海汽运输集团股份有限公司、海南港航物流服务有限公司和小驿科技（海南）有限公司被省交通运输厅批准列入国家无车承运人试点企业；海南港航控股投资有限公司、三顺物流服务有限公司等一批企业建成共享信息平台。全市物流行业“三化”（数字化、网络化、智能化）水平进一步提高。

【现代物流企业】2016 年，海口市有交通、仓储和邮政、快递等企业法人单位 1314 家，其中水路货运企业 61 家，道路货运企业 678 家，铁路运输企业 2 家，航空运输企业 7 家，货代企业 148 家，管道运输企业 8 家，邮政快递企业 410 家；第三方物流企业约占规模以上物流企业的 10%。有国家 A 级以上物流企业 25 家，占全省 70%以上。其中交通运输企业 20 家，仓储和邮政企业 4 家，快递物流企业 1 家。

公路、桥梁建设管理

【公路、桥梁概况】2016 年，海口市有公路桥梁 217 座，其中四类桥 26 座、五类桥 30 座。由琼山区管养 81 座、美兰区管养 64 座、秀英区管养 41 座、龙华区管养 18 座、地方公路管理站管养 9 座、第二地方公路管理站管养 2 座、市政管养 2 座。有公路 5856.28 千米，其中国道 169.69 千米、省道 171.08 千米、县道 268.70 千米、乡道 521.31 千米、村道 4725.50 千米。

【农村公路建设】2016 年，海口市完成 30 千米“2016 年为民办实事”农村公路建设项目，总投资 1650 万元，资金来源于省级补助资金及市配套资金。其中美兰区 11.4 千米、琼山区 16.6 千米、秀英区 2 千米，全部建成通车。

【危桥改造】2016 年，海口市完成省重点项目龙井桥、东昌桥、坡栋桥危桥改造，10 月全部建成通车。东昌桥位于秀英区东山镇，全长 44.84 米，净宽 6.5 米，2016 年 1 月开工建设，施工合同价 489.14 万元；坡栋桥位于龙华区新坡镇，2016 年 1 月开工建设，全长 62.04 米，净宽 6.5 米，计划工期 300 天，施工合同价 489.14 万元，两桥均由广西建工集团联合建设有限公司施工，海南协立工程咨询有限公司监理。龙井桥位于甲子镇龙井村内，2015 年 12 月开工建设，桥梁长 104.84 米，引道长 432.08 米，计划工期 300 天，施工合同造价 531.68 万元，由江西省宜春公路建设集团有限公司施工，海南协立工程咨询有限公司监理。

【公路管理养护】2016 年，海口市交通港航局下属一站、二站和 4 个区公路站对全市的农村公路进行管养工作，管养公路 1428 条，总长 2438.12 千米，养护总金额488.62 万元。其中，一站、二站管养县道 13 条，长 124.16 千米，养护金额 133.06 万元；秀英区管养乡道 22 条，长 111.14 千米，村道 316 条，长 436.18 千米，养护金额 82.46 万元；琼山区管养乡道 24 条，长 179.54 千米，村道 330 条，长 634.24 千米，养护金额 126.26 万元；龙华区管养乡道 16 条，长 81.9 千米，村道 293 条，长 345.71 千米，养护金额 63.24 万元；美兰区管养乡道 16 条，长 79.9 千米，村道 277 条，长 445.35 千米，养护金额 83.6 万元。

【农村公路电子地图编制完成】2016 年 3 月，海口市率先在全省完成农村公路电子地图测绘，全面摸清农村公路数量、里程、状况和危桥等底数。该项工作于 2015 年 9 月开展，地图主要对海口市库内数据进行全面复核、调查和更新。调查更新海口市农村公路总里程 5515.51 千米。按路面性质统计，硬化路里程 4694.65 千米，非硬化路里程 820.89 千米，道路硬化率 85%。4 月，海口市农村公路地图集正式印发并供各级公路管理部门使用，同时海口市农村公路电子地图 APP 投入使用。

（杜庆乐）

【定海大桥建成通车】2016 年 11 月 14 日通车。定海大桥于 2013 年 10 月开工建设，是连接海口、定安、澄迈三市县的重要交通枢纽工程，也是省政府“十二五”重点建设项目。路线

2016 年 10 月，琼山区甲子镇龙井桥危桥改造完成。（市交通运输港航局 供稿）

全长1.64千米，其中桥梁全长1106米。主要工程包括：特大桥1座、大桥2座、中桥1座、梯道桥2座、通道及涵洞7道以及路基工程。为双向4车道，设计车速为60千米／小时。

（杜惠珍）

公路运输

【公路运输概况】 2016年底，海口市有道路旅客运输企业26家，营运客车2146辆，东站、西站、南站和港口站4个汽车客运站。有营运货车3.17万辆，总吨位9.78万吨（单位企业运货车6386辆，总吨位5.64万吨；个体户运货车2.53万辆，总吨位4.14万吨）；普通货运业户2.43万家，普通货车数量2.84万辆、总吨位4.72万吨（其中，小型车2.58万辆、中型车856辆、大型车1762辆）；危险货物运输企业25家，车辆474辆，总吨位6166吨。

【春运】 2016年春运40天（1月24日至3月3日），海口地区道路春运总客运量348.73万人次，同比减少2.27%。其中，班线客运总班次5.56万个，同比增长0.06%，总客运量107.42万人次，同比减少8.52%（其中省际班次3593个，同比减少5.32%；省际客运量14.94万人次，同比减少17.50%）；旅游车出团4.54万辆次，同比增长9.79%，调派车辆1.58万辆次，同比增长31.01%，客运量135.71万人次，同比增长8.56%；市内区间乡镇旅客客运量105.6万人次，同比减少4.17%。

【落实道路货运扶持政策】 2016年，根据《海口市扶持道路货物运输行业管理办法》的精神，2015年度共有19家道路货运企业符合补贴要求。经市运管处、市交通港航局、市财政局对道路货运企业申报扶持补贴资金材料进行审核和复审，共补贴金额625.1万元。

【绿色通道管理】 2016年，根据海南省交通厅绿色通道管理办公室的部署和指导，海口市秀英港和南港设置两个绿色通道管理工作站，全年每日24小时轮值，加强对进出岛绿色通道运输车辆的监管，并为过海绿色通道车辆核发《海南省鲜活农产品道路运输证》，凡领证车辆享受优先购票、优先上船、优先过海“三优惠”政策；配合市菜篮子工程管理办做好应急运力调配和保障畅通工作。全年各通道过渡鲜活农产品瓜菜车33.1万辆次，总吨位771.04万吨。

【农村客运】 截至2016年底，海口市有农村客运经营企业5家（国有企业2家，民营企业2家，股份制企业1家）；客运线路31条；在运车辆322辆，总运营里程1321千米，总座位数4743个，日发班总数为1068个班次，日客流量为1.22万人次，线路里程20～69千米，票价4～13元。农村客运通达全市22个乡镇，通达率100%；覆盖的建制村218个，尚未覆盖的建制村30个，通达率88%。

城市公共交通

【城市公共交通概况】 2016年，海口市有公交企业2家，开通公交线路99条，有公交车1722辆。其中，海口市公共交通集团有限公司有1407辆，占全市公交车辆总数的81.71%；六龙公交企业315辆，占全市公交车总数的18.29%。1722辆公交车中，柴油公交车341辆，占19.8%；LNG公交车253辆，占14.69%；CNG公交车90辆，占5.23%；气电混合公交车90辆，占5.23%；油电混合公交车538辆，占31.24%；纯电动公交车410辆，占23.81%。公交线路98条，公交线路总长1350千米。

【公交候车亭建设】 2016年，海口市交通运输管理部门新建候车亭（牌）246个，维修站亭（牌）40座，新建及维修维护公交候车亭护栏165个。截至2016年，海口市共有1310座公交候车亭。对海口市公交线路进行规划调整及做好破旧线路图更换工作，常规更换线路图692张，完成数字城管公交候车亭办件190件。根据《海口市公交线网优化实施方案》要求，完成公交线网优化实施所涉及的1310个公交线路站点、站名设计及线路图设计、印刷、粘贴工作。

【公交场站建设管理】 2016年，海口市交通管理部门完成东线公交枢纽站、狮子岭公交首末站、迎宾大道综合站、桂林洋公交首末站、长滨五路公交首末站、白沙门公交首末站、长滨西公交综合站、文华东公交首末站8座场站的建设。总占地面积7.67公顷，总建筑面积7.8万平方米，总投资2.7亿元。为公交集团4个运营企业提供办公场所及维修保养基地，解决21条公交线路调度发班问题及提供460个公交车停泊车位。

【优化调整及新开公交线路】 2016年，海口市交通运输和港航管理局精准精细优化线网，提升整体管理水平，开展海口市公共交通网络整合研究，本次线网规划共157条线路，其中6条城郊公交线路因城乡公交尚未改革暂缓实施，共实施151条线路，优化线路总里程约2800千米。首批实施优化线路97条，其中暂保留线路6条，保留线路33条，调整53条，新增线路5条，新增公交路线运营里程554千米，12月28日正式实施。其中，椰海大道公交线路从无增加到7条，滨江路公交线路从无增加到4条，大型保障房小区永和、永秀小区公交线路增加到5条；对原49路、33路等绕行过大的线路进行截弯取直；调整63路、50路、54路等公交线路，增加新埠岛、复兴城、桂林洋、狮子岭、金盛达建材城等区域的服务线路；延长30路公交线路、调整74路公交线路，加强永和、永秀小区的公交服务；调整20路公交

2016 年 4 月 16 日，海口市公交集团举行海口市公交线路资源整合交接仪式。（市公交集团 供稿）

线路，加强海南大学南北两个校区的快速连通等。新增的 5 条公交线路中，游 7 环线将市内景点（万绿园、钟楼、骑楼、琼台小吃一条街、海南省规划展览馆、勋亭烈士纪念馆、海南省博物馆、五公祠、海瑞故居、琼台书院、金牛岭公园、海瑞墓、秀英炮台）串联起来，方便市民参观主城区内的景点，同时实现与其他对外景点旅游线路的衔接；92 路、94 路公交线路，主要解决大型保障房小区公交服务不足的问题，加强大型居住区与火车站、火车东站、新海港以及市核心区间的快速连通；89 路公交线路主要解决椰海大道沿线缺乏公交线路服务的问题，加强沿线小区与海口火车东站、汽车东站和国兴大道沿线开发商圈的快速连通；106 路公交线路是南北向贯通性线路，加强海甸岛与老城核心区、南部城区间的快速连通。此次线路优化确立层次分明的公交线路网络结构，可以解决线路绕行、线路过长、线路有去无回等问题，线路平均长度从 21 千米下降到 17 千米，线路平均非直线系数从 1.9 下降到 1.56。

【新能源公交车更新投放】2016 年，海口市更新投放公交车 530 辆，其中柴油公交车 260 辆，节能与新能源公交车 270 辆。全市有清洁能源和新能源车辆共 1381 辆，占全市公交车总量的 80.1%。

【公交资源整合】2016 年，海口市确立公共交通回归公益性服务的定位，推进公交企业的改革重组，收购民营企业的线路资源。全市需整合的公交线路 30 条，总里程 600 多千米。截至 8 月初，分两批完成对耀兴、宏益、海汽、海航休闲、新美兰 5 家公交企业、18 条公交线路、177 辆公交车和 208 名工作人员的接收整合工作。余下的六龙公司资产评估工作仍在进行中。

【出租车运营与管理】2016 年，海口市共有 15 家出租车企业（2009 年始全面推行出租车行业改革，经过整改、重组，由 23 家减少至 15 家），其中国有企业 3 家，股份制企业 5 家，民营企业 7 家。全年完成出租车更新投放 844 辆，全市共有出租车 2956 辆，其中常规出租车 2530 辆、电召车 200 辆、纯电动车 226 辆。4 月 13 日，市发改委印发《关于海口市出租汽车运价结构调整的通知》，自 4 月20 日零时起执行出租汽车运价结构新标准，新规定调整出租车起步价10 元（凌晨 12 点至上午 6 点起步价 11 元），2.1 元 / 千米（起步价后每千米收费）、超出 15 千米加收 50%的返空费，解决海口市出租车运价结构体系中长期存在的没有长途返空费、夜间行驶费问题。至 6 月 24 日，全市 2956 辆出租汽车全部调整完毕，全部按照新的运价结构收费。

水上运输

【水上运输概况】2016 年，海口市在册航运企业 55 家，其中水运企业 20 家、水运辅助企业 35 家。共有 89 艘营运船舶，89.58 万载重吨、3406 标准箱、1248 车位、2.43 万客位。全年集装箱吞吐量 140.2 万标准箱，完成货物运输 6971 万吨，增长 0.61%；货物周转量 620.06 亿吨千米，下降 7.23%。旅客运输 945 万人次，增长 1.72%；旅客周转量 2.93 亿人千米，下降 0.68%。

【港区工程建设项目】2016 年 10 月，海口港马村港港区扩建三期集装箱码头工程项目开工建设。截至年底，新海客货滚装码头二期工程累计完成投资 5.83 亿元（主要为项目工程费用、管理费），完成总概算投资 9.1 亿元的 60%。海口港马村港区三期散货码头工程累计完成投资 2.55 亿元，占总概算投资（5.4 亿元）的 48%。

【水运市场管理】2016 年，海口市交通运输和港航管理局加强对到港各类运输船舶的日常运政检查。全年共出动执法人员 987 余人次，检查船舶 238 艘次。对水运企业进行年度检查。有 55 家企业参加年度核查，经核查无违法、违规经营行为，年度核查被评为合格，其中水运企业 20 家、水运辅助企业 35 家（经营国内船舶管理业 4 家，经营国内船舶代理和货物运输代理业 31 家）。

【渡口安全管理】2016 年，海口市交通运输和港航管理局投入 6.5 万元建

2016年12月16日，"四方五港"资源整合现场推进会暨国际港务洋浦港区开港仪式在国际港务洋浦港区举行。（海南港航控股公司 供稿）

设北港、曲口两个渡口视频监控设施，对渡口运输秩序实时监管，确保渡口运输安全。全市共有美兰区北港、曲口、麻余和龙华区新坡镇梁陈、龙泉镇卜史5个营运渡口，有5艘渡船。船检部门定期检验渡船，配备足够救生消防设备。渡口所在地区、镇政府、渡口经营者层层签订安全管理责任书，落实属地管理责任和经营者主体责任。行业管理部门不定期开展安全检查，检查船舶航行、救生消防设备、驾驶员持证上岗情况，发现问题及时整改。在节假日运输高峰期、恶劣天气特殊时段现场监管。乡镇政府配备协管员负责渡口日常监管，维持运输秩序，制止违章运输和冒险航行。

【贸易航线】2016年4月8日，泉州安通物流有限公司的海口—印尼—越南外贸集装箱班轮航线正式开通，是安通公司继海口—越南航线后开辟的又一条外贸直达航线，每月2个班期。10月31日，"海口—洋浦"公共驳船航线开通，打破海口、洋浦地区集装箱陆路运输的单一模式。至2016年，海口港共开通内贸班轮支干线28条，覆盖华南、东北、华东、华北等地区的沿海主要港口及长江水系的主要港口，基本形成覆盖区域性航线网；外贸航线通过香港支线覆盖全球，通过越南胡志明市、印尼巨港直达航线辐射东南亚。

【扶持航运业发展】2016年7月1日，海口市人民政府印发《海口市促进航运业稳定发展办法》，该《办法》将正在实施的《海口市扶持航运业发展办法》和曾经实施的《关于进一步扶持航运业发展的若干意见》两项政策合二为一。《办法》再次对水路货运周转量进行补贴和奖励；加大集装箱外贸航线和外贸出口重箱的扶持；增加对集装箱存量的补贴，以稳定存量、预防下滑。年内，根据《海口市扶持航运业发展办法》，经企业申请，港航控股有限公司、市交通港航局、财政局审核，报市政府批准，全市共有16家水运企业获得航运奖励补贴，共3477.26万元。

（杜庆乐）

粤海联运

【粤海联运机构及工作概况】2016年末，粤海铁路有限责任公司总资产77.85亿元，净资产46.37亿元，负债累计31.48亿元。公司设行政部门18个，党群部门1个，生产辅助机构10个，车间41个，班组285个；在册职工5936人。年末，公司总营业里程1037.9千米，其中高铁654.6千米。全年圆满完成博鳌亚洲论坛年会等重点运输任务35个，其中一级14个、二级16个、三级5个。

【粤海联运经营管理】2016年，粤海铁路有限责任公司应对市场新常态，强化运输组织，加强客货营销，各项运输指标保持良好发展态势。全年发送旅客2326万人，比上年增长37.6%，其中环岛高铁发送旅客2177万人；发送货物799.5万吨，增长1%；轮渡运送散客245万人，运送汽车60万辆。营业收入21.57亿元，增长8.75%；运输总收入22.89亿元，增长12.4%；实现利润总额1.59亿元，增长29.3%，完成董事会确定的盈利指标。

【环岛高铁海口段运输】2016年，环岛高铁海口段日开行动车组列车40对，客流高峰期开行46对。全年发送旅客781.1万人次。

【海口火车站客货运输】2016年，海口火车站开行动车组列车6对，开行过海普速旅客列车6对，全年发送旅客193.4万人次；图定开行货物列车16对，全年发送货物 21.4万吨。

【过海轮渡运输】2016年，粤海铁路轮渡日开行航班12～14对，共运送过海散客245万人次，下降20.7%；过海汽车60.2万辆次，下降8.5%；货物列车2053趟次共165.8万吨，旅客列车4190趟次共216.3万人。

【粤海联运安全生产】2016年，粤海铁路有限责任公司突出高铁、旅客和轮渡安全，消除高铁、客车、轮渡责任行车行船事故。坚持强化安全基础管理，全年修订完善规章制度330项、"三书一卡"159册，实施管理人员"一岗一月一表"；全面推进一线班组建设，年内标准化和自控型班组比例分别为14%和43%。加强员工业务培训，全年组织完成资格性培训898人次、各类适应性培训4.8万人次。坚持强化过程控制和应急处置，开展高铁西段遗留问题以及劳动安全、防洪安全、施工安全、道口安全、路外安全等专项整治，全年实施设备大修更改 66 项，完成防洪预抢工程 12 项、水害复旧 20 处，成功抵御 4 次强台风，确保行车行船安全。落实安全责任，全年管理人员安全问责 55 人。截至 2016 年 12 月 30 日，公司实现无责任一般 C 类及以上铁路交通事故 248 天，劳动安全 248 天，无责任行船小事故及以上事故 5065天，东环高铁连续实现行车安全 2172 天。

【粤海联运车船检修维护】 2016 年，粤海铁路有限责任公司加强机车车辆的日常维修养护，严格把好客车出库质量检查验收关，对每趟入库旅客列车端部、分钩位进行常态检查，实现库车零故障出库。加强对自备车厂段修上线前的整备，对所有厂段修返回的自备车，严格按照全面检、全面修的标准进行逐辆检查，杜绝不良车体上线运用。加强港口隔离车的日常检查，每月定期测量记录码头隔离车车辆轮对相关基础数据，确保轮对限度不过限；每季分解隔离车 13 号车钩，同时进行除锈、油润，对钩舌、锁铁等部件进行检查，更换磨耗过限的配件，确保码头隔离车安全运行。全年累计列检客车 7.2 万辆次，出库列车检查 2.62 万辆次，整修 KM70 矿车 3295 辆次，货车临修 354 辆次，货车列检 24.48 万辆次。加强机车质量管理和控制，严格执行小辅修机车假设故障检查和零千米检查制度，对发现的问题进行考核。年内完成 2 台机车大修、3 台机车中修、122 台（次）机车小辅修。开展船桥港设备设施专项整治活动，重点检查两港栈桥及四艘船主副机、应急发电机、消防救生、通信导航等关键性设备，发现问题已下发整改通知，限期整改到位。及时安排 900 多万元资金，做好“粤海铁 1 号”“粤海铁 3 号”渡轮的坞修工作。

【环岛高铁“两调两优”工程】 2016 年，粤海铁路有限责任公司按照中国铁路总公司和广铁集团公司的统一部署要求，按照环岛高铁“两调两优”（调换新型动车组、调整列车运行图；优化旅行服务条件、优化岛内高铁票价结构）工作实施方案的时间节点，12 月 5 日完成动车组车底更换，12 月 19 日完成设备检测试验，12 月 25 日正式实施票价调整，12 月底环岛东段设备集中整治基本完成，环岛东段海口东至三亚段顺利提速至 250 千米 / 小时运行速度，环岛高铁动车组日开行对数从最高 43 对增至 46 对，日常开行 44 对，运行时间平均压缩 12 分钟。

【粤海联运设施更新改造】 （1）“粤海铁 1 号”旅客垂直撤离逃生系统更新改造。“粤海铁 1 号”配备的旅客垂直撤离逃生系统已使用 14 年，部分橡胶部件出现老化破损。根据 2015 年度海南船级社检验机构检验结果，“粤海铁 1 号”旅客垂直撤离逃生系统已不能满足旅客安全逃生要求，必须在 2016 年 10 月前更新。为此，2016 年粤海铁路有限责任公司投入 108 万元进行整治，于 8 月完成安装和调试检验工作。（2）粤海南北港售验票系统升级改造。投入 260 万元对轮渡港口售票系统进行软硬件升级改造，12 月 28 日安装、测试到位，为铁路轮渡顺利实施实名制管理奠定基础。（3）南北港汽车栈桥更新改造。由于原汽车栈桥设计存在的缺陷，在多年的使用过程中，经常出现升降震动大，支座松动、锚栓断裂等病害，加上桥体前端厚度大、弧度半径小，经常出现汽车搁底、刮顶情况。公司投入 170 万元进行改造。（4）粤海铁渡轮客舱美化改造。针对现有 4 艘渡轮客舱设置、配置标准不高，且既有地胶经过多年使用，已经老化、破损的实际，为配合海口市正在开展的“双创”工作，投入 340 万元对 4 艘渡轮的客舱进行全方位的美化改造，进一步提升粤海轮渡的服务品质。

【三亚至长春旅客列车开行】 2016 年 5 月 18 日，三亚至长春 Z386 次跨海旅客列车开行，沿途设三亚、东方、海口、茂名西、肇庆等 23 个停站，全程 4613 千米，运行约 53 小时。

（黄永良）

民航运输

【机场运营】 2016 年，海口美兰国际机场作为中南地区航空器机坪管理移交工作先行先试的首家单位，与空管共同实行“双塔联合、空地协同”的机坪运行模式，5 月 1 日，正式完成机坪运行管理移交工作。为提升美兰机场低能见度条件下的保障能力，12 月 15 日，正式启动 HUD 特殊 II 类着陆和低能见度起飞项目，并验证试飞成功，为提高美兰机场的运营能力、运行效率及航班正常率提供有力保障。为加强地面交通便利性，推进空铁联运，设立机场汽车站，开通至儋州、文昌城际快线巴士；建设 GTC 交通换乘中心，将高铁、公交、出租车、私家车等交通方式融为一体。年内，美兰机场各项生产运输指标刷新历史纪录，完成飞机起降 13.55 万架次、旅客吞吐量 1880.38 万人次、货邮行吞吐量 27.45 万吨，较上年分别增长 11.2%、16.3%和 11.2%。旅客吞吐量增幅高出全国千万级机场平均水平 4.8 个百分点，吞吐量排名位居全国第 18 位。在美兰机场运营的航空公司有 43 家，其中国内航空公司 30 家、境外航空公司 13 家。海口美兰国际机场蝉联 SKYTRAX 中国区最佳机场员工奖，获 2016“中国服务”品牌竞争力 500 强荣誉称号，美兰机场西指廊荣获“SKYTRAX 五星”认证。

【美兰机场二期扩建项目】 2016 年，美兰机场二期扩建项目征地进展顺利，累计完成土地收储 483.33公顷；飞行区工程正在进行土方挖填调配及地基强夯作业；T1 高架桥拓宽工程于 11 月 4 日通车等。至年底项目累计投资 28.8 亿元，完成机场工程投资的 19.65%。

【新航线开通】 2016年，海口美兰机场加大力度，持续提升空中网络通达性，实现始发航线239条，国内214条、国际及地区25条，共新增航线82条；通航城市121个，国内97个，国际及地区24个，共新增国内外通航城市30个。新增安顺、北戴河、大理、罗马、金边、暹粒等国内外新航点。航线网络覆盖除拉萨外各省会城市、重点旅游城市、港澳台及俄罗斯、意大利、东南亚等国家和地区，至一线城市航班公交化、省会等重点城市航班快线化日趋成型。成功开通第一条洲际定期航线，全年所开国际及地区航线增加127%，特别是东南亚新增的6条航线，覆盖东盟10国重要城市的60%，航线开发数量呈井喷式增长，建设面向东南亚的区域性枢纽机场取得初步成效。

【机场安全管理】 2016年，海口美兰机场以项目指标为导向，深入开展安全绩效管理工作，通过设置三级项目指标，制定175个控制措施，311个行动计划，将安全绩效管理贯穿于日常安全生产管理工作；深入推进安全“阿米巴”建设，着力完善安全“阿米巴”小组管理模式及奖惩机制，推动基层员工实现从“要我安全”到“我要安全”的转变。通过开展反恐宣贯系列活动，成立应急处置分队，组织应急演练等措施，提升内保管理力度，推进机场反恐工作。2016年，美兰机场参与并通过卓越安全机场（APEX）复审工作。实现连续第18个安全年。

【品牌建设】 2016年，海口美兰机场共获得品牌奖项53个，其中国际级奖项6个、国家级奖项30个，提前并超额完成年度品牌奖项创建任务。美兰机场通过每周督办、10期内审、12期联合检查、10期专项监察、4期“服务积分榜”评比等举措开展五星整改工作，全年共完成软硬件项目提升338项，确保整改工作精益求精、细节“零缺陷”，全面达到五星标准。坚持五星创建软件、硬件“两手抓、两手硬”，提升五星创建软实力的同时，结合“两个面向”，完成硬件项目提升共计105项。其中，候机楼改造工程提升美兰机场SKYTRAX五星创建迎检的硬件标准；贵宾室花园餐厅及易行休息室改造工程展现美兰机场高品质的服务设施；高架桥拓宽工程为旅客出行带来更加便利的乘机体验。美兰机场从“人、机、环、管”4个方面入手，借助信息化建设、流程优化、空域环境、人员配备多项举措，通过设立真情服务KPI、建立服务管理体系、开展服务质量审核、签订《真情服务合约书》、开展“服务质量月”专项提升活动等系列手段，完成软件项目提升共233项。实行“双塔联合、空地协同”的机坪运行模式，大幅提升航班正点率。全年，美兰机场航班放行正常率78.83%，始发航班放行正常率75.89%，分别增长17.05%、25.23%，均创历史新高。

【空域优化】 2016年，海口美兰机场为打破本场进离场单进单出的交通格局，积极开辟航线，多方协调，8月24日取得民航中南管理局关于进离场航线分离飞行程序设计批复，12月8日零时正式生效启用。至此，美兰机场空中交通形成“两进两出”的新格局，可提升空域容量10%以上，是美兰机场通航18年以来调整幅度最大、范围最广的空域优化举措。

【机场节能减排】 2016年，海口美兰机场积极控制成本，践行绿色低碳战略。其中，减少二氧化碳排放量达1.1万吨，相当于上年总排量的39%；节省水资源40.59万吨，提高11%；节省用电630万度，提高63.3%，节约成本441万元。

（姚启皓）

（编辑：张纯龙）

邮电·信息

邮　政

【邮政概况】2016年，海口市邮政管理局强化市场监管，巩固发展态势，巩固安全基础，辖区邮政业发展呈现安全有序快速发展的良好局面。全市邮政企业和快递服务企业业务收入（不包括邮政储蓄银行直接营业收入）累计完成9.57亿元，比上年增长43.63%，占全省比重48.53%；邮政行业业务总量累计完成8.56亿元，增长52.08%，占全省比重50.68%。快递服务企业业务收入累计完成6.29亿元，增长61.79%，占全省比重62.71%。快递业务量3434.23万件，增长73.16%，占全省总量的70.53%。全市邮路总数95条，增加34条，邮路总长度（单程）8.53万千米。邮政农村投递路线60条，增加6条；农村投递路线长度（单程）4760千米，增加143千米。邮政城市投递路线283条，增加99条；城市投递路线长度（单程）5844.10千米，增加436.1千米。有快递服务网路346条。

（郭光荣）

【通信建设】2016年，海口市有邮政网点64处，其中代理金融网点39处，邮政营业网点25处（含集邮专卖店1处），社会代办网点9处。设有8个投递部，共有292个投递段道，投递模式实行普快合网混投，快递包裹专投，大宗（大件）包裹、大客户、重点客户适当分层服务。全行业有各类营业网点793处，其中设在农村的有143处。有邮政信筒信箱391个。减少22个；邮政报刊亭总数139处，减少23个。

【邮政业务】2016年，海口邮政各项业务实现稳健发展。邮政业务量2.45亿元，比上年增长9.12%。函件业务完成323.16万件，下降12.02%，其中国内函件完成320.74万件。汇票完成8.86万笔，下降32.73%。包裹快递完成62.46万件，增长33%，其中国内快包33.83万件，增长76.52%，国内标快23.71万件，增长16.81%。机要文件完成4.99万件，下降2.36%。报纸订阅完成4012.21万份，增长1.54%。集邮邮票完成468.93万枚，增长3.04%。全年邮政储蓄余额83.86亿元，增长8.01%。累计开发便民服务站220家，村邮站248家，其中，邮掌柜安装180家。持续开展“线上微商城＋线下促销”活动。

（黄良诚）

【快递业务】2016年，海口市快递业务量持续突破新高。全年快递服务企业业务量（收寄量）完成3434.23万件，增长73.16%；快递业务收入6.29亿元，增长61.79%，增幅突破新高。其中，同城业务量完成949.62万件，增长120.64%，业务收入8552.52万元，增长192.86%；异地业务量完成2480.12万件，增长60.19%，业务收入3.84亿元，增长40.84%；国际及中国港澳台地区业务量完成4.49万件，下降3.19%，业务收入1096.43万元，下降1.61%；其他快递业务收入1.48亿元，增长96.13%。

【邮政业发展规划编制】2016年，海口市邮政管理局编制完成《海口市邮政业发展“十三五”规划》《海口市邮政业中长期发展规划（2016~2030）》。11月，市政府办公厅印发《海口市邮政业发展“十三五”规划》。《海口市邮政业中长期发展规划（2016~2030）》通过专家评审。以上2项规划与省政府办公厅印发的《省邮政业发展“十三五”规划》及海口市“十三五”相关规划相衔接，首次将快递基础设施纳入市黄线规划，对邮政基础设施进行科学布局，加大推动海口邮政快递园区等基础设施建设，破解发展瓶颈。

【邮政普遍服务监管】2016年，海口市邮政管理局对海口市邮政普遍服务营业场所、法定业务开办情况、机要通信监督、信报箱设置、邮票发行监督等实施监督检查，共出动235人次，检查58个邮政普遍服务营业场所，完成邮政企业“两项审批”（撤销提供邮政普遍服务的邮政营业场所审批、邮政企业停止办理或者限制办理邮政普遍服务业务和特殊服务业务审批）2起，印发检查通报4份，下达责令整改通知书14份，发布普服监督信息41篇。对34个普服网点法定业务开办情况进行检查，34个普服网点全部开办“四项法定业务”（信函、印刷品、包裹、邮政汇兑）。按照市“双创”指挥部《关于39个窗口行业服务文明存在问题的整改方案》，督导和检查邮政窗口文明服务存在问题的整改落实，全市58个邮政普遍服务营业窗口开展自查自纠活动，对存在的相关问题进行整改落实。全面完成2016年全国信件和包裹投递时限测试和《人民日报》寄递服务质量监测工作，对中国邮政集团公司海南省运输局开展无着邮件检查，重点检查无着邮件的登记、保管、处理等情况。开展信报箱设置检查，随机对海口市4个小区设置信报箱情况进行检查，检查住宅总户数1873户，安装信报箱1873个，4个小区均设置信报箱，其设置规格基本符合国家标准。建立邮政普遍服务监督沟通联席会议制度，于10月10日印发实施邮政普遍服务监督沟通联席会议制度。组织执法人员及部分邮政特邀监督员在《丙申年》特种邮票、《殷墟》特种邮票、《中国工农红军长征胜利八十周年》纪念邮票和《中国灯塔》特种邮票发行前日及当日开展监督检查，同时全力做好“长征七号”首飞成功航天系列邮品发行保障工作，实地对南宝路集邮专卖店、海秀中路邮政所、秀英邮政营业部和解放路邮政营业部4个纪特邮票零售网点开展专项核查工作。督导石山互联网农业小镇主题邮局建成营业。

【村邮站运行管理】 2016年，海口市邮政管理局引导邮政企业在龙华区新谭村、美兰区演东村和琼山区石塔村3个村邮站探索“村邮站+村委会便民服务大厅模式+邮政便民服务+快递服务代办”模式。年内，石塔村村邮站成功打造成为村邮站示范点中的精品点。全市248个村邮站中有45个村邮站拓展服务功能，占全市村邮站总数的18.15%。

【快递市场监管】 2016年，海口市共有许可备案快递企业37家，其中从事落地配（只派件不收件）企业6家，有合法快递企业分支机构278家。海口寄递服务制造业项目23个，服务制造业产值6.6亿元；海口辖区配备安检设备企业24家，配置率65%。海口市寄递渠道安全管理工作领导小组各成员单位相互协作，落实“收寄验视+实名收寄+过机安检”三项安全制度落实情况专项检查，与市公安、国安、综治等部门开展联合执法检查，抓好邮政业反恐禁毒、扫黄打非、平安海口建设，做好元旦、春节、博鳌亚洲论坛年会、G20峰会、双十一等关键时间节点寄递行业安全生产服务保障工作。全年共对辖区邮政快递市场检查268次，检查企业400余家次；依法查处违反邮政法律法规行为13起，下达责令整改通知书5份，处罚10.2万元；完成许可证申请核查5起，处理许可企业分支机构设立、变更、撤销申请共102起，完成分支机构备案89家。全年，市邮政管理局完成24家企业、26份快递业务经营许可年度报告审核工作，安排专人负责每日网络巡查，共巡查企业300余家次，并将日常及专项检查情况录入市场监管执法系统。海口市邮政管理局被国家邮政局评为“G20峰会服务保障先进集体”，被海南省禁毒委评为先进集体。

（郭光荣）

【邮政公司业务管理】 2016年，海口市分公司根据省分公司提出的“推行营揽投改革”的经营思想，全面推行投递改革工作，通过推进网格化改革、增强场地处理能力、优化内部作业组织、提高科技能力、做好人员储备、建立激励机制、抓好后勤支撑和人文关怀、强化投递服务管理8项举措，取得新的成效，实现投递能力、邮件内部分拣处理能力、揽收能力、服务质量、工作环境五个大幅提升。完成建设改造金濂路营业所等5个骨干邮政储蓄营业厅及滨海大道邮政所等4个邮政营业厅，新建和改造秀英等7个投递网点，解决生产旺季场地紧张的困难；建设“北部湾之星”等3个主题邮局及筹建中山路主题邮局，更新枢纽大院电梯，完成云考勤和投递车辆定位系统建设。落实安全责任制，执行押运钞车辆、枪支弹药的管理，全面落实守库各项规章制度，规范安全生产工作，营业网点安防达标率100%，优秀率85%；加强邮政代理金融资金安全管理工作，开展2次针对邮政代理金融资金的安全大检查；加强寄递渠道的安全工作，确保G20峰会等重大节日和重大活动期间的寄递安全；开展营业网点和押运钞等方面的防抢劫演练活动，提高处置突发事件的能力。

（黄良诚）

通信

电信

【电信概况】 2016年，中国电信海口分公司完成主营收入11亿元，较上年增长5.9个百分点，移动、宽带、智能机、IPTV等业务发展完成预算目标100%。被评为“全国用户满意企业”，连续10年获得此项殊荣。在2016年度海南省通信管理局组织的本省行业服务满意度调查中，宽带业务满意度行业排名第一位。

【电信基础设施及网络建设】 2016年，中国电信海口分公司的基础设备与网络建设以移动和光纤网络建设为主。全年，市区4G室外覆盖率97.3%，室内覆盖率80.5%，整体的覆盖率87.6%。推进全光网城市项目，年底光端口达115万口，光宽带占比宽带比例93.7%，提前完成全光城市工作目标，百兆用户占比达到77%，为全省第一，在全国省会城市中排名前列。

【电信市场监管】 2016年，中国电信海口分公司全面落实国家工业及信息化部、海南省通信管理局及海南省公司公司关于防范和打击通信信息诈骗工作。从严从快全面落实电话用户实名制，推动用户实名制登陆工作完成进度超出计划的50%；整治重点业务，对400业务、呼叫中心、语音专线用户实施实名登记，并加强双方合法经营的承诺和约制。全年工作完成进度超出计划的60%。

【电信业务经营】2016年，中国电信海口分公司经营的业务有4G移动语音、4G移动互联网、固定电话、光纤宽带等业务，以及主机托管、系统集成等综合信息化业务。同时，紧跟互联网经济发展趋势，发展运营移动互联网业务如翼支付、天翼视讯、拉拉兑、易信等，开启业务发展新蓝海。全年，固定网络业务、移动互联网业务及综合信息化业务均取较好成果。其中，综合信息化业务重点签约金额超亿元的南海云项目和天网项目。

【电信窗口服务】2016年，中国电信海口分公司加快建设服务窗口，全年新增营业厅店52家，改造76家，全市达188家。提升服务质量，采取措施减少办理业务排队时长，缩短上门装机、维护时长，提升服务人员素质，全年有理由投诉指标全面达标。响应市委、市政府"双创"工作要求，窗口在"双创"方面全面达标。

（黄丽颖）

移动通信

【移动通信概况】2016年，海口移动公司落地实施中国移动"大连接"战略，明确转型发展方向；加快推进转型升级，巩固良好发展态势；持续加强管理和推进改革，提升运营效率和管理水平；全面加强党的建设，提供企业发展改革的坚强保证。各方面工作都迈上新台阶，超额完成上级下达的目标任务。加快服务互联网化和智能化，拥有涵盖营业厅、社会渠道、手机营业厅APP、10086微信公众号等线上线下服务渠道，自有营业厅和社会渠道数量近300家。

【移动通信基础设施建设】2016年，根据省政府关于《海南省信息基础设施建设三年专项行动实施方案》的工作要求，为进一步提升海口城乡通信网络质量，海口移动公司继续加强在信息化基础设施建设投入，其中2016年建设目标：基站403个、基站接入光缆375段、光网149个、通信管道33段、通信机房13个、综合业务区4个、专线1个，预计投资金额2.18亿元。至年底，超额完成信息化基础设施建设任务，其中建设基站1060个，基站接入光缆650段、光网750个、通信管道35段、通信机房13个、综合业务区15个、专线605条，累计完成投资金额2.02亿元。与海口市、区各级政府打造高品质的"4G+高速网络"，推进"宽带中国"战略落地实施，共同为海口经济社会发展提供高质量的信息化通信保障。

2016年3月5日"学雷锋日"，海口移动公司在海口市龙华区双创广场开展志愿服务。（海口移动公司 供稿）

【移动通信网络建设】2016年，海口移动公司加强网络基础建设，推动行业发展。打造具备领先优势的4G精品网络。至年底，海口4G基站有4000多个，是2G基站建设总量的1.5倍，实现乡镇以上区域全覆盖，海口主城区4G覆盖率99.31%，位居省会城市前列，覆盖人口超过200万人，基本实现高铁、高速、3A级以上景区的全覆盖。构建优质全光宽带网络。新建家庭宽带全部采用GPON FTTH光纤到户方式，引入10G PON改造FTTB（光纤到楼），确保宽带客户100Mbps（兆位每秒）接入能力，面向未来可提供1Gbps能力；全面部署HGU（家庭网关单元），加快推动智能网关产品成熟，系统规划从用户到内容的一体化网络疏导能力，为未来数字家庭演进奠定基础。至年底，海口移动互联网宽带接入端口数量超过36万个。

【移动通信电信市场监管】2016年，海口移动公司按照国家工信部和海南省通信管理局要求，规范市场竞争行为，强化行业自律，落实国家"提速降费"要求，全力落实用户实名登记，打击电信诈骗，持续推进网络基础设施共建共享和落实电信普遍服务。行风纠风工作取得良好成效，截至11月，海南移动公司年度百万用户申诉量指标为70人次，年度不明扣费百万申诉量指标为6人次，百万客户申诉率及不明扣费申诉率均控制在工信部行风纠风工作标准以内。

【移动通信业务经营】2016年，海口移动公司聚焦移动市场、家庭市场、政企市场和新业务"四轮驱动"，深化业务转型，拓展市场，保持企业较

海口移动公司为外地来琼过冬“候鸟”客户提供全方位服务。（海口移动公司 供稿）

快较好的发展态势，其中流量收入实现标志性跨越，首次超过传统语音和短彩信收入，成为第一大收入来源。年内，加速4G推广，提升4G渗透率，2G/3G客户向4G迁移效果明显。发展有线宽带，提升数字家庭发展能力；加快集团客户市场发展，继续强化政务、金融、交通、教育、医疗、能源等重点行业的拓展的同时，致力推进专线、IDC（互联网数据中心）、融合通信IMS等产品的规模发展，集团市场份额基本实现“三分天下有其一”，签约海口石山“物联网+农业产品”、高新区“物联网+智慧园区”等多个信息化项目；抓住万物万联的契机，拓展数字化服务市场，培育发展新动能。全年运营收入超18亿元，无线上网收入年度首次超过语音和短彩信收入之和，成为公司第一大收入来源。4G发展保持行业全面领先，4G客户总量逾130万户。近3年来，海口移动公司每年上缴税额均超过2亿元，且逐年递增。

【移动通信窗口服务】2016年，海口移动公司持续提升服务水平，加快推进服务转型，努力为客户提供高效、便捷、规范的服务，客户满意度持续保持行业领先，海南移动公司在海南省通信管理局组织的用户通信满意度指标测评中获得整体满意度第一，得分87.43分，其中海口得分87.06分。落实国家“提速降费”要求，多措并举，降低流量资费。通过“统一资费+优惠”模式加大全网统一套餐推广力度，门槛下调至18元。打击电信诈骗，全力落实用户实名登记，以督促补登记为重点，通过点对点通知、增加业务查询办理触点提醒、增加开放座席和营业时间等措施，稳妥推进实名制工作；创新认证技术，在微信、APP等线上渠道提供实名制补登记服务，满足客户随时随地补登记需求，至年底全面实现电话用户实名登记。持续开展“客户接待日”活动，积极参加《椰城纠风热线》等行风评议活动，听取用户意见，改进服务水平。

【移动通信助力海口石山互联网农业小镇建设】2016年，海口移动公司结合省、市关于互联网小镇建设要求，联合中国移动物联网基地，与海口市秀英区石山镇共同打造物联网小镇，以“大连接”为核心，以“物联网+”为抓手制定规划。规划分为三期，至年底第一期投入使用，第二期正在建设，第三期正在签约中。第一期（6月28日）依托海口移动公司网络资源承载，借助物联网技术，建设石斛物联网种植基地、瓜菜田头监管系统，实现农产品种植基地的温湿度监控、自动浇灌、远程种植监控等应用。第二期（11月4日）主要通过WLAN覆盖全镇18个主要公共区域及光纤入户方式，覆盖全镇64个自然村的商务宽带。至年底，第二期建设完成整体项目80%。第三期通过利用第一、二期的项目成果，建设大数据平台，将“物联网+农业”、旅游、食品溯源等应用与大数据平台结合起来，助力小镇的传统产业经济与物联网全面融合。项目成果受到中央电视台的关注，分别于6月、9月通过《新闻联播》《央视财经评论》为石山镇“物联网+农业”应用制作专题报道。报道播出后，吸引各级政府部门考察团、游客、市民到施茶村石斛基地参观考察。12月11日，石山镇承办“全国农业物联网大会”并设立永久会址。

【“智慧云龙”建设】2016年，海口移动公司继续发挥自身基础运营商4G网络资源和移动信息专家优势，围绕“规划先行、产业支撑、项目带动”的思路，遵循海口统筹城乡“1年内项目可看、2～3年内经验可总结、模式可推广”的发展目标，结合琼山区云龙镇统筹城乡发展需求，全面整合资源、市场和技术要素，加快推进“智慧云龙”网络基础设施建设，以及旅游、生态农业、高新技术产业等产业信息化应用。全年积极推进琼山区云龙镇公共场所WLAN（无线局域网）建设工作，同时建设全镇重点镇区的高速宽带网，大力提升宽带接入能力，实现在云龙镇重要区域等公共服务场所的无线WIFI（无线局域网的一种）覆盖，为公众用户提供“Hi-yunlong”免费公共WIFI服务，满足游客和居民无线高速上网需求。至年底，琼山区云龙镇建成基站81个（含宏站、室分），其中4G基站42个。

（周强强）

联通通信

【联通通信概况】2016年，海口联通公司加大资源共建共享力度，加快网络基础设施建设步伐，全面实施为客户提质计划，为广大用户加快改善以4G为重点的网络覆盖、提高服务质量，全面推出“沃4G+”“为客户提质计划”等一系列为民、惠民的服务新举措。全年实现业务收入6亿元，为全市86万手机用户、20万固话宽带用户提供高速、便捷的通信服务。

【联通通信基础设施建设】2016年，海口联通公司继续推进4G精品网络建设，全年建设各类基站1084个，进一步增强网络覆盖水平，至年底已形成覆盖全市的4G高速网络，完成高校、绕城高速、环岛高速、海秀快速路、环岛高铁、AAAA级以上景区、星级酒店、重点商业区等重点区域的网络优化、升级。持续开展光改及光纤网络建设工作，年内光纤网络接入2000余个小区、社区，为用户提供更加高速、便捷的宽带网络服务。截至年底，共建成25万个百兆互联网宽带接入端口。

【联通通信客户服务】2016年，海口联通公司持续开展渠道拓展工作，持续强化客户触点的容量和能力，建设门店37家，便民服务点425家。至年底，形成覆盖全市范围的服务网点，同时通过10010客服热线、网上营业厅、手机营业厅、微信等互联网新型服务渠道，为用户搭建立体化的营业服务网络。

（邱吉昌）

（编辑：张纯龙）

信息化建设

【信息化建设概况】2016年，海口市以“全光网城市”建设为抓手，不断优化完善信息产业发展环境，信息化应用水平稳步提升，信息基础设施建设主要指标达到全国中上水平。年内，制定《海口市推进“全光网城市建设”项目实施方案》，超额完成省政府关于全光网城市建设及2016年信息基础设施建设考核任务，成功申报国家“宽带中国”示范城市及电信普遍服务试点城市，先后获得海南省信息化发展水平评价第二名、海南省政府网站绩效评估二等奖。全市信息化建设指标持续稳增，实现城市小区光网覆盖率99.5%，比上年增长8.37%；行政村光网覆盖率96%，增长18.58%；光纤宽带用户占比92%，增长39%；城市4G信号覆盖率99.3%，增长0.3%；行政村4G信号覆盖率99%，增长14%；实现全市重点公共场所WIFI网络全覆盖。全年完成邮电计费业务总量121.31亿元，增长71.91%。年末固定电话用户46.88万户，减少11.46%；移动电话用户334.50万户，增长3.89%；互联网宽带用户总数62.69万户，增长12.57%；全年短信业务总量14.78亿条。

【信息基础设施建设】根据海南省人民政府《关于印发海南省信息基础设施建设三年专项行动实施方案的通知》《关于开展全光网市县建设的通知》精神，海口市政府印发《海口市推进“全光网城市建设”项目实施方案》，全面推进全光网城市建设。6月，海口市通过省工信厅、省通信管理局现场验收，与万宁、澄迈等6个市县成为海南省第一批“全光网城市”。8月底，实现全市13个公益性公共场所和65个经营性重要公共场所WIFI和4G网络全覆盖。11月12日，海口市人民政府与中国联通海南公司签订推进电信普遍服务合作协议，推动海口市农村宽带建设发展。12月8日，首个海南千兆宽带入户小区家庭用户在海口正式受理开通。年内，海口市超额完成海南省信息基础设施建设考核要求，实现新增城市光网小区建设数1157个，完成比率121.3%；新增光网行政村建设数181个，完成比率190.5%；新增城市4G基站建设数1250个，完成比率116.5%；新增农村4G基站建设数664个，完成比率128.7%；新增移动基站铁塔数400个，完成比率103.6%；有线双向网改光节点数2128个，完成比率354.7%；实现光改用户数14.39万户，完成比率117.1%。

【电子农务】2016年，海口市充分利用市电子农务网发布各地农业科技信息、市场信息；利用电子农务微信公众号向信息员发布各种活动、会议信息，很好地传播信息，消除信息不对称。加强农业科技110体系建设，新建7个农业科技110服务点和10个科技示范基地，并对原有的22个农业科技110服务站进行设备更新和替换。推广新技术、打造农产品品牌。建设近266.67公顷太阳能灭虫器新技术新产品示范基地，并在全市范围进行生物肥料海岛素示范应用推广。通过农产品大比拼活动和农产品推介会，对荔枝、火山口咖啡、火山黑豆、火山石斛等农产品品牌进行推广。

（杨彦芝）

【“海口城市管家”正式运行】2016年7月31日，海口市政市容管理委员会为拓宽市民参与城市管理的渠道，委托海口市信息中心建设的“海口城市管家”平台正式运行。“海口城市管家”包括城管投诉热线和微信公众号两类服务渠道，市民不仅可以拨打城管投诉热线反映问题，还可以关注“海口城市管家”微信公众号，进行在线投诉、建议、咨询，工作人员24小时在线受理并及时回复市民诉求。平台还提供“15分钟便民生活圈”、积水点视频、台风实时路径、实时路况、法律法规等查询功能。市民游客可以获得餐饮店、药店、洗衣店、超市、公厕、停车场、美容美发、维修点、劳动就业、报亭、家政服务等45类等共计9.63万条便民服务信息。至2016年12月31日，“海口城市管家”共受理1.59万个问题（日均超过103件），已处理1.45

万个，处理率91%；累积关注人数2.92万，总点击数21.52万次（日均点击1397人次）。

【“海口市城建基础数据共享平台”建设】始建于2011年3月，2016年1月完成总验，是海口市重点项目。该平台由海口市政府办公厅牵头，市信息中心为项目建设单位。“海口市建设城建基础数据共享平台”运用信息共享的理念，依托各种信息技术手段，深度开发和整合应用各种信息资源，建立全市统一的城建基础数据共享平台，全市的统一空间数据标准，以及统一风格的空间数据展示平台，实现相关信息资源的整合、共享和交换，避免无序和低水平重复建设，为规划、国土、市政市容、住建、民政等部门提供基础、及时、权威和准确的共享空间地理信息和专题基础信息，也为后续其他信息化系统共享基础地理数据提供便利的接口服务。至2016年底，共享平台为海口市城市管理、海口“双创”、社区服务信息化、海口市12345热线、防违控违、市发改委重点项目管理、海口三防、海口应急等工作提供大量的基础地理数据查询和定位功能，并在平台上搭建多个系统应用。11月1日，中国地理信息产业协会于湖南长沙公布2016年中国地理信息产业优秀工程的名单，“海口市城建基础数据共享平台”荣获2016年中国地理信息产业优秀工程金奖。

（王澄峰）

【“海口政府网站”维护】2016年，根据海口市政府信息公开工作要求，海口市信息中心对网站的首页布局、栏目架构及页面布局进行改版，重点加强网站内容保障工作。至年底，政府网站约300个栏目已实施各部门责任化更新制度，全市4个区、市直机关单位、垂直双管单位及各级下属单位约400家，450人参与政府网站栏目内容维护和政务信息公开发布；共完成网站信息更新约16万条，政府网站累计浏览量约2800万人次，独立IP约1200万个。在清华大学国家治理研究院发布的2016年中国政府网站绩效评估中，海口市政府门户网站获得全国省会城市政府门户网站“良好”评级，并获得“信息发布”单项指标第三名；同时，获得海南省政府网站绩效评估二等奖。

（周发华）

【“诚信海口”搭建城市诚信体系】2016年7月31日，“诚信海口”网站平台（http://www.chengxinhaikou.gov.cn）正式运行。该网站平台是海口市诚信体系建设中的重要载体和宣传阵地，为广大市民提供及时、准确的公共信用信息服务。平台设立诚信动态、政务诚信、商务诚信、红名单、黑名单、政策法规、通知公告、双公示等栏目，定期发布海口信用体系建设相关新闻、海口市各职能局评定的企业或个人的守信红名单和失信黑名单、国家及地方信用体系建设中发布的各种政策法规文件等。此外，还提供司法诚信、建设诚信记录，环境违法曝光、质量监督、欠税公告等更为明细的公共信用信息。年底，“诚信海口”服务平台发布海口市“双公示”信息1.64万条，其中行政许可信息1.42万条，行政处罚信息2189条；发布海口市诚信“红名单”信息57条、“黑名单”信息7条；发布海口市失信被执行人信息1255条（自然人类信息919条，法人或其他组织类信息336条）；发布海口市企业统一社会信用代码信息7.32万条；归集海口市企业工商登记信息22.65万条。

（王澄峰）

【地理空间数据库建设】2016年，为适应海口市电子政务发展需要，海口市加快地理空间数据及相关信息库建设。（1）整合、丰富和完善全市范围现有的基础地理信息资源数据，补充采集建立基础地理信息数据库。其中，1：500及1：1000地形图数据库覆盖海口市区189平方千米范围；1：10000、1：50000地形图数据库覆盖海口全境，面积2281平方千米；维护完善1.03万千米综合管线普查建库，覆盖海口市区约240平方千米范围；利用现有地形图数据资源建立海口政务地图库；建立海口市卫星影像数据库。至年底，共完成16批次影像数据建库，并实现全市年度至少一次全覆盖更新；建立海口市地名数据库，录入地名信息10万条；建立海口市城市部件数据库，采集建库的部件约63万个。（2）为海口市社区服务信息化和海口“双创”工作提供空间基础数据服务。根据工作需要，在基础地理信息数据库的基础上，开展海口市区的社区网格划分，建立社区网格数据库，至年底，共完成29个镇街6个管理区的234个村（居）2428个网格划分；按网格开展人、房调查工作，建立人房数据库，采集登记房屋楼栋6.68万栋，房屋50.49万间，140.66万人。利用基础地理信息数据库开展“双创”工作的本底资料上图，完成上图建库的资料17类共8.18万个；为“双创”工作编制和提供的工作地图约1000张。（3）推动政府职能部门数据共享。政府职能部门在共享利用基础地理数据库上，已建立包括市政、城管、园林、环卫、违建、门牌、教育、三防、责任上图等80类专题数据库，为各部门数据共享提供坚实的数据基础。城建共享平台的推广应用，推动政府信息化建设步伐，提高信息化水平，避免政府重复投资和建设，提高政府投资的经济效益和社会效益。

（王儒壮）

（编辑：吴坤涛）

商贸服务业

商贸服务业综述

【商贸业概况】2016年，海口市商品市场供应充足，货源丰富，海口市社会消费品零售呈现平稳上涨的态势。全市社会消费品零售总额653.89亿元，比上年增长9.8%。年内，批发业销售额2093.32亿元，增长9.9%；零售业销售额734.71亿元，增长11%；住宿业营业额40.66亿元，增长11.3%；餐饮业营业额72.47亿元，增长14.7%。全年招商引资签约项目协议投资总额1462.35亿元，项目落地率44%。实际利用外资3576万美元，下降87.7%。

2016年海口市社会商贸零售情况表

单位：万元

指标名称	2016年	2015年	比上年增减（%）
社会消费品零售总额	6538916	5955307	9.8
（一）按经营地分			
城镇	5938450	5433104	9.3
乡村	600466	522202	15.0
（二）按消费形态分			
餐饮收入	870862	779013	11.8
商品零售	5668055	5176294	9.5
# 限上企业（单位）商品零售值	3308018	3058804	8.1
1. 粮油、食品类	139253	135534	2.7
# 粮油类	75211	61083	23.1
肉禽蛋类	10593	12073	−12.3
2. 饮料类	18912	18513	2.2
3. 烟酒类	72873	56414	29.2
4. 服装鞋帽、针、纺织品类	200304	184500	8.6
# 服装类	151158	137425	10.0
5. 化妆品类	95663	79799	19.9
6. 金银珠宝类	45991	46601	−1.3
7. 日用品类	127014	121158	4.8
8. 体育、娱乐用品类	15527	13624	14.0

续表

指标名称	2015 年	2014 年	比上年同期增减（%）
9. 书报杂志类	9477	9148	3.6
10. 家用电器和音像器材类	165640	188313	-12.0
11. 中西药品类	49886	27132	83.9
12. 文化办公用品类	25674	28516	-10.0
13. 家具类	5293	6304	-16.0
14. 通讯器材类	19671	21382	-8.0
15. 石油及制品类	1010921	1006584	0.4
16. 建筑及装潢材料类	2248	3407	-34.0
17. 汽车类	1245960	1059825	17.6
18. 其他	57713	52051	10.9

注：限上企业标准为批发业年主营收入 2000 万元以上；零售业年主营收入 500 万元以上；住宿餐饮企业年主营收入 200 万元以上。

2016 年海口市限额以上批发零售业和住宿餐饮业企业基本情况

指标名称		2016 年	2015 年	比上年增减（%）
一、批发业	法人企业（个）	104	108	-3.7
	从业人数（人）	7487	7592	-1.38
	销售额（万元）	5009643	10281356	-51.27
二、零售业	法人企业（个）	108	107	0.93
	从业人数（人）	20785	19662	5.71
	销售额（万元）	4220243	3879591	8.78
三、住宿业	法人企业（个）	119	117	1.71
	从业人数（人）	13368	12818	4.29
	营业额（万元）	189261	184343	2.67
	# 客房收入	98158	94123	4.29
四、餐饮业	法人企业（个）	89	80	11.25
	从业人数（人）	5378	5209	3.24
	营业额（万元）	59866	42967	39.33
	# 餐费收入	56019	40041	39.90

注：限额以上标准为批发业年主营收入 2000 万元以上；零售业年主营收入 500 万元以上；住宿餐饮业年主营收入 200 万元以上。

【商业网点建设】2016年，海口市推进高标准大型购物中心等重点项目建设。大型商业网点日月广场、万达广场、远大购物广场、新城吾悦购物广场等一批多业态多功能的商业综合体开张营业，在不同程度满足市民的消费需求。同时，商业网点建设逐步形成商圈效应，以前海口商业网点主要集中在海秀东、解放西两个商圈，至2016年逐渐形成金贸商圈、秀英商圈、府城商圈、海甸商圈、国兴商圈、长流组团、江东组团等，形成向城市周边及新城区发展趋势，集聚功能显现，辐射范围明显扩大。通过支持新社区配套商业，完善海口商业网点布局。主城区内，商场、超市、连锁店、专卖店、汽车4S店、银行、酒店等业态功能齐全，形成中心商业区、商圈、特色商业街和社区便民店组成的零售网络。全市拥有批发、零售贸易、住宿餐饮服务业网点3万多个，从业人员20多万人，较大的商业网点（3000平方米以上）175个。

【市场秩序监管】2016年，海口市商务局从3个方面加强市场秩序监管工作。（1）开展专项整顿治理。围绕商务系统重点行业领域和社会关注度高的重点、难点等突出问题，全年重点对全市典当、拍卖、成品油零售、单用途卡发卡企业开展行业整治和市场整顿，专项整治检查典当企业35家、拍卖企业20家、餐饮企业20家、加油站60家、商业特许经营企业（分支机构）9家、单用途商业预付卡发卡企业16家。（2）加强诚信体系建设。深入规模以上商场超市、农贸市场督促指导商贸流通企业开展诚信宣传教育实践活动，指导督促50家企业填报商贸流通企业诚信档案。引导批发、零售、拍卖、典当、餐饮、家政服务企业和电子商务、农贸市场、直销、再生资源回收、旧货、外贸等企业建立商贸流通服务企业诚信档案。全年督查商贸企业诚信工作情况500家次，完成商贸企业信息档案收集600多家。（3）开展单用途商业预付卡管理。指导督促规模备案企业上报各季度业务经营情况报表，督促22家备案企业与存管银行续签资金存管协议，严格按照《单用途商业预付卡管理办法（试行）》要求存管资金。通过加强管理和执法检查，全面推进备案登记工作，完成发卡企业备案登记5家。

国内贸易

【农贸市场升级改造】2016年，海口市继续对原先脏乱差的城乡农贸市场统一标准改造，设计先行绘制改造标准“蓝图”，统筹推进市场改造和环境综合整治。组织专业机构编撰的《海口市农贸市场设计导则》高于国标、省标，并参照国内一二线城市好的做法，特别是活禽区、水产区、熟食区、排水排污系统、垃圾收集系统、公共卫生间等决定市场品质的六大重点部位设计改造标准高：活禽区进出口与市场进出口完全隔离，对病媒特别是疫情感染起到隔离作用；熟食区设置预进间，更衣、消毒、交易过程做到摊主与消费者间的物理隔离；排水采用摊位排水与过道排水双排系统，暗管排水防止地面潮湿；卫生间以二类标准进行改造，统一设置残疾人专用空间；水产区实行海产区与淡水区差异化设计，排水通道采用宽幅微孔不锈钢盖板防四害滋生；垃圾屋采用封闭式设计。出台《海口市农贸市场升级改造补贴资金使用管理补充规定》及《2016年海口市农贸市场升级改造目标责任书》，明确两个时间节点即6月30日完成80%、9月30日全部完成改造任务的市场清单，围绕时间节点增设奖惩机制。全市农贸市场设立统一标准的LOGO，并配有中英文标识，是国内首个全市范围内统一农贸市场标识的城市。至9月30日，纳入“双创”考核范围的39家农贸市场，全部改造完成，改造面积17万平方米，新增面积约3万平方米，增加辐射35万人口，实现硬件标准与管理水平跨越式“蝶变”。升级改造后的农贸市场成为

2016年12月23日，海南省政协副主席陈莉（左二）率队到城金农贸市场调研海口市农贸市场升级改造、“菜篮子”销售末端流通情况。（毛爱民 摄）

“15分钟便民生活圈”的重要平台，实现市域范围15分钟便民服务全覆盖。此外，农贸市场环境秩序整治工作采用“1+1+N”的联合检查和综合执法的模式，即一个市政府牵头部门（市商务局），一个辖区政府，工商、质监、食药监、城管、环卫、街道等区级行政部门依据职能共同参与管理，实现日常监管常态化。8月创建国家卫生城市暗访考核中，农贸市场综合得分95分，创全国范围内农贸市场国检评分新高。

【便利店建设】2016年，海口市便利店建设发展迅速。大大小小的便利店遍布海口市大街小巷，主要有易买24小时连锁便利店59家、农副产品平价商店41家等，便利店建设选择在社区出入口或者中心广场等便于群众购买的地点，以满足居民便利性需求为目的，主要经营日用品、小包装粮油等日常生活必需品。

【生活必需品市场监测】2016年，海口市商务局为有效应对生活必需品市场异常波动，加强生活必需品市场监测，选取具有代表性的企业报送相关数据至商务部平台，节假日期间要求生活必需品市场监测企业每日报送数据，及时了解市场供需情况。全市列入商务部监测的生产资料企业8家，重点流通企业49家，商贸流通企业111家，生活必需品企业28家。

【再生资源回收管理】2016年，海口市商务局作为行业指导部门，多次联合城管、环保、国土、规划等单位深入各区指导废品收购站建设及管理，通过规划及政策指导，出台再生资源回收相关管理制度、卫生安全管理制度、回收站设置标准等系列配套文件强化各区废品收购站规范管理。对应4个区成立4个督查组，联合区城管、工商、消防、辖区街道等多部门对废品收购站开展综合整治，累计拆除无证无照及违规乱搭乱建回收点441个，清理积存废品1.6万吨，指导建成区内按标准规范管理站点70个。至年底，完成新一轮再生资源规划点213个（其中建成区内93个），全市有再生资源持证经营户179家。

【餐饮业】2016年，海口市有餐饮企业9000多家，从业人数约30万人，海口市餐饮业呈现平稳上涨态势，全年营业总额72.47亿元，增长14.7%。从消费形态看，随着高端餐饮业向大众消费转型，大众消费推动餐饮收入增长。海口餐饮各种菜系一应俱全，京、川、湘、鲁、粤、徽、淮扬风味特色的美食店应有尽有。著名的餐饮店有：琼菜的和友海鲜馆、海南龙泉渔村、海口东郊椰林海鲜城、粤菜的广东酒家、湘菜的毛家庄饭店，西北的山西老面馆、九毛九等。餐饮企业迎合市场逐步调整经营结构，满足刚需型、大众化消费需求。

【典当业】2016年，海口市正常经营典当企业有49家，总资产5.5亿元，负债总额1871.85万元，从业人员274人；典当总金额1.7亿元，典当余额2.4亿元；业务笔数1697笔，上缴税金1.46万元。组织针对性行业培训。年内，海口市商务局对49家典当企业进行有针对性的相关业务培训；通过制定《典当行业法律法规、规章制度汇编》《典当企业行规行约》《典当企业自律公约》《海南省典当企业行业通讯录》等，规范企业健康发展；对应当前典当行业经营困难的实际情况，帮助指导20多家典当企业分别进行股东股权的合理性变更、法定代表人的变更、地址的变更、注册资本的减资变更等，大大提高市内的典当企业的防抗风险的能力。

【拍卖业】2016年，海口市正常营业的拍卖企业有67家，拍卖企业从业人员218人，其中拍卖师48人，拍卖成交场次约225次，成交额76.18亿元。市商务局引导拍卖企业参加中国拍卖行业协会组织的教育培训活动，及时了解和宣传行业新动向和新政策，不断更新知识。年底，首届中国拍卖“不良资产拍卖与投资”法律论坛在海口举办，通过学习与交流，引导拍卖企业学习相关法律知识和基础理论。同时，继续做好拍卖师的管理教育工作。充分利用会刊、网站和报纸等媒体大力宣传典型单位和优秀拍卖师，共同促进行业风气建设。

【家政服务业】至2016年，在海口市注册并实际经营的家政服务企业有160多家（含80家连锁门店），个体工商户120多家，从业人员8万余人。从业人员以农村户口为主，约占从业人员80%，其中女性占从业人员比例约78%。海口市家政从业人员以农民工居多，主要具有以下特点：年龄结构上，90%以上的外出务工妇女都在35～55岁之间；来源分布上，75%为农村富余人员，25%为下岗工人和城镇待业人员，其中女性约占80%，主要来源于临高、澄迈等贫困农村；受教育程度上，从事家政服务业的人员文化程度普遍较低，大多为小学、初中文化，主要以初中文化程度居多；服务项目上，主要以提供保姆、家居保洁等简单劳动为主，大约占90%，以提供护理、育儿、家教等知识技能型的中级劳动服务为辅，无高端的专家管理型服务。海口市商务部门通过引导企业规范使用商标、商号，引导不同类型、不同规模的家庭服务企业之间完善分工协作关系，引导企业发展连锁经营，提升企业品牌形象和服务水平，培育规范有序的家庭服务市场。在11月23～24日举行的2016年海口市技能大赛上，其中家政服务比赛项目，海南大嫂家政服务有限公司代表队荣获第一名，海南冠美清洁环保服务有限公司代表队荣获第二名、海南和谐家政服务有限公司获得第三名。

电子商务

【扶持电子商务发展】2016年7月8日，海口市人民政府办公厅印发《海口市促进电子商务发展扶持若干措施

（试行）实施细则》，海口市计划安排3000万元支持电子商务发展，充分发挥财政资金的导向作用，鼓励电商企业发展，进一步优化电子商务发展环境。《细则》规定，经专家评审通过的100万元以下的电商奖励项目，直接由市商务局向市财政局提出拨款申请；经专家评审通过的100万元（含100万）以上的电商奖励项目，由市商务局上报市政府审定，财政局根据市政府的批复意见划拨扶持资金。至年底，市商务局开展电子商务奖励申报工作，征集到35家企业的奖励申报材料，相应的评审工作正在进行中。

【电子商务招商】 2016年8月25日，海口市电子商务协会组织的2016海口市电子商务招商推介会暨海口市互联网及电子商务政策精细解读会在海南滨海国际金融中心落幕。有100多位企业代表参会。会议系统推介包括海口滨海国际电子商务产业园在内的海口市互联网及电子商务产业园区，并对海口市互联网及电子商务政策进行精细解读，旨在吸引更多的金融资源、人力资源、创新资源及社会各方面资源助力海口市电子商务发展。

【电子商务产业园】 2016年，海口市商务局指导新设电子商务产业园3家，分别是滨海国际电子商务产业园、昌海中小企业电商创业加速基地、南海网众创空间。其中滨海国际电子商务产业园定位为电商总部基地于11月5日正式开园，昌海中小企业电商创业加速基地于8月正式开园，南海网众创空间于6月18日正式开园。全市共有以复兴城互联网创新创业园、江东电子商务产业园、海口市新华信息产业孵化园、石山互联网农业小镇、演丰互联网小镇、滨海国际金融中心为代表的创新创业载体近30个，孵化初创企业近300家。

滨海国际电子商务产业园　由海南南国控股集团投资建设，位于滨海大道117号，占地面积1.33公顷，项目由加拿大EBC公司与海南省建筑设计研究院联合设计。整个项目由A、B两座塔楼，一栋两层商业裙楼及一座10层的立体智能停车库组合而成。11月5日开园，开园仪式上，滨海国际电子商务产业园管委会分别与海南外经律师事务所、海南伊索网络科技有限公司、海南恒信金服有限公司、海南天涯人力资源管理咨询服务有限公司、海南大学信息学院、海南银行、中国电信海口分公司、海南职业技术学院商学院、海南汉普管家信息科技有限公司、海南中瑞会计师事务所、海南经承投资咨询有限公司签约。年内，签约入驻企业逾40家，主要为电子商务、互联网和金融等行业的企业。

江东电子商务产业园　截至2016年12月，累计入驻孵化企业147家，在园企业83家，吸纳就业人数2786人，其中2016年园区新增注册企业132家。自2014年10月开园以来至2016年，累计新增注册企业297家，累计组织41家企业在区域性股权交易市场挂牌，一家企业成功在新三板上市。园区在孵企业累计实现融资6000万元。

【"互联网＋新型消费"活动】 为进一步发挥商贸流通引导生产、促进消费的功能，海口市商务局向社会公开征集并优选出特色商家作为拉动消费活动项目承办单位，在2016年9月至2017年2月期间特开展海口市第一届"互联网＋新型消费"活动，引导企业开展主题促销以塑造消费品牌。活动着重支持"互联网＋新型消费""互联网＋特色餐饮文化"、椰城电子商务、"互联网＋主题拍卖展销""互联网＋非遗文化展""互联网＋新社区配套商业"6个领域，至2016年底共向社会公开征集项目方案94个，计划投入近千万元，杠杆撬动消费增长及转型升级。10月1日启动第一期活动，活动包括新埠岛海鲜大世界开展国庆"集赞"、购海鲜换区加工代金券活动；西港全球购进口商品线下购物赠送优惠券，跨境保税展示店100%正品保障；苏宁、信兴、美都国庆家电返利大促销；海口美兰机场免税店结合免税新政策开展"免税夜市"等特色活动等；11月推出少数民族特色文化消费项目"互联网＋海南非遗之黎族骨簪"。第二期活动结合"双11""双12"、圣诞、元旦等时间节点举办系列特色折扣促销活动，第三期活动围绕春节主题开展特色消费促进活动。活动整体交易额8.5亿元。

【"双十一"在线交易】 2016年"双十一"网络狂欢节期间，海口市24小时交易额3.9亿元，同比增长44%，占全省"双十一"交易额的52.35%。女性消费者是主力军，占60%，交易产品主要有手机、低帮鞋、连衣裙、平板电视、T恤。外销售最多的商品为天然粉食品（比如椰子粉、咖啡粉这类商品）、手链、酒店客栈、篮球鞋、面部护理等产品。

经济合作

【经济合作概况】 2016年，海口市组织参加省内外各大型经贸活动20余场，举办5场大型招商推介会，借助省级招商平台，加强招商引资工作，签约项目金额1594.4亿元。在经贸合作方面，海口市不断深化与国内各省市区域合作，进一步加强与泛珠三角区域、丝绸之路经济带城市及北部湾经济合作组织的经济合作与交流，组织代表团参加第十二届泛珠三角区域省会城市市长联席会议、第二十四届广州博览会暨第十一届泛珠三角区域合作与发展论坛、第十八届中国国际高新技术成果交易会等10多场经贸活动。做好驻海口的异地商会、商贸行业协会的联络和管理工作，全市异地驻海口市商务局商会有22家。

【招商引资】 2016年，海口市招商引资工作以坚持稳中求进的总基调，按

2016年10月27～29日，海口市副市长孙世文带队参加在湛江举行的北部湾经济合作组织第九次成员大会暨北部湾城市合作市长峰会。图为北部湾城市合作组织成立大会。

（市商务局 供稿）

照“双创”和“百日大会战”模式，围绕省确定的“十三五”期间12个重点产业、六类产业园区以及海口“10+1”特色小镇（即10个特色产业小镇和永兴体育休闲小镇）和海口“十三五”规划期间，确定招商引资工作主抓方向，统筹布局全市招商引资工作。在博鳌亚洲论坛海南医药产业专题招商活动、首届“海南国际旅游贸易博览会”专题招商活动、港澳综合招商活动、海口（北京）综合招商活动、“海澄文”一体化综合经济圈专题招商活动等5场大型招商推介会上，签约项目和各单位报送的自行签约项目共198个，总协议投资金额1594.4亿元，项目涵盖旅游、农业、互联网、健康医疗、会展、物流、高新技术、文化教育等11大产业。全年落地项目101个，项目落地率51%。其中，在7月举办的海南（北京）综合招商活动上，海口市共签约63个项目，协议投资额577.3亿元，项目主要以互联网产业、医疗健康产业、教育产业、文化产业为主，有效弥补海口产业发展的短板，助力供给侧结构性改革。

【区域经济合作】2016年，海口市人民政府与福建签订集装箱内外贸同船运输业务合作，将航线向广州、深圳以及北部湾区域拓展，从而丰富以海口、厦门为中心的航线布局，增加两港的货源。海口海关全面融入“泛珠”四省海关区域通关一体化。海口市推动“海澄文”一体化综合经济圈建设，深化与澄迈、文昌、屯昌等琼北市县合作。10月27～29日，副市长孙世文带队参加在湛江举行的北部湾经济合作组织第九次成员大会暨北部湾城市合作市长峰会并作主旨发言。12月12～14日，副市长孙世文率海口市代表团参加第十二届泛珠三角区域省会城市市长联席会议并作主旨演讲。

【经贸交流】2016年，海口市共组织椰树集团海南椰汁饮料有限公司、海南鸿豪实业有限公司、海南百椰艺术制品有限公司、海南唯美绿景景观开发有限公司、海口伊源美生物科技有限公司等几十家企业参加第二十三届中国天津投资贸易洽谈会、第二十届中国东西部合作与投资贸易洽谈会、2016年东亚博览会、第二十四届广州博览会、第十八届中国国际高新技术成果交易会、第四届中国（重庆）国际粮油食品博览会等10多个各类经贸交流会、博览会。参展品种1000多种，协议成交金额4000多万元。4月15～19日，海口市组织10多家名优特新产品企业随省政府参加在天津举行的2016年中国天津投资贸易洽谈会暨PCEE国际贸易投资博览会，参展的热带水果、饮料食品、海产品等产品成交金额300万元。5月13日，2016年丝绸之路博览会暨中国东西部合作与投资洽谈会在西安举行，海口市组织椰树集团、百椰艺术制品等5家企业参展，参展产品有菩提子、椰雕、椰汁油、诺丽酵素粉等50余种，展销期间销售额120万元。

【行业协会商会】2016年，海口市继续加大培育发展新兴行业协会、商会的力度，打造新型行业协会的品牌。年内，市商务局新培育6家新型行业协会。全市由市商务局为业务主管部门培育成立的商贸行业协会共18家，

2016年11月16日，第十八届中国国际高新技术成果交易会在深圳国际会展中心开幕。图为海口展馆。

（市商务局 供稿）

2016年7月28日，海南省委常委、海口市委书记孙新阳，市委副书记、市长倪强等市领导，在万达集团北京总部与万达集团董事长王健林举行会谈。

2016年11月30日，海口市政府与万达集团签订《海口万达文体旅游项目合作协议》。　（市商务局 供稿）

异地驻市商会以市商务局为业务主管部门的商会共22家。

【海口赴上海开展点对点招商】 2016年5月2日～4日，海口市市长倪强率领副市长孙世文、任清华及有关部门负责人赴上海拜会上海市政府有关领导，并实地考察上海华信集团、绿地集团、上海申康医院发展中心、上海市第六人民医院、上海鲜花港等单位企业。活动期间，海口市与中国华信能源有限公司签署战略合作协议，双方就今后在石油贸易、金融、足球培训等领域开展合作达成共识，加大合作力度；桂林洋国家热带农业公园公司与上海都市绿色工程有限公司签订农业公园高效种植示范区的规划设计及热带农业智能温室施工总承包协议、与昆明立深新园生物科技有限公司签订农业公园高效种植示范区云上蔬海南叶菜植物工厂项目租赁协议、与北京花花草草科技有限公司签订农业公园高效种植示范区蝴蝶兰海南生产项目租赁协议，3个签约入园合作项目计划投资约1亿元，建设热带农业智能玻璃温室2个约5万平方米。7月8～10日，海口市代表团赴上海开展经贸交流和考察调研活动，在医疗健康、航运物流、贸易金融等多领域与上海形成合作：7月8日，海口市政府与上海申康医院发展中心签订战略合作协议，上海市第六人民医院与海口市卫生局签订合作框架协议，复旦大学附属华山医院分别与海口市卫生局和海口市第一人民医院签署战略合作协议；7月9日，市政府与中国远洋海运集团有限公司签约，双方就区域总部基地、码头合作、航运业务合作、物流业务合作、社会化服务合作等方面达成合作共识，海口市与中国华信能源有限公司签署合作备忘录。

【海口万达文体旅游项目合作协议签约仪式举行】 2016年11月30日在海口市举行。万达集团与海口市政府签订海口万达旅游城项目，万达集团确定在海口桂林洋开发区投资500亿元建设万达文化旅游城项目，这是迄今万达投资建造的第16座万达城，也是文化旅游面积最大、唯一滨海的万达城。项目包括室内主题乐园、室外主题乐园、大型舞台秀、国际会议中心及酒店群、滨湖旅游小镇、滨海酒吧街、滨河生态公园、滨海旅游新城等。

【海南（北京）综合招商活动海口签约63个项目】 2016年7月28～30日，海口市经贸代表团参加在北京举办的海南（北京）综合招商活动。在活动期间，海口市举办海口专题招商推介会，市长倪强围绕海口市地理位置、环境资源优势等方面对重点推出的招商项目进行详细介绍。会上邀请雅居乐集团控股有限公司，中国交通建设股份有限公司，中国民生银行股份有限公司，中关村互联网金融服务

2016年7月28～30日，海口市经贸代表团参加在北京举行的2016年海南（北京）综合招商活动，签约项目63个，协议签约金额557.3亿元。图为2016海口（北京）综合招商推介会签约仪式后合影。　（市商务局 供稿）

中心，深圳玉禾田环境事业发展集团公司，北京电影学院，北京大学附属中学、附属小学等北京及其周边地区行业知名企业和龙头企业近230名嘉宾参加此次综合招商活动。此次活动共签约63个项目，协议投资额577.3亿元。其中，雅居乐海口金沙湾健康教育新城项目建设以健康教育产业为主的产业新城，同时根据功能区分进行城市运营，协议投资额100亿；海口瀛晟科学技术园项目立足于药物研发、科研孵化、精准医疗、医养人性关怀等前沿理念，打造立足海南、面向全国、辐射东南亚的“医康养护研”五位一体的示范科技基地，协议投资额30亿元。

【海口59个项目厦门签约409.86亿元】 2016年9月8～11日，海口市经贸代表团在厦门参加“海澄文”一体化综合经济圈专题招商活动。在活动期间，海口市以第十九届中国国际投资贸易洽谈会在厦门市举行的契机，联合文昌市、澄迈县举办“海澄文”一体化综合经济圈专题招商推介会，利用“海澄文”一体化综合经济圈中心城市和增长极核的辐射带动作用，重点对海口综保区、海口高新区、海口桂林洋开发区和海口临空产业园进行包装推介，引进59个与海口市产业契合度高、经济效益好、带动效应强的产业项目，协议投资金额409.86亿元，涵盖文化体育、医疗健康、教育、高新技术等产业（其中互联网产业签约项目18个，协议投资额达62亿元）。其中，椰海竹韵·海南琼台农业生态文明旅游区项目落户海口琼山区，协议投资额25亿元，为现代农业发展研究及产品加工销售并重的综合开发项目，协议投资额25亿元；天鹅山樱花园项目落户秀英区东山镇，以樱花隧道、凤凰花隧道、三角梅花园等为特色，协议投资额4亿元。

对外经济

【对外经济概况】 2016年，据海口海关统计，海口市421家外贸进出口企业有实际进出口业绩，占同期海南省有实际进出口业绩企业总数的72.2%。民营企业进出口161.2亿元，比上年增长45%，占同期外贸进出口总值62.5%。其中进出口值超1亿元的企业共有20家，占同期海南外贸进出口总值超1亿元企业数量的45.5%。海口市2016年实现外贸进出口39.18亿美元，比上年下降9.74%。其中，出口7.93亿美元，下降17.78%；进口31.25亿美元，下降7.44%。实际使用外资3576万美元，下降87.72%；新签协议合同外资3.93亿美元，增长24.46%，新设外资企业51家，增长45.7%。

【出口贸易】 2016年，海口市传统优势出口商品呈现良好的增长态势，但太阳能光伏组件及电池、天然气等主要商品出口量下降影响海口市外贸出口总值。整车进口以异地企业为主，进口值未纳入海口市外贸统计。(1)一般贸易进出口占主导。全年加工贸易出口2.10亿美元，占同期出口总值的26.48%。一般贸易出口5.66亿美元，占同期出口总值的71.37%。(2)民营企业为出口主力军。民营企业出口5.50亿美元，占同期出口69.36%。外商投资企业出口2.16亿美元。(3)传统优势出口商品呈现良好的增长优势。医药品出口1397.19万美元，增长15.43%，超额实现医药出口较上年增长10%的目标。水海产品出口2.11亿美元，增长18.75%，由降转为增。农产品出口2.46亿美元，增长2.5%。汽车出口0.44亿美元，增长281.48%。

【进口贸易】 2016年，海口外贸结构单一，飞机进口占海口外贸进出口总值近6成。美国为海口市最大进口来源地。海口市对美国进口13.93亿美元，与美国双边贸易总值为15.34亿美元。进口商品方面，海口市进口机电产品27.56亿美元，占同期进口的91.93%；进口高新技术产品25.12亿美元；海南航空股份有限公司进口飞机39架，共22.32亿美元。

【利用外资】 2016年，海口市实际利用外资持续下降。海口市实际使用外资3576万美元，下降87.7%。实际利用外资主要来源地：英属维尔京群岛1675.81万美元，占总量的46.9%；中国香港地区1362.65万美元，占总量的38.1%；荷兰240.2万美元，占总量的6.7%；韩国167.4万美元，占总量的4.7%；塞舌尔77.9万美元，占总量的2.1%；其他地区52万美元，占总量的1.5%。实际利用外资按企业：外商独资企业45家，直接投资2418.2万美元，占总量的67.6%；中外合资企业5家，直接投资597.8万美元，占总量的16.7%；股份制1家，直接投资560万美元，占总量的15.7%。实际利用外资投资行业分布：第二产业直接投资77.9万美元，第三产业直接投资3498.1万美元；其中其他服务业1716.6万美元，占49%；金融租赁560万美元，占16%；咨询行业500万美元，占14.3%；批发零售460.2万美元，占13.2%；其他行业直接投资261.3万美元，占7.5%。

【新批设立外资企业持续增长】 2016年，海口新设外资企业51家，增长45.7%；新签协议合同总投资10.47亿美元，下降17.6%；新签协议合同外资3.93亿美元，增长24.46%。(1)新设企业按投资方式分：外资企业37家，合同投资额10亿美元，合同外资额3.84亿美元；中外合资企业13家，合同投资额4646万美元，合同外资额843.5万美元；中外合作企业1家，合同投资额14.18万美元，合同外资额14.18万美元。(2)新设企业按投资产业分布：第一产业2家，新签协议合同总投资25.28万美元，新签协议合同外资17.28万美元；第二产业6家，新签协议合同总投资4848万美元，新签协议合同外资2677.28万美元；第三产业43家，新签协议合同总投资9.98亿美元，新签协议合同外资3.66亿美元。（3）新签协议合同境外资金主要来源地：来源地为中国香港地区、韩国、中国台湾地区、马来西亚、新加坡、奥地利、澳大利亚、白俄罗斯、美国、塞舌尔、泰国。绝大部分投资来源于中国香港地区，占73.24%。

【外商投资企业经济运行情况】2016年，海口市确认通过全国2015年外商投资企业联合年报的外资企业437家，下降10.5%。年报企业至2015年的历年累计投资总额84.7亿美元，同比下降1.5%；历年累计外方实收资本30.9亿美元，同比持平。2015年，实现销售（营业）收入417.1亿元，比2014年下降53.9%；利润总额50.9亿元，下降33.7%；净利润46亿元，下降24.1%；纳税总额32.5亿元，下降21.1%；就业4.13万人，下降12.4%。（1）销售及营业收入：第一产业3.7亿元，第二产业70亿元，第三产业343.3亿元。一、二、三产业收入所占比率分别为：0.9%、16.79和82.31%。收入10亿元以上的行业有：第二产业中的制造业70亿元；第三产业中的交通运输业252亿元，批发和零售业39亿元，房地产业36亿元。（2）纳税：第一产业250万元；第二产业6.3亿元；第三产业26.2亿元。一、二、三产业纳税所占比率分别为：0.08%、19.33%和80.59%。纳税额较大的行业主要是：第二产业中的制造业6.3亿元；第三产业中的交通运输业14亿元，房地产业5亿元，住宿餐饮业2.4亿元。（3）企业盈亏情况：盈利企业122家，共盈利55.8亿元。从获利行业看，第二产业中的制造业利润8亿元，占14.3%；第三产业中的交通运输业利润26亿元，占46.6%。亏损企业264家，共亏损4.96亿元。亏损面较大的行业有：制造业亏损0.9亿元，房地产业亏损1.7亿元，持平企业51家。（4）从业人员：437家企业从业人员4.13万人。其中，第一产业1193人，第二产业9937人，第三产业3.01万人，所占比率分别为2.89%、24.08%和73.03%。

【多举措扶持外贸企业发展】（1）加快发展加工贸易。2016年，海口市商务局对海口市加工贸易企业进行摸底调查，海口市登记在档加工贸易企业共22家。11月，发动海口市22家加工贸易企业申报省外经贸加工贸易资金，向省商务厅推荐5家加工贸易企业申报专项资金补贴。精简审批权限事项，申报并通过法核取消市商务局加工贸易类行政审批事项6项。（2）抓好中小企业国际市场开拓资金、进口贸易融资贴息、出口保险贴息、出口贸易融资贴息和进口设备贴息等报账类资金、外经贸区域协调资金、海口市公共服务平台项目资金、海南省股权投资项目资金、海南省出口食品农产品安全示范区项目资金、加工贸易专项资金8大类外经贸专项资金的使用管理工作，做好8大类外经贸专项资金的发动宣传、申报储备、招标审核、检查验收、拨付及成效跟踪等工作，充分发挥外贸专项资金的产业引领作用。全年完成拨付2222万元，对确认无法完工的项目追回20.66万元。（3）加快推进外贸新型商业模式发展工作，申报建设海南省跨境电子商务示范城市。根据《国务院办公厅关于促进跨境电子商务健康快速发展的指导意见》及省商务厅有关文件精神，为培育海口市外贸企业“互联网＋外贸”思维，2016年8月市商务局邀请阿里巴巴专业讲师为海口市外贸企业授课讲解如何利用跨境电商开展出口业务。9月，制定海口市申报建设跨境电子商务综合示范区工作计划，向省政府申报海口市建设海南省跨境电子商务综合示范区。组织相关部门赴杭州参加国际电

2016年海口市主要出口国家与地区

（数据来源于海口海关）

产终国或地区	美元值（万元）	美元值同比（%）	人民币（万元）	人民币同比（%）
日本	17754.03	-2.59	115923.82	2.16
美国	14102.26	14.97	92646.79	21.20
欧盟	9596.86	-29.11	63337.00	-24.30
东盟	9538.44	-18.40	63132.71	-13.05
中国香港	7832.80	-28.83	52053.25	-23.58

2016年海口市主要进口国家与地区

（数据来源于海口海关）

产终国或地区	美元值（万元）	美元值同比（%）	人民币（万元）	人民币同比（%）
美国	139289.09	-22.02	922734.46	-16.69
欧盟	134371.86	27.40	880260.42	32.19
德国	65675.63	639.00	428001.57	663.56
法国	59459.44	-32.88	391394.83	-30.18
东盟	11496.28	-25.25	75918.26	-20.37

商大会，考察阿里巴巴集团并商议下一部行动方案。11月，再次组织举办跨境电商培训会，力推通过跨境电商将海口市工业企业转型为外贸企业，扩大出口源头企业。⑷分别于3月、8月、11月举办海口市2016年外贸稳增长工作会议、外贸政策宣讲、通关、出口退税、贸易融资保险及跨境电商等业务培训会，优化外贸营商环境。

【外资企业设立、变更由审批制变为备案制】2016年10月8日起，除涉及国家规定实施准入特别管理措施的行业外，在海口市的其他所有外商投资企业的设立、变更均改为企业在线申报备案制，企业无需再到窗口提交纸质申请材料。企业在线申报后，由市商务局在网上发布备案结果，之后，企业可凭营业执照（复印件）直接领取备案回执。备案登记不再作为新设外商投资企业领取营业执照的前置程序。

2016年海口市外贸进出口总值前15名企业（数据来源于海口海关）

海南海航航空进出口有限公司
海南航空股份有限公司
海口渤海五号租赁有限公司
海南英利新能源有限公司
康宁（海南）光通信技术有限公司
中海石油（中国）有限公司崖城作业公司
海南东洋水产有限公司
海口嘉里大通物流有限公司
海南海宇锡板工业有限公司
海南照丰水产有限公司
一汽海马汽车有限公司
海南佳德信食品有限公司
海南金盘电气有限公司
海南文盛矿业有限公司
海南蔚蓝海洋食品有限公司

（冯志明）

会展服务

【会展服务概况】2016年，海口市会展局围绕省委省政府确定的“十二大重点产业”发展布局和市委市政府发展壮大会展业的决策部署，运用新产业政策，充分发挥品牌展会的吸引力，不断提高办展水平和展会档次，促进会展整体规模的扩大和项目的增加，会展经济继续保持快速增长的良好发展态势。全年全市举办规模以上会议和展览活动238 场，参会参展人数178万人次。会展业在规模、拉动作用、产业知名度等方面均创佳绩，连续5年荣获“中国会展名城奖”，年内荣获“2016中国最具创新力国际会展城市 ”和“2016年度中国会展产业金手指奖·品牌会展城市”等称号。海南国际会展中心再次荣获“中国最佳会展场馆”殊荣。

【会展经济运行】2016年，海口市会展局运用新出台的产业政策，充分发挥品牌会展的吸引力，大力开拓新渠道，挖掘新题材，培育引进新项目，巩固提升自主品牌会展，不断提高办展办会水平和档次，促进会展整体规模扩大。会展经济运行的主要特点和成效：（1）产业发展持续向好，行业运行质量较高。全年举办各类规模以上会展活动238场，其中上规模会议179场，上千人会议26场，国际性会议11场；展览活动59场，展览面积67.8万平方米，1万平方米以上展览23个。上千人大型会议和上万平方米展览数量大幅度增加，分别比上年增加18个和5个。参会参展人数178万人次，其中省外观展参会及专业客商47万人次。品牌展会的虹吸效应和孵化能力不断增强，动漫、汽车、海洋产业、文化艺术等展会，促进相关产业的发展和市场的形成。以会议和展览企业为龙头，以交通、物流、通信、金融、旅游、餐饮、住宿等为支撑，策划、广告、印刷、设计、安装、租赁、现场服务等为配套的会展产业集群，增强产业链上下游企业协同能力，带动各类会展服务企业发展壮大。（2）展会品牌影响力突出，成为推动经济发展的新亮点。海口市会展呈现出规模明显扩大的趋势，第二届（中国）海南文化产业博览会、2016首届海南国际旅游岛三角梅花展、2016第四届中国（海南）动漫游戏博览会等展会规模均在1万平方米以上；论坛和会议规格、规模普遍提高，如2016中国国际大健康产业高峰论坛、2016国际医药供应链峰会暨第三届中国医药物流行业年会、中国生态文明论坛海口年会等，参会人数都在1000人以上；节庆活动影响力持续提升，如第十二届中国国际会展文化节、2016年中国国际广告节、2016世界游艇盛典等。一些学术性专业会议陆续落户海口举办，如第五届中国小动物医师大会、中国医师协会麻醉学医师分会2016年年会参会人数分别是4000多人和5000多人，这些专业会议的召开，对海口酒店、餐饮、旅游、免税品销售、交通、通信等行业起到十分明显的拉动作用。第六届中国生态文明论坛海口年会，中共中央原政治局委员、国务院原副总理姜春云、十一届全国政协副主席陈宗兴和17位有关部委的领导及东盟有关国家的总领事和领事等约1000多名嘉宾出席年会。

【招会引展】2016年，海口市会展局把招会引展工作作为推进会展业发展的重要抓手。聘请14位行业内有影响力的会议专家担任海口市“会议大使”，通过大使招徕更多的会议；针对北京、上海、广州等城市集中全国性行业协会会议资源的特点，参加全国性知名品牌会展活动，通过专场推介的形式举办海口会展专场宣传推介会，宣传海口会展业的政策和办会办展环境；主动与全国性行业协会、国内外知名会展公司联系洽谈，重点引进一批知名品牌的会议和展览在海口举行，全年在省外举办的推介活动10场。同时加大请进来的力度。7月初，采取实地考察的形式，邀请部分全国行业协会（学会）负责人约30人来海口实地考察办会办展硬件设施，召开项目对接会，有20个会展项目落户海口。全年落实10场国内外有影响力的大型专业会议和新增6个展览项目在海口举办，还有一批会展项目正在洽谈中。

【商业展销】2016年春节期间，由海南日报报业集团主办、南海网承办的第三届年货展在海口世纪公园举行。300多家商家入驻展销万种名特优年货。1月20日，海南省第十五届迎春花市在海南花卉大世界开幕，国内外4000多种花卉盆景汇集花市，供市民欣赏选购。由海南柏盈兰花产业开发有限公司主办的海口新春兰花展，共展出名贵兰花30多种，展出面积2万平方米。5月，第三届青岛啤酒节在海口市体育馆举行，9天的展期共安排9个主题。3月、7月、9月，由中国汽车工业协会、海南广电集团、海南日报报业集团分别举行的海南国际汽车博览会，近千款新车型参展。11月26日，在海南国际会展中心举行"海南国际美食博览会"，共设1000多个展位，划分农副产品、海产品、粮油制品、奶类制品、包装食品、方便快速食品、清真食品等30个类别。韩国、新加坡、马来西亚、中国澳门等国家和地区企业参展。

【公益展览】2016年万春会期间，海口市双创指挥部在万绿园举办海口市"双创"工作成果图片展和海口市见义勇为等模范人物事迹展。海南省博物馆、海南图书馆、海口市博物馆利用现代化场馆设备，先后组织策划50多场展览。这些公益展主要分三大类：(1) 围绕党的宣传中心，举办纪念中国共产党成立95周年暨中共琼崖地方组织成立90周年图片展、海南文化旅游融合发展摄影图片展、海南"二十三年红旗不倒"百名将军书法展、纪念中国收复南海诸岛70周年图片展、"见证祖宗海"南海更路簿图片展、海南省食品安全展等公益性展览。(2) 加强与外地省市博物院馆交流合作，举办历史文物展。如：湖南出土青铜器展、鲁迅读书生活展、陕西宝鸡玉器精品展、内蒙古包头博物馆馆藏文物精品展、苏东坡古籍暨珍贵文物展、博鳌亚洲论坛文献展。(3) 文化艺术展。海南博物馆全年先后举办王隽珠艺术馆藏作品展、郭利杰国画展、谢耀庭国画油画展、苏百钧工笔画展、韩潮水墨中国画作品展、太湖风书法作品展、景德镇陶瓷名人名家作品展、椰树下的三角梅作品展等展览。

【大型会议】2016年，海口市举办上规模会议179场，其中上千人会议26场。论坛和会议规格、规模普遍提高，如2016中国国际大健康产业高峰论坛、2016国际医药供应链峰会暨第三届中国医药物流行业年会、中国生态文明论坛海口年会等，参会人数都在1000人以上。通过宣传推介，海口市会展扶持政策、现代化会展场馆和宾馆酒店以及优越自然景观，吸引国内外一些学术性专业会议陆续落户海口举办，如第五届中国小动物医师大会于4月12～14日在海口举行，来自全国各地4000多名兽医专业人员、40多名海内外专家参会，同时配套举办6000平方米的专业展会。中国医师协会麻醉学医师分会2016年年会4月16～18日在海口召开，来自全国各地5000余名麻醉医师汇聚海口。会议期间还配套举办近1万平方米的专业设备展和其他文体活动。

【会展业扶持政策出台】2016年7月21日，海口市政府第59次常务会议审议并原则通过《海口市扶持会展业发展若干规定》，8月19日，市政府办公厅印发执行。《海口市扶持会展业发展若干规定》共13条，主要涉及会展业专项资金的预算安排及审批、规定会议和展览项目的补贴条件与标准等，按"一事一议"方式报市政府审批后予以支持的活动范围。其中对引进符合海口市产业发展的国际性、国家级、专业化大型会展项目，对国内外知名会展机构、企业举办的全国性流动大型展览项目，补贴金额最高可达300万元。针对国内会议，补贴金额最高可达80万元；国际会议，补贴金额最高可达100万元。特大型会议，外来参会人数达5000人以上的，可给予150万元补贴。对于本市新创办的展览，按照展览实际销售的标准展位数量进行补贴。每届展览申请补贴的展位规模应不低于150个标准展位，按实际销售的标准展位数量，前三届给予每个展位补贴600元，第四、五、六届分别按照每个展位补贴500、400、300元，每届展览补贴总额最高可达160万元。在国内外其他城市连续举办三届以上的展览项目或国内外知名会展机构、企业举办的展览项目，引进本市举办的，按照以下标准给予补贴：展览项目符合本省市产业发展方向，展览面积超过5000平方米且折合标准展位数量不少于300个，每届补贴金额为30万元。在此基础上，每增加1个标准展位给予600元的补贴；以第一届的标准为基数，在其连续举办年份（届数）内，奖励标准每年递增10%。

【会展业发展专项资金】2016年，海口市政府加大对会展业的扶持力度，市会展局通过对会展企业申报的项目的审核、评估，按照规定程序共对70个会展项目给予资金扶持或补贴，全年共安排专项资金3600万元。

【第五届中国小动物医师大会】2016年4月12～14日在海南国际会展中心举行。由中国兽医协会宠物诊疗分会主办，上海沪申会展有限公司承办，来自全国（除澳门外）33个省、市、自治区的2800多名兽医师、助理兽医师，近40所农业大专院校的600多名中专、大专、硕士、博士研究生及其他800多名专业人才共4200多人参加大会。有来自美国、澳大利亚、日本、韩国、新加坡及中国香港、台湾等国家和地区的50多名讲师讲授包括内科、骨科、软组织外科、皮肤病、老年病、心脏病、肾病、血液透析、肿瘤、中兽医等各种

2016年10月22~24日，第23届中国国际广告节在海南国际会展中心举办。图为国际创意与宏观发展高峰论坛现场。（市会展局 供稿）

课题共60多场。本届大会共有130家厂商报名参加展览，展出面积近7000平方米。

【第23届中国国际广告节】2016年10月22~24日在海南国际会展中心举办。由中国广告协会、海口市人民政府、海南省工商行政管理局共同主办，海口市会展局、海口市工商行政管理局、海南省广告协会、中广协广告信息文化传播有限责任公司共同承办。来自内地和港澳台地区约100个代表队团以及国际知名企业领袖、传媒风云人物、广告大师和新闻媒体记者近8万多人参加。本届广告节以“海·纳百川”为主题，共举办7场颁奖典礼、7场高峰论坛、5场专业展览展示、6场媒体推介会和多场签约活动，实现推进产业升级、推广创意成果、推动商务合作的宗旨。

【第四届APEC蓝色经济论坛】2016年6月28~29日在海口举办。由国家海洋局国际合作司和海口市政府主办，APEC海洋可持续发展中心、国家海洋局第三海洋研究所、海口国家高新技术产业开发区管委会和海口市海洋与渔业局承办。本届论坛主题为“推进蓝色经济合作：路径与实践”。有13个APEC经济体（智利、加拿大、中国、中国香港、印度尼西亚、马来西亚、巴布亚新几内亚、菲律宾、俄罗斯、泰国、美国、越南）、4个相关国际组织（联合国开发计划署、联合国教科文组织政府间海洋学委员会、世界海洋委员会、东亚海环境管理伙伴关系计划）以及3个非APEC成员国家（斯里兰卡、图瓦卢、柬埔寨）的政府部门、工商企业和学术研究机构的150余名专家、代表参会。通过6个主旨发言和18个主题报告，对蓝色经济的技术创新和发展途径、蓝色经济实践等进行交流和研讨，分享泰国、印尼、斯里兰卡、图瓦卢、越南、中国探索蓝色经济发展的实践经验，探讨不同行业通过科技创新和机制改革等方式促进蓝色经济增长的途径，并从2030年联合国可持续发展目标、政府间海洋科技合作、发挥工商界作用等方面开拓蓝色经济发展的思路。开幕式上共有3个项目签约，分别是海南大学与国家海洋局第三海洋研究所签订战略合作框架协议；海口市海洋和渔业局与国家海洋局第三海洋研究所签订共建合作协议；河北海德生物科技有限公司与国家海洋局第三海洋研究所签订所企战略合作协议。

【第六届中国生态文明论坛年会】2016年12月17~18日在海南国际会展中心举行。由环境保护部和海南省人民政府指导，中国生态文明研究与促进会主办，海口市人民政府和海南省生态环境保护厅承办。中共中央政治局原委员、国务院原副总理、九届全国人大常委会副委员长姜春云、十一届全国政协副主席陈宗兴以及中央有关部委和部分省市领导出席开幕式，全国各地环保系统代表和专家学者近1000人出席论坛。论坛组织策划高峰论坛、市长热点对话和厅局长论坛、区县长论坛、美丽乡村论坛等10个分论坛活动；进行系列生态文明展览展示，举办“继往开来再创辉煌——中国生态文明研究与促进会五年工作掠影”、首届中国生态文明奖先进集体和先进个人主要事迹展、海

2016年12月17~18日，第六届中国生态文明论坛年会在海南国际会展中心举办。图为原中央政治局委员、国务院副总理、九届人大常委会副委员长姜春云（前右六），第十一届全国政协副主席陈宗兴（前右七），环境保护部副部长黄润秋（前右五），海南省委副书记李军（前左五），省委常委、海口市委书记张琦（前右四），海口市市长倪强（后左三）等国家、省市领导及嘉宾在中国生态文明论坛海口年会上的合影。（市会展局 供稿）

南生态文明建设成果展和环保装备专题模型展等；发布《中国省域生态文明状况评价报告》，发起《生态文明·海口倡议》。

（黄 恩）

粮食流通

【粮油流通概况】2016年，海口市粮食局不断完善粮食宏观调控机制，加强储备粮管理，强化军粮保障供应，抓好粮食流通监管和粮食行业管理，促进粮食各项工作有效开展，实现全市粮食供求平衡和粮食市场供应及价格基本稳定。全市粮食年需求总量251.2万吨，比上年增加5.9万吨，增长2.44%。其中：消费总量168.65万吨（口粮46.41万吨，饲料用粮114.77万吨，工业用粮7.37万吨），减少1.4%，消费总量减少的主要原因是部分粮食转化企业采用新工艺，提高原料利用率，降低损耗，饲料用粮有一定减少；销往省内市县外总量82.54万吨，增加8.38万吨，增长11.3%。全市粮食年供给总量325.42万吨，增加45.78万吨，增长16.37%。其中，产量15.1万吨，省外购进289.9万吨，进口17.37万吨，供给总量增加的主要原因是辖区内2016年国家下达的各级地方储备任务有所增加。全市社会食用植物油及油料需求总量8.4万吨，增加0.77万吨，增长10%。其中，口油3.15万吨，工业用油1.95万吨，销售3.28万吨；食用植物油及油料供给总量9.56万吨，其中产量0.71万吨，省外购进8.55万吨，省内市县外购进0.3万吨。

【粮食流通监管】2016年，海口市粮食局开展全面综合检查1次，开展专项检查2次，对已取得粮食收购资格证的39家粮食经营户进行资格核查。督促落实社会粮食统计制度、粮食收购许可制度。为加强粮食调控，营造良好的粮食流通秩序，对全市纳入粮食统计范围的116家粮食经营企业的最低最高库存标准量进行核定，核定粮食最低库存量为3万吨、最高为9.13万吨；核定食用植物油最低库存量为396吨、最高为1001吨。为加强各粮食经营企业执行最低最高库存量情况，组织人员对各社会粮食经营企业进行监督检查。通过检查，全市执行国家最低最高库存量义务的粮食经营企业情况良好，确保海口市粮食市场供应安全稳定。

【粮食调控】2016年，海口市粮食局加强粮食调控，做好保供稳价工作。完善市场应急机制。6月，市政府办公厅印发执行《海口市突发公共事件粮食市场应急预案》。抓好粮食应急网络建设，建立挂牌粮食应急加工点5家，应急供应点63家（国有粮食企业11家，民营粮食企业和个体粮食经营户52家），及时掌握应急供应加工企业粮食生产，库存情况，确保应急时调得动、用得上。12月，首次举办海口市专门针对粮食市场应急保障供应大演练，调动各类车辆10余台，涉及单位12个，参演人员100人次。加强对从事粮食经营加工、销售企业的跟踪调研和统计业务指导，提高统计质量，按时做好粮食销售月报、季报、年报统计工作，及时掌握保供稳价措施贯彻落实情况。

【粮食储备】2016年，海口市国有粮食企业有粮食仓库49座，其中有效仓库41座，报废仓库4座，其他用途4座，有效仓容量3.07万吨。租赁借用仓房2座，仓容0.1万吨。储备粮食库区有8个，其中市区有2个，分别为金牛岭储备库区和白水塘储备库区；市郊区有6个，分别为三江、红旗、云龙、甲子、旧州、龙发粮食储备库区。

【粮油经营企业管理】2016年，海口市粮食局加强对市级国有粮食企业的监管力度，提高国有企业规避风险能力。应对市级储备粮轮贷资金风险问题，把经常性的财务检查和专项财务审计有机结合起来，在每季度重点检查企业财务基础上，委托佳鹏会计师事务所和海南立信长江会计师事务所分别对局属7家国有粮食企业2015年度企业财务报表和2010～2015年市级储备粮计息购进成本进行专项审计；委托海南立信长江会计师事务所对市军供站2010～2015年军粮预拨款使用情况进行审计。加大审计报告问题整改力度，成立整改工作领导小组，把审计工作报告披露的18个主要问题明确责任单位，落实到人；召开全市市级国有粮食企业审计工作报告披露问题整改专题会议，要求企业落实整改审计工作报告披露问题。指导和帮助企业建立财务管理制度，增加资金风险管理意识，规范银行账户管理，严格执行《现金管理暂行条例》等各项规章制度，严格控制资金合理支出，提高资金使用效益。

【乡村居民户存粮】2016年5月初，海口市粮食局组成调查组对农户储粮情况进行调查，至5月底全面完成调查，按要求调查农户65户，主要分布在7个乡镇。截至调查时点，海口市乡村居民粮食产量21.42万吨，其中早籼稻13.2万吨，中晚籼稻8.22万吨；出售量7.3万吨，其中早籼稻5.69万吨，中晚籼稻1.61万吨；期末库存3.28万吨，其中早籼稻0.73万吨，中晚籼稻2.55万吨。存粮结构主要是早籼稻和中晚籼稻。

（蔡泽玲）

供销合作

【供销合作概况】2016年，海口市供销社履行公益性职能和经营性服务职能，全面推进各项工作深入开展。年内，全系统商品总销售12.42亿元，比上年增长11.2%；利润额275万元，增长8.7%；所有者权益为596万元，增长18.3%。协助省供销社、海口市政府完成2016年冬交会工作，邀请新疆供销社、石家庄供销社、金华供销社等10多家供销社，邀请外来客商 32 人，完成订单 2.8 万吨。

【社有资产经营管理】2016 年，海口市供销社要求各基层社按照“一社一策”的政策盘活资产，恢复经营。在长流、旧州、谭文、龙塘等地新建流通服务网点 12 个，新建长流家佳惠农村超市 1 家、旧州供销日用品超市储备项目 1 个，新坡供销社和省供销社合作在博文学校开工建设 1 家农村综合服务社。继续督促灵山、演丰的旧改工作。年内，旧州、龙塘、甲子、谭文、大坡基层社相继对危房改建项目进行改造，旧州 7 层 5400 平方米、龙塘 7 层 4564 平方米、谭文 6 层 4290 平方米、甲子 6 层 3600 平方米、大坡 6 层 1200 平方米的综合大楼均已封顶。

【供销社农副产品运销】2016 年，海口市供销社利用下属全资企业海口销万家农产品运销有限公司经营平台，对接成型的农民专业合作社，组织开展冬季瓜菜出岛运销业务，主销成都、武汉等地，拓宽海口市冬季瓜菜出岛运销渠道。全年运销瓜菜 1100 多吨，共 600 多万元。

【烟花爆竹经营管理】2016 年 4 月，海口市供销社专题研究通过宏利达烟花爆竹公司引入战略合作者海口富力诚实业公司，以增资扩股的方式进行重组，提升企业软硬件建设标准，重新取得烟花爆竹经营（批发）许可，确保全系统基层企业每年收益约 300 万元，维持基层企业基本运转和队伍稳定。年内，全系统在全市范围内共设有烟花爆竹销售点 300 个，年销售收入 2500 万元；设有烟花爆竹回收点 7 处，共回收价值 10 万元的烟花爆竹。

【农资供应与监督】2016 年，海口市供销社结合各基层社的情况及现时农资市场行情，与省农资公司协商和多次实地调查分析，在共建的“龙华供销五一田洋农业科技服务中心”提供

2016 年 7 月 8 日，海口市供销社举办第一届“工会杯”农民（工）种植技能比赛。图为铺地膜、种玉米比赛。（市供销社 供稿）

种子种苗、农机农具和化肥农药经营服务，保障当地市场供应，方便农民生产的同时降低农户生产风险。按照《海口市化肥农药商业储备管理试行办法》的规定，遵循企业储备、银行贷款、政府补贴、市场运作、自负盈亏的原则，对化肥实行全年储备，完成 2 万吨淡季化肥储备任务，其中氮肥 0.64 万吨，磷肥 0.9 万吨，钾肥 0.24 万吨，复合肥 0.22 万吨。

【供销社农民合作经济组织建设】2016 年，海口市供销社成立两家农民专业合作社，分别为海口龙泉绿新蔬果种植专业合作社和海口班那养殖专业合作社。创建农民专业合作社示范社和星级农村综合服务社各 1 家，分别为：海口金绿果水果产销专业合作社示范社和遵谭供销社星级农村综合服务社。

【龙华供销五一田洋农业科技服务中心】2016 年，龙华供销五一田洋农业科技服务中心大力发展生态循环农业，根据现有条件，引进猪、鸡→有机肥（沼液、沼渣）→有机菜种养结合的生态循环项目，建设适合区域种植的设施大棚，为当地农户带来生态循环农业技术示范，打造五一田洋蔬菜品牌。世界粮农组织经组织专家考察，选定“五一田洋”作为海口地区的苦瓜、豇豆示范种植点，推广“海南省冬季瓜菜安全高产栽培技术实践研究和培训”示范项目，由该中心具体实施，并于 10 月委托农业部对外发展中心派专家来中心开展第二期培训工作，受训农民 260 人次。

【海口市供销社第一届“工会杯”农民（工）种植技能比赛】2016 年 7 月 8 日，海口市供销社联合市总工会在五一田洋农业科技服务中心举办第一届“工会杯”农民（工）种植技能比赛，比赛项目有：整地和铺地膜（环保地膜）、播种玉米、回收地膜、营养土配制、知识问答。参赛选手为市供销社领办的农民专业合作社及海口市龙泉镇五一田洋周边 200 多名农民，按自然村分成 6 组。比赛设立 5 个单项奖和 3 个集体奖，奖品类型有化肥、生态地膜、除草剂等。其中涵咏村获玉米种植一等奖，泳沃村、托村获二等奖，西江村、太儒村获三等奖；地膜回收太儒村获一等奖，泳沃村、涵咏村获二等奖，卜史村、西江村获三等奖；营养土配制泳沃村获一等奖，涵咏村、西江村获二等奖，卜史村、太儒村获三等奖；铺地膜太儒村获一等奖，西江村、泳沃村获二等奖，卜史村、托村获三等奖；知识抢答卜史村获一等奖，太儒村、泳沃村获二等奖，托村、涵咏村获三等奖。

（韦海晶）

烟草专卖

【烟草专卖概况】 2016年，海口市烟草专卖局（公司）紧扣年初确定的目标任务，强化精准施策，取得税利增长幅度较大、员工收入保持稳定、卷烟销量增幅和单箱值名列全国36个重点城市前列的较好成绩。全年销售收入58.78亿元，比上年增长5.36%；单箱销售收入3.53万元（含税），增长7.26%；实现税利12.59亿元，增长17.14%，其中上缴税金10.69亿元，增长22.16%。年内，被评为全行业“六五”普法先进单位。

【卷烟销售】 2016年一季度，卷烟销量同比下滑11.09%，海口市烟草专卖局（公司）及时调整状态，强化市场调控，采取划片管理、专销对接等措施，从二季度开始销量止跌回升，量增价稳，全年经济运行保持平稳发展态势。全片区完成卷烟销量19.4万箱，减少1.15%；一类烟销量6.03万箱，增长10.42%，比重31.08%，上升3.26个百分点；二类烟销量3.74万箱，增长16.87%，比重19.26%，上升2.97个百分点；紧俏品牌（中华、芙蓉王、利群）价格坚挺，顺销品牌（玉溪、红塔山、椰王）价格稳定，没有出现价格倒挂现象；整条零售价格指数98.37，环比上升0.1%；单包零售价格指数100.17，环比持平；卷烟库存保持低位，社会库存较小，零售户库存普遍在1～2周，社会存销比为0.42。

【卷烟打假】 2016年，海口市烟草专卖局（公司）加强与公安、工商、边防等执法部门的联合打假长效机制，密切与周边地区湛江、北海烟草单位的协同配合，扩展延伸打假防区，开展清理整顿卷烟市场行动，维护良好的卷烟市场秩序。全片区共查处案值5万元以上假烟案件24宗，占全省同类案件的75%，破获部级督办案件1宗、国标案件2宗、省标案件2宗。查获“三烟”（假烟、走私烟、非渠道卷烟）746.73万支，案值3008.64万元，其中，海口市局破获的“6·12”部督案件案值达1641.18万元，判刑35人，对两名主犯判处15年以上有期徒刑，是全省系统近年来破获的判刑人数最多、追刑力度最大的网络案件。

【烟草市场监管】 2016年，海口市烟草专卖局（公司）梳理简化许可证行政审批流程，自7月起，新办证时限缩短至10个工作日，停业审批缩短至2个工作日。探索具有特色的网格化监管方式，构建起市局、支队、大队、队员四级网格，加强证件后续监管，形成“宽进严管”格局；按照行政区域实施“4+4”（4个稽查大队+4个二级营销部门）划片管理，稽查员与客户经理一一对应，强化市场监管和服务，不断深化专销联动机制，由内管部门牵头，专卖、营销、配送、财务等部门参加，每月定期召开联席会议，互通情况，提出问题，研究对策，及时解决卷烟经营中出现的问题，不断提升市场监管水平；各单位联合工商、公安部门开展中小学周边、幼儿园内卷烟零售户专项清理行动，全片区对941所中小学周边的749个零售户全面进行排查和分类处置，清理比例100%，没有一户提请行政复议或诉讼。

【卷烟网络建设】 2016年，海口市烟草专卖局（公司）以卷烟营销平台为抓手，优化资源配置，强化品牌培育，促进营销创新，提高卷烟营销市场化、科学化和规范化水平。（1）实施市场化取向改革。主动与省烟草专卖局营销等部门加强沟通衔接，及时调整策略，转变方式，通过改进分档标准、购进模式、分配方式，不断完善平台建设，构建市场化取向运作的卷烟营销新模式。（2）推进营销转型和创新。制定出台进一步强化营销服务十项措施，以开展“消费者在哪里，我们就到哪里”卷烟营销活动为抓手，深入市场了解市场动销状态、卷烟价格和社会库存，加大客户分类政策宣传，把握投放节奏，与工商部门协同共同培育品牌，全面提升卷烟营销服务工作水平。（3）支持地产卷烟品牌发展。“三沙”品牌于7月1日率先在海口投放上市。市烟草专卖局（公司）按照“逐步上量、定点销售、总量控制、稳定价格”的原则，制订市场推广计划，坚持投放计划和市场需求的有机结合，联合工商部门深入销区，结合开展卷烟真伪鉴别活动，重点抓好“三沙”卷烟品

2016年12月24日，国家烟草专卖局局长凌成兴（左一）视察海口卷烟市场。（陈少阳 摄）

牌培育与市场开拓工作。全年“三沙”卷烟销量391.53箱。同时，“宝岛”“宝岛（一品沉香）”“椰王”等其他地产卷烟品牌发展也取得明显进步，特别是“宝岛（一品沉香）”销量超过55箱。（4）不断提升客户服务水平。通过实施“目标客户差异化服务”“卷烟明码标价签示范街”“营销移动数据查询APP”等项目，加大个性化服务力度；运用微信群、朋友圈等移动互联网形式，由单纯的到店拜访向线上指导、线下服务转变，及时、准确地进行信息传递与服务传导，逐步实现服务模式的转型升级。

【烟草企业基础管理】（1）降本增效任务完成。2016年，海口市烟草专卖局（公司）降本增效目标完成127万元，完成省烟草专卖局下达的年度目标任务。重点费用开支下降13.58%，其中业务招待费下降72.11%，会议费开支下降30.47%。（2）资金运营管理。通过省烟草专卖（公司）优化存款组合，进一步提高货币资金收益水平。全年利息收入2100万元，增收146.78万元。（3）推进规范管理。全面落实“三关三审”（初审关、复审关、终审关，采购部门初审、采购办复审、管委会终审）、强化公开招标监督联审、试点网上采购、强化对招标代理机构和供应商库的动态管理、实现采购项目网上运作的硬约束。全年共实施采购项目75个，采购金额4067.28万元。其中，公开招标项目69个，项目占比92%；公开招标项目金额4050.08万元，金额占比99.58%。（4）开展精益管理。把握“精益营销、精益专卖、精益物流、精益机关”4个着力点，广泛开展精益管理思想宣贯与知识培训，组织实施精益课题研究与QC小组活动，全年共实施13个课题并验收合格，其中5个项目在全省系统精益管理优秀课题评审中荣获1个一等奖、1个二等奖、1个三等奖以及鼓励奖2名。海口市局周执海被授予全国“烟草行业‘十二五’科技创新工作先进个人”荣誉称号，海口市局下辖的文昌营销部王一涵荣获全国烟草行业“精益十佳”个人荣誉称号。（5）安全管理。落实安全生产责任，开展企业专业安全评估和安全生产标准化岗位达标工作，加强安全施工管理、隐患排查和整改，开展应急演练和培训，实现全年无安全事故的目标。

（陈少阳）

食盐专卖

【食盐销售】2016年，海南省盐业总公司海口分公司食盐销量1.44万吨，完成年计划1.47万吨的98%，比上年减少569吨。其中：销售一级小包装食盐8671吨，完成年计划8620吨的100.6%，减少417吨；销售多品种盐2208吨，完成年计划2080吨的106%，增加593吨；销售腌制盐及其他用盐3490吨，完成年计划3950吨的88.4%，减少445吨。销售总量比上年有所下降，但口食盐（小包装盐和多品种盐）的销量增加176吨；50千克粗盐的销量止降反弹，增加87吨。全年销区碘盐普及率95%以上。

【食盐市场摸底调查】2016年3～4月，为进一步加强食盐市场营销工作，海南省盐业总公司海口分公司组织营销人员对分管销区（海口市、定安县、屯昌县、琼中县）食盐市场情况进行调查摸底，总共走访辖区内城区及各乡镇墟的食盐转代批发商及零售商250家，就客户名称、地址、负责人、联系方式、经营覆盖、营业执照、距海口及县城的距离、配送、经营性质、仓储、单次订货量、提货方式、品种、年销售数量、进货价、批发价、零售价、客户反馈意见等19项细节方面展开调查，充分了解客户和食盐市场销售情况，掌握大量的销区食盐市场信息。在调查的基础上，建立详细的客户档案，基本上做到一户一表。在做好市场调查的同时向转批发商和零售商进行食盐知识和用盐安全宣传。

【拓宽多品种盐市场】2016年，为开拓多品种盐市场，海南省盐业总公司海口分公司在保证主营业务有序开展的同时，多层次、多方位、多渠道宣传推销多品种盐。运用现有的食盐专营政策优势、配送网络优势和管理人才的优势，深入到销区各超市、商行，做多品种盐推广、宣传。合理规划区块和配送路线，逐步完善最便捷、最经济、最高效的物流配送网络。开展产品地推。在销区范围内多次集中开展多品种盐的地推工作，把重点放在海口城区的高档住宅小区附近的商户和县市的中心镇的大中型商超，从购买力强的地区逐步向乡镇农场推进。年内，销售多品种盐创历史新高，达到2208吨，比上年增加592吨，品种盐在销区食盐的销量占比从上年的10%增长到15%。

（海南省盐业总公司海口分公司）

（编辑：杜惠珍）

旅游业

旅游业综述

【旅游业概况】 2016年，海口市旅游委围绕“全域旅游”战略部署，着力推进供给侧结构性改革，持续打造“幸福美丽海口”旅游品牌，不断丰富产品供给、完善配套设施、加强市场监管、提高服务质量。指导举办首届海南国际旅游岛三角梅花展、“海丝支点”专场旅游推介会、第十七届海南国际旅游欢乐节、首届全球旅游目的地盛典、观澜湖高尔夫明星赛、国际海洋博览会、热带农产品交易会等旅游节庆、体育赛事、商务会展活动，促进旅游与体育、旅游与农业、旅游与会展、旅游与文化等产业的融合。全市旅游行业共有1636家企业，220家旅行社，占全省旅行社总数的57.31%，是全省旅行社的总部所在地；有导游服务管理企业5家，在册导游4712名，占全省导游总人数的44%；旅游饭店和社会旅馆1326家，总客房7.69万间，总床位9.61万张，酒店与旅馆的年接待设计能力超3500万人次。星级饭店39家，引进希尔顿、万豪、华邑、香格里拉、丽思卡尔顿、万丽、硬石等十几家国际知名品牌酒店进驻海口，初步形成沿海岸线高端旅游度假酒店布局，提升海口酒店行业的国际化水平。国家A级旅游景区10家。建成海口湾、新埠岛两个游艇专用码头，全国首家游艇交易所坐落海口。有高尔夫球行业企业8家，其中18洞国际标准场6家，27洞国际标准场2家。具有接待能力的乡村旅游点共21个，年接待能力100万人次，其中9家被评为全省乡村旅游示范点创建单位，6家获得海南省椰级等级评定。全市接待游客1695.44万人次，比上年增长10.08%。其中，接待国内外过夜游客1329.19万人次，增长8.49%；一日游人数366.26万人次，增长16.28%。旅游总收入191.84亿元，增长13.64%。

【旅游配套设施建设】 2016年，海口市继续响应国家旅游局的号召推进3年“厕所革命”行动计划，把旅游厕所的建设管理作为旅游配套设施建设的一项重要工作抓落实。全年完成旅游厕所建设83座（新建38座，改建45座），完成计划157%，完成投资额3632万元，超额完成目标，完成率全省排名第一。2015年、2016连续两年被国家旅游局评为“厕所革命”先进市。同时，以多种形式大力宣传厕所文明：借助海口城市管家平台，率先在全省推出“海口旅游厕所”微信公众号；12月10日在海南大学邵逸夫学术交流中心举办海口市文明旅游志愿者培训活动；12月24日在海口骑楼老街举办“海口市百城万众厕所文明宣传大行动漫画展暨千人签名活动”，征集评比出近90幅优秀漫画作品在中山路进行展出，清华大学美术学院协同创新生态设计中心历时两年创作的厕所文化作品也应邀同时展出。继续推进旅游咨询服务中心的建设工作，年内建成观澜湖新城、万绿园、秀英港、汽车西站等一批旅游咨询服务点。

【旅游项目建设】 2016年，海口市推进建设重点旅游项目15项，完成投资额11亿元。其中续建项目有：海口观澜湖度假区项目、海口中国城国际文化项目、长影环球100生态修复工程、恒大·海口文化旅游城项目、海口湾南海明珠邮轮港旅游综合开发人工岛项目、海口中环国际广场项目、海口沁源汇养生度假基地项目、海口秀英时代广场二期项目（海口中心）、海口美孝火山石古村落旅游开发项目、海口航空科技体育文化旅游项目、海口秀英港旅游综合体项目、海口丹娜国际游艇都会项目、海口演丰示范镇建设项目、海口红树林乡村旅游区项目、海口恒大海口湾项目，其中，海口中环国际广场项目在年内竣工。

【旅游服务标准化建设】 2016年，海口市旅发委遴选确定第四批62家旅游标准化试点企业，经督导和终期评估验收，有22家涉旅企业获得“海口市旅游标准化示范单位”称号。同时，组织标准化专家对2014年度39家旅游标准化示范单位进行复核评估，最终有34家示范单位通过复核，继续授予“海口市旅游标准化示范单位”称号。至2016年底，市旅发委共培育标准化试点单位200多家，其中有84家涉旅企业通过评估验收被确定为海口市旅游标准化示范单位。全年共组织旅游标准化知识及服务操作规范培训22场，培训人数5000多人次；组织标准化经验交流会2场，参会人数300多人。4~5月，派员参加省旅发委在保亭、黄山、武汉、大理等地组织的旅游标准化专项培训班，实地学习考察标准化先进地区和单位的好经验；参与编制《海口市公共信息导向系统总体规划设计及设置导则》以及《海秀快速路慢行道标志牌公共信息导示牌的建设规划方案》，在羊山大道、龙昆北路、滨海大道以及通往乡村旅游点的道路设计制作12块标识牌；深入冯塘绿园、骑楼老街和美兰机场等60多家单位帮助指导更换改造和新增旅游标识牌1000多块。市旅发委与省标准化协会共同编制的《商业洗涤服务质量规范》地方标准，于1月19日公布实施。

【创建国家全域旅游示范区】 2016年1月底，在全国旅游工作会议期间，国家旅游局确定将海南作为首个全域旅游创建省。成为全域旅游创建省以后，海南省将享受到国家旅游局推出的八项支持措施，包括优先纳入中央和地方预算内投资支持对象，优先支持旅游基础设施建设，优先纳入旅游投资优选项目名录，优先安排旅游外交、宣传推广重点活动及纳入国家旅游宣传推广重点支持范围，优先纳入国家旅游改革创新试点示范领域，优先支持A级景区等国家重点旅游品牌创建，优先安排旅游人才培训，优先列入国家旅游重点联系区域。3月，海口市启动创建国家全域旅游示范区。（1）全力推进全域旅游。1月，市政府下发实施《海口市创建国家全域旅游示范区行动计划（2016~2017）》。年内，实施全域旅游“美丽海南百千工程”，大力推进桂林洋国家热带农业公园、长影海南环球100、南海明珠国际邮轮中心、如意岛、丹娜游艇都会、狂野水世界等一批重点旅游项目建设，投资500亿元的万达文化旅游项目签约落地；演丰、石山等10个特色产业小镇建设步伐加快，桂林洋特色风情小镇初步建成，18个镇墟旅游化改造全面展开；加强旅游重大项目的招商引资和建设推进力度，以发展民宿产业为突破口，加强乡村旅游建设和精准扶贫工作；35个行政村、39个自然村“美丽村庄”建设全面启动；旅游公共服务体系日益完善。以建设琼州海峡经济带和琼州海峡港航一体化为契机，深化海口湛江区域旅游合作，相继举办海口、湛江两地乡村旅游线路产品2场推介会，推出5条琼北、湛江“一程多站”精品旅游线路。美兰机场全年旅客吞吐量达1880万人次，再创历史新高。深化“1+3+N”（“1”指的是海口市旅游发展委员会，“3”指的是设立旅游警察、旅游巡回法庭、旅游工商局分局，“N”指的是涉及旅游治理的职能部门）旅游综合执法改革，在工商局旅游市场管理、旅游人民纠纷调解委员会的基础上，4个区在景区新设立11个旅游巡回法庭，旅游警察设立工作也在稳步推进。（2）实施“旅游+”战略。旅游与会展、体育、文化、互联网、花卉等产业融合、组合加速，全年海口举办规模以上会展活动238场，连续5年被评为中国会展名城；成功举办观澜湖世界职业明星赛、马拉松赛等体育赛事，海口活力健康城市形象深入人心；冯小刚电影公社完善设施吸引《芳华》《动物世界》等一批剧组进驻摄制，年接待游客206万人次；成功举办首届国际旅游岛三角梅花展，赏花旅游成为椰城旅游新时尚；“旅游+互联网”大大提升海口旅游的“世界能见度”，2016年获评中国“互联网+旅游”十大优秀城市。

链接：全域旅游是指在一定区域内，以旅游业为优势产业，通过对区域内经济社会资源尤其是旅游资源、相关产业、生态环境、公共服务、体制机制、政策法规、文明素质等进行全方位、系统化的优化提升，实现区域资源有机整合、产业融合发展、社会共建共享，以旅游业带动和促进经济社会协调发展的一种新的区域协调发展理念和模式。

【首届“全球旅游目的地盛典”在海口举办】 2016年5月1~5日在海南国际会展中心举办。活动由海口市人民政府、中国旅行社总社发起，海口市会展局、中旅国际会议展览有限公司承办，美国国家地理等20多家战略合作伙伴共同支持。该盛典基于“旅游经济”和“会展经济”相结合，旨在利用“互联网+”模式，跨界整合与旅游产业相关联的各方优势资源，共同打造一个全新的“旅游+会展+互联网+时尚”国际会展品牌。有美国、法国、日本、韩国等18个国家外国使节或代表机构，北京、天津、河北等近20个国内省份旅游局或行业代表，以及新华社、人民日报、光明日报等40多家主流媒体代表等近千人参加。此次盛典是第一个在海口举办的全球旅游目的地活动，

2016年5月1日，首届“全球旅游目的地盛典”在海南国际会展中心启动。

（市会展局 供稿）

也是海口第一个定期、定址举办的全球专业展会，是海口重点培育打造的特色会展“名片”。1日，举行展览开幕式，邀请国内知名旅游省市、景区和行业相关机构参与，展期为5月1～4日。展览面积1.5万平方米，有来自中国台湾、乌干达、俄罗斯、德国、法国、美国、新西兰、韩国等国家和地区的400名展商参展。展览分为文化艺术品展区、国家地理TOP10展区、世界旅游小姐活动展区、世界中餐业联合会展区、合作伙伴展区等，展示全球旅游目的地相关的各类旅游小商品、旅游资讯、旅游服务和旅游风貌。4日，举行盛典开幕式。此次盛典举办“一带一路”美食旅游联盟、跨境电商、共享经济下的旅游新商业模式、京津冀文化旅游等多个分论坛和专场推介，发布《全球旅游目的地评选研究报告2016》、“国际旅游目的地TOP10”“国内旅游目的地TOP10”榜单以及2016年全球TOP10旅游目的地推荐名单。5日，“全球旅游目的地盛典”颁奖典礼揭晓2015年“国内TOP10旅游目的地”和“国际TOP10旅游目的地”两大榜单，颁奖典礼现场还同期发布2016年国内、国际十大旅游目的地推荐名单，海口入选2016国内游推荐目的地。

【全国旅游工作会议在海口召开】 2016年全国旅游工作会议、全国旅游市场工作会议分别于1月29～30日，1月31日在海口召开。来自中央有关部门、全国各省市区和旅游企业、单位的代表参会。会议总结2015年全国旅游工作，分析当前国际国内旅游发展形势，谋划“十三五”旅游发展思路，安排部署2016年旅游工作。在全国旅游工作会议上，国家旅游局对山东省青岛市等101个先进市（区）推进“厕所革命”的突出成绩予以表扬，其中，海南省海口市、三亚市获评2015年全国“厕所革命”先进市；确定将海南作为首个全域旅游创建省。会议期间，海口举行“海丝支点·美丽海口”旅游专题推介会。

旅游经营

【旅游经营概况】 2016年，海口旅游国内市场营销工作继续瞄准散客及高端旅游群体，强化健康休闲产品包装，开展岛外市场多渠道覆盖宣传，加强华东、西北及华南等区域辐射据点城市多频次促销推广，紧密与国内外知名旅游平台合作，构建营销渠道，完成“岛外促销＋活动＋新媒体传播＋旅游公共产品投放”四位一体联动推广，取得较好的成果。全年接待游客1695.44万人次，增长10.08%。其中，接待国内外过夜游客1329.19万人次，增长8.49%。旅游总收入191.84亿元，增长13.64%。从在全省的占比情况来看，海口国内外过夜游客接待量和旅游总收入分别占全省的22.1%和26.97%。在境外市场，主要结合海口市旅游产品，准确定位，精确营销。全年入境游客13.65万人次，增长11.89%，境外旅游市场实现止跌回升目标。

【旅游营销】 2016年，海口市在国内市场的旅游营销坚持人文关怀及资源组合创意，丰富并延续创意“海口邀您来过年”“交换春天”“逛椰城”等品牌促销活动。1月、3月、5月、9月分别在促销据点城市——广东（广州、深圳、佛山）、江西（婺源）、陕西（西安）、天津、深圳开展联合促销行动共15场次。（1）重点投放形象宣传广告。紧密结合都市年青上班族聚集点，有针对地选择户外大型广告牌投放季度产品形象广告，突出海口“幸福美丽、热带滨海花园城市、优质生态”资源亮点。（2）引入体验营销，“有感”传播海口美誉。在婺源客流高峰期，以大图片、场景还原、新鲜生态品鉴面向终端游客，传播海口形象；在广东，“过大年邀请”促销执行“与海口会面家庭秀”征集评选，传播对海口产生的美好感觉和愉悦记忆，宣传和公关手段联合发挥作用，参与征集游客覆盖全国30余个城市；在天津，以“轻摄慢城海口”呼应手机应用拍摄，讲授技巧，邀请游客“从心出发”品“8天不重样的海口”；在新浪网络门户＋多家电视报纸＋微博微信新媒体进行活动，专题推广引流。新浪总部及全国27个地方站，日均PV超12亿；微博主话题“轻摄慢城海口”阅读量达5656.3万，讨论量1984条，5月24日荣登全国旅游话题榜首，成为微博当天的旅游热门事件。国庆深圳营销，推出关注“加班汪”H5互动，联合腾讯网（http://www.qq.com/）在腾讯网首页、腾讯社会、生活频道、珠三角地区所有QQ用户登录页面投放广告，推送“十一”自游海口旅游产品，曝光量户1.6亿人次。（3）策划门票换取优惠活动。依托全国各地的游客走进江西婺源油菜花，发动4家海口景区面向持消费婺源景区凭证享6.5折优惠，中新社、新浪、搜狐、凤凰、今日头条等20余家媒体予以首页报道。（4）联手区域网点，打开产品销售渠道。与西安百事通旅行社建立合作，在200余个门店全线投放8个海口自由行主题产品，增强区域市场产品宣传推广力度。9月深圳促销，联合美团网上线“逛椰城十个一”产品，提升海口自由行产品推广辐射面。（5）开设话题吧，全时在线回答游客问询。“过大年邀请”澎湃话题首开该频道官方主办先河，受到华东地区商务消费群体广泛关注，赞誉为“地方政府服务型旅游”的新举措。1个月点赞量达4.8万个，到达量10余万人，在线回复200余条（扣除重复提问400余条）。在境外市场，主要结合海口市旅游产品，准确定位，精确营销。在香港、澳门开展以“现代化热带滨海花园城市——海口欢迎您”为主题的系列促销活动，邀请香港旅游发展局、澳门特别行政区旅游局、港澳媒体、旅游协会及旅游同业（组团社）出席专题推介会。9月20～25日随团参加

2016年海口市入境游客分布图

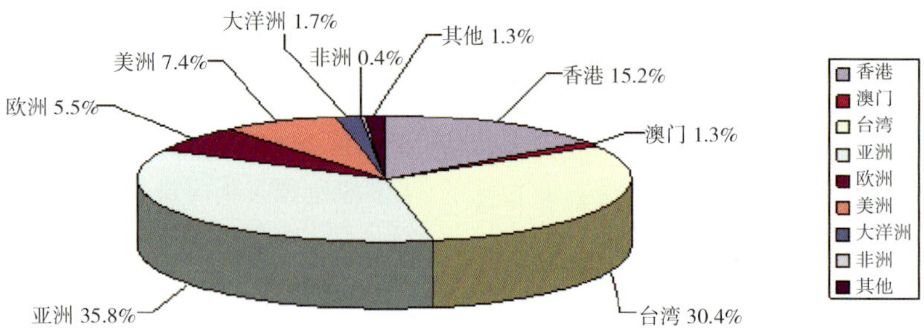

2016 莫斯科国际旅游展，并举办专场推介会。12 月 26 ~ 30 日至新加坡、马来西亚吉隆坡举办 2016“品味海口”专场旅游推介会。同时，在境外社交媒体 Facebook 和 Twitter 发布海口旅游信息，重点推介骑楼老街、海鲜美食、温泉海岸、高尔夫、邮轮游艇、康体养生等特色旅游资源。

【旅游客源市场】至 2016 年，海口旅游客源发生深刻变化，自驾游和自由行游客成为客源主体。全市重点境外客源市场为新马、日韩、俄蒙和澳新市场，海口市重点加大对中国港澳台地区及新加坡、马来西亚、俄罗斯等重要市场开发力度。全年，海口市接待入境过夜游客 13.65 万人次，增长 11.89%。其中，外国游客 7.25 万人次，增长 20.19%；香港同胞 2.08 万人次，增长 14.32%；澳门同胞 0.17 万人次，增长 12.48%；台湾同胞 4.14 万人次，下降 1.13%。

【旅游节庆活动】2016 年，海口成功举办首届海南国际旅游岛三角梅花展、首届全球旅游目的地盛典、观澜湖高尔夫明星赛、国际海洋博览会、热带农产品交易会、“5·19 中国旅游日”海口主题城市营销旅游产品推广暨全民夜游狂欢、“夜徒最海口椰风醉游人”海口徒步旅游线路推广、海南国际旅游欢乐节海口主会场等旅游节庆、体育赛事、商务会展活动、促进旅游与体育、旅游与农业、旅游与会展、旅游与文化等产业的融合。其中，2016 海南国际旅游岛网络欢乐节有 1042 万人次参与、实现交易额 8.52 亿元，获得最佳活动创意奖。

【第十七届海南国际旅游岛欢乐节】2016 年 11 月 26 日在海南国际会展中心开幕。国家旅游局、国家海洋局领导，外国驻华使馆代表、中亚五国地方领导、上合组织成员国代表、中亚五国友好组织代表，国际友城代表、港澳旅行商代表，国内 6 个省市旅游局和重点旅游企业领导等 200 余人参加开幕式。本届欢乐节由省旅游委主办、海口市政府承办，以“宣传旅游新业态、营销旅游新产品、推出旅游新线路、创造旅游新效应”为基本原则，立足突出国际元素、地域文化、百姓参与等特点。欢乐节期间，约百项精彩活动在全岛上演，主要活动共分为“欢乐开幕、欢乐节主体活动、海口市主会场配套活动及全省欢乐主题旅游月”四大板块。其中海口主会场举办欧洲美术作品交流展、首届海口欢乐购物节、欢乐节专场文艺晚会、百家港澳旅行商海南踩线活动、海口房车露营休闲旅游嘉年华、2016 海南国际海洋旅游博览会、2016 海南国际美食博览会、海南友城文艺演出、欢乐乡村游、美国好莱坞电影乐团新年视听音乐会、欧洲专场音乐会、第二届海口蓝色国际音乐节及 2016 跨年音乐烟花秀等旅游文娱活动，实现活动与展会、拉动消费、演艺交流、国际化主题精神交融碰撞及“互联网 +”的融合和提升。参加本次欢乐节的重要境外外宾 300 余人，塔吉克斯坦议会下院前议长、塔对外友协主席海鲁洛耶夫在开幕式上致辞，马来西亚槟城州、波兰卢布斯卡省等 3 个国家州省带来精彩文艺表演。共举办 2 场欧美音乐会、2 场欧洲美术展览，为欢乐节增添国际风情。26 ~ 28 日举办的海南国际海洋旅游博览会参观人数 6 万余人次，成交近千万元；海南国际美食博览会总观展人数 13.5 万人次，现场交易额 7300 多万元，签订协议额约 2.5 亿元；2016 海南国际旅游岛网络欢乐节六大主题板块活动总成交额 8.52 亿元。据不完全统计，2016 年海南国际旅游岛欢乐节海口主会场媒体宣传原创报道共 340 篇（条），其中电视 11 篇（条）、报纸 80 篇（条）、网络 123 篇（条）、新媒体 126 篇（条）。12 月 31 日，2016 年第十七届海南国际旅游岛欢乐节在海南国际会展中心落幕。

【2016 年海南国际旅游岛网络欢乐节】2016 年 11 月 23 日开幕，12 月 31 日闭幕，历时 38 天，为 2016 海南国际旅游岛欢乐节海口主会场活动之一，由海口市旅游发展委员会策划执行。以“互联海南·全岛欢乐购”为主题，围绕全岛“团”购、全岛畅“行”、全岛畅“游”、全岛“融”通、全岛乐“居”、全岛“悦”惠六大主题板块，联合携程、同程、途牛、驴妈妈、去哪儿、爱之旅、酷秀票务、美团外卖、美团点评、新浪乐居、神州专车、滴滴出行、南方航空、酷秀机票、工商银行“融 E 购”、海南农商银行、新城吾悦广场等 18 家大型 OTA 平台及 1000 余家实体商户，推出线上线下消费活动，六大主题板块活动总共有 1042 万人次参与，总成交额 8.52 亿元；在 11 月 23 日举办的启动仪式上，创新线下新媒体营销手段，利用市旅发委公众平台联合新浪

乐居进行现场活动的同步直播，创下同步14.6万人次的同步收看。

【旅游区域合作】 2016年，琼北旅游工作在加强旅游产品融合、线路融合、捆绑营销融合的基础上，再获新发展，海口与琼北其他9个市县联合开展旅游促销，加强区域旅游合作，实现资源共享、游客互通、政策互惠。至11月，琼北10市（县）共接待过夜人数1929.27万人次，同比增长13.51%；旅游收入239亿元，同比增长18.11%。同时，按照海南省与广东省加强琼州海峡两岸合作，实现琼州海峡一体化战略部署，率先建立海口湛江旅游合作机制，年内实现2次工作互访交流，联合开展“一路向南游湛江海口”“邀请您到海口湛江过大年”旅游促销，分别在海口、湛江各举办一场乡村旅游推介会，由海南省省会经济圈与琼北旅游工作办公室牵头签订《琼北、湛江区域旅游联盟合作协议》，至此广东的湛江及湛江所辖的徐闻、雷州正式加入琼北旅游圈，为琼北、湛江区域13市县推出新产品旅游捆绑营销的创新举措之一，成为琼北、湛江两地经贸合作的典范。

【旅游宣传】 2016年，海口市旅游管理部门推出2016年（第十七届）中国海南国际旅游岛欢乐节、“十一”自游海口、2016“五一”玩转海口出游信息全网罗、海口最美旅游名村、中国旅游日——海口、2016幸福美丽海口·婺源·天津·西安旅游推介、2016幸福美丽海口·邀您来过大年7个系列营销专题。联合PandaMobo在国际主流媒体推出“海口旅游号”Facebook、Twitter、Instagram和Youtube同步开展线上境外营销；通过旅游“双创”、旅游节庆会展活动举办，以及走进旅游客源地进行营销活动相结合的模式开展线下营销活动，与线上营销宣传行程合力。举办超过15场旅游营销活动。据不完全统计，2016年国内外包括报纸、网络、电视、新媒体关于海口旅游的原创报道超3000篇（条），重点聚焦海口三角梅花展、全国旅游工作会议、海口春节旅游、邀您过大年、交换春天、海口旅游的十种“打开”方式、欢乐节看这就“购”等海口旅游重点工作，新增一批“海口旅游”关联搜索热词。1月，海口市旅游发展委员会获国家旅游局颁发2015年全国优秀旅游新闻作品组织奖；6月16日，海口位列腾讯权威发布的2016中国“互联网+旅游”十大优秀城市之列。报纸、网络、电视、新媒体关于海口旅游的原创报道共2903篇（条），其中电视272篇（条）、报纸551篇（条）、网络1187篇（条）、新媒体893篇（条）。其中，海口市旅发委与腾讯合作推出“十一”自游海口主题活动宣传所有推广渠道有1.68亿曝光量、67.9万互动人数，由腾讯新闻客户端推出的《海口旅游的十种“打开”方式》新闻总访问量突破2100万人次、总评论数超过3.3万条；推广活动总阅读量超过12万人次；QQ客户端数据曝光量显示仅广东省地区就有1.4亿用户通过QQ了解“免费海口游”，63.6万用户进行点击关注。“海口旅游”官方微信平台共编发、推送原创内容202条（含图片490张、短视频12个、H5页面8次），进行微信直播3次，关注粉丝13万人。

旅游服务

【旅游服务概况】 至2016年底，海口市有旅游行业企业1636家，旅馆业企业1326家。其中星级饭店有39家（五星级6家，四星级14家，三星级16家，二星级3家），社会旅馆993家，家庭旅馆294家，总客房数7.69万间（套），总床位9.61万张。旅行社业企业220家，其中经营出境旅游业务旅行社有36家，经营入境和国内旅游业务的旅行社184家，旅行社分社25家（另有旅游服务网点146家）；高尔夫球行业企业8家，其中18洞国际标准场6家，27洞国际标准场2家；旅游景区业企业17家，A级景区10家：海南热带野生动植物园、中国雷琼海口石山火山群世界地质公园（雷琼世界地质公园海口园区）、海口骑楼小吃风情街、海口市五公祠、海口琼州文化风情街、海口假日海滩、白沙门公园、海口市海瑞墓、海口观澜湖旅游度假区、海口骑楼老街，其中，4A级4家，3A级5家，2A级1家；旅游景区7家；导游服务管理企业5家，有注册导游4712人。

【旅游产品开发】 2016年，海口市共创新设计看海、有氧、怀旧和赏花4条春季旅游线路和海口风情游、观澜湖主题游、山海相盟、南海野趣、搜购旅途、地道美食、高尔夫乐途、乡土守候等8条暑期特色旅游线路、10条“十一”自游海口、15条徒步游海口线路，把海口的骑楼老街、观澜湖主题公园、火山口、红树林、假日海滩等旅游景区和海鲜美食、特色小吃、免税购物、美丽乡村等旅游元素结合，向市民、游客提供不同季节适合自己的旅游线路和旅游产品。

【发展“乡村旅游+特色产业小镇”旅游格局】 2016年9月，海口市旅游委联合海口广播电视台举办2016年“幸福美丽海口·最美乡村”我最喜爱的旅游名村评选活动，评选出美兰区演丰镇桃园村，琼山区大坡镇田心村、旧州镇墩插村、三门坡镇龙鳞村、龙塘镇香世界农庄、兰花谷休闲农庄，龙华区龙桥镇羊山休闲公园、龙桥镇月茗庄乡村度假区，秀英区海口开心农场、永兴镇冯塘绿园、石山镇美社村、石山镇火山泉休闲农庄12家单位为“幸福美丽海口·最美乡村”我最喜爱的旅游名村，指导永兴冯塘绿园、三门坡龙鳞村升级改造、龙泉涵泳村千亩荷塘乡村旅游点完善旅游服务设施等，进一步推动乡村旅游发展、升级增效。发动兰花谷、冯塘绿园等乡村旅游点申报3椰级乡村旅游区。同时，建成演丰红树林国家湿地公园风情小镇、石山农业风情旅游小镇、新坡民俗文化旅游小镇等10个特色旅游产业小镇；完成200多处城市街区旅游化改造，骑楼老街、居仁坊等城市街区基本具备旅游功能；改建秀英区美社村、龙华区遵谭镇涌潭村等20多个美丽乡村。形成“重点景区+特色产业小镇+美丽乡村”（街区、小区）全域旅游发展格局。

【旅游商品研发】2016年，海口市旅游委联合市财政局组织旅游企业将中国香街特色旅游资源开发项目、海口红树林乡村旅游区一期工程景观提升项目、海口骑楼老街景区改造升级项目、海口白沙门公园房车营地旅游新业态项目、中国·冯塘美丽乡村休闲农业生态文化园、“海南礼物”旅游商品设计研发销售项目、桂林洋国家热带农业公园旅游服务设施建设项目、海口民俗风情街特色旅游资源开发项目、海口假日海滩旅游区景观提升项目、“椰雕·插卡便携蓝牙音响”系列旅游商品开发项目、“五色吉贝围巾”系列旅游商品开发项目，报送省旅游委申报2016年海南省旅游产业发展专项资金。

【旅游免税购物】2016年，海口美兰机场免税店经营国家批准的38类免税商品，涵盖400余项国际知名品牌，主要以化妆品、香水、手表、箱包、服装服饰、糖果、婴儿配方奶粉、尿不湿等产品为主。以低于国内商场10%～35%的免税价格，提供“即买即提”的一站式免税购物新体验。开设网上商城免税易购，线上、线下商品均由海关全程监控，旅客登录网上商城即可轻松进行线上商品预订及支付，海口、三亚两地机场均可提货。全年营业额16.5亿元，增长33%。

【海口市旅游巡回法庭挂牌成立】2016年10月1日，海口市海口中级人民法院批准海口4个区成立旅游巡回法庭，分别在假日海滩、火山口公园、观澜湖旅游度假区等旅游景点设立巡回法庭办案点，开辟旅游纠纷绿色通道，集中、快速对涉旅游纠纷案件进行调处、审判，及时化解纠纷。各旅游巡回法庭建立六大工作机制：办案点工作机制，在重大法定节假日时调派法官到景区办案点全天候值班办案，工作日期间集中受案，每月在办案点开展一次巡回服务；旅游诉讼服务热线工作机制，在景区设立24小时旅游诉讼服务热线，专人负责登记并在第一时间处理；联动机制，在处理涉旅游纠纷案件时，与公安局、旅游委等职能部门进行联动大调解；联络员机制，在各旅游经营者、旅行辅助人中挑选1至2名涉旅纠纷联络员，与旅游巡回法庭的调解工作进行对接；法制宣传机制，通过现场提供法律咨询、发放法律宣传资料等多种形式，加强旅游法律宣传；司法信息报告机制，定期统计分析涉旅游纠纷案件的审理信息、数据。

2016年10月1日，海口市龙华区人民法院旅游巡回法庭成立。（市旅游委 供稿）

【旅游信息化建设】2016年10月15日，海口市旅游委完成《海口市旅游大数据发展可行性研究报告/概要设计方案》编制工作。筹建“你好，海口！Hi，Haikou”热线服务平台，平台热线设置志愿者咨询服务和专业客服，提供产品推荐、投诉等服务，还将与相关热线平台（12301、12345等）打通，实现话务的接入与转出，采取线上线下相结合的运营模式，由网站、微信公众号、手机APP及智能终端设备配合线下“海口市旅游咨询服务中心”，为游客提供更丰富的内容和更便利的体验。建设“美味海口”APP，通过“美味海口”旅游生活服务平台的推出，尝试对吃、住、行、游、购、娱等旅游核心要素的智慧化改造。升级改造海口旅馆业管理系统，完成对行政区域内旅馆客房规模、入住情况、房价、营收日报等数据的采集和统计，实现旅馆大数据平台基础数据的收集，后续可通过接口与旅馆业治安管理系统对接，实现旅客入住登记信息的实时采集，从而实现实时发布本行政区域内旅馆的出租率、平均房价等信息。

旅游管理

【旅游饭店管理】2016年，海口市旅游委重点对旅游饭店的必备项目、设施设备、饭店运营质量、节能环保、安全和应急管理、培训7个方面进行监管督查。落实国家星级标准，开展旅游饭店星级复核和暗访工作，年内撤销海口国宾大酒店（三星）、海口花开四季温泉度假酒店（三星）、海口美兰金绿洲酒店（二星）星级饭店称号。全市共有300多名星级饭店内审员，市级特邀星评员50名。联合酒店协会，开展旅游行业风采展示赛，以歌唱、舞蹈、乐器演奏、朗诵、相声、小品、戏曲、礼仪展示、书画等节目内容与行业密切相关的各种形式，集中展示海口旅游企业和职工风采。同时，创建、评选旅游行业“双创”工作示范单位。开展标准化培训，增强品牌意识。全年共开展法律法规、国家标准和行业标准、酒店营销等培训6场次，培训1200多名酒店从业人员。

【导游管理】2016年，海口市旅游委取消导游年审工作。年内，通过海口旅游网，强化导游文明旅游理念，倡导文明旅游，营造文明旅游新风尚。组织700余名导游参加“云课堂”研修培训，提升导游自身的职业技能和业务水平。创立行业标兵，开展年度“优秀导游”评选活动，共评选出“优秀导游员”30名。推进以导游员工化、开发导游自由执业平台、推进导服公司实体化、加强行业整治、强化宣传培训等主内容的导游管理体制改革，改善导游执业环境，畅通导游执业发展渠道，保障导游合法权益。运用导游IC卡管理系统，全年共办理导游IC卡各项业务747件次；全国团队管理系统，填报旅行社累计67家，总团数3.37万个，总人数96.31万人，比上年总团数下降15.8%，总人数下降8.5%。全年查处违规导游1人。

【旅游市场监管】2016年，海口市旅游管理部门出动检查人员2880人，开展旅游市场检查行动2451次，其中联合公安、交通、消防、食药监、文体、工商、物价等部门综合执法160次，检查旅游饭店668家次、社会旅馆678家次、景区（点）82家次、旅行社863家次。联合市公安局、工商局、城管局、物价局及4个区对全市重点旅游购物点、餐饮场所、酒店、明珠广场、万绿园、白沙门公园进行检查，劝告、驱赶街头非法诱导和散发小广告人员130多人。接听24小时旅游咨询投诉632起，其中咨询336起，电话和书面投诉296起，均协调处理完毕，满意率100%，为游客挽回经济损失33.6万元，所查处的案件均无行政复议。联合市物价局、工商局对全市各主要门市部门和30多家旅行社进行综合检查，重点查处旅游市场中存在不合理低价、虚假广告、强迫消费、超范围经营、欺客宰客等违法违规行为。全年坚持开展旅游市场行业安全生产和综治专项的检查，分别联合省旅发委、市安监局、市消防支队、市食药监局、市工商局、市物价局、市市政市容委等相关单位，通过抽查和暗访等方式，针对旅游行业安全、服务质量、食品卫生、旅游车辆等方面和无证经营、虚假宣传、街头发卡等问题开展旅游市场综合整治。在春节、“五一”小长假、国庆“十一”黄金、周期间，组织开展多种形式的旅游安全隐患排查治理检查活动，督促旅游企业做好事故易发多发的重点场所、要害部位和关键环节的隐患排查治理。在4个区成立旅游巡回法庭。

【旅游安全管理】2016年，海口市旅发委开展安全生产“暗查抽查”“八打八治”“打非治违”等专项活动。开展“打非治违”专项行动，集中打击无证经营、渔船载客、强制购物、恶意改变行程以及黑社、黑车、黑导等非法经营行为，整治消防设施、娱乐设施、食品卫生、电梯以及用电、用火、用气等存在的违规违章行为。全年出动执法人员588人次，检查旅游企业722余家次、导游人员30人次，查处无照经营、查处涉嫌“零负团费”等违法经营的旅行社7家，旅游购物点2家，行政处罚导游2人，吊销6家旅行社的经营许可资质，罚款26.35万元。开展市场检查行动97次，联合公安、交通、消防、食药监、文体、工商、物价等部门综合执法8次，共出动检查人员530人次，检查旅游饭店87家、社会旅馆55家、景区（点）9个、旅行社66家。全面治理社会旅馆、消防隐患、食品安全三大旅游安全隐患。分成7个工作组，对1326家酒店和社会旅馆安全生产情况进行地毯式排查，排查出一般安全隐患13处，当场责令整改11处；对华侨大厦、琼山V8宾馆消防安全隐患限期整改。同时，要求各旅游企业制定安全隐患定期自查制度，制定应急预案，节日期间落实24小时值班。为加强与改善新常态下的旅游安全工作，组织海口旅游安全教育培训班6场次，为酒店、旅行社及导管中心培训安全员1800多人次，多次在白沙门和假日海滩举办主题为“加强安全法治 保障安全生产”的安全生产咨询活动。全年，海口市旅游行业未发生安全生产责任事故。

【旅游教育培训】2016年，海口市旅游委开展组织各类人才培训39期，培训人员1.58万人次。其中，举办导游类培训14期（含网络培训），培训人员1万人次；行业技能人才类培训15期，共3559人次；旅游行业“双创”标准化培训10期，共2244人次。搜集整理全行业人员基本信息并录入存档，计录入人才信息1.39万份，帮助企业与人才之间进行互通，促进人才供求关系的平衡。

2016年海口市四星级以上饭店名录

编号	名　　称	星级	星级牌号	电话	地　址
1	海南君华海逸酒店	五星	4650006	68548888	文华路18号
2	海南新国宾馆	五星	4650012	68715666	滨海西路111号
3	海口喜来登温泉度假酒店	五星	4650018	68708888	滨海西路199号
4	海口天佑大酒店	五星	4650019	31688855	滨海西路239号
5	海口明光大酒店	五星	4650075	32166666	南海大道9号
6	海口观澜湖度假酒店	五星	4650030	68683888	观澜湖大道1号海南观澜湖度假区
7	海南宝华海景大酒店	四星	4640001	68536699	滨海大道69号
8	国商海航商务酒店	四星	4640004	66796999	大同路38号
9	海口黄金海景大酒店	四星	4640005	68519988	滨海大道67号
10	海南金银岛大酒店	四星	4640006	66763388	蓝天路16号
11	海南鑫源温泉大酒店	四星	4640021	66735111	海秀东路18-8号
12	海南太阳城大酒店	四星	4640026	66206666	龙华路16号甲
13	海南椰海大酒店	四星	4640031	68598888	玉沙路46号
14	海南凯威大酒店	四星	4640032	68628288	港浮路20号
15	海南万利隆商务酒店	四星	4640055	68569666	金龙路51号
16	海南新奥斯罗克酒店	四星	4640056	66530666	海秀路12号
17	海南赛仑吉地大酒店	四星	4640060	66778888	海秀大道52号
18	海南鸿运大酒店	四星	4640061	36669988	海秀大道15号
19	海口宝驹酒店	四星	4640062	36618999	南海大道55号
20	海南和亿华天酒店	四星	4640043	66799988	龙昆北路9-1号

（张　媛）

（编辑：姚　锐）

金融综述

【金融业概况】2016年，海口市银行机构26家，其中政策性银行分行3家，国有银行分行5家，股份制商业银行分行7家，地方股份制商业银行1家，外资银行分行1家，邮政储蓄银行分行1家，农村信用社1家，农村商业银行2家，村镇银行1家，农村资金互助社1家，法人财务公司2家，财务公司分公司1家；证券交易营业部34家；保险公司29家。银行业金融机构总数465个，从业人员1.19万人。年末，全市金融机构本外币各项存款余额4989.3亿元，比上年增长22.6%；全市金融机构各项贷款余额5268.49亿元，增长14.61%。金融业实现增加值152.7亿元，增长16.7%，对全市经济增长的贡献率为24.3%，占全市经济总量的12.1%，占第三产业增加值的16%，金融业成为海口市经济新的增长点，成为第三产业的支柱产业。

（陈永够 于 明）

【存款增速放缓】2016年末，海口市金融机构本外币各项存款余额4989.3亿元，增长22.6%，增速下降4个百分点，占海南省各项存款余额的54.71%，占比上升1.42个百分点。其中住户存款余额4972.9亿元，增加917.37亿元。从存款增长结构看，住户存款、非金融企业存款、政府存款加速增长，全市金融机构住户存款余额1468.07亿元，增长14.88%，增速上升7.8个百分点；非金融企业存款余额2286.2亿元，增长30.69%，增速上升3.58个百分点；广义政府存款余额986.12亿元，增长26.9%，增速上升35.51个百分点。分机构看，大型银行存款占比下降，中小银行存款占比上升，国有大型商业银行存款占比为59.92%，下降3.28个百分点，其中，工行、农行、中行、建行存款占比分别为11.57%、8.26%、14.13%和12.21%。中小银行存款占比24.75%，上升2.91个百分点。

【贷款增速放缓】2016年末，海口市金融机构各项贷款余额5268.49亿元，增长14.61%，增速下降11.36个百分点。从期限结构看，短期贷款和中长期贷款增速放缓，金融机构短期贷款余额914.67亿元，增长10.03%，增速下降32.03个百分点。中长期贷款余额3854.74亿元，增长15.24%，增速下降7.36个百分点。票据融资余额269.68亿元，增长48.92%。从行业投向看，主要投向交通运输、仓储和邮政业，交通运输、仓储和邮政业贷款余额785.17亿元，占贷款总额的15.71%；水利、环境和公共设施贷款余额689.72亿元，占贷款总额的13.8%；房地产行业贷款余额490.28亿元，占贷款总额的9.81%。

【银行业利润加速增长】2016年，海口市银行业金融机构税后利润95.10亿元，增长11.36%，增速上升9.55个百分点；不良贷款余额21.84亿元；不良贷款率为0.42%，与上年持平。

（于 明）

【扶持金融业发展】2016年，海口市通过举办政银企座谈会，加强信息沟通、项目对接，解决重点项目、海口棚改、PPP项目建设的融资问题。借助“21世纪海上丝绸之路（海南）国际金融高峰论坛”的举办，以论坛、展览、政金企座谈会的多样形式，展示金融新成果，探求新常态下新金融的健康发展的理论依据，传播金融理念，开展行业交流，宣传金融产品和服务，搭建政府、金融机构与企业合作平台，营造良好的金融舆论氛围，促进海口金融贸易服务业的发展，更好地服务海口市经济建设。

【涉农信贷产品】2016年，农业银行海南分行创新推出“富渔贷”贷款产品服务“三农”，支持优质渔民。中国银行海南分行创新“养殖贷”“槟榔贷”等热带农业特色信贷产品，推广“税贷通宝”“政保贷”等业务新模式，支持中小微企业。海口农信社信贷员现场调查，只要满足“四有四无”条件的农户，即可当场申请小额贷款，信贷员直接利用手机开展移动信贷，为农户当场办理贷款，农户即可通过手机使用贷款。

【农民小额贷款】2016年，海口市农民小额贷款完成6.80亿元，完成年度目标任务的112.26%；放款户数7557户，增长20.21%。按5%的贴息率给予贴息1899户、191.01万元。

（陈永够）

中国人民银行海口中心支行

【金融监管】2016年，中国人民银行海口中心支行加大对金融机构的监管力度，及时掌握银行、证券、保险机构的经营状况，促进辖区金融稳健运行。持续做好农信社系统票据兑付后续监测考核工作，加大社团贷款投向和质量的监测指导，切实防止其脱农化、不良化。加强跨境资金流动监管，加大大额购付汇和异常付汇监管力度。开展互联网金融专项整治工作，加大电信网络新型违法犯罪的打击力度。加强对具有融资功能的地方非金融机构和民间融资的风险监测，打击非法集资、利用离岸公司和地下钱庄转移赃款、非法经营外汇等行动，有效维护辖区金融秩序。

【金融服务】2016年，中国人民银行海口中心支行完成ACS综合前置子系统在23家上线机构的推广运行以及升级换版工作，圆满完成AMIS上线推广工作，辖区资金清算效率显著提升。大力拓展非现金支付工具运用，支付便利化水平明显提升。严格规范普通纪念币发行，加大对残损人民币的收缴、销毁力度，改善硬币流通环境，不断提升流通中人民币清洁度。实现财关库横向联网系统上线运行，推进辖区“营改增”改革的顺利实施，国库服务的质量和效率大幅提升。制定《海南省“十三五”社会信用体系建设规划》，推进辖区信用信息平台二期建设。继续深入开展金融产品、金融机构、区域金融消费权益保护环境三项评估工作，金融消费权益保护工作迈上新台阶。

【信贷管理】2016年，中国人民银行海口中心支行制定出台2016年海南省信贷工作的指导意见，组织召开全省部分金融机构主要负责人座谈会和信贷形势分析例会，引导金融机构加大信贷投入。开展宏观审慎评估工作，对30家法人金融机构进行宏观审慎评估。推进金融精准扶贫工作，出台金融助推脱贫攻坚的指导意见，制定海南省金融精准脱贫攻坚试点工作的实施方案。通过发放扶贫再贷款、支农支小再贷款、完善扶贫贷款贴息政策、建立扶贫贷款风险补偿机制等措施，加大对建档立卡贫困户的金融支持。

【外汇管理】2016年，中国人民银行海口中心支行落实国务院关于海南开展服务贸易创新试点的要求，出台《促进海南服务贸易创新发展试点外汇服务便利化的意见》，简化服务外包外汇管理程序，放宽服务外包业务审核要求，优化和规范服务外包业务操作细则。实施全口径跨境融资宏观审慎改革和资本项目外汇收入意愿结汇政策，指导并审批海口农村商业银行办理结售汇业务的零突破。推动跨国公司外汇资金集中运营管理工作，积极支持涉外企业走出去，大力推进跨境人民币业务创新，指导符合条件的企业开展人民币资金池业务。

（于　明）

驻海口商业银行选介

【国家开发银行海南分行】2016年，在海口市仅有1个营业网点，营业网点柜员7人，员工178人（不含三亚分行）。年内，对海口地区新增授信承诺项目7个，合计承诺额309亿元；发放贷款1176亿元（其中对海口地区发放贷款341亿元），创历史新高，贷款余额2422亿元（其中海口地区贷款余额1049亿元），比上年增长8.5%；缴纳地方税收7亿元，市场份额占比连续13年保持全省第一，连续44个季度保持本息当期及累计回收100%，继续保持支持海口市经济社会发展主力银行地位。共发放棚改贷款339亿元，其中对海口地区发放贷款290亿元支持棚户区改造、海口港、马村港、美兰机场二期、海秀快速路等一批对海口市经济发展具有带动作用的重点项目。全年向海口市发放生源地助学贷款1165万元，共资助学生2855人次；截至2016年末，累计向海口市发放助学贷款8312.27万元，资助贫困学生13084人次。向海口市中小企业发放流动资金贷款700万元。定向置换海口市政府债务74亿元，为市政府降低融资成本1.3亿元。累计发放棚改优惠贷款251亿元，为政府降低融资成本19亿元。

【农业发展银行海南分行】2016年，累计涉农贷款243亿元，新增贷款投放182亿元（占全省同业增量的21%），不良贷款“双降”，已批未放项目59个、金额312亿元，从总行引进低成本资金1150亿元，支持地方金融产业发展，政策性金融支农。在“五县一市”（五个国定贫困县和扶贫任务较重的儋州市）累计投放贷款20亿元，贷款余额67亿元，比年初净增18亿元。农发基金投资“五县一市”达3.37亿元。全行扶贫贷款109.7亿元，占贷款总额30.26%。创新运用“投＋贷”等融资模式，共审批海口第八期棚户区、琼中县营根洋片区棚户区改造贷款181亿元（其中海口第八区棚户区180.3亿元），投放136亿元支持棚改和危房改造。审批贷款89.4亿元，投放36.4亿元，支持海口金海湾公司南海明珠二期工程、澄迈生态软件园、三亚崖州中心渔港、老城开发区、儋州新型城镇化等一系列国家和省园区项目建设；投放16.24亿元农发重点建设基金支持海口桂林洋国家热带农业公园、美兰机场临空产业园等22个重点项目开工建设。

【工商银行海南分行】截至2016年末，在海口地区共有网点55家、自助银行49家、智能银行51家。海口地区公司贷款（含票据）余额260.82亿元，累计发放172.54亿元，其中投放贷款35亿元重点支持海南省肿瘤医院、绿地棚户区改造、海南高铁等23个省市重点项目。在6家海口城区支行（含省行营业部）设置小企业金融业务部办理小微企业信贷业务，创新推出商票链融通，推广政保贷、助保贷等产品，小微企业贷款申贷获得率91.69%，高于上年同期2.93个百分点。针对特定商圈客户群体推出“乐无忧”系列产品，针对候鸟型客户推出“乐居溢”产品；针对个人贷款，创新推出开发商贴息个人住房贷款、二手房贷款业务新放款模式（阶段性担保＋过户受理单＋契税完税凭证）以及全功能网点全面受理个贷业务。

【农业银行海南分行】2016年，在海口地区共有营业网点63个，其中城区54个，郊区和乡镇9个。从业人员共1630人。年末，海口辖区行本外币各项贷款余额298.48亿元，增长31.7%。小微企业贷款余额51.1亿元，比年初增加9.96亿元，完成“三个不低于”监管目标。截至年末，累计发放“拍成贷”贷款70万元。

【中国银行海南分行】2016年，海口地区有在岗员工1351人，网点41家（含4家海口城区管辖支行、1家分行营业部）。海口地区贷款余额324.2亿元，占贷款总额的59.6%；外币贷款余额6.19亿美元，比上年末新增4.49亿美元，增幅264.2%。海口地区存款余额（含表内理财）697.2亿元，比上年提升95.2亿元，增幅15.8%；外币存款2.54亿美元，提升4911万美元，增幅23.9%。海口地区不良贷款余额2.38亿元，不良率0.65%，下降0.06个百分点。牵头海内外兄弟行和同业，为海航集团收购美国英迈国际提供跨境并购银团贷款支持；深化与碧桂园、富力、红树林等优质开发商的合作，持续做大个贷业务。年末，海口个贷余额97.6亿元，增速34.3%。同时，以中银E社区、中银E贷、爱家分期等特色业务，为候鸟群、优质个人客户群提供创新金融服务；开展“爱家、爱驾、爱分期”等多项营销活动，促进境内外刷卡消费增长。

【建设银行海南分行】2016年末，在海口地区有44个分支机构，共48个营业网点，员工1601人，其中本级机关人员678人、网点人员923人。海口地区各类贷款余额405.13亿元，当年累计投放159.08亿元，其中小微企业贷款19.73亿元。截至年末，在分行有信贷余额的重点项目26个，其中以省重点在建项目为主，贷款余额157.59亿元；提供金融服务的省级重点项目28个，授信总额度194.88亿元。

【交通银行海南分行】2016年末，在海口地区有营业网点16家（含3家普惠型支行），从业人员共467人，其中基层营业网点257人。海口地区贷款余额182.36亿元，其中投放小微贷款18.6亿元。针对小微企业“轻资产”的特点，创新推出“税融通”“沃易贷”“快捷抵押贷”“新三板股权质押”“POS贷”、保单质押、应收账款质押及保理、土地使用权及在建工程抵押、机械设备抵押（通用设备）等融资产品和手段。通过担保方式创新、审批流程创新、授信信息获取渠道创新等方式拓宽小微企业融资渠道。

【海南银行】截至2016年末，全行总资产311亿元，信贷资产余额（含公司类非标）97.8亿元，其中投放海口地区余额占比48%。全年营业净收入4.66亿元，净利润1.03亿元，上缴税收0.68亿元。从业人员355人。在海口的营业网点为总行营业部1家，正在筹建4家海口同城支行。9月，正式启动小微金融新模式，设立小微金融服务中心，组建3支服务队，建设移动营销平台，研发推出“政府采购贷”“租金贷”“连续贷”“快捷贷”“挂牌贷”“物业经营贷”“商用房按揭贷款”“小额农户贷款”8款小微新产品。10月9日，与海口市菜篮子产业集团签订战略合作协议，给予海口市菜篮子产业集团总额4亿元的意向性授信额度，并为市菜篮子产业集团上、中、下游提供全流程的授信支持和金融服务。

【海口农商银行】截至2016年末，共有营业网点57个，在职员工1000多人。合并报表后资产总额1070.06亿元（其中海口农商银行873.93亿元），并表后资产规模首次突破千亿，迈入千亿大银行行列。税备前利润10.44亿元，增加1.31亿元，增幅14.35%。2016年，缴税4.66亿元；资本充足率16.48%，拨贷比4.95%，拨备覆盖率265.57%，均高于监管要求；不良率1.87%，控制在2%以内；存款265.14亿元，贷款201.63亿元，分别比2011年底增长3.78倍、4.03倍，连年保持强劲增长势头。年内，支持省市重点项目9个，授信金额35.8亿元。至2016年，累计支持省市重点项目35个，授信总额166.71亿元，如发放12.3亿元支持海南寅鼎实业有限公司（金盛达家居建材城）、12亿元支持海口新城区开发有限公司、9亿元支持新海物流园有限公司、9亿元支持海南喜盈门建材商城等。手机银行用户突破109万户，全年通过手机交易笔数176.3万笔，交易金额145.65亿元。建立新型支付结算通道，接通第三方支付，上线指纹支付，推出HCE云闪付，创新扫码收付，打通顺卡支付机卡通道，建立多渠道多层次的支付结算体系。实施金融精准扶贫，制定《海口农商银行精准扶贫工作方案》，对12个乡镇1475户贫困户实施精准扶贫，发放有贷款能力的216户贫困户贷款538.24万元。引进德国IPC微贷技术，开发“盛业贷”“宏业贷”等贷款产品。

【海口农信社】截至2016年末，共有22个营业网点，各项贷款余额88.07亿元；涉农贷款余额19.52亿元，保证涉农贷款“两个不低于”（增速不低于全部贷款增速，增量不低于上年）。小微企业贷款余额20.08亿元，确保中小微企业贷款“三个不低于”（小微企业贷款增速不低于各项贷款平均增速，小微企业贷款户数不低于上年同期户数，小微企业申贷获得率不低于上年同期水平）。推广“政保贷”，解决小微企业融资难题。向海口市慈善总会捐赠扶贫资金80万元，分别用于海口市龙华区遵谭镇（44万元）和龙泉镇（36万元）精准扶贫。发放扶贫贷款11户18万元。在3个农村社区示范点设立村级金融服务站，配置3台金融机具。

【平安银行海口分行】2016年末，在海口地区有11家营业网点，员工367人。各项存款余额241亿元，较年初增长31%；表内各项贷款余额171.42亿元，较年初增长26.12%。非信贷资产余额115.73亿元，较年初增长115.5%。全年经营净收入11.48亿元，比上年增长13%。国内信用证及福费廷、远期海外代付、内保外贷、跨境E金融等重点创新产品成功落地，有效帮助企业降低综合融资成本，拓展国际市场。

【招商银行海口分行】2016年，共有正式员工245名、派遣员工22名。先后设立综合支行7家、零售专业支行1家、小微支行3家，在一些人员流量大的商场或住宅区设立17家自助银行（年内开业3家）和6台单台自助设备。年末各项贷款时点余额76.35亿元，较年初新增5.25亿元；对公贷款551.25亿元，较年初减少4.70亿元，其中小企业贷款余额12.30亿元；个人贷款25.1亿元，较年初新增9.94亿元，其中小微贷款2.64亿元，较年初减少0.54亿元。在2016年中国银行业协会“千佳网点”评选工作中，分行营业部在海南13个参评单位中，以997.5分成绩获评“千佳网点”第一名。

【兴业银行海口分行】至2016年底，有员工总数250人。实现资产总额282.90亿元，较年初增长55.72%；各项存款余额278.47亿元，较年初增长70.05%；累计发放各类信贷资金164.03亿元。实现税前账面利润1.37亿元，较上年增长0.82亿元；实现考核利润2.69亿元，增长1.78亿元；实现中间业务净收入0.77亿元，增长0.33亿元。创新推出“小微企业房产全额抵押贷款”“小微企业连连贷”，针对初创型企业推出小微企业“创业贷”，针对海南省诚信纳税的小微企业推出“银税贷”等多款小微企业特色产品，支持海南小微企业发展。

【浦发银行海口分行】截至2016年，有9家营业网点，员工169人。总资产235.3亿元，较年初增长87.6亿元，其中各项贷款42.6亿元，较上年新增19.2亿元，个人贷款增量在全省8家股份制银行中排名第2。各项存款时点余额182.3亿元，较年初增长100.8亿元。实现利润2.8亿元，增长25%。连续3年无案件、无重大风险事件发生，对公贷款保持零不良。

【中信银行海口分行】2016年末，总资产余额333.67亿元，比年初增加88.82亿元，增长36%；各项贷款余额90亿元，较年初增加37.64亿元，增量在股份制商业银行中排名前列。有分支行网点12个、自助网点12个，员工总人数300余人。参加海口市及三亚市棚户区改造项目招投标、海口市PPP项目政银企座谈，交流融资思路。牵头召开中信集团海南地区协同会，联合地产、证券、实业等中信集团旗下兄弟公司，并引入信银投资及信银国际等岛外企业，为海南经济发展提供综合金融服务。陆续在海南市场上推出薪金煲、房抵贷、出国金融、信用卡、保管箱、家族信托等独具中信特色的零售产品；创新推进“政银保”、银税合作、小额创业担保贷款等零贷业务。至年底，零售信贷余额8.97亿元，本年累计新增3.4亿元，在同业中排名前列。

【南洋商业银行海口分行】2016年，在海口地区有1家网点，在职人员30人。全年累计发放贷款19.82亿元，各项贷款余额14.67亿元，较上年有较大增长。推出“益享Ⅳ号”理财产品、南商（中国）信达集团信用卡、“益信”理财产品、“跨境双向人民币资金池”业务、单位人民币“随心存”存款产品等，较好地满足不同客户的服务需求。

【海口苏南村镇银行】2016年9月2日，海口苏南村镇银行发起行江苏江阴农村商业银行股份有限公司在深圳证券交易所正式挂牌上市，成为全国首家在A股上市的农商银行。大力支持农业产业发展，相继推出“花卉宝”“罗非鱼产业链”等农业产业链贷款业务品种，“花卉宝”业务拓展客户20户，发放贷款200余万元；“罗非鱼产业链”贷款共拓展5户罗非鱼养殖户，1户上游饲料供应商，发放贷款800余万元。年末，苏南村镇银行总资产10.43亿元；总负债8.64亿元；所有者权益1.79亿元，较年初增长546万元。各项存款完成8.59亿元；各项贷款余额6.60亿元；按贷款五级分类，不良贷款余额1505万元，较年初下降86万元，不良率2.28%。户均贷款23万元。实现利润总额2473万元，减少1878万元；净利润1586万元，减少1460万元。

（陈永够）

证券期货

【证券概况】2016年，海口市有沪深证券交易所上市公司23家，挂牌交易的股票25只（A股23只，B股2

只），总股本416.49亿股，总市值3388.53亿元。在23家上市公司中，主板上市19家，中小板2家，创业板2家。根据上市公司2016年年报显示，全市23家上市公司中，19家公司盈利，4家公司亏损；年末上市公司总资产3649.68亿元，净资产1519.87亿元；全年实现营业收入992.24亿元，净利润51.44亿元。有9家公司实现在全国中小企业股份转让系统挂牌。至年底，全市共有全国中小企业股份转让系统挂牌公司22家，总股本23.62亿股。根据挂牌公司2016年年报显示，22家挂牌公司中，18家公司盈利，4家公司亏损；年末总资产106.59亿元，净资产70.80亿元；全年实现营业收入35.51亿元，净利润3.83亿元。

【证券市场融资】2016年，海口市的企业在境内证券市场累计融资957.84亿元。其中：1家公司实现首次公开发行A股，融资3.02亿元；6家上市公司实现股权再融资，融资645.59亿元（现金405.59亿元、资产240亿元）；6家挂牌公司实现股权再融资，融资41.67亿元；8家公司发行公司债券，融资245.1亿元；2家公司发行资产支持证券，融资22.46亿元。

【证券经营机构】2016年，海口市新增申万宏源证券有限公司海南分公司、太平洋证券股份有限公司海口分公司、长江证券股份有限公司海南分公司、广州证券股份有限公司海南分公司、开源证券股份有限公司海南分公司5家证券公司分公司；新增长城国瑞证券有限公司海口国兴大道证券营业部、第一创业证券股份有限公司海口滨海大道证券营业部、广州证券股份有限公司海口国贸路证券营业部、上海证券有限责任公司海口金龙路证券营业部、西藏东方财富证券股份有限公司海口滨海大道证券营业部5家证券营业部。至年底，全市共有证券公司2家（金元证券股份有限公司和万和证券股份有限公司），证券公司分公司15家，证券营业部48家。

【期货经营机构】2016年，海口地区的期货营业部减少金元期货有限公司海口南宝路营业部、中国国际期货有限公司海口营业部、东海期货有限责任公司海口营业部3家。至年底，全市有金元期货有限公司、华融期货有限责任公司2家期货公司，中银国际期货有限责任公司海南分公司1家期货分公司，期货营业部11家。

【证券期货服务机构】至2016年底，海口市具有证券投资咨询业务资格的机构有3家，其中专营证券投资咨询机构1家，即海南港澳资讯产业股份有限公司，兼营证券投资咨询机构2家，即金元证券股份有限公司和万和证券股份有限公司。具有证券期货从业资格的会计师事务所分所6家，即立信会计师事务所（特殊普通合伙）海南分所、中审众环会计师事务所（特殊普通合伙）海南分所、中兴财光华会计师事务所（特殊普通合伙）海南分所、大华会计师事务所（特殊普通合伙）海南分所、致同会计师事务所（特殊普通合伙）海南分所、中天运会计师事务所（特殊普通合伙）海南分所。具有证券期货从业资格的资产评估机构分公司7家，即北京亚超资产评估有限公司海南分公司、北京北方亚事资产评估事务所（特殊普通合伙）海南分所、中威正信（北京）资产评估有限公司海南分公司、中水致远资产评估有限公司海南分公司、北京卓信大华资产评估有限公司海南分公司、银信资产评估有限公司海南分公司、正衡资产评估有限责任公司海南分公司。

【证券公司市场服务】2016年，金元证券股份有限公司保荐海南海汽运输集团股份有限公司首发上市，推荐海南传味文昌鸡产业股份有限公司挂牌全国中小企业股份转让系统。金元证券股份有限公司获批新增证券分支机构3家、万和证券股份有限公司获批新增证券分支机构20家。万和证券股份有限公司新增保荐业务，与证券交易、证券投资活动有关的财务顾问业务资格。万和证券有限责任公司进行股份制改造，原万和证券有限责任公司整体变更为万和证券股份有限公司，7月27日完成工商变更登记手续，8月8日完成向海南证监局备案的手续。

【基金私募机构】2016年，海口市在中国证券基金业协会完成备案的私募基金管理人25家。其中证券投资基金8家，股权投资基金14家，创业投资基金3家。

【证券市场业务】2016年，海口市2家证券公司为投资者开立资金账户64.48万户，开立证券账户96.45万户，分别增长12.6%、16.8%；客户托管资产总额1038.56亿元，下降12.6%。省内2家证券公司全年代理买卖证券总额18893.65亿元，下降17.3%；营业收入10.69亿元，下降45.3%；净利润2.04亿元，下降69.4%。全市证券公司分支机构为投资者开立资金账户81.94万户、证券账户118.61万户、基金账户21.33万户，分别增长6.8%、10.5%、52.5%；客户托管资产总额1019.72亿元，下降17.1%。全市证券公司分支机构全年代理买卖证券总额9810.27亿元，下降45.53%；营业收入5.91亿元，下降63.6%；净利润1.92亿元，下降78.0%。

【期货市场业务】2016年，海口市期货公司客户权益总额26.76亿元。期货公司全年代理成交量5518.98万手，下降63.3%；代理交易额24596.90亿元，下降75.9%。2家期货公司营业收入14861.55万元，下降1.2%；净利润3611.33万元，下降1.2%。海口市期货公司分支机构客户权益总额3.61亿元。期货公司分支机构全年代理成交量681.65万手，下降8.8%；代理交易额2927.12亿元，下降69.4%；营业收入1735.34万元，下降36.9%；净利润-493.27万元。

【完善证券执法机制】2016年，海南

证监局修订完善稽查执法相关工作规程，规范案件查办、审理程序和行为，促进日常监管和稽查执法的有效衔接，强化制约和监督。贯彻落实国务院关于推广随机抽查的要求，制定随机抽查工作实施方案，建立检查对象、检查人员的“双随机”抽查机制，实施随机抽查事项公开、程序公开、结果公开，规范事中事后监管。严格执行廉政监督卡制度，定期开展监管对象廉政评议，自觉接受外部监督。推进监管信息公开，行政许可审批全过程公开，及时公开行政处罚结果、监管措施实施信息。

【证券违法违规案件查办】2016年，海南证监局查办证券违法违规案件11起，办结9起，2起在办。针对日常监管发现的问题，对5家公司采取行政监管措施，对相关公司出具监管关注函28份。实行“一案一总结”，及时总结办结案件的经验教训，提出改进稽查执法工作的方向。

【证券信息披露监管】2016年，海南证监局以信息披露为中心，加强上市公司、挂牌公司、债券发行人监管。加强上市公司年报审计全过程监管，提升年报信息披露质量。重点关注上市公司证券发行、重大资产重组、短线交易等事项的信息披露。加强中介机构监管，督导中介机构归位尽责、提高执业质量，把好上市公司信息披露质量关。建立挂牌公司挂牌信息备案制度。对挂牌公司开展“监管第一课”培训，提高挂牌公司合规意识和规范运作水平。与省政府相关部门签订公司债券业务合作备忘录，制定公司债券违约风险事件应急预案，加强与相关单位的信息共享，建立健全风险防控机制，积极防控公司债券违约风险。以问题和风险为导向对相关公司开展现场检查。加强对重点公司的一对一培训，督导相关公司规范信息披露行为。

【证券期货机构监管】2016年，海南证监局以风险控制和合规管理为重点，指导、督促证券公司严格执行新修订的《证券公司风险控制指标管理办法》，强化证券公司全面风险管理，提升风险管理能力和水平。针对证券分支机构数量快速增长的情况，通过召开座谈会、约谈负责人、实地走访等方式，对新设分支机构传达监管要求，督促机构合规运营。规范证券期货公司资产管理业务，防范非法配资活动。强化证券期货公司信息系统监管，确保信息系统安全稳定运行。开展私募基金专项检查，推动私募基金依约守信、规范发展。加强对存在退市风险和其他风险的上市公司监管，对潜在风险进行预研预判，制定相应的防控预案，督促相关公司依法依规解决经营存在的问题、规范信息披露行为。开展股权众筹风险专项整治，促进互联网股权融资规范发展。牵头开展各类交易场所摸底调查，配合省政府有关部门督促相关交易场所切实整改发现的问题，推动交易场所规范发展。

【支持证券实体经济】2016年，海南证监局支持省内企业利用多层次资本市场做大做强。围绕供给侧结构性改革，聚焦海南十二个重点发展产业，开展拟上市公司培育工作。联合省政府有关部门、沪深证券交易所调研拟上市企业，为企业提供政策指导。联合省政府有关部门开展资本市场融资业务培训活动，普及资本市场融资政策，提升企业规范通过资本市场进行融资的能力。省内企业全年在证券市场融资976.72亿元，超过“十二五”期间的直接融资总和。支持证券公司通过引进战略投资者等途径实现增资扩股。支持证券公司根据自身实力新设分支机构，拓展业务范围，增强市场竞争力。全年2家证券公司获批在全国新设分支机构23家，万和证券股份有限公司获批新增保荐业务，与证券交易、证券投资活动有关的财务顾问业务资格。支持异地券商在省内新设分支机构，全年异地券商在省内新设证券分支机构14家。

【维护证券投资者合法权益】2016年，海南证监局落实投保要求，维护投资者合法权益。督导市场主体切实履行投资者保护职责。加强对上市公司年度投资者关系管理工作计划披露及落实情况的监管。举办辖区上市公司年度业绩网上集体说明会，固化上市公司与投资者的有效沟通平台。开展对海南上市公司及相关方近几年承诺及履行情况的专题调研。督促辖区证券期货机构落实“了解你的客户”和投资者适当性管理要求。加强对投资者合法权益的保护。组织省内全体证券期货经营机构现场签署《海南辖区证券期货投资者投诉处理承诺》，推动经营机构切实承担投资者投诉处理首要责任。组织开展行业投诉处理典型案例和类别投诉处理指引编写工作，提高证券期货经营机构投资者诉求处理水平。推动证券期货纠纷多元化解机制试点工作。进一步优化内部投资者诉求处理流程，妥善处理投资者诉求。深入开展投资者教育和保护宣传工作。支持省内市场主体积极申报第二批国家级和首批省级投资者教育基地。组织投资者保护工作交流座谈会。举办“保护投资者合法权益”主题征文活动。开展私募基金投资者权益保护教育专项活动，组织编写《私募基金法律法规及风险警示宣传手册》，普及私募基金投资知识，提高投资者风险防范意识。

（海南证监局）

保险

【保险业概况】2016年，海南省24家保险公司省级分公司均在海口市设有分支机构，其中财产险公司省分公司12家，人身险公司省分公司12家。在海口市的保险公司共有员工2609人，保险营销员1.37万人。全年海口市实现保费收入80.41亿元，比上年增长20.71%。其中财产险公司保费收入25.1亿元，增长14.04%；人身险公司保费收入55.31亿元，增长

24%。年末，保险公司总资产 189.32 亿元，较年初增加 28.99 万元。保险深度、密度达到 6.39%、3580.15 元 / 人，分别提高 0.66 个百分点和 583.43 元 / 人。全年各保险公司赔付支出 29.65 亿元，增长 38.23%。其中财产险公司赔款支出 14.02 亿元，增长 0.24%；人身险公司赔付支出 16.16 亿元，增长 109.36%。

【财产险业务】2016 年，海口市财产险业务保费收入 23.72 亿元，增长 11.99%。其中车险业务实现保费收入 13.56 亿元，增长 15.47%；非车险业务实现保费收入 10.16 亿元，增长 7.65%。财产险赔款支出 13.08 亿元，下降 3.7%。其中车险赔款支出 8.47 亿元，增长 4.65%；非车险赔款支出 4.61 亿元，下降 16.02%。

【人身险业务】2016 年，海口市人身险业务保费收入 56.69 亿元（含财产险公司短期健康险及意外险业务），增长 24.77%。其中，寿险保费收入 43.46 亿元，增长 14.82%；健康险保费收入 10.95 亿元，增长 92.66%；意外险保费收入 2.28 亿元，增长 19.98%。人身险业务赔付支出 16.57 亿元，增长 110.59%。其中，寿险赔付支出 9.63 亿元，增长 54.74%；健康险赔付支出 6.46 亿元，增长 370.59%；意外险赔付支出 0.49 亿元，增长 76.85%。退保金 6.95 亿元，增长 12.56%。

【支农惠农保险】2016 年，海南省农业保险累计为 69.19 万户农户提供风险保障 343.45 亿元。海南省保监局研发风灾指数保险提高理赔效率，试点橡胶树风灾指数保险和深水网箱台风指数保险，推动橡胶树保险理赔由传统的“一棵一棵数数”升级为按照风灾等级赔付，深水网箱台风指数保险台风后 6 天渔民即收到赔款，农险理赔周期成倍缩短；研发价格指数保险化解市场风险，开展蔬菜、荔枝、槟榔等特色农产品价格指数保险试点，累计承保 3386.67 公顷，提供风险保障 1.73 亿元；开展芒果大灾保险、芒果产量保险、陵水圣女果种植保险、黑山羊养殖保险、文昌鸡养殖保险等地方特色险种，其中芒果大灾保险和芒果产量保险共承保 541.27 公顷，为农户提供 3082.35 万元的风险保障，支付赔款 1417.28 万元。年内，督促保险公司根据历年经营情况对产品进行修订，对中央保费补贴险种取消其绝对免赔，对香蕉风灾保险等地方保费补贴险种调低其绝对免赔，同时根据农产品市场价格变化适时调高育肥猪保险等险种的赔偿标准；扩大南繁制种水稻保险承保面积，承保面积 6053.33 公顷，增长 175.15%，承保覆盖面 76%，累计保费收入 1690.02 万元，共为 153 户农户提供风险保障 1.69 亿元，支付赔款 3635.11 万元；大幅增加农房保险试点，试点市县从 3 个增至 16 个，覆盖面大幅提高，为全省 13.67 万户农户的 21.89 万栋房屋提供 34.73 亿元的风险保障。全年农业保险支付赔款 4.42 亿元，受益农户 9.36 万户次。其中香蕉风灾保险、大棚瓜菜保险、南繁制种水稻保险、民营橡胶树风灾保险分别支付赔款 1.03 亿元、9696.17 万元、3635.11 万元、1311.2 万元，台风“莎莉嘉”的农业保险赔款 3.09 亿元。

【民生保险】2016 年，海南省大病保险覆盖全省 687 余万居民，5.7 万人受益，累计追溯赔付 3.5 亿元，参保群众的保障水平普遍提高 10 ~ 11 个百分点。海南省保监局在全国率先实现全省范围内新农合和城镇居民“一站式”即时结算服务，有效缩短报销周期。税优健康保险实现保费收入 67.62 万元，为承保人群提供约 1.48 亿元的风险保障。与相关政府部门合作推出老龄人保险、计划生育保险、村干部保险、见义勇为人员人身意外伤害保险、军人保险等险种，提供意外身故、疾病身故、住院津贴、意外医疗等风险保障共 204.46 亿元，支付赔款 995.98 万元。

【责任保险】2016 年，海南省保监局拓宽保险业服务社会治理的范围，食品安全责任保险和诉讼财产保全责任保险分别为食品安全生产和诉讼财产保全提供风险保障 3.1 亿元和 81.45 亿元；医疗责任险为 2131 家医疗机构提供风险保障 43.2 亿元，支付赔款 1751.92 万元，通过第三方调解机制，将医患矛盾从“院内”转移到“院外”，成功化解医疗纠纷 356 件。共为 3850 所各级各类学校和幼儿园的 261.89 万名学生提供风险保障。

【保险精准扶贫】2016 年，海南省保监局与省扶贫工作办公室联合制定出台《海南保险精准扶贫工作实施方案（试行）》，以海南 2015 年建档立卡确定的 47.7 万贫困人口为扶贫攻坚对象，并共同推动创建 7 个“海南保险扶贫示范村”。与 7 个贫困村结成帮扶对子，对帮扶村建档立卡贫困人口进行分类管理，深入调研，为帮扶村的经济建设找项目、筹资金、出政策，全年保险行业累计为定点扶贫村投入近 90.1 万元。组织开展送保险下乡工作，实现定点帮扶村建档立卡贫困人口全覆盖。为贫困家庭赠送家庭人身保险和大病补充医疗保险，提供风险保障。探索推出“保险 + 期货 + 精准扶贫”的创新模式为贫困胶农提供橡胶市场价格风险保障。该项目以橡胶种植户为试点对象，实现对橡胶市场风险的汇聚、分散和转移。

【保险服务实体经济】2016 年，海南省保监局多举措协调引进险资入琼，参与服务社会投资“百日大行动”，协调推动保险公司新增投资 17.15 亿元在海南投资健康、养老、教育、旅游等产业。推动将保险业纳入海南省服务贸易创新发展试点重点领域，协调推动解决博鳌乐城国际医疗旅游先行试验区境外人士就医保险赔付结算问题。协调地方政府推动筹建法人保险公司，其中海保人寿获保监会批准筹建，长寿健康进入实质性审核阶段。建立小微企业信用保证保险保障新机制，成立由辖内 9 家保险公司组成的小微企业小额贷款保证保险共保体，累计支持银行发放贷款2.4亿元。对接海南省社会投资项目风险保障需求，为重点项目的建设运营保驾护航。全年全省企业财产保险赔款支出7753.77万元，特殊风险保险赔款支出3143.92万元，工程保险赔款支出6678.03万元。完善小微外贸企业短期出口信用保险政策扶持机制。协调推动省商务厅等有关部门优化省小微外贸企业保费补贴领取流程，方便企业投保。确立对省内外贸企业投保短期出口信用保险采取“差额缴费、政府直补”的支持方式，对出口额在500万美元以下的小微企业采取统保机制并给予全额保费扶持。

【保险机构监管】2016年，海南省保监局开展农险、车险、“两个加强、两个遏制”回头看等专项检查，共派出82人次对辖内保险机构开展现场检查15家次，其中检查保险公司10家，检查保险中介公司5家。检查后作出行政处罚决定1份，警告个人1次，累计罚款5万元，下发监管函6份，监管谈话2次。

【互联网保险专项整治】2016年，海南省保监局加强与海南省金融办、省公安厅等单位的沟通协调，对违规开展互联网保险业务的行为进行联合查处。开展以网络互助计划形式非法从事保险业务专项整治工作，通过摸底排查共发现辖内互联网保险风险线索41条，按照“一户一档”原则进行“合规类、整改类、取缔类”分类建档、联合查处，并对专业中介机构开展互联网保险风险专项检查。

【保险业反欺诈专项工作】2016年，海南省保监局督促辖内保险机构建立健全反保险欺诈组织体系及反保险欺诈制度，建立行业反保险欺诈基金。开展反欺诈专项检查，对辖内4家省级分公司、省保险行业协会进行专项检查，并要求对存在的问题进行整改。打击保险欺诈犯罪，与海南省公安厅经侦总队搭建定期会晤及合作机制，累计向公安机关移送5批次、394条案件线索。

【保险业举报处理】2016年，海南省保监局共接到举报案件7件，对属于保险机构涉嫌违法违规行为的6件举报件予以受理并进行调查。对于业内查实的举报，立即责令相关公司严格执行相关内控制度，对存在的问题立即整改，并对相关公司主要负责人进行监管谈话，责令对相关责任人进行问责。对于业外机构查实的举报，对辖内公司和中介机构进行风险提示，立即叫停和此类业外机构的合作方式，督促保险公司和中介机构强化内部管控，全面清理合作渠道，杜绝一些无保险代理资质的机构违规跨界经营保险业务。

【保险业改革】2016年，海南省保监局推进商业车险改革，79.12%的消费者在投保交强险的同时投保商业车险，76%的续保客户享受低于上年的整单折扣。落实深化中介市场改革，按要求减少和调整行政审批事项，取消涉及中介的6项行政许可项目，将2项行政许可改为后置审批项目，并及时完善后续监管措施。指导保险机构探索EA门店销售模式，同时鼓励专业中介机构设立保险超市，走综合化营销道路，恒泰保险销售依托社区设立12家保险超市门店。

【保险消费者权益保护】2016年，海南保监局共接收各类保险消费投诉232件，下降14.39%，在规定期限内结案率达100%，帮助消费者维护经济利益710.41万元。12378热线实际接听总量1528个，上升19.38%，接通率为83.59%，消费者满意度99.87%。海南保险纠纷调解委员会共接收调解案件13件，调解成功10件，调解成功率76.9%，调解成功金额53.49万元。加大社会监督力度，向社会公开选聘10名社会监督员，人员涵盖消费者协会代表、高校学者代表、新闻媒体代表、法律界代表及消费者代表等，通过外部监督强化保险公司维护消费者权益的主体责任意识。开展打击损害消费者权益的“亮剑行动”，共投入检查人力6人次、38个工作日，对2家保险公司进行检查。

【开展保险消费者宣传教育】2016年，海南省保监局以“3·15”国际消费者权益保护日和“7·8”保险公众宣传日为契机，在海口市中心人流密集的地段及农户较为集中的乡镇宣传保险法律法规、商车改革、大病保险、税优健康险、农业保险等方面的保险知识，现场向群众发放各类宣传手册、折页以及有关报纸近千份，并解答消费者的各类疑问。在《中国保险报》刊登“3·15”活动相关的文章3篇；在“交通主干线”直播节目和“政风行风”热线广播节目与保险消费者直接连线，解答咨询；推广“保监微课堂”及“中国保险报”微信公众号，组织近2500名消费者参加保险知识有奖竞赛活动；组织各级保险机构通过网点LED屏、电视等设备滚动播放宣传标语和保险宣传片。在海南保监局网站及时发布《暴雨风险防范提示》《防范以“车险理赔”为名进行电话诈骗的风险提示》等提示信息，并要求各保险公司通过公司官网、短信、微信、邮件等多种形式发布相关风险提示，提高保险消费者应对有关风险的能力。

【保险行业信用体系建设】2016年，海南省保监局建立行业信用机制，以规范行业车险承保工作为切入点，对承保工作不规范的主体，探索将其列入行业失信名单。参与地方诚信建设，组织保险机构参与省金融办组织的2016年海南省“首届诚信示范企业”评选活动，选树行业诚信典型，推广诚信经营理念。建立信用信息共享机制，采集地方政府职能部门推送以及保险监管工作中获取的信用信息，依托内部网络予以共享，作为日常监管的重要参考。

【试点夏秋季叶菜价格指数保险】 2016年5月1日，海口市正式启动夏秋季叶菜价格指数保险试点，成为海南省第二个试点的市县，市财政安排675万元资金为投保农户提供90%的保费补贴，保险标的以叶菜以主，可为1666.67公顷蔬菜提供7500万元的风险保障。

（张晓芳）

驻市部分保险公司

【中国平安人寿保险股份有限公司海南分公司】 2016年底，在海南省17个市县设立分支机构，有内勤人员400多人、营销员近7000人。推出的首款新概念产品——平安福终身寿险（2016）+“平安RUN”，将产品与健康管理相结合。通过推广“三免”（免等待，免往返，免填单）服务、客户接触点流程改善、LCCH精准服务、开展客户体验活动等4个方面提升柜面客户服务体验，并采用全球领先的金融门店设计理念，全面升级客户服务中心，为每一位临柜客户提供良好的服务体验。上线“安e赔”项目，开启“互联网+”理赔新模式，全面提升理赔服务时效。全年保险保费收入18.17亿元，保费收入和人力的市场份额均居海南市场首位。赔付支出2.49亿元。获由中国质量协会、全国用户委员会联合颁发的“全国用户满意企业”称号。被海南省国家税务局、海南省地方税务局联合评定为2015年度“纳税信用等级A级企业”。

【中国人寿保险股份有限公司海南省分公司】 2016年10月16日，与海南省政府扶贫办签订扶贫战略合作协议，对全省47.7万建档立卡贫困户实行小额人身保险、大病补充医疗保险全覆盖。全年保费收入17.14亿元，增长21.41%；赔付支出6.08亿元，增长121.77%。其中大病保险保费收入1.77亿元。

【中国人民财产保险股份有限公司海南省分公司】 2016年，设置本部机关部门17个，经营单位36家，营销服务部68家，服务网点遍及全省各市县，系统员工1000余人。陆续推出价格指数保险、诉讼财产保全责任保险、见义勇为人身意外伤害无记名保险、城乡居民住宅地震巨灾保险、社会治安保险、“车延保”“一张保单保全家”、政府救助责任保险等产品，特别是农业保险产品的数量从最初的3个发展至25个。全年共为客户提供5000多亿元的保险保障，实现保费收入15.18亿元，比上年增长3.16%，保费规模同比再创新高，市场份额30.51%，居海南财险市场第一位。赔付支出10.17亿元，增长3.27%。

【中国平安财产保险股份有限公司海南分公司】 2016年，下辖海口中心支公司等24个分支机构，员工535人。6月，顺利完成车险费改，商业险车均保费下降8.9%，车损险车均保额上升12.0%，三者险单均保额上升4.6%。陆续推出“电话直赔、快处快赔、三者直赔”以及“平安好车主线上理赔”等理赔创新服务。在海南率先推广诉讼财产保全责任险。全年保费收入13.74亿元，市场份额占比27.64%，连续多年位列海南市场第二；赔付支出6.21亿元，为全省26万多名客户提供风险保障8782.07亿元。

【中国太平洋财产保险股份有限公司海南分公司】 2016年，下辖三亚、洋浦两家中心支公司和琼海等17家分支机构，服务网点遍布海南省各市县，有正式员工456人。全年共实现保费收入9.55亿元，增长8.22%，其中车险业务保费收入6.32亿元，非车险业务保费收入2.91亿元，农险业务保费收入3210万元；赔付支出6.05亿元。获海南省“百强企业”“海南省优秀企业”称号。

【新华人寿保险股份有限公司海南分公司】 2016年，有内外勤员工2857人，下辖13个营业单位，包括新成立的2个中心支公司、10个支公司和1个营业部，网点遍布海口、文昌、三亚、儋州、万宁、琼海、澄迈、临高、洋浦9个市县。全年保费收入8.25亿元，增长9.23%；赔付支出2.54亿元，增长37.31%。实现十年期及以上保费1.29亿元，增长22%，年度计划达成率98%。首年期交、个险首年期交、续期首年期交、续期十年期交均完成总公司年度计划任务，其中，个险首年期交和十年期交达成率排名均进系统前十，分别位列第4和第9。实现整体创费8666万元，计划达成率105%，超额完成总公司年度计划任务。整体预算执行情况良好，预算执行率控制在100%内。分公司风控指标在分类监管和反洗钱方面获得保监局和人民银行的“双A”监管评级。

【中国人民人寿保险股份有限公司海南省分公司】 2016年，公司共有内勤员工80人，外勤员工248人，营销人员690人。内设综合部、计划财务部、业管客服部、个人保险部、团体保险部、银行保险部和互动业务部9个部门，新设立人力资源部和企划培训部，下辖分支机构8家。11月16日，澄迈县支公司开业。全年实现规模保费7.21亿元，增长24.59%；新单期交保费1.36亿元，增长351.16%；中高价值期交保费4017万元，增长106.21%；三项主要指标均创造历史新高，并且首次实现新单期缴保费过亿元。

（张晓芳）

（编辑：吴钟宝）

财政税务

财 政

【地方财政概况】2016年，海口市地方一般公共预算总收入320.4亿元，比上年增长42.5%。全市地方一般公共预算总支出311.9亿元，增长44.6%。收支相抵，结余结转8.5亿元。

【财政收入】2016年，海口市地方一般公共预算总收入320.4亿元，增收95.6亿元，增长42.5%。其中：全市地方一般公共预算收入115.5亿元，省级补助84.4亿元，省转贷一般债券收入98亿元，上年结余结转9.1亿元，调入预算稳定调节基金6亿元，调入资金7.4亿元。全市政府性基金总收入179.5亿元。其中：地方政府性基金收入108.7亿元，省级补助收入8.5亿元，上年结余16.7亿元，债券转贷收入45.6亿元。

【财政支出】2016年，海口市地方一般公共预算总支出311.9亿元，增支96.2亿元，增长44.6%。其中：全市地方一般公共预算支出200.3亿元，上解省支出12.5亿元，安排预算稳定调节基金5.7亿元，一般债券还本支出87.5亿元。全市地方一般公共预算总收入与地方一般公共预算总支出相抵，年终结余结转8.5亿元（市本级结余结转8亿元），其中：结转下年支出7.7亿元，净结余0.8亿元。全市政府性基金总支出161亿元，其中政府性基金支出117.4亿元，专项债券还本支出43.6亿元，调出资金6.3亿元。收支相抵，年终结余18.5亿元。

【预算管理】2016年，海口市本级部门预算编制遵循“统筹兼顾、突出重点、勤俭节约、收支平衡、讲求绩效”的原则，既坚持保障民生支出、重点项目建设、经济社会发展，又严控行政成本、压缩一般性支出。不断细化年初预算，提高项目支出预算年初到位率。部门项目支出预算，将70%以上的资金细化到具体的使用单位和项目，并明确预算支出级次；区分事权与支出责任对实质上由下属单位或区级承担的项目支出，严格编入下属单位预算或市对区补助预算；推行按经济分类编制部门预算，所有市直部门按经济分类编制基本支出和项目支出预算；推进政府购买服务改革，将政府购买服务所需资金纳入财政预算；加强存量资金盘活，对部门预算结转2年以上的资金进行收回统筹；加大专项资金清理整合力度，对政策目标已经实现，期限到期或者由于政策变化已不再符合当前发展需要的专项资金予以取消，对需要保留的专项资金，按为完成同一目标、使用方向类同或相近的原则进行整合归并。

【保障和改善民生支出】2016年，海口市民生支出累计完成148.3亿元，增长15.8%，占地方一般公共预算支出的74%。（1）推动教育均衡发展。全年教育支出31.3亿元。拨付5.1亿元加快“10+2”项目建设，学校基本办学条件全面改善，五源河学校等5所学校开学招生，新增学位6200多个，4个区教育工作全部通过省的督导评估；拨付2582万元，以棚户区改造为契机，继续整合城区“麻雀学校”，中小学教育布局进一步优化；投入1.38亿元，引进和扶持优质教育资源，北师大附中、北大附中附小合作办学等项目相继开工；拨付各级资金2.8亿元，保障市属高中学校公用经费，完善义务教育经费保障机制，免除义务教育阶段学生学杂费、课本费和作业本费，保障中小学生免费乘坐公交车；拨付5495万元，加快中职教育发展，扩大职业教育免学费范围。（2）推进精准扶贫。拨付各级资金1.03亿元，制定专项工作方案，建立扶贫资金支出每日报送制度，开辟绿色通道，确保资金尽快落到实处。坚持瞄准建档立卡贫困人口，通过产业与设施、教育、医疗、转移就业、社会保障兜底六大帮扶举措，实现6个贫困村整村脱贫、8453人精准脱贫，完成省下达的全年任务。（3）完善社会保障制度。全年社会保障和就业支出21.8亿元。拨付各级资金1.42亿元，低保救助37.7万人次，为近4000名农村五保对象发放五保供养金；拨付5870万元，为全市3.6万名80岁以上高龄老人发放补贴；为近8000人发放临时救助资金1250万元，实现对困难群体的兜底保障和救助；拨付3253

万元，城乡居民养老保险制度实现并轨，参保率97.8%；发放就业社保补贴、公益性岗位（含社保）补贴等各项补贴3373万元，受益2.6万人次，全市城镇新增就业4.7万人，超额完成计划。（4）提升卫生服务质量。全年医疗卫生支出18亿元。拨付3201万元，巩固基本药物制度改革成果，全面覆盖全市27家镇卫生院、228家行政村卫生室和109家社区卫生服务机构；在公立医院推行“先看病后付费”诊疗新机制，市域内省市11家公立医院同步取消药品加成；拨付2377万元，做好健康教育、居民健康档案管理等13项基本公共卫生服务，人均服务经费补助标准从40元提高至45元；拨付7850万元，新型农村合作医疗和城镇居民基本医疗财政补助标准提高至420元/人·年；拨付3073万元，完善医疗救助“一站式”服务，为7500人次实施重特大疾病救助。（5）加强住房保障建设。全年住房保障支出10.7亿元。拨付3510万元，全面完成2016年农村危房改造任务；拨付0.12亿元，用于发放住房租赁补贴，帮助解决住房困难的问题；降低保障性住房准入门槛，保障性住房配租配售2922套，受益范围不断扩大。

【财政支持“三农”发展】2016年，海口市推进财政涉农资金整合统筹，引导和鼓励社会资本投向农村建设，形成多元化投入机制，支持农民在地方特色产业、服务业、外贸业、电子信息产业等领域创办企业。组织各涉农部门发动相关企业和农业生产经营主体进行2016年度品牌农业发展资金项目申报工作，其中：农业部门申报扶持资金727万元，林业部门申报扶持资金417万元，海洋渔业部门申报扶持资金380万元，有力地支持海口市农业经营主体项目开展；筹措财政资金0.28亿元，用于农业品牌创建工作。安排200万元用于无疫区建设专项，确保防控工作顺利开展；拨付299个村级防疫控制点302名村级动物防疫员工作经费及工作补贴342.66万元；安排村镇级农产品质量安全监管资金552.84万元，严把农产品准出关；年初预算安排178万元，用于开展新型职业农民培育，提高农民的生产技能和经营管理能力，增加农民的工资性收入。筹措各级扶贫资金合计1.03亿元（其中中央和省级专项资金4675万元，海口市财政配套安排5064.9万元，区财政配套600万元），实际完成支出1.02亿元，进度98.48%。抓好省重点项目的推进工作，累计补偿罗牛山关停猪场损失3.44亿元；拨付0.1亿元支持花卉产业持续稳定发展。实施积极的财政扶持农业产业发展政策，争取资金0.48亿元，用于扶持蔬菜产业和花卉产业，优化农业种养结构；筹措财政资金0.28亿元，用于支持农业品牌创建工作。

【城市建设资金保障】2016年，为确保海口市地下综合管廊项目顺利建设，市财政局共拨付地下综合管廊项目试点项目资金11.25亿元；为保障南渡江引水项目资金，共拨付南渡江引水工程项目资金6亿元。拨付中央预算内投资项目资金5.02亿元，涉及包括海达路万恒路污水截流工程、板桥溪污水应急截流工程、环湖路市政道路工程、溢隆海口粮食储备中心等20个基础建设类项目。安排海口市政府投资项目资金16.59亿元，主要用于市级各类基础设施建设，其中较大的项目有：长秀片区景观提升工程－通海过街通道工程（长怡路通道）3799.2万元，椰海大道C段项目4800.54万元，长流十号路项目5271.19万元，环湖路市政道路工程1891万元，丘海大道延长线至沙坡水库河道整治工程1000万元，定海大桥9659.97万元，桂林洋高校区东寨港大道项目3405.6万元。为推进棚户区改造项目建设，共拨付棚改工作经费4.72亿元、棚改购买服务款6.47亿元。

【财政资金管理】2016年，海口市健全政府预算体系，加大公共财政、政府性基金、社会保险基金及国有资本经营四本预算统筹力度；全面深化国库集中支付管理改革，实现预算单位及财政资金“双覆盖”；试编权责发生制政府综合财务报告，全面反映政府资产、负债情况，促进财政长期可持续发展；加大预决算公开力度，全市预算部门（涉密部门除外）均按规定完成预决算公开，“理财”透明度和规范性不断提升。

【公务支出管理】2016年，海口市财政局进一步加强和规范市级“三公”经费管理，降低公务活动成本，严格会议费、培训费预算管理，严格控制会议、培训规模，建立年度会议计划、培训计划编报和审批制度。强化“三公”经费预算管理，“三公”经费分项预算原则上零增长，总量严格实行零增长，严控“三公”经费预算追加；一律不安排一般公务用车购置费，从严从紧控制执法执勤用车购置经费。同时，加强监督，建立健全“三公”经费预算执行全过程动态监控机制；加大部门预决算的公开力度，除涉密部门外，各部门应通过部门门户网站等方式，向全社会公开本部门“三公”经费预决算信息。全年，全市“三公”经费支出1.04亿元，下降24.6%。其中：因公出国（境）支出314万元，下降27.3%；公务用车购置及运行维护费9635万元，下降25.8%；公务接待费484万元，增长16.5%。会议费支出1652万元，增长15%；培训费6258万元，与上年基本持平。

【国库监管】2016年3月，海口市推行国库集中支付电子化管理，在保证资金安全的前提下，提高工作效率。至年底，市本级318家全额预算单位全部上线电子支付，业务范围涵盖财政直接支付、授权支付、划款清算、退款、工资统发等；继续推行预算单位实有账户资金统筹管理改革，全年共归集预算单位实体账户375个，统筹资金9.51亿元，获得利息收入1646万元。

【国有资产收益管理】2016年，为加强行政事业单位国有资产收益管理，海口市对市本级行政事业单位经营性资产采取委托管理模式，即将各单位经营性国有资产统一委托给海口市国有资产经营有限公司管理，无论是出租还是出售，均采取公开竞价模式，价高者得，所得收入先存入海口市国有资产经营有限公司专户，在市财政局审计无误后，上缴国库。全年，取得国有资产税后收益0.31亿元，是委托管理模式前的10倍。

【非税收入管理】2016年，海口市非税收入实行执收单位开票、商业银行代收、财政部门监管的收缴制度。非税收入纳入财政预算，实行收支两条线管理，执收单位履行职能所需经费由财政部门核定预算予以拨付，不与执收的政府非税收入挂钩。全年，海口市非税收入完成130.86亿元，增加44.65亿元，增长51.8%。收入构成如下：纳入公共预算管理的非税收入完成20.21亿元，其中专项收入10.28亿元、行政事业性收费2.7亿元、罚没收入1.65亿元、国有资源（资产）有偿使用收入4.48亿元、捐赠收入3629万元、政府住房基金717万元，其他收入6546万元；政府性基金预算收入完成108.66亿元；国有资本经营预算收入完成2亿元。

【会计管理】2016年，海口市完成会计从业资格13331人次报名和考试，办理会计从业资格证书1832人次，会计从业资格人员调入993人次，会计从业资格人员调出306人次，会计人员技术资格3235人次报名与考试。完成全市农村和农业合作社1180人次财务人员继续教育培训工作。办理127家单位建账登记合格证书，对1701家单位建账年检复核；办理23家代理记账机构审批，完成3个学会（协会）日常管理工作。

【彩票管理】2016年，海口市有“两彩”投注站1000多个，全年彩票发行机构和彩票销售机构的业务费用收入305万元。年内，市彩票中心共出动2760人次，检查“两彩”投注站1929次、“快2”销售厅62次、飞鱼和体彩乐吧68次。为配合公安部门开展打击非法彩票工作，定期向各公安分局报告其所管辖区域的私彩摊点信息，及时掌握非法彩票摊点整治情况，督促各公安分局开展打击非法彩票专项活动，在海口的22个乡镇及市区的各大农贸市场开展2次彩票法规宣传活动，市区以派发宣传单、发送宣传资料、宣传品以及21条线路415台公交车全天发车时间循环播出公益宣传片等方式进行宣传；22个镇采用租用宣传车循环广播方式开展活动，向广大市民宣传彩票法规知识、“两彩”公益金的筹集和使用情况、彩票游戏的玩法以及非法彩票的危害等。

【政保贷改革】2016年，海口市为发挥财政资金的杠杆作用，鼓励金融机构加大对小微企业的信贷支持，缓解小微企业融资困难等问题，出台《海口市政府扶持小微企业助保金贷款金融微刺激实施方案》和《海口市政府扶持小微企业助保金管理办法》。该政策借鉴其他地区与建设银行联合推行的小微企业助保金信贷模式，融合海口市创新的五星企业评级模式，并给予小微企业财政贴息扶持政策，联合各有参与意愿的金融机构推进实施具有海口市特色的政府扶持小微企业助保金贷款模式。全年海口市“政保贷”业务合作金融机构从上年的8家增加到10家，注入政府风险补偿金累计2.9亿元，通过“政保贷”平台累计向300家中小微企业提供贷款授信17.8亿元。

【电子支付改革】2016年3月25日和9月21日，海口市分别启动两批电子支付试点工作。电子支付改革后，财政资金支付和资金清算采取电子化信息认证和传递，取消纸质支付凭证，财政部门、预算单位、代理银行和清算银行间不再频繁跑单传送单据，大大提高支付工作效率。海口市电子支付业务范围涵盖财政直接支付、授权支付、划款清算、退款、工资统发等。年内，全市318家集中核算单位全部实现直接支付和工资统发业务电子化管理，其中93家单位实现电子支付业务全覆盖。全市共办理电子支付业务2.75万笔，共22.75亿元，其中直接支付业务3081笔，金额7.4亿元；授权支付业务2.44万笔，金额15.35亿元。

【扶贫和惠农涉农资金专项检查】为进一步提高扶贫资金和惠农涉农资金使用管理的透明度，有效杜绝不合理支出，防止资金被截留、挤占、挪用、套取等违法违规现象发生，确保财政资金发挥最大效益，使各项惠民政策落到实处，海口市财政局于2016年5月9日起，对2013~2015年3个年度的临时救助资金、农村综合改革示范试点项目资金、产业发展项目（扶贫发展）资金、农村饮水安全工程项目资金、农村沼气项目资金、成品油价格改革财政补贴资金（渔业油补）、文明生态村建设资金、农村公路建设项目资金、新型农村合作医疗保险资金、冬季瓜菜基地项目资金和土地治理项目配套资金等11个项目资金进行检查。检查历时5个月，采用实地查账、入户调查和信息公示等方式，累计走访镇（街）51个（次）、村（居）委会344个（次）、自然村501个（次），入户调查核实1390人，合计检查项目资金共15.01亿元，发现问题涉及4个方面共230个，向市委巡察工作领导小组移交和提供问题线索20个。

【预算支出绩效考核】2016年，为有效配置财政资源，优化支出结构，海口市财政局选取55个市本级预算部门作为绩效评价试点。在全市2014~2016年的预算项目中，选择资金量大、涉及群众利益、社会关注度高的动物防疫检疫监管项目、互联网产业扶持项目、就业专项资金项目、现行“菜篮子”建设项目、东寨港红树林开发和保护经费项目、海口市财金投资管理有限公司股权投资和农业投资项目和 2015 年城镇保障性安居工程项目 7 个重点项目开展绩效评价，共涉及财政资金 8.02 亿元。

【PPP 项目管理】2016 年，海口市共策划并完成采购 43 个项目包，主要分布在垃圾处理、污水处理、生态保护、地下综合管廊、交通港航、市政道路与桥梁、园林绿化等基础设施和公共服务领域，项目总投资 370.51 亿元。其中，海口市 21 条道路提升改造工程、地下综合管廊等 6 个 PPP 项目入选财政部第三批示范项目，项目总投资规模 131.33 亿元。此外，争取中国 PPP 基金对海口市地下综合管廊、新海马村港、G15 快速路等6 个 PPP 项目约 22.1 亿元的注资支持。

【政府采购】2016 年，海口市政府采购金额 8.53 亿元，节约资金 4588 万元。其中，市本级政府采购金额 5.29 亿元，节约资金 3175 万元。市本级协议供货采购金额 4424 万元，占市本级政府采购支出 8.31%。采购规模与上年相比，有所下降。全年货物类采购实际金额 4.37 亿元，比上年减少 1.95 亿元，减少 30.8%，占采购资金总额的 51.24%；工程类采购实际金额 1.18 亿元，增加 2531 万元，增长 27.44%，占采购资金总额的 13.78%；服务类采购实际金额 2.98 亿元，增加 5246 万元，增长 21.32%，占采购资金总额的 34.98%。（刘一峰）

国家税收

【国家税收概况】2016 年，海口市国家税务局围绕“抓基层、打基础”，统筹推进组织收入、深化改革、纳税服务、队伍建设等各项工作，全年组织国内税收收入 167.16 亿元，比上年增长 45.7%。剔除营改增四大扩围行业，国内税收收入 136.69 亿元，增长 19.2%，市级地方收入 31.36 亿元，增幅 37.4%，超预算完成地方税收收入。所辖 108 户大企业税收收入 74.78 亿元，增幅 16.69%。

【非居民税收和反避税工作】2016 年，海口市国家税务局通过跟踪管理税源管理项目，强化跨境股权转让监

2015 年、2016 年海口市国税局“两税”（增值税和消费税）收入对比表

单位：万元

项目	一月	二月	三月	四月	五月	六月	七月	八月	九月	十月	十一月	十二月
2016 年“两税”收入	96351	77483	59057	61188	62500	78271	145571	94237	99828	155661	114690	152292
2015 年“两税”收入	94391	70357	51751	58028	59579	61211	52116	59853	58479	71229	58112	72431

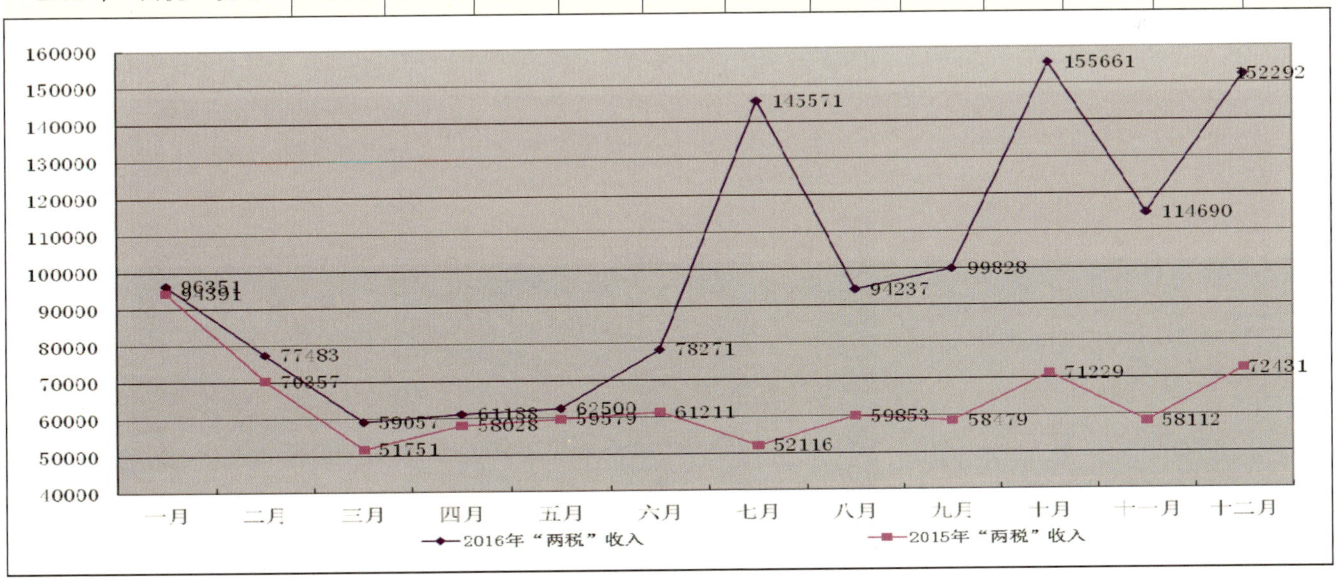

2016 年海口市国税主体税种收入对比表

	增值税	消费税	企业所得税
2016	1021290	198089	452084
2015	574060	193556	379175

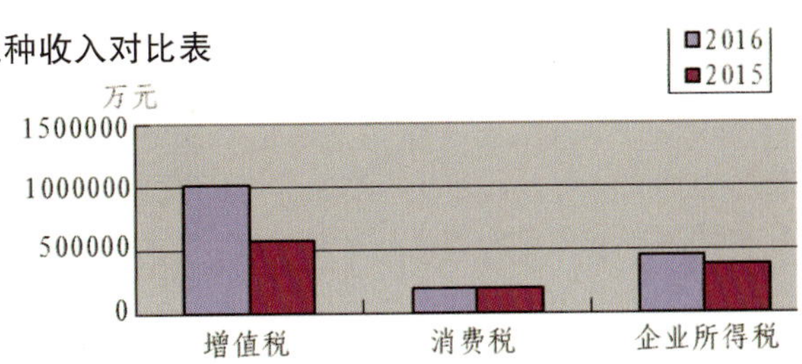

控和开展税收风险分析等措施加强非居民税收征管力度，全年组织入库非居民税收收入6.7亿元。办结海南某公司股权转让案，成功追缴单笔非居民股权转让企业所得税4.55亿元，创下海南国税系统成立以来最高单笔非居民企业所得税税款纪录。

【优化国税征管体制机制】2016年，海口市政府办公厅印发《关于进一步加强税收源头管控工作的通知》，市国家税务局出台《进一步加强税收征管工作的指导意见》《税源专业化管理户籍划分调整方案》，修订《欠税管理办法》，编写征管指引，从制度层面进一步规范税收征管，为更好地开展各项税源管理工作提供保障。

【税源分行业专业化管理】2016年，海口市国家税务局统一为各区局按照行业门类进行税源管理，共调整户籍14万户，结束以往税源户籍管理划分不一的历史，实现各区分局按行业门类进行户籍划分、各经办团队按行业大类或中类进行税源管理的突破，促进实现税源的精细化、高标准管理。

【纳税评估】2016年，海口市国家税务局精准开展纳税评估，识别风险企业，建立"人人皆主查"工作制度，逐步在评估人员中推行"首审责任制"，探索检、审、批融合的新评估模式，提高审计工作效能，打击税收违法行为，有效防范税收执法风险。全年开展纳税评估310户，查补入库收入1.75亿元，增长22%。

【税收风险应对】2016年，海口市国家税务局成立发票风险管控办公室，梳理出17项发票风险企业特征，累计推送税收风险纳税人842户，共补缴增值税税额1150.70万元；打击发票违法犯罪活动工作，涉及金额4578.55万元，查补税款621.79万元。与市公安局、地税局联合建立公安派驻税务联络机制，推进信息共享和实战应用，深化税警协作，形成防范和打击涉税犯罪合力。

【欠税管理】2016年，海口市国家税务局发布欠税管理指导意见和操作指南，进一步明确欠税管理13项征管措施、表证单书、操作流程；发布3期欠税公告，对30户法人代表实施阻止出境；海南省国税局、市局、区局、分局四级联动紧盯欠税，充分运用欠税公告、阻止出境、税收保全等法律手段，大力清缴历年欠税。全年清理欠税3.14亿元，欠税变动率从上年的21.64%下降到-3.48%。

【便民办税服务】2016年，海口市国家税务局加强办税服务厅规范化建设，推行一窗受理、一窗办结的"一窗式"综合服务。优化升级导税系统，资料预审前移导税环节，快速分流纳税人。提供发票领用预约服务，对单次购票量大的纳税人，电话预约，定点领票。主动提供延时服务，加班加点办理业务，获得纳税人的满意和表扬。举办11期"纳税人税学堂"，培训2226人次，发放各类宣传辅导资料2000余份。取消认证纳税信用A、B级纳税人的增值税专用发票，并通过门户网站、张贴公告、微信公众号等多种渠道向纳税人详解政策意义，及时推广宣传惠民政策。

【推广信息化便民办税举措】2016年，海口市国家税务局推广使用免费网报系统，免费网报系统用户累计2.5万户次，平均网上申报率95%；推出"海口国税"手机APP，可通过手机实时查询各办税服务厅的排队等候情况，进行错峰预约办税，APP预约办税的纳税人9.7万户次；推广使用自助办税终端和畅易开票软件，纳税人可自助办理发票领购等业务，为大厅分流减堵。

【国税营改增试点】2016年5月1日，营业税改征增值税（简称营改增）试点全面推开，海口市国家税务局涉及纳税人6.4万余户，通过制定工作方案和应急预案、组成营改增业务团队、监控营改增纳税人申报数据、开展定量分析、深入挖掘减税促效典型案例等措施，完成6.09万户税（费）种认定、1.12万户票种票量录入、三方协议签订及户籍接收核查分配等前期准备工作，对5748户纳税人进行身份界定，分析446户样本企业的总体税负和分行业税负变动，切实摸清营改增政策带来的影响。先后开展5月1日零点开票的"开好票"、6月1日零点申报的"报好税"、政策效应的"分析好"、相关工作的"改进好"工作。改革总体运行平稳、渐行渐好，直接减税效应明显，切实减轻企业税收负担。

2016年8月15日，海口市国税局设立24小时自助办税区。（夏昊 摄）

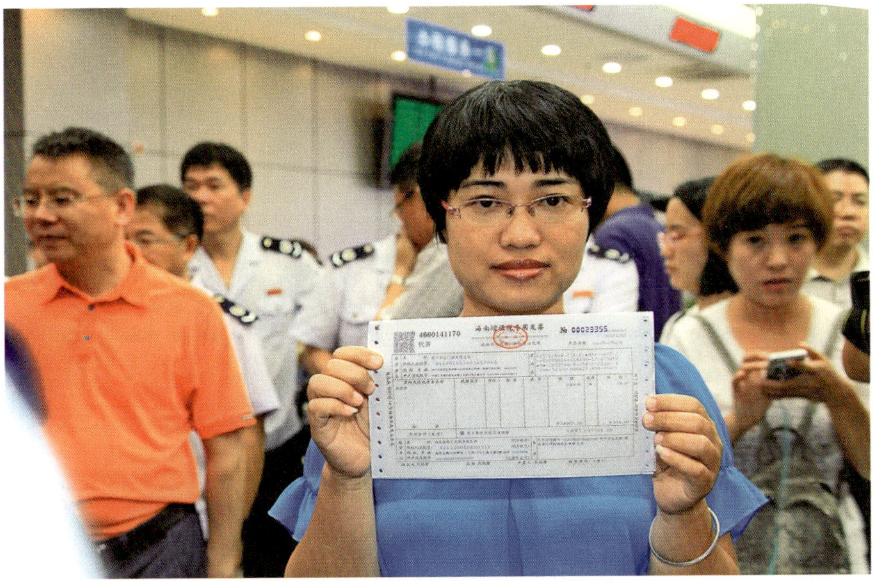

2016 年 5 月 1 日凌晨，海口市国税局开出首张增值税专用发票。（夏昊 摄）

2016 年 2 月 18 日，海口市国税局召开“数字人事”试点工作动员大会召开。（夏昊 摄）

【国地税合作纵深推进】2016 年，海口市政府下发《进一步深化国税、地税合作工作实施方案》，初步形成“市政府主导、国地税牵头、多方共赢”的税收共治新格局。推行“一人一窗一机”的联合办税模式，国、地税 10 家办税服务厅全部升级为国地税联合办税服务厅，实现业务通办；成立国地税房地产业和建筑业联合管理办公室，建立联合评估机制，联合开展税收执法，实现涉税信息的互联互通，共享共用，统一计税依据和纳税时间节点；建立国地税联合税收宣传工作机制，以微信公众号、海口电视台、《海口日报》三个平台为主阵地，主动发声，及时宣传引导，成为全省国地税合作示范区亮点工作之一，获通报表扬。

【落实税收优惠政策】2016 年，海口市国家税务局广宣传、重培训、强监管、优服务，全面落实结构调整、科技创新、促进消费、保障民生等方面的税收政策。为享受高新技术企业税收优惠的 30 户企业减免所得税 1.51 亿元，为享受小微企业所得税优惠的 4227 户企业减免税额 2730.09 万元，增长 106.67%；小微企业户均减免 6459 元，增长 14.32%。

【电子发票试点推行】2016 年，海口市国家税务局顺利完成设备配置、数据接口、系统融合、资格授权、发票发放等相关涉税事项，最大限度满足纳税人申领、开具电子发票需求。4月29 日，海南酷秀电子商务有限公司在模拟环境下开出海南省首张增值税电子普通发票，标志着海口市成为全省首个启用电子发票的市县。至年底，共向 35 户纳税人发行增值税电子普通发票税控设备，开出电子发票 66.96 万张。

【国税“数字人事”试点】2016 年，海口市国家税务局作为海南省国税系统唯一的“数字人事”试点单位，完成 400 多名干部的三大类、12 项子模块的前期数据维护工作，确保试点平稳过渡，为“数字人事”工作在全省国税推广打下坚实的基础。10 月 26 日，“数字人事”管理系统在海口市国家税务局正式上线运行，上线当天实现上线率 100%。“数字人事”系统日渐成为海口市国税局领导干部布置重点工作、记录工作、了解掌握分管人员工作进度的重要平台。

（许秀楠）

地方税收

【地方税收概况】2016 年，海口市地税局按照全面推进依法治税、全面深化税收改革、全面优化纳税服务，推进税收工作再上新台阶。全年共组织税费收入 262.27 亿元，比上年增长 1.7%，增收 4.48 亿元，剔除营改增收入转移影响，增长 18.3%，增收 40.59 亿元。地方税收收入 149.31 亿元，剔除营改增收入转移影响，增收 26.29 亿元，增长21.4%，比全省地方税收增幅多 8.2 个百分点，占海口市一般公共预算收入的 45.1%。其中，中央级收入 34.33 亿元，增长25.8%，增收 7.04 亿元；省级收入53.46 亿元，增长 19.9%，增收 8.86 亿元；市级收入 61.52 亿元，增长 20.3%，增收

10.39亿元。社会保险费收入103.61亿元，增长15.1%，增收13.57亿元。教育费附加收入4.47亿元，增长14.5%，增收0.57亿元。地方教育附加收入2.98亿元，增长14.6%，增收0.38亿元。文化事业建设费收入270万元，下降40.1%，减收181万元。工会经费收入1.58亿元，增长15.1%，增收0.21亿元。残疾人就业保障金收入0.2亿元，下降68.7%，减收0.44亿元。

【地方税收入结构】 2016年，海口市地方税收入实现较快增长，除2月和3月外，其余月份增幅均在两位数以上，且呈波动上升趋势。从级次收入情况看，三个级次收入均实现两位数以上的良好增长，中央级收入增长25.8%，省级收入和市级收入增长分别为19.9%和20.3%。在海口市房地产市场销售持续增长、居民收入增收的促进下，企业所得税、土地增值税、个人所得税和1～5月营业税收入大幅增长。房产税、土地使用税及车船税受政策影响减收。

【税收征管】 2016年，海口市地税局适应新形势下税源结构变化，调整征管工作思路，抓好重点税源管理，以调优征管模式为立足点，强化税源税种管理，多点发力。建立"风控＋评估"工作机制，按照"抓大、控中、定小"的原则，坚持集中分散结合、市局基层结合、点面结合、日常专项结合等"四个结合"，实现风险控制与纳税评估的分级分类管理；强化抓重点税源力度，采取差别化评估方式，每月对占80%税源的重点企业开展纳税评估，对剩下的20%税源按照"两随机一公开"的要求，随机抽取评估对象，实现对重点税源的扁平化、精细化管理；增强税源基础管理力量，增加各税源管理分局基础类税源管理科数量，建立区（分）局税源管理科科长管户制度，从第三季度开始建立九项重点税源清理工作周报制，精准掌握税源变化情况；加大综

2016年海口地方税各税种收入示意图

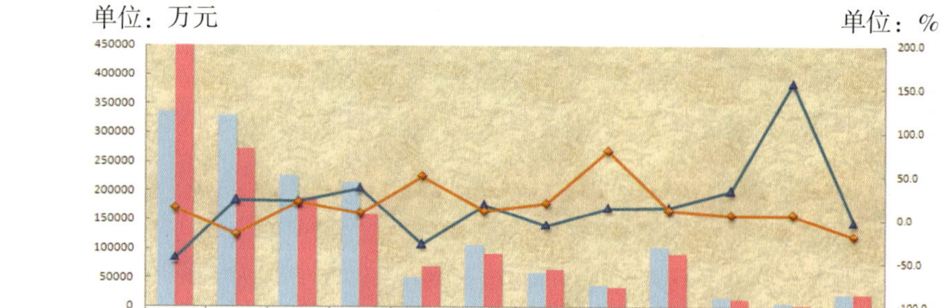

	营业税	企业所得税	个人所得税	土地增值税	土地使用税	城建税	房产税	印花税	契税	耕地占用税	资源税	车船税
2016年	333925	327552	223782	212925	48766	104478	58058	36134	101828	15981	5727	20036
2015年	602820	268987	185859	157040	68340	89598	62223	31890	89599	12000	2235	20723
2016年同比（+/-）%	-44.6	21.8	20.4	35.6	-28.6	16.6	-6.7	13.3	13.6	33.2	156.2	-3.3
2015年同比（+/-）%	12.1	-17.4	19.2	6.5	49.1	9.5	18.1	79.2	10.5	5.2	5.6	-19.5

2016年海口市地税税收分税种构成情况图

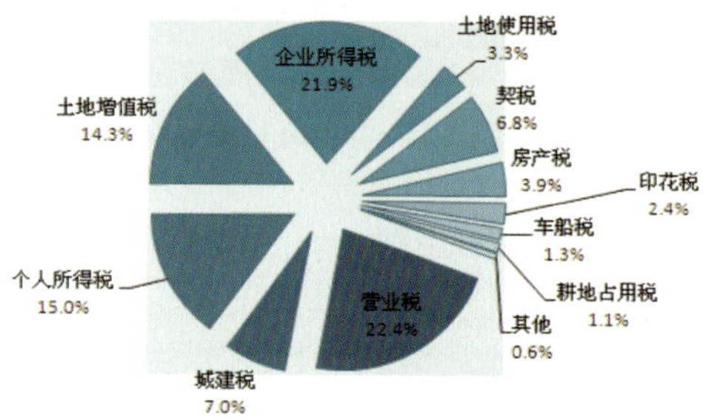

注：其他含增值税和资源税。

2016年海口地方税各行业收入示意图

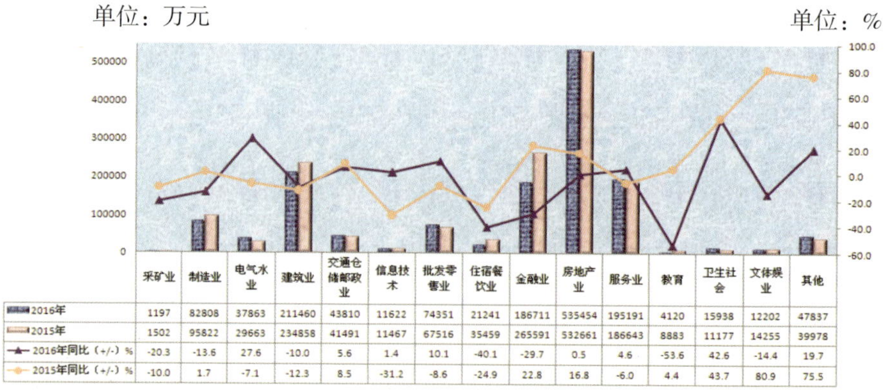

	采矿业	制造业	电气水业	建筑业	交通仓储邮政业	信息技术	批发零售业	住宿餐饮业	金融业	房地产业	服务业	教育	卫生社会	文体娱业	其他
2016年	1197	82808	37863	211460	43810	11622	74351	21241	186711	535454	195191	4120	15938	12202	47837
2015年	1502	95822	29663	234858	41491	11467	67516	35459	265591	532661	186643	8883	11177	14255	39978
2016年同比（+/-）%	-20.3	-13.6	27.6	-10.0	5.6	1.4	10.1	-40.1	-29.7	0.5	4.6	-53.6	42.6	-14.4	19.7
2015年同比（+/-）%	-10.0	1.7	-7.1	-12.3	8.5	-31.2	-8.6	-24.9	22.8	16.8	-6.0	4.4	43.7	80.9	75.5

注：上年同期数据没有剔除6~12月营业税。

2012～2016年海口市地方税亿元以上纳税大户缴税情况示意图

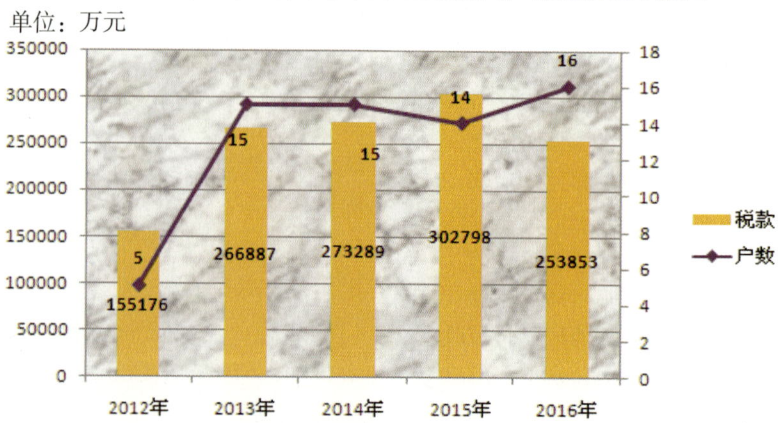

合治税力度，全面梳理欠税企业的法人代表信息，对有党员、政协委员、人大代表等身份的法人代表提请相关政府部门配合追缴欠税，加大第三方信息采集力度，全面了解税源情况；规范征管动态信息管理，加强日常征管信息的收集与台账登记，通过征管基础数据比对分析，找出涉税问题及风险数据，提高税收征管质量和效率，防范税收风险。开展纳税评估，完成评估项目308个，完成评估应补税款6.2亿元。

2016年5月1日，海南省地税局局长陈如军（左一）和海口市地税局局长林川（右一）查看开出的第一张营改增发票。（市地税局 供稿）

【社保规费征管】2016年，海口市地税局共组织社会保险费收入103.61亿元，增收13.57亿元，增长15.07%。其中，省级收入62.3亿元，增收6.5亿元，增长11.65%。市级收入41.31亿元，增收7.07亿元，增长20.65%。维护参保职工的合法权益，对192家欠费单位进行催缴，对职工投诉举报并经劳动仲裁或法院判决的60家单位进行重点催缴，共清理入库欠费840.4万元。

【纳税服务】2016年，海口市地税局落实“便民办税春风行动”，为纳税人提供优质服务，在全国省会城市地税部门纳税人满意度排名中名列第15名。（1）推进办税规范化。全面推行税收执法权力清单和责任清单并向社会公告；落实纳税服务规范，统一表证单书和办税流程，实现“服务一把尺子、办税一个标准”；推行办税前后台衔接管理，推行前台受理、后台办理的办税模式；强化一窗受理、限时办结的执行和监督。（2）推进办税便利化。推进“互联网＋税务”，为纳税人提供24小时“不下线”办税服务；升级预约办税手机APP，开通现场取号、电话取号、手机APP取号等3种预约办税渠道；配置6台ATS自助办税终端机；开设“绿色通道”窗口，为特定条件的纳税人提供优先受理、优先办结各项涉税事宜的服务。（3）加强税收维权受理。6月30日成立海南首家纳税人辅导工作室，为纳税人提供个性化辅导，至12月31日，共受理业务咨询254人次，咨询问题571个，其中涉及国税业务296个；加强12366举报中心、12345政府热线、大厅意见箱、咨询台等维权渠道管理，及时解决纳税人合理诉求，全年共办结123件，办结率100%。（4）举办纳税培训。根据不同行业、不同税种纳税人的培训需求，采取集中培训、专题讲座、针对性辅导等形式免费培训纳税人，共举办纳税人培训班49期，培训纳税人1.25万人次。

【地税营改增试点改革】2016年5月1日，海口市地税局全面实施营业税改征增值税（简称营改增）试点改革，集中力量做好“开好票”“报好税”“分析好”“改进好”四项工作，通过电视、报纸、手机短信和门户网站向纳税人发布营改增政策公告119条，公布办税指引，联合市国税局举办营改增纳税人培训班15期，培训纳税人5090人次。增设14个二手房业务窗口、16个代开发票窗口和营改增政策咨询窗口；改进预约办税方式，建立“先收后办”机制，提供延时办税服务。实行市局领导巡查督导、分局领导和业务骨干驻点指导、

2016年6月30日，海口市地税局成立税收辅导员工作室，税务专家为纳税人解答税收疑难问题。（市地税局 供稿）

2016年8月9日，海口市国税局、市地税局联合召开国地税进一步深化合作工作动员会。（夏昊 摄）

24小时值班制度，即时掌握办税服务厅运行和二手房交易情况，安排专人按时间节点报送营改增相关数据和信息。安排业务骨干驻点办税服务厅，及时指导和解决各类申报征收问题，切实保障营改增顺利实施；建立问题收集与反馈机制，按照分类解答、及时反馈、汇总上报的原则，为基层单位提供政策指导，解决各类营改增问题96个。

【国地税合作】2016年，海口市地税局与市国税局建立定期沟通联动机制，细化合作事项，制定完成各类合作事项的时间表、路线图，明确责任部门，突出开展“三大合作”。（1）开展纳税服务合作。采取互相授权的方式，实现10个联合办税服务厅以“一窗一人一机”模式合作征收税款，7月1日至12月31日，地税办税服务厅为纳税人办理国税业务8.48万笔，代征国税税款3.76亿元。（2）开展税收征管合作。联合出台户籍管理工作规范，统一国地税税务登记、变更和注销管理流程，建立联合评估机制、协调机制，成立纳税评估合作机构，共享涉税信息和评估成果；联合公告欠税企业95户、联合检查企业18户、发布税收违法“黑名单”4户，实现共同进户、统一实施、结果共享和联合惩戒。（3）开展风险应对分析合作。制定联合税收分析制度，明确税收分析联络机制和定期交换数据机制；联合组建国、地税风险管理团队，建立国地税风险管理合作机制；加强风险信息推送，涉税信息实现快速传递；加强税收信息共享，双方互换上月度税收计会统报表数据、收入进度、重点税源纳税情况等税收关键指标，为联合税收分析预测提供数据支持。

【欠税追缴】2016年，海口市地税局全面强化征管措施，全年发布欠税公告13期，公告欠税户162户，阻止法定代表人出境31人，清缴税款及滞纳金402万元，查询银行账户开户信息2726户，查封欠税纳税人银行账户11个，采取银行存款冻结措施10户，查封房产6套，强制扣缴税款入库318万元。全年共清缴欠税入库12.69亿元，占全省清缴欠税金额的31%，清缴欠税户2.55万户，占全省清缴欠税户数的39%。

【税收清缴清算】2016年，海口市地税局开展2011~2014年度企业所得税核查积案大会战，对未审结的175户企业所得税汇算清缴积案进行清理，累计审结167户，入库税款9649万元，审结率95%。开展土地增值税预征税款差异分析和核查比对工作，共完成土地增值税清算项目50个，清算应补（退）土地增值税税款1.69亿元。土地增值税预征税款收入13.9亿元，增长15.3%。

【年所得12万元以上个人所得税申报】2016年，海口市地税局完成2015年度个人年所得12万元以上自行纳税申报工作，共受理自行纳税申报人数2.02万人，比2014年增加2957人，增长17.2%。

【小微企业优惠政策落实】2016年，海口市地税局贯彻落实小微企业税收优惠政策，做好小微企业受惠面监控工作，及时联系应享未享优惠的纳税人做补充申报。年内享受小微企业税收优惠政策纳税人共2545户，减免税2312.96万元。

【税收执法督察】2016年，海口市地税局针对房地产业税收管理、房地产保有环节税收管理、土地过户涉税管理、二手房交易涉税管理、“三证合一、一照一码”登记制度执行情况、“大众创业万众创新”税收优惠政策落实情况、小微企业税收优惠政策落实情况、税收个案批复管理、土地增值税清算管理、欠税管理、股权转让管理、注销管理、以前年度督察审计发现问题的整改情况、营改增后形成虚收空转税款等14项内容开展督察，查处问题纳税人223户，涉及应整改税款4323万元。

（张珊珊）

（编辑：李　敏）

经济监督管理

宏观调控

【海口经济发展概况】 2016年，海口市地区生产总值完成1257.67亿元，比上年增长7.7%，增速高于全国、全省。固定资产投资完成1271.73亿元，增长25.7%，总量和增速均为全省第一，增速继续位居全国35个大中城市前列。全口径公共预算收入330.9亿元，增长23.7%，其中地方一般公共预算收入115.5亿元，同口径增长11.2%。社会消费品零售总额653.9亿元，增长9.8%。城乡常住居民人均可支配收入26447元，增长8.2%。居民消费价格指数上涨3%，城镇登记失业率0.9%。省下达的节能减排目标任务全面完成。地区生产总值、固定资产投资、全口径公共预算收入在全省占比分别为31.1%、33.9%和30.6%，省会城市首位度进一步提高，经济社会各项事业取得显著成效，圆满完成年初确定的主要目标任务，实现“十三五”良好开局。

【产业结构调整】 2016年，海口市以供给侧结构性改革为契机，力推产业结构调整优化。协调出台促进互联网、电商、医药、高新技术、航运、影视、房地产等产业发展政策措施，推动产业向价值链中高端迈进，培育新动能。基本形成以现代服务业为主导的产业体系，三次产业结构为5.1∶18.6∶76.3。热带高效农业稳步发展。桂林洋国家热带农业公园加快推进。有国家、省级农业龙头企业45家，省级现代农业示范基地（园区）9家。常年蔬菜基地累计种植面积2万公顷，花卉种植面积4533.33公顷，罗牛山10万头现代化猪场建成投产。推出海口莲雾、蜜柚等十大农业品牌，永兴荔枝、永兴黄皮获“国家地理标志产品”，新增无公害产地认定209.7公顷，新增无公害农产品17个。新型工业加快培育。兑现工业发展扶持资金1.7亿元，惠及企业87家。规模以上医药企业全部通过国家新版GMP认证，其中有5家通过美国FDA认证，2家通过欧盟认证，齐鲁制药注射剂成功打入欧美高端市场，向国际高端市场迈出重要一步。全市高新技术企业149家，占全省的75%，规模以上高新技术工业企业总产值占规模以上工业总产值50%左右。现代服务业不断壮大。旅游效益向好，旅游总收入增幅高于旅游过夜人数5.1个百分点。“点、线、面”结合推进全域旅游，旅游产品供给不断丰富，观澜湖旅游度假区、冯小刚电影公社、骑楼老街等景点景区渐成热点，乡村旅游点加快升级改造，评选出28个“海口市旅游名村”，推出海口风情游、观澜湖主题游等13条主题游产品线路。旅游公共服务体系建设进一步完善，建成旅游咨询服务中心（点）4个，全面启动旅游厕所整改。旅游业与文化、体育、影视等产业加速融合，获评中国“互联网+旅游”十大优秀城市。金融业日益壮大，金融机构各项存、贷款余额分别比年初增加920亿元、671.6亿元，保险机构保费收入增长10.7%。民生银行落户海口，落户银行增至23家。文化体育等产业蓬勃发展。长影环球100、南方足球训练基地等项目加快建设。出台影视产业扶持政策，促进影视产业发展，爱奇艺公司创意中心、阿里巴巴文化娱乐集团（筹）南方总部落户海口。投资4亿元的冯小刚2017开年电影《芳华》在海口开拍。互联网产业发展基础进一步夯实，投资10.8亿元加快建设信息基础设施，建成全省首个“全光网城市”，被工信部和国家发改委确定为“宽网中国”示范城市。阿里巴巴“南海云”建成试运行，互联网企业数1500余家，营业收入约占全省二分之一。医疗健康产业加快发展，引进上海优质医疗资源，复旦大学附属华山医院与市人民医院友好合作医院挂牌营业，上海市第六人民医院海口骨科和糖尿病医院启动改造建设，为医疗健康产业发展奠定良好基础。恭和苑、颐养公社等医养结合服务稳步发展，海口市获批中医养生服务业准入试点城市。会展业保持较好发展势头，举办会展活动6283场，增长16%，其中规模以上会展238场，连续5年获“中国会展名城”称号。房地产去库存成效明显，商品住房库存去化周期降至15个月，低于全国和全省平均水平。

【政府投资项目计划编制】 2016年，海口市政府印发《海口市2016年政府投资项目推进工作方案》，安排政府与社会资本合作项目328项，年度计划投资179亿元；政府投资项目计划（代建制模式项目）130项，年度计划投资78亿元；政府投资项目计划（棚改项目）25项，年度计划投资460亿元；政府投资项目计划（区管项目）38项，年度计划投资24亿元。同时建立项目推进保障机制，对2016年政府投资项目推进工作做出具体安排：创新项目投融资模式和管理机制，大力推行政府与社会资本合作（PPP）模式，成立PPP项目工作领导小组，负责协调推进PPP项目开工前各项前期准备工作及PPP项目各项前期准备工作的推进情况；成立2016年政府投资项目推进工作办公室，健全项目跟踪督办机制；明确实施主体、要素保障单位责任，进一步提升审批效率。

【服务社会投资“百日大行动”】2016年8月10日，海南省政府召开服务社会投资“百日大行动”动员电视电话会议，决定在全省开展服务社会投资“百日大行动”，海口市随后召开动员大会。成立海口市服务社会投资项目“百日大行动”指挥部，制定出台“一个方案、两个清单、两个机制”（一个方案：《海口市服务社会投资“百日大行动”实施方案》；两个清单：《海口市服务社会投资项目清单》和《工作推进责任清单》；两个机制：指挥部工作机制和督查问责机制）全力保障“百日大行动”，提出“极简审批”“容缺审批”符合“多规合一”项目审批、全面实施“五证合一”“一照一码”登记模式、建立联合验收制度、出台产业扶持政策、建立政银企合作对接机制、推出金融信用“红黑名单”、开展征地拆迁攻坚战、建立分级协调解决机制模式等新举措。2016年，全市完成固定资产投资1271.73亿元，增长25.7%；160个省级督查的社会投资新开工项目实现100%开工，“百日大行动”期间完成投资142亿元，投资完成率163%；266个市级督查项目（包括社会投资新开工、续建和国有投资新开工项目）实现85%开工率，“百日大行动”完成投资173亿元，投资完成率149%；储备2017年新开工社会投资项目369个，生产性项目个数占比55%；省重点项目实现开工率92%，投资完成率143%；2013～2016年4年的招商项目注册落地和开工建设率分别为82.35%、73.17%、72.22%、51%。

【“三个千亿元”投资牵引计划实施】2016年，为使“十三五”规划目标项目化，同时为发挥有效合理投资对稳定经济增长的重要作用，海口市“十三五”规划重大项目的谋划围绕全面建成小康社会，建成“21世纪海上丝绸之路”支点城市、大南海开发区域中心城市、全国生态文明示范城市和海南首善之城的具体目标，编制形成一批基础设施、产业发展和棚户区改造项目。“十三五”期间储备项目共122个，涉及基础设施、产业和棚改三大类18小类，总投资9578亿元，其中“十三五”期间计划投资7515亿元。

基础设施项目 共40个项目，主要是针对海口市“双创”创建工作和城市发展方面的短板，如路网结构不够完善、城市功能缺失、生态环境遭到破坏等方面，进一步完善城市骨干路网、加强对外对内交通联系、提升城市功能，改善生态生活环境，加强医疗、教育、科技等方面保障，以及完善文化、体育配套设施，打造海南首善之城，总投资2183亿元，“十三五”期间计划投资1822亿元。

产业项目 共77个项目，总投资5752亿元，“十三五”期间计划投资4151亿元。主要是结合海口市的功能定位和城市经济发展方向，覆盖省提出适宜海南经济发展全局的11大重点产业发展项目。

棚户区改造项目 共5个项目，总投资1643亿元，“十三五”期间计划投资1542亿元。主要是结合海口市的功能定位和城市发展方向，改造当前环境卫生差、安全隐患多、城乡居民收入低、城乡二元化结构突出的棚户区（城中村），在改善棚户区群众的居住环境和出行条件，增强城市防灾减灾能力的基础上，进一步创建卫生城市。

注：“总投资”是指项目从前期研究到建设完成所发生的总费用；“‘十三五’计划投资”是指项目从2016～2020年的投资额；三个千亿项目是根据“十三五”规划纲要中各个方面所要达到的目标提出的，有些是已有项目，有些是新提出项目，为表述清楚，特命名为“十三五”规划重大项目。

【投资管理】2016年，海口市开展“服务社会投资百日大行动”等活动，开辟项目建设“绿色通道”，加快项目审批，强化项目服务管理；拓宽融资渠道，争取银行贷款，落实项目建设资金，取得良好成效。固定资产投资完成1271.73亿元，增长25.7%；新开工项目完成投资484.26亿元；续建项目完成投资647.5亿元，投资规模及增长速度在全省取得双第一。

【建设资金筹措模式】2016年，海口市多举措筹措政府投资项目建设资金，组织申请中央预算内投资资金、专项建设基金、省专项资金、地方债资金，在加强与国开行、农发行等政策性银行合作的基础上，将合作银行拓展到中行、招行等商业性银行。同时，探索政府与社会资本合作新模式，鼓励和支持社会资本参与海口市基础设施和公共服务建设。

【项目审批管理】2016年，海口市加强项目前期管理，做好项目立项、可研审查工作。严格项目投资规模审查。按照国家相关政策法规及行业技术规范，对项目的建设内容、规模、技术方案、投资等内容进行严格审查。全年共签署234个项目的代（理）建合同，审查项目建议书14份，审查可研报告252项，委托可研评估243项。做好概预算审查和部门经费及其他费用的复（审）核工作，完成531项概预算、部门经费及其他费用的复（审）核工作，送审金额107.69亿元，审核金额78.17亿元，核减 29.52 亿元，核减率 27.41%。市政府投资项目管理中心配合市发改委完成海口市万达文化旅游城、疏港货运快速干道、三江湿地公园等项目的前期策划、储备、规划及投资计划编制等工作。

【基础设施建设项目】2016 年，海口市城市基础设施建设项目包括道路交通（100 个）、水务（14 个）、城市综合管廊（8 个）等共 122 个项目，总投资 258.14 亿元，其中道路交通项目总投资 180.43 亿元；水务项目总投资 59.27 亿元；城市综合管廊项目 18.45 亿元。重点推进美兰国际机场二期、新海港二期、马村港三期四期、绕城高速二期、海口市疏港货运快速干道（G15 沈海高速海口连接线）等重大基础设施项目，海秀快速路一期建成通车。加快 31 条水体综合治理工作。

【重大产业项目建设】2016 年，海口市加快推进重大产业项目建设。现代农业方面，罗牛山 10 万头现代化猪场建成投产，建设桂林洋国家热带农业公园、石斛基地等项目。新型工业方面，有序推进美安生态科技新城、云龙产业园基础设施建设，加快光启临近空间产业园、康迪电动汽车和创志智能机器人项目建设，为“十三五”高新技术产业发展奠定良好基础。现代服务业方面，推进骑楼老街业态调整，加快火山口地质公园、美舍河、五源河、三江湿地公园建设，推进观澜湖旅游度假区、长影环球 100 等一批旅游项目建设；打造复兴城、演丰镇两个互联网产业聚集区，推进演丰、石山、红旗等 10 个“互联网 +”产业小镇建设；爱奇艺创意中心、阿里巴巴文化娱乐集团南方总部等多家知名企业成功入驻海口文化产业园；林安物流信息交易中心落成开业，日月广场、新城吾悦、万达广场等一批大型商业综合体开业运营。

（邹达飞）

（编辑：杜惠珍）

口岸管理

【口岸概况】2016 年，海口市口岸出入境旅客 74.8 万人次，比上年增长 27.6%，其中美兰机场口岸出入境旅客 68.6 万人次，增长 25.4%；海口港口岸（秀英港区）出入境旅客 6.3 万人次，增长 58.3%。出入境交通工具 6432 架 / 艘次，增长 23.5%，其中美兰机场口岸出入境飞机 6119 架次，增长 25.2%；海口港口岸（秀英港区）出入境船舶 313 艘次，下降 2.5%。出入境货物 104.1 万吨，下降 22.9%，其中美兰机场口岸出入境货物 0.22 万吨，增长 38%；海口港口岸（秀英港区）出入境货物 103.9 万吨，下降 23%。

【口岸开放】2016 年，海口美兰机场口岸新开国际及地区航线 12 条：海口 = 莫斯科、金边、暹粒、高雄、克拉斯诺亚尔斯克、哈巴罗夫斯克、吉隆坡、台中、岘港、河内、琅勃拉邦，海口⇌重庆⇌罗马；执飞 25 条：海口⇌新加坡、曼谷、仁川、釜山、清州、莫斯科、金边、暹粒、首尔、克拉斯诺亚尔克斯、哈巴罗夫斯克、吉隆坡、岘港、河内、琅勃拉邦、香港、澳门、台北、高雄、台中，海口⇌新加坡⇌珀斯、海口⇌广州⇌首尔、海口⇌盐城⇌大阪、海口⇌盐城⇌静冈、海口⇌重庆⇌罗马。美兰机场口岸共为外航飞机加注航空保税油 5103.38 吨，累计节约航煤成本 352.13 万元。香港丽星邮轮“天秤星”号以秀英港为始发港开通“海口—下龙湾”“海口—岘港—顺化”航线。12 月 20 日，交通运输部批复新埠岛沿海水域（东营海上景区）作为海上游览景区，获批临时对外开放期限延长至 2017 年 7 月 16 日。

【口岸监管】2016 年 6 月 1 日，免除进出口环节海关查验没有问题外贸企业吊装移位仓储费用试点在海口市开始实施。8 月 12 日，海口市海防和口岸办与海口港海关、海南出入境检验检疫局海口港办事处联合举办外贸企业通关便利化政策讲座，市外贸企业、海口港集装箱码头有限公司代表 150 余人参加讲座。

【重大活动通关与服务】2016 年 3 月 12 ~ 20 日，第七届环海南岛国际大帆船赛在海南省举行，海口海港口岸单位保障参加大帆船赛海口赛段的 2 艘香港籍帆船、3 名外籍船员安全、便捷通关。3 月 22 ~ 25 日，博鳌亚洲论坛 2016 年年会及澜湄合作首届领导人会议在海南省召开，海口空港口岸单位共保障参加会议的 810 人次境外嘉宾，37 架次公务机，50 个礼遇代表团的安全、便捷通关。5 月 1 ~ 5 日，2016 首届全球旅游目的地盛典在海南国际会展中心举办，海关、检验检疫等部门及港航控股有限公司在参展货物到达后给予绿色通道，快速办理通关手续，确保参展货物及时运送到海南国际会展中心。10 月 20 ~ 23 日，第四届观澜湖世界明星赛在海口观澜湖旅游度假区举行，海口空港口岸单位确保参加赛事的 300 名境外嘉宾安全、便捷通关。

【邮轮到访】2015 年 11 月 4 日至 2016 年 3 月 30 日，香港丽星邮轮“天秤星号”以海口秀英港为始发港，运营“海口—下龙湾”“海口—岘港—顺化”2 条越南旅游航线，周三、周五、周日各 1 班，共 127 航次，运载出入境旅客 9.86 万人次。其中 2016 年 1 月 1 日至 3 月 30 日，运营78 航次，运载出入境旅客 6.28 万人次。

（顾少兴）

海关监管

【海关监管概况】2016 年，海口海关落实“四好”（把好国门、做好服务、防好风险、带好队伍）总体要求和“四强四大”（创新强关、改革强关、法治强关、人才强关；大开放、大安全、大通关、大协同）战略部署，落实海关总署改革部署，主动对接地方重大改革，探索推进关区自主特色改革等关区各项业务改革，实际监管效能稳步提升，综合治税工作量质并举，高压打击走私再创佳绩，法治海关建设成效初显。全年税款入库56.2亿元，监管进出口货运量3111万吨，监管进出口货值197.4亿美元，监管进出境人员141.6万人次。海口海关成为2016年海南省党风政风行风活动中唯一免评的中直单位；获“六五”普法全国先进单位称号；连续3年获得海南省机关党建研究组织奖，八所海关党总支、海口海关缉私局侦查处党支部获“海南省直机关2014~2016年先进基层组织”；海口海关驻海南省政务服务中心审批中心连续8年被评为“行政审批优质服务单位”。

【海关税收】 2016年，海口海关深化税收征管方式，强化综合治税部门协作配合，紧盯重点税源商品，打造“前、中、后”齐抓共管格局，实现税收征管质量全面提升。用足用好专业担保机构参与海关税款担保试点政策，专业担保机构参与海关税款担保总额1.23亿元，推进汇总征税管理等税收征管改革，汇总征税总额4.5亿元。全年税收入库56.2亿元，其中征收行邮税款2.02亿元，比上年增长9.19%。

【海关通关监管】 2016年，海口海关汲取天津港“8·12”事故教训，组织开展“安全隐患大排查”，实现关区监管场所“全覆盖”规范整改，年内整改规范监管场所15个，注销3个，暂停3个。强化虚假贸易管控，查发涉嫌虚假贸易事情3起、涉及金额7.5亿元。加强监管基础能力建设，强化行邮渠道监管，开展查验作业专项检查，完善监管通关绩效考核机制。全年关区报关单规范申报率100%，高于全国海关平均水平，报关单规范申报率、减免税抽核正确率均100%，位居全国海关前列。海口海关驻海南省政务服务中心审批中心探索运用“互联网+”模式搭建海关行政审批网上办理平台，实现内部核批事项“目录式”管理，行政审批事项平均提速57%。

【海关缉私】 2016年，海口海关探索建立情报主导的“智慧缉私”工作模式，深化“第三缉私战区”“一警双权、一案到底”等改革，聚焦成品油、粮食、毒品等重点商品，全面开展“国门利剑2016”“春雷2016”“国门雷霆”“禁毒三年大会战”等专项行动。推进“执法行为、警务保障、队伍管理、监督预防”四项规范化建设，加强与地方检、法部门执法协作，成功建立走私冻品销毁长效机制，销毁走私冻品近2000吨。全年侦办刑事立案30宗，案值19.45亿元，涉税1.52亿元，分别增长30.4%、73%和15.2%；行政立案269宗，增长110.2%，提请逮捕14名犯罪嫌疑人，先后侦办“2·26”走私越南煤、“1·04”走私蟒蛇皮等海关总署一级挂牌督办案件，破获关区首宗邮递渠道代购海外货物走私入境案件。

【“三互”大通关建设】 2016年，海口海关落实海关总署改革部署，推动“三互”（信息互换、监管互认、执法互助）大通关建设，深化区域通关一体化、关检合作“三个一”（一次申报、一次查验、一次放行）等改革，促成海南国际贸易“单一窗口”启动试点；落实海关总署“双随机”（随机抽取被检查对象、随机选派检查人员）改革任务，实现监控指挥暨风险情报信息监控中心实体运作，建成三亚、洋浦两个三级监控指挥中心。顺利启动“自主申报、自行缴税”改革，实现报关单修撤和进口货物电子放行无纸化。全年关区出口、进口平均通关时间，分别为0.6小时和21.17小时，位居全国第3和第14位；关区随机布控查验占比90%以上，随机派员查验100%。

【海关对接地方重大改革】 2016年，海口海关主动对接融入海南省“多规合一”“多证合一”等改革，启用并优化海关行政审批网上办理平台，完善审批事项“一个窗口”办理和网上受理，年内行政审批速度平均提速57%。力促海南省政府出台《推进海关特殊监管区域整合优化的实施意见》，督促洋浦保税港区按期开展一期整改和二、三期核减面积，一期土地使用比例64.22%。完善海口、湛江、南宁“三地七方”合作协调机

2016年6月8日，海口海关查获首宗通过邮递渠道代购走私入境案。（罗雄 摄）

2016 年 6 月 20 日，境外飞机入境维修业务落户海口美兰机场。　（王基辉 摄）

制，实现“海口—厦门”“海口—虎门”内外贸同船运输集装箱通航。顺利推动试点实施免除查验没有问题外贸企业吊装移位仓储费用改革，全年免除 158 家外贸企业、248 个查验没有问题集装箱的吊装移位仓储费用 6.89 万元。

【关区自主特色改革】 2016 年，海口海关全面引入“互联网 +”“云计算”等新技术，探索建设海上综合监管信息化平台，运用信息化监管手段对离岛免税监管流程成功再造，在空港口岸推出“互联网 + 云缴税”试点，便利旅客通过微信、支付宝等方式实现税款“一键闪付”。着力防控改革风险，自主探索“双随机”改革向离岛免税、保税核查等 8 个符合条件的执法和非执法领域拓展。探索综合保障一体化改革，推动后勤管理中心和数据分中心市场化运作，优化洋浦地区海关“合署办公”模式，实施以来综合保障人员减少 50%，办公经费支出下降 43.9%。

【海关支持国家外交建设】 2016 年，海口海关支持海南服务国家新时期外交安全大局，推动三沙、博鳌机场等重点口岸加快开放，为博鳌亚洲论坛年会、澜湄合作首次领导人会议提供高效通关服务。推动博鳌乐城国际医疗旅游先行区建设运营，出台 11 条支持意见，细化药品、医疗器械进口等 4 项操作规程，推动简化药品进口通关流程，成功办理首批药品进口和核批首票医疗器械减免税。支持国际旅游岛建设，成功保障离岛免税实施第三次政策调整，推行“网上购物、机场提货”模式，支持火车离岛免税政策获批，全年监管销售离岛免税品 740.6 万件，销售金额 60.7 亿元，购买人数 173.1 万人次，分别增长 14.1%、9.6%和 5.6%。保障“越南—海口”“越南—三亚”等邮轮航线开航，支持开通 34 条国际境外航线，全年监管进出境飞机 1.1 万架次、旅客 122.8 万人次，分别增长 41.6%和 33.9%；监管进出境邮轮 119 艘次，增长 2.6%。

【海关服务开放型经济发展】 2016 年，海口海关支持海南省培育开放型经济新动能。支持海南省对接国家供给侧结构性改革发展“六大产业园区”和“十二大产业”，推动省内出台《促进加工贸易创新发展意见》，复制推广“保税展示”等 6 项海关监管创新制度（指原产地管理改革、委内加工、引入中介机构辅助开展保税核查核销和企业稽查工作、企业信用信息公示制度、企业协调员制度、国际海关 AEO 互认合作制度），支持申报建设美兰空港综合保税区。支持海口综合保税区开展保税仓储转离岛免税、保税展示交易等业务，推动境外飞机进境维修业务落户海口美兰机场，批复设立全省首个集原油和成品油于一体的保税仓库。助推海口港整车进口业务加快发展，自 2015 年 6 月口岸运作以来，累计进口各类品牌汽车 322 辆，货值 1192 万美元，其中 2016 年进口 227 辆，货值 836.5 万美元。

【海关支持地方外贸稳增长】 2016年，海口海关落实国务院和海关总署促外贸稳增长决策部署，深化支持外贸稳增长的 21 项措施和《海关政策指引》，围绕推动服务贸易以及汽车、水海产品等产业升级向省委省政府建

2016 月 10 月 25 日，海口海关与海南农垦控股集团签署合作备忘录。

（甘学斌 摄）

言献策，年内向海关总署和海南省报送外贸分析报告200余篇，获得省领导批示50余次。引导企业用足用好国家各项优惠政策和贸易协定，全年为海南企业审批减免税11.59亿美元，实际减免税10.08亿元。落实优惠贸易协定政策，优惠原产地项下进口货物享受税款优惠2.11亿元。持续清理规范进出口环节经营服务性收费，上线运行“关企合作平台”，成功培育一汽海马、海南航空等27家企业成为AEO企业。全年海南外贸进出口803.1亿元，其中出口228.8亿元，进口574.3亿元；全年进出口货运量3111万吨，增长3.3%，其中进口2457万吨，小幅减少1.7%，出口654万吨，增长28.1%。

【海关法治建设】2016年，海口海关推进法治海关建设，率先在海南省启动“七五”普法工作，举办4期专题法治讲堂，优化内部核批事项201项，全面清理1980年以来制发的各类规范性文件250件。

2016年海口海关主要业务情况统计表

类别	指标名称	单位	本年度累计数	比上年增减（%）
监管	监管进出口货物	万吨	3111	3.3
	其中：进口	万吨	2457	-1.7
	出口	万吨	654	28.1
	监管进出境运输工具	架（艘）次	15544	20.1
	其中：船舶	艘	4454	-12.7
	邮轮	艘	119	2.6
	飞机	架	11090	41.6
税　收	实际税款入库	亿元	56.2	-18.9
	其中：征收关税	亿元	7.8	-5.8
	征收代征税	亿元	48.4	-20.7

（林　涛）

出入境检验检疫

【出入境检验检疫概况】2016年，海南出入境检验检疫局共完成出入境货物检验检疫1.55万批、75.22亿美元，分别比上年下降0.19%、18.39%；查验出入境人员145.04万人次，出入境交通工具1.27万艘/架次，分别上升30.79%、16.35%。检出进出口不合格产品1458批，货值1.50亿美元，分别上升259.11%和69.54%，批次不合格率同比上升6.80个百分点。发现出入境人员有传染病症状者共355例，增长68.25%，确诊传染病例86例，增长36.51%，其中口岸首次检出3种传染病；截获入境植物有害生物1865批次、342种类、5971种次，分别增长7.18%、3.95%和18.90%，其中海南口岸首次截获检疫性有害生物4种，23种非检疫性有害生物属全国口岸首次截获，增长53.33%；检出2种二类进境动物疫病，其中1种为海南口岸首次检出。年内，被海南省委、省政府授予“2011～2015年海南省法治宣传教育先进集体”，在“全省党风政风行风建设公开问政电视直播”中取得第3名。

【推行“六检六放”监管机制】2016年12月22日，海南检验检疫局举行推行“六检六放”机制创新新闻发布会。在法定职责不弱化、质量安全有保障的前提下，海南检验检疫局对出口工业品、动植物及其产品、离岛免税进口化妆品、入境特殊物品和出入境集装箱5个业务板块制定“六检六放”（即检即放、快检快放、边检边放、少检多放、他检我放、不检就放）工作新机制。“六检六放”是以风险管理、分类管理和信用管理为基础，通过进一步简化业务环节、优化业务流程和差异化监管，有效缩短查验时间、减少抽查比例和实验室检测项目，提高了验放速度、降低企业验放通关环节成本，从而实现风险可控、监管有效、通关便利的目标。“六检六放”机制创新发布新闻登上

2016年海南出入境检验检疫业务统计表

项目		货物检验检疫				交通工具				集装箱（标箱）		发现动植物疫情		货物通关		出入境人员查验（万人次）	健康检查及预防接种（人次）			
		批次	金额（亿美元）	检验检疫不合格																
				批次	金额（万美元）	船舶（艘）	飞机（架）	火车（节）	汽车（辆）	合计	检出问题	种类数	种次	批次	金额（万美元）		健康检查	艾滋病监测	发现病例	预防接种
本年累计		15472	75.22	1458	14958.19	3734	8966	—	—	100577	52	342	5971	15232	704062	145.04	4586	4583	979	1884
其中	出境	8454	22.47	16	112.54	1865	4488	—	—	52589	2	/	/	7869	226845	70.1	1943	1941	470	1871
	入境	7018	52.75	1442	14845.65	1869	4478	—	—	47988	50	342	5971	7363	477217	74.94	2643	2642	509	13
与上年同比（%）		-0.19%	-18.39%	259.11%	69.54%	-18.15%	41.13%	—	—	-19.40%	-22.39%	3.95%	18.90%	4.61%	-18.59%	30.79%	11.50%	11.64%	-0.91%	-32.30%
其中	出境	10.99%	-10.57%	14.29%	-46.50%	-16.67%	42.21%	—	—	-17.81%	-83.33%	/	/	10.68%	-11.26%	25.94%	4.01%	4.64%	-3.29%	-32.65%
	入境	-10.98%	-21.33%	267.86%	72.37%	-19.58%	40.07%	—	—	-21.07%	-9.09%	3.95%	18.90%	-1.18%	-21.67%	35.68%	17.73%	17.42%	1.39%	160

中央人民政府网站。

【原产地签证合作】2016年12月16日，海南检验检疫局和海南省贸促会举行“共同促进原产地签证服务‘走出去’战略”合作备忘录签署仪式。双方将统一原产地证签证标准、签证企业备案信息和原产地调查结果互认、建立签证数据共享机制、共同加强业务培训和政策解读，促使原产地签证作为促出口稳增长最直接最有效的措施得到充分发挥。全年，共签发各类原产地证书8431份，签证金额5.63亿美元，分别增长3.40%和减少23.70%。其中，中国－东盟、中国－瑞士等12种自由贸易协定原产地证书2572份，签证金额1.94亿美元，分别增长55.69%和减少30.55%。共为企业出口产品减免进口国关税1555万美元，产品涵盖纸品、化工品、水产品、农产品、纺织品、五金配件等。

【动植检规范化示范样板建设】2016年，海南检验检疫局将口岸动植检规范化建设工作纳入十大重点工作，从各口岸抽调专业骨干成立“别动队”进驻海口机场集中工作。共完成285万元仪器设备的购置及配备，制定“携带物检疫监管工作规范”“口岸动植物检验检疫设施基本要求”“提升检出率水平工作机制指导意见”等规范性文件5个、作业指导书28个、修订行政许可工作指南5个。至年底，海口机场口岸动植检规范化建设样板工程完成并报质检总局验收，各分支机构的口岸规范化建设，也取得不同程度的突破。

【口岸把关专项行动】2016年，海南检验检疫局开展“绿蕾”专项行动、“口岸天平行动”。海口机场检验检疫局监督52种食品退出美兰机场，检验发现化妆品标签不合格、食品超范围使用添加剂、电器无CCC认证标志等问题产品587种；发现有传染病症状者173人次，增长41.80%，其中冠状病毒229E、呼吸道合胞病毒A型、呼吸道合胞病毒B型为海南口岸首次检出。海口地区办事处首次在出入境船舶上捕获活鼠2批3只，获质检总局通报表扬；实施核辐射监测出入境船舶5艘次、集装箱6.63万标箱、煤炭31批次、邮寄物40批次，检出1批锆毛矿放射性超标并做出退运处理；截获禁止进境物397批次，其中在1批非法邮寄进境种苗中首次检出黑线炭菌；连续截获人体胎盘素针剂2批，属海南口岸首次发现。

【完善口岸功能】2016年，海南检验检疫局支持地方政府做好口岸功能布局规划，推动海南年内获批粮食、肉类、食用水生动物3个国家进口肉类指定口岸，指定口岸数量实现翻番。海口机场进境种子种苗指定口岸累计进口20多个国家的种苗花卉、种子，服务海口港区整车进口23批、161辆，总货值576.8万美元。海口机场口岸卫生检疫核心能力通过总局组织的第一批复核。

【检验检疫服务特色经济发展】2016年，海南检验检疫局多维发力促进海南特色经济发展。实施预检验制度帮促离岛免税进口工业品通关实现“零等待”，妥善应对消费者对雅诗兰黛化妆品投诉事件，维护离岛免税“金字招牌”，服务保障离岛免税品进口2622批次、货值2.81亿美元，货值增长8.50%，离岛免税政策实施6年来，离岛免税品检验检疫货值以年均29.57%增长。实行优先报检、优先检验、优先出证、优先放行等“四优”服务支持平行车进口，保障进口汽车质量安全，助推整车进口业务开展。采取“点对点、一对一”帮扶措施，扶持观赏龟新增出口捷克、葡萄牙等4个国家，指导白切文昌鸡时隔两年后重返新加坡市场，促进诺丽果汁等多个特色产品顺利打入国际市场。采取科学的检疫监管手段，顺利完成海南罗牛山新昌种猪有限公司983头丹麦进境种猪和海南省野生动植物园18头南非长颈鹿的隔离检疫工作。实行全国检验检疫通关一体化、通关单无纸化、信用管理等便利措施，支持海南水产企业开拓新兴市场，促进水产品出口6739批、14.36万吨、37.44亿元，分别增长11.13%、11.29%和5.96%，产品出口50多个国家（地区），其中出口伊朗、马来西亚、以色列等16个“一带一路”沿线国家3.7万吨、9.76亿元，分别增长36.89%和49.60%。罗非鱼制品出口位列全国第二。

【上线中国电子检验检疫主干系统】2016年10月17日，海南检验检疫局在海口港举行中国电子检验检疫（e-CIQ）主干系统上线启动仪式暨新闻发布会。e-CIQ主干系统上线后，实行“一号到底”模式，各检验检疫机构之间实现申报和监管信息的共享共用，进出口货物的通检通放等更加规范、高效，检验检疫周期更加缩短；企业可在企业端全流程办理进出口货物申报、查询等相关检验检疫手续，进出口业务办理更加便利；企业无需缴纳平台使用费、企业端申报软件等费用，企业的通关成本更加节省。检验检疫服务外贸工作被历史性写入海南省《政府工作报告》。

【检验检疫服务地方重大工作部署】2016年，海南检验检疫局促进省政府年度重点工作“划定专门区域对入境生物进行隔离检疫，严防外来生物入境”、服务贸易创新发展、12大产业发展等多项重要工作深化落实。促进博鳌机场建成通航，服务保障博鳌亚洲论坛2016年年会等多项重要外事活动。出台支持措施，建立完善博鳌乐城国际医疗旅游先行区检验检疫监管机制，高效完成首批进口医疗器械检验查验。服务海南服务社会投资项目“百日大行动”，进一步压缩11项业务办理周期，服务投资项目货物“快进快出”“优进优出”。

【实施科技兴检工程】2016年，海南检验检疫局技术中心新增检测项目313个，如数通过CNAS扩项评审，微生物领域国际能力验证实现零的突破。技术中心本部认可检测范围扩大到47类检测对象、1670个检测项目、706个检测标准，获得农业厅GATL合格证书。隔检中心检测项目扩项认可38项。海南保健中心获“病媒昆虫孵化箱”国家专利。海南检验检疫局获省部级科研项目立项12项，获批标准制（修）订8项，1人入选国家检验检疫总局科技计划项目评审专家，2人入选检验检疫行业标准化专业委员；完成制（修）订行业标准5项、科研项目2项。隔检中心获国家检验检疫总局科技兴检三等奖2项、海南省科技进步三等奖1项、国家实用新型专利授权2项，申请国家发明专利2项，被选为国家质检科技成果转化推广基地。全省“5+5+3（国家重点实验室5个、区域性中心实验室5个、常规实验室3个）”实验室规划布局基本建成。

【法治质检】2016年，海南检验检疫局成立法治质检建设工作领导小组，建立健全民事行为合法性审查制度、案件会商预审制度、投诉举报处理制度以及法律顾问制度，出台《行政执法过错责任追究办法》《自由裁量权管理办法（试行）》等多项制度，制定印发《权责清单调整和运行监督管理办法》，明确22条工作规则规范权责事项的动态调整发布，梳理归纳7大类行政权力49项，明确每项权力的责任事项和追责情形。

（徐文华）

船舶检验管理

【船舶检验管理概况】2016年，中国船级社海南分社开展“创建平安船舶”专项活动，优化内部检验管理和监控，保持良好的检验安全质量，无因检验责任导致的重特大恶性事故，保持港口国检查滞留率为零和船旗国检查的良好记录。共船舶检验1004艘次，船舶审核66艘次，图纸审核30项，供方认可2项，船厂评估1项。

【船舶建造检验】2016年，中国船级社海南分社全面做好合同前中后服务，推进船舶建造和乡镇渡船更新改造。为三亚亚龙湾海底世界的国内首次建造的两艘最大水深40米潜水器“寰岛蛟龙1号”和“寰岛蛟龙2号”的最后海试和后续检验服务，与中船重工702所（建造方）、亚龙湾海底世界（管理方）和CCS江苏分社（建造检验单位）沟通协调，研讨潜水器的安全营运措施，制定营运检验项目，提供优良的服务，获得中船重工702所的表扬及感谢函。配合詹尼游艇解决从意大利采购船用主机的船舶产品证书发证事宜；为洛源重工的旅游平台更新改造和宜新建提供及时技术支持和检验服务。

【入级船舶检验】2016年，中国船级社海南分社完成南海旅游邮轮“椰香公主”“北部湾之星”“南海之梦”“东方勇士”等入级检验和审核服务，全力配合省国际旅游岛建设。

【乡镇渡船管理】2016年，中国船级社海南分社推动乡镇渡船新造及维护保养，提供乡镇渡船标准船型的图纸、审图、现场检验和技术支持。年内，万宁、三亚、乐东、东方、海口等市县9艘乡镇渡船完成升级改造、建造。

【船舶安全监管】2016年，中国船级社海南分社贯彻落实交通运输部“创建平安船舶专项行动”，做好琼州海峡客滚船检验审核及旅游客船整顿工作，开展节假日安全检查，促进海峡客滚船公司安全管理水平不断提升，确保辖区水运安全营运形势良好。全年辖区未发生安全责任事故。

【游艇检验管理】2016年，中国船级社海南分社开展游艇检验技术的研究，推进辖区游艇建造。探索游艇国际标准在国内游艇制造业中的运用，首次完成结构尺寸采用国际标准设计的“7.98米游艇”图纸审批，拓宽了游艇采用国际标准的空白。扶植海南游艇建造企业，完成6艘“7.98米游艇”船型游艇的建造，销往广西北海，提升了省内船舶制造厂的竞争实力。配合海南省政府及主管部门推进邮轮游艇检验发证工作，完成26艘豪华游艇的入级（CSA）检验发证，创建CCS游艇检验服务品牌。

（李伟军）

海事管理

【海事管理概况】2016年，海口海事局围绕“提效能 聚合力 树标杆”的工作目标开展一系列工作，完成全年的各项任务。全年辖区进出港船舶6.87万艘次，货物吞吐量9192.74万吨，集装箱吞吐量135.74万标箱，分别比上年增长7.89%、11.21%、14.67%；发生水上交通事故10起，其中小事故8起、一般等级事故2起，直接经济损失539万元，沉船2艘，死亡1人。辖区水上安全形势保持稳定。

【琼州海峡客滚船安全监管】2016年，海口海事局全面深化“两岸海事管理协调机制”，与湛江海事局联合制定《安检导则》，开展联合安检和巡航，优化恶劣天气信息通报和停复航协调机制，促进两岸海事联合执法常态化、标准化。加强与地方安监等相关职能部门沟通协调，推动多部门共保海上客运安全。全面开展“平安船舶”专项行动和琼州海峡安全文明示范客滚船创建活动，强化公司体系审核与日常管理，推动落实旅客实名制，完成新海客滚码头运行安全评估，开展5期客滚船员安全警示教育，督促企业落实安全主体责任，提高安全管理和服务水平。“职能明确、分工协作、齐抓共管”客滚船联合监管机制初步形成。全年客滚船舶进出港4.75万艘次，安全运送旅客1357.4万人次、车辆269.49万辆，分别增长10.01%、6.57%、13.60%。

2016年3月21日，海口海事局新海海事处实现辖区码头CCTV全覆盖。

（海口海事局 供稿）

【水工作业及运输船舶排查整治】2016年10月19日至12月12日，海口海事局开展为期2个月的全方位拉网式辖区水工作业及运输船舶排查整治活动——“雷霆行动”。行动采取源头治理、标本兼治、联动执法等手段，重拳打击水工作业及运输船舶未按规定开启AIS、套牌、故意涂抹船名、船舶证照不齐、配员不足、超载、内河船超航区航行等违法违章行为。行动中，执法人员分多个工作组对如意岛－南渡江、德桂轩－葫芦岛、南海明珠－西海岸临时码头等水域水工作业及砂石运输船舶逐一登轮核查，重点核查船舶船员证书和配员情况，对违法违章行为进行调查取证。同时，向船上人员宣传相关法律法规，开展水上交通安全知识教育，督促其落实安全主体责任。“雷霆行动”共组织4次海巡船艇编队驻守执法，出动执法人员94人次、执法车19辆次、船艇12艘次，登轮检查水工作业及砂石运输船舶77艘次，发现并处理非法参与施工船舶12艘。

【通航管理】2016年，海口海事局推动建立与地方政府、海警、边防等单位联合执法及信息通报机制，形成“联网、联防、联控、联动”的四联执法机制，开展联合执法活动60余次，查处非法运输船舶10艘次，清理非法作业点7个，推动地方政府拆除非法作业码头5座；探索建立严格执法长效机制，在日常整治行动的基础上，开展“雷霆行动”，打击非法运输船舶，并推动业主单位制定《施工船舶管理规定》；“内外联动、重拳出击、长效治理”的海上联合执法机制初步形成。

【船舶防污及危险品管理】2016年，海口海事局对每艘危险品船舶实行必检。年内，召开危防作业单位管理经验交流现场办公会，组织开展2次危险品运输船岸应急联合演练评比示范活动。危险品水上运输管理和事故应急处置交流学习平台的打造初见成效。落实《船舶与港口污染防治专项行动实施方案》，督促港口经营人制定防污应急计划，推动建立船舶污染事故应急预案和应急能力建设规划。全年辖区危险品进出港船舶1498艘次，增长7.23%；危险品货运吞吐量488.34万吨（其中固体散装煤315.97万吨），危险品集装箱63标箱，分别减少9.20%、44.25%。

【渡口渡船管理】2016年，海口海事局深入落实和宣贯《渡口渡船安全管理规定》，持续推行“全员参与”的渡口渡船巡检模式，开展渡口巡检145次，强化对渡口水域的现场监管。开展渡工安全培训和考试6期，培训渡工67人次。

【水上应急救助】2016年，海口海事局调整搜救分中心组织机构，推动地方政府首次拨付搜救专项经费80万元，招募和培训22名海上搜救志愿者。开展辖区海上搜救无人机、无人船艇课题研究，开发完善溢油应急处置指挥系统及手机APP。按照“四早”的原则，强化“防台”期间的部署、指挥和协调，成功组织防抗“莎莉嘉”等强台风，实现海上船舶防台风零伤亡。全年组织开展海上搜救行动28次，成功救助遇险人员116人次，救助成功率95%。

【海事服务】2016年，海口海事局为博鳌亚洲论坛、海军及西沙海上搜救演习等重大水上活动提供优质安保服务，共开展琼州海峡定期巡航28次、环岛巡航4次、海空联合巡航2次，参与重大专项行动和海上安保7次，累计巡航时间1247小时，巡航里程1.13万海里。推广“互联网＋政务服务”模式，共受理251项行政审批业务，办结期限平均缩短50%。制定保障方案，为琼北地区重点物资运输提供服务保障。推行水工项目“一站式”服务，确保新海港客滚码头二期等重点工程的顺利进行。强化红树林旅游船监管服务。持续开展“水上交通安全知识进校园”活动。开展船员考试发证工作，全年培训船员456人次，举行各类船员适任考试18期。

【海南省首个海上爱国主义教育基地揭牌】2016年5月31日，“海巡21”轮青少年爱国主义教育基地揭牌，这是海南省首个流动的海上青少年爱国主义教育基地。“海巡21”轮自列编海口海事局以来，以维护国家主权，保障水上安全、实现卓越服务为使命，出色完成一系列急难险重

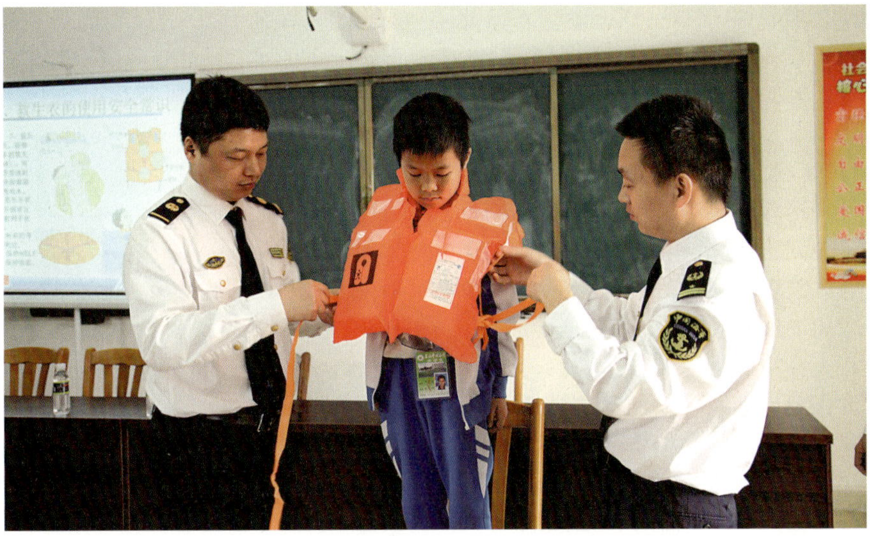

2016 年 3 月 28 日，海口海事局组织开展水上安全知识进校园活动。

（海口海事局 供稿）

任务，先后获得全国“边海防工作先进单位”“全国交通运输系统先进集体”“全国交通运输行业文明示范窗口”“海南省工人先锋号”等荣誉。

【水上交通安全知识进校园活动】 2016 年，海口海事局与地方教育主管部门的沟通协调，组织开展以“水上平安交通，安全伴我成长”为主题的水上交通安全知识进校园活动。全年共开展 5 次水上知识进校园主题活动，发放《水上交通安全知识读本》700 多本，培训师生 200 多名。联合共青团海口市委、海口市 120 急救中心等部门开展水上交通安全宣讲、航海体验暨安全知识培训夏令营、水上交通安全知识征文，以及首届水上交通知识暨防溺水网络知识竞赛活动。

（李海珉）

统 计

【统计工作概况】 2016 年，海口市统计局撰写《调查研究》5 篇、《海口统计》14 期、《“十二五”数说海口》1册、2016 年月度、季度、年度经济分析 12 篇，发布《2015 年海口市国民经济和社会发展统计公报》，编印《海口统计年鉴——2016》《海口市第三次全国经济普查年鉴》等统计资料。健全统计机构，10 月，海口国家高新技术开发区统计局成立；全年举办各类统计培训班 30 多期；加强基本单位名录库管理，普查中心完成新增法人单位调查 4100 家并及时入库。做好全市性的统计专项调查工作，分别完成 2016 年“三风评价”群众满意度调查、2016 年海南省府城强制隔离戒毒所对精神戒毒出所人员跟踪回访调查、2016 年“双创”工作满意调查等调查任务。

【统计执法检查】 2016 年，海口市统计局组织在全市行政区域内进行统计基础工作执法检查，对部分乡镇、部门和“四上”企业进行随机抽查。全年完成检查任务 258 家企业、5 个乡镇的统计建设情况，抽查率 100%。抽查结果：“四上”（工业企业规模以上，建筑业、房地产企业资质以上，批发零售业、住宿餐饮企业限额以上，服务业规模以上）企业基本上都按照规定设置统计台账，原始记录完整，统计台账电子化，统计资料的审核、签署、交接、归档制度完善，正常进行网上直报，统计数据真实、准确和完整；乡镇统计均保持和发展 3 年基层基础建设的成果，每个乡镇有统计站或统计办，配备和配置统计人员及设备，有相对完整的办公室，统计制度更加完善，统计数据资料来源记录完整，统计数据真实。

【统计“双随机”抽查系统启动】 2016 年 10 月 30 日，海口市统计“双随机”（抽查对象企业随机，执法检查人员随机）抽查系统正式启动，有效排除执法检查过程中的人工干预。11 月 3 日，“双随机”抽查系统首个随机抽查对象 1 个和随机执法人员 2 人从 1437 个规上企业和 24 名机关执法人员名录库中自动生成。

【统计信息化】 2016 年，海口市统计局开展“通用数据采集（网上直报）系统”“海口统计城域网系统”“海口市统计信息网网站系统”3 个项目信息安全等级测评，根据测评结果和整改建议方案提出的整改要求，设计和完善《海口市统计信息系统安全等级保护安全整改建设项目书》，完成项目报批工作。及时更新海口市统计信息网站信息，做好信息公开工作。安装统计电子资料柜，加强统计资料信息化管理。完成全国第三次农业普查数据处理设备采购及数据处理程序、PDA 操作的培训工作。

【农业普查】 2016 年 2 月，海口市统计局成立市、区、街道（镇）三级农业普查机构，充分利用电台、报刊、大型广告牌、电子屏幕、横幅、海报、告知书等渠道，深入社区（村）、住户进行广泛宣传，选好配强普查员、调查员 2500 人，入户调查，摸清底数，高标准完成普查表填报和 PDA 录入方法培训工作，确保普查的真实性。

【统计服务】 2016 年，海口市统计局及时搜集整理各类年度统计资料，完成编印《2016 年统计月报》和《横向对比资料》各 11 期，《2015 年海口市国民经济和社会发展统计公报》《海口统计年鉴——2016》《海口市第三次全国经济普查年鉴》各 1 册；开展调查研究，强化科学分析，全年撰写《调查研究》5 篇、《海口统计》14 期、《“十二五”数说海口》1 册、2016 年月度、季度、年度经济分析 12 篇，为市委、市政府决策提供科学依据。协调和指导部门做好2016年度市县主要经济指标考核工作，并进行综合测算工作。

（林　涛）

审计监管

【审计工作概况】2016年，海口市审计局共完成政策、财政、经责、民生、投资等各类审计计划项目及交办项目323个，较上年增加115个，增长55.29%；审计查出问题金额144.9亿元，增加92.87亿元，增长178.49%；审计发现问题382个，增加143个，增长59.83%；提出整改建议367条，增加81条，增长28.32%；移送违法违纪案件线索5宗。民生审计项目被海南省审计厅评为2016年度“表彰审计项目”。

【财政预算审计】2016年，海口市审计局对海口市2015年度本级预算执行审计，以“1+N”项目形式，同时开展财政存量资金、政府债券资金、地方税收征管、教育专项资金及部门预算执行等9个项目审计，注重运用数据比对手段，实施“全链条”审计延伸至资金使用最末端。经过审计，摸清2015年海口地方政府债券、债务以及存量资金的规模、结构情况，披露问题61个，查出违规金额0.33亿元，管理不规范金额130.62亿元，督促查征税收入库0.24亿元，移送案件线索1宗。

【政府投资审计】2016年，海口市审计局在审计项目前期准备粗糙、时间紧、任务急、投资量大的情况下，实施“六个一”的审计项目组织模式，实行责任领导负责制，按投资领域分工，统筹组织社会审计资源，共安排75个项目包153个项目跟踪审计，是“十二五”期间的6倍。加强竣工决（结）算审计，共完成结算项目267个，增加108个，增长68.35%；送审金额59.16亿元，增加11.46亿元，增长24.03%；核减金额6.03亿元，增加0.99亿元，增长19.64%，极大地节约政府投资成本。

【民生投入审计】2016年，海口市审计局对政府投入民生资金进行审计，发现问题26个，涉及金额1.7亿元，重点关注棚户区改造和公租房保障对象的审核批准环节，发现职能部门工作人员勾结社会人员、收受好处费骗取保障待遇及补贴的案件线索3宗，移送6人，有1人因审计发现的问题受到党内警告处分，1人被解聘处理。有关单位和部门落实整改，审计整改率96%。省保障性安居工程跟踪审计的审计要情得到常务副省长毛超峰、省纪委书记马勇霞、副省长王路的重要批示。审计报告反映的问题被审计署纳入《2015年保障性安居工程跟踪审计结果》公告并被海南省审计厅2015年审计工作报告采纳，被多家新闻媒体宣传报道。

【经济责任审计】2016年，海口市审计局重点关注领导干部贯彻执行有关法律法规和财经纪律、落实中央八项规定、厉行节约和国务院“约法三章”相关要求，组织开展6个经济责任项目审计，核定领导者应负主管责任金额0.39亿元，领导责任金额2.98亿元，提出审计建议17条。审计结果报告得到市领导重视，市长倪强专题听取经济责任审计发现问题的汇报，并对2015~2016年接受经济责任审计的16个单位的23名领导干部（含现任领导）进行集体谈话。

【供给侧改革审计】2016年，海口市审计局关注供给侧结构改革的重点，对简政放权、“多规合一”改革、为民办实事、城镇内河（湖）水污染治理项目的开展跟踪审计，发现政策实施过程中存在的问题22个，及时提出10条审计建议。

【国有企业审计】2016年，海口市审计局关注国有企业经营决策、投资安全，对2家市属国企开展审计，审计发现违规资金18.23万元，管理不规范资金3亿元，促进收回款项629.87万元，对潜在损失风险提出审计建议。

（黎鹏霄）

工商行政管理

【工商行政管理概况】2016年，海口市工商局强化市场主体事中事后监管，探索“五证合一、一照一码”登记制度改革，开展二手车交易、汽车贴膜、物业乱收费等问题专项检查，严厉查处商标广告违法行为，集中力量查办民生领域大的案件。开展以“新消费，我做主”为主题的国际消费者权益日宣传，宣传新的《消费者权益保护法》。至年底，全市有企业7.56万户，其中非公企业6.94万户（私营企业6.88万户，港澳侨台资企业133户），占91.80%。有个体工商户14.03万户，增长11.7%。全市新登记注册市场主体5.32万户，比上年增长33.27%。年内新增非公企业注册数量1.89万户，占全市企业新增总数2.06万户的91.75%。其中私营企业增加1.88万户。全市企业注册资金9216.35亿元，其中非公企业注册资金4793.25亿元（私营企业注册资金4487.41亿元），占52.01%。新增企业注册资金5610.66亿元，其中非公企业注册资金2872.02亿元，占51.19%。共有19.91万户市场主体报送2015年度报告，年报率88.44%，上升6.81%。商标申请件数6626件，注册件数4400件，累计有效注册量2.92万件。受理投诉举报9559件，办结率99.5%，为消费者挽回经济损失1771.24万元。

【工商登记制度改革】2016年，海口市工商局继续全面推进“先照后证”改革，履行“双告知”职责，实现“宽进”和“严管”的无缝衔接。进一步下放登记权限，落实属地登记管理。将原由市工商局办理内资企业分支机构及注册资本（金）1000万元

2016年12月13日，国家工商总局副局长刘玉亭（左二）到位于海口复兴城互联网创新创业园的工商服务站检查指导工作。（陈冠先 摄）

以下的内资企业登记、备案登记的权限下放至4个区工商局办理。4月起，对未开业或无债权债务的有限责任公司（设立已满3年或注册资本在1000万元及以上的除外）及其分支机构实行企业简易注销程序改革，至12月共办理简易注销登记174笔。全市新登记注册市场主体5.32万户，增长33.27%，新增注册资本（金）4774亿元，增长402%。其中，新增企业2.07万户，增长28.96%，新增注册资本（金）4762亿元，增长406%；新登记个体工商户3.25万户，增长36.16%，新增资金12.35亿元，增长31.12%。

【“五证合一、一照一码”登记制度实施】 2016年，海口市工商局在全市实行“三证合一、一照一码”登记制度基础上，增加统计登记证、社保登记证，在全省范围内率先试行“五证合一”改革，并推进“一照一码”营业执照在与企业有关的所有领域和环节均能够通行、认可、使用。8月31日，市工商局发出全省首批“五证合一、一照一码”营业执照，标志着海口市提前1个月实现国务院办公厅提出的10月1日起全国实施“五证合一、一照一码”登记制度改革的工作目标。全年共发出6046张“五证合一”营业执照。

【市场主体年报】 2016年，海口市共有19.91万户市场主体报送2015年度报告，年报率88.44%，上升6.81%。其中企业8.59万户，年报率88.42%；个体工商户11.15万户，年报率88.42%；农民专业合作社1702户，年报率90.82%。

【市场违法行为查处】 2016年，海口市工商局针对中央电视台、海南省电视台“3·15晚会”曝光的二手车交易、汽车贴膜、物业乱收费等问题开展专项检查，共检查二手车交易市场16个，销售二手车4S店7个，发现存在误导消费等问题6个，约谈经营者要求整改。检查南海大道、琼山大道等58家汽车维修店及汽车贴膜经销商，对汽车贴膜经销商进行约谈教育，提醒经销商不得销售不合格的汽车贴膜。调查处理媒体反映存在乱收费问题的5个小区的物业公司。全年共查处侵害消费者权益案件111宗，罚没款81万元，受理投诉举报案件7653件，办结6912件，办结率90%，为消费者挽回经济损失1221.7万元。

【商标广告监管】 2016年10月22~24日，海口市工商局利用第23届中国国际广告节在海口举办的契机，动员全市主要街道临街铺面利用806块LED屏播放“双创”公益广告，传播社会主义核心价值观，倡导文明风尚。及时提醒、警告和纠正有违规倾向或轻微违规行为的广告，构建和谐执法环境。依法开展广告专项整治，严厉查处虚假违法广告和违法经营行为。加强监督、指导和服务，推动广告产业园发展规划如期落地。对违法广告案件进行统计分析，对使用“至高、领军”等绝对化用语、“天然温泉”等很多共性常态的违法行为进行梳理并编发小册，通过海口市工商局的官方网站进行公示，并以邮件的方式发给广告企业，提醒其规避这些常见的容易被投诉的违法行为。以“一季度一行业”为主题，对房地产、医疗、建材等违法行为频发的行业进行行政约谈，切实解决以罚代管的问题，充分发挥市场主体自律作用，减少行政成本，杜绝违法行为发生，效果明显。全年共立案查处各类违法广告案件39宗，罚没款58.01万元。全年商标申请件数6626件，注册件数4400件，累计有效注册量共2.92万件。

【民生领域案件查处】 2016年，海口市工商局专项整治酒类、汽车机油市场、校园周边环境、外卖行业、海洋生态、物业等民生行业，开展严厉打击制假售假、商标侵权、违法广告、“三无”产品、不正当竞争等各种违法行为，集中力量查办如海口南北蔬菜批发市场有限公司欺行霸市、扰乱市场公平竞争正常经营秩序案，海口六味海鲜馆不正当竞争及欺诈消费者案等一批有影响力的大案要案。全年共查办各类案件251宗。

【海口南北蔬菜批发市场案件查处】 2016年2月，海口市工商局立案查处海口南北蔬菜批发市场开办者欺行霸市、商业贿赂、滥收费用等违法行为，对其做出没收违法所得242.45万元，罚款60.87万元。对海口南北蔬菜批发市场49个档口33家一级批发商哄抬物价、短斤缺两、商业贿赂、未建立购销台账等违法行为，分别予以行政处罚，罚款828.29万元，并依法将该市场主体列入经营异常名录。菜价系列案件的查办，震慑违法经营者，规范市蔬菜批发领域的经营行为，有效降低市蔬菜销售价格。

【网络市场监管】2016年“双十一”期间，海口市工商局对辖区内旅游、婚纱摄影、房地产等网站开展巡查，共巡查网站43个，立案2宗，其中责令整改1宗。打击假冒琼中绿橙地理标志商标的违法行为，在琼中绿橙即将上市之际，共检查网站153个次，行政指导1次。全年，市工商局网络监管平台纳入网络经营主体4632家，网站总数5582个；审核发放新增网络主体营业执照标识416个，查办网络案件17宗，罚没款37.6万元。

【市场诚信体系建设】2016年，海口市工商局向社会公示守信失信企业红黑榜，其中包含7家红榜企业名单、27家失信企业名单和166家黑名单。对违反《企业信息公示暂行条例》等法律法规的3.83万户企业，依法将其列入经营异常名录予以公示，并在办理工商登记等业务中予以限制。同时，对2012年12月31日前登记、未参加2012年年度检验、未报送2013和2014年度报告且通过登记的住所或者经营场所无法联系的2.21万户企业依法吊销其营业执照。

【消费者权益日宣传活动】2016年“3·15”期间，海口市工商局开展以“新消费，我做主”为主题的国际消费者权益日宣传活动，提高消费者维权意识，督促经营者守法经营。全市设立宣传咨询活动点8个，邀请市双创办、市食药监局、市商务局、市卫生局、市烟草局、市消防支队等部门参与现场活动。召开座谈会6次，约谈经营者207户次，举办专题培训2场，企业、消费者、农贸市场经营者200多人参加。参加电视专题节目5期，广播专题节目1期，接受记者采访13次。在工商部门办公场所、大型商场、旅游景点、集贸市场等场所悬挂宣传横幅120条，向群众发放宣传资料2.62万份，全市电子屏幕广告播放300多条。通过海南电视台的《海南直播》、海口电视台的《椰城纠风热线》《夜线》《人民网海南视窗》等发布消费警示4期和十大消费维权案件。

【维护消费者合法权益】2016年，海口市工商局受理投诉举报9559件，办结率99.5%，为消费者挽回经济损失1771.24万元。受理投诉居前五位的商品：交通工具1378件，占24.83%；通信产品693件，占12.49%；服装、鞋帽617件，占11.12%；家居用品576件，占10.38%；房屋549件，占9.89%。

（陈冠光）

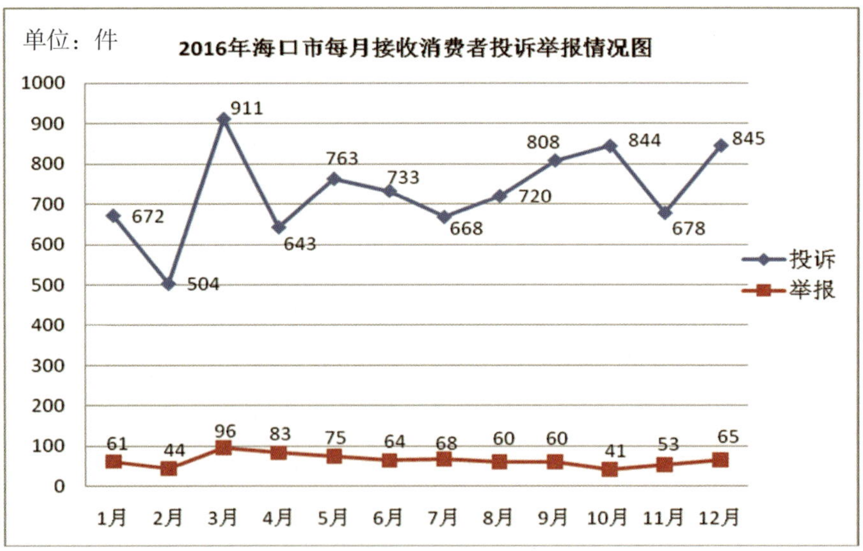

2016年海口市工商局受理投诉居前十位商品表

类别	2016年投诉量（件）	占商品类申诉比重（%）	2015年投诉量（件）	变化幅度（%）
交通工具	1378	24.83	947	45.51
通信产品	693	12.49	750	-7.6
服装、鞋帽	617	11.12	598	3.18
家居用品	576	10.38	473	21.78
房屋	549	9.89	301	82.39
家用电器	498	8.97	438	13.7
装修建材	311	5.6	238	30.67
食品	221	3.98	158	39.87
计算机产品	159	2.87	165	-3.64
首饰	126	2.27	109	15.6

物价管理

【物价管理概况】2016年，海口市物价局围绕社会关注的热点问题，开展价格调控监管和价格服务工作，对2015年底前发布的收费管理方面的规范性文件进行清理，共清理出170个收费管理方面的文件。在食品和居住价格上涨的带动下，全年海口市居民消费价格指数（CPI）比上年上涨3%，涨幅扩大1.8个百分点，同比涨幅结束近5年来的回落走势，出现反弹。特别是自9月以来的CPI单月同比涨势突出，连续突破3%和4%，物价调控压力增加。物价水平比全国总水平（2%）高1个百分点，比全省总水平（2.8%）高 0.2 个百分点。在 36 个大中城市中，排名第 2 位，位次比上年（第 28 位）前移 26 位。

【政府平价蔬菜价格调控】 2016 年，海口市物价局加强市场价格监测，对菜价走势进行判研预警，及时向市政府提出调控建议。1 月 26 日至 2 月 24 日，为应对菜价过快上涨，缓解蔬菜价格过快上涨对群众生活造成的影响，牵头组织实施政府平价蔬菜销售措施，对大白菜等 8 种蔬菜在指定政府平价蔬菜供应点销售，累计组织 9000 吨平价菜供应海口市场，为平抑稳定海口春节市场菜价发挥积极作用。

【春节期间宾馆酒店客房价格调控】 2016 年，海口市春节期间旅游饭店客房价格实行政府指导价管理。海口市物价局对全市 91 家旅游饭店春节期间（2 月 7～13 日）标准间客房价格核准备案，并向社会公布。

【规范行政事业性收费项目】 2016 年，海口市将现行对小微企业免征的农业部门国内植物检疫费等 11 项、质量监督检验检疫部门社会公用计量标准证书费等 6 项和林业部门林权勘测费 1 项共 18 项行政事业性收费的免征范围扩大到所有企业和个人。市财政局会同市物价局及时转发文件到各有关收费单位执行，规范收费，减轻企业负担。

【收费清理改革落实工作】 2016 年 5月 11 日，海口市财政局联合市物价局对全市各部门（各区）开展收费清理改革落实情况自查工作，要求对国家财政部、发改委 2013～2016 年出台的国家明令取消、停征、减免收费基金的一系列政策要逐项落实到位。7月 29 日，市财政局会同市发改委、市科工信局、市民政局联合下发《关于开展涉企收费清理情况专项检查的通知》，在全市范围内开展涉企收费清理情况专项检查。8 月 12 日，海南省财政厅、省物价局、省工信厅、省民政厅 4 部门组成检查组对海口市政府政务中心和有关执收单位涉企收费窗口进行现场检查，召开海口制药厂、海口力神咖啡、海南赛诺、海南威特、齐鲁制药海口公司等 8 家企业代表参加的涉企收费情况座谈会，听取各部门涉企收费清理自查自纠情况工作汇报。通过单位自查和实地检查，未发现海口市相关单位有违规收费行为。

【市属公立医院医疗服务价格改革】 2016 年，海口市人民医院、海口市中医院、海口市妇幼保健院、海口市第三人民医院、海口市第四人民医院、琼山区妇幼保健院等市属 6 家综合改革公立医院全面取消药品加成（中药饮片除外），一律实行零差率销售，公立医院补偿由医疗服务收费、药品加成收入和政府补助三个渠道改为医疗服务收费、政府补助和医院优化结构控制成本三个渠道。取消药品加成政策后减少的合理收入或形成的政策性亏损，通过适度调整医疗服务价格和增加财政投入的方式予以合理补偿。市、区属医院调整医疗服务价格后药品加成尚未弥补部分，市属医院由市财政负担，区属医院由区财政负担，医院加强核算，节约成本弥补。12 月 26 日，海口市执行调整的现行综合服务类、医技诊疗类、临床诊疗类和中医及民族医诊疗类 4 大类 9362 项医疗服务价格中的 1150 项医疗服务价格，其中综合服务类 63 项（一般医疗服务项目 11 项，一般检查治疗项目 52 项），临床诊疗类 1025 项，中医及民族医诊疗类 62 项。

【液化石油气价格改革】 海口市根据《海南省物价局关于放开液化石油气销售价格的通知》要求，2016 年 6 月 1 日起放开液化石油气销售价格。液化石油气一级市场批发价格和二、三级市场销售价格由液化石油气经营企业根据经营成本、市场供求情况和竞争状况自主制定。液化石油气经营企业做好明码标价工作，在经营场所显著位置公示销售价格、装量、送气服务收费标准等信息，并接受价格主管部门和社会监督。海口市发展和改革委员会印发《关于废止一批液化石油气价格管理相关政策文件的通知》，7 月 26 日起废止海口市液化石油气二级市场最高批发价格和三级市场的最高零售价格。

【调整污水处理收费标准】 2016 年 12 月 20 日，海口市调整污水处理收费标准，调整后的污水处理收费标准：居民生活污水处理收费标准由 0.80 元 / 立方米调整为 0.95 元 / 立方米；非居民生活污水处理费由 1.10 元 / 立方米调整为 1.40 元 / 立方米。对经市民政部门核定的城市低保户的污水处理费标准不做调整，仍按 0.60 元 / 立方米标准执行。调整后的海口市污水处理收费标准自 2017 年 1 月 1 日起执行。

【出租车运价结构调整】 2016 年 4 月 20 日零时起，海口市出租汽车运价结构标准开始执行。新标准如下：基价标准 10 元 /3 千米；计程标准 2.1

2016 年 1 月 8 日，海口市举行出租车运价结构调整听证会。（黄一冰　摄）

元/千米；低速行驶费，低于12千米/小时行驶费为0.5元/分钟；长途返空费，行驶里程超过15千米后，超出部分每千米加收50%的里程价；夜间行驶附加费，在24时至次日5时时间段，起步价加收1元，即起步价11元/3千米。新规定增加长途返空费，夜间行驶附加费和调整低速行驶费，并建立燃料价格与运价联动机制。

【价格审批】2016年，海口市物价局对应进必进的20项审批服务事项进行公布，从5月起执行，同时编制内容信息表、审批服务流程图、岗位说明表、申报审批服务表等。全年累计受理价格审批办件51件，办结51件，办结率100%。

【收费审批】2016年，海口市物价局共办理教育收费审批27家，旅游景区门票价格审批1家，保障性住房物业收费审批5家，农贸市场设施租赁费审批2家。民办幼儿园收费备案80家。

【农产品成本收益常规调查】2016年，海口市完成瓜菜、糖蔗、生猪、蛋鸡等10个品种生产成本收益常规调查。

生猪成本收益常规调查　生猪出售价格上升，养猪效益提高。3户大规模养猪场成本收益调查数据显示：养猪场养殖每头猪平均净利润460.72元，较上年增加328.18元，增幅247.61%；养猪场每50千克主产品平均出售价格908.35元，增加151.51元，增幅20.02%；生猪主产品产值2137.7元，增加371.7元，增幅21.05%。生猪盈利的主要原因是生猪出售价格上升，使得养猪效益提高。2016年养猪总成本1679.51元，增幅2.67%。其中：物质与服务费用1632.87元，较上年的1597.7元增长2.20%；人工成本44.41元，较上年的35.97元增长23.46%；土地成本2.23元，较上年的2.16元增长3.24%。影响成本变动的主要因素：仔畜费用每头672元，较上年558元增长20.43%；每头猪精饲料费804.76元，较上年717.35元增长12.19%；每头猪分摊死亡损失费31.54元，较上年29.9元增长5.48%；固定资产折旧费每头猪分摊36.68元，较上年30.08元增长21.94%；每头猪的人工成本44.41元，较上年35.97元增长23.46%。

蛋鸡成本收益常规调查　鸡蛋价格下降，产值减少。3个大规模蛋鸡场成本收益调查数据显示：2016年每百只蛋鸡净利润为−845.18元，较上年146.83元减幅为675.62%。鸡蛋平均出场价格每50千克为584.58元（本地文昌鸡品种为主），减少18.17元，下降3.01%；每百只蛋鸡产蛋量平均1038.94千克，减少163.83千克，减少13.62%；每百只蛋鸡产值为1.51万元，减少2217.37元，减少12.82%。每百只蛋鸡总成本为1.59万元，减少1225.36元，减幅7.15%。其中，每百只蛋鸡物质与服务费用1.37万元，下降9.31%；每百只蛋鸡人工成本1987.59元，上升7.16%；每百只蛋鸡土地成本239.30元，上升25.01%；其中，每百只蛋鸡（主产品）产值平均1.21万元，减少2352.45元，降幅16.22%。

【专题专项预测调查与调研】2016年，海口市完成农户种植意向、农户购买农资情况、农户存粮和售粮情况调查，早晚稻、甘蔗成本预测调查，上、下半年大规模生猪生产成本收益调查等工作。（1）2015～2016年农户存售粮情况。种粮面积与上年基本持平，2016年调查户户均种粮预计为6.99亩，比上年户均实际种粮面积减少0.11亩。从调查户的数据得知，调查户户均稻谷总产量2501.29千克，增幅10.57%；户均出售稻谷986.89千克，增幅11.18%，因连续两年水稻总产量增加，粮食价格也上升，调查农户在库存增加后有目的扩大销售余粮；调查户均存粮（稻谷）834千克，增幅12.19%。（2）2016年早稻生产成本收益。早稻亩产量保持较为正常的水平，平均亩产量为450.99千克，增长15.94%。早稻主产品产值平均每亩1113.83元，增长12.16%；产值合计平均每亩1118.33元，增长12.16%；每亩现金收益544.65元，增长14.85%。早稻每斤收购价格在1.2元～1.25元之间波动，两个乡镇调查点价格有所不同。据调查户数据显示，2016年早稻每50千克平均出售价格123.49元，略降3.26%。早稻种植总成本每亩1140.37元，增长13.17%，其中物质与服务费用平均每亩573.68元，增长9.71%；人工成本每亩476.69元，增长20.76%；土地成本与上年同期持平。影响总成本增加的主要因素是：化肥费、机械作业费、固定资产折旧费和人工成本费。其中化肥费每亩210.05元，增长27.17%；机械作业费每亩203.96元，增长10.03%；固定资产折旧费每亩8.31元，增长53.6%；人工成本费每亩476.69元，增长20.76%。

【价格调节基金】2016年1月，海口市共征收价格调节基金1355.76万元。2月1日起，贯彻落实国务院决定停征政府性基金项目等有关问题的通知要求，停征价格调节基金。2～12月，共追缴2016年以前年度价格调节基金欠款931万元。

【市场价格监测预警与信息发布】2016年，海口市物价局重点监测主要生活必需品价格，对蔬菜、肉、禽、蛋等主要居民消费代表品价格进行监测分析、报告和预警，报送各类蔬菜价格情况，当市场价格出现异常波动时，及时向市政府提出价格调控的意见建议。针对海口市居民生活必需品消费特点，将水产品作为大类纳入到综合食品价格指数监测结构体系，指数结构体系由七大类增加至八大类，监测品种由37个增至40个。4月上旬，开展价格监测点、生猪养殖场等专门调查，调查材料上报国家价格监测中心。全年完成每季度价格监测预警与分析4篇，半年价格监测预警与分析1篇，全年价格监测预警与分析1篇。组织平价蔬菜调控期间，每日完成1篇《海口市蔬菜价格情况日报》，每周完成1篇《海口市主要食品价格监测快报》以及台风期间上报价格情况。同时，通过报纸、网站、微信平台等多种渠道向社会发布价格信息，引导正确消费。

【价格认证服务】 2016年，海口市物价局受理市公安系统办理刑事案件委托涉案财物价格认定业务5632宗，金额4458.28万元；各级法院、检察院、海关及烟草执法机关委托涉案财物价格认定业务54宗，金额777.73万元；税务部门委托的涉税房产价格认定项目454宗，面积11.79万平方米，应税金额2.67亿元；中共海口市纪律检查委员会价格认定1宗，金额25万元。

【价格举报投诉】 2016年，海口市物价局受理办结各类价格举报投诉案件4151宗，较上年（3397宗）增长22.20%，按时办结率100%，无逾期办件。价格举报热点主要有停车收费1584宗、物业管理收费982宗、商品价格247宗、菜价188宗、医药价格150宗、交通运输150宗、电价106宗、宾馆酒店收费91宗、教育收费69宗、水价58宗、液化气价格45宗、餐饮服务收费41宗、网购38宗、摊位收费35宗、物流服务收费25宗、价调基金20宗、公厕收费17宗、旅游门票13宗、驾校收费12宗、政府机关服务收费9宗，其他271宗。停车收费和物业管理收费等价格举报投诉案件一直占据各类案件的前两位。

【社会救助和保障标准与物价上涨挂钩联动机制】 2016年9～12月，海口市居民消费价格指数（CPI）上涨幅度达到启动条件，海口市政府及时启动实施城乡低收入群体补贴与物价上涨联动机制，对城乡低保户、农村五保户、优抚对象、领取失业保险金人员、全日制在校大中专（含技校）学生等合计人数为33.24万（人次）发放价格临时补贴，补贴资金565.02万元。海口市人民政府办公厅出台《关于对低收入困难群体发放生活必需品市场价格上涨补贴方案》，对补贴对象每人一次性补贴300元，受益人数4.35万人，补贴金额1303.86万元。

（吴　燕）

质量技术监督

【质量技术监督概况】 2016年，海口质量技术监督局加强质量监管力度，开展特种设备安全巡查，全年实现无重大事故发生，《海口市电梯安全管理若干规定》通过人大第39次常委会一审审议，气瓶整治实行“闭环管理”，有效保障海口用气安全。有效实施计量惠民，为39家农贸市场、海口南北水果市场47家摊位、12家大型海鲜酒店免费配发360台防作弊公平秤。扎实推进标准化工作，3家单位通过国家级服务标准化项目试点验收，3个企业确定为2016年度省级标准化良好行为企业试点项目单位。

【质量监管】 2016年，海口质量技术监督局引导企业导入卓越绩效管理体系，推进“质量强市”和品牌建设，夯实质量发展基础，强化质量水平提升。举办2期企业质量管理知识培训班，共140家企业、161名企业法人或主管质量工作负责人参训。编撰《质量强市在行动》2期，更新606家企业建档和202家企业信息，配合海南省质量监督管理局完成生产许可证发证审查15家，工业产品（含食品相关产品）企业生产许可证年度审查23家。发挥“质量强市”领导小组办公室作用，统筹协调各成员单位做好各项政府质量考核迎检工作。在海南省政府2015～2016年度质量工作考核中海口市政府被评为A级市县政府，全省排名第二。

【名牌培育和名牌战略】 2016年，海口质量技术监督局推进名牌培育和名牌战略，引导和鼓励企业开展争创名牌活动，推广先进的质量管理理念和方法，提升企业竞争能力，动员指导13家列入申报目录的企业做好省名牌产品申报工作，5家龙头企业做好首届海南省政府质量奖申报工作。9月6日，10家企业13个产品获省名牌产品评定。齐鲁制药（海南）有限公司、海南航空股份有限公司、海南金盘电气有限公司3家企业获首届省政府质量奖。

【标准化监督管理】 2016年，海口质量技术监督局贯彻落实《海南省政府关于实施标准化战略的意见》，实施名牌战略，引导和帮助企业推行卓越绩效管理模式，导入质量管理体系贯标和实施技术标准创新活动，用好标准化和地理标志保护产品等抓手，有效促进海口产业结构调整和优化升级。海口民间旅行社以93分顺利通过国家级服务标准化项目试点验收，“三门坡甘薯生产综合农业标准化示范区”试点单位海口财世方种养专业合作社以83.78分顺利通过验收，海南赞邦制药有限公司、海南华福汽车零件部制造有限公司、海南钟晨生物工程有限责任公司确定为2016年度省级标准化良好行为企业试点项目单位。落实与海口高新区签订的质量战略备忘录，根据《海口市政府建设国家高新技术产业标准化示范区建设实施方案》要求，完成4期海口高新技术产业开发区标准化知识培训班工作，共办理58家企业产品标准备案287个，指导企业认识企业产品标准自我声明公开制度，加强企业产品标准自我声明公开的事中事后监管。完成海口市城市公共信息导向系统建设项目建议书及可行性研究报告的编制，并获专家组评审通过。做好电动自行车目录管理工作，按照新修改的《海口市电动自行车管理办法》规定要求，正式实行目录退出机制，联合交通、公安等部门发布《海口市电动自行车第一批、第二批目录实行退出机制的公告》。

【计量监督管理】 2016年，海口质量

2016年8月3日，海口质监局组织召开海口市老旧电梯安全评估暨更新改造工作动员会。

（海口质监局 供稿）

技术监督局支持和配合海口市交通局完成全市2956台出租车计价器的升级工作，联合海南省计量所做好对大型公益性医疗卫生机构的医疗计量器具、营运出租车计价器、重点生产企业的压力表和电子天平等4个领域的2.25万件强检计量器具的免费检定和计量备案。加大市场计量监督检查，重点检查大型超市、涉旅游大中型海鲜排档（酒店）、汽车加油（气）站和水果批发点等100家单位，抽查电子秤219把，加油（气）枪65支。同时，依法及时处置加油机、地磅、缺斤短两等计量投诉22宗。抽查检验检测资质认定（计量认证）获证机构27家，免费为海口市39家农贸市场、12家大型海鲜酒店、海口南北水果市场47家摊位配发防作弊公平秤360台。

【特种设备安全监督管理】 2016年，海口质量技术监督局加大对重点区域、重点设备日常和节日期间的巡查力度，共出动执法人员1062人次，检查特种设备使用单位487家，检查设备1980台。检查充装（含检验检测）单位45家，设备53台。发现隐患496处，整改到位452处，整改率91%。下达特种设备安全监察指令书189份，查封设备51台，责令停业整顿5家，立案处罚单位19家，罚款86.2万元。举办特种设备作业人员培训班15期，核发证书1968件，复审3474件，受理新装设备告知2072台，使用登记证4195台。

【电梯安全监管】 2016年，海口质量技术监督局在继续推进电梯安全监管大会战基础上，开展电梯安全检查，共检查电梯使用单位399家，检查电梯1857台，排查隐患402处，已整改到位378处，整改完成率94%。下达指令书132份，封停电梯42台，立案10宗，处罚47.7万元。完成400台老旧电梯招投标程序及安全评估工作。6月29日，海口市人大第39次常委会一审审议通过《海口市电梯安全管理若干规定》。

【气瓶专项整治】 2016年，海口质量技术监督局组织召开气瓶行业专项整治工作会议、气瓶检测站和充装单位气瓶更换协调会11次，邀请专家开展改装气瓶现场鉴别知识培训班2期，成立4个整治工作领导小组，采取“领导划片区包干”方式和“闭环管理”模式，开展“气瓶专项整治行动”，重点对划定区域检测站、充装单位、三级网点和餐饮行业开展拉网式检查。共出动执法人员354人次，检查单位153家，检查气瓶1.15万个，查扣气瓶3059个（抽空后进行集中管理），督促5个检测站对9388个气瓶实施了抽残、压扁报废处理。对存在违规行为的4家检测站责令停产整顿，各处罚款5万元，并对相关责任人员各处5000元罚款。同时，联合安监、消防、工商、城管和交管等部门开展联合执法，与市交通港航综合执法支队查扣9批次外市县运到海口销售的液化石油气瓶1060只。

【打击假冒伪劣】 2016年，海口质量技术监督局重点监督抽查农资、校服等，加强监督检查液化石油气、油漆涂料、床垫等生产企业，严厉打击违法行为，共立案查处案件15起，罚款金额40.35万元，依法依规销毁一次性不合格塑料碗574箱、净水器13台、吸油烟机7台和一批无3C认证的汽车灯具，向市公安局移交不合格爆竹136盒等。开展建材等5类产品2个领域违法执法检查，出动执法

2016年11月7日，海口质监局执法人员在液化石油气瓶检测站检查气瓶报废情况。

（海口质监局 供稿）

2016 年海口市获“海南省名牌产品”称号企业信息表

序号	单位	产品名称	注册商标	备注
1	海口椰彩食品有限公司	椰汁	椰彩	初认定
2	海南南派实业有限公司	南派果粉	南派	初认定
		绿朝果片	绿朝	初认定
3	海南明圣家具有限公司	红木沙发	明圣	初认定
4	海南威特电器集团有限公司	高低压预装式变电站	威特 + 图形	再认定
5	海南美亚电缆厂有限公司	塑料绝缘电力电缆	美亚	再认定
6	海南正翰家具有限公司	衣柜	正翰	再认定
		床	正翰	再认定
7	海南立昇净水科技实业有限公司	LH 系列净水超滤机	立升	再认定
		LU 系列净水超滤机	立升	再认定
8	海南南国食品实业公司	南国咖啡	南国	再认定
		南国饼干	南国	再认定
9	海南椰岛（集团）股份有限公司	鹿龟酒	椰岛	再认定
		海王酒	椰岛	再认定
10	海南久之美酒业有限公司	海南玉液酒	久之美	再认定

人员 46 人次，检查企业 30 家，查获涉嫌存在冒用认证行为的有 2 家。

（陈　岸）

安全生产监督

【安全生产概况】2016 年，海口市安全生产监督管理局围绕与省政府签订的工作目标和全市中心工作，扎实开展“双创”工作，推进安全生产各项工作，圆满完成年度各项任务。全年海口共发生生产经营性安全事故 71 起，死亡 51 人，受伤 21 人，直接经济损失 1805.6 万元。与上年相比，事故起数、受伤人数各减少 31 起、1 人，分别下降 30.4%、4.5%；死亡人数增加 13 人、直接经济损失增加 274.5 万元，分别上升 34.2%、17.9%。四项指标呈“两降两升”态势。在 71 起生产经营性安全事故中，工矿商贸行业事故 21 起，占事故总起数的 30%，死亡 20 人，占死亡总人数的39%；生产经营性火灾事故 26 起，占事故总起数的 36%，无人员死亡；生产经营性道路交通事故 24 起，占事故总起数的 34%，死亡 31 人，占死亡总人数的 61%。市安监局获得全国安全生产监管监察系统先进集体、全国安全生产月活动先进单位。

【安全生产监督体系】2016 年，海口市政府将安全生产年度考核纳入全市统一综合考核，实行一票否决，并与 4 个区政府、3 个管委会、29 个职能部门和 1 个市属大型企业签订《海口市 2016 年安全生产工作目标责任书》。成立 4 个区生产执法大队、42个镇街安监站所，人员基本配备到位。全市 4 个区、43 个镇（街）、177 个村（居）全部达到国家要求的安全生产“五级五覆盖”要求，全市规模以上的企业达到“五落实五到位”的要求，实现全覆盖。

【安全生产检查】2016 年，海口市安全生产委员会办公室组织各行业监管部门在春节、元旦、“两会”“澜湄会议”、博鳌亚洲论坛年会、“五一”

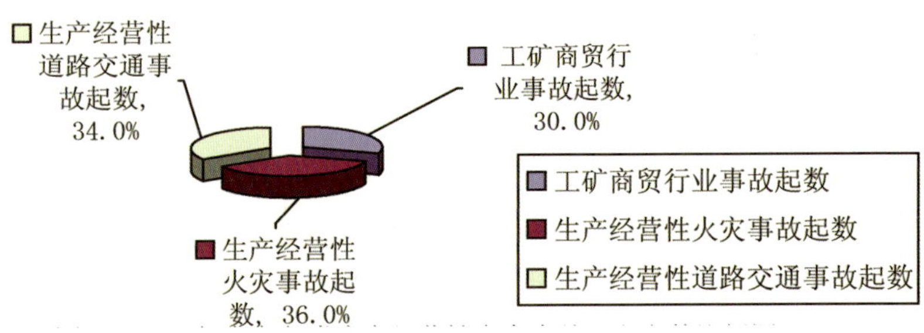

图 1　2016 年海口市各类生产经营性安全事故起数比例图

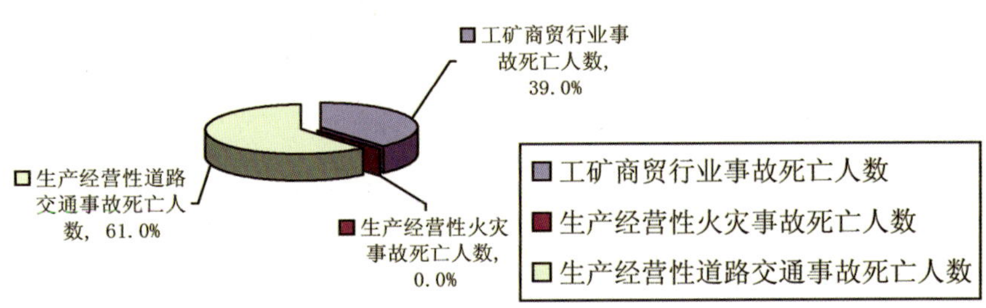

图 2　2016 年海口市各类生产经营性安全事故死亡人数比例图

节等重点时段，对安全生产重点行业和领域进行安全大检查。共检查生产经营单位 1.77 万家次，排查一般事故隐患 8477 项，其中整改 8477 项，整改率 100%。开展“双随机一公开”抽查，出动执法人员 104 人次，抽查52家企业。组织检查危险化学品经营、民爆生产、涉氨制冷、有限空间、粉尘防爆、农药经营、工业企业和非煤矿山等行业企业，督促企业严格落实《油气罐区防火防爆十条规定》，现场共检查安全作业和职业卫生工作 45 家企业，发现并消除隐患 25 处。

【安全生产专项治理】 2016 年，海口市安全生产委员会办公室联合各行业主管部门专项治理建筑施工、交通运输、工业企业、城镇燃气、特种设备、粉尘防爆、旅游景区、大型商场、宾馆酒店、人员密集场所，危险化学品以及中小学生乘坐非法运载车辆上学等。排查生产经营单位 176 家，查出一般事故隐患 478 项，立即整改隐患 300 项，限期整改隐患 178 项。专项治理危险化学品生产、储存、经营、运输、使用等环节 3 次。通报中小学生乘坐非法运载车辆上学情况，召开学生家长会，加强安全教育，责令政府部门严厉打击非法运输行为，协调市公交集团、六龙公司在早、中、晚，学生上学、放学期间将公交车延伸至行政村，防止安全事故发生。

【重大安全隐患整改】 2016 年 1 月起，海口市安全生产监督管理局聘请国内专家对海口市 18 家涉氨企业进行诊断，经排查 5 家企业存在重大事故隐患。经由市政府挂牌督办，至 7 月底，5 家企业完成整改并通过验收，消除了重大事故隐患。全年检查非煤矿山企业 16 家（次），发现隐患 21 处，责令企业整改完毕。

【安全生产许可】 2016 年，海口市安全生产监督管理局共受理行政许可事项50 件，按时限审批 46 件，因安全间距不足退件 4 件，按时审结率100%；审核非药类易制毒备案证明 3 份；完成危化品建设项目设计审查 2 份。

【安全生产标准化建设】 2016 年，海口市有 24 家规模以上的企业通过安全生产标准化建设三级标准评审，162 家工贸企业进行年度自评，各区开展小微企业安全生产标准化建设创建工作。至年底，共有 127 家工贸企业达到安全生产标准化三级标准。

【安全生产事故调查处理】 2016 年，海口市安全生产监督管理局收到电话（含 12345 热线）举报投诉 139 件，按时审结 8 件、直接办结 83 件、退回 46 件、逾期审结 2 件。全年全市发生工矿商贸行业事故 21 起，死亡 20 人，均立案查处。工矿商贸安全生产事故罚没款项 114.89 万元，工矿商贸安全生产监督监察处罚企业 3 家，罚款6 万元。职业卫生检查 389 家单位，查处问题 73 项，责令整改 11 项。在严肃处理事故的同时，对四川国丰建设集团有限公司、北京飞利信电子技术有限公司等违规施工致使城市燃气泄漏进行重罚、曝光。

【应急管理和救援】 2016 年，海口市有 4 支应急救援队伍，应急救援车辆设备 1250 台（套）（应急救援工程机械车辆 94 辆，应急救援物资、器材和防护用品 675 套，救援装备设施 205 套，抢险救援装备 413 套）。全年全市各部门、各企业和各生产经营单位制定各类应急预案 6740 个；组织应急管理培训 1550 次，培训 3.09 万人次；组织实施各类预案演练 1590 次，投入演练资金 160 多万元，4.02 万人参加；修订预案和备案 398 个。

【职业健康监督】 2016 年，海口市没有发生重大职业病事故。年初，全部实现 200 家企业职业病防治基础建设。规模以上企业作业场所职业病危害因素均符合国家职业卫生标准。各企业自行组织对接触职业病危害因素的劳动者开展职业健康检查，参检人数 1.67 万名，体检率 90%以上。全市95%以上的用人单位负责人和职业卫生管理人员参加教育培训，并通过考核取得《企业主要负责人职业卫生培训合格证书》和《企业职业卫生管理人员培训合格证书》。

【安全生产宣教】 2016 年，海口市安全生产监督管理局与海口电视台、海口广播电视台合作，先后开展“6·16”全国安全生产宣传咨询日、安全生产法治宣传学习、安全文化精品创作和征集展映、应急预案演练、“安康杯”竞赛、安全警示教育片放映等活动，宣传安全生产知识及相关法律法规。组织各部门、各企业应急管理负责人、职业健康管理人员、标准化自评员、安全管理人员进行安全生产法律法规培训，全年培训企业负责人 1763 人、企业安全管理人员 3108 人、特种工 2355 人、农民工 5030 人。

（宋文军）

食品药品监管

【食品药品监管概况】 2016 年，海口市食品药品监督管理局围绕“发现问题、消灭问题”和“清单管理、靶向治理”的工作主线，保障全市人民饮食用药安全，全市食品生产经营单位的环境面貌、经营秩序、食品安全整体状况都得到极大改善。全年出动监管人员 5.8 万人次，巡查 8.9 万家次食品药品生产经营企业；开展米粉面条、农贸市场、学校食堂、处方药、保健食品原辅料、注射用透明质酸钠等 42 项食品药品专项整治；接到投诉举报 1920 宗，处理率 100%；查办案件 332 宗，总涉案货值 276 万元，罚没款 428.2 万元，捣毁窝点 90 个，移送涉刑犯罪案件 10 宗。全年海口市没有出现食品药品安全事故。市食品药品监督管理局被海南省食药监局评为“2016 年度重大活动食品安全保障工作先进单位”，海口市药品不良反应监测中心被海南省食药监局、海南省卫计委评为“药械不良反应/

事件监测先进单位”。

【食品生产安全专项整治】2016年，海口市食品药品监督管理局开展桶装水、米粉、生湿面、食品标签标识、月饼、配制酒、粽子、冷冻饮品等12项食品生产环节专项整治。累计检查食品生产企业972家次，提出整改意见1202条，责令整改16家，立案查处14家企业。生产环节专项抽样376份，其中月饼、配制酒、粽子及冷冻饮品等产品的抽样合格率均为100%。

【食品流通安全监管】2016年，海口市食品药品监督管理局组织开展海干、水发产品、冻库、农贸市场、肉类市场、农村食品市场、网络食品交易平台等8项食品流通环节专项整治，检查食品经营者5.71万户次，检查批发市场、集贸市场等各类市场912家次。受理和处理消费者食品流通环节申诉和举报1149件，为消费者挽回经济损失27.70万元。在全市82个农贸市场和便民疏导点设置农残检测点，农残检测信息公示栏统一上墙，实现“日检日示”。

【餐饮服务食品安全监管】2016年，海口市食品药品监督管理局开展小餐饮、春季开学、桂林洋高校区、秋季开学、高考、元旦春节、中秋国庆、旅游市场、病死猪肉、全域旅游、集中消毒餐饮具、农村餐饮服务、灾后餐饮食品安全等14项食品安全专项整顿，餐饮环节共责令改正2293家，立案查处33件。经过整治，全市建成区餐饮企业持证率、证照上墙率99%以上。开展泛珠区域三省食品安全应急演练活动，在全市范围内开展5次食品安全事故应急演练。

【重大活动食品安全保障】2016年，海口市食品药品监督管理局圆满完成海南省“两会”、博鳌亚洲论坛、全国旅游工作会议等55项重大活动的餐饮食品安全保障工作，保障用餐接近12.59万人次，保障餐次586餐次，现场食品原料快速检测5531份，确保各项重大活动顺利举办。

【食品安全示范店建设】2016年，海口市食品药品监督管理局推进食品安全示范街（店）建设，参与全市特色餐饮街区和“15分钟便民生活圈”创建，在全市打造兴丹路、道客村路、美华路等8条食品安全示范街和100家食品安全示范店。开展学校食堂示范创建工程建设，4家省级食品安全示范学校食堂通过海南省食品药品监督管理局复核，12家省级食品安全示范学校食堂通过初核。开展茶叶经营示范店创建，增评1家“茶叶经营示范店”，全市茶叶经营示范店有33家。

【推进“透明厨房”工程】2016年，海口市食品药品监督管理局在全市范围内试点建设50家“透明厨房”工程学校食堂，鼓励第三方机构与企业合作，以广告投放的方式免费为160多家餐饮单位安装“透明厨房”相关设备设施。

【校园食品安全监管】2016年，海口市食品药品监督管理局检查学校食堂942家次，立案查处2起，行政罚款及没收违法所得6万元。检查学校周边小餐饮店1089家次，下发责令改正通知书190份，取缔无证餐饮单位1家。检查学校周边小食品店1388家次，查处不符合食品安全标准和要求的食品23千克，下发责令改正通知书186份，取缔无证小食品店1家。检查学校周边小摊贩286家次，下发责令改正通知书56份。

【农村食品安全整治】2016年，海口市食品药品监督管理局以城乡结合部、自然村为重点区域，以农村食品生产企业和小作坊、集贸市场、农家乐、食杂店、小餐饮店为重点对象，以农村日常消费食品、民俗特色食品等为重点品种进行全面整治。共出动执法人员724人次，检查农村地区食品生产单位（包括小作坊）201家次，检查食品经营单位1336家次，落实进货查验和台账记录1306户，责令整改30户，检查批发市场、集贸市场80家次。

【保健食品化妆品监管】2016年，海口市食品药品监督管理局完成51批次的国家化妆品风险监测抽检任务，组织抽检海口市生产的17个品种保健食品，产品合格率100%。开展春节期间保健食品、化妆品安全生产，保健食品非法添加、非法声称等问

整改前的小餐饮店厨房。

整改后的小餐饮店厨房。

（市食药监局 供稿）

整改前的小餐饮店。

整改后的小餐饮店。 （市食药监局 供稿）

题，无证化妆品等3次保健食品化妆品专项检查。检查保健食品生产企业20家，化妆品生产企业19家次；检查保健食品大型批发、连锁药店等经营企业82家次；检查综合、大型商场化妆品专营45家次，有效规范海口市保健食品化妆品生产经营秩序。

【药品生产监管】2016年，海口市食品药品监督管理局开展药品生产企业、医院制剂2类日常巡查，飞行检查13家药品生产企业；开展元旦春节期间药品生产企业安全检查、药品生产企业原料药专项检查等5个药品生产专项检查，检查79家药品生产企业158家次，检查覆盖率100%。发现企业GMP执行过程中存在的缺陷项474项，下达责令整改通知书6次。7月，举办海口市药品生产企业质量保证与质量控制（GMP）培训班，全市79家药品生产企业共355名质量保证和质量控制人员参加培训。

【药品流通监管】2016年，海口市食品药品监督管理局组织市、区监管部门开展药品流通市场日常巡查监督工作，出动执法人员3854人次，检查零售药店3324家次、各类医疗机构862家次，组织处方药、违法经营行为、中药饮片等药品流通环节专项整治。开展GSP跟踪检查，通过“双随机”方式抽取药品零售企业50家，检查50家，共出动执法人员150余人次。

【药品（医疗器械）不良反应与药物滥用监测】2016年，海口市食品药品监督管理局共收集到1397份药品不良反应报告，264份医疗器械不良反应/事件报告，100份化妆品不良反应报告，660份药物滥用监测报告。及时完成辖区内药品、医疗器械、化妆品不良反应的初评和上报工作。召开2次药械、“两品一械”不良反应监测培训班，1次“两品一械”不良反应监测座谈会，加强医疗机构不良反应监测的督导。

【特殊药品监管】2016年，海口市食品药品监督管理局加强监督管理全市生产或生产需用的麻醉药品、精神药品、易制毒化学品及含特殊药品的复方制剂的20家特殊药品企业，创新网上动态监控麻醉药品和精神药品生产、流通，实现对最小包装流向的全程跟踪。依法监督3家特药生产（需用）企业和3家经营企业销毁超过有效期的共28个品种45批次的特殊药品，防止特殊药品流入非法渠道。

【处方药专项整治】2016年，海口市食品药品监督管理局开展两轮药店违法违规销售处方药专项整治，对海口市辖区内的1036家零售药店进行两轮暗访和两轮全覆盖检查。召开全市药品零售企业动员大会，对所有零售药店负责人进行集体约谈，签订《承诺书》。组成4个督查组开展暗访和督办。要求每家零售药店在醒目位置张贴监管公示栏和规范经营温馨提示。发现存在违法违规行为的零售药店79家，对其中9家药店给予警告并处罚金1000元。经过整治，违法违规销售处方药的行为几乎绝迹。

【医疗器械专项整治】2016年，海口市食品药品监督管理局开展医疗器械冷链运输贮存、注射用透明质酸钠、医疗器械流通领域违法经营行为、无菌和植入性医疗器械、第一类医疗器械备案/原材料等5次专项整治，共出动执法人员652人次，检查医疗器械批发企业972家次，医疗器械零售企业313家次；对65家企业（单位）做出责令改正决定。

【打击食品药品违法违规行为】2016年，海口市食品药品监督管理局查办食品药品案件共332宗，总涉案货值约276万元，罚没款428.2万元。捣毁窝点90个，移送涉刑犯罪案件10宗，接到投诉举报1920宗，处理率100%。同时，加大与其他省市食品药品稽查部门的联系与协调，受理外省市协查函件156件，复函率100%。

【食品药品监督抽样】2016年，海口市食品药品监督管理局完成国家食品药品监督管理总局食品安全监督抽检和风险监测702批次，海南省食品药品监督管理局食品安全监督抽检和风险监测931批次、食用农产品抽样任务1288批次、药品生产领域抽样227批次、药品流通领域抽样176批次、中药饮片抽样6批次、化妆品国抽29批次。抽检进岛瓜菜5.15万批

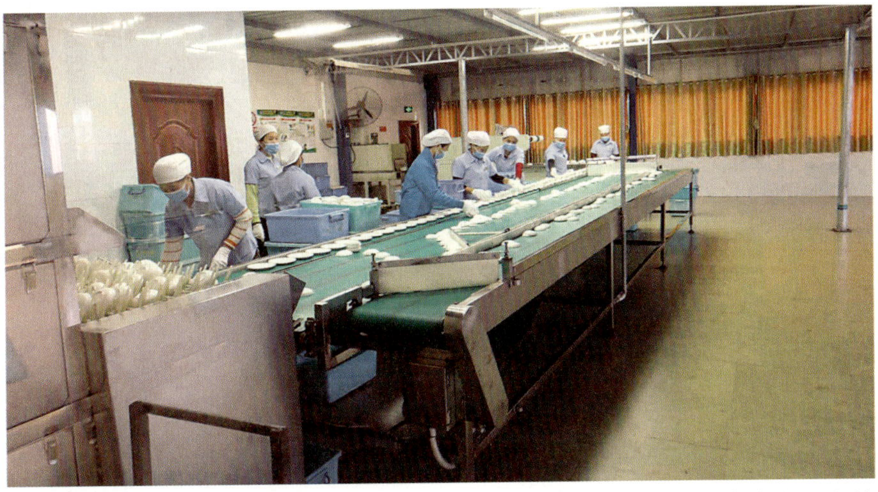

海口市餐具消毒企业整治后规范经营。摄于2016年12月30日。（市食药监局 供稿）

次，抽检合格率99.63%。全市5辆食品快检车共抽检各类市场720家次，抽检1.49万批次，合格率99.77%。

【食品药品“承诺审批制”】2016年，海口市食品药品监督管理局继续推行“承诺审批制”模式，印发《2016年度“承诺审批制”工作方案》，将实施“承诺审批制”的服务事项由原来的3个审批事项扩大到包括药品、医疗器械、食品3个类别16个审批事项，比上年增加13项。16个审批事项中，法定审批时限最长的是20个工作日，最短的是5个工作日。采取“承诺审批制”模式进行审批后，审批时限全部缩短至1个工作日。

【小作坊登记备案】2016年，海口市食品药品监督管理局按照“规范一批、提升一批、取缔一批”的方式整治小作坊，在全市范围推行小作坊登记备案制度。按照“备案+承诺”的管理方式，全市发放小作坊登记备案证书69份，登记并录入监管信息系统的小作坊共996家。

【消毒餐具专项整治】2016年，海口市食品药品监督管理局按照“制定标准，清单管理、明确责任，签订承诺、多次整治，落实监管、分级管理，社会共治”的工作方法，出动监管执法人员360多人次，对全市16家餐饮具集中消毒企业开展4次全覆盖专项整治。关停5家不合格企业，关停率达31.25%。经过整治，餐饮具集中消毒企业的环境卫生、设备设施和产品质量均得到较大提升。

【食品生产经营单位“双创”工作】2016年，海口市食品药品监督管理局通过紧抓“双创”契机，使全市食品生产经营秩序有明显改善。制定食品药品生产经营各行业检查标准清单、必做清单、禁做清单等各类清单14项上百个。将相关业务法律法规59项汇编成册。对违法现象严厉查处，处罚企业8822家次，罚款95万元。举办“双创”相关的培训讲座130多期，培训从业人员8万余人次。发放张贴宣传相关资料20余万份，动员全市近600名食品药品行业志愿者参与支持“双创”。建成区食品生产经营单位实现“十项95%以上”，即持证率、培训率、监管覆盖率、制度上墙率、建档备案率、清单管理率、“三防”设施合格率、从业人员持健康证率、餐饮服务量化分级管理率、食品加工区和就餐场所“两区分离”率均在95%以上；在全市82个农贸市场和便民疏导点设置农残检测点，农残检测信息公示栏统一上墙，实现“日检日示”。

（贺 昊）

公共资源交易管理

【公共资源交易概况】2016年，海口市促进有效投资与优化投资结构相结合，深化投融资体制改革，强化要素支撑，推进项目建设，激发公共资源交易市场活力，完善市场机制，市场要素得以有序流动。全年完成交易项目595个，交易金额1590.09亿元，比上年增长308.59%。其中：政府采购交易完成项目交易49个，政府和社会资本合作（PPP）60个，建设工程交易完成项目交易486个。因海口市年内PPP项目及棚改项目进场交易，致使中心交易量直线上升，其中棚改、政府和社会资本合作（PPP）等民生项目占比较大，分别占交易总额的49.74%和37%。

【统一公共资源交易平台】2016年，海口市按照“政府引导市场、市场公开交易、交易规范运作、运作统一监管”的原则，将原市建设工程招投标中心、市政府采购中心两中心合并组建海口市公共资源交易中心，履行建设工程招投标、政府采购两大类公共资源交易活动的组织、管理、服务职责，是全市进行公共资源交易的有形市场和统一服务平台，实现建设工程招投标、政府采购等公共资源交易活动“一个窗口进出”和“一站式服务”。交易中心有编制人员25人，内设办公室、建设工程交易部、政府采购交易部、信息网络部、综合交易部5个科室。

【深化公共资源交易业务改革】2016年，海口市公共资源交易中心为有效降低交易时间，防范过程风险，通过深化交易业务环节改革，做好业务优化和流程再造工作：采用全省统一CA认证，取消市级标书制作工具收费，有效降低企业交易成本，全年为企业减负300多万元；取消政府采购除集中采购以外的政府采购文件的编制工作；对采购文件进行复核，依照有关法律法规和文件范本（责任清单）进一步调整完善采购文件的复核流程；将部分采购文件挂网免费下载，不再以报名并出售文件的方式获

2010～2016 年海口市公交资源交易业务运行情况比较表

年度	政府采购数量（个）	工程数量（个）	政府采购金额（亿元）	工程招标金额（亿元）
2010 年	555	272	1.96	120
2011 年	202	183	2.86	57.8
2012 年	116	379	1.86	152
2013 年	157	501	2.05	223.7
2014 年	172	311	2.16	133.8
2015 年	147	772	1.62	387.74
2016 年	109	486	1447.58	143.32

知潜在投标人信息，降低采购环节中的廉政风险；运用“互联网＋公共资源交易”，建设中心网站和微信公众号，实现全天候网上预约服务。通过建设服务平台、电子交易平台、监督平台实现与省级平台的互联互通，实现交易全程电子化，实现交易全程留痕、远程监督，实现高效、专业、规范、安全、低成本的招投标管理，最大程度保证项目招投标的公开、公平、公正，实现方便、保密、规范以及资源共享。

【“双创”项目专项采购】2016 年，海口市公共资源交易中心全面保障“双创”专项采购工作高质高效开展。项目进入中心后，安排专人跟进项目，对项目交易各环节进行严密跟踪，做到全过程优质服务，专人跟进，负责项目的实时问效，确保项目的公告信息发布、场地安排、办理交易等环节全程绿灯、优质高效。全年共受理完成“双创”项目 301 个，涉及总投资 1271.73 亿元。主要有海口市城镇内河湖水环境综合治理PPP 项目、4 个区“双创”工作小街小巷提升改造 PPP 项目、海口市大型农副产品综合批发市场项目、海口市21 条城市道路改造提升工程 PPP 项目、海口市保利市政配套 PPP 项目、海口市地下综合管廊 PPP 项目、大英山路网等 PPP 项目、丘海大道等 21 条道路 PPP 项目、西沙路等 5 个道路、照明 PPP 项目、海口市足球训练基地配套等道路 PPP 项目、海口市农副产品市场配套道路及长堤路综合改造工程 PPP 项目、国兴大道等 5 条道路景观提升工程 PPP 项目等涉及文化体育科普设施、环卫设施、农贸市场改造、水体治理、园林景观绿化、市政基础设施和小街小巷改造、交通设施、消防设施、环保设施、城市管理十大领域建设的提升海口市基础设施的双创项目。其中文化体育科普设施建设项目包括市图书馆项目、市博物馆项目、市美术馆项目、秀英区图书馆、龙华区图书馆、龙华区文化馆、美兰区公共文化馆及图书馆项目、琼山区文化馆、21 个街道综合文化站项目等 29 个项目建设；环卫设施项目包括白水塘存量垃圾治理工程、餐厨垃圾无害处理厂、粪便无害化处理厂、建筑垃圾资源化处理厂、颜春岭垃圾渗滤液处理站二期工程、环卫作业基地、小型转运站、公共厕所等 24 个项目。农贸市场改造升级方面包括海口 4 个区 46 家农贸市场升级改造；水体治理方面包括龙珠湾综合整治工程、美舍河清淤示范工程、美舍河沿线排污工程、秀英沟河道整治工程、水体生态修复治理等50 个项目；园林景观绿化方面包括丘海大道景观提升工程、双拥天桥、人民天桥等 15 座天桥绿化美化工程，美舍河带状公园及街边小游园等 15 个公共绿地改造工程，万绿园环境综合整治项目等 25 个项目；市政基础设施方面包括秀英大道、解放西路、新大洲大道、五指山路等道路进行提升改造，白驹大道（琼山大道－桂林洋互通）照明工程等 88 个项目；交通设施方面包括非机动车过街通道信号灯系统（二期），对部分路段损坏交通护栏进行更换，完善市区主干道行人、非机动车过街信号灯系统（二期），设置人行隔离护栏，复划道路交通标线等，共 12 个项目；消防设施方面包括海甸消防站、观澜湖特勤消防站、海口市博物馆消防系统改造、市政消防栓补建等 4 个项目；环保设施方面包括大气自动监测系统备机配置、废气污染源自动监控系统现场端等 8 个项目；此外，还有市政市容委数字化城市管理信息系统、海口市公共信息导向系统建设、海口骑楼建筑历史文化街区新民西路道路临街骑楼建筑立面修缮整治工程等 15 个项目的建设。

【公共资源交易廉政风险防控】2016 年，海口市公共资源交易中心针对交易资金量大、风险等级高等特点，对各类交易流程和工作环节，分析出三级廉政风险级别，并根据岗位职责梳理 157 个廉政风险点，51 个风险环节及 195 条防控措施，将电子信息防控手段贯穿于各类交易流程，实行网络监督，工作人员按岗位风险等级进行网上权限管理，同时实行分岗查险、分险设防、分权制衡、分层问责、分级预警的“五分”制，对交易参与各方行为实行全程电子监控及留痕，形成相互支撑、相互制约的监督防控系统。

【公共资源交易服务管理】2016 年，海口市公共资源交易中心健全服务机制，公开服务内容、服务标准、服务流程、服务承诺、收费标准，方便群众办理各项业务，时刻保持“工作效率最高、服务水平最优”优质服务窗口；增强服务的主动性、针对性，为招标代理机构设立专门办公区域进行服务，有效提高服务质量；执行首问负责制、一次性告知制、限时办结制、容缺受理制、绿色通道服务制、服务承诺制、延时服务制等相关制度，加快办理企业申请材料流转速度，压缩办理期限普遍达50%以上。

（黄海英）

（编辑：吴钟宝）

国有资产监管

【国有资产监管概况】2016年，海口市国资委监管的市属重点国有企业有海南港航控股有限公司、海口市公共交通集团有限公司、海口市水务集团有限公司、海口市城市建设投资有限公司、海口市城建集团有限公司、海口市菜篮子产业集团有限公司、海口旅游文化投资控股集团有限公司、海口市地下综合管廊投资管理有限公司、海口国家高新区发展控股有限公司、海口市统筹城乡发展（集团）有限公司、海口投资管理有限公司、海口市金融控股有限公司、海口市公交场站投资建设有限公司、海口骑楼老街投资开发有限公司、海口保税区开发建设有限公司、海口市燃气集团公司、海口市三江农场、海口市国有资产经营有限公司、海口市水产供销总公司19户。截至12月底，19户企业资产总额1693.41亿元，比上年增长46.0%；负债总额1297.32亿元，增长53.6%；所有者权益总额396.09亿元，增长25.6%；归属母公司的所有者总额330.79亿元，增长32.9%。全年市属国有企业完成国有资产收益2亿元上缴任务（含秀英区60万元）。市国资委完成市60家国有企业（单位）欠农业银行海南省分行债务（农行债权）本息合计6.27亿元的回购工作。年内，市国资委被评为全省国有资产统计工作先进单位，海口市城市建设投资有限公司获得省重点项目推进先进业主单位一等奖。

【国企重大投资管理】2016年，海口市国资委对市属重点企业重大投资项目实行核准，共核准企业投资项目35个，投资总额38.57亿元，涉及股权和固定资产投资等。其中，固定资产投资项目19个，金额33.30亿元；股权投资项目13个，金额4.81亿元；增资项目3个，金额0.46亿元。

【国资监管制度体系建设】2016年11月16日，海口市国资委制定《关于规范海口市国资委所出资国有企业资产出租管理的指导意见》，为完善国有企业资产租赁管理的责任和监督体系，进一步明确市国资委和企业在资产管理方面的职责权限，落实企业主体责任，充分提高企业资产效用和经营效益，促进企业资产租赁工作公开透明、合法规范，从源头上预防和治理腐败，防止国有资产流失，实现国有资产保值增值提供制度保障。该《意见》的出台，填补海口市国资监管制度体系在企业资产出租规范方面的制度空白，成为目前全省唯一一个规范国有企业资产出租行为的规范性文件。

【国企综合考核】2016年3月下旬至4月上旬，海口市国资委对17户市属国有企业2015年的各项工作进行综合考核。通过召开述职大会、民主测评、查看资料、个别谈话等程序，对2015年度企业领导班子及成员进行考核测评（其中统发公司、管廊公司、三江农场、水产供销总公司、骑楼公司和二轻联社仅考核领导班子及成员）。根据综合考核评分汇总，各企业评分结果从高到低依次排列分别为：海口市城市建设投资有限公司97.26分，海口保税区开发建设总公司96.49分，海南港航控股有限公司96.43分，海口市水务集团有限公司95.22分，海口市国有资产经营有限公司95.11分，海口市城建集团有限公司93.82分，海口市担保投资有限公司93.21分，海口旅游文化投资控股集团有限公司91.67分，海口市公共交通集团有限公司89.79分，海口市公交场站投资有限公司88.41分，海口市燃气集团公司83.38分。

【国有资产转让】2016年，海口市5家企业共完成国有产权（资产）转让处置12宗，涉及产权（资产）账面价值2967.63万元，评估价值4980.75万元，成交价格7425.57万元。评估增值率为67.84%，实际成交额增值率达150.22%。

【国企重点项目建设推进】2016年，海口市国资委和市属国有企业通过加强督查，将重点项目考核与薪酬挂钩，加快推进省、市重点项目的建设。市属国企重点企业共承担省重点项目18个，开工17个，总投资248.85亿元，年内计划投资59.88亿元，实际完成投资65.04亿元，完成年度计划的108.62%；承担市重点项目44个（含PPP项目），开工41个，总投资130.35亿元，年内计划投资19.17亿元，实际完成投资17.04亿元，占年度计划的88.89%。其中，省重点项目海秀快速路按时实现全线通车目标，一批6条地下综合管廊试点项目主体工程顺利完成，新海港客货滚装码头二期、马村港三期散货码头和集装箱码头、南渡江引水工程、江东大道二期、海口市（公益性）大型农副产品综合批发市场等项目如期完成年度建设任务。市重点项目环湖路南北段按时通车，长流起步区路网（一期）、美和路、山高南路、海口市旅游职业学校、白沙门园丁大厦、滨海大道过街通道等一批项目顺利完工或封顶，海瑞学校、海口市第三十一小学等5所“10+2”学校项目在秋季开学前陆续通过竣工终验并投入使用。

【新增二级国有企业】2016年，海口新增4户二级国有企业。3月18日，海南港航新海港项目投资有限公司成立，注册资金1.56亿元，主要经营新海港项目投资与建设、港口装卸、水上客货代理服务、船舶供电及燃物料、淡水的销售；海南港航马村港项目投资有限公司成立，注册资金5500万元，主要经营马村港项目投资与建设、港口装卸服务、仓储（化学危险品除外）、水上客货运输代理服务、船舶供电及燃物料、淡水的销售。6月12日，海口市金融控股有限公司全资子公司海南弘微创业服务有限公司成立，注册资本金1000万元，主要经营创业孵化服务、企业管理咨询。11月，海口市公共交通集团有限公司全资子公司海口市公共交通后勤服务有限公司成立，注资100万元，主要经营城市餐饮配送、城市物流快递、土特产配送及销售、门市餐饮销售。

【国资国企改革】2016年，海口市国资委继续深化国资国企改革，在重点企业层面试点混合所有制改革。市国资委将企业混合所有制改革由之前的二级企业试点提升到一级企业层面，引入社会资金组建海口市金融控股有限公司，打造市级金融服务平台。该平台以海口创业投资有限公司作为重组标的，经过1年，完成该公司更名重组、股权划转增资等手续。

【国有企业供给侧结构性改革】2016年6月，海口市国资委开展“国有企业（含国有农场）供给侧结构性改革”课题的调查研究，并形成《海口市国有企业（含国有农场）供给侧结构性改革调研报告》。海口市菜篮子集团通过建设大型农副产品批发市场、大型蔬菜种植基地，设立蔬菜直销点，到内地组织货源等措施，有力地平抑海口市菜价。管廊公司作为海口市对接国家首批10个地下综合管廊试点城市的业主单位，年内开工建设地下综合管廊18.74千米，建成管廊主体7.15千米。在全国试点城市中率先实现燃气入廊。整合市、区两级环卫资源，以海口保税区建设总公司为主体，引入社会资本，成立4家环卫一体化公司，并实现将全市环卫工作纳入PPP企业管理，开启机械+人工保洁新作业模式。全市环卫机械作业率由19%提升至60%以上，建成区一、二级城市道路机扫率达到100%。海口市环卫一体化的实施，成为海口全面推进城市管理转型升级的示范样板。“十三五”期间，海南港航控股有限公司将加快建设港口基础设施，将原海口港规划的吞吐能力由1亿吨提高到2亿吨，规划最大靠泊能力由5万吨提高到10万吨级以上；水务集团将完成永庄水厂三期扩建，供水能力从10万吨/日提升到20万吨/日，四期扩建规模至30万吨/日；海旅集团将升级现有旅游资源，打造海口精品旅游项目；燃气集团拟与海南民生燃气公司合作开发建设，在“海澄文”地区建设8~10座汽车加气站，在东线高速公路沿线建设6~8座天然气加气站。

【市属重点企业介入PPP项目】2016年，海口市属重点企业参与的PPP项目公司共20家。市城投公司以社会资本方参与琼山区小街小巷升级改造PPP项目，介入琼山区辖区内483条小街小巷的改造。市城建集团以社会资本方参与秀英区镇墟改造工程（长流镇、东山镇）和琼山区镇墟改造工程两个PPP项目，介入琼山、秀英两区镇墟改造地下管网建设及改造工程、道路路面改造工程、市政公用设施和公共服务设施建设以及街景立面整治提升工程等。由市属重点企业作为政府出资方代表的海口环卫一体化项目、海口市南渡江引水工程、海秀快速路工程、海口市地下综合管廊工程、海口港新海港区汽车客货滚装码头二期和海口港马村港区三期散货码头工程等重大工程项目建设均采用PPP模式。

【市国资委责任清单编制】2016年12月29日，海口市国资委编制的责任清单（无权力清单）在海口市政府门户网站上录入对外公开。责任清单明确市国资委的主要职责，界定与相关部门的职责边界，规定市国资委在国资国企事中事后14项监管制度，对明确工作职责，加强市属国资国企监管具有重要意义。

【整合全省港口港航港务】2016年，海南省委、省政府为扭转海南港口群“小、散、乱、弱”的现状，提高海南港口岸线的利用效率和区域整体竞争力，提出要以“全省一盘棋”的思路整合全省港口港航港务资源，打造“21世纪海上丝绸之路”海港贸易物流枢纽，实现优进优出。同时，明确由海南港航控股有限公司代行省级平台职责对全省港口资源进行整合。海南港航控股有限公司与海南省洋浦开发建设控股有限公司（省属企业）合资成立全省港口资源整合平台—海南港航国际港务有限公司（简称“国际港务”）。年内，国际港务接管洋浦小铲滩码头并投入运营，马村东部岸线整合进入股权交易程序，海口市政府

2016年11月11日，海口市国资委举办“提高资本运作能力 做强做优做大国企”专题讲座。
（市国资委 供稿）

与临高县签订临高金牌港港口及岸线资源整合战略合作协议，海南港航与文昌港湾港务有限公司就清澜港整合达成意向，海口市政府与东方市政府签订港口及岸线资源整合战略合作协议。海南港航控股有限公司分别与海南交通控股、中远海运等单位签订战略合作协议，将通过股权合作注入资金，为全省港口资源整合注入新动力。

【石山火山群国家地质公园创建5A旅游景区】海口石山火山群国家地质公园为创建成为海口市首个5A级旅游景区，在2015年6月，启动整合重组椰湾集团景区前期工作及旅游开发、创建5A景区前期工作的基础上，2016年，以"整体联动开发"的总体开发和项目投融资为思路，基本完成公园开发策划及各项规划工作，具体有：发布实施《海口石山火山群国家地质公园规划修编（2016~2030）》，《海口火山口地质公园核心景区旅游总体规划》通过评审，《海口火山口石山火山群国家地质公园总体策划及核心景区重点策划》编制完成，《海口石山火山群国家地质公园及外围地区控制性详细规划》正在公示，《核心景区修建性详细规划》完成初稿。此外，创5A首期启动项目前期工作基本完成；椰湾集团景区资产整合重组《审计报告》通过专家评审，《法律尽职调查报告》定稿，资产评估及重组方案编制工作基本完成。

【二轻工业联社转企改制完成】2016年8月29日，海口市二轻联社8名职工分别签订《海口市二轻工业联社事改企身份置换金支付协议》，并发放经济补偿金。同时，市二轻联社与3名2008年1月1日后退休人员签订协议并一次性发放事企差。至此，二轻工业联社事改企工作完成，进入成立新企业相关工作的准备阶段。市二轻工业联社前身是海口市手工业合作总社，成立于1951年，系海口市编委登记的事业法人，是海口市二轻集体企业的联合经济组织，属自收自支集体所有制事业单位。2009年3月27日，市委组织部将市二轻联社党委、市二轻联社（市二轻工业集团总公司）的领导职务委托给市国资委党委管理，并明确由市国资委指导做好企业经营管理和改制等工作。同年6月15日，市编委批复同意将市二轻联社改制为企业。由于市二轻联社人员思想不统一，一直未能启动转企改制工作。2015年4月13日，市二轻联社成立联社转企改制工作小组，在市国资委指导下正式开展改制工作。截至2015年底，市二轻联社共有职工57名，其中在职人员8人，退休人员49人；下属共有40家集体企业，完成改制关闭企业34家，尚有6家没有改制（涉及职工1200多人）。

（陆勇荣）

国有企业选介

【海南港航控股有限公司】2016年，公司资产总额约89亿元。拥有秀英港区、马村港区、新海港区和洋浦港区，码头泊位44个：2个5万吨集装箱泊位，3个5万吨级多用途泊位，4个2万吨级泊位，2个万吨级泊位，5个5000吨级通用泊位，4个3000吨级以下杂货泊位，客货滚装泊位24个。件杂货年设计吞吐能力2124万吨，集装箱吞吐能力166万标准箱，旅客通过能力1318万人次，滚装车辆通过能力190万辆。拥有客滚船19艘（正常运营17艘，停航2艘）、港作船8艘，各类主要生产机械设备共294台，仓库8.95万平方米，生产用堆场83.59万平方米，非生产用堆场5.37万平方米。全年共完成货物吞吐量7465万吨，比上年增长14.1%。其中，完成集装箱吞吐量140.18万标准箱，增长11%，顺利实现市政府下达的全年冲刺140万标准箱目标。轮渡旅客进出口人数892.1万人次，增长12.3%；轮渡进出口车辆195.6万辆次，增长22.1%。全年营业收入20.61亿元，首次突破20亿元大关。

资源整合　2016年，公司推进小铲滩码头资源整合工作，成立海南港航国际港务有限公司，以其作为全省港口资源整合的平台。10月8日，洋浦港区建成后迎来第一艘集装箱船舶"鸿利之星"进行作业。10月31日，贯通海口港、洋浦港的"海口—洋浦"公共驳船航线正式开航。12月16日，国际港务洋浦港区举行开港仪式，港口资源整合取得阶段性成果。

项目建设　2016年7月21日，海口港新海港区和马村港区建设工程PPP项目顺利通过市财政局的专家评审。9月9日和14日，分别完成竞争性磋商及合同的谈判工作，选定中交四航局作为本项目的社会资本方。11月底，公司与海口市交通局、中交四航局签订PPP项目合同。

（曾　涛）

【海口市公共交通集团有限公司】2016年，拥有公交车1071辆、出租车1507辆，公交线路85条，线路总长度1530千米。全年公交运营总里程5904.53万千米，比上年上升4.05%；出租运营总里程1.98亿千米，下降3.07%。至12月底，集团账面资产总额7.06亿元，负债合计8.07亿元。全年营业总收入2.75亿元，成本4.09亿元，利润总额 -1.35亿元。年内，公交发生道路交通有责事故161宗，事故率2.5宗/百万千米，下降13%；伤人率0.2人/百万千米，下降33%；费用率2.8万元/百万千米，下降17%。出租发生道路交通有责事故500宗，事故率2.5宗/百万千米，下降16%；伤人率0.1人/百万千米，下降50%；经损率0.8万元/百万千米，下降33%。截至8月初，分两批完成对5家公交企业、18条公交线路、170辆公交车辆的接收整合工作。加强社会公德、职业道德、家庭美德和个人品德建设，共发生好人好事2747起，有9名员工获"海口好人"称号。

公交、出租车投入及硬件建设　2016年，完成300辆纯电动公交车、

200辆国V标准中巴车型公交车、50辆公交线路柴油车机动运力、608辆常规出租车的更新投放。新开辟3条支线和1条旅游A线，填补长流片区公交空白区域，增加线网覆盖率，为市民提供便利的出行条件，并对50条公交线路进行优化调整。全年完成建设公交候车亭18座（海榆大道8座、万绿园公交枢纽站5座、万达广场站3座、七彩澜湾站1座、汽车西站1座）、54块大牌。其中，海榆大道路段新建8座港湾式候车亭按“三大一小”建设标准，投资63.86万元，4月份完成建设并通过验收。年内，完成千江悦、滨江路调度室的建设，万绿园枢纽场站相关交接工作，6路滨江路停车场站报批建设工作，与富德地产签订公交场站用地合作建设协议等场站建设。在市内投入22个充电桩使用，其中龙华路10个、千江悦7个、白沙门3个、东环铁2个。

A3公交驾驶员定向培训　受公交资源整合及线网优化后增加运力的因素影响，预计海口公交车驾驶员将缺编1185人。为有效解决公交车驾驶员缺编难题，与海汽集团旗下的海口海星机动车驾驶员培训有限公司签订《公交驾驶员定向培训校企合作协议》。协议采取预招工培训方式，定向免费培训A3驾驶员，2016年共开设3期培训班，参加培训学员304名，学员主要以社会人员为主。

安全监管　2016年，组织各级人员对营运秩序、服务质量、车容车貌实行不定期突击检查近5000人次，检查线路覆盖率100%。查出问题，及时责令限期整改。实行24小时不间断服务受理制度，全年客服中心共接市民乘客来电上万起，其中投诉电话近千起，做到投诉处理率100%、投诉回复满意率100%。对各线路和调度室进行定期和不定期稽查，共查处违规200多宗，整改完结率达到100%。每天一次对各线路营运车辆出勤率进行检查，及时发现问题，及时整改。

（陈谟君）

【海口市水务集团有限公司】2016年，拥有5家全资子公司、1家控股子公司和1个直属厂（龙塘水源厂）及4家参股公司。总资产18亿元，净资产12亿元。全年销售水量1.66亿吨，处理污水1.06亿吨，实现主营业务收入5.35亿元，利润总额7594万元，净利润5171万元。集团公司与龙塘水源厂分别获“2015年度全国‘安康杯’竞赛活动优胜单位”及“2015年度全国‘安康杯’竞赛活动优胜班组”国家级称号。

项目建设　全年共推进20个重点项目，其中开展11个重点项目前期工作，建设9个在建项目，年度完成投资10.81亿元。其中南渡江引水工程完成投资逾10亿元，占全年投资计划的114.01%，提前超额完成年度目标任务，其他项目总体推进情况保持良好势头。

安全生产　全年组织开展安全培训教育376场次，参加人数8918人次；6次安全大检查活动，共排查治理影响安全生产的各类事故隐患738余项，整改率100%。专项投入安全隐患治理资金55万元。修订《供水管道突发性爆管事故抢修》等10个应急预案，开展应急演练20场次，参加人数约500人。组织完成200余名接触有毒有害物质岗位职工查体，对生产场所涉及噪音、工频电场、化学毒物检测等20多个点位的检测，落实2376个市政消火栓专项普查并跟踪落实整改情况，投入近2000万元用于公共消防设施与市政消防栓的更换与维护，安全生产形势总体平稳。

便民客服　开展与用户签订供用水合同、银行代扣协议等活动，试点推广便民、利民举措。全年处理数据城管办件1681件、12345热线1080件，及时答疑和处理水质、水压、抢修等热线难题，客户接通率92.08%，投诉处理办结率达100%，客户满意度达99%以上。

（柳家盛）

【海口市城建集团有限公司】2016年，公司营业收入2.85亿元，完成国资委考核目标101.44%；利润总额1935万元，完成国资委考核目标159.65%；政府代建业务累计完成投资11.60亿元，完成年度计划目标105%；自营投资项目累计完成投资6966.8万元，完成国资委考核项目102.96%。成立PPP管理中心、“双创”安质办。成功申请到市政交通咨询甲级资质，图审中心8月正式取得省市政类道路、桥梁、给排水一类施工图审资质。规划院新增人防工程和其他人防防护设施设计乙级资质，与上海同济城市规划设计研究院共同编制的《海口市东寨港旅游区（西区）单元规划》项目获海南省优秀城乡（村镇）规划设计一等奖，全国优秀城乡规划设计三等奖。路桥公司代建项目友谊路和东海岸滨海路二期获海口市“椰城杯”（市优）建设施工优质样板工程奖，东海岸滨海路二期获海南省建设工程质量最高荣誉奖“绿岛杯”优质奖。物业公司所辖的谐安花园、长堤明珠小区获“海南省卫生先进单位”称号。

代建政府项目　7月20日，公司代建的海秀快速路项目主桥及部分匝道实现功能性通车；9月12日，剩余部分匝道及地面道路、机动车道实现全线通车。安置房项目地块二主体施工，地块三土方开挖，向荣路地块完成地下室工程。7月31日，环湖路项目南北段提前通车，有效缓解大英山片区的交通出行压力。9月20日，海口绕城公路工程项目（一期）通过竣工验收。12月28日，龙华菜市场桥涵新建工程提前两天全面完工并开放交通。6月，海甸岛五西路排涝泵站工程建成试运行。省重点项目江东大道（二期）和椰海大道C段项目加强施工组织，保质保量完成项目年度建设目标。列入“百日大行动”任务项目龙昆沟（银州宾馆段）污水截流工程、电力沟污水截流、壅水工程开工建设。8月10日，五源河学校完成竣工验收，8月15日移交校方投入使用。8月24～28日“10+2”项目中的琼山区第一小学、琼山区第二小学（红星校区）、海瑞学校、灵

2016年2月29日，国家发改委调研组莅临海口旅游职业学校项目工地现场进行调研。（周克业 摄）

山镇中心学校（小学部）和海口市第三十一小学5所学校陆续通过竣工终验，并全部投入使用。海景中学完成主体工程。海口市人民医院综合保障楼项目南北楼主体封顶。海口市妇幼保健医院完成室内、外装修。精神病人福利机构与孤儿生活楼项目进场、开工。全年，下属的桥管公司管养桥梁122座，较上年增加17座，组织完成多座结构隐患桥梁的治理工作，桥梁合格率97.5%，较2015年下半年安全运营状况显著提升。

自营项目　2016年，首次以社会资本方的身份参与秀英区、琼山区镇墟改造PPP项目投标并中标，项目已开始进行施工。7月，开展《吉祥岛区域建设用海规划》的前期工作。年内，金都二期项目施工监理开标，进行施工联合报建；海糖二期项目主体封顶；盛泰佳园主体工程竣工验收；教师公寓项目7月土地变性获市政府批复同意；物业公司6月正式接管市委、市政府行政办公区项目，实现公司市场化业务新的突破。

改革改制　2016年，市城建集团改革改制工作持续推进。市政工程设计研究院于5月完成2015年虚拟股权激励的全部工作，并为持续深化虚拟股权激励工作修订《海口市市政工程设计研究院虚拟股权激励方案》。市政开发公司关闭工作取得突破性进展，完成在职职工解除劳动关系协议书的签订和社保补缴及职工安置补偿金发放工作。盛泰公司的盛泰花园、盛仕公馆、驰天钰园3个项目办理产权转移过户登记。泰信建工完成市政公司东门塘宿舍区的关闭工作。

（姜黎立）

【海口市城市建设投资有限公司】2016年，营业收入5.56亿元，利润总额6732万元，完成市国资委考核利润指标4608万元的146.09%。完成融资额126.3亿元，提前并超额完成年度50亿元的预算指标。签订银行贷款合同7个，合同金额120.9亿元，银行贷款到位126.3亿元。公司进入海南省企业100强。

市政道路建设　承担市政基础设施、科教文卫项目47个，在建项目16个，前期项目27个。其中，粤海一街、冼夫人大道改造两个“百日大会战”续建项目分别于6月18日、12月5日完工，均提前完工；6月30日，美和路、山高南路市政道路工程路面完工、实现功能性通车；12月26日，2015年必保项目、市国资委重点考核项目朱云路片区棚户区改造（五公祠修缮）项目全面完工。

民生项目建设　完成项目建设投资3.43亿元；竣工各类保障房1425套，竣工面积10.4万平方米。代建科教文卫项目12个，其中省市重点项目2个，市国资委考核项目1个。7月30日，省市重点项目——北京师范大学海口附属学校项目（高中部）按时开工；9月30日，海口市（美兰区）示范性综合实践基地项目进场开工建设。9月，海口市旅游职业学校二期实训楼项目主体封顶；12月20日，海口市残疾人康复中心项目完工；12月底，海口市人民医院住院第二病区项目基本完工。年内，白沙门园丁大厦完工，正在办理竣工验收手续；侨中里教师公寓正在进行外墙涂料施工；新大洲教师住宅小区正在进行砌体及抹灰工程。

房地产经营　2016年，自主开发房地产在售项目6个，合作开发房地产在售项目5个，实现销售额（合同金额）超12亿元。金岛海一方、蓝城印象二期等项目推出的认筹房基本于推出当天售罄。永秀花园限价房（时代城）转为普通商品房销售后，

2016年12月20日，海口市残疾人康复中心项目完工。（范平健 摄）

每月销售情况位列商品住宅销售排行榜前茅。东站国际商业广场商务星首期写字楼开盘当日售罄，取得6625万元的销售额。与海南诚立升公司签订海口东站地下商城负商场二层承租合同，于10月29日重新开业。全年销售各类保障性住房755套，销售面积7.4万平方米；实现合同销售额3.72亿元，销售回款3.46亿元。

业务拓展　2016年，开拓全新的PPP项目管理业务版块，共承接政府PPP项目14个，涉及总投资50.19亿元，代表政府即将注入1.9亿元的项目资本金，实现PPP项目巨大的杠杆作用，拉动50亿元的政府投资任务。完成火山口公园重组及创5A景区开发策划及各项规划工作。公司在统筹开发海口市石料矿产资源、组建进出口贸易代理公司、策划石山镇墟改造及旅游化建设、启动德润学校项目建设等方面做大量的工作和探索，至年底，市政府原则上同意公司《海口市石料矿产资源统筹开发方案》；初步完成《海口市城市建设投资有限公司组建进出口贸易代理公司的方案》报市国资委审批；完成《石山镇墟改造及旅游化建设策划方案》；启动德润学校项目建设，探索引入国内外名校联合办学，向教育产业试水。

（李海燕）

【海口市统筹城乡发展（集团）有限公司】2016年，按照“规划引领、产业导入、基础设施和公共服务设施先行、体制机制保障”的新型城镇化推进实施路径，稳步推进新型城镇化建设。先后完成演丰镇总规、产业与项目、土规调整、生态保护等18个规划的编制，涵盖镇区、项目区、村庄等各个层级空间，以及生态、经济等多重要素，形成一套有机的规划体系，基本达到“全空间”覆盖、“全要素”联动、“全体系”统筹和“多规衔接”。

演丰镇基础设施和公共服务设施建设　全面推进总投资9.33亿元的11个基础设施和公共服务设施项目建设，并基本完成工程项目初验工作。建设“两纵三横三环”共8条近5.3千米的镇墟路网，覆盖镇域起步区首批全部项目，并完成演丰桥市政化的改造；铺设8.3千米长的供水管道，近期供水规模可达6000立方米/天，预计远期可达1.10万立方米/天，基本满足镇域中长期发展需求；高标准建设污水处理厂，污水处理能力近期4000立方米/天，远期8000立方米/天，实现镇域中水回用。完成演丰镇公共服务中心和规划展览馆的建设，以及配套文体广场、慢行景观系统等工程；完成敬（养）老院、演丰卫生院及保障性住房项目的建设，交付安置房、双限房和公租房822套，安置铺面70间，完成198套安置房和264套公租房的装修，保证演丰镇墟棚户区改造的顺利进行。生态环境保护方面，进行演丰西河整治，疏浚河道1200米，新建堤防2452米，培育栽种红树林品种48种，恢复连片红树林面积3.41万平方米。

演丰互联网产业小镇建设　2016年5月，联合北京中关村互联网金融服务中心等共同发起成立一站式创新创业服务机构“海口创新创业服务中心”，为企业进驻演丰提供管家式的服务。将西河路两边商铺改造装修成互联网企业办公场所，为首批进驻办公企业免除3年租金。装修公租房、公共食堂等配套设施用于招商服务。协助海口投资管理有限公司发起设立互联网产业风险基金，首期募集规模3亿元，其中争取国家发改委和省政府配套1亿元，投资公司和社会募集2亿元，专项投资具有自主知识产权、创新能力强、商业模式新的演丰互联网企业。成功引进爱尔兰科克理工学院博士郑理强回国创业成立的“蜂巢创新工场”落户演丰，蜂巢智能机器人项目的成功落地也将填补海南服务机器人研发设计与制造产业的空白。截至12月底，在演丰镇注册的企业有57家，注册资金5.32亿元，员工人数372人，演丰互联网产业小镇初具规模。

产业培育　统筹管理部分国有农业资产，承担部分海口市“拨改投”农业投资任务，扶持农村新兴产业发展。成功引进全国首个且唯一一个石斛火山岩石溪地区野外仿原生态种植基地落户石山互联网小镇。依托石山互联网农业小镇“互联网＋农业”平台，利用“拨改投”资金，撬动社会资本投资，采用“公司＋合作社＋农户”的产业投资联营管理模式，根据石山镇施茶村“石多地少”的耕种环境及地貌资源，因地制宜合作发展石斛原生态种植特色产业。项目规划种植面积80公顷，项目一期种植面积13.33公顷，投入“拨改投”资金约140万元，撬动社会资本约460万元

2016年8月15日，海口市委常委、副市长袁光平（左三）到演丰镇调研互联网产业小镇建设情况。

（市统发公司 供稿）

(其中农户以土地租金入股120万元)。截至年底，项目盈利110万元，雇佣农户作业超过4000人次，提高周边农民人均收入约7500元。建设海口东山休闲农业产业示范园项目。项目首期规划用地105.33公顷，旨在打造成省级扶贫创业示范基地、省级农业标准化示范园区、省级农业科技成果转化基地等综合示范园区。经过招商，有3家企业进驻园区并投入生产，重点打造文心兰、三角梅、百香果等农业品牌，项目总投资额超过3500万元，实际投入"拨改投"资金337万元，拉动社会投资约1500万元。其中，三角梅优质品种种植及种苗培育项目一期投资311.29万元，已种植三角梅20万株。该园区雇用农民用工超过2000人。产业扶贫项目。结合琼山区三门坡镇精准扶贫工作情况，策划并开展黑山羊养殖产业项目，拟通过项目建设实现产业孵化，解决一批农民的就业生活问题。

收储征收土地　根据项目需求，开展演丰镇墟周边、演丰西河东侧、保障性安居工程（二期）备用地、演美路北侧等4个项目83.04公顷土地征收工作。扶持重点产业，推进区域经济发展，与海航集团合作开展美兰临空产业园项目633.33公顷土地收储工作，完成征收土地约510.67公顷。与市土储中心签订协议，对133.33公顷政府储备地进行农业开发经营，培育发展特色农业产业。

拓宽融资渠道　作为市政府棚改项目购买服务承接主体，根据棚改项目工作计划和资金需求，与国开行、农发行、招商银行等银行签署融资合同533.8亿元，实际到账资金227亿元。截至年底，共向滨江新城（一、二期）、红城湖片区（二期）、夏瑶（一、二期）、白沙坊（二期）、龙岐村、面前坡、坡博坡巷、新琼片区等项目累计拨付214亿元。向国家发改委申请发行15~20亿元企业债券，筹集资金主要用于新型城镇化公共基础设施、创新创业基地等项目建设和产业培育。

（林方兴）

【海口国家高新区发展控股有限公司】 全资国有企业，2012年9月12日成立，公司注册资本49亿元。主要负责海口国家高新区园区及美安科技新城的融资、投资、开发建设以及其他经营业务。截至2016年底，总资产从2012年的8.7亿元增长至77亿元，净资产从5.3亿元增长至50亿元。利用社会资本投资（PPP）、金融机构融资、专项资金补贴等方法，带动园区土地增值近200亿元。下属6家全资子公司，涵盖市政基础设施、PPP、市政代建、地产开发、医疗健康、产业投资、孵化运营招商、精准扶贫等专项领域，开发项目布局在美安生态科技新城、云龙产业园、海马产业园、药谷产业园、狮子岭产业园等园区的开发建设。

美安科技新城路网及基础配套建设　完成投资14.21亿元，翻倍完成市政府下达的工作指标。至年底，累计完成投资56.15亿元，配合完成征地面积1539公顷。美安一期30条道路全部开工，道路总长约60千米，实现贯通美安科技新城南北，完成沥青摊铺55千米、雨污水干管186千米、桥梁建设15座、电力缆沟42千米、给水管56.3千米，绿化面积12.5万平方米，路灯安装1323盏。基础设施配套项目包括燃气迁改、燃油迁改、电力迁改、白莲东分干渠改造项目、美安场平工程均完成过半工程量。

房地产项目　2016年7月，美安城市客厅项目使用。美安产业加速器一期完工验收，正在全面开展销售工作。美安互联网+总部经济区&众创产业园区一期完成投资2.25亿元，完成东西两翼地下结构70%的工程量。"美安南区"福邻中心完成投资1亿元，商业功能区结构封顶。新海美邻中心、药谷中心广场等项目完成项目前期工作。

代建项目　代建在建云龙产业园项目道路完成验收，椰海大道A段项目剩余的高填方段完成路基填筑施工及水稳层施工。代建项目完成投资2075万元，累计完成投资1.6亿元。

拓宽融资渠道　做好融资工作保障美安建设。落实到位国家建设专项资金2.25亿元，与光大银行签订土地储备贷款合同3亿元。新增银行提款2.3亿元，累计提款18.3亿元。

PPP项目　2016年8月1日，由高新发控公司作为政府代表出资的海口国家高新区首批产业配套PPP项目正式动工，共16个工程项目，完成总投资1.4亿元。

三角梅精准扶贫　2016年10月11日，三角梅精准扶贫工作正式启动。11月2日，下属的子公司海口三角梅产业发展有限公司与海南兰花谷养生物联科技股份有限公司签订《海口三角梅扶贫产业基地合作框架协议书》。11月6日，云龙镇16万株三角梅扶贫产业基地揭牌。12月17日，海口三角梅产业发展有限公司采购100株三角梅送至甲子镇，三角梅精准扶贫工作取得阶段性成果。

（郑尼亚）

【海口旅游文化投资控股集团有限公司】 2016年底，有员工557人，下辖海口假日海滩开发管理有限公司、海口旅游景区物业服务有限公司、海南优拉彩票娱乐有限公司、海口市中国旅行社、海南旅投旅游咨询有限公司、海口国际会展中心经营管理有限公司、海口戏院、海口会展中心建设有限公司、海口海旅文化体育发展有限公司9家全资子公司。假日海滩获"海南省著名商标"等殊荣。

下属公司经营情况　2016年，海口假日海滩开发管理有限公司改变假日海滩经营格局、调整商品策略，升级改造、引进无烟烧烤等经营项目，推进企业经营创收；拓展品种多样的节日优惠、网购促销及学生团队特色营销活动，提高企业经济效益。在假日海滩成功举办第七届"二月二龙抬头"祭海大典和2016雪碧音乐海南赛区总决赛，并协助做好2016年第四届海口国际沙滩马拉松赛事前期准备工作。海口旅游景区物业服务有限公司将白沙门公园建成健康教育主题公园，在公园内设置健康教育宣传牌，建有健康步道全长843米，配有20个健康步道指引脚印，6个里程标识；设有30处健身器械，3个乒乓球台，供市民游客免费健身锻炼；协办或承办海口市2016年“绿化宝岛”全民义务植树暨绿化法规宣传活动、“6·26”国际禁毒宣传日大型禁毒宣传和海口市医院义诊活动等72场。优拉彩票公司全年彩票业务销售额2.93亿元，占全省快开游戏的20%，其中福利彩票“快2”销售额占全省福利彩票“快2”总销售额的32%。市中旅社和旅游咨询中心围绕“团队活动及会议接待”“周边游及短线游”“岛内外团队及散客旅游”和“门店咨询服务”等项目，共接待旅游考察游客9000人次、咨询访问游客3万人次，国庆7天累计组织市民游客1200余人参加在冯塘绿园举办的“迈步冯塘·健康海口”户外有氧徒步游活动；在10～12月承办的“百城万众厕所文明宣传大行动”活动中，举办厕所文明漫画展、志愿者招募培训及千人签名活动等4次大型宣传活动；11月下旬，配合海南欢乐节发起欢乐乡村游系列活动，带动5000人次市民、游客参加。

“双创”项目建设　承建“西海岸照明”“垃圾转运站”“白沙门公园绿化补植”“海甸岛六西路人行道改造”“海顺路东侧人行道改造”“白沙门公园8座旅游厕所改造”“白沙门公园标识系统升级改造”“白沙门公园修建绿化维护站”8个“双创”创建项目，均按时完工。“白沙门公园绿化补植项目”在白沙门园区共种植景观树620棵、灌木952棵，补植草皮1.14万平方米。“海甸岛六西路人行道改造项目”铺设地砖约440米，放置石凳44张、环保垃圾箱22个，种植三角梅750株，补植草坪约1700平方米。“海顺路东侧人行道改造项目”共铺设地砖约240米。“白沙门公园8座旅游厕所改造项目”在园区卫生间内增加厕位、更新洁具、隔板、地砖、新增防蚊蝇等设施，改造后新增厕位30个。“白沙门公园标识系统升级改造项目”在园区内共制作安装警示牌18个、多项指示牌10个、导览图4块、树铭牌1150个。“白沙门公园修建绿化维护站项目”修建绿化维护站为水泥框架建筑，占地面积400平方米，配备大型粉碎机。

项目建设　11月20日，帆船帆板训练基地项目建设的1栋地下2层、地上7层的体育训练基地中心大楼和1栋一层船库、滑道完成主体大楼结构封顶，总建筑面积1.73万平方米，完成总投资的60%。7月底，海口海关缉私及业务技术用房项目完成2160万元投资计划，大楼主体工程和室外配套建设于8月完成；11月4日，主体工程完成初步验收工作，年底进入综合验收准备阶段。10月8日，滨海大道过街通道项目长怡路过街通道和假日海滩过街通道开始封闭施工，截至12月底，经恢复原滨海大道通车，长怡路过街通道完成3000万元投资计划，主体工程完成80%，通道南北两侧出入口完成60%；假日海滩过街通道完成3000万元投资计划，主体工程完成80%，通道南北两侧出入口完成30%。截至2016年底，海口市城市景观亮化工程完成投资5000万元，一期第一阶段亮灯的35栋建筑完成旧有灯具全部拆除、点光源安装70%，安装基础照明灯具4000余套；新增省政府亮化工程，实现亮灯；新增滨海大道滨海立交至丘海大道路段照明，完成电缆敷设80%。

签订战略合作协议　2016年7～9月，分别与海南热带野生动植物园有限公司、南京卓远资产管理有限公司、德邦证券股份有限公司、海口天堡嘉圆实业有限公司分别签署战略合作协议。通过与4家单位的优势互补、信息共享，极大地提升投融资能力，改变整体产业关联度较低、旅游资源较为分散、缺乏协同效应和共享资源的现状。12月，以打造南渡江北岸全域旅游带为契机，与新坡镇镇政府、海南石斛公司签订合作协议，与区域内冯塘绿园、新发地蔬果产业园等民企合作，深入介入片区旅游资源开发与营销，为海口全域旅游发展和乡村游品牌打造奠定基础。

安全生产　2016年，共开展73次安全生产隐患排查，461人次参加，发现安全隐患共312个，整改率100%；组织54次消防、水上救生技能演练、应急逃生培训等安全生产教育，共886人次参加。

（陈　通）

【海口市燃气集团公司】2016年，公司营业收入4752万元，利润总额508万元。截至年末，资产总额4.70亿元，负债总额6160万元，净资产4.09亿元。经与海南民生燃气公司等企业商谈并达成合作，产业链向天然气管网及相关附属设施建设及经营管理方向发展。年内，公司清产核资工作完成，公司化改制的试点工作取得进展。先后召开安全生产工作专门会议6次，安全生产检查36次。安全生产教育培训4790人次，签订安全生产责任书388份。

（钟生兵）

【海口市国有资产经营有限公司】2016年，公司注册资本15.12亿元，资产总额78.26亿元，负债总额61.41亿元，净资产16.85亿元。下属海口市创新产业投资有限公司、海口市国运置业发展有限公司、海口市财金投资管理有限公司、海口市国运物流投资经营有限公司全资子公司4家，海南椰岛集团股份有限公司、海口美安（新海）物流园开发公司、海南产权交易所、海南肿瘤医院、海南世锦文化股份有限公司、海南镀锡薄板工业有限公司重要参股企业6家，其他三级投资参股或市国资委授权管理企业20家，受托管理130多家改制、关闭、破产国有企业。有员工80人。

国有资产运营管理　对受托管理的行政事业单位资产通过公开挂牌招租实现租金收入大幅增加，实现出租收入2776万元。全年共办理资产移交单位6家，新增移交资产19宗，房产面积2.11万平方米，土地面积1992.1平方米。基本完成驻广州办事处资产及经济实体、海口工商局椰润商城、市人防局海甸岛人防工程3宗重大资产整体移交工作。启动全资下属房产公司的公司化改制工作，委托中介机构对其进行清产核资并出具报告，完成公司名称及法定代表人工商（税务）变更登记及部分资产产权变更登记工作。列入改制工作的7家企业（经济实体），其中广州椰城宾馆、海穗经济发展公司“事转企”和企业关闭工作基本完成；种子公司完成“事转企”工作，正在实施企业关闭工作；水电建筑工程公司、水利电力局物资供应公司、科技协作中心、海口中国青年旅行社4家企业改制立项获得批准，并委托中介机构进行财务审计、清产核资、资产评估工作，正在制定《事转企改制实施方案》及《职工安置方案》。

对外投资管理　2016年6月，与农发行、海南椰岛、椰岛投资签订《投资协议》《股权回购协议》等相关协议，投资总额5300万元，为海南椰岛4500吨保健酒技改项目申请农发基金重点建设资金提供回购担保工作。至年底，按合同拨付到农发行琼山支行，待海南椰岛正式实施技改工作后将根据进度分批拨付相应款项。做投后管理工作，推动海南新世通药业公司、全星药业公司、三顺物流公司参股项目的上市进程。

市重点整改项目及PPP政府项目股权回购　稳步推进红旗中心镇建设项目、海南国际汽车园、玉龙泉湿地公园、红树林湿地森林小镇、海南环球100（长影公司）、美安综合物流园（新海公司）6个项目签订《增资扩股协议书》《对价支付协议书》，并将项目土地招拍挂溢价部分款项以市政配套代建方式拨付返还给项目公司。截至年底，向以上项目总计拨付22.72亿元资金。

参与收购省农行对市国有企业（单位）贷款债权　配合市国资委完成三江农场、桂林洋农场及市属国有企业共60家企业债权、抵押资产调查及债权收购价格谈判等相关工作，收购方案于12月26日获市政府批准。至年底，与农行海南省分行签订债权收购协议并支付收购款。

房地产开发项目　开发存量国有地产项目，其中，“天海居”项目于9月建成封顶，工程主体基本完工，12月30日取得房产预售许可证；12月29日，“滨江名苑”项目取得《施工许可证》；橡胶三厂职工保障房项目在做好职工稳定工作基础上稳步推进。

（林怀宇）

【海口保税区开发建设总公司】2016年，公司以产业园区提值升级为主线，以园区专业化经营服务体系为依托，通过实施园区开发重点项目和资源整合，拓展产业园区综合平台新空间，开发新型园区产业业态；以环境卫生业务开拓求发展，通过政府授权整合市政环卫资源和引进社会资本，全面打造城市环境卫生垃圾处理全产业链，开发环卫一体化产业业态。全年主营业务总收入1645.91万元，利润总额703.52万元，工业厂房租赁费、物业管理费、土地租赁费等收入1577.09万元，增长8.21%。截至年末，公司资产总额4.29亿元，净资产2.89亿元，资本增值9.33倍。

政府工程代建　2016年，完成金牛路南段工程、东山镇东城基本农田整治工程、丘濬墓修缮市政配套道路工程建设任务，并进入验收环节。美安科技新城一期项目增减挂钩拆旧区土地复垦项目，三门坡镇文曲村、石岭村土地复垦项目，三门坡镇黄岭村、大塘土地复垦项目，琼山区甲子镇召马、风圮、福昌土地复垦项目等相继完成招投标工作。原海口保税区基础设施改造工程项目（区内电网改造工程）竣工。全年落实代建项目到账建设资金6178.11万元，根据工程进度拨付工程款5841.02万元。

推进市政环卫一体化PPP项目建设　2015年11月，海口市启动环卫PPP一体化改革，至2016年，按照市委市政府的部署，海口保税区开发建设总公司（以下简称“保税区建总”）作为市环卫PPP项目的政府平台公司，分别于2015年11月6日与北京环卫集团合资组建海口市京环城市环境服务有限公司，2016年1月9日与福建龙马环卫装备股份有限公司合资组建海口龙马环卫环境工程有限公司，3月17日与深圳玉禾田物业清洁管理有限公司合资组建海口玉禾田环境服务有限公司，4月8日与北京环卫集团合资组建海口市京兰城市环境服务有限公司等4家海口市环卫综合一体化PPP项目公司。保税区建总以龙华区、秀英区、美兰区现有的可用于经营的环卫资产进行实物出资，分别占各项目公司注册资本的30%。保税区建总项目部配合完成4家项目公司的注册成立工作，办理项目协议的各项审批手续，并协助进行环卫资产的移交接管工作。至年底，

2016年1月1日，海口市副市长巴特尔（左五）主持召开海口保税区建总与福建福龙马环卫公司就海口市龙华区环卫一体化PPP项目签订合资合作协议成立项目公司签约仪式。（曾　桂　摄）

完成琼山区环卫局环卫资产对京环公司及市环卫局环卫资产对4家项目公司的注资工作。以上4家项目公司的成立，标志着海口市实现环卫一体化全覆盖，同时深化拓展保税区建总新业务，培育了新的利润增长点。11月，协助市环卫局举办海口市环卫一体化改革暨PPP企业进驻一周年座谈会，取得圆满成功。

项目投资　投资参股企业海口奇力制药股份有限公司，获得分红60.2万元。依托现有资源优势，投资1979万元建设研发服务配套中心大楼项目，改善驻区企业办公条件，项目建设面积7190平方米，年内工程主体完工。

推进公司化改制工作　按照《国务院国有资产监督管理委员会关于规范国有企业改制工作意见的通知》等有关法律法规和市国资委工作部署，开展改制工作，企业性质拟从“国有独资企业”改制为“国有独资有限责任公司”，公司新名称拟为“海口市环境发展有限公司”。2016年，已进行资产核资、专项审计、资产评估，制订、上报改制方案，《海口保税区开发建设总公司改制方案》正待审批。至12月，已将园区绿化、卫生、用水等物业管理及相关专业保障人员全部移交至综合保税区管委会下属企业海口保税建设发展有限公司。

安全生产　开展安全生产检查46次，重点抓好厂房、开闭所和驻区企业的隐患排查治理工作，共发现安全隐患32起，整改32起，整改率100%。与各部门签订《安全生产工作目标责任书》8份，并与辖区企业签订《安全生产管理协议书》16份，制作安全生产宣传板报4期，下发各种安全生产宣传资料350份，悬挂横幅20条，新制安全警示标志22处，并对公司机械化清扫车辆驾驶员每周定期开展至少4小时的交通安全教育培训，培训率100%。建立健全《安全生产管理制度》19项，制定《安全事故隐患排查整改工作方案》6个，公司继续保持连续多年的生产零事故优良记录。（詹琼琳）

【海口市担保投资有限公司】2016年，公司新增业务量15.72亿元。其中，融资性担保主业10.47亿元。截至年末，累计担保业务总量89.26亿元，服务企业690家，合计2354笔，年末担保责任余额12.74亿元，资本金担保放大倍数8.38倍。各平台累计业务总量144.74亿元，服务企业上千户。年内新增贷款为企业新增产值47亿元，多创税收1亿多元，稳定和增加就业岗位近2万个；累计为受保企业新增产值434亿元，为地方创造税收近10亿元，稳定和增加就业岗位10万多个。获得省政府专项注资2000万元，注册资本增至1.72亿元。全年共获省中小企业发展专项资金、信用担保专项资金以及增值税减免925万元。金控集团组建等国企改革工作取得阶段性进展。

合作渠道建设　公司银行合作渠道保持稳定，年内新签约华夏银行，合作金融机构达到20家，累计授信规模超过50亿元。与15家机构保持实质性业务合作关系，其中邮储银行、交行、海南银行集中度位居前三，分别占公司业务量的39.5%、19.6%、7.5%。

业务创新　与邮储银行、建行合作的个人住房按揭贷款阶段性担保业务顺利落地，年内实现放款1927万元。推进并实现首笔开立信用证担保500万元。创新反担保方式，以未来工程回款质押方式作为反担保措施，为工程、项目承揽行业提供融资担保1400万元。关税保函新产品完成1.45亿元，比上年增长270%。P2P网贷产品担保8810万元，完成年度目标的176.2%。探索和推进进出口企业全流程金融服务支持、水泥物流链担保融资等业务，制定“商票贷”业务方案和操作细则。

国企改革　2016年，金控集团组建以海口创业投资有限公司作为重组标的，完成名称变更、股权划转增资、参股万和证券等重组进程。海口金控引进战略投资者招商项目列入海口市2016年重点招商计划，资本管理有限公司完成筹备，以投贷联动、资产管理为突破口，带动金控集团创新业务板块的谋划和布局。新设海南弘微创业服务有限公司，作为国开行新的统贷平台。

（李　茜）

【海口投资管理有限公司】2016年，公司充分履行代政府出资的职能，促进政府与社会资本合作，引导社会资本投入棚改及基础设施建设，为实现政府资源整合，提高财政投入绩效做大量工作，取得一定成效。继2015年11月发起设立第一期“海口市棚户区建设股权投资基金”（简称棚户区建设基金）和“海口市基础设施建设股权投资基金”（简称基础设施建设基金）规模各40亿元的两只基金后，于2016年8月发行第二期棚户区建设基金，规模100亿元。为进一步完善和优化海口市产业发展环境，吸引社会资金和企业聚集，促进经济结构调整和产业升级，谋划设立海口市产业引导基金。

市城乡发展股权投资基金　2016年6月1日，第一期海口市棚户区建设股权投资基金第二笔20亿元（海口投资管理有限公司代表海口市政府出资2亿元，国开行向市场募集18亿元）募集到位，资金投向海口市棚户区改造及配套项目。7月29日，海口市政府同意发行第二期海口市棚户区建设股权投资基金，发行规模100亿元（海口市政府出资10亿元，国开行海南分行募资90亿元）。截至12月31日，海口市城乡发展股权投资基金累计发行基金180亿元，累计募集到位90亿元，其中子基金海口市棚户区建设股权投资基金累计募集到位70亿元，累计投资21笔，共58.28亿元，投向海口市坡博坡巷、面前坡、新琼等棚户区改造及配套项目，主要用于银行贷款的配套资本金；子基金海口市基础设施股权投资建设基金累计募集到位20亿元，累计投资29笔，共9.48亿元，投向海口市农副产品市场配套道路及长堤路综合改造PPP项目、海口市丘海大道等21条道路PPP项目等基础设施建设项目，主要用于PPP项目中政府与社会资本合作项目公司（SPV公司）政府出资部分的项目资本金。

市产业引导股权投资基金　2016年12月30日，海口市产业引导股权投资基金注册成立。基金总规模4.04亿元，采取“母+子基金”模式，通过市场化运作，主要投向旅游产业、热带特色高效农业和农村发展、互联网产业、医疗健康和文化体育产业、会展业、现代物流业、医药产业、低碳制造业等“十三五”十二个重点产业方向。

（徐宇彤　郑蔚文）

【海口骑楼老街投资开发有限公司】 前身为海口骑楼实业发展有限公司，成立于2010年6月11日，是海口旅游文化投资控股集团有限公司旗下的全资子公司。2015年，市国资委将海口骑楼实业发展有限公司的股权变更为市国资委直接持有，2016年1月完成股权及新公司名称的变更工作，2月4日，海口骑楼老街投资有限公司正式挂牌。有职工133人，设有9个部门和1个全资子公司。公司的经营发展以骑楼老街资产开发、建设、运营管理、“骑楼”旅游品牌的打造以及历史文化保护开发为主要经营管理目标，2016年的主要业务板块为房产出租和物业服务。全年实现营业收入1517.98万元，完成年度预算指标1417.81万元的107.07%，与上年同期相比增加729.67万元，增长92.56%。

经营管理　建立经营管理制度，量化细化经营管理标准，多次组织开展经营管理专题研讨会，推进中山路北片区房屋征收及业态调整工作，集中精力解决经营管理中商户撤场、业态变更及合同续签等相关工作。中山路作为骑楼老街启动区的核心街，2015年底被评为国家级AAA景区。通过3年的经营业态调整，至2016年，由原五金机电一条街，转变成一条集文化展示、旅游商品零售、休闲餐饮等为主题的新业态旅游文化步行街，共有铺面124家，其中餐饮类15家、休闲类12家、零售类49家、金融类2家、公共服务类5家、文化类4家、其他类4家。完成海口市旅游标准化试点单位创建工作；公司多次派员赴湄洲、天津等地的天后宫进行实地考察，与中华妈祖文化协会座谈交流研讨，为天后宫的管理及运营模式寻求较好发展借鉴实例。为打造骑楼老街特色商业街，加快完善骑楼经营业态和基础设施配套，同时，派相关人员随海口市党政考察团，深入南京的历史文化街区，就历史文化街区的商业规划及运营进行详细考察，为下一步整个骑楼街区的经营夯实基础。

推进项目建设　实施年度投资计划，大力推动各重点项目的建设，主要完成新民西路街景整治项目；长堤路高压、弱电线缆迁移改造工程；长堤路9栋历史建筑修缮工程设计方案及专家评审；琼海关立面修缮及室外环境整治工程设计工作；天后宫周边骑楼建筑抢救性修缮和周围环境整治配套设施项目；中山路老邮局项目；新华北路立面改造项目基本完工。截至2016年底，骑楼老街的修缮工作累计完成了中山路、博爱北路、解放东路、新华北路道路改造工程；水巷口北区10栋骑楼历史建筑修缮工程；中山路、博爱北路、水巷口、新民西街道整治工程；中山路重点骑楼修缮（第一批）工程；海口旅游集散广场建设及1号停车场项目工程；骑楼街区市政电网改造工程。

开展文化活动提升品牌　注重文化活动及由此带来的旅游效应。全年共配合有关部门在中山路举办94场活动；协助举办非遗表演海南八音29场、公仔戏30场、琼剧表演22场；收集整理骑楼老街商号、老字号的文字及图片资料，并将老字号资料信息电脑录入存档100余条；完成微电影《海口骑楼之守望》的后期制作和线上发布工作；完成中山路60个老字号的英文翻译工作；开展海口骑楼老街导游工作试点及海口骑楼老街招商手册编制工作；成功获批省文化产业发展专项资金64万元、市文化产业发展专项资金70万元，共134万元。

物业管理　克服骑楼景区房产分散，管理权不确定、骑楼外立面修复工程带来的不利影响，加大人力物力投入，开放二号停车场、电动车停车场；扩建集散广场、中山路公共厕所；在中山路和集散广场建立“微型消防站”；完善辖区内阻车设施，水巷口廊道增装射灯，楼道、电梯通道安装及电灯时间控制器和声控照明灯；完成集散广场LED屏安装投放使用。

（彭　刚）

（编辑：文海川）

教育·科技

教育综述

【教育概况】2016年，海口市教育工作稳中有进。基础教育质量跨上新台阶。北京大学附中附小、北京师范大学附中、中国人民大学附中以及广东外语外贸大学等知名学校相继来海口办学，以此引进了一批高层次的优秀校长、教师和管理团队。秀英区高分通过“全国义务教育发展基本均衡县（市、区）”评估认定，标志着海口市全域实现县域义务教育基本均衡发展。全面落实义务教育免试、免费、划片、就近入学等相关政策，10.2万名进城务工人员子女平等接受义务教育。教育惠民工程获新成果。“10+2”新建、改扩建学校工程项目的琼山一小、琼山二小、海瑞学校、市三十一小、灵山中心小学部共5所公办学校完工以及五源河学校建成并投入使用，新增义务教育阶段学位6262个。全市有学校（幼儿园）共1148所，在校生48.86万人，专任教师2.56万人。全市中小学校舍建筑面积473.28万平方米，比上年增加7.99万平方米，生均校舍面积9.7平方米。全市中小学校固定资产总值59.58亿元，增加2.96亿元（备注：按属地口径统计）。市第一中学、市龙塘中学被国家禁毒委通报表扬，并授予“全国青少年毒品预防教育‘6·27’工程先进学校”。

【教育投入】2016年，海口市教育支出31.3亿元，较上年减少2.3亿元，减幅6.8%。拨付4.23亿元全面改善学校基本办学条件，如期完成全市各区义务教育均衡发展各项目标。投入2450万元，以全省第一的成绩全面完成2016年海口市全面改善农村薄弱学校工程。拨付5495万元，扩大职业教育免学费范围，加快中职教育发展。投入近3亿元，确保北师大附中、“10+2”项目、海口（美兰）示范性综合实践基地、旅职校二期、五源河学校、五源河幼儿园等重点项目的顺利推进。安排1588万元，保障全市高中学校公用经费。安排1.21亿元，保障义务教育阶段中小学校公用经费、保运转经费，免除学生杂费、课本费和作业本费及家庭经济困难寄宿生生活费补贴。安排2500万元，补贴义务教育阶段中小学生免费乘坐公交车。安排6669万元，用于发展普惠性教育，补助中职教育学生免费入学，发放职业教育奖励奖学金、普通高中国家助学金等。安排1833万元，保障公办幼儿园共用经费及全市幼儿学前助学券发放工作。

【教育督导】2016年，海口市主要开展义务教育均衡发展过程性督导、中小学（幼儿园）办学（园）水平督导评估、省政府对海口市县级政府教育工作督导评估、各种教育专项督导以及全国义务教育阶段学生语文、艺术学习质量监测和全市小学毕业生学业水平质量监测工作。加快秀英区义务教育学校标准化建设，加大推进义务教育均衡发展工作的督查力度和过程性督导，指导并协助该区顺利通过省、国家的评估验收。加强对申报省级规范学校的10所义务教育学校的过程性督导，其中6所学校（市第十四中学、市三门坡学校、市三门坡镇

2016年9月1日，海口市委副书记、市长倪强（前左一）调研海口市五源河学校及五源河幼儿园。（市教育局 供稿）

中心小学、市旧州中学、市义龙中学、市遵谭中学）顺利通过省政府督导室的“海南省义务教育规范学校”评估认定工作，比目标任务超出3所。加强对义务教育市级规范学校的评估力度，通过引进第三方的形式完成对海港学校和海南白驹学校的督导评估工作，完成秀英区规划创建的8所（秀英区永兴中心小学、市东苍小学、市东星小学、市高山小学、市文风小学、市建群小学、市林丰小学、市罗京第二小学）市规范学校的评估和认定工作。加强学前教育督导评估，完成幼儿园自评申报、区教育局初评、市督导室对申报材料的审查工作，并对申报省、市级（市示范、市一级）的18所幼儿园开展过程性督导；完成2所幼儿园申报省示范园的初评。完成15所幼儿园的督导评估工作，终结性评估认定7所幼儿园为“市示范园”、7所幼儿园为“市一级”幼儿园。督促并协助各区完成县级政府教育工作督导评估的自查，并汇总各区自查情况上报省政府教育督导室，同时指导各区做好各项省级迎评准备工作。年内，4个区顺利通过省政府对海口市各区第三轮政府教育工作督导评估，并全部获得优秀等级。制定2016年全市小学毕业生的学业质量水平监测工作方案，并按要求组织实施监测的相关考务工作。按照教育部和省教育厅的统一部署，组织和完成对4个区88个样本校四、八年级学生语文、艺术课程的教育质量监测工作。开展中小学学期开学检查、有偿补课治理、校园欺凌整治等专项督导工作，较好地履行教育督导在教育行政管理中的监督职能。

【实现全域义务教育均衡发展】2016年，海口市推进义务教育优先发展，继续采取有效措施，加大义务教育均衡发展工作的推进力度，各项目标相继实现。在龙华区、美兰区、琼山区分别于2013年、2014年、2016年1月顺利通过国家评估验收，被认定为全国义务教育发展基本均衡区的基础上，2016年重点保证秀英区通过义务教育学校标准化建设的省级复核检查和义务教育发展基本均衡区的国家评估验收。为此累计投入2.1亿元，支持秀英区及辖区内的市直属学校的项目建设，办学条件得到根本改善，整体办学水平和教育教学质量全面提高。上半年秀英区通过学校标准化建设省级复核检查，高分通过义务教育发展基本均衡县（市、区）的省级评估。12月，通过国家评估验收工作，标志着海口市全面实现县域义务教育均衡发展的目标。

【“三免一补”工作】2016年，海口市义务教育“三免一补”政策共投入25011.76万元，惠及全市义务教育阶段在校学生25.8万人。其中：生均公用经费投入2.02亿元，免除（减免）全市25.8万名学生学杂费；免费教科书资金投入3406.76万元和免作业本费补助资金投入486.4万元，向全市21.5万名公办学校在校生免费提供教科书和作业本；向1.45万名贫困家庭寄宿生发放生活费补贴资金898.6万元。

【义务教育阶段学校“全面改薄”】2016年，海口市继续通过实施“全面改薄”（全面改善农村义务教育薄弱学校）工程，使海口市义务教育阶段薄弱学校教学和生活设施能够满足基本需要，区域和城乡教育基本达到均衡。2014～2016年，海口市共投入资金2.98亿元，占总规划的78.99%（其中，2014年投入中央资金9700万元、省级资金5360万元，市级资金7648.37万元；2015年投入省级资金4620万元；2016年投入省级资金2450万元）。至2016年底，海口市启动建设土建类项目320个，完工318个；投入设备类采购资金1.06亿元，采购项目全部完成配送安装和验收交付工作。

【教育基础设施建设】2016年，海口市加快增加学位新建、改扩建“10+2”项目的建设。8月，五源河学校（含幼儿园）完工并投入使用；“10+2”项目中的琼山一小、琼山二小、市三十一小、海瑞学校及灵山中心小学5个子项目完工并投入使用，新增义务教育阶段学位6262个。海口旅游职业学校二期实训楼、海口二中三期项目进场施工，年底进入收尾阶段；与北京师范大学合作项目（一期）高中部于7月30日开工建设；市（美兰区）示范性综合实践基地于9月30日开工，正有序推进。大力支持民办教育建设，鼓励企业利用自有土地自有资金投资教育产业，北京大学附中附小、人民大学附中、海口山高实验学校新校区、寰岛学校初中部及美丽沙学校等项目正在建设。继续整合“麻雀学校”，以棚户区改造为契机，新建、改扩建一批学校，进一步优化海口市教育布局。启动实施配建学校的棚户区分别有五源河棚户区建设长彤学校、白沙坊片区迁建美兰实验小学、新琼片区新建新琼小学、红城湖片区新建九年一贯制学校、博义盐灶八灶新建九年一贯制学校、龙歧片区新建一所小学、坡博坡巷片区扩建坡博学校及新建一所小学等。

【教育对口帮扶】2016年，海口市教育局与三沙市人民政府办公室签订教育合作框架协议，从2016年秋季开始，未来5年海口市教育局将在每学期派遣3名优秀教师（语文、数学、英语各1名）到三沙市永兴学校支教。下半年，市教育局按协议选派3名教师到三沙市永兴学校支教。同时，选派教师参加海南省教育人才智力扶持中西部市县项目和“三区”（边远贫困地区、边疆民族地区和革命老区）人才支持计划教师专项计划，派出优秀支教教师6人，接收跟班学习教师8人。与屯昌县进行战略合作，开展系列培训：屯昌南吕中心小学视导，100名屯昌小学校长及中层领导受惠；屯昌南吕中学视导，100名屯昌中学校长及中层领导受惠；开展骨干教师团队培训，屯昌县95名骨干教师及中小学全体教研员参加培训学习；屯昌帮扶小学培训培训者培训，10名海口小学骨干教师受训；屯昌帮扶中学培训培训者培训，50名海口中学骨干教师受训；屯昌中小学教师全员通识培训（分学段进行），2700多名教师参加培训。开展区域教研支持项目北片区（澄迈县）教学教研视导活动，通过“听”“查”“看”“访”“导”等环节，帮扶提高该县基层学校的教育教学能力和教育科研能力。为促进海口城乡教育均衡发展，市教育局在全市各个学科成立78个学科工作坊，重点帮扶秀英、琼山两个区的农村学校教师成长，琼山区与秀英区全体农村教师加入学科工作坊。实施“国培计划”，海口市面向秀英区、琼山区中小学及幼儿园开展送教下乡活动，集合特级教师、学科带头人、省骨干教师、市骨干教师及助推站成员组成的专家团队共306人，到乡镇的14所初级中学、46所中心校、教学点和8所乡镇幼儿园，帮扶农村中小学及幼儿园教师成长，受训教师5732人，其中中学教师1291人、小学教师3747人、幼儿园教师694人。开展农村边远地区学校和教学点教师教学能力提高培训，为期10天，受惠教师270人；中小学全学科培训，参训人数2000人；中小学教师骨干提高培训，培训人数212人。

2016年9月10日教师节，海南省委常委、海口市委书记孙新阳（右一）慰问优秀教师和乡村教师代表。（市教育局 供稿）

【教师队伍建设】2016年，海口市印发《关于建立健全我市中小学师德建设长效机制的实施方案》等制度性文件，在教师节期间继续开展师德师风建设主题活动月活动，表彰优秀教师，遏制有偿补课行为。在2016年海南省特级教师评选中，海口市有27人被评为海南省特级教师，占全省当年度获评特级教师总数的52%。推荐省级学科带头人59名，选拔中等职业学校市级骨干教师43名，省、市骨干教师队伍数量和质量不断提高。2016年中小学教师职称评审中，共有282名教师获得中、初级教师资格。至年底，全市有正高级教师3人，特级教师85人，省级学科带头人34人，国家级、省级、市级骨干教师分别有32人、184人、930人。为加强教育管理干部的培训培养，市教育局启动与北京师范大学合作的中层干部培训项目，选派50名市属学校领导和人事秘书到北京师范大学参加教育管理高级研修班。为补充并加强师资力量，招聘幼儿教师7名、免费师范毕业生18名、中小学骨干教师4名、市直学校专业教师91名、北京师范大学海口附属学校储备教师9名。

【校车安全管理】2016年，海口市规范校车审验，全市有注册校车231辆，经交警、交通、教育部门联合审批取得校车标牌的有47辆，正在办理校车标牌的有52辆。持有校车驾驶证人数287人。开展校车安全专项治理行动，分别在市第二十七小学、桂林洋中心小学等学校及周边对校车和学生接送车辆进行执法检查，共出动执法人员27人次，检查车辆26辆，其中合格校车2台，社会接送学生车辆24台，教育劝导相关从业人员29人；对不符合安全条件的5辆车责令停止接送学生，督促整改各种安全隐患11起，处罚2起使用非载客汽车接送学生的违法行为；收缴并强制报废拼装车1辆。

【教育信息化建设】2016年，海口市教育信息化建设取得新进展，266所中小学校（不含教学点）中，10M以上宽带接入比例为64%，建有校园网的学校比例为62.4%，学校普通教室配备多媒体教学设备比例为76.7%。完成121所学校的党政办公网光纤铺设前期工作。与西南大学合作举办两期海口市教育信息化高级研修班，培训中小学校长、教育信息化教研和管理人员114名。7月29日，市教育局与云校（北京）科技有限公司在北京签署《海口市教育局和云校（北京）科技有限公司教育信息化建设合作协议》，云校公司将其自主研发且具有自主知识产权的云校公司智慧教育云平台无偿赠给海口市中小学校使用，并完成对海口市207所试点学校、4000余名管理员和教师的培训工作。

【校园安全】2016年，海口市教育局相继印发《2016年海口市学校安全工作要点》《关于印发2016年平安校园创建活动实施方案的通知》《关于加强学校安保人员管理的通知》《关于印发海口市2016年度中小学（幼儿园）保安培训方案的通知》《关于进一步加强中小学道路交通安全教育的通知》《海口市教育局关于做好防范中小学生溺水工作的通知》《关于做好2016年暑假中小学有关工作的通知》《海口市教育局暑期致家长的一封信》，以及针对陵水校车事故拟制《关于切实加强近期学校安全教育工作的紧急通知》等文件近20份，加强学校安全工作部署。3月中旬，在海口实验中学组织400余人参加全市中小学（幼儿园）安保人员培训及校园防暴演练。加强学校安防建设，年初联合市公安局对全市学校安防设施、设备及安保人员进行普查，督促各学校对“三防”措施未达标的进行整改；联合市公安消防支队对全市学校工程消防安全进行专项整治，通过学校自查、消防部门抽查，将学校存在有关工程消防手续不全的问题进行分类处理，解决学校消防行政审批手续办理问题，保障校园消防安全。据初步排查，海口市直属学校有建筑物158栋，有94栋已办理消防审验手续，64栋未办理消防审验手续，其中1998年9月1日后未办理消防审验的有23栋。为改善学校及周边交通秩序，5月底联合市交警支队开展为期1年半的“红领巾小交警助推海口双创”系列活动，主城区有55所学校的600名“小交警”在学校老师和辖区交警的指导下执勤。多次联合市综治办、市食品药品监督管理局、市安监局等相关部门进行研究管理校外寄宿点（小饭桌），制定并下发《关于对学校及周边寄宿点进行摸底排查的方案》，加强对学校教工宿舍的监管，严禁利用教工宿舍进行经营活动。联合市民防局在全市各中小学校开展以“民防知识进校园、防灾减灾助双创”为主题的民防知识进校园活动，全市学校在“5·12”防灾减灾日前后，进行防灾减灾宣传教育和应急疏散演练。随着海南夏季的到来，连续下发关于防范学生溺水事故相关通知，并通过校讯通、微信和《致家长一封信》等提醒家长加强学生监管；5月中旬，到新坡中心小学、龙塘中学等邻近水库、湖边的学校开展防溺水专项督查活动，有关学校和相关部门也加强对学校周边及学生上放学途中水域排查，消除安全隐患，设置警示标志，并加强巡查。11月，为普及防溺水相关知识和游泳技能，组织10所学校组队参加省教育厅组织的“学游泳　防溺水”知识竞赛暨省第二届中学生游泳邀请赛。全面普及应急救护知识，联合省红十字会在全市教育系统开展学校应急救护培训，印发《海口市教育系统应急救护培训方案》，活动分试点、推广、总结3个阶段开展。10月24日，启动第一阶段的试点工作，由省红十字会专家为70多名市直属学校和各区教育局安全干部进行为期两天的培训，并进行考核发证。聘任212名兼职法制副校长，实现乡镇中心校以上学校全覆盖。

2016年5月6日，海口市教育系统深入推进“双创”工作动员大会召开。

（市教育局 供稿）

【教育系统“双创”工作】2016年，海口市教育系统共成立“双创”工作领导小组307个，组成人员1830人。召开“双创”动员会、培训会300多场，参加人员3万余人次。开展1000余次督查，发现问题近200宗，限期督办整改124起，通报问题学校60余所。开展“万人大扫除”活动3600多次，“万家大签名”活动434次，家长签名人数25.16万人；“万师进万家”活动930次，家访教师人数2.8万人次，走访家庭户数12.47万户，发放“双创”宣传单28.35万份。全市教育系统设立社区宣传站262个，开展活动776场次，参与人数1.09万人次；组织各校师生走访商户5000多家，发放宣传单2万余份；悬挂宣传条幅2342条，利用电子显示屏滚动播放“双创”宣传口号6000余小时，制作橱窗宣传栏3086个。经测评，师生对社会主义核心价值观和“双创”知识的知晓率，家长对“双创”的支持率均达100%。加强师生健康教育工作，建立心理健康咨询室，配齐心理健康教育教师，开齐开足健康教育课程，开课率100%。做好环境卫生和病媒生物防制工作，通过物理、化学等手段对“四害”进行消杀，完善“三防”设施，使“三防”设施覆盖率100%。

【教育精准扶贫】2016年，海口市教育局印发《教育精准扶贫工作实施方案》等文件，从制度上保障教育精准扶贫工作的落实。确定全市精准扶贫对象增至3946户17213人并登记造册，对其中1916户8243人进行调查摸底。向2049名精准扶贫家庭在校学生发放扶学资金410.14万元；申请普通高中免学杂费政策的建档立卡家庭经济困难学生61人，预计免除学杂费5.43万元。

教育·科技

2016年海口市教师队伍基本情况表

类别		全市			市直属			秀英区			龙华区			琼山区			美兰区		
		专业教师人数	其他岗位	合计	专业教师人数	其他岗位	小计	专业教师人数	其他岗位	小计	专业教师人数	其他岗位	小计	专业教师人数	其他岗位	小计	专业教师人数	其他岗位	小计
公办学校	中学	6300	534	6834	3289	353	3642	626	13	639	693	48	741	794	40	834	898	80	978
	小学	7913	228	8141	567	19	586	1430	30	1460	1903	72	1975	1996	40	2036	2017	67	2084
	幼儿园	905	655	1560	33	2	35	43	91	134	384	367	751	198	118	316	247	77	324
	职业教育	353	77	430	353	77	430	0	0	0	0	0	0	0	0	0	0	0	0
	特殊教育	136	24	160	136	24	160	0	0	0	0	0	0	0	0	0	0	0	0
公办合计		15607	1518	17125	4378	475	4853	2099	134	2233	2980	487	3467	2988	198	3186	3162	224	3386
民办学校	中小学	3789	561	4350	2181		2181	225	38	263	599	292	891	479	131	610	305	100	405
	幼儿园	5784	5336	11120	0	0	0	825	396	1221	1674	1538	3212	1615	2729	4344	1670	673	2343
	职业教育	419	231	650	419	231	650	0	0	0	0	0	0	0	0	0	0	0	0
民办合计		9992	6128	16120	2600	231	2831	1050	434	1484	2273	1830	4103	2094	2860	4954	1975	773	2748
公办民办合计		25599	7646	33245	6978	706	7684	3149	568	3717	5253	2317	7570	5082	3058	8140	5137	997	6134

教学科研

【教育科研课题】 2016年，海口市教育管理部门重新制定并实施《海口市教育科学规划课题管理办法》《海口市教育科学规划立项课题专家指导实施细则》和《海口市教育科学"十二五"规划立项课题专家指导分配方案》等管理制度，不断规范教育科研管理。完成全国教育科学"十三五"规划和全国教育科学规划单位资助教育部规划课题2016年度申报工作，提交符合要求的课题申报材料有6项。经评审，海口市英才小学谢立可主持的"'一单五环'教学法探索与实践"立项为单位资助教育部规划课题。为确保海口市普通高中学校能够顺利进入和主动适应2017年启动的高考综合改革，并在2020年之前第一轮改革实验过程中不断改进相关工作，开展新高考综合改革研究课题申报工作。申报本课题27项，经海南省教育厅评审，海南华侨中学等5所学校共有9项课题被确定为海南省普通高考综合改革重点课题；组织专家评审确定海口海港学校何卓林的《新高考制度下学生选科方法研究》等8项课题立项为2016年海口市新高考制度下深化普通高中课程改革研究专项课题。组织申报海南省教育科学"十三五"规划2016年度课题、海口市教育科学"十三五"规划2016年度课题，全市申报47项。第一中学张德明主持的《基于学科核心素养导向的简易教学的实践探索》等39项通过省级评审、第七中学陈华容主持的《如何有效培养学生的英语写作能力》等4项通过市级评审。开展海口市教育科学"十三五"规划2016年度幼儿园专项课题申报工作，全市申报课题共38项，全部通过立项评审。组织申报海南省基础教育教学成果培育项目。共有12项申报，海口市教育研究培训院吴允秀副院长主持的《海口市推进课堂教学模式改革的策略研究与实践探索》等10项通过立项评审，占全省通过立项评审项目的40%。协助海南省教育科学规划领导小组办公室做好2016年省级课题结题工作。海口市共有12项省级课题提交结题申请材料，经海南省教育研究培训院组织专家评审，有1项省级课题获得优秀等级、7项省级课题获得良好等级。组织海口市教育科学"十二五"规划2014年立项但申报延期结题的教师"个人课题"结题申报工作，共收到申请结题评审鉴定的课题28项，经评审，评出优秀等级课题1项、合格等级课题25项。

2016年6月21日，海口市一中代表海口市教育系统参加海口市"两学一做"知识竞赛活动并获得冠军。 （市教育局 供稿）

【校本培训】 2016年，海口市教育局组织各学科教研员深入长流中学和秀峰实验学校开展"蹲点教研"，采取集中蹲点和分学科单独蹲点的方式，重点围绕着学校的课堂教学有效性和校本教研的实效性两个方面入手，开展一系列的交流和指导活动。半年来，高中、初中和小学学科教研员和骨干教师深入蹲点学校听课、评课共有130多节课。深入学科备课组，参与集体备课活动，帮助教师处理和整合教材，实施同课异构；深入学科教研组，指导科组开展校本教研，帮助教研组建立规范的教研制度，提高校本教研活动的有效性；组建学科指导专家组深入蹲点学校，送教送训上门，共有10多个学科教研员组织市骨干教师到长流中学和秀峰实验学校送教送训。针对问题，开设专题讲座。主要围绕教学资源的利用、教材的处理、教学设计、课堂教学方式的转变、学法指导、"三考"备考以及学科教学中的难点等问题进行深入的研讨与交流。通过开展"蹲点教研"，秀峰实验学校和长流中学的教学质量取得较大的进步。

【教学课题研究】 2016年，海口市教育局组织市区两级50多名教研员赴常州参加教研员专业素养提升高级研修活动，内容涉及教科研机构管理、教研队伍建设、校本教研的有效开展、科研课题研究策略与推广、学科教研活动的有效实施等。组织部分教研员到常州市教科院挂职跟班学习，提高教研员的业务水平。组织高中教研员学习和研究《海南省高考改革方案》，部分校长、高三教师和教研员于6月21～25日前往上海、浙江和常州等地考察学习和交流，了解高考改革的动向、新课程实施过程中选课和走班制教学方式，借鉴先进地区的方法和经验，助力海口高考改革。

【常规教研】 2016年6月6日，海口市教育局下发《海口市课堂教学指导意见》，要求各学校各学科围绕"限时讲授、先学后教、问题导学、合作学习、积极展示、及时矫正”的基本要求实施课堂教学。9月20日，下发《关于开展全市义务教育阶段农村中青年教师教学基本功大比武活动的通知》后，全市各区教研室围绕着教师的课堂教学、简笔画、粉笔字和5分钟演讲的项目，开展义务教育阶段农村中青年教师基本功大比武活动。开展“一师一优课，一课一名师”优课评选活动，共收到优课218节参加评选活动，评出一等奖52人，二等奖79人，三等奖87人。以“提高课堂教学有效性”和“提升教师教学能力”为中心，根据学科特点，依托市级教研活动和校本教研，通过开展学科专题讲座、主题教研、技能培训、课堂教学观摩课、课堂教学评比、论文、案例评比、研究课和名师展示课，网络在线研讨、沙龙教研、学科教研论坛、集体备课、送教送研、同课异构、职业教育大讲堂等形式的活动，全市中小学28个学科共开展260次教研活动，其中以专题形式开展的教研活动有80多项，参与教研活动的教师人数3万多人次。如美术学科开展“椰城风雅，教坛书写”——海口市第七届中小学美术教师书画摄影优秀作品展活动、海口市第十七届“欢乐杯”中小学生“喜迎六一规范书写、传承文明、助力双创”中小学生现场书法大赛、双创漫画优秀作品巡回展活动；职业教育学科组织开展“椰城职教大讲堂”专题研修活动；体育学科开展中小学体育教师教学技能大赛活动；音乐学科开展“如何提高音乐教师在课堂教学的声乐技能”培训专题；高中语文开展“诗歌、散文、小说教材的深度解读”专题讲座；高中英语开展《基于教师专业发展的高中英语课堂观察》的专题讲座等。通过活动，为教师和教师之间、学校与学校之间的交流互动搭建平台，引领教师的专业成长，推动学校的校本教研发展，逐步使教研工作逐步形成主题化、项目化和课题化特色，不断提高教研品位。

【教研成果】 2016年，海口市教师在教学论文、案例、课件、录像课等项评比中，获国家级一等奖63人，二等奖69人，三等奖36人；获省级一等奖40人，二等奖43人，三等奖51人。在课堂教学评比、基本功等评比方面，获国家级一等奖34人，二等奖43人，三等奖8人；获省级一等，奖13人，二等奖12人，三等奖2人。指导老师参加课堂教学、基本功评比，指导学生参加各类学艺竞赛等，获国家级指导教师奖151人，获省级指导教师奖40人。全市组织学生参加国家级、省级作文大赛，青少年科技创新大赛，电脑制作评比，机器人竞技赛，物理竞赛，数学，生物联赛，校园歌手、舞蹈、器乐比赛，书法、摄影比赛等活动，获国家级一等奖96人，二等奖141人，三等奖142人；获省级一等奖94人，二等奖171人，三等奖118人。

基础教育

【基础教育概况】 2016年，海口市有幼儿园736所，比上年增加67所；在园幼儿10.44万人，增加0.59万人；教职工1.27万人。有小学257所（含教学点），减少3所；在校生18.80万人，增加0.85万人；专任教师9288人，减少426人。有中学106所，其中高中27所、初中79所；在校生11.66万人，其中高中生3.96万人、初中生7.69万人，减少152人；专任教师9926人，增加922人。

【规范化学校建设】 2016年，海口市不断总结经验，按照办好每一所学校，真正实现全市义务教育阶段学校在设施设备、生均经费、师资队伍、办学水平等各方面均衡发展的目标，通过加大投入，规范管理，优化学校布局、均衡资源配置、加强薄弱学校建设等有效措施，取得较好的成效。全市共有6所学校顺利通过省政府教育督导室的评估并被认定为义务教育阶段省级规范学校，有10所学校（海港学校、海南白驹学校、秀英区永兴中心小学、市东苍小学、市东星小学、市山高小学、市文风小学、市建群小学、市林丰小学、市罗京第二小学）通过市政府教育督导室的评估，被认定为义务教育阶段市级规范学校。至年底，全市共有省级规范以上学校（含省普通高中一级学校）39所。

【幼儿园建设】 海口市第二轮公办幼儿园三年（2014～2016年）行动计划建设的3所公办乡镇幼儿园分别是市港湾幼儿园、东昌幼儿园及桂林洋中心幼儿园，其中市港湾幼儿园于

2016年5月18日，海南省副省长王路（中）调研海口市秀英区石山镇中学、中心小学标准化教育建设。（秀英区政府办 供稿）

2016年海口市省级规范以上学校（含省普通高中一级学校）一览表

序号	学校名称	评估认定等级	评估认定时间
1	海南华侨中学	海南省普通高中一级甲等学校	2014年复查通过
2	海口市第一中学	海南省普通高中一级甲等学校	2007年复查通过
3	海口市实验中学	海南省普通高中一级甲等学校	2014年复查通过
4	海口市琼山中学	海南省普通高中一级甲等学校	2013年复查通过
5	海口市第四中学	海南省普通高中一级甲等学校	2015年通过评估
6	海口市第九小学	海南省普通小学规范化学校	2009年评估通过
7	海口市第二十五小学	海南省普通小学规范化学校	2009年评估通过
8	海口市第二十七小学	海南省普通小学规范化学校	2009年评估通过
9	海口市琼山第二小学	海南省普通小学规范化学校	2009年评估通过
10	海口市英才小学	海南省普通小学规范化学校	2010年评估通过
11	海口市琼山第五小学	海南省普通小学规范化学校	2010年评估通过
12	海口市第十一小学	海南省普通小学规范化学校	2011年评估通过
13	海口市琼山第一小学	海南省普通小学规范化学校	2011年评估通过
14	海口市石山中心小学	海南省普通小学规范化学校	2012年评估通过
15	海口市玉沙学校	海南省普通小学规范化学校	2012年评估通过
16	海南省农垦直属第三小学	海南省普通小学规范化学校	2012年评估通过
17	海口市府城中学	海南省普通初中规范化学校	2013年评估通过
18	海口市灵山中心小学	海南省普通小学规范化学校	2013年评估通过
19	海口市长德学校	海南省义务教育规范化学校	2013年评估通过
20	海口市海秀中心小学	海南省普通小学规范化学校	2013年评估通过
21	海口市东山中心小学	海南省普通小学规范化学校	2013年评估通过
22	海口市秀英东山中学	海南省普通初中规范化学校	2014年评估通过
23	海口市旧州中心小学	海南省普通小学规范化学校	2014年评估通过
24	海口市龙华小学	海南省普通小学规范化学校	2014年评估通过
25	海口市海燕小学	海南省普通小学规范化学校	2014年评估通过
26	海口市龙桥学校	海南省义务教育规范化学校	2014年评估通过
27	海口市第九中学	海南省普通初中规范化学校	2014年评估通过
28	海口市第三十一小学	海南省普通小学规范化学校	2014年评估通过
29	海口市桂林洋中心小学	海南省普通小学规范化学校	2014年评估通过
30	海口市琼山第二中学	海南省普通初中规范化学校	2015年评估通过
31	海口市琼山第三小学	海南省普通小学规范化学校	2015年评估通过
32	海口市甲子镇中心小学	海南省普通小学规范化学校	2015年评估通过
33	海口市第七中学	海南省普通初中规范化学校	2015年评估通过
34	海口市第十四中学	海南省普通初中规范化学校	2016年评估通过
35	海口市三门坡学校	海南省义务教育规范化学校	2016年评估通过
36	海口市三门坡镇中心小学	海南省普通小学规范化学校	2016年评估通过
37	海口市旧州中学	海南省普通初中规范化学校	2016年评估通过
38	海口市义龙中学	海南省普通初中规范化学校	2016年评估通过
39	海口市遵谭中学	海南省普通初中规范化学校	2016年评估通过

2015年完工，东昌幼儿园于2016年竣工，桂林洋中心幼儿园正在施工。2016年，市港湾幼儿园、东昌幼儿园投入使用。

【合作办学成效显著】2016年，海口市引进优质教育资源合作办学，北京大学附中附小海口分校、北京师范大学海口附校、人民大学附中以及广东外语外贸大学等知名学校相继来海口办学。北京师范大学海口附校位于海口市江东组团白驹大道以南生活片区内，总用地面积18公顷，其中高中部11.04公顷、初中部5.07公顷、培训部1.89公顷，总建筑面积14.34万平方米，建设内容包括高中部、初中部及教师培训基地。项目分二期建设。一期工程建设高中部，7月30日正式动工，采用代建制模式实施，由海口市城市建设投资有限公司下属子公司海南德润科教投资有限公司代建，建筑面积7.35万平方米，办学规模为62个班（含两个备用班），3100个学位，投资3.3亿元；二期工程建设初中部和教师培训基地，采用PPP模式实施。9月17日，广东外语外贸大学附设海口外国语学校签署框架协议。11月18日，北京大学附中及附小海口分校正式动工，北大附中海口分校含初中、高中及国际部，占地面积13.33公顷，办学规模为120个班，3600个学位；北大附小海口分校含小学、幼儿园，占地面积6.67公顷，小学办学规模为48个班，1680个学位；幼儿园设18个班，540名学生。至年底，人大附中海口分校正准备签约。

【学前教育】2016年，海口市共有注册幼儿园738所，其中公办园（含公办性质）46所（城区公办园21所，乡镇公办园25所），占幼儿园总数的6.23%；民办园692所，占幼儿园总数的93.77%。在园幼儿10.86万人，其中公办1.33万人，占幼儿园总人数的12.25%；民办9.53万人，占幼儿园总人数的87.75%。学前教育3年毛入园率87%，比2010年的73%提高14个百分点。全市学前教育教职工12680人（专任教师6689人），比2010年的5835人增加6830人，增幅117%。认定84所普惠性民办幼儿园，奖补资金2994万元。启动学前教育帮扶活动，确定10所优质幼儿园一对多帮扶31所幼儿园。发放学前助学券1650.68万元。

【义务阶段教育】2016年秋季，海口市五源河学校投入使用，“10+2项目”新建改扩建学校工程项目5个子项目投入使用。秀英区顺利通过义务教育发展基本均衡区的国家评估认定，标志着海口市圆满完成县域义务教育均衡发展工作。2016年，海口市小学适龄儿童入学率100%，初中入学率城镇100%、农村100%，义务教育巩固率99.3%。共有25650名六年级毕业生参加小学学业质量监测，增加1299人，毕业学生人数25721人，参考率99.72%；成绩总合格率58.0%，总优秀率31.2%，总平均分211.6分，总低分率2.1%。各区的农村小学成绩有所提升，特别是龙华区农村地区小学的总平均分提高4.8分，提升幅度较大。有22194人参加中考，增加1435人，报考率增加3.28个百分点。高分段人数在全省继续处领先地位。高分段（700分以上）考生人数所占全省的50.4%，特别是750分以上人数约占全省的二分之一。平均分排名优势明显。全省总分平均分前20名学校中，海口市占有11所；语文、数学、英语、思品、历史、地理、物理、化学7个学科平均分全省均排名第一。

2016年9月17日，海口市政府与北京大学附小合作办学项目正式签约。

（市教育局 供稿）

【普通高中教育】2016年，海口市巩固现有办学规模，提高普通高中教育的办学质量。以深化高中课程改革为平台，以创新教育评价机制为突破口，加快普通高中多元化发展。批办海南侨中观澜湖学校。高中阶段教育毛入学率90%，女性平等接受高中阶段教育。年内，有1.41万人参加高中基础会考；1.06万人参加高考，增加34人，其中文科考生3206人，理科考生6998人，文艺、体育考生378人。一本上线人数和一本上线率再创历史新高：一本上线率37.6%，比2014年和2015年分别高5.6个和2.1个百分点；高分段人数有所增加，800分和700分以上人数分别为84人和1110人，比上年的80人和1108人略有增加。

【特殊教育】2016年，海口市教育局在秋季招生工作中继续加大残疾儿童少年随班就读工作力度，健全随班就读的支持保障体系，保证残疾学生随班就读。海南（海口）特殊教育学校是海口市唯一的一所以培养听障、视障、智障（含脑瘫、自闭症）学生为主，集聋儿学前康复、自闭症儿童康复、九年义务教育、职业高中教育为一体的国有公办特殊教育学校，有518名学生、教职员工160人（教师136人，职工24人）。此外海口市有5所民间孤独症培训机构，约有残障学生500人；2所由民政部门管理的社会福利院，有残疾孩子约400人；2家省级医院儿童康复科，从事儿童自闭症、脑瘫的医疗康复治疗，有治疗的残障儿童近300人。海南（海口）特殊教育学校学生在校除学习文化课外，还进行聋儿语言康复、自闭症儿童康复、职业技能培训。学校根据学生特点开设烹饪、糕点制作、美容美发、缝纫、计算机、按摩、家政服务等职业课程。完成"医教结合"试点建设工作，海南省特殊教育教学指导与资源中心挂牌成立。

【"医教结合"试点建设】 2016年，海口市在特殊教育中开展"医教结合"试点建设工作。成立海口市国家特殊教育实验区"医教结合"项目工作领导小组和"医教结合"实验项目专家组；明确"医教结合、按需施教、开发潜能、人人有所发展"的实验目标，探索特殊教育的发展途径，提高特殊教育的科学性、针对性和有效性，构建一个医教有机结合的特殊教育支持保障体系，为残障学生提供更适合更好的教育康复，促进学生充分发展；制定《海南（海口）特殊教育学校"医教结合"实验区实施方案》；采取一般性康复训练与专业性康复训练相结合、多种康复训练形式相结合，探索教育、康复、技能相结合的模式，让残障学生得到充分的发展；加强培训学习，提升教师康复专业素养。为更好满足特殊儿童的教育康复需要，海南（海口）特殊教育学校作为实施"医教结合"项目的工作单位，通过"走出去"的方式，如到医院参观学习、到高校参加专题培训学习、到上海3所特殊教育学校考察学习，外派培训学习教师90多人次，有针对性地对教师进行专业培训，促进教师专业地成长；通过"请进来"的方式，请重庆师大特殊教育专家等来学校开展"知动培训""言语培训"等专题培训7次，请医院康复训练师定时到学校康复训练指导，手把手教骨干教师、学生家长近500人次，取得良好效果，提高教师康复专业水平。按需施教，采取"1+X+Y"（"1"为集体康复训练，"X"为个别康复训练，"Y"为家庭康复）康复训练模式。在高中阶段开设职业教育康复课程，视障学生开设按摩、家政课，听障学生开设烹饪、糕点制作、美容美发、缝纫、计算机课，智障学生开设家政、手工花饰课，根据学生的兴趣爱好，开展校本课程开发，挖掘学生的潜能，鼓励学生个性发展。针对不同残疾类型、不同年龄阶段的学生采取综合性、多层次、多学科的康复训练手段，促进各类残疾学生的身体康复，努力实现"人人有所发展"的实验目标。"医教结合"项目启动后，海南省教育厅下拨专项资金225万元，海口市下拨专项资金212万元，合计437万元，用于建设康复训练室、购买康复训练设备、教师培训、邀请专家等。年内，学校建有感统训练功能室、情绪训练功能室、知动训练功能室、形体训练功能室、言语康复个训室、听力测听室、蒙台梭利训练室等，各功能室配备专业康复设备。9月20日，海南省特殊教育教学指导与资源中心正式挂牌成立，并实施"海南省特殊教育教师师徒结对帮扶"项目，协助海南省教育研究培训院开展教学研究活动教师，利用微信群指导残疾学生家长对学生的辅导和康复，开展课题研究，将科研兴校作为提升学校内涵的突破口。

2016年10月29日，2016~2017年度海口市校园足球联赛开幕。（市教育局 供稿）

【体育艺术教育】 2016年，海口市教育局制定印发《海口市中小学大课间体育活动实施方案》，从10月开始在全市中小学校范围实施大课体育活动。大力推进校园足球发展，印发《海口市发展青少年校园足球实施方案》；组织做好校园足球特色学校及试点县（区）遴选申报工作，新增校园足球特色学校国家级9所、省级12所，全市取得省级以上校园足球特色学校称号的学校共29所；圆满完成"2015~2016年度海口市校园足球联赛"，成功举办"2016~2017年度海口市校园足球联赛"及2016年海口市小学生田径运动会，组织承办"恒大海花岛杯"2016年海南省中学生校园足球联赛。开展海口市第八届小学幼儿园国际象棋联赛、第十七届"欢乐杯"中小学生美术书法大赛以及中小学生校园歌手舞蹈器乐比赛。年内，海口市中小学生组队参加国内各项比赛，取得较好成绩：获2016年全国中学生传统体育项目学校田径联赛男、女子组400米栏第一名以及女子100米栏第三名；2016年全国中学生田径竞标赛女子乙组100米栏第一名、4项全能第一名、团体总分第四名；第三届香港国际青少年古筝比赛少儿A组银奖1个；全国书法艺术网络大赛少儿组一等奖1个；全国第五届中小学生艺术展演活动一等奖1个，二等奖3个，三等奖3个；第31届全国青少年科技创新大赛二等奖2个。

【中小学德育教育】2016年，海口市德育教育内容和形式不断拓展，以“双创”活动为抓手，以“中国梦”及以社会主义核心价值观为主题，深入开展一系列德育活动，未成年人思想道德教育得到加强。组织全市评审表彰省、市三好学生和优秀学生干部，共向省教育厅推荐122名省三好学生、39名省优秀学生干部人选；评出804名市级三好学生、567名市级优秀学生干部。

【中小学招生】2016年，海口市教育部门克服学位紧缺、招生工作压力大等困难，全面顺利完成招生工作。全市小学一年级招收676个班3.38万人，比计划增加98个班4887人。初一年级招收489个班2.44万人，高一年级招收218个班1.09万人。980个小升初指标到校名额和1935个省一级普通高中指标到校生名额全部分配到全市各中小学校。

【义务教育阶段学生近半异地就读】根据2016年底海口市义务教育阶段中小学生异地就读情况统计，全市义务教育阶段在校中小学生总数为26.49万人，其中跨省就读4.05万人，占15.30%；省内跨地市就读6.19万人，占23.39%，上列两类非本市户籍学生占全市义务教育阶段在校生的38.69%。

【城区公办小学学位不足】2016年秋季，海口市城区公办小学一年级计划班数296个，计划招生1.37万人，实际申请入学1.90万人，超计划招生5252人。城区公办初中2016年秋季初一计划班数241个，计划招生1.37万人，实际申请入学1.41万人，超计划招生406人。部分小学学校学位缺口大。根据入学登记系统数据统计显示，申请入学人数超计划招生人数300人以上有10所招生学校，如琼山五小超 632人、美苑小学超503人、琼山二小超502人等。超计划学校主要分布在府城、南沙、流水坡等片区。小学出现超大班额，达到70人，例如琼山五小，全校平均班额达70人，超国家标准25人。由此带来生均占地面积不足、教师编制不足等问题。以小学为例，国家生均建设用地标准为每人10平方米，而海口实际生均用地面积仅有每人4.16平方米；师生比例国家标准为1：20，而海口则为1：23。

【民办教育】2016年，海口市教育管理部门对65所民办普通中小学校、690所民办幼儿园进行年检，其中有7所民办普通中小学校和22所民办幼儿园要求限期整改，规范办学行为，暂缓通过年检。全年新批办民办普通中小学校3所，新批办民办幼儿园61所。全市民办小学在校生3.03万人，初中生1.13万人，普通高中生0.94万人，幼儿园在园幼儿9.11万人。由海南华侨中学与观澜湖集团合作创办的海南华侨中学观澜湖学校9月1日开学，共390名初、高中班新生入学；北京大学附中、附小落户海口，11月18日开工建设；昌茂花

2016年海口市各级各类学校数和学生数情况表

<table>
<tr><th rowspan="3">类别</th><th colspan="6">学校数（所）</th><th colspan="2" rowspan="3">在校生人数（人）</th></tr>
<tr><th colspan="2" rowspan="2">全市学校数</th><th colspan="2">省管</th><th colspan="2">市管</th></tr>
<tr><th>公办校数</th><th>民办校数</th><th>公办校数</th><th>民办校数</th></tr>
<tr><td>特殊教育学校</td><td colspan="2">1</td><td>–</td><td>–</td><td>1</td><td>–</td><td colspan="2">518</td></tr>
<tr><td>中职学校</td><td colspan="2">46</td><td>18</td><td>4</td><td>5</td><td>19</td><td colspan="2">74936</td></tr>
<tr><td rowspan="5">普通中学</td><td>12年制学校</td><td>7</td><td>–</td><td>–</td><td>–</td><td>7</td><td rowspan="3">普通高中</td><td rowspan="3">39621</td></tr>
<tr><td>完全中学</td><td>16</td><td>4</td><td>–</td><td>11</td><td>1</td></tr>
<tr><td>高级中学</td><td>2</td><td>–</td><td>–</td><td>–</td><td>2</td></tr>
<tr><td>9年制学校</td><td>49</td><td>–</td><td>–</td><td>14</td><td>35</td><td rowspan="2">初级中学</td><td rowspan="2">76935</td></tr>
<tr><td>初级中学</td><td>32</td><td>–</td><td>–</td><td>32</td><td>–</td></tr>
<tr><td rowspan="2">小学</td><td>完全小学</td><td>159</td><td>–</td><td>–</td><td>139</td><td>20</td><td colspan="2" rowspan="2">187961</td></tr>
<tr><td>教学点</td><td>98</td><td>–</td><td>–</td><td>98</td><td>–</td></tr>
<tr><td>幼儿园</td><td colspan="2">738</td><td>–</td><td>–</td><td>46</td><td>692</td><td colspan="2">108615</td></tr>
<tr><td>合计</td><td colspan="2">1148</td><td>22</td><td>4</td><td>346</td><td>776</td><td colspan="2">488586</td></tr>
</table>

2015～2016 年非海口市户籍学生在校情况统计表

年度	总人数（人）	非本市户籍人口占比（%）	跨省就读学生人数（人）	跨省就读占比（%）	省内跨市县就读人数（人）	省内跨市县就读占比（%）
2015	248928	39	39336	15.8	57651	23.2
2016	264896	38.69	40538	15.30	61947	23.39

园学校分校、山高学校新校区、寰岛小学初中部正在建设中；广东外语外贸大学附属外国语学校、海南经济学院附属外国语学校正在筹建。

职业教育与成人教育

【职业教育概况】 2016 年，海口地区共有中等职业学校 46 所，其中海口市管正常办学的中等职业学校 24 所，按照办学主体划分，公办学校 5 所，民办学校 19 所。其中国家级重点职业学校 3 所，超过 1000 名学生的中职学校 7 所。全市市管中等职业学校在校生 2.09 万人，2016 年招生 8067 人，招生数约占高中阶段招生总数的 41%，毕业生一次性就业率始终保持在 95%以上。全市市管中等职业学校有教职工 1080 人，其中专任教师 772 人，“双师型”教师的比例约为 30%；各类中职学校开设专业 55 个，其中省级示范专业 5 个，市级示范专业 20 个，示范实训基地 11 个；校舍总面积 25.2 万平方米，教学、实验仪器设备资产 1.35 亿元，图书 38.7 万册，计算机 2379 台。

【中职学校基础能力建设】 2016 年，海口市中等职业教育投入不断加大，办学条件不断改善。海口市划拨中职国家助学金 501.04 万元，中职免学费资金 4556.13 万元。海口旅游职业学校政策性经费得到有效的落实，生均拨款 3000 元；全年项目投入学生资助专项资金 17 万元（国家级）；教学改革与质量监控投入 4 万元（国家级）；现代职业教育质量提升投入 812 万元（国家级）；现代职业教育质量提升投入 256 万元（省级）；文明礼仪骨干省级培训费 18 万元（省级），项目总投入 1107 万元。海口市第一职业中学争取到中央资金 357 万元，实习实训条件明显改善，同时市政府不断强化投入保障机制，按照专业核准生均公用经费共 192.69 万元（不含免学费）全额拨付到位。海口技师学院（海口市高级技工学校）2016 年财政拨款 7671.06 万元，其中中央资金 3881.80 万元（秀英校区化工实训楼和高技能人才基地项目建设资金 3000 万元）、省级资金 573 万元、地方财政 3216.26 万元（其中秀英校区启动办学房屋建筑物建设和基础设施建设项目资金 261 万元）。海口中医药学校学费补助收入和专项资金共 325 万元，全部按计划用于学校办学经费开支和基础设施建设；国家助学金 7 万元，省级奖学金 1 万元，全部发放到位；投入 66 万元，改造建设护理实训室、购置各类临床专业实训室设备 93 件。

【示范性中职学校专业建设】 2016 年，海口市有国家级重点中等职业学校 3 所，分别是海口旅游职业学校为“国家中等职业教育改革发展示范校”；海南省海口高级技师学院为“国家中等职业教育改革发展示范学校项目建设单位、国家级重点中等职业学校”；海口市第一职业中学为“国家级重点职业学校”。海口旅游职业学校坚持集团化办学，坚持在集团模式下校企多元化合作发展。推行实习就业培养基地模式。全年共与 42 家企业签订三方合作协议，建立实习基地关系，除安排学生实习就业之外，也安排校内一二年级学生前往实习基地参观考察及在企业内进行实操教学。合作办班，定向培养。根据市场及集团化办学需要，与龙泉集团合作举办三届龙泉烹饪定向班，采用文化课由学校负责，实操课由龙泉集团委派企业内优秀厨师进行授课的模式。全年有 821 名学生在海口、三亚、博鳌及上海、深圳等地的 42 家知名企业实习，共派出 8 名实习带队教师跟班管理。海口市高级技工学校坚持以一体化课程体系构建与实施为主线，探索“工学结合”的人才培养模式，完成 4 个行业、42 家企业、10 家同类院校调研工作，确定专业人才的培养目标和就业方向，初步形成各具特色的“工学结合”人才培养模式，如机电技术应用专业的“产品分类、产教融合、角色转换”，电气技术应用专业的“以赛促学，以研促教，以点带面，素质与技能并重”，计算机技术应用专业“项目驱动、工作室引领、团队式教学”，电子电器应用与维修专业的“校企融合、能力本位、能力递进”；完成 4 套人才需求调研报告，形成 4 套专业人才培养方案；围绕中等职业教育培养目标，以“校企合作”为主要实施途径，打造“以能力为本位、以实践为主线、以项目为主体”的专业教学课程体系。海口市第一职业中学以海口市产业发展规划为导向，对缺乏办学特色、社会需求量明显下降的专业采取缩减规模的方式进行调控，增加市场需求量大、学生需求迫切、学校办学资源与产业结合度高的专业；对学校现有专业进行调整，关停计算机应用高考方向专业，减少网络技术专业的招生人数，增加平面设计专业的招生规模，增设动漫专业、西餐烹饪专业、物联网专业；同时针对新增专业对实训设施和专业教师的需求，新建物联网实训室、西餐烹饪体验实训室，向社会招聘3位西餐烹饪教师，从市教育局申请分配物联网专业毕业教师1名，送多名教师外出参加专业机构在社会举办的调酒、西点制作等专业培训，很好地保障新专业的教学需求。大力发展“3+2分段式”的人才培养模式，除原有的网络技术、平面设计、动漫制作3个专业与海南软件学院进行“3+2”人才培养模式，财会、营销、旅游服务等专业也分别与海南经贸学校、琼台师范大学、海南职业技术学院探讨联合举办“3+2分段式”人才培养的可能性，制定一体化人才培养方案；向省教育厅申办“3+2”专业。在抓好专业实景教学的基础上，利用中央财政专项资金，以经贸实训基地、广告设计实训基地、西餐实训基地为试点，促进广大师生在学中做、在做中学，培育学生良好的专业意识和专业实战技能。

【中职教育技能竞赛】 2016年，海口市教育部门组织全市中职学校代表队参加全国、全省职业技能大赛，取得优异成绩。有192名学生参加个人比赛项目，103名学生代表（13个代表队）团体比赛项目，涉及加工制造、旅游服务、文化艺术和医药卫生等项目14个。参赛人数和获奖总数名列全省前茅，全市中职学校团体比赛获奖项目23项（一等奖5项，二等奖8项，三等奖10项）；114名同学获得各项项目奖114项（一等奖23项，二等奖41项，三等奖50项）。全国职业院校技能大赛成绩取得新突破。在全国职业院校技能大赛中职组，海口旅游职业学校在酒店服务、中餐宴会摆台项目中，达瓦晴空·金同学取得第11名，获二等奖；武晓乐同学在中式铺床项目取得第12名，获二等奖。海口旅游职业学校在中西餐面点和中餐热菜项目中分别获得全国一等奖和二等奖，是海口市时隔6年后再次取得全国一等奖，刷新了海口市中职学校参加全国技能大赛新的纪录。

【中职生就业】 2016年，海口市教育局采取加强政策宣传、提升就业创业意识、推进与高新区企业合作、着力搭建就业平台、推行顶岗实习制度等有效举措，全力做好海口市中职学校毕业生就业创业工作。市管24所中等职业学校共有6098人毕业（公办学校2321人，民办学校3777人），毕业率100%；就业人数5933人，就业率97.30%；直接就业人数4757人，占毕业生总数78%。

【成人教育】 2016年，为全面落实国家“十三五”规划和教育规划纲要关于“加快学习型社会建设”的战略任务，海口市统一部署开展全民终身学习活动。各区、街道办和学校结合工作实际，开展主题突出、特色鲜明、形式多样、内容丰富的学习、咨询、讲座和宣传等活动。全民终身学习活动周推进覆盖率85%以上，参加各类学习培训、教育咨询人数近50万人次。全市各中职学校全年举办各类职业技能培训50多种，培训4.6万人次，农村劳动力转移培训和农村实用技术年培训量1.3万人次，企业职工年培训10多万人次，服务社会能力显著增强。全市自学考试上半年报名总人数1.17万人，设6个考点；下半年报名总人数1.09万人，设5个考点。完成2016年自考考生申请毕业证的工作。成人高考报名总人数8100人，其中专升本3646人，高升本924人，高升专353人，设6个考点。

2016年海口市公办中职学校基本情况表

单位：人

学校名称	教师	毕业生	招生	在校生
海口市第一职业中学	189	678	895	2332
海口旅游职业学校	220	850	1384	3370
海口市高级技工学校	232	638	950	3122
海口市中医药学校	40	130	172	567
海南（海口）特殊教育学校	136	25	38	98
合计	817	2321	2489	8922

2016年海口市管民办中职学校毕业生数、招生数、在校学生情况表

单位：人

学校名称	教　师	毕业生	招生数	在校生
海南欧鼎商业艺术学校	83	482	827	2318
海南华南高级职业技术学校	50	406	489	1336
海南荟艺舞蹈学校	20	30	95	215
海口经济学院附属艺术学校	22	168	40	116
海南同文外国语职业学校	24	179	236	583
海南南方民民族艺术学校	37	80	213	542
海南精英职业学校	10	0	92	108
海南科技经贸学校	29	39	76	147
海南文理中专技术学校	22	279	317	1032
海南省歌舞团附属芭蕾舞蹈学校	36	0	45	125
海口立有美术职业技术学校	24	226	324	680
海南华健幼师职业学校	37	0	582	944
海南金盘中等职业技术学校	84	605	758	1852
海南服装工艺美术学校	72	136	377	900
海南城市工程技术学校	44	59	222	489
海南理工高级职业技术学校	37	458	0	630
海南医药职业技术学校	11	243	145	389
海南现代工贸职业学校	17	251	81	136
海南商务旅游学校	34	136	193	0
合计	693	3777	5112	12542

（李之乔）

（编辑：杜惠珍）

科学技术

【科技工作概况】 2016年，海口市科技经费投入2.82亿元，市本级科学技术支出2.44亿元，占当年市级地方公共财政预算支出0.21%。有高新技术企业149家。各企事业单位申报海口市各类科技计划项目150个。新增市级重点实验室3家、市级企业技术研发中心3家、市级创新型企业4家。全市拥有市级及以上重点实验室56家（国家级1家、省级28家、市级27家），比上年增加4家；市级及以上技术研发中心58家（国家级3家、省级34家、市级21家），增加3家；市级及以上创新型（试点）企业53家（国家级10家，市级43家），增加4家（海南通用康力制药有限公司、海南海力制药有限公司、海南宇龙汽车部件有限公司、海南红杉科创实业有限公司）。

【科技扶持政策】 2016年，海口市科技扶持政策主要包括应用技术研究与开发经费、高新技术产业发展专项资金、科技型中小企业技术创新资金和出台《海口市众创空间认定管理办法》等。年内，海口市改革创新科技资金统筹机制，整合科技创新资源，将扶持重点向全省十二大重点产业的创新型科技项目和科技创新平台倾斜，共投入科技扶持资金3062.8万元，带动企业投入研发费用2.98亿元。

【科技计划与实施】 2016年，海口市科工信局以科技计划项目实施为引导，推进企业自主创新能力建设。组织全市各企事业单位申报海口市各类科技计划项目100项，其中重大科技创新项目9项、重点科技计划项目83项、科技创新服务平台8项、科技型中小企业创新资金项目55项。全年安排项目经费2045万元对7个重大科技创新项目、19个重点科技计划项目、6个科技创新服务平台和17个科技型中小企业创新资金项目给予立项支持。

【企业创新能力建设】 2016年，海口市科技部门完成复兴城互联网创新创业园等7个市级众创空间的认定工作，盘活近10万平方米的闲置楼宇空间，打造海口市新华信息产业孵化园、白龙南科技成果转移孵化基地为代表的创新创业载体近30个，入园企业超千家，孵化初创企业近300家，园区企业获得融资超3亿元，带动创业就业人数超1.2万人，创业创新氛围浓厚。“三人咖啡”入选国家级众创空间，成为全省首个国家级众创空间，实现零的突破。7月，海南金盘电气有限公司博士后工作站启动；海南大学申报省部共建“南海海

洋资源利用国家重点实验室”获批，实现海南高校国家级重点实验室零的突破，为海口市科技创新和人才引进搭建重要平台。

【高新技术企业】2016年，海口市落实科技型中小企业技术创新资金500万元对17个项目给予立项扶持；落实海口市扶持高新技术企业发展专项资金982.8万元，其中给予8家高新技术企业高新技术项目三税扶持961.6万元，给予1家企业科技部项目经费配套支持21.2万元。通过扶持各类项目支持一批高新技术企业展开技术攻关，推动产业发展。全市新增通过国家认定的高新技术企业22家，总数149家，占全省75%。其中，电子信息领域47家，生物与新医药领域61家，新材料领域5家，资源与环境领域5家，先进制造与自动化领域12家，高技术服务业领域16家，新能源与节能领域3家。全市高新技术企业实现总营业收入308亿元，比上年增长3.7%；规模以上高新技术工业企业总产值占全市规模以上工业总产值约50%。其中58家属规模以上工业企业，占全市规模以上工业企业总数的39.7%，实现产值270.56亿元，占全市规模以上工业总产值54.2%。

【科技示范点建设】2016年，海口市新建7个农业科技110服务点和10个科技示范基地，分别是石山镇石山道崖服务点、石山春藏服务点、新坡镇石斛种植基地服务点、云龙镇云岭村委会服务点、红旗镇红旗尔裕蜜柚服务点、大致坡镇栽群村委会服务点和三江镇道学村委会服务点；石山镇施茶石斛种植示范基地、优质高效热带水果栽培产学研示范推广基地、龙泉镇海口成竹黄秋葵种植科技示范基地、新坡镇海口石斛产业示范基地、云龙镇云龙花卉苗木产销一体化示范基地、云龙本礼湖淮山深沟浅种示范基地、红旗镇牛大力种植示范基地、甲子镇食用菌高效栽培示范基地、灵山镇瓜菜新品种及新技术推广应用示范基地、桂林洋开发区海口文汇石斑鱼养殖科技基地；并对原有的22个农业科技110服务站设备进行更新和替换。建设266.67公顷太阳能灭虫器新技术新产品示范基地，并在全市范围进行生物肥料海岛素示范应用推广。

2016年12月15日，海口市科工信局在云龙镇北庄洋举行海岛素使用效果现场观摩会。
（市科工信局 供稿）

【科技下乡】2016年，海口市科工信局加强农业科技培训和科技下乡工作，全年共举办信息化培训25期，参训人员3500余人次，培训内容涵盖农产品溯源、农产品电子商务应用、农村青年创业知识、农村实用技术等；组织开展6场科技下乡活动中，共发放科技资料3000余份，服务人数2000余人次。

【科技奖励】2016年4月，海口市发放获得2015年度科技奖项目奖金81万元。2016年度海口市科技奖获奖项目共24项，其中科技进步奖18项（一等奖项目4项、二等奖6项、三等奖8项），科技成果转化奖5项（一等奖2项、二等奖3项），科技突出贡献奖1名，拟发奖金共101万元。

【科技人才队伍建设】2016年，海口市科技部门通过政策引导，充分调动高校、企业人才的积极性，激发人才队伍的活力，加快建设开放的人才引进奖励管理使用流动机制，重奖在科技创新中做出突出贡献的科技人员。全年共落实33家工业企业申报专业技术人才补贴176.55万元，对18家工业企业高管个人所得税奖励411.14万元。柔性引进6名候鸟型专家，每名专家补贴3万元，合计18万元。年内，依托海口市互联网产业奖励政策，吸引70多个外地团队或琼籍团队进入海口市创业，成功引进海南易建科技股份有限公司和海南新浪互联信息服务有限公司的2名互联网专业人才落户。

【科技成果与应用】2016年7月，海口市建成全省首个科技成果转移孵化基地，建设科技成果转化交易服务平台，搭建面向海南的线上线下技术交易市场和无形资产融资质押平台，为技术持有方和需求方提供对接平台，促进科技成果转化。全年，平台共储备科技成果566项，向全省引进科技成果6项，落地转化2项。

2016 年度海口市科学技术奖获奖项目

序号	项目名称	完成单位	主要完成人
	科技进步奖一等奖（4 项）		
1	“抗生素代谢工程的基础研究”在注射用头孢西丁钠提高质量标准研究中的应用	海南天煌制药有限公司	芦红代、魏曾光、陈积暖、冯晓梅
2	右美托咪定对脓毒症大鼠不同时期炎症介质影响及其抗炎反应机制的研究	海口市人民医院	李景辉、李欣、苏醒、汤琼瑶、邓超、李英、侯宇、曹玉芳
3	颅颈交界区韧带损伤的影像学分析及其临床应用	海口市人民医院	陈晶、陈建强、战跃福、关莹、韩贵宾、杨光、李香营、唐倩愈
4	海南省生态公益林生态服务功能价值评估	海南省林业科学研究所	杨众养、薛杨、方发之、王小燕、陈毅青、林之盼、宿少锋
	科技进步奖二等奖（6 项）		
5	BA01 系列乘用车自主研发项目	一汽海马汽车有限公司	景柱、秦全权、蔡锋、李文、刘利平、黄基鑫、周瑞海
6	瑞舒伐他汀钙胶囊	海南通用三洋药业有限公司	张红卫、王珉、朱峰、傅超婷
7	低剂量 CT 早期肺癌筛查计划及实施	海口市人民医院	战跃福、韩向君、俞安乐、陈晶、陈建强、王雄、李香营
8	地氯雷他定糖浆工艺研究及产业化发展	万特制药（海南）有限公司	王世峰、战崇轩
9	太阳能双分裂式电力变压器	海南威特电气集团有限公司	吴克智、许秘、王潮湖、王议、邢宝明、李青
10	夏热冬暖地区防水隔热一体化屋面系统项目	海南红杉科创实业有限公司	樊民、王忠
	科技进步奖三等奖（8 项）		
11	金钗石斛组培苗炼苗驯化技术研究	海南石斛健康产业股份有限公司	彭贵湖、罗建平、彭贵阳、张万兴
12	海口市中小学生立体视觉研究	海口市人民医院	谢青、王小琴、陈晶、张曼萍、鲁宏
13	贲门癌淋巴结微转移的检测及其临床意义	海南省农垦总医院	张洛、欧阳范献、吴煌福、李青、陈华敏
14	“抗生代谢工程的基础研究”在注射用盐酸头孢甲肟提高质量标准研究中的应用	海南天煌制药有限公司	芦红代、魏曾光、陈积暖、冯晓梅
15	防蚁电缆的研制与开发	海南威特电气集团有限公司	黎驹、吴源重、王尚彬、唐甸浩、朱深阔
16	富血小板纤维蛋白与即刻种植即刻负重	海口市人民医院	徐普、邢璐、王彬娉、程亚楠、毛小泉
17	巴氏杀菌聚偏二氯乙烯涂布薄膜的制备方法	海南赛诺实业有限公司	王恩飞、洪景利、杨强、刘丽华、冯亮
18	静止式动态无功功率补偿及谐波抑制装置（SVG）系列产品的研发与制造	海南金盘电气有限公司	邓永艳、梁洪、顾硕、谢敏、杨启富

续表

科技成果转化奖一等奖（2 项）			
1	紫杉醇注射液	海口市制药厂有限公司	王俊红、沙莹、曹琦、陈国林、周德敏、李传政、温平
2	AB03 系列乘用车自主研发项目	一汽海马汽车有限公司	景柱、秦全权、李文、周安勇、陈仁史、王小铅、孙琼程、张国颖、刘涛
科技成果转化奖二等奖（3 项）			
3	一体化智能型光伏发电升压并网及控制成套装置	海南金盘电气有限公司	杨雄、刘书华、黄有宝、符芳辉、陈锋
4	一种克林霉素磷酸酯的药物组合物产业化	海南锦瑞制药有限公司	马鹰军、王进宇、潘淑华
5	泮托拉唑钠专利成果产业化	海南中化联合制药工业股份有限公司	魏雪纹、李强、王莉、邢雪忠、黄国雁
科技突出贡献奖（1 名）			
姓 名	张俊清	所在单位	海南医学院

（米微微）

知识产权工作

【知识产权工作概况】2016 年，海口市知识产权工作以支撑创新驱动发展战略实施为主题，以推动知识产权与经济融合为主线，以加强知识产权保护和运用为着力点，以提高产业和企业核心竞争力为落脚点，在专利申请、知识产权保护、专利资助等方面取得实效，不断推进海口市知识产权事业发展。全年全市专利申请总量 2589 件，专利授权总量 1379 件，每万人有效发明专利拥有量 8.46 件；共有 3 家企业专利权人获第十八届中国专利奖，分别为 2 个专利优秀奖，1 个外观设计优秀奖。海口市知识产权局被国家知识产权局授予“2016年全国知识产权系统人才工作先进集体”。

【专利申请与授权】2016 年，海口市专利申请总量 2589 件，占全省的 70.6%，其中发明 923 件，实用新型 1342 件，外观设计 324 件；专利申请总量比上年增长 12.2%，发明专利增长 0.1%，实用新型增长 17.0%，外观设计增长 35.6%。专利授权总量 1379 件，占全省的 71.2%，其中发明 276 件，实用新型 858 件，外观设计 239 件；专利授权总量下降 0.6%，发明专利下降 7.0%，实用新型下降 0.5%，外观设计增长 4.4%。PCT 国际专利申请总量为 12 件，占全省 75.0%。有效发明专利 1880 件，占全省的 78.5%。每万人有效发明专利拥有量 8.46 件，增长 12.8%。

【技术合同认定登记】2016 年，海口市知识产权部门受理申请技术合同认定登记 277 件，其中技术开发 217 件，技术转让 19 件，技术咨询 1 件，技术服务 40 件；合同成交总金额 3.23 亿元，其中技术交易额 2.98 亿元。

【专利执法】2016 年，海口市共出动专利执法人员 200 多人次，省、市、区联合执法 5 次，检查商场、超市、企业 100 多家，排查各类商品 1 万多件，对标有专利号或专利标识的商品进行重点检查，查处专利违法案件 28 宗，处理侵权案 3 宗，专利移交案件 3 件，接待受理维权援助投诉 13 起，总结案率 100%。

【专利消零】2016 年，海口市知识产权部门开展“专利消零”工程。从全市没有专利申请的企业中，梳理确定一定数量的企业，深入企业进行

2016 年 12 月 12 日，海南省、海口市知识产权局在“冬交会”上联合开展专利执法。（陈思卉 摄）

"一对一"服务指导，提高企业知识产权意识，帮助企业将发明创造成果及时申请专利进行保护。全年为 19 家"零专利"企业进行专利申请，共有 81 件专利获得授权。

【知识产权创造与运用】2016 年，海口市科工信局安排 268 万元资助 15 个专利项目进行产业化，有效引导企业积极实施利用专利，推进专利技术与产业融合发展。安排 125 万元对获得 2016 年度海口市专利奖和科技奖励的项目和人员进行奖励，鼓励支持企业发明创造。

【知识产权宣传与培训】2016 年，海口市科工信局利用"4·26"世界知识产权日为契机，举办知识产权宣传周系列活动。制定《海口市 2016 年世界知识产权日暨知识产权宣传周活动工作方案》，与省知识产权局联合开展知识产权宣传周启动仪式和宣传咨询活动、省市知识产权联合大执法活动、"知识产权进校园"暨知识产权试点学校启动仪式以及举办专利代理能力提升培训班等一系列活动。开展知识产权"五进"活动，举办知识产权现场咨询活动，接受咨询人数 1200 人次，发放各种宣传资料 1000 余份，制作宣传图片 70 幅，宣传周期间，组织开展丰富多彩的系列讲座、论坛等宣传活动，组织全市 300 人规模的"知识产权与创新创业"专题报告会，营造全市尊重知识产权、保护知识产权的舆论环境和社会氛围。通过各类型有特色的活动，不断加深知识产权宣传的广度，延伸知识产权的触角。

2016 年 4 月 20 日，海南省暨海口市"4·26"世界知识产权日宣传咨询活动启动。
（市科工信局 供稿）

2016 年海口市获第十八届中国专利奖项目表

序号	专 利 号	专 利 名 称	专利权人	获奖时间	奖别
1	ZL200810186471.0	一种氟非尼酮固体分散体及其制剂	海口市制药厂有限公司	2016.12	专利优秀奖
2	ZL201210570487.8	一种双向拉伸聚丙烯高热封膜及其制造方法	海南赛诺实业有限公司	2016.12	专利优秀奖
3	ZL201130342063.2	汽车	一汽海马汽车有限公司	2016.12	外观设计优秀奖

2016 年度海口市专利奖项目表

序号	专利名称	专利号	专利权人	申报人	备注
			金 奖（2 项）		
1	一种以草酸盐制备洛铂三水化合物的方法	ZL201010556219.1	贵州益佰制股份有限公司	海南长安国际制药有限公司	独占许可给海南长安国际制药有限公司实施
2	一种哌拉西林钠与舒巴坦钠的药物组合物	ZL201310078165.6	海南通用康力制药有限公司	海南通用康力制药有限公司	
			优秀奖（3 项）		
3	一种双向拉伸聚丙烯高热封膜及其制造方法	ZL201210570487.8	海南赛诺实业有限公司	海南赛诺实业有限公司	
4	一种定性定量分析 SF6 气体中痕量杂质的方法	ZL201310014608.5	海南电力技术研究院	海南电力技术研究院	
5	一种橡胶树白粉病、炭疽病的除害剂及其制备与应用	ZL200710009457.9	海南江河农药化工厂有限公司	海南江河农药化工厂有限公司	

2016年海口市专利申请量统计表

单位：件

月份	专利类型			合计	在三种专利申请中					合计
	发明	实用新型	外观设计		个人	大专院校	科研单位	工矿企业	机关团体	
1	75	180	32	287	117	39	12	119	0	287
2	40	74	9	123	37	17	11	57	1	123
3	71	121	31	223	54	37	11	120	1	223
4	53	80	64	197	47	38	16	94	2	197
5	55	85	16	156	53	27	30	42	4	156
6	100	111	38	249	65	61	29	91	3	249
7	87	133	27	247	63	40	28	107	9	247
8	81	76	12	169	49	25	28	65	2	169
9	130	78	13	221	57	28	34	94	8	221
10	45	70	4	119	26	31	19	39	4	119
11	104	133	51	288	88	67	51	79	3	288
12	82	201	27	310	63	101	46	79	21	310
合计	923	1342	324	2589	719	510	315	986	58	2589

2016年海口市专利授权量统计表

单位：件

月份	专利类型			合计	在三种专利申请中					合计
	发明	实用新型	外观设计		个人	大专院校	科研单位	工矿企业	机关团体	
1	23	47	5	75	21	12	7	31	4	75
2	31	57	3	91	11	9	6	63	2	91
3	34	79	8	121	23	20	9	66	3	121
4	30	106	19	155	55	22	8	65	5	155
5	29	74	23	126	23	26	8	65	4	126
6	16	75	21	112	29	13	15	52	3	112
7	51	136	36	223	50	38	9	119	7	223
8	25	83	29	137	30	23	4	75	5	137
9	15	34	35	84	23	11	10	37	3	84
10	0	31	12	43	18	8	3	14	0	43
11	6	75	24	105	22	20	10	41	12	105
12	22	61	24	107	36	11	15	42	3	107
合计	276	858	239	1379	238	213	104	670	51	1379

（陈思卉）

（编辑：吴坤涛）

文化传媒

文化综述

【文化工作概况】 2016年，海口市文化体育工作部门精心策划文艺活动和演出，全力打造品牌体育赛事，实施文化惠民工程，推进文化遗产保护，履行文娱市场监管职能，促进文化产业发展。全年开展海口市精品文艺演出22场次，送文艺演出、琼剧下乡等活动200场次，完成100个行政村文化室建设任务；投入文化产业发展项目扶持资金1500万元。全市文化体育产业从业单位超过1800家，从业人员4万多人。市文体局获“第九届海峡两岸（厦门）文化产业博览交易会”组织奖。

【公共文化基础设施建设】 2016年，海口市4个区文化馆、图书馆均开工建设。8月，龙华区文化馆开工。年底，秀英区文化馆、图书馆完工并投入使用，琼山区、美兰区文化馆采用PPP模式正在建设；市图书馆、博物馆选址五源河文体公园内并采用PPP模式建设，年内完成PPP磋商性初步方案。年内，全市21个乡镇和街道综合文化站全部建成并投入使用。省文体厅安排海口市100个行政村文化室建设任务，每个行政村文化室建设资金25万元，累计建设资金2500万元。年底，100个行政村文化室建设任务全部完成，全市行政村文化室共有217个，覆盖率87%。将社区文化服务中心建设纳入“双创”建设项目，全市共建成164个社区文化服务中心，覆盖率100%。其中玉沙村社区文化服务中心成为全国社区文化示范点。国家、省、市三级财政共投入49.8万元经费，采购5.78万册图书，用以增加全市249家农家书屋藏书量。

【文化产业发展】 2016年，海口市文化产业结合国际旅游岛建设，打造海口文化产业园，先后赴深圳、北京、厦门等地招商引资，签约海南动画村项目、海南大学生创业孵化基地等文化产业项目。通过深圳文博会、海南文博会、厦门文博会等大型文化产业招商活动，搭建海口文化产业建设国际化的发展平台，集成各方有效资源，展示海口市近年来的文化产业发展成果。年内，打造复兴城海口文化产业园，加快推动演丰产业小镇、海南长影环球100项目、观澜湖华谊冯小刚电影公社项目、五源河文体中心等项目建设，做好海南动画村项目的前期筹备工作，其中有10项获文化产业发展项目扶持资金1500万元。年末，全市文化产业从业单位超过1800家，从业人员4万多人，占全市从业人员总数的4.32%；文化产业增加值20.94亿元，占全市GDP的4.54%，占全省文化产值的61%。

【海口文化产业园】 2016年6月29日，由龙华区委、区政府承办的省文体厅与海口市政府共建海口文化产业园合作框架协议签约暨揭牌仪式举行。海口文化产业园位于龙华区滨海大道32号复兴城中心广场，集影视制作、动漫游戏、体育、旅游演艺、文化会展为一体，初步规划实行“一园多基地”模式，首先在复兴城挂牌成立海口文化产业园，逐步整合利用全市的文化要素和人文资源，在龙华区打造骑楼历史文化街区、观澜湖影视文化基地；在琼山区打造琼台复兴文化基地、云龙红色文化基地；在秀英区打造环球100文化主题公园、石山羊山特色风情文化基地；在美兰区打造演丰生态文创基地、大致坡琼剧文化基地。该园将对入园企业实施一系列优惠政策，包括对在海口市新注册登记的具有独立法人资格的影视企业按相关规定给予一次性最高500万元的资金补助等。至年底，有包括阿里巴巴文娱集团、爱奇艺创意中心等50多家文娱企业入驻，多支产业基金落地，冯小刚执导的《芳华》等近10部影视剧已开拍。

【扶持影视产业发展政策出台】 2016年4月，海口市出台《海口市扶持影视产业发展暂行规定》，制定《海口市扶持影视产业发展暂行规定实施细则》，在法律法规框架内给予影视市场主体最大的政策优惠。政策出台后，吸引方金影业、爱沃影视等50余家知名影视企业进驻海口文化产业园。年内，市政府通过海南观澜湖华谊冯小刚文化旅游实业有限公司申报贷款贴息补助、中视影业（海口）投资有限公司申报企业注册补助的相关工作。

【文化下乡】2016年，海口市文化工作部门开展送图书下乡活动8次，参与各种文艺演出及赛事162场，开办免费公益艺术培训班47个。全年免费演出和“文化惠民”下乡演出共109场，开放公益性艺术培训班共培训学员3.45万人次。

【社区文化建设】2016年，海口市4个区完成164个社区综合性文化中心的建设。文化中心内设多功能室、图书室、书画交流室、家长学校、志愿者服务站、未成年人文体活动场所，购置图书、电脑、电视、桌椅等设备。社区均定期开展宣传文化、党员教育、市民教育、科技普及、普法教育、体育健身和未成年人思想建设教育活动。

【全国地方戏曲剧种普查海口地区工作】根据《文化部关于开展全国地方戏曲剧种普查工作的通知》要求，2016年6月，海南省启动地方戏曲普查工作。海口市按时完成海口地区的琼剧、木偶剧、斋戏的实地调查以及文字和图片的数据采集工作。普查结果：市琼剧演出团体共17家（改制转企业团体2家，民营团体15家），从业人数约750人；木偶戏团14个，从业人员约200人。

【冼夫人文化节】2016年3月14～20日（农历二月初六至十二），海口市举办第十五届中国（海口）冼夫人文化节。文化节主会场设在新坡镇，西秀镇、三江镇、云龙镇、红旗镇、中山街道设分会场，同步进行。参加活动的市民和游客近8万人次。新坡冼夫人文化节突出“弘扬优秀传统文化，构建文明和谐社会，促进旅游文化发展”为重点，通过举办兰花、石斛、蔬菜等产业推介会，展销下坡咏园蜂蜜、田头空心菜、卜公园鸭蛋、仁南蘑菇等特色农产品。

【文体广场】2016年春节前，由海口市人大牵头，市文体局、市书协、龙华区海垦街道办等单位共同参与建设的海口“双创”广场项目基本完工。广场占地面积1.7万平方米。其中文化长廊架地面装饰839.5平方米，有健身路径10件、篮球架2副、宣传栏4块。年末，全市有文体广场85处，总面积13.8万平方米（秀英区17处，面积3.5万平方米；龙华区15处，面积3万平方米；美兰区20处，面积0.8万平方米；琼山32处，面积6.5万平方米；桂林洋开发区1处，面积400平方米）。其中，大型的文体广场4个，分别是位于国兴大道的海南省文化体育公园、位于世纪大桥下的海口市世纪公园、位于大同路的椰树门广场和位于三叶西路的双创广场，都全天无偿对外开放。

【《黎族家园》获第五届全国少数民族文艺会演剧目金奖】2016年9月，由海南省民族宗教事务委员会、省文化广电出版体育厅出品，海口市委宣传部、市文化广电出版体育局支持，海口市演艺有限公司（海口市艺术团）创作，海口市艺术团和海南师范大学音乐学院舞蹈系演出的大型原创歌舞诗《黎族家园》在第五届全国少数民族文艺会演22台歌舞剧目中，获得5个金奖中的 “剧目金奖”和“最佳舞美设计奖”，同时获评该文艺会演“观众最喜爱的十台剧目”之一，入选“2016年度海口十大新闻”。歌舞诗《黎族家园》由蒙麓光编剧、总编导，以海口市艺术团优秀的创作表演团队为主体，集合国内部分名家及优秀青年舞蹈演员加盟创作演出。内容由序幕《啊！袘隆扣》，上篇《苍穹》——《山坡上》《古陶吟》《狩猎图》《万物生》，中篇《厚土》——《山兰谣》《舂米谣》、《吸酒谣》《织锦谣》，下篇《家园》——《原色谱》《咚铃伽》《三月三》《隆闺情》《出嫁歌》和尾声《啊！小帕曼》组成，集中展现黎族同胞生产、生活、节庆等场景，轮番上演的织锦、鼻箫、黎歌、船形屋等众多国家级、省级“非遗”通过与剧情的有机结合，展示了一幅绚丽多姿的黎族文化画卷。

【爱奇艺公司创意中心落户海口】2016年12月11日，海南省文体厅、海口市政府分别与北京爱奇艺科技有限公司签署战略合作协议，通过省、市和企业的共同合作，推动涵盖爱奇艺全部内容制作业务的创意中心落户海口。爱奇艺公司落户海口的公司名称为“海南爱奇艺文化传媒有限公司”。此次落户海口文化产业园的爱奇艺创意中心将全面布局电影、电视剧、网络剧、网络大电影的制作、拍摄、播放，PGC（专业生产内容）业务，网络综艺节目，奇秀直播等内容的发现、孵化和服务以及爱奇艺动漫游戏嘉年华落地等业务，建立开放、完整的文化产业链条。

【阿里文娱集团（筹）南方总部落户海口】2016年12月12日，海南省政府与阿里巴巴集团签署战略合作框架协议，阿里巴巴旗下阿里巴巴文化娱乐集团（筹）南方总部落户海口文化产业园。根据协议，阿里巴巴集团将在海南打造阿里文化娱乐生态，推动文体产业的开发运营和集聚发展；双方将加强在互联网产业、旅游产业和经济产业转型升级等领域的合作，推动大数据产业在海南集聚成长，促进“互联网＋旅游”产业升级和农村电子商务产业发展；阿里巴巴集团在海南战略布局八大文化娱乐板块，包括合一集团（优酷土豆）、阿里影业等，助力海南打造中国新兴影视产业集聚区，同时，在海南设立艺人培训学校，鼓励艺人经纪公司、艺人工作室等艺人上下游关联业务落地海南；双方还将共同建设南海云及大数据中心，并在离岛免税品在线销售、农村电商在全省各市县的发展、电子商务专题培训等方面深入合作。

【精品文艺演出】2016年，海口市文化部门共组织召开4次海口精品演出评审会，评审通过各文化公司申报的共22场次的精品文艺演出。其中有国外知名团体带来的滑稽剧《疯狂的废纸世界》、音乐会《情迷意大利》等，国内优秀剧目《李茶的姑妈》

2016 年 4 月 23 日，乌克兰国家小丑剧团 Mimirichi 的《疯狂的废纸世界》在海口市人大会堂演出。（市文体局 供稿）

《康有为与梁启超》等。

【第十一届万春会】2016 年 2 月 5 ~ 22 日在海口万绿园举行，由海口市文化广电出版体育局承办。以“点靓琼州、春满琼州”为主题、四大主体活动为联动、惠民演出结合游园项目为主要内容、以“互联网 +”为主要推广模式的多元化活动，贯穿春节和元宵两大传统佳节，是海口市近年来举办的时间最长、参与最广的一次节庆群众文化盛会。与往届相比，本届的灯展规模更大、文体活动内容更丰富、民俗特色更突出、覆盖范围更广、精品项目更集中、可参与性更强。据不完全统计，至正月初六，万春会文化活动共举办 66 场次，游客接待总量约 52 万人次，其中大年初一游客接待量约 12 万人次，较上年增加 5 万人次。万春会灯展 8 大展区，100 个灯组，文化演出 26 场，游艺游园项目 36 场，公益活动 4 场，文化演出演职人员约 3000 人，嘉年华游戏约 3.6 万人参与，发放 6.5 万份奖品，媒体报道约 450 篇次，图片展“双创”图片 350 张，微信上墙互动约 7 万人次。在万春会闭幕式暨元宵喜乐会当日，现场约 6000 人次观看节目，游客日接待总量约 25 万人次。经过连续 11 年的打造，万春会已打造成为海口乃至全省市民群众及国内外游客热情参与的激情、欢乐、趣味的春节文化盛会，满足了城乡居民的节日文化需求，较好地展示特区海南、欢乐海口的良好形象。

文化市场管理

【文化市场管理概况】2016 年，海口市文化市场综合执法支队深化“扫黄打非”、净化社会文化环境，查处文化市场违法违规大案要案，整顿和规范文化市场秩序，共出动执法队员 7977 人次、执法车辆 3106 辆次，检查经营单位 5624 家次，立案查处 55 家，罚款 11.6 万元。获全省“扫黄打非”先进单位、全省文化市场综合执法考评一等奖和执法案卷评查项目一等奖。

【出版物市场监管】2016 年，海口市文体局对全市 180 多家印刷企业进行检查，并对 30 家出版物印刷企业、31 家包装装潢印刷企业进行重点清查，共查处违规印刷企业 26 家，收缴非法的私彩信息资料等印刷品 6.8 万张。

【网吧市场监管】2016 年，海口市文化市场综合执法支队加强对重点地区、重点部位和重点时段上网服务场所的巡查执法，查处违规接纳未成年人等严重违法，特别是针对网吧在节假日、寒暑假、放学后及晚上等时段容易接纳未成年人的问题进行重点检查，反复检查，错时检查或“零点行动”，加大对城乡结合部网吧的巡查力度。对顶风作案、屡教不改的网吧，实行顶格处罚，依法吊销《网络文化经营许可证》或停业整顿 30 天。共检查网吧 4638 家次，立案查处 26 家次。其中海口约定梦想网吧、海口广正和网络科技有限公司、海口财盛网吧和海口联想网吧违规接纳 3 名以上未成年人，被依法吊销《网络文化经营许可证》。

【游艺娱乐场所监管】2016 年，海口市文化管理部门对电子游戏、歌舞厅市场实行全日巡查监控和重点整治，重点打击无证照游艺娱乐场所经营活动、查处电子游戏场所和游艺娱乐场所的电子游戏区域在非国家法定节假日接纳未成年人以及游艺娱乐场所设置含有暴力、赌博等禁止内容的游戏游艺机型机种等违法违规行为，开展以打击赌博为重点的电子游艺场所专项整治行动，对全市电子游艺场所开展拉网式排查，对非准入机型机种限期撤离，对有涉赌经营行为的动漫城当场举报“110”查处。共检查电子娱乐场所 83 家次，责令整改 45 家次，责令停业整顿 1 家，移交 1 家；检查歌舞娱乐场所 472 家次，责令整改 141 家次，责令停业整顿 6 家。

【卫星电视地面接收设施监管】2016 年，海口市文体局开展 4 次大的联合整治行动，共出动执法人员 1268 人次、执法车辆 389 辆次，检查海口秀英中心招待所、海口心得缘宾馆等经营场所 267 家次，对存在非法安装和使用卫星地面接收设施的 29 家宾馆、酒店，当场立案查处 14 家（海口琼山北辰大酒店、海口龙华梅林商务宾馆、海口美兰蓝梦咖啡馆等），暂扣数字卫星电视接收机 50 台、调制解调器 26 台、高频头 21 台，警告 15

家，下发整改通知书15家。

【文化市场专项整治】2016年，海口市开展以校园周边为重点的全市范围内文化市场专项整治行动，如2016年中高考暨暑期网吧专项整治行动、2016年海口市学校及周边环境综合整治行动、桂林洋高校区及周边环境综合整治工作等专项整治。各项专项整治工作集中进行网络市场、音像市场、娱乐市场的治理。在各项专项整治中，市文化综合执法支队和各区文旅局的文化执法人员共开展大型集中行动18次，检查文化经营1828家（次），出动执法人员821人次、车辆265台次，共取缔无证摊点50家，收缴非法音像制品3864件，非法书报刊2056册，小型游戏机53台。

【文体广电事项行政审批】2016年，海口市文体局共受理行政审批服务办件228件，办结226件。其中版权处办件176件（新设立7件、年审142件、变更27件），广电处办件25件（新设立15件、年审9件、有线电视年审1件），竞体处办件27件，按时办结率100%。其中"先审后验"网上申报办件27件，占上半年办件量的12.4%，超额完成市审改办要求年度网上申报办件应达到年办件量10%以上的工作目标。

（陈有敏）

文学艺术

【文学艺术概况】2016年，海口市出版文学书籍23部，发表作品490余篇（首），创作和展出书画摄影作品1200余幅，参加各类文艺演出4000余人次。海口琼山海韵合唱团在俄罗斯索契举办的第九届世界合唱比赛中获民谣无伴奏组金奖和混声合唱组银奖；市曲协主席战胜、副主席唐世江导演的微电影《我的青春我做主》获第四届亚洲微电影艺术节"金海棠奖"二等奖，市舞协副主席白金峰创作的《花、花儿》在全国第四届回族舞蹈展演中获马兰花奖和最佳编导奖。

【文学创作】（1）创作成果。2016年，海口市文学爱好者文学创作成果不少。小说：张品成出版长篇小说《陌生地带》《红戏》《十五岁的长征》《非常地图》《花塘往事》《一个人的长征》；王丽莹出版的长篇小说《舞蹈课》被列为百年百部儿童文学经典书系，出版小说集《一只与肖恩同岁的鸡》；王辉俊出版中篇小说《打开的窗口》；韩勺夷出版小说集《一个人的空城》；曾万紫出版小说《红雨轩》。诗歌散文：蔡旭出版《散文诗创作手记》、散文诗《坐在生活的一角》和《海之珠 珠之海》，主编《世界华文散文诗年选2015卷》，并在全国报纸杂志发表散文诗176首；乐冰出版诗集《祖宗海》，并在全国报纸杂志发表诗歌145首；曾万紫出版散文集《海南女人》；王绥抚出版诗集《蓝色国土的诗笺》。其他文学创作：王忠云、张品成和冯椿主编市作家优秀作品集《创思远图》，龚元东出版散文小说集《好殇痛》，潘正桐主编琼剧作品集《琼台春》，梁统兴作品《琼史百问》，王义和、冯所海、李木兰主编《琼台韵》。（2）获奖情况。蔡旭散文诗《云飞浪卷的西沙》获"徐霞客文学奖"；乐冰诗集《南海，我的祖宗海》获第五届海南省文学双年奖三等奖（2014～2015年），长诗《淇水，上善之水》获中国诗歌学会、中国作家出版集团等联合举办的第二届"中国诗河·鹤壁"全国诗歌大奖赛优秀奖及海口日报社主办的"沉香杯"全国诗歌大赛一等奖。

【音乐】2016年，海口市音协会员在海南电视台、海口电视台及农村、社区、企业等开展为民惠民义演、商演共756场次。（1）创作与获奖作品。全年，市音协会员创作音乐作品230多首，分别在海南电视台、海口电视台、海南广播电台滚动播出。其中：1月，市音协发动会员创作"双创"主题歌曲36首，评选出16首优秀作品表彰奖励，出版《我爱海口"双创"歌曲专辑》；6月8日，在2016第五届中国海南"大海歌曲"电视大奖赛中，周毅作曲《我的三沙我的家》获一等奖，裴英杰作词《盈滨岛之恋》《南沙恋》分别二等奖、优秀奖，吴柳静获演唱类三等奖；6月18～22日，在第三届中国民歌合唱节中，市文体局选送的山兰放歌组合演唱《山兰放歌》和《黎山情谣》获金奖；7月6～10日，在俄罗斯索契举办的第九届世界合唱比赛中，海口琼山海韵合唱团获民谣无伴奏组金奖和混声合唱组银奖，海南爱乐女子合唱团女声室内团夺得民谣组金奖和室内组银奖；12月17日，在第三届海南方言歌曲创作演唱大赛中，陈晶晶创作临高方言歌曲《么百漏》获创作奖，入选十大金曲。（2）培训与成果。全年市音协会员培训器乐、声乐学生3800余人。2月，在上海举办的第六届中国少年儿童艺术节全国声乐总决赛中，由市文联、市音协推送的7位选手分别获2金、4银、1铜，卢海曼老师获"最佳辅导奖"；在全国第12届"德艺双馨"总决赛中，陈晓妍获"优秀指导教师奖"，培养学生获得少儿声乐银奖。8月，在第三届中国（长沙）扬琴艺术暨全国扬琴邀请赛中，市音协副秘书长吴廷雄辅导的学生郭静瀛、陈怡瑜分获金奖和优秀表演奖，吴廷雄获"优秀指导教师奖"。

【美术】2016年2月4日，由海口市文联和海口观澜湖旅游度假区、海口观澜湖华谊冯小刚电影公社联合主办的观澜湖艺术写生计划第九季"海口之美"——第三届中国油画名家海口写生作品展在海口观澜湖新城国际购物中心艺术馆开展，活动邀请四川、重庆、湖南、辽宁、海南五地23名油画名家集聚海口写生，展出创作精品50幅。3月21日，由市委宣传部牵头，市文联、市美协承办的"椰树下的三角梅——艺术家眼中的海口之美"写生活动在观澜湖酒店启动，活动邀请近百名省内外艺术家共聚海口，进行为期6天的三角梅题材采风写生创作，并于4月14日在省博物馆展出85幅作品，同时出版《椰树下的三角梅——艺术家眼中的海口之美展览作品集》。12月7日，由市委宣传部、市文联主办，在水巷口国新书苑举办的“历史的温度——油画家眼中的海口老街之美”作品展暨《骑楼百年之老街复兴》新书首发式上，展出20个省市的55位油画家历年来创作的60幅作品向海口90岁生日献礼，出版《历史的温度——油画家眼中的海口老街》。年内，王莉创作的油画作品《都市余晖》、郑文雄创作的水彩画《阳光下的老街》、姜旺创作的油画《老街新绿》入展海南省青年美术作品展，其中《都市余晖》获“海南知行青年艺术奖”和“凤凰画材艺术奖”；张天美术作品《黎族风情画系列》获海南民族文艺作品征集大赛民族图案设计二等奖；王莉创作的油画作品《都市记忆之二》入选海南省首届小幅油画作品展并获“优秀作品奖”，刘敏超创作《岁月如歌》和王莉创作的《都市记忆（系列之一）》入选海南省第二届小幅水彩展并获“优秀作品奖”；姜旺创作的油画作品《早春二月》和郑文雄水彩作品《屯堡古镇》获“思想者杯”海南省美术教师作品展一等奖，王莉油画作品《都市记忆之三·夜》、刘敏超水彩作品《海南印象》、陈萍、曾婉媚获二等奖，陈桂梅油画《怀·旧》获三等奖。王锐创作的油画《风再起时》入选中国油画学会主办的可见之诗——第二届全国风景油画展，姜旺创作的水彩画《湘西民居》入选2016“首届全国教师水彩粉画展”，王锐、丁孟芳、周铁利、黄海洋、柯兰亭创作的10幅作品参加第六届中国大城市专业画院学术年展，丁孟芳创作的油画《祖宗海》、王家儒创作的油画《早安——乔木》入选文化部3年一次的第十一届中国艺术节全国优秀美术作品展，王锐创作的油画《三月踏歌》入选中国国家画院主办的第五届全国画院优秀作品展。8月，海口美协与江西婺源钱源山庄合作建立写生基地，派部分骨干画家赴江西婺源，和山东工艺美院的画家进行8天的写生交流及研讨，创作80余幅作品。

【书法】2016年，海口市文联、市书协举办“双创杯”一周年书画展、“幸福家园”海口“双创”一周年书画作品展、市书协琼山分会会员创作品展并出版作品集、吴云汉书法作品展并出版作品集、海口青年21人书法作品展并出版作品集、海口市书协会员作品展并出版作品集6次，与兄弟协会联合举办“海口、南昌、临沂”书画作品巡回展（分别于5月在海口举行、9月在临沂、10月在南昌进行）、“宽襟同道墨迹展览”（10月在成都香迪红馆举行）共4次，与海南省书协共同主办“太湖风”20人书法展览。以上参展的作品近500件。5月10～20日，市书协琼山分会与海南省教育研究院合作，为文昌市小学书法老师进行为期10天的书法培训；10月，市书协琼山分会与琼山区教育局联合开展书法进校园活动。

【摄影】2016年2月20日，海口市摄协琼山区分会在琼山区府城镇忠介路步行街举办“琼台兴雅韵　双创赋春华”摄影作品展，展示“双创”成果。年内，市摄协先后承办海南省摄影家协会和中国摄协函授学院海南分院的《最初的绽放》基础专修班毕业作品展；《绿色椰城　美丽家园》李汉仁摄影作品展；海南海洋摄影学会在省博物馆举办《影像保护海洋》摄影展；“跨越海峡——琼台双岛摄影家”台湾摄影家《镜头中的骑楼老街》摄影展，展出15名台湾摄影家海口骑楼老街采风创作的114幅摄影作品；助力“双创”镜头下的海口手机摄影赛作品展，展出49件获奖作品。6月24日，与市档案馆联合举办《回眸：红色记忆》海口市纪念中国共产党成立95周年档案图片展。先后组织“深入生活　扎根人民”《百里儒美　美丽乡村》摄影采风系列活动，100多名会员分7批次到羊山地区以“儒”、以“美”命名的村庄采风创作；组织15名摄影家前往贵州采风创作。

【戏曲】2016年6月22日，海口市曲艺家协会在海口羊山休闲公社举行成立大会，来自海南省、海口市各界专家学者、文艺工作者90余人参会。大会通过协会章程，选举产生第一届领导机构。战胜当选第一届海口市曲艺家协会主席，彤群旺、唐世江、廖海斌、武增田当选为副主席，其中彤群旺兼任协会秘书长。年内，琼剧精品剧目《喜团圆》被列入中国戏剧梅花奖数字电影工程，由市文联主席陈素珍领衔主演，12月审查发行。市剧协围绕“双创”主题组织创作独幕剧《拆迁风波》《风雨夜归人》《城市小插曲》和戏歌《“双创”壮举》《新海口新世界》等节目。3月，市剧协邀请梅兰芳研究所所长吴开英创作现代琼剧《宋庆龄》，入选文化部戏曲剧本孵化计划资助项目。举办首届海口市曲艺原创作品征集大赛，大赛自6月开始面向全国征集作品，截至8月底，收到来自新疆、山东、深圳、天津、湖南等地作品共98件，评选出35部优秀作品，优秀作品集结出版《海口市曲艺原创作品集》。9月，市曲协主席战胜与副主席唐世江创作的小品《警察爸爸》《“双创”你我他》分获第三届海南省残疾人汇演一等奖和二等奖。年内，市剧协深入海口、文昌、万宁等市县城镇、乡村开展送戏下乡，演出琼剧《夜明珠》《五女拜寿》《浴血英魂》《红色娘子军》及“双创”独幕剧等剧目146场，其中“双创”节目巡演30场、驻场骑楼老街演出25场、琼剧唱响敬老院活动10场。

【影视】2016年，海口市委宣传部联合盛世星光影业有限公司摄制首部以海口“双创”为背景的电影《你是最美》，海南一品天成影业有限公司联合重庆盛世星光影业有限公司共同摄制红色爱国教育电影《红小鬼齐步走》（由市作协主席张品成担任剧本策划），由张品成主持、市文学艺术传播研究中心和海南红山之外影视文化传播有限公司联合摄制《首善之城》，张品成参与完成监制电影《追求者》纪录片，市曲协与海南天池奇甸文化传媒有限公司合作创作拍摄本土微电影共30多部，其中26部在三沙卫视和海南网络广播电视台播出。6~9月，由市文联、海口广播电视台主办，市影协、海广网承办的2016“美丽海口·双创你我他”手机微视频（DV）大赛面向全国共征集视频作品270部，按照网络投票得分20%、专家评委得分80%的评分方式评出获奖作品，产生最佳作品奖、最佳创意奖、最佳摄影奖等10个奖项，获奖作品陆续在海口广播电视台进行展播。年内，市影协副主席战胜与理事唐世江带领的团队创作的《山的那边是海》获第二届万峰林国际微电影剧情类一等奖、《感谢》获宣教类二等奖，微电影《我的青春我做主》获第四届亚洲微电影艺术节“金海棠奖”二等奖（暨优秀作品奖）。

【舞蹈】2016年，海口市舞协先后承办海口市第十五届“蒲公英”音乐、舞蹈、朗诵大赛、“全民艺术普及、聚力双创”文化惠民演出、助双创·劳动美2016年海口市庆“五一”文艺晚会、“我们的节日·贺元宵”助双创文艺系列活动、第11个非遗日展演、“我们的节日·端午”文艺晚会、市庆祝建党95周年广场舞大展演暨“全民助双创、共筑中国梦”2016年市原创广场舞大赛、“我们的节日·中秋”促“双创”广场文艺演出、“盛世中华·喜迎华诞”海口市庆祝中华人民共和国成立67周年文艺晚会。6月，在海口万绿园广场举行由海口市文体局、市文联主办的“全民助双创 共筑中国梦”纪念中国共产党成立95周年文艺大展演暨2016年市原创广场舞大赛，录制《全民助“双创”，共筑中国梦2016年海口市原创广场舞大赛》专辑。6月，市舞协副主席白金峰创作的《花、花儿》获第四届回族舞蹈展演马兰花奖（一等奖）和最佳编导奖，《塞上那片彩云》获沙枣花奖（二等奖）和优秀编导奖；9月，创作的《花帽子》入围第十一届全国优秀舞蹈节目展演。海口市艺术团创作排演大型原创歌舞诗《黎族家园》代表海南省参加8~9月在北京举行的第五届全国少数民族文艺会演，获“剧目金奖”和“最佳舞台美术奖”，网络投票中获评“观众最喜爱的十台剧目”之一。9月，吴文婕创作的表演故事剧《美丽家园》获海南省曲艺大赛综合表演类三等奖。

（沈音钊）

电　影

【城市影院放映】2016年，海口市已建和在建的54家电影院，其中开业26家（屏幕总数178块、27668个观众座位），在建22家，规划6家。影院分布密度高居全国前列。实现票房收入2.27亿元，比上年增长3%；观影人次613.97万人，增长4%。

【农村电影放映】2016年，海南省农村数字电影院线配合“科技兴农”计划，按照“政府安排、农民点单、按需放映”的服务方式，将科学种植、科学养殖、防灾教育、安全教育、国规国策、计生优育、禁毒宣传等科教电影以及陶冶情操的故事影片送进农村，实现全市农村电影放映“一村一月一场电影”的目标。全年海口农村公益电影放映专项资金75.06万元。至12月底，累计放映农村公益电影3511场，范围覆盖全市248个行政村。

【中小学生电影放映】2016年，海口市中小学生电影放映教育基地重点推出《建党伟业》《挺进大别山》《血战午城》《四渡赤水》《辽沈战役》等一批具有传统革命精神又能反映建党光辉历程的影片，共放映465所学校、1194场次，观影学生91.34万人次，学生观影率77.1%。义务教育阶段直属学校学生观影率99.3%，其中龙华区学校学生观影率99.7%，美兰区学校学生观影率99.3%，琼山区学校学生观影率98.8%，秀英区学校学生观影率97.1%。高中阶段学校学生观影率41%。民办学校学生观影率29%。

【电影惠民】2016年，海口市电影公司利用商业操作或政府支持，进行市场开发和文化服务，开展拥军爱军活动，通过活动合作实现公益电影的推广。全年承办公益惠民电影宣传放映3134场次，观众32.9万人次。

（吴　刚）

广播电视

【广播电视概况】2016年，海口广播电视台拥有综合、生活娱乐、城乡经济3个电视频道，综合广播FM101.8、旅游交通广播FM95.4、音乐广播FM91.6、生活广播FM104.4四个广播频率，1个国家一类新闻资质网站海广网，1个资讯类手机客户端海广V豆。自办节目年播出2.19万小时，无线发射年播出2.14万小时，广播年播出2.92万小时。从业人员583人，其中事业编247人，企业编30人，台聘306人。人才构成方面，全台拥有专业技术职称员工305人，其中高级职称21人，中级职称90人，有省优专家1人，市拔尖人才5人，市重点专家2人。旗下有《海口新时空》《热带播报》《亮见》《椰城纠风热线》《看法》《海南华侨》《公益海南》《海口大讲堂》《直播12345》《椰城依家》《城市新动力》《海口新闻》《法官零距离》《直播城市管家》《“双创”总动员》等电视、广播品牌栏目，其中《亮见》《椰城依家》被省文体厅确定为第一批重点扶持的精品栏目。2016年，海口广播电视台被国家新闻出版广电总局办公厅授予“2014~2015年度广播电视公益广告优秀‘传播机构类’”三等奖荣誉称号；台长陈积流被中国广播电视产业联盟评为“2016年度全国电视地面频道融合发展创新人物”；财务部荣获广电总局表彰的“2015年度广播影视基层统计工作先进集体”称号；海广网被中国电子商务协会评为“2016年度中国地方新媒体门户最具影响力”大奖；“双创”频道入围“2016年度全国城市频道最具品牌创新力TOP10”；品牌栏目《亮见》入围“2016年度全国城市频道电视栏目创新力TOP10”；海口新闻综合广播入围“2015～2016年融合创新十大创新力城市新闻（民生）广播”；《直播12345》栏目入围“全国广播栏目影响力TOP10”。在“2015年度城市台社教节目评析”中，海口广电共4件作品获奖，《亮见》荣获特别节目一等奖作品，《琼岛抗战血与火》荣获系列片一等奖作品，《朋友圈的秘密》荣获专题片三等奖作品，《公益海南》荣获优秀栏目三等奖作品。在“2015年度城市台电视新闻节目评析”中，《都是因为爱》荣获新闻类专题一等奖优秀节目。

【广播电视节目】2016年，海口广播电视台旗下栏目《海口新时空》围绕中央、省、市重要会议及工作部署，“双创”、经济社会发展及精准脱贫、禁毒、重大节庆节日和纪念日等重大主题分别推出《践行新理念 开启新征程——市十三次党代会特别报道》《双创“心”故事》《推进“百日大行动”》《精准扶贫进行时》《我们的节日》等专栏及系列报道。广播时政新闻《海口新闻》精心策划、及早部署，创新报道方式方法，在市“两会”现场搭设透明直播间，进行直播报道；开辟专栏《全市动员全民参与打赢“双创”攻坚战：海口“双创”进行时》，围绕“双创”指挥部“双创”工作进展做好动态报道；根据海口市经济工作和民生工作推进的时间节点，及时推出关于经济成就、重点项目建设和“菜篮子”工作建设的报道。电视品牌栏目《热带播报》坚持“传递真情温度，表达民生态度”的宗旨，结合传统和法定节日，推出《我们的节日·春节》《献礼“三八”妇女节》等系列策划报道；结合精准扶贫、纪念建党95周年、2016年高考等社会热点难点，特别策划《关注“两会”看民生》《秀外慧中的三角梅》等系列报道及专栏，推出直播节目《直击大暴雨》和特别节目《调查深一度》，提升栏目影响力；通过对重大纪念日和公共性节日的策划报道，以3·15消费者权益保护日、禁毒宣传月等为主题推出系列报道。《看法》《平安交通》《阳光地税》通过具体案例分别从刑法、民法、税法等多个角度向市民普及相关的法律知识，其中《看法》栏目全年共播出专题类节目150多期，送法进社区4次，制作各类禁毒专题30多期，有力地配合全市禁毒大会战。3月，《我是共产党员》开播，每期约8分钟，以专题片的形式刻画一个个鲜活饱满的基层共产党员形象。7月1日，《直播海口·数字城管》开播，坚持以最快的速度为市民排忧解难。10月14日，《海南华侨》开播，这是一档以海南华侨的异国创业经历和返乡报国为主题的大型电视人文纪录片栏目。10月30日，《海口大讲堂》开播，以讲坛为形式，以中华传统文化为主题，形式新颖，寓教于乐。12月，知名作家虔阴山先生和中共中央党校哲学部教授、博士生导师刘余莉女士特别做客《海口大讲堂》。刘余莉教授团队与海口广电达成合作，录制52集特别节目《余莉开讲》之《刘余莉品评〈群书治要〉》。年内，电视各频道播出相关公益广告10.27万条次，比上年增加48%；广播各频率播出相关公益广告7.52万条次，增加78%。与此同时，以禁毒、禁烟及“双创”等内容为主题，自行策划、制作包括《垃圾不落地》《关注未成年人心灵成长》等共72条广播、电视公益广告（增加46%）。2016年，海口广电与浙江东阳天沐影业股份有限公司等联合拍摄40集抗战剧《学生兵》，讲述一群在校学生拿起武器抗击日寇保家卫国的感人故事。为纪念孙中山先生诞辰150周年，海口广电摄制纪录片《永远的追随》，耗时1年，遵循着当年的革命轨迹走访拍摄上百位学者专家和海南籍将军后人，是第一部记录辛亥革命时期海南所涌现的风云人物的影像，有许多珍贵的照片和资料首次公开。摄制纪录片《寻亲——滇缅公路上的血脉》，讲述有800多名海南籍南侨机工回国参加抗战，由于历史原因，战后至今骨肉分离，70多年后，机工二代寻找同父异母兄弟姐妹的故事。

2016年2月1日，首届海南国际旅游岛三角梅花展开幕式举行，海口广播电视台进行开幕式直播。
（海口广播电视台 供稿）

【“双创”新闻播出】2016年，海口广播电视台围绕“双创”工作中的重点、热点、难点，以《热带播报》《直播海口“双创”》《“双创”夜新闻》《“双创”三人行》《“双创”进行时》等重点栏目为支点，用新闻力量助推“双创”。截至12月，《热带播报》《播报第1站》共播出“双创”新闻3300余条；《直播海口“双创”》共播出新闻稿件及直播连线约1万条（次）；《“双创”夜新闻》共播出新闻稿件4200余条，直播连线720余次，演播室访谈200余次，邀请各界嘉宾、市民、各级政府和职能局工作人员180余人；《“双创”三人行》栏目共播出365期，邀请“专家学者聊双创”300余人（次）、特约评论员和百姓评论员60余人，从不同角度和不同层面宣传海口“双创”工作的核心价值。年内，先后推出《“双创”在行动》《创卫在椰城》等重点系列报道。双创主题频道推出《认认他是谁》升级版“执法+媒体”，联合执法的视频短片在微信推送上阅读量短时间内破万；《热带播报》在新浪微博上发起的“认认他是谁”热点话题点击率逾百万，针对全市各类不文明、不规范及违法行为共执法2000余起，取得较大的社会影响。海口广电摄制专题片《“双创”刷新一座城》，以及各种“双创”知识的宣传短片（《“双创”小斗士》《海口更美丽》等）和MV——《爱上三角梅》《幸福椰城双创颂》等，每天多次滚动播出，营造出浓郁的“双创”氛围。

【广播电视舆论监督报道】2016年，海口广播电视台构建的舆论监督平台主要有《亮见》《椰城纠风热线》《热带播报》《直播12345》。《亮见》以“直击基层微腐败”开场，共举办7场，共报道曝光问题28个，25个部门被问政，有111人因在“双创”工作中不担当、不作为、慢作为和推诿扯皮被问责，被问责单位12个，纪律审查18人，移交司法机关1人，问责力度之大前所未有。《椰城纠风热线》栏目，共播出140期，上线单位146个，上线市领导5位，上线一把手148人次，上线人数2743人。共接到咨询、投诉问题1442件，答复、办结1414件，办结率达98%以上。广播电视同步直播的民生新闻栏目《直播12345》节目或现场连线相关职能部门，或记者实地调查采访，全年共受理并播发办件1000多件，督办办结近900件，办结率83.4%。

【新媒体平台】2016年6月，海口广播电视台旗下的新闻资质网站海广网获得由中央网信办颁发的国家一类新闻资质网站资质，成为国家认可的新闻门户网站。从设立之初始，海广网在短短3个月内，开发海广网PC端、海广V豆客户端等一系列产品。在内容建设方面，进行常规性报道15万多条，开设“我们的节日”“双创”等十几个专题；开设微直播平台，进行30多场微直播。各品牌栏目均开设自己的微信公众号，其中，“交通954”微信公众号以WCI指数1217，位列全国739家广播媒体的第3名，再次刷新微信平台最佳成绩，并以超强的粉丝活跃度再次位居岛内新媒体第一位。

【安全播出与技术管理创新】2016年，海口广播电视台利用电视转播车、EFP飞行箱等设备，完成大型活动节目的录制、直播工作共60多场次，约7200多分钟。常态直播技术日臻成熟，每周直播节目长度40.5小时。海口广电电视三套自办节目播出总时间2.19万小时，5个无线发射电视频道共完成无线信号发射总时间2.14万小时，其中，电视节目播出实现0秒/百小时停播，无线发射播出停播率为0秒/百小时；广播4个频率播出2.92万小时，广播、电视均没有出现重大安全播出事故和重大事件。

【广电基础设施建设】2016年，海口广播电视台针对数字电视制作播控系统设备年久老化，隐患突发的状况，组织技术人员加强对设备、系统的检修维护力度，同时更新引进设备，推进高清化改造工作。年内，《热带播报》非编网完成改造并投入使用；4号演播室的绿箱和灯光完成改造，可实现高质量的抠像；购置一批高清采编设备和一套4G设备，并加装1条数据传输专线；“双创”节目直播演播室改造及“双创”特别节目外采补充设备购置项目完成招标；送播网络完成安装调试；主备传输链路经过改造，采用两台高品质哈雷编码器（带编码+复用功能）；在媒资管理系统和数字硬盘播出系统架设文件推送系统；改造广播发射机房的音频信号处理系统；调试使用一套4G广播音频传输系统；安装调试广播新总控系统。

（林丽雯）

海口日报

【海口日报社工作概况】2016年，海口日报社按照“办好报纸、用足政策、创新经营”的工作思路，把牢方向导向，深化媒体融合，突出创新驱动，主动适应报业发展新常态，不断提高发展的质量和效益，不断扩大报社竞争力和影响力。全年有多篇新闻作品荣获海南新闻奖。《600家店为拾荒阿婆攒纸箱》（记者、编辑：宋亮亮、张志红）、《椰城爱心唤醒沉睡学子，肖中斌昏睡13天后恢复意识》（记者、编辑：王伟、林韦玮、杨雨霞）荣获第二十六届海南新闻奖一等奖，《用生命兑现入党誓言》（作者、编辑：张志红、文关福、许林、谢大强）荣获第二十六届海南新闻奖二等奖，《海口日报2015年12月9日06版》（记者、编辑：许林、王浩宁）、《永不停歇的文明脚步》（记者、编辑：符青云、杨杰、郑文强、许世立、谢大强）、《复活的面具舞》（记者、编辑：陈婉娟、李汉仁）、《探寻海口足球发展之路》（记者、编辑：童言、甘雁鸿、许世立）、《我的“犯罪记录”何时能够撤销》（记者、编辑：李云川、周琪）、《揭开海口“农业配方”之谜》（记者、编辑：罗津、许世立）、《网络转载新规下报纸版权的保护》（记者、编辑：宋亮亮、王立纲）荣获第二十六届海南新闻奖三等奖。《600家店为拾荒阿婆攒纸箱》荣获2016年中国新闻奖二等奖。

【重大主题宣传报道】2016年，海口日报社围绕中央、省委省政府、市委市政府的工作部署，做好“四个全面”“五大发展理念”、习近平总书记系列重要讲话和治国理政新理念新思想新战略的宣传；组织好纪念建党95周年、红军长征80周年、党的十八届六中全会、建省办特区28周年、海口建市90周年的宣传；精心策划2016年海南省两会、市党代会、市两会、市委理论研讨会、全市经济工作会议等重要会议的报道；加大对海口“多规合一”“海澄文”一体化、重点项目建设、精准扶贫、招商引资、水体治理等重点工作的宣传力度，为海口发展加油鼓劲。围绕市、区、镇换届工作，《海口日报》及时发布换届风气监督工作相关信息，宣传中央、省委和市委换届纪律要求，推介加强换届风气监督工作的经验做法，营造良好的舆论氛围。海口网在首页开设“搞好换届选举 构建幸福海口”——聚焦海口市市区镇人大换届选举工作专题，在海口网头条、要闻区栏目等网站重要位置对相关新闻进行推送报道。网站、无限海口客户端刊发稿件39篇，微博微信推送稿件62篇。

【反映社情民意】2016年，海口日报社报纸、网站记者组成全媒体报道小组，加快报道时效，实现主要领导活动、主要会议半个小时内推送新闻。高考期间，《海口日报》、海口网推出“2016年海口高考”微直播栏目，该话题新浪微博阅读量达843.4万条，讨论数1494条。5月，报社在“两微一端”推出的“海口2016年秋季中小学招生方案出炉 看看你家孩子在哪上学”专题报道，受到学生家长的关注，该题材点击阅读量3.5万条。

【专题报道】2016年，海口日报社通过报纸、网络、微博、微信等多种媒体形式做好“双创”动态报道、深度报道和互动报道。推出全媒体栏目《记者巡街》，通过记者上街巡查采访，在寻访先进经验的同时，加大对“脏乱差”反弹现象的曝光力度，并探索如何建立“双创”工作的长效机制，全年共推出18期，促进大量问题得到及时整改，有些被曝光的街道经过整改后成为“示范街”，取得良好社会效果。每次巡街活动海口网PC端和微博均进行现场微直播报道，海口网微博话题“记者巡街”阅读数累计2419.1万，讨论数5954条，数万点赞与转发。《海口日报》每天推出2～4个“双创”专版，其中不少报道如《心中有群众“双创”才会赢》《以高度的思想自觉再战“双创”》《以有志必成的信念再战“双创”》《解码“15分钟社区生活圈”》《海口特色美食街如何“特”起来》《便民设施需完善，管理还需更精细》等受到好评。《海口日报》在要闻版显著位置开设社会主义核心价值观、关注未成年人思想道德建设、文明旅游、讲诚信、志愿者服务、道德模范等专栏，结合“双创”一周年，推出《“创”动椰城一周年》及《“双创”一周年摄影巡展》专版。全年，报纸共刊发“双创”稿件2360篇，图片978张，相关版面537个。海口网及“无线海口”手机客户端推送“双创”稿件2480条，发布图片2850张，制作海口文明“双创”总动员、病媒生物防制、三角梅花展、记者巡街等50个专题，推出原创图解新闻40多篇，开设“最美海口，你来找茬”等专栏4个。微博推送超过5800条“双创”新闻，微信每天推送7条“双创”新闻。公益广告方面，通过报纸刊登“讲文明树新风”、道德模范、关注未成年人、健康教育与健康促进公益广告200幅。其中“心里有它”“双创”系列公益广告荣获第23届中国国际广告节公益广告黄河奖优秀奖，是海南唯一平面媒体获奖作品。海口网首页长期悬挂“双创”公益广告15幅。

【日报栏目创新】2016年，为迎接海口市第十三次党代会的召开，《海口日报》在要闻版开设“汇集磅礴之力，开启新征程”专栏。以消息、通讯、侧记、评论、访谈等多角度、多方位报道市委、市政府5年来在扶贫助困、医疗改革、教育资源均衡、创业就业等民心工程以及发展优势产业、环境六大专项整治、投资服务百日大会战、重点项目建设等方面取得的成就。开设“海口·精准扶贫进行时”专版和“精准扶贫·同奔小康”专栏，对市委市政府精准扶贫部署、全市扶贫举措及成效进行宣传报道，共刊发稿件80余篇。围绕“多规合一”，开设“推进多规合一”专栏，刊发《加快推进多规合一工作会议》《压缩审批时限促项目落地》《服务做加法 审批做减法 多规合一倒逼行政审批改革》等20余篇稿件。结合全市“两学一做”学习教育活动的开展，报社利用一报一网两微一端，采取多种形式，宣传中央、省市和市委的决策部署，宣传学习教育的重大意义、总体部署、目标要求、经验做法，阐释党章党规和习近平总书记系列重要讲话精神。继续办好《我是共产党员》栏目，点赞干部群众身边的优秀共产党员，推广“两学一做”学习教育的做法和成效，加强舆论引导，营造良好氛围。全年累计刊发“两学一做”稿件130余篇。运用各种新闻报道形式，全方位、多层次、多角度地报道好海口各界学习、宣传、培育和践行社会主义核心价值观的先进事迹。开设“身边好人·道德模范”“德耀椰城”“我们的节日”等栏目；刊发“图说社会主义核心价值观”“德耀椰城”的公益广告，以艺术形式宣传社会主义核心价值观的丰富内容，使之深入人心。

【海口网全面改版】2016年，海口日报社对旗下的海口网进行全新改版。改版后的海口网，利用主流的清朗版式，着力突出“新闻、服务、本土”三大特色，强化主流意识与用户意识，从页面风格、用户体验进行优化，从早期的门类齐全“大型超市”转为新闻“海口物产专卖店”，浏览方式也变为“PC端＋手机”的新模式。增加互动，加强民生服务是海口网改版的又一特色。新版在保留原有互动版块基础上，增加“生活服务”“数据新闻”“海口正能量”等版块，体现国家一类新闻网站的主流意识与责任担当。同时，海口网还提供有关房产、旅游、时尚等更多服务。“精彩图片”“海南境界”集纳社会热点、本土摄影等高清组图，让网友更直观地了解海口风土人情和椰城如画美景。海口网日均独立IP浏览数18万，PV页面浏览量日均150万，在海南省内新闻网站中排名第二。

【报社经营管理】2016年，海口日报社扩大经营业务范围，促进多元经营。广告部、发行公司、海口网、教育事业部等经营部门结合新成立公司的契机，积极转变经营观念，明确经营思路，组织策划一些有可行性的、收益显著的经营业务，不断拓宽经营创收的路子，增加经营收入。5月，广告部举办海南会生活展览季，3天观展人数3.7万人次，商家总成交额2.77亿元。先后举办全国报盟海南购房团活动、一汽丰田海南新车发布会活动，发行公司与市菜篮子集团公司合作开发的蔬菜门店、海报优生活、同城配送等项目，教育事业部推出的暑假夏令营、小记者培训项目，海口网举办的“知名网友看海口”活动等，都取得良好的经济效益。至12月底，广告部、发行公司、海口网、教育事业部都超额完成本年度经营目标任务。

（陈文婷）

图书馆

【海口图书馆概况】2016年，海口图书馆馆藏纸质文献38.5万册，其中线装古籍5802册，海南地方文献6706册，各类参考工具书2.8万册，港台图书1.2万册；视听文献3010多件；电子图书16.5万种，电子期刊8210多种，超星视频资料800集，网上报告厅视频资料4000篇，数字资源总量23TB。全年购买纸质图书5694册，收到社会捐赠各类纸质图书522册；订购纸质报纸78种、杂志293种，其中儿童类纸质报纸6种，纸质杂志60种。

【服务读者】2016年，海口图书馆进馆读者27.7万人次。其中报刊阅览16.5万人次、流通借阅4.6万人次、电子阅览室阅览1.7万人次，多功能影视厅接待读者2600人次，一楼大厅阅报栏、电子阅报机、歌德电子书借阅机、博看期刊借阅机、少儿多媒体图书触控一体机读者阅览及下载电子资源等4.56万人次。在多功能影视厅举办各种讲座、学术报告70场，接待读者2900人次。图书外借7.9万册次。读者查阅古籍及地方文献资料1700册次。帮助读者网络下载编辑信息资源1100人次，复印文献资料1200张。

【公共数字文化建设】2016年12月3日，海口图书馆“数字图书馆推广工程”的重要组成项目——“网站改版和统一用户管理系统”安装测试通过，完成海口图书馆书目数据库、超星电子图书数据库、维普电子期刊数据库、爱迪科森少儿资源和网上报告厅视频资料数据库、超星视频点播数据库的成功对接，实现读者单点登录海口图书馆数字资源平台，从而高效、快速地检索、阅读、下载数字资源。上述数字资源均为免费使用，凡持有海口图书馆有效借阅证的读者从远程和馆内电子阅览室登录图书馆主页均可免费阅读数字资源和下载电子期刊。12月9日，开通微信公众号平台，所有民众使用智能手机或平板电脑扫一下海口图书馆微信公众号的二维码就可免费阅览“博看微书刊”5000多种数字化微书刊。

【图书馆活动】2006年1月25～28日，海口图书馆参与海口市委宣传部组织的2016年海口市“文化、科技、卫生“三下乡活动，分别给龙华区新坡镇、美兰区大致坡镇、琼山区龙塘镇、秀英区海秀镇新村赠送图书共1260册；4月3～30日，与海南省公益文化研究会在图书馆五楼多功能厅，联合举办10场次“道德讲堂·中华传统美德启蒙班”，参与读者520人次；“4·23世界读书日”，向道德讲堂的小学员们赠送《三字经》《健康小知识读本》等图书共200多册；4月26～27日，与市工人文化宫、市文学艺术界联合会共建流动图书室，并向上述两单位赠送600册图书及办理集体借阅证；5月海口市科技月活动期间，在海口图书馆一楼大厅举办为期1个月的“低碳科普图片展”。与演丰镇边海村委会下山村民小组共建流动图书室，并赠送300册科技类图书。5月23日至6月30日，图书馆服务宣传周期间，在解放路新华书店和图书馆7楼举办第五届“你读书 我买单”活动，读者在活动期间购书1444册；7月13日，向海口市消防支队特勤大队一中队赠送300册图书。8月，海口图书馆联合海南省求是全民阅读俱乐部在图书馆开展2016年“快乐童年·健康成长”系列活动，内容有：书香伴我行、手抄报、经典诵读、读书随感，参与的小读者有650人次；8月12日海口图书馆协助和平南街道办事处建立图书室，赠送图书300册；协助和平南街道上坡社区及和平街道君尧社区建立图书室，各赠送图书300册。11月26日，在海口图书馆多功能厅举办“海南省第三届社科普及活动”，主要内容有：《草书鉴赏》书法专题讲座及《历史从不曾远离一谈历史小说创作中的实地考察》《好书会把你带到正确的人生路上》讲座。

（张文国　罗昌华）

群众艺术馆

【群众艺术馆工作概况】 2016年，海口市群众艺术馆参与组织和承办各种文艺演出及赛事162场，开办免费公益艺术培训班47个，组织开展各项非物质文化遗产保护工作。在第三届中国民歌合唱节上，市群众艺术馆文艺团队“山兰放歌”组合演唱曲目《山兰放歌》《黎山情谣》获C类声乐组合金奖。在海南省首届琼剧经典唱段比赛中，市群众艺术馆选送21个业余琼剧选手参赛，有9人获奖。市群众艺术馆摄影作品参加海南省摄影家协会联合美兰区演丰镇政府主办的“椰梦杯”红树林主题摄影比赛，分别获得铜奖及优秀奖。

【群众文化活动】 2016年，海口市群众艺术馆参与组织、承办大型群众文化艺术活动162场次。3月起，在海口艺术馆、东山镇向群小学、大致坡镇中心小学和桂林洋中心小学等地分别进行公民“道德讲堂”讲座，共举办5场，每场惠及群众500人次。3月30日至4月5日，在市群众艺术馆举办“弘扬冼夫人精神、助力双创”书法作品展，展览历时7天。5月7日至6月12日，在市群众艺术馆举办“助力双创、放飞梦想”海口市第十五届少儿蒲公英音乐舞蹈朗诵比赛，音乐类比赛18场、舞蹈类比赛9场、朗诵类比赛3场。6月25日，在海口万绿园广场举办“全民助双创 共筑中国梦”纪念中国共产党成立95周年文艺大展演暨2016年海口市原创广场舞大赛，参演队伍演员上千人，现场观众3000人次。自7月起，举办2016年“助力双创”镜头下的海口手机摄影大赛，900幅摄影作品参赛，设一等奖3名、二等奖3名、三等奖12名、优秀奖18名和入围奖49名。9月30日，在海口海甸岛滨江海岸广场举办“盛世中华 喜迎华诞”海口市庆祝中华人民共和国成立67周年文艺晚会。12月17日，在海口海甸岛滨江海岸广场举办2016年公益艺术培训成果汇报演出，表演学员近500人，到场观众3000多人。

【公共文化服务】 2016年，海口市群众艺术馆利用公共文化场馆设施资源优势，长期对外免费开放“海口市非物质文化遗产保护成果展”。“周末群艺舞台”免费演出和“文化惠民”下乡演出111场。其中福星社相声演出24场、琼剧驻场演出42场、骑楼老街海南“公仔戏”演出17场和“海南八音”器乐演出21场、文化惠民琼剧下乡演出7场。2月起，免费开办春季、暑期、秋季的公益性艺术培训班，共开设47个班，涉及摄影、国画、声乐、书法、钢琴、舞蹈、交谊舞等各项艺术门类，培训学员累计3.44万人次。3月起，书法培训基地在海口东山镇进行书法培训活动，培训学员30人。

【非物质文化遗产传承保护】 2016年，海口市群众艺术馆组织开展非物质文化遗产展览演出、项目申报、文化培训传承保护等各项工作。2月起，在大致坡中心小学、桂林洋中心小学开展“琼剧进校园”少儿培训班，琼剧进校园培训与学期同步开展，共举办2期培训班。5～6月，在海口遵谭镇文化站举办海南斋戏培训班（高级班）1期，招收来自遵谭镇及附近乡镇学员25名。6月11日，在中山路骑楼老街举办第十一个“文化遗产日”系列宣传活动，进行非遗流动展览和非遗传承人理论研讨会等活动，吸引市民游客上万人次。6月5～19日，在海口艺术馆三楼综艺剧场举办海口市第七届琼剧比赛，分老、中、青、少年、儿童五个组别进行，120名琼剧爱好者参加。8～10月，组织拍摄市级非遗项目“琼式月饼”申报片参加省级非遗项目评选。10月22日至11月2日，在海口中山路骑楼老街举办“第三届海口市国家级非遗项目‘海南公仔戏’展演”活动，共有12个队伍参加展演海南公仔戏名段剧目。在民俗传统节日期间，组织5场海南琼剧“惠民送戏下乡”驻场演出活动。至2016年，海口市列入国家级非遗项目7个：琼剧、海南八音器乐、海南公仔戏、海南椰雕、海南斋戏、海口天后祀奉（妈祖祭典）、冼夫人信俗（军坡节）。省级项目8个：海南虎舞、海南麒麟舞、海南粉烹调技艺、海南龙塘雕刻艺术、海南府城镇元宵换花节、土法制糖工艺、海南黄花梨家具制作工艺、鹿龟酒酿泡技艺。市级项目3个：海口龙舞、海口狮舞、琼式月饼。

（吴佩婷）

文博工作

【文博工作概况】 2016年，海口市文物局完成投资额6425.91万元，推进梁氏合族宗祠首进楼房重修项目、黄忠义公祠修复工程项目、许氏宗祠修缮项目、吴元猷故居抢险加固修缮项目、吴氏民居门楼修缮工程、海口市博物馆消防系统改造工程等文物保护项目的实施。

【文物保护体制】 2016年，海口市树立“文物保护、规划先行”的理念，将文化遗产保护规划纳入《海口市“多规合一”总体规划（2015～2030年）》，包括市域历史文化环境保护、历史城区保护、历史文化街区保护、文物古迹保护和非物质文化遗产保护在“多规合一”的编制中得以体现。1月11日，市政府发文要求4个区政府落实文物工作“五纳入”（将各区文物保护纳入经济和社会发展计划，纳入城乡建设规划，纳入财政预算，纳入体制改革，纳入各级领导责任制），承担对本行政区域内文物保护实施监督管理的责任，维护文物管理秩序，将保护文物的责任进一步具体化。市文物局对海口市各级文物保护单位的“四有”（保护范围的划定、保护标志碑说明、建立文物保护单位记录档案和设置专门机构或者指

2016年6月11日，海口市文物局在海口公园广场组织开展第十一个中国文化遗产日宣传活动，邀请文物鉴定专家现场免费为市民进行文物鉴定咨询。

（市文物局 供稿）

定专人负责管理）工作逐项进行核实，要求4个区文旅局依照文物属地管理原则，报请各区政府明确管理部门或管理人员后，与文保单位产权业主签订保护管理使用协议，逐步完善文物保护体制。

【文化遗产修缮保护】2016年，海口市文化遗产修缮保护项目被列入海口市“百日大行动”项目以及2016年省重点项目。具体实施的文物项目为朱云路片区棚户区改造（五公祠修缮）项目和海瑞墓修缮及改扩建项目。五公祠项目概算批复总投资4064.69万元，海瑞墓项目概算批复总投资6095.94万元。朱云路片区棚户区改造（五公祠修缮）项目业主单位是市文物局，新建部分和园林景观部分的施工代建单位为海口成邦项目管理咨询有限公司，至12月，完成游客服务中心、展厅、东坡岛、博物馆区域停车场的建设，室外绿化及园林建设完成92%；文物修缮部分的施工代建单位是市文物局，至12月，完成古建筑群修缮工作并进行初步验收。海瑞墓修缮及改扩建项目的业主单位是龙华区政府，新建部分和园林景观部分由海口津冶华丰置业有限公司担任代建单位，至12月，完成总工程量的92%（其中展演中心93%，游客服务中心92%，商店、厕所、垃圾站已完工，室外管网安装88%，园林部分90%）；文物修缮部分的施工代建单位是市文物局，至12月，完成工程量的80%。

【文物修缮及陈列展览PPP项目】2016年，海口市12个总投资额1.66亿元的文物修缮及陈列展览类的项目全部以PPP模式打包实施。这是海口市自被公布为国家历史文化名城以来首次以新方法、新形式探索创新的文物保护模式，一批亟待修缮保护与展示的文物项目得到优先安排。至12月底，12个项目的可行性研究报告通过市发改委审批，PPP实施方案以及磋商文件等材料通过市投资项目管理中心专家组评审和各部门联审，准备报市PPP领导小组开展招标环节工作。

【博物馆工作】2016年，海口市博物馆引进包头博物馆《草原古韵、塞外风情——包头博物馆馆藏文物精品质展》、宝鸡青铜器博物院《千年回眸——宝鸡（㢭）国墓地出土玉器精品展》《鲁迅的读书生活展》、江苏省仪征博物馆《雨花“石”韵——仪征博物馆雨花石精品展》4个展览；自办为发展本土文化推出的《大海情——中国油画俱乐部海南分部油画展》《热土流风，闲境心写——中国画精品展》，馆藏文物展《瓷木精华——馆藏文物精品展》《瀚墨流芳——馆藏楹联展》《南海岸线——2016海南当代美术作品展》，为纪念建党95周年与市党史办共同举办的《中国共产党历史图片展》，为纪念海口设市90周年的《沧海变桑田——见证海口90年》等7个展览，接待游客26万人次，其中未成年人9000人次。此外，作为海南省文博系统第一个在全国巡展的文物展，市博物馆

五公祠规划图。（市文物局 供稿）

修缮后的五公祠思贤坊。摄于 2016 年 6 月 24 日。（市文物局 供稿）

2016 年 6 月 15 日，海口市第九小学在中共琼崖一大旧址举行“海口市第九小学未成年人思想道德教育实践基地”揭牌仪式。（中共琼崖一大旧址管理处 供稿）

自主创办的《民国政要海南石刻遗墨展》经过 2014 年、2015 年在上海、湖州、珠海、济南、武汉、余杭、郑州等地展出后，2016 年又受邀到陕西宝鸡青铜器博物院、北京鲁迅博物馆、安徽马鞍山三国朱然家族博物馆展出。9 月，结合全国第一次可移动文物普查工作成果转换契机，市博物馆出版《海口市博物馆馆藏文物精华》图录。

【文物景区展览接待】2016 年，海口市文博系统接待游客 104.41 万人次，其中免费参观人数 53.23 万人次（含未成年人 7.8 万人次），整体较上年略有下降。其中五公祠和海瑞墓受施工影响，尤其是海瑞墓自 8 月 11 日起开始闭馆，对客流量影响较大。清明节期间，丘濬墓管理处联合海南省丘濬研究会、丘濬学校，组织 200 多名学生到园区举行扫墓祭拜活动，给学生开辟第三课堂，进行爱国主义和历史传统教育。该管理处在丘濬墓未正式开放的情况下，共接待 5.8 万人次，较上年增加 2 倍。中共琼崖一大旧址、秀英炮台、丘濬海瑞故居等单位接待人数与上年相比基本持平。

（夏蓓丽）

史志编研

【党史编修】2016 年，海口市委党史研究室组织业务骨干对《中国共产党海口历史（第二卷）》（第六稿）进一步进行修改、补充，并邀请有关专家对书稿进行审核。全书 47 万多字。期刊《海口党史》采用具有海口特色、喜闻乐见和图文并茂的形式，增加人物采访等内容，全年出版 4 期，每期发行 3500 本。年内，《琼岛抗战血与火》被中央党史研究室评为全国党史部门党史优秀成果奖（影视音像作品类）二等奖，《中国共产党海口简史》被评为全国党史部门党史优秀成果（著作类）三等奖。《中国共产党海口简史》《海口抗战图册》《琼岛抗战血与火》被海南省委党史研究室分别评为全省史志系统优秀科研成果奖（著作类、资政成果类、影视音像作品类）一等奖，《红色摇篮》被评为全省史志系统优秀科研成果奖（影视音像作品类）二等奖，《琼崖中共抗日根据地的拓展与作用分析》被评为全省史志系统优秀科研成果奖（论文类）三等奖。

【党史资料汇编】2016 年，海口市委党史研究室对《海口党委工作纪事》（2015）的编撰进行大幅度的改进，从不同侧面反映全市各单位在 2015 年度工作的新成绩、新经验，全书近 90 万字。

（吴　秦）

【地方志工作概况】2016 年，海口市地方史志办公室贯彻落实《全国地方志事业发展规划纲要（2015～2020 年）》《海南省 2016～2020 年史志工作规划》及全省史志工作机构主任会议精神，推动志书与年鉴编修、资料年报等各项地方志工作取得阶段性成果。《海口市 2016～2020 年地方志工作规划》出台；《〈海口市志（1997～2010）〉编纂规范》《〈海口年鉴〉编纂体例》修订印发。年内，《海口年鉴（2014）》获全国地方志优秀成果（年鉴类）一等奖；《海口年鉴（2015）》在海南省首届市县地方综合年鉴质量评比中获一等奖；地情书《唐胄及其攀丹村唐氏名人研究集》获全省史志系统优秀科研成果奖著作类二等奖。《光明日报》对市志办进行专访，以"'地方百科全书'里的寂寞坚守——《海口年鉴》背后的故事"为题刊发报道。

【志书编纂】2016年，海口市地志办制定《〈海口市志（1997～2010）·人物卷〉收录标准》，召开2次内部评审会、3次专家评议会，聘请有关专家审改《海口市志（1997～2010）》。10月，形成《海口市志（1997～2010）》初稿评议稿，共2册7卷29篇约225万字。11月，提交全省市县地方志书质量管理工作座谈会暨《海口市志（1997～2010）》（初稿）评议会评议。完成《琼山市志（1991～2002）》40%初稿的审改。《海口市龙华区志》《海口市琼山区志（2002～2010）》《海口市美兰区志》完成初审进入复审，《海口市秀英区志》正在初审。协调解决4个区名镇志编修经费、人员等问题；组织专家及本办业务骨干修改完善《石山镇志》《遵谭镇志》《云龙镇志》《演丰镇志》篇目设置；安排专人跟踪指导服务4个区名镇志编修工作。年内，《演丰镇志》完成初稿70%，《石山镇志》完成初稿50%，《云龙镇志》《长流镇志》《遵谭镇志》正在编纂。《海口粮食志》《海口公安志》初稿进一步修改完善。

【年鉴编纂】2016年1月，《海口年鉴（2016）》编纂工作启动。2月，市地志办举办全市年鉴组稿业务培训班。11月，《海口年鉴（2016）》出版。全书着重反映2015年海口市的基本情况，设35个类目，共有320张图片，约150万字。12月，《龙华年鉴（2016）》出版，《琼山年鉴（2015）》出版创刊号，《美兰年鉴（2015）》创刊号进入出版程序，《秀

2016年3月22日，海口市地方史志办公室在中国（海南）改革发展研究院国际学术交流中心召开《海口市志（1997~2010）》政治卷与人物卷初稿二稿评议会。
（张纯龙 摄）

2016年5月26日，海口市地方史志办公室在中国（海南）改革发展研究院国际学术交流中心召开地方志资料年报工作动员部署暨业务培训大会。（张纯龙 摄）

2016年9月2日，海口市地方史志办公室在中国（海南）改革发展研究院国际学术交流中心召开《海口市志（1997~2010）》经济卷与文化卷初稿二稿评议会。
（张纯龙 摄）

2016年11月28日，海南省史志办组织召开全省市县地方志书质量管理工作座谈会暨《海口市志（1997~2010）》初稿评议会。（张纯龙 摄）

英年鉴（2016）》编纂加快。同时，完成2016年《中国城市年鉴》和《海南年鉴》“海口市”稿件编纂与图片提供任务。

【地方志资料年报】2016年4月，海口市委办公厅、市政府办公厅联合印发《关于建立海口市地方志资料年报制度的实施方案》，启动海口市地方志资料年报工作。同时，市地志办出台实施细则，组织召开全市工作动员部署暨业务培训大会。4个区也于年内启动区级地方志资料年报工作。至12月，全市有90多个单位报送的地方志资料年报通过市地志办审查验收。

【地方志开发利用】(1) 为各级领导科学决策提供参考。《海口年鉴(2015)》出版后，市地志办将该书赠送市级领导人手1册，赠送各承编单位（含撰稿人）3本、每个区50本、市属学校60本。此外，分别为市委组织部、市委政研室等部门开展工作提供海口建市日期、民国时期海口职官变动、海口行政区划变革地情资料及老党员陈芳桂线索，及时为各级领导干部科学决策提供参考。(2) 以网络为依托，拓展年鉴信息传播平台。把《海口年鉴（2015)》上传至海口市政府门户网站“认识海口”栏目，为社会群众读鉴、用鉴提供方便。(3) 为宣传和推介海口服务。将《海口年鉴(2015)》赠送给相关图书馆，并邮寄至各省市（县）兄弟单位交流，发挥年鉴存史、宣传等作用。为《海南史志》杂志提供稿件1篇，题为《中国传统村落——三卿村》。(4) 挖掘利用地方志资源，服务各项工作开展。分别为市商务局、市农业局、市民政局制订城市商业网点总体规划、制订农业项目规划及推进品牌农业建设、开展海口地名文化保护工作等提供地情资料参考服务；协助海南广播电视台拍摄“海南名人”系列电视专题片之海南文人——丘濬和吴典，协助五源河学校拍摄五源河学校“五源河探源”项目。(5) 建设地方志图书资料库，提高服务读志用志效能。购买246种283册计7.41万元地方志图书资料，丰富地方志资料库图书库藏，提高市地志办服务全市各单位查阅、摘抄地方志文献和其他资料的能力。

（赵华锋）

档案管理

【馆藏档案种类】2016年，海口市档案馆馆藏文书档案4.56万卷（改革前）、8.16万件（改革后），民国档案314卷，会计档案5.33万卷，审计档案1046卷，基建档案217卷，清房档案888卷，实物档案1283件，照片档案1.92万张，规划报建档案1.01万卷，工人介绍信存根档案616卷，《海口新闻》节目综合稿445卷，馆藏资料5897册。

【档案征集】2016年，海口市档案局先后征集到殷仲夫（历任海南行政公署对外贸易局局长，海南行政区公署对外经济工作委员书记、主任）老照片及资料，李彦青（大连市）的军功通知书、为海南岛解放牺牲的烈士证明书等有关解放海南岛的资料，倪强市长的各种调研活动，海口市创建全国文明城市、国家卫生城市有关活动，海口市第十六届人民代表大会第一次会议以及省领导刘赐贵、毛超峰等到海口调研的照片3891张。

【档案接收】2016年，海口市档案局接收海口市政府办公厅等3个全宗1973～2015年的文书档案176盒2934件，全市会计凭证572卷、账簿253卷，《海口年鉴（2015)》《琼史百问》（捐赠）等图书资料19册。

【档案信息化建设】2016年，海口市档案局对馆藏18个全宗共7081件4.52万页的纸质档案进行全文扫描与数字化加工；馆藏档案数据库215.05万幅；馆藏档案目录数据库93.69万条；接收银川市档案馆异地备份档案数据硬盘（容量为1.01万GB)。

【重点档案保护与开发】2016年，海口市档案局完成馆藏民国档案数量的统计工作，并对原著录的档案目录进行修改、补缺补漏2000余件。

【档案利用】2016年，海口市档案馆共接待档案利用者1680人次，调阅档案资料8868卷（件）次，提供利用档案资料4508卷（件）次，复印、打印、摘录档案资料2.39万页，为市党史办、市地志办、南国都市报社、海口日报社等单位提供照片资料200余张。

【档案编撰整理】2016年，海口市档案局（馆）撰写2016年《海口大事记》4.26万字，印制《倪强市长2015年工作画册》，整理并装订2014～2015年的《海南日报》《海口晚报》

《中国档案报》共90册。

【档案信息资源开发】2016年，海口市档案局（馆）接收海口市政府办公厅等55个单位的政府公开信息9424件纸件信息，1.27万条机读信息；编印2016年《海口市人民政府公报》共12期，向社会公布市政府、市政府办公厅颁发的各种规章制度，决定、决议、通知及有关人事任免事项、海口大事记等167篇812条56万字。

【档案指导监督】2016年，海口市101个机关、事业单位中有98个单位完成文书档案归档任务，归档率97%。指导“双创”资料收集整理归档，共整理“双创”档案资料6267盒、照片档案3500张、音像档案36盒、荣誉档案356件，内容包括纸质、照片、声像、光盘、荣誉、证书等多种载体，并进行数字化处理。多次深入到新坡镇、遵谭镇、三门坡镇、海秀镇等单位进行业务指导。配合市委农办，深入4个区健全扶贫建档立卡工作，确保档案原始资料由市县按“一户一档”，并按乡镇、村分类统一保管。

【档案宣传】2016年6月9日，海口市档案局与美兰区档案局在美兰区政府办公大院联合举办庆祝第四届“国际档案日”活动。活动通过现场咨询、档案展览、派发档案宣传资料、挂横幅等多种形式，宣传和解答“档案与民生”理念，共接待咨询200余人，发放宣传材料500多份。6月24日至7月3日，在海口市中山路骑楼老街举办“回眸·红色记忆——海口市纪念中国共产党成立95周年档案图片展”，共有3000余人观看。

【档案行政执法】2016年11月16日、21日、29日，海口市档案局分别对海口市统计局、中共海口市委党史研究室及海口市机构编制委员办公室进行档案执法监督随机抽查。抽查事项分别为“对不按规定归档或者不按期移交档案的处罚”“对明知保存的档案面临危险而不采取措施或档案工作人员玩忽职守，造成档案损失的处罚”“档案执法监督检查”，抽查结果基本符合档案管理要求。全年完成市场监管执法抽查事项比例为100%，完成其他行政执法抽查事项比例为100%。

【档案业务培训】2016年，海口市档案局举办“双创”专题的档案业务培训20余次，全市共有2000多名干部参加；4月，组织市机关档案干部参加国家档案局干部教育中心在山东省济南市及辽宁省葫芦岛举办的“档案信息化建设培训班”，全市共有73名档案干部参加；9月，组织各区档案局、各专业档案馆领导及业务骨干12人前往青岛青岛市档案馆学习电子档案归档的先进经验，指导各单位做好电子文件的生成、移交、存储、利用等各个阶段的档案管理流程；参加国家档案局干部教育中心举办的《会计档案管理办法》重新修订培训班、省档案局举办的“档案事业统计年报培训”“重新修订的《归档文件整理规则》”等业务培训班，共有9人参加。

【档案工作目标管理达标定级考评】2016年5月，海口市档案局组织对海口市疾病预防控制中心进行档案工作目标管理达标定级考评。同意认定该中心为海南省档案工作目标管理省一级单位。全市有2家单位档案工作目标管理达国家二级，12家单位档案工作目标管理达省一级，9家单位档案工作目标管理达省二级。

【档案审批事项梳理】2016年，海口市档案局根据《海口市制定首批权力清单负面清单和责任清单工作方案》的要求，全面清理和规范行政权力，按时公布“权力清单责任清单”。根据《中共海口市委关于深入推进行政审批制度改革的决定》的要求，调整“到期不宜开放的档案审批”“专业性较强或须保密的档案延长移交期限审批”两项公共服务事项。“到期不宜开放的档案审批”（针对4个区档案馆）调整为内部审批事项，“专业性较强或须保密的档案延长移交期限审批”（针对党政机关、事业单位部分的管理按政府内部审批事项进行管理）调整为公共服务事项。以上两项审批事项调整于7月经海口市人民政府第102号令公布。

（麦春鸣）

（编辑：吕书萍）

卫生·体育

卫生综述

【卫生概况】2016年，海口市卫生局进一步深化医药卫生体制改革，统筹城乡卫生发展，在推动医疗健康产业发展和公立医院综合改革等重点工作上取得突破性进展。全市有卫生机构1278个（含卫生室231个），卫生机构床位1.58万张，每万人拥有床位数70.9张；卫生人员3.45万人，平均每万人拥有医生47.3人，平均每万人拥有护士66.6人。

【医疗机构诊疗量】2016年，海口市医疗机构总门诊量1510.56万人次，总住院量41.29万人次；全市卫生机构实际床位1.58万张，病床使用率80.40%。其中，市人民医院门急诊人数94.58万人次，比上年增长1.22%；住院病人4.6万人次，增长1.19%；病床使用率121.66%，增长1.34%；市中医医院门诊量26.72万人次，增长5.4%，入院1.29万人次，增长18.81%；病床使用率62.7%，增长5.4%；市妇幼保健院门急诊诊疗人数47.55万人次，增长1.41%；入院人数2.35万人次，减少1.19%；病床使用率90.26%，减少0.79%；市第三人民医院门诊诊疗病人32.36万人次，增长6.58%；住院诊疗病人2万人次，增长1.24%。市第四人民医院门诊诊疗病人19.45万人次，住院诊疗病人1.33万人次。

【卫生基础设施建设】2016年12月9日，总投资1.68亿元的海口市第四人民医院工伤康复中心（住院部）配套工程项目建成开业；年底，总投资2280万元的中央投资项目海口市妇幼保健院医疗保障大楼项目竣工；总投资1.05亿元的中央投资项目海口市人民医院综合保障楼项目南、北楼主体封顶，完成投资5300万元；总投资5636万元的中央投资项目海口市人民医院第二病区项目基本完工。

【卫生事项行政审批】2016年，海口市卫生管理部门建立“双随机”抽查机制，严格限制监管自由裁量权，加强事中事后监管；推进“放管服”改革工作，落实便民服务措施；承接省卫计委下放的医疗机构发布广告审查事项。全年受理审批办件3261件，其中母婴保健技术服务执业许可26件，托幼机构卫生保健合格证审批15件，医疗机构设置审批18件，医疗机构执业登记许可6件，医疗机构执业变更56件、年审校验88件，麻醉药品和第一类精神药品印鉴卡审批8件，公共场所卫生许可84件，供水单位卫生许可70件，医师执业许可1115件，护士执业许可1364件，新农合定点医疗机构资质评审8件，外国医疗团体来海口市短期行医审批5件，放射诊疗许可变更1件，放射诊疗建设项目职业病危害放射防护预评价1件，放射诊疗建设项目职业病危害放射防护设施竣工验收1件，母婴保健技术考核合格证书313件，医疗机构发布广告审查82件；按期办结率100%，无退档办件。“先审后验”网上申报办件531件，占总办件量16.3%，超额完成市审改办要求网上申报件应达到年办件量10%以上目标。海口市卫生局荣获“海口市2016年度政务服务工作先进单位一等奖”。

【卫生应急】2016年，海口市创建海南省卫生应急综合示范市（县），完善政策保障、预案制定、体制建设、机制建设、指挥决策能力建设。组织做好寨卡病毒病等传染病的防控，制定《海口市寨卡病毒病防控应急预案》和《海口市寨卡病毒病疫情卫生应急工作方案》，开展寨卡病毒病防控知识应急培训及寨卡病毒病应急处置实战演练，做好应急物资储备等各项准备工作。继续加强卫生应急队伍建立，组织开展各类卫生应急知识培训班97期，培训医疗卫生专业人员9857人次。开展突发公共卫生事件应急演练3次。开展突发事件现场应急处置、处置评估及善后评估工作。其中，“2·29”砍伤小学生恶性暴力事件，海南大学城西校区10多名学生疑似食物中毒事件，海南工商职业学院18名学生疑似食物中毒事件，秀英书场村火灾等突发事件医疗救治及时有力。全年海口市遭遇5次台风袭击，市卫生系统启动卫生应急响应，做好应急救援队伍，药品、器材、人员、车辆等准备工作。其中，为抗击莎莉嘉台风，组建医疗应急队伍14支、疾控应急队伍4支、卫生监督应急队伍4支。完成2016年博鳌亚洲论坛、春运、万春会、环海南岛国际公路自行车赛、帆船赛、马拉松赛等80余项重要活动的医疗卫生保障工作。

【省农垦总医院成建制整体移交海南医学院管理】 2016年，海南省委、省政府办公厅印发《关于省农垦总医院移交海南医学院管理工作实施方案》，把省农垦总医院成建制整体移交给海南医学院管理，成为海南医学院又一所直属附属医院。这是省委、省政府推进新一轮农垦管理体制改革和推进深化医药卫生体制改革的重要举措。10月21日，更名大会举行，海南医学院附属医院更名为海南医学院第一附属医院；海南省农垦总医院更名为海南医学院第二附属医院，同时加挂海南医学院附属农垦总医院牌子。

2016年海口市卫生机构、床位和人员表

指 标	机构数(个)	床位数(张)	卫生技术人员(人)					
			小计	医生	注册护士	药师（士）	技师（士）	其 他
总 计	1278	15767	30060	10517	14811	1427	1910	1395
一、医 院	112	12558	21255	7303	10599	1018	1493	842
二、社区卫生服务中心（站）	116	1012	2361	782	1381	123	59	16
三、卫生院	27	689	1453	522	567	110	58	196
四、村卫生室	231	0	344	166	178	0	0	0
五、门诊部	96	0	540	201	248	31	48	12
六、诊所、卫生所、医务室	663	0	1591	703	860	18	5	5
七、急救中心（站）	2	0	101	32	65	1	1	2
八、妇幼保健院（所、站）	6	798	1223	368	559	60	72	164
九、专科疾病防治院（所、站）	7	120	333	134	113	35	38	13
十、疾病预防控制中心	7	0	381	209	38	7	106	21
十一、卫生监督所（中心）	5	0	100	0	0	0	0	100
十二、疗养院	2	590	378	97	203	24	30	24
十三、其他（包括医学院校、医学科研单位等）	4	0	0	0	0	0	0	0

2016年海口市各级医疗机构门诊住院费用一览表

单位：元

医院级别	门诊病人次均诊疗费	其中				住院病人人均住院费	其中					出院者平均每日住院医疗费
		挂号费	药费	检查费	治疗费		床位费	药费	检查费	治疗费	手术费	
医院	321.3	2.1	157.2	56.2	35.4	14402.4	465.4	5721.9	1114.5	1803.2	761.1	1368.5
综合医院	327.0	1.6	161.4	59.8	32.8	15529.3	460.8	6425.1	1205.1	1839.5	733.6	1551.0
卫生院	52.5	0.1	35.6	1.9	2.0	1815.8	122.7	925.1	60.4	199.5	83.1	236.7

医药卫生体制改革

【国家基本药物制度】2016年，海口市27家镇卫生院、231家行政村卫生室和116家社区卫生服务机构实施国家基本药物制度，实现基层全覆盖，镇卫生院基本药物使用率85.78%。市卫生局加强和规范基层医疗卫生机构实施国家基本药物制度专项补助资金的分配、使用和管理，督导检查各区贯彻落实国家基本药物制度工作情况。全年拨付基本药物制度补助资金3216万元，其中秀英区718.25万元，龙华区795.15万元，琼山区854.4万元，美兰区848.2万元。每年组织专业人员对基层医疗机构实施基本药物制度工作培训和考核；执行省级网上统一采购、统一配送基药制度，使基层医疗机构规范使用基本药物、零差价销售基本药物。

【基层医药卫生体制综合改革】2016年，海口市在全省率先完成农村基层医疗卫生机构综合改革。开展群众满意的乡镇卫生院评审活动，印发实施《海口市人民政府办公厅关于进一步加强乡村医生队伍建设的实施办法》。继续推进“七统一、一共同”（七统一：统一机构设置、统一规划建设、统一人员管理、统一业务管理、统一药品采购配送、统一绩效考核、统一财务核算。一共同：村卫生室开展业务时发生的民事及相关责任，由乡镇卫生院与村卫生室共同承担）的镇村卫生服务一体化管理模式。创建社区卫生服务中心（站）示范点，推进社区医生与居民签约服务工作，签约人口覆盖率高于省15%的要求，并以慢性病管理为试点先行先试，初步建立基层首诊、双向转诊、急慢分治、上下联动的工作机制。

【基本公共卫生服务均等化项目】2016年，海口市通过加大宣传、督导力度和严格绩效考核及其结果运用，提高全市居民对基本公共卫生服务项目的知晓率和满意度，以及基层医疗卫生机构的重视程度。全市人均基本公共卫生服务经费标准提高到45元（实际到位补助资金9903.15万元，人均45元），比上年提高5元；全面实施12项基本公共卫生服务（居民健康档案管理，健康教育，预防接种，0～6岁儿童健康管理，孕产妇健康管理，老年人健康管理，高血压、糖尿病患者健康管理，重性精神疾病患者管理，传染病及突发公共卫生事件报告与处理，卫生监督协管，中医药健康管理，结核病患者健康管理），海口市户籍人口及在辖区内居住满半年的城乡居民均可享受。城镇居民健康档案建档人数125万人，农村居民66.70万人。健康管理老年人8.61万人、高血压患者10.15万人、Ⅱ型糖尿病患者4.21万人、重性精神疾病患者7664人；健康指导服务65岁及以上老年人接受中医治疗4.88万人。全市卫生系统协助相关部门开展饮用水卫生安全、学校卫生、非法行医和非法采供血实地巡查6127次，报告卫生监督协管线索2297条，工作开展比例100%。

2016年4月26日，海口市卫生局在市120急救中心召开海口市创建“海南省卫生应急综合示范市（县）”工作动员大会。（市卫生局 供稿）

【城市公立医疗改革启动】2016年5月，国家确定海口市为第四批公立医院改革联系试点城市，并重新调整医药体制改革领导小组，由省委常委、市委书记任第一组长，市委副书记、市长任组长，市委常委、副市长等多位常委、副市长任副组长。9月6日，第十五届市政府第60次常务会议审议通过《海口市医疗、医保和医药联动综合改革实施方案》。11月15日起，海南省将海口市综合改革公立医院医疗服务价格调整权限授予海口市政府。12月25日，市发改委、市卫生局、市人社局联合印发《关于调整海口市公立医院医疗服务项目和价格的通知》，12月26日起市域内省、市属公立医院全部实行取消药品加成，破除“以药补医”，由此减少的合理收入，通过调整医疗服务价格补偿、政府补助、医院控制成本承担。医药价格政策调整与医保、财政、卫生等综合改革配套政策同步实施，调整后的医疗服务价格按规定合理纳入医保支付范围，确保改革后患者医疗费用负担总体不增加。年内，继续在所有公立医疗机构住院病房实施“先看病后付费”诊疗服务模式，累计受益5.39万人，垫付住院费用2.91亿元。

【实行分级诊疗制度】2016年，海口市为促进城市医疗资源向基层下沉，提高城乡医疗资源利用率，探索推进以高血压、糖尿病等慢性病为试点的分级诊疗、医疗联合体建设和家庭医生签约服务等工作，初步建立起分级诊疗服务体系。出台《关于在全市各级医疗机构试点高血压、糖尿病分级诊疗工作的通知》；继续探索通过医联体模式，建立上下联动、衔接互补的医疗服务体系。

【医疗联合体建设】2016年，海口市进一步推进医疗联合体建设，制定《海口市医疗联合体建设实施方案》。年内，市人民医院与海港、龙昆南、得胜沙、博爱4社区卫生服务中心建立紧密型医联体，市第三人民医院（二级）在云龙镇卫生院成立分院，市人民医院（三级）、市第四人民医院（二级）与新坡镇卫生院（一级）签订协议，组建医疗联合体。市第三人民医院派出27名医师到云龙卫生院开展诊疗活动，收治住院病人73人次，市第三人民医院和云龙卫生院共同承担海口市120急救中心云龙急救分站的院前急救工作，全年共出车420车次，转送病人231人次。市第四人民医院与新坡镇卫生院组成医疗联合体，选派4名医护人员长期在新坡卫生院开展诊疗活动，共建内科住院部，有病床22张，收治住院的病人以支气管哮喘、肺部感染、慢性阻塞性肺疾病急性加重、腔隙性脑梗死、冠心病、高血压病等病人为主。

【推行“限费医疗”】2016年，海口市着眼于引导参合农民就医流向，缓解不合理医药费用上涨势头，继续推进全市镇级医院住院“限费医疗”工作。全年开展限费医疗住院补偿结算3121人次，从上级医院回流住院患者进一步增加，比上年增长11.78%，住院补偿金额712.27万元。次均住院费用2474.50元，保持在限费标准以下。对超限费标准的镇级医院限费医疗扣款4.54万元，参合农民住院受益程度进一步提高，实际住院补偿比例92.23%。

【建立心理干预机制】2016年，海口市继续加强对全市精神心理疾病患者的治疗能力。市人民医院不断完善精神卫生综合管理协调机制，健全精神卫生服务体系和网络，强化三甲医院科室配置均衡，开设普通精神科综合门诊和特色专科门诊。主要治疗精神心理类疾病的有头痛失眠专业、神经症专业、强迫障碍谱系专业、抑郁障碍专业、情绪障碍专业、儿童青少年专业、物质依赖专业、精神分裂症专业、精神康复专业、心理健康咨询与心理治疗、老年性心理干预等。

【引导社会资本办医】2016年，贯彻落实《海南省人民政府关于进一步支持和引导社会办医的意见》及《海口市人民政府关于支持和引导社会资本办医的实施意见》的有关要求、进一步支持和引导海口市社会资本举办医疗机构，优化卫生资源配置，增加卫生资源供给，加快形成多元化办医格局，推动全市医疗健康产业发展。全年审批社会办医院5家。

医疗健康产业

【医疗健康产业发展概况】2016年，海口市将医疗健康产业纳入重点培育发展的十大产业范围，成立海口市医疗健康产业推进工作领导小组，组建“海口市医疗健康产业投资发展有限公司”，编制健康产业发展规划，引进国内优质医疗资源，推进与海内外有影响的医疗健康产业集团合作，推动医疗健康产业发展初见成效。

【海口市医疗健康产业投资发展有限公司成立】2016年，海口市为加快医疗健康产业发展，培育新的经济增长点，满足人民群众多层次、多样化的医疗健康需求，成立以市政府主要领导和省卫生计生委主要领导为组长，市政府和省卫生计生委分管领导为副组长，成员由市政府及相关部门主要领导联合组成的“海口市医疗健康产业推进工作领导小组”。同时，组建“海口市医疗健康产业投资发展有限公司”，为海口国家高新区发展控股有限公司二级子公司，属国有全资子公司；按照现代管理模式负责海口市医疗健康产业的融资、建设、运营管理等，公司财务独立核算；市卫生局负责业务指导和管理，待条件成熟后转成市属一级国有平台公司。

【医疗健康产业发展规划编制】2016年，海口市卫生局学习借鉴先进地区发展医疗健康产业成功经验，组织编写《海口市医疗健康产业发展“十三五”规划》《海口市推进医疗健康产业发展三年行动方案（2016～2018年）》《海口市促进医疗健康产业发展若干规定》，并经市政府常务会议和市政府专题会议审议通过。

2016年12月8日，海口市副市长顾刚（左二）调研上海六院海口骨科与糖尿病医院改造建设项目。

（市卫生局 供稿）

2016年8月26日，复旦大学附属华山医院海口市人民医院友好合作医院在海口揭牌，海口市委副书记、市长倪强（左三）参加揭牌仪式。（市卫生局 供稿）

【引进上海优质医疗资源】 2016年7月8~10日，海口市代表团赴上海开展经贸交流和考察调研活动。7月8日，海口与上海申康医院发展中心、上海市第六人民医院、复旦大学附属华山医院分别签订4个合作建设框架协议。8月26日，复旦大学附属华山医院海口市人民医院友好医院在海口揭牌，市人民医院与复旦大学附属华山医院签署合作建设补充协议，华山医院优质医疗资源正式进驻海口。年内，华山医院派出47名专家到市人民医院坐诊，涉及放射科、感染科、神经外科、中医科、神经内科、重症医学科、老年病科、风湿免疫科、皮肤科、泌尿外科10个科室，完成住院疑难重症患者会诊分析182人、门诊接诊316名、指导分析疑难影像67例、教学授课39次、各类高风险疑难手术14台、康复指导35名患者，实现华山医院定期指派专家到市人民医院坐诊常态化。9月19日，海口市卫生局与上海市第六人民医院就海口骨科与糖尿病医院合作建设签署补充协议，上海六院海口骨科与糖尿病医院建设项目落地。海口骨科与糖尿病医院定位为非营利性公立医院，是海口市人民医院下属的二级法人单位（人、财、物独立管理）。医院改造建设由海口国家高新区发展控股有限公司作为代建单位代表市政府、市卫生局、市人民医院全面管理。年内，项目可研报告、工程监理经市发改委批复同意；医疗设备、后勤物资清单报市政府同意按程序招标采购；医院信息化建设方案基本完成并报市科工信局审核；人力资源管理及人员配置方案报市编委办。

【提升医疗服务国际化水平】 2016年，海口市卫生局把提高海口医疗服务国际化水平当作切入点，支持相关健康产业公司举办国际医院，先后接洽“海峡两岸医疗健康产业考察团”、澳大利亚Ramsay圆美医疗集团投资代表团、中电数据服务有限公司、微医集团“杭州”科技有限公司、摩根士丹利亚洲有限公司、协北医疗产业投资基金管理公司等国内外投资者。年内，市第四人民医院与澳大利亚圆美医疗集团签署全面战略合作框架协议和深化合作备忘录；浙江徽医集团在海口投资建设的海口互联网医院在市工商部门申请注册，基本完成与海南省卫计委人口健康大数据接口和海南医学院附属医院双向转诊接口前期准备工作；市卫生局批准成立海口市互联网医院，并在海口高新区内按一级医院标准建设，项目进入施工收尾阶段。

【医疗项目招商引资】 2016年，海口市领导多次带领代表团赴北京、上海等地与上海六院、华山医院、协和医院、北大康复医院、北京广安门医院、上海瑞金医院等国内著名医疗机构考察洽谈合作办医的有关事宜，储备了海南中德骨科医院、市人民医院国际美容整形中心、市第三人民医院江东院区、海口市中医医院与中国中医科学院广安门医院全面合作等招商项目。9月8日，海口市政府与北大医疗康复医院管理有限公司签署合作项目框架协议。

疾病防控

【疾病防控工作概况】 2016年，海口市报告法定传染病19种1.87万例，发病率841.79/10万，其中乙类传染病报告11种7323例，丙类传染病报告8种1.14万例。报告死亡病例9例（艾滋病7例、肺结核2例），无甲类传染病报告。传染病及时报告率98.95%。全年监测各种重点传染病样本5947份，超额完成重点传染病监测。狂犬病暴露人群监测1.73万例，无狂犬病病例报告。

【免疫规划】2016年，海口市冷链运转正常，免疫规划疫苗基础免疫及加强免疫接种率均达98%的目标要求。开展流动儿童专项查漏补种月活动和春、秋季入托入学儿童查验预防接种证工作，摸底0~7岁儿童1.91万人，发现漏种疫苗9338针次，补种9011针次，补种率96.53%；督导检查全市72家托幼机构和学校的查验证落实情况。规范处置疑似预防接种异常反应，全年无重大异常反应或接种事故发生，通过国家卫计委预防接种规范管理专项活动考评。累计报告麻疹本地病例30例，均及时规范开展调查处置，有效控制疫情；继续保持无脊灰、白喉、百日咳等病例发生；其他疫苗针对传染病发病率均控制在国家规定指标之内。

【病媒生物监测】2016年，海口市每月开展鼠、蚊、蝇、蟑螂种群密度和季节消长监测工作，同时开展常用杀虫剂抗药性监测，完成家蝇对溴氰菊酯、高效氯氰菊酯、氯菊酯、双硫磷、仲丁威5种常用杀虫剂的抗药性测定。组建专家组对全市病媒生物控制工作开展效果评估和督查考评，科学指导全市病媒生物预防控制。

【结核病防治】2016年，海口市接诊疑似肺结核患者1675例，新发现、登记并免费治疗活动性肺结核患者1055例，其中菌阳患者318例，菌阴患者737例。规范化治疗和管理登记的肺结核患者，治疗覆盖率100%。不断加大结核病防治宣传力度，利用健康素养促进项目并积极开拓其他合作渠道，动员社会各界以不同形式共同参与开展结核病防治宣传，营造良好防治氛围。

【职业病防治】2016年，海口市完成职业体检1.41万人次。其中，岗前、离岗职业健康检查2865人，在岗期间职业性体检5326人，医学健康体检1.39万人；发现职业病噪声禁忌症63例，重点职业病诊断人数1例；协助车管所创建全国一流车辆管理所，完成5.4万人次机动车驾驶员职业体检。完成对27家医疗机构放射诊疗建设项目职业病危害（放射防护）预评价和控制效果评价；对5家海口市三甲医院、10家一级医院和4家县级医院的放射诊疗场所放射防护监测和放射诊疗设备放射防护监测，检测X线设备65台次；对辖区内医疗机构49台医用X射线装置技术性能指标检测；对辖区内医疗卫生机构放射人员个人剂量监测2223人次。完成对5家企业职业病危害评价；对70家企业开展重点职业病监测；对40家企业职业病危害因素检测；对50家工厂企业职业病危害因素日常检测与评价。

2016年12月1日，海口市卫生局开展“世界艾滋病日”大型宣传活动。

（市卫生局 供稿）

【麻风病、性病、精神病防治】2016年，海口市发现麻风病人1176例，新发病例1例，有现症病人10例，治愈3例，患病率0.0027/万。报告5种性病4794例。完成孕产妇梅毒监测1140例，淋病监测553例，尖锐湿疣监测598例，生殖道沙眼衣原体感染监测2181例，生殖器疱疹监测322例，筛查梅毒母婴阻断项目4.38万例，检出率0.52%。分娩婴儿78例，其中先天梅毒0例。在册登记重性精神病人9380例，其中在管病人7778例，非在管病人1602人，失访465人，检出率4.32‰，管理率82.88%，规范管理率66.4%，达到省卫计委2016年各项指标要求。

【艾滋病防控】2016年，海口市新发现HIV阳性233例，其中艾滋病病毒感染者204例，艾滋病病人29例，死亡31例；传播途径仍以性传播为主。全市建有VCT咨询室9个、艾滋病初筛实验室13家、咨询检测730人次；所辖5个美沙酮门诊累计入组人数3032人，在诊治疗1207人，年保持率82.9%；年内监测吸毒、青年学生、暗娼、男男性行为人群2172人；干预暗娼人群、男男性行为人群及吸毒人群6.47万人次，检测9980人，发放宣传资料7.66万份，发放安全套11.6万只。

【手足口病防治】2016年，海口市报告手足口病病例9062例，开展手足口病监测338份，重症病例6~7个月内随访率75%以上。报告2起手足口病暴发疫情，累计发病36人，疫情均得有效控制，未出现蔓延。

【寄生虫病、地方病防治】2016年，海口市土源性线虫监测506人；疟疾监测“三热”（临床诊断为疟疾、疑似疟疾、不明原因的发热病人）病人3365例，复核血片352例，处置输入性疟疾疫情7起。监测居民食用盐、人群尿碘等标本2400份，任务完成率100%。

【慢性非传染性疾病防治】2016年，海口市登记报告肿瘤病例4835例，发病报告率266/10万，报告心脑血管病例1.37万例，报告发病率757/10万。市卫生局指导全市开展基本公共卫生服务项目慢性病、糖尿病管理和老年人保健工作，完成老年人、高血压患者、糖尿病患者管理人数分别占任务量的47.71%、71.22%、64.21%。秀英区、龙华区、琼山区取得“省级慢性病综合防控示范区”称号；美兰区国家级示范区巩固工作等待国家复核。开展全民健康生活方式行动，培养健康生活方式指导员800人，新创健康支持性环境建设23个。

【死因监测】2016年，海口市报告死亡病例5089例，粗死亡率281.02/10万，乡镇卫生院及以上医疗机构死亡网络覆盖率100%；哨点医院报告伤害监测报告卡5150张。

【公共卫生监测】2016年，海口市开展市辖公共场所卫生监测289间次，监测覆盖率85.5%；监测车站、码头共6家，覆盖率100%；监测医院、社区卫生服务站、个体诊所等各类医疗机构48间，医疗机构污水监测21间次。完成食品安全风险监测250份；开展集中式餐具消毒监测120份，调查处理疑似食物中毒事件6起，及时处置率和及时报告率均100%。完成国家级、省级城市与农村饮用水卫生监测，176个监测点监测水样352份；监测全市供水单位2314间次、水样3339份。监测20所中小学学校教学环境，专项督导学生常见病综合防治。在琼山区龙塘镇、云龙镇、红旗镇、大坡镇、旧州镇进行农村环境卫生监测，监测土壤样品20份；每月10～16日在龙华区布朗幼儿园监测点采集空气样品进行监测雾霾；完成集中式中央空调空气检测50间次。

【健康教育服务】2016年，海口市完善健康教育所的机构设置，搭建覆盖全市各行业与单位的4级健康教育工作网络。落实国家健康素养促进行动项目工作，监测结果显示海口市居民健康素养水平15.04%，达到国家卫生事业发展规划要求。开展健康教育和健康促进活动，举办大型健康教育宣传咨询活动28次、“健康知识讲座进社区”讲座23次以及编印各类健康教育宣传资料（册子、折页）约26万份。通过出版、编印控烟宣传资料和开展“世界无烟日”大型宣传咨询活动，以及指导全市学校、机关、医疗卫生机构创建无烟场所等方式，开展禁烟、控烟宣传活动。年内408家单位被评为市级“无烟单位”。

【疾控能力建设】2016年，海口市疾控中心检验检测A类仪器设备达标率97.39%，B类仪器设备达标率80.43%，基本检验项目开展率90%，扩展检验项目开展率68.48%，水质检测项目增加到97项，雾霾检测项目新扩项47个，医源性污水检测项目新扩项17个。加强对4个区疾控中心实验室的技术指导，年内4个区疾控中心首次全部通过尿碘、水碘和盐碘的考核。

卫生监督

【卫生法治】2016年，海口市卫生局推行“双随机一公开”（随机检查监管对象、随机抽调检查人员和公开检查结果）工作，按照权力清单和责任清单赋予的职责，制定随机抽查事项清单7项，以及随机抽查执法人员名录库和监管对象名录库，于11月开始实行，同月随机抽查事项85.7%。制发《海口市医疗卫生“红黑榜”发布标准》，推进医疗卫生机构诚信建设，守法经营。6月14日和9月13日，分别在人民公园和明珠广场举办打击非法行医大型宣传活动；6月28日，在市120急救中心二楼报告厅举办“2016年海口卫生监督打击两非工作培训班”，由专家向全市卫生监督员解读《无证行医查处工作规范》。组织专业人员开展职业病防治、食品安全、精神卫生、“12·4”法制宣传、健康教育等活动，向广大群众宣传、讲解相关法律知识，发放宣传资料，播放宣传视频。

【食品卫生监测】2016年，海口市卫生局着眼于预防食品安全事故的发生，制定《海口市食品安全风险监测评估工作机制》。在食源性致病菌监测中监测婴幼儿奶粉、生食动物性水产品、纯净水、矿泉水、网店自制即食私房菜、街头流动快餐、自制饮料等7类食品175份；在化学性食品监测中监测儿童饼干、蛋卷、自制饮料等3类食品55份；10家哨点医院监测食源性病例1399例，采集病例生物样品535份，监测项目包括沙门氏菌、志贺氏菌、致泻大肠埃希氏菌、副溶血性弧菌、诺如病毒等，致病菌共检出67份，阳性率12.52%。全年发生6起食品安全事件，均及时进行流行病学调查和有效控制，及时处置率、报告率均100%。

【公共场所卫生监督】2016年，海口市、区两级卫生监督机构以“双创”工作为抓手，开展公共场所成果巩固，提高卫生监督管理工作，强化“四小”场所发证率，持续推进公共场所卫生监督量化分级管理。全年住宿、沐浴、美容美发、文化娱乐等公共场所发证率100%；全市4258家各类公共场所经营单位持证率和建档率100%；监督7956间次，平均监督频率1.87次/户，从业人员持健康证上岗率100%，公共场所经营单位建档率100%。

【传染病防治监督】2016年，海口市、区卫生监督机构对全市各类医疗服务机构组织开展手足口病防治、登革热防治、麻疹防治、消毒隔离管理、预防接种管理、病原微生物实验室生物安全、医疗机构临床用血管理、医疗废物（含医源性污水处理）管理以及灾后传染病防治等专项监督检查。年内全市各类医疗机构预检分诊、发热门诊（室）和肠道门诊（室）的设置和运作基本符合规范化要求。共出动卫生监督人员1153人次，车辆461辆次，监督检查各类医疗卫生机构611家次。下达指导性整改卫生监督意见482份，提出指导整改意见1109条，整改落实1109条；限期改正71家，立案查处45家，警告36家，罚款41家，共罚款6.6万元；下达医疗机构不良执业行为记分通知书45份，共记分值96分。

【职业卫生和放射卫生监督】2016年，海口市出动卫生监督执法人员219人次，监督车辆73辆次，监督检查放射诊疗机构73家次，监督覆盖率100%。下达卫生监督意见书64份，提出整改意见326条，完成放射卫生预防性卫生监督6项。

【学校卫生监督】2016年，海口市检查学校及托幼机构传染病防治工作、生活饮用水卫生、教学环境与生活设施卫生、健康教育等方面。监督检查学校卫生综合监督评价，监督检查各类学校和幼儿园114间次，下达卫生监督意见书114份，提出整改意见524条，警告、责令限期改正28家。

【生活饮用水监督】2016年，海口市出动卫生监督执法人员9967人次，监督车辆3965辆次，监督检查生活饮用水供水单位9372间次，重点检查持证供水、供（管）水人员体检、卫生防护设施安装、二次供水设施清洗检查和水质检测等，提出整改意见2.31万条，追踪落实2万多条；处理市民投诉6宗，行政处罚单位4家，其中罚款3家共6800元，警告1家，限期整改61家。

【消毒产品卫生监督】2016年，海口市开展消毒产品卫生监督，检查消毒产品5793件，发现不合格数4867件；下达卫生监督意见书130份，限期整改4867件，整改到位4867件；违法行为立案1件，罚款单位1家共3000元。

【临床用血卫生监督】2016年，海口市出动卫生监督人员236人次，车辆57辆次，专项监督检查全市24家开展临床用血的医疗卫生机构，覆盖率100%，未发现有违法临床用血的行为；提出整改意见63条，追踪落实60条。

【医疗机构监督】2016年，海口市制定《海口市2016年打击非法行医专项行动方案》，开展打击非法行医专项行动。共出动监督执法人员3420人次、车辆764辆次，监督检查各类医疗机构1166户次，立案查处医疗机构各类违法案件116宗，没收违法所得16.8万元，罚款64.78万元，吊销《医疗机构执业许可证》2家、《医师执业证》2人，移送公安机关2人，下达医疗机构不良执业记分通知书121份。共接到有关医疗机构违法行为群众举报投诉案件31起，现场调查处理31起，核实违法事实立案查处16起，调查处理情况反馈31起。在全年医疗服务市场监督执法过程中，全市没有发现非法行医和采供血违法行为。

【打击“两非”】2016年，海口市各级卫生监督机构出动卫生监督执法人员2116人次、车辆421辆次，检查各类医疗机构、母婴服务技术机构、药品零售和批发企业等1486家次。其中，市卫生局牵头计生、公安、食药监等四部门联合开展打击“两非”执法检查103次。根据群众举报投诉和监督检查发现的线索，全市查处典型“两非”案例5宗，同时与昌江县卫生监督所、儋州市卫生监督所及洋浦卫生监督所协同查处“两非”案件3起5宗。

妇幼保健

【妇幼保健工作概况】2016年，海口市各级妇幼保健机构为全市妇女儿童提供系列保健服务，努力完成“两纲两规”（“两纲”指《中国妇女发展纲要（2011～2020年）》和《中国儿童发展纲要（2011～2020年）》，“两规”指《海口市妇女发展规划（2011～2020年）》和《海口市儿童发展规划（2011～2020年）》）各项群体保健指标，降低孕产妇和5岁以下儿童死亡率。全市孕产妇住院分娩率100%；孕产妇保健覆盖率97.12%；孕产妇系统管理率88.91%；婴儿死亡率3.94‰；5岁以下儿童死亡率5.03‰；7岁以下儿童保健覆盖率86.87%；3岁以下儿童系统管理率83.06%；5岁以下儿童低体重率2.59%；低出生体重发生率3.28%；6个月内母乳喂养率86.87%；孕产妇中、重度贫血患病率0.88%；妇科病普查普治率43.18%；婚前医学检查率50.82%；孕产妇死亡率21.87/10万。开展新生儿遗传代谢病筛查2.1万人，筛查率91.21%；新生儿听力筛查2.1万人，筛查率90.85%。完成免费婚前检查1.38万人，婚检率50.82%。

【孕产妇及儿童保健】2016年，海口市早孕建册2.21万人，早孕建册率97.12%；产检2.21万人，产后访视1.98万人，产后访视率86.46%。0～6岁儿童接受健康管理15.74万人，管理率95.20%；3岁以下儿童系统管理5.81万人，系统管理率83.06%；新生儿访视1.99万人，访视率86.87%。利用“六一”儿童节健康体检10.67万名7岁以下儿童。

【农村妇女“两癌”免费筛查】2016年，海口市卫生局和市妇女联合会联合制发《海口市农村妇女“两癌”检查项目实施方案（2016年版）》，在各乡镇组织开展“两癌”筛查。全年完成宫颈癌筛查 7479 例（省目标 7000 例），乳腺癌筛查 4296 例（省目标 4000 例），超额完成任务数。

【艾滋病、梅毒和乙肝母婴阻断】2016 年，海口市继续完善各种原始登记，与相关部门建立密切联系，组织开展监测，对阳性病例追踪随访，同时做好信息收集汇总和上报。全年孕产妇艾滋病检测 2.1 万人，检测率92.41%，感染艾滋病孕产妇及所生儿童采取预防母婴传播干预措施比例 100%；梅毒检测 2.1 万人，检测率 92.34%，感染梅毒孕产妇及所生儿童采取预防母婴传播干预措施比例 92.4%；乙肝检测 2.1 万人，检测率 92.86%，感染乙肝孕产妇及所生儿童采取预防母婴传播干预措施比例 99.57%。

【妇幼保健基层培训】2016 年，海口市继续加强妇幼保健基层培训，举办产科技术培训班、基本公共卫生项目孕产妇和 0～6 岁儿童健康管理项目培训班、母婴保健专项技术资格培训考核培训班、预防艾滋病、梅毒和乙肝母婴传播项目培训班、早产儿出院后管理培训班、托儿所幼儿园卫生保健人员培训班、妇产科常见病规范诊疗与交流培训班等基层妇幼保健适宜技术培训班，共培训基层妇幼保健人员 2000 余人。培训内容包括孕产妇和 0～6 岁儿童健康管理适宜技术、产科急救技术和新生儿复苏技术、母婴专项技术理论及操作、艾滋病梅毒和乙肝母婴传播防治技术、儿童保健适宜技术和托幼机构卫生保健管理技术、妇产科常见病诊疗技术等。

医疗工作

【优化医疗服务质量】2016 年，海口市在各级各类医疗机构深入开展“进一步改善医疗服务行动计划”活动，通过开展预约诊疗服务、推进优质护理服务、开展临床路径管理、加强医院感染管理、开展处方点评和公示、强化麻醉药品和第一类精神药品使用管理督导检查、妥善处理医疗纠纷，提高医疗服务质量。切实解决需紧急救助但身份不明、无负担能力的人民群众应急医疗救助问题，对符合市疾病应急救助申请条件的 4 位患者，经疾病应急救助基金联合审批委员会审批，拨付救助基金 17.97 万元。

【医疗技术创新】2016 年，海口市人民医院开展 CT 引导下冷循环微波治疗肺癌的应用、腰椎旁肌间隙入路用于腰椎手术、牙槽骨黏骨膜骨瓣在牙种植手术中的应用、人类辅助生殖技术、代金氏管喂新技术、新项目 8 项。市妇幼保健院开展 PICC 置管在新生儿科的临床应用及护理、PICC 在患儿静脉高营养及乳腺癌化疗的应用与护理，催眠催乳、腹腔镜辅助宫腔镜下宫角妊娠物清除术，PICC 置管在妇科恶性肿瘤的临床应用及护理，腹腔镜单孔完成小儿腹股沟斜疝的治疗新技术、新项目 11 项。市第三人民医院开展人工肱骨头置换术、腹腔镜经腹膜外腹股沟疝修补术（TEP）、水胶体敷料在新生儿无创机械通气中的应用 、经鼻持续正压通气联合枸橼酸咖啡因治疗早产儿呼吸暂停效果、难复性指间关节脱位手术治疗、喉罩技术在临床麻醉中的应用新技术、新项目 16 项。市第四人民医院开展肌红蛋白（myoglobin Mb）测定、呼吸道合胞病毒 IgM 抗体、人细小病毒 B19IgM 抗体、柯萨奇病毒 B 组 IgM 抗体、腺病毒 IgM 抗体、腮腺炎病毒 IgM 抗体联合检测试剂盒（胶体金法）新技术、新项目 6 项。5 月 11 日，市第四人民医院骨科为一例多发脊柱骨结核、严重破坏、发生病理性脊椎滑脱的老年复杂病人，实施术前 3D 打印技术模拟患者脊柱模型，为手术提供安全可靠的技术指标，保证手术安全顺利实施。这是海南首例 3D 打印技术应用于脊柱外科临床。

【医疗急救】2016 年，海口市 120 急救中心接处警电话 1.44 万次，市 120 急救出车 1.64 万次，网络医院出车 7147 次，平均接处警时间 60 秒，呈逐年缩短趋势。接诊病人 1.57 万名，现场救治成功率 98.81%，其中危重症患者 995 名、死亡病人 17 名、抢救成功率 88.72%、心肺复苏成功 5 例。参与跨省长途转运 10 次，参与 35 起突发事件医疗救援，参与重大活动和会议医疗保障 95 次。

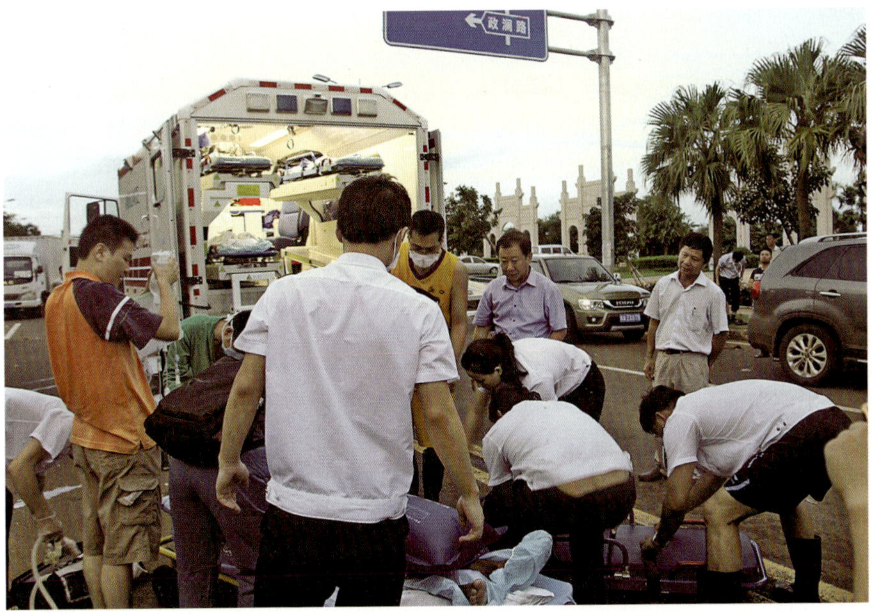

2016 年 8 月 19 日，海口市 120 急救中心派出乌尼莫克越野救护车和其他两辆救护车以及 12 名医护人员，紧急驰援救助被洪水围困的临高县人民医院 5 名急危重症患者。

（市卫生局 供稿）

【医疗机构药事管理】2016年，海口市继续加强医疗机构麻醉药品、第一类精神药品（以下简称毒麻药品）的使用管理，促进毒麻药品合理使用，防止其流入非法渠道。组织开展2016年度毒麻药品的使用管理专项检查，并对检查情况进行通报。市属各医院按照抗菌药物临床应用管理办法的有关规定，开展实时管理，加强合理用药，并利用信息系统加强权限管理，定期开展处方点评、处方公示和每季度合理用药检查工作，落实奖罚措施。同时，制定门诊输液管理规定和辅助用药管理规定，开展抗菌药物临床应用管理和细菌耐药监测等工作。年内除I类切口手术的抗菌药物预防应用外，其他指标均达到国家要求。

【医院感染管理】2016年，海口市卫生局加强基层各医疗机构医院感染控制工作，举办一期基层医疗机构医院感染管理知识培训班，二、三级医疗机构结合自身情况建章立制，开展医院感染管理相关培训、医院感染监测与管控等工作。市、区卫生行政部门审批管理的医疗机构均与医疗废物集中处置单位——益丰达公司和惠康华公司签订协议，医疗机构产生的医疗废物均由益丰达公司和惠康华公司集中无害化处置。全市各级各类医疗卫生机构均按要求建设污水处理设施，年内没发现自行处置医疗废物情况。

【护理服务】2016年，海口市属各医院深入开展“优质护理服务示范工程”活动，优质护理服务工作覆盖率100%；开展护理延伸服务，落实危重患者基础护理工作、用药安全管理、各类标本留置送检管理；每月定期、不定期对照考核标准进行护理质量督查，对各科室存在问题提出针对性的整改意见，并进行追踪评价；组织护理专家为护理人员进行品管圈等护理知识的培训，采取多种健康教育形式，满足患者对健康知识的需求。市卫生局、市护理学会联合举办全市卫生系统“市级优秀护士”评选活动，评选表彰李萍等30名同志为全市卫生系统“市级优秀护士”。

【继续医学教育及科研工作】2016年，海口市落实5种市级重点学科、10个特色专科建设经费170万元，与实施单位签订协议加快推进建设。年内，通过海南省卫生计生科教项目管理系统审核并上报31项科研项目（海南省自然科学基金项目立项15项，2016年省国际科技合作项目立项1项，2016年省重点科技计划项目立项1项，2016年省社会发展专项项目立项2项，海南省卫生厅科研立项7项，2016年海口市科技计划项目立项5项）；4个适宜技术推广项目获海口市科技进步奖一等奖2项、二等奖1项、三等奖2项。举办国家级继续医学教育项目1项，722人次参加；举办省级继续医学教育项目3项；完成全市继续医学教育审核，审核对象8957人，其中继续医学教育学分达标人数7281人，达标率81.29%。全市共发表论文281篇，其中在SCI发表7篇，中华级19篇，中文核心期刊79篇，统计源和普通期刊176篇。

【医学人才队伍建设】2016年，海口市人民医院通过自主招聘录用29名医生，其中硕士研究生专业技术人员15名，中级职称12名，副高以上2名；柔性引进高级专家3名，涉及内分泌消化内科、麻醉科专业。市第三人民医院公开招聘录用9名高级职称专业技术人员。市保健院引进硕士研究生4名。

【医疗技术交流与合作】2016年，海口市人民医院安排对外交流活动11项，接待18人次，派送医护人员8人次赴国外进修学习；市中医医院选派业务骨干和管理人员外出参加学术交流及短期培训418人次；市妇幼保健院派出5名医师到省外参加培训，邀请北京律师、省外专家、院内专家全院性业务授课20次，3000余人次参加；市第三人民医院选派152人次专业技术医务人员外出参加培训及学术会议；市第四人民医院派人参加省内学术交流13次，培训143人次，选派2名医生到南方医科大学珠江医院及广州医学院第一附属医院学习泌尿外科微创技术及普外微创技术；市120急救中心举办国际创伤生命支持培训班十四期，培训学员293人，通过中国医院协会急救中心（站）管理分会为澳门消防局14位学员开展第二期ITLS学院培训班。

中医事业

【中医保健机构管理】2016年，海口市继续开展中医养生保健服务机构准入试点工作，组织人员对海口辖区内2311家中医养生保健服务机构全面调查摸底造册；与海口电视台合作，举办健康大讲堂栏目，组织开展“养生海南岛健康进社区”活动，普及中医养生保健知识。组织海口市中医养生保健协会对机构及人员培训，举办培训班3期，培训人员计300人次。确定第二批3家中医养生保健服务机构为示范单位，并颁发牌匾。组织市中医养生保健协会检查、指导，督促辖区内的中医养生保健服务机构按照《中医养生保健服务机构基本标准》及《实施方案》的有关要求，调整服务项目，强化内部管理，健全规章制度，完善卫生设施，开展中医特色健康管理，为人民群众提供更加安全、舒适、有效、低廉的中医养生保健服务。

【中医医院建设】2016年，海口市中医医院面向社会公开招聘录用中医住院医师17名。国家级重点专科——肺病科、推拿科被评为国家级重点专科建设项目；针灸科、骨伤科、妇产科、脑病科被评为省级重点专科建设项目；每个重点专科至少开展4项中医医疗技术；11个临床科室开展临床路径、单病种管理工作。

【中医重点专科建设与人才培训】2016

年，海口市中医医院获海南省科技厅立项自然科学基金项目3项、海南省卫生和计划生育委员会立项行业科研项目4项；组织申报2017年度海南省基础与应用基础研究计划（省自然科学基金）项目5项、2017年海南省重大科技计划项目1项。发表学术论文45篇，其中中文核心期刊17篇，统计源期刊25篇，省级刊物3篇。组织参加海南省卫计委举办的“海南省中医医疗机构非中医类别医师系统培训中医药知识和技能学习班”；举办第二届中医药知识竞赛暨2016年“千方百剂”方剂歌诀竞赛活动，提高医务人员中医药理论水平和诊疗技术水平。

【中医服务能力建设】2016年，海口市卫生局着眼于进一步健全中医药服务体系，扩大中医药服务范围，提高人民群众健康服务水平，派出5位具有丰富经验的副主任中医师参与基层中医能力提升工程工作，指导各卫生院和社区卫生服务中心按标准建设中医药综合服务区，同时向基层推广中医中药治疗服务。全年全市21家镇卫生院、23家社区卫生服务中心、80家社区卫生服务站、216家村卫生室通过中医药服务能力现场验收，合格率分别77.8%（含6家分院）、95.8%，87.9%和93.5%，达到国家和省级标准要求；建成15家基层医疗卫生机构中医药综合服务区及4家基层国医馆。

基层卫生

【农村医疗设施建设】2016年，海口市有镇卫生院及分院27家，其中秀英区7家、龙华区4家、琼山区9家、美兰区7家。根据“一村一室”原则，应建村卫生室数231家，已建村卫生室231家，覆盖率100%。5月，总投资105万元的中央投资项目琼山区红旗镇红旗村卫生室、旧州镇道美村卫生室、甲子镇益民村卫生室、海丰村卫生室、长昌村卫生室，三江农场新成管区卫生室、新美管区卫生室通过竣工验收。11月，总投资445万元的中央投资项目秀英区长流镇卫生院公共卫生服务大楼项目竣工。继续开展镇卫生院、村卫生室标准化建设。市财政下拨专款为全市镇卫生院、村卫生室配备一部分常用和急需的医疗设备，完成村卫生室医疗设备采购招标，共94个品种，价值579万元。

【社区卫生服务】2016年，海口市着眼于缓解群众看病难、看病贵问题，立足现有卫生资源，通过“巩固一批、调整一批、新建一批、淘汰一批”的方式，调整规划社区卫生服务机构布局，建立健全社区卫生服务机构的准入和退出管理机制，建成社区卫生服务中心（站）116家（其中政府办11家，非政府办105家），打造社区“15分钟服务圈”，基本实现城市社区卫生服务全覆盖。做好社区卫生服务中心标准化建设工作，社区卫生服务中心标准化建设达标率96.0%。在129家基层医疗卫生机构全面开展社区医生与居民签约服务工作，共签约家庭户数15.06万户，签约人数61.99万人，签约人口覆盖率28.17%，完成国家、省规定的指标。

【新型农村合作医疗】2016年，海口市继续推进总额预付、按病种限价结算及限费医疗的新农合混合支付方式改革，缓解不合理医药费用上涨势头，对次均住院费用增长超标的7家定点医疗机构扣款109.34万元，总额预付超标的4家定点医疗机构扣款58.84万元，新农合补偿基金使用率保持在国家卫计委规定的85%左右合理范围。全市新农合参合人数60.42万人，参合率99.74%。参合农民筹资标准540元，其中个人缴纳120元，各级政府补助420元（中央财政补助240元，省级财政补助54元，市级财政补助70元，区级财政补助56元）。全年享受新农合补偿参合农民13.35万人次，补偿金额2.62亿元。其中，住院补偿3.86万人次，补偿金额2.15亿元；门诊统筹补偿127.81万人次，补偿金额3653.51万元；正常分娩2964人次，补偿金额148.09万元；慢性病门诊补偿1.5万人次，补偿金额899.26万元。配合中国人寿海南分公司大病医疗保险中心对符合大病保险条件的参合患者补偿3104人次，补偿金额2509.63万元。在新农合征缴工作中新增省农村信用社自动柜员机、省农村信用社手机银行两种简便缴费方式，率先在全省范围内基本实现使用居民健康卡无

2016年9月3日，海口市卫生局组织市中医院开展“服务百姓健康行动”大型免费义诊活动。（市卫生局 供稿）

现金征缴。

【医疗下乡】2016年，海口市卫生局制定《海口市2016年“服务百姓健康行动”大型义诊活动周实施方案》，安排6家市属医疗机构在公共场所开展义诊活动，组织医护人员下基层开展巡回义诊活动，为边远乡镇群众服务。共派出医师252人次、护士110人次、药（剂）师28人次，义诊3789人次，诊疗患者近200余人，减免患者费用1800元，参加大讲堂患者499人次，发放宣传材料8692份，免费发放药品价值2.21万元。印发《关于开展海口市卫生健康精准扶贫巡诊工作的通知》，安排5家市属医疗机构到各乡镇对帮扶的贫困户及当地群众开展精准扶贫巡诊，免费送医送药。共派出医护人员245人，义诊1820人次，发放宣传材料1564份，发放免费药品价值2.16万元。

【城乡医疗对口支援】2016年，制定印发《海口市2016年度城乡医院对口支援工作实施方案》，推动镇卫生院与二、三级医院建立稳定的技术帮扶和分工协作机制，确定市属5家二级以上医院对口帮扶全市所有镇卫生院，安排12批383名医护人员开展对口帮扶工作， 促进城市优质医疗卫生资源下沉到基层。

【基层卫生队伍建设】2016年，海口市卫生局委托市中医药学校培养150名农村订单定向医学生，学制3年；毕业后由区政府安排到村卫生室工作，工资待遇按有关文件执行；毕业满1年可报名参加助理执业医师（乡村）考试。每年开展培训班学习，为农村培养留得住、用得上、干得好的适宜卫生人才，提高农村医疗卫生服务水平。全年开展基层卫生人员培训班4期，参加人数141人。至年底，全市镇卫生院有卫生人员1165人，村卫生室医务人员324人，其中获乡村医生证书266人，有执业（助理）医师203人。

（廖虹虹）

爱国卫生

【爱国卫生工作概况】2016年，海口市爱国卫生工作以创建国家卫生城市（以下简称“创卫”）为重点，抽调人员配合充实“创卫”工作增设的创卫组，推进农村改厕、病媒生物防制、爱国卫生运动、健康教育等各项“创卫”工作。6月1日颁布实施《海口市爱国卫生管理办法》，填补海口市爱国卫生立法的空白。年内，共举办培训班100多场次，参加培训6万多人次。“创卫”工作通过省和国家创卫暗访检查（分别得分754.6分、879.8分）、省级病媒生物防制专项考核（综合得分79.5分）、省级创卫技术评估（综合得分810.9分），“创卫”申报资料通过省和国家审核。市民对卫生状况满意率（上半年93.72%，下半年98.74%）逐步提高。

【农村改厕】2016年，《海口市2016年农村改厕项目管理实施方案》出台。市爱卫办通过举办农村改厕技术培训班、编印农村改厕技术资料、制作标准化农村卫生户厕模型、深入农村现场指导等，确保农村卫生户厕合格率99%。农村改厕工作采取市、区两级财政扶持补贴、农民自筹资金的形式开展。市区两级财政每户补贴改厕资金900元，农村计划生育“两户”（独生子女户、两女结扎户）除享受900元扶持补贴资金标准外，按规定每户奖励1500元。全年全市建设农村三格无害化粪池卫生户厕7300户，农村卫生户厕普及率75.46%。

【病媒生物防制】2016年，海口市制定《海口市病媒生物防制规划(2015~2017年)》《海口市病媒生物防制市场化运作方案》《海口市病媒生物防制基础设施建设方案》，加大加强病媒生物防制投入，病媒生物防制市场化运作覆盖建成区公共环境。按照《海口市病媒生物预防控制管理办法》《海口市病媒生物预防控制经营服务机构管理办法》，对PCO（病媒生物预防控制经营服务机构）依法实行常态化监督管理。8月1~3日，由市爱卫办牵头，邀请省专家参与，分为两组抽查建成区21个PCO公司承包服务区域病媒生物防制工作质量，并将督导情况形成书面报告呈报市“双创”工作指挥部，为整改存在问题、持续巩固病媒生物防制达标成果提供依据；组织人员检查农贸市场及周边2千米范围的“六小”行业病媒生物防制工作，并根据农贸市场苍蝇密度上升情况，起草《关于加强灭蝇工作的紧急通知》呈报市“双创”工作指挥部印发；落实市人大代表、市政协委员关于海口市病媒生物防制存在问题的意见和建议，满意率100%。

【爱国卫生运动】2016年，海口市爱卫办根据全国爱卫会、海南省爱卫会防控登革热、寨卡病毒病和开展第29个爱国卫生月活动的工作部署，3月和4月分别在人民公园承办省爱卫会主办的“清洁家园、灭蚊防病”和开展第29个爱国卫生月启动仪式主会场活动，全国爱卫办、国家卫计委，海南省委宣传部、省爱卫会、省卫计委、省住建厅，海口市委市政府领导、各区各部门人员以及市民群众共6000多人参加。持续加强“门前三包”责任制督查。在全市范围内开展爱国卫生月、周、日等一系列环境卫生综合整治活动，出动40多万人次，清运垃圾1万多车次约3万吨。落实农村生活垃圾“户分类—村收集—镇转运—市处理”的收运模式，每500人配备1名卫生保洁员，负责村庄清扫保洁，全面实现村有保洁员，镇有环卫站的管理目标，惠及农村人口60多万人。同时，协调各区、镇安排防保员和挂点干部落实责任，组织动员农民群众翻盆倒罐，清除小积水，清理蚊虫滋生地。组织专家和“创卫”组有关人员，按社区卫生标准，督查考评建成区164个社区。经整改，164个社区均达到卫生社区卫生标准。组织17名爱国卫生监督员，复查历年被评为省级卫生先进单位的390个单位，市级卫生先进的832个单位，对卫生水平滑坡和不达标社区要求限期整改。

【健康教育】 2016年，海口广播电视台开设《卫生创建与健康教育》等栏目，将《中国公民健康素养基本知识与技能》文字版提炼，循环播放，为“创卫”工作提供科普知识支持。市爱卫办先后编发《海口市创建国家卫生城市应知应会手册》5万册，《海口市创建国家卫生城市指南》4000册，《中国公民健康素养基本知识与技能》35万册，《海口市创建国家卫生城市行业卫生标准》5万册，《全国居民健康素养监测调查问卷》7万份，居民健康素养水平15.04%。刻录《海口市创建国家卫生城市国家专家何爱华专题讲座》光盘300个。全市80%以上的社区建有体育健身设施，经常参加体育锻炼市民率53.71%。

（何荣真）

（编辑：赵华锋）

体　育

【体育工作概况】 2016年，海口市围绕“体育惠民、服务社会”的指导思想，深入贯彻落实《全民健身计划》，推进以全民健身为重点的“全民健身日”等活动，人民群众的体育意识逐步增强，经常参加体育锻炼的人数显著增加。海口市有各类体育场馆2784个，新增社会体育指导员3358人。截至2016年，有社会体育指导员5550人。9月，海口观澜湖景区获“2016中国体育旅游十佳精品景区”称号。

【体育设施建设】 2016年，海口市建设的体育设施主要有中国足球（南方）训练基地、椰树门广场、全民健身路径等。中国足球（南方）训练基地完成投资额3.9亿元（含征地费），基地建设用地征收完毕，一期工程的5片球场于10月全部建成并投入使用；二期工程共建15片球场，概念性规划完成，同时完成10片场地的清表、平整工作，服务基地的供水、供电、通信、路网等市政配套建设工作全面开工。椰树门广场人防工程并体育场改造项目累计投资2.5亿元，完成工程的70%。年内，共安置46套496件全民健身路径。海南省文体厅扶持海口市完成6个农民体育健身工程。

【群众体育】 2016年，海口市先后举办首届海南国际旅游岛三角梅花展千辆自行车环保骑行活动、海口市迎春足球赛暨甲级联赛、“双创杯”2016海口市篮球联赛、全民健身日海口市琼山区乡镇女子排球赛、“自在海口·魅力足球”海口首届“双创”足球主题嘉年华·企业足球邀请赛、“自在海口·魅力足球”海口首届“双创”足球主题嘉年华·球王争霸赛、海口市草根足球争霸赛、海口市足球超级联赛、“奥跑中国”海口站、海口潮流跨年青春跑、海口首届汽车漂移挑战赛、“我爱足球”中国足球民间争霸赛总决赛等21个427场次有海南特色的群众性体育活动，参加人数8270人次。扶持举办大坡镇农民排球邀请赛、遵谭镇九人男子排球赛、演丰镇骑行徒步健身活动等农民体育比赛。组织开展第二届海口市“工会杯”职工乒乓球赛、海口市直机关市委部门广播体操比赛等职工体育活动。举办海口市第八届老年人运动会等老年人体育活动。

【“自在海口　魅力足球”海口首届“双创”足球主题嘉年华】 2016年8月27日在世纪公园球场举行启动仪式。活动以足球为媒介，组织青少年和社会团体，以足球活动的形式参与海口“双创”。由海口市文体局主办，海口市足球协会、海南第二春足球俱乐部、城建集团海口世纪公园投资管理有限公司承办。活动持续至10月29日，期间共设立组织“双创”足球嘉年华足球赛、亲子足球活动、公益活动和足球进校园四项活，主题以绿色、健康、文明为理念，通过足球活动共同宣传海口“双创”。此次活动是海口有史以来参赛球队最多（60支）、参与人数最多（2800人）、涉及行业最广、社会关注度最高的一次足球主题嘉年华。

【学校体育】 2016年8月8～13日，海口市开展夏季青少年足球邀请赛，有468人参与。8月11～13日，举办第十八届“飞向北京—飞向太空”全国青少年航空航天模型教育竞赛活动，活动总决赛参赛人数1300多人。8月27日至10月29日，举行“自在海口·魅力足球”海口首届“双创”足球主题嘉年华·亲子足球活动，1000多人参赛。

【校园足球健康快速发展】 2016年，海口市新增校园足球特色学校省级12所、国家级9所，全市取得国家、省级称号的学校共29所。全市各布点学校均组建学校足球队，有的学校还做到“班班有球队、月月有比赛、人人一只球”。年内，成功组织承办“2015~2016年度海口市校园足球联赛”以及“恒大海花岛杯”2016年海南省中学生校园足球联赛，海口市灵山中学在中国初中男子校园足球联赛（总决赛）中获第七名。组织四批政府有关职能部门体育行政管理人员和中小学校长，参加在北京、广东、大连举行的国家级青少年校园足球专项培训班学习。印发《海口市发展青少年校园足球实施方案》，做好制度建设。

【竞技体育】 2016年，海口市组织开展国际级大型体育赛事活动4项，举办“双创杯”2016年海口市直机关第八届红牛羽毛球混合团体赛、星徒徒步、笼式足球、“人民网杯”羽毛球赛、海口博盈和上海绿地申花足球友谊赛、中国极限运动巡回赛等几十项竞技体育活动。海口市运动员参加全国级比赛共获得前八名149个，其中金牌31枚、银牌20枚、铜牌13枚；参加省级比赛获得前三名183个，其中金牌84枚、银牌47枚、铜牌52枚。

【重大体育赛事组织】 2016年，海口市成功举办2016年第七届环海南岛国际大帆船赛（海口赛段）、2016第十一届环海南岛国际公路自行车赛（海口赛段）、2016海口国际沙滩马拉松赛、2016年国际旅游岛帆板大奖赛、富力海口马拉松暨第二届商学院马拉松赛等国内品牌特色赛事。活动涉及50多个国家、参与人数累计100多万人次。

【体育产业】 2016年，海口市有海口观澜湖高尔夫球场、海口美视五月花国际高尔夫球场、海口西海岸高尔夫球场等14家高尔夫球场。完成永兴体育小镇产业策划及规划编制工作，待专家评审及论证。9月8日，在厦门投洽会上，海口市与万达体育有限公司签订铁人三项项目协议，双方合作在海口举办海口世界铁人三项赛事。

【体育队伍建设】 2016年，海口市被授予国家二级运动员荣誉称号的运动员有25名，其中田径二级运动员21名，排球二级运动员4名。全年共举办3期二级、27期三级社会体育指导员培训班，有3358人取得社会体育指导员证书。全市注册登记的各级社会体育指导员5550人。有举重（男女）、帆船帆板（男女）、自行车（男女）、田径、举重、沙滩排球、高尔夫、游泳、篮球、足球、羽毛球、乒乓球、网球12个项目15个青少年运动训练队，全年注册运动员306人，其中运动健将18人。海口体校沙排队在2015年、2016年培养郑杨俊、王善翡、谭亚寸、秦成达、颜云肖、吴冬梅等6名国家健将级运动员。

【体育社会团体】 2016年，海口市篮球协会、海口市社会体育指导员协会、海口市青少年足球协会、海口市青少年篮球协会、海口市青少年科技模型运动协会、全市羽毛球协会、海口市广场健身操舞运动协会7个市级单项体育协会成立。全市注册登记的市级体育协会有28家，体育俱乐部14家。

【海口帆船帆板训练基地】 2016年1～4月和10～12月接待国家帆船帆板队冬训，上半年和下半年各接待队员约70人，全年共接待国家队训练队员1.50万人次。4月，新基地中心大楼开工建设，11月主体结构封顶。该大楼由海口旅游文化投资控股集团有限公司代建，项目位于滨海大道南侧，长秀路东侧A0601地块中，占地面积0.79公顷，总建筑面积1.58万平方米，其中地上建筑面积1.18万平方米，地下建筑面积3936.7平方米。主要建设内容包括通用体能训练、科研与教学、康复用房、运动员公寓及其他配套用房等，在原帆船帆板设施存放处扩建1500平方米船库和500平方米滑道工程，项目总投资8352.72万元。

【市体育运动学校】 2016年，海口市体育运动学校参与6项全国赛事，共获得金牌10枚，银牌1枚，铜牌3枚，第四名1个，第五名1个，第六名3个。海口体校沙排队在2015、2016年培养郑杨俊、王善翡、谭亚寸、秦成达、颜云肖、吴冬梅等6名国家健将级运动员。参与12项省级赛事，创4项省级纪录（游泳队创），共获得金牌85枚，银牌45枚，铜牌50枚，第四名34个，第五名24个，第六名34个，6支运动队获“体育道德风尚奖”。被海南省文化广电出版体育厅授予“海南省高水平体育后备人才基地”。

【市体育工作队】 2016年，有编制17名，实有行政人员6人，教练员4人（正高1人、副高1人、中级2人），医生1人，运动员6人，集训队员30人。设有男女举重项目，是争金夺牌的主要项目。蒙成为国家举重一队运动员，张量为国家队正编教练员。运动员、教练员、医务人员全部按国家体育总局有关专业队管理条例进行管理，享受专业队待遇。4月，蒙成在哈萨克斯坦代表中国参加亚洲举重锦标赛男子56公斤级比赛，以总成绩285公斤获得该级别的冠军，同时还获得该级别抓举第三名、挺举第一名，这也是海口市运动员首次获得亚洲举重锦标赛冠军。5月，在海口举办的2016“百年牛栏山杯”全国青年男子举重锦标赛中，陈日强获得抓举第一名，挺举第二名，总成绩第二名；金锦超获得挺举第二名。6月，胡鑫柱在全国青少年举重锦标赛获得三项第一。7月，在全国少年男女举重分龄（U13—U16）中，胡鑫柱、谷峰、梁文分别获得三项第一，吴琼跃获得三项第二名，金锦超获得三项第三名。

（陈有敏）

（编辑：吕书萍）

社会民生

公共就业服务与劳动关系管理

【公共就业服务与劳动关系管理概况】2016年，海口市围绕“民生为本、人才优先”工作主线，推进就业创业工作。全市新增就业人员4.70万人，完成年任务104.38%；城镇登记失业人员再就业1.02万人，完成年任务102.33%；就业困难对象实现再就业691人；转移农村富余劳动力就业8386人，完成年任务104.83%，年末城镇登记失业率0.9%，各项主要就业指标均完成或超额完成。加强企业诚信体系建设，印发《海口市劳动保障“红黑名单”发布规定》，开展全市性农民工工资支付专项检查、清理整顿人力资源市场秩序专项行动、用人单位遵守劳动用工和社会保险法律法规等专项执法活动，全市劳动保障举报投诉案件结案率95%；为9325名劳动者追回工资2.15亿元。年内，全市有4.20万家企业签订劳动合同，小企业和规模以上企业劳动合同签订率分别85%和94%。完成红明、东昌农场移交和海口市椰城宾馆改制18名职工安置工作。7家企业和高新区被评为第三批海南省模范劳动关系和谐企业和工业园区。海口市人事劳动仲裁院、琼山区劳动人事争议仲裁院成为“标准仲裁院建设年”活动全省首批达标单位；全年人事劳动争议案件期限内结案率93.6%。

【人才劳动力供求结构】2016年，海口市有人力资源服务机构30家。其中，公益性人力资源服务机构2家，经营性28家；从事职业介绍服务机构8家，人才中介服务22家。有从业人员558名，其中187名工作人员取得人力资源服务职业资格。人力资源服务机构开展业务涉及现场招聘、网络招聘、劳务（人才）派遣、人力资源管理咨询、人力资源外包、流动人员档案管理、培训、测评、猎头等服务，建立人力资源服务网站23个，服务就业人员46万余人，实现就业和人员流动33万余人，现存数据库求职信息总量287万条。全年全市获取职业资格证书人数18358人次，其中获得初级资格5845人，中级资格9359人，高级资格3017人，技师资格117人，高级技师资格20人。举办各类常规招聘会82场，专场招聘会26场；进场招聘企业5355家，提供就业岗位2.81万个，拟录率16%。

【高校毕业生就业】2016年，海口市就业部门先后举办“高校毕业生就业服务月、服务周”“招聘会进校园”及“就业征文和简历设计大赛”等系列服务活动；组织203家市优质企业参加国家人社部在北京、武汉等5站举办的“全国大中城市高校毕业生巡回招聘会”，提供工作岗位2782个，收到简历1967份，其中本科及以上学历92.3%。全年办理毕业生报到3105人、改派89例，办理人事代理599份；执行档案托管全免费政策，保管各类人事档案9.33万份。执行高校毕业生实名登记制度，对离校未就业高校毕业生实施“一对一”就业帮扶和跟踪服务，年内全市高校毕业生初次就业率92%。新增高校毕业生就业见习基地23家，累计批准建立高校毕业生就业见习基地135家，可接纳1.29万人同时参加见习。全年共拨付就业见习补贴215.6万元；累计为应届高校毕业生提供创业培训1472人、技能培训661人。

【就业困难人员援助】2016年，海口市就业部门通过多种形式对城镇登记失业人员、零就业家庭成员、残疾登记失业人员、长期未就业的高校毕业生、完全失地农民和其他长期失业人员提供就业援助；开展“就业援助月”“春风行动”等活动，帮助就业困难对象实现就业691人；“零就业”家庭实现动态清零。累计支付就业困难人员灵活就业社保补贴、公益性岗位（含社保）补贴、企业社保补贴等各项补贴1796.5万元，2.97万人次受益。

【农村富余劳动力转移就业】2016年，海口市就业部门加强乡镇公共就业服务信息发布平台建设，全市共建设信息发布平台16个，在四个区设置11个电子屏幕滚动播放最新招工信息和培训信息。全年共举办农村富余劳动力转移就业专场招聘会16场；分别与文昌市、屯昌县联合举办“2016文昌龙楼镇失地农民专场招聘会”及“屯昌县2016精准扶贫转移就业暨农村富余劳动力转移就业专场招聘会”。全年共转移农村富余劳动力就业8386人，完成年任务104.83%。

【精准扶贫转移就业】2016年，海口市人社部门出台《关于开展精准扶贫技能培训和转移就业的指导意见》；全市有建档立卡贫困户1900户，贫困家庭劳动力3883人，年度内实现劳务输出脱贫512户，697名贫困人员实现转移就业，组织232名贫困帮扶对象参加职业技能培训。10月17日“全国扶贫日”，举办“精准扶贫转移就业专项活动”，到场企业22家，提供岗位400多个，进场求职农村贫困家庭劳动力600余人，达成就业意向人数58人。11～12月，市就业部门分别在旧州镇、三江镇、永兴镇、西秀镇等乡镇举办以“搭建就业平台，助力精准扶贫”为主题的2016年海口市精准扶贫专场招聘会，邀请82家企业参加，提供岗位3000余个，入场求职人数2300人，现场达成就职意向319人，实现“就业助脱贫”预期目标。

【创业服务】2016年，海口市就业部门推动大众创业，举办“海口市高校创业主题巡讲”，吸引6000多名高校毕业生参加，挖掘高校创业典型12人；举办“海口市创业投融资对接会”，7个项目达成投资意向3150万元；举办“海口市创业论坛”，吸引200多名创业者参加；连续7年举办“海口市创新创业大赛”，吸引90多个项目参赛。在龙泉镇、灵山镇、长流镇等西片区和云龙镇等东片区分别举办贷后跟踪服务系列活动暨创业经验交流会14场次，2500多名农户参加，发放创业贷款知识手册2500余份。全年培训创业者3538人次，发放创业担保贷款6069万元，扶持创业616人，带动就业1970人，到期贷款还款率99%。

【人力资源市场建设管理】2016年，海口市人力资源市场共举办各类常规招聘会82场、专场招聘会26场，进场招聘企业5355家，提供就业岗位2.8万个，累计进场求职5.6万人次，拟录率约16%。推进基层劳动就业公共服务平台信息网络建设，不断改进和完善四级平台信息系统。市就业部门根据海口市与屯昌县战略合作协议框架，结合屯昌县劳动就业管理项目需求，共享就业信息，协助屯昌县加强农村富余劳动力转移就业。

【职业技能培训与鉴定】2016年，海口市结合产业发展需求，统筹利用区域内各类职业培训资源，逐步完善以企业岗位提升培训为主体、职业院校培养为基础、各类培训机构参与、政府推动与社会支持有机结合的订单式、定向式职业培训体系。市人社部门发布实施《关于加强家政从业人员职业技能培训意见的通知》，加快促进家庭服务业规范化和职业化。5月，海口北京商鲲教育高铁乘务员学校正式揭牌，海南省海口技师学院高铁乘务员专业招生156人。11月1日，海南省海口技师学院秀英校区化工制药实训楼项目和高技能人才公共实训基地项目开工建设。同月，市就业部门举办“第三届海口市大学生市场营销大赛和技能大赛”，海口市派出选手参加海南省技能大赛，几乎包揽一、二等奖所有名额。年内，市一级组织职业技能培训8960人；组织职业技能鉴定考核158场，2.83万人参加技能鉴定，1.84万人获取职业资格证书。印发实施《海口市推进职能转变协调小组职业资格改革组关于开展职业资格清理整顿工作实施方案》等文件，全面清查全市82家单位各类许可和认定项目。

【劳动保障监察】2016年，海口市劳动保障监察部门进一步理顺劳动保障监察管理权限，开展全市性农民工工资支付专项检查、清理整顿人力资源市场秩序专项行动、用人单位遵守劳动用工和社会保险法律法规专项执法等活动。全市执法检查各类用人单位2504家，涉及用工人数19.5万人；劳动保障举报投诉案件共结案781件，结案率95%；处理农民工工资拖欠的突发事件63宗，涉及劳动者4336人；为9325名劳动者追回工资2.15亿元；督促183家用人单位为9971名劳动者补缴社会保险费434.8万元；办理农民工工资保证金缴存、退还共2.8亿元；全市有4.20万家企业签订劳动合同，小企业和规模以上企业劳动合同签订率分别为85%和94%。7家企业和高新区被评为第三批海南省模范劳动关系和谐企业和工业园区。完成红明、东昌农场移交工作和海口市椰城宾馆改制18名职工安置工作。

【治理农民工欠薪问题】2016年，海口市发生822件劳动保障举报投诉案件，比上年增长56%，涉及人数和金额呈上升趋势。省下放劳动保障监察案件管辖权限后，全市劳动保障监察机构积极应对。在日常巡查的基础上，大力开展人力资源市场秩序、用人单位遵守劳动用工和社会保险法律法规等清查专项行动，重点排查存在拖欠工资行为的用人单位，尤其对近3年发生拖欠农民工工资案件3起以上的建设单位，约谈其法定代表人，增强企业依法用工的观念，预防和遏制拖欠工资行为的发生。市人社部门通过执法检查，责令补签劳动合同918份，责令办理社会保险登记，涉及劳动者4215人、金额266.7万元。同时，加大案件查处，实施“红黑榜”制度。加强企业诚信体系建设，发布劳动保障“红黑名单”规定，先后将5家违反劳动法律法规的企业列入“黑名单”。年内移送公安机关拒不支付劳动报酬犯罪案件7件，涉及225人、金额530.74万元。年内解决工地拖欠农民工工资140件。

【人事劳动争议调解与仲裁】2016年，海口市人事劳动仲裁院、琼山区劳动人事争议仲裁院成为“标准仲裁院建设年”活动全省首批达标单位，并在海口市人事劳动仲裁院挂牌设立劳动人事争议调解仲裁法律援助工作站。全年劳动人事争议案件结案526

宗，期限内结案率93%；调解裁决用人单位向劳动者支付各类资金946万元。

社会保险服务

【社会保险服务概况】2016年，海口市不断完善覆盖城乡的社会保障体系，全面落实社保领域重点改革，进一步提高机关事业单位和企业退休人员基本养老金、城镇居民医保待遇等，依法开展社保经办工作，落实各项新制度、新政策，推进各项社保的扩面征缴、待遇支付、基金管理以及社会保障卡的发行和应用工作，深入实施被征地农民养老保险工作。全市新登记城镇从业单位参保964家，新增城镇从业人员参保6.98万人；新增城乡居民养老保险参保5392人。城镇从业人员基本养老、医疗、工伤、生育、失业等五项社会保险参保人数（不含省本级）分别有52.4万人、48.1万人、35.8万人、29.9万人、48.9万人。五项社会保险基金总收入52.39亿元，总支出42.38亿元，滚存结余28.29亿元。城镇居民医保参保45.7万人，完成率106%；城乡居民养老保险参保32.9万人，参保率97.8%。

【城镇从业人员养老保险】2016年，海口市城镇从业人员基本养老保险缴费人数（不含省本级）为32.2万人，养老保险在职参保人数41.6万人，养老退休参保人数10.8万人，城镇从业人员养老保险基金收入35.70亿元，支出29.19亿元，滚动结余15.31亿元。5月起，城镇从业人员基本养老保险费率单位缴费部分由20%降到19%。

【城镇从业人员医疗保险】2016年，海口市新增城镇从业人员参保单位964家、6.98万人，全市城镇从业人员医疗保险缴费人数（不含省本级）32.4万人。城镇从业人员基本医疗保险基金收入12.44亿元，支出10.04亿元，滚存结余6.49亿元。

【失业保险】2016年，海口市人社局、市财政局联合印发《海口市稳岗补贴审批流程》，进一步加大失业保险基金支持企业稳定岗位政策的实施。城镇从业人员失业保险费率单位缴费部分由1%降到0.5%。全年在册领取失业金1.10万人，新增办理失业人员申领失业保险待遇5827人，失业保险参保人数48.9万人。累计发放失业保险金6.64万人次，发放金额1191.64万元。全市失业保险基金收入1.35亿元，支出1.25亿元，滚存结余3.13亿元。

【工伤保险与劳动能力鉴定】2016年，海口市建筑业按项目参加工伤保险新增321家，累计330家；新增参保人数2.60万人，累计2.92万人；保费收入4007万元，累计收入4279万元。全市城镇从业人员工伤保险参保人数35.8万人；工伤保险基金收入8762.55万元，支出2981.41万元，滚存结余2.46亿元。市人社部门进行工伤认定614件，劳动能力鉴定197件。

【生育保险】2016年，海口市城镇从业人员生育保险参保人数29.9万人；生育基金收入5422.81万元，支出6571.4万元，滚存结余3188.30万元。本期共2万多人次享受生育保险待遇，支出4840万元，其中生育医疗待遇2964万元、计划生育医疗费用107万元，生育津贴支出2225万元。

【城乡居民养老保险】2016年，海口市城乡居民养老保险参保32.9万人，参保率97.75%。养老金待遇领取资格认证9.68万人，认证率99.51%；按时足额发放城乡居民养老金1.72亿元。城乡居民养老保险基金总收入3.65亿元，总支出1.73亿元，滚存结余5.51亿元。

【城镇居民医疗保险】2016年9月，海口市上线中公智能审核平台，结束只能依靠人工审核医疗单据的原始模式。全年，海口市城镇居民医保参保45.7万人，完成率106%；有3.87万人享受居民医疗保险待遇，支出2.20亿元。城镇居民医疗保险基金收入2.83亿元，支出2.20亿元，滚存结余3.70亿元。

【被征地农民社会养老保险】2016年，海口市落实18个被征地参保项目的缴费补贴，涉及征地面积374.18公顷、参保对象7910人（其中到龄发放人员1271人）、金额1.47亿元。8月，市政府“两重一大”会议通过《关于解决2009年5月1日至6月18日期间被征地农民养老保险问题的请示》，同意2009年5月1日至6月18日期间被征地项目按照《海南省被征地农民参加社会养老保险险办法》和《海南省被征地农民参加社会养老保险工作实施方案》办理被征地农民养老保险。

【机关事业单位养老保险工作】2016年，海口市人社局举办机关事业单位基本养老保险参保缴费培训班6期，培训1112家（含各区）机关事业单位；举办机关事业单位养老保险待遇发放和工资软件应用培训班，培训500多人。4月正式实施机关事业单位养老金保险工作。全年正常核定975家机关事业单位基本养老保险；录入机关工勤和事业单位退休人员信息483家单位；完成退休公务员和参公人员移交社保通过社保卡发放待遇及机关事业单位退休人员2016年度调整退休费工作。

【离退休人员管理】2016年，海口市离退休人员10.8万人，认证率99.50%；按时足额发放10.8万名离退休人员养老金27.7亿元，拨付2069名离退休人员丧葬费和抚恤金共1.2亿元；完成10.25万名企业退休（职）人员和4082名机关事业离退休人员养老金调整工作，企业退休（职）人员基本养老金月人均增加

163元，提高至2098.4元/月；机关事业离退休人员基本养老金人均增加293元，提高至2922.8元/月。

【社保基金监管】2016年，海口市人社局进一步加强社保基金管理，开展社会保险登记专项稽核工作，加强对定点医疗机构医保服务质量考核，科学编制社保基金预算，确保基金当期收支基本平衡。全年城镇从业人员五项基本社会保险基金总收入52.39亿元，总支出42.38亿元，滚存结余28.29亿元。

【社保卡发行和应用】2016年，海口市纳入第二批社保卡综合应用试点示范地区，累计发放社保卡96.4万张，覆盖参保人数90.35%，激活率64.66%，均超额完成全年工作目标任务。实现电子身份凭证、自助查询和待遇发放等64项社保卡应用功能，秀英区6个镇政府人员工资、城镇职工个人医疗补贴、公务员医疗补助、机关企事业单位养老保险、城乡居民养老保险待遇、失业保险金均可通过社保卡发放，并通过社保卡征缴城镇居民医保费。

【社会保障服务平台和信息化建设】2016年，海口市完成琼山区、秀英区"一区四镇"就业和社会保障服务平台主体工程建设。结合"智慧城市"建设，加快推进"智慧人社"建设，完成社保"核三"系统切换和上线工作，推广使用"海口人社"APP和微信公众服务号。

（冯　宁）

人口与计生服务

【人口与计生服务概况】2016年，海口市坚持计划生育基本国策，实施全面两孩政策，改革完善计划生育服务管理，优化公共资源配置，开展优生优育服务，加强计划生育综合治理，促进人口均衡发展，完成目标管理责任制的各项目标任务。全市投入人口计生经费1.47亿元，比上年增长3.65%。农村税费改革转移支付资金用于人口计生工作747.30万元，占28.49%。获"全国计划生育协会工作先进单位""新一轮国家计划生育优质服务市县"等7个荣誉，打击"两非"工作在全国经验交流现场会上作经验交流，四个全国试点（国家计划生育家庭科学育儿试点、国家青少年健康发展试点、国家计划生育家庭养老照护试点、国家"新家庭计划·家庭发展能力建设"试点）工作成效明显。截至9月30日（人口计生统计年度为每年10月1日至下一年度9月30日，下同），全市期末总人口224.72万人，人口出生率13.60‰，政策外多孩率3.57%，出生人口性别比115.03，三项指标均控制在省下达的指标内。

【全面两孩政策实施】2016年，海口市将全面实施两孩政策写入政府工作报告，列入督查项目，作为计划生育工作的重点工作、惠民工程。年内全市新增符合政策育龄夫妇10.8万人，其中35岁以上高龄夫妇近7万人，占64.8%。截至9月底，有10027对符合政策的夫妻登记领取二孩服务证，其中农村夫妻3533户、城镇夫妻6494户；有已生育2587户，现孕妇女5957户。编发《祝您好孕——高龄夫妇优生优育须知》《帮你生个好宝宝》等各类优生优育宣传资料20万册。通过网格员、计生员对高龄夫妇发放宣传资料，做到人手一册。开辟"好孕优生优育"讲坛、"优生优育学校"，成立"海口市优生优育中心陈雪银工作室"，通过专业技术人员指导，提供科学备孕、保胎、育儿等优生优育咨询服务。美兰区创建"互联网+"计生微宣传服务平台，线上线下同步提供优生优育服务。督促海南现代妇婴医院等各大医院专门开设"二孩门诊"，专门为计划生二胎高龄妈妈提供生育力评估、备孕指导、妊娠风险提示等贴心服务，引导科学生育。协助海南医学院附属医院等6家医院辅助生殖技术机构的运行与建设，为广大不孕症患者提供辅助生殖服务。配合省卫计委加快省儿童医院建设、建设琼山妇幼保健院新院、新建现代妇婴医院等以增加病床、设备。

【出生人口监测】2016年，海口市实行一月一报，建立出生人口监测和预警机制，加强动态监测评估全面两孩政策实施效果，引导群众合理安排生育。依托村居计生工作网络和社区网格员队伍，通过入户采集、办事采集、服务采集等方式，动态掌握辖区人口婚、孕、育等信息。加大对助产机构出生信息录入工作质量的监测，

2016年6月21日，海口市举办实施全面两孩政策干部培训班，共300多人参加培训。

（市计生委　供稿）

做好出生实名登记和出生人口统计上报工作。重点消化省出生统计月月清工作平台（该平台监测出生人口统计数据，通过按月将出生实名信息与人口计生上报的出生信息比对，核查并及时补录报表中未上报的出生信息，提高出生人口统计质量）的库存量。省分发海口市“月月清”平台出生3.17万人，核实2.75万个出生属海口统计对象并上报，上报率86.75%。

【人口计生技术服务】2016年，海口市加强技术服务体系建设，按“九个好”（领导重视好、基层网络好、宣传引导好、依法管理好、生育服务好、利益导向好、信息管理好、群众自治好、工作成效好）标准全面开展规范化镇（街）创建。召开基层基础规范化现场推进会。年内新创建海秀镇、石山镇、城西镇、中山街道、海垦街道、三门坡镇、旧州镇、灵山镇、白龙街道共9个基层基础工作规范化镇（街），创建率20%，达省卫计委创建基础工作规范化镇（街）目标要求。抓好各级服务中心建设。市级服务中心抓好“软件”建设，加强技术培训提升，拓宽服务渠道，大力提升服务能力和服务质量；区级服务站按照规范化、标准化要求改造升级，秀英和龙华两区申报新一轮“国家优质服务区”；龙桥、遵谭、蓝天等5家镇（街）级服务中心整合卫生计生资源，云龙、红旗、石山等7家服务中心实现服务转型升级；新建博昌、博抚等12个村级服务所，方便群众就近获取药具、随访、优生优育等服务。截至9月30日，全市建立药具发放和服务网点1487个，其中传统发放网点516个，委托式发放网点123个，智能发放机46个，24小时自取式发放网点848个，村（居）药具免费发放点531个，药具应用率95%，药具随访率100%。落实长效避孕节育措施1.06万例，综合避孕率81.43%，达省考核目标75%以上要求。

【生育登记服务】2016年，海口市全

2016年12月8日，海口市美兰区人民街道万福社区开设人口文化长廊，宣传人口计生工作。（市计生委 供稿）

面实行生育登记服务制度，优化行政审批，下放审批事项，压缩审批时限，精简和规范再生育办理程序，减少证明材料，实行一孩、二孩生育登记即时办结制度，再生育审批限时办结制度。先后举办依法行政、生育服务证办理业务、流动人口电子婚育证查验等业务技能培训班59期，参训人员6523人次。截至9月30日，全市办理登记生育服务证2.31万本，其中一孩1.31万本，二孩10027本，群众满意度99.89%。

【流动人口计生工作】2016年，海口市推进流动人口计划生育“一盘棋”工作。加强流动人口信息化建设，提高信息采集质量，流动人口建档率95.25%，重点信息提交率95.76%，电子婚育证核验率和预审率均95%以上。加强区域合作，与本省18个市县签订流动人口计划生育协作管理服务责任书，与杭州、合肥等26个外省市县（区）签署流动人口卫生和计划生育服务管理双向协作协议，以期解决流动人口“流入地管不了，户籍地管不着”的问题。其中，秀英区与湖北省黄梅县成立流动人口技术协助服务中心，协作建立健全黄梅县流动人口健康档案、开展健康教育、加强流动儿童预防接种等工作。将流动人口计生工作纳入社会治安综合治理范围。探索推广出租屋门禁系统管理，努力做到“租赁房屋有备案、人员往来有登记、租住对象情况明”。年内为流动人口免费技术服务2.56万例，“三查”2.33万例，孕优1402对。

【人口计生村（居）民自治】2016年，海口市深入开展人口计生基层群众自治工作规范化村（居）创建活动，计生村（居）民自治创建点共272个，占村（居）总数62.8%。投入119万元用于生育关怀工作，为2524名计生家庭和计生专干购买计生保险55.58万元。建立流动人口计生协会111个、住宅小区计生协会65个，发展会员28.53万人。龙华区道贡等2个村计生协会被评为“全国计划生育协会村级先进单位”，廖丽霞等4人被评为“全国计划生育协会先进个人”，琼山区金鹿小区被列为流动人口计生协会国家示范点。

【出生人口性别比综合治理】2016年，海口市继续完善“党政领导、部门主导、上下联动、群众参与”的联

动机制，出台《海口市出生人口性别比偏高问题重点治理年工作方案》等文件，建立健全综合治理出生人口性别比奖惩机制，实行计生、卫生、公安、食药监等部门同奖同罚责任捆绑机制。对打击“两非”工作有力的单位和个人给予奖励；对通风报信、说情者给予调离岗位或撤职处理，对发生“两非”案件的单位和个人实行“一票否决”，行政处罚一律取最高限。出台《海口市综合治理出生人口性别比偏高工作约谈暂行规定》等文件，约谈综合治理职能部门17个、医疗机构B超医生110人和涉嫌“两非”案件医疗机构26家单位法人代表。主要工作：（1）加强孕情跟踪服务管理，把住“两非”关口。研发和运用孕妇B超管理信息系统，采集孕妇B超检查信息，第一时间获得孕妇孕情。实行镇（街）计生例会工作制度，逐个评估新增怀孕情况，提高孕情掌握率；把孕情消失倒查列入对区、镇（街）、村（居）的考核评估，倒查孕情消失579条，查实525条。（2）加强B超监管。年内对全市122家超声诊断医疗机构登记、造册、备案，完善医疗机构B超管理制度，加强B超医生监管。（3）加强中期以上终止妊娠手术、药品监管，控制“两非”出口。年内查处“两非”案件5宗、处罚单位5个、医护人员5名，完成省卫计委下达任务的125%。（4）实行重奖举报。对举报并积极配合执法部门查实案件的举报者一次性奖励5万元，年内共兑现奖金26万元。（5）加强联合执法。年内开展联合执法240次，暗访120次，出动人员1200人次、车辆150车次，检查各类医疗机构、计生服务机构850家次，检查药品销售企业612家次。

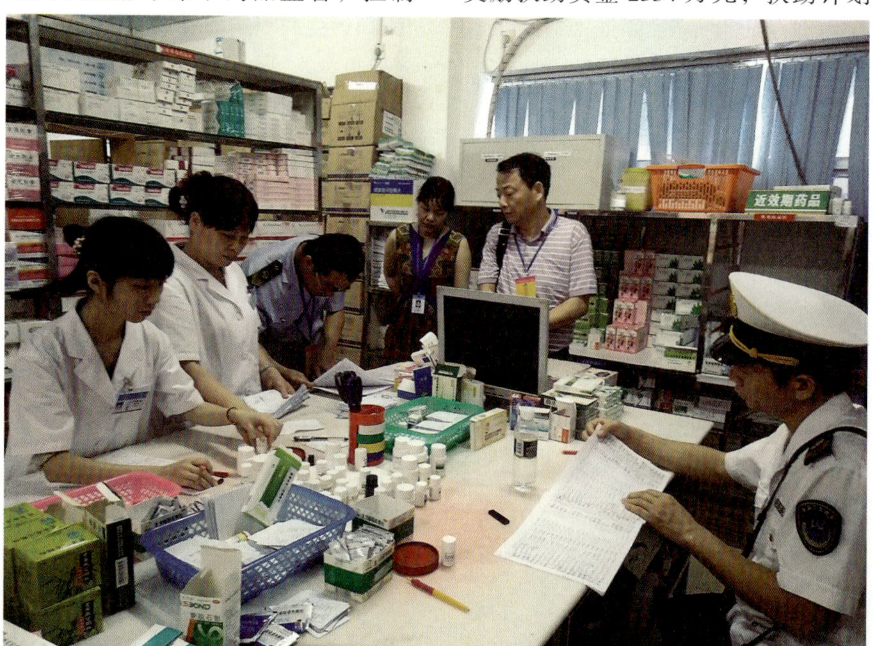

2016年4月20日，海口市人口计生委联合多个部门开展打击“两非”行动，综合治理出生人口性别比。（市计生委 供稿）

【计生奖励优待政策】 2016年，海口市修订完善《海口市计划生育家庭奖励扶助若干规定》，对政策调整前的独生子女家庭和农村计划生育双女家庭，继续实行现行各项奖励扶助政策，在社会保障、集体收益分配、就业创业等方面予以倾斜。做好国家“三项制度”（农村部分计划生育家庭奖励扶助制度、西部地区“少生快富”工程、计划生育家庭特别扶助制度）新增人员资格确认、退出人员审核登记和个案信息录入工作。截至9月30日，全市经审核符合农村计划生育奖励扶助对象1390人，特别扶助制度对象261人（死亡家庭199人、伤残家庭62人）。全年发放各项奖励扶助资金2354万元，扶助计划生育家庭子女上学265名，对204名计生贫困家庭大学生资助奖学金102.5万元，为计生家庭改厕187户、危房改造104户。在精准扶贫中落实“农村两户优先”政策，为43户贫困计生家庭140人投入132.6万元、农村纯女户家庭40名对象发放慰问金12万元，361个贫困计生家庭获得政府和相关社会人士资助。

【妇幼健康服务】 2016年，海口市在全省“19+1”（优生健康教育、病史询问、体格检查、阴道分泌物检验、血液常规检验、尿液常规检验、血型检验、血清葡萄糖测定、肝功能检测、乙型肝炎血清学五项检测、肾功能检测、甲状腺功能检测、梅毒螺旋体筛查、风疹病毒IgG抗体测定、巨细胞病毒IgM和IgG抗体测定、弓形体IgM和IgG抗体测定、妇科超声常规检查、风险评估和咨询指导、早孕和妊娠结局追踪随访＋地中海贫血筛查及基因检测）的基础上加入艾滋病病毒初筛。截至9月30日，共为6561对计划怀孕的夫妇免费提供孕前优生健康检查，占目标5800对的113.1%。地中海贫血及艾滋病初筛13122人，地中海基因检测3057人。其中，携带地贫基因人数1269人，双方都携带地中海贫血基因夫妇150对，可能遗传中间型地贫儿夫妇52对，可能遗传重型地贫儿夫妇15对，产前诊断11人，疑似艾滋病6人，成功阻断重症地贫胎儿出生1例。

【计生服务全国试点工作】 2016年，海口市计生服务开展四个全国试点工作取得明显成效。（1）国家计划生育家庭科学育儿试点开局良好。秀英区以“科学育儿·健康海口”为主题，按照“政府主导、社会参与、面向家庭、服务家长”的原则，为0~6岁婴幼儿计生家庭提供科学养育、亲子活动、健康体检和生活方式培养等方面的指导及服务。全年科学育儿档案建档率62%；家长接受育儿培训覆盖率80%以上；家庭成员在育儿方面接受服务满意率70%以上。（2）推进

2016年11月25日，《椰城侬家话计生》广播栏目开播。　（市计生委 供稿）

国家青少年健康发展试点项目。龙华区借鉴联合国人口基金第七周期青少年性与生殖健康项目的成果和试点经验，开展同伴教育与知识讲座34次，5000多名青少年得到教育。成立未成年人校外心理健康辅导站，17位国家级心理咨询师为未成年人引路导航，寻找心灵的航向。开展青春健康沟通之道家长培训，使家长们学会如何与子女沟通这一话题。（3）推进国家计划生育家庭养老照护试点。龙华区先后投入100多万元在68个社区为老年人提供居家养老、健身休闲、文化娱乐、助餐助医等服务设施。以政府出资向社会购买服务形式，委托海口市阳光居家养老社会服务中心、龙华区乐助社会服务社、友善社工服务中心等3家社会服务机构，上门为计划生育家庭提供家政服务和心理辅助服务。养老照护服务覆盖11个镇（街）126个村（居），联系城市计划生育特殊家庭51户、特殊贫困家庭18户、空巢老人29户156人，提供服务1.06万小时。（4）国家“新家庭计划·家庭发展能力建设”试点有进展。美兰区万福社区家庭发展能力建设项目试点围绕家庭保健、科学育儿、养老照护、家庭文化等能力建设，开展家庭礼仪培训、老年健康养身、慢病防治等二级培训班15场，组织辖区候鸟老人开展舞蹈、合唱等群众文艺活动，进一步提升家庭成员的文化内涵、保健意识等家庭能力。

【人口计生文化建设】2016年，海口市把人口文化阵地建设融入“双创”文化建设，建设人口文化园20个，文化长廊47个，文化大院40个，宣传栏450个。组织做好全面两孩政策解读宣传工作。制作发放《优生健康教育指导》等宣传资料20万册；举办多种培训班112场次，村居计生员和育龄群众基础知识知晓率92%以上。超额完成《中国人口报》《人口与计划生育》杂志征订任务，市及四个区人口计生委被国家卫生计生委评为宣传工作先进集体。围绕重点开展全方位、多层次的宣传活动。组织编写计生简报25期；开办《椰城侬家话计生》广播栏目，制作《生育政策》和《优生优育知识》系列动漫计生宣传片；组织“三下乡”活动24场；在《中国人口报》《南国都市报》等新闻媒体上刊登和播放人口计生稿件42篇次，发表刊登计生信息稿件513篇次。

（林浩芬）

城乡居民生活

【居民生活概况】2016年，海口市居民人均可支配收入2.64万元，涨幅较上年扩大0.2个百分点，绝对值比2011年增加1万元。其中，城镇常住居民人均可支配收入3.08万元，涨幅较上年扩大0.3个百分点，绝对值较2011年增加1.12万元；农村常住居民人均可支配收入1.27万元，涨幅较上年收窄0.5个百分点，绝对值较2011年增加5249元。

【城镇常住居民收入首次突破3万元】2016年，海口市城镇常住居民人均可支配收入30775元，比上年的28535元增加2240元，增长7.9%，首次突破3万元大关，增速高于全国平均水平0.1个百分点，绝对值较全省平均水平多2322元。其中，工资性收入增长8.1%，仍为增收主推手，占城镇人均可支配收入71.7%；转移净收入增长10.9%；经营净收入和财产净收入分别增长2.7%和1.5%。

【城镇常住居民支出保持较快增长】2016年，海口市城镇常住居民人均生活消费支出2.38万元，增长9.0%，扣除价格因素，实际增长5.9%。（1）消费能力提升、消费结构优化。城镇常住居民八大类消费支出除衣着类外均平稳较快增长，消费结构进一步优化。食、用型基础消费需求增长平稳，城镇人均食品烟酒支出8396元，增长10.3%，在八大类消费中占比最高，为35.3%。人均生活用品及服务消费1410元，增长7.5%。同时，交通通信、教育娱乐及医疗保健等体现发展享受型消费支出占比上升，占32.2%，较上年提高0.9个百分点。（2）交通通信和医疗保健支出增势强劲。城镇常住居民人均交通通信消费支出3875元，增长15.5%；人均医疗保健消费支出1296元，增长16.1%。（3）互联网消费成为持续热点。城镇常住居民人均通过互联网购买商品及服务支出241元，增长1.5倍，占消费支出比由上年的0.4%提高到1.0%。

【农村常住居民收入稳步增长】2016

2016年海口全市及分城乡居民收入变化情况表

指标名称		本年水平（元）	上年水平（元）	比上年增减	增长率（%）
全市居民	人均可支配收入	26447	24442	2005	8.2
	（一）工资性收入	18389	16914	1475	8.7
	（二）经营净收入	2224	2134	90	4.2
	（三）财产净收入	1564	1538	31	2.0
	（四）转移净收入	4270	3861	409	10.6
	生活消费支出	20307	18568	1739	9.4
	（一）食品烟酒	7303	6583	720	10.9
	（二）衣着	829	845	–16	–1.9
	（三）居住	4129	3896	233	6.0
	（四）生活用品及服务	1197	1115	82	7.3
	（五）交通通信	3183	2753	430	15.6
	（六）教育文化娱乐	2174	2054	120	5.8
	（七）医疗保健	1130	978	152	15.5
	（八）其他用品和服务	363	344	19	5.6
城镇居民	人均可支配收入	30775	28535	2240	7.9
	（一）工资性收入	22081	20422	1659	8.1
	（二）经营净收入	1536	1495	41	2.7
	（三）财产净收入	1934	1906	28	1.5
	（四）转移净收入	5224	4712	512	10.9
	生活消费支出	23780	21809	1971	9.0
	（一）食品烟酒	8396	7609	787	10.3
	（二）衣着	984	1012	–28	–2.8
	（三）居住	4889	4633	256	5.5
	（四）生活用品及服务	1410	1312	98	7.5
	（五）交通通信	3875	3356	519	15.5
	（六）教育文化娱乐	2498	2359	139	5.9
	（七）医疗保健	1296	1116	180	16.1
	（八）其他用品和服务	432	412	20	4.9

续表

指标名称		本年水平（元）	上年水平（元）	比上年增减	增长率（%）
农村居民	人均可支配收入	12679	11635	1044	9.0
	（一）工资性收入	6644	5937	707	11.9
	（二）经营净收入	4411	4132	279	6.8
	（三）财产净收入	384	367	17	4.6
	（四）转移净收入	1240	1199	41	.3.4
	生活消费支出	9262	8428	834	9.9
	（一）食品烟酒	3825	3373	452	13.4
	（二）衣着	336	324	12	3.7
	（三）居住	1713	1589	124	7.8
	（四）生活用品及服务	518	498	20	4.0
	（五）交通通信	981	868	113	13.0
	（六）教育文化娱乐	1142	1099	43	3.9
	（七）医疗保健	602	545	57	10.5
	（八）其他用品和服务	145	132	13	9.8

年，海口市农村常住居民人均可支配收入1.26万元，增长9.0%，扣除价格因素影响实际增长5.8%；比全国平均水平高316元。工资性收入增幅最大，增长11.9%；其次为经营净收入，增长6.8%；财产净收入和转移净收入分别增长4.6和3.4个百分点。

【农村常住居民支出增速快于城镇】 2016年，海口市农村常住居民人均生活消费支出9262元，增加834元，名义增长9.9%，扣除价格因素影响实际增长6.7%，高于农村居民收入增速0.9个百分点，农村居民人均消费名义增速和实际增速分别高于城镇居民0.9和0.8个百分点。（1）从生活消费支出结构看，“食”和“住”两项支出占比仍较重。农村居民食品烟酒、居住类支出占比分别为41.3%和18.5%；教育文化娱乐支出12.3%，占比第三；衣着、生活用品及服务、交通通信、医疗保健、其他用品及服务支出五项支出占比27.8%。（2）从消费支出增速看，与个人发展和享受相关支出增长迅猛。八项消费支出均呈上涨态势，交通通信支出增速排名第二，仅低于食品烟酒0.4个百分点。农村居民交通通信、医疗保健、其他用品及服务、人均居住支出分别增长13.0%、10.5%、9.8%和7.8%，交通通信和医疗保健两项占比较上年分别增加0.6和0.5个百分点。（3）耐用消费品升级换代趋势明显。农村常住居民每百户拥有空调、电冰箱、热水器分别为44台、65.6台、69.9台，比上年增长52.2%、21.0%、17.7%；每百户移动电话拥有量301部，增长6.9%，其中接入互联网移动电话207.4部，占68.9%；每百户家用计算机拥有量27部，增长15.9%，其中接入互联网计算机15部，占55.6%。

2010～2016年海南省与海口农村居民收入对比情况

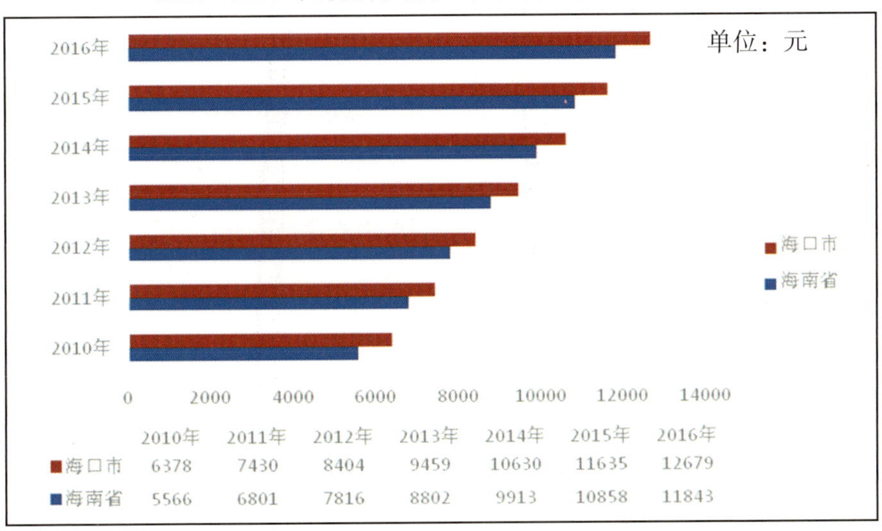

【居住条件】 2016年，海口市城镇常住居民人均住宅建筑面积30.12平方

米，与上年相比人均增加 0.02 平方米，增长 0.07%；农村常住居民人均住宅建筑面积 32.3 平方米，人均增加 0.1 平方米，增长 0.3%。

市场物价

【市场物价概况】 2016 年，海口市居民消费价格平稳增长，全年指数（CPI）比上年上涨 3.0%，涨幅较上年同期扩大 1.8 个百分点，同比涨幅结束近 5 年来的回落走势，出现反弹。比全国总水平（2.0%）高 1.0 个百分点，在 36 个大中城市中排名第 2 位。分月同比看，海口市 CPI 走势与全国基本一致，但除 4 月份外，其他月份同比指数均高于全国，其中食品烟酒、居住、教育文化和娱乐价格涨幅较大，是总指数高于全国的主要原因。

2016 年海口市与全国 CPI 八大类同比指数对比

	海口	全国
食品烟酒	106.0	103.8
衣着	94.9	101.4
居住	103.4	101.6
生活用品及服务	100.8	100.5
交通和通信	98.3	98.7
教育文化和娱乐	103.8	101.6
医疗保健	102.0	103.8
其他用品和服务	104.9	102.8

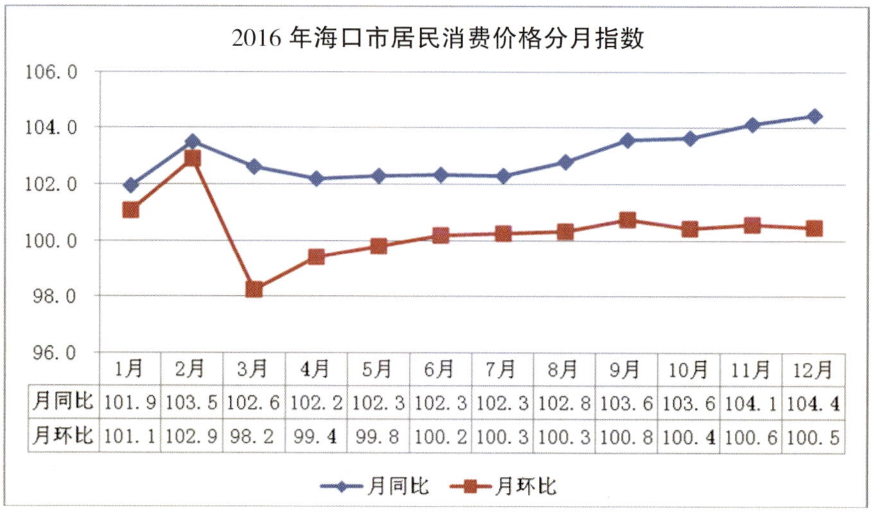

【居民消费价格月同比指数】 2016年，海口市居民消费价格从分月同比指数看，呈“N”字形波动，除 2 月外，前 8 个月整体走势较为平稳，9～12 月涨幅趋快。其中，2 月受春节节日效应及强寒潮天气共同影响，食品价格较快上涨，导致 CPI 同比上涨 3.5%；9～10 月受台风、持续降雨天气影响，鲜菜、畜肉等食品价格走高，CPI 同比涨幅扩大，均上涨 3.6%；11 月、12 月食品价格趋稳，但居住价格成“接力棒”，推动 CPI 同比指数继续上扬，涨幅分别 4.1%、4.4%。

【居民消费价格月环比指数】 2016年，海口市居民消费价格从分月环比指数看，涨多跌少，呈“9 升 3 降”格局。1～3 月受春节因素影响，环比指数波动较大，4～12 月环比指数小幅震荡上行。整体走势与分月同比走势基本一致。

【八大类商品及服务价格】 2016 年，海口市八大类商品及服务价格呈“六涨二降”走势。除衣着、交通和通信外，其他六大类商品和服务价格与上年相比均有不同程度上涨。（1）食品烟酒价格涨幅居首，上涨 6.0%，仍是 CPI 上涨的主推手。其中，食品价格上涨 7.5%，14 个小类仅其他食品类价格下降，呈“13 涨 1 降”格局，鲜菜、猪肉、水产品价格影响最大，分别上涨 20.3%、12.2%、7.7%，是拉动食品价格上涨的重要动力；烟草价格上涨 2.7%，酒类价格上涨 1.5%。（2）居住价格上涨 3.4%，涨幅比上年（-1.3%）扩大 4.7 个百分点，成为 CPI 上涨的另一推手。（3）服务项目价格持续走高，上涨 4.2%，涨幅比上年（1.4%）扩大 2.8 个百分点。人力成本不断攀升、居民生活水平提高带来需求增加、相关政策性因素成为推动服务项目价格上涨的三个重要因素。其中，专业技能培训上涨 18.6%，鞋类加工服务上涨 14.3%，小学初中教育上涨 11.3%，家政服务上涨 8.2%，学前教育上涨 5.9%。（4）工业消费品价格继续下降。工业消费品价格下降 1.6%，跌幅比上年同期扩大 0.4 个百分点。其中，成品油零售价格经历 10 次上调 5 次下调，综合全年看，汽油、柴油价格分别下降 2.3%、3.2%；由于行业竞争加剧和产品更新换代加快，交通工具价格下降 6.4%，通信工具价格下降 6.6%。

【房地产量价齐升】 2016 年，海口市受国家“去库存”、购房入户、棚户区改造货币化安置等多重利好政策效应叠加影响，以及因良好生态环境的吸引力，岛内外购房者自住和改善性住房需求、投资需求增加，整体住宅销售市场出现明显回暖迹象。全年全市房地产成交量大幅上涨，住房网签

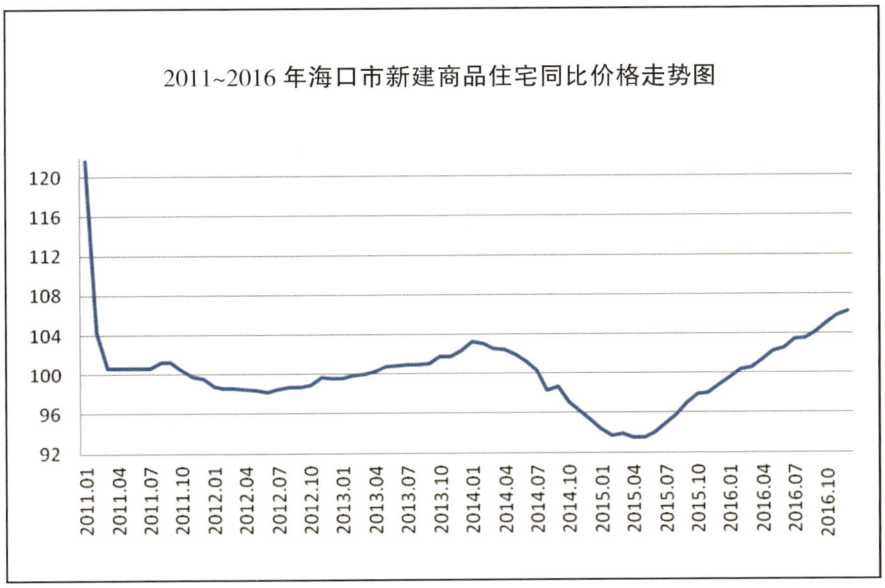

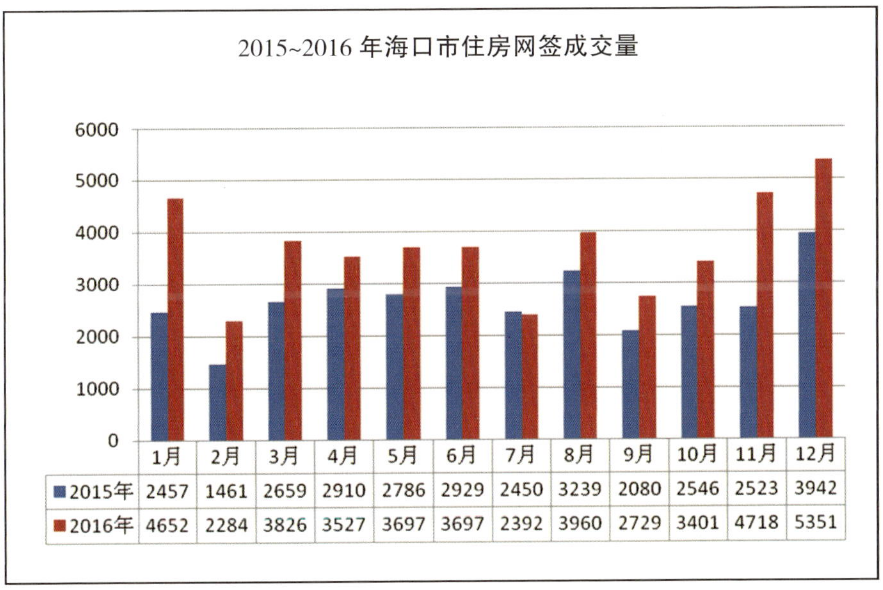

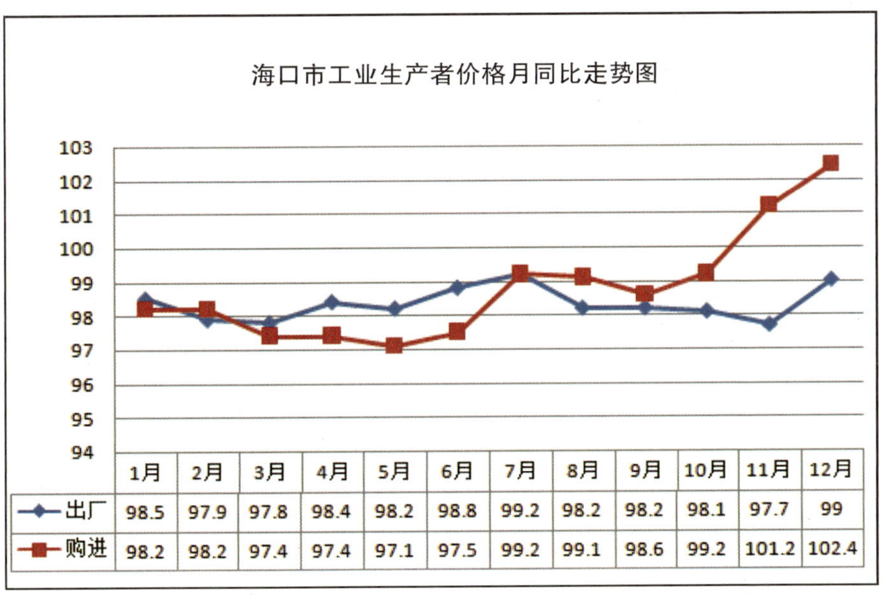

4.42 万套，增长 38.3%；同比价格止跌回升，2 月开始不断上涨，12 月上涨到最高值 106.2。

【工业品价格总体仍处降势】 2016 年，海口市工业生产者出厂价格总体仍处降势，累计下降 1.7%，降幅较上年扩大 0.6 个百分点，连续 3 年出现负增长。购进价格累计下降 1.2%，降幅较上年缩小 0.4 个百分点。(1) 出厂价格。按轻重工业分，轻工业价格下降 2.7%，降幅扩大 3.2 个百分点；重工业价格下降 1.1%，降幅扩大 0.5 个百分点。按生产生活资料分，生产资料价格下降 2.9%，降幅扩大 1.1 个百分点；生活资料价格下降 0.9%，降幅扩大 0.3 个百分点。(2) 购进价格。九大类原材料购进价格“二升一平六降”，上涨行业中涨幅最大的是有色金属材料及电线类，上涨 5.3%，其次是建筑材料及非金属类，上涨 1.7%；木材及纸浆类持平；化工原料类、农副产品类、黑色金属材料类、燃料动力类、纺织原料类及其他工业原材料及半成品类分别下降 7.2%、3.9%、2.9%、2.1%、0.9%和 0.5%。

（王方圆）

民政工作

【民政工作概况】 2016 年，海口市民政系统大力开展优质服务，实施民生工程，全面完成年初布置的各项民政工作任务。海口市被评为“全国双拥模范城”，实现“全国双拥模范城”八连冠的目标；海口市老龄办被全国老龄办、最高人民法院、最高人民检察院、公安部、民政部、司法部授予“全国老年法律维权工作先进集体”荣誉称号；市福利院保留“敬老文明号”先进单位称号。

【城乡低保】 2016 年 6 月，海口市民政局出台《海口市民政局“十三五”精准扶贫兜底保障工作方案》，按“一年帮扶、四年巩固”要求，通过社会救助兜底保障帮助扶贫对象308户868人，全部纳入最低生活保障、医疗救助、临时救助等范围，完成率100%，累计发放资金185.38万元。全市有城乡低保对象1.32万户3.03万人，全年累计发放城乡低保金1.11亿元；特困供养对象3714人，累计支出特困供养金2200.6万元。市民政局结对帮扶琼山区旧州镇光明村、红卫村22户贫困家庭，落实帮扶22户，帮扶率100%，发放扶贫资金78.55万元。

【社会救助】2016年，海口市累计临时救助对象8090户次，支出临时救助资金809.36万元。完善医疗救助“一站式”服务全覆盖和重特大疾病救助，累计支出医疗救助资金2436.21万元。完成残疾人生活补贴和重度残疾人补贴制度衔接工作，6月3日，市政府办公厅印发《海口市困难残疾人生活补贴和重度残疾人护理补贴实施方案》，年内为4147名困难残疾人和1.18万名重度残疾人发放补贴资金3355.44万元。开展农村留守儿童、妇女、老人摸底排查。全市有留守儿童637人，留守妇女16人，留守老人400人，建立一人一档数据库，跟踪关爱帮扶。通过引入志愿者提供心理辅导、与海口星海社会工作服务站开展“海口市辖区内150户困境未成年人入户走访和调查登记工作项目”合作等方式，加强困境未成年人救助保护。开展“冬送温暖、夏送清凉”专项送温暖活动，救助服务生活无着流浪乞讨人员、困难务工不着等原因而陷入困境、居无定所及流浪街头的生活无着人员。市民政局下发《关于进一步加强流浪乞讨人员救助管理工作的指导意见》，多方联动，把流浪乞讨人员管理工作纳入城市管理范畴，促使救助管理工作走上法制化、规范化轨道。全年劝导和救助各类流浪乞讨人员2.81万人次，流动救助、巡查及护送返乡等使用车辆753台次，行程约11万千米。

【灾害救助】2016年，海口市开展冬寒春荒困难群众走访慰问救助，下拨冬寒春荒生活救助和走访慰问资金1269万元，其中发放冬春救助经费365万元，发放困难群众春节慰问经费904万元。积极应对寒流天气。1月中下旬寒流期间，向市五保户、低保户、困难群众、孤儿、重点优抚对象等下拨棉被8200床、毛毯6400床、运动服4300套。做好台风救灾救助，在台风“电母”救助过程中，下拨救灾资金300万元。为抗击第21号强台风“莎莉嘉”，全市设置安置点125个，转移安置困难群众4.20万人，其中转移安置“结对帮扶”家庭128户508人；下拨救灾款700万元，下拨棉被8848床、毛毯3800床、衣服3533套、空调被4500床、草席6300张、矿泉水8500箱、饼干2960箱、八宝粥1630箱、方便面7300箱，确保困难群众有饭吃、有衣穿、有干净水喝、有病能医、有临时住所。加大防灾减灾示范社区创建力度。下拨创建经费40万元，创建美兰区新埠街道新东社区、秀英区海秀街道东方洋社区、琼山区凤翔街道洗马桥社区3家“全国综合减灾示范社区”。5月24日，市救灾物资储备仓库全面投入使用。

【社会养老服务体系建设】2016年，海口市民政局抓好省民政厅在海口市开展的社区居家养老服务试点和医养结合试点工作。下拨试点单位海口恭和苑运营补贴11.88万元，贷款贴息扶持资金350万元，鼓励医养结合老年健康服务项目发展。加快农村老年人日间照料中心建设，为缓解养老床位不足问题，从福彩公益金中安排2700万元建设27家老年人日间照料中心，满足农村养老服务需求。落实扶持政策，全年对海口椰岛之家老年公寓、海口金福源老年公寓、海口普亲老年养护中心3家非营利性养老服务机构给予床位和运营政策补贴54.51万元。其中，对非营利性养老服务机构租用房屋，每张床位补助300元；收住海口市户籍失能、困难等特殊老人的，按每人每月100元标准给予寄养补助。继续推进居家养老服务向镇级推广工作，年内有11个镇（农场）建立居家养老服务站，并开展居家养老服务，共1412名老人享受政府提供的无偿服务。全年累计为1412名高龄、孤寡、失独、失能、独居、特困家庭老人提供无偿上门送时服务。年内建设完成27家日间照料中心，全市共56间日间照料中心，为老年人提供优质的养老服务。

【敬老院建设与管理】2016年，海口市把“对海口市美兰区咸来敬老院进行维修改造”列为为民办实事项目之一，全面指导和监督美兰区民政局实施，项目改造资金41.49万元。9月按期完成，并验收合格投入使用。全市有25家敬老院，均采取“公办民营”的委托社会化服务管理模式，利用社会力量参与养老服务机构管理服务。市民政局督导各敬老院强化安全监管工作，组织知识宣传和安全事故隐患排查与整改，全年无安全事故发生。

【社区网格化与信息化建设】2016年，海口市按照“推行网格服务、夯实社区基础、强化城市管理、提高城市品位”的要求，推进社区网格化管理进程。在原有1228个网格的基础上，重新调整网格范围，全市网格范围增至2428个，其中主城区扩展到2371个，网格化区域面积由270平方千米增加到417平方千米。网格化逐步向农村推进，主城区覆盖率100%，农村覆盖率近20%，为实现全市“数字网格”奠定基础。开展网格员队伍建设，通过社会工作者职业资格、病媒生物防制、消防安全知识等培训，提升网格员业务水平和专业技能，打造一支服务专业化、身份职业化、知识多面化的全能型社会工作者队伍。全年受训网格员累计7000多人次。推进社区服务信息化系统平台建设。建立以街道综合数据库为支撑、渠道界面统一、覆盖社区该类业务的综合信息平台，为综治、公安、计生、卫生、教育、民政、社保、残联等各职能部门建设可共享的各类数据资源平台。

【基层社会治理】2016年，海口市提前23天完成第八届村级组织（248个村和186个社区“两委”班子）换届选举。实现书记、主任“一肩挑”442名（女性55名），“一肩挑”率99.55%，比上届提高13.14个百分点；选出村（居）民委员会成员2642名，党组织交叉任职数1612名，交叉任职率61.1%，比上届提高14.5个百分点，其中女性成员798名，占村（居）民委员会成员总数30.2%。全年村居组织活动场所建设投入经费4.3亿元，全面解决全市230个村居组织活动场所“无、危、小”的问题。市民政局配合组织部门对全市230个村（居）组织活动场所建设的责任目标、工作任务、时间节点做出明确部署要求，加强现场督查指导，解决问题，确保全市所有村居组织活动场所面积达标、设施齐全、功能完善、管理规范、使用正常。

【东昌居挂牌成立】2016年6月15日，海口市琼山区大坡镇东昌居挂牌成立。这是国内第一个以“居”命名的基层社会治理单元。东昌居从东昌农场剥离划归属地管理后，根据海南省深化农垦管理体制改革领导小组办公室印发的《关于在东昌农场设立东昌居工作方案》，明确东昌居是具有独立法人资格的基层社会自治组织，在东昌居党组织的领导下，根据政府授权，行使一定的社会管理职能；受政府委托，采取政府购买服务的方式，为居民提供政府公共服务。

【社会组织登记管理体制改革】2016年，海口市改革社会组织管理制度，正确处理政府、市场、社会三者关系，激发社会组织内在活力和发展动力，促进社会组织真正成为提供服务、反映诉求、规范行为、促进和谐的重要力量。坚持放管并重，处理好“放”和“管”的关系，既简政放权，优化服务，积极培育扶持，又加强事中事后监管，促进社会组织健康有序发展。坚持稳妥推进、统筹兼顾、分类指导、抓好试点，确保改革工作平稳过渡、有序推进。推进社会组织党的组织和工作有效覆盖，按照应建尽建的原则，加大对社会组织党组织摸底调查和分领域组建力度。全年市本级社会组织数量近800家，其中完成社会组织核名103家，社会团体筹备登记25家，社会团体成立登记26家，社会团体变更登记15家，民办非企业成立登记23家，变更登记17家，注销社会组织4家，审慎推进直接登记社会组织39家。市本级社会组织建立党组织15家，专职党员人数372名；社会组织党建工作承诺纳入海口市社会组织成立的章程范本。

【拥军优抚安置】2016年，海口市各级民政部门协调军地双方，加大难题破解力度，落实各项优抚安置政策。开展“八一”、春节期间走访慰问，共为部队赠送慰问金400万元。发放抚恤补助经费4593.07万元，惠及3973名优抚对象；下拨优抚对象医疗补助金314.29万元；完成优抚对象元旦、春节两节慰问金的申报发放工作（伤残人员600元/人，其他重点优抚对象400元/人）。由于春节前夕菜价上涨过快，各区发放市重点优抚对象300元/人物价补贴。全年接收军队退休干部31名、退役士兵712人，下拨退役士兵各项补助经费681.53万元。收集整理2015年冬季退役士兵培训意向，组织340名退役士兵进行专业技能培训。加强烈士褒扬，下拨烈士纪念设施抢救保护经费18万元，抢救保护零散烈士纪念设施。做好清明期间文明祭扫和“9·30”烈士公祭日工作。年内，市民政局协调部队出动兵力1.9万多人次、车辆5500台次支持地方经济社会建设。

【区域地名管理】2016年，海口市民政局命名美安科技新城34条、美兰机场8条、美丽沙8条及市区4条新建道路。设置114块“双创”试点区域和部分道路缺损路牌。完成桂林洋开发区新建24条道路和各区新（改）建59条道路的命名和路牌（389块）设置。合理美观设置主（次）干道、背街小巷道路标牌，改造、维护、安装小街小巷巷牌、新建道路路牌、改建道路路牌等“双创”路名牌，完成25个街（镇）149个社区共4239条（小街小巷3816条，街路423条）街巷的命名。完成7631块巷牌的政府采购招标制作及主城区14条水系沟名称更名。

【地名文化遗产保护】2016年8月，海口市联合开展清理整治全市不规范地名，挖掘和保护地名文化，启动第二次全国地名普查成果转化工作。年内完成古村古镇地名文化收集工作，并着手进行地名信息化处理；根据《海口市清理整治不规范地名工作实施方案》《海口市加强地名文化保护工作实施方案》要求，年底前建立全市不规范地名目录和地名文化目录。

【殡葬管理】2016年海口市清明节期间，进入各大公墓和殡仪馆祭祀群众累计35.5万人次，车辆5.98万台次，安保工作人员1755人次，祭扫安全有序，实现连续5年“文明祭祀、平安清明”的工作目标。市民政部门做好殡葬服务提升年活动，落实各项惠民政策，全年减免特困群体丧葬费79.28万元。火化遗体2366具，比上年增长5%。通过查看台账、实地检查墓穴使用情况等方式摸底调查违规预售“活人墓”行为，清理整治“活人”墓穴137个。拟建设（改造）农村公益性公墓18个、墓穴4.66万个；计划投资2009.9万元，年内拨付经费342万。至年底基本建成投入使用农村公益性公墓9个，搬迁坟墓1.32万个。

【福利事业】2016年，海口市启动市社会福利院基础设施整体升级改造，第一期“精神病人福利机构”“孤儿生活楼”项目建设取得立项和可研批复，与施工代建单位签订委托施工代建合同，完成现场勘察工作并通过审查，编制完成设计方案，完成招投标工作。完成民政部下达“公办养老机构改革试点单位”工作任务，通过委托管理、合作经营的公建民营方式，实现社会化运营；以政府出资购买服务的形式，把公办养老机构委托给养老服务和管理资质好的养老机构或社会组织管理，提升专业化管理和服务水平。年内完成海口市社会福利院失能老年人养护区公建民营试点工作，通过公建民营方式，委托社会专业养老机构运营，提高公办养老机构对失能失智老人供养保障能力和集中照护的专业性。开展“明天计划”，为15名孤儿实施腭裂修补术、尿道修补术、肺动脉缩窄术、右肩关节切开复位术等手术。海口市社会福利院作为民政部“明天计划”脑瘫儿童术后康复训练示范基地及海南省民政厅脑瘫儿童术后康复训练基地，组织2807人次康复训练，有效率87%。落实孤儿养育政策，为全市329名孤儿发放孤儿基本生活费335.04万元。全年全市销售福利彩票12.57亿元。

【慈善事业】 2016年9月5日“慈善日”，海口市开展首届“中华慈善日”系列活动：开展中医专家与艺术家慈善公益行、“绿色骑行·爱心接力”自行车环保骑行慈善宣传；举办“大爱海口·首善之城”慈善晚会；举行《慈善法》慈善公益项目展示会与沙龙。年内，海口市慈善总会整合一批重点且永久性开展的救助项目，建立“慈善救助项目库”，重点推出十大救助项目：（1）“福利彩票公益金救助困难家庭学龄前儿童入园”项目。向市人民政府申请从福利彩票中拨出100万元救济金，支出97.3万元，救助18个镇的73名幼儿符合残疾且低保申报条件的家庭，每人每年救助学费和生活费7000元，并一次性将幼儿自申报年限起至完成幼教教育所需费用汇入幼儿园代表人和幼儿监护人一同建立的共管账户。（2）“圆孤求学梦”助孤项目。资助6名孤儿大学生，根据年限一次将其至大学所需费用汇入学生银行账户，其中3名孤儿大学生获1万元资助，3名获5000元资助。（3）“关爱单亲特困母亲”援助项目。资助100名特困单身母亲，每人2500元。（4）“贫寒学子成才工程”慈善助学项目。资助42名低保家庭考取一本大学学子，共21万元。（5）“慈善拥军情·爱心进军营”项目。资助100名驻市“三军四警”中士兵本人或家庭成员因患重大疾病、遭遇突发性灾难造成生活困难及低保家庭的士兵，每人3000元。（6）“阳光扶老”系列项目。支出38.44万元为孤寡老人做好事、献爱心。（7）“圆梦图书室”捐赠项目。为第二十六小学配备价值5万元的书柜、阅览桌、阅览椅，在全市范围开展捐资建图书室活动。（8）“关爱自闭症儿童”项目。在4月2日“世界自闭症日”，邀请60个自闭症家庭孩子，在亲友陪同下，以游戏、自闭症知识普及、歌舞表演的方式为自闭症孩子搭建与外界沟通的平台，普及自闭症康复知识，用行动呼吁社会多给这些特殊家庭一些包容和理解，少一些歧视。（9）“慈善携手残疾·共享和谐发展”一户多残特困家庭资助项目。资助美兰、琼山两个区50户“一户多残”特困家庭每户3000元。（10）“精准扶贫”项目。共支出180万元。

【婚姻收养登记】 2016年，海口市办理婚姻登记1.95万对，其中涉外结婚登记428对、涉外离婚登记79对；国内结婚登记1.54万对、国内离婚登记3546对。办理收养登记28件，其中收养登记27件、撤销收养登记1件，登记合格率100%。

老龄工作

【老龄人员状况】 2016年，海口市有60岁以上户籍老年人口22.99万人，占全市总人口13.55%。其中，80岁以上高龄老人3.73万人，占老年人口总数16.22%，100岁以上老人399人，每10万户籍人口中百岁老人23.5人，超过联合国规定的长寿之乡标准。其中，男性71人，占17.79%；女性328人，占82.21%，年龄最大的114岁。

【老龄优待政策】 2016年，海口市继续贯彻实施《中华人民共和国老年人权益保障法》和《海南省实施〈中华人民共和国老年人权益保障法〉若干规定》，落实老年人各项优待政策。组织开展“双关爱”活动，元旦、春节、重阳节等重大节日广泛开展老年文化演出、走访慰问离退休老干部、百岁老人和困难老年人活动，到各镇敬老院开展送医、送药、送戏、敬老慰问活动，联合社会公益团体——蓝天救援队开展帮助阿尔茨海默症老年人患者回家的“黄手环”活动。推行老年公交优待IC卡，全年累计办卡6.56万张。继续推行老年人意外伤害保险，全年累计为1412名居家养老服务对象购买意外险4.24万元。

【80岁以上老人长寿补贴】 2016年，海口市继续实施高龄补贴政策，凡具有海口市户籍且年龄在80周岁以上的老人均可享受高龄老人长寿补贴待遇。80～89岁老人，每人每月109元；90～99岁老人，每人每月209元；100岁以上老人，每人每月609元（含省级百岁长寿保健补助金300元）。全年为3.73万名80岁以上高龄老年人发放长寿补贴5486万元。

【“敬老文明号”评选表彰】 2016年9月，海口市组织第二届“敬老文明号”评选表彰活动。经考核，保留市福利院等第一届“敬老文明号”先进单位13家，新增海南武警边防总队医院、海口市120急救中心、龙桥敬老院、旧州镇卫生院、海口助老之家、海口椰岛之家老年公寓、金福源老年公寓等7家先进单位，并择优向省、国家推送。其中，海南武警边防总队医院、海口市120急救中心等7个单位获得省级“敬老文明号”荣誉称号，美兰区光明助老服务中心、龙华区人口家庭公共服务中心被评为全国“敬老文明号”模范单位。

【敬老爱老助老模范人物评选】 2016年7月，海口市开展敬老爱老助老模范人物评选活动，主要面向为老服务基层人员。经评选，海口市龙华区阳光居家养老服务中心护理员冯雯等8人被评为全市“敬老爱老助老模范人物”。同时，择优向全国推荐上报全国“敬老爱老助老模范人物”，海口星海社会工作服务站助理社工师王钰等7人被评为全国“敬老爱老助老模范人物”。

（王海文）

民族宗教事务

【民族宗教事务概况】 2016年，海口市有少数民族47个，少数民族常住人口2.93万人，占全市常住人口1.4%。全市有佛教、道教、基督教、天主教、伊斯兰教五大宗教；宗教活动场所31处（不含基督教聚会点），其中佛教11处，道教2处，伊斯兰教1处，天主教1处，基督教16处；基督教聚会点14个，其中“以会带点”5个，“委托管理”9个；宗教团体2个，即海口市天主教“两会”和海口市基督教“两会”。有宗教教职人员和管理人员270多人，宗教信徒约5万人。

【城市民族团结进步创建工作】 2016年，海口市继续做好城市民族团结进步创建工作。6月27日，市民族宗教事务局在秀英区海南南方民族艺术学校开展城市民族团结进步创建进学校活动暨“宣传民族政策、助力海口双创”文艺演出。7月4日，在琼山区国兴街道米铺社区举办城市民族团结进步创建活动进社区启动仪式。7月24日至8月1日，组织海南美裕营销有限公司、海口马大胡子多思迪餐饮有限公司等10多家企业在骑楼小吃街举办第四届海口市城市民族团结进步进企业展示会。12月26日，海南南方民族艺术学校被列为国家民委第四批全国民族团结进步创建活动示范单位。

【少数民族特色活动】 2016年4月1日，海口市在秀英区海南南方民族艺术学校举办2016年海口市民族团结进步宣传月活动启动仪式和2016年海南黎族苗族传统节日“三月三”海口分会场活动暨“双创”文艺演出。4月9～11日，选派10人参加在白沙黎族自治县举办的2016年海南黎族苗族传统节日“三月三”主会场活动少数民族传统体育竞技活动，其中女子板鞋竞速60米、女子板鞋竞速100米、男子女子板鞋混合竞速2×100米、男子攀爬椰子树获冠军；男子板鞋竞速60米、男子板鞋竞速100米获亚军。

【宗教事务管理】 2016年，海口市举办各类宗教业务培训班6次，其中宗教活动场所财务管理培训2次、消防安全培训2次，宗教界人士政策法规培训2次，参加培训人数360余人次。继续开展以“教风”为主题的和谐寺观教堂创建活动。开展1次宗教活动场所消防安全专项检查，整改配备一批消防器材。对符合设立条件的佛教海口焕新堂、佛教海口心灯讲堂、道教海口玉蟾宫、海口市基督教海秀聚会点4个宗教活动场所登记发证，纳入管理范围。市民族宗教事务局批复同意海口市基督教山高聚会点和佛教海口善慧寺法人变更、佛教海口善慧寺改扩建，协调有关部门办理佛教海口仁心寺新址用地手续，同意成立海口市佛教协会筹备组和海口市道教协会筹备组，指导、协调有关筹备工作。

【服务民族宗教界群众】 2016年，海口市民宗系统接待来访群众10多起（次）40多人，及时协调有关部门调查处理，帮助解决少数民族同胞、信教群众工作生活中遇到的困难或矛盾纠纷，涉及问题主要有子女上学、清真食品、殡葬、宗教用地等。全年办理变更民族成分11份和少数民族证明102份。

（竺玉贞）

（编辑：赵华锋）

2016年6月12日，海南省民宗厅主任朱洪武（右三）到佛教海口泰华庵调研。

（市民宗局 供稿）

保税区·开发区·农场

海口综合保税区

【海口综合保税区概况】2016年，海口综合保税区复制自贸区在海关特殊监管区域推广的“委内加工监管”“仓储货物按状态分类监管”等7项改革试点经验，协调港航集团、海关、检验检疫等部门，谋划将秀英港外贸口岸迁至马村港，协调海航集团、美兰区政府等，推进临空产业园特别是美兰空港综合保税区的前期各项工作，助推“双港驱动”；同时大力扶持服务园区龙头企业，促进创新型服务贸易、出口加工贸易、跨境电子商务等产业发展。全年完成营业总收入699.38亿元，比上年增长13.39%；工业总产值132.89亿元，增

2016年海口综合保税区主要经济指标完成情况表

数量 指标名称	保税区		海汽		含海汽合计		占全市比重（%）
	1～12月合计	同比增减（%）	1～12月合计	同比增减（%）	1～12月合计	同比增减（%）	
工业总产值（万元）	884775.43	5.75	444095.00	-6.15	1328871.00	1.46	24.81
工业销售产值（万元）	839252.40	4.73	404254.00	-15.93	1243782.00	-3.01	25.69
产品销售收入（万元）	1130574.00	34.00	366006.00	-15.55	1496580.00	17.18	31.47
工业增加值（万元）	286106.80	1.08	30418.00	-29.58	334222.00	2.43	14.33
利润总额（万元）	117225.00	17.80	-58672.00	-878.83	58553.00	6.47	16.83
工商税收（含关税）（万元）	10935.06	2.93	16689.80	-40.5	10935.06	2.93	2.9
进出口总值(万美元)	35179.2	31.13	5580.32	23.79	40759.52	30.16	1.72
出口值（万美元）	7687.68	-16.85	3711.93	678.2	11399.61	27.95	2.03
进口值（万美元）	27491.52	23.63	1868.39	-44.77	29359.91	30.87	1.64
高新技术企业产值（万元）	712688.00	4.22	444095.00		1158502.00	-0.53	
生物制药企业产值（万元）	449151.90	4.49	0.00		449151.90	4.49	
汽车制造企业产值（万元）	178972.00	5.86	444095.00		623084.10	-2.98	
机电信息企业产值（万元）	248566.3	4.65	0.00		248566.3	4.65	
其他加工企业产值（万元）	8068.26	48.12	0		8068.26	48.12	
从业人员（人）	14953	34.23	2592	-3.03	17669.00	27.92	37.28
商贸总收入（亿元）	549.72	-10.87			699.38	13.39	26.25
固定资产投资（万元）	349814.00	149.3	6933.50		349814.00		2.75

说明：商贸总收入含飞机租赁，进出口值也含飞机和汽车进口值。

2016年海口综合保税区高新技术企业工业产值和营业收入

指标 单位名称	序号	总产值（万元）	
		1～12月	同比（%）
高新技术企业合计		1158502	-0.53
一汽海马汽车有限公司	1	444095.1	-6.15
一汽海马动力有限公司	2	46478.5	-8.00
海南钧达汽车饰件有限公司	3	23962.2	14.44
海南宇傲汽车配件有限公司	4	7713.6	4.38
海南金盘电气有限公司	5	187660.8	5.31
拍拍看防伪科技有限公司	6	3712.3	38.63
海南养生堂药业有限公司	7	31980.9	-34.35
海南碧凯药业有限公司	8	55229.1	2.02
海南（中和集团）有限公司	9	52567.6	28.60
海南林恒制药有限公司	10	4761.6	38.77%
海南亚洲制药股份有限公司	11	30002	136.74
海南三叶美好制药有限公司	12	3473.4	109.54
海南惠普森医药生物技术有限公司	13	10607.1	-17.70
海南中化联合制药工业股份有限公司	14	18738.2	-16.48
海口奇力制药股份有限公司	15	111198.2	10.01
海南全星制药有限公司	16	18711.8	3.01
海南澳美华制药有限公司	17	18252.1	33.18
海南新世通制药有限公司	18	7851.9	35.83
海南锦瑞制药有限公司	19	11127.4	27.65
海南灵康制药有限公司	20	28272.4	-19.13
海南葫芦娃制药有限公司	21	40386.4	30.74
海南泓缘生物科技股份有限公司	22	1719.38	100
海航航空技术有限公司	23	232727.3	100

长1.46%；固定资产投资34.98亿元，增长149.3%；进出口货值4.25亿美元，增长24.63%；税收14.47亿元，增长11.74%。年内新增企业数77家，企业总数343家，其中规模以上企业45家（工业32家、商贸物流服务业13家）、高新技术企业23家。

【保税区重点项目建设】2016年，海口综合保税区内的康宁光纤预制棒车间技术改造、美兰史克技改、中铁国际（海南）食品冷链中心、海南沙汀宁制药厂等13个产业项目及飞机购置共完成固定资产投资34.98亿元，超额完成年度投资计划。列入服务社会投资"百日大行动"的5个项目全部动工，累计投资4.82亿元（投资完成率158.9%）。

【保税区招商引资】2016年，海口综合保税区强化招商引资，承接产业转移。多次到广东深圳、东莞等地区进

2016年海口综合保税区固定资产投资完成情况表

单位：万元

项目（单位）名称	项目名称	计划总投资	自开始建设至本年底累计完成投资（或自开始建设累计完成投资）	本年完成投资（或自年初累计完成投资）	其中：12月完成投资
合　计				349814	49096
康宁（海南）光通信有限公司	网络技术改造项目	1335	1085	1085	130
海口保税建设发展有限公司	综合保税区基础设施维修改造及环境整治项目	1500	1189	1189	277
海口保税建设发展有限公司	海口综合保税经八路工程项目	561	435	435	123
海口保税建设发展有限公司	海口综合保税区纬二路西段	3943	2297	2297	0
海南美兰史克制药有限公司	固体制剂生产线GMP技术改造项目	1100	772	772	223
海南恒远泰富实业有限公司	恒远泰富厂房	5000	4265	4265	1200
养生堂药业有限公司	药品胶囊剂涂膜剂车间改建项目	600	167	167	110
海南大印保税物流有限公司	大印国际交易中心	53529	1706	0	0
海南大印保税物流有限公司	海南大印保税仓储工程	90000	77858	602	0
海口保税区开发建设总公司	海口保税区研发服务配套中心项目	1980	550	30	0
海口保税区开发建设总公司	海口港区汽车整车进口口岸	2039	2345	1875	0
海南金盘电气有限公司	金盘电气综合楼	4430	400	0	0
海南中铁保税冷链物流有限公司	中铁国际（海南）食品冷链中心项目	13500	10015	10015	1343
海南沙汀宁制药有限公司	海南沙汀宁制药厂	9000	8939	8939	572
海口渤海四号租赁有限公司	海南航空一架A330飞机经营租赁项目	105588	105588	105588	0
海口渤海三号租赁有限公司	天津航空一架E195飞机经营租赁项目	24010	24010	24010	0
海口渤海一号租赁有限公司	天津航空一架E195飞机经营租赁项目	24010	24010	24010	0
海口渤海五号租赁有限公司	海南航空一架A330飞机经营租赁项目	109334	109334	109334	0
康宁（海南）光通信有限公司	光纤预制棒车间技术改造项目	66000	44800	44800	44800
幸福城房地产投资				10401	318

行项目对接和洽谈，进行产业转移的招商引资。借助已入区的安基实业发展有限公司对接广东的珠宝钻石加工企业，推动安基公司的产业园完善配套设施建设，以便转移产业能顺利进驻。通过定向招商、节会招商、以商招商等多种方式，引进企业和项目。全年，意向入区项目11个，协议投资额34.9亿元。其中，签约项目光彩集团投资建设的“光彩国际（海南）海藻生物科技产业中心”项目，项目用地约2公顷，总投资12.2亿元；海南优健威公司投资建设的“优健威综合生产厂”项目，投资3000万美元。正在洽谈跟进的项目有8个，拟投资总额超过22亿元，包括拟投资额15亿元、海南康京投资有限公司投资建设的“橡胶商品交易平台和橡胶制品加工厂”项目，将主要开展橡胶等大宗商品贸易、分拨、结算业务，打造海南大宗商品交易中心；河南鹤龙实业有限公司投资建设的“冷冻保鲜食品集散（配送）中心”项目，拟投资额2亿元，建设海南食品总部的分拨中心和集散中心；以及即将入驻钻石珠宝产业园的捷克摩瑟水晶加工，建设酒类集散分拨中心的物流园，跨境大贸电商产业园，澳洲精油分装贸易，空气滤芯、汽车滤清器生产加工，澳洲及新西兰奶制品和保健品加工贸易等项目。

【保税区行政审批“放管服”工作】2016年，海口综合保税区按照市政府“优化审批流程、缩短承诺时限、实现审批提速”的行政审批制度改革精神，对有关审批办服务窗口业务工作规程、办事程序、审批流程环节进行重新修订，重新梳理、调整审批办业务工作事项的承诺时限。制定《海口综合保税区行政审批服务“5砍”方案》，共取消8项、搁置1项、合并2项、保留2项行政审批服务事项，原27项行政审批服务事项精简到20项，行政审批事项精简率30%。通过以上改革，20个行政审批服务事项中，97%的行政审批事项均为1～2个环节、即办项占30%。推行引导服务、延时服务、上门服务、即时服务和预约服务。在优质服务的基础上，对所有审批事项做好事前、事中、事后三个阶段的服务工作。同时，为方便企业办事，汇总整理驻区企业通讯录，编制行政审批总流程、行政审批信息表等一系列办事指南资料。全年共完成91项行政审批服务事项，其中劳动用工52件，项目备案10件，工程许可审批9件，土地抵押审批8件，工程项目审批竣工规划核实审批2件，标准厂房建设项目、城市排水许可审批、民用建筑节能审批、中铁冷链、沙汀宁制药、安基珠宝加工和白蚁防治各1件。全部在1～2个工作日内办结。企业满意度为100%，企业投诉率为零。

（唐顺德）

【复制推广自贸区改革试点经验】为贯彻落实国务院《关于做好自由贸易试验区新一批改革试点经验复制推广工作的通知》精神，2016年11月15日，海口综合保税区全面启动复制入境维修产品监管新模式、“一次备案，多次使用”、委内加工监管、仓储货物按状态分类监管、大宗商品现货保税交易、保税展示交易货物分线监管、预检验和登记核销管理模式、海关特殊监管区域间保税货物流转监管模式等7项试点经验，并以此为契机引进更多的企业入区发展，做大保税仓储物流、保税加工业，促进服务贸易创新发展。

【推进临港临空产业园建设】2016年，海口综合保税区为贯彻市第十三次党代会提出的“双港驱动”发展战略，加快推进“海澄文”一体化和开放型临港、临空经济发展，提出加快推进秀英港外贸口岸迁至马村港的思路，多次与驻区海关、检验检疫、老城开发区及港航集团研讨，促成五方就外贸口岸搬迁实质性问题“解决外贸集装箱船舶停靠”签订合作备忘录，并着手推动将马村港万吨级杂货泊位改造成多用途泊位；依托美兰空港推进临空产业园建设，完成总体规划、控制性详细规划专家评审及公示，征地拆迁、空港保税区申报、招商引资等前期工作正在推进。

【汽车整车进口口岸建设】至2016年，海口港区整车进口口岸进口整车共422辆，完税货值超过1亿元，税收近5000万元。同时，为带动汽车产业链发展，海口综合保税区积极打造“互联网＋平行进口车＋二手汽车”展示交易中心，汽车小镇项目即将建成开业。

【融资租赁业务】2016年，海口综合

2016年3月24日，海关总署署长于广洲（右三）到海口综合保税区调研。

（甘学斌 摄）

保税区推动外汇监管等6大创新，促成飞机保税融资租赁业务在海口落地（之前国家仅批准该业务在自贸区开展），并通过渤海租赁公司，完成4架进口飞机的保税SPV租赁业务，货值26.29亿元，成为海口市服务贸易创新的新亮点，较好地拉动全市进口贸易、固定资产投资增长。同时，与长江租赁公司洽谈，争取开展模拟训练机的保税SPV租赁业务。

【推动与上海钻石交易所通关一体化试点】 2016年，海口综合保税区用足“钻石通关一体化”政策，开展裸钻进口、钻石珠宝加工、展示交易业务，完成交易额1500万元。创新“保税+免税”模式，打通保税转免税销售通道，促成园区企业在美兰机场开设钻石珠宝免税品专柜。

【发展出口加工贸易】 2016年，海口综合保税区进出口企业有23家。其中进出口业务量较大的有：海马汽车生产的汽车以整车或KD组装模式出口到埃及、阿尔及利亚、叙利亚、伊朗、智利、俄罗斯、越南等10多个国家，进出口货值5579万美元；金盘电气公司自主研发的干式变压器等产品批量出口到美国、加拿大、德国、英国、法国、日本等59个国家和地区，进出口货值3812万美元；康宁光通信公司完成进出口货值7790万美元。

【推进跨境电商综合示范区建设】 2016年11月，省政府印发《海南省跨境电子商务综合示范区实施方案的通知》，在海口综合保税设立“海南省跨境电商综合示范区”。海口综合保税区全面启动发展跨境电商业务的相关工作，建设跨境电商“综合园区平台”，对接海关、国检等部门，开展跨境电商仓储中心、查验和监管场所的选址和规划设计工作。同时召开电商企业座谈会、联系国内知名电商企业，做好招商洽谈。

【海口保税进口商品直营中心】 2016年1月30日开业。位于复兴城商业街的A2栋，面积近6000平方米，共3层，第一层是国际酒类的展示交易区和跨境电商的体验区；第二层是国际商品精品超市，主要经营食品、保健品、家居日用品、生鲜水果等；第三层是钻石珠宝、箱包皮具、化妆品展示交易专柜。该中心主要是以酒类为主题，此外还展示钻石珠宝、皮具、箱包、服装、雪茄、高尔夫装备、食品等奢侈品类的商品。交易中心投入运营，是通过建设国际商品展示交易平台，推动跨境贸易电子商务服务试点，形成“前店后库”，放大开放平台效应，同时为进驻综保区的生产加工、贸易企业搭建展示交易的平台。根据市政府对直营中心的转型升级要求，10月28日直营中心从复兴城迁入新城吾悦广场，并先后在生生百货、万达广场开设分店，为市民提供更为便捷的进口商品服务。2016年销售收入5000万元。

（杨　阳）

【海南汽车小镇建设】 海南汽车小镇是海南省内唯一集平行进口车贸易、二手车交易、汽车后服务、车主休闲娱乐于一身，线上互联网平台与线下一站式服务相结合的新型“互联网+汽车小镇”。位于南海大道海口综合保税区内，由海南恒远泰富实业有限公司投资2亿元建设。占地面积3.33公顷，一期总建筑面积5.3万平方米，建设“互联网+平行进口车”“互联网+二手车”交易中心。汽车小镇设置平行进口车展厅、二手车展厅、车辆检测、车辆维修、车辆交易（评估、过户、开票）、车辆拍买、汽车金融服务、车主服务等功能，实行二手车交易的一条龙、一站式服务。年内，海口地区有47家二手车经销商（占全市70%以上）与海南汽车小镇签约。

（唐顺德）

海口国家高新技术产业开发区

【海口国家高新区概况】 2016年，海口国家高新区围绕“供给侧改革”的核心要求开展园区经济工作，全力做好招商引资工作，提高服务质量，加快完善园区基础设施配套，推进项目建设，确保全区经济运行总体平稳。全年新增企业510家，园区注册企业总数1337家，其中规模以上企业58家。园区经济内在增长因素正在向新动能转变，由原来的低效生产逐步转换为创新驱动，始终坚持技术创新引领的一批大企业正脱颖而出。齐鲁制药（海南）有限公司、海南海灵化学制药有限公司、海口奇力制药股份有限公司等为代表的一批医药行业龙头企业，海南威特电气集团有限公司、海南立昇净水科技实业有限公司等一批低碳制造企业，成为高新区产值快速增长的引领者；光伏产业逐步从低谷走向平稳，在国内市场开辟和产品多元化发展方面取得进步；海南正红科技发展有限公司、海南清华显示器科技开发有限公司、海口高新区宏邦机械有限公司等企业由于科技创新落后、产品陈旧逐步退出历史舞台，转而由威特电气公司、海南美亚电缆厂有限公司等一批高技术水平的优质企业带动机电制造产业快速发展。全年园区完成工业总产值202亿元，比上年增长13%；工业增加值74亿元，增长15.6%；固定资产投资57亿元。工业发展质量持续改善，低碳制造类产业总产值占园区总产值97%以上，高新技术企业产值对增长的贡献率达到90%以上。园区一般公共预算收入28.51亿元（来源地口径）。

【高新区招商引资】 2016年，海口国家高新区通过“走出去、请进来”，举办2016中国海口医药产业发展论坛、参与市政府招商项目集体签约活动、参加2016海南国际旅游贸易博览会专场招商推介会、中介机构招商等方式，吸引投资商前来投资兴业。全年园区招商投资额累计109亿元，其中引进生产性企业项目14个，投资额59亿元；入驻型项目37家，投资额9亿元；新增注册企业510家，全区注册企业1337家；合同总投资由上年的45.2亿元增长到66亿元，增长1.5倍。年内，招商引资在服务贸易业方面取得重大突破。引入的海航旅业控股有限公司注册资金335亿元，海航集团38家企业注册并落户海口高新区，注册资金总计1341亿元，飞航航空地面服务有限公司海口分公司注册资本3亿元，北京建信信托在海南设立的两笔基金总规模超过45亿元；海南建银建信基金等一批金融企业也落户园区。海南建银建信基金刚落地就上演“海南速度”，投资蚂蚁金服34亿元，助力蚂蚁金服完成全球互联网领域规模最大的一轮私募融资。这是海南省落实国家服务贸易创新试点的重要突破，也是海南省十二大重点产业之一的金融业的里程碑式发展，标志着海口打造区域金融中心又向前迈进一大步。

美安科技新城康迪项目现场。（海口高新区 供稿）

【高新区项目建设全面推进】2016年，海口国家高新区内的省重点项目和“百日大行动”项目建设超时序推进。9个省重点项目年度投资计划21.39亿元，年内累计完成投资25.78亿元，全年内控目标倒排进度18.87亿元，超额6.91亿元。“百日大行动”项目投资取得新突破，39个“百日大行动”项目在“百日大行动”期间计划总投资14亿元，实际完成投资21亿元，超额7亿元，达到“百日大行动”计划总投资的150%。其中，21个社会投资项目“百日大行动”期间计划总投资9.4亿元，实际完成投资15.6亿元，占“百日大行动”计划投资的166%。康迪十万辆电动汽车、林安项目建设进展加快；九州通大健康综合服务平台、宏远新能源汽车生产基地、灵康制药、创志机器人、维力医疗器械等项目均开工建设；齐鲁制药（海南）有限公司处于国际领先水平的脂质体纳米粒生产线建成并即将投产，这条生产线填补海南省运用纳米技术制造抗肿瘤药物的空白。

【美安科技新城建设步伐加快】2016年，海口国家高新区美安科技新城完成投资14.21亿元，累计完成投资56.15亿元。美安一期31条道路全部开工，道路总长约60千米，美安科技新城实现南北贯通。基础设施配套项目正在加快推进，营销中心于7月验收投入使用；产业加速器一期完工验收，正在全面开展销售工作；“美安互联网+总部经济区&众创产业园区”一期完成投资2.25亿元，完成东西两翼地下结构及部分封顶；南区福邻中心年底完成商业功能区结构封顶。

【高新区企业创新驱动发展】（1）高新技术产业规模逐年壮大。2016年，海口国家高新区共有高新技术企业60家，占全省总数的1/4。年内，已投产高新技术企业完成产值131亿元，占园区工业总产值的65%，从业人员2.8万人。与省科技厅对接制定高新技术企业引入试点政策，该项政策已纳入《海南省加快科技创新若干意见》。（2）企业自主创新。年内，园区内的海南赛诺实业有限公司获得十八届中国专利优秀奖；海南长安国际制药有限公司、海南通用康力制药有限公司包揽海口市专利金奖；此外，园区企业还获得海口市科技进步奖6项、科技成果转化奖2项。齐鲁制药（海南）有限公司的“小分子靶向药物工程技术研究中心”获得2016年中央引导地方科技发展专项资金，海南九芝堂药业有限公司引入国际领先水平的“抗凝新药LFG项目”，属于全新的化合物和新的作用靶点，将填补海南省海洋产业空白。（3）企业创新活力进一步激发。7月，海口国家高新区组织召开首届科技创新表彰大会，对在科技创新、成果转化、知识产权等方面表现突出的36家企业和个人给予表彰；连续两年给予海南创新创业大赛获奖企业（团队）配套奖励。（4）品牌建设取得成效。年内，园区内的齐鲁制药（海南）有限公司荣获2015年省政府质量奖、海南海灵化学制药有限公司获得提名奖；海南英利新能源有限公司和海南椰岛公司荣获第四届全国品牌故事大赛优秀奖；海口奇力制药股份有限公司等8家企业被认定为2016年度海南省工业品牌示范企业，占全省的38%；海南英利新能源有限公司、海南赛诺实业有限公司、海南美亚电缆厂有限公司通过海南省标准化良好行为验收；有7个产品被评为海南省名牌产品，占全省的20%。(5)企业国际化水平提高。2016年，海口高新区有超过5家药企相继通过美国FDA认证和欧盟CGMP认证，特别是齐鲁制药（海南）公司顺利实现注射剂出口美国和欧盟市场；6月19日，海口南陆医药公司与印度最大的医药企业太阳制药在印度孟买签署合作协议。

【高新区创新推动“互联网+”产业新格局】 2016年，海口国家高新区以机制体制创新为抓手，构建“一个中心、多个垂直产业园区”的发展载体，改进招商方式，为园区互联网企业提供管理、融资、人才等多方面贴身服务。年内，有在册“互联网+”企业884家，累计注册资金1367亿元，实现产值133.32亿元。产业集群不断壮大，产业快速发展。自2015年开始，高新区积极谋划、布局，相继建成5374平方米的“‘互联网+’生物医药协同创新众创空间”、5373平方米的“‘互联网+’引领科技众创园”以及4509平方米的“美兰滨江海岸‘互联网+’数字影视文漫众创空间”。随着美安科技新城内7.8万平方米的产业加速器投入使用，高新区已初步形成从苗圃到孵化器，再到产业园，总计9.3万平方米的“一中心、多园区”的“互联网+”产业发展格局。884家在册“互联网+”企业涉及大数据、生物医药及医疗健康、新材料及环保、金融、物流、电子商务等诸多领域，创业孵化中心累计孵化企业近500家，孵化毕业企业近100家。海口中济医药科技有限公司、海南大白康健医药股份有限公司、海南甘泉岛生物科技有限公司、海南赛维埃克斯生物科技有限公司等一批企业成功孵化并进行产业化发展。针对“互联网+”企业的融资需求，高新区联合海南农商银行、建设银行、海南股权交易中心海口分中心、海南海控资本、海南大唐发控股权投资基金、雨点金服、广发证券海南公司等一批高水平金融服务机构构建高新区投融资服务体系。近百家高新区企业在海南省股权交易中心挂牌。截至2016年，高新区累计为园区“互联网+”创新创业企业对接融资近5.8亿元。

【光启临近空间研发总部落户高新区】 2015年12月25日，光启集团与海口国家高新技术产业开发区签订框架合作协议，光启将在海口高新区进行临近空间领域研发、实验，并发展相关产业，打造国内首家以临近空间飞行器为主题的高新科技空间产业园区。2016年8月26日，光启临近空间技术总部落户海口暨临近空间飞行器“海口旅行者”号放飞计划发布会在海口举行。省委常委、市委书记孙新阳与光启集团总裁、光启科学董事会主席、深圳光启高等理工研究院院长刘若鹏共同为海口未来技术研究院揭牌。海口未来技术研究院暨光启临近空间技术研发总部将围绕海口产业布局，依托光启集团的创新资源，提升临近空间飞行器等航空航天特色产业领域重大项目及战略性新兴产业的技术综合开发能力，形成具备国际一流航天航空研发能力的研究机构，成为海南省产学研结合的重要平台和人才聚集中心，科研成果转化基地。研究院将通过结合前期的临近空间项目经验，进一步提高“海口旅行者”号临近空间飞行平台的技术成熟度，完善商业运营模式，服务海口临近空间旅游项目，使之成为海口新的旅游名片。

链接： 临近空间，又称为近太空，一般是指海拔20千米至100千米的空间区域，是航天空间（100千米以上）和航空空间（20千米以下）之间的过渡区域，除了火箭偶尔穿越以外，那里是人类尚未开发的一片空白空间，由于其重要的开发应用价值而在国际上引起广泛关注。临近空间飞行器是指只在或能在临近空间作长期、持续飞行的飞行器或亚轨道飞行器或在临近空间飞行的高超声速巡航飞行器，具有航空、航天飞行器所不具有的优势，特别是在通信保障、情报收集、电子压制、预警、民用等方面极具发展潜力。

【“新药谷”建设】 由于位于南海大道的药谷核心区已趋饱和，为落实省市加快医药产业发展的各项工作部署，海口国家高新区在美安生态科技新城中规划生物医药产业园（新药谷），为海南医药产业的发展和提升构建新的发展空间。美安生物医药产业园位于美安生态科技新城一期南部，总规划面积253.33公顷，其中工业用地126.67公顷，研发用地33.33公顷。至2016年，园区完成征地工作。基础设施建设方面，部分路段的路基、雨水、污水、电力等工程基本完工；给水、排水、电信、燃气等相关管网随道路工程整体施工；美造变电站在年底前供电。配套项目方面，产业加速器（标准厂房）占地面积10.67公顷，总建筑面积约16万平方米，主要建有11栋生产厂房及配套办公楼等。

（王　媛）

海口桂林洋经济开发区

【桂林洋经济开发区概况】 2016年，海口桂林洋经济开发区（农场）下辖12个社区居委会、73个自然村。园区内聚集农副产品和水产品加工、生物制药、仓储物流等产业集群，产业规模基本形成。已建成罗牛山产业园、开维生态城、椰风海韵、山海度假村等一批项目，桂林洋国家热带农业公园和桂林洋教育科技产业园、海口（万达）文体旅游城项目落户桂林洋建设。辖区有普通高等教育学校4所、中等职业学校6所、普通中学1所、完全小学1所、幼儿园6所，有教职工4178人、在校学生7.20万人，当年毕业生1.97万人、新招生2.29万人，学前教育招生293人。2016年，全区（农场）实现国内生产总值18.64亿元，比上年增长7.7%。其中，第一产业完成增加值1.76亿元，下降9%（主要是利用约266.67公顷

2016 年海口桂林洋经济开发区主要经济指标完成情况

项目	计量单位	2015 年全年完成	2016 年计划	计划增幅（%）	2016 年实际完成	同期对比（%）	全年完成占计划（%）
一、开发区工农业总产值	万元	196189	220247	12.3	199702	1.8	90.7
其中：农业	万元	38064	34064	-10.5	34638	-9	101.7
工业	万元	158125	186183	17.7	165064	4.4	88.7
二、开发区国内生产总值	万元	173081	187793	8.5	186408	7.7	99.3
其中：第一产业	万元	19405	17366	-10.5	17659	-9	101.7
第二产业	万元	63348	71476	12.8	67054	5.9	93.8
其中：工业	万元	36816	42822	16.3	38399	4.3	89.7
第三产业	万元	90328	98951	9.5	101695	12.6	102.8
三、居民人均可支配收入	元	22608	24326	7.6	24303	7.5	99.9
四、居民人均国内生产总值	元	72413	77884	7.6	77845	7.5	99.9
五、公共财政收入	万元	12423	13416	8	33998	173.7	253.4
六、居民人均公共财政收入	元	5197	5564	7.1	14198	173.2	255.2
七、公共财政支出	万元	27834	30339	9	31000	11.4	102.2
八、固定资产投资	万元	223859	280000	25.1	241084	7.7	86.1
九、居民人均固定资产投资	元	93657	116125	24	100678	7.5	86.7
十、居民家庭人口	人	23902	24112	0.9	23946	0.2	99.3
十一、总人口	人	102035	102086	0	102088	0.1	100

农业用地开发建设桂林洋国家热带农业公园）；第二产业完成增加值6.71亿元，增长5.9%，其中工业增加值3.84亿元，增长4.3%；第三产业完成增加值10.17亿元，增长12.6%。三次产业结构由上年的11：36：53优化为9：36：55。公共财政收入3.4亿元，增长173.7%。其中，税收收入3.3亿元，增长175%；非税收入0.1亿元，增长51%。居民人均国内生产总值7.78万元，增长7.5%；常住居民人均可支配收入2.43万元，增长7.5%。

【桂林洋开发区产业发展】 2016年，海口桂林洋经济开发区主导产业占的比重不是很大，主导产业不显著，主要集中在健康教育产业，全年生产总值4.54亿元，占全区生产总值的24.41%。其次的主导产业集中在农产品加工制造业和制药业，上规模的农产品加工制造业企业有8家，年产值9.7亿元，增加值2.23亿元，占全区生产总值的52.04%；制药业有5家，年产值5.5亿元。（1）农业。农业完成增加值1.76亿元，下降9%。其中渔业增加值0.76亿元（含海洋捕捞和淡水捕捞），占43%；养殖面积332.33公顷，产量5126吨，下降10%。种植业增加值0.51亿元，占29%；收获面积837.93公顷，主要农产品中瓜菜总产量6953吨，下降9%。（2）工业和建筑业。有工业企业61家，工业完成增加值3.84亿元，增长4.3%。其中，规模以上工业增加值3.49亿元，增长4.1%。工业行业当中，食品加工（制造）业产值占的比重较大，有17家食品加工（制造）业，增加值2.34亿元，增长4.2%，占工业增加值61%；制药企业有5家，增加值1.3亿元，增长6%，占工业增加值33.85%。建筑业增加值2.87亿元，占全市建筑业增加值96.77亿元的2.97%，增长8%。（3）服务业。完成增加值10.17亿元，增长12.6%。其中，交通运输邮政仓储业增加值3187万元，增长8%；批发和零售业增加值8979万元，增长11%；住宿和餐饮业增加值9896万元，增长12.3%；房地产业增加值2.15亿元，增长25%；教育卫生业增加值4.53亿元，增长13%。

【桂林洋开发区固定资产投资】 2016年，海口桂林洋经济开发区固定资产投资（不含个体）完成24.11亿元，增长7.7%。其中，政府投资项目完成投资14.5亿元，增长8.2%；社会投资项目完成投资9.6亿元，增长6.5%；继建项目完成投资6.71亿元，增长5%；新建项目完成投资17.39亿元，增长8%。全部在建投资项目27个，减少14个，下降34%。

【园区企业】 至2016年底，海口桂林洋开发区有在册单位230家，其中企业163家，非企业67家。163家企业按产业分：第一产业19家，第二产业73家，第三产业71家。第二产业中工业企业61家，建筑企业12家。第三产业中房地产业10家，酒店6家，其他三产企业55家。230家单位按注册类型分：国有27家，集体2家，股份合作1家，其他有限责任公司118家，股份有限公司5家，私营独资13家，私营合伙1家，私营有限责任公司9家，其他41家，与港澳台商合资经营2家，港澳台商独资5家，中外合资经营2家，中外合作经营1家，外资企业3家。

【桂林洋开发区招商引资】 2016年，海口桂林洋开发区招商引资涉及资金539.13亿元。（1）已签约项目11个，涉及资金27.93亿元，分别是：农业梦工厂，计划总投资3亿元；福创溪水环境综合治理PPP项目，计划总投资2.8亿元；海口桂林洋经济开发区2016年“双创”新建道路及背街小巷改造工程PPP项目，计划总投资1.03亿元；汽车4S店，计划总投资0.5亿元；国盛红木家具产业园项目，计划总投资1亿元；桂林洋农业公园农业梦工厂4兆瓦分布式光伏发电项目，计划总投资0.3亿元；台湾园兰花研发示范中心项目，计划总投资0.2亿元；南药园项目，计划总投资0.3亿元；现代科技环保食品包装项目，计划总投资5.4亿元；农产品孵化加工园一期项目，计划总投资11亿元；红辣椒素油脂科技提炼项目，计划总投资2.4亿元。其中，农业梦工厂、福创溪水环境综合治理PPP项目、海口桂林洋经济开发区2016年“双创”新建道路及背街小巷改造工程PPP项目、国盛红木家具产业园项

2016年10月8日，省委常委、海口市委书记孙新阳（左一），）海口市委副书记、市长倪强（左三），万达集团董事长王健林（左二）在桂林洋开发区海滨听取副市长任清华（右一）作汇报。（陈　琳　摄）

目、桂林洋农业公园农业梦工厂4兆瓦分布式光伏发电项目已开工建设。(2)在谈项目13个，涉及资金511.20亿元，分别是：万达文化旅游城项目，计划总投资500亿元，洽谈方大连万达商业地产股份有限公司；南国食品厂项目，计划投资1.6亿元，洽谈方海南南国食品有限公司；人防设备项目，计划投资0.6亿元，洽谈方海南战盾人防工程限公司；普利制药厂项目，计划投资0.26亿元；名圣家具厂项目，计划投资0.6亿元，洽谈方海南明圣家具有限公司；一开电气设备项目，计划投资0.29亿元，洽谈方海南一开电气成套设备有限公司；高效种植国家热带重要作物工程技术研究中心观光园，计划总投资1.75亿元，洽谈方中国热带农业科学研究院；海南省生态博物馆，计划总投资1.5亿元，洽谈方海南师范大学；海南沉香产业园，计划总投资1亿元，洽谈方海南香树沉香产业股份有限公司；蓝天城儿童职业体验中心，计划总投资1亿元，洽谈方北京蓝天城投资有限公司；中国油棕产业示范园，计划总投资0.6亿元，洽谈方海南圣棕科技产业股份有限公司；中国热带睡莲示范基地，计划总投资1亿元，洽谈方海南莲华文化有限公司；海洋生态科技馆，计划总投资1亿元，洽谈方深圳蓝海水族有限公司。

【桂林洋开发区基础设施建设】 至2016年底，海口桂林洋开发区（含外来企业）先后投入192亿元完成水、电、路、通信、通气、排污、垃圾处理站、综合办公楼、综合厂房、综合仓库、教学楼等基础设施及配套建设。建成一座110千伏变电站及其配套工程和1万门程控电话，自来水与海口市供水管道联网，建有8千米自流用水渠道，并投入9000多万元建成污水处理系统工程。

【桂林洋国家热带农业公园】 规划建设热带休闲农业体验区和罗牛山产业加工区。其中热带休闲农业体验区的规划面积770公顷，规划建成以热带生态农业为基础，一二三产业融合，农、旅、博、文联动和集合万亩田洋体验区、热带智慧农业核心区、热带农业科技服务中心区和旅游综合服务区4个核心区域的复合型热带农业公园；罗牛山产业加工区规划面积296公顷，依托海口罗牛山农产品加工产业园扩容建设，集农产品科技研发、产业孵化器、农产品精深加工、冷链仓储及物流配送、展示展销、电子商务等综合配套服务于一体。

热带休闲农业体验区（一期）规划面积142公顷，计划总投资47.6亿元，共有22个子项目，分别为：海岛农创示范园（招商项目）、农业梦工厂（招商示范项目）、国际热带农业博物馆、国际热带农业会展中心、展销中心、研创中心、主次入口广场及公共服务中心、生态停车场、景观工程、旅游路网工程、园区车船交通设备购置及管理、智慧园区管理系统、农用地租赁、美丽乡村建设、兴洋大道路面改造项目、桂林洋经济开发区环保（雨污水、垃圾等）设施综合改造及升级项目、桂林洋经济开发区排涝泵站及河流治理工程、桂林洋经济开发区河系及水环境治理工程（一期）、市政配套（体验区路网、给水管网工程、供电线路及设施）、“三通一平”工程、体验区建设用地征收、策划、设计、咨询、招标等。2016年动工项目有：农业梦工厂项目、美丽乡村建设高山村改造项目、西入口景观工程及北入口公共服务中心项目、起步区园区市政道路工程、起步区“三通一平”及强夯工程。至12月底完成投资4.5亿元。(1)农业梦工厂：玲珑花园：空调安装完成50%，完成总工程量的95%；果菜采摘：空调管道安装完成50%，室内道路、平整、铺砂完成，围护玻璃完成80%，公共区室内土建完成60%；叶菜工厂：灌溉系统安装完成，室内道路、平整完成50%，作业区土建完成50%；生态乐园：门厅钢结构安装完成，上海都市屋面玻璃安装完成25%；北侧景观绿化：种植土完成2000立方米。(2)公共服务中心：主体及二次结构完成，外立面幕墙完成95%，装饰完成30%；外墙幕墙施工完成80%。(3)起步区园区道路工程：完成1#、2#、4#路砼路面（不包括1#、路与江东大道交接口、2#、3#路与5#路交接口），3#路完成雨水管道施工，6#路雨水管道施工完成。累计完成总工程量的60%。(4)次入口工程：竹廊架区域木平台完成80平方米，屋面瓦铺贴完成100%；花雕框架安装完成6组；花箱填土回填16组；服务中心屋面找

2016年12月14日，海南省委副书记李军（左二），副省长何西庆（左三），海口市政协副主席、桂林洋开发区工委书记冯玉英（左四）在桂林洋国家热农业公园农业梦工厂听取项目建设进度汇报。

（周玉菊 摄）

平层施工完成，外墙位置开挖完成80%；（5）美丽乡村建设（高山村）：完成总工程量的60%；农家乐厨房餐厅墙体砌筑完成30%；下沉式栈道基础部分完成装饰；包厢基础、架空层完成混凝土浇筑；风雨桥钢构施工完成100%；立面改造完成50%(共5户)。

罗牛山产业加工区　规划面积296公顷。已建成项目主要有力神咖啡厂、生猪屠宰及深加工厂、出口型调味品加工厂、冷链物流园、罗牛山莱茵检测认证服务中心、电商大厦；重大规划建设项目有农产品孵化加工产业园、现代科技环保食品包装厂等。其中海南农副产品交易配送中心及产业园配套项目至2016年12月底完成投资7亿元：1号建筑A区夹层结构施工完成，二层内架搭设完成40%，B区首层结构完成，夹层模板支设完成，C区首层结构完成，夹层内架支设完成，D区首层A–E轴梁板砼浇筑完成，E–Q轴梁钢筋绑扎完成，E区首层梁板模板支设完成，A–K轴首层柱砼浇筑完成；2号建筑工程桩2358根施工全部完成，地下室基坑支护桩施工完成70%；5号建筑桩基施工完成80%，A区承台开挖、垫层施工完成，正在绑扎承台、地梁钢筋；商务板块主体施工完成，二次结构完成90%，A区主楼幕墙埋板完成5～11层，B区副楼幕墙埋板完成全部施工，C区幕墙埋板完成全部预埋，幕墙龙骨安装完成10%。

【农业梦工厂项目】2016年开工建设。位于海口桂林洋国家热带农业公园体验区西北角，兴洋大道与江东大道交口以南，占地面积21公顷。建设现代农业玻璃温室，面积10.5万平方米，总投资约3亿元。是目前亚洲一次性建成规模最大、配套最全和智能化程度最高的设施农业生产示范综合体，其中利用荷兰先进农业技术8项，以色列农业技术1项，具有自主知识产权的生产型人工观光育苗植物工厂。农业梦工厂主体包含玲珑花园、叶菜工厂、果菜采摘园、农业生态乐园共4个智能玻璃温室。其中玲珑花园建筑面积2.4万平方米，主要是利用海口冬季气候优势，年可生产玲珑鲜切花300万枝；叶菜工厂，建筑面积2.5万平方米，主要是使用现代温室和营养液精准控制技术生产完全不用农药和激素的美味鲜蔬，年可生产450吨；果菜采摘园，建筑面积2.7万平方米，主要是结合当地气候，进行多批次、多品种的科学栽培，以西红柿、水果黄瓜、各类彩椒和甜椒、奶牛南瓜、茄子、西瓜+网纹甜瓜等为主，年可生产800吨；农业生态乐园，建筑面积2.9万平方米，主要包括多功能厅（海上丝路）展示区、花卉园艺超市、农业展示区（约1万平方米）、生态餐厅（约5000平方米）、智慧乐园、咖啡书吧等。

【桂林洋特色风情小镇建设】桂林洋特色风情小镇改造项目位于桂林洋开发区场部核心区，分为在建项目（市政府配套资金部分，共6个项目，建设资金1.82亿元）和新建项目（省扶持资金部分，建设资金6000万元）两部分。建设内容为桂林洋大道街景立面改造、市政配套及园林绿化工程和污水管网贯通及清淤修复工程等。⑴市区级财政配套资金建设项目（在建项目）：①兴洋三横路贯通工程，总投资1636万元。工程起点接美善路，终点接桂高三横路，全长867米，宽18米。工程内容包括道路工

桂林洋特色风情小镇局部。　（陈　琳　摄）

程、交通工程、绿化工程、排水工程、照明工程等。2014 年 12 月 31 日动工，2015 年 8 月完工。②桂松路贯通工程，总投资 2201.71 万元。起点与现状夏云路（规划兴洋三路）相接，终点接现状桂高二横路（规划兴洋十路），全长 1515 米，宽 16 米。工程内容包括道路工程、交通工程、绿化工程、排水工程、照明工程等。2015 年 7 月 23 日动工，至 2016 年 12 月底完成工程量的 93%。③罗牛山农产品加工产业周边规划道路 C 号路排污、排水及路面工程。总投资 2411.71 万元，项目位于桂林洋大道北侧，规划宽 22 米，长约 741.97 米。建设内容包括道路工程、污水提升泵站工程、排水工程、交通工程、道路绿化工程、照明工程等。2014 年 12 月 10 日动工，至 2016 年 12 月底完成工程量的 75%。④罗牛山农产品加工产业周边规划道路 D 号路排污、排水及路面工程。总投资 4557.11 万元，项目位于桂林洋大道北侧，规划路长约 1511 米，规划宽 30 米。建设内容包括道路工程、桥涵工程、排水工程、交通工程、照明工程及绿化工程等。2014 年 12 月 10 日动工，至 2016 年 12 月底完成工程量的 75%。⑤桂林洋高校区校际 11# 路工程。总投资 3859.50 万元，道路红线宽 30 米，全长 2391.81 米。建设内容包括道路工程、排水工程、交通工程、照明工程、绿化工程等。2013 年 8 月 6 日动工，至 2016 年 12 月底完成工程量的 75%。⑥桂林洋高校区校际 16# 路工程。总投资 3531.43 万元，道路红线宽 30 米，长 1823.92 米。建设内容包括道路工程、排水工程、照明工程、绿化工程等。2013 年 8 月 6 日动工，至 2016 年 12 月底完成工程量的 75%。⑵省级财政资金建设项目（新建项目）：①街景立面改造项目。桂林洋大道（夏云路－青春东岸）沿线 2.8 千米 153 栋建筑物可视外立面改造，约 3.5 万平方米，总投资 2035 万元。2016 年 6 月 13 日动工兴建，12 月完工。②市政道路配套改造项目。桂林洋大道（桂高路－青松路）2.8 千米范围内，破损板块 4200 平方米拆除重建、新建非机动车道 855 平方米、沥青罩面 7 万平方米、提升井盖 150 座、交通标线 7290 平方米，总投资 1154 万元。2016 年 4 月 15 日动工，12 月完工。③园林绿化景观改造项目。改造路灯 131 杆，新建树池 267 个、花池 53 个，栽植乔（灌）木 1640 株、片栽 6507 平方米。总投资 1512 万元，2016 年 4 月 12 日动工，12 月完工。④污水管网贯通及清淤修复工程。新建污水管网 5.4 千米、各类管井 197 座、破复道路 8009 平方米、现状污水管网清淤 1110 立方米、排渠加盖 190 米，总投资 1152 万元。2016 年 4 月 13 日动工，12 月完工。

【江东大道二期】 西起江东大道（一期）终点，东接铺前大桥，道路全长 15.096 千米，红线宽 40 米，建设内容包括道路工程、交通工程、桥梁工程、给排水工程、照明工程、电信、绿化工程等。项目于 2015 年 12 月 25 日动工建设，总投资 12.08 亿元，至 2016 年 12 月底完成投资 5.2 亿元。其中：灵山段线路总长 5.6 千米，已交地 3.75 千米，至 2016 年底完成清表 51.28%、路基填筑 58.31%、软基处理 29.86%、碎石垫层铺筑 39.23%、开挖换填 65.02%、污水管道施工 9.57%、箱涵工程 33.55%，道孟河大桥完成桥梁桩基 100%、承台及系梁 44.44%、墩柱（肋板）41.37%、盖梁 27.78%；桂林洋段共 7.1 千米，完成软基处理 88.25%、路基填筑 70.63%、碎石垫层铺筑 55.24%、污水管道施工 52.68%、雨水管道（暗渠）施工 45.30%、箱涵工程 81.51%、圆管涵 100%、福创溪中桥桩基 53.57%；演丰段 2.40 千米，完成清表 39.58%、水泥搅拌桩 5.92%、路基填筑 13.85%。

（周玉菊　吴俏燕　林书东　张凤梅　黄志嵘　吴鸿化）

农　场

【海口市三江农场】 2016 年，市三江农场多管齐下采取一系列有效措施，保持社会稳定。进一步梳理影响农场稳定的十大问题，实行包案制度，将问题进行分门别类，实行一个问题、一个领导、一个科室、一个管区、一个居民小组包干解决。完成国内生产总值 1.44 亿元，比上年增长 9%；社会消费品零售总额 779 万元，增长 12%；农场人均纯收入 7771 元，增长 11%。

民生工作　推进垦区职工危房改造项目，全年实施 200 户危房改造项目，至年底共竣工验收 156 户，完成投资 222 万元。及时推进安全饮水工程。由市政府投资 3600 多万元，由市水务集团有限公司代建，从大致坡凤潭水库取水，直接拉管供应三江农场，工程已完工，自来水管线进村入巷，群众开始使用“放心水”。防洪楼项目建设。第二期 9 幢正由市“三防”办办理施工前手续报批及设计、预算等工作。居民社区活动中心建设。投资 300 万元，新建 3 栋居民活动问题，解决三江湾管理区、新埠洋管理区和新成管理区的办公及居民活动问题，项目开始动工。推进农村老人日间照料中心项目建设。投资 400 万元新建 4 栋老人日间照料中心，为农场 2800 多离退休人员提供完善的活动场所，年内完成项目的设计、概算工作。小街小巷建设。年内，市政府投资 839 万元，主要对辖区内 11 条小街小巷进行改造（包含场部糖厂片区道路建设）。文明生态村建设。投入 45 万元建设 4 个文明生态村（排堆村、锦堆村、梅坡村、珠潭村），做好村庄环境绿化、美化、亮化、硬化等工作，提供村民休闲休憩点。环境卫生工作。投入 5 辆垃圾收集清运车辆，安置 229 个垃圾桶，配备专职司机及清洁工对全场生活垃圾每日清运，做到全场生活垃圾日产日清。推进农场垃圾分类试点工作，着手建设太阳能垃圾房。

规划编制　农场成立至今，产业结构单一，主要为一产，二产、三产基本为零。2016年，结合农场生态保护较为完整的特点，坚持规划先行，推动产业结构调整。依托三江湾近800公顷的养殖基地，配合市规划局完成三江湾湿地公园的概念性规划；结合农场本部建筑物老旧破损的现状，完成场部控制性详细规划；根据三江片区的镇城总规要求，组织编制南洋湖片区控规；编制演州河旅游规划。编制农场的“十三五”经济社会发展规划。

重点项目建设　2016年，市政府以PPP模式继续完善三江农场的基础设施建设，总投资9856万元。具体为：新埠洋菜篮子基地建设工程，总投资1800万元；干、支渠硬化改造工程，总投资2350万元；新埠洋大排沟硬化改造工程，总投资500万元；村道小巷硬化工程，总投资2876万元；乡村道路建设工程，总投资1280万元；美成大道损毁修复工程，总投资300万元；南洋湖水库三防路改造工程，总投资250万元；职工培训学校工程，总投资500万元。棚户区（职工危房）改造项目。棚户区（职工危房）改造项目涉拆土地10.31公顷，房屋建筑面积4035.57平方米。三江湾田园文化风景区建设。以昆山村为中心，东至三江湾大坝主干道，西至三江红树林，南至大排沟，北至昆山村的区域，规划设计面积98.76公顷。以大田洋、红树林、老民居为主要资源本底，打造以“快活田园”为主题的农业观光景区。

（市三江农场办公室）

【红明农场】2016年9月上旬，完成社会职能内部分离工作。经海垦控股集团批准，成立红明社区服务中心，下设服务中心办公室、社会管理服务组、社会服务组、农技服务组和市政管理组等5个职能办事机构和直属办事处、东山办事处、红旗办事处及云龙办事处等4个社区服务中心派出机构以及3个农管区工作站；共分离人员57名，至年底，人员、资产全部分离到位。11月8日成立“海南农垦红明农场有限公司”，下设综合管理部、规划发展部、经营管理部、财务部和党群部等5个职能部门，人员定编（不含公司领导层）不超过25人。11月30日，与海口市政府签订农场医疗卫生机构移交地方政府管理的协议书，正进行人员、资产审核和移交工作。

“红明红”荔枝种植与销售　2016年获“红明红”品牌“老字号”、农产品安全质量体系认证、富硒红明红荔枝认证等。农场分批组织荔枝种植户培训学习，共组织培训学习11场次，人数1800多人次。根据不同季节、不同物候，下发《红明农场关于荔枝修剪及梢期果园管理意见》等指导性意见，提高社员果农荔枝栽培管理的技术水平。创建33.33公顷“红明红”荔枝现代农业产业园，按照良好农业技术规范组织生产作业，示范、引领和带动农场荔枝产业优化升级。“红明红”水果产销专业合作社为应对销售市场变化，通过“每日一报”，发布前一天全场荔枝采摘的数量、价格以及收购商布点，有效地提高应对市场的能力；继续与广东杨氏南北鲜果有限公司签订收购荔枝销售合同100万千克，每千克不低于9.6元，比一般市场收购价格高2元；将“红明红”荔枝远销到上海、广州、北京、大连等全国各大城市。全年全场销售荔枝1631万千克，产值1.42亿元，总产量和总产值分别比上年增长22%和36%。

项目建设　在2014年将1666.67公顷土地纳入地方总规的基础上，2016年将农场纳入地方总规的1333.33公顷土地申报纳入海南省“多规合一”总体规划。向海南农垦控股集团有限公司报送占地532.67公顷的海垦云龙现代农业产业园、占地93.33公顷的红明荔枝风情小镇、占地153.33公顷的平湖花溪旅游休闲度假中心、占地720公顷的海南红明东湖农业休闲旅游度假基地、占地36.67公顷的红明农副产品加工产业园5个招商项目，参加海控集团组织的大型招商引资活动。其中“东湖农业休闲旅游度假基地”项目达成初步合作意向。年内，正在抓紧“海南·红明‘哇爱绿’休闲农场示范产业园”第一期193.33公顷、“海南红明红现代农业休闲养生园”28.67公顷、“58队美丽乡村”26.67公顷和“福湖世外桃源”80公顷等项目的洽谈和前期准备工作。这些项目初步合作意向的合作方式都采取“固定收益+股份合作”的模式，即农用地实行租赁，每年上缴地租；建设用地实行入股合作，农场公司占股不低于35%。做好“红岭灌区”项目征地工作，完成项目征用农场两个农管区及9个生产队12.4公顷土地的青苗清点工作，并与职工进行签订补偿协议书，保障国家重点项目顺利实施。

农业用地规范管理　制订“政策宣传到位”“时间保证到位”“人员组织到位”“任务落实到位”“工作协调到位”的“五到位”工作责任制，从管理机制上，保障加快推进农业用地调查工作。截至10月底，全场共完成45个队农业用地测量核查工作，完成测量核查地块共1.02万宗（职工指界）、面积6785.22公顷；完成对职工、居民家庭承包（租赁）及外单位（个人）农业用地调查登记5953户，面积3695.93公顷。争取琼山区、美兰区、文昌市等地方政府支持，完成土地确权114.73公顷，完成历史被占土地调查登记167宗、面积363.91公顷，对45个生产队土地调查成果进行公示。实现农用地测量核实、公示、职工居民信息调查登记和合同扫描审核4个100%，职工群众满意率95%，提前20天全面完成农业用地规范管理第一阶段工作。

社会事业　开展精准扶贫，精准脱贫活动。进一步加大力度，扎实推进全场28户贫困户特别是14户农业户口贫困户的精准扶贫活动。开展专题培训，举办一期贫困家庭种植技术培训班，通过技术帮扶，为精准脱贫提供技术保障。根据“一户一策”的基本要求，分别从计划和资金安排上启动对14户贫困户进行产业帮扶，从土地安排、种苗供应、技术指导上帮扶；对14户贫困户进行医疗救助帮扶；对4户贫困户进行社会保障兜底帮扶。同时还根据一些贫困户的各种致贫原因，结合开展教育帮扶、医疗救助等综合帮扶。争取到市区政府下拨的84万元精准扶贫专项资金，结合调查及实际需求，根据资金预算安排第一批下拨45万元专项资金，启动各方面的帮扶，重点扶持发展产业促进脱贫。至年底，实现3户脱贫目标。全面完成职工185套危房改造任务。农场成立扶贫项目建设小组，筹集扶贫资金120万元，完成北冲村、大礼村、16队、23队等6个队的2230米道路硬化工程。编制职工饮水提升工程"十三五"规划，组织相关人员深入连队、家庭调查，详细了解供水现状与需求。组织7个慰问小组，深入23个基层单位慰问五保户、特困户、残疾人、复员军人、劳模、现役军人、离退休干部、中华人民共和国成立前老党员、困难党员等8220人，发放慰问金36万元。发动社会爱心人士、干部和职工281人捐款1.12万元，申请总局工会资金15万元，资助61名贫困家庭大学新生和23名往年在校贫困大学生。落实计生工作各项任务，农场符合法定生育率94.6%以上，人口自然增长率控制在12.2‰以下，计生工作全部达标。

（红明农场办公室）

【中税热带作物农场】2016年，完成总产值1009.65万元，基本来自第一产业。全场总人口1658人，在岗职工405人，干部23人，离退休263人。土地总面积508.66公顷，其中国有土地375.33公顷，集体土地133.33公顷；主要经济来源有胡椒、橡胶等各种农作物，年人均收入6069元。

（中税热带作物场办公室）

【新民林场】2016年总收入151.29万元，其中与龙建公司合建2万头猪场，2个猪场的租金收入31万元；胡椒收入63.40万元，卖树收入20.90万元，土地租金5.99万元，砖厂租金30万元。年内在中堂队投入资金16.60万元，对20世纪80年代的14.67公顷老化橡胶点进行全面更新改造，采用平整深耕地的方式，全部种上木麻黄树，并经省、市、区验收合格；在辽山队部面积共9.87公顷的5个地块，投入资金8.70万元进行残老林更新和边缘空地造林，经验收合格，部分已进行第一次培育。开展扶贫工作，帮助贫困户制定脱贫计划，扶持贫困对象户发展养鹅、养蜂、养牛等养殖业。利用财政2015年国有林场奖励性资金专项拨款21万元及农场出资3.2万元，共23.07万元，对全场进行公共设施改造及维修。其中场部和各队防雷工程投入6.35万元，中堂队房屋补漏和维修投入9700元，白石队的围墙修建和庭院硬化工程投入9.93万元，场部办公设备改造和篮球架改建投入3.20万元，场部的车库工程投入5.82万元。投入6.50万元对白石队和辽山队原造的46.67公顷橡胶进行全面抚育。

（新民农场办公室）

（编辑：杜惠珍）

2016年中税热带作物农场生产情况表

名称	种植面积（公顷）	收获面积（公顷）	总收入（元）
橡胶	103	48	9600
胡椒	102	55	5197500
波罗蜜	15	6	165000
槟榔	20	10	150000
荔枝	5.2	4.7	320000
林木	50	13	108000
花卉	30	28	1920000
其他	69.5		2140000
小计	394.7	164.7	10096500

市辖区

秀英区

【中共秀英区委】

书　记　张　霁
副书记　黄鸿儒（5月止）
　　　　王业天（5月任）　王晓龙
常　委　刘小琴（6月止）
　　　　陈　忠（2月止）
　　　　吴腾越（2月任）
　　　　梁同坤　王　浩
　　　　刘立武（7月免）
　　　　钟红霞（女，7月任）
　　　　胡余亭（7月任）　毛卫平
　　　　罗宗标（挂职，2月止）
　　　　周生忠（挂职，7月止）
　　　　韩　涛（挂职）
　　　　周庭山（挂职，8月止）
　　　　周湘平（挂职，8月止）
　　　　胡木春（挂职，12月止）
　　　　曾　武（挂职，2月止）
　　　　王录学（挂职，7月任）
　　　　邹伟国（挂职，8月任）
　　　　陈绍清（挂职，12月任）

【秀英区人大常委会】

主　任　何子平（9月止）
　　　　刘小琴（9月任）
副主任　吉　军　符仍辉
　　　　易　梅（女，8月止）
　　　　张祖平（9月止）
　　　　崔海萍（9月任）
　　　　李传家（9月任）

【秀英区人民政府】

区　长　黄鸿儒（5月止）
　　　　王业天（5月任）
副区长　陈　忠（2月止）
　　　　吴腾越　杨树坤
　　　　崔海萍（8月止）
　　　　黄奕军　彭　舸（4～8月）
　　　　陈安妮（9月任）
　　　　戴洪泽（4月任）
　　　　李　铭（9月任）
　　　　罗宗标（挂职，2月止）
　　　　李海璇（挂职，1月止）

【秀英区概况】秀英区位于海口市西北部，东起丘海大道，西邻澄迈县，南与定安县接壤，北临琼州海峡，总面积511.5平方千米，是海口市管辖的4个县级区之一。2016年辖海秀、长流、西秀、石山、永兴、东山6个镇，秀英、海秀2个街道，70个村委会，24个居委会，322个自然村，572个村民小组，常住人口38.05万人，其中农村人口13.62万人，城镇人口24.42万人，城镇化率64.19%。

秀英区位优势明显，区内拥有中国唯一的跨海铁路和海南省最大的港口海口港，是海南连接岛外的门户，西线高速、中线高速、东环高铁、西环高铁起点都在秀英，是海口连接其他各市县的重要交通枢纽，随着海口“西扩”加快推进，市行政中心西移，秀英逐步向新的城市中心迈进。

秀英区自然条件得天独厚，北依延绵20多千米的黄金海岸线，南拥全市最高点马鞍岭等火山群，石山、永兴等羊山地区森林覆盖率高，生态保护完好。历史和文化底蕴浓厚，既有道教南宗五祖的南宋白玉蟾的故里，明朝著名政治家、学者丘濬葬于水头村的丘濬墓，荣山冼太夫人庙等历史文化遗迹，也有永兴麒麟舞、石山八音等传统非物质文化。旅游资源丰富，是具有山海特色的休闲度假旅游胜地。全市4家4A级景区中有3家（海南热带野生动植物园、海口火山口世界地质公园、假日海滩）在辖区内，有东山湖、西海岸、美视、观澜湖等高尔夫球场，风光秀美的西海岸带状公园，万年火山、千年古村落、百年民居以及各具特色的生态文明村、休闲农庄催动城郊型乡村旅游发展。产业后发优势明显，火山石斛、永兴荔枝等产品入选海口十大农业品牌。药谷、狮子岭等工业园区以及建设中的美安科技新城均坐落在秀英，英利、汉能等光伏产品制造企业，海药、齐鲁等制药企业，威特、金鹿等机电产业快速发展，是海口的新型工业聚集区。万达商业广场、远大购物中心等一批大型商业综合体落成开业，白水塘商圈、西海岸商圈加快成型。依托海口港、火车南站等资源，发展临港加工、仓储、装卸、配送等相关产业，建成海南钢材交易市场、海南国际会展中心、中商农产品中心市场并投入使用，是海口临港经济中心区。

【秀英区经济发展】2016年，秀英区地区生产总值完成184.9亿元，比上年增长8.6%；地方一般公共预算收入8.4亿元，增长26.4%；固定资产投资345亿元，增长25.5%；社会消费品零售总额218.7亿元，增长10.1%；城镇常住居民人均可支配收入2.81万元，增长7.9%；农村常住居民人均可支配收入1.28万元，增长 8.9%。固定资产投资、社会消费品零售总额、农村常住居民人均可支配收入等完成数全市第一，地区生产总值、社会消费品零售总额、地方一般公共预算收入等增速排名全市第一。

农　业　完成农业总产值 29.4 亿元，增长 2.4%。石山互联网农业小镇运行日臻成熟，火山石斛产业园、火山玫瑰、石山壅羊等 10 个基地加快建设，互联网、物联网应用有力推进，农村电子商务快速发展，线上线下销售额超 2 亿元，促进产业升级、产品增值、农民增收，先后受邀在全国“互联网 +”现代农业工作会议暨新农民创业创新大会、全国农业物联网大会做典型发言，创造全国经验。完成博养村田洋等 21 宗水毁修复工程、羊山地区 7 宗果园节水灌溉项目、龙头洋瓜菜基地整治等农业基础设施建设。实施品牌战略，永兴黄皮获国家地理标志证明商标，卓津蜂业 3 个产品被授予海南名牌农产品，火山石斛、永兴荔枝等 4 个产品入选海口十大农业品牌。全年瓜菜种植面积 1 万公顷，总产量 20.3 万吨，是海口市重要的“菜篮子”基地。

工　业　完成工业总产值 212.2 亿元，增长 3.2%。美安科技新城建设步伐加快，康迪电动车、宏远新能源汽车等项目当年引进、当年开工；海口制药、齐鲁制药等企业为代表的医药产业产销两旺；英利、威特电器等企业为代表的机电制造业保持良好发展势头。辖区工业企业申报科技研发项目 36 项、科学技术进步奖项目 4 个。

现代服务业　辖区“三港两站”（海口火车站、汽车西站、海口港、新海港、南港码头）旅客运输和货物吞吐量不断提高，秀英区“琼州门户”角色凸显。长影环球 100、中国（南方）足球训练基地正在建设，启动新海生态临港新城建设前期工作。万达商业广场、远大购物中心等一批大型商业综合体落成开业，白水塘商圈、西海岸商圈加快成型。启动东山、永兴等 4 个全域旅游镇墟改造，打造人民骑兵营、“美社有个房”等一批具有火山风情的民宿项目，推出冯塘绿园、昌道村等首批全域旅游示范点，乡村游渐成市民游客新宠。成功举办首届海口火山自行车文化节，促进旅游与体育、文化、农业等多领域的相互融合、相互发展。

项目建设　落户秀英区的各类建设项目 166 个，总投资 2920 亿元，年内计划投资 500 亿元。先后开展服务社会投资“百日大行动”、固定资产投资百日冲刺、重点项目决战决胜月、征地百日攻坚战等活动，保障定海大桥连接线、中国（南方）足球训练基地等项目顺利进场施工。北大附中附小项目从签约到开工仅用 23 天，刷新“秀英速度”。完成泰禾嘉年华旅游度假区等 13 个项目征地任务，共征（租）集体土地 620.8 公顷。41 个省重点项目、114 个服务社会投资“百日大行动”项目中纳入考核的 67 个项目分别完成投资计划的 130%、105%，秀英区固定资产投资总额完成总量列全省县及县级市（区）第一。招商引进南海明珠国际邮轮港、金沙湾健康教育新城等 11 个项目，签约资金 400 余亿元。社会投资备案项目 71 个，总投资额 517 亿元。

【秀英区社会发展】2016 年，秀英区民生支出 17 亿元，占全年财政总支出的 83.2%。落实市区镇三级脱贫攻坚责任制，累计支出扶贫资金 2530 万元，资金使用率 100%；实现精准退出 226 户 1091 人，完成东山镇马坡村委会整村脱贫。省、市、区 27 项为民办实事事项按时完成。

社会保障　城镇新增就业 7672 人，转移农村富余劳动力 1374 人，扶持创业人数 116 人，发放贷款 1383 万元。在全市率先完成 2016 年“全民参保登记计划”工作，城乡居民医保和新农合参保率分别为 98% 和 99%。在全市率先为 4062 名困难残疾人发放生活补贴和重度残疾人护理补贴。发放城乡低保金、五保供养金、医疗救助金 5824 万元。配租公共租赁住房 1611 户，完成 450 户农村危房改造。

社会事业　9 月，五源河学校开学招生。北大附中附小签约落地开工建设，市十四中学通过省级规范化学校评估，辖区内 46 所学校全部实现标准化学校建设目标，农村小学六年级质量监测列全市第一。秀英区通过国家对县域义务教育均衡发展的评估认定。完成 12 家儿童之家建设。区图书馆、文化馆建成开馆，举办万春会、冼夫人文化节等大型活动。提高基本公共卫生服务人均标准，城乡居民健康档案建档率 84.8%，传染病、慢性病有效防治，长流卫生院获全

2016 年 1 月 31 日，秀英区召开区委六届六次全会暨全区经济工作会议。

（秀英区政府办 供稿）

国“2015~2016年度群众满意的乡镇卫生院”称号。开展优生优育服务，获得国家免费孕前优生项目全国第九次临床检验室质量评价优秀。

改革创新 全面实现承接运行市级下放的37项权项，出台第四批37条便民服务措施。推进“放管服”（简政放权、放管结合、优化服务）改革深入开展，建立“一单、二库、一平台”（制定随机抽查事项清单，建立随机抽查对象库、执法检查人员名录库和统一的市场监管信息平台）的双随机抽查机制。率先在全市设立镇一级预算，下放1.22亿元的区级财力。

2016年8月25日，秀英区“双创”基础设施建设PPP项目座谈会暨合同签约仪式举行。（秀英区政府办 供稿）

【秀英区城乡建设与管理】 2016年，秀英区调整区城管局、大队、各镇（街）中队的机构设置和隶属关系，下放287项执法权给镇（街），推进“公安+城管”联合执法，推行“城管进社区”网格化管理，实现城管执法工作“纵向到底，横向到边”全覆盖。全面完成1.91万公顷农村土地承包经营权确权登记测量和公示，合同签订及发证工作稳步推进。

环境综合整治 完成全区76个“三无”小区（无物业管理单位，无垃圾收集设施，无卫生保洁人员的城区老旧小区、安置小区、倒闭企业小区）集中治理。开展爱国卫生运动成为常态，全年清理垃圾24万吨，搬家式推进病媒生物防制效果明显。新建垃圾转运站14座、固定公厕21座，改造公厕10座、农厕2000户，农村生活垃圾无害化处理率95%。

打违控违 全年累计拆除违法建筑733宗，面积52万平方米。控制新增违法建筑701宗，面积19万平方米，控违面积保持全市第一。按照政策分类处置9486宗违法建筑，逐步消化存量违建。

环境保护和污染治理 开展“绿化宝岛”造林247公顷，完成33.33公顷西海岸海防林损毁修复。查处非法取土、挖火山石及采砂等破坏矿产资源行为66宗。开展水质、大气污染治理，推行“河长制”（由各级党政主要负责人担任“河长”，负责辖区内河流的污染治理），实施五源河、秀英沟、工业水库等水环境综合治理PPP项目，完成永庄饮用水源地一级、二级保护区内26家排污企业整治。拆除绕城高速公路以北养殖场地22万平方米。建立环境空气质量预警预报系统，空气质量持续保持优良。

市政基础设施建设 改造小街小巷308条，升级农贸市场7个，打造“15分钟便民生活服务圈”9处、特色餐饮街（区）4条。率先在全市完成59个村（居）组织活动场所建设、10个村庄太阳能路灯亮化工程。完成长秀片区、丘海大道—秀华路—滨海大道景观提升工程。基本完成新海村棚改的房屋拆除，儒益周仁、五源河片区等棚改项目有序推进。

城市管理 实施环卫一体化PPP模式，建成区主要道路机扫率100%。完善“六合一”联合执法（为配合“双创”工作开展，成立由属地街道、城管、公安、工商、食药监、联防等6单位组成的综合执法队）机制，处罚违反“门前三包”责任制6872宗。集中力量整治交通乱象，汽车西站、海口港客运站的“黑车”“三车”、电动车非法营运等现象大为减少。12345热线服务质量有效提升，共受理各类诉求8800件，答复率100%。

城乡规划编制和管理 2016年，秀英区在海口市城乡总体规划的指导下，组织编制乡村规划、城市道路与管线、社会停车场、防洪排涝、环境卫生工程、“双创”百姓便民示范点专项规划。完成辖区265个村庄规划编制、10个行政村及20个自然村美丽乡村规划编制工作；编制定海大桥海口段马坡村周边整治规划，完成镇墟改造4个，“双创”景观提升示范点位8个，15分钟便民夜市一条街3个等系列规划工作。执行规划设计方案审议制度，按照法定程序核发“一书三证”（即《建设项目选址意见书》《建设用地规划许可证》《建设工程规划许可证》《乡村建设规划许可证》）审查建设项目用地性质和规划控制指标，依法拟定规划条件；完成《海口市秀英区农村宅基地建房管理实施细则》初稿编写；受理农村建房报建750宗。

【秀英区新农村建设】 *农村基础设施建设* 2016年，秀英区农村公路建设总长2.01千米，项目总投资121.71万元；完成精准扶贫整村推进硬化道路项目总长8千米及120平方米新建文化室，投资总额480万元；完成2016年基础设施攻坚战农村公路五类项目的所有前期工作，并启动53千米建设任务的施工；组织对辖区

2016年4月26日，秀英区召开村级组织换届选举工作领导小组第一次会议。（秀英区政府办 供稿）

500多千米的乡村道路进行养护，养护季度指标合格。开展东山、永兴、长流、西秀4个镇的镇墟改造项目建设，分为两个PPP项目（东山、长流一个，永兴、西秀一个），总投资3.94亿元。加快石山“互联网+”旅游、农业设施建设，修建3个100吨水塔和4个50吨水塔（配套水井6个、水管及配套设施），修建并绿化35千米（施茶村20千米，建新村15千米）旅游便道，修建旅游厕所12个、农业灌溉水井9个、旅游指示牌路标20个、景点介绍牌30个、旅游景点停车场12个，建设农村安全饮水工程19宗，创建生态文明村25个。

区镇村三级换届　严把“四关”（人选关、政策关、入口关、程序关），落实“三个四必”（四必谈、四必看、四必训）等规定动作，确保村镇区三级换届顺利开展、圆满完成。特别是村级组织换届选举，在全市最复杂的选情下实现历史性突破，村书记主任“一肩挑”比例从原来的26%提高到100%。共调整撤换不合格村（社区）党支部书记49名、村（居）“两委”干部211名，进一步改善和优化村“两委”干部结构。

基层党建工作　推进农村、社区、“两新”组织等各领域党建工作。村级组织活动场所建设在全市率先完成，投入8425万元解决54个活动场所“无、危、小”问题。全市村居组织活动场所建设现场观摩会在秀英区召开。启动两新组织“两个覆盖”（党的组织覆盖和党的工作覆盖）“百日大行动”，新建“两新”党组织47家，非公有制经济党的组织覆盖率从60.8%提高到91.43%，社会组织党的组织覆盖率从2.7%提高到100%，党的工作覆盖率100%。充分发挥“第一书记”作用，选派两轮23名“第一书记”驻村帮扶，实现7个软弱涣散基层党组织的整顿转化，为群众做好事、办实事、解难事1993件。发展党员255名，把132名失联党员纳入组织管理，举办基层新任党组织书记培训班等各类培训班9期9014人次。陆受伦、洪义乾、林仕昌、王杰等一批先进党员入选《我是共产党员》系列电视栏目，其中《施茶致富追梦人——洪义乾》《滴滴汗水浇筑最美城市风景——陆受伦》专题片入选中组部远程教育课件。施茶村党支部被评为2016年海南省先进基层党组织。

2016年秀英区行政区划

指标	单位	全区合计	区辖镇（街）							
			长流镇	西秀镇	海秀镇	石山镇	永兴镇	东山镇	秀英街道办事处	海秀街道办事处
土地面积	平方千米	511.5	48	68	19.75	120.74	108	124.51	16	6.5
人口	万人	38.05	4.43	4.2	4.31	3.4	3	6.77	6.31	5.63
人口密度	人/平方千米	743.9	922.9	617.6	2182.3	281.6	277.8	543.7	3943.8	8661.5
社区	个	24	4	2	2	1	1	2	5	7
建制村	个	70	12	10	6	11	8	21	2	0

2016年秀英区所辖镇、街道办事处、建制村（社区）

区辖（街）	社区	建制村
长流镇	长流墟、镇海、长彤、长信	长东、康安、会南、长丰、美德、博新、长南、堂善、长流、棠昌、长北、美李
西秀镇	南港、长滨	博养、长德、龙头、祥堂、荣山、新和、丰盈、拔南、新海、荣山寮
海秀镇	海榆东、海榆西	新村、水头、业里、儒益、周仁、永庄
石山镇	石山	和平、扬佳、道堂、北铺、岭西、施茶、安仁、福安、建新、美岭、道育
永兴镇	永兴墟	永秀、永德、美东、建中、雷虎、建群、罗经、博强
东山镇	镇南、镇北	东星、儒万、永华、东山、东溪、光明、溪头、马坡、东苍、玉下、雅德、建丰、文塘、紫罗、前进、环湖、东升、溪南、射钗、东城、城西
秀英街道办事处	秀华、秀海、秀中、秀新、高新	书场、向荣
海秀街道办事处	海口港、东方洋、长秀、金鼎、十一支队、爱华、天海	

2016年秀英区主要经济指标

单位：万元

指 标 名 称	累计	比上年同期增减（%）
地区生产总值	1849380	8.6
农业总产值	280200	3.3
工业总产值	2122571	3.2
社会消费品零售总额	2186900	10.1
固定资产投资总额（按4个区分）	3710321	21.1
固定资产投资总额（按7个区分）	3449922	25.5
#房地产开发投资	1664358	16.5
城镇常住居民人均可支配收入(元)	28070	7.9
农村常住居民人均可支配收入(元)	12821	8.9

注：1. 固定资产投资总额（按4个区分）包含秀英区辖区范围内高新区、综保区项目；
2. 固定资产投资总额（按7个区分）不含秀英区辖区范围内高新区、综保区项目。

2016年秀英区社会事业主要指标

指标名称	单位	2016年绝对值	比上年增长（%）
一、教育事业财政投入	万元	49409	-32
学校（不含民办）	所	61	
其中：完全中学	所	0	
九年一贯制	所	2	
普通中学	所	6	
小学	所	53	
高中就读学生	人	0	
初中就读学生	人	5451	-1.5
小学就读学生	人	23625	5.5
二、户籍总人口	万人	30.85	3.0
其中：城镇人口	万人	13.14	78.5
乡村人口	万人	17.71	-21.6
三、文化事业财政投入	万元	7066.8	147.43
四、医疗卫生事业财政投入	万元	22965	-6.34
五、卫生机构数（不含诊所）	个	136	2
六、卫生机构病床数	张	215	2.4
七、卫生技术人员	人	512	1.7
八、创建文明生态村	个	294	7.3
九、社会就业新增岗位	人	7672	-20.85
其中：再就业	人	1753	13.80
转移农村富余劳力	人	1374	-7.22

（张　珲）

龙华区

【中共龙华区委】

书　记　符　革（1月任）
副书记　凌　云（女）
　　　　陈积卫（2月任）
常　委　李　欣（2月止）
　　　　蒋海涛（女）
　　　　周　威（2月止）
　　　　李会文（7月止）
　　　　王　挺（12月止）
　　　　黎　斌（12月止）
　　　　冯江涛（4~12月）
　　　　郭　刚（4月任）
　　　　李　明（2月任）
　　　　王　雷（4月任）

【龙华区人大常委会】

主　任　苏长文（7月止）
　　　　李会文（7月任）
副主任　刘芳芳（女，2月任）
　　　　符锡安（2月任）
　　　　王达兴（2月止）
　　　　王惟雄（2月止）
　　　　黄世诚（9月任）
　　　　郭登良（9月任）

【龙华区人民政府】

区　长　符　革（1月止）
　　　　凌　云（女，2月任）
副区长　陈积卫（4月止）
　　　　吴　馨（挂职，9月止）
　　　　梁　悬（8月止）
　　　　林　山（2月任）
　　　　郭　刚（4月任）
　　　　王才华（9月任）
　　　　吴秋云（女，挂职，2月止）
　　　　周　威（挂职，3月止）
　　　　彭　舸（挂职，4月止）
　　　　王　雷（挂职，4月任）
　　　　周建国（挂职，3月任）
　　　　龙　健（挂职，4月任）
　　　　肖　亮（女，挂职，8月任）

【龙华区概况】龙华区位于海口市中部，是全市经济文化中心。东接美兰区、琼山区，西与秀英区相邻，北临琼州海峡，南依定安县，面积300.6平方千米，是海口市管辖的4个县级区之一。2016年辖城西、龙桥、龙泉、新坡、遵谭5个镇和中山、大同、滨海、海垦、金宇、金贸6个街道，51个村委会，303个自然村，78个居委会。常住人口66.2万人，其中农村人口8.21万人，城镇人口57.99万人；城镇化率87.6%。

矿藏及其他自然资源主要有玄武岩、河砂、沸石矿和膨润土矿等。金牛岭有沸石矿和膨润土矿，沸石矿探明储量3509.4万吨，居全国第十位；膨润土矿探明储量1376万吨，居全国第23位（该矿床禁止开采）。海秀中路以南贮藏有天然矿泉水，开发的矿泉水品牌有椰树、金盘、伊莎贝尔等。

龙华区位优势明显，交通便利，公路网络覆盖全区。东线高速公路纵贯5个镇，绕城高速公路横挂其腰并联通东线、西线、海文三条高速公路，东环轻轨铁路穿梭城区。辖区有高铁东站、海口汽车南站、市公交汽车总站等车站，南大立交桥、滨海立交桥、世纪大桥等桥梁。海南东线高速公路经过境内长24千米。

龙华区是海口文化旅游中心。辖区内有国家历史文化名街海口骑楼街区、海口天后宫等名胜古迹；国家级重点文物保护单位有秀英炮台、中共琼崖一大会址、海瑞墓3处，省级文物保护单位有冯白驹将军雕像及纪念亭、冼夫人纪念馆、冯平同志纪念馆3处；爱国主义教育基地有中山纪念堂、中共琼崖一大会址、冯白驹将军雕像、解放海南岛战役烈士陵园4个。拥有万绿园、金牛岭公园、世纪公园、海口人民公园和正在建设的沙坡白水塘湿地公园等大型公园，观澜湖度假区、冯小刚电影公社、珠崖郡遗址和海瑞清官文化园等文化旅游景区。住宿、餐饮和文化娱乐场所云集。有信息传输、软件和信息技术服务企业300多家，包括中国电信海南公司、中国移动海南公司、中国联通海南公司等基础通信运营商，天涯社区等著名网站，新浪网、网易网、凤凰网等国内各大门户网站也在龙华设置分支机构和运营机构，是互联网产业聚集地。海航集团、恒大地产、中交集团、上海置地、香港骏豪、深圳灵狮公司等众多著名企业纷纷入驻龙华，设立分公司总部，是企业总部的聚集地。辖区银行总部18家，占全市的78%；保险公司总部22家，占全市的92%，金融保险聚集效应凸显；新三板挂牌企业10家，证券、期货、担保等机构108家，是金融保险中心。建成国贸商圈、大同商圈、海秀东商圈等几大商圈，拥有大润发、家乐福、生生百货、宜欣广场、京华城等一批大型购物中心，引进吾悦广场、林安物流等大型商贸物流项目，金盛达、喜盈门、现代美居大型物流企业落户龙华，是商贸物流中心。形成以汽车制造、生物医药、食品饮料、机电制造等4大产业为支柱的工业经济体系，拥有海马集团汽车生产、研发设计和配件制造基地，椰树集团、亚太酿酒、力神咖啡等食品饮料企业，奇力制药、先声药业等医药企业和海宇锡板、金盘电气等金属制造企业，是汽车、食品饮料、医药等生产制造中心。

【龙华区经济发展】2016年，龙华区完成地区生产总值564.93亿元，比上年增长8.2%。其中第一产业增加值6.81亿元，增长3.5%；第二产业增加值112.65亿元，增长4.1%（其中工业增加值63.58亿元）；第三产业增加值445.47亿元，增长9.4%。固定资产投资290亿元，增长17.8%。来自龙华的全口径公共预算收入119亿元，增长18.9%；地方一般公共预算收入18.1亿元，增长3.8%。社会消费品零售总额217.67亿元，增长10%。城镇和农村常住居民人均可支配收入分别为31627元和12601元，增长7.7%和9.2%。地区生产总值、全口径公共预算收入在全市占比分别为44.9%、36%，全市经济发展“领头羊”作用更加凸显。推进重点项目建设，实施“腾笼换鸟”战略，发展特色优势产业，三次产业结构由上年的1.1：21.0：77.9调整为1.2：19.9：78.9。

农　业　完成农业产值10.07亿元，增长3.5%。南渡江引水工程等重大水利设施项目顺利推进。4大农业产业园发展壮大：兰花产业园种植热带兰花500多万株，有蝴蝶兰、文心兰等优新品种近10个，年产值1亿元；沉香产业园种植沉香10.5万株；石斛产业园投入1.12亿元，驯化石斛种苗1018万株和62.67公顷石斛原生态野外种植，带动成立8个合作社吸纳900多户农户加入合作社；大力洋蔬果产业园年产量1.5万吨。大力发展“菜篮子”工程，完善苍东坡、咸谅坡、文谢坡等常年瓜菜基地建设，全区瓜菜种植面积4266.67公顷，常年瓜菜年产量8.5万吨；推进蔬菜设施大棚建设，完成63.53公顷蔬菜设施大棚建设并通过验收；海南新发地龙泉万亩蔬果产业园建成40公顷集中连片高等级设施大棚、6.67公顷拱棚、3456平方米现代集约化育苗中心及滴微喷灌设施、排灌沟渠等。全年粮食作物种植面积4733.33公顷，产量2.25万吨。

工　业　辖区有海口保税区、金盘工业区等工业园区，有规模以上工业企业45家，规模以下工业企业109家。规模以上工业生产逐月回升，总体运行情况稳定向好。全年完成工业总产值230.91亿元，下降1.7%。其中规模以上工业总产值222.1亿元，规模以下工业总产值8.82亿元。海马汽车产品远销20多个国家和地区。康宁（海南）光通信、海南亚洲制药、欣奇食品等一批优势企业快速发展。金盘电气公司获“首届海南省政府质量奖”。

现代服务业　完成第三产业增加值445.47亿元，增长9.4%，占全市第三产业增加值的46.6%。社会消费品零售总额217.67亿元，增长10%。现代服务业中心的聚集效应和辐射功能不断增强，获批国家“十三五”服务业综合改革试点区域。制定《龙桥镇全域旅游示范区发展规划(2016~2020)》，试点建设全域旅游示范小镇。鼎臻古玩城推出古玩集市、文玩夜市等特色活动，成为全省知名的“文玩集中营”。观澜湖兰桂坊商业街开业，冯小刚电影公社年接待量突破200万人次，观澜湖旅游度假区成为琼北旅游新地标。宜欣广场完成升级改造，华润万象城、友谊国际广场、海垦商业中心等项目顺利推进，国贸、大同、海垦等传统商圈人气旺盛。新城吾悦广场、喜盈门建材家具生活广场、林安物流信息交易中心建成开业，椰海商圈加速成型。复兴城互联网创新创业园有阿里巴巴创新中心、新加坡岛峰科创等国内外知名孵化器、加速器以及136家互联网企业入驻，企业产业规模超50亿元，带动大学生就业近6000人，成为海南省唯一入选第二批“全国青年创业示范园区”和“中国乡村旅游创客示范基地”的园区。海口文化产业园吸引爱奇艺创意中心、阿里巴巴文化娱乐集团南方总部等50多家知名文化企业入驻，注册资本14.7亿元。云锋、阿里影业、阿里文娱等基金首期计划募集50亿元。

招商引资　3月，组团参加海南省政府组织的海南国际旅游贸易博览会活动，组织区内的光谷创业学院、海川金融、山水智慧、天时同城入园、智慧旅行5个互联网项目签约。4月，组团参加海南省政府组织的海南（香港）综合推介会活动，并组织区内的海口观澜湖商业交流培训中心、海口观澜湖硬石酒店等项目签约。7月，组团参加海南省政府组织的北京招商综合活动并组织影片《英雄觉醒》拍摄，龙昆沟、东西湖等11个水体水环境综合治理及龙华区特色风情小镇提升改造、有粮网、遐客行等5个项目签约。9月，组团参加2016厦门投洽会招商活动并组织区内的博义盐灶片区棚改（城中村）改造项目、海口黑马会全球路演中心、Google Words海南体验中心3个项目签约。招商引资重点围绕先进制造业、现代物流业、高端服务业，主动承接国际资本，引进投资者和项目。全年共接待来龙华区考察、洽谈项目的客商50余批次，引进16个项目落户，意向投资金额74.19亿元。

重点项目建设　开展服务社会投资“百日大行动”，56个项目全部开工，实现投资43.2亿元，完成计划投资的151.1%。36个省市重点项目累计投资189.6亿元，完成年度计划的155.7%。海秀快速路建成通车，中环国际广场竣工。推进恒大·海口文化旅游城、中海锦城等项目建设。博义盐灶八灶、面前坡、坡博坡巷片区等9个棚改项目完成投资49.8亿元，征收房屋面积251.1万平方米。

【龙华区社会发展】2016年，龙华区民生支出19.5亿元，增长13.7%，占地方一般公共预算支出的86.5%，办成一批民生实事。

社会保障　新增就业1.3万人，城镇登记失业率始终控制在3%以内。城乡居民基本医疗保险财政补助标准大幅提高，大病医疗保险实现全覆盖。低保救助7.2万人次，发放低保金2093万元。农村4镇（龙桥、新坡、龙泉、遵谭镇）全部建成敬老院和农村幸福院，实现居家养老服务全覆盖。完成600户农村危房改造任务。实施农村安全饮水工程，改善3.3万人饮水条件。

社会事业　实施学校改扩建工程，增加义务教育学位1500个。义务教育质量稳居海南省前列，义龙中学和遵谭镇中学通过省级规范化学校评估，以全省第一名的成绩获得省政府第三轮县级政府教育工作督导评估优秀等次。基层医疗卫生顺利通过省级慢性病综合防控示范区考核验收。推行“先看病、后付费”诊疗服务模式，为759名患者垫付住院费107万元，减轻患者就医压力。全面开展免费孕前优生健康检查服务，提高出生人口素质。文化体育事业蓬勃发展，创作音乐说唱《美丽海南》等一批文艺精品。文艺作品获国家级奖项1个、省级奖项18个。建设篮排球场7个、社区健身点36个。各街道、社区均建成综合文化站。开展送电影、送琼剧、送图书下乡活动，全年送放电影100余场，组织文艺演出51场。

重点领域改革　“放管服”改革深入推进。在承接好市级下放权项的基础上，推动强镇（街）扩权，下放6项区级行政管理权项到镇（街）。推出41项便民服务措施，为企业和群众提供更加便捷优质的服务。完成“三定”方案修订，编制公布23个部门的“权责清单”，进一步厘清规范各部门行政职权。城市管理体制改革成效明显。推进“公安+城管”联合执法，提高路面见警率、见城管率和管事率，辖区“两抢”、街面打架斗殴警情分别下降31.9%和8.2%。推进环卫市场化改革，环卫服务一体化PPP模式实现全覆盖。推进社区管理体制改革。加强社区标准化建设，所有社区服务场所面积均达到300平方米以上。城西镇山高村、头铺村、丁村完成“村改居”，1042户村民变居民，享受城市居民福利待遇。国库集中支付改革取得重要进展，178个预算单位全部实行国库集中支付，实现财政资金全覆盖。

脱贫攻坚　建立区、镇、村三级脱贫攻坚责任制，整合资源，落实一户一策，实施产业、教育、医疗、危房改造、培训就业、社会兜底等6大帮扶措施。创新帮扶载体，推出“扶贫超市”“牵手扶贫”“3+X帮扶”“扶贫管家”等一系列扶贫措施。全年支出扶贫资金1933万元，所有巩固户及贫困户人均收入3000元以上，其中119户545人顺利脱贫，实现“两不愁、三保障”。新坡镇仁里村整村脱贫推进工作顺利完成。

文明创建　建成海口市首个“双创”广场，打造滨濂社区、滨海新村社区等一批“双创”示范社区。组织开展“双创在我家”“小烟头·大文明”“双创”监督员等主题活动，广泛发动干部群众参与创建。开展“寻访龙华好人”活动，深入挖掘宣传残疾义工龙桂香等34位身边好人，社区干部盘丽芬入选“中国好人榜”和“感动海南十大人物”，龙泉镇九旬老妈妈林爱花入选“中国网事·海南好人”2016年度十大人物。举办道德模范、身边好人现场交流会，用道德榜样的力量感染人们。推广乡贤文化建设，实现乡贤协商会全覆盖，吴挺标等4人当选2016年海口“新乡贤”。开展“文明家庭”“最美家庭”创建活动，传承良好家风家教，李朵家庭获首届“全国文明家庭”称号，甘性莉等3户家庭获评第一届全省文明家庭。

【龙华区城乡建设与管理】2016年，龙华区投资3.7亿元，着力解决历史欠账和城市功能短板。全面完成12家农贸市场、主城区195条小街小巷升级改造，硬化路面3.2万平方米，清理窨井2.2万座。完善城区服务功能，建成西门外、龙昆上等11个“15分钟便民生活圈”，老稻美食街等一批特色餐饮街（区）建成营业。启动农村4镇镇墟改造，加快美丽乡村建设，新坡镇仁里村成功入选住建部公布的第一批“绿色村庄”。首创“六定”机制，推广使用自主研发的“双创随手拍”系统，183个“三无小区”逐步实现“三有”管理，在政府、社会多层次组建义务监督员队伍，构筑起全方位的监督网络。28座公厕和8座垃圾转运站建成并投入使用。全年拆除违法建筑795宗、120.7万平方米，控违468宗、10.5万平方米，提前完成违建整治任务。

环境保护　加大对6个饮用水水源保护区的巡查整治力度，水质达标率100%。推行“河长制”，启动东西湖等11个水体整治工作，开展美舍河及沙坡水库周边环境综合整治，辖区水体水质明显改善。开展“绿化宝岛大行动”，植树造林66.67公顷；针对高铁高速沿线和民航航线俯视区等重点部位，实施生态修复与景观提升工程；打击非法采砂，摧毁非法采砂堆砂点10个；建立环境保护长效机制。在全省率先建立网格化环境监管执法体系，实现对辖区生态环境的全方位、全覆盖、无缝隙管理。

旧城改造　共完成棚改1.40万户，征收总面积192.39万平方米，拆迁总面积59.66万平方米，总投资额170.92亿元，安置房总量189.56万平方米，总建安费40.46亿元。滨涯村棚改项目A地块（北区）、C地块（南区）交房入住，B地块（东区）地块正在进行内部装修和园林施工。博义、盐灶、八灶片区棚改项目博义盐灶片区征收3104户，累计征收土地面积22.15公顷，房屋建筑面积39.67万平方米，拆除率100%；八灶片区征收1727户，累计征收土地面积10.95公顷，房屋建筑面积24.09万平方米，拆除率100%。

【龙华区新农村建设】至2016年，龙华区龙桥、龙泉、遵谭、新坡镇共45个行政村、289个自然村村庄规划通过专家评审及社会公示，并获区政府批复，实现全区村庄规划全覆盖。制定《龙华区2016~2020年特色风情小镇与美丽乡村建设工作实施方案》，新坡镇域美丽乡村规划方案编制完成。龙华区2016年度美丽乡村重点打造新坡镇仁里村（斌腾、仁台、养豪、卜太4个村庄及其周边地区），因地制宜，挖掘村庄特色，联片创建美丽乡村，改善人居环境。完成仁里村美丽乡村建设项目规划方案编制和《遵谭镇东谭村美丽乡村建设项目》规划初步方案编制，其中仁里村美丽乡村建设项目开工建设。新建文明生态村10个，全区文明生态村总数273个。

农村公路建设　2016年，龙华区交通基础设施扶贫攻坚战农村公路建设工程，主要建设总长为98.59千米的117条自然村公路硬化路工程，总投资7065.4万元；总长99.22千米的72条公路窄路面拓宽工程，总投资4464.91万元；总长为2.63千米的1条县道改造工程，总投资946.8万元；总长度86.36千米（路线总长121.53千米）的23条公路生命安全防护工程，总投资1727.2万元；新坡镇仁南桥、遵谭镇儒僇桥2座危桥改造工程，总投资177万元；总长53.29千米的旅游资源路工程，总投资1.71亿元。至年底，旅游资源路工程完成全部道路的测绘、勘察、设计，并完成可研的编制和可研的批复及进行招标工作。

农村基层组织建设　完成区第八届村（居）委会换届选举工作，选出新一届村（居）委会领导班子成员。全区51个行政村共产生“两委”干部393人，交叉任职率37%，比上届提高3个百分点；“两委”干部平均年龄42岁，比上届年轻1岁；大专以上文化程度90人，占总数22%，比上届提高10个百分点；妇女干部58人，占总数15%。51个村主任全是党员。村党支部书记和村委会主任连续三届实现100%“一肩挑”。举办的村（居）务公开和民主管理培训班、4期新上任村（居）干部如何履行职责培训班和村（居）务公开工作业务培训班、1期全区村（居）务监督委员会成员业务培训班；对村（居）务公开工作进展较慢的镇（街）进行3场专题培训及业务指导组织。

2016 年龙华区行政区划表

指标	单位	全区合计	区辖镇（街）										
			城西镇	龙桥镇	新坡镇	龙泉镇	遵谭镇	海垦街道	金宇街道	金贸街道	大同街道	滨海街道	中山街道
土地面积	平方千米	300.6	42	49.5	54.1	73.4	55.7	6.5	4.1	5.4	2.5	4.3	3.1
户籍总人口	万人	46.89	3.06	2.51	3.64	5.17	2.70	5.46	3.22	5.60	6.32	5.38	3.83
社区	个	78	13	0	0	1	0	14	10	9	10	10	11
建制村	个	51	6	8	13	17	7	0	0	0	0	0	0

2016 年龙华区所辖镇、街道、建制村（社区）

镇（街）	社区	建制村
城西镇	仁里北、仁里南、府西、四季华庭、金盘、金沙、金星、丁村南、丁村北、山高东、山高西、头铺东、头铺西	苍东、苍西、高坡、薛村、沙坡、大样
龙桥镇	无	龙桥、龙洪、挺丰、三角园、永东、玉符、玉荣、道贡
新坡镇	无	文山、文丰、新村、雄丰、农丰、群益、新彩、群丰、民丰、光荣、新坡、仁南、仁里
龙泉镇	东占	元平、永昌、市井、富伟、新联、扬亭、占符、国扬、美定、大叠、雅咏、仁新、美仁坡、椰子头、五一、新江、翰香
遵谭镇	无	新谭、东谭、遵谭、龙合、群力、咸东、咸谅
海垦街道	秀英村、滨濂南、滨濂北、滨涯、滨秀、金垦、金山、金牛岭、垦中、华垦、海秀、疏港、顺发、西岭	无
金宇街道	银湖、昌茂、面前坡、坡博西、坡巷、坡博东、南沙、金坡、海德、坡博南	无
金贸街道	金海、万绿园、世贸、国贸、珠江、龙华南、玉沙北、玉沙南、嘉华	无
大同街道	大同里、友谊、彩虹、龙昆上、龙昆下、华海、侨中、正义、义龙东、义龙西	无
滨海街道	滨海、盐灶一、盐灶二、盐灶三、八灶、滨海新村、龙华中、滨港、泰华、玉河	无
中山街道	竹林、永兴、长堤、富兴、西湖、义兴、得胜沙、西门外、人和坊、居仁坊、园内里	无

2016年龙华区国民经济发展指标

指标名称	单位	2016年	2015年	增长%
一、地区生产总值	亿元	564.93	521.67	8.2
第一产业	亿元	6.81	5.73	3.5
第二产业	亿元	112.65	109.78	4.1
其中：工　业	亿元	63.58	65.75	–0.6
建筑业	亿元	49.07	44.03	11.0
第三产业	亿元	445.47	406.16	9.4
二、农业总产值	亿元	10.07	8.99	3.5
三、工业总产值	亿元	230.91	240.13	–1.7
其中：规模以上工业总产值	亿元	222.1	231.43	–1.9
规模以下工业总产值	亿元	8.82	8.7	4.4
四、固定资产投资总额	亿元	290	246.2	17.8
其中：房地产开发投资	亿元	145.86	97.51	49.6
五、社会消费品零售总额	亿元	217.67	197.79	10.0
六、地方一般公共预算收入	亿元	119.03	100.1	18.9
七、城镇居民人均可支配收入	元	31627	29366	7.7
八、农村常住居民人均可支配收入	元	12601	11539	9.2

2016年龙华区社会事业主要指标

指标名称	单位	2016年绝对值	比上年增长%
一、教育事业财政投入	万元	49335	–0.3
学校（不含民办）	所	39	7.14
其中：完全中学	所		
普通中学	所	12	0
小学	所	27	10
高中就读学生	人		
初中就读学生	人	10815	5.63
小学就读学生	人	41708	7.41
二、户籍总人口	万人		
其中：非农业人口	万人	46.51	1.22
农业人口	万人		
三、文化事业财政投入	万元	3861	161
四、医疗卫生事业财政投入	万元	25814	4.8
五、卫生机构数（不含诊所）	个	120	0
六、卫生机构病床数	张	106	0
七、卫生技术人员	人	1541	6.20
八、创建文明生态村	个	273	5
九、社会就业新增岗位	人	13645	–0.16
其中：再就业	人	3013	–10
转移农村富余劳力	人	2243	0.01

（林珊羽）

琼山区

【中共琼山区委】
书　记　孙　芬（1月任）
副书记　刘　东（2月止）
　　　　覃　俊（2月任）
常　委　李　坚（8月止）
　　　　徐应新（11月任）
　　　　陈嘉奋（2月任）
　　　　郑维利　王康福（2月止）
　　　　段福生（2月任）　仇志明
　　　　薛宏伟（挂职，4月止）
　　　　吉　雯（女，挂职，12月止）

【琼山区人大常委会】
主　任　陈国强（9月止）
　　　　吴光亮（9月任）
副主任　李　坚（9月任）
　　　　王康福（2月任）
　　　　方慧玲　蒙　莽

【琼山区人民政府】
区　长　孙　芬（1月止）
　　　　陈昊旻（2月任）
副区长　陈　力　徐应新（8月止）
　　　　林举兆　陆宾林（8月止）
　　　　胡余亨（7月止）
　　　　王　敏（4月止）
　　　　王明夫（9月任）
　　　　周启轩（5月任）
　　　　冯　柳（9月任）
　　　　秦立双（9月任）
　　　　陈　辉（挂职，8月止）
　　　　陈嘉奋（挂职，2月止）
　　　　高晓斌（挂职）
　　　　苏　龙（挂职）
　　　　王承毅（挂职）
　　　　何承毅（挂职）

【琼山区概况】琼山区位于海口市南部，东部、北部与美兰区毗邻，南连文昌市和定安县，西与龙华区接壤。总面积939.9平方千米。其中陆地面积810.7平方千米，占总面积86.3%；水面面积129.2平方千米，占总面积13.7%。森林覆盖率38.38%。2016年，辖龙塘镇、云龙镇、红旗镇、三门坡镇、大坡镇、甲子镇、旧州镇7个镇，国兴街道、府城街道、凤翔街道、滨江街道4个街道，34个社区和71个行政村。其中云龙镇为海口市“计划单列镇”和“统筹城乡示范镇”，7个镇均被列入海南省100个特色产业小镇范畴。辖区内有国营红明农场、省岭脚热带作物场、省长昌煤矿和区属新民林场、中税热作场等。常住总人口50.52万人，其中城镇人口35.41万人，农村人口15.11万人，城镇化率70.09%；户籍人口38.53万人，其中男性20.04万人，女性18.49万人。

琼山历史悠久，人杰地灵，素有“琼台福地”之美称，是海口市国家历史文化名城核心区。有丰富的旅游资源和自然资源。交通四通八达，十分便利，东线高速、绕城高速以及223国道等主要干线穿境而过，区内有海口汽车东站，毗邻海口汽车南站、高铁东站和美兰机场。主要旅游景点有：五公祠、琼台福地、琼台书院、李硕勋纪念亭、琼崖红军改编旧址、琼崖纵队抗日第一枪纪念园、海瑞故居、丘濬故居、冯白驹将军故居、陈得平将军故居等。龙塘镇珠崖岭古城遗址被国务院列为全国第七批重点文物保护单位。境内有中信·台达高尔夫球场和依必朗高尔夫球场，还有被文化部列为文化产业重点项目的海南花卉大世界琼州文化风情街。以龙鳞村、田心村、本立村、加乐湖村、多谷屯村、泮边村、堆插村等为代表的美丽乡村旅游业十分繁荣。境内发现的矿产资源主要有煤、玻璃砂、硅藻土、建筑材料玄武岩石矿等十多种。海南最长的河流南渡江流经琼山区。珍贵林木有沉香、花梨木、山竹子等；地方主要特产有南渡江麻鱼（鳗鱼）、鲤鱼、红旗乳鸽、大坡牧榕鸡、三门坡荔枝、红明荔枝、云龙淮山、旧州富硒水芹、甲子绿头鸭、羊山壅羊等。

【琼山区经济发展】2016年，琼山区地区生产总值122.8亿元，比上年增长8.6%；来源地一般公共财算收入36.1亿元，完成年度预算105.1%。固定资产投资122.59亿元，增长54.7%；社会消费品零售总额完成55.4亿元，增长10%。城乡居民可支配收入2.51万元，增长8.3%；城镇常住居民人均可支配收入完成2.9万元，增长8%；农村常住居民人均可支配收入完成1.27万元，增长9%。

工　业　工业生产呈现下滑趋势，全区工业总产值完成36.15亿元，下降7.4%。其中规模以上工业总产值完成29.5亿元，下降9.8%；规模以下工业总产值完成6.65亿元，增长5%。

农　业　完成农业总产值36.6亿元，增长3.8%。农村产业帮扶共投入资金3055.63万元。继续实施“商标富农”战略，新增注册农产品商标50件。重新完成以“正”字为主题的农产品区域公用品牌LOGO设计，并推广应用至农产品品牌包装。深挖谭文针米、大坡福柚、龙塘黑豆、旧州岭南冷泉水芹、旧州娘子糕、甲子牛大力、云龙萝卜、云龙玉龙笋、三门坡砂姜、三门坡鸭塘果蔗等各镇特色农产品32个，完成大坡青金橘、石榴、胡椒等农产品外包装设计13个。组织大坡胡椒、三门坡荔枝、云龙淮山申报国家地理标志农产品证明商标。三门坡“红尘”荔枝商标被评为“海南省著名商标”，云龙淮山、云龙莲雾、红旗蜜柚、大坡胡椒、甲子牛大力等入选2016年海口市十大农业品牌。在三门坡镇成功举办海口市第六届荔枝节，在大坡镇成功举办大坡福柚骑行活动。推进“互联网+”现代农业行动。8月21日，成立琼山区农业电子商务协会，截至12月底，有30多家电商加入协会。海口市首家特色农产品OTO体验店在朱云路开业运营。新成立农民合作社42家，全区农民合作社总数526家。推广种植杂交水稻1.13万公顷，其中早造5600公顷、晚造5733.33公顷，早造主要品种有特优128、绵5优128、特优249等，良种覆盖率96%以上。琼山区农林服务中心在三

2016年5月27日，海口市第六届荔枝节在琼山区三门坡镇举办。

（吴小莉 摄）

门坡镇瓦灶洋实施海南省种子站安排的早、晚造水稻新品种区域性（生产）试验项目，早造试验品种14个、对照品种1个，晚造试验品种18个、对照品种3个。全年共流转土地612.07公顷；粮食种植面积1733.33公顷，总产量8.5万吨；冬季瓜菜种植面积4533.33公顷；水果种植面积11760公顷。大坡“牧榕文昌鸡”荣获第十四届中国国际农产品交易会金奖。

招商引资　2016年，琼山区在北京、厦门招商洽谈签约活动中，与海南盈达生态农业发展有限公司签约椰海竹韵、海南琼台农业生态文明旅游区项目，与福建嘉德实业有限公司签约海口琼山区红城湖米铺村棚户区改造项目，与海南盈海建业投资有限公司签约琼山特色风情小镇提升改造项目等6个项目，总协议投资额108亿元。推动日月广场、海口塔等落地项目的稳步推进。

重点项目建设　2016年列入琼山区重点项目共24个。其中省重点项目9个，区重点项目10个，云龙单列镇项目5个。项目总投资额296.81亿元，年度计划投资额52.61亿元，年度实际完成投资33.94亿元。其中罗牛山10万头现代化猪场、省博物馆二期、大坡镇种羊综合产业示范园等项目竣工投产，日月广场和海口海航学院等项目即将交付使用。云龙单列镇项目5个，年度计划投资额5.95亿元，完成投资额6.25亿元，占年度计划的105.1%。琼山区列入“百日大会战”项目共23个，其中中央预算内投资项目5个，省重大项目2个，其他项目16个，全部开工建设。

【琼山区社会发展】2016年，琼山区民生支出1.22亿元，新增财力全部用于改善民生。城乡低保投入2813万元，救助10.35万人次。洗马桥社区列入全国防灾减灾示范社区创建。

教育科技　2016年，琼山区区属公办学校共68所，在校学生4.54万人，专任教师2807人。1月，通过县域义务教育发展基本均衡区国家评估验收；5月，通过海南省政府第三轮县级政府教育工作督导评估。12月，旧州中学、三门坡学校、三门坡中心小学被评为省级规范化学校。8所乡镇中心幼儿园全部建成并开园招生，解决幼儿学位2700多个，实现每个乡镇建一所中心园的目标，乡镇建园率100%。以乡镇中心园为示范辐射周边农村幼儿园，实现农村和城区学前教育的均衡发展。重点做好琼山一小、琼山五小、琼山九小、红星小学的改扩建项目工作，解决“学位紧张”“大班额”等问题。8月，那央小学、红星小学升格为区直属学校，增加学位1000个。成功申报4个市级科技示范基地、2个服务点和3个区级农业科技示范基地，至年底，基地进入项目建设实施阶段；组织指导各镇农业科技110服务站举办科技培训班80期，培训农民8000人次。

卫　生　甲子镇卫生院新民分院新建和配套项目建设工程完成并投入使用，新建5家村委会卫生室完成验收，其中4家投入使用。琼山区基层卫生院和村卫生室标准化建设覆盖率100%。继续进行市第三人民医院和云龙镇卫生院联合办医模式改革试点工作，区妇幼保健院和乡镇卫生院全面推行“先诊疗后付费”诊疗服务模式，乡镇卫生院开设无假日门诊。府城、忠介社区卫生服务站启动社区医生签约服务改革试点，为社区居民提供基本医疗及公共卫生服务，对空巢老人和行动不便有特殊需求的签约居民提供上门访视、家庭病床等服务。全区共补偿参合农民33.24万人次，产生医疗费用总额1.44亿元；新农合基金补偿7982.36万元，占年度基金总额的85.41%。全区城乡居民健康档案规范建档人数42万人，建档率86%（目标为80%），超额完成任务。

文　化　健全公共文化服务平台服务体系，文化馆大楼项目进入施工阶段。新建31间行政村文化室，投入270万元建成4个街道文化站。在4个街道共安装健身路径25套，投入47.63万元补充完善26个社区健身设施。启动的“琼台复兴计划”完成整体策划、概念规划和专题策划，改造修复培龙后街、宗伯里一横路和达士巷。打造“府城元宵换花节”特色文化品牌。组织电影下乡23场，琼剧下乡39场。在大坡镇文化广场组织开展琼山区第五届全民趣味体育运动会等群众喜闻乐见的体育活动。举办4期3级社会体育指导员培训班。在全民健身日举办乡镇女子排球赛。组队参加省、市农民趣味运动会和全民健身运动会。

社会保障　新增就业岗位1.11万个，完成年度工作任务的107.9%；下岗失业人员再就业2471人，完成年度任务的108.67%；农村富余劳动力转移就业2021人，完成年度任务的111.05%；就业登记289人，失业登记450人。帮扶109人申请小额担保贷款，贷款金额1059万元，拉动333人就业。全区城镇居民基本医疗保险共7.67万人参保，完成目标任务7.2万人的106.53%；城乡居民养老保险完成参保6.37万人，收缴保障基金额1082.42万元，养老金发放率100%，缴费率96.7%；被征地农民参加社会养老保险工作启动90%，完成50%，被征地农民共1989人成功申请到缴费补贴资金2052.02万元，落实补贴62.04公顷，征地农民养老保险工作完成情况居全市前茅。

【琼山区城乡建设与管理】 2016年，琼山区共投入4.09亿元，完成培龙等7个农贸市场、785条小街小巷、33间公厕的升级改造和建设工作。双创广场、中介路商业步行街、福地特色美食街、宗伯里一横街等项目建设基本完成，建成7个便民生活圈示范点。加快补齐“三无小区”短板，完成全区96个“三无小区”整治。全区共拆除各类违建809宗，61.4万平方米，控违122宗308万平方米；签订“门前三包”责任书8096份，完成率100%；处罚4692宗，罚款99.1万元，建成全省首家智慧垃圾分类屋。

环境保护　加大对龙塘水源地保护力度，水质达标率100%；推行“河长制”，加强对美舍河、红城湖的水质监测与治理。对河口小溪实施PPP项目改造，项目正在推进中。

旧城区改造　红城湖片区、滨江西路南端、滨江新城二期、夏瑶二期等棚户区改造项目征收工作基本完成。其中红城湖片区米铺地块率先完成收储，成为海口市实施棚改新政以来首宗挂牌出让的地块。

【琼山区新农村建设】 至2016年，琼山区的云龙、红旗、三门坡、大坡、甲子、旧州被列入产业小镇，基本达到“一镇一产业、一镇一特色、一镇一风情”。年内全面启动龙塘等7个镇的立面改造工程，完成美丽乡村“十三五”建设计划及9个“美丽乡村”（自然村）初步规划编制。云龙镇入选中国第一批特色小镇、大坡镇树德村、三门坡龙马村被评为全省三星级美丽乡村。建设农村公路85.45千米。创建文明村庄55个，其中新建村25个，巩固村30个。全区共建成文明生态村729个，创建率97.3%。在文明生态村建设中，各镇街、各部门共整合投入资金2000多万元〔市、区文明生态村专项资金投入680万元，各镇（街）投入资金300多万元，扶贫、一事一议等涉农资金投入820多万元，区领导及区级帮扶单位投入资金250多万元，市领导及市级帮扶单位投入资金70余万元〕，群众自筹200多万元，投工投劳3.5万个，共硬化主道1.97万米，硬化巷道9416米，修挡土墙1817米，美化绿化面积4608平方米，新建文化室3间，球场2个，休闲点53个。

基层党组织与村委会建设　2016年，琼山区105个村（居）“两委”班子率先在全市完成换届选举工作。全区71个村委会选举产生农村“两委”班子成员433名，其中女性80名，占18.5%；35岁以下31名，占7.2%；大专学历以上58名，占13.3%；高中（中专）生275名，占63.5%。34个社区选举产生社区“两委”班子成员213名，其中，女性86名，占40.4%；35岁以下79名，占37.6%；大专学历以上168名，占78%；高中（中专）生42名，占20.2%。105个村（居）书记、主任全部实现“一肩挑”。村民参选率95.8%，选举产生646名“两委”成员，其中村（居）委会成员599名，村（居）党支部成员484名。“两委”成员交叉任职率91%。区财政投入资金400万元，新扩建村级组织活动场所6个。至12月底，全区48个村（居）组织活动场所建设项目中，除6个列入棚改项目外，其他42个全部挂牌进驻办公。

2016年琼山区行政区划表

镇、街道、农场名称	土地面积（平方千米）	社区（个）	行政村（个）
国兴街道	4.85	7	
府城街道	6.6	8	
滨江街道	13.2	5	
凤翔街道	32.6	6	5
龙塘镇	39.06	1	10
云龙镇	96.00	1	7
#省岭脚热作场	6.79		
红旗镇	124.30	1	10
#国营红明农场	4.95		

续表

镇、街道、农场名称	土地面积（平方千米）	社区（个）	行政村（个）
大坡镇	152.17	1	5
甲子镇	156.41	1	14
#省长昌煤矿	1.83		
旧州镇	124.57	1	10
合计	939.9	34	71

2016年琼山区所辖街道、镇、建制村（社区）情况表

单位：个

街道、镇	社区	建制村	自然村	村民小组	居民小组
琼山区合计	34	71	724	919	216
国兴街道	巴伦、攀丹、米铺、道客、文政、文坛、八一				20
府城街道	府城、北官、忠介、文庄、云露、甘蔗园、龙昆南、北胜				73
滨江街道	东门、城东、下坎、铁桥、博桂				43
凤翔街道	大园、三峰、高登、桂林、凤翔、洗马桥	五岳、那央、儒逢、红星、石塔	26	31	42
龙塘镇	龙塘	三桥、龙富、仁三、潭口、龙光、新民、龙新、文道、仁庄、三联	55	58	3
云龙镇	南区	云龙、云阁、云裕、云岭、云蛟、儒林、长泰	78	98	2
红旗镇	土桥	昌文、大山、龙榜、合群、道崇、龙源、龙发、墨桥、红旗、苏寻三	125	151	10
三门坡镇	庆丰、谭新	新德、文岭、美城、龙马、谭文、谷桥、乐来、清泉、友爱、文蛟	113	164	18
大坡镇	博坡	树德、福昌、中税、大坡、新瑞	76	92	40
甲子镇	甲新	甲子、群星、新昌、民兴、红岭、昌西、青云、民昌、琼新、琼星、益新、益民、大同、仙民	153	216	8
旧州镇	双拥	旧州、联丰、红卫、联星、池连、光明、岭南、道美、雅秀、文新	98	109	2

注：2016年6月琼山区政府在东昌农场设立琼山区大坡镇东昌居，隶属大坡镇，下设36个居民小组。

2016年琼山区国民经济和社会发展指标

指标名称	单位	2016年	2015年	增长（%）
一、地区生产总值	万元	1228096	1110182	8.6
人均地区生产总值	元	24391	22201	7.9
二、农业总产值	万元	358931	307275	2.8
三、工业总产值	万元	363065	425698	-7.1
其中：规模以上工业总产值	万元	296937	360475	-9.4
规模以下工业总产值	万元	66128	65223	4.4
四、固定资产投资总额	万元	1225875	792412	54.7
其中：房地产开发投资	万元	765035	435498	75.7
五、社会消费品零售总额	万元	554026	503660	10.0
六、公共财政预算收入	万元	360654	362541	-0.5
公共财政预算支出	万元	202396	210570	-3.9
七、城乡居民人均可支配收入	元	25089	23159	8.3
城镇常住居民人均可支配收入	元	28998	26850	8.0
农村常住居民人均可支配收入	元	12655	11610	9.0
九、年底户籍总人口	人	385348	383134	0.58
十、年底常住总人口	人	505200	501800	0.68

（陈南安）

美兰区

【中共美兰区委】

书　记　龙卫东

副书记　冯　琳　裴克波（2月任）

常　委　朱宗英（女，2月止）

李小云（女，2月止）

李新亮　符　曜

郑作东（8月止）

陈　新（女）

杨　帆　（女）

郑　艳（2月任）

【美兰区人大常委会】

主　任　张扬鸿（11月退休）

李春明（11月任）

副主任　林明雄（4月退休）

符朝阳　张秀颜　林志刚

王祥建（9月任）

林小杨（5月止）

【美兰区人民政府】

区　长　冯　琳

副区长　陈　新　熊延胜　刘慧义

杨柳芳（女）

程守学（2月任）

王业民（9月任）

武　欣（女，挂职）

李爱国（挂职）

于宝福（挂职）

黄宏春（女，挂职）

杨定海（挂职）

【美兰区概况】美兰区位于海口市东北部，东接文昌市，南靠琼山区，西邻龙华区，北临琼州海峡，南渡江、美舍河、海甸溪横穿城区注入大海，是海南的政治、经济和文化中心城区。总面积581平方千米。2016年，辖白龙、白沙、博爱、海甸、蓝天、海府路、人民路、新埠、和平南9个街道办事处和灵山、演丰、三江、大致坡4个镇，共55个社区居民委员会、53个村民委员会。桂林洋、罗牛山、三江3个农场和冲坡岭热带作物场（区管）位于区内。总人口65.5万人。区位资源优势明显，有以海府大道和海秀大道为轴心的集旅游、购物、休闲、娱乐为一体的海口市旅游购物中央商贸区；以国兴大道为新轴线的大英山开发片区；海南大学、海南科技职业学院、中国（海南）改革发展研究院等多家教育和科研机构；有118千米黄金海岸线，有旅游开发价值高、热带海岛资源、生物资源和景观资源丰富的海甸岛、新埠岛、司马坡岛和北港岛；世界第三、亚洲第一的东寨港国家级红树林自然保护区和东寨港琼北地震遗址；有位于大致坡镇的中国戏剧家活动基地和国家文化事业示范基地；有中国十大空港之一的美兰国际机场；海文高速公路、东环铁路纵贯全境，辖区内交通网络四通八达，供水、供电、通讯、医疗、旅游等设施较为完善，城市服务功能日臻完备，是海口重要的交通枢纽和信息、物流中心。区内种植的泰国黑金刚莲雾，是全国连片面积最大的莲雾种植基地，是农业部、海南省农业厅的重要热带水果示范基地。境内土特产品主要有演丰镇的咸水鸭、曲口海鲜，灵山镇的灵山粉。

【美兰区经济发展】2016年，美兰区实现地区生产总值307.2亿元，比上年增长8.2%；固定资产投资336.6亿元，增长23.6%；地方一般公共财政预算收入14.06亿元，同口径增长11.8%；社会消费品零售总额162.1亿元，增长9%；城镇居民人均可支配收入2.91万元，增长8.1%；农村常住居民人均可支配收入1.27万元，增长8.8%。

工　业　完成工业总产值56.4亿元，增长13.5%。产业主要分布在灵山镇、演丰镇、三江镇、大致坡镇。工业企业努力克服发展空间小、市场需求少等各种制约因素，通过技术改造、新产品开发和加大营销力度等有效措施，实现工业经济较快增长。

农　业　完成农林牧渔业总产值29.6亿元，增长2.6%。大力推进品牌带动战略，打造"美兰三角宁地瓜""海口莲雾"等农业品牌，海口三江湾生蚝养殖基地成功注册"三江湾"商标，农业基地化、规模化发展成效明显，渔业生产经营效益持续提升，农村新产业、新业态逐步形成。全区有面积33.33公顷以上冬季瓜菜基地4个，瓜菜种植面积1506.67公顷；20公顷以上热带水果基地4个，种植面积830.33公顷；6.67公顷以上的规模花卉基地20多个，种植面积3000公顷；建成标准化畜禽养殖小区23个，年畜禽出栏715.7万头（只）。海洋渔业稳步发展，全区水产养殖总面积2466.67公顷，海洋渔业水产品总产量4.12万吨、总产值8.26亿元，分别增长5.2%、10.12%，海洋渔业水产品产量占全市的52%以上，其中捕捞产量1.39万吨、产值2.31亿元，水产养殖产量2.74万吨、产值3.16亿元，水产品加工产值2.79亿元，渔民人均收入1.33万元、增长12.8%。推进"绿化宝岛大行动"，造林绿化面积410.83公顷，完成市下达320公顷目标任务的128.4%，全区森林覆盖率38.5%。

商贸服务业　2016年，美兰全区第三产业增加值248.7亿元，占GDP总量的81%。（1）商贸服务产业：以海秀东路、海府路、蓝天路、大英山为重点的核心商业圈不断扩展延伸，全区商贸、金融、旅游、汽车和餐饮等多层次的消费业态稳步发展，核心商业区、特色商业街和社区三级商贸网点保持在3万家以上，商贸服务功能和辐射带动能力日益增强。灵山海南门户形象初显，江东产业聚集加快，海南国际汽车园等20个产业园区集群化崛起。特别是江东电子商务产业园有281家企业入驻，年交易额20亿元。演丰互联网产业小镇创建海南首家一站式创新创业服务中心，蜂巢创新工场等25家企业入驻，完成注册的企业有60多家。全区商贸、旅游、汽车和餐饮等多层次的服务贸易业态稳步发展，核心商业区、特色商业街和社区三级商贸业网点保持在3万余家的规模。海甸岛、新埠岛和琼山大道沿线逐步呈现商业商圈新亮点，区域性现代商贸物流中心城区的地位不断提高。（2）旅游地产业：大英山片区、江东核心区、机场片区、海甸岛和新埠岛等区域的一大批旅游地产项目相继建成，并且形成从单一的房地产开发向综合型的休闲旅游、度假酒店、商务办公、金融服务等业态发展，是带动美兰区现代服务业发展壮大的支柱；以滨江滨海为重点的旅游及服务产业发展初显规模，红树林旅游景区、鲁能希尔顿酒店等一批休闲旅游项目建成营业，形成新的旅游品牌；大致坡"十美乡村"、三江"鹤舞九湖"乡村游初显雏形，成为乡村休闲旅游点

项目建设和招商引资　2016年，全区引进项目23个、计划投资173.8亿元。区内46个重点项目累计完成投资253.6亿元，占年度投资计划148亿元的171.38%。美兰国际机场二期、临空产业园、如意岛等6个超百亿级项目正加快实施。服务社会投资"百日大行动"项目开工率和投资计划完成率提前实现"双百"目标。

【美兰区社会发展】2016年，美兰区坚持把新增财力85%以上用于民生领域。完成区委区政府10类15件为民办实事。开展脱贫攻坚，全区355户、1332人实现脱贫，完成市下达脱贫任务量的115%。

教　育　全面加强义务教育均衡发展，投入4000万元建设教育教学基础设施，优化办学条件，持续提升全区教育教学水平和质量；推进城乡薄弱学校教学点建设和省市级规范化学校创建工作，实施"一校一品，一校一特色"计划和第二轮"学前三年行动计划"。位于区内的北京师范大学海口附属学校高中部开工建设，广东外语外贸大学附属海口外国语学校项目签约落地。全区教育工作在省第三轮市县（区）教育工作督导评估中荣获"优秀"等级，获评海南唯一的全国青少年校园足球试点区（县）。

文化体育　整合市、区资金7245万元，新建45个村（居）组织活动场所。区文化馆、图书馆、档案馆动工建设。万福社区成为海口唯一入选全国百个社区宣传思想文化工作示范点的社区。建成41家村（居）社区儿童之家，海甸街道新安社区被省民

政厅赞誉为全省社区建设的样板。完成社区（乡镇）晨晚练体育活动点51处的挂牌工作；完成社区（乡镇）全民健身体育健身器材331件安装、维修更换工作。统筹举办第一届美兰区农民趣味运动会，推动农村健身活动的深入开展，丰富农民群众文体生活。联合海南省民族管弦乐学会举办“美兰杯”首届海南八音乐曲新作品征集活动；与省民族管弦乐学会、灵山镇中心小学联合打造“美兰区少儿八音乐团”暨“美兰区灵山中心小学少儿民族管弦乐团”。

社会保障　新增城镇就业1.4万人，完成市下达任务的103.6%，城镇登记失业率控制在3%以内。城乡居民养老参保4.6万人，养老金发放2.1万人，城镇居民医保参保12.7万人，参保率均达到95%以上。全年新增受理各类保障房申请691户，核准307户。通过财政惠民补贴资金“一卡通”系统发放廉租住房货币补贴1278户，惠及2947人。巩固提升国家慢性病综合防控示范区建设工作。加强城乡创业支撑服务，发放创业小额担保贷款167笔共1658万元。

【美兰区城市建设和管理】2016年，美兰区完成改造建设背街小巷666条，演丰、三江、大致坡3个镇的镇墟改造正式启动，完成五指山路等36条道路的改造和景观提升，改造黄土裸露覆盖面积3.4万平方米，升级改造农贸市场14个，打造潮立方等18个特色餐饮街区和15分钟便民生活圈，创建美丽沙音乐广场等13处“双创”示范点。鸭尾溪等11条水体水环境综合治理初见成效，主城区12条河流都实行“河长制”。拆除违建1469宗、面积83.9万平方米；防控违建663宗、面积8.3万平方米。同时，探索城市管理新机制、新模式，利用科技手段创建“双创”管理与联动工作平台，实现城市管理部门相互联动，44%的问题在两小时内得到解决，获《人民日报》《海南日报》等主流媒体点赞。实施区级领导常态夜巡、星级文明卫生评比、“美兰一家人”市民观测评选活动等一系列“双创”长效管理制度，城市管理逐步实现日常化、制度化。98个征地项目有序推进，累计完成征地协议签订面积333.33公顷。全力推进11个棚改项目，征收投入88亿元，有效拉动全区固定资产投资的快速增长和带动相关产业的发展。

【美兰区新农村建设】2016年，美兰区共投入资金946万元用于创建和巩固文明生态村建设；投入资金308万元，解决14个村庄约3000人的饮水困难问题；完成农村危房改造450户；整合各级资源，加大力度建设演丰国家新型城镇化综合试点，投入资金1000万元用于演丰自主招商引资工作和创建红树林创新创业服务平台。设立人才、医疗和教育三个专项资金。建立行政审批规程、服务流程与市区二级同步衔接的演丰镇政府服务中心。市、区财政投入1176.7万元用于农村基础设施建设，其中：市财政投入687.9万元用于美兰区省2016年为民办实事项目，共建设4条农村公路，总长度10.5千米；区财政投入488.8万元用于美兰区2016年农村基础设施建设项目，共建设农村公路8.4千米，挡土墙170米。其中，在灵山镇文科村、桃连村、赤骨村、会下宅村建设共5条农村公路，4.5千米；在三江镇眼镜塘村建设1条农村公路，约0.3千米；在大致坡镇堆玉村建设1条农村公路，1.5千米。建设标准混凝土路面3.5米宽，厚18厘米，两边土路肩50厘米；在大致坡镇大东村委会高林村建设长约170米、高约2米的挡土墙；投入资金756.3万元用于美丽乡村建设项目，对灵山镇、演丰镇、三江镇及大致坡镇11个村庄进行景观提升改造1.09万平方米，绿化种植面积3623平方米，道路改造面积1826平方米，新增导视牌10个、设置垃圾回收点61个等。其中在三江镇罗梧村修建2条村道，约长500米；在大致坡镇美峰村修建1条村道，长44米。

2016年美兰区行政区划表

指标	单位	全区合计	区辖镇（街）												
			灵山镇	演丰镇	三江镇	大致坡镇	新埠街道办事处	白龙街道办事处	蓝天街道办事处	和平南街道办事处	海府路街道办事处	博爱街道办事处	白沙街道办事处	海甸街道办事处	人民路街道办事处
土地面积	平方千米（航拍数据）	522	128.8	169.9	70.9	115.4	8.3	4.6	3	1.1	1.1	1.1	3.2	6.6	8
社区	个	55	1	1	1	3	4	6	4	5	6	7	4	6	7
建制村	个	53	22	13	8	10	0	0	0	0	0	0	0	0	0

2016年美兰区所辖镇、街道办事处、建制村（社区）

区辖镇（街）	社区	建制村
灵山镇	灵山	晋文、群山、灵山、桥东、福玉、锦丰、红丰、大林、林昌、大昌、美庄、新岛、新琼、新市、新管、爱群、东头、东平、东营、仲恺、东湖、东和
演丰镇	演丰	北港、边海、演海、演东、演南、演西、演中、昌城、群庄、山尾、美兰、苏民、塔市
三江镇	三江	三江、眼镜塘、江源、上云、茄南、苏寻三、道学、茄芮
大致坡镇	民乐、椰林、咸来	大东、金堆、栽群、咸来、永群、美桐、美良、崇德、大榕、昌福
新埠街道办事处	新埠、三联、新东、土尾	
白龙街道办事处	美舍、五贤、千家、流水坡、振兴、群上	
蓝天街道办事处	龙岐、万华、下洋、塔光	
和平南街道办事处	君尧、上坡、文明、光阳、琼苑	
海府路街道办事处	东湖里、白坡里、龙舌坡、龙峰、南宝、大英	
博爱街道办事处	三亚、振龙、龙文、新风里、南联、联桂坊、红坎坡	
白沙街道办事处	岭下、锦山里、白沙坊、白龙	
海甸街道办事处	海达、新安、金甸、白沙门、福安、沿江	
人民路街道办事处	银甸、捕捞、邦墩、拦海、新利、万福、美丽沙	

2016年美兰区国民经济发展指标

指 标 名 称	单位	2016年	2015年	增长%
一、地区生产总值	亿元	307.2	282.7	8.2
第一产业	亿元	19.4	16.7	3.6
第二产业	亿元	39.1	37.2	6.5
第三产业	亿元	248.7	228.8	8.7
二、农业总产值	亿元	29.6	25.8	2.6
三、工业总产值	亿元	56.4	50.3	13.5
其中：规模以上工业总产值	亿元	49.04	43.02	15.6
规模以下工业总产值	亿元	7.35	7.25	4.4
四、固定资产投资总额	亿元	336.6	272.3	23.6
五、社会消费品零售总额	亿元	162.1	148.7	9
六、城乡居民人均可支配收入	元	25181	23230	8.4
七、城镇居民人均可支配收入	元	29116	26934	8.1
八、农村常住居民人均可支配收入	元	12665	11641	8.8

2016年美兰区社会事业主要指标

指　标	单位	2016年绝对数
一、教育事业财政投入	万元	47329
学校（不含民办）	所	75
其中：完全中学	所	—
普通中学	所	10
小学	所	65
高中就读学生	人	—
初中就读学生	人	10750
小学就读学生	人	39269
二、户籍总户数	户	171403
三、户籍总人口	人	511434
其中：非农业人口	人	376559
四、文化事业财政投入	万元	7245
五、医疗卫生事业财政投入	万元	30238

（梁鸿鹏）

（编辑：吕书萍）

人 物

新任市领导

张 琦 1961年3月出生，安徽寿县人。在职研究生学历，工学硕士学位。1981年8月参加工作，1983年6月加入中国共产党。1979年9月至1981年8月就读于淮南师范专科学校数学系。1981年8月至1988年8月先后任淮南师范专科学校团委干事、副书记、书记；1988年8月至1991年10月任煤炭部淮南矿务局南方公司副经理；1991年10月至1997年2月先后任海南省农业综合开发实验区管委会工商处负责人、处长、局长等职务（其间：1992年2月至1993年12月在天津大学管理系工商管理专业学习，获工学硕士学位）；1997年2月至2003年2月先后任海南省工商行政管理局副局长、党组成员、纪检组组长；2003年2月至2006年5月先后任海南省三亚市委常委、副市长、市委副书记；2006年5月至2008年8月任海南省旅游局局长、党组书记；2008年8月至2010年2月任海南省儋州市委副书记、代市长、市长（正厅级）；2010年2月至2014年9月任海南省儋州市委书记，兼洋浦经济开发区工委副书记（正厅级）（其间：2011年3月至2011年10月兼任儋州市人大常委会主任）；2014年9月至2014年10月任海南省委常委、儋州市委书记，兼洋浦经济开发区工委副书记；2014年10月至2016年11月任海南省委常委、三亚市委书记；2016年11月任海南省委常委、海口市委书记，中共十八大代表。

郑柏安 1963年10月出生，海南海口人。全日制博士研究生学历，食品工程博士。1994年1月参加工作，1997年8月加入中国共产党。1981年9月至1982年3月在中山大学物理系学习，1982年3月至1983年3月在中国赴日本留学生预备学校培训学习，1983年3月至1989年3月在日本东京水产大学就读本科、研究生，1989年3月至1992年3月在日本京都大学博士课程食品工学专业学习，1992年3月至1993年10月在日本食粮科学研究所、日本QP株式会社中央研究所博士后学习。1994年1月至2000年5月在海南省工业厅先后任主任科员、副处长、处长（其间：1994年至1995年7月兼任省食品工业协会副会长、秘书长；1995年至1996年在三亚市天涯水泥厂挂职锻炼任副厂长）；2000年5月至2003年7月在海南省经济贸易厅任处长（其间：2001年9月至2002年1月参加海南省第六期中青年干部培训班）；2003年7月至2006年在海南省发展与改革厅任处长；2006年10月至2009年6月在海南省工业经济与信息产业局先后任处长、副局长、党组成员；2009年6月至2009年8月任海南省工业和信息化厅副厅长、党组成员（2009年4月至2009年8在东方市挂职锻炼，任常委、副市长）；2009年8月至2013年任临高县委副书记，县政府县长（副厅级）；2013年1月至2016年10月任海南省安全生产监督管理局局长、党组书记；2016年10月任中共海口市委常委。

王忠云 1971年8月出生，湖南衡阳人，在职研究生学历，公共管理硕士学位，工程师，2007年3月加入中国共产党，1994年7月参加工作。现任中共海口市委常委、宣传部部长。1990年9月至1994年7月在中国传媒大学（原北京广播学院）读本科。1994年7月至1999年6月在海南广播电视总台历任新闻中心编导、记者、责任编辑；1999年6月至2001年2月创办海南省第一档房地产电视栏目《椰城广厦》并担任制片人（副科）；2001年2月至2002年2月通过全台公开竞聘担任民生新闻栏目《晚间新闻》总制片人（正科）；2002年2月至2005年6月通过全台公开竞聘担任海南广播电视总台社会新闻部主任、《直播海南》总制片人（副处）（其间：2002年9月至2004年9月就读北京大学国际新闻学院在职研究生）；2005年7月至2010年2月先后任旅游卫视资讯部中心主任（副处级）、大型活动部主任、事业发展部总监；2010年2月至2012年7月先后任海南广播电视总台海口记者站副站长，站长（正处）（其间：2010年9月至2012年1月在海南大学EMBA总裁班结业）；2012年7月至2016年2月任海口广播电视台台长、党委书记（其间2012年9月至

2015年7月就读清华大学公共管理学院硕士研究生）；2016年1月至2016年2月任中共海口市委常委，2016年2月任中共海口市委常委、市委宣传部部长。

（林贻巍）

杜立文　1957年11月出生，湖南益阳人，大学学历，工学学士学位，1985年6月加入中国共产党，1975年3月参加工作。1975年3月至1978年8月在湖南省益阳地区南县麻河口镇下乡当知青，1978年8月至1982年7月在湖南省农学院农机系农业机械化专业学习。1982年7月至1984年4月在湖南省南县拖拉机配件厂当干部，1984年4月至1986年5月在湖南省益阳地区齿轮厂先后任干部、办公室副主任；1986年5月至1993年12月在中共湖南省益阳地委组织部先后任科员、办公室副主任、科长；1993年12月至1998年2月任湖南省益阳市人民政府（地区行署）驻海南联络处主任（副处级）；1998年2月至2001年4月任海南省建材总公司党委办副处级干部（其间：1998年4月至2001年4月借调在中共海南省委组织部研究室工作）；2001年4月至2011年9月在中共海南省委组织部先后任《海南党建》编辑部副主任、主任，研究室副主任，处室处长，部务委员；2011年9月至2015年12月先后任中共海口市委常委、组织部部长，海口市人大常委会党组书记；2016年1月任海口市人大常委会主任、党组书记。

方中里　1962年9月出生，海南文昌人，中央党校研究生学历，1988年3月加入中国共产党，1983年8月参加工作。1981年9月至1983年8月就读于广东省财政学校财政专业。1983年8月至1989年12月在海南行政区财政局先后任办事员、科员、团支部书记、团总支书记（其间：1985年9月至1988年7月在中南财经大学财会专业学习）；1989年12月至1998年7月先后任海南省财税厅行财处副主任科员、主任科员、行财处党支部书记，法规处副处长；1998年7~12月在三亚市财政局挂职先后任副局长、党组成员、党组副书记（其间：1996年9月至1998年12月在中央党校领导干部经济管理专业本科班学习）；1998年12月至2003年2月任三亚市财政局局长、党组书记（其间：1998年9月至2001年7月在中央党校函授学院经济管理专业研究生班学习）；2003年2月至2007年1月任三亚市人民政府副市长、党组成员；2007年1月至2011年10月任三亚市政协副主席、党组成员、党组副书记兼三亚市保障性住房办公室主任；2011年10月至2014年5月任海口市人大常委会党组成员、市人大常委会副主任、市人民代表大会财政经济委员会主任委员；2014年5月至2015年7月任海口国家高新技术产业开发区工委书记（副厅级）；2015年7月至2016年1月先后任海口市人大常委会党组成员、党组副书记，为市人大常委会副主任候选人；2016年1月任海口市人大常委会副主任、党组副书记，海口市人民代表大会财政经济委员会主任委员。

揭晓强　1966年9月出生，江西广昌人，大学学历，经济学学士学位，1991年6月加入中国共产党，1986年7月参加工作。1982年9月至1986年7月在江西大学经济系政治经济学专业学习；1986年7月至1989年7月在江西省总工会干部学校当教师；1989年8月至2016年10月在海南省总工会先后任职工权益维护部副主任科员、主任科员，办公室副主任，秘书长（正处级），办公室主任，宣传教育部部长，经费审查委员会主任，党组成员、经费审查委员会主任，副主席、党组成员（其间：1991年7月至1992年5月抽调至海南省企业工资制度改革办公室工作；2006年2月至2006年12月挂职担任中共琼海市委副书记；2011年3月至2012年1月在中央党校中青年干部培训班学习）；2016年10~11月为海口市人大常委会副主任候选人，2016年11月任海口市人大常委会副主任、党组成员，海口市人民代表大会法制委员会主任委员。

叶　霞　女，1961年4月出生，海南文昌人，在职大学学历，工学学士学位，高级工程师，民建会员，1979年12月参加工作。1979年12月至1992年7月为海口市建筑设计室职工、干部（其间：1980年9月至1983年7月在广东省广州市建筑设计中等专业学校学习；1984年3月转为国家干部；1985年9月至1987年7月华南工学院工程力学系建筑结构及设计专门化专业学习；1988年4月被评为结构助理工程师）；1992年7月至1997年9月为海口市建筑工程质量监督站干部（其间：1993年8月被评为质量监督工程师；1994年7月至1997年7月哈尔滨建筑大学建筑工程专业函授本科学习，获工学学士学位）；1997年9月至1999年7月任海口市建设工程招标投标服务中心副主任（其间：1998年11月晋升为建筑工程高级工程师）；1999年7月至2003年1月任海口市建筑安全监督站站长（其间：2000年9月至2002年6月南京大学行政管理专业研究生班学习）；2003年1月至2006年9月任海口市龙华区人民政府副区长；2006年9月至2007年2月任民建海口市第九届委员会专职主委；2007年2月至2015年12月任海口市政协副主席，民建海口市委员会主委（兼）（其间：2012年3月至2013年1月挂职担任中国海洋石油总公司工程建设部副总经理）；2015年12月至2016年1月任海口市政协副主席、海口市人大常委会副主任候选人、民建海口市委员会主委（兼）；2016年1月任海口市人大常委会副主任，民建海口市委员会主委（兼）。

许焕中　1964年11月生，海南临高人，中央党校研究生学历，1989

年4月加入中国共产党，1985年7月参加工作。1982年9月至1985年7月就读于海南大学数学系数学专业；1985年7月至1988年2月在广东省国营龙江农场龙江中学当教师；1988年2月至1990年8月在海南国营珠碧江农场先后任宣传科干事、副科长、科长（副科级）；1990年8月至2003年1月在中共海南省纪委先后任办公室副主任科员，案件审理室主任科员、副处级检查员、监察员，机关党委专职副书记（副处级、正处级）（其间：1993年8月至1995年12月中央党校函授学院本科班经济管理专业学习）；2003年1月至2007年8月先后任中共三亚市纪委副书记，市审计局局长、党组书记；2007年8月至2012年1月任三亚市审计局局长、党组书记 （其间：2006年9月至2009年7月就读于中央党校研究生院经济学〈经济管理〉专业）；2012年1月至2014年5月先后任三亚市审计局局长、市财政局党组书记，市财政局局长、党组书记；2014年5~6月任三亚市人大常委会党组成员，市人大常委会副主任候选人，市财政局局长、党组书记；2014年6月至2016年10月任三亚市人大常委会副主任、党组成员；2016年10~11月为海口市人大常委会副主任候选人；2016年11月任海口市人大常委会副主任、党组成员。

盛 林 1962年9月出生，贵州瓮安人，大学学历，经济师，1986年11月加入中国共产党，1983年9月参加工作。1979年9月至1983年7月在贵州工学院化工系有机化工专业学习；1983年9月至1989年3月在贵州省黔南州物资局先后任业务科干部、科员（其间：1986年2月至1987年2月在贵州省荔波县朝阳乡挂职担任乡长助理）；1989年3月至1989年10月任贵州省黔南州物资贸易公司副经理兼海口公司经理；1989年10月至1990年3月任贵州省黔南州物资协作公司副经理兼海口公司经理；1990年3月至1991年7月任贵州省黔南州物资局业务科副科长；1991年7月至1996年4 月先后在海口市计划统计局工交计划科、引资计划科任副科长（其间：1992年6月至1992年12月任派驻市玻璃厂工作组组长）；1996年4月至1999年4月任海口市计划局引资计划科科长，1999年4月至2006年3月任市发展计划局投资科科长；2006年3月至2007年3月任市发展和改革局党组成员、海口市政府投资项目管理中心主任（副处级）；2007年3月至2009年10 月先后任市发展和改革局副局长、党组成员、党组书记（正处级），市政府投资项目管理中心主任（兼）；2009年10月至2011年3月任市发展和改革委员会（市国民经济动员办公室）党组书记、副主任（正处级），市政府投资项目管理中心主任（兼）；2011年3月至2016年7 月先后任市国土资源局局长、党组副书记、党组书记；2016年7~8 月任海口市人大常委会党组成员、市人大常委会副主任候选人，市国土资源局局长、党组书记；2016年8~11月任海口市人大常委会党组成员、市人大常委会副主任候选人；2016年11月任海口市人大常委会副主任、党组成员，市总工会党组书记。

孟 励 1964年9月出生，河南民权人，自学本科学历，二级高级法官，1986年10月加入中国共产党，1984年7月参加工作。1982年9月至1984年7 月在河南省政法干部学校学习；1984年7月至1995年1月在河南省高级人民法院任书记员、副科级书记员、正科级助理审判员（其间：1989年1月至1991年4月在郑州大学法律专业自学本科班学习）；1995年1月至1998年8月在海南省洋浦人民法院先后任民经庭副庭长、庭长，院长助理、副院长；1998年8月至2002年2月先后任海南省洋浦中级人民法院审判委员会委员、民庭庭长（正处级）（其间：1998年9月至2001年12月在海南大学法学院经济法专业函授本科班学习）；2002年2~12 月任琼山市人民法院院长、党组书记；2002年12月至2004年3月任海口市龙华区人民法院院长、党组书记；2004年3月至2011年3月先后任海口市中级人民法院副院长、党组成员、党组副书记、审判委员会委员；2011年3月至2015年12月先后任海口市美兰区委副书记、区政府区长、区委书记；2015年12月至2016年1月为海口市人大常委会副主任候选人、海口市美兰区委书记；2016年1~8月任海口市人大常委会副主任、党组成员；2016年8月任海南省扶贫工作办公室主任、党组书记。

（陈 娜）

顾 刚 1977年4月出生，陕西镇安人，在职研究生学历，工学博士学位。1997年4月加入中国共产党，1998年7月参加工作。1994年9月至1998年7月在东北财经大学会计学院注册会计师专门化专业学习；1998年7月至2002年7月在中国种子集团、中国银泰投资有限公司财务部先后任财务、会计主管、业务经理；2002年7月至2005年8月在海南三亚瑞达置业有限公司、湖南金果实业股份有限公司先后任财务总监、监事（其间：2001年9月至2003年5月在中国人民大学会计学院研究生课程班学习）；2005年8月至2008年9月任北京银泰置业有限公司财务总监；2008年9月至2015年7月任海南省发展控股有限公司副总经理、党委委员（其间：2007年10月至2009年10月在长江商学院高级管理人员工商管理硕士专业学习，2012年7月至2013年7月挂职担任浙江省宁波市北仑区副区长，2011年9月至2014年7月在中国矿业大学工程管理专业博士研究生学习）；2015年7月至2016年11月任海口国家高新技术产业开发区工委书记（副厅级）；2016年11月任海口市人民政府副市长、党组成员，海口国家高新技术产业开发区工委书记。

文 斌 1972年6月出生，海南万宁市人，大学学历，工商管理硕士学位，1992年6月加入中国共产党，1994年7月参加工作。1990年9月至1994年7月在中南财经大学会计系会计专业学习。1994年7月至2012年11月在海南省财税厅（财政厅）历任科员、副主任科员、主任科员、处长、信息中心主任（其间：1995年12月至1996年12月在昌江县乌烈镇挂职锻炼，2003年9月至2007年6月在中南财经政法大学工商管理专业学习，获得工商管理硕士学位）。2012年11月至2015年12月任海口市财政局局长、党组书记；2015年12月任海口市人民政府副市长、党组成员。

龙卫东 1967年11月生，湖南涟源人，大学学历，公共管理硕士学位，1996年3月加入中国共产党，1989年8月参加工作。1985年9月至1989年7月在南京大学经济地理学与城乡规划专业学习。1989年8月至1993年2月在云南省地理研究所国土研究室工作；1993年2月至2001年7月在海口市旅游局先后任科员、副科长、科长；2001年7月至2004年7月任海口市人民政府驻北京联络处副主任；2004年7月至2006年10月任海口市人民政府副秘书长，市政府办公厅党组成员；2006年10月至2009年10月任海口市旅游局局长、党组书记；2009年10月至2011年5月任海口市旅游发展委员会主任、党组书记；2011年5~11月任海口市发展和改革委员会（市国民经济动员办公室）党组书记、副主任；2011年11月至2015年11月任海口市人民政府秘书长、党组成员，市政府办公厅主任、党组书记（其间：2010年1月至2012年1月在清华大学公共管理硕士专业学习，获公共管理硕士学位）；2015年11月至2016年11月任中共海口市美兰区委副书记，区人民政府区长、区委书记；2016年11月任海口市人民政府副市长、党组成员，中共海口市美兰区委书记。

（肖文文）

王云霞 女，1957年1月生，山东掖县人，在职研究生学历，管理学硕士学位。1985年12月加入中国共产党，1976年3月参加工作。1976年3月至1978年12月在北京延庆香营公社当知青；1978年12月至1990年7月在中央组织部任副科级、正科级干部等职务（其间：1982年10月转为国家干部，1981年2月至1985年10月在北京市总工会职工大学中文专业专科班学习）；1990年7月至2001年5月在海南省政府驻北京办事处先后任主任科员、副处长、处长〔其间：1993年4月至1997年3月任北京“海南大厦”党支部书记（副处级）兼副总经理；1998年8月至2000年12月在中央党校函授学院经济管理专业本科班学习〕；2001年5月至2007年1月任中共海口市纪委副书记（其间：1999年9月至2002年8月在海南省委党校经济管理专业研究生班学习）；2007年1月至2015年10月任中共海口市委常委、统战部部长（其间：2006年6月至2008年9月在天津大学管理学院管理科学与工程专业学习，获得管理学硕士学位）；2015年10~12月任中共海口市常委、统战部部长，海口市政协党组书记；2015年12月至2016年2月任市政协主席、党组书记，市委统战部部长；2016年2月任市政协主席、党组书记，四届、五届海南海外联谊会理事会副会长（兼）。

王传荣 女，满族，1961年7月出生，辽宁丹东人，大学学历，文学学士学位，民进会员，1983年8月参加工作。1979年9月至1983年8月在辽宁师范学院中文系中文专业学习；1983年8月至1988年10月在辽宁省辽阳石油化学纤维工业总公司第一中学当教师（其间：1987年3月加入中国民主促进会）；1988年10~12月任海口市物资总公司经理助理；1988年12月至1992年3月任海南华阳房地产开发公司总经理助理；1992年3月至1994年5月任海南省海口商务化工有限公司总经理；1994年5月至1997年8月任海南围城房地产开发公司、海口围城旅行社董事长兼总经理；1997年8月至2002年12月任海口市科技协作中心副主任、主任（其间：1999年6月至2001年3月在首都经济贸易大学经济法专业研究生课程班学习；2001年1月至2002年12月挂职担任通什市〈2001年7月更名为五指山市〉人民政府副市长）；2002年12月至2006年1月任五指山市人民政府副市长；2006年2月至2016年10月任民进海南省委员会秘书长、专职副主委（正处级、副厅级）；2016年11月任海口市政协副主席。

刘辉平 1964年2月出生，江西赣县人，大学学历，哲学学士学位，公职律师，助理研究员，1986年6月加入中国共产党，1986年7月参加工作。1982年9月至1986年7月在武汉大学哲学系哲学专业学习；1986年7月至1996年11月为江西省社会科学院哲学研究所、社会学研究所研究实习员、助理研究员；1996年11月至1997年8月为海南省教育厅教研室助理研究员；1997年8月至2011年4月在海口海关先后任副主任科员、秘书科副科长、科长、党组秘书、办公室副主任、副处长、驻美兰机场办事处主任、法规处处长等职务（其间：2000年8月至2002年7月在湖南师范大学法学理论专业研究生课程班学习；2003年9月至2011年4月兼任海口海关公职律师）；2011年4月至2016年11月任海口综合保税区工委副书记、管委会主任（副厅级）；2016年11月任海口市政协副主席、党组成员，海口综合保税区工委副书记、管委会主任。

冯鸿浩 1963年10月出生，海南万宁人，在职大学学历，工学学士学位，高级工程师，1993年12月加入中国共产党，1985年7月参加工作。1982年9月至1985年7月在广东省建筑工程专科学校学习；1985年7月至1989年1月为海口市建筑设计院技术员；1989年1月至2006年8月在市建筑工程质量监督站先后任工程师、高级工程师、副站长（副科级）、站长（正科级）（其间：1994年7月至1997年7月在哈尔滨建筑大学建筑工程专业本科班学习；2000年9月至2002年6月在南京大学行政管理专业研究生课程进修班学习）；2006年8月至2008年3月任市建设工程质量安全监督站站长（副处级）；2008年3月至2009年10月任市建设局副局长、党组成员；2009年10月至2013年7月任市住房和城乡建设局副局长、局长、党组副书记；2013年7月至2016年7月任市市政市容委（市城市管理行政执法局）主任、党组副书记；2016年7~11月任市政协党组成员，市市政市容管理委员会（市城市管理行政执法局）主任、党组副书记；2016年11月任市政协副主席、党组成员，市市政市容管理委员会（市城市管理行政执法局）主任、党组副书记。

符　军　1962年6月出生，海南儋州人，在职大学学历，助理研究员，1986年1月加入中国共产党，1985年7月参加工作。1982年9月至1985年7月在广东省海南大学师范部中文专业学习；1985年7月至1987年11月为海南行政区医学院学生处科员；1987年11月至1997年9月在海南省人才交流服务中心先后任副主任科员、社会保障部部长（正科级）、副主任（副处级）等职务；1997年9月至2009年7月在海南省人事劳动保障厅任副处长、处长（其间：1996年9月至1999年6月在吉林教育学院中文专业自学本科班学习）；2009年7月至2016年11月在海南省公务员局先后任考试录用处处长、副局长兼考试录用处处长；2016年11月任海口市政协副主席、党组成员。

厉　春　1962年3月出生，浙江东阳人，大学学历，历史学学士学位，中学高级教师，民盟盟员，1983年7月参加工作。1979年9月至1983年6月在青海师范学院历史系历史专业学习；1983年7月至1988年7月在青海省互助县第一中学当教师；1988年8月至1997年10月在海口市第四中学当教师、教导处副主任；1997年10月至2003年1月任海口旅游职业学校副校长（副科级）；2003年1月至2004年12月任市第一职业中学副校长（副处级）；2004年12月至2006年1月任市教师进修学校校长（副处级）；2006年1月至2007年9月任海口市教育研究培训院院长（副处级）；2007年9月至2010年7月任海口市第一职业中学校长；2010年7月至2014年7月任海口市第一中学校长，民盟海口市委员会主委（兼）；2014年7月至2016年11月任市教育局局长，民盟市委员会主委（兼）；2016年11月任海口市政协副主席，市教育局局长，民盟市委员会主委（兼）。

李顺华　满族，1967年5月出生，河北青龙人，在职研究生学历，法律硕士学位，三级高级法官，民盟盟员，1991年9月参加工作。1985年9月至1989年8月在河北师范大学中文专业学习，1989年9月至1991年6月在中国政法大学法律专业学习；1991年9月至1993年6月在河北省邯郸地区中级人民法院当科员；1993年6月至2016年11月在海口市中级人民法院先后任科员、助理审判员、助理审判员、审判员、副庭长、庭长，执行局局长（正处级），副院长、审判委员会委员等职务（其间：1999年7月至2002年6月在武汉大学经济法专业研究生班学习，获法律硕士学位）；2016年11月任海口市政协副主席，市中级人民法院副院长、审判委员会委员。

冯玉英　女，1962年11月出生，海南海口人，中央党校大学学历，1995年4月加入中国共产党，1981年7月参加工作。1979年9月至1981年7月在海南琼海师范学校学习；1981年7月至1991年8月在海口市二十七小学先后任职教师、团支书、大队辅导员；1991年8月至1999年3月在共青团海口市秀英区委先后任常委、副书记、书记（其间：1990年8月至1993年6月在中央党校党政管理专业大专班学习；1993年9月至1995年12月在中央党校经济管理专业本科班函授学习）；1999年3月至2002年12月任秀英区秀英街道工委副书记、书记、办事处主任；2002年12月至2011年3月先后任秀英区人民政府副区长，美兰区委常委、区委副书记；2011年3~11月任海口市人民政府副秘书长、市政府办公厅党组成员，市信访局局长；2011年11月至2012年10月先后任海口市人民政府副秘书长（正处级）、市政府办公厅党组成员、海口桂林洋开发区筹备工作领导小组办公室副主任（兼）；2012年10月至2016年11月任海口桂林洋开发区工委书记；2016年11月任海口市政协副主席、党组成员，海口桂林洋开发区工委书记。

（李　明）

先进人物

陈恒富　1975年11月出生，海南海口人，中共党员，大学文化程度。1999年参加工作，2001年参加公安工作，曾在海口市公安局防暴巡警支队、特警支队、治安警察支队、经济犯罪侦查支队等部门任职。2016年9月，任市公安局治安警察支队政委。2015年10月至2016年3月，负责牵头抓全局“两清理一排查”专项行动，组织警力深入海南鑫鹰、海南合安、海南广安等爆破作业单位和爆破作业点，对民爆物品存储、领取、发放、清退环节进行全面清查，对涉危涉爆单位、人员注册情况进行全面清理汇总，共排查涉危爆单位114家次、烟花爆竹储存仓库及销售站点23处、涉爆作业人员1171人，收缴枪支3支、仿真枪4支、子弹396发，查获非法运输的烟花爆竹13020件，查处涉爆违法犯罪案件8起，处理涉爆违法犯罪人员8人。2016年获全国“两清理一排查”专项行动成绩突出个人称号。

（张　伟）

陈清琪　1962年5月出生，江苏盐城人，中共党员，大专学历。1980年1月参加工作。现任海口市排水管道养护所秀英队队长。他18年来一直全身心地为市政排水管道养护无私奉献着，是大家公认的“拼命三郎”和“排水硬汉”。陈清琪所负责的秀英管养队管辖的排水设施量长度约280千米，道路60条，窨井盖约1.42万座，积水点8个，全队仅有20名工人，管养范围位于市委市政府办公区，距离中心城区最远，是排水所中任务最重的养护队。为确保管道畅通，他每天带领工人清理下水道同污泥臭水打交道，对辖区易积水路段做到早安排、早部署、早行动，每次都能出色地完成排水任务。同时，他又是一名身患食道癌晚期的患者，在病魔绝症面前，他一直坦然乐观勇敢抗争。2014年9月被省委、省政府授予“抗风救灾先进个人”；2014年10月被海口市评为抗击“威马逊”中的“海口十佳好人”；2015年7月被海南省总工会授予“海南省五一劳动奖章”。2016年被全国总工会授予全国五一劳动奖章。

刘汉惜　1959年11月出生，广东汕头人，研究生学历。1979年2月参加工作。现任海南南国食品实业有限公司董事长。1992年，刘汉惜创办海南南国食品实业有限公司。24年来，他全身心投入到海南特产的研发和经营中，取得了优秀的成绩：成功研发“中国第一包椰子粉”，并获得国家发明专利；采用“公司＋农户＋品牌＋市场网络”的经营模式，每年带动4500多户农户发展胡椒、椰子、辣椒、南瓜等热作农产品种植和深加工产业，年户均增收6500多元；带动上游和下游如印刷包装、仓储物流等产业链，增加地方财政税收收入；主动解决1400多名农民工、下岗失业工人、残疾人的就业，减轻政府就业压力和负担；依法纳税，增加地方财政收入和税收收入。“南国”产品先后荣获“海南省名牌产品”“海南老字号”“中国十大知名畅销品牌”“中国最受欢迎旅游食品”等称号；“南国”商标先后获“中国驰名商标”“海南省著名商标”等荣誉。上海世博会期间，南国公司是海南省唯一获得上海世博会“特许生产商、特许零售商”的企业。2010年，南国公司被国家8个部委认定为农业产业化国家重点龙头企业；2015年被农业部评为全国农业农村信息化示范基地。2013年3月，刘汉惜被人力资源和社会保障部等评为“全国轻工行业劳动模范”；2013年9月被中央宣传部、中央文明办、全国总工会、总政治部等评为“全国道德模范提名奖”；2015年6月被海南省总工会授予“海南省五一劳动奖章”；2016年被全国总工会授予全国五一劳动奖章。

孙文会　吉林人，1956年10月出生，大学本科学历。1979年9月参加工作，现任海口市120急救中心主任。2010年，孙文会主持完成原琼山“120”急救专线和海口市区“120”急救专线合并，实现呼救电话统一调度。2010~2015年逐步建成6个直属急救站，签订7家网络医院和2家绿色通道医院，建成云龙镇和新坡镇2个乡镇急救站，完善了以中心直属站为主，网络医院为辅，乡镇急救站为重要补充的三级急救网络体系。他十分注重单位应急能力建设。2013~2016年，中心应对紧急突发事件和灾害救援工作共87起，共出动救护车207次，急救人员627人次，共救治患者634人次。例如应对2014年文昌市学生春游交通事故伤员转运救治、演丰幼儿园儿童食物中毒事件等。他十分注重培训体系的建设。在他的带领下，中心成立了海口市急救医学培训中心和海南省急救医学培训中心。2014年，由他主导完成培训中心院前—急诊室—ICU急救、灾难救援一体化急救医学培训体系的建设。成立美国心脏协会标准、国际创伤联合会标准等多个国际标准化的培训基地，于2013年成立全国第一家水上医疗救援培训中心，填补省市多项急救培训的空白。中心还定期举办“知识守护生命”公益课堂，积极参与海口市“阳光伞”青少年自护教育活动，举办“送急救进社区”活动，深入学校、社区、企事业单位面向市民免费普及应急知识。2013年9月被卫生部医院管理研究所授予“中国PTC（中国初级创伤救治培训）支持贡献奖”；2014年，科研项目《海口市美沙酮社区药物维持治疗工作研究》荣获海口市科技进步三等奖。2016年被海南省总工会授予海南省五一劳动奖章。

秦秀兵　女，河北张家口人。1969年9月出生，中共党员，研究生学历。1992年参加工作。现任海南和泽生物科技有限公司运营总监。她在海口高新区创立海南和泽生物科技有限公司，长久为海南人民储存干细胞生物资源。指导研发部门在围产期造血干细胞储存的基础上又陆续研发推出脐带间充质干细胞储存、胎盘亚全能干细胞储存和脂肪干细胞储存等；她作为课题负责人，积极联合海南省人民医院、海南医学院、海南医学院附属医院、中国人民解放军总医院海南分院、海口市人民医院、海南省药物研究所等多家单位实施海南省重大科技项目——《临床级干细胞制备技术、动物疾病模型建立及临床转化研究》，并取得重大进展。2011~

2013年，主持建设2011年海南省重点项目——《干细胞产业化项目》，为保存海南地区干细胞资源建立海南省干细胞库。2013~2015年，主持2013年海南省重大科技项目《临床级干细胞制备技术、动物疾病模型建立及临床转化研究》的课题二——《常用干细胞种子库的建立》，课题编号ZDZX2013003-2，为建立更多常见来源干细胞库、从替代医学的角度研究治疗海南地区疾病，从而提高海南地区人口健康水平和科研水平。2015年3月，被海口妇女联合会授予“三八红旗手标兵”荣誉称号。2016年被海南省总工会授予海南省五一劳动奖章

（潘 雨）

林小玉 女，1965年11月生，海南海口人，1996年5月加入中国共产党，1987年7月毕业于海南师范大学中文专业，取得文学学士学位。现任市妇联党组成员、副主席，市政协十三届常委。林小玉以为海口市妇女儿童谋福利、护权益为己任，推动妇女儿童事业发展。2015年被评为“海口市三八红旗手标兵”，2016被评为“海南省三八红旗手”。

林 艳 女，1986年9月生，海南海口人，中共党员，大学本科。现任秀英区海秀街道办副主任。2015年7月26日被抽调到海口市“双创”工作指挥部工作，分配在综合协调组文秘会务小组，主要负责办文办会工作。工作期间，认真做好会前、会中、会后三个关键环节会务工作。半年来，共完成18次领导小组会议、29次指挥长会议及其他大小会议会务100余次，收集汇编材料20余篇，较好地完成各项工作任务。2015年被评为“海口市‘双创’工作指挥部优秀个人”，2016被评为“海南省三八红旗手”。

宋小怡 女，1972年9月出生，黑龙江桦南县人，中共党员，大学本科学历，一级警督，现任海口市公安局龙华分局滨海派出所所长，2016年海口市第十六届人大代表。先后荣获个人三等功1次、个人嘉奖2次，先后被评为海口市“三八红旗手”、龙华区“威马逊”抗风救灾先进个人、龙华分局“学雷锋标兵”和“双优主官”等。2016被评为“海南省三八红旗手”。

谢志玲 女，1962年8月生，海南海口人，农工党员。现任海口市妇幼保健院妇女保健科主任。她贯彻执行妇幼卫生工作方针，坚持以“一法两纲”为核心，尽心尽职，完成各项工作任务。2006~2008年被海南省卫生厅评为妇幼先进个人，2011年在海口市妇幼保健院建院60周年时被评为“十佳医药技和行政管理先进个人”，2015年被评为海口市三八红旗标兵，2016被评为“海南省三八红旗手”。

李 萍 女，1973年10月生，海南海口人，中共预备党员，大专学历。现任海口椰岛之家老年公寓院长。2001年她创办海南省第一家市场化老年公寓，2004年创办海口椰岛之家老年公寓，2011年、2013年受区民政局委托分管三江镇敬老院和大致坡镇敬老院。先后为千余名老人开展养老护理服务，得到老人及家属、社会的认可。2012年被海南省委宣传部评选为“感动海南”十大新闻人物；2013年被海南省委宣传部评选为海南孝老爱亲道德模范；2013年被海口市宣传部文明办评为孝老爱亲道德模范；2015年当选中国红十字会年度优秀护理员；2015年当选“中国好人榜”尊老爱亲好人；2016年12月荣获全国“敬老文明号”优秀个人称号，被评为“海南省三八红旗手”。

周文姬 女，1975年6月生，海南海口人，大专学历。现任海口市琼山区环卫局副局长。20年来在环卫工作岗位上，她始终尽职尽责，脚踏实地，埋头苦干，在各个重大节日和重大活动期间做好各类环境整治，确保城区整洁，优化了城市环境质量。2011年、2012年被评为海口市先进工作者，2016年被评为“海南省三八红旗手”。

高芬芬 女，1982年7月生，苗族，湖南湘西人，大学本科学历，现任健瑞儿婴童连锁、国健生物公司董事长，月子帮公司创始人。2015年获中国青年创业奖提名奖。自2009年创业，经过6年时间，门店数量突破80家，会员超过40万，连锁店年产值达数亿元，成功帮助200余人成功创业，解决社会就业700余人。她乐善好施、热心公益且身体力行。多年坚持资助5名五指山地区的贫困儿童上学，也多次匿名通过报纸、网络等渠道对需要帮助的人进行捐助。2016年被评为“海南省三八红旗手”。

吴妚梅 女，1969年8月生，海南海口人，中共党员，现为海口公交新月汽车有限公司出租车驾驶员。她工作积极认真，乐于助人，心系乘客，爱岗敬业，扎实工作，获得公司领导、同事的肯定与赞许。由于工作成绩突出，2011年被评为“坚守底线——平凡的良心”中国年度人物；2012年省总工会举办的“海马汽车工会杯”劳动竞赛中，被评为“优胜驾驶员”；2013年先后被评为全国孝亲敬老之星、海口市十大社区雷锋、海南省道德模范、全国职业道德标兵，并被授予全国五一劳动奖章；2015年被中共中央、国务院评为“全国劳动模范”，2016年被评为“海南省三八红旗手”。

黎 芳 女，1972年10月生，海南海口人，毕业于海南师范学院，现任海口先锋流动人口简易小学校长。1996年任教于秀英子弟学校，从事教育工作20年，工作任劳任怨，不忘初心，爱校如家， 爱生如子。2002年荣获秀英区优秀教师称号，2009年荣获海口市优秀班主任称号，2016年被评为“海南省三八红旗手”。

（苏岐勇）

2016年海口市非遗传承人一览表

项目名称	传承人姓名	级别	籍贯或工作单位
琼剧	陈育明	国家级代表性传承人	市琼剧团
	陈素珍（女）	省级代表性传承人	市琼剧团
	黄庆萍（女）	市级代表性传承人	市琼剧团
海南八音	孔庆才	省级代表性传承人	美兰区灵山镇人
	李代胜	市级代表性传承人	美兰区灵山镇人
	黄兹合	市级代表性传承人	美兰区灵山镇人
海南公仔戏	冯　海	省级代表性传承人	美兰区三江镇人
	陈长明	市级代表性传承人	美兰区三江镇人
	陈忠润	市级代表性传承人	美兰区三江镇人
	邢汝祝（女）	市级代表性传承人	美兰区三江镇人
海南椰雕	吴名驹	省级代表性传承人	龙华区龙桥镇人
	柯秋枫	市级代表性传承人	湖北黄石人
	郭杰礼	市级代表性传承人	海口市椰雕工艺厂退休工人
	高继珍（女）	市级代表性传承人	海口市椰雕工艺厂退休工人
	符开清	市级代表性传承人	海口市椰雕工艺厂退休工人
海南斋戏	王云光	市级代表性传承人	龙华区遵谭镇人
	吴多平	市级代表性传承人	龙华区遵谭镇人
	冯宗让	市级代表性传承人	龙华区遵谭镇人
海口天后祀奉	罗家善	市级代表性传承人	海南省妈祖文化交流协会副会长 海口市妈祖文化交流协会会长
	林克公	市级代表性传承人	海口市天妃宫主持
	吴进隆	市级代表性传承人	海南省妈祖文化交流协会副会长
冼夫人信俗	冯裕芳	省级代表性传承人	美兰区三江镇人
	梁定和	省级代表性传承人	龙华区新坡镇人
	杜瑞道	市级代表性传承人	龙华区新坡镇人

续表

项目名称	传承人姓名	级别	籍贯或工作单位
海南虎舞	符　雄	市级代表性传承人	美兰区三江镇人
海南麒麟舞	吴钟颜	市级代表性传承人	秀英区永兴镇昌儒村人
	吴清杰	市级代表性传承人	秀英区永兴镇昌儒村人
	吴钟福	市级代表性传承人	秀英区永兴镇昌儒村人
海南粉烹调技艺	吴坤佩	省级代表性传承人	美兰区博爱街道三亚社区
	黄益娥（女）	市级代表性传承人	海口市人
	宋亚琼（女）	市级代表性传承人	海口市人
海南龙塘雕刻艺术	王科美	省级代表性传承人	龙华区龙塘镇
	冼恩文	市级代表性传承人	龙华区龙塘镇永昌村
土法制糖传统工艺	吴奇珍	市级代表性传承人	龙华区遵谭镇龙合村委会龙湾村人
	钟耀纯	市级代表性传承人	龙华区遵谭镇遵谭村委会雅颂村人
海南黄花梨家具制作工艺	林方红	市级代表性传承人	琼山区龙塘镇心雅村人
	王家昌	市级代表性传承人	琼山区龙塘镇心雅村人
鹿龟酒酿泡技艺	陈珍（女）	市级代表性传承人	海南椰岛酒业酿造有限公司
	肖礼勇	市级代表性传承人	海南椰岛酒业酿造有限公司车间主任
海南狮舞	文龙	市级代表性传承人	海口市龙武醒狮团团长、教练
	梁卫壹	市级代表性传承人	龙华区龙桥镇玉良村人
	梁世址	市级代表性传承人	龙华区龙桥镇玉良村人
	梁卫民	市级代表性传承人	龙华区龙桥镇玉良村人
海口龙舞	冯乃维	市级代表性传承人	美兰区文明中路龙文坊人
琼式月饼	符志仁	市级代表性传承人	海口富椰香饼屋食品有限公司总经理

2016 年海口市新增百岁以上老人表

序号	姓名	性别	民族	出生年月	所属辖区	户籍登记机关（派出所）	所在基层组织名称（村/居）
1	李奷瘦	女	汉	1915.02	美兰区	白沙街道	锦山里居委会
2	吴惠英	女	汉	1915.09	美兰区	三江农场派出所	大尼山村
3	陈春桂	女	汉	1915.04	美兰区	三江农场派出所	白石村
4	高玉英	女	汉	1916.07	美兰区	灵山镇派出所	晋文村委会
5	林排奷	女	汉	1916.06	美兰区	灵山镇派出所	大昌村委会
6	黄桂连	女	汉	1916.03	美兰区	灵山镇派出所	大路村委会
7	甘家梧	男	汉	1916.12	美兰区	灵山镇派出所	东和村委会
8	吴陈氏	女	汉	1916.04	美兰区	灵山镇派出所	群山村委会
9	梁志深	男	汉	1916.10	美兰区	灵山镇派出所	大昌村委会
10	陈秀芳	女	汉	1916.07	美兰区	灵山镇派出所	灵山居委会
11	井上奷	女	汉	1916.08	美兰区	灵山镇派出所	大林村委会
12	陈秀菊	女	汉	1916.08	美兰区	灵山镇派出所	灵山村委会
13	宋兰芳	女	汉	1916.10	美兰区	三江镇派出所	三江村委会
14	冯月娥	女	汉	1916.04	美兰区	三江镇派出所	眼镜塘村委会
15	林秋菊	女	汉	1916.01	美兰区	桂林洋派出所	忠东队
16	高玉兰	女	汉	1916.11	美兰区	桂林洋派出所	新群队
17	林月民	女	汉	1916.04	美兰区	桂林洋派出所	振家队
18	张琴英	女	汉	1916.11	美兰区	桂林洋派出所	振家队
19	蔡美英	女	汉	1916.09	美兰区	蓝天派出所	下洋居委会
20	吴振英	女	汉	1916.05	美兰区	蓝天派出所	龙岐居委会
21	吴陈氏	女	汉	1916.09	美兰区	和平南派出所	琼苑居委会
22	郑兆安	男	汉	1916.09	美兰区	和平南派出所	琼苑居委会
23	陈凤霞	女	汉	1916.06	美兰区	和平南派出所	光阳居委会
24	张奷南	女	汉	1916.07	美兰区	海甸派出所	新安居委会
25	刘道协	男	汉	1916.08	美兰区	海府派出所	东湖里居委会
26	钟瑞兰	女	汉	1916.10	美兰区	人民派出所	拦海居委会
27	周祝坚	女	汉	1916.10	美兰区	博爱派出所	龙文坊居委会

续表

序号	姓名	性别	民族	出生年月	所属辖区	户籍登记机关（派出所）	所在基层组织名称（村/居）
28	陈玉英	女	汉	1916.05	美兰区	博爱派出所	龙文坊居委会
29	符奀二	女	汉	1916.03	美兰区	博爱派出所	红坎坡居委会
30	邹育英	女	汉	1916.06	美兰区	博爱派出所	龙文坊居委会
31	林月光	女	汉	1916.03	美兰区	白沙派出所	白龙居委会
32	邢玉梅	女	汉	1916.04	美兰区	大致坡镇派出所	金堆村委会
33	冯　坚	男	汉	1916.11	美兰区	演丰派出所	演丰村委会
34	林梅英	女	汉	1916.04	美兰区	演丰派出所	石头村
35	李雪霞	女	汉	1916.08	美兰区	三江农场派出所	田尾村
36	林　氏	女	汉	1916.08	美兰区	灵山镇派出所	东头村委会
37	陈奀娃	女	汉	1916.02	美兰区	灵山镇派出所	东湖村委会
38	陈王氏	女	汉	1915.07	龙华区	龙华分局	龙桥镇龙洪居委会
39	吴爱梅	女	汉	1915.03	龙华区	龙华分局	城西镇薛村村委会
40	周爱凤	女	汉	1915.07	龙华区	龙华分局	新坡镇仁南村委会
41	陈爱群	女	汉	1915.05	龙华区	龙华分局	滨海办滨海新村居委会
42	蒙奀四	女	汉	1915.08	龙华区	龙华分局	大同办龙昆上村居委会
43	陈爱连	女	汉	1915.10	龙华区	龙华分局	滨海办八灶居委会
44	蔡引旧	女	汉	1915.07	龙华区	龙华分局	滨海办八灶居委会
45	蒙玉妹	女	汉	1915.07	龙华区	龙华分局	龙泉镇雅咏村委会
46	冯志参	男	汉	1915.12	龙华区	龙华分局	遵谭镇群力村委会
47	黄信大	男	汉	1915.05	龙华区	龙华分局	遵谭镇东谭村委会
48	王玉连	女	汉	1915.09	龙华区	龙华分局	遵谭镇咸谅村委会
49	吴桂珍	女	汉	1915.09	龙华区	龙华分局	遵谭镇新谭村委会
50	林淑珍	女	汉	1915.11	龙华区	龙华分局	中山办人和坊居委会

续表

序号	姓名	性别	民族	出生年月	所属辖区	户籍登记机关（派出所）	所在基层组织名称（村 / 居）
51	李益南	女	汉	1915.07	龙华区	龙华分局	中山办西门外居委会
52	应素贞	女	汉	1915.08	龙华区	龙华分局	金贸办国贸居委会
53	叶汝英	女	汉	1916.07	龙华区	龙华分局	金宇办博地苑居委会
54	廖瑞珍	女	汉	1916.08	龙华区	龙华分局	滨海办龙华中居委会
55	陈玉秀	女	汉	1916.08	龙华区	龙华分局	遵谭镇东谭村委会
56	林玉花	女	汉	1916.02	龙华区	龙华分局	遵谭镇东谭村委会
57	吴月金	女	汉	1916.02	龙华区	龙华分局	遵谭镇新谭村委会
58	周利华	男	汉	1916.08	龙华区	龙华分局	遵谭镇遵谭村委会
59	张玉连	女	汉	1916.05	龙华区	龙华分局	遵谭镇咸谅村委会
60	杜在周	男	汉	1916.06	龙华区	龙华分局	龙泉镇新联村委会
61	吴王氏	女	汉	1916.04	龙华区	龙华分局	龙泉镇市井村委会
62	壮爱花	女	汉	1916.07	龙华区	龙华分局	龙泉镇扬亭村委会
63	吴桂姑	女	汉	1916.07	龙华区	龙华分局	龙泉镇翰香村委会
64	韦吉进	男	汉	1916.03	龙华区	龙华分局	龙泉镇新联村委会
65	符兰花	女	汉	1916.01	龙华区	龙华分局	龙泉镇翰香村委会
66	陈世月	男	汉	1916.09	龙华区	龙华分局	龙泉镇五一村委会
67	韦妚大	女	汉	1916.04	龙华区	龙华分局	龙泉镇东占村委会
68	李爱金	女	汉	1916.12	龙华区	龙华分局	龙泉镇元平村委会
69	李月香	女	汉	1916.03	龙华区	龙华分局	龙泉镇元平村委会
70	韦陈氏	女	汉	1916.02	龙华区	龙华分局	龙泉镇元平村委会
71	符昌茂	男	汉	1916.07	龙华区	龙华分局	龙桥镇玉符村委会
72	李家栋	男	汉	1916.02	龙华区	龙华分局	龙桥镇三角园村委会
73	韩瑞英	女	汉	1916.07	龙华区	龙华分局	龙桥镇玉蓉村委会
74	陈克波	男	汉	1916.03	龙华区	龙华分局	大同办正义居委会
75	李才喜	女	汉	1916.08	龙华区	龙华分局	中山办永兴居委会
76	梁松山	男	汉	1916.11	龙华区	龙华分局	中山办居仁坊居委会
77	梁振圣	男	汉	1916.01	龙华区	龙华分局	中山办居仁坊居委会
78	韩妚姑	女	汉	1916.06	龙华区	龙华分局	中山办西门外居委会

续表

序号	姓名	性别	民族	出生年月	所属辖区	户籍登记机关（派出所）	所在基层组织名称（村/居）
79	吴桂英	女	汉	1915.05	琼山区	滨江文庄派出所	滨江东门琼州大道39号
80	林　次	女	汉	1911.10	琼山区	府城文庄派出所	府城镇文庄社区居委会琼山粮食局
81	曾月连	女	汉	1916.07	琼山区	东昌农场派出所	国营东昌农场一分场5队
82	梁准家	女	汉	1916.09	琼山区	凤翔铁桥派出所	凤翔街道五岳村委会尚道村
83	吴以书	男	汉	1916.01	琼山区	凤翔铁桥派出所	凤翔街道那央村委会洲村
84	张艮英	女	汉	1916.02	琼山区	琼山分局	凤翔街道大园红塔卷烟有限公司
85	冯尔兴	男	汉	1916.08	琼山区	旧州镇派出所	琼山区旧州镇联星村委会
86	陈书成	男	汉	1916.07	琼山区	红明农场派出所	红明农场云龙分场六十四队
87	柳昌松	男	汉	1916.10	琼山区	红明农场派出所	红明农场六十四队
88	陈秀英	女	汉	1916.03	琼山区	大坡镇派出所	大坡镇福昌村委会龙兴村
89	吴桂花	女	汉	1916.11	琼山区	琼山分局	长昌海丰村委会昌头村
90	林洪汉	男	汉	1916.04	琼山区	红旗镇派出所	红旗镇大山村委会
91	徐光运	男	汉	1916.04	琼山区	红旗镇派出所	红旗镇大山村委会
92	李秋香	女	汉	1916.12	琼山区	忠介派出所	府城镇建国路1号
93	梁定发	男	汉	1916.10	琼山区	文庄派出所	府城镇文庄路20号
94	陈风兰	女	汉	1916.09	琼山区	云露派出所	府城镇后巷街13号
95	郑心德	男	汉	1916.09	琼山区	甲子镇派出所	甲子镇正街甲子学区
96	梁玉琼	女	汉	1916.09	琼山区	甲子镇派出所	甲子镇益新村委会儒上村
97	邵端英	女	汉	1916.02	琼山区	龙塘镇派出所	龙塘镇龙光村委会玉璜村
98	王何氏	女	汉	1916.02	琼山区	龙塘镇派出所	龙塘镇龙塘委会文彩村
99	杜献胜	男	汉	1916.02	琼山区	龙塘镇派出所	龙塘镇龙新村委会美本村
100	陈启明	男	汉	1916.05	琼山区	龙塘镇派出所	龙塘镇龙新村委会玉冯村
101	陈玉香	女	汉	1916.02	琼山区	龙塘镇派出所	龙塘镇文道村委会洋滨村
102	吴金花	女	汉	1916.09	琼山区	龙塘镇派出所	龙塘镇卜让村
103	陈爱花	女	汉	1916.06	琼山区	龙塘镇派出所	龙塘镇龙新村委会心雅村
104	李琼美	女	汉	1914.07	秀英区	市公安局秀英分局	石山镇道堂村委会

续表

序号	姓名	性别	民族	出生年月	所属辖区	户籍登记机关（派出所）	所在基层组织名称（村 / 居）
105	冼兰英	女	汉	1916.04	秀英区	市公安局秀英分局	西秀镇荣山村委会
106	吴妚三	女	汉	1916.06	秀英区	市公安局荣山派出所	西秀镇荣山村委会
107	陈转英	女	汉	1916.05	秀英区	市公安局秀英分局	西秀镇博养村委会
108	王桂花	女	汉	1916.09	秀英区	市公安局秀英分局	西秀镇博养村委会
109	林玉汝	女	汉	1916.10	秀英区	市公安局新海边防派出所	西秀镇新海村委会
110	陈桂兰	女	汉	1916.03	秀英区	市公安局秀英分局	海秀镇水头村委会
111	王玉姑	女	汉	1916.07	秀英区	市公安局石山派出所	石山镇安仁村委会
112	陈美修	女	汉	1916.04	秀英区	市公安局石山派出所	石山镇道育村委会
113	陈经维	男	汉	1961.07	秀英区	市公安局石山派出所	石山镇施茶村委会
114	唐和来	女	汉	1916.10	秀英区	市公安局石山派出所	石山镇施茶村委会
115	王爱珍	女	汉	1916.02	秀英区	市公安局秀英分局	永兴镇罗经村委会
116	陈爱玉	女	汉	1916.08	秀英区	市公安局永兴派出所	永兴镇罗经村委会
117	廖家仕	男	汉	1916.08	秀英区	市公安局秀英分局	永兴镇建群村委会
118	吴坤吉	男	汉	1916.09	秀英区	市公安局秀英分局	永兴镇建群村委会
119	吴月珠	女	汉	1916.12	秀英区	市公安局秀英分局	永兴镇雷虎村委会
120	王传兴	男	汉	1916.09	秀英区	市公安局秀英分局	永兴镇雷虎村委会
121	吴玉珍	女	汉	1916.04	秀英区	市公安局秀英分局	永兴镇美东村委会
122	吴玉南	女	汉	1916.04	秀英区	市公安局秀英分局	永兴镇永德村委会
123	林桂花	女	汉	1916.06	秀英区	市公安局秀英分局	东山镇东山村委会
124	黄恒义	男	汉	1916.12	秀英区	市公安局秀英分局	东山镇东山村委会
125	黄丕位	男	汉	1915.05	秀英区	市公安局秀英分局	东山镇永华村委会
126	孙文熙	男	汉	1915.06	秀英区	市公安局秀英分局	东山镇马坡村委会
127	林桂香	女	汉	1916.11	秀英区	市公安局秀英分局	东山镇东溪村委会
128	周桂月	女	汉	1916.02	秀英区	市公安局秀英分局	东山镇镇南居委会
129	黄碧玉	女	汉	1916.03	秀英区	市公安局秀英分局	东山镇溪南村委会
130	吴玉凤	女	汉	1916.11	秀英区	市公安局秀英分局	东山镇溪头村委会
131	邝爱金	女	汉	1916.06	秀英区	市公安局秀英分局	东山镇射钗村委会
132	黄锦清	男	汉	1916.05	秀英区	市公安局秀英派出所	秀英办秀新居委会

（王海文）

海口市公共租赁住房、经济适用住房和限价商品住房保障标准

一、公共租赁住房保障标准（公共租赁住房、廉租住房和双困房等并轨运行，并统称公共租赁住房）

（一）公共租赁住房保障对象收入标准：家庭人均年可支配收入低于23182元（含）；单身居民年可支配收入低于44000元（含）。

城镇低收入公共租赁住房保障对象收入标准：家庭(含单身居民家庭）人均年可支配收入低于10449元（含）。

（二）公共租赁住房保障对象住房困难标准：在本市城市主城区规划范围内无自有住房或家庭人均自有住房建筑面积低于18平方米（含）。

（三）城镇低收入公共租赁住房保障对象租赁住房（可保障住房）面积标准：家庭人均保障住房建筑面积13平方米（含）。

城镇低收入公共租赁住房保障对象租赁住房货币补贴标准：按核定保障住房建筑面积每平方米每人每月补贴19元。

（四）申请人家庭人均财产值低于139000元（含）。

二、经济适用住房保障标准

（一）经济适用住房保障对象收入标准：家庭人均年可支配收入低于26530元（含）；单身居民经济适用住房保障对象收入标准为年可支配收入低于39790元（含）。

（二）经济适用住房保障对象住房困难标准：在本市城市主城区规划范围内无自有住房或家庭人均自有住房建筑面积低于20平方米（含）。

（三）申请人家庭人均财产值低于160000元（含）。

三、限价商品住房保障标准及相关条件

（一）符合如下户口、缴纳社会养老保险、就业或实际居住年限等规定情形之一：

1. 申请人具有本市城市主城区规划范围内常住户口，在本市城市主城区规划范围内实际居住或工作的。

2. 申请人具有本市常住户口，其户口登记不在本市城市主城区规划范围内，但已在本市城市主城区规划范围内实际居住或工作满1年及以上的。

3. 申请人不具有本市常住户口，已与本市城市主城区规划范围内依法登记的单位建立劳动关系并工作满5年及以上或者在本市城市主城区规划范围内从事个体经营满5年及以上，且已在本市累计缴纳社会养老保险满2年及以上，并在本市城市主城区规划范围内实际居住的。

4. 申请人不具有本市常住户口，但属本省或本市人才计划引进，已与本市城市主城区规划范围内依法登记的用人单位签订服务期累计为5年及以上的劳动合同，服务时间已满6个月及以上，且在本市城市主城区规划范围内实际居住的。

5. 申请人不具有本市常住户口，但具有大专以上学历或中级及以上职称或中级及以上技术等级，已与本市城市主城区规划范围内依法登记的单位签订服务期累计5年及以上的劳动合同，服务时间已满1年及以上，并已在本市累计缴纳社会养老保险满1年及以上，且在本市城市主城区规划范围内实际居住的。

6. 申请人不具有本市常住户口，且不符合本项第1目至第5目规定条件的，应当在本市城市主城区规划范围内实际居住满8年及以上的。

（二）限价商品住房保障对象收入标准：家庭人均年可支配收入低于36000元（含）；单身居民限价商品住房保障对象收入标准为年可支配收入低于50000元（含）。

（三）限价商品住房保障对象住房困难标准：在本市城市主城区规划范围内无自有住房或家庭人均自有住房建筑面积低于20平方米（含）。

（四）申请人家庭人均财产值低于210000元（含）。

（五）其他条件规定：单身居民申购限价商品住房的，申请人年龄应当届满25周岁（含）。

四、本标准的具体实施问题由市住房和城乡建设部门会同有关部门负责解释。

五、本标准自2016年1月10日起施行，有效期2年。在有效期内，市政府对本市限价商品住房保障条件或标准另有规定且与本文不一致的，从其规定。市政府《关于公布海口市2013年度保障性住房保障标准的通知》（海府〔2013〕5号）同时废止。

海口市众创空间认定管理办法

第一条 为引导和支持我市众创空间创新创业服务平台健康发展，激发全社会创新创业活力，加快推进大众创业、万众创新的新格局，根据国务院办公厅《关于加快众创空间发展服务实体经济转型升级的指导意见》（国办发〔2016〕7号）精神，以及科技部《关于印发〈发展众创空间工作指引〉的通知》（国科发〔2015〕297号）、省科技厅《关于印发〈企业孵化器和众创空间认定管理办法〉的通知》（琼科〔2016〕101号）要求，结合我市实际，制定本办法。

第二条 本办法所称众创空间是指在海口市范围内注册具有独立法人资格，为创业者提供低成本、便利化、全要素、开放式的创新创业服务平台，利用众创、众包、众扶、众筹等新模式，开展社会化、专业化、市场化、网络化的特色创新创业孵化服务，满足不同创新创业者需求的工作空间、网络空间、社交空间和资源共享空间。

第三条 鼓励、支持我市各区、开发区、高校、科研院所、企业、创业投资机构和社会力量，整合聚集科技创新资源和条件，利用闲置厂房、废旧仓库、商业设施等投资创办满足不同创新创业者需求的众创空间。

第四条 申请认定市级众创空间的单位，应同时具备以下标准和条件：

（一）发展方向明确，科技创新创业服务特色鲜明。申请单位是在本市注册的独立法人，设立宗旨是服务创业者创新与创业，并有至少5名以上具有相关专业创新创业服务知识、技能的运营管理人员。

（二）众创空间的场地面积应在500平方米以上（含500平方米），高校众创空间应在200平方米以上（含200平方米），属租赁场地的，租期应在3年(含3年）以上。其中应提供不少于50平方米的共享式办公场地，整个空间应有完善的宽带接入、办公设备、会议室、洽谈室等配套设施。

（三）众创空间按其聚集创新创业要素资源，应具有明确的创新创业服务主题，积极开展资源共享、路演培训、融资对接、创业沙龙等创新创业服务活动。年服务企业或团队数量不少于20个，成功孵化案例不少于3个。孵化企业团队达到以下5个条件之一即可视为成功孵化：

1. 孵化的企业团队至少获得10万元以上创投融资。

2. 企业团队购买社会保险人数达到3人以上，且团队总人数较入孵之初有100%的增长。

3. 入孵企业年营业收入超过30万元。

4. 企业项目通过高新技术产品、项目或高新技术企业认定。

5. 服务企业在入孵期内通过股权交易市场挂牌上市。

（四）应具备相应服务功能。

1. 设立创业融资服务制度，聚集天使投资人与创投机构，为创业者提供资金支持和融资服务。设立或合作引进不少于100万元的种子基金，并至少有1个以上的资金使用案例。

2. 建立创业导师工作机制和服务体系，借助成功企业家、天使投资人和专业人士为主的专兼职创业导师队伍，举办日常性创业沙龙、创业大讲堂、创业训练营等创业培训活动，为创业者提供创业辅导、培训等服务。

3. 整合并链接社会资源，与高校、科研院所或行业组织及各类专业服务机构紧密合作，为创业者提供研发设计、科技中介、成果交易、认证检测等全方位、专业化服务。

4. 建立新型市场化可持续发展商业模式，在利用存量设施基础上，通过开放共享降低成本，向创业者提供灵活多样的创新创业日常服务，并通过投资与高附加值专业服务等获利，探索可持续发展运营模式。

5. 建立完善的运营管理制度，包括服务对象评估筛选、总量控制、毕业与退出机制，商务秘书和联系人制度，基本信息档案管理制度，信息报告和开放披露制度等。

第五条 申请市级众创空间认定须提交如下材料：

（一）海口市众创空间认定申请书（附件1）。

（二）独立法人资格的证明材料。

（三）海口市众创空间认定申请报告编写提纲（附件2）。

（四）众创空间入驻创业团队、入驻小微企业和孵化成功案例汇总表，及其工商企业法人营业执照与入驻孵化证明复印件。

（五）上年度财务审计报告。

（六）相关附件。

第六条 市科技主管部门常年受理市级众创空间认定申报工作，受理认定到办结时间为60个工作日。申报材料受理后组织专家对符合申报条件单位进行实地核查和评审；根据实地核查和评审结果审定后，将审定结果对外公示，公示期为7日。公示无异议的，由市科技主管部门认定为“海口市众创空间”并授牌。

第七条 市科技主管部门应加强对众创空间的日常服务，建立政府部门延伸服务机制和办法，整合各类资源，对众创空间及区域内的创业企业、团队和创客给予支持和服务。对于符合省级认定标准的众创空间予以推荐省级众创空间。

第八条 经认定的众创空间及其运营管理机构，应依法依规开展创新创业服务；众创空间孵化的成果、项目优先在本市转化、产业化，并接受相关部门的业务指导和监督。

第九条 建立众创空间绩效评价和退出机制。对经认定的市级众创空间实行年度考核制度，对考核不达标的给予整改指导；对连续两年考核均不达标的，取消其市级众创空间资格；对提供虚假信息骗取认定的行为，取消其资格并纳入不良信用记录。

第十条 本办法具体应用中的问题由市科技主管部门负责解释。

第十一条　本办法自2016年10月1日起施行，有效期五年。

海口市扶持影视产业发展暂行规定

第一条　为加快推进本市影视产业发展，扩大影视产业规模，使影视产业成为产业转型的经济增长点，根据有关法律法规，结合本市实际，制定本规定。

第二条　本规定适用于在本市依法从事影视产业的企业单位（以下称影视企业）。

本规定所称影视产业是指围绕影视作品所进行的生产、营销、放映、发行、后产品开发、设备技术服务、影视场馆建设等相关产业形态的统称。

本规定所称影视企业包括影视节目拍摄、制作、发行公司；影视工作室；影视服装、化妆、道具制作公司；影视器材租赁公司；演员经纪公司；影视培训公司；剧本创作公司；影视基地及影视相关配套企业等。

第三条　市政府每年安排文化产业发展专项资金，用于扶持本市影视企业。

第四条　对在本市新注册登记的具有独立法人资格的影视企业，按以下规定给予一次性资金补助：

（一）实收资本在2亿元（含）以上的，给予500万元补助；

（二）实收资本在1亿元（含）以上不足2亿元的，给予200万元补助；

（三）实收资本在5000万元（含）以上不足1亿元的，给予100万元补助；

（四）实收资本在1000万元（含）以上不足5000万元的，给予50万元补助。

第五条　对本市具有独立法人资格的影视企业用于本市影视产业项目的贷款，参照银行同期贷款基准利率的50%给予补贴，单个项目补贴期不超过3年，最高不超过50万元；对企业通过本市担保机构获得金融机构贷款并能按时还贷的，给予担保费50%的补贴，最高不超过20万元。

第六条　本市影视企业的专业人才（影视编剧、导演、制片人、演员等），按照其所缴纳的个人所得税市级留成部分，2年内全额给予奖励。

第七条　本市影视企业年收入25万元以上（税前）的人员，在本市连续工作并参加城镇社会保险交费满3年以上，给予办理落户；在本市购房的，按照本市有关规定给予购房补贴。

第八条　本市影视企业自注册登记之日起，2年内企业城建税、增值税本市留成部分按100%给予奖励；从获利之年起，2年内企业所得税本市留成部分按100%给予奖励。

第九条　凡实收资本不低于500万元，在本市常年从事影视后期制作，且当年影视后期制作营业收入占本企业总营业收入1/3以上的影视企业，2年内城建税、增值税本市留成部分按100%给予奖励；从获利之年起，2年内企业所得税本市留成部分按100%给予奖励。

第十条　本市具有独立法人资格的影视企业在本市二级房地产市场购买办公用房的，按每平方米1000元的标准给予一次性补贴，最高补贴金额为300万元；租赁办公和居住用房的，2年内每年按房屋租金的50%给予补贴，补贴面积不超过500平方米，补贴总额不超过100万元。

第十一条　影视企业（含境外影视企业）在本市摄制期间所发生的如食宿、交通、场地和设备租赁等费用，凭合法有效凭证，据实给予20%的奖励。若反映海口题材或讲述海口人物、故事或宣传展现海口的电视作品在省级卫视以上黄金时段（19点至21点）播出的，每集给予2万元奖励，最高不超过100万元；电影作品在全国公映的，每部给予50万元奖励。

第十二条　本市具有独立法人资格的影视企业的出口作品，按照国家有关规定，实行增值税零税率并进行奖励，每部作品给予10万元奖励，每家企业每年最高奖励不超过50万元。

第十三条　本规定的具体应用问题由市政府广播影视行政主管部门负责解释。具体申报办法另行制定。

第十四条　本规定自2016年5月1日起施行，有效期为两年。

中共海口市委关于推进供给侧结构性改革促进经济行稳致远的实施意见

（2016年7月27日中国共产党海口市第十二届委员会第十一次全体会议通过）

为认真贯彻落实党中央、国务院和省委、省政府关于推进供给侧结构性改革的决策部署，结合我市实际，提出如下实施意见。

一、总体要求

（一）指导思想

深入贯彻党的十八大和十八届三中、四中、五中全会以及习近平总书记系列重要讲话精神，认真落实省委六届十次全会精神，牢固树立创新、协调、绿色、开放、共享的发展理念，主动适应经济发展新常态，坚持把创新作为引领发展的第一动力，立足市情，着力推进供给侧结构性改革，重点抓好兴产业、去库存、降成本、补短板、强创新五大重点任务，培育壮大以现代服务业为主的12个重点产业，提高经济发展质量和效益，为率先在全省全面建成小康社会奠定坚实基础。

（二）基本原则

——坚持深化改革。抓住关键领域和关键环节，扎实推动政策、体制、机制、服务、管理和市场等各方面的改革，最大限度激发和调动各方面积极性创造性，不断释放改革红利。

——坚持供需结合。调整优化需求结构，挖掘创造新的消费需求，增加热带特色农产品、旅游新产品、生态产品的有效供给，推动服务业转型升级、工业提质增效，不断增强经济持续增长新动能。

——坚持问题导向。针对当前海口经济社会发展存在的创新能力低、产业规模小、基础设施差、人才队伍弱等突出问题，定向精准发力，切实提高政策措施的针对性和有效性。

——坚持统筹兼顾。充分发挥市场在资源配置中的决定性作用，弘扬企业家精神，激发市场主体活力，引导企业转型发展。更好发挥政府作用，提供优质服务，努力营造公平公正的市场竞争环境。

——坚持创新驱动。把创新驱动发展战略作为供给侧结构性改革的重要引擎，大力发展创新型产业，推进企业创新、人才创业，加快培育发展新产业、新业态、新的经营模式。

（三）主要目标

到“十三五”末，供给侧结构性改革攻坚取得重要进展，供给结构对需求变化的适应性和灵活性显著增强，全社会创新活力充分激发，12个重点产业成为经济发展的重要支撑；企业生产经营成本明显下降，发展环境显著改善；要素资源配置效率显著提高，发展短板基本补齐，城乡生态环境持续改善，公共产品和公共服务供给质量进一步提升，国际旅游岛中心城市国际化水平大幅提升。到2017年年底，成为全国文明城市和国家卫生城市。到2020年，初步建成与“21世纪海上丝绸之路”战略支点城市、大南海开发的区域中心城市和海南“首善之城”相适应的多层次、高质量供给体系。

二、重点任务

（一）坚定不移兴产业

紧紧围绕12个重点产业和重点园区发展，通过出台各类产业政策和设立各类政府引导、市场化运作的产业（股权）投资基金，充分发挥市场的决定性作用，推动产业转型升级和集聚发展，切实增加各类产品的有效供给。

1. 加快热带特色现代农业发展。以规模化、标准化、绿色化、品牌化为导向，构建现代农业生产体系、经营体系、科技体系、流通体系。强化品牌建设，创建永兴荔枝、云龙淮山、羊山石斛、三江莲雾、琼山蜜柚、卓津蜂蜜、牧榕文昌鸡、美兰三角宁地瓜、火山豆腐、白石溪胡椒等10个在国内有影响力的农业品牌，努力实现品牌农业产值占农业总产值40%以上。以国家级热带农业示范区、热带农业休闲旅游体验区、农垦改革试验区和热带农业国际合作中心为目标，建成桂林洋国家热带农业公园。突出都市农业特色，高标准建成兰花产业园、热带花卉基地、沉香产业园、石斛健康产业园、云龙淮山基地、云龙中国莲雾、石山和红旗辣木基地等项目。大力发展海洋牧场，加快渔港建设，增强防灾减灾能力和休闲渔业功能。培育农产品加工骨干企业，加快建设农产品、水产品加工园，打造全省农副产品深加工和集散中心。实施“互联网+农业”战略，打造集农业电子商务、高品质农产品产地直供、农产品质量安全可追溯、线下体验式消费等于一体的农业产销模式，提升农业生产、经营、管理和服务水平。积极推进农村一二三产业融合发展，培育农超对接、农企对接、农餐对接等农产品流通新业态；建设农业大数据信息化服务平台，推广石山互联网农业小镇模式；加大农业科技创新推广力度，提升农村社会化服务水平；研究制定促进休闲农业和乡村旅游发展的用地、财政、金融等扶持政策，因地制宜打造一批休闲农业点和农耕文化体验区。加强农田水利基本设施建设和田洋整治，大力发展设施农业，切实提高农业抵御自然灾害的能力。抓好“菜篮子”建设，建设常年蔬菜基地5.2万亩，夏秋季蔬菜自给率达到70%以上，禽肉蛋自给率基本实现100%，为市民提供优质生态安全农产品。

（责任单位：市农业局、市委农办、市发改委、市科工信局、市财政局、市海洋和渔业局、市水务局、市国土资源局、市菜篮子产业集团有限责任公司、海口桂林洋经济开发区、市三江农场、各区等）

2. 着力推动以低碳制造为主的战略性新兴产业集群发展。加快培育新能源、新材料、新能源汽车、医药、装备制造、节能环保等产业，形成竞争新优势。加快节能与新能源汽车核心技术产业化进程，发展以纯电动、插电式混合动力和智能网联等为重点的汽车产业。高水平建设“美安新药谷”，打造医药产业发展和综合服务基地，加快医药产业向生物药、创新药、高端仿制药、海洋药物和“南、黎”特色药物等高技术方向转变。推动食品加工业、装备制造业等优势产业提升核心技术，促进食品工业向绿色健康食品、特产旅游食品、保健品等方向转型。海口综保区、海口高新区要围绕高新技术产业和低碳制造业，积极开展龙头型、引领型项目的招商，加快集群集聚式发展、链条式发展，成为全市战略性新兴产业发展的新高地。加强与海洋高新技术和航空航天领域的科研院所合作，谋划海洋高新技术、航空航天等前沿产业，力争在海洋资源开发、海洋装备制造等方面取得突破。

（责任单位：市科工信局、市发改委、市海洋和渔业局、海口综保区、海口高新区、海口桂林洋经济开发区、市食药监局、各区等）

3. 加快发展全域旅游。坚持“点线面”结合，推进自然资源、历史文化资源和城市建设发展的有机融合，将全市作为一个大景区来规划建设。完善旅游基础设施，加速旅游要素标准化、国际化，打造区域性旅游目的地和集散中心。推动城市旅游化改造，将城市生长历史、城市街巷肌理、居民生活方式等要素与景区发展统筹考虑，将城市公共设施与旅游功能融合，打造旅游休憩空间，让海口处处都充满旅游元素。实施旅游消费促进计划和旅游投资促进计划，向社会资本全面开放旅游市场，发展邮轮游艇、海上休闲运动、自驾车房车、婚庆、低空飞行等旅游新产品，打造一批艺术水准高、市场潜力大的旅游演艺节目。加快旅游吸引物建设，打造海口国际三角梅主题公园、南海明珠等一批标志性的旅游综合体，提升雷琼火山群世界地质公园海口园区、东寨港红树林自然保护区、观澜湖旅游度假区、骑楼历史文化街区等景区景点水平，实现5A级景区"零"的突破；积极申报海口国家级海洋公园，推进"美丽海南百千工程"，两年内基本完成非主城区18个镇的镇墟改造和旅游化改造。促进旅游与农业、商贸会展业、文化体育产业、健康养生业、互联网产业和共享经济的融合发展，将美安生态科技新城打造为集生态环境和火山风貌观光、药品生产和展销于一体的工业旅游项目，打造全省"园区工业旅游"示范点。规范旅游相关数据互联互通、数据共享，推进旅游标识标牌的规范化、标准化建设，完善旅游公交系统、游客集散中心、旅游标识系统、旅游厕所等基础设施。制定实施与国际接轨的旅游服务标准，加强对导游、服务员等旅游从业人员、窗口行业人员的培训。落实旅游企业开拓入境市场奖励办法，支持开辟重点客源国至海口直达航线、旅游包机。

（责任单位：市旅发委、市委宣传部、市发改委、市科工信局、市公安局、市海洋和渔业局、市国资委、海口高新区、市食药监局、各区等）

4. 高起点高标准发展医疗健康产业。利用好无疫区、长寿岛的品牌优势和国家有关政策，规划建设一批健康产业重点项目，打造中医药健康产业集群；依托温泉、滨海、湿地、医疗等健康养生资源，大力发展休闲疗养、自然养生、医学美容、运动健身等健康养生产业。吸引社会资本投资兴办有规模、有品牌、有特色的医疗机构；积极引入国内外知名医疗机构，开展远程医疗、特色治疗、医学研发，推进医养结合。整合社区养老和医疗卫生资源，开展养老服务、家庭保健、康复护理等健康服务，积极推进公立医院改革，建立现代医院管理制度，实行管办分开。发挥我市在全省医疗资源集中的优势，加快落实与上海等发达地区合作办医的协议，建设海口骨科和糖尿病等专科医院，切实提高医疗服务水平。

（责任单位：市卫生局、市民政局、市食药监局等）

5. 完善和提升区域性金融中心功能。健全完善多层次金融体系，积极引进国内股份制银行、保险公司、信托投资公司、租赁公司、资产管理公司，引进和发展创业投资、股权投资、基金管理等机构。支持地方金融机构做大做强，规范发展小额贷款公司和担保公司，推动地方金融机构在境内外上市。支持村镇银行、小额贷款公司、融资性担保公司等新型金融组织发展。争取金融机构扩大信贷投放和资金配置，重点支持各类园区、12个重点产业、"五网"基础设施和特色产业小镇建设。发展以资本运作、财富管理和企业服务为主的金融总部经济，推动金融产品和服务创新，规划建设金融总部集聚区。

（责任单位：市发改委、市财政局等）

6. 超常规发展互联网产业。着力推进智慧城市建设，积极落实"互联网+"行动计划，加强互联网基础设施建设，在平台支撑、应用服务和"互联网+"三大层面进行重点布局。依托南海云，建设服务于全省的云计算及大数据服务平台，加快电子政务云建设。建设数字内容产业中心和新媒体内容加工制作云平台，实现数字内容、产品、服务和运营一体化发展。积极推动物联网在食品安全、物流、安全生产，以及医疗、交通、安防、环保等领域的应用。建设跨境电商公共服务平台，鼓励和支持我市的互联网企业积极"走出去"，承接海南、全国乃至世界的数据处理、软件研发、信息技术咨询等业务，推动跨境电商业务发展。建设互联网集聚区，重点推进复兴城互联网创新创业园、江东电子商务产业园、石山互联网农业小镇、桂林洋大学城青年创业创新中心建设。

（责任单位：市科工信局、海口高新区、海口桂林洋经济开发区、市商务局、各区等）

7. 积极推进服务贸易创新发展试点。力争用3~5年的时间，基本形成与海口服务贸易发展水平相适应的管理体制、促进机制、监管模式、政策体系，探索总结出若干可借鉴可推行的具体经验和做法，使服务贸易发展环境更加便利化、国际化、法制化。探索实施扩大旅游、教育、运输服务、展会、文化体育娱乐等服务贸易双向开放的政策措施。推动服务外包做大做强，推动以海口高新区为依托的服务外包园区建设，提升服务跨境交付能力。探索金融服务创新，积极吸引国内外金融机构进入海口设立总部或分支机构，提高海口金融业的国际化程度。

（责任单位：市发改委、市教育局、市文化广电出版体育局、市交通港航局、市商务局、市会展局、各区等）

8. 发展壮大会展业。培育一批会展龙头企业，完善海南国际会展中心和观澜湖度假区的会展服务功能，加快推进五源河文体中心会展项目，打造展会集聚区。延长会展产业链，发展一批大型会展、广告、策划、创意设计等服务企业，推进展会服务标准化。打造品牌展会，推出更具竞争力的优惠扶持措施，积极引进国际性会议、定期论坛、年会、学术会议和品牌展览，努力建设国内外知名会展中心城市。

（责任单位：市会展局等）

9. 提高区域性现代商贸物流中心地位。高标准规划建设大型购物中心，统筹布局建材、木材、家具、再生资源等专业市场，完善商业网点，构建多业态多功能的综合商贸体系，巩固和提升全省商贸中心地位；发挥保税政策功能，大力发展飞机及其他大型装备设备租赁、国际商品展销、珠宝加工及展销、跨境电子商务等重点产业。利用我市被列为国家级流通节点城市的契机，加快建设美兰临空产业园、美安综合物流园区和林安物流园等大型物流园区，配套完善分拨中心以及公用型货运枢纽和配送节点；培育若干个具有较强竞争力的大型供应链管理企业和5A级物流企业。

（责任单位：市商务局、海口综保区、海口高新区、各区等）

10. 创新发展文化体育教育产业。发展文化创意产业，依托“一园多基地”的海口文化产业园，引进一批文化信息、创意设计、游戏和动漫、演出演艺、影视制作、数字出版、艺术品交易等方面市场竞争能力强、拥有自主品牌的文化企业。依托冯小刚电影公社、长影“环球100”等项目，建设全国乃至世界知名的影视拍摄基地。打造运动训练和体育赛事的平台，发展运动休闲产业，规划建设永兴体育小镇，建设中国（南方）足球训练基地，提升帆船帆板、举重等训练基地建设水平，大力发展户外有氧运动，延伸产业链，打造成全市产业发展的新亮点。大力发展教育产业，加大引进优质职业教育资源，积极发展特色专业教育，筹划建设国际旅游学院和足球学院；加快推进桂林洋教育园区建设。

（责任单位：市文化广电出版体育局、市委宣传部、市教育局、各区等）

11. 培育海洋相关产业。大力发展海洋交通运输业，增强区域交通枢纽地位。加大海洋科技研发支持力度，吸引科研机构设立海洋科技研发中心、实验室和创新平台；创新跨区域合作模式，加强海口与国内沿海发达地区在海洋经济发展方面的深度合作，通过协同创新、共建合作等方式，推动国内沿海发达地区的资金、技术、人才优势与海口的资源与区位优势有机结合，实现共赢发展。

（责任单位：市海洋和渔业局、市科工信局、各区等）

（二）精准施策去库存

紧紧抓住国家加快推进棚户区（城中村）改造的重大机遇，通过实施完全货币化安置，健全完善棚户区（城中村）的基础设施和公共服务设施，引进有实力、有品牌的开发企业，有针对性地优化房地产产品结构，调整合理供需关系，促进房地产市场平稳健康发展。

1. 加大房地产推销力度。通过城市营销、媒体推介、举办各种形式的展销会等方式，实行常年促销。加大考核激励力度和政策支持力度，积极引导市场主体开展去库存工作。发挥各类媒体的影响力，不断挖掘、发现、宣传海口的比较优势和潜在价值，吸引更多的岛内岛外购房人群。

（责任单位：市住建局、市委宣传部、市商务局、市旅发委、市会展局、各区等）

2. 调整优化房地产供应。主动对接省里出台的“两个暂停”政策，实行差异化供地政策，合理安排房地产用地供应，引导房地产业向高端、特色、经营性转型。大力调整优化增量房地产的结构，严控粗糙、不配套的低端住宅房地产，积极发展有品质、满足高端需求的，与休闲、健康、养老、文化、教育、生态、科技等产业有机融合的房地产项目，实现资源价值和附加值最大化。加强房地产市场秩序整顿，加强住宅小区市政基础设施和公共服务设施配套建设，确保同步规划、同步建设、同步验收、同步投入使用。建立房地产开发项目交付使用综合验收制度，依据相关法律法规坚决打击房产销售各类失信违法违规行为，提升海口房地产产品品质和物业管理水平。鼓励房地产开发企业将库存工业、商业地产改造为科技企业孵化器、众创空间、创业基地，将库存商品房改造为教育医疗等公共服务用房、商务居住复合式地产、电商用房、养老地产、旅游地产等。

（责任单位：市国土资源局、市规划局、市住建局、各区等）

3. 加快棚户区（城中村）改造的步伐。全面推行完全货币化安置的棚改政策，严格控制棚改区内的回迁商品房数量，积极导入各类产业项目，开发高端改善性刚需商品房。对棚户区居民可实施“以租代售、先租后售、租售并举”等政策，鼓励引导棚户区居民以住宅换商铺，加大存量商品房去库存力度。

〔责任单位：市房屋征收局（市重点委）、市国土资源局、市规划局、市住建局、各区等〕

4. 加快推进新型城镇化。统筹推进差别化户籍制度改革，促进有能力在本市稳定就业和生活的农业转移人口、外来务工经商人员落户。在土地承包经营权、宅基地使用权、集体收益分配权保持不变的前提下，支持引导主城区范围内的社区居民、城中村农民自愿有偿转让“三权”权益，探索开展以宅基地换新房、集体土地承包经营权换社保的“两换”试点。

（责任单位：市公安局、市住建局、市国土资源局、市规划局、各区等）

5. 大力培育发展住房租赁市场。停止新建公租房，逐步将公租房保障范围扩大到非户籍常住人口，推进公租房保障货币化。大力发展住房租赁市场，通过政策性银行中长期贷款支持、减免行政事业性收费等措施，引导与鼓励有条件的国有企业收购或长期租赁库存商品房，鼓励自然人和各类机构投资者购买库存商品房，成为租赁市场的房源提供者，鼓励发展以住房租赁为主营业务的专业化企业。鼓励开发企业自持商品住房用于出租，出租规模在10000平方米以上的，按其租赁收入缴纳的税收中市级留成部分给予一定比例的扶持。

（责任单位：市住建局、市国资委、各区等）

6. 支持合理住房消费。研究制定住房公积金异地贷款政策、农民工和个体工商户缴存使用住房公积金政策。对引进的专业技术人才购买首套新建普通商品住房的，政府予以住房货币化补贴资助。

（责任单位：市住建局、市财政局、市人社局、各区等）

（三）多措并举降成本

紧紧围绕“多规合一”和行政审批制度两大重点改革任务，研究制定一揽子政策措施，着力改善营商环境和投资环境，切实降低企业的制度性交易成本和市场交易成本，促进各类市场主体健康发展。

1. 降低制度性交易成本。持续推进简政放权、放管结合、优化服务，以“多规合一”和行政许可权相对集中倒逼行政审批制度改革。设立市级行政审批局，构建审批责权一体、市区镇村四级协同、实体与虚拟大厅并举、多元监督和立体考评并重的行政审批服务体系。探索通过业主承诺制、规划代立项、区域评估评审替代单个项目评估评审等措施，深化产业园区极简审批，提高项目落地建设服务效率。深化市区镇（街）行政管理体制改革，在演丰、云龙、石山、龙桥等镇开展镇级行政管理体制改革试点。落实《中共中央国务院关于深化投融资体制改革的意见》，抓紧制定我市实施办法，进一步降低市场准入门槛，务实推行政府和社会资本合作（PPP）模式，吸引更多社会资本投资基础设施和公共服务领域。

（责任单位：市发改委、市编办、市财政局、市政府服务中心、各区等）

2. 降低市场交易成本。加快社会信用体系建设，推进信用信息共享交换，构建守信激励和失信惩戒机制，健全市场主体信用风险分类监管制度。建立健全各类要素市场体系，建设金融产品、大宗商品、产权、劳动力等交易平台，尽可能形成充分的市场竞争和对称信息，切实降低企业的市场交易成本。

（责任单位：市发改委、市商务局、市人社局等）

3. 降低企业生产、流通成本。创新土地供应模式，鼓励企业采取长期租赁、租让结合、先租后让等方式使用土地，实行工业用地弹性年期出让制度，支持企业提高生产用地利用率。扩大失业保险基金支持企业稳岗政策实施范围，鼓励符合条件的企业申请稳岗补贴。发挥“政保贷”“拨改投”等政策作用，缓解中小微企业融资难、融资贵问题。抓住国务院推动“互联网＋物流”的有利机遇，加快构建综合运输和物流交易公共信息平台，提高商贸物流效率。实施大宗货物运输补贴政策，合理规划以物流园区为集散中心，若干配送服务站为次级节点，各生产商为物流起点，各商业网点为终端的现代物流体系。

（责任单位：市国土资源局、市财政局、市人社局、市交通港航局、市商务局、各区等）

4. 降低企业税费负担。按照国家统一部署，将“营改增”范围扩大到生活性服务业、建筑业、房地产业、金融业等领域，落实降低制造业增值税税负政策。落实好支持小微企业发展、鼓励创新创业、加快转型升级、支持高新技术产业发展等一系列税收收费政策。落实中央和省减免涉企行政事业性收费的优惠措施，严格控制政府收费项目，主动接受社会监督，切实提高收费透明度。

（责任单位：市发改委、市财政局、市国税局、市地税局、各区等）

（四）深化“双创”补短板

以创建全国文明城市和国家卫生城市为载体，持续加大公共财政投入，补齐基础设施、公共服务设施和社会民生短板，扩大优质公共服务供给。

1. 补基础设施短板。紧紧围绕“五网”建设目标，加快建设“五纵七横”结构性主干道和与之配套的次干道、支路网。大力发展城市公共交通，优化公交线网，大幅提高公交分担率。强化区域交通枢纽地位，加快推进港口功能转型和管理升级，推进美兰机场货物转运中心建设，积极推进海口—湛江的高速铁路融入国家高铁网，规划建设疏港快速干道，实现港口、高速公路、铁路、机场的无缝对接，构建连接岛内外便捷的海陆空立体交通体系。建设集约、智能、绿色、低碳的市政公用设施，合理开发利用城市地下空间资源，抓好地下综合管廊试点，推进地下管网改造。加强信息基础设施建设，实现光纤网络、公共区域WIFI和4G网络信号的全覆盖。推进城乡电网升级改造，构建安全、稳定、绿色、智能的电力网络。拓宽供气气源，逐步提高天然气在一次能源消费中的比重。完善供水管网，实施农村安全饮水提质增效工程，强化城乡供水保障。

（责任单位：市“双创”工作指挥部、市发改委、市科工信局、市财政局、市水务局、市市政市容委、市民防局、市交通港航局、市地下综合管廊投资管理有限公司、市燃气集团公司、各区等）

2. 补城市管理短板。实施“门前三包”责任制，持续开展违法建筑、交通秩序、市容市貌、环境卫生等专项整治。深入推进“公安＋城管”联合执法探索，畅通国土、环保、工商、食药监等多部门联合执法通道，切实提升城市规划建设管理的法治化水平。实施城市设计和城市风貌提升及景观亮化工程，将进出岛门户、城市主干道、重点区域打造成为城市景观精品，彰显国际旅游岛门户和热带滨海花园城市的风貌和形象。

（责任单位：市市政市容委、市委全面深化改革领导小组办公室、市财政局、市公安局、市国税局、市地税局、各区等）

3. 补生态环境短板。推进中心城区河沟综合治理，到2017年基本完成建成区水体整治任务；推进“海绵城市”建设、排水管网雨污分流改造、海堤河堤建设，加快推进南渡江引水工程和入海口景观提升工程；开展蓝色海湾整治行动，加强保护和利用海岸自然生态本底，促进原生态热带滨海风光与现代田园城市交融；提升生态空间整体功效，构建主城区人居景观绿化网、海岸线绿化景观带、城郊森林公园绿化景观带、五源河—石山生态廊道、南渡江水系生态廊道。

（责任单位：市生态环保局、市海洋和渔业局、市水务局、市市政市容委、各区等）

4. 补民生事业短板。丰富教育供给，提高教育供给质量。推动义务教育均衡优质发展，全面改善义务教育薄弱学校办学条件；办好特殊教育，每个区新建 1 所特殊教育学校；扩大优质教育，加快推进与北大、北师大等国内外知名高校合作办学。增加医疗服务供给总量、改善资源配置结构，推进医疗供给均等化。深化医药卫生体制改革和公立医院综合改革，实行医疗、医保、医药联动；完善基层医疗服务模式，积极发展社区医疗、养老、妇幼保健、托幼、家政等社会服务。新建大型农副产品综合批发市场，多措并举保物价。高标准、高质量建设一批带有琼岛特色的大型公共文化服务设施。

（责任单位：市教育局、市人社局、市文化广电出版体育局、市卫生局、市民政局、市商务局、各区等）

5. 补精准扶贫短板。增加扶贫有效供给，加大市级财政扶贫投入，加快农村金融改革创新步伐，完善社会保障力度，健全社会力量参与机制，实现全社会帮扶资源有效整合。精准对接供给与需求，提高扶贫供给效益，大力推进“拨改投”产业扶贫，一户一策到户帮扶，逐户销号，做到脱贫到人。促进扶贫供需转化，增加社会劳动力供给，开展贫困地区农村青壮年劳动力规范化技能培训、文化传承脱贫、民营企业“千企帮千村”精准扶贫等专项行动，引导贫困居民进入家政、物流、养老等领域就业，支持贫困地区农民工返乡创业。按照“两年攻坚脱贫、三年巩固提升”的要求，力争 2017 年年底前，现行标准下的贫困人口全部实现脱贫。

（责任单位：市委农办、市财政局、市农业局、市金融办、市工商联、各区等）

（五）集中资源强创新

以设立海口国家级新区为目标，推动创新资源和优惠政策向其聚集，形成具有较强创新能力的增长极，努力打造海口创新的新高地。

1. 积极争取设立海口国家级新区。抓住 “海澄文”一体化契机，统筹融合海口江东组团、长流组团、海口综保区、美兰空港保税区、美安生态科技新城等核心区域和板块资源。通过制度创新、政策创新、要素管理创新，设立海口国家级新区，进一步增强我市的内生发展动力，把海口打造成全省供给侧结构性改革的总引擎和核心动力。

（责任单位：市发改委、市编委办、海口综保区、海口高新区等）

2. 增强创新驱动能力。创新政府科技经费投入和管理方式，加大对创新链中端的投入，打通从创意到产业化应用的创新链条。实施科技型和高新技术企业“两个倍增”工程和科技“小巨人”计划，加快园区公共服务平台建设，落实支持创新创业的减费降费措施，为企业提供技术创新、工业设计、检验认证、节能环保、信息技术和资源综合利用、综合信息服务和创新创业孵化等公共服务。

（责任单位：市科工信局、市人社局、海口综保区、海口高新区等）

3. 发展更高层次的开放型经济。实施促进互联网、医药、高新技术、航运、影视、房地产等产业创新政策，推动产业向价值链中高端迈进。强化海口综保区集进出口贸易、保税仓储物流、保税加工、保税服务于一体的开放型经济平台功能，推进海口综保区与海口高新区的政策叠加、产业对接、联动联进。在产业园区复制和推广自由贸易试验区投资管理、贸易便利化、金融领域改革事项及海关监管、检验检疫制度创新等政策，建立与国际贸易规则相适应的行政管理体系，加快开放型经济发展。

（责任单位：市科工信局、市商务局、海口综保区、海口高新区等）

4. 构建新型人才供给体系。突出“高精尖缺”导向和产业人才需求，建立紧缺专门人才动态目录制度，搭建科技人才信息共享平台，着力发现、培养和集聚科学家、科技领军人才、企业家人才等各类人才队伍。完善海外高层次引才、柔性引才政策，大力引进海外人才，用活“候鸟人才”，注重本土高层次人才和青年拔尖人才的培养。加快构建现代职业教育体系，着力培养高素质劳动者和技术技能人才。加强职业技能培训，建立覆盖城乡全体劳动者的技能培训制度，逐步扩大职业培训补贴工种的范围。

（责任单位：市委组织部、市科工信局、市教育局、市人社局、海口综保区、海口高新区、市侨联等）

三、保障措施和督查考核

1. 加强组织领导。各区、各部门、各单位要把思想和行动统一到党中央、国务院，省委、省政府和市委、市政府关于推进供给侧结构性改革的决策部署上来，把落实本实施意见和兴产业、去库存、降成本、补短板、强创新等专项行动计划作为重中之重的工作，加强组织协调，完善工作机制，形成齐抓共管、整体推进的工作格局。市有关部门要及时研究工作落实中的突出问题，加强与国家、省有关部门的沟通，制定完善配套政策。各区要结合本区实际，研究制定落实方案和配套政策，发挥政策协同作用。

2. 明确责任分工。各责任单位对相关工作负总责，抓紧制订实施计划和任务台账，完善工作动态跟踪机制。2016~2017 年，全面实施供给侧改革工作的各项政策措施，完善工作机制和工作措施。2018~2019 年，供给侧结构性改革各项工作取得明显进展。2020 年，全面完成各项主要目标任务。

3. 强化宣传引导。要充分利用报刊、电视、互联网等各种新闻媒体，广泛宣传供给侧结构性改革的重大意义、目标要求和政策措施，做好供给侧结构性改革的政策解读，总结推广好经验好做法，及时回应社会关切，正确引导社会预期，最大限度凝聚共识，调动社会各界的主动性、积极性和创造性，共同营造推进供给侧结构性改革的良好舆论氛围。

4. 严格督查考核。各责任单位要切实抓好落实，每季度结束后 5 个工作日内将推进供给侧结构性改革的工作落实情况报送市委督查室、市政府督查议案室。市委督查室、市政府督查议案室要整合力量做好督促检查工作，视情况采取下达督查通知书、组织实地督查等方式推动工作落实，并将落实《实施意见》的情况纳入部门年度考核。对工作落实不到位的，按有关规定严格问责。

统计资料

海口市国民经济主要指标

指　标	单　位	2012 年	2013 年	2014 年	2015 年	2016 年
一、人口						
年末常住人口	万人	214.13	217.11	220.07	222.30	224.36
年末户籍人口	万人	161.59	163.23	165.31	164.80	167.03
二、年底社会从业人员	万人	136.59	153.00	161.22	168.43	165.05
#职工人数	万人	44.98	48.62	50.02	49.16	49.53
三、地区生产总值（含农垦）	亿元	858.49	989.49	1091.70	1161.96	1257.67
四、工业总产值（当年价）	亿元	550.22	537.13	532.59	537.67	540.29
五、农业总产值（当年价）	亿元	91.14	92.08	92.99	93.20	103.83
六、运输邮电						
社会货物周转量	亿吨公里	665.66	839.76	963.54	708.73	669.68
社会旅客周转量	亿人公里	410.76	485.07	466.56	513.75	641.84
港口货物吞吐量	万吨	6122.89	7421.39	7581.00	8209.90	8866.93
邮电计费业务总量	亿元	48.01	50.99	66.31	70.57	121.31
七、固定资产投资总额	亿元	510.38	649.33	821.53	1012.05	1271.73
基本建设	亿元	334.83	392.93	522.56	555.65	720.63
房地产开发	亿元	175.55	256.40	298.97	456.39	551.09

续表

指　标	单　位	2012年	2013年	2014年	2015年	2016年
八、国内商业						
社会消费品零售总额	亿元	449.90	505.35	558.47	595.53	653.89
九、外经外贸						
1. 新签协议合同	宗	19	37	33	35	51
# 外商协议合同	宗	19	37	33	35	51
协议合同总投资	亿美元	0.37	3.37	1.83	12.70	10.47
# 外商合同投资	亿美元	0.20	1.22	0.95	3.16	3.93
实际利用外资	亿美元	4.53	5.12	3.30	2.91	0.36
# 外商直接投资	亿美元	4.53	5.12	3.30	2.91	0.36
2. 外贸进出口总值	亿美元	42.15	51.4	34.00	43.40	39.20
进口总值	亿美元	24.17	32.55	21.70	33.77	31.30
出口总值	亿美元	17.98	18.85	12.30	9.63	7.90
十、旅游						
接待国内外过夜旅游人数	万人次	952.9	1044.3	1130.68	1225.20	1329.19
# 入境旅游者	万人次	17.97	15.66	13.69	12.20	13.65
旅游总收入	亿元	101.57	120.16	142.02	160.06	181.24
旅游外汇收入	万美元	4473.75	4210.23	3753.61	4084.27	4503.55
十一、财政						
财政收入	亿元	210.43	240.82	268.08	290.63	330.94
其中：上划中央、省收入	亿元	137.26	154.09	167.96	179.12	215.44
地方财政收入	亿元	73.17	86.73	100.12	111.50	115.51
地方财政支出	亿元	113.85	132	150.92	170.93	200.30
十二、金融（含外币）						
金融机构年末存款余额	亿元	2637.7	2955.19	3213.55	3962.82	4851.25
# 城乡居民年末储蓄存款余额	亿元	964.99	1074.06	1189.85	1262.06	1445.49
金融机构年末贷款余额	亿元	2924.43	3188.25	3649.27	3656.03	4178.05

续表

指 标	单 位	2012 年	2013 年	2014 年	2015 年	2016 年
十三、职工工资						
在岗职工工资总额	亿元	182.1	220.79	253.36	282.26	303.84
# 国有单位	亿元	95.91	82.93	97.26	112.62	120.29
在岗职工平均工资	元	40805	46175	50608	57455	62030
# 国有单位	元	40307	55602	64926	74332	81334
十四、人民生活						
城镇居民人均可支配收入	元	22331	24461	26530	28535	30775
城镇居民人均消费支出	元	15760	16856	20097	21809	23780
农民人均纯收入	元	8134	9155	10290	——	
农民人均生活消费支出	元	5887	6740	7629	8428	9262
十五、物价指数（以上年为 100）						
商品零售价格指数	%	102.8	101.6	101.2	100.20	100.90
居民消费价格指数	%	103.3	102.9	102.2	101.20	103.00
十六、教育卫生文化						
普通高等学校在校学生数	人	115496	146231	180565	150559	147969
中等职业学校在校学生数	人	93868	90143	82198	76547	74350
普通中学学校在校学生数	万人	12.32	12.04	11.85	10.24	11.66
小学在校学生数	万人	16.67	16.80	17.36	17.94	18.80
图书出版量	亿册	0.78			0.98	0.62
杂志出版量	亿册				0.24	0.0006
报纸出版量	亿印份				3.49	0.68
卫生机构病床数	张	11121	12762	12772	15373	15767
卫生技术人员数	人	17501	18831	20432	26055	30060
# 执业医师（助理医师）	人	5912	6454	6883	8341	10517

注：1. 农业总产值从 2011 年起含农垦数。
2. 邮电计费业务总量从 2010 年起按 2010 年不变价计算。
3. 地方财政收入和地方财政支出从 2007 年起不含基金口径。
4. 从 2012 年开始财政收入改为全口径公共财政预算收入。

海口市国民经济主要指标占全省比重

（2016年）

指　标	单　位	全　省	海口市	海口市占全省比重（%）
一、年末常住人口	万人	917.13	224.36	24.5
年末户籍人口	万人	902.18	167.03	18.5
#非农业人口	万人	348.41	97.56	28.0
二、从业人员	万人	558.14	165.05	29.6
三、国内生产总值（当年价）	亿元	4044.51	1257.67	31.1
第一产业	亿元	948.35	63.91	6.7
第二产业	亿元	902.68	233.56	25.9
第三产业	亿元	2193.48	960.20	43.8
四、工农业总产值（当年价）				
工业总产值	亿元	1995.11	540.29	27.1
农业总产值	亿元	1470.41	103.83	7.1
五、运输邮电				
社会旅客周转量	亿人公里	744.00	641.84	86.3
港口货物吞吐量	万吨	16390.00	8866.93	54.1
邮电计费业务总量	亿元	142.84	121.31	84.9
固定电话数	万户	169.20	46.88	27.7
六、固定资产投资总额	亿元	3747.03	1271.73	33.9
#房地产开发	亿元	1787.60	551.09	30.8
七、社会消费品零售总额	亿元	1453.72	653.89	45.0
八、外贸口岸进出口总值	亿元	751.32	258.18	34.4
进口总值	亿元	610.81	205.95	33.7
出口总值	亿元	140.51	52.23	37.2
九、实际利用外资	亿美元	22.16	0.36	1.6

续表

指 标	单 位	全 省	海口市	海口市占全省比重（%）
十、接待国内外过夜旅游人数	万人次	4977.21	1329.19	26.7
# 入境旅游者	万人次	74.89	13.65	18.2
十一、地方财政收支				
地方一般预算收入	亿元	637.51	115.51	18.1
地方一般预算支出	亿元	1376.48	200.30	14.6
十二、人民生活				
职工工资总额	亿元	616.17	303.84	49.3
职工平均工资	元	61663	62030	100.6
城镇居民人均可支配收入	元	28453	30775	108.2
农民人均纯收入	元	11843	—	—
城乡居民储蓄存款余额	亿元	3387.96	1445.49	42.7
十三、物价				
零售物价指数	%	101.0	100.90	99.9
居民消费价格指数	%	102.8	103.00	100.2
十四、教育卫生				
在校生				
普通高等学校	万人	18.49	14.80	80.0
中等职业学校（含中师\技工学校）	万人	13.03	7.44	57.1
普通中学	万人	49.36	11.66	23.6
小学在校学生	万人	79.36	18.80	23.7
卫生机构数	个	5135	1278.00	24.9
# 医院	个	509	112.00	22.0
卫生技术人员数	人	74843	30060.00	40.2
# 执业医师	人	20148	10517.00	52.2
病床位	张	40501	15767.00	38.9

35 个大中城市主要经济指标

（2016 年）

城市名称	生产总值（亿元）	规模以上工业增加值（亿元）	社会消费品零售总额（亿元）	进出口总额（亿美元）
北京	24899.30	—	11005.08	2819.96
成都	12170.23	—	5647.40	410.10
大连	8234.20	—	3410.12	514.70
福州	6197.77	1983.02	3763.14	315.98
广州	19610.94	4877.85	8706.49	1297.06
贵阳	3157.70	780.82	1195.34	39.04
哈尔滨	6101.60	1001.60	3744.20	39.70
海口	1257.67	124.17	653.89	39.18
杭州	11050.49	2983.91	5176.20	679.92
合肥	6274.30	2269.13	2445.70	186.87
呼和浩特	3173.59	—	1481.46	13.09
济南	6536.12	—	3764.80	97.08
昆明	4300.43	—	2310.09	66.81
兰州	2264.23	502.00	1263.33	—
南昌	4354.99	1611.50	1868.00	94.07
南京	10503.02	3050.55	5088.20	502.12
南宁	3703.39	1028.55	1980.36	63.16
宁波	8541.10	2799.10	3667.60	948.70
青岛	10011.29	—	4104.90	660.23
厦门	3784.25	1264.79	1283.46	772.67
上海	27466.15	—	10946.57	4338.05
深圳	19492.60	7199.47	5512.76	3984.39
沈阳	—	—	3985.90	113.30
石家庄	5857.80	2190.30	2975.20	116.10
太原	2955.60	571.81	1666.24	133.14
天津	17885.39	—	5635.81	1026.51
乌鲁木齐	2458.98	508.44	1237.30	49.03
武汉	11912.61	—	5610.59	237.81
西安	6257.18	1178.39	3730.70	277.48
西宁	1248.16	—	513.07	12.91
银川	1617.28	533.06	514.19	24.81
长春	5928.50	2332.20	2650.30	141.60
长沙	9323.70	3253.03	4117.40	113.32
郑州	7994.16	3215.40	3665.83	550.29
重庆	17558.76	—	7271.35	623.79

注：各大中城市主要经济指标为快报数。

续表

城市名称	外商直接投资（亿美元）	固定资产投资额（亿元）	#房地产开发投资（亿元）	城市居民人均可支配收入（元）	农村居民人均可支配收入（元）
北京	130.30	8461.69	4045.45	57275.00	22310.00
成都	86.17	8370.50	2638.90	35902.00	18605.00
大连	30.02	1436.36	535.17	38050.00	15664.00
福州	18.14	5184.36	1679.44	37832.78	16346.50
广州	57.01	5703.59	2540.85	50941.00	21449.00
贵阳	11.20	3380.73	927.32	29502.00	12967.00
哈尔滨	32.10	5040.10	512.10	33190.00	14438.90
海口	0.36	1271.73	551.09	30775.00	12679.00
杭州	72.09	5842.42	2606.41	52185.00	27908.00
合肥	28.08	6501.17	1352.59	34852.00	17059.00
呼和浩特	13.10	1849.20	520.52	40220.00	14517.00
济南	—	3974.30	1163.90	43052.00	15346.00
昆明	7.40	3920.07	1530.50	36739.00	12555.00
兰州	—	1990.95	391.15	29661.00	10391.00
南昌	28.90	4540.26	674.60	34618.65	14952.37
南京	34.79	5533.56	1845.60	49997.00	21156.00
南宁	7.70	3824.73	854.00	30728.00	11398.00
宁波	45.10	4961.40	1270.30	51560.00	28572.00
青岛	70.02	7454.70	1369.10	43598.00	17969.00
厦门	22.24	2159.81	765.80	46254.00	16300.00
上海	185.14	6755.88	3709.03	54305.00	25520.00
深圳	67.32	4078.16	1756.52	48695.00	—
沈阳	8.20	1631.60	709.70	39135.00	14445.00
石家庄	11.74	5916.00	2663.90	30459.00	12345.00
太原	4.62	2027.71	681.90	29632.00	14591.00
天津	101.00	14629.22	2300.01	37110.00	20076.00
乌鲁木齐	—	1607.78	306.16	34200.00	16400.00
武汉	85.23	7093.17	2517.44	39737.00	19152.00
西安	45.10	5191.36	1955.82	35630.00	15191.00
西宁	—	1399.30	316.50	27539.00	9678.00
银川	0.36	1723.31	474.94	30477.80	12036.70
长春	12.90	4659.00	596.60	31069.00	12576.00
长沙	—	6693.32	1260.55	43294.00	25448.00
郑州	40.33	6998.60	2778.90	33214.00	18426.00
重庆	26.26	17361.12	3725.95	29610.00	11549.00

续表

城市名称	地方财政一般预算收入（亿元）	金融机构存款余额（亿元）人民币	金融机构贷款余额（亿元）人民币	居民消费价格总指数（%）
北京	5081.26	132791.91	56618.87	101.4
成都	1175.40	31433.69	25009.20	102.2
大连	611.90	14179.48	11004.80	101.9
福州	598.91	12076.50	12124.69	102.3
广州	1393.85	45937.34	28885.54	102.7
贵阳	366.32	9928.30	9153.20	101.1
哈尔滨	376.20	9804.00	9048.70	101.8
海口	115.51	4851.25	4178.05	103.0
杭州	1402.38	32514.64	25464.83	102.6
合肥	614.85	13150.95	11550.60	102.6
呼和浩特	269.70	6178.83	7051.84	101.4
济南	641.20	15032.80	11370.20	102.7
昆明	530.00	12676.24	13553.33	101.7
兰州	215.50	—	—	100.8
南昌	402.18	—	—	102.1
南京	1142.60	27633.55	21681.28	102.7
南宁	312.76	8901.72	9423.79	101.4
宁波	1114.50	16196.00	15806.80	102.1
青岛	1100.00	14007.00	11892.00	102.5
厦门	647.94	9188.49	7744.99	101.7
上海	6406.13	103163.94	53985.10	103.2
深圳	3136.42	59562.25	35165.46	102.4
沈阳	620.90	14242.80	12569.60	101.7
石家庄	410.70	11077.90	7175.90	101.6
太原	282.69	11070.04	10103.36	101.2
天津	2723.46	29041.00	27368.00	102.1
乌鲁木齐	369.67	7406.60	5287.20	101.5
武汉	1322.10	21792.80	19386.30	102.4
西安	641.10	19073.96	15282.65	100.9
西宁	75.22	3756.01	4633.43	102.1
银川	173.13	3343.40	4076.57	101.7
长春	415.50	11034.50	9921.80	101.4
长沙	743.70	—	—	101.9
郑州	1011.20	19000.74	15422.39	102.3
重庆	2227.90	31216.45	24785.19	101.8

海口市人民物质文化生活状况

指　标	单　位	2012 年	2013 年	2014 年	2015 年	2016 年
收　入						
城市居民人均可支配收入	元	22331	24461	26530	28535	30775
* 基尼系数		0.37	—	—	—	—
农民人均纯收入	元	8134	9155	10290	—	—
职工平均工资	元	40805	46175	50608	57455	62030
消　费						
城市居民人均消费支出	元	15760	16856	20097	21809	23780
# 食品支出	元	6853	7202	6865	7609	8396
* 恩格尔系数	%	43.5	42.7	34.2	34.9	
农民人均生活费支出	元	5887	6740	7629	8428	9262
储　蓄						
城乡居民储蓄存款年末余额	亿元	964.99	1074.06	1189.85	1262.06	1445.49
人均储蓄余额	元	45065	49471	54067	56773	64427
住　房						
城市人均住房面积	平方米	29.75	29.95	29.99	30.10	30.12
农村人均住房面积	平方米	31.80	31.90	32.00	32.20	32.60
邮　电						
每百人拥有固定电话机	部	32.35	28.44	18.99	11.30	11.27
城建设施水平						
家庭用燃气普及率	%	95.75	95.47	99.69	99.57	99.77
人均日生活用水量	升	248.5	232.9	185.01	217.07	210.59
人均拥有道路面积	平方米	19.46	19.79	18.69	15.72	17.1
人均公共绿地面积	平方米	12.00	12.55	12.50	12.80	12.10

续表

指　标	单　位	2012 年	2013 年	2014 年	2015 年	2016 年
文化教育卫生						
城市每百户拥有彩色电视机	台	115				
农村每百户拥有彩色电视机	台	112	105	113	104.4	107.2
学龄儿童入学率	%	100	100	100	100	100
每万人拥有在校大学生	人	539.37	673.53	820.49	677.28	659.51
每万人拥有在校中专生	人	438.37	601.68	371.94	439.32	427.45
每万人拥有在校中学生	人	575.15	554.58	536.26	460.44	519.5
每万人拥有在校小学生	人	778.43	773.99	785.40	807.20	837.77
每万人拥有中（西）医师	人	27.61	29.70	31.28	37.52	46.87
每万人拥有医院床位	张	55.40	58.80	58.04	69.15	70.28

海口市从业人员年末人数

单位：人

指　标	2012 年	2013 年	2014 年	2015 年	2016 年
一、就业人员	1365906	1530004	1612228	1684317	1650537
1. 城镇国有单位	240968	151372	152477	153296	151453
2. 城镇集体单位	11397	10127	8776	7079	7061
3. 城镇其他经济类型单位	200398	332068	351512	331245	355644
4. 城镇私营单位	409110	474425	550471	611794	549852
5. 城镇个体	140594	210704	192016	194245	214371
6. 乡村	363439	351308	356976	373335	372156
二、按三次产业分					
第一产业	320566	242592	307738	301355	289067
第二产业	240103	272182	274800	283841	273673
第三产业	805237	1015230	1029690	1099121	1087797

备注：从 2011 年起职工、其他从业人员均含农垦单位数（下同）。

海口市按经济类型分城镇非私营单位在岗职工工资总额和平均工资的增长速度

单位：%

年 份	工资总额	国有经济单位	城镇集体经济单位	其他各种经济类型单位	平均工资	国有经济单位	城镇集体经济单位	其他各种经济类型单位
“一五”时期		21.8				3.6		
“二五”时期		5.6				−0.6		
“三五”时期		0.2				−1.7		
“四五”时期		5.7				0.3		
“五五”时期	11.1	11.6	9.4		3.8	4.4	1.3	
“六五”时期	13.8	14.4	9.8		8.9	9.4	6.1	
“七五”时期	26.6	27.5	9	82.7	17.7		11.5	18.3
“八五”时期	35.8	33.2	33.5	57.4	22.9	22.1	28.9	20
“九五”时期	0.2	−1.6	−14	10.6	7.3	7.9	4.8	4.7
“十五”时期	19.1	19	10.2	20.4	11.6	12.3	8.5	10.3
“十一五”时期	17.5	11.2	20.7	28.5	11.1	10.8	14.6	12.8
“十二五”时期	20.4	14.1	−1.1	27.2	10.9	15	13.3	9
1979–1996年	22.7	22.3	13.4		15.1	14.9	12.7	
1988–1996年	31	29	17.6	65.5	20.6	19.8	18.2	22.6
1996年比1995年	−4.2	−6.7	−29.6	19.2		−1.2	−17.4	5.9
1997年比1996年	7.5	4.1	5.3	20.2	3.8	2.4	2.9	6
1998年比1997年	−12.3	−14.3	−44.1	1.7	6.5	6	−21.2	1.4
1999年比1998年	6.6	5.5	9.1	9.2	22.2	23.3	72.8	8.9
2000年比1999年	4.9	5.3	3.7	4	8.3	16.1	9.1	2.7

续表

年 份	工资总额	国有经济单位	城镇集体经济单位	其他各种经济类型单位	平均工资	国有经济单位	城镇集体经济单位	其他各种经济类型单位
2001 年比 2000 年	12.2	13.7	−10.2	11.4	14.3	14.8	6.3	12.5
2002 年比 2001 年	13.6	10.3	−1.1	24.9	8.5	11.6	8.7	1.9
2003 年比 2002 年	8.6	7.1	15.8	11.6	7.6	7.5	5.5	9.2
2004 年比 2003 年	24.6	25.8	−4.2	24.9	18.8	19.2	9.1	17.4
2005 年比 2004 年	17.4	17.1	18.9	18.2	14.8	13.8	21.7	16
2006 年比 2005 年	12	2	23	35.3	7.9	3.5	12.2	19.4
2007 年比 2006 年	22.6	16.3	36.1	32.9	17.9	21.9	19.2	13.5
2008 年比 2007 年	15.4	5.4	−1.7	32.7	6.4	3.8	33.5	8.2
2009 年比 2008 年	19.5	15.4	22.7	24.4	12	11.4	52.8	14
2010 年比 2009 年	18.2	17.7	26.7	18.2	11.6	14.3	−27.7	9.4
2011 年比 2010 年	47.6	58.9	10.5	36.8	11.3	4.4	37.3	16.5
2012 年比 2011 年	10.7	3.5	11.6	20.4	7.2	4.6	16.3	10.0
2013 年比 2012 年	21.2	−13.5	−11.5	63.3	13.2	37.9	−1.5	1.0
2014 年比 2013 年	14.8	17.3	−1.3	13.6	9.6	16.8	−5.5	6.5
2015 年比 2014 年	11.4	15.8	−12.0	9.1	13.5	14.5	25.8	11.7
2016 年比 2015 年	7.6	6.8	9.7	8.2	8.0	9.4	11.7	7.4

海口市农村基本情况

指　标	单　位	2012年	2013年	2014年	2015年	2016年
农村乡镇	个	23	22	22	22	22
村民委员会	个	247	248	249	249	245
自然村	个	2204	2205	2204	2203	2204
村民小组	个	2747	2754	2750	2757	2751
乡村户数	户	170000	167991	182320	182006	192760
#农业户	户	151597	149323	150922	156419	161919
乡村人口	人	731272	724634	745953	772972	791293
#农业人口	人	642625	638716	628839	661276	644738
乡村实有劳动力合计	人	397544	392366	401150	413096	417543
按性别分						
男劳动力	人	204491	201424	207926	214644	218207
女劳动力	人	193053	190942	193224	198452	199336
按行业分						
农林牧渔业劳动力	人	219302	210868	211203	215504	216081
工业劳动力	人	31259	30296	28079	33677	35026
建筑业劳动力	人	28067	28479	30050	31281	33058
交通运输和邮电劳动力	人	11943	11882	13367	12838	12893
商业、饮食业劳动力	人	36072	35266	35703	38303	39045
其他劳动力	人	34625	32184	35881	38442	32576

注：2011年及以后为含农垦数。

海口市耕地面积

单位：公顷

指　标	2012 年	2013 年	2014 年	2015 年	2016 年
年末耕地面积	49436	49241	49465	48293	47880
水　田	19256	19100	19126	18763	19096
旱　田	7637	6901	7277	6750	6890
旱　地	22543	23240	23062	22780	21894
年内增加的耕地面积	62	151	260	25	2
年内减少的耕地面积	524	252	273	210	453
# 国家基地占用	69	176	175	67	453

注：2011 年及以后为含农垦数。

海口市农林牧渔业总产值

单位：万元

年　份	总　计	农　业	林　业	牧　业	渔　业	农林牧渔业服务业
2012	911361	355080	70466	368382	75780	41653
2013	920755	373518	60751	356614	85272	44600
2014	929870	402154	56547	326956	93438	50775
2015	932000	413488	53082	307759	102007	55664
2016	1038285	479570	54843	328752	113274	61846

注：以上 2008-2010 年 3 年数据为农业普查后的街接数，2011 年及以后为含农垦数。

海口市主要农作物播种面积及农产品产量

指 标	2012年	2013年	2014年	2015年	2016年
播种面积（公顷）	82800	83004	82004	80548	76247
一、粮食作物	41863	40948	41010	38395	35314
（一）按品种分					
稻　谷	33079	33247	32218	31334	28048
早　稻	15976	16495	16436	16126	13945
晚　稻	17046	16711	15782	15208	14103
山兰坡稻	57	40			
旱　粮	748	756	351	350	446
薯　类	8036	6945	8441	6710	6819
（二）按季节分					
春　收	3298	3088	2913	2634	1942
夏　收	18689	18946	18773	18091	16012
秋（冬）收	19876	18913	19324	17669	17359
二、经济作物	6507	5546	5729	4890	4305
糖　蔗	2198	1983	1882	1458	1021
果　蔗	168	159	151	175	136
花　生	2917	2754	2900	2512	2384
芝　麻	1224	650	796	745	764
三、其他作物	26899	28012	26820	28818	28524
蔬　菜	26329	27245	26388	28354	28123
瓜　类	570	767	432	464	401

续表

指　标	2012 年	2013 年	2014 年	2015 年	2016 年
农产品产量（吨）					
一、粮食作物	184636	181625	167839	165262	151025
（一）按品种分					
稻　谷	156782	157051	137538	138559	125672
早　稻	81466	85504	87880	77135	68325
晚　稻	75155	71441	49655	61424	57347
山兰坡稻	160	105			
旱　粮	1811	1863	305	304	1188
薯　类	26043	22710	29996	26398	24164
（二）按季节分					
春　收	10163	10201	9898	8923	6771
夏　收	91339	94377	96193	84139	76776
秋（冬）收	83133	77047	61748	72200	67477
二、经济作物					
糖　蔗	88096	76790	65386	57409	32641
果　蔗	8288	7980	8099	11218	6332
花　生	5235	4918	5042	6238	6782
芝　麻	1191	907	1042	973	804
三、其他作物					
蔬　菜	530003	546169	538749	566051	556321
瓜　类	16389	18407	12835	12761	9393

海口市主要农产品单位面积产量

单位：千克 / 公顷

指　标	2012 年	2013 年	2014 年	2015 年	2016 年
一、粮食作物	4410	4440	4095	4305	4275
稻　谷	4740	4725	4275	4425	4485
旱　粮	2421	2464	869	868	2663
薯　类	3240	3270	3555	3930	3540
二、经济作物					
糖　蔗	40080	38730	34740	39360	31950
果　蔗	49320	50310	53580	64050	46425
花　生	1800	1785	1740	2490	2850
芝　麻	975	1395	1305	1305	1050
三、其他作物					
蔬　菜	20130	20040	20415	19965	19785
瓜　类	28755	24000	29685	27480	23430

海口市水果面积和产量

指　标										总产量(吨)		
				# 当年新种面积			# 收获面积					
	2014 年	2015 年	2016 年	2014 年	2015 年	2016 年	2014 年	2015 年	2016 年	2014 年	2015 年	2016 年
水果合计	19790	18058	17640	501	681	499	14323	11968	12281	275185	208233	211082
# 菠萝	2469	2004	2058	132	124	103	1674	1595	1665	49256	49574	48527
荔　枝	5926	6308	5845	81	136	93	4022	3974	4074	43493	28298	29944
柑桔橙	841	745	705	36	41	52	412	294	288	4848	3058	2895
香　蕉	4250	2993	2998	191	318	131	3477	2306	2325	100126	70331	73274
龙　眼	782	742	674	3	12	9	263	265	204	1557	2252	1230
芒　果	132	90	49				85	53	32	736	401	323

海口市热带作物面积和产量

指标	年末面积（公顷）			#当年新种面积			#收获面积			总产量（吨、椰子：百个）		
	2014年	2015年	2016年	2014年	2015年	2016年	2014年	2015年	2016年	2014年	2015年	2016年
合计	19952	19434	18188	235	316	450	18500	7559	8078			
橡胶	13832	12528	11796	132	116	84	14176	3018	3588	8468	1740	2638
椰子	1870	1728	1666	6	13	11	1360	1245	1165	126442	98072	80831
槟榔	1414	2196	1948	32	98	179	720	857	1040	3005	2350	194
胡椒	2836	2981	2755	65	87	176	2244	2437	2272	3790	3128	232

海口市牲畜头数及禽畜产品产量

指标	单位	2012年	2013年	2014年	2015年	2016年
一、牛年末存栏头数	头	62786	62308	63332	64412	56008
黄牛	头	28162	27602	30949	31950	31248
水牛	头	34155	34200	31895	31900	24229
奶牛	头	469	506	488	562	531
二、生猪年末存栏头数	头	568740	553740	496450	402049	377645
#能繁殖母猪	头	72995	69668	67517	57645	51372
生猪全年饲养量	头	1521235	1533891	1360288	1184083	1082475
肉猪出栏头数	头	952495	980151	863838	782034	704830
三、山羊年末存栏头数	头	82099	71246	68607	56099	60195
山羊出栏头数	只	105698	109174	111923	99647	100634
四、家禽出栏量	万只	1208	1243	1253	1219	1285
五、肉类产量	吨	110165	112747	100228	92360	85914
猪肉产量	吨	83626	85773	75301	67800	59572
牛肉产量	吨	2162	2368	2434	2297	2081
羊肉产量	吨	1448	1505	1515	1341	1366
禽肉产量	吨	20176	20666	18816	19625	21724
六、牛奶产量	吨	1342	1262	1442	1453	1382
七、禽蛋产量	吨	6308	6220	5821	8589	9462

海口市水产品产量及养殖面积

指 标	单 位	2012年	2013年	2014年	2015年	2016年
一、水产品产量	吨	53742	59992	61944	68803	73235
海水产品	吨	25401	27742	36402	40495	42060
# 养殖	吨	14600	16846	16043	19001	20374
淡水产品	吨	28341	32250	25542	28308	31175
# 养殖	吨	27264	31202	24233	26819	29499
二、水产养殖面积	公顷	6496	6450	6551	6522	6203
海水养殖面积	公顷	2097	2146	2090	2834	2155
淡水养殖面积	公顷	4399	4304	4461	3688	4047

海口市主要年份工业总产值

（当年价）

单位：万元

年 份	全部工业总产值	规模以上工业总产值	按轻重工业分		按经济类型分		
			轻工业	重工业	国 有	集 体	其 他
1987	70628	67288	50723	16565	53649	6072	7567
1988	118564	113707	84397	29310	92805	7592	13310
1989	158628	151336	110926	40410	121652	9180	20504
1990	183395	175114	135336	39778	143589	7623	23902
1991	263108	252043	190510	61533	191401	7492	53150
1992	388559	370073	266878	103195	276995	14553	78525
1993	651132	605696	387317	218195	399615	23281	182800
1994	717883	659041	418252	240789	423461	39121	196459
1995	722824	658792	413959	244833	364900	25408	268484
1996	779856	708144	536267	171877	352119	34714	321311

续表

年　份	全部工业总产值	规模以上工业总产值	按轻重工业分		按经济类型分		
			轻工业	重工业	国　有	集　体	其　他
1997	861286	787494	549287	238207	349950	16845	420699
1998	912015	809772	609334	200438	211435	5457	592880
1999	989953	849426	640091	209335	180187	2248	666991
2000	1158723	1013036	753786	259250	194402	2399	816235
2001	1349173	1156037	797056	358981	301339	2884	851814
2002	1613956	1408352	855959	552393	495190	13752	899410
2003	2205678	2025643	950340	1075303	877054	9676	1138913
2004	2477049	2315777	977637	1338140	198652	713	2116412
2005	2672253	2507203	1057951	1449252	276708		2230495
2006	3024526	2838869	1109139	1729730	239964	872	2598033
2007	3454073	3243297	1193013	2050284	229426	1320	3012551
2008	3335502	3103115	1418053	1685062	223478	994	2878643
2009	3335629	3092224	1395508	1696716	245686	1281	2845257
2010	4437366	4179653	1874447	2305206	306330		3873323
2011	5236348	4885602	2109187	2776415	351959		4533643
2012	5502193	5160173	2210430	2949743	409338		4750835
2013	5371319	4995513	2371037	2624476	352716		4642797
2014	5325945	4929392	2536045	2393347	407329		4522063
2015	5376670	5014319	2751914	2262405	513802		4500517
2016	5402932	5035554	2860177	2175377	514923		4520631

注：规模以上工业产值指标，1997 年前为乡及乡以上工业企业口径，1998—2006 年为全部国有和年销售收入 500 万元及以上非国有工业企业；2007 年为主营业务收入 500 万元及以上的法人工业企业 ;从 2004 年起按电力全价计算；2011 年为主营业务收入 2000 万元及以上的法人工业企业。

海口市规模以上工业年主营业务收入2000万元及以上主要指标

(2016年)

单位：万元

指　标	企业单位数（个）	# 亏损企业	工业总产值（当年价）	工业销售产值（当年价）	出口交货值
总　计	149	26	5035554	4891370	269234
在总计中：国有控股企业	16		1059198	1051375	
在总计中：轻工业	99	16	2860177	2772641	111128
重工业	50	10	2175377	2118729	158106
在总计中：大型企业	7	1	1575661	1519102	124456
中型企业	43	8	2205642	2154583	104228
小型企业	99	17	1254251	1217685	40550
纯小型企业	97	16	1245739	1207451	40550
微型企业	2	1	8513	10235	
一、按登记注册类型分组：					
内资企业	113	18	4196396	4055799	207889
国有企业	3		514923	493274	
集体企业					
联营企业					
# 国有联营企业					
国有与集体联营企业					
其他联营企业					
有限责任公司	79	13	3073964	3004897	188502
其他有限责任公司	77	13	2930345	2860922	188502
股份有限公司	13		454580	405676	284
私营企业	18	5	152929	151952	19103
# 私营独资企业					
私营有限责任公司	16	5	101185	101724	19103
私营股份有限公司	2		51744	50228	
其他企业					
港、澳、台商投资企业	10		223484	200236	1192
合资经营企业（港或澳、台资）	4		159191	141402	555
港澳台商独资经营企业	5		40380	39821	60
港澳台商投资股份有限公司	1		23913	19013	577
外商投资企业	26	8	615675	635335	60153
中外合资经营企业	8	2	164178	175884	28231
中外合作经营企业	1		187761	187761	24
外资企业	17	6	263736	271690	31898

续表

指　标	资产合计	固定资产原价	利润总额	利税总额	全部从业人员年平均人数（人）
总　计	7286252	3516086	360343	770179	51062
在总计中：国有控股企业	1660770	1307265	110117	315644	9013
在总计中：轻工业	3842955	1444466	327541	656722	31209
重工业	3443298	2071620	32802	113457	19853
在总计中：大型企业	2422424	1702451	-11070	75285	14627
中型企业	2879870	1145306	231968	491546	22286
小型企业	1983959	668329	139445	203349	14149
纯小型企业	1975059	667983	139252	203081	14111
微型企业	8900	346	193	268	38
一、按登记注册类型分组：					
内资企业	5988047	2888422	290437	646910	40172
国有企业	996716	925779	20412	56292	4562
集体企业					
联营企业					
#国有联营企业					
国有与集体联营企业					
其他联营企业					
有限责任公司	3954370	1659136	185305	465327	27719
其他有限责任公司	3848269	1615253	168360	445942	27462
股份有限公司	773982	245480	77333	112257	4652
私营企业	262979	58027	7386	13035	3239
#私营独资企业					
私营有限责任公司	175926	42419	2613	6070	2809
私营股份有限公司	87053	15608	4773	6965	430
其他企业					
港、澳、台商投资企业	271168	108087	57013	79619	2117
合资经营企业（港或澳、台资）	147105	49015	45214	62813	1060
港澳台商独资经营企业	78893	46721	3589	6373	863
港澳台商投资股份有限公司	45170	12351	8209	10433	194
外商投资企业	1027037	519577	12894	43650	8773
中外合资经营企业	323197	235668	-29759	-23558	2840
中外合作经营企业	204962	21697	10400	17281	943
外资企业	498878	262213	32253	49927	4990

续表

指　　标	企业单位数（个）	#亏损企业	工业总产值（当年价）	工业销售产值（当年价）	出口交货值
二、按工业行业分	149	26	5035554	4891370	269234
有色金属矿采选业					
农副食品加工业	17	5	409245	415479	96387
食品制造业	10	1	343652	353191	6769
酒、饮料和精制茶制造业	14	4	141449	149912	133
烟草制品业	1		264318	271829	
纺织业					
纺织服装、服饰业					
木材加工及木、竹、藤、棕、草制品业	1		11672	14938	
家具制造业					
造纸及纸制品业	3	1	17053	17126	4567
印刷业和记录媒介的复制	5	1	55733	47308	
化学原料及化学制品制造业	2		28401	25972	
医药制造业	42	4	1563308	1454654	3273
化学纤维制造业					
橡胶和塑料制品业	4	2	30517	30522	4703
非金属矿物制品业	8	1	49593	49727	
黑色金属冶炼和压延加工业					
有色金属冶炼及压延加工业	1		3104	3104	
金属制品业	3	1	131889	138294	6951
通用设备制造业					
专用设备制造业	3		24992	24937	432
汽车制造业	21	5	663011	625539	25457
铁路、船舶、航空航天和其他运输设备制造业	1		2630	2630	
电气机械和器材制造业	6	1	597221	583109	120563
计算机、通信和其他电子设备制造业	1		40209	25542	
仪器仪表制造业					
电力、热力的生产和供应业	1		436192	436192	
燃气生产和供应业	2		182274	182274	
水的生产和供应业	3		39092	39092	

续表

指　标	资产合计	固定资产原价	利润总额	利税总额	全部从业人员年平均人数（人）
二、按工业行业分	7286252	3516086	360343	770179	51062
有色金属矿采选业					
农副食品加工业	232202	103410	5197	4064	4432
食品制造业	442590	166369	25518	56860	5165
酒、饮料和精制茶制造业	236664	140365	4230	19244	3411
烟草制品业	236762	132046	41519	196686	587
纺织业					
纺织服装、服饰业					
木材加工及木、竹、藤、棕、草制品业	25897	8541	2237	3753	906
家具制造业					
造纸及纸制品业	15314	8147	538	1218	955
印刷业和记录媒介的复制	100163	43402	14722	20028	744
化学原料及化学制品制造业	46573	11404	5115	6722	664
医药制造业	2353044	685942	224556	343502	13816
化学纤维制造业					
橡胶和塑料制品业	52653	25774	813	1520	376
非金属矿物制品业	44534	24400	806	2646	722
黑色金属冶炼和压延加工业					
有色金属冶炼及压延加工业	1728	407	2	50	20
金属制品业	172333	90541	11777	15700	1079
通用设备制造业					
专用设备制造业	87324	10425	3835	4961	668
汽车制造业	961605	458974	-46992	-19683	5867
铁路、船舶、航空航天和其他运输设备制造业	3770	3103	67	222	183
电气机械和器材制造业	964512	479841	24327	32968	5067
计算机、通信和其他电子设备制造业	131498	10469	449	262	720
仪器仪表制造业					
电力、热力的生产和供应业	790251	880756	5727	37178	3547
燃气生产和供应业	230072	85773	27312	31198	767
水的生产和供应业	156767	145995	8590	11081	1366

海口市全社会固定资产投资基本情况

指　标	2012年	2013年	2014年	2015年	2016年
一、投资总额（万元）	5103833	6493348	8215298	10120455	12717285
1. 按报表种类分					
基本建设	3348326	3929323	5225573	5556506	7206338
更新改造					
房地产开发	1755507	2564025	2989725	4563949	5510947
其他投资合计					
农村投资					
城镇私人					
农村私人					
2. 按构成分					
建筑安装工程	3543820	4050239	5424331	6672334	7853476
设备、工器具购置	1140459	1037265	1574803	1205799	1715704
其他费用	419554	1405844	1216164	2242322	3148105
二、房屋建筑面积（平方米）					
房屋施工面积	22604563	18367818	25470043	29847286	36730912
# 住宅	13628762	14350041	17057134	17925694	19805230
房屋竣工面积	3678214	1950092	3936635	2366070	3752762
# 住宅	2864809	1476078	3261140	1767498	2454001
三、商品销售及空置					
商品房销售额（万元）	1816302	2510383	2665760	2967448	3912774
商品房销售面积（平方米）	2660744	3376774	3371164	3733498	4326499
商品房空置面积（平方米）	682874	1491986	1885185	2424932	2596137
四、新增固定资产（万元）	3643977	2309469	3803820	2771743	3513005
基本建设	2122621	1447721	1865569	1407362	2114467
更新改造					
房地产开发	1521356	861748	1938251	1364381	1398538
其他投资合计					
# 其他投资					
农村投资					
城镇私人					
农村私人					

海口市房地产开发投资情况

单位：万元

指　标	2012 年	2013 年	2014 年	2015 年	2016 年
一、投资总额	1755507	2564025	2989725	4563949	5510947
按构成分					
建筑工程	1301998	1909251	2048494	2859806	3732976
安装工程	95933	105715	252373	148825	378261
设备、工器具购置	25891	14694	15461	30683	30859
其他费用	331685	534365	673397	1524635	1368851
按用途分					
住宅	1301056	2057313	2063974	2761388	3422209
办公楼	11409	54348	71739	152639	434123
商业营业用房	93763	160040	327843	483996	816046
其他	349279	292324	526169	1165926	838569
二、本年资金来源合计	4249221	5106545	5820938	8298873	8356142
上年末结余资金	598819	797272	848195	1469499	1222344
本年资金来源小计	3650402	4309273	4972743	6829374	7133798
国家预算内资金					
国内贷款	841321	708457	1020319	874138	1273674
债券					
利用外资				7900	0
# 外商直接投资				7900	
自筹资金	1708039	1298219	1607339	1756948	3367626
# 自有资金	1176216	478691	578155	720945	1232827
其他资金来源	1101042	2302597	2345085	4190388	2492498
# 集资					
定金及预收款	602990	965404	947222	1674747	1622209
三、本年各项应付款合计	1756325	2165602	699198	2512918	2067530
# 工程款	324777	471942	699198	702917	889672
设备、器材款					
四、本年新增固定资产	1521356	861748	1938251	1364381	1398538

海口市房地产施工、销售情况

指　标	2012 年	2013 年	2014 年	2015 年	2016 年
一、房屋施工面积（平方米）	15890423	18058905	22484444	25692325	30777088
住宅	12770249	14300335	15872300	17671188	19716031
# 别墅、高档公寓	1741574	1869101	1988205	1539641	1470097
经济适用房					
办公楼	221808	353966	1079080	1191927	1613104
商业营业用房	996916	893552	1891570	2302937	3603219
其他	1901450	2510852	3641494	4526273	5844734
二、本年新开工面积（平方米）	2619672	2763429	3591423	4853247	8114709
住宅	1990635	1896358	2088315	3453764	4610527
# 别墅、高档公寓	243886	194839	19744	27468	107516
经济适用房					
办公楼	89849	131957	24813	57893	487097
商业营业用房	207890	204134	1068868	460906	931639
其他	331298	530980	409427	880684	2085446
三、竣工房屋面积（平方米）	3074168	1950092	3936635	2164569	3065753
住宅	2284359	1476078	3261140	1696230	2341533
# 别墅、高档公寓	295860	84837	850622	117894	133848
经济适用房					
办公楼	38549		12374	50074	26774
商业营业用房	356703	167311	151042	111166	224047
其他	394557	306703	512079	307099	473399
四、商品房实际销售面积（平方米）	2660744	3376774	3371164	3733498	4326499
住宅	2506246	3185267	2970823	3302324	3942698
# 别墅、高档公寓	281136	441436	243519	187553	389123
经济适用房					

续表

指　标	2012 年	2013 年	2014 年	2015 年	2016 年
办公楼	2340	5057	44725	70663	69661
商业营业用房	92255	125014	299842	248717	164505
其他	59903	61436	55774	111794	149635
五、商品房实际销售额（万元）	1816302	2510383	2665760	2967448	3912774
住宅	1633231	2342310	2221457	2521782	3496576
# 别墅、高档公寓	270404	406591	298918	203940	476970
经济适用房					
办公楼	7089	7726	115946	89906	96888
商业营业用房	157068	131214	303853	279537	231565
其他	18914	29133	24504	76223	87745
六、商品房待售面积（平方米）	682874	1491986	1885185	2424932	2596137
住宅	362335	997469	1275111	1541490	1576095
# 别墅、高档公寓	124628	226362	346039	241150	190606
经济适用房					
办公楼	46530	41304	42694	28635	54046
商业营业用房	84600	159994	205068	341399	388941
其他	189409	293219	362312	513408	577055

海口市按经济类型分的建筑施工企业生产情况

（2016年）

指 标	单 位	合 计	国有企业	集体企业	联营企业	有限责任	股份公司	私营企业	外商企业
建筑业总产值	万元	2186687	252157	53556	1026	1284221	282587	310697	2443
# 装饰装修产值	万元	124156	209			82969	500	40478	
在外省完成产值	万元	77173			746	67064	400	8963	
# 建筑工程产值	万元	1820754	238461	40692		1064227	272435	204831	108
安装工程产值	万元	258848	5419	2267		212846		35980	2336
其他产值	万元	107085	8276	10597	1026	7148	10152	69886	
竣工产值	万元	1247703	230288	47703	1026	578831	216382	173329	144
施工面积	平方米	16217846	1612371	412236		9544265	3151404	1497570	
# 新开工面积	平方米	3698054	340793	396933		1415863	847349	697116	
实行投标承包面积	平方米	14550502	1285112			8996783	3138904	1129703	
# 新开工面积	平方米								
竣工面积	平方米	4052655	511214	388027		1826133	588301	738980	
年末自有机械设备净值	万元								
年末自有机械设备总台数	台								
年末自有机械设备总功率	千瓦								
计算劳动生产率的平均人数	人	55572	6828	3486	62	27680	10688	6734	94

海口市民用车辆拥有量年报

（2016 年）

单位：辆

指 标	总 计				总 计			报 废
		营 运	非营运	校车	进 口	个 人	新注册	
合 计	678530	42287	636006	237	37192	607309	109203	3403
一、汽 车	632506	40837	591432	237	37191	562968	108294	3338
载客汽车	562776	8622	553917	237	37077	507901	98539	2409
# 大型	5368	2595	2665	108	66	266	1093	403
中型	2115	350	1636	129	147	779	118	492
小型	551714	5677	546037		36562	503456	97278	1490
微型	3579		3579		302	3400	50	24
# 轿车	387447	5592	381855		13817	356762	59877	1244
载货汽车	66491	31491	35000		54	53546	9272	861
# 重型	3398	2867	531		5	1132	741	264
中型	4009	3711	298			3329	401	340
轻型	58937	24828	34109		49	48946	8129	253
微型	147	85	62			139	1	4
# 普通载货	33127	3830	29297		43	27274	4616	205
其他汽车	3239	724	2515		60	1521	483	68
# 三轮汽车	426	273	153			425		
低速货车	482	153	329			476		
二、电 车								
无轨								
轻便								
三、摩托车	44555	1	44554		1	44272	423	1
普通	44492	1	44491		1	44209	423	1
轻便	63		63			63		
四、拖拉机								
五、挂 车	1469	1449	20			69	486	64
六、其他类型车								

补充资料：机动车驾驶员（29）705292 人，其中：汽车驾驶员（30）666412 人。

海口市旅客、货物运输量

指　标	2012 年	2013 年	2014 年	2015 年	2016 年
一、旅客运输量（万人）	40116.2	45538.1	6897.8	7079.0	8998.9
公　　路	36394	41180.0	2100.3	2170.0	2827.0
水　　运	866	974.5	1006.8	929.0	945.0
民用航空	1666.825	1961.3	2208.7	2310.2	2890.1
铁　　路	1189.4	1422.3	1582.0	1669.8	2336.8
二、旅客周转量（万人公里）	4107561.5	4850661.8	4665585.0	5137533.6	6418394.1
公　　路	921318	1040845.0	302406.5	314147.0	301225.0
水　　运	27813	27713.0	29738.0	29518.0	29338.0
民用航空	2908122.88	3486016.0	4004945.5	4438872.9	5637183.1
铁　　路	250307.6	296087.8	328495.0	354995.7	450648.0
三、货物运输量（万吨）	10412.7	12167.9	12346.0	11307.8	10462.7
公　　路	3655	4122.0	3447.8	3558.0	2659.0
水　　运	5981	7057.0	8001.0	6928.8	6971.0
民用航空	23.135349	25.3	27.4	29.9	33.2
铁　　路	753.6	963.7	869.8	791.1	799.5
四、货物周转量（万吨公里）	6656566.1	8397564.5	9635366.2	7087300.8	6696771.5
公　　路	254583	287152.0	163792.5	168927.0	245037.0
水　　运	6219235	7888535.0	9246483.0	6684155.0	6200570.0
民用航空	59572.57	64322.9	71485.2	82186.6	98509.2
铁　　路	123175.5	157554.6	153605.5	152032.2	152655.3

注：公路为交通部门 2015 年抽样调查后调整数。

海口市港口旅客、货物吞吐量

指　标	2012年	2013年	2014年	2015年	2016年
一、旅客吞吐量（万人）	1051.31	1283.31	1087.60	1318.00	1353.46
海口港	787.80	724.10	742.10	794.20	892.10
粤海南港	263.51	559.21	345.50	523.80	461.36
（一）进港量	521.14	626.11	537.10	658.80	678.94
海口港	384.90	349.50	361.30	391.10	444.80
粤海南港	136.24	276.61	175.80	267.70	234.14
（二）离 港	530.17	657.20	550.50	659.20	674.52
海口港	402.90	374.60	380.80	403.10	447.30
粤海南港	127.27	282.60	169.70	256.10	227.22
二、货物吞吐量（万吨）	6122.89	7421.39	7581.00	8209.90	8866.93
海口港	4888.50	5423.70	5939.50	6157.30	6979.70
粤海南港	1234.39	1997.69	1641.50	2052.60	1887.23
三、集装箱吞吐量（万TEU）	100.00	116.82	134.67	127.50	140.18

海口市邮政电信业务情况

指　　标	单　位	2012年	2013年	2014年	2015年	2016年
邮电局、所	处	63	58	58	58	58
邮路长度（单程）	公里	77032	78033	87538	90921.8	85339
#航空邮路（单程）	公里	72671	72671	80385	80385	
长途电话电路	路					
农村投递路线总长度	公里	4312	4389	4432	4617	4760
邮电计费业务总量	万元	480141	509861.829	663064	705669	1213132
函件	万件					325.63
包裹	万件					5.15
快递	万件					3434.23
快递业务收入	万元					62850.45
市内电话用户	户	692808	617500	569100	529500	468800
#住户电话	户	388548	332000	309300	251100	252900
公用电话	户	36888	68400	58600	48719	
移动短信业务量	亿条	60.1	26.19	43	15.65	14.78
移动电话用户	户	3680079	3856564	4253000	3219586	3344982
其中：3G移动电话用户	户	954340.00	1806372	2095500	961100	349400
互联网宽带接入用户	户	485733	528000	549500	556900	626900
年末电话交换机总数	门	918658				

注：1. 2013年国家报表制度不再有年末电话交换机总数指标。
　　2. 邮电计费业务量从2010年起按2010年不变价计算。

海口市居民消费价格指数

（以上年价格为100）

单位：%

类别及名称	2016年
居民消费价格指数	103.0
食品烟酒类	106.0
# 食品	107.5
# 粮食	101.4
食用油	100.7
菜	118.9
# 鲜菜	120.3
畜肉类	109.9
禽肉类	104.6
水产品	107.7
蛋类	100.4
烟酒	102.3
衣着类	94.9
# 服装	93.7
服装材料	94.1
鞋类	97.7
居住类	103.4
生活用品及服务类	100.8
交通和通信类	98.3
教育文化和娱乐类	103.8
医疗保健类	102.0
其他用品和服务类	104.9

海口市商品零售价格指数

（以上年价格为100）

单位：%

类别及名称	2016年
商品零售价格指数	100.9
食品类	106.3
#粮食	101.3
食用油	101.1
菜	118.9
#鲜菜	120.3
畜肉类	109.9
禽肉类	104.6
水产品	107.7
蛋类	100.4
饮料、烟酒类	103.0
服装、鞋帽类	94.7
纺织品类	98.9
家用电器及音像器材类	98.4
文化办公用品类	99.2
日用品类	100.0
体育娱乐用品类	102.1
交通、通信用品类	95.5
家具类	100.7
化妆品类	103.5
金银饰品类	110.5
中西药品及医疗保健用品类	105.3
书报杂志及电子出版物类	99.8
燃料类	98.0
建筑材料及五金电料类	95.9

海口市城镇常住居民家庭人均可支配收入和消费性支出

（按收入水平分组）

单位：元

指　标	2000 年	2012 年	2013 年	2014 年	2015 年	2016 年
人均可支配收入	7103.49	22331.00	24461.00	26530.00	28535.00	30775.00
最低收入户	2327.25	6575.38				
# 更低收入户	1996.90	5189.33				
低收入户	3334.77	10703.65	9589.99	10449.74	11220.55	13295.03
中等偏下户	4387.13	15263.14	14794.35	17021.01	18844.43	19906.14
中等收入户	6737.66	20962.13	20814.99	23179.99	26249.24	27121.34
中等偏上户	9303.95	27656.26	31372.17	32883.39	36165.35	38205.91
高收入户	12379.74	40339.15	59021.90	60551.97	63438.44	73136.85
最高收入户	19383.08	69337.31				
人均消费性支出	5423.85	15759.98	16855.56	20097.00	21809.00	23780.00
最低收入户	2174.07	6382.15				
# 更低收入户	2071.65	5958.90				
低收入户	3358.92	10055.83	7908.94	10688.27	11376.91	11818.57
中等偏下户	3836.96	12057.48	10771.42	12187.31	13951.29	15003.46
中等收入户	5230.65	14494.76	15987.90	17143.75	18360.77	18554.69
中等偏上户	7159.47	19461.71	21615.34	26391.89	27531.81	26181.31
高收入户	8241.37	27186.84	35539.10	41631.58	35850.96	45175.87
最高收入户	12180.58	38080.19				

注：2013 年最低收入户及最高收入户指标取消。

海口市城镇常住居民居住情况

（按收入水平分组）

单位：元

指　标	调查户数（户）
总　计	331
一、按使用面积分	
无房户	
1.10平方米以内	
2.10~20平方米	30
3.20~30平方米	11
4.30~60平方米	59
5.60~90平方米	93
6.90~120平方米	94
7.120~200平方米	25
8.200平方米以上	19
二、按房屋产权分	
租赁公房	2
租赁私房	70
原有私房	50
房改私房	123
商品房	64
其他	22
三、按自来水使用情况分	
无自来水	1
独用自来水	327
公用自来水	3
四、按卫生设备拥有情况分	
无卫生设备	5
有浴室厕所	312

续表

指　标	调查户数（户）
有厕所无浴室	4
公用卫生设备	10
五、按燃料使用情况分	
管道天然气	138
罐装液化石油气	177
煤	
其他	16
六、按电话拥有情况分	
无电话	
有电话	331
七、按住宅建设式样分	
家庭单栋配套楼房	73
单元式配套住宅	246
一居室	39
二居室	85
三居室	109
四居室及以上	13
普通楼房	12
其他住宅	

海口市农村常住居民家庭人均收入情况

单位：元

指　标	2012年	2013年	2014年	2015年	2016年
人均总收入	9844	11078	12463	13771	18646
工资性收入	3193	3680	5265	5937	9252
在非企业组织劳动得到	397				
在本地劳动得到	2225				
常住人口外出从业得到	571				
家庭经营收入	5478	5971	5754	6257	7801
第一产业收入	4405	4477	4198	4470	5638
第二产业收入	223	281	349	395	216
第三产业收入	850	1213	1207	1392	1947
财产性收入	404	430	322	373	371
转移性收入	769	997	1122	1204	1222
人均纯收入	8134	9155	10290	—	
工资性收入	3193	3680	5265	5937	6644
在非企业组织劳动得到	397				
在本地劳动得到	2225				
常住人口外出从业得到	571				
家庭经营收入	3822	4221	3921	4132	4411
第一产业收入	2969	3200	2527	2729	2876
第二产业收入	40	63	299	261	306
第三产业收入	813	958	1095	1142	1229
财产性收入	397	430	322	367	384
转移性收入	687	824	1122	1199	1240
可支配收入	—	—	10630	11635	12679

注：2014年以前农村住户使用人均纯收指标，人均纯收入=工资性收入+家庭经营收入+财产性收入+转移性收入；2014年使用可支配收入，人均可支配收入=工资性收入+家庭经营收入+财产性收入+转移性收入。

海口市农村常住居民家庭人均支出情况

单位：元

指　标	2012 年	2013 年	2014 年	2015 年	2016 年
总支出	7538	8790	10109	11524	12619
家庭经营费用支出	1271	1465	1889	2266	2691
第一产业支出	1205	1255	1602	1938	2341
第二产业支出		50	100	129	149
第三产业支出	66	160	187	199	201
购置生产性固定资产支出	12	40	23	39	51
建、造生产性固定资产雇工支出		6		5	
生活消费支出	5887	6740	7629	8428	9262
食品	3093	3249	2988	3373	3825
衣着	221	250	304	324	336
居住	865	1050	1526	1589	1713
家庭设备、用品及服务	264	330	475	498	518
医疗保健	489	715	475	545	602
交通通讯	411	539	719	868	981
文教娱乐用品及服务	326	391	1025	1099	1142
其他商品及服务	218	216	119	132	145
财产性支出				9.3	11
转移性支出	368	539	568	585	604

海口市农民家庭基本情况

指　　标	单　位	2012年	2013年	2014年	2015年	2016年
调查户数	户	140	220	240	249	259
家庭常住人口	人	624	920	935.5	946	1006
平均每户常住人口	人	4.46	4.18	3.9	3.8	3.9
家庭劳动力人数	人	354	554	561	594	658
期末生产性固定资产原值	元/人	694	2470	2731	2243	1602.6
农　业	元/人	308	96	690	454	406
住房面积	平方米/人	31.80	31.9	32	32.2	32.6
住房价值	元/平方米	1055	1054	1380	1498	1647
居住条件						
住房有卫生设备的住户	户	121	182	196	205	212
使用安全饮用水的住户	户	140	220	229	231	238
燃料使用情况						
使用液化气的住户	户	84	81	96	100	149
使用柴草的住户	户	50	117	123	110	67
生活用电数量	度/户	941	950	1102	1203.8	1162.8

海口市优抚、社会救济和福利事业情况

项　　目	2016
优抚事业	
优抚收养性事业单位数　　（个）	无
#编制登记	
优抚收养性单位收养人数（人次）	无
优抚事业费用（万元）	
社会救济	
社会救济总人数（人）	37506.0
城乡居民最低生活保障人数（人）	30344
城镇	6050
农村	24294
城乡居民最低生活保障家庭户数（户）	13229
城镇	3345
农村	9884
城乡居民最低生活保障金支出（万元）	11071.2
城镇	2607.1
农村	8464.1
社会救济福利事业费　　（万元）	23105
自然灾害救济费　　　　（万元）	665.2
社会福利	
社会福利收养性事业单位数（个）	2
编制登记	
工商登记	
民政登记	2
未登记	
社会福利收养性事业单位收养人数	340
编制登记	
工商登记	
民政登记	340
未登记	
安排“四残”人员就业数　（人）	
编制登记	
工商登记	
城乡基层社会保障	
农村建立社会保障网络乡镇数（个）	
城镇社区服务设施数（个）	197
社区服务中心数	197
社区服务站数	
城镇社区服务设施数	

海口市文化艺术、体育、广播电视事业情况

（以上年价格为 100）

单位：%

指　标	单　位	1987 年	2010 年	2011 年	2012 年	2013 年	2014 年	2015 年	2016 年
电影放映单位	个	39	8	8	8	11	11	11	26
# 电影院(场)	个	9	7	7	7	9	11	11	26
电影放映场次	场	16885	51382	64982	57803	72830	100838	104646	153949
电影观众	万人次	890.81	300.15	469.96	260.87	428	433.3	587.8	614
艺术表演团体	个	4	42	35	35			30	
文化事业机构数	个								
文化馆	个	2	3	3	3	3	3	3	4
全国体育比赛获奖牌	枚	5	24	29	41		38	49	149
金牌	枚	1	15	16	13		11	5	31
银牌	枚	3	6	9	16		15	8	20
铜牌	枚	1	3	4	12		12	10	13
公共图书馆	个	2	2	2	2	2	2	2	3
公共图书馆总藏量	千册		440	451	460	573	510	2045	484
图书出版印数	亿册		0.72	0.73	0.78			0.98	0.62
杂志出版印数	亿册		0.11					0.24	0.0006
报纸出版印数	亿印张	0.97	2.00					3.49	0.68
博物(纪念)馆	个	4	1	1	1		1	1	3
广播电台	座	2	1	1	1	1	1	1	1
电视台	座	1	1	1	1		1	1	1

索 引

说 明

一、本索引采用内容分析法编制，按索引款目首字的汉语拼音字母（同音字按声调）顺序排列，同音同调按第二字母的音序排列，依次类推。

二、索引款目后的数字表示内容所在的页码，数字后的 a、b、c 分别表示该页码的左、中、右栏。

三、分目作款目用黑体字表明，其余款目用宋体字表明。

四、同一主题的内容在文中多处出现的，在其款目后用不同的页码标明。

五、特载、大事记、组织机构及负责人名录、统计资料、附录未做索引。

A

B

C

D

E

F

G

H

J

K

N

P

T

W

Z